圣火耀泰安

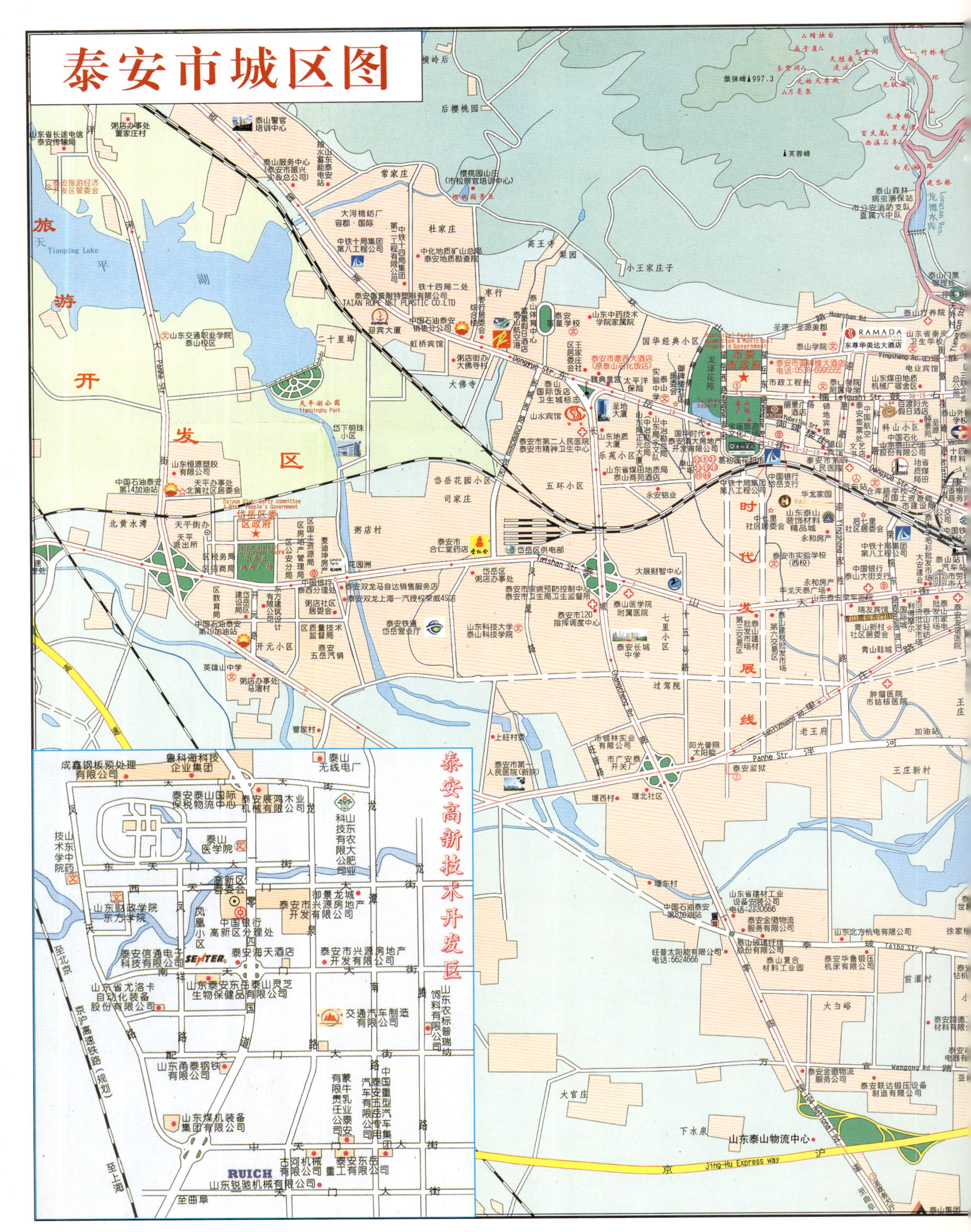
泰安市城区图
泰安高新技术开发区
旅游开发区
天平湖
Tianping Lake
天平湖公园
Tianpinghu Park
岱岳区委
区政府
泰安市委
市政府
时代发展线
Dongyue St.
Taishan Str.
Panhe Str.
Huanshan Rd.
Yingsheng Rd.
Jing-Hu Express way
京沪高速铁路（规划）
至北京
至上海
至曲阜
RAMADA
RUICH
SENTER
傲徕峰 997.3
芙蓉峰
龙潭水库
常家庄
杜家庄
高王寺
小王家庄子
二十里埠
粥店村
司家庄
五环小区
过驾院
老王府
王庄新村
大官庄
下水泉
大白峪
前灌村
堰西村
堰北社区
曹家村
北黄水湾
开元小区
山东泰山物流中心
泰安市第一人民医院（新院）
泰安市第二人民医院
泰安市实验学校（西校）
泰山医学院
泰山学院
山东科技大学泰山科技学院
泰安长城中学
英雄山中学
山东财政学院东方学院
中国银行高新区分理处
泰安海天酒店
山东锐驰机械有限公司
山东煤机装备集团有限公司
交通汽车制造有限公司
山东泰山物流中心
泰山集团

泰山大红石
东白马村
西白马村
泰山植物园
红石榴山庄
韩家岭
水牛铺
肖家庄
西城
汉明堂
泰安星原化工有限公司
北沟头
上峪
泰山果陶罗圈崖
白家河
泰山职业技术学院
刘家庄
青山家园
白马石
陈家庄
三合村
三合社区居委会
宝龙国际社区
山东服装职业学院
电话:2182398
服装学院
白家庄
西乔庄
东乔庄
蝎子山
箭杆峪
摩天岭
大藏岭
凌汉峰
泰山林业科学研究院
世行泰山分行
绿色山庄
泰山科技专修学院(泰安医学进修学院)
嘉德现代城
北上高小区
北上高
南谷庄
宝龙城市广场
泰安第十九中学
凤凰庄
华城·丽景源
擂鼓石 Leigushi Str.
泰安市
山东协友机械有限公司
泰安兰盾摩托车有限责任公司
泰山区东部新区管委会
泰山新区
泰安市高级技工学校
市技工学校
泰山区上高街道凤台中学
华新小区
市装载机厂
中天大厦
Chuangye Str.
泰安鲁普耐特塑料有限公司
TAIAN ROPE NET PLASTIC CO.LTD
泰开集团
四维制药
Taitai Rd.
省果树研究所苗圃专用肥料厂
泰安市水利机械厂
泰安三信电子有限公司
泰安航天特种车有限公司
超越广场
泰安市公路局
岱岳区技工学校
静雅大酒店
人民法院
中国石油泰安第11加油站
Yingxuan Str.
泰安山利达起亚汽车4S专营店
泰山客运运输中心
Taitai High grade Rd.
小井
华泰铝轮毂(泰安)有限公司
市交警支队
泰安市泉华塑料有限公司
泰安华星玻璃有限公司
管家灌庄小区
郭家灌庄
泰保汽车有限公司猎豹汽车服务站
Shuangtong River
泰安大成防爆电机有限公司
Lingshan Str.
上高街办
魏家庄
苑家灌庄
山东光明机器制造有限公司(山东叉车总厂)
南河西
泰安岱兴通风设备有限公司
上高
泰安市神马包装有限公司
中上高
黄家庄
泰安市泰东特种油品厂
泰安市泰山老年护理医院
泰安市泰利机械厂
南上高
泰安市钢力液压设备厂
泰安市伟强机械厂
泰安市海华对外劳务经贸合作有限公司
泰安市才华对外劳务合作有限公司
南河东
Mingtang River
泰安市金吉利安科技有限公司
京沪高速公路泰安管理处
Jing Hu Express Way
泰山区委区政府
Shengping Str.
Daizong Str.
Dongyue Str.
Lingshan Str.
Xiangyang Str.
Dongwu Rd.
泰山方圆家具厂
0538-8331756
山东泰山家具园
山东农业大学新校区
泰山花卉苗木展销中心
农大新校
山东省泰安农业气象试验站(岱岳区气象局)
中美合作泰安阿吉斯管线工程有限公司
宏达公司(大型封头)
泰安市金泰山石墨化工设备有限公司
泰安市亿力液压机械有限公司
宅子
市东方环卫设备厂
市制冷设备厂
泰安市东岳液压气动元件厂
万家庄
夏家庄
王家店
王家店村委
泰安市泰山轻工机械厂
6206986
泰安三中
泰山神州武校
洪沟汽校
污水处理二厂
泰安清源水务有限公司
至曲阜
至蒿子店
篦子店
至新泰
泰通宇热能有限公司
泰安市泰山水泵煤矿机械制造有限公司
济南铁路局泰安电缆厂
市第二变压器厂
泰安凯达电缆有限公司(泰安市电缆)
北果家庄
琵琶湾
尚家寨
灌庄
安家庄
泰山轴承厂
市酿造食品厂
泰山蔬菜瓜果批发市场
泰安亲亲食品有限公司
燕家结庄
常家结庄
张家结庄
宁家结庄
泰山热电厂
施家结庄村委
韩家结庄
山东煤矿泰安机械厂
范镇建筑安装工程公司
Liuxi River
Ban River
泰安锅炉厂
市造纸厂
旧镇社区沣河大街商业楼
旧镇皮肤病防治所
电车线厂
泰山区建设局
利民小区
南关社区居委会
南关村
园林管理处
利民农贸市场
迎春小区
迎春大厦
银座商城东湖店
泰山厚丰汽车散热器有限公司
Yingchun Rd.
Qingnian Rd.
Longtan Rd.
Hongmen Rd.
Taishan Rd.
Hushan Rd.
Pandao Rd.
Bixiahu Rd.
Taiming Rd.
五马村
东关新村
通信电缆厂
三友社区居委会
泰安腾飞实业有限公司
中国石油泰安第4加油站
泰山区委党校
彩虹小区
梅园新村
岱道庵
泰山区泰前医院
市畜牧办公室
财政干校
博文中学
中国银行岱东支行
Daizong Str.
泰安市国家公务员培训中心
银座商城
泰山区委
泰安师范附属学校
新大都饭店
财源街办
泰山区妇幼保健院
中国银行
泰山支行
泰安市第一人民医院
汉斯啤酒城
泰山酒厂
福山湾鲜酒楼
蒿里山
泰山区
老干部活动中心
普照宾馆
普照小区
大众桥
泰山女儿茶坊
三联小区
农大附中
天外村
红门
王母池
虎山公园
万仙楼
山东省石油集团泰山公司泰山度假村
Huanshan Rd.
桃花源

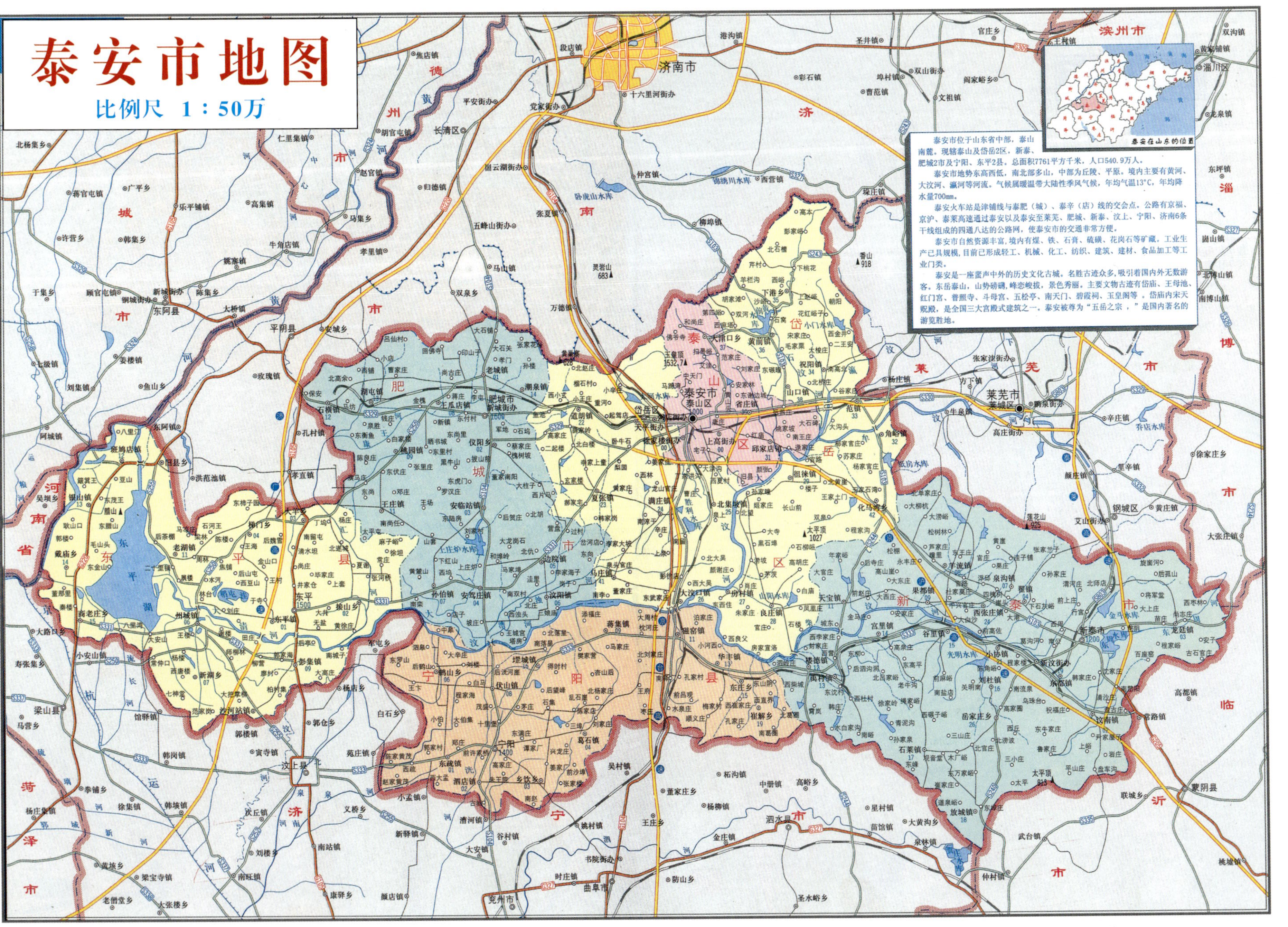
泰安市地图
比例尺 1：50万
泰安在山东的位置
泰安市位于山东省中部，泰山南麓。现辖泰山及岱岳2区，新泰、肥城2市及宁阳、东平2县。总面积7761平方千米，人口540.9万人。
泰安市地势东高西低，南北部多山，中部为丘陵、平原。境内主要有黄河、大汶河、瀛河等河流。气候属暖温带大陆性季风气候，年均气温13°C，年均降水量700mm。
泰安火车站是津铺线与泰肥（城）、泰辛（店）线的交会点。公路有京福、京沪、泰莱高速通过泰安以及泰安至莱芜、肥城、新泰、汶上、宁阳、济南6条干线组成的四通八达的公路网，使泰安市的交通非常方便。
泰安市自然资源丰富，境内有煤、铁、石膏、硫磺、花岗石等矿藏。工业生产已具规模，目前已形成轻工、机械、化工、纺织、建筑、建材、食品加工等工业门类。
泰安是一座蜚声中外的历史文化古城。名胜古迹众多，吸引着国内外无数游客。东岳泰山，山势磅礴，峰峦峻拔，景色秀丽。主要文物古迹有岱庙、王母池、红门宫、普照寺、斗母宫、五松亭、南天门、碧霞祠、玉皇阁等。岱庙内宋天贶殿，是全国三大宫殿式建筑之一。泰安被尊为“五岳之宗，”是国内著名的游览胜地。
济南市
莱芜市
泰安市
肥城市
新泰市
东平县
宁阳县

泰 安 年 鉴

TAIAN YEARBOOK

2008

泰安市人民政府主办
泰安市地方史志办公室编

黄河出版社

泰安市地方史志编纂委员会

名誉主任　杨鲁豫

主　　任　李洪峰

常务副主任　徐恩虎

副 主 任　任先德　邹成顺　孙运飞　尹衍祥
　　　　　程建达　焦念斌　刘玉辉　马　辉

委　　员　董伟刚　李玉洋　张书盈　高振军
　　　　　庞泰新　单建军　王光锋　崔义明
　　　　　胡立东　马纯勇　张　韧　谭业刚
　　　　　展宝卫　袁久亮　王安全　宗成泰
　　　　　亓　涛　王笃银　刘洪亮　周美广

《泰安年鉴》（2008）编审人员

主　　审　李洪峰

常务副主审　徐恩虎

副 主 审　孙运飞

主　　编　马　辉

副 主 编　王笃银　刘洪亮

常务副主编　周美广

编　　辑　赵　兵　戚淑娟　张云霞　李　鹏

数据审核　万传友　张吉峰

编 辑 说 明

1. 《泰安年鉴》是泰安市人民政府主办、泰安市地方史志办公室编辑的综合性、公报性、资料性新闻年刊，是全面记载泰安市情的大型资料性工具书。全书以邓小平理论和“三个代表”重要思想为指导，认真贯彻落实科学发展观，全面记载上年度全市政治、经济及各项社会事业发展的新情况、新进展、新变化，旨在为各级领导机关提供决策依据，为社会各界和人民群众提供信息资料，为建设、宣传、研究泰安服务。

2. 《泰安年鉴》每年出版一卷。本卷为总第18卷，文字资料时限为2007年1月1日至12月31日。为增强资料的时效性、新闻性，部分资料的时限适当下延或上溯，图片资料截至2008年12月。

3. 《泰安年鉴》采用分类编辑法。框架结构的主体由栏目、分目、条目三个层次组成，有的栏目增设子分目层次。以条目为基本记载单元，条目标题以黑体字加【 】标示。

4. 本卷《泰安年鉴》设26个栏目，依次为：特载、大事纪要、市情概况、政党·政务、政法·军事、经济管理、农业、工业·信息产业、建设·环保、泰山·旅游、民营经济·招商引资、开发区、国内贸易、对外经济贸易、交通·邮政、财政·税务、金融、科学技术·社会科学、教育、文化·体育、医药·卫生、社会生活、县市区、人物、统计资料和附录。

5. 《泰安年鉴》内容记载坚持以经济建设为中心。本卷进一步规范综述、概况等综合性条目内容，充实各栏目信息资料，强化工业经济、民营经济、招商引资、城市建设、旅游等各经济栏目的记载内容，并增加了图表，以增强资料性、实用性和可读性。本市资料为记载主体，载录少量外地资料，以供比较参考。

6. 为方便读者查阅，本卷进一步完善主题索引，适度增加了索引量。读者可以通过中文目录、英文目录、主题索引以及页眉和大事纪要等检索渠道查找所需信息资料。

7. 本卷资料和数据均由市直各部门、各县（市、区）及有关单位提供，并经负责人审核。全市综合性数据由市统计局提供或审定。增加值、绝对数均按当年价格，增长速度按可比价格计算。

8. 本卷年鉴的编辑出版得到了各有关部门、单位和社会各界的大力支持，在此表示深深的谢意。对书中存在的不足，祈盼读者雅正。

2008年12月

《泰安年鉴》（2008）单位审稿人名单

（以姓氏笔画为序）

于少华 于西银 万传友 马玉军 马泉裕 王 震 王田军 王成岩 王运海 王汶阳 王国胜
王季刚 王春秋 王林青 王笃成 王菊萌 王新慧 亓东芝 亓利群 亓宗宝 亓建国 尹衍祥
孔庆才 艾庆森 艾宪淮 石 磊 石占银 卢成义 冯光明 冯苏东 邢长彦 邢建忠 邢新华
吕占祥 朱宗穆 朱树椿 刘云生 刘玉勤 刘传国 刘兴强 刘灿云 刘忠义 刘建中 孙 波
孙同峰 孙爱萍 孙德常 苏有森 李 勇 李 超 李 强 李玉洋 李际山 李茂山 李诚实
李炳华 李爱国 李景文 杨辉苍 肖一祥 辛生业 宋益忠 张 平 张 杰 张 振 张 瞻
张 耀 张广旭 张广胜 张以和 张书盈 张玉刚 张玉海 张甲军 张兆雷 张明峰 张海甫
张焕昌 张献群 张德明 陈 刚 陈 强 陈权涛 陈宗库 周长城 周传平 周脉柱 庞建敏
庞泰新 郑祖刚 宗成泰 孟祥彬 赵玉镇 胡北云 胡立东 皇甫炳胜 姜云省 胥 明
姚 霆 姚同喜 姚志贤 袁久亮 袁成书 袁爱国 徐福林 殷永华 高为民 郭爱英 展延安
展宝卫 曹建安 常忠仁 崔拥军 崔耕和 彭忠喜 董伟刚 韩立忠 韩克双 韩朝福 程 明
程建达 蔺振友 裴建华 管相贵 谭业刚 滕先森 潘炳洲 霍广振

《泰安年鉴》（2008）单位中心撰稿人名单

（以姓氏笔画为序）

丁 婧 丁四兵 丁连厚 马 敏 马和睦 马富强 马增刚 王 戈 王 忠 王 彬 王 斌
王 强 王 筱 王 磊 王广浩 王延耀 王庆涛 王岐刚 王海涛 王家民 亓慧亭 车文翔
尹 健 左绪刚 石锡波 石静山 卢晓堂 田承军 付立新 巩相会 乔 鹏 任延勇 刘 国
刘玉朴 刘汉文 刘永辉 刘西华 刘希欣 刘昌会 刘和宝 刘姗姗 刘彦涛 刘锦多 刘增喜
米 峰 江守栋 池庆喜 安 鲁 许兆宝 孙 莉 孙 磊 孙丰军 孙圆景 杜秀芝 杜荣立
杜继祥 李 全 李 晨 李 辉 李 强 李 盟 李正国 李言奎 李国庆 李新民 李慧星
李耀德 杨 灏 杨成栋 杨光明 杨其伦 杨金巨 杨森林 杨福中 吴 强 吴士峰 吴克欣
吴钦业 邹 剑 辛振华 宋 斌 张 正 张 尧 张 军 张 峰 张 涛 张 斌 张 鹏
张仁新 张在友 张传洲 张庆安 张昌华 张学亮 张建之 张春华 张俊敏 张洪谱 张洪燕
张贺玲 张烈泉 张浩三 陈连明 陈学文 陈宝英 陈洪震 武学勤 欧阳宏飞 明立东
明志国 罗雪莲 岳安玉 金传龙 周 真 周长顺 周留洋 单光启 封彦君 赵 冲 赵中阳
赵代胜 赵先法 赵绪春 胡淑芳 段晓楠 袁玉强 袁恒常 耿化勇 聂兆梓 徐学义 徐胜林
殷文文 高 健 高 萍 高 敏 高 超 郭志刚 戚 锋 梁颖颖 蒋 钰 蒋志虔 韩 念
韩大平 韩盛涛 程 鹏 程元鹏 温培思 谭鸿岩 翟清铎 薛 华 鞠 伟 瞿祥耀

2008 年 10 月 31 日，国务委员、公安部部长孟建柱（前排右四）到泰安视察工作 （李鹏 摄）

2007年10月10日，全国政协副主席、全国工商联主席黄孟复（中）到泰安视察工作

2008年2月1日，山东省委书记李建国（中）到泰安看望农村老党员　　（徐国新　摄）

2008 年 5 月 12～13 日，山东省委书记姜异康（前排右一）到泰安检查指导工作　（李明　摄）

2008 年 4 月 8 日，山东省委副书记、省长姜大明（前排左一）检查东平湖防汛工作　（徐国新　摄）

2008 年 4 月 15 日，市委书记杨鲁豫（前排右一）检查重点项目建设　　（徐国新　摄）

2008 年 5 月 8 日，市委副书记、市长李洪峰（中）到基层指导工作　　（徐国新　摄）

2008 年 7 月 23 日，市政协主席高儒林（右一）带领市政协委员到泰山区视察农业发展情况（孙文献　摄）

2008 年 8 月 29 日，市人大常委会党组书记、副主任唐家品（右二）带领市人大代表到基层视察（王文英　摄）

2008 年 4 月 11 日，市委召开继续解放思想推进科学发展学习教育活动动员大会。图为大会主会场

（李明　司刚　摄）

“学教”活动督导组送教材到建设工地

（杨森林　摄）

2008年4～6月，全市开展继续解放思想推进科学发展学习教育活动。活动分“加强学习 提高认识”、“深入调研 查找问题”、“制定措施 认真整改”、“检查验收 巩固成果”4个阶段进行。活动中，突出领导带头，发挥领导班子、领导干部的表率作用；强化理论学习，用科学发展观武装头脑；广泛发扬民主，认真征求社会各方面意见；开展调查研究，找准制约发展的突出问题；坚持边整边改，确保学习教育活动见到实效。市县两级共召开座谈会1200多次，发放征求意见表12.1万份，全市共征集意见建议17058条，其中向市里提出5776条，通过新闻媒体建言献策1700余条；市委学习教育活动办公室向社会各界发放调查问卷6000余份，集中征求了社会各方面的意见和建议。共梳理出发展环境、工业、旅游业、改善民生、招商引资、“三农”、文化产业、城市规划建设管理、节能减排和环保、思想作风建设和干部队伍建设等十个方面的意见建议。

通过学习教育活动，各级各部门各单位认真贯彻市委部署，扎实工作，务求实效，达到了“创新发展理念、创新发展思路、创新发展举措、创新领导方法，树立忧患意识、树立争先意识、树立优化意识、树立务实意识，提高境界、提高标准、提高效率、提高创业能力”的目的。

通过开展学习教育活动，广大党员干部群众普遍受到一次科学发展观教育，学习实践科学发展观的自觉性坚定性进一步增强；干部队伍的思想境界和精神面貌有了明显改善，干事创业、争先进位的氛围更加浓厚；一些影响科学发展的突出问题和群众关注的热点问题得到初步解决，在密切党群干群关系、转变工作作风上取得明显成效。学习教育活动与促进各项工作紧密结合，经济建设和社会事业实现了新进展。

工商管理人员在商场征求意见 （张雷 摄）

△市委书记杨鲁豫展示火炬

△市委副书记、市长李洪峰向奥运官员赠送纪念品

2008年7月22日，北京奥运火炬成功在泰安市传递。11时30分，北京2008年奥运火炬接力山东省泰安市起跑仪式正式开始。北京2008奥运会组委会圣火使者郭敏，山东省人民政府副省长黄胜，市委书记杨鲁豫，市委副书记、市长李洪峰，市委副书记黄龙华以及省直、市直有关部门领导出席起跑和结束仪式。火炬

△市委副书记黄龙华宣布北京2008奥运火炬接力在泰安的传递圆满结束

△毕文静点燃圣火盆　　（武哲　摄）

传递行程约6公里，运行火炬手120名，护跑手32名，平均每名火炬手传递距离50米。12时58分，奥运会火炬接力在泰安市的传递圆满结束。13时50分，北京奥运圣火登上泰山十八盘和泰山南天门，向世界展示奥林匹克精神。

△奥运圣火登上中华泰山　　（李英　摄）

2008年5月12日四川省汶川县发生强烈地震灾害后，泰安市各级迅速行动，积极开展抗震救灾援建工作。前方道路抢修、医疗救助、物资援建紧张进行，后方捐款捐物，全力支援。选派590名公安、消防、医疗卫生、建设系统干部职

市委书记杨鲁豫赴救灾前线看望援建人员 （姚文涛　摄）

泰安健儿奋战在救援一线

工赶赴灾区参加抢险救灾、灾后重建和维护稳定等工作。截至年底，参加救灾捐赠的干部群众360万人，捐款捐物达1.32亿元，其中捐款1.1亿元；捐赠棉衣棉被5.7万件；全市1.7万名共产党员自愿交纳特殊党费3207.12万元，对口支援北川县墩上乡重建工作顺利推进。抗震救灾斗争充分展示了泰安人民的大局意识和奉献精神。

市委副书记、市长李洪峰等领导同志视察支援灾区活动板房生产情况

救灾物资装车待运

5月14日，在市政大楼举行集中捐款仪式

6月25日，泰安援建北川羌族自治县墩上乡泰山希望小学复课仪式举行

卫生防疫人员在灾区检测水源

△市委书记杨鲁豫察看环山路建设情况　　（武哲　摄）

环山路是泰山的保护线、泰城重要的交通线、泰山重要的旅游线和代表泰安形象的景观线，对城市建设管理、提升城市形象、发展旅游产业有巨大的推动作用。市委、市政府科学决策，将环山路东段建设工程列为2008年重点建设项目，精心组织，周密部署，高标准、高质量、高水平建设。经过3个月的紧张施工，于11月6日正式通车，受到社会各界的一致好评。

泰山环山路东起泰明路，西至桃花峪西路口，全长19.6公里，其中东段从泰明路至红门路长6公里。年内完成的东段工程共征地拆迁860户，完成土石方挖运、回填50万立方米，垒砌挡土墙2.2万立方米，完成爆破15万立方米，敷设各类管线1万米，铺筑稳定砂9万平方米、沥青面层8.6万平方米，桥梁砌筑6000立方米。

△施工现场　　（杨森林　摄）

环山路东段通车，受到广大市民热烈欢迎

（冯 毅 摄）

△环山路东段规划设计图

△山东省委副书记、省长姜大明（前排左一），广东省委副书记、深圳市委书记刘玉浦（前排左二），市委书记杨鲁豫（前排左四）听取泰山方特欢乐世界项目情况汇报

2008年12月27日，泰山方特欢乐世界项目隆重举行开工仪式。该项目由深圳华强集团方特投资发展有限公司、泰安泰岳旅游科技有限公司和泰安志高实业有限公司联合投资建设，是国内最大、科技含量最高的第四代文化产业主题公园。主要建设方特乐园、恐龙危机、生命起源、神秘河谷、魔幻剧场等30多个高科技娱乐项目。综合运用声、光、电、数字技术、自动控制、人工智能等高科技手段，向游客展示包括泰山文化在内的中华五千年文化。游客可以在虚实结合、亦真亦幻、动感交互的体验项目中，感受现代科技与历史文化水乳交融的独特魅力。规划面积40万平方米，项目总投资20亿元，设计年接待游客量400万人次，可安置1500人就业，年实现利税3亿元。

山东省委副书记、省长姜大明，广东省委副书记、深圳市委书记刘玉浦，山东省副省长才利民，市领导杨鲁豫、李洪峰、黄龙华、高儒林，华强集团董事长、总裁梁光伟，泰安志高实业有限责任公司董事长江东廷出席开工仪式。

△2008年12月27日，泰山方特欢乐世界开工建设 （武哲 摄影）

2008年,全市各级认真贯彻落实市委提出的“一三四五”(明确一个目标：建设经济文化强市、打造国际旅游名城；统筹发展三大产业：巩固加强农业,做强做大工业,提升以旅游为龙头的服务业；实施四大战略：实施人才强市、文化兴市、全民创业、城市一体化战略；做到五个坚定不移：坚定不移地解放思想、深化改革扩大开放、优化发展环境、改善民生促进和谐、促进可持续发展）的总体要求，积极推进招商引资，以项目建设促结构优化、促自主创新、促节能减排、促财源建设，出现了新上项目多、投资规模大、建设速度快、科技含量高、涉及区域广、综合效益好的项目建设新局面。

2008年，全市规模以上固定资产投资完成802亿元，增长25.6%。全市确定的103个投资亿元以上的重点建设项目完成投资296.7亿元，占年度计划投资的108.2%。策划新上了一批符合国家产业政策、促进结构调整、能持续提供税源、有利于增加就业的好项目。

△鲁能泰山电力设备公司1000KV变压器、电抗器技术改造项目总投资5.89亿元，2007年2月项目开工，2008年2月，一期工程竣工

△2007年12月，泰安广播电视中心大楼建成并投入使用，总投资1.2亿元，建筑面积2.6万平方米。是集办公、节目制作、发射和传输为一体的现代化广播电视中心

△山东煤机集团总部及生产基地落户泰安高新技术开发区，计划投资6.5亿元，占地26.7公顷，建筑面积9.97万平方米。2007年3月开工建设，2008年9月一期工程竣工

△2008中国泰安投资合作洽谈会于9月7日上午在市政大楼举行

△2008年9月6日，吕远作品音乐会在天外村广场举行

2008年9月6～9日，第22届泰山国际登山节举行。该届登山节安排了开幕式暨吕远作品音乐会、2008中国泰安投资合作洽谈会、2008台湾工商精英泰山行、第13届全国全民健身登泰山比赛暨国际邀请赛、中日友好环泰山健身跑、2008中国千家旅行社泰山会盟、“祈福迎祥·国泰民安”大法会和2008金秋旅游文化车房展等主题活动。来自国内外207支代表队的2383名运动员参加登泰山比赛，国内外客商562家、800余人参加投资合作洽谈会。

△登泰山健身跑，人潮如涌

△壮心不移，志在攀登

△2008年9月7日上午，参加登泰山比赛的运动员从起点向泰山进发

（李明　摄）

蓝天、碧水、青山、绿色家园

围绕打造国际旅游名城的目标要求，高起点规划、高标准建设、高水平管理，创新城市发展理念。重点抓好两线（时代发展线、历史文化轴线）、两带（沿山景观带、泮河景观带）等城市建设重点工程，改善人居环境，提升城市发展水平。

（张仁东 摄）

山东泰安供电公司

SHANDONG TAIAN POWER SUPPLY COMPANY

泰安供电公司是国家大型供电企业，担负着泰安市6个县（市、区）、7762平方公里、560万人口及工矿企事业单位的电力供应。公司有职工1057人，设16个职能部室，8个生产经营车间，代管肥城、新泰、宁阳、东平4个（县）市供电公司。泰安电网网架以220千伏输电线路为骨干，网内有500千伏变电站1座，所属35千伏及以上变电站50座，其中220千伏变电站9座、110千伏变电站23座、35千伏变电站18座，变电总容量453.45万kVA，全部实现了无人值守。35千伏及以上输电线路共98条，总长度为1447.33公里。2007年，公司售电量完成86.27亿千瓦时。

近年来，在泰安市委、市政府和山东电力集团公司的正确领导下，坚持以安全稳定为基础，以经济效益为中心，以改革发展为动力，以电网建设为突破，开拓创新，扎实工作，各项工作取得了显著成绩。安全生产保持良好局面，截至2008年5月31日，公司实现连续安全生产3546天。优质服务水平大幅度提高，连续三年获得泰安市行风评议第一名。公司先后荣获全国“五一”劳动奖状、集团公司先进企业、先进基层党委、山东省劳动关系和谐企业等荣誉称号。

登塔作业

营业厅全景

95598 客服大厅

为泰山更换新电缆

在泰山天街向游客宣传“真情彩虹、和谐山东”优质服务理念　提高安全素质、质量素质、效益素质、科技素质、队伍素质

中国建设银行
China Construction Bank

支持企业发展

中国建设银行股

泰山龙卡发行

齐鲁龙卡新闻发布会

投资理财交流会

投资理财报告会

行长 孙飙

中国建设银行泰安分行是中国建设银行在泰安市的分支机构，拥有1183名员工、45个营业机构。该行以科学发展观为指导，立足地方经济发展实际，锐意进取，大胆探索，强化市场营销，提高价值创造能力，在支持地方经济发展的同时，自身各项业务实现了健康快速发展。截至2007年底，存款余额101.12亿元，贷款余额62.09亿元，不良资产率0.97%。先后被授予市委市政府“文明单位”、“文明行业”、创建文明行业“示范点”、“文明诚信金融单位”和省级“职业道德建设先进单位”等荣誉称号。

突出业务特色 完善金融服务功能 坚持“以市场为导向，以客户为中心”的经营思路，秉承“不断创新，追求卓越”的企业文化理念，积极推进信息科技发展和金融创新，在中长期融资、零售业务、房地产信贷业务、工程造价咨

乒乓球比赛

服务大众生活

份有限公司泰安分行

询业务等领域形成了独特的品牌和优势，逐步建立了公司业务、个人业务、中间业务、房地产金融业务、国际业务、网上银行业务等综合业务体系，陆续推出了“乐当家”理财卡、“利得盈”“汇得盈”理财产品、龙卡汽车卡、中小企业“成长之路”贷款、财务顾问、企业年金托管、债务管理、资产证券化等新的业务品种。2006年与泰山管委联合推出全国建行系统第一张风景名胜龙卡——泰山龙卡，以泰山标志性景观为卡面背景，在全世界范围内通用，有利于进一步传播泰山文化。

融入地方经济　支持地方经济发展　积极响应市委、市政府建设“经济文化强市”的号召，以服务地方经济建设、服务百姓生活为己任，认真结合国家产业政策和泰安市经济发展实际，适时调整和优化信贷投向，不断加大对泰安市企业的信贷支持力度。2003～2007年间，累计向全市企业发放各类贷款260多亿元，新发放贷款2007年比2002年增长33亿元，年均增幅21%。全力以赴支持地方招商引资工作，为到泰安投资企业做好各项金融服务；积极提供贷款、结算、电子银行业务等支持，为营造“投资泰安、稳如泰山”的金融生态环境作出了应有的贡献。

强化基础管理　提高内控水平　不断探索符合市场经济规律的现代商业银行经营管理模式，按照监管部门和上级行加强风险防范、完善基础管理以及创建金融生态区的工作部署，着眼于建立和完善市场化的资源配置模式和现代金融企业制度，逐步建立完善的内部控制体系和风险防范体系，实现了速度与结构、质量、效益相统一的健康稳定发展。

“雄关漫道真如铁，而今迈步从头越”。站在历史的新起点，建设银行泰安分行将按照又好又快的科学发展要求，继续解放思想，推进科学发展，为支持全市经济发展做出新的更大的贡献。

雷锋战友参观该行学雷锋基地

徂徕山植树活动

规范服务擂台赛

刷龙卡赠年夜饭活动

职工运动会

龙卡抽奖

泰安市地方史志工作剪影

2008年4月18日，全市地方史志工作暨表彰先进会议召开。省史志办主任刘秋增，市人大副主任杜卓群，市政府副市长徐恩虎，市政协副主席谢崇国出席会议

2008年4月28日，省史志办主任刘秋增到泰山区、岱岳区检查调研依法修志和开发利用史志资源情况，市政府副市长徐恩虎陪同

2008年9月8日，《泰安市志（1985～2002）》通过省史志编委会终审。省史志办主任、省史志编委会副主任刘秋增反馈终审意见，市政府副市长徐恩虎出席会议

2008年12月9日，全省贯彻《地方志书质量规定》研讨会在泰安召开。省史志办主任刘秋增、副主任王文恒、市政府副市长徐恩虎出席会议

2008年6月5日，《泰安年鉴》工作会议召开。市政府副市长徐恩虎、市政协副主席赵成道、市人大特邀咨询王尹成出席会议

2008年5月8日，市地方史志编纂委员会、泰安市市情研究会举办首场泰安市情报告会。泰安市情研究会副会长、泰山学院副研究员周郢作了《泰山·泰安：历史名山与文化古城》的报告。市政府副市长徐恩虎、市政协副主席于连荣参加报告会

目　录

特　　载

大事纪要

市情概况

政党·政务

政法·军事

经济管理

农　　业

工业·信息产业

建设·环保

泰山·旅游

民营经济·招商引资

开 发 区

国内贸易

对外经济贸易

交通·邮政

财政·税务

金　融

科学技术·社会科学

教　育

文化·体育

医药·卫生

社会生活

县 市 区

人　物

统计资料

附 录

CONTENTS

Economic Management

Agriculture

Industry and Information Business

Construction and Environmental Protection

Mount Tai and Tourist

Private Economy and Investment

Development Zones

Internal Trade

External Trade

Transportation and Postal Service

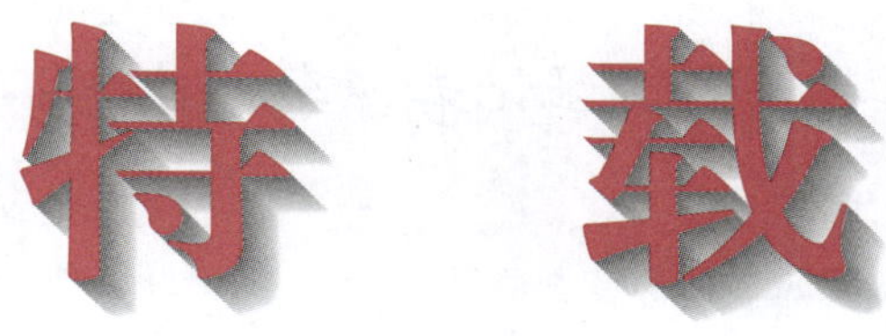

国务院关于同意将山东省泰安市列为国家历史文化名城的批复

国函〔2007〕25号

山东省人民政府：

你省《关于申请将泰安市列为国家历史文化名城的请示》（鲁政发〔2006〕30号）收悉。现批复如下：

一、同意将泰安市列为国家历史文化名城。

二、泰安市城市发展历史悠久，文化遗存丰富，历史遗迹保护较好，自然风光雄伟壮丽，具有重要的历史、科学、艺术价值。泰安市“山城相依、山城一体”的格局独具特色。

三、你省及泰安市人民政府要根据本批复精神，在充分研究城市发展历史和传统风貌的基础上，正确处理保护与发展的关系，编制历史文化名城保护规划，保护好城市的历史文化轴线，处理好山和城的关系。在历史文化名城保护规划的基础上，编制重点保护地段的详细规划，保护好现存的历史文化遗产。不得进行任何与历史文化名城环境和风貌不相协调的建设活动。

四、你省和建设部、国家文物局要加强对泰安市国家历史文化名城规划、保护工作的指导、监督和检查。

国　务　院

二〇〇七年三月九日

泰山精神就是民族精神

新华社记者　李　斌

(2007年）8月6日是季羡林先生的96岁寿辰。8月3日下午4时30分左右，中共中央政治局常委、国务院总理温家宝来到解放军总医院康复楼，为他祝寿。这已是温家宝2003年以来第四次看望这位精通多种语言的翻译家、文学家和教育家。

干净整洁的病房里，摆放着温家宝赠送的君子兰，绿意盎然。“您送给我的手写的《牛棚杂忆》很宝贵，字工工整整，非常认真，一丝不苟。”温家宝告诉身着红色中式绸装的季羡林，“我每次来都深得教益，去年咱们谈的‘和谐’，您提出人要自身和谐，我向中央作了反映，中央全会决定里就吸收了您的意见。”

看到季羡林精神不错，听说他每天坚持写东西、听人读报纸，而且乐观坚信自己能活到茶寿108岁，温家宝十分高兴。他说：“最近，我看您讲良知、良能。我认为，这是知和行的统一观，也是人的品德和能力的统一，这个思想很深刻。”

温家宝说：“我喜欢看您的散文，讲的都是真心话。您说自己一生有两个优点：一是出身贫寒，一生刻苦；二是讲真话。对吧？”

“要说真话，不讲假话。假话全不讲，真话不全讲。”

“就是不一定把所有的话都说出来，但说出来的话一定是真话。”

“我快一百岁了，活这么久值得。因为尽管国家有这样那样不可避免的问题，但现在总的是人和政通、海晏河清。”

“我们做的不够，还要多努力，把工作做好。您也要把身体保重得更好，多看些年。”

温家宝谈起季老送给他的一篇文章《泰山颂》。温家宝说：“写得很好。文章感人，而且有气势。您大概从小就对泰山很喜欢？”

“我的家乡在山东。泰山的精神实际上就是中华民族的精神。”

“对，这篇文章实际上就是民族颂。”温家宝表示赞同。

“最后两句话是——‘国之魂魄，民之肝胆，屹立东方，亿万斯年’。人民的灵魂，百姓的脊梁，中华民族大有前途。”季老饶有兴致地说。

“对，季先生讲的就是民族精神。”

病房里，宾主相谈甚欢。临走时，温家宝真诚地嘱托季老保重身体。

（新华社北京8月5日电，《人民日报》2007年8月6日第1版）

建设经济文化强市 打造国际旅游名城※

（2008 年 8 月 1 日）

中共泰安市委书记 杨鲁豫

同志们：

这次市委工作会议的主要任务是，传达贯彻省委工作会议精神，总结上半年的工作，分析研究面临的形势，安排下半年工作任务，对建设经济文化强市作出部署。洪峰同志还将深入分析当前的经济形势并就下一步工作作出部署。各级各部门要认真领会，切实抓好贯彻落实。

7 月 26 日至 28 日召开的省委工作会议，是在国内外形势出现许多新情况新变化，我省经济社会发展进入关键时期召开的一次十分重要的会议。姜异康书记的讲话，着重就全面贯彻党的十七大精神和胡锦涛总书记等中央领导同志的重要指示，深入贯彻落实科学发展观，加快推进经济文化强省建设作出了全面部署，明确提出了推进经济文化强省建设的总体要求、目标任务、工作着力点和努力解决的重大问题。姜大明省长的讲话，回顾总结了全省经济社会发展情况，着重分析了目前经济社会发展面临的突出矛盾和问题，部署了下半年要全力抓好“稳增长、控物价、调结构、增效益、促民生、保稳定”等六个方面的重点工作。会议作出的推进经济文化强省建设的战略举措，既符合中央要求，又符合山东实际，在保持工作连续性的同时，又有新发展和新突破，为我们做好今后工作指明了方向。我们一定要认真学习领会，紧密结合泰安实际，切实抓好贯彻落实，全力推进经济文化强市建设。

一、正确分析把握当前形势，切实增强紧迫感、危机感和责任感

今年以来，在省委、省政府的正确领导下，全市各级深入贯彻科学发展观，认真学习领会胡锦涛总书记对山东工作的重要指示，认真落实省委、省政府的工作部署，坚定信心，迎接挑战，扎实工作，克服困难，各项工作都取得了新进展。继续解放思想推进科学发展学习教育活动取得明显成效，支援抗震救灾工作取得重要阶段性胜利，奥运火炬传递安全、热烈、顺利、圆满，泰城环境综合整治和创建文明城市工作扎实推进，关注民生改善民生工作取得新的进展，文化建设进一步得到重视和加强，全市经济保持了平稳较快发展势头。上半年，全市实现生产总值 712 亿元，同比增长 15.1%；地方财政收入 48.2 亿元，增长 28.3%；固定资产投资 349 亿元，增长 26.1%，产业结构、税费结构不断优化，夏粮单产总产创历史最高水平，城乡居民收入增长较快。在今年经济社会发展面临形势比较严峻复杂的情况下，取得这样的成绩是不容易的，全市各级各部门和广大党员干部群众为此付出了艰辛的努力。在充分肯定成绩的同时，我们更要认清当前的经济形势，认清存在的问题和差距，认清各地发展的竞争态势，跳出泰安看泰安，在更大范围内审视自己，切实增强发展的紧迫感、危机感和责任感。

*一是宏观经济形势严峻，挑战与机遇并存。*今年是一个特殊的年份，也是经济发展遇到困难最多的一年。主要是，世界经济增长放缓，国际金融市场不稳定性增加；国内煤电油运供应紧张，能源原材料价格大幅度上升，全面通胀压力增大；部分企业、受控行业融资难度加大，企业经营困难；部分产品出口困难增加，外向型经济发展受到制约；农业稳定发展、农民持续增收的不利因素增多。受此影响，许多地区上半年经济增长幅度都出现了回落，而且这种影响是普遍的，经济发展面临的困难前所未有，挑战前所未有。尽管当前经济运行中存在不少矛盾和困难，但支撑经济平稳较快健康发展的基本条件没有变，整个经济形势的大环境没有变，总体来说机遇大于挑战。我们既要把面临的困难想的更全面、估计的更充分一些，又要坚定战胜困难的信心和决心，充分看到顺境是机遇，困难中也有机遇。关键是变压力为动力，变挑战为机遇，紧紧抓住和用好重要战略机遇期，努力

※本文系杨鲁豫同志在中共泰安市委工作会议上的讲话。题目为编者所加

推动经济社会又好又快发展。

二是我市经济发展存在许多薄弱环节，竞争面临很大压力。我市在经济发展上，自己和自己比虽然增幅较大，但经济总量和人均占有还比较低；主导产业相对明显，但大企业大集团偏少；资源、区位、交通、科教优势明显，但深度开发利用不够；总体发展较快，但发展不平衡问题突出；劳动力资源丰富，但创业意识、创业能力还不够强。从省委工作会议各市交流的情况看，许多兄弟市不断推出新举措，重大项目不断落地开工，发展势头非常强劲。一些过去与我们差不多甚至不如我们的市，主要经济指标增幅与我市相当甚至高于我市；有的发展速度虽然不如我市，但他们基数大，增量仍大大高于我市。从目前情况看，我市的发展只能说是跟上了全省的步伐，主要指标并不是很突出。对此，全市上下必须有深刻而清醒的认识，毫不动摇地坚持以经济建设为中心，下定决心，坚定信心，迎接挑战，攻坚破难，勇于与基数大的地方比增量，与基数小的地方比增速，在加快发展中缩小差距、赶超先进。

三是与建设经济文化强省、强市要求相比，我市文化建设任重道远。泰山是世界文化自然遗产，泰安是国家历史文化名城，还是山东高校比较集中的地方之一，文化、旅游、教育、科技资源比较丰富，可以说是文化资源大市，推动文化大发展大繁荣具有良好的基础和条件。近年来，我市文化产业虽然有了一定发展，但总体上还滞后于经济社会发展，存在着文化产业观念落后、发展规划相对滞后、产业结构不够合理、基础设施比较薄弱、管理体制尚不完善、专业人才十分匮乏等方面的问题，文化产业对经济增长的贡献率还比较低，这与我们文化资源大市的地位是不相称的，与人民群众迅速增长的精神文化需求也是不相适应的，与经济文化强市的要求还有很大距离。实现由文化资源大市向文化强市的跨越，还需要我们进行长期不懈的努力。

二、坚持统筹兼顾，全力推进经济文化强市建设

根据党的十七大精神，落实省委推进经济文化强省建设的新要求，顺应全市人民又好又快、更好更快发展的新期待，在市第九次党代会基础上，研究确定推进经济文化强市建设的总体要求是：明确“一个目标”，统筹发展“三大产业”，实施“四大战略”，做到“五个坚定不移”。

（一）明确一个目标：就是按照科学发展观要求，贯彻省委决策部署，以解放思想为先导，以改革创新为动力，以转变发展方式为根本途径，以营造良好环境为保障，努力实现又好又快、更好更快发展，建设经济文化强市、打造国际旅游名城。这一奋斗目标，体现了科学发展观的本质要求，体现了省委工作会议精神，体现了泰安的城市特色定位，体现了市委工作思路的连续性和创新发展。我们一定要提升境界、提高标准，不甘落后、奋勇争先，向着“强市”努力，向着“名城”迈进。

（二）统筹发展三大产业：就是坚持好字当头、好中求快，转变发展方式，优化经济结构，破解发展难题，提高经济效益，巩固加强农业，做强做大工业，提升发展以旅游为龙头的服务业，提高国民经济各产业素质，做好“新、特、优”文章，构筑具有泰安特色的现代产业体系，推动产业结构优化升级。统筹发展，就是要防止在经济发展上厚此薄彼，以更宽广的眼光和开阔的视野看待农业、工业、旅游服务业的发展，看待投资、出口、消费各自的作用，依靠第一、第二、第三产业协同带动发展，依靠消费、投资、出口协同拉动增长；统筹发展也不是平均用力，而是因地制宜，选好突破口，找准着力点，使强项更强、弱项变强，实现全面协调发展，大幅度地提高科技进步对经济增长的贡献率，提高农业现代化程度，提高制造业发展水平，提高旅游服务业在国民经济中的比重，提高产业的集中度和竞争力。

一是巩固加强农业。以增加农民收入为核心，以发展现代农业为首要任务，全面提高农业综合生产能力、农产品竞争能力和农村经济可持续发展能力。在不放松粮食生产前提下，做大有机蔬菜、奶牛养殖、苗木花卉三大“亮点”，培植优质粮、蔬菜、干鲜果、畜禽、苗木花卉、桑蚕6大产业，壮大畜禽养殖加工、蔬菜加工贮销、乳品加工、果品木材加工、桑蚕加工等产业链条，提高农业综合效益。大力发展农村二三产业，多渠道转移农村劳动力，落实各项支农惠农政策。加强农村基础建设，改善农民生产生活环境，建立完善广覆盖、公益性、社会化的服务基础设施，巩固和拓展农村通油路、通自来水、普及沼气和新型农村合作医疗成果。

二是做强做大工业。坚持走新型工业化道路，着力推进自主创新，加快培植一批创新型企业、企业技术中心、省以上名牌和著名、驰名商标。培植壮大输变电设备、汽车及零部件、无机非金属材料、精细化工、食品饮料等优势产业，用高新技术改造提升传统产业，加大技术改造投入，鼓励企业走技术创新和技术改造的发展路子，打造一批销售收入过“百亿”的大企业。坚持“抓大”与“促小”并举，延长产业链，壮大产业集群，培养一大批成长性强、对财税贡献大的中小企业。引导企业加强内部管理，积极开拓市场，降低生产成本，提高经济效益。进一步完善政策，对招商引资企业和本地企业一视同仁，在积极引进外来投资者的同时，扶持本地企业做强做大。

三是提升发展以旅游为龙头的服务业。按照“融合济南、辐射全省，对接京沪、面向全国，拓展海外、放眼世界”的要求，做好“吸引人、留住人”的文章，努力把旅游业培植成为我市的支柱产业。挖掘泰山旅游的潜力，瞄准最先进景区，做好市场主体培育、遗产保护、经营管理、旅游促销等工作，使泰山旅游真正与泰山的地位相适应。做好大泰山旅游圈规划，策划建设一批新的旅游项目。按照“吸引人靠山、留住人靠城”的思路，新建一批星级酒店和汽车旅馆，繁荣发展餐饮娱乐业，打造娱乐街、购物街、美食街，提高旅游各要素服务水平，变单一观光型旅游为观光休闲度假型旅游。高度重视服务业特别是现代服务业对产业结构优化升级的促进作用，认真落实促进服务业发展的各项政策，鼓励、支持、引导各类社会资本进入服务业领域。加快服务业载体建设，重点抓好一批服务业集聚区和大型商贸流通企业和品牌。

（三）实施四大战略：就是实施人才强市、文化兴市、全民创业、城乡一体化战略。

一是实施人才强市战略。人才兴则泰安兴，人才强则泰安强。要牢固树立人才是第一资源的观念，以科学的人才观为指导，紧紧抓住培养、引进和使用三个关键环节。突出抓好党政人才队伍建设，加强和改进干部教育培训工作，强化理论武装和实践锻炼，不断提高执政能力和领导水平。统筹抓好企业经营管理人才、专业技术人才、高技能人才、农村实用人才队伍建设，培养造就一批各条战线的领军人物。加强与国内高校、科研机构特别是驻泰高校的合作，充分利用驻泰单位的高端人才为我市发展服务，为他们在我市创业提供支持和服务。要形成有利于人才成长、人尽其才的良好环境，推进人才培养、评价、选拔、流动、激励、保障等机制建设，形成良好的体制环境、政策环境、人文环境、学术环境和创业环境。

二是实施文化兴市战略。像重视经济建设那样重视文化建设，像努力建设经济强市那样致力于建设文化强市。认真落实市委、市政府《关于推动文化大发展大繁荣的意见》，加快推进社会主义核心价值体系建设，实施文化建设“八大工程”，实现由文化资源大市向文化强市的跨越。积极推进文化体制改革，培育发展文化市场主体，健全现代文化市场体系。加大投入，抓好重点文化设施建设，提高公共文化产品和服务供给能力，健全覆盖全社会的公共文化服务体系。开展对泰山文化的挖掘和研究，着力打造泰山文化品牌，推动泰山文化走向全国、走向世界。创新发展文化产业，发展新的文化业态，特别是把文化项目建设与旅游服务业紧密结合起来，建设一批科技含量高、附加值高的文化产业项目，形成具有泰安特色的文化产业体系。打造以泰山文化为品牌的泰山文化产业聚集区，建设水浒文化、大汶口文化、徂徕山生态休闲文化、莲花山宗教文化等旅游文化产业集群。培育泰山国际登山节、东岳庙会、肥城桃花节、宁阳蟋蟀节等文化节庆品牌项目。

三是实施全民创业战略。创业是发展之源、富民之本、和谐之基。建设经济文化强市，必须集中最广大的民智民力，激发全社会的创业活力，形成竞相创业的生动局面。要加强对全民创业的培训和指导，提高人民群众的创业能力，引导城乡群众发挥自身优势，宜工则工、宜农则农、宜商则商，自力更生，奋发创业。要强化全民创业的政策服务，进一步完善创业政策，拓宽创业领域，降低创业门槛，增加创业机会，推进多种形式的创业活动。健全劳动、资本、技术、管理等生产要素按贡献参与分配的体制机制，建立健全扶持创业的金融、信息、技术、市场服务体系。各职能部门、各群众团体，都要结合自己的职责，研究制定有利于全民创业的鼓励措施。在全社会弘扬创业精神，大力倡导劳动光荣、创业光荣，营造自主创业、艰苦创业、和谐创业的社会风尚。认真总结培养宣传典型，对事迹突出的创业者，经济上给予奖励，政治上给予荣誉，激发全民创业热情，掀起全民创业高潮。

四是实施城乡一体化战略。城乡一体协调发展，是落实科学发展观的要求，是解决好“三农”问题、实现城乡共同繁荣的必由之路，也是城市化发展的一个新阶段。要建立起以泰城、县级城市、小城镇相结合的三级城镇体系，形成布局合理、功能协调的城镇格局。要进一步强化泰城的中心城市地位，明确不求最大但求最佳的思想，坚持高起点规划、高标准建设、高效能管理，建设特色魅力城市。坚持集中连片开发，做到开发一片、完善一片。老城区重点恢复建设历史文化轴线，提高基础设施配套能力，加强风貌和环境建设。新城区重点搞好时代发展线二期、长城路区片、京沪高铁车站组团、城中村改造和路网、管网、河网建设等工程。巩固扩大城市综合整治和文明城市创建成果，着重在建立长效管理机制上下功夫。新泰、肥城、宁阳、东平4个县级城市，要按照强化中心、重点推进的原则，因地制宜，合理规划，搞好交通通讯、文化教育、医疗卫生、商服居住等设施建设，增加市场容量和就业机会，适度扩大城市规模，强化城市功能，提高承载能力。要按照突出特色、注重功能、因地制宜、量力而行的原则，加快一般建制镇的发展。坚持基础设施先行，搞好农村水电路和村庄规划建设。完善城乡一体化建设的制度和政策，做到城乡产业发展一体化布局、基础设施一体化建设、社会事业一体化发展、生产要素市场一体化流动、社会保障制度一体化建立。

（四）做到五个坚定不移：就是坚定不移地解放思想，坚定不移地深化改革扩大开放，坚定不移地优化发展环境，坚定不移地改善民生促进和谐，坚定不移地促进可持续发展。

一是坚定不移地解放思想。解放思想是一个永恒主题，科学发展是一项长期任务。要把解放思想作为推动一切工作的“总阀门”，在党的创新理论指导下，根据时代的要求和实践的需要，持续不断地解放思想、更新观念，经常审视自我，超越自我，善于扬弃，勇于创新，从传统发展观念的束缚中解放出来，从以往成绩经验模式的局限中解放出来，从过时的条条框框阻碍中解放出来，从部门权力、局部利益的羁绊中解放出来，进一步增强科学发展的观念、“争先进位”的观念、无功也是过的观念、改革创新的观念、质量效益的观念、服务大局的观念，继续推进发展理念、发展思路、发展举措和领导方法的创新，实现思想境界、工作标准、工作效率和创业能力的提高。

二是坚定不移地深化改革扩大开放。要以纪念改革开放30周年为契机，更加坚定地深化改革扩大开放。继续深化和推进国有企业改革、财税制度改革、投融资体制改革、农村综合改革、城市综合管理体制改革等，落实好上级改革的各项部署。进一步拓展对外开放的广度和深度，充分利用国内国际两个市场、两种资源，认真研究国内外资本流动的特点，积极主动承接发达地区的产业转移，大规模地提高利用外资的规模和水平。充分发挥高新区和各类开发区、园区的作用，加快培植主导产业，提高产业集聚力、招商引资吸引力和企业核心竞争力。认真抓好企业上市工作，帮助企业充分利用资本市场，争取在直接融资方面取得大的进展。

三是坚定不移地优化发展环境。营造有利于投资主体潜能得到充分释放、社会成员积极性得到充分发挥的良好环境。加快政府职能转变，减少和规范行政审批事项，提高办事效率。清理不利于、不适应市场经济发展的政策规定，创新完善能够切实优化发展环境的政策体系，抓好政策兑现落实。建立包括政府、企业、中介组织和个人在内的社会信用体系，提高履约践诺水准。切实加强制度建设，用制度规范工作、规范行为。落实领导责任制，各部门主要负责同志是第一责任人，要抓好班子，带好队伍，教育和指导干部正确履行职责，开展好各项业务工作，对本部门产生的制约科学发展的问题负起领导责任。严肃查处损害发展环境的行为，对群众反映突出的问题，经查属实的，严肃处理，以儆效尤。

四是坚定不移地改善民生促进和谐。坚持以人为本，进一步做好劳动就业、社会保障、教育卫生、城市困难居民住房、关注困难群众生活等涉及民生的具体工作，切实维护好群众的各项基本权益和合法诉求，对群众利益要想深想细想周全，办实办好办及时，真正让群众满意、放心。对特殊困难人群要进一步摸清底数，安排好他们的生产生活，让老百姓能够感受到看得见、摸得着的效果。党委政府每年都要确定为民办好一批实事，各承办部门和单位要高度重视，确保高质量如期完成。

五是坚定不移地促进可持续发展。牢固树立节约资源、珍惜资源、合理利用和综合开发的理念，依法建立起规范有序的矿业管理机制，实现矿产资源的保护性开发和高效利用。实行最严格的土地管理和耕地保护制度，依法依纪查处违法违规行为。通过提高投资密度、建设多层厂房等途径，提高占用土地的“亩产量”，让有限的土地发挥最大的效益。加大对空闲地的开发利用，不断拓展项目建设用地空间。认真抓好节能减排工作，加强重点领域、重点行业、重点企业的节能降耗，加快发展循环经济，严格目标责任，强化考核监督，确保实现节能降耗减排各项约束性指标。牢固树立生态文明理念，从源头上防治污染和保护环境，严厉打击环境违法行为，着力解决危害人民群众健康的突出环境问题，建设蓝天碧水青山绿色家园。

三、着力创新工作方法，推进工作指导转变

建设经济文化强市，要求各级领导干部增强战略思维和执政能力，认真把握形势，把上级指示与本地实际结合起来，创造性地开展工作。

（一）对科学发展观要融会贯通，体现到实际工作中去。落实科学发展观，必须在思想上树立科学的发展理念，切实把握好发展第一要义，以人为本这个核心，全面协调可持续这个基本要求，统筹兼顾这个根本方法。当前尤其是要正确处理“好”与“快”的关系，强调又好又快发展，决不是忽视快，更不是放弃快，而是为长期平稳较快发展创造条件，为持续的快、真正的快提供保证。决不能放慢速度求好，更不能停滞不前求优，而要在发展中优化，在优化中加快，力求在又好又快、更好更快发展上迈出更大步伐。同时还要正确处理速度规模和质量效益的关系、经济建设与文化建设的关系、经济发展与改善民生的关系、当前打基础与长远见成效的关系，把加快工作指导转变的要求落实到具体工作中。

（二）善于生财、聚财、管财、用财，增强理财能力。提高经济效益是实现又好又快发展的一个基本要求，其重要标志就是政府财力的增加、城乡居民财富的增加。总体来说，在生财、聚财、管财、用财上，许多同志还重视不够，能力不强，提高理财能力是对各级领导干部的一项迫切要求。现在用钱的地方很多，改善民生、发展文化事业、加强城市功能建设等欠帐都比较大。各级干部要切实增强成本效益观念，加强对市场规律的学习研究，算好投入产出帐、财政增收帐、资源成本帐，不断提高生财、聚财、管财、用财的水平。要积极培植壮大财源，广开渠道，多措并举，多培育能够富民强市的经济增长点，扶持有利于增加财政收入的优势产业和项目。要坚持依法聚财，合理征管，密切关注上级财税政策改革动向，最大限度地发挥财政资金的“酵母”作用、财税政策的杠杆作用、财政体制的激励引导作用。要优化支出结构，搞好增收节支，提高资金使用效益，把有限的财力用在刀刃上，始终把民生放在财政保障的首位，优先保障民生政策的落实，努力促进社会安定和谐。

（三）注重用市场的办法促进文化建设和文化产业发展，培植新的经济增长点。建设文化强市，不仅仅是增加投入开展一些文化活动，搞一些文化基础设施建设，而是要繁荣文化事业，发展文化产业，把文化作为在新阶段取得领先优势的软实力，使文化产业成为拉动经济社会发展的增长点。随着经济社会发展和人民群众生活水平的提高，文化产业已经渗透到经济社会生活的各个方面，既包括了新闻服务、出版发行、版权服务、广播电视影视服务、文化艺术服务等核心层，又包括网络文化服务、文化休闲娱乐服务等外围层，还包括文化用品、设备及相关文化产品生产及销售等相关层，与人们的生产生活密不可分，领域将越来越宽广，作用将越来越扩大。只要不断解放思想，拓宽思路，文化产业发展就一定有广阔的空间、美好的前景。要认真研究文化产业发展规律，以市场为导向，以改革为动力，坚持社会效益与经济效益并重，不断推进文化创新，使经济发展和文化繁荣相互促进。

（四）加强学习超前研究，搞好对经济工作的指导。要重视学习，学习一切有利于提高自我的知识，完善知识结构，通过加强学习，切实提高思想认识水平、政策理论水平、工作推进水平，提高领导科学发展和处理复杂问题的能力。要善于研究，关注国内外形势的变化，关注国家政策的变化，特别要跟踪关注和及时掌握土地、财政、金融、税收等政策的调整，关注外地的先进经验。要积极主动，对经济和社会发展中可能出现的问题和矛盾，提前研究应对措施，帮助企业和基层渡过难关，少点“锦上添花”，多点“雪中送炭”，不能等到问题已经出现，再去被动应付。特别是对“稳增长、控物价、调结构、增效益、促民生、保稳定”的任务，要逐一认真研究。要加强对经济运行特别是企业运行的分析，控制物价过快增长。加强煤电油运供应衔接。做好企业资金链接续工作，加强对银企联谊推进工作的调度，督促签约资金按时到位，拓宽企业融资渠道，多途径破解资金紧张难题。引导企业加强内部管理，加强营销工作，眼睛向内消化增支因素。

四、强化关键措施，促进工作落实

建设经济文化强市，促进经济社会又好又快、更好更快发展，必须抓住重点，把握关键，扎实推进，确保取得实效。

（一）巩固扩大“学教”活动成果。认真总结“学教”活动的成功经验，健全长效机制，努力实现解放思想的常态化、理论学习的制度化、干部培训的科学化。要继续深化“学教”活动整改工作，对“学教”活动中反映的问题，特别是加强干部思想作风建设和优化发展环境、发展旅游服务业、壮大工业经济、搞好“三农”工作、加强城市规划建设管理5个方面问题，各有关方面要按照市委常委会研究的意见，认真抓好落实，切实把整改的成效体现到改进工作、促进发展上，体现在全年各项指标的完成上。要结合全年工作总结，认真组织“回头看”活动。

（二）牢牢抓住项目建设这个抓手。项目建设是优化经济结构、转变发展方式、实现科学发展的基本抓手和有效载体。要认真落实国家产业政策，精心策划新上一批科技含量高、市场前景好、带动作用强的好项目大项目，以项目建设促结构优化、促自主创新、促节能减排、促财源建设。突出抓好在建和已立项的项目，进一步强化重大项目领导包保责任制，解决好项目建设中遇到的各种困难和问题，确保在建项目早竣工早投产早见效、已立项项目尽快施工建设、在谈项目尽早签约落地。要加强对项目建设的督促检查，坚持项目建设定期调度和现场检查制度。9月份将就项目建设进行一次集中督查，年底进行全面检查。要加大招商引资力度，改进招商引资方式，着力抓好产业招商、重点区域招商和企业招商，提高招商引资工作的能力和水平。

（三）全力促进社会稳定和谐。稳定和谐的社会环境，是推进经济文化强市建设的重要保证。各级各部门一定要牢固树立发展是第一要务、维稳是第一责任、抓稳定也是抓发展的观念，全力做好社会稳定的各项工作。要高度重视信访工作，认真落实党政领导干部定期公开接访制度，继续深化“县市区委书记大接访”、“百日矛盾纠纷大排查大调处”活动，切实解决好涉及群众切身利益的突出问题。要加强社会治安综合治理，细化落实安保措施，全力以赴做好北京奥运会、纪念改革开放30周年等期间的社会稳定工作，决不能出现任何闪失。毫不放松地抓好安全生产，认真落实安全生产责任制，完善各类应急预案，做好大汶河、东平湖、黄河、各类水库及城市、企业防汛工作，加大对景区景点、煤矿和非煤矿山、危险化学品等重点部位、重点行业的安全监督检查和整治力度，及时消除各种安全隐患，确保不出重大安全事故。

（四）形成建设经济文化强市的强大合力。建设经济文化强市是宏大的系统工程，必须充分调动和凝聚各方面的力量。各级党委要总揽全局、协调各方，把握好方向，发挥好在同级各组织中的领导核心作用，使各个方面都各司其职，各尽其责，心往一处想，劲往一处使，形成强大合力。几大班子之间要多沟通协调，互相理解，互相支持，在党委统一领导下，步调一致、高效有序地做好工作。各部门各单位要增强全局意识、责任意识、服务意识，把各自承担的工作放在全市经济社会发展的大局中去把握、去衡量，认真做好本职工作，多谋服务泰安发展长远之策，少取影响泰安形象一时之利，对所承担的工作任务要层层分解，落实到人、到岗，使每项工作都有人抓、有人管，人人身上有任务、有压力、有动力。要集中精力，铺下身子，减少不必要的应酬和无关紧要的活动，聚精会神搞建设，一心一意谋发展。省以上驻泰机构多年来为泰安的发展作出了积极贡献，是泰安发展的重要力量。希望各驻泰机构一如既往地关心泰安的工作，为泰安发展争取更多的政策、更大的支持，作出新的贡献，在泰安发展中也不断壮大自身的事业。

五、实施“泰山先锋”工程，充分发挥各级党组织、共产党员在推进经济文化强市建设中的领导核心和表率作用

推进经济文化强市建设，关键在党。要以改革创新的精神，全面加强和改进党的建设，不断提高各级党组织的创造力、凝聚力和战斗力，为建设经济文化强市提供坚强有力的保证。

（一）以实施“泰山先锋”工程为抓手，着力推进党的先进性建设。在全市各级党组织和共产党员中实施“泰山先锋”工程，这是巩固发展“学教”活动成果，创新提升党建工作，推进经济文化强市建设的重大举措。各级党组织和广大党员要积极响应市委的号召，积极践行科学发展观，争当带头解放思想、带头推进改革、带头促进发展、带头维护稳定、带头服务奉献、带头廉洁自律的“泰山先锋”，在建设经济文化强市中建功立业。各级领导班子和领导干部要加强思想政治建设，坚定正确的政治方向，严格遵守党的纪律，确保中央的大政方针和省委的工作部署在泰安得到认真贯彻落实，确保市委的各项决策落到实处，切实把科学发展观的要求转化为谋划发展的思路、促进发展的措施、领导发展的能力，在推进经济文化强市建设进程中发挥好领导核心作用和表率作用。

（二）坚持正确的用人导向，在干事创业中锻炼干部、识别干部、使用干部。各级干部特别是领导干部是建设经济文化强市的骨干力量。要严格执行干部选拔任用条例，坚持德才兼备、以德为先，以发展论干部，凭实绩用干部，大力褒奖贡献突出的干部，支持一身正气的干部，鼓励老实干事的干部，鞭策相形见绌的干部，教育跟风行事的干部，约束投机钻营的干部，惩处贪污腐败的干部。要让德才兼备、敢抓敢管、埋头实干的老实人不吃亏，让那些不干事、乱找事、光当评论员说风凉话的人没市场。要着力营造干事创业的浓厚氛围，大力倡导一切有利于干事创业的思想和精神，大力宣传干事创业中涌现出的先进人物和先进事迹，使想干事、能干事、干成事的人感到光荣，受到尊重，得到重用。通过树立、落实和坚持正确的用人导向，使各级干部不辱使命，把心思和精力用在干事创业上，用在科学发展、促进和谐上。

（三）大力弘扬真抓实干的作风，切实提高各级领导班子和领导干部的执行力。加强经济文化强市建设的新思路、新举措，只有变成做好工作的实际行动，才能真正见到效果。要进一步转变工作作风，坚持求真务实，不搞形式主义，不做表面文章，真正干出成绩、干出水平，让组织放心，让群众满意。要强化执行力建设，努力提高领导班子、领导干部对上级决策部署抓落实的能力和对分管工作推进的水平。各级各部门要切实增强责任意识，工作要扎实到位，坚决反对搞上有政策、下有对策，只想局部利益、不顾全局利益，工作有布置、无检查、不落实等不良现象。定下来的事情要雷厉风行，部署了的工作要一抓到底，重要事项和关键环节要盯紧靠上、亲力亲为。

（四）按照“争先进位”的要求，健全完善科学的目标体系和考核机制。这是引导各方面做好工作的重要导向，是一项重要的基础性工作。各级各单位要自我加压，锐意进取，把自己放在全省全国中去比较、去衡量，把位次是否前移作为检验进步与否的标准，科学确定发展目标和工作指标，创新落实发展举措。对重点工作、重点工程，要进行全方位、全过程跟踪督查。要抓紧研究制定推动科学发展目标体系和考核机制的意见及领导班子领导干部考核评价办法，把贯彻落实科学发展观的目标要求分解细化为考核工作的具体标准，严格考核，用事实说话。要通过考评奖惩，考出实绩，评出导向，奖出动力，惩出压力，形成推进科学发展的强大动力。

同志们，泰安的发展正站在一个新的起点上，建设经济文化强市，打造国际旅游名城，使命光荣，责任重大。让我们紧密团结在以胡锦涛同志为总书记的党中央周围，在省委、省政府的坚强领导下，解放思想，抓住机遇，迎接挑战，攻坚克难，埋头苦干，扎实工作，努力开创泰安改革开放和现代化建设的新局面。

政府工作报告

——2008年1月3日在泰安市第十五届人民代表大会第一次会议上

泰安市市长　李洪峰

各位代表：

现在，我代表市人民政府向大会作工作报告，请予审议，并请市政协委员和其他列席人员提出意见。

一、过去的五年，全市经济社会发展取得显著成绩

过去的五年，全市人民在中共泰安市委的领导下，以邓小平理论和“三个代表”重要思想为指导，认真贯彻落实科学发展观，坚持市委确定的“一个目标、三大重点、四个坚定不移”的发展思路，解放思想，团结拼搏，求真务实，锐意进取，全市改革开放和现代化建设取得显著成绩。

（一）经济综合实力显著增强。预计2007年全市实现生产总值1210亿元，是2002年的2.14倍，五年年均增长16.4%。其中一二三产业增加值分别达到130亿元、675亿元和405亿元，年均增长5.9%、20.2%和14.9%；完成地方财政收入64.2亿元，是2002年的2.7倍，同口径年均增长25.97%；实现社会消费品零售总额375.5亿元，年均增长15.9%；全市金融机构各项存、贷款余额达到792.3亿元、543.8亿元，年均增长17.7%和16.5%。“十五”计划顺利完成，“十一五”规划进展顺利。

（二）经济结构及运行质量逐步优化提高。三次产业结构由15.6∶47.8∶36.6调整为10.7∶55.8∶33.5。工业规模不断壮大，主导产业、骨干企业、知名品牌培植取得明显成效。全市规模以上工业企业达到1297家，完成增加值560亿元、实现主营业务收入1870亿元、实缴税金77亿元，年均分别增长27.2%、40.6%和30.7%。主营业务收入过亿元、实缴税金过千万元的企业达到355家和142家，分别增加289家和111家，其中主营业务收入过10亿元、实缴税金过5000万元的企业达到23家、17家，分别增加18家和12家。中国名牌产品达到6个，中国驰名商标3个。创新型泰安建设全面启动，应用技术研究与开发经费累计投入6195万元，获得省、国家科技进步奖235项和6项，省以上高新技术企业发展到174家，输变电设备和非金属新材料两个产业集群被认定为国家火炬计划特色产业基地；泰安被列为全国知识产权试点市；全市规模以上高新技术产业产值占规模以上工业总产值的比重达到26.8%。旅游服务业发展加快，实现国内旅游收入104.8亿元，年均增长25.9%。

（三）新农村建设取得较大进展。粮食生产保持稳定，农业结构调整力度加大。全市高值田、无公害、绿色、有机农产品基地面积分别达到140万亩、187万亩、180万亩、23.4万亩，分别增加59万亩、95.8万亩、173.5万亩、17.4万亩；奶牛存栏17.7万头，增加15.7万头；森林覆盖率30.9%，提高8.1个百分点；规模以上农产品加工龙头企业达到213家，其中过亿元的27家；农村合作经济组织发展到1428个。农村生产生活条件得到较大改善，行政村通油路率达到96%，自来水普及率达到95%，完成了50户以上自然村“村村通”广播电视，累计建成农村沼气池7万个，完成新一轮改厕15万户，农田水利基本建设、土地开发整理、农业机械化等都取得新成绩。重大动植物疫病防控得到加强。农村税费改革顺利完成，全部取消农业税和农业特产税；认真落实各项支农惠农政策，累计发放粮食直补、良种补贴、农机补贴、农资综合直补和库区移民扶持等资金共计9.3亿元；农村财务委托代理工作被中宣部作为全国十大典型进行推广。

（四）大项目建设取得大的突破。全社会累计完成固定资产投资2245.6亿元，年均增长27.1%。实施建设投资亿元以上的工业、商贸、旅游项目383个，投资总规模949.5亿元，投资43.3亿元的泰山抽水蓄能电站一期、27.9亿元的国电石横电厂三期扩建、20亿元的泰山盐化工一期、12亿元的光彩大市场一期等一批单体投资过10亿元的项目建成投产运营；投资20亿元的宝龙城市广场、20亿元的岱银天梭工业园、

23亿元的山东众泰发电、15亿元的石横国际示范园、53.6亿元的华兴纺织工业园、15亿元的兆宇石油管制造等十几个投资过10亿元的项目建设进展顺利。项目建设的有力推进，促进了经济实力的增强，提升了产业结构档次，增强了企业的竞争能力和发展后劲。

（五）改革开放取得重大进展。市县（市、区）企业改制基本完成，国有资产管理体制改革逐步深化，市直行政事业单位国有资产管理体制改革全面推进。行政审批制度改革、高新区管理体制改革、泰山景区管理体制改革、城市综合执法体制改革、城区警务体制改革、粮食购销企业改革等有效实施。事业单位改革、财税金融体制改革、社会保障等项改革也都取得新进展。对外开放水平明显提高，对外交流合作日趋活跃。全市总投资3000万元以上的国内招商引资项目到位资金492亿元；累计新批利用外资项目484个，实际利用外资27.6亿美元，年均增长11.6%和69.5%；完成进出口总值40.5亿美元，年均增长33.9%，其中出口28.3亿美元，年均增长29.6%。

（六）城镇面貌发生明显变化。修编完成了泰城及各县市新一轮总体规划。加大城市基础设施和环境综合整治力度，泰城先后实施完成了环山路、龙潭路南段、泮河大街、东湖和南湖公园、天平湖公园、第二污水处理厂、垃圾处理场等一批城市基础设施项目，共改造、扩建和整治城区道路81条，面积700万平方米，新建改造游园公园7个，新增公共绿地面积327万平方米，人均绿地面积达到14.6平方米，日处理污水能力16万立方米。县市驻地和小城镇规划建设与管理取得新成绩。泰安被评为“国家历史文化名城”，再次荣获“国家卫生城市”称号，被评为“山东省适宜人居环境奖”；新泰市被评为“国家园林城市”和“中国优秀旅游城市”。全市城市化水平达到47%。高新区基础设施建设、管理体制创新、项目建设、社区建设等取得显著成绩，载体功能和辐射带动作用进一步增强。

（七）“和谐泰安”建设取得初步成效。市区居民人均可支配收入、农民人均纯收入分别达到13700元、5300元，年均增长13.2%和11.1%，城乡居民生活水平明显提高，享有的公共服务不断增多。基础教育得到加强，“两基”成果得到巩固提高，“以县为主”的农村义务教育管理体制不断完善，教育经费保障机制初步建立，“两免一补”政策全面落实，投入3.2亿元新建农村中小学校舍62.4万平方米，普通高中、职业教育、高等教育都有新的发展。文化事业繁荣发展，文化信息资源共享工程扎实推进，泰山石敢当习俗列入国家非物质文化遗产名录，有9件作品获省以上精品工程奖。城乡预防保健、疾病控制、医疗救治、农村三级卫生服务网络、城市卫生服务体系建设得到加强，新型农村合作医疗农民参合率达到96.7%。就业再就业稳定增长，全市累计新增城镇就业再就业38.7万人，农村劳动力累计就地转移和在外务工人员均超过60万人。社会保障制度和体系逐步健全，各项社会保险费收支总规模达到167.7亿元，城乡低保、五保供养、救灾救济、特困救助等制度逐步完善，城镇居民基本医疗保险开始启动，被列为国家级试点城市。制定出台了经济适用住房管理暂行办法，实施了4.7万平方米的经济适用住房建设，市和各县市区全部建立了廉租房租金补贴制度；全市累计归集住房公积金23亿元，发放贷款15.6亿元。爱国卫生运动深入推进。全民健身活动广泛开展，竞技体育取得优异成绩。人口和计划生育工作连续10次获省考核先进单位称号，低生育水平保持稳定。耕地保护、矿产资源开发秩序和河砂资源综合整治得到加强。泰山荣获“世界地质公园”称号，被评为十佳“全国文明风景旅游区”和全国首批5A级旅游景区。扎实推进创建国家环保模范城市和生态市建设工作，狠抓污染物减排，环境保护工作取得明显成效。每年都集中力量办一批关系群众切身利益的实事。“三城联创”等精神文明创建活动深入开展，民主法制建设不断加强。组织实施少数民族帮扶工程，加快发展少数民族经济，泰安市被授予“全国民族团结进步模范集体”称号。双拥共建、民兵预备役建设、人民防空工作取得新成绩，泰安第四次荣获“全国双拥模范城”称号。深入开展严打斗争，全市刑事案件立案数、治安案件立案数连续几年呈下降趋势；妥善化解人民内部矛盾，积极推进和谐社区建设，应急管理体系初步建立，“平安泰安”建设取得显著成效。广播电视、新闻出版、外事侨务、宗教、气象、地震、档案、史志、老龄、残疾人等项社会事业全面进步，社会保持和谐稳定。

（八）政府施政能力不断提高。深入贯彻《公务员法》《监督法》《行政监察法》和《全面推进依法行政实施纲要》等法律法规，健全完善了执法责任追究、执法评议考核、行政效能监察和举报投诉等制度。加强行政审批中心建设，建立了网络审批服务平台，对行政许可和非行政许可项目进行了全面清理规范。加快推进政务信息化步伐，大力推行政务公开，开通了泰安政府网站、便民服务电话、民生直通车网站，被评为全国政务公开先进单位。加强政府廉政建设，大力推进市县机构改革，加快推进政府职能转变，建立完善了决策目标、执行责任、考核监督三个体系，政府服务效率和质量有了明显提高。诚信建设深入推进，“投资泰安、稳如泰山”的品牌效应逐步显现。

各位代表，过去五年，是全市改革开放和全面建设小康社会取得重大进展的五年，是经济综合实力显著增强的五年，是城乡面貌发生显著变化的五年，是人民群众得实惠最多和生活质量大幅提升的五年。这些成就的取得，是在历届政府打下的良好基础上，在市委的坚强领导下，全市各族人民团结奋斗，开拓进取，顽强拼搏，真抓实干的结果；也是驻泰各单位和各界人士全力支持、自觉融入泰安经济与社会发展的结果。在此，我代表泰安市人民政府，向全市广大干部群众、各民主党派、工商联、无党派爱国人士，向人民解放军和武警驻泰部队及驻泰单位，向关心支持泰安发展的港澳台同胞、海外侨胞及海内外朋友，表示崇高的敬意和衷心的感谢！

在充分肯定成绩的同时，我们也清醒地看到发展中还存在不少困难和问题，政府工作也有许多不足。一是思想解放程度不够，危机忧患意识、发展欲望、市场竞争观念需要进一步增强。二是经济综合实力还不够强，结构性矛盾依然比较突出，企业自主创新能力不强，节能降耗、环境保护压力比较大，转变发展方式的任务繁重。三是改革开放的力度需进一步加大，体制性、机制性障碍依然存在，利用外资、进出口总值基数低、绝对额小。四是和谐泰安建设还存在一些薄弱环节，农民持续增收的基础还不牢固，社会保障覆盖面和保障能力仍需进一步提高，涉及人民群众切实利益的问题还比较突出，社会还存在一些不稳定因素。五是发展环境需要进一步优化，行政效能和服务质量需要进一步提高等等。对此，我们必须高度重视，以更加高昂的斗志、更加有力的措施，强力推进全市经济与社会又好又快发展。

二、统筹谋划，努力实现今后五年科学发展的新跨越

今后五年是立足新的起点，实现科学发展，全面建设小康社会的重要时期。政府工作总的要求是：认真贯彻党的十七大精神，高举中国特色社会主义伟大旗帜，坚持以邓小平理论和“三个代表”重要思想为指导，以科学发展观总揽全局，按照市第九次党代会确定的建设“富裕文明和谐”泰安的目标要求，紧紧围绕转变经济发展方式和完善社会主义市场经济体制，突出体制机制创新，突出经济结构调整优化，突出自主创新和节能减排，突出解决民生问题，突出统筹协调和谐发展，大力推进文化建设、社会建设和民主法制建设，调动发挥各个方面的积极性和创造性，努力实现经济与社会又好又快发展。政府工作的奋斗目标是：

——经济综合实力明显增强。全市生产总值年均增长13%以上，到2012年力争再翻一番；地方财政收入年均增长15%；社会消费品零售总额年均增长15%以上。

——经济结构进一步优化升级。现代农业快速发展，产业化水平进一步提高；现代工业体系逐步形成，先进制造业、高新技术产业快速发展；旅游支柱产业地位巩固提升，现代服务业繁荣发展，三产占经济总量的比重有大的增长。

——改革开放的动力与活力日趋增强。各项改革尤其是重点领域的改革进一步深化，科学发展的体制机制基础进一步增强。实际利用外资年均增长15%以上；外贸进出口年均增长15%以上。

——发展方式得到显著转变。自主创新能力明显增强，高新技术产业产值占规模以上工业总产值的比重年均增长3个百分点。循环经济和节能减排实现较大突破，万元GDP能耗、取水量降低20%和24%以上。生态环境质量明显改善，生态市建设取得显著成效。

——城乡面貌发生大的变化。新农村建设取得显著成效，城乡一体化进程进一步加快；泰城中心城市与县市驻地城市的品位、功能明显提升完善，要素承载能力进一步增强，人居环境更加和谐优美。

——人民生活水平进一步提高。市区居民人均可支配收入和农民人均纯收入年均增长8%和7%。居民消费结构日趋优化，享受的社会公共服务显著增多。

——社会更加和谐稳定。人口自然增长率控制在7.1‰以内。就业再就业平均每年增加5万人，城镇登记失业率控制在3.5%以内。社会保障体系更加健全完善，保障能力进一步增强。社会文明程度明显提升，民主法制建设得到加强，人民权益得到有效保障，社会公平正义得到切实维护，社会管理和公共服务水平不断提高，“平安泰安”建设更加深入。

十七大开启了全面建设小康社会的新征程。地区间新一轮又好又快发展的竞争已经展开，机遇与挑战并存。机不可失，时不我待。紧紧抓住机遇，科学谋划未来，创造新的发展优势，实现新的发展，是广大人民群众的期盼，更是政府工作的神圣职责。在工作的指导和把握上，要做到“五个必须”：必须始终坚持解放思想，增强责任意识，创新观念，拼搏进取，大胆探索，勇于实践；必须始终坚持以科学发展观统揽全局，紧紧扭住发展第一要务不放松，聚精会神搞建设，一心一意谋发展，创新发展理念，转变发展方式，提升发展质量，做到好字优先，又好又快；必须始终坚持统筹兼顾、重点突破，紧紧抓住牵动全局的重点工作、事关群众利益的突出问题，强力推进，力求实现大的突破，整体推进城乡、经济与社会、改革与开放、人与自然协调和谐发展；必须始终坚持市委确定的战略目标不动摇，以大项目建设为基本抓手，以自主创新、节能减排、招商引资和体制机制创新为切入点，强化工作措施，加大工作力度，努力实现又好又快发展；必须始终坚持以人为本，更加重视改善民生，实现好、维护好、发展好人民群众的根本利益，做到发展为了人民，发展依靠人民，发展成果由人民共享，凝聚全社会的力量，形成加快科学发展的强大合力。

三、立足转变，强力推进2008年全市经济与社会又好又快发展

2008年，是全面贯彻落实党的十七大精神的第一年。按照市委的总体部署，与“十一五”规划相衔接，全市经济社会发展的主要预期目标和约束性指标为：生产总值增长14%；地方财政收入同口径增长16%；万元GDP能耗、取水量降低4.7%和7%；社会消费品零售总额增长18%；全社会固定资产投资增长18%；外贸进出口增长18%，实际利用外资增长15%；市区居民人均可支配收入和农民人均纯收入均增长8%；城镇登记失业率控制在3.5%以内，人口自然增长率控制在5.8‰以内。在实际工作中力求发展得更好一些、更快一些。

（一）扎实推进社会主义新农村建设。坚持城乡统筹，走中国特色农业现代化道路，建立以工促农、以城带乡长效机制，繁荣发展农村经济。一是加大农业结构调整力度。在确保粮食安全的前提下，积极推进“一村一品百村示范千村推进工程”，大力发展高产、优质、高效、生态、安全农业和优势特色产品，突出设施农业、有机蔬菜、苗木花卉基地建设和以“奶业富民工程”、生猪生产为主的畜牧业，尽快把优势产业做强、把特色产业做精；鼓励扶持发展壮大农业龙头企业，建立完善农村市场体系，大力发展农村合作经济组织，加快农业标准化生产，强化农产品质量安全和动植物疫病防治，加大农业科技培训和推广力度，加快推进传统农业向现代农业转变。二是加强农村基础设施建设。加大公共财政对农村的支持力度，建立以政府投入为引导，银行信贷、社会资本广泛参与的多元化农业投入机制。重点抓好各类水库除险加固、水土流失综合治理、节水灌溉、植树造林和农业综合开发、基本农田建设，进一步提高农业机械化装备水平，增强农业综合生产能力。继续搞好农村“路水电医学”、广播电视村村通和养老院、文化站等基础设施和公共事业建设，大力发展沼气、太阳能等清洁能源，深化新一轮农村改厕，加大村镇环境综合整治力度。三是多渠道增加农民收入。大力发展农村二三产业，实施好农村劳动力转移培训阳光工程，拓宽农民增收渠道，全市新增农村劳动力转移就业5.8万人。同时，认真落实各项支农惠农政策，加强对农民负担的监管，防止农民负担反弹。

（二）做强做大工业经济。按照走新型工业化道路的要求，大力推进信息化与工业化的融合，逐步形成主导产业突出、传统产业增强、骨干企业众多、创新能力较强的工业体系。以结构调整为主线，以骨干企业和优势产品为依托，大力发展先进制造业，努力提高先进制造业在工业经济中的比重，带动和促进工业经济整体素质和竞争力的提升。围绕“三个一批”，加快培植壮大先进制造业主导产业，突出抓好输变电设备、汽车及零部件、无机非金属新材料、精细化工等产业链条的延伸、拓展，培植形成一批规模大、效

泰城风光·天平湖公园

益好、市场竞争力强的先进制造业骨干企业和企业群体。高度重视高新技术产业发展，努力引进和培植壮大一批拥有自主知识产权、具有较强国际竞争力的高新技术企业，大力发展电子信息、新材料、光机电一体化、新能源和高效节能高新技术产业，年内高新技术产业产值占规模以上工业总产值的比重达到 29.8%。加大传统产业改造力度，加快利用现代企业管理理念和先进适用技术提升企业技术装备水平和整体素质，全年计划完成技术改造投资 370 亿元。

（三）繁荣发展旅游服务业。紧紧围绕“打造旅游目的地、创建国际旅游名城、建设旅游经济强市”目标，进一步做好“吸引人、留住人”的文章，努力提升旅游业的档次和水平。理顺创新体制机制，统筹整合旅游资源，以项目建设为载体，下大气力抓好泰山景区一个龙头，泰城城区休闲、旅游度假区、泰山东麓、徂徕山景区、莲花山景区、东平水浒文化景区等八大板块的开发与提升，真正形成大泰山、大旅游的发展格局，增强旅游竞争能力。重视抓好旅游市场主体培育，引进、培强、做大一批旅游骨干企业。高度重视旅游品牌建设，努力开发一批精品或特色旅游产品，打造一流的旅游服务环境。坚持政府引导、市场运作、企业经营、社会参与原则，创新理念，拓宽思路，落实鼓励扶持政策，优化发展布局，突出发展特色，强力推进现代服务业快速发展。大力发展现代物流、金融保险、科技信息、商务服务等现代服务业，着力实施好“1030”工程，加快培育 10 个市级服务业集聚区、30 个服务业重点企业，集中力量抓好南京顺天数码城、泰山物流中心、红星美凯龙家具城、新时代装饰材料广场等项目建设；规划建设一批特色商业街、小吃街和大型购物设施，大力发展文化娱乐、康体休闲、卫生保健等生活性服务业；加快服务项目、产品、方式创新，积极扩大企业、公共事业机构和政府服务外包业务，积极承接国际服务业外包，引进、培育一批服务业知名品牌，促进服务业上档次、上水平。积极推进“万村千乡市场工程”建设，加快建设农村现代商品流通网络。千方百计增加城乡居民收入，培育消费热点，优化消费环境，促进消费增长，增强消费对经济的拉动作用。

（四）强力推进大项目建设。项目建设特别是大项目建设，是增强后劲、培植财源、扩大就业、实现科学发展的基本抓手和有效载体，是一个地区经济社会又好又快发展的必由之路和重要支撑。一是集中力量抓好一批续建和新开工大项目。突出抓好玻纤两条 8 万吨池窑拉丝生产线、泰开工业园二期、泰山啤酒 40 万吨扩建、泰山盐化工二期、煤化工基地、汇源 PET 项目、华阳化工园区、瑞星化工水煤浆汽化、华强泰山文化旅游产业园、中信旅游等 100 个投资过亿元的工业、商贸、旅游大项目。二是搞好项目的策划储备。按照“投产一批、开工一批、储备一批”的要求，紧紧围绕结构调整、自主创新和节能环保、提升城市综合竞争力、培植财源，依托高层次专家咨询机构，论证、策划、储备一批符合国家产业政策、科技含量高、市场前景好、无污染，能持续提供税源的大项目、好项目，重点抓好一批百亿扩规项目的策划和实施建设。三是创新完善大项目建设推进机制。强化重大项目领导包保责任制，建立完善项目建设、利益分配、督查考核与合力推进机制，对列入市重点的项目，实行集中调度和专项督查制度。在国家实施稳健

（周长征　摄）

财政政策和从紧货币政策的形势下，多动脑筋，多想办法，千方百计破解资金、土地等难题，保项目落地，保项目建设。加大政策引导力度，努力推动骨干企业上市。对一些重大项目，坚持特事特办、急事急办，尽全力做好争取和服务工作。四是加强企业家队伍建设。创新完善企业家培训、激励机制，努力营造一个尊重企业家、有利于企业家成长的良好氛围，让众多企业家的创新创造智慧竞相迸发，让优秀的企业家大量涌现。

（五）加大自主创新和节能减排力度。紧紧围绕建设创新型泰安，坚持创新驱动，做好“自主知识产权、消化吸收再创新、科技成果转化”三篇文章。进一步深化改革，加大投入，依托企业技术中心、工程技术研究中心、科技孵化中心以及各类科研机构，突出重点领域和关键技术，整合各类科技资源，加大创新力度，增强创新能力。重点培植20家自主创新能力强、产品市场前景好的创新型企业，20家各级认定的企业技术中心，专利申请量和授权量分别达到2100件、800件。加快建立以企业为主体、市场为导向、产学研相结合的技术创新体系，引导和支持创新要素向企业集聚，促进科技成果向现实生产力转化。大力实施“人才强市”战略，创新人才培养、流动、激励机制，继续推进“岱下英才”等人才培养工程，在重点产业和重点领域造就一批高层次研究型、复合型人才；营造鼓励创新的体制机制和环境，在全社会形成尊重知识、尊重人才、尊重劳动、尊重创新、尊重创造的浓厚氛围。坚持节约资源和保护环境的基本国策，严格落实目标责任制，加大依法治理力度，强化企业社会责任，打好节能减排攻坚战。大力推广十大类节约技术，突出抓好重点领域、重点行业、重点企业的节能减排，加大对冶金、电力、建材、化工等重点企业的技术改造力度，坚决淘汰落后的生产能力；积极开发利用太阳能、生物质能等清洁能源和可再生能源。集约利用土地，严格保护耕地，加强矿产资源、河砂资源的管理和有序开发。保护和节约水资源，建设节水型社会。大力发展循环经济，努力构筑企业、行业、社会三个层面的循环经济体系，重点推进实施“1623培育计划”。大力实施《泰安生态市建设总体规划》，加快推进南水北调、碧水行动、生态市等项目建设，重点加强水、大气、土壤等污染防治，改善城乡人居环境，确保生态环境安全。

（六）进一步深化改革开放。毫不动摇地坚持改革方向，着力构建充满活力、富有效率、更加开放、有利于科学发展的体制机制。深化国有企业改革，加强国有企业股权管理和国有资本运营，健全现代企业制度，增强企业发展活力。健全完善各类国有资产管理体制和制度，深化行政事业单位国有资产管理体制改革。积极推进投融资体制改革，探索产权融资、项目融资、银企合作、上市融资等多元融资形式。培育壮大劳动力、土地、技术、资本等要素市场，规范发展市场中介组织，加快建设统一开放、竞争有序的现代市场体系。深化财税制度改革，完善政府收支、部门预算、国库集中支付、政府采购、转移支付等制度，强化财政公共服务职能。加强信用和担保体系建设，优化金融生态环境。坚持改制与招商重组相结合，加快市直经营开发服务类事业单位转企改制步伐。加快推进统计制度方法改革，完善统计监测评价体系。深化农村综合改革，积极推进农村水利设施、林权制度改革，稳妥推进农村土地承包经营权自愿合理流转。坚持“市外就是外”和内外联动、互利共赢，积极融入国际、区域间竞争与合作，在更广领域、更高层次上提升对外开放水平。一是千方百计扩大招商引资。潜心研究国际国内产业转移的规律，充分利用产业、资源、环境、服务等要素，全力做好承接转移和加快发展的文章。突出发展先进制造业、旅游业、现代服务业和现代农业龙头企业，充分发挥企业招商的主体作用和园区、项目的载体作用，创新利用外资方式，加大对国内外大客商、大企业、大集团特别是加大对“央字号”大企业、世界500强、国内500强的招商力度，努力扩大招商引资规模。坚持招商引资与改制重组、技术改造相结合，创新项目引进和建设模式，进一步加大蹲点招商、小团队招商和专业队伍招商的力度，增强招商引资的灵活性和实效性，努力提高招商引资的质量和效益。二是努力扩大对外区域合作与交流。按照省委提出的“一体两翼”战略部署，积极融入省会城市经济圈、参与半岛制造业基地的分工与合作，加强与环渤海经济圈、淮海经济协作区、滨海新区经济技术的联系融合。积极实施“走出去”战略，鼓励引导有实力、有信誉的企业到国外投资办厂、承揽工程与开展劳务合作。三是努力扩大外贸出口。加快转变外贸增长方式，优化调整出口商品结构，扩大具有自主品牌和高附加值产品出口，增加服务产品和农产品出口，大力培植出口骨干企业和利税大户。

（七）高度重视以改善民生为重点的社会建设。认真实施“扩大就业的发展战略”，以落实《就业促进法》为契机，强化政府促进就业的公共服务职能，坚持实施积极的就业政策，完善市场就业机制，统筹城乡，鼓励创业，以创业带动就业。着力解决好“4050”人员、“双零”家庭、被征地农民等困难群体的就业再就业问题，重视抓好高校毕业生就业工作。年内实现城镇新增就业再就业6万人。完善收入分配制度，建立企业职工工资正常增长机制和支付保障机制，着力提高低收入者收入。坚持“保发、促缴、扩面、严管”，进一步健全完善以养老、医疗、失业保险为重点的社会保障体系，扩大社会保险覆盖面，提高社会保障能力；全面推行城镇居民基本医疗保险制度，用两年时间将财政对参加新型农村合作医疗农民的补助提高到80元；积极推进农民工、被征地农民社会保险工作；扩大廉租住房保障范围，加快经济适用房和廉租房建设；规范提升城乡低保工作，加大对特困户、灾民等困难群体的救助，大力发展以扶老、助残、救孤、济困为重点的社会福利事业和慈善事业；加强社会保障资金、住房公积金管理，确保资金安全有效使用。进一步加大“平安泰安”建设力度，健全完善社会治安防控体系和社会矛盾纠纷排查调处机制，深入开展社会治安综合治理和严打专项行动，确保社会稳定；深刻汲取教训，强化安全生产责任落实与监督管理，突出抓好矿山、交通、危险化学品和食品、药品等重点领域的安全生产，坚决防止重特大安全事故；高度重视做好人民来信来访工作，切实解决好涉及群众切身利益的问题，及时化解各种社会矛盾。坚持教育优先发展战略，以农村义务教育经费保障机制改革和教育均衡发展为重点，巩固提高义务教育，加快普及高中段教育，大力发展职业教育，进一步提高教育教学质量和办学水平。继续大力支持驻泰高校的改革与发展。加快建设覆盖城乡居民的公共卫生服务体系、多层次的医疗保障体系和疾病预防控制、突发公共卫生事件救治、卫生监督执法体系，提高医疗卫生保障和服务水平。大力开展爱国卫生运动，巩固提高“国家卫生城市”成果。发展繁荣文化事业和文化产业，高度重视泰山文化研究，打造泰山文化品牌。坚持把社会主义核心价值体系融入精神文明建设全过程，大力倡导社会主义荣辱观，组织实施社会公德、职业道德、家庭美德、个人品德“四德工程”和“乡村阅读工程”、“农家书屋”建设，不断提高全体公民的思想道德素质。加强体育基础设施建设，深入开展全民健身活动，提高竞技体育水平。依法加强宗教事务管理，认真落实少数民族政策，大力发展少数民族经济。继续加强人口和计划生育工作，稳定低生育水平，提高出生人口素质。进一步完善基层民主管理制度，保障基层群众的民主权利。完善国防动员体制机制，注重民兵预备役质量建设。深入开展双拥共建，巩固发展军政军民团结。关心支持妇女儿童、残疾人事业，加强老龄工作，做好外事、侨务和档案、气象、防震、减灾、救灾等工作。加快发展繁荣其他各项社会事业，促进社会全面进步。

（八）*更加重视提升和优化发展环境*。一是加大软环境建设力度，努力提高行政效率和服务质量。重点抓好行政审批、便民服务电话受理等服务中心的健全完善，加快政务服务信息化，简化“一站式”服务程序，为客商和市民提供全覆盖、零缺陷、高效率的服务环境。加强“诚信泰安”、“文明泰安”建设，进一步彰显“投资泰安、稳如泰山”的品牌效应。二是加大硬环境建设力度。围绕建设“蓝天碧水青山”绿色家园目标，坚持“高起点、严管理、广覆盖”，创新城市发展理念，强化城市规划的龙头刚性作用，保护提升老城区，加快新城区开发建设步伐。重点抓好时代发展线和泰山博物馆、104国道改线、京沪高铁车站组团、城区道路改造、污水治理、市政公用设施等项目建设，积极推进城中村改造和旧小区整治，努力提升泰城的综合服务功能，改善人居创业环境。加大县市驻地城市和小城镇规划建设力度，积极推进城市规划、基础设施建设、管理向城乡结合部和小城镇延伸，提升城镇的公共服务功能和对各类要素的承载能力，让更多的城乡居民切实享受到城乡一体化带来的实惠。按照“一点两区”定位，突出招商引资和项目建设，突出理念机制创新与发展方式转变，进一步加大高新区的开发建设力度，努力把高新区建设成为科学发展、要素集聚、充满活力的现代化新区。坚持高起点、高标准，与城镇规划相衔接，搞好其他各类园区功能配置、产业布局、基础设施的规划建设和机制创新，增强发展的动力与活力。

四、加强政府自身建设，努力提高驾驭科学发展的能力

党的十七大对政府工作提出了新的更高要求。各级政府要按照科学执政、民主执政、依法执政的要求，加快推进政府职能转变，努力提高执政能力和执政水平。

（一）*建设学习型政府*。政府领导成员及工作人员，要善于学习、勤奋学习、终身学习，认真学习发展了的马克思列宁主义、毛泽东思想、邓小平理论和“三个代表”重要思想，尤其要加强对十七大精神的学习，坚持科学发展观，用最新的理论成果武装头脑、指导实践。加强对市场经济、现代科技、行政管理、法律法规等知识的学习，不断掌握新知识，积累新经验，增长新本领。坚持理论联系实际，学以致用，以学促用，不断提高领导科学发展的能力和水平，取得领导科学发展的实际效果。

（二）*建设创新型政府*。社会创新首先是政府创新。一是创新理念。牢固树立执政为民、科学发展、统筹发展、和谐可持续发展的理念，以新的理念催生新的举措，以新的举措促进新的发展。二是创新行政管理体制。充分发挥市场配置资源的基础性作用，坚持政企分开、政资分开、政事分开、政府与市场中介组织分开，加快政府职能转变，形成权责统一、分工合理、决策科学、执行顺畅、监督有力的行政管理体制。三是创新工作思路和工作方式。准确把握宏观局势，紧紧抓住机遇，顺势而为，乘势而上；善于用战略系统的思维、开放的视野筹划工作、谋划未来，善于运用市场化和行政推动相结合的办法强力推进工作，善于用改革的思路解决发展中的问题。四是开创工作新局面。进一步增强紧迫感和使命感，解放思想，振奋精神，以时不我待、抢抓机遇的责任意识，以敢于争先、勇于赶超的拼搏精神，以不达目的誓不罢休的工作韧劲，不断开创工作新局面、实现新突破。

（三）建设服务型政府。为人民服务、为经济社会发展服务是政府的神圣职责。牢固树立全心全意为人民服务的意识，正确对待和行使人民赋予的权利，体察民情民意，为群众办实事、解难题、谋实利，做到权为民所用、情为民所系、利为民所谋。按照胡锦涛总书记八个方面作风的要求，牢固树立正确的政绩观，大力加强作风建设，大兴求真务实之风，坚决防止和克服官僚主义、形式主义和弄虚作假行为。强化责任、质量和效率意识，进一步健全完善决策目标、执行责任、考核监督三个体系和快捷高效的工作推进落实机制，把更多的时间和精力放在深入调研、潜心研究工作和抓好督促落实上，尤其加大对重点工程、重大事项、重要工作的调度督查和考核奖惩力度，确保各项工作落到实处，抓出大的成效，让群众得到更加明显的实惠。

（四）建设法治型政府。坚持依法执政，是实现科学发展的重要保证。进一步强化法制意识，认真贯彻落实各项法律法规，加强行政执法队伍建设，提高依法施政水平，努力做到行政合法、程序正当、高效便民、诚实守信。进一步健全完善执法责任、错案追究、效能监察、举报投诉等制度，确保权力依法公正运行，确保权力始终受到监督。坚持向人大报告工作和向政协通报工作制度，认真执行人大及其常委会的决议、决定，自觉接受人大的法律监督和政协的民主监督，认真办理人大代表议案、建议和政协提案。加强同各民主党派、工商联、人民团体和社会各界人士的联系。深入开展“五五”普法和“四五”依法治市，提高全社会自觉学法守法用法的意识，夯实社会和谐的法治基础。

（五）建设阳光型政府。让政府权力在阳光下运行，才能获得人民群众的信赖和拥护。坚持用制度管权、管事、管人，建立健全决策、执行、监督、奖惩等制度规则，严格按照法定权限和程序行使权力、履行职责。加快推进政务公开和公共事业单位办事公开，进一步健全完善政府决策、专家咨询、民主听证、社会公示等各类公开办事制度，拓展公开形式，畅通公开渠道，努力提高政府工作的透明度和公信力。强化审计职能，完善监督机制，加强对领导干部特别是主要领导干部、关键岗位人员人财物管理使用的审计与监督。坚持抓源治本，从严治政，严格落实廉政建设责任制，牢记“两个务必”，认真遵守党的纪律和廉洁自律的各项规定，清廉做人，公正办事，以廉洁勤政的良好形象，赢得广大人民群众的信赖和支持。

各位代表，抚今追昔，我们对泰安的进步感到自豪；展望未来，我们对泰安的发展充满信心。让我们高举中国特色社会主义伟大旗帜，更加紧密地团结在以胡锦涛同志为总书记的党中央周围，在市委的坚强领导下，深入贯彻落实科学发展观，进一步解放思想，开拓进取，埋头苦干，为加快推进“富裕文明和谐”泰安建设进程、全面建设小康社会而努力奋斗！

泰城风光·泰山大街　（刘延斌　摄）

大事纪要

2007年
泰安市大事记

1月

1月5日 市纪委全体干部会议召开。市委书记、市人大常委会主任耿文清在会上强调，全市各级纪检监察机关要进一步加强领导班子建设和队伍建设，努力开创纪检监察工作新局面。会上宣布了省委对市纪委主要负责人的调整决定。

1月5~6日 中共中央政治局常委、中央政法委书记罗干到泰安视察，实地考察泰开电气集团有限公司、泰前街道办事处司法所、岱东社区、泰山区法院、泰山区下梨园村。最高人民法院院长肖扬，省委书记、省人大常委会主任张高丽，省委副书记、省长韩寓群，省委副书记高新亭，市委书记、市人大常委会主任耿文清，市委副书记、代市长李洪峰等陪同活动。

1月6日 最高人民法院院长肖扬到泰安市中级人民法院视察工作。省委副书记高新亭、省高级人民法院院长尹忠显，市委书记、市人大常委会主任耿文清等陪同活动。

1月10日 市政协十届十八次常委会议召开。会议审议通过《关于召开政协第十届泰安市委员会第五次会议的决定》，增补5人为政协第十届泰安市委员会委员。

1月17日 民政部副部长窦玉沛到泰安考察社会福利事业建设情况。市委书记、市人大常委会主任耿文清等陪同活动。

1月18日 市委召开常委（扩大）会议，传达学习中央纪委七次全会和省委常委扩大会议精神，研究贯彻落实意见。市委书记耿文清在讲话中指出，广大干部要带头弘扬胡锦涛总书记倡导的八个方面的优良作风，制定切实有效的措施，以扎实有效的工作，推进全市党风廉政建设和反腐败斗争取得新成效。

△泰安市山东梆子剧团编排的神话剧《泰山石敢当》在济南山东剧院上演。省人大常委会副主任曹学成，副省长张昭福，省政协副主席李殿魁等观看演出。新编神话剧《泰山石敢当》讲述的是出生在泰山脚下的石敢当不畏强暴、驱妖降魔的一系列故事。

△泰山玻纤6万吨无碱玻璃纤维池窑拉丝生产线开工奠基。市委书记、市人大常委会主任耿文清，市委副书记、代市长李洪峰，市政协主席张树禹，市人大常委会副主任李秀兰等出席开工仪式。该项目计划总投资6.2亿元，预计9月份点火投产。

1月19日 市十四届人大常委会第二十六次会议召开。会议原则通过市人大常委会在市十四届人大第五次会议上的工作报告（讨论稿），确认补选的6名市十四届人大代表代表资格有效，补选2人为山东省第十届人民代表大会代表，表决有关人事任免事项等。

△全市乡镇党委换届选举圆满结束。该次乡镇党委换届工作自2006年下半年开始启动，至2007年1月19日结束。

△省委常委、省军区政委张秉德到泰安市考察。市委书记、市人大常委会主任耿文清，泰安军分区司令员盛林国，市委常委、泰安军分区政委徐思礼陪同活动。

△中国地方志指导小组秘书长兼办公室主任田嘉到泰安检查指导地方史志工作。田嘉秘书长亲切看望了泰安市史志办全体工作人员，察看了市方志馆，并考察泰山。省史志办主任刘秋增、副市长徐恩虎陪同活动。

1月22日 市委书记、市人大常委会主任耿文清检查长城路北段综合开发项目、时代发展线回迁、灵山大街改造等泰城重点建设工程。市委副书记、代市长李洪峰，市委副书记黄龙华，市政协主席张树禹，市人大常委会副主任李秀兰等参加活动。耿文清指出，城市建设在项目选择和安排上，要优先考虑群众需要，优先安排市民呼声最强烈的城建项目；在城市规划建设中，要注重财富积累，加大市场运作力度，拓宽城建项目资金运作路子。

1月23~25日 以国家旅游局规划发展与财务司司长吴文学为组长的国家AAAAA（简称5A）级旅游景区验收工作专家组一行，对泰山景区5A级风景区创建工作进行检查验收。市领导耿文清、李洪峰等出席汇报会和反馈会。吴文学代表专家组对泰山创建国家5A级风景区所取得的成绩给予充分肯定。

1月24日 市委书记、市人大常委会主任耿文清到民族村民族学校调研。强调要加大扶持力度，实施行之有效的帮扶工程项目，加快民族经济和社会事业发展。

1月25~26日 省委副书记、省长韩寓群调研南水北调沿线工程，在东平县召开南水北调、治淮东调南下工程与治污座谈会，要求确保南水北调、治淮东调南下工程建设和治污目标如期实现。副省长才利民、贾万志，市领导耿文清、李洪峰等参加调研座谈。

△市委召开常委（扩大）会议，传达学习省委书记、省人大常委会主任张高丽在省纪委第八次全体会议上的讲话精神，研究贯彻落实意见。市委书记耿文清主持会议并讲话。

1月28日 泰安市首批廉租住房租金补贴发放仪式举行，149户首批廉租住房租金补贴对象代表领取补贴。市领导耿文清、李洪峰、唐家品、黄龙华、张树禹、李秀兰等参加仪式。

1月29日 中共泰安市纪律检查委员会第七次全体会议召开。会议传达学习中纪委七次全会和省纪委八次会议精神，全面回顾总结2006年全市反腐倡廉工作，部署2007年全市党风廉政建设和反腐败工作任务。市领导耿文清、高儒林、李洪峰、唐家品、黄龙华、张树禹、李秀兰等出席会议。

1月30日至2月3日 政协第十届泰安市委员会第五次会议召开。市委副书记唐家品在会上讲话。市政协副主席傅光仁代表政协第十届泰安市委员会常务委员会作工作报告，市政协副主席黄自伟作政协十届五次会议提案审查情况的报告。补选高儒林为第十届市政协主席，张树友为市政协副主席；同意张树禹辞去第十届市政协主席职务。

1月31日至2月4日 泰安市第十四届人民代表大会第五次会议举行。代市长李洪峰作《政府工作报告》，市人大常委会副主任李秀兰作《泰安市人民代表大会常务委员会工作报告》；补选李洪峰为泰安市人民政府市长，唐家品为泰安市第十四届人民代表大会常务委员会副主任，樊玉信为泰安市第十四届人民代表大会常务委员会秘书长。

本月 截至1月底，全市6个县（市、区）党委换届工作结束。换届后，各县（市、区）党委常委均按11职配备，其中副书记2职，比换届前减少2职。

△山东省政府公布第三批省级文物保护单位名单，泰安市申报的新泰市周家庄墓群、岱岳区夏张镇无梁殿、岱岳区大汶口镇山西会馆、岱岳区大汶口镇古石桥、宁阳文庙、宁阳禹王庙、宁阳灵山寺、肥城市石横镇泰山显灵宫等8处文物名列其中。至此，全市省级文物保护单位达到23处。

△首批省级非物质文化遗产名录公布，泰安市报送的泰山道教音乐、腊山道教音乐、百兽图、独杆跷、逛荡灯、一勾勾（四音戏）、山东梆子、泰山皮影戏、木偶戏、端公腔、宁阳端午彩粽习俗、泰山石敢当习俗、桃木雕刻习俗、泰山东岳庙会、泰山封禅与祭祀习俗入围。

△中国重汽集团泰安五岳专用汽车有限公司的“五岳”牌和山东农业大学肥业科技有限公司的“农大”牌商标荣获山东省著名商标称号。

△由山东县域经济研究会、山东中国特色社会主义经济研究会、山东大学经济学院联合大众报业集团等5家省级媒体共同主办的2006年山东财富论坛排行榜揭晓，新泰市位列全省“县市竞争力十强”第3位。

△由山东省旅游行业协会、大众日报社等单位联合主办的2006山东首届旅游年会暨旅游总评榜活动揭晓，新泰莲花山风景区荣获2006山东“最具竞争力十大景区”称号。

2月

2月1日 全市2006年度人口和计划生育工作奖惩兑现电视电话会议召开。市领导耿文清、李洪峰等出席会议。

△市政协十届十九次常委会议召开。会议协商审议市政协十届五次会议选举办法（草案）、市政协十届五次会议决议（草案）、市政协十届五次会议提案审查情况的报告（草案）等，决定提交市政协十届五次会议全体委员讨论；审议通过有关人事事项。

2月2日 市政协十届二十次常委会议召开。会议审议通过市政协十届五次会议选举办法（草案）、市政协十届五次会议决议（草案）、市政协十届五次会议提案审查情况的报告（草案）等，决定提交市政协十届五次会议第三次全体会议审议；听取有关人事事项讨论情况的汇报。

2月6日 全市“平安泰安”建设大会召开。

2月18~24日 春节“黄金周”期间，全市接待国内游客

39.08万人次，实现国内旅游收入2.69亿元。泰山各个景区、景点接待游客总人数15.6万人次，其中购票进山游客8.17万人。

2月28日 省物价局同意对泰山门票价格作出调整：旺季进山门票价格每张125元，淡季每张100元；每年2月1日至11月30日执行旺季价格，12月1日至次年1月31日执行淡季价格。4月28日起执行新票价。

本月 山东泰和东新股份有限公司生产的“泰山”牌纸面石膏板被认定为“中国驰名商标”，泰和成为全市首家也是唯一一家拥有“中国名牌产品”和“中国驰名商标”双荣誉的企业。

3月

3月3日 全市城乡环境综合整治动员大会召开。会议提出要营造和谐优美、适宜人居的城乡环境。市领导耿文清、高儒林、李洪峰、李秀兰等出席会议。

3月4日 全市人武部党委第一书记述职会议召开。市委书记、市人大常委会主任、泰安军分区党委第一书记耿文清，市委常委、军分区政委徐思礼，军分区司令员盛林国出席会议。会议表彰了全市关心国防建设十佳人物。

3月5日 全市经济工作会议召开。

3月8日 市政府印发《泰安市“十一五”服务业发展纲要》。提出“十一五”期间服务业发展的任务目标、指导原则、发展重点和保障措施。

3月9日 国务院印发《关于同意将山东省泰安市列为国家历史文化名城的批复》（国函〔2007〕25号），批准泰安市为国家历史文化名城。

3月10日 市领导耿文清、高儒林、李洪峰、唐家品、黄龙华、李秀兰等与干部群众一起，先后在泰山桃花峪、高新区樱花园等地参加植树造林活动。高新区樱花园计划三年内栽植樱花树6600余棵，使之成为一道亮丽的景观带，桃花峪也将成为名副其实的桃花源。

3月15日 中共泰安市八届九次全委会议召开。市委书记、市人大常委会主任耿文清主持会议并讲话。会议通过市第九次党代会工作报告（讨论稿），市九届全委会、纪律检查委员会人事安排建议方案和出席省第九次党代会代表候选人预备人选名单。

3月19～22日 中国共产党泰安市第九次代表大会召开。市委书记耿文清代表中国共产党泰安市第八届委员会作题为《全面落实科学发展观，为建设富裕文明和谐泰安而奋斗》的报告。大会选举出中共泰安市第九届委员会、中共泰安市纪律检查委员会和出席省九次党代会代表，通过《中国共产党泰安市第九次代表大会关于八届市委工作报告的决议》和《中国共产党泰安市第九次代表大会关于市纪律检查委员会工作报告的决议》。

3月22日 中共泰安市九届一次全委会议召开，会议选举产生13名中共泰安市第九届委员会常务委员，他们是：耿文清、李洪峰、黄龙华、王云鹏、白玉翠（女）、杨忠海、邹斌芳（女）、王元榜、朱玉合、徐思礼、李琥、辛显明、陈刚；选举耿文清为市委书记，李洪峰、黄龙华为市委副书记。

△中共泰安市纪律检查委员会第一次全体会议举行。会议选举王元榜为中共泰安市纪律检查委员会书记，选举孟兆营、杨淑东、张步军为副书记。

3月24日 副省长王仁元在山东大厦会见到泰安投资合作的中信集团原董事长王军、副总经理赵景文一行。市委书记、市人大常委会主任耿文清，市委常委、副市长白玉翠等会见时在座。

△由中国民间文艺家协会主办的“中国民间文化遗产旅游示范区”评比活动揭晓，泰山以总分第一名的成绩荣获首批“中国民间文化遗产旅游示范区”称号。

3月27日 市十四届人大常委会第二十七次会议召开。会议听取全市交通工作情况、畜牧业发展情况等报告，表决通过有关人事任免事项。

3月28日 全市农村工作会议召开。会议总结2006年农业农村工作，研究部署积极发展现代农业，扎实推进社会主义新农村建设工作。

3月29日 全市地方史志工作会议召开。市人大常委会副主任唐昭林、副市长徐恩虎、市政协副主席赵成道参加会议。会议总结回顾2006年以来全市地方史志工作情况，安排部署当前和今后一个时期的工作。

3月30日 市委召开常委（扩大）会议，研究部署2007年为民要办的12件实事。12件实事是：建立完善农村最低生活保障制度；落实农村义务教育“两免一补”政策；实施村村通自来水工程；扩展农村改厕和沼气项目建设；乡镇敬老院改扩建工程；经济适用房建设和完善廉租房租金补贴制度；乡镇卫生院配套建设；实施就业援助工程；农村交通建设工程；建立城镇居民基本医疗保险制度；实施困难病人康复救助计划；住院病人社会化护理体系建设。

△2006年12月至2007年3月，全市组织开展以“严打整治、安全防范”为主要内容的“新春平安行动”，突出打黑除恶、侦破大要案、破积案追逃犯三大重点，促进了全市社会治安的进一步好转。

4月

4月6日 第六届中国肥城桃花旅游节开幕。该届桃花旅游节以“世上桃源，和谐肥城”为主题，历时1个月。期间举办了“桃乡之春”招商引资推介会、旅游商品创新设计大奖赛、民俗文艺演出、全国百强旅行社联谊会、“走秀桃花源”大型时尚新产品展示等一系列活动。

4月10日 世界地质专家、来自南非金山大学的莫罗斯浮云和瑞查德浮云教授到泰山地质博物馆考察，并捐献南非的科马提岩标本。科马提岩是世界上最古老的岩石之一，距今已有28～30亿年的历史，目前仅在南非、加拿大、澳大利亚和中国发现。

4月13日 泰安市银企合作暨金融产品推介会举行。会上，银企双方签署了合作协议。

4月19日 2007年中国泰山东岳庙会开幕。庙会以文化、旅游为切入点，安排了开幕式、王母池蟠桃盛会、聚焦泰安·泰山传统文体大看台等7项主题活动。该届庙会自4月1日开始，持续至5月1日结束。

4月21～27日 2007年“蒙牛杯”第19届女子、第38届男子亚洲举重锦标赛在泰山学院体育馆举行。该项赛事由亚洲举重联合会、中国举重协会主办，山东省体育局、泰安市人民政府承办，蒙牛集团公司和香港周大福集团公司协办。来自22个国家和地区的运动员参加比赛。亚举联主席苏丹，国际举联副主席、亚举联第一副主席、中国举重协会主席、中国奥委会委员马文广，山东省副省长黄胜，省体育局局长张洪涛，市领导耿文清、李洪峰、高儒林、李秀兰等出席开幕式。该次比赛是世界举重比赛第三大赛事，同时也是2008年北京奥运会举重资格赛，是泰安市有史以来承办的水平最高、规格最高、规模最大的国际性体育赛事。

4月20日 副省长黄胜视察泰山学院建设情况。市领导耿文清、李洪峰、高儒林、李秀兰等陪同活动。

4月23日 市委书记、市人大常委会主任耿文清，市委副书记、市长李洪峰检查时代发展线、泰安隆泰圣世华庭项目、银座城市广场等重点项目建设情况。强调要强化领导、加快进度、建设精品工程。

4月25日 市政协十届二十一次常委会议召开。会议审议并原则通过市政协《关于大力推进循环经济发展的建议案》。

4月26日 副省长王军民到新汶矿业集团调研安全生产工作。市委副书记、市长李洪峰等陪同。

4月27日 国家测绘局和建设部联合公布全国19座名山的高程数据，其中泰山高程是1532.7米。关于泰山高程，全省经常使用的数据主要有3个：一是1545米；二是1536米；三是1532米。其中，采用最多的是1545米，但这一数据的测量时间、方法与测量精度已无从查考。这次泰山高程测量历时1个多月，运用了水准测量、GPS观测、重力测量3种方法，并且是同步进行，误差控制在20毫米以内，是目前最权威、最精确的高程数据。

4月28日 淮河防汛总指挥部2007年工作会议在泰安市召开。国家防总秘书长、水利部副部长鄂

4月19日，2007中国泰山东岳庙会开幕　（刘水　摄）

竞平，淮河防总总指挥、安徽省省长王金山参加会议；山东省委副书记、省长韩寓群致词，市委副书记、市长李洪峰出席会议。

4月30日　全市庆祝“五一”国际劳动节暨先模人物表彰大会召开。大会表彰全国“五一”劳动奖章（奖状）、省“富民兴鲁”劳动奖章（奖状）获得者和100名“泰安市振兴泰安劳动奖章”获得者。市领导耿文清、李洪峰、高儒林、李秀兰等出席表彰会。

本月　《泰山石刻》出版发行。该书从近2万余帧石刻照片中遴选9957帧编入书稿，入选石刻6000余处。全书系统阐述泰山石刻的源流与发展、种类与内容、分布与现状及其历史、文化、史学、文学、书法、旅游、宗教、美学、思想等价值和先秦以来历代对泰山石刻的研究，是一部大型资料典籍。一套10卷本，版式为大16开，由中华书局出版。

△泰山管理部门在岱顶孔子庙下面、鲁班洞附近发现泰山名泉“仙泉”。历史和传说中有关“仙泉”位置的记载是在碧霞祠西侧，后来由于自然灾害等原因被泥沙淤积所掩埋。该泉直径53厘米，高36厘米，井沿边还有人工雕琢的字或图形的印记，因风化现已看不清。与“仙泉”同时挖掘发现的还有另两个泉。据《铁闻传说》记载，仙泉是碧霞元君最喜欢的小女儿，为缓解泰山附近的大旱，化身为泉，名为“仙泉”，滋润万物解救众生。

△经专家评审，山东省国土资源厅批准肥城市牛山地质遗迹景观集中分布区为第五批省级地质公园。

△北京奥运火炬接力传递路线发布，泰安名列其中。奥运火炬接力泰安传递路线行程约50公里（后调整为6公里），贯穿岱庙、孔子登临处等著名旅游景点，历时约两小时。奥运圣火将于2008年7月25日（后调整为22日）到达泰安市，泰安市选出的40名火炬手和14名护跑手参与火炬传递（后调整为火炬手120名，护跑手32名，自市体育中心点火起跑，途经8个路段，至天外村广场结束，历时一个半小时）。另外，泰山学院学生司桂莹顺利入围“CCTV奥运舵手”选拔全国20强。

5月

5月1～7日　“五一”黄金周期间，全市接待国内游客126万人次，国内旅游总收入8.1亿元；接待海外游客860人次。到泰安游客人均消费达到640元。其中，泰山接待游客20.67万人次，门票收入2259.23万元。

5月3日　市委召开常委（扩大）会议，传达学习省委书记李建国在全省领导干部会议上的讲话精神。市委书记、市人大常委会主任耿文清强调，一定要把思想统一到中纪委和省委要求上来，认真吸取有关案件教训，进一步加强党风廉政建设和反腐败斗争。

5月7日　副省长王军民到泰安市调研，先后考察了泰安高新区和大汶口工业园。市委书记、市人大常委会主任耿文清等陪同。

5月9日　由市委宣传部、市规划局联合组织的首届群众喜爱的泰城“十大优秀工程”评选活动揭晓。“十大优秀工程”分别是：市政大楼、华侨大厦、东湖公园、天外村广场、泰山医学院新校区、山东农业大学校本部、红门路、国华经典、天地家园、泮河综合改造一期工程。

5月11～12日　省委书记李建国到泰安市调研，对全市在保持经济发展强劲势头的同时，高度重视社会事业建设并取得显著成效给予高度评价。省委常委、秘书长王敏，市委书记、市人大常委会主任耿文清，市委副书记、市长李洪峰等陪同活动。

5月15～16日　全国首届和圣柳下惠学术研讨会在新泰召开，来自北京、台湾、辽宁等全国26个省市和地区及马来西亚的近百名专家学者、70多名柳下（柳氏、展氏）宗亲出席研讨会。会上进行了《和圣柳下惠与和文化》首发式、“中华和圣网”网站开通仪式以及展氏、柳氏族谱编撰启动仪式。

5月19日　国内首条大型无碱玻纤池窑投产十周年庆祝大会暨泰山玻纤中外客户洽谈会举行。津巴布韦总统夫人格蕾丝·穆加贝，市领导耿文清、李洪峰、高儒林、李秀兰等出席大会。

△全国15个副省级市政协领导到泰安市参观考察。市委书记、市人大常委会主任耿文清向来宾介绍了全市经济和社会各项事业发展情况。市政协主席高儒林陪同活动。

5月22～23日　全省社会治安综合治理工作会议在泰安市召开。省委副书记、省综治委主任高新亭，省人大常委会副主任、省综治委副主任莫振奎，副省长、省综治委副主任李玉妹，市委书记、市人大常委会主任耿文清，市委副书记、市长李洪峰等省、市领导出席大会。

5月23日　市委召开常委（扩大）会议，传达学习省委书记李建国在省八届十五次全委会和到泰安视察时的重要讲话，研究贯彻落实意见。市委书记耿文清强调，工作指导上要从加快发展转到科学发展、又好又快发展上来，解决好全面、协调、可持续发展的问题。

5月24～25日　国际（肥城）2007有机农产品发展论坛在肥城举行。国家环保总局副局长周建，联合国工业发展组织中国投资与技术促进处首席代表、绿色产业专家委员会主任胡援东，省人大常委会副主任陈延明，市委副书记、市长李洪峰及国内外知名专家出席论坛。

5月29日 市十四届人大常委会第二十八次会议召开。会议审议通过泰安市人大常委会关于泰安市2006年市级财政决算的决议、关于泰安市2006年市级财政预算执行和其他财政收支情况的审计工作报告的决议；表决人事任免事项。

5月30日 副省长才利民到泰安市调研旅游工作。市领导耿文清、李洪峰、黄龙华、白玉翠等陪同。

本月 泰山被国家旅游局正式批准为首批国家5A级旅游景区。5A是一套规范性、标准化的质量等级评定体系，5A级旅游景区是全国景区级别划分中的最高等级。8月17日，在北京举行的国家5A级旅游景区颁牌仪式上，泰山景区获得首批国家5A级旅游景区奖牌。

△泰山脚下发现一块清嘉庆二年种柏树记碑，这是泰山首块也是目前唯一一块详细记载古代泰山大规模植树造林的碑刻。该碑立于泰山中路红门孔子登临处西侧，由时任泰安知府金启撰文并书写。碑文正面详细记载了清嘉庆二年泰山只有对松山附近“古干参天，绿阴夹路”的植被状况，以及当时执政者对泰山植树造林绿化环境的重视；背面则记录了山东各地知府积极捐树2.2万株的详细名录。

△岱岳区下港乡西祥沟村南山山崖发现“仙女石”和“仙女洞”。前者为两尊巨型奇石，石面图形如画，像嫦娥奔月，又似仙女翱翔。后者是一座天然洞穴，传说是仙女下凡人间的行宫洞府，当地村民美其名曰“仙女洞”。地质专家初步勘察认为，此石此洞皆为大自然造化所为，其中“仙女石”至今已有1亿多岁年龄，而“仙女洞”也有1000万年以上的历史。

6月

6月1～2日 农业部部长孙政才到泰安市调研。副省长贾万志，市领导耿文清、李洪峰等陪同。

6月8日 市城市规划委员会召开会议，表决通过《泰安历史文化名城保护规划》和《泰安市道路交通管理规划》。

△由《齐鲁晚报》《生活日报》和新浪网山东旅游频道推出的“2007百姓喜爱的齐鲁百景暨齐鲁新十景”评选揭晓，东平湖风景名胜区入选“齐鲁文化新十景”。

6月9日 全市党员领导干部加强机关作风建设教育活动报告会举行。中纪委宣教室主任李本刚在会上作题为《加强党的作风建设，促进领导干部廉洁自律》的辅导报告。市领导耿文清、李洪峰、黄龙华、李秀兰等出席报告会。

△第一批省级非物质文化遗产项目代表性传承人公布，泰安市有5位，他们分别是：音乐类项目传承人霍德忠（泰山道教音乐），舞蹈类项目传承人张传霞（百兽图），戏曲类项目传承人郝瑞芝（山东梆子）、范正安（泰山皮影戏）、李天顺（逛荡灯）。其中，范正安被列入第一批国家级非物质文化遗产项目代表性传承人名单。

6月18日 中日友好兴学社樱花园揭幕仪式在泰安高新区举行。樱花园项目是高新区内的大型公益性绿化项目，由日本兴学社等团体组织发起。该园是以樱花树为主的主题公园，计划栽植各类樱花树6600株。

6月18～20日 市委书记、市人大常委会主任耿文清率领市党政考察团赴安徽省考察大项目建设和商贸旅游服务业，学习借鉴先进经验，推动全市大项目建设和商贸服务旅游服务业上新水平。

6月23日 泰安市实施困难病人康复救助计划在市中心医院举行启动仪式，标志着全市社会救助体系建设取得新成效。被列入康复救助计划的对象分别为低保对象、特困人员、福利院孤残人员，此次康复救助对象有30人。困难病人康复救助作为一项新型救助体系建设工程，在全省为首例。

6月24日 泰山在瑞士日内瓦被“2007欧中合作论坛”评选为“欧洲人最喜爱的中国十大景区”。

6月30日 中共泰安市九届二次全委（扩大）会议召开。会议主要学习省九次党代会和省委九届一次全会精神，结合实际研究贯彻落实意见。市委书记、市人大常委会主任耿文清讲话，市委副书记、市长李洪峰，市委副书记黄龙华等出席会议。

△山东省第一座抽水蓄能电站——泰安抽水蓄能电站4台机组全部建成，并正式投入运营。该电站于2000年2月23日开工建设，2005年12月31日首台机组并网发电。总装机容量100万千瓦，概算投资43.26亿元。

本月 省经贸委等单位组成的“山东老字号”认定委员会评审认定的“山东老字号”企业名单揭晓，泰安市的泰安德兴堂梁氏正骨和赵斌食品上榜首批“山东老字号”。

7月

7月1日 中国建材集团、新汶矿业集团战略合作框架协议暨泰山水泥集团有限公司重组交接签字仪式举行。副省长贾万志，中国建材协会副会长、中国水泥协会会长雷前治，市委书记、市人大常委会主任耿文清，市委副书记、市长李洪峰等出席签字仪式。中国建筑材料集团是国务院国资委直接管理的大型企业，2006年位列中国建材百强企业第二；新汶矿业集团位居中国煤炭企业百强前十位，两大集团强强联合，对泰山水泥项目扩张和产业升级改造，必将产生积极推动作用。

7月6日 市委副书记、市长李洪峰会见日本古河机械株式会社专务取缔役山下南海男一行。中日合资泰安古河机械有限公司由日本古河机械株式会社与泰安东岳重工公司共同出资创建，专业从事随车起重机的开发、研制、生产和销售。

7月13日 市委书记、市人大常委会主任耿文清调研长城路北段综合开发项目进展情况，强调要以科学的规划理念建设新城区，按中央商务区的标准规划、建设，打造城市标志性建筑群和新的城市亮点。

7月16日 市委书记、市人大常委会主任耿文清到市中心医院、市中医医院调研困难病人康复救助和住院病人社会化护理体系建设情况，强调各级、各部门要探索新路子，切实为人民群众办实事、解难题。

7月19日 泰安市首个由政府直接组织建设的经济适用住房小区正式开工建设。住房小区的建筑面积一律为75平方米，基准价格在每平方米1500元以内。市委、市政府还制订一系列优惠政策，以确保向低收入家庭提供价格低廉的住房，让低收入住房困难家庭切实得到实惠。

7月20日 市委召开常委（扩大）会议，传达贯彻全省领导干部会议精神。市委书记、市人大常委会主任耿文清在讲话中指出，各级领导干部要充分认识加强党风廉政建设的极端重要性，深刻汲取有关案件的教训，始终做到清正廉洁，永葆共产党员政治本色。

7月25日 国务院南水北调工程办公室主任张基尧到泰安市检查南水北调东线工程东平段建设情况。副省长贾万志，市委副书记、市长李洪峰等陪同活动。

7月26日 市政协十届二十二次常委会议召开。会议听取并讨论全市上半年经济社会运行情况，审议通过《关于全市外商投资企业发展情况的调研报告》等，审议通过有关人事事项。

7月27日 市十四届人大常委会第二十九次会议召开。会议听取并审议2007年上半年全市国民经济和社会发展情况、全市及市级财政预算执行情况等报告，审议通过市人大常委会关于泮河综合整治二期工程项目建设利用中国农业发展银行泰安分行贷款及相关贷款条件的决定，表决通过有关人事任免事项。

7月28～31日 全市上半年经济形势分析会召开。市委副书记、市长李洪峰讲话。

本月 徂徕山发现大面积麻栎古树种群。专家认为这些古树树龄在150年～300年之间，是目前发现的华北地区面积最大、保存较完整的一片麻栎林。麻栎俗称“柞树”，属山毛榉科，果实叫橡子或橡斗，木材坚硬。

8月

8月1日 全国拥军模范、泰安市原食品公司退休职工贾美荣，作为全省唯一代表列席在北京召开的“全军英雄模范代表大会”。

8月8日 市委副书记、市长李洪峰会见伊朗霍德罗公司总裁马蒂噶一行。霍德罗公司是伊朗乃至中东最大的汽车生产企业。该公司与浙江青年汽车集团合资合作在泰安高新区建设整车生产基地。

8月11日 《泰安市黄前水库流域保护区总体规划》通过专家论证。该规划确定了水源地三个层次的保护区，范围涉及大津口、黄前、下港等乡镇行政区域共324.5平方公里，保护区范围内逐步迁出影响水源地保护的各类建筑，禁止一切与水源地保护无关的建设活动。

8月12日 由世界著名品牌大会主办的2007“中国特色魅力城市200强”评选活动在新加坡揭晓，泰安市因独具的历史特色、自然特色、文化特色等，再次入选中国魅力城市200强。

8月15日 省委常委、省军区司令员谈文虎，参谋长陈文荣到泰安市检查指导工作。市委书记、市人大常委会主任耿文清等陪同活动。

8月16日 泰安市商业银行挂牌运营。省人大常委会副主任黄可华，山东银监局党委书记、局长王进诚，市领导耿文清、李洪峰、高儒林、李秀兰等出席挂牌仪式。泰安市商业银行前身是泰安市城市信用社，2007年6月1日由山东银监局批准成立，是具有独立法人资格的股份制金融机构。

8月17日 市委召开全市领导干部会议，传达贯彻省委理论学习中心组读书会精神，推动工作指导由加快发展到科学发展、又好又快发展转变，对进一步加强党风廉政建设作出部署。市委书记、市人大常委会主任耿文清讲话，市委副书记、市长李洪峰，市委副书记黄龙华，市政协主席高儒林，市人大常委会副主任李秀兰等出席会议。

△市委外事工作会议召开。市领导耿文清、李洪峰、高儒林等出席会议。

△8月16～17日，新泰地区突降暴雨，24小时降水量达到205毫米，引起山洪暴发，致山东华源矿业集团公司发生洪水淹井事故。党中央、国务院对这一事故高度重视，胡锦涛、温家宝等中央领导同志作出重要指示，要求尽一切努力抢救井下被困人员。事故发生后，救援工作迅速展开。受中央和国务院委托，国务委员华建敏、国家安全生产总局局长李毅中、国家煤监局局长赵铁锤等领导同志迅速赶到

事故现场，指挥抢险救援。省委书记李建国，济南军区司令员范长龙，副司令员叶爱群，省委副书记、代省长姜大明，省委常委、常务副省长王仁元，省委常委、副省长王军民，省委常委、秘书长王敏，省委常委、省军区司令员谈文虎，省军区政委张秉德，省武警总队队长戴肃军等连夜赶到现场指挥。市委书记、市人大常委会主任耿文清，市委副书记、市长李洪峰，市委副书记黄龙华等，以及新泰市、新汶矿业集团主要领导在第一时间赶到事故现场，立即投入抢险施救工作。现场成立由姜大明代省长为总指挥的指挥部，迅速紧张地展开工作。解放军、武警官兵、华源矿业公司职工及附近干部群众迅速投入抢险救援行动。各级党委、政府千方百计解决好遇难职工家属生产生活中的实际困难，千方百计做好职工安置工作。社会各界纷纷出人出力、捐款捐物，体现了一方有难、八方支援的好传统。8月19日，溃水源头新泰柴汶河溃口被成功封堵。9月6日，抢险救援工作进入第20天，生命科学专家组根据矿井结构特点，按照医学理论，综合分析各种因素，认为被淹矿井内不具备人体生存条件，172名被困矿工已无生还可能。

8月20日 市十四届人大常委会第三十次会议召开。会议审议批准泰安市选举工作委员会关于2007～2008年全市人大换届选举工作安排意见。意见决定，全市各级人民代表大会将于2007年下半年至2008年初换届选举。

8月21日 省委书记李建国到东平湖检查抗洪防汛工作。强调各级各部门一定要把防汛和安全生产工作作为一项重要的政治任务，严格落实防汛和安全生产责任制，切实强化各项防范措施，确保全省平安度汛、生产安全和社会稳定。

8月22日 泰安市政府印发《节能减排综合性工作实施方案》，进一步明确实现节能减排的总体要求和目标任务。

8月29日 泰安市公安消防支队（岱顶消防站）被省委、省政府授予“模范消防中队”荣誉称号。

本月 由亚太环境保护协会、亚太人文与生态价值评估中心等机构评价完成的第二届中华100大人文与生态名山口碑金榜在香港揭晓，泰山再度位居“中华十大名山”榜首。泰山因连续两届排名首位，荣膺“中华国山”特别美誉。

△在首届中国自驾车旅游品牌评选中，泰安、泰山分别入选中国自驾车旅游品牌十大目的地、中国自驾车旅游品牌十大景区。

△国家环保总局表彰的第二批全国“绿色社区”创建活动先进单位公布，泰山区上高街道办事处华新社区榜上有名，成为全市首家获国家级表彰的“绿色社区”。

△由山东省经济贸易委员会和国家统计局山东调查总队联合确定的2006年度山东省100强企业名单公布，泰安市新汶矿业集团和山东石横特钢集团有限公司两家企业榜上有名。

9月

9月2日 市委书记、市人大常委会主任耿文清到新泰市东都镇西都村察看灾毁区土地复垦项目。强调遵循“因地制宜”的原则，科学治理，推进项目顺利实施。

△市委、市政府召开全市县（市、区）长暨市直部门负责人会议，要求针对当前的发展和稳定形势，进一步增强全市广大党员干部的责任意识、大局意识和党性观念，坚守岗位，履行职责，扎扎实实做好当前各项工作。

9月4～5日 全国妇联系统港澳执委、特邀代表考察团到泰安考察。全国妇联副主席、书记处书记赵少华，省妇联主席赵玉兰，市政协主席高儒林等陪同活动。

9月6日 泰开电气集团超高压电缆项目奠基暨“双百万”变压器项目开工典礼在泰安高新区举行。市领导耿文清、李洪峰、高儒林、李秀兰等出席。泰开电气集团承担的发展750千伏超高压电缆项目是国家重点鼓励发展的产业、产品和技术，项目总投资6亿元，新建厂房10.8万平方米，生产规模年产750千伏超高压交联电缆和特种电缆8000公里；“双百万”变压器项目总投资3.5亿元，建筑面积3.95万平方米。

△山东鲁峰汽车万辆生产线项目奠基。市领导耿文清、李洪峰、高儒林、李秀兰等出席。该项目计划总投资4.9亿元，总建筑面积11万平方米。

△全市唯一一处爱护遗产、享受遗产、传承遗产的石刻群景点——泰山岱庙石刻园正式对中外游人开放。园内有石刻120余处，郑板桥、何绍基、刘墉等古代名家珍品20余幅，潘天寿、欧阳中石、沈鹏等现当代名家书法精品100余幅。

9月7～12日 第二十一届泰山国际登山节暨第十二届全国全民健身登泰山比赛举行。该届登山节由国家旅游局、中华全国体育总会、中国登山协会、中国国际贸易促进委员会、中华全国工商业联合会、中国人民对外友好协会、中央电视台、中国国际广播电台、山东省旅游局、山东省体育局、山东电视台、泰安市人民政府联合主办，泰安市人民政府具体承办。活动以“旅游盛会、经贸长廊、竞技摇篮、绚丽舞台”为主题，安排了庆典、经贸、旅游、体育和文化5大板块、20项活动。

9月7～8日 2007中国泰安投资合作洽谈会举行。国内外800多名客商与会，签订内资合同项目

278个，签订外资合同项目36个。

9月11日 在2007年中国名牌产品表彰大会上，山东东岳工业橡胶有限公司生产的“东岳”牌摩托车轮胎进入中国名牌行列。至此，全市中国名牌产品达到6个。

9月14日 省委常委、副省长王军民到新泰调研节能减排和气象工作，强调要调整优化工业结构，大力推进节能减排；要加快建立健全省市县三级防范自然灾害的预报、预警、预防、评估、信息服务监测体系，最大限度地减少自然灾害带来的损失。市委书记、市人大常委会主任耿文清等陪同活动。

9月18日 由中央文明办、全国总工会、共青团中央、全国妇联等部门和单位举办的“道德的力量”——全国道德模范评选表彰活动颁奖晚会在北京召开，肥城市安站镇冯杭村村民田秀英荣获提名奖。

9月19日 泰山管委南天门管理区将复制的“孔子小天下处”碑重立于岱顶尼父台原址。该碑为天青石，碑身高1.98米，宽0.80米，厚0.24米。碑文共竖排6行，正文为“孔子小天下处”，楷书，字径28厘米。

9月20日 全市安全生产电视会议召开。市委副书记、市长李洪峰强调，各级、各部门各单位要牢固树立“安全发展”理念，切实做好安全生产工作。

9月21日 市委书记、市人大常委会主任耿文清会见中国国民党副主席林丰正一行。双方就泰台之间的经贸、文化交流进行座谈。

△市政府印发《泰安市城镇居民基本医疗保险实施办法》，保障范围及对象是：具有泰安市城镇户籍且未参加城镇职工基本医疗保险和新型农民合作医疗的城镇居民。

9月22日 国务院副秘书长、国务院机关事务管理局局长焦焕成到泰安市检查机关事务管理工作。市委副书记、市长李洪峰等陪同活动。

9月24日 泰安瑞泰化工公司在美国上市，首次股权融资1461万元人民币。

9月25日 韩国现代重工业株式会社副会长闵季植带领考察团到泰安市进行商务考察。市领导耿文清、李洪峰分别会见闵季植一行。

9月27日 市十四届人大常委会第三十一次会议召开。会议听取审议关于检查《中华人民共和国消防法》实施情况等报告，表决通过有关人事任免及撤职事项。

△在河北省廊坊市举行的第17届全国发明展览会上，泰安市民间发明家纪翔发明的节能燃气采暖机获最高奖——金奖暨“环保发明专项奖”，另有3项发明获铜奖。

9月28日 市委书记、市人大常委会主任耿文清到新泰市调研华源东社区供水工程建设情况，强调要加快施工进度，确保施工质量，让矿区群众吃上卫生水。

△在全国政务公开先进单位表彰大会上，泰安市荣膺“全国政务公开工作先进单位”。

10月

10月1～7日 “十一”黄金周期间，全市接待海内外游客83.88万人次，旅游收入6亿元。其中泰山接待游客12.97万人次，收入1371.1万元。

10月1日 省委常委、副省长王军民到新泰察看华源西社区、东社区及华源东社区供水工程建设情况，强调要搞好社区各项服务工作，确保社区和谐稳定。市委书记、市人大常委会主任耿文清等陪同。

△“登泰山，迎奥运，贺《福娃》，庆国庆”活动在泰山岱顶大观峰唐摩崖石刻下举行，奥运吉祥物福娃和为《福娃》动画片配音的3位明星出席活动仪式。奥运主题动画片《福娃》于10月1日在中央电视台“大风车”栏目和山东电视台首播，泰山管委联合山东电视台等单位共同开展该项活动，使奥运吉祥物“福娃”走进庄严神圣的泰山，体现了人与自然的和谐统一和奥委会提倡的“人文奥运”、“和谐奥运”的理念。

10月7日 市政府印发《泰安市安全生产监督管理办法（试行）》，共7章48条，即日起执行。

10月10～11日 由全国工商联和山东省人民政府主办的2007海内外知名企业家‘齐鲁行’暨中国泰安投资经贸洽谈会举行，海内外300多位客商会聚泰山脚下，共谋合作发展。全国政协副主席、全国工商联主席黄孟复，全国工商联副主席谢伯阳，省委常委、副省长王军民，市委书记、市人大常委会主任耿文清，市委副书记、市长李洪峰等出席开幕式。11日，举行签约仪式，累计签订投资合同35个，达成投资协议意向项目48个。

10月11日 中华人民共和国第十一届运动会倒计时两周年泰安赛区揭幕仪式在市政广场举行。市领导耿文清、李洪峰、高儒林、李秀兰等出席揭幕仪式。第十一届全运会将于2009年10月在山东省举办，泰安市将承办男子足球和男子排球的比赛项目。

10月12日 全市热烈欢送出席党的十七大的代表，市委书记、市人大常委会主任耿文清和中国工程院院士、山东农业大学教授束怀瑞，启程赴京参加盛会。市委副书记、市长李洪峰，市委副书记黄龙华，市政协主席高儒林，市人大常委会副主任李秀兰等参加欢送。

△菏泽日报、济宁日报、莱芜日报、日照日报、泰安日报、枣庄日报等6家报社正式签署协议，成立鲁中南报业联盟，并于10月18日创办《鲁中南新闻》专刊。专刊每周一至周五出版，每天两个版，随各市晚报、晨报（晨刊）在6市

10 月 11 日，2007 海内外知名企业家“齐鲁行”暨中国泰安投资经贸洽谈会举行签字仪式 （李 明 摄）

一起发行，覆盖近 40 个县（市、区）、近 3000 万人口。

10 月 15 日 全市各级组织收听收看党的十七大开幕式盛况。

10 月 15～17 日 全省城乡环境整治活动综合考评组到泰安，对全市及新泰市、肥城市 2005～2007 年开展城乡环境综合整治活动情况进行综合考评。市委副书记、市长李洪峰等陪同活动。

10 月 16～18 日 第五届中国泰山苗木花卉交易会在泰安举办。该届苗木花卉交易会由山东省林业局、山东农业大学、山东省农业科学院、泰安市政府共同主办，泰山区政府、山东省林木种苗站、泰安市林业局、山东农业大学科技处和山东农业科学院果树研究所具体承办。来自全国各地的 300 余家企业参展，设 4 个展区分别展示鲜切花及插花花艺、泰山盆景、名贵兰花和泰山区特色精品。

10 月 23 日 市政协十届二十三次常委会议召开。会议认真学习中共十七大精神和全省政协工作经验交流会议精神，审议通过政协泰安市委员会《关于学习贯彻中国共产党第十七次全国代表大会精神的决议》等，表决通过有关人事事项，表彰市政协十届三次会议以来优秀提案、优秀提案承办单位和优秀提案工作者。

10 月 24 日 市委召开常委（扩大）会议，传达学习党的十七大精神，就进一步抓好十七大精神的贯彻落实进行部署。

10 月 26 日 市委召开全市领导干部会议，传达贯彻党的十七大精神和全省领导干部会议精神。市委书记、市人大常委会主任耿文清强调，各级、各部门和各单位要按照中央和省委指示精神，组织广大党员干部群众认真学习十七大精神，特别是要原原本本研读胡锦涛总书记的报告，认真学习《中国共产党章程》。

△泰安市旅游工作委员会全体成员会议召开。市委书记、市人大常委会主任耿文清强调，要继续做好“吸引人、留住人”的文章，打造旅游目的地，努力建设旅游名城和旅游经济强市。旅工委要认真做好组织协调、实施规划、推进项目、研究政策、整合资源、规范秩序等工作。市委副书记黄龙华主持会议并部署工作。

△韩国现代起亚汽车集团副会长、韩国中华总商会会长薛荣兴带领考察团到泰安考察。副省长才利民，市委副书记、市长李洪峰等陪同活动。

本月 泰安市新增 11 个山东名牌（8 个山东名牌产品、3 个山东省服务名牌）。至此，全市拥有中国名牌产品 6 个、国家免检产品 15 个、山东名牌产品 89 个、山东省服务名牌 8 个、山东名牌农林水产品 8 个，山东名牌产品总数在全省列第六位，山东省服务名牌总数列全省第七。

△中国书协正式命名泰山为全国第一个书法名山。中国书法艺术在泰山主要以石刻形式保存下来，泰山现存 2516 处石刻中，碑刻 500 余座、摩崖题刻 800 余处，碑

刻之多冠中国名山之首。

△市政府印发《关于实施下岗失业人员再就业帮扶工程的意见》，按照普遍帮扶与重点帮扶相结合的原则，规定对一户两代、夫妻双方、抚养未成年子女的单亲家庭失业人员等进行重点帮扶。继续实施“就业援助工程”是2007年市委、市政府为民要办的12件实事之一。

△泰山赤鳞鱼被列为国家地理标志产品。地理标志产品是指产自特定地域，所具有的质量、声誉或其他特性本质上取决于该产地的自然因素和人文因素，经审核批准以地理名称进行命名的产品。泰山赤鳞鱼是中国五大名贵淡水鱼之一。成鱼一般长20厘米左右，生长在海拔300～800米之间的山涧水溪中，以肉质细嫩、味道鲜美、香而不腥、营养丰富而名闻遐迩。年内养殖数量达到300万尾。

△泰安市被教育部中国教育学会确定为中国教育改革发展试验区。

11月

11月2日 全市落实科学发展观项目建设调度会召开。市领导耿文清、李洪峰、黄龙华、高儒林、李秀兰等出席会议。耿文清作重要讲话，强调要按照党的十七大精神和省委、省政府要求，紧密结合泰安实际，解放思想，团结拼搏，推进全市经济和社会又好又快发展，确保全面完成和超额完成全年目标任务。

11月7日 由世界绿茶协会与中国茶叶流通协会组织的首届世界绿茶评比结果揭晓，泰山女儿茶获金奖，成为泰安市绿茶行业获得的最高殊荣。

11月11日 中日（绿色桥梁）地球环保林项目竣工仪式在岱岳区天平办事处大陡山村举行。省人大常委会副主任李明先，市委书记、市人大常委会主任耿文清，市委副书记、市长李洪峰，日本山口县副知事西村亘、山口县议长岛田明等出席仪式。中日“绿色桥梁地球环境林”造林示范项目，是山东省与日本山口县友好合作的一项重要内容。该项目自2004年开展，至2007年11月成功造林250公顷，共栽植树木50万株。

11月12日 泰山与日本富士山缔结为“友好山”。海拔3776米的富士山是日本第一高山，跨日本静冈、山梨两县，被日本人民誉为“圣岳”，是日本民族的象征。

11月15日 市委书记、市人大常委会主任耿文清会见美国马尼托瓦克起重集团副总裁布赖斯一行，就马尼托瓦克起重集团与泰安东岳重工有限公司的合作进展情况进行洽谈。

11月16日 市委召开党风廉政建设领导小组（扩大）会议，部署对县（市、区）和市直部门落实党风廉政建设责任制情况检查考核工作。市委书记、市人大常委会主任耿文清出席会议并讲话。

11月22日 副省长贾万志到东平县检查泽生秸秆酶解发酵乙醇项目建设及农村沼气建设、农业综合开发情况。市委书记、市人大常委会主任耿文清等陪同活动。

11月27日 市十四届人大常委会第三十二次会议召开。会议听取《关于全市重点经济项目建设情况的汇报》等报告；审议通过关于召开泰安市第十五届人民代表大会第一次会议的决定，通过市政府关于市十四届人大五次会议代表议案办理情况等报告；表决有关人事任免事项；确认11人为泰安市人民检察院人民监督员。审议通过《泰安市交通中长期发展规划》，该规划分为公路网规划、公路运输场站规划和水路运输规划3个部分。按此规划，到2025年，全市将建成由“一绕三横九射九纵”主干线公路、“一环四横七纵”次干线公路和一般干线公路组成的公路网络。

11月28日 副省长才利民到泰安调研旅游服务业发展情况。市委书记、市人大常委会主任耿文清等陪同活动。

△国家旅游局命名新泰市为“中国优秀旅游城市”。

11月30日 市委召开常委（扩大）会议，传达贯彻全省服务业发展工作会议精神。市委书记、市人大常委会主任耿文清对加快全市服务业发展提出要求。

本月 东平县被省劳动和社会保障厅确定为首批省级劳务输出工作示范县。全县在外务工15.6万人，年创劳务收入12亿元。

12月

12月1日 西藏自治区党委书记张庆黎到泰安市考察，对泰山保护管理以及泰安市经济建设和社会各项事业取得的新成就给予充分肯定。市领导耿文清、李洪峰等陪同活动。

△泰山风景名胜区获得由建设部颁发的“国家级风景名胜区综合整治十佳单位”荣誉称号。这是建设部2003年开展国家级风景名胜区综合整治活动以来，泰山风景名胜区获得的最高荣誉。市政协副主席、泰山管委原主任李正明荣获“国家风景名胜区事业突出贡献奖”。

△自12月1日起，泰安市开始执行新的电价调整政策，实行城乡用电同网同价。

12月2日 全市民主评议政风行风活动集中评议在8个集中评议点全面展开，在市人大、市政协、市纪委督察人员的监督下，近5000名评议代表严格按照规定程序自主填写2007年度民主评议政风行风评议票，全市民主评议政风行风活动集中评议圆满结束。

△山东省劳动和社会保障厅评出山东省首批驰名劳务品牌，泰安市“肥城建安”和“东平港务”两大劳务品牌入选。

12月3日 市委书记、市人大常委会主任耿文清视察泰城财源大街、通天街改造工程进展情况，强调要总结经验，打造亮点，真正把财源大街和通天街改造成为精品商业区。

12月4日 国家工商行政管理总局副局长刘凡到泰安市检查农村食品监管工作。省工商局局长李华理，市委副书记、市长李洪峰等陪同活动。

12月4～5日 全省城市社区工作经验交流会在泰安召开。副省长郭兆信出席会议并讲话，市委书记、市人大常委会主任耿文清，市委副书记、市长李洪峰等到会祝贺。郭兆信对泰安市社区建设取得的显著成绩给予充分肯定。

12月5日 市委书记、市人大常委会主任耿文清检查泰城经济适用房建设，强调要高度关注民生，把改善低收入群众的居住条件作为重点，确保工程质量，扎实推进经济适用房建设。泰安市首个经济适用住房小区——惠普家园住宅小区占地约6.87公顷，规划住宅总建筑面积约7万平方米。

△全市农村低保证和低保金发放仪式在岱岳区满庄镇举行，副省长郭兆信，市领导耿文清、李洪峰等出席发放仪式。

12月6～7日 全国人防办主任会议在泰安市召开，部署人民防空应急准备工作任务。国家人防办副主任李扬，副省长郭兆信，省军区副司令员邬援军，以及各军区人防办负责人，各省、自治区、直辖市和中直机关、国家机关人防办主任、民防局长出席会议。市领导耿文清、李洪峰等到会祝贺。

12月10日 全市6个县（市、区）人大、政府、政协换届工作全部结束。所有当选人员均经过民主推荐、组织考察、党委提名，群众比较满意，社会效果较好。

12月13日 全市质量工作会议召开。市政府对山东东岳工业橡胶有限公司等荣获中国名牌和山东名牌称号的12家单位给予总额105万元的重奖，并对市质量技术监督管理部门给予奖励。

△全市拥有中国名牌产品6个（泰山牌交联聚乙烯电力电缆、CTG牌无碱玻璃纤维短切原丝毡、CTG牌无捻粗纱、泰山牌纸面石膏板、华阳牌拟除虫菊酯、东岳牌摩托车轮胎），中国驰名商标3件（山东泰山生力源集团股份有限公司生产的“泰山”牌白酒、山东泰和东新股份有限公司生产的“泰山”牌纸面石膏板、山东农业大学肥业科技有限公司生产的“农大”牌肥料），国家免检产品25个，山东名牌产品89个，山东省服务名牌8个，山东名牌农林水产品8个，山东省著名商标66件。全市山东名牌产品、山东省服务名牌、山东名牌农林水产品等省级名牌总数列全省第七位。

12月13～15日 全市骨干企业负责人座谈会召开，与会人员现场考察19家企业并作交流发言。市领导耿文清、高儒林等出席会议。

12月14日 市政府印发《关于取消、增加和调整部分市级行政审批事项的通知》。经过审核，市政府决定取消、增加和调整市级行政审批事项70项。其中，取消行政许可项目35项、非行政许可项目25项；增加行政许可项目1项、非行政许可项目2项。

12月16日 泰山荣膺国内首座“中国书法名山”称号命名授牌揭牌仪式举行。省委书记李建国，省委副书记、代省长姜大明发来贺信。省政协副主席王修智，中国书协党组书记、驻会副主席赵长青，省文联党组书记于钦彦，市领导耿文清、高儒林出席仪式。

12月17日 市十四届人大常委会第三十三次会议召开。会议听取并原则通过市十五届人大一次会议筹备工作情况汇报、市人大常委会工作报告（草案）等，表决有关人事任免事项。

12月18日 全市领导干部学习贯彻党的十七大精神专题研讨班开班。市委副书记、市长李洪峰出席开班仪式并作专题辅导报告。研讨班培训对象是全市科级以上领导干部，共分8期进行。

12月19日 全国政协常委、全国政协经济委员会副主任洪绂曾一行到泰安，先后对山东联航食品有限公司、山东农业大学视察，市政协主席高儒林等陪同活动。

△由中国青年报社主办的“西霞口·2007中国青年喜爱的旅游目的地”评选活动揭晓，泰山入选“中国青年喜爱的十大旅游目的地”，并获得“文明景区景点之星”荣誉称号。

12月20日 中国中材——泰山玻纤在香港H股成功上市，募集资金38.2亿元。泰山玻璃纤维股份有限公司整体入股中国中材股份有限公司，为该公司的第二大股东。

12月26日 纪念徂徕山抗日武装起义70周年座谈会在泰安举行。省委常委、宣传部长李群，省军区副司令员尚书国，市委书记、市人大常委会主任耿文清，市委常委、泰安军分区政委徐思礼等领导出席座谈会。

△省委常委、宣传部长李群到泰安调研宣传、文化工作。市委书记、市人大常委会主任耿文清等陪同活动。

12月27日 市委书记、市人大常委会主任耿文清到泰山玻璃纤维股份有限公司调研，强调要抓住母公司中材集团在香港成功上市的难得机遇，加快新上项目建设步

伐，做好玻璃纤维制品深加工文章，实现新的更大发展。

12 月 28 日 市委召开常委（扩大）会议，传达省九届三次全委会精神。市委书记、市人大常委会主任耿文清就贯彻落实全委会精神提出要求，强调要围绕建设富裕文明和谐泰安的总体目标，全面推进经济建设、政治建设、文化建设、社会建设和党的建设。

12 月 29 日 市政协十届二十四次常委会议召开。会议听取市委常委、副市长王云鹏关于《政府工作报告》起草说明和基本情况的通报；听取市政协副主席、市委统战部部长赵成道关于政协第十一届泰安市委员会委员参加单位、委员名额和人选的说明。会议审议通过关于召开政协第十一届泰安市委员会第一次会议的决定：政协第十一届泰安市委员会第一次会议于 2007 年 12 月 31 日至 2008 年 1 月 7 日在泰城召开。

△市政府发布《解决泰安市市区低收入家庭住房困难发展规划（2008～2010）》。《规划》提出解决泰安市市区低收入家庭住房困难的总体目标，并分别从低收入家庭现状与住房需求分析、住房供应和租赁住房补贴、土地供应和资金安排、规划实施的相关措施、规划实施机制等方面作出明确规定。

△山东农业大学教授于振文当选中国工程院院士，驻泰院士总数增至 7 人。于振文长期从事作物栽培理论与技术的研究和实践，其小麦产量生理研究成果先后获 2001 年、2006 年国家科技进步二等奖。

△财源大街改造工程中率先竣工项目——金桥服装城正式开业。市委副书记黄龙华等出席开业庆典。

12 月 31 日 截至 12 月 31 日 14 时，泰山景区全年接待游客 284.2 万人，同比增加 22.4 万人。

本月 泰安东升服装公司等 8 家企事业单位获得 8 项国家标准的制定权。全市已有 254 家企业的 305 种产品采用国际标准和国外先进标准。

△由中国人民解放军第 88 医院编辑出版的《中国矫形外科杂志》成为国内外知名医学期刊。用户超过 2000 个，美国、英国、法国、日本等 19 个发达国家和地区使用其资料，成为哈佛大学、耶鲁大学和国内清华大学、北京大学的高端用户。该学术期刊 1984 年创办，原为《小儿麻痹研究》，1994 年更名为《中国矫形外科杂志》。

△泰安市被国家科技部授予“全国科技进步先进市”称号。

年内 市委确定的 2007 年为民要办的 12 件实事全面完成。全市新型农村合作医疗乡镇、行政村覆盖率达 100%，参合农民 350.71 万人，农民参合率达到 95%；全市调整延伸农村客运线路 100 多条，基本实现网络化运营、公交化管理，行政村通客车率达 99.3%；全市 4612 个村、371.26 万人吃上安全卫生的自来水，农村自来水普及率达到 93.4%；累计改造农村公路 7347.2 公里、大中桥梁 53 座，完成投资 18.8 亿元，新增通油路行政村 1190 个，直接受益人口 200 多万人，行政村通油路率达到 96%，累计改造重要县乡公路 424.5 公里，完成投资 3.7 亿元；25 处乡镇卫生院房屋整修项目全部竣工，规划维修、改造、扩建房屋面积 4.40 万平方米，总投资 1679 万元；住院病人社会化护理体系建设在全市推开，全市有 400 余患者家属接受无家属护理陪护；泰城接受廉租住房租金补贴家庭申报 369 户，其中符合标准并发放租金补贴的家庭 353 户，累计发放租金补贴 43.75 万元；全市各级投资 1.5 亿元，新建和改扩建敬老院 83 处，其中新建 29 处、改扩建 54 处，床位达到 1.11 万张，“五保”供养对象 1.43 万人，其中入院供养 1.02 万人，集中供养率达到 71.6%；全市建立起完善的农村低保制度和省、市、县、乡四级配套投入机制，使年人均收入 800 元以下的农村困难群众实现应保尽保，全年完成农村困难家庭低保户认定发证 8.6 万多人，比上年增加 6 万多人，是上年保障人数的 3.3 倍；全市 102 处农村中小学危房改造项目完工 99 处，消除危房 9 万平方米，新建校舍面积 14.8 万平方米。

△中宣部推广泰安市一批典型经验。主要有：加强乡村财源建设，保障基层组织正常运转；实施文化资源信息共享工程；推广农村财务委托代理，使干部清白、农民明白；军转干部吕才科自主创业等。

△新汶矿业集团公司、石横特钢集团销售收入分别突破 200 亿元、100 亿元。新汶矿业集团 2007 年实现销售总收入达到 219 亿元，石横特钢集团达到 103 亿元。

△全市大项目建设取得重大进展。2003 年以来，市委、市政府一直把大项目建设作为经济工作的基本抓手，5 年共新开工投资亿元以上工业、商贸、旅游项目 383 个，投资总规模 950 亿元。

领导人视察泰安

【罗干到泰安视察】 1 月 5～6 日，中共中央政治局常委、中央政法委书记罗干到泰安视察。最高人民法院院长肖扬，省委书记、省人大常委会主任张高丽，省委副书记、省长韩寓群，省委副书记高新亭，省委常委、秘书长王敏，省高级人民法院院长尹忠显，省长助理、省公安厅厅长曲植凡，省政府秘书长周齐，市领导耿文清、李洪峰、黄龙华、杨忠海、朱玉合，市

1月5日，中共中央政治局常委、中央政法委书记罗干（前排右三）到泰安视察工作 （李 明 摄）

中级人民法院院长朱晓峰等陪同。

罗干在省市领导陪同下，先后到泰开电气集团有限公司、泰前街道办事处司法所、岱东社区、泰山区法院、泰山区下梨园村，就贯彻落实科学发展观、维护社会稳定、促进社会和谐、建设社会主义新农村等问题进行调研。在泰开电气集团，当了解到企业拳头产品拥有自主知识产权时，罗干十分高兴。他勉励企业坚持发展核心技术，力争研制出更多的高新技术产品。在泰前司法所，罗干详细了解排查调处矛盾纠纷、开展法律服务情况，强调要加强法律服务，健全矛盾纠纷排查调处长效机制，把矛盾纠纷化解在基层。在泰期间，罗干听取了泰安市委、市政府的工作汇报，对全市在经济发展、维护社会稳定和平安建设等方面取得的显著成绩给予充分肯定。他希望泰安市继续努力，积极探索，开拓创新，实现经济社会又好又快发展。

【肖扬到泰安视察】 1月6日，最高人民法院院长肖扬到泰安市中级人民法院视察工作。省委副书记高新亭，省高级人民法院院长尹忠显，市领导耿文清、黄龙华、杨忠海、朱玉合，市中级人民法院院长朱晓峰等陪同。

肖扬院长实地查看市中级法院的审判、办公场所，听取市委书记、市人大常委会主任耿文清关于泰安市工作情况的汇报和朱晓峰院长关于泰安市法院工作情况的汇报。肖扬院长对泰安市经济社会发展所取得的成就和在维护社会稳定方面所做的工作给予充分肯定，就进一步做好新形势下人民法院工作发表了重要讲话。他指出，各级法院要认真落实宽严相济的刑事审判政策，当宽则宽，当严则严；要继续保持对严重刑事犯罪的打击力度，努力维护社会稳定；要坚持保留死刑，严格控制死刑，慎重适用死刑，最大限度地保障司法领域的人权，努力实现社会的和谐。在民商事审判中，要坚持平等保护原则，居中裁判，要进一步加大民商事审判调解力度，坚持调解和判决相结合，充分尊重当事人的意愿，能调则调，当判则判，实现平息纠纷、案结事了、胜败皆服的目标。要进一步加强行政审判工作，促进行政机关依法行政，实现官民平等；积极探索行政审判协调、和解机制，实现行政机关与行政管理相对人的和谐。要进一步加强法院队伍建设，确保审判不出问题，队伍不出问题，并希望山东法院、泰安法院继续努力，保持光荣、发扬光荣，争取更大的成绩。

【华建敏到泰安指导救援排险工作】 8月18日下午，国务委员、国务院秘书长华建敏率国务院有关部门负责人赶到山东华源矿业公司，现场指挥溃水煤矿的抢险施救工作。他先到发生溃水事故的柴汶河决堤处（东都河堤）现场察看抢险堵口工作，慰问参加抢险堵口的解放军、武警部队官兵、公安干警、消防队员和工人、农民，随后到事故发生地山东华源矿业公司察看正在抽水施救的“三号钢缆机道”，并亲切慰问施工人员。

在听取事故情况汇报后，华建敏充分肯定了省市两级对“8·17”溃水事故所采取的应急措施，并就加快封堵洪水和抽水排水、科学营救被困矿工、做好受灾群众的安置、维护好社会秩序等谈了重要意见。

【黄孟复到泰安视察】 10月9日，全国政协副主席、全国工商联主席黄孟复到泰安，出席2007海内外知名企业家“齐鲁行”暨中国泰安投资经贸洽谈会并考察工作。

黄孟复对山东和泰安经济社会发展取得的成绩表示祝贺。他说，近年来，山东省认真贯彻落实科学发展观，不断转变经济增长方式，加大结构调整力度，经济社会实现了又好又快发展。在民间资本加速扩张、全民创业热情空前高涨、民营经济跨越发展的背景下，海内外知名企业家齐鲁行活动提供了一批具有良好发展前景的项目，搭建了一个合作发展的平台。这次活动吸引了众多具有强烈发展欲望的海内外企业家参与，相信一定能够取得丰硕的成果。

【李建国到泰安调研】 5月11～12日，省委书记李建国到泰安调研工作，对泰安市在经济社会事业等方面取得的成绩给予高度评价。省委常委、秘书长王敏，市领导耿文清、李洪峰、朱玉合、辛显明、林华勇等陪同。

【韩寓群到泰安调研】 1月25～26日，省委副书记、省长韩寓群到泰安调研南水北调沿线工程，并在东平县召开南水北调、治淮东调南下工程与治污座谈会。副省长才利民、贾万志，市领导耿文清、李洪峰、彭华、宋鲁及省直有关部门负责人等出席。

韩寓群实地察看了东平湖八里湾泵站、陈山口渠首闸等，详细了解南水北调工程进度和沿线水污染防治情况，听取了工程简介和施工进度汇报，并与奋战在施工一线的干部职工亲切交谈，对他们表示亲切慰问。他叮嘱各施工单位要按照高起点、高质量、高标准的要求，抓紧非汛期宝贵时间，加快工程进度，确保如期完成各项任务。在座谈会上，韩寓群强调，南水北调工程即将进入全面开工阶段，各有关部门要密切合作、相互支持，坚持标准高、质量优、速度快、效益好的原则，集中全力，全面加快工程建设进度。要高度重视施工安全，在保证质量的前提下，最大限度地防范各类安全事故的发生。

（梁颖颖）

第二十一届泰山国际登山节

【概况】 9月6～12日，第二十一届泰山国际登山节在泰安举行。该届登山节由国家旅游局、中华全国体育总会、中国登山协会、中国国际贸易促进委员会、中华全国工商业联合会、中国人民对外友好协会、中央电视台、中国国际广播电台、山东省旅游局、山东省体育局、山东电视台、泰安市人民政府联合主办，泰安市人民政府具体承办。按照市委、市政府缩减大型文化活动的通知要求，该届登山节组委会决定不再举办大型广场文艺演出，而是按照节俭高效的原则，将泰山国际登山节开幕仪式与第十二届全国全民健身登泰山比赛起跑仪式合并进行，分别安排了开幕式、经贸、旅游、体育和文化5大板块、20项活动，以“旅游盛会，经贸长廊，经济摇篮，绚丽舞台”为主题，旨在全力打造文体新平台、拓展经贸新走廊、开发旅游新领域、展示泰安泰山新形象，促进经济社会又好又快发展。

体育活动 9月7日上午8点，第十二届全国全民健身登泰山比赛暨国际邀请赛举行，来自世界各地的1609名运动员、162支代表队参赛，参赛人数创历史新高。该届登山比赛首次进行登山接力赛，同时，肥城牛山、宁阳彩山、东平白佛山的群众性健身登山比赛举行。经过紧张激烈的竞争，产生19个组别的17名冠军（详见《文化·体育》“第二十一届泰山国际登山节登山比赛各组别个人单项成绩情况”表），全国组和泰安组的12支代表队获得团体奖，中共泰安市委办公室等获环泰山万人健身跑活动优秀组织奖。9月9日上午，“泰山武术杯”2007新泰安·三山（泰山、徂徕山、莲花山）两湖（东平湖、天平湖）全国山地户外挑战赛在泰安拉开帷幕。该次比赛由泰安市人民政府与中国登山协会、山东电视台联合举办，为期3天，赛程总长180公里，共有国内16支高水平俱乐部和高校的运动员参赛，国内近20家媒体参与，新华社、《人民日报》、中央电视台、山东电视台记者跟踪报道。中央五套对3天赛事进行全程录播。

经贸活动 9月1～6日，第五届房产交易展示会举行，该届房交会为期6天，有27家房地产开发企业、4家房地产中介机构、6家装饰公司及相关企业参展，设置经济适用住房展区是该届房交会的一大亮点，展区向社会通报了泰安市经济适用住房的建设现状与进展情况。9月2～5日，2007知名台商泰山行举行，来自台湾、香港和全国各地的台商协会、工商团体、

台资企业代表计190人与会。活动以“增进两岸友好往来，实现泰台合作共赢”为主题，旨在进一步扩大合作与交流，更好地谋求共赢发展。9月3日，由市委宣传部、泰安日报社、泰山区上高街道办事处联合主办的2007泰山国际登山节车展暨汽车文化节开幕，该届车展参展车辆达500余辆，有60多个汽车品牌、100多个系列，是泰安市乃至鲁中地区品牌最多、车型最全的一次车展。9月7日，2007中国泰安投资合作洽谈会开幕式在市政大楼举行。国内外800多名客商相聚泰山，与泰安市部门和企业就经贸合作、项目投资进行洽谈。该次洽谈会上签订内资合同项目278个，合同引资额388.4亿元，增长33.9%；签订外资合同项目36个，合同利用外资额3.93亿美元。9月8～9日，2007“金彩山”杯中华蟋蟀友谊大赛在宁阳县举行，来自全国4个省市、16支代表队128名选手参赛；大会期间推出一系列活动，通过公益文化项目推介会、投资合作洽谈会、旅游资源推介会等形式，培育文化产业新的增长点，营造良好的投资环境。10月9～12日，“2007海内外知名企业家‘齐鲁行’暨中国泰安投资经贸洽谈会”举行，来自美国、加拿大、以色列等8个国家以及台湾、香港、澳门和国内21个省市的361家企业与会，签订投资合作项目合同35个，投资协议、意向项目48个。

旅游活动 8月29～31日，中国·泰安第八届旅行社联谊会在泰安举行，联谊会以“增进友谊、加强合作、客源互动、共同发展”为宗旨，来自各省市的260余家旅行社负责人齐聚泰安共商旅游大计。9月1～31日，第二届中国·东平水浒文化旅游节举行，该届旅游节以“禅山秀水、水浒遗韵”为主题，安排了开幕式暨东平湖国家城市湿地公园开园游园仪式、东平湖龙舟大赛和划船竞速赛、全民健身登白佛山、武术表演赛暨水浒文化展示、东平湖（梁山泊）摄影大奖赛、旅游形象大使评选、百家旅行社金秋联谊会以及新闻媒体旅游系列采风等活动。9月6～12日，旅游购物文化周举行，该活动作为第二十一届泰山国际登山节的分项活动，由市经贸委、市工商局、市城管执法局等单位承办。银座商城泰安店、中百商厦等多家大型商场推出琳琅满目的特色商品，举办特色鲜明的商品促销活动，着力打造全市旅游购物品牌。9月8～10日，2007山东六城市“克利策杯”泰安金秋美食节举行，该届美食节汇聚了泰安、临沂、日照、淄博、枣庄、济宁六城市近百家的餐饮业，泰安有50多家餐饮行业参加。美食节以“感悟鲁菜内涵，彰显浓郁地方特色”为活动主题，旨在推动泰山美食、泰安特色饮食文化的快速发展，从而推动全市旅游经济的全面升级。9月10～12日，中国·新泰莲花山民俗旅游文化节举行，安排了主流媒体莲花山旅游系列采风、强势旅行社联谊会、大型文艺汇演和摄影书画展等活动，旨在弘扬“北方普陀、观音胜景”独特文化，打造“中华祈福地、胜景莲花山”特色旅游名牌。9月24～25日，2007“辉煌中国”古典汽车中国之旅自驾车团泰山行活动举行，该活动由国家旅游局、中国国际贸易促进委员会、中国人民对外友好协会主办，精选全球典藏豪华古典汽车21辆，其中部分车辆是大英博物馆的珍贵展品，生产年代从1818年至2000年，都是首次来到亚洲，此次泰山行是其中一站。

文化活动 9月3日，泰台两地文化交流活动暨2007泰台文化新走廊书画展举行，该书画展由市政府主办，市台办、市文化局承办，邀请台湾26名知名画家、书法家与泰安书画家共同举办书画展、笔会。同日，第五届泰山啤酒王大赛举行，组织到泰游客、泰城市民举行啤酒饮用大赛，评选出第五届泰山啤酒王，扩大了泰山啤酒的知名度，弘扬了独具特色的企业文化。9月6日，全市唯一一处爱护遗产、享受遗产、传承遗产的石刻群景点——岱庙雨花道院石刻园正式对中外游人开放，刻石陈列总数约为100块，内容由三部分组成，一是泰山石刻中以颂扬泰山为主题的诗刻及书法作品，二是岱庙馆藏古代名人书法作品，三是岱庙馆藏近现代名家赞颂泰山的书法作品。9月10日，泰山西御道——夏张艺术剪纸展开幕，该次剪纸作品展览属全市首例，规模大、种类多、起点高，共展出作品200余幅，整个展览分为御道风情篇、泰山风光篇、风流人物篇、见贤思齐篇、鸟语花香篇、龙腾虎跃篇、如意吉祥篇等七大篇章。

编辑·校对 **戚淑娟**

市情概况

环境·资源·人口

【名称由来与城区变迁】 泰安因泰山而得名。最早建置在泰山附近的城镇，是春秋时的博邑，其城址在泰安城东南15公里的旧县村，该城曾先后为鲁、齐两国所统属。秦统一后，在此设立博阳县，同时作为济北郡的郡治。汉初在这里设立博阳郡（汉武帝时改称泰山郡）。自春秋至西汉武帝前的四百年中，博城是泰山南麓的政治、文化中心。西汉时武帝八次东封泰山，带动了泰山附近村镇的发展，由于当时由东谷入山，泰山东麓日渐兴盛。公元前110年，汉武帝下令在泰山以东设立新县，以奉祀泰山，故名奉高。奉高城址即泰安城东25公里的故县村。后来泰山郡治便设在奉高城中，直至北朝，历时六百年。隋唐时期，泰山以南的博城由于泰山登山路线自东路向中路转移，再次繁兴。公元666年，唐高宗封禅泰山后，将博城县更名乾封县，乾封县城（旧县村）自此代奉高成为泰山附近重要的城镇。唐中后期及五代，泰山进香活动兴盛，以东岳庙（即岱庙）为中心的地段由此迅速繁荣。唐末在此设岱岳镇，五代时并建寨墙，置有岱岳镇使及岱岳镇都虞侯等官以掌镇事，泰安城区的雏形由此而始。宋代建立后，宋太祖下诏将乾封县城由旧县迁至岱岳镇，泰安城区首次成为泰山地区的行政中心。宋真宗封禅泰山时，将县名改为奉符，并在县城西南另筑新城，其城址即泰安城区南郊的旧镇村。北宋末年，泰山被金攻陷，金朝所属刘齐政权在奉符县境新设立泰安军，泰安之名从此启用。根据后人的诠释，泰安之名取自《周易》“履而泰，然后安”之语，寓意泰山安则天下皆安、“国泰民安”。刘齐被废后，泰安军为金所辖。金世宗将军治由新城迁回岱岳镇旧城，改置为州。元明沿袭州置，清雍正十三年（1735年）置泰安府，州、府治所均在泰安城区内。泰安建城已历千年，是国家历史文化名城之一。

（周　郢）

【位置面积】 泰安位于山东省中部，处北纬35° 38′ ~36° 28′、东经116° 20′ ~117° 59′之间。北以泰山与济南为界，南与济宁市相连，西隔黄河与聊城市及河南省台前县相望，东与莱芜市、临沂市相邻。东西长约176.6公里，南北宽约93.5公里，面积7762平方公里，占全省面积的5.0%。

泰安城为市政府驻地，位于泰山南麓，北距省会济南66.8公里，南至孔子故里曲阜74.6公里，处于山东省“一水、一山、一圣人”旅游热线的中间。

【建置沿革】 境内在五万年前已有人类生息繁衍。六千至四千年前，汶河两岸的氏族部落创造了繁盛的“大汶口文化”。夏商时期属青州、徐州之地。周代分属鲁国、齐国。秦代分属济北郡、东郡、薛郡。约公元前206年（西汉初）设泰山郡，隶兖州刺史部，郡治始置博县（今岱岳区旧县村），前109年（汉武帝元封二年）移至奉高县（今岱岳区故县村），北魏时又移置钜平县（今岱岳区大汶口附近）。北齐改为东平郡，郡治博县城。

隋初废东平郡，分属济北郡、鲁郡、琅琊郡。唐隶兖州、郓州、沂州。五代时仍之。宋时分属兖州、郓州（北宋末改称东平府）。金分属泰安军（大定二十二年[1182]升为州）与东平府，隶山东西路。元朝初隶东平路，后析隶中书省。

明代分属济南府泰安州与兖州府东平州，隶山东布政司。清初分属济南府泰安州与兖州府东平州，至雍正十三年（1735）创置泰安府，下辖泰安、新泰、莱芜、肥城、东阿、平阴六县及东平一州，隶山东行省。1913 年（民国二年），北洋政府废州府行道制，境内各县分属济南、济宁、东临三道。1925 年，北京政府设泰安道，治泰安城，1928 年撤销泰安道，境内各县直属于省。1936 年，山东省政府在省内设行政督察区，成立行政督察专员公署，境内泰安、新泰县隶山东省第十二行政督察专员公署，肥城、东平、宁阳县分隶第六、第二、第一行政督察专员公署；1947 年，泰安、新泰、宁阳、肥城县改隶第十五行政督察专员公署。1939 年 11 月至 1940 年 3 月，抗日民主政权设泰西行政督察专员公署、泰山行政督察专员公署；1941 年 9 月，成立泰南区行政联合办事处，后改为泰南区行政督察专员公署，1945 年 10 月撤销。

中华人民共和国成立后，1950 年 5 月，泰山、泰西两区合并为泰安专区，成立山东省泰安区行政督察专员公署，机关驻泰安城。同年 12 月改称泰安区专员公署。1958 年 10 月撤销泰安专署，辖县分属济南市和聊城专署。1961 年 7 月复置泰安专署。1967 年，成立泰安地区革命委员会替代专署。1978 年 7 月撤销泰安地区革命委员会，成立泰安地区行政公署。1985 年 3 月，撤销泰安地区，原县级泰安市升格为地级市，实行市管县体制。

【行政区划】 2007 年末，泰安市辖泰山、岱岳两个区，宁阳、东平两个县，代省管辖新泰、肥城两市（县级）。全市有乡、镇、办事处 86 个（乡 15 个、镇 61 个、办事处 10 个）、村（居）委会 3741 个。其中，泰山区有 1 乡 2 镇 5 个街道办事处、204 个村（居）民委员会，岱岳区有 2 乡 14 镇 2 个街道办事处、731 个村（居）民委员会，新泰市有 1 乡 17 镇 2 个街道办事处、917 个村（居）民委员会，肥城市有 1 乡 12 镇 1 个街道办事处、607 个村（居）民委员会，宁阳县有 3 乡 9 镇、566 个村（居）民委员会，东平县有 7 乡 7 镇、716 个村（居）民委员会。另外，在不改变行政区划的前提下，泰安高新技术产业开发区管理岱岳区北集坡镇的 48 个村（居）民委员会；泰山景区管理泰山区的 12 个村（居）民委员会和岱岳区的 2 个村（居）民委员会。

【人口状况】 2007 年末，全市有人口 552.57 万人，其中男性 279.84 万人、女性 272.73 万人，男女性别比为 102.6∶100。

总人口中，农业人口有 393.51 万人，占 71.21%；非农业人口 159.06 万人，占 28.79%。

总人口中，泰山区 62.98 万人，岱岳区 97.34 万人，新泰市 136.71 万人，肥城市 96.63 万人，宁阳县 80.91 万人，东平县 78.00 万人。

年末，全市人口密度为 712 人 / 平方公里。其中，泰山区 1869 人 / 平方公里，岱岳区 557 人 / 平方公里，新泰市 707 人 / 平方公里，肥城市 757 人 / 平方公里，宁阳县 719 人 / 平方公里，东平县 582 人 / 平方公里。

年内，全市出生 5.06 万人，人口出生率 9.17‰；死亡 3.65 万人，死亡率 6.62‰；人口自然增加 1.41 万人，自然增长率 2.55‰。

【民族概况】 年底，全市有汉、回、满、壮、蒙古、朝鲜、苗、侗、藏、维吾尔、彝、布依、瑶、白、土家、土、哈呢、傣、黎、傈僳、畲、水、纳西、达斡尔、仡佬、俄罗斯、仫佬、撒拉、毛南、鄂伦春、佤、拉祜、景颇、布朗、锡伯、阿昌、普米、怒、鄂温克、基诺、东乡等 41 个民族。其中，汉族 543.44 万人，占全市总人口的 98.5%；其他 40 个少数民族共 8.26 万人，占全市总人口的 1.5%。在 40 个少数民族中，回族 8.01 万人，占少数民族总人口的 97%。少数民族人口在全市呈大分散、小集中分布，6 个县（市、区）的 86 个乡镇（街道）均有居住，较集中的有 38 个乡镇（街道）的 130 个村（居）。其中，少数民族人口占全村人口 50%以上的民族村（居）51 个，少数民族人口 1000 人以上的乡镇（街道）20 个，少数民族人口 1 万人以上的县（市、区）有泰山区、岱岳区、新泰市、肥城市。

【土地资源及特征】 全市有土地 77.62 万公顷，其中耕地 31.59 万公顷，占土地总面积的 40.70%。耕地中有效灌溉面积 23.3 万公顷。全市人均占有耕地 0.06 公顷，农民人均占有耕地 0.08 公顷。境域地势自东北向西南倾斜，有山地、丘陵、平原、洼地、湖泊等地貌类型。山地集中分布在境域北部和东部，占全市面积的 18.3%，其中泰山雄踞境域北部，其主峰玉皇顶海拔 1532.7 米，相对高度 1400 米，为山东省第一高峰。丘陵主要分布在新泰市西南部、宁阳县东部、岱岳区西北部、肥城盆地边缘及东平县北部，占全市面积的 41.1%，海拔在 120 ~ 400 米之间。平原主要分布在山麓及河流沿岸，占全市面积的 29.6%，海拔在 60 ~ 120 米之间，其中山东省著名四大山麓平原之一的泰（安）莱（芜）肥（城）宁（阳）平原，大部分在泰安市境内。洼地主要分布在东平县“三湖”（老湖、新湖、稻屯洼）周围，占全市面积的 11%，海拔在 38 ~ 60 米之间。湖泊集中在东平县，“三湖”水面 6.35 万公顷（含市外部分），其中东平湖系山东省第二大淡水湖，为古梁山水泊遗存水域。

【气候特征】 泰安市属于暖温带大陆性半湿润季风气候区，寒暑适宜，光温同步，雨热同季。全年光能辐射总量为117.9千卡／平方厘米。在3～11月份农作物生长发育期间，有102亿千卡／公顷的能量供利用。年均日照时数2527.9小时，年日照百分率58.3%。年均气温13℃，年均降水量675.3毫米。因受地形、地貌影响和地域的差异，形成局部小气候区，泰山山顶年平均气温5.4℃，年均降水量1078.4毫米；徂徕山前、柴汶河畔的高温小区年平均气温14℃以上，≥0℃的积温5200℃，比全市平均积温高出三四百度，达到亚热带标准。这些不同类型的小气候区，孕育产生了许多地方特产。

【水源特征】 全市境内有大小河流100余条，分属黄河、淮河两大流域。大汶河属黄河流域，为市内第一大河，发源于沂源县松崮山南麓的沙崖子村，自东向西流经全市，由下游的大清河流入东平湖注入黄河，在境流域面积6457平方公里，占全市面积的83.2%。新泰市的东汶河及宁阳县的汉马河、洸府河、宁阳沟属淮河流域的泗河、沂河水系，流域面积1305平方公里，占全市面积的16.8%。全市有水面270平方公里，占全市面积的3.5%，主要包括湖泊、水库、坑塘及部分矿区积水洼地，其中水库529座，总库容8.9亿立方米。发现温泉4处，其中岱岳区桥沟温泉面积8.5万平方米，水深0.5～8米，混合水温在41℃～49℃间，水质清澈透明，无臭、无味、无毒，属一级水。全市水资源总量30.28亿立方米，其中地表水27.55亿立方米，地下水18.25亿立方米（地表水与地下水互相转化的重复量为15.52亿立方米），可利用量14.6亿立方米。

【生物资源】 全市有高等植物239科1212种，动物4纲385种，浮游生物35科136种，农作物害虫天敌3纲39科113种。

粮食作物主要有小麦、玉米、地瓜、高粱、大豆、大麦等。经济作物主要有花生、芝麻、棉花、大麻、烟草、蔬菜等，其中，岱岳区大汶口和新泰花生，新泰芹菜、密刺黄瓜、汶南黄姜，岱岳区黄芽白菜，宁阳大刺黄瓜、辣椒等，属优质品种。

木本植物分属71科471种（变种）。用材树种主要有泡桐、油松、赤松、刺槐、毛白杨等50余种。经济树种主要有苹果、梨、桃、板栗、核桃等30余种，其中，肥城桃、宁阳梧桐、大枣，泰山板栗、金帅苹果，新泰天宝樱桃、马家寨子香椿芽等，为地方优质品种。观赏树种有40余种，主要有雪松、园柏、银杏等。有珍稀树木11种，名、古树木16种884株，主要有汉柏、唐槐、六朝松等。

牧草分属35科95属118种，以禾本科最多，菊科次之。全市天然草场年产鲜草约2.5亿千克。

中药材分属110科488种，其中泰山灵芝、何首乌、四叶参、紫草、黄精为泰山名贵药材。肥城栝楼属地方名优品种。

水生植物40种，分属2门18科30属，集中分布于东平“三

表1 2007年泰安市人口和自然资源情况

指标	单位	2007年
人口		
年末人口总数(户籍)	万人	552.57
人口密度(户籍)	人/平方公里	712
年末人口总数(常住)	万人	543.34
人口密度(常住)	人/平方公里	700
土地		
全市土地面积	平方公里	7762
各类土地面积所占比重		
山地	%	18.30
丘陵	%	41.10
平原	%	40.60
矿产		
已发现矿产种类	种	58
已探明储量的矿产种类	种	33
煤	亿吨	22.65
铁	亿吨	7.38
石膏	亿吨	360.00
岩盐	亿吨	75.00
自然硫	亿吨	29.00
森林		
森林覆盖率	%	31.2
活立木蓄积量	万立方米	901.94
水文、水利		
地表水资源量	亿立方米	15.90
地下水资源量	亿立方米	13.00
水面养殖面积	千公顷	9.13

湖”，主要有藕、芡实、菱角、苇、蒲草等。

畜禽品种50多个，主要有牛、马、羊、猪、鸡、鸭等，其中东平、宁阳一带的鲁西黄牛为全国四大良种牛之一，役肉兼用。小尾寒羊为稀有品种，主要产地东平县，列为全省小尾寒羊保种基地。地方良种有新泰大黑山羊和东平湖麻鸭等。

水生动物以东平湖、稻屯湖为最多，主要有中华绒螯蟹（毛蟹）、鳖、虾、蚌等。鱼类分属7目19科47属66种，主要有鲫、鲤、鲢、草鱼等。泰山涧溪中的赤鳞鱼，被列为省级保护的濒危鱼种；汶河鳜鱼肉质鲜美，属地方名种。

野生动物有两栖动物7种、爬行动物13种、鸟类197种。珍稀动物有属国家一类保护动物黑鹳、梅花鹿（引进品种）、大鸨（分布在东平湖、大汶河），国家二类保护动物红角、金雕，农作物害虫天敌主要有胡蜂、益蝽、瓢虫等。兽类16种。

【矿产资源】 境内发现矿藏58种，探明储量的矿产33种，占已发现矿种的56.9%。探明储量居全省第1位的矿产有自然硫、石膏、岩盐、钾盐、蛇纹岩和玉石；第2位的有铝土矿；第3位的有铁矿；第4位的有煤。耐火粘土、水泥用灰岩、制碱用灰岩等占有重要地位。

铁主要分布在东平县和岱岳区角峪一带，探明储量7.38亿吨，占全省铁矿总量的22%。煤主要分布在新泰、肥城、宁阳、东平，探明储量22.65亿吨，保有储量13亿吨。自然硫系国内发现唯一的沉积型自然硫矿床，探明矿藏储量29亿吨，折合纯硫3.20亿吨。石膏主要分布在大汶口和汶东两盆地，探明储量360亿吨。岩盐矿分布在大汶口盆地中，地跨肥城、岱岳区两市区，面积约36.4平方公里，氯化钠平均含量86.76%，探明储量75亿吨。石灰岩除泰山区外，其余5县（市、区）均有分布，已勘探的4个矿区储量2.9亿吨。花岗石主要分布在岱岳区、新泰、肥城等地，探明储量1.8亿立方米，品种主要有泰山红、泰山花、泰山青、吉祥绿、龙岗红等。耐火粘土探明储量627万吨，主要分布在岱岳区、肥城等地。

经济和社会发展综述

2007年，在市委、市政府坚强领导下，全市各级深入贯彻党的十七大和省、市第九次党代会精神，全面落实科学发展观，紧紧围绕建设“富裕文明和谐泰安”目标，进一步加快转变经济发展方式，着力推进科学发展、和谐发展、率先发展，国民经济与社会实现了又好又快发展。

综　合　①国民经济平稳健康增长。全年实现生产总值1226.1亿元，按可比价格计算（下同），比上年增长16.1%。其中，第一产业132.8亿元，增长4.1%；第二产业688.5亿元，增长16.9%；第三产业404.8亿元，增长19.0%。三次产业结构由上年的11.4：56.2：32.4调整为10.8：56.2：33.0。②物价总水平呈结构性上涨。居民消费价格总水平上涨4.0%，涨幅同比提高2.7个百分点。其中，食品类、居住类、家庭设备用品及维修服务类、烟酒及用品类、医疗保健和个人用品类全年分别上涨11.6%、2.6%、1.9%、0.4%和0.1%，衣着、交通和通讯类分别下降1.4%和2.5%，娱乐教育文化用品及服务类与上年持平。③商品零售价格上涨3.7%。原材料、燃料、动力购进价格上涨4.0%，工业品出厂价格上涨2.5%，分别提高2.4和3.1个百分点。商品房销售价格上涨6.0%，二手房销售价格上涨6.1%，房屋租赁价格上涨0.8%。土地交易价格上涨12.5%。④劳动力就业成效显著。全市新增就业再就业7.8万人，其中，下岗失业人员再就业4.1万人，安置就业特困人员6168人；城镇登记失业率2.6%，比上年下降0.4个百分点。新增农村劳动力转移就业7.4万人，累计县外劳务输出达到64万人，农村劳动力就地转移就业66万人。在岗职工49.2万人，在岗职工工资总额90.1亿元，增长20.3%。⑤民营经济发展迅速。民营经济实现增加值755.1亿元，增长30.4%；占GDP的61.6%，提高5.2个百分点。实现税收57.4亿元，增长20.3%；占全部税收的71.0%，提高5.1个百分点。年末，个体工商户发展到8.95万户，从业人员19.2万人，注册资金19.4亿元，分别增长1.5%、8.8%和17.8%；私营企业发展到1.37万户，从业人员33.5万人，注册资金194.3亿元，分别增长8.2%、10.8%和12.8%。实现零售额312.6亿元，增长17.6%，提高1.2个百分点，市场份额高达83.0%。

经济社会发展中存在的主要矛盾和问题：经济综合实力还不够强，结构性矛盾依然比较突出，节能降耗、环境保护压力较大，社会保障能力仍需进一步提高等。

农　业　①农林牧渔业全面发展。实现农林牧渔业总产值235.4亿元，增长4.0%。其中，种植业137.1亿元，增长2.2%；林业7.5亿元，增长4.0%；牧业75.7亿元，增长6.7%；渔业7.9亿元，增长0.3%。②农业结构进一步调整优化。新认证国家级无公害农产品产地4个、产品4个、基地面积1万公顷，基地总面积达到 12.5 万公顷，增长 8.7%。新申报认证绿色食品企业 4 家、产品 5 个、面积 2.7 万公顷，基地总面积达到 12 万公顷。新发展有机蔬菜认证基地 2100 公顷，42 个产品基地总面积 1.3 万公顷，增长 18.8%；高值田面积 9.3 万公顷，增长 7.7%。③主要农牧产品产量稳定增长。全市农作物总播种面积 62.1 万公顷，增长 1.2%。其中，粮食作物播种面积 42.3 万公顷，增长 2.8%；油料作物播种面积 4.5 万公顷，增长 1.6%；棉花播种面积 9418 公顷，增长 12.1%。大多数农产品产量有所提高。④林业、渔业稳步发展。全市完成造林面积 1.11 万公顷，增长 11.8%。其中，防护林面积 4845 公顷，增长 29.6%；全市森林面积 19.4 万公顷，增长 5.1%；活立木蓄积量 901.9 公顷，增长 47.8%；木材产量 6.7 万立方米，增长 10.2%。水产养殖面积 1.5 万公顷，增长 0.9%；水产品产量 8.0 万吨，增长 2.0%。⑤新农村建设取得新进展。财政安排农林水事务支出 8.7 亿元，同口径增长 57.7%。农村清洁能源利用形势喜人。全市农村户用沼气池 1409.9 万立方米，增长 177.6%；太阳能热水器应用 39.2 万立方米，增长 3.2%；太阳房 2.0 万平方米。农业机械化程度继续提高，全年农机化投入资金 1.38 亿元，增长 62.1%；拥有农业机械总动力 375.9 万千瓦，增长 3.6%；机耕作业面积 33.0 万公顷，机播、机收面积分别为 26.7 万公顷、24.4 万公顷。水利有效灌溉面积 24.4 万公顷，节水灌溉面积 14.2 万公顷。农村基础建设明显加强，全市村镇建设累计总投资达到 25 亿元，村镇道路硬化率达到 57.7%，村镇自来水人口普及率 94.0%，垃圾处理率达到 81.8%，村镇道路绿化率 92.0%，平原村镇森林覆盖率 24.5%，山区村镇森林覆盖率 41.0%。农村家庭电话普及率达到 70.5%，比上年提高 5.0 个百分点。

工业和建筑业　①工业生产增长平稳。全市规模以上工业（全年主营业务收入 500 万元以上的工业企业）实现增加值 564.3 亿元，增长 23.5%。其中，国有工业 43.4 亿元，增长 7.2%；集体工业 35.6 亿元，增长 11.1%；股份制工业 383.3 亿元，增长 24.5%；外商及港澳台商投资工业 24.0 亿元，增长 16.7%。轻重工业分别实现增加值 118.8 亿元和 445.5 亿元，分别增长 27.5%和 22.5%，占规模以上工业增加值比重分别为 21.1%和 78.9%。②工业产品产销状况良好。规模以上工业产销率为 98.6%，同比提高 0.5 个百分点。其中，国有工业产销率为 98.8%，集体工业产销率为 98.1%，股份制工业产销率为 98.6%。③主要工业产品产量结构优化。原煤、钢材、发电量等传统产品产量稳定，输变电设备、汽车及零部件、无机非金属材料、精细化工等主导产业产品高速增长。④工业经济效益水平不断提高。全市 1297 家规模以上工业实现主营业务收入 1949.9 亿元，增长 35.2%；利润 130.5 亿元，利税 227.4 亿元，分别增长 46.5%和 37.5%；实缴税金总额 78.1 亿元，增长 25.8%。反映工业经济效益整体水平的综合指数为 228.7%，同比提高 32.8 个百分点。⑤建筑业生产、效益同步提高。建筑业实现增加值 80.7 亿元，增长 10.5%。三级及以上建筑企业完成总产值

表 2　主要农产品产量

品　名	产　　量		比上年增%
粮　食	278.6	万吨	2.0
夏粮	125.4	万吨	1.2
秋粮	153.2	万吨	2.7
棉花	1.5	万吨	19.5
油料	18.3	万吨	5.9
蔬菜（含菜用瓜）	702.3	万吨	-0.7
水果	56.6	万吨	2.2
瓜类	19.2	万吨	-12.2
生猪年末存栏	136.2	万头	4.1
牛年末存栏	31.2	万头	22.1
羊年末存栏	151.4	万只	7.4
家禽年末存养	2452.8	万只	4.8
肉类总产量	41.2	万吨	0.1
奶类产量	42.0	万吨	47.5
禽蛋产量	23.0	万吨	9.3

表 3　主要工业产品产量

品　名	产　　量		比上年增%
原　煤	2488.2	万吨	-0.2
发电量	124.4	亿千瓦时	9.4
钢　材	251.8	万吨	1.9
纸面石膏板	27662	万平方米	35.0
起重设备	20.8	万吨	9.7
电力电缆	19.2	万公里	118.5
变压器	2751.2	万千伏安	70.1
玻璃纤维纱	26.1	万吨	27.7
光　缆	6.5	万芯公里	31.0
液体乳	27.5	万吨	23.7
机制纸	24.7	万吨	22.3
布	63091	万米	65.4
低压开关板	1856	面	51.1
液压元件	58.6	万件	50.3
汽　车	1220	辆	33.5
改装汽车	11326	辆	27.4

289.1亿元，增长25.9%；实现利税21.6亿元，增长18.3%。其中，国有及国有控股企业完成总产值20.3亿元，增长36.0%；实现利税3.9亿元，增长40.7%。

固定资产投资　①固定资产投资平稳增长。全市规模以上固定资产投资完成638.9亿元，增长25.0%。从投资项目建设性质看，扩建、改建和技术改造项目投资完成397.9亿元，增长67.9%，新建项目投资比上年下降了24.8%；从建设项目投资构成看，设备工器具购置投资增长35.6%，占全部投资的33.5%，同比提高2.6个百分点。②投资结构进一步优化。第一、二、三产业投资分别增长29.8%、22.4%和30.0%。高新技术产业投资高速增长，完成投资71.0亿元，增长83.9%，占全部投资的11.1%。居民服务业、房地产业、环境和公共设施管理业、批发零售餐饮业的投资增幅分别为879.3%、84.7%、45.6%和40.1%，高于服务业和全部投资增长幅度。资源性、高耗能、高污染行业投资下降。煤炭开采及洗选业投资下降14.8%，水泥行业投资下降48.7%，电力热力生产供应业投资下降26.5%，化学纤维制造业投资下降45.2%。③民间投资主导地位进一步增强。民间投资完成576.4亿元，增长32.8%，占规模以上投资的90.2%，同比提高5.3个百分点。其中，个体私营经济投资235.2亿元，增长28.5%，占民间投资的40.8%；股份制经济投资203.0亿元，增长32.8%，占民间投资的35.2%；集体经济投资110.2亿元，增长30.3%，占民间投资的19.1%。④房地产开发健康发展。全年完成房地产开发投资33.9亿元，增长51.3%。商品房屋施工面积419.3万平方米，增长16.8%，竣工面积194.6万平方米，增长75.5%。商品房销售面积154.3万平方米，增长27.0%。商品房销售额32.7亿元，增长47.1%。

国内贸易　①消费品市场发展速度加快。全市实现社会消费品零售总额378.5亿元，增长18.9%，提高2.6个百分点。其中，城镇251.3亿元，增长20.1%，提高3.4个百分点，市场份额为66.4%；农村127.1亿元，增长16.7%，提高1.2个百分点。批发业、零售业、住宿业、餐饮业分别实现56.8亿元、271.2亿元、5.3亿元、37.3亿元，分别增长32.3%、17.3%、43.1%、15.1%。②社会消费热点频现。多类商品销售旺盛，家具类，通讯器材类，汽车类，食品、饮料、烟酒类均大幅度增长。其中，家具类实现3.7亿元，增长125.7%；通讯器材类实现3.0亿元，增长154.8%；汽车类实现零售额8.2亿元，增长117.0%；食品、饮料、烟酒类实现14.4亿元，增长45.8%。

交　通　全市境内公路通车里程1.30万公里，增加371.9公里，其中，高速公路232.7公里，增加24.3公里。公路货运量6915万吨，货运周转量43.7亿吨公里，分别增长13.7%和35.7%；客运量4902万人，客运周转量31.7亿人公里，分别增长6.4%和13.2%。

邮　电　全年邮电业务总量20.5亿元，增长15.2%。其中，邮政业务总量2.5亿元，增长7.8%；电信业务总量18.0亿元，增长16.3%。年末固定电话户数127.3万户，下降4.2%；移动电话196.7万户，增长36.0%；宽带上网用户23.2万户，增长50.1%。

对外经济　①对外贸易持续快速增长。全市完成进出口贸易总值13.5亿美元，增长36.5%，提高4.2个百分点。其中，出口8.5亿美元，增长24.0%；进口4.9亿美元，增长65.5%。一般贸易出口6.5亿美元，增长29.2%，占出口总值的75.7%；加工贸易出口2.1亿美元，增长10.7%，占出口总额的24.3%，出口商品结构进一步优化，高新技术产品出口比重提高0.5个百分点。②利用外资形势良好。全年共批准利用外资项目105个，合同外资额14.1亿美元，增长20.0%。实际利用外资9.8亿美元，增长23.3%。③对外劳务合作成效显著。全年签订对外承包劳务合同1473个，比上年增加591个；合同额4.6亿美元，增长33.7%；完成营业额3.2亿美元，增长40.3%。外派劳务和研修生1.46万人次，期末在外人员2.59万人，分别增长57.8%、50.3%。

旅　游　旅游总收入突破百亿元。全年接待海内外游客1518.5万人次，旅游总收入109.7亿元，分别增长22.0%和25.4%。其中：国内游客1503.4万人次，旅游收入104.8亿元，分别增长22.0%和25.7%；境外游客15.1万人次，增长20.0%，旅游外汇收入6492万美元，增长24.8%。

财　税　全年实现地方财政收入64.2亿元，同口径增长24.2%，其中各项税收46.8亿元，增长29.6%，税收收入占地方财政收入的72.9%，提高3.1个百分点。各项税收中，增值税9.0亿元，营业税8.4亿元，企业所得税3.9亿元，分别增长12.6%、30.7%和27.7%。财政支出结构进一步优化，财力分配向技术创新和社会事业领域倾斜。全市地方财政支出104.6亿元，增长34.0%；教育、科学技术、社会保障和就业、环境保护支出分别为16.5亿元、1.6亿元、22.3亿元和1.04亿元，分别增长38.6%、62.4%、74.4%和173.3%。国、地两税实现收入80.7亿元，增长15.7%，其中，国税47.7亿元，地税33.1亿元，分别增长11.9%和21.7%。

金　融　①金融机构年末各项

存款余额为812.3亿元，增长8.3%。其中，城乡居民储蓄余额500.1亿元，增长7.0%。各项贷款余额为539.2亿元，增长11.2%。贷款投向结构更趋合理，有效支持了新农村建设和经济结构调整。第一、二、三产业贷款分别增加17.1亿元、20.0亿元和17.1亿元，占全部新增贷款的比重分别为31.6%、36.8%和31.6%。个人住房贷款增长较快，贷款余额29.1亿元，增长30.5%。②保险事业持续快速发展。全市20家保险公司全年实现保费收入21.4亿元，增长25.3%，提高13.9个百分点。其中，财险收入5.5亿元，增长39.5%，提高14.3个百分点；人身险收入15.9亿元，增长21.1%，提高13.2个百分点。全年赔付额6.2亿元，增长22.5%。

科　技　①科技事业进一步发展。全市获奖科技成果141项，其中省级科学进步奖42项、市级科技进步奖99项。国家火炬计划重点高新技术企业23家，国家"863"科技成果产业基地2家。全年申请专利2548件，增加1368件；授权764件（其中发明59件），增加316件。签订各类技术合同30项，增加16项；合同金额2210万元，增长188.5%。②高新技术产业发展加快。全市规模以上高新技术企业307家，比上年增加50家；高新技术产品1165个，增加58个；实现规模以上工业高新技术产业产值564.8亿元，增长45.4%；占全部工业总产值的比重26.9%，提高3.0个百分点。

教　育　市内普通高校6所，招生2.4万人，在校生8.8万人。中等职业学校28所，在校生7.7万人，专任教师2554人。普通中学200所，在校学生21.9万人，专任教师2.2万人。小学678所，在校学生34.3万人，专任教师2.2万人。学龄儿童入学率、成人识字率均达到100%，初中毕业生升学率89.3%。

文　化　全市3个艺术表演团体全年演出800场，比上年增加150场；7处艺术表演场所全年演出500场，增加130场。7家公共图书馆拥有藏书46.7万册。10个综合档案馆馆藏档案资料总量73.7万卷，增长6.0%；当年利用档案1.5万卷次，增长4.7%。6套广播电台自办节目全年播出1.97万小时，增长32.3%；广播人口综合覆盖率98.0%；制作广播剧13部，增加5部。6套电视台自办节目全年播出1.09万小时，增长23.8%；有线电视入户率18.3%，电视人口综合覆盖率96.2%。

卫　生　全市拥有卫生机构727所（不含计生机构，含门诊部和诊所，下同），其中，医院76所，疾病预防控制机构16所，妇幼保健机构7所，卫生院89所。各类卫生机构拥有床位1.61万张，卫生技术人员2.07万人，其中执业医师7030人、执业助理医师1681人、注册护士6943人。

体　育　2007年泰安市承办、举办了亚洲举重锦标赛、全国山地户外挑战赛和市十六届运动会三项大型赛事。泰安籍运动员在国际、国内各项比赛中获得金牌29枚、银牌13枚和铜牌14枚的成绩，其中国际比赛中获得金牌8枚、银牌2枚和铜牌2枚。全民健身活动设施数由上年的160处增加到185处，共27万人参加了全市组织的45次全民健身活动，经常参加体育锻炼的人数达到75%，提高5个百分点，《国家体育锻炼标准》学生达标率达到99%，国民体质指数为78%。全年体育彩票发行额达5554万元，筹集体育发展基金437万元。

城市建设　①城市基础设施建设取得新进展。年内泰城新一轮重点工程建设全面铺开，时代发展线建设继续推进，新建、续建南湖大街、南湖公园、七里河、新垃圾处理场等工程，城市承载服务能力进一步提升。全市城市基础设施建设投资超过20亿元，建成污水处理厂7座，日污水处理能力达到37万吨，其中泰城2座，污水日处理能力达到16万吨。全市共铺设配套排污管网193公里、中水管道80余公里，污水集中处理率达到75%，中水回用达到2万吨以上。至年末，泰城道路铺装面积840万平方米，拥有公交标准运营车辆812标台，实有出租车1292辆，集中供热面积1550万平方米，用水普及率和燃气普及率分别达到99.8%和98.5%。②安居工程积极推进。经济适用房建设方式和廉租住房制度逐步完善，城市最低收入家庭住房的"双保障"稳步推进。全年累计申请报批经济适用住房建设计划73.8万平方米，施工面积73.8万平方米，竣工面积55万平方米。至年末，共接收廉租住房申报322户，其中对符合发放条件的307户家庭发放了租金补贴。

环境保护　①节能降耗工作成效显著。2007年上半年，全市万元GDP能耗1.4吨标准煤，比2006年降低2.9%。规模以上工业万元增加值能耗2.4吨标准煤，万元增加值取水量28.8立方米，分别比2006年降低8.1%和4.4%。规模以上工业用水重复利用率达到90.3%，提高1.5个百分点。工业节能降耗工作取得积极成效，全市重点考核的百户重点用能工业企业主要产品生产实现节能56.6万吨标准煤。在百户企业填报的25项单位产品能耗指标中，21项实现下降，下降幅度5%以上的有原煤生产综合能耗、中型企业合成氨综合能耗、电解铝综合能耗、水泥综合能耗、日用玻璃综合能耗和棉布折标准品全厂生产用电。②建筑领域资源节约效果明显。全面实施新建居住建筑节能设计标准，禁止新建、改建、扩建实心粘土砖生产线，新型墙材、建筑节能技术产品的开发应用步伐加快。全市累计建成节能建筑达到246万平方米，应用新型墙材16亿标块，利废400万吨，节煤9.9万吨、节地253公顷。③环境保护工作取得新进展。二氧化硫排放量降至4.4万吨，同比减排4.2%；城市空气质量等级为优的天数64天，增加12天。环境基础设施建设力度加大，环境污染治理投资3.3亿元，其中，废水、废气、固体废物和噪声治理项目分别投资1.5亿元、1.8亿元、250万元和297万元，当年竣工项目新增处理废水、废气和固体废物能力分别为7.55万吨/日、278.8万标立方米/时、532吨/日。处理生活污水7700.6万吨，增长47.4%；三废综合利用产品产值达到14.5亿元，增长25.2%。④生态市建设迈出新步伐。全市共有5个全国自然保护区，总面积5.2万公顷；森林覆盖率达到31.2%，提高4.7个百分点。泰城公园绿地面积950万平方米。全市有5个乡镇被命名为省级“环境优美乡镇”，27所学校被命名为省级“绿色学校”，9家社区被命名为省级“绿色社区”，确定文明生态村建设试点21个。肥城实验小学、泰山区华新社区分获国家级绿色学校、绿色社区命名，填补了泰安市空白。

人民生活　市区居民人均可支配收入1.38万元，增长15.5%；人均消费性支出9971元，增长16.4%。市区居民恩格尔系数（食品支出占人均消费性支出的比重）为32.0%。农民人均纯收入5309元，增长14.4%，提高1.8个百分点；人均生活消费支出3146元，增长17.3%。农村居民恩格尔系数为41.7%。在岗职工平均工资1.83万元，增长19.5%。

社会保障　①社会救助体系进一步完善。全市各种社会福利收养性单位数增加到96个，拥有床位1.26万张，年末收养人数1.10万人，新建、改扩建敬老院83处，供养床位达到1.1万张，集中供养率达到72.2%。全市最低保障救助5.4万户、11.5万人，分别增长117.2%和98.3%，发放低保金4636万元。其中，城镇1.1万户、2.9万人，发放低保金2963万元；农村4.3万户、8.6万人，发放低保金1673万元。全年销售社会福利彩票1.73亿元，增长22.3%；筹集社会福利资金2047万元，增长138.9%；直接接受社会捐赠9512万元，增长5.2倍。②社会保障体系进一步健全。全市城镇养老、失业、医疗、工伤和生育保险参保人数分别达到54.2万人、45.7万人、53.8万人、37.4万人和42.3万人，分别增加3.2万人、0.6万人、5.9万人、4.4万人和3.2万人。收缴保险费分别为18.5亿元、1.4亿元、7.6亿元、1.1亿元和3840万元，分别发放保险金15.6亿元、6362万元、6.3亿元、9644万元和2186万元。农村养老保险参保农民达到103.4万人，领取养老金人数5.0万人，当年收缴保费3805.4万元；参加新型农村合作医疗人数350.7万人，参合率达到96.7%，提高5.7个百分点。

（注：所列生产总值、各产业增加值绝对数，按当年价格计算，增长速度按可比价格计算）　（市统计局）

表4　每百户市区居民主要耐用消费品拥有量

品　名	数　量	品　名	数　量
彩　电	127台	电冰箱	97台
助力车	29辆	家用汽车	7辆
摩托车	73辆	空调器	77台
家用电脑	67台	淋浴热水器	86台
微波炉	47台	移动电话	209部

表5　每百户农村居民主要耐用消费品拥有量

品　名	数　量	品　名	数　量
彩　电	102台	移动电话	90部
电冰箱	33台	家用电脑	10台
洗衣机	47台	摩托车	81辆
电话机	103部	影碟机	70台
空调器	12台	汽车(生活用)	2辆

精神文明建设综　述

2007年，全市精神文明建设工作以邓小平理论和“三个代表”重要思想为指导，认真落实科学发展观，以建设“文明泰安”为总抓手，切实加强思想道德建设，大力弘扬和培育民族精神，各种群众性精神文明创建活动蓬勃开展，城乡文明程度和公民文明素质有新的提高，全市精神文明建设水平迈上新台阶。

思想道德教育　以理想信念教育为核心，深入开展党的基本理论、基本路线、基本纲领、基本经验教育，结合纪念香港回归十周年，开展群众性纪念活动，弘扬和培育以爱国主义为核心的伟大民族精神和以改革创新为核心的时代精神。继续开展“讲文明、讲卫生、讲科学、树新风”活动，开展科教、文体、法律、卫生“四进社区”活动，进行马克思主义唯物论、无神论教育，反对封建迷信和各种邪教，在全社会倡导文明健康科学的风尚。贯彻《公民道德建设实施纲要》，倡导爱国守法、明礼诚信、团结友善、勤俭自强、敬业奉献的公民基本道德规范，加强职业道德、社会公德、家庭美德建设。印发《文明礼仪知识读本》，宣传普及文明礼仪知识。评选了全市十大文明市民标兵和百佳文明市民。开展全国、全省道德模范评选推荐活动，肥城市安临站镇冯杭村村民田秀英（女）获“全国道德模范提名奖”和“全省孝老爱亲模范”称号，新泰市汶南煤矿矿长公成东获“全省诚实守信模范”称号，泰安市大禹化工有限责任公司董事长吕才科获“全省敬业奉献模范”称号，另有6人获“全省道德模范提名奖”。

未成年人思想道德建设 专门印发文件，进一步明确了未成年人思想道德建设工作的责任分工。各级教育行政部门把青少年思想道德教育摆在学校教育的首要位置，强化课堂教学的主渠道作用，突出加强爱国主义教育、革命传统教育和民主法制教育，不断强化行为养成教育，大力加强法制教育。各级团组织充分发挥自身优势，广泛组织开展不同形式的思想道德教育和实践活动。文化部门加强对文化市场的监管力度，严厉查处盗版淫秽图书、有害卡通读物、不良音像制品等非法出版物。在抓好学校主阵地建设的基础上，加强家庭教育和社会教育，基本建立健全以学校为主体，家庭、社会配合互动的三位一体的教育网络。

创建文明村镇活动 继续深化家庭文明角—文明诚信户—文明一条街—文明片区—文明乡镇的精神文明建设梯级创建活动，进一步开展环境综合整治，推进文明生态村镇建设。在全市推广宁阳县文明单位“文化带动”工程的经验。开展“城乡文明牵手共建”活动，年内有5个省直单位与5个村结成共建对子，有53个文明单位、文明机关分别与23个村结成帮扶对子，农村精神文明建设的软、硬件均取得显著进步。年内评定年度市级文明镇（乡）28个、市级文明村69个，评定省级文明村镇33个。

创建文明行业活动 全市参加创建活动的行业有54个，涉及各类窗口服务行业、行政执法部门和生产经营类企业。各行业坚持“服务人民，奉献社会”的创建宗旨，加强诚信建设，结合行业特点开展丰富多彩而又扎实有效的创建活动。创建活动注重同业务工作相结合，做到同部署、同落实、同检查、同考核，提高服务质量。继续开展“百城万店无假货”、文明诚信个体工商户、文明市场等活动，净化市场环境。根据新的《山东省文明单位建设管理条例》，加强对各级文明单位的管理，确保文明单位的先进性和示范性。年内，评定市级文明单位431个、省级文明单位116个、市级文明机关97个、省级文明机关35个。

（程 鹏）

2007年泰安市组织机构及负责人

市级领导班子

中共泰安市委员会

书 记　耿文清
副书记　高儒林（3月止）
　李洪峰
　唐家品（3月止）
　黄龙华
常 委　王云鹏
　白玉翠（女，3月起）
　杨忠海
　邹斌芳（女）
　王元榜
　朱玉合
　徐思礼
　李 琥
　辛显明（3月起）
　陈 刚（3月起）
秘书长　朱玉合
常务副秘书长　邹成顺（正县，1月起）
副秘书长　王笃成（正县，1月起）
　张书盈（正县，11月起）
　杨福新（正县）
　宗成泰（正县，11月止）
　李 生（正县）
　张甲士（正县）
　康俊学（正县）
　闫恂秋（正县）
　朱玉春

泰安市人民代表大会常务委员会

主 任　耿文清
副主任　李秀兰（女，正厅）
　唐家品（2月起）
　周克峰
　姜吉叩
　张显义
　王尹成
　滕先森（不驻会）
　刘汉玲（女）
　唐昭林

秘书长　樊玉信（2月起）
副秘书长　樊玉信（正县，2月止）
史效让（正县）
孙守珂（正县，11月止）
姚新中（正县）
崔锡铭（正县，7月起）
董庆木（正县）

泰安市人民政府

市　长　李洪峰（2月起）
副市长　李洪峰（2月止）
王云鹏
白玉翠（女）
齐承芳
林华勇
彭　华
宋　鲁
闫新建
徐恩虎（党外）
市长助理　张树友（1月止）
郑岐浩（9月起）
王　平
孙淑申（女，11月止）
任先德
毕　囡（女，挂职）
秘书长　孙运飞
副秘书长　王笃成（正县，1月止）
张　平（正县，1月起）
刘吉伦（正县，9月止）
董树平（正县）
韩立忠（正县）
胡家庆（正县，4月止）
郑晓明（正县）
刘科学（正县）
孔德胜（正县，1月止）
杨卫平（正县，11月止）
赵玉镇（正县）
任树凯（正县，11月起）
孙庆华（正县，1月起）
孙兰俊（12月止）
刘　康
尤连春（正县）
皇甫炳胜（正县，9月起）

中国人民政治协商会议泰安市委员会

主　席　张树禹（2月止）
高儒林（2月起）
副主席　李凤明（女）
于连荣（女）
李正明
夏作理（不驻会）
傅光仁
赵成道
温孚江（不驻会）
黄自伟（不驻会）
张庆明（不驻会）
孙宗明（不驻会）
张树友（2月起）
秘书长　张进善
副秘书长　皇甫炳胜（正县，10月止）
徐树平（正县，7月止）
姜作明（正县，7月止）
范正坤（正县）
李玉洋（正县）
韩华军（正县）
任令基（正县，7月止）

中共泰安市纪律检查委员会

书　记　王元榜
常务副书记　孟兆营
副书记　杨淑东
张步军
常　委　景胜学（正县）
许冬晨（正县）
姜美荣（女，正县，3月止）
董伟刚（正县）
吴钦明
张丽娟（女，3月起）
秘书长　董伟刚（正县）

市委工作部门

市委办公室

主　任　邹成顺（1月止）
王笃成（1月起）
副主任　彭海训
姜世科
杨军昌

信访局

局　长　李　生
副局长　刘正琦
亓东芝
周建国
魏　勃
王学忠

组织部

部　长　李　琥

常务副部长　杜卓群（女，正县）
副部长　任玉涛（正县）
尹衍祥（正县）
陶长江（正县）
李千弘（1月起）

老干部局
局　长　任玉涛
副局长　胡北云（女，正县）
曲业芝
吴众前

宣传部
部　长　邹斌芳（1月止）
白玉翠（1月起）
常务副部长　程建达（正县）
副部长　姚　霆（正县）
魏　武
亓顺民（1月起）
张耀民（11月起）

精神文明建设委员会办公室
主　任　姚　霆
副主任　陈玉玺
陈　勇
步衍金

统战部
部　长　赵成道
常务副部长　刘斌范（正县，1月止）
吕军德（正县，1月起）
副部长　刘汝田（正县）
范正坤（正县）
李起峰（正县，1月起）
张亚莉（女）
刘　华（正县）

台湾工作办公室（市人民政府台湾事务办公室）
主　任　吕军德（1月止）
李起峰（1月起）
副主任　武道乾（11月止）
高树顺
马鹏举（11月起）
张西忠

政法委员会（社会治安综合治理委员会办公室）
书　记　杨忠海
常务副书记　张广胜（正县）
副书记　闫远东（正县）
高振军（正县）
朱志平（正县，1月起）

社会治安综合治理委员会办公室
主　任　闫远东
副主任　于修明
苗光利
魏　宏（7月起）
张　训（11月起）

政策研究室
主　任　闫恂秋
副主任　任树凯（正县，10月止）
侯衍奎（1月起）
亓顺民（1月止）
杨承修

市直机关工作委员会
书　记　邹成顺（1月起）
副书记　江　平（11月止）
施新芳
王菊萌（女）
王敬泽
纪工委书记　亓爱强

市政府工作部门

市政府办公室
主　任　王笃成（1月止）
张　平（1月起）
副主任　陈建中
杨传文（1月止）
丁卫国
刘玉辉
胡兆柱（1月起）
党组书记　孙运飞
党组副书记　王笃成（1月止）
张　平（1月起）
纪检组长　朱京涛

市政府调查研究室
主　任　赵玉镇（正县）
副主任　高　翔（副县）
梁进涛（副县）

市政府法制办公室
主　任　刘吉伦（9月止）
皇甫炳胜（9月起）
副主任　张庆国
孟永辉
王天宇
毕思忠
党组书记　刘吉伦（8月止）
皇甫炳胜（8月起）
党组副书记　张庆国

纪检组长　张观富

发展和改革委员会

主　任　孙士杰（1月止）
张期东（1月起，9月止）
单建军（9月起）
副主任　吕乃文（正县）
王诗生（正县）
李泰民（正县）
史志军
高丽丽（女）
董　军
任广军
苏同营（挂职，8月止）
党组书记　孙士杰（1月止）
张期东（1月起，8月止）
单建军（8月起）
党组副书记　吕乃文
王诗生
纪检组长　姚志贤

物价局

局　长　亓利群
副局长　潘士祥（正县，6月止）
明洪祥（11月止）
杜玉奎
尚庆国
刘加民（7月起）
杜广华（7月起）
党组书记　亓利群
党组副书记　潘士祥（正县，5月止）
纪检组长　刘加民（7月止）
王胜一（7月起）

经济贸易委员会

主　任　王光锋
副主任　辛生业（正县）
孙善平
陈　强（正县）
张　瞻（正县，9月起）
刘太荣
韩　波
党委书记　王光锋
纪委书记　赵爱平

中小企业办公室

主　任　陈　强
副主任　陈　峰
徐淑然（女）
宿燕峰
党总支书记　陈　强

教育局

局　长　桑新华（女）
副局长　张　伟（正县）
高　峰
朱树椿
刘应新
党委书记　桑新华（女）
党委副书记　张　伟（正县）
成坤志（正县，1月起）
纪委书记　张志俭

科学技术局

局　长　郭向军
副局长　张秀峰（女）
刘桂选
陈士昌
李景文
贾宏俊（挂职）
党组书记　郭向军
纪检组长　郑　民

公安局

局　长　郑岐浩（副市级）
政　委　史建民
副局长　杜寒青（正县）
高荣国（正县）
高黎明（正县）
亓子海（正县）
副政委　胥　明（正县）
副局长　徐志刚
党委书记　郑岐浩
党委副书记　史建民
杜寒青
纪委书记　韩立强（1月起）

监察局

局　长　杨淑东
副局长　景胜学（正县）
姜美荣（女，正县）
柳　涛（党外）

民政局

局　长　崔义明
副局长　李　勇（正县）
王德年（3月止）
郭大年（1月起）
鹿　锋
胡书超
党委书记　崔义明

党委副书记 李　勇（正县）
张开廷
纪委书记 崔传义

司法局

局　长 张政英
副局长 杨传文（1月起）
孙岱峰（党外，1月止）
刘　磊（党外，1月起）
李海滨
党委书记 张政英
党委副书记 杨传文（1月起）
纪委书记 周长城

财政局

局　长 任先德
副局长 李诚实（正县）
刘　斌
刘兴强（1月起）
辛海明
党委书记 任先德
党委副书记 李诚实（正县）
纪委书记 李天义

人事局（机构编制委员会办公室与其合署）

局　长 尹衍祥
副局长 朱英超（正县，10月止）
牛国新
刘金安
蒋建民
党组书记 尹衍祥
党组副书记 朱英超（正县，9月止）
纪检组长 张卫国

机构编制委员会办公室

主　任 尹衍祥
副主任 牛国新
巩华仁

劳动和社会保障局

局　长 张甲军
副局长 崔　颖（女，正县）
刘增祥
梁国言
孙承勇
党委书记 张甲军
党委副书记 崔　颖（女，正县）
纪委书记 常绪扩（11月止）

国土资源局

局　长 刘相玉
副局长 宋益忠（12月止）
王庆平
陈锦勇
李　红（女，11月止）
刘德胜（12月起）
陈云增（12月起）
党组书记 刘相玉
纪检组长 刘德胜（12月止）
赵　成（12月起）

交通局

局　长 邢长彦
副局长 赵　军（回族）
安增利
王玉泉（正县）
刘云生
周国民
党委书记 邢长彦
党委副书记 赵　军（回族）
纪委书记 王诗新

水利和渔业局

局　长 和玺章
副局长 孙庆进
李旭光
董文信
王再山
党委书记 和玺章
党委副书记 孙庆进
王新慧
纪委书记 鹿润洪

农业局

局　长 赵明华
副局长 侯　力
姜云省
齐田锋（党外）
李　伟
陶建华
王空军（挂职）
党委书记 赵明华
党委副书记 侯　力
纪委书记 王者斌

对外贸易经济合作局

局　长 张　平（1月止）
于文龙（1月起）
副局长 孟祥平
刘学永
王成岩
党委书记 张　平（1月止）

于文龙（1月起）
党委副书记 褚世岗
纪委书记 褚世岗

文化局（市新闻出版局、版权局、文物事业管理局）
局 长 胡立东
副局长 蔺振友（正县）
吴立安
郭信真
郝 燕（女，1月起）
党委书记 胡立东
纪委书记 李成斌

卫生局
局 长 肖力勇（1月止）
艾宪淮（1月起）
副局长 李永江
杨乐妹（女，3月止）
姬生勤（7月起）
韩书林（7月起）
党委书记 肖力勇（1月止）
艾宪淮（1月起）
党委副书记 于爱华（女，正县）
纪委书记 焦成吉

人口和计划生育委员会
主 任 管相贵
副主任 刘道戌（7月止）
肖和元（11月起）
高建忠
王庆忠
尚文静（女，1月止）
杨 红（女，1月起）
党组书记 管相贵
党组副书记 肖和元（11月起）
纪检组长 尹承连

审计局
局 长 马纯勇
副局长 朱家兑（4月止）
王 峰（回族）
董业水
李祥利（7月起）
张仁安（7月起）
党组书记 马纯勇
党组副书记 王 峰（回族，7月起）
纪检组长 张仁安（7月止）
续丙西（7月起）

统计局
局 长 孙兆玲（女，1月止）
张 韧（1月起）
副局长 刘汉新（3月止）
万传友（正县）
张成稳
王 永
董彦和
党组书记 孙兆玲（女，1月止）
张 韧（1月起）
纪检组长 王海燕（女）

环保局
局 长 艾庆森
副局长 张传金
耿克华
乔建博
朱立博
党组书记 艾庆森
纪检组长 苏训有（7月起）

规划局
局 长 牛玉忠
副局长 吴洪建
张春国
刘忠义
张兴华
党组书记 牛玉忠
纪检组长 杨兴伟（11月止）
许 伟（11月起）

建设局
局 长 李际山
副局长 张广银
吕桂平
张保群
英 玲（女，党外）
党委书记 李际山
党委副书记 张广银
纪委书记 解相明

体育局
局 长 殷培联（3月止）
苏有森（3月起）
副局长 侯衍奎（3月止）
任广中
彭国胜
于桂香（3月起）
党组书记 殷培联（1月止）
苏有森（1月起）
党组副书记 侯衍奎（1月止）
纪检组长 张吉庆

林业局

局　长　宗德峰
副局长　李寿第
张军峰
陈玉泉
葛茂金
霍广振
刘训理（挂职）
党委书记　宗德峰
党委副书记　李寿第
纪委书记　周生华

粮食局

局　长　卢成义
副局长　王鲁明（11月止）
尹承泰
武道乾（11月起）
朱效光
魏　宏（7月止）
郑　平（12月起）
党委书记　卢成义
纪委书记　郑　平（11月止）
杨化云（11月起）

旅游局

局　长　单建军（9月止）
程　明（9月起）
副局长　张建东（12月止）
张清民
尹燕鸣
高　勤（女）
党组书记　单建军（8月止）
程　明（8月起）
党组副书记　张建东（11月止）
纪检组长　张朝晖

民族与宗教事务局

局　长　左　峰（女，回族，3月止）
白建新（回族，7月起）
副局长　白建新（回族，1月起）
韩荣宽（9月止）
丁永峰（回族）
巩仁忠
许立波（回族）
党组书记　左　峰（女，回族，3月止）
白建新（回族，7月起）
党组副书记　白建新（1月起，7月止）

外事办公室（侨务办公室）

主　任　程　明（9月止）
孙兰俊（12月起）
副主任　邵　明（7月止）
郑中其
刘　勇
李华民（1月止）
李钦忠（10月止）
徐　涛（11月起）
张秀芬（女，7月起）
党组书记　程　明（8月止）
孙兰俊（11月起）
党组副书记　郑中其（7月起）
纪检组长　李宝镇

城市管理行政执法局

局　长　刘连功
副局长　李建国
张永伟
展延安（回族，11月止）
魏兆德
杨桂琴（女，3月起）
刘培亭（11月起）
党委书记　刘连功
党委副书记　孙友运（正县，8月止）
纪委书记　杨桂琴（女，1月止）
张同武（11月起）

安全生产监督管理局（安全生产委员会办公室）

局　长（主　任）　马方谟（局长3月止，主任4月止）
刘学保（局长3月起，主任4月起）
副局长（副主任）　王　震
吕怀玉
焦兆印
仇元青
党组书记　马方谟（1月止）
刘学保（1月起）
党组副书记　王　震
纪检组长　侍建社

市政府特设机构

市政府国有资产监督管理委员会

主　任　卞同德
副主任　韩绪国
路　军
张耀禄
孙　辉
孙同峰

党委书记　王云鹏
党委副书记　卞同德
　王成银（正县）
　韩绪国
纪委书记　李志学

市政府议事协调机构的办事机构

人民防空办公室（12月加挂民防局牌子）
主　任　袁宪祥
副主任　辛培佑
　鲍曙光
　孙兆柏
党组书记　袁宪祥
党组副书记　辛培佑
纪检组长　田建军

市政府派出机构

泰安经济开发区、泰安高新技术产业开发区管理委员会
主　任　展宝卫
副主任　王鲁生
　孙卫连
　吴洪建（兼）
　律云彪
　王建雷
　段崇海
　耿献文（科技，9月起）
　雷德环（女，挂职，4月起，9月止）
　张昌红（女，挂职，4月起，9月止）
党工委书记　林华勇（兼）
党工委副书记　展宝卫
　孔祥湖（正县）

泰安旅游经济开发区管理委员会
主　任　董国吉
副主任　段爱华
　文　平
　王万里
　陈　晓
　王兴燕（女）
党工委书记　董国吉
党工委副书记　段爱华

泰山风景名胜区管理委员会
主　任　谭业刚
副主任　曹星奎（7月起泰山林场场长）
　万庆海
　吕继祥
　刘　慧
　刘向阳
党工委书记　谭业刚
党工委副书记　李　锋（女，7月起教育中心党总支书记）
纪工委书记　王吉茂

市委、市政府直属事业单位

市委党校
校　长　耿文清（兼）
常务副校长　孙士杰（副厅）
副校长　孟宪彬
　孙　波
　侯存珠
　梅长冬
纪委书记　阴向勇（1月止）

泰安日报社
社　长　陈舒民（1月止）
　王安全（1月起）
总编辑　王安全
副总编辑　姜　华
副社长　魏丕强
副总编辑　戴　冰
　张洪洲
副社长　吴立银
副总编辑　郑其国
　曲　岩（女，11月起）
党委书记　陈舒民（1月止）
　王安全（1月起）
党委副书记　王安全（1月止）
纪委书记　崔耕和

市委党史征集研究办公室
主　任　亓　涛
副主任　马泉裕
　张义强
　宋元明（7月起）

档案馆（局）
馆（局）长　徐玉生（11月止）
　宗成泰（11月起）
副馆（局）长　孙培贤
　曹伟星
　于少华（女）
党组书记　徐玉生（11月止）
　宗成泰（11月起）
纪检组长　姜悦强

地方史志办公室

主　任　马　辉
副主任　王笃银
　　　　刘洪亮
　　　　周美广
党组书记　马　辉

接待处

处　长　李恒亮
副处长　陈宗库
　　　　薛玉法
　　　　苏延广
党委书记　张甲士
党委副书记　李恒亮
　　　　陈宗库
纪委书记　董　涛

市直机关事务管理局

局　长　尤连春
副局长　孟昭宏
　　　　黄久习
　　　　刘庆华
　　　　田纪宏
党委书记　尤连春
党委副书记　孟昭宏
　　　　韩克双
纪委书记　王泗明

广播电视局（台）

局（台）长　胡志鹏（1月止）
　　　　袁久亮（1月起）
副局（台）长　李梦祥
　　　　张安旺
　　　　黄　平
　　　　王广尧
总编辑　袁久亮（12月止）
　　　　张建东（12月起）
副总编辑　王传宝
党组书记　胡志鹏（1月止）
　　　　袁久亮（1月起）
党组副书记　袁久亮（1月止）
　　　　张建东（11月起）
纪检组长　张习宗

房产管理局

局　长　裴建华
副局长　杨鸿璋
　　　　周光明
　　　　周黎明
党委书记　张启智（5月止）
党委副书记　裴建华
纪委书记　张　伟

地震局

局　长　韩延宏（6月止）
　　　　葛　新（女，6月起）
副局长　吴秀成（苗族，10月止）
　　　　刘灿云（女）
　　　　周　安（回族）
党组书记　韩延宏（1月止）
　　　　葛　新（1月起）

煤炭局（8月份成立）

局　长　聂文峰（11月起）
副局长　袁久党（党外，11月起）
　　　　顾　兵（11月起）
　　　　孙玉宗（挂职，9月起）
党组书记　聂文峰(10月起)

招商引资办公室

主　任　张以和
副主任　于守海
　　　　张　涛
　　　　文学松
　　　　田庆勇
党组书记　张以和
党组副书记　于守海

老龄委员会办公室

主　任　孙爱萍（女）
副主任　秦立波
　　　　郑金慧（女）
党组书记　孙爱萍(女)

农业机械管理办公室（12月更名为农业机械管理局）

主　任　贾锡钧
副主任　窦敬丽（女，正县，11月止）
　　　　赵甲环
　　　　刘永勤
　　　　程兴华（11月起）
　　　　许子云（11月起）
党委书记　贾锡钧
党委副书记　窦敬丽(女，正县，11月止)
纪委书记　李金庆

畜牧办（12月更名为畜牧兽医局）

主　任　闫光木（11月止）
　　　　杨卫平（11月起）
副主任　张兆雷
　　　　鹿道新
　　　　王振安
　　　　康秀法

王中华（挂职）
党委书记　闫光木（11月止）
杨卫平（11月起）
党委副书记　张兆雷
纪委书记　刘永海

爱国卫生运动委员会办公室（城市环境卫生管理办公室）
主　任　范培玉（女，9月止）
王东琚（12月起）
副主任　王东琚（12月止）
刘晓明
张德明
党组书记　范培玉（女，8月止）
王东琚（11月起）
党组副书记　王东琚（11月止）
纪检组长　李炳华

仲裁委员会办公室
主　任　刘传国
副主任　宋洪超（11月止）
赵发栋
党组书记　刘传国
纪检组长　杨海燕

农业综合开发办公室（农业新技术开发区办公室）
主　任　叶余江（1月止）
张道民（1月起）
副主任　马士文
陈庆华
于心清
张国栋
党组书记　叶余江（1月止）
张道民（1月起）

行业管理办公室（挂煤炭工业管理办公室牌子8月止，8月起加挂信息产业局牌子）
主　任　辛生业
副主任、煤炭办主任　聂文峰（11月止）
副主任　刘伟明
陈建平（4月止）
张宪廷
康荫国
党委书记　辛生业
党委副书记　聂文峰（10月止）

行业资产管理中心
主　任　单建民（11月止）
林晓时（12月起）
副主任　林晓时（12月止）
何广文
付吉银
党委书记　单建民（11月止）
林晓时（11月起）
党委副书记　林晓时（11月止）
纪委书记　黄鹤声

行政审批服务中心
主　任　韩立忠
副主任　马建芳（女）
张建国
于　锋
党组书记　韩立忠
纪检组长　武家新

住房公积金管理中心
主　任　张　瞻（9月止）
范培玉（女，9月起）
副主任　尹燕明
徐　杰
党组书记　张　瞻（8月止）
范培玉（女，8月起）

中国国际贸易促进委员会泰安市委员会（中国国际商会泰安商会）
会　长　徐福林
副会长　裴黎明
柴　力
范福顺
尹逊祥（不驻会）
党组书记　徐福林
纪检组长　高　勇

供销合作社联合社
理事会主任　朱　杰（8月止）
刘选校（8月起）
副主任　时延桐（8月止）
赵　明
监事会主任　刘选校（8月止）
时延桐（8月起，12月止）
监事会副主任　李　旭
党委书记　朱　杰
党委副书记　刘选校
纪委书记　李　旭

法院、检察院

泰安市中级人民法院
院　长　朱晓峰
副院长　李连玉（正县，10月止）
亓宗宝（正县）
李　宏（正县）

袁　超（正县）
单建伟（正县）
孙岱峰（3月起）
朱建国（11月起）
宋克宁（女，挂职，11月起）

党组书记　朱晓峰
党组副书记　李连玉（10月止）
亓宗宝（11月起）
纪检组长　朱建国（11月止）
宁方亮（正县，11月起）

泰安市人民检察院

检察长　胡宗智
副检察长　曹建安（正县）
张培军（正县，5月止）
薛云峰（正县）
吕传怀（正县）
戴　磊（正县，3月起）
岳荣胜
高洪波（挂职，9月起）
党组书记　胡宗智
党组副书记　曹建安
纪检组长　刘新力（女，9月止）
刘学刚（11月起）

人大、政协、纪委机关

人大机关办事机构和工作机构

办公室
主　任　姚新中
副主任　郑　涛
朱元坤

人事选举代表工作室
主　任　李东举
副主任　张武杰（女）

研究室
主　任　庞泰新
副主任　刘文明

法制工作委员会
主　任　苏元华
副主任　刘卫星

财政经济工作委员会
主　任　彭德刚
副主任　田文飞

农村经济工作委员会
主　任　王登俭
副主任　郝振斌

城乡建设环境保护工作委员会
主　任　刘　军
副主任　刘栋梁

教育科学文化卫生工作委员会
主　任　李新生

民族侨务外事旅游工作委员会
主　任　程世进

政协机关办事机构和工作机构

办公室
主　任　姜作明（7月止）
李玉洋（7月起）
副主任　程振中（7月止）

研究室
副主任　田书阳

提案委员会
主　任　石峻岭
副主任　黄会平（女）
刘世岱（不驻会）
樊玉信（不驻会）
刘　君（不驻会）

经济委员会
主　任　侯永涛
副主任　李培云
徐兴华
张现贵（不驻会）
谷　龙（不驻会）
乔法尧（不驻会）

人口资源环境委员会
主　任　崔秀国（7月止）
任令基（7月起）
副主任　徐国峰
艾庆森（不驻会）
管相贵（不驻会）
刘相玉（不驻会）
英　玲（女，不驻会）

科教文卫体委员会
主　任　张有勤
副主任　鲁法干（正县）
杨庆木
毕玉奎（不驻会）
艾宪淮（不驻会）
聂成瑛（女，不驻会）
徐永平（不驻会）

社会法制和民族宗教委员会
主　任　郑成尧（10月止）
副主任　李惠泉（回族）
闫远东（不驻会）

赵玉镇（不驻会）
左　峰（女，回族，不驻会）

学习宣传和文史资料委员会
主　任　赵玉良（1月止）
孟昭英（1月起）
副主任　姜　勇
李有成
李　生（不驻会）
高洪雷（不驻会）
牛之营（不驻会）
闫贵生（不驻会）
姚太中（不驻会）
李爱国（不驻会）

港澳台侨和外事委员会
主　任　贾培平
副主任　侯迎孔
张国庆
刘斌范（不驻会）
单建军（不驻会）
刘汝田（不驻会）
程　明（不驻会）
张肇慧（女，不驻会）
徐恩虎（不驻会）

纪委内设机构

办公室
主　任　蒋庆蓬
监察综合室
主　任　燕玉彬
研究室
主　任　李和军
干部室
主　任　王　军
宣传教育室
主　任　张立新
案件审理室
主　任　张丽娟（女，7月止）
王化兰（女，7月起）
信访室
主　任　胡胜文
党风廉政建设室
主　任　张　勇
执法监察室
主　任　司宝沛
纪检监察一室
主　任　吉玉柱（5月止）
张　明（7月起）
纪检监察二室
主　任　赵桂鹤
纠风办
主　任　杨淑东（兼）
副主任　李大山
马贵昌
张建信

民主党派

中国国民党革命委员会泰安市委员会
主任委员　徐恩虎
副主任委员　张建忠
刘世琦
刘传廷（3月起）
秘书长　亓建国

中国民主同盟泰安市委员会
主任委员　温孚江
副主任委员　徐永平（4月止）
周　杰
程卫民
孙岱峰
秘书长　崔拥军

中国民主建国会泰安市委员会
主任委员　滕先森
副主任委员　刘明华（女）
英　玲（女）
张文泉
秘书长　郑宗平

中国民主促进会泰安市委员会
主任委员　孙宗明（3月止）
王昌元（3月起）
副主任委员　刘振海（3月止）
陶常利
王昌元（3月止）
董　洁（女，3月起）
吕忠堂（3月起）
秘书长　周脉柱

中国农工民主党泰安市委员会
主任委员　夏作理（3月止）
谢崇国（3月起）
副主任委员　谢崇国（3月止）
贾风岐（女，3月止）
王永栋（3月止）
吕爱钟（3月起，4月止）
王庆才（3月起）
徐　坤（3月起）

秘书长　王运海

九三学社泰安市委员会

主任委员　黄自伟（4月止）
刘　君（4月起）
副主任委员　冯永军
马树升
刘　君（4月止）
王淑玲（女，4月起）
秘书长　孙德常

群众团体

总工会

主　席　邹斌芳（女，1月止）
陈　刚（1月起）
常务副主席　巩树本（11月起，正县）
副主席　曹丽华（女，正县，8月止）
巩树本（1月起，11月止）
陈立新
刘胜军（女，11月起）
党组书记　邹斌芳（女，1月止）
陈　刚（1月起）
党组副书记　曹丽华（女，正县，8月止）
巩树本（正县，11月起）
纪检组长　王晓晨

共青团泰安市委员会

书　记　赵德健
副书记　薛其福（11月止）
张　耀
陈晓娜（女）
孔凡洪（7月起）
党组书记　赵德健
纪检组长　鲍　伟

妇女联合会

主　席　刘玉勤（女）
副主席　王宝玉（女，正县）
王　蕾（女）
于桂香（女，1月止）
党组书记　刘玉勤（女）

科学技术协会

主　席　温孚江（不驻会）
副主席　张辛东（正县）
张广宪
刘秀萍（女）
毛成军（1月起）
贾汇红（女，11月止）
董树亭（不驻会）
靳奉祥（不驻会）
白　波（不驻会）
马春林（不驻会）
王圣合（不驻会）
张希平（不驻会）
张秀峰（女，不驻会）
张志法（不驻会）
党组书记　张辛东
纪检组长　邓传祥

文学艺术界联合会

主　席　江济源
副主席　曹前进
姜岱东（不驻会）
郝瑞芝（女，不驻会）
杨绍路（不驻会）
张万云（女，不驻会）
秘书长　石锡波
党组书记　魏　武
党组副书记　江济源

社会科学联合会

主　席　袁爱国
副主席　张成茂（9月止）
王学光
孙　莉（女，7月起）
王明新（不驻会）
刘斌范（不驻会）
孙洪烈（不驻会）
魏　杰（不驻会）
毕玉奎（不驻会）
李德臣（不驻会）
童培孚（不驻会）
郭永礼（不驻会）
张序江（不驻会）
秘书长　孙　莉（女，7月止）
曹光海（7月起）
党组书记　袁爱国

工商业联合会（总商会）

会　长　张庆明
副会长　刘汝田
张智安
许光华（党外）
李　胜
肖一祥
王田军（不驻会）
刘书礼（不驻会，7月止）
尹绪珠（不驻会）

吕兴富（不驻会）
宋绪山（不驻会）
王元成（党外，不驻会）
张武宗（不驻会）
李小龙（不驻会）
陈飞跃（不驻会，7月止）
高丽娜（女，不驻会，7月止）
梁　阜（女，不驻会，7月止）
徐淑然（女，不驻会，7月起）
马西元（不驻会，7月起）
赵士梅（女，不驻会，7月起）
康凤明（不驻会，7月起）
尹　君（不驻会，7月起）
胡广敏（不驻会，7月起）
陈队范（不驻会，7月起）
李升刚（不驻会，7月起）
张　勇（不驻会，7月起）
秘书长　宋洪磊
党组书记　刘汝田
党组副书记　张智安

残疾人联合会
理事长　冯苏东
副理事长　狄雪红（女，12月止）
于西银
党组书记　冯苏东
纪检组长　邹玉娟（女）

归国华侨联合会
主　席　郭居新（女，不驻会）
副主席　周国顺
秘书长　周国顺
党组书记　刘　华

各县市区领导班子

泰山区

区　委
书　记　张志华
副书记　张书盈（11月止）
宋洪银（11月起）
郭前美（1月止）
李千弘（1月止）
朱志平（回族，1月止）
赵　斌（1月起）
常　委　赵　斌（1月止）
肖和元（11月止）
肖立升（1月止）
王成金
李殿勤
梁久军
朱叙民（11月起）
王志亮
陈庆业（1月起）
苏宝菊
赵书刚
陈晓娜（女，挂职，6月起）
杨国权（挂职，3月起，9月止）

人　大
主　任　王承泉（3月止）
郭前美（3月起）
副主任　燕化泉（不驻会，12月止）
贠春吉（3月止）
吕修法（3月止）
刘学友（3月止）
刘东升
高玉芝（3月起）
岳荣香（女，12月止）
宿塾国（3月止）
马首海（3月起，12月止）
刘　凤（女，12月起）
吕汝生（12月起）
范玉平（3月起）

政　府
区　长　张书盈（11月止）
宋洪银（11月起代区长，12月起区长）
副区长　赵　斌（1月止）
肖和元（1月起，11月止）
梁久军（1月起）
朱叙民
陈晓娜（女，挂职，8月起）
郭大年（1月止）
高玉芝（女，1月止）
范为民（1月止）
王淑玲（女）
柳成林（科技，9月止）
侯立勇（12月止）
展延安（回族，11月起）
宋宪春（3月起）
毕华年（12月起）
魏光平（女，挂职，4月起，9月止）

政　协
主　席　路少先（3月止）
肖立升（3月起）

副主席　侯立勇（12月起）
刘兆金（3月止）
陈　君（女，不驻会）
刘海凌（女，不驻会）
张庆波（12月止）
许向东（女，3月止）
刘　凤（女，12月止）
张学诗（12月止）
焦宝恒（3月起，12月止）
曲建平（女，12月起）
李占德（12月起）

纪　委

书　记　王成金

人武部

部　长　刘彦春
政　委　王志亮

法　院

院　长　王树杰

检察院

检察长　刘　民

岱岳区

区　委

书　记　张　斌
副书记　王永征
苏有森（1月止）
葛　新（女，1月止）
苗丰平
常　委　张京洲
黄正玉
刘兆泉
黄东葵
宋海林
孙洪英
尚汶静（女）
李效军（1月起）

人　大

主　任　张志勤（3月止）
张继华（3月起）
副主任　董绍德（3月止）
白福国（回族，3月起）
李金华（女）
王仲东（3月止）
周振起（3月止）
王景茂（12月止）
孙志刚（3月止）
周广利（3月起）
邵成利（3月起）
王开庆（3月起）

政　府

区　长　王永征
副区长　黄正玉
刘兆泉（1月起）
王　骞（6月止）
白福国（回族，3月止）
张　清（女）
朱宗珂（12月止）
薛其福（12月起）
郭庆敏（1月起）
陈传帅（4月起）
贾汇红（女，挂职，7月起，11月止）
王东升（科技，10月起）

政　协

主　席　李来芳（3月止）
朱顺村（3月起）
副主席　李玉文（3月止）
王安平（12月止）
朱宗珂（12月起）
刘振海（不驻会，3月止）
徐富云（女，不驻会）
马道军（回族，不驻会）
朱泗富（3月止）
马玉成（3月起）
陈秀凤（女，3月起）
游志成（3月起）

纪　委

书　记　葛　新（女，1月止）
张京洲（1月起）

人武部

部　长　付生业
政　委　孙洪英

法　院

院　长　张昭福（12月止）
吕传庆（12月起）

检察院

检察长　张建同（12月止）
姚红秋（12月起）

新泰市

市　委

书　记　辛显明（副厅级）
副书记　郭德文

宋洪银（11月止）
张道民（1月止）
孙庆华（1月止）
丁翊强（援疆）
范为民（11月起）

常　委　范为民（11月止）
白建新（回族，1月止）
赵敬利
董靖华
王志翔
于海涛
张德臣
张　军（11月起）
刘　玉（1月起）
张　莉（女）
周凤芹（女，挂职，4月止）
师明萌（女，挂职，4月起，9月止）
刘　芳（女，挂职，4月起）
展延安（回族，挂职，6月起，11月止）

人　大

主　任　张庆莲（女）

副主任　李德堂（12月止）
路华祯（3月止）
张　宏（12月起）
孙云亭（12月止）
曹西增
魏忠廷（12月起）
张传军（不驻会）
单兆庆（3月止）
陈方学（3月起）
毕玉国（3月起，12月止）

政　府

市　长　孙丰刚（1月止）
郭德文（3月起）

副市长　王志翔（1月起）
于海涛（2月起）
王相玲（女，3月止）
刘兴强（1月止）
袁久党（11月止）
许东来（科技）
张　宏（12月止）
刘善辉
马秀义（3月起）
亓桂峰（3月起）
侯　丽（女，回族，12月起）
田正祥（挂职，4月止）
田　波（挂职，4月起，9月止）
曹文瓒（挂职，4月起）

政　协

主　席　栾兆玺（3月止）
王相玲（女，3月起）

副主席　赵遵立（3月止）
王安英（女，回族，3月止）
王功海（12月止）
王立明（12月起）
王相臣（3月止）
谭同义（不驻会）
耿玉松（不驻会）
殷培文（不驻会）
郭承协（3月起）
徐志举（3月起）

纪　委

书　记　范为民（11月止）
张　军（11月起）

人武部

部　长　王东之

政　委　董靖华

法　院

院　长　吴新安（11月止）
秦　勇（12月起）

检察院

检察长　吴新村（1月止）
黄建民（3月起）

肥城市

市　委

书　记　张瑞东

副书记　张期东（1月止）
单传海
刘学保（1月止）
刘钦海

常　委　何敬鹏（11月止）
韩立强（1月止）
韩志强
田志云（女）
赵　宏（女）
赵燕军
刘爱科（11月止）
王新民（1月起）
常绪扩（11月起）
李华民

沈桂春（11月起）
陈继勤（挂职，3月起，9月止）
班福忠（挂职，4月起）
陈占峰（挂职，6月起）

人 大

主 任 张茂珍

副主任 刘培春（正县，3月止）
张纪训（3月止）
阴启胜（3月止）
傅士华（3月止）
张兴杰（3月止）
展恩毅
夏侯瑞华（女，不驻会）
王绪峰（3月起，12月止）
刘 岩（女，3月起）
梁兴科（3月起，12月止）
路 强（3月起）
张长远（3月起）

政 府

市 长 张期东（3月止）
单传海（1月起代市长，3月起市长）

副市长 何敬鹏（12月止）
韩志强（12月起）
赵 宏（女，1月起）
孙其昌
王绪峰（3月止）
梁望东
刘 岩（女，3月止）
马鹏举（回族，11月止）
名树伟（4月起）
武 伟（12月起）
刘忠海（科技）
袁华权（挂职，3月起，9月止）
郑玉梅（女，挂职，4月起）
陈占峰（挂职，6月起）

政 协

主 席 刘长香（女）

副主席 古乐生（3月止）
刘继峰（3月止）
黄秉衡（12月止）
郭晓路（不驻会，12月止）
陶绪田（3月止）
刘兴民（3月止）
王爱民（12月止）
何敬鹏（12月起）
卢传河（3月起，12月止）
王瑞岭（3月起）
袁 杰（3月起）
江玉祥（不驻会，12月起）
王同华（女，不驻会，12月起）
杨淑贞（女，不驻会，12月起）

纪 委

书 记 刘学保
田志云（女）

人武部

部 长 张继德

政 委 刘爱科（1月止）
沈桂春（1月起）

法 院

院 长 张长远（1月止）
李成涛（3月起）

检察院

检察长 张怀顺

宁阳县

县 委

书 记 刘卫东

副书记 尹晓民（女）
戴 磊（1月止）
成坤志（1月止）
张 韧（1月止）
董世武（1月起）

常 委 董世武（1月止）
王成金（1月止）
徐 鑫（1月起）
王 骞
朱立辉
张庆峰（1月起）
苗明峻
杨 红（女，1月止）
李为群
史书超
肖玉果（1月起）
徐兆兵（挂职，6月起）

人 大

主 任 陈孝桂（1月止）
刘卫东（1月起）

副主任 颜承干（1月止）
董先祥（1月止）
董晨明（1月止）
张桂香（女，1月止）

吴　宏（女，1月起，12月止）
赵成明（12月止）
朱绪河（1月起）
苑继常
李昌元（1月起）
鹿凡榜（1月起）
李　雪（1月起）

政　府

县　长　陈湘安（1月止）
　　　　尹晓民（女，1月起）
副县长　董世武（1月止）
　　　　吴　宏（女，1月止）
　　　　刘　磊（1月止）
　　　　徐　鑫（1月止）
　　　　朱立辉（1月起）
　　　　张庆峰
　　　　徐　涛（11月止）
　　　　苏雪峰（女，1月起）
　　　　纪维瑞（援疆）
　　　　仇义军（1月起）
　　　　侯　涛（1月起）
　　　　徐兆兵（挂职，6月起）
　　　　梁立元（11月起）

政　协

主　席　施桂民（1月止）
　　　　孔德胜（1月起）
副主席　陈广泉（1月止）
　　　　周玉成（不驻会，1月止）
　　　　戴永山（1月止）
　　　　张凡忠
　　　　尚　勇
　　　　苏雪峰（女，不驻会，1月止）
　　　　薛锋广（不驻会，1月起）
　　　　程洪良（不驻会，1月起）
　　　　连桂荣（不驻会，1月起）
　　　　辛艳珍（女，不驻会，1月起）

纪　委

书　记　成坤志（1月止）
　　　　徐　鑫（1月起）

人武部

部　长　曹庚仁
政　委　史书超

法　院

院　长　李　彤（11月止）
　　　　侯庆国（12月起）

检察院

检察长　彭卫东

东平县

县　委

书　记　朱永强
副书记　陈湘安
　　　　张成伟
　　　　李起峰（1月止）
　　　　于文龙（1月止）
　　　　任令基（1月止）
　　　　石云峰（挂职）
　　　　陈汝孝（挂职，4月止）
常　委　刘祥涛
　　　　胡兆柱（1月止）
　　　　刘思宏
　　　　魏　辰（1月止）
　　　　王金友（11月止）
　　　　吴国庆（1月起）
　　　　张昭印（1月起）
　　　　郭冬云（女）
　　　　徐永涛
　　　　王长勇
　　　　吴爱军（挂职）
　　　　鞠立强（挂职，4月起）
　　　　刘永勤（挂职，6月起）
　　　　谷建清（11月起）

人　大

主　任　李成印（3月止）
　　　　姜兴春（3月起）
副主任　马学庚（3月止）
　　　　牛树柏（12月止）
　　　　侯典绍（3月止）
　　　　李子文
　　　　郑灿学（3月止）
　　　　赵庆瑞（不驻会）
　　　　谢林典（3月起）
　　　　何振泉（3月起）
　　　　张雪玲（女，3月起）

政　府

县　长　郭德文（1月止）
　　　　陈湘安（3月起）
副县长　于文龙（1月止）
　　　　陈汝孝（挂职，4月止）
　　　　刘思宏
　　　　巩树本（1月止）
　　　　吴国庆
　　　　吴爱军（挂职）
　　　　鞠立强（挂职，4月起）

宫庆会（3月起）
常庆智（3月起）
刘永勤（挂职，6月起）
王丽荣（女，12月止）
贾汇红（女，11月起）
梁立元（11月止）
陈　勇（11月起）
刘世琦（科技）

政　协

主　席　姜兴春（2月止）
　　　　魏　辰（2月起）
副主席　薛柱才（2月止）
　　　　刘恒泰（不驻会，2月止）
　　　　侯素玲（女，2月止）
　　　　陈国栋（2月止）
　　　　万英林（2月止）
　　　　潘荣景（12月止）
　　　　白昭银（2月起）
　　　　李元申（不驻会）
　　　　张德安（不驻会）
　　　　侯召之（2月起，12月止）
　　　　侯　丽（女，2月起，11月止）
　　　　段连润（12月起）
　　　　孙式川（12月起）

纪　委

书　记　任令基（1月止）
　　　　刘祥涛（1月起）

人武部

部　长　杨庆亮
政　委　王金友（1月止）
　　　　谷建清（1月起）

法　院

院　长　林建森

检察院

检察长　王敬政（3月起）

驻泰部队

泰安军分区

司令员　盛林国（3月止）
　　　　刘士平（3月起）
政　委　徐思礼
副司令员　陈和平
　　　　尹建普
副政委　柴中修
参谋长　刘士平（3月止）
　　　　谭　军（3月起）
政治部主任　花赤军
后勤部部长　贾世文
党委书记　徐思礼
党委副书记　盛林国（3月止）
　　　　刘士平（3月起）
纪委书记　柴中修

武警泰安市支队

支队长　李德军（1月止）
　　　　董玉昌（1月起）
第一政委　郑岐浩
政　委　羊爱平
副支队长　苗在秋
　　　　张国庆
副政委　韩印亮
参谋长　陈令标
政治处主任　孟凡旺（1月止）
　　　　左建山（1月起）
第一书记　郑岐浩
书　记　羊爱平
副书记　李德军（1月止）
　　　　董玉昌（1月起）
纪委书记　韩印亮

泰安市公安消防支队

支队长　李景军
政　委　张　亮
副支队长　张力军
　　　　于清明
　　　　陈新明
副政委　毛方周
参谋长　李士忠
政治处主任　路　军
党委书记　李景军
党委副书记　张　亮
纪委书记　毛方周

中央、省属驻泰单位

工商行政管理局

局　长　高　玲（女）
副局长　王田军
　　　　张树昌
　　　　郑金钟（4月起）
党组书记　高　玲（女）
党组副书记　王田军（4月起）
纪检组长　郑金钟（4月止）
　　　　米文珂（4月起）

质量技术监督局

局　长　　贾文品
副局长　　于明磊
　　　　　张广旭
　　　　　蔡盛东（5月起）
党组书记　贾文品
纪检组长　崔方圆

食品药品监督管理局

局　长　　赵　森
副局长　　于新增
　　　　　王承龙
　　　　　孟祥彬
党组书记　赵　森
纪检组长　刘　明

国家税务局

局　长　　赵秦鲁
副局长　　宋义海（正县）
　　　　　张焕昌
　　　　　孙　杰（女）
　　　　　房秋明（9月起）
党组书记　赵秦鲁
党组副书记　宋义海
纪检组长　陈　平

地方税务局

局　长　　葛明跃
副局长　　姚同喜
　　　　　郝　玲（女）
　　　　　张继颖
党组书记　葛明跃
党组副书记　姚同喜
纪检组长　马绍乐

气象局

局　长　　邢建忠
副局长　　姚圣贤
　　　　　张兴强
党组书记　邢建忠
纪检组长　玄绪峰

泰安海关

关　长　　张海甫
副关长　　邢　铁
　　　　　王　伟
党组书记　张海甫

泰安出入境检验检疫局

局　长　　宋连义
副局长　　李茂山
　　　　　周升扬（12月止）
　　　　　王庆锡（12月起）
党组书记　宋连义
纪检组长　李茂山

中国人民银行泰安市中心支行

行　长　　张海清
副行长　　张仁明
　　　　　庞建敏
　　　　　刘慧英（女）
　　　　　姜雪涛（3月起）
党委书记　张海清
党委副书记　张仁明
纪委书记　孙世超

中国银监会泰安监管分局委员会

局　长　　于明文
副局长　　陈树涛
　　　　　杜经涛（挂职，8月起）
　　　　　王希娟（女）
党委书记　于明文
纪委书记　陈树涛

中国工商银行泰安市分行

行　长　　邢新华
副行长　　姜　宁（12月起）
　　　　　周成芳（女）
　　　　　蒋洪深
　　　　　王向东
　　　　　张福震
党委书记　邢新华
党委副书记　姜　宁（12月起）
纪委书记　武　晓

中国农业银行泰安市分行

行　长　　闵令民（3月止）
　　　　　刘序林（3月起）
副行长　　刘纯泉（3月止）
　　　　　孙成军（3月起）
　　　　　冯洪敏（11月起）
　　　　　孟宪军
　　　　　郑祖刚（3月止）
　　　　　王东风
党委书记　闵令民（3月止）
　　　　　刘序林（3月起）
党委副书记　刘纯泉（3月止）
纪委书记　安保国（5月止）

中国银行泰安分行

行　长　　秦锐明（2月止）
　　　　　赵宏春（2月起）
副行长　　李　华（2月止）

石　峰（女，12月起）
薛　涛
韩朝福
党委书记　秦锐明（2月止）
赵宏春（2月起）
党委副书记　路忠义（12月起）
纪委书记　石道菊（女，12月止）
路忠义（12月起）

中国建设银行股份有限公司泰安分行

行　长　朱晓磊
副行长　刘佳友
张开锦
赵　晋
党委书记　朱晓磊
纪委书记　李其祥

交通银行泰安分行

行　长　高国斌（10月止）
赵秀军（11月起）
副行长　艾传琦（1月止）
吴连柏
任宪富
苏小龙（11月起）
党委书记　高国斌（10月止）
赵秀军（11月起）
党委副书记　刘新亭（1月起）

中国农业发展银行泰安市分行

行　长　田　青
副行长　张为民
孔庆才
党委书记　田　青
纪委书记　张为民

省农村信用社联合社泰安办事处

主　任　王季刚
副主任　胡予宁
房义来（8月起）
党委书记　王季刚
党委副书记　董　萍（女，正县，1月起）

中国人民财产保险股份有限公司泰安市分公司

总经理　李　勇
副总经理　郭建明
赵玉强
张泰宁
党委书记　李　勇
纪委书记　孙　静（女）

中国人寿保险股份有限公司泰安分公司

总经理　王铁林
副总经理　李海荣（女）
张继旋
张　振
党委书记　王铁林
纪委书记　李海荣（女）

泰安供电公司

总经理　万志军
副总经理　张永明
苗培青
林祖栎
党委书记　吕黎村
纪委书记　亓效生

中国网通（集团）有限公司泰安市分公司

总经理　赵玉生
副总经理　侯　忠
刘廷金（8月止）
王　平
亓　健（8月起）
齐　平（8月起）
党委书记　赵玉生
纪委书记　侯　忠

泰安市邮政局

局　长　石　磊
副局长　李　明（正县）
冯克军
张冠群
党委书记　石　磊
纪委书记　李　明

山东省煤田地质局

局　长　刘继东
副局长　张圣亮
于克君（1月止）
武旭仁
高洪雷
党委书记　张圣亮
党委副书记　刘继东
纪委书记　张生志

烟草专卖局（公司）

局长（总经理）韩春曦
副局长　孙德育（正县）
王建军（1月起）
周传平
副总经理　孙德育（正县）
范绍臣
党委书记　韩春曦
党委副书记　孙德育（正县）

纪委书记　王建军（1月起）

盐务局（泰安盐业公司）

局　长（经理）　郝庆山
副局长（副经理）　程悦明
　贾　凡
党委书记　郝庆山
党委副书记　孙建明
纪委书记　孙建明

泰安水文水资源勘测局

局　长　宋承新
副局长　亓修增
　程传伟
党总支书记　宋承新
党总支副书记　亓修增

山东科技大学

校　长　王春秋
副校长　张云生
　靳奉祥
　陈维健
　刘新民
　王志刚
　张士强
党委书记　刘向信
党委副书记　王春秋
　李武修
　吕灵昌
　李曙光
纪委书记　李道刚

山东农业大学

校　长　温孚江
副校长　张敬合
　董树亭
　张宪省
　姚来昌（11月止）
党委书记　盖国强
党委副书记　于留成
　周　林
纪委书记　董新胜

泰山医学院

院　长　王家富
副院长　白　波
　王庆宝
　张成利
　李国庆
党委书记　王家富
党委副书记　郭爱英（女）
　孙永华
纪委书记　付朝广

泰山学院

院　长　马春林
副院长　刘克宽
　韩兆东
　张建东
　高德海
　王雷亭
党委书记　田德全
党委副书记　马春林
　韩兴印
纪委书记　武文山（11月止）

新汶矿业集团

董事长　郎庆田
副董事长　王元仁
　孙中辉
总经理　王元仁
副总经理　孙中辉
　安广君
　李希勇
　巩传景
　吴　刚
　孙正启
　张开顺
党委书记　郎庆田
党委副书记　王圣合
　彭绪军
纪委书记　彭绪军

肥城矿业集团

董事长　孔　青
总经理　宿洪涛
副总经理　李兆祥
　李继梅
　朱立新
　张振华
　王洪忠
　张希诚
党委书记　孔　青
党委副书记　宿洪涛
　张玉海
纪委书记　张玉海

（市委组织部）

编辑·校对　周美广

政党·政务

中国共产党泰安市委员会

【概况】 党组织 年末，全市有党委586个，其中地方党委7个（省辖市委1个、市辖区委2个、县级市委2个、县委2个），企业党委203个，事业单位党委154个，机关党委99个，其他党委123个；党组240个，其中市一级机关党组26个，县（市、区）一级机关党组133个；党总支1154个，其中企业238个，事业单位326个，机关171个，其他419个；党支部1.25万个，其中企业4328个，事业单位2831个，机关1450个，其他3935个。市、县（市、区）两级党委派出工委25个，其中市委派出工委4个（市高新技术产业开发区工委、市旅游经济开发区工委、泰山风景名胜区工委、市直机关工委），县（市、区）委派出工委21个。城市街道（办事处）党（工）委10个，社区党委8个，社区党总支24个，社区党支部83个；建制镇党委61个，乡党委15个；建制村党委10个，党总支38个，党支部3514个。公有经济控制的企业法人单位768个，建立党组织的757个，其中建立党委135个，党总支71个，党支部551个；仅有个别党员不具备建立党组织条件的28个。非公有经济控制的企业1237个，建立党组织的1190个，其中建立党委68个，党总支64个，党支部1058个；尚未建立党组织的47个，其中应建尚未建立党组织的10个，仅有个别党员不具备建立党组织条件的28个，没有党员的5个。全市事业单位1687个，建党委154个（含高校法人单位建立党委6个：山东农业大学党委、山东科技大学党委、泰山医学院党委、泰山学院党委、山东服装学院党委、泰山职业技术学院党委），党总支73个，党支部1421个。民办非企业9个，建党总支2个，建党支部7个。国家机关、政党机关、社会团体428个，其中党委18个，党总支71个，党支部339个。地方政府工作部门199个，其中党组102个，党委81个，党总支5个，党支部11个。

党员队伍 年内，发展党员1.05万名。其中，女性3514名，占33.4%；少数民族83名，占0.79%；35岁及以下7637名，占72.7%；研究生学历42名，占0.4%；大学专科、本科学历3214名，占30.6%；高中（中专）学历6050名，占57.6%（高校发展的在读本科党员按高中学历统计）；初中及以下1202名，占11.4%。在岗职工4679名，其中公有制经济单位3671名，非公有制经济单位1008名；农牧渔民1909名；学生3758名；其他160名。生产工作第一线7625名，占72.6%（其中企业生产第一线2333名，农村生产第一线1811名，教学科研第一线674名，机关第一线234名）。到年底，全市有党员34.33万名。其中，正式党员33.38万名，预备党员9512名；女党员5.31万名，占15.5%；少数民族党员3171名，占0.92%；台湾籍党员5名。35岁及以下的党员5.72万名，占16.7%；36~59岁的党员19.67万名，占57.3%；60岁及以上的8.94万名，占26%。1949年9月以前入党的3188名，1949年10月至1966年4月入党的3.76万名，1966年5月至1976年10月入党的6.30万名，1976年11月至2002年10月入党的19.22万名，2002年11月以后入党的4.66万名。研究生学历的党员2138名，大学本科学历的党员3.99万名，大专学历的党员5.22万名，大专以上学历的党员占党员总数的27.4%；高中（中专）学历的党员10.24万名，占29.8%；初中及以下学历的党员14.67万名，占42.8%。农牧渔民党员13.18万名，占党员总数的38.4%；公有制企业、事业单位在岗职工党员8.86万名，占

25.8%；机关干部党员 1.71 万名，占 4.98%；非公有制经济单位党员 2.44 万名，占 7.1%；学生党员 5782 名，占 1.7%；离退休党员 6.07 万名，占 17.7%；其他党员 1.50 万名。新的社会阶层党员 3027 名，占党员总数的 0.88%，其中民营科技企业技术人员 635 名，受聘于外资企业管理技术人员 119 名，个体劳动者 1576 名，私营企业主 406 名，中介组织从业人员 182 名，自由职业者 177 名。 （组织部）

·重要会议·

【中共泰安市八届八次全委会议】 2 月 4 日召开。市委书记耿文清主持会议，市委副书记高儒林、李洪峰、唐家品、黄龙华，市委常委王云鹏、杨忠海、邹斌芳、王元榜、朱玉合、徐思礼、李琥等出席会议。市委常委、组织部长李琥就省级党员领导同志、省级党内老同志和泰安市出席党的十七大代表候选人初步人选推荐名单作说明。大会以举手表决的方式通过省级党员领导同志、省级党内老同志和泰安市出席党的十七大代表候选人初步人选推荐名单。

市委委员、市委候补委员出席会议。

【中共泰安市八届九次全委会议】 3 月 15 日召开。市委书记耿文清主持会议，市委副书记高儒林、李洪峰、黄龙华，市委常委杨忠海、邹斌芳、王元榜、朱玉合、徐思礼、李琥等出席会议。

会议以举手表决的方式通过市第九次党代会工作报告（讨论稿）；通过“两委”换届人事安排建议方案；通过泰安市出席省第九次党代会代表候选人预备人选。

市委委员、市委候补委员出席会议。市人大常委会党组书记，市纪委委员，不是市委委员、候补委员的县市区委书记，不是市委委员、候补委员的市委部门主要负责同志列席会议。

【中国共产党泰安市第九次代表大会】 3 月 19～22 日召开。大会讨论通过《中国共产党泰安市第九次代表大会关于八届市委工作报告的决议》《中国共产党泰安市第九次代表大会关于市纪律检查委员会工作报告的决议》，选举出由 47 名委员、9 名候补委员组成的中国共产党泰安市第九届委员会，选举出中共泰安市纪律检查委员会委员 37 名，选举出泰安市出席山东省第九次党代会的 44 名代表。

【中共泰安市九届一次全委会议】 3 月 22 日召开。耿文清主持会议。会议选举产生 13 名中共泰安市第九届委员会常务委员，选举耿文清为市委书记，李洪峰、黄龙华为市委副书记。会议还通过市纪委第一次全体会议选举结果的报告。

新当选的市委委员、市委候补委员出席会议。新当选的市纪委委员列席会议的部分议程。

【中共泰安市九届二次全委（扩大）会议】 6 月 30 日召开。会议主要是认真学习省第九次党代会和省委九届一次全会精神，结合实际研究贯彻落实意见。

市委书记耿文清，市委副书记李洪峰、黄龙华，市委常委白玉翠、杨忠海、邹斌芳、朱玉合、李琥、辛显明、陈刚出席会议并在主席台就座。

耿文清在传达省委书记李建国的讲话后说，全市各级党组织要把学习省第九次党代会精神作为当前首要的政治任务，制定贯彻落实意见，周密部署，精心组织，确保取得实效。要通过深入学习，把全市广大党员干部的思想高度统一到中央指示精神和省第九次党代会精神上来，把精力集中到科学发展、和谐发展、率先发展上来，真正把工作指导转变落实到具体工作中，努力建设富裕文明和谐泰安。省第九次党代会提出的科学发展、和谐发展、率先发展，既是大会的主题，也是今后经济社会发展总的目标任务，全市各级各部门一定要按照这个目标任务，按照市第九次党代会的部署，进一步理清发展思路，突出工作重点，制定相应措施，把全市的发展推向更深层次、更新阶段、更高水平。

李洪峰传达了省第九次党代会精神，黄龙华主持会议。

市委委员、市委候补委员出席会议。不是市委委员、候补委员的市人大常委会、市政府、市政协党组成员及党外副市级领导干部；军分区司令员；市纪委常委；市委、市人大常委会、市政府、市政协各副秘书长；市委各部门主要负责人；市政府各部门党组（党委）书记；市旅游经济开发区党工委书记；市人大常委会、市政协各委室主任；各人民团体党组书记；省属以上驻泰有关单位党组（党委）书记；市直有关事业单位、各国资经营机构党组（党委）书记列席会议。

【市委常委（扩大）会议】 1 月 18 日，市委召开常委（扩大）会议，传达学习中央纪委七次全会和省常委（扩大）会议精神，研究贯彻落实意见。

市委书记、市人大常委会主任耿文清主持会议并讲话，市委副书记高儒林，市委副书记、代市长李洪峰，市委副书记黄龙华，市人大常委会副主任李秀兰以及市委常委等出席会议。

会议传达中央纪委第七次全体会议精神及省委书记、省人大常委会主任张高丽在省委常委扩大会议上的讲话精神。耿文清在讲话中指出，要加强对党员领导干部的反腐倡廉教育，形成反腐倡廉“大宣教”格局。要强化领导干部廉洁自律，提高拒腐防变能力。要切实加强领导干部作风建设，为落实科学发展观、构建和谐社会、加强党的先进性建设提供有力的保障。

1月27日，市委召开常委（扩大）会议，传达学习省纪委第八次全体会议精神，研究贯彻落实意见。

市委书记、市人大常委会主任耿文清主持会议并讲话，市委副书记、代市长李洪峰，市委副书记唐家品、黄龙华，市人大常委会副主任李秀兰以及市委常委等出席会议。

会议传达了省纪委第八次全体会议精神。耿文清在讲话中指出，要充分认识加强领导干部作风建设的极端重要性和紧迫性，切实把加强领导干部作风建设放在更加突出的位置，严格自律，带好队伍，切实担负起反腐倡廉的职责。要创新工作机制，强化对重点领域重点环节防范工作。要切实加强领导干部作风建设，全面加强思想作风、学风、工作作风、领导作风、干部生活作风建设，努力实现领导干部作风的进一步转变。要强化基层组织建设，把推进农村基层党风廉政建设作为服务社会主义新农村的切入点。要加强纪检监察机关的自身建设，提高反腐倡廉工作能力，为促进经济社会又好又快发展作出积极贡献。

3月30日上午，市委召开常委（扩大）会议，研究部署2007年为民要办的实事。确立建立完善农村最低生活保障制度、落实农村义务教育“两免一补”政策等12件实事。

市委书记、市人大常委会主任耿文清，市委副书记、市长李洪峰，市委副书记黄龙华，市政协主席高儒林等出席会议。

耿文清在讲话中指出，市委、市政府每年都推出一批为民要办的实事，并采取得力措施着力办好实事，让群众得到更多实惠，赢得群众好评。2007年确定的为民要办的实事主要体现以下原则：一是关注民生、体现民意；二是影响较大、实事要实；三是尽力而为、量力而行；四是特色突出、有别于一般性工作。各级各有关部门要按照市委、市政府的部署，以高度的责任感，建立完善高效的服务机制，加大工作力度，确保实事办好、实事办实，向人民群众交一份合格的答卷。

李洪峰、黄龙华、高儒林等分别讲了意见。

5月3日上午，市委召开常委（扩大）会议，传达学习省委书记李建国在全省领导干部会议上的讲话精神，研究贯彻意见。

市委书记、市人大常委会主任耿文清主持会议并讲话。市委副书记、市长李洪峰，市委副书记黄龙华，市政协主席高儒林，市人大常委会副主任李秀兰以及市委常委、副市长、市法院院长、市检察院检察长、市直有关部门和各县（市、区）党委政府主要负责人出席会议。

耿文清在传达省委书记李建国在全省领导干部会议上的讲话精神后指出，4月29日上午，省委召开全省领导干部会议，传达中纪委《关于给予杜世成开除党籍开除公职处分的决定》。这充分表明党中央反腐倡廉的坚强决心和鲜明态度。下一步，我们要着重抓好以下5个方面的工作：一是严格落实党风廉政建设责任制，各级党政主要领导要认真履行“第一责任人”的责任，带头做、亲自抓、负总责；二是强化监督从源头上把好关；三是强化自律筑牢思想防线；四是依法查处腐败案件；五是加强廉洁从政教育。

5月23日下午，市委召开常委（扩大）会议，传达学习省八届十五次全会精神，研究贯彻落实意见。

市委书记、市人大常委会主任耿文清主持会议并话，市委副书记、市长李洪峰，市委副书记黄龙华，市政协主席高儒林，市人大常委会副主任李秀兰以及市委常委等出席会议。

耿文清在讲话中指出，李建国书记在省八届十五次全委会上专门强调实现工作指导转变的重大意义。今后，在工作指导上要从加快发展转到科学发展、又好又快发展上来。要突出抓好工业、商贸、旅游三类能够提供持续税源和扩大就业的新上项目，突出抓好主营业务收入过亿元的工业企业，突出抓好纳税过千万元的纳税大户。要高质量推进城乡建设，高度关注民生和社会事业发展。要切实加强党建工作，坚持不懈地抓好党风廉政建设，永葆共产党员的政治本色。

7月20日，市委召开常委（扩大）会议，传达全省领导干部会议精神，研究贯彻落实意见。

市委书记、市人大常委会主任耿文清主持会议并讲话，市委副书记、市长李洪峰，市政协主席高儒林，市人大常委会副主任李秀兰以及市委常委等出席会议。李洪峰传达省委书记李建国的重要讲话。

耿文清在讲话中指出，全市广大党员干部特别是各级领导干部，要切实把思想统一到中央和省委的要求上来，充分认识加强党风廉政建设的极端重要性，始终做到清正廉洁，永葆共产党员政治本色，经受住执政和改革开放的考验。各级党政主要领导是党风廉政建设的“第一责任人”，要认真履行责任，亲自抓、负总责，做到自身正、身边清。各级领导干部要始终坚定正确的理想信念，加强道德和党性修养，筑牢拒腐防变的思想道德防线。

10月24日，市委召开常委（扩大）会议，传达学习党的十七大精神，就进一步抓好十七大精神的贯彻落实进行部署。

市委书记、市人大常委主任耿文清，市委副书记、市长李洪峰，市委副书记黄龙华以及市委常委出席会议。

耿文清传达党的十七大精神并就进一步抓好十七大精神的贯彻落实提出要求。强调要迅速兴起学习贯彻十七大精神热潮，深刻领会十七大精神实质，在武装头脑、指导实践、推动工作上下功夫。同时，要抓紧谋划明年的工作，深入研究和集中解决改革、发展、稳定中的实际问题，使发展思路和工作部署更好地体现十七大精神，体现科学发展观的要求，推动科学发展，促进社会和谐，加快建设富裕文明和谐泰安。

市人大常委会、市政府、市政协领导班子党员领导干部及有关副市级以上领导列席会议。

11月10日，市委召开常委（扩大）会议，传达省委九届二次全会精神，就贯彻落实会议精神进行部署。

市委书记、市人大常委会主任耿文清，市委副书记、市长李洪峰以及市委常委出席会议。

耿文清在传达省委九届二次全会精神后说，要把深入学习贯彻党的十七精神作为当前和今后一个时期的首要政治任务认真抓好，着力推进工作指导转变，促进经济社会又好又快发展。要坚持立党为公、执政为民，高度关心困难群体、弱势群体、特殊群体的基本生活，为群众办实事办好事。要加强反腐倡廉建设，从源头上防止腐败现象的发生。

11月30日，市委召开常委（扩大）会议，就贯彻落实全省服务业发展工作会议精神，抓住机遇，强化措施，努力实现全市服务业又好又快发展作出部署。

市委书记、市人大常委会主任耿文清，市委副书记、市长李洪峰，市委副书记黄龙华，市政协主席高儒林，市人大常委会副主任李秀兰等出席会议。

在认真学习全省服务业发展工作会议精神后，耿文清在讲话中指出，发展服务业是十七大提出的重要任务，是深入落实科学发展观的迫切需要，是推动工作指导转变、促进经济社会又好又快发展的战略举措。要明确重点，着力抓好旅游和现代物流业。要继续围绕“打造旅游目的地、创建国际旅游名城、建设旅游经济强市”这一目标，进一步做好“吸引人、留住人”的文章。要充分发挥泰安市的交通优势，把泰安打造成聚集和辐射能力强的商品集散地，优化购物、商住、餐饮、娱乐、交通环境，努力提高全市服务业发展水平。

12月28日，市委召开常委（扩大）会议，传达省九届三次全委会精神。

市委书记、市人大常委会主任耿文清，市委副书记黄龙华，市政协主席高儒林，市人大常委会副主任李秀兰以及市委常委等出席会议。

耿文清传达省九届三次全委会精神，并就贯彻落实意见提出要求。他说，要围绕建设富裕文明和谐泰安的总目标，突出发展方式转变，突出体制机制创新，突出解决民生问题，突出城乡协调发展，着力抓好大项目建设、新农村建设、旅游服务业、创新节能环保和关系民生的实事，全面推进经济建设、政治建设、文化建设、社会建设和党的建设。

【“平安泰安”建设大会】 2月6日，市委、市政府召开“平安泰安”建设大会，传达贯彻全省“平安山东”建设大会精神，分析当前社会稳定形势，按照构建社会主义和谐社会的要求，对进一步推进“平安泰安”建设进行安排部署。

市委书记、市人大常委会主任耿文清，市委副书记、市长李洪峰，市委副书记、市政协主席高儒林，市委副书记黄龙华，市人大常委会副主任李秀兰，市委常委、政法委书记杨忠海，市委常委、市纪委书记王元榜，副市长闫新建，市中级人民法院院长朱晓峰等出席会议。大会隆重表彰维护稳定工作先进县（市、区），“平安泰安”建设先进单位、先进个人和人民满意政法单位、政法干警。

耿文清在讲话中指出，全市各级党委政府特别是政法机关、信访、安全监督等部门，要继续牢固树立以稳定保发展的思想，围绕“不出事、快发展”的要求和“三无两确保”的目标，坚持标本兼治、重在治本、防范在先、把握主动的原则，全面做好平安建设的各项工作，在源头治理上实现新突破，在基层基础建设上实现新发展，在完善长效机制上实现新进步，努力实现全面、动态、可持续的和谐稳定。

李洪峰主持大会并就落实会议精神讲了具体意见。

【全市经济工作会议】 3月5日，全市经济工作会议在泰山影剧院召开。会议主要是总结工作，表彰先进，安排部署年内的任务。

市领导耿文清、高儒林、李洪峰、唐家品、黄龙华、李秀兰、王云鹏、杨忠海、邹斌芳、王元榜、朱玉合、徐思礼、李琥、周克峰、姜吉叩、张显义、滕先森、刘汉玲、唐昭林、白玉翠、齐承芳、林华勇、彭华、宋鲁、闫新建、徐恩虎、朱晓峰、胡宗智、李凤明、于连荣、傅光仁、赵成道、黄自伟、张庆明、孙宗明、张树友等出席会议并在主席台就座。

市委书记、市人大常委会主任耿文清在讲话中指出，做好年内的经济工作，要继续坚持“一个目标、三大重点、四个坚定不移”的工作思路，突出抓好“大项目建设、新农村建设、旅游服务业、创新节能环保和关系民生的实事”五个着力点。在搞好大项目建设上，要按照科学发展观的要求，精心筛选论证，搞好项目选择，要加快项目实施进度，多渠道筹措建设资金，严格遵守国家项目建设各项规定；在推进新农村建设上，要继续按照中央“20字方针”要求，以增加农民收入、给农民带来实惠作为推进工作的出发点和衡量标准，每年都要为农民办成一批实事；在繁荣发展旅游服务业上，要围绕“创建旅游名城、建设旅游经济强市”目标，做好“吸引人、留住人”的文章，要进一步发挥泰山的龙头作用，通过项目建设、旅游线路策划等综合措施，把泰山景区与各县（市、区）景区景点串连起来，真正形成大泰山旅游圈；在创新节能环保工作中，要围绕建设创新型泰安，坚定不移地做好“自主知识产权、消化吸收再创新、科技成果转化”三篇文章，努力建设山水园林旅游城市和“蓝天、碧水、青山”绿色家园；在办好关系民生的实事上，要切实解决群众普遍关心的现实问题，让广大群众共享发展成果。耿文清强调，各级要继续保持良好的精神状态，加强领导干部作风建设，认真学习理论和政策，继续优化发展环境，狠抓工作落实。

【市委理论中心组读书会】 7月12日，市委理论中心组举行读书会，集体学习胡锦涛总书记在中央党校的重要讲话。市委书记、市人大常委会主任耿文清，市政协主席高儒林以及市委常委等出席。

耿文清就进一步贯彻落实胡锦涛总书记在中央党校的重要讲话精神讲了意见。他说，各级领导机关和领导干部要带头学习，通过学习，深刻领会和准确把握讲话的精神实质。要牢牢把握正确的政治方向，始终做到思想清醒，立场坚定。在思想认识上，自觉坚定地用科学发展观武装头脑、指导和推动全市各项工作。在工作思路上，要突出“好”字，在工作抓手上，要体现“好”字。通过进一步推进和深化行政审批制度改革、搞好行风评议、提高服务水平、严厉查处损害发展环境的行为等有效措施，真正打造“投资泰安、稳如泰山”的环境品牌。

【全市领导干部会议】 8月17日，全市领导干部会议召开。会议主要传达贯彻省委理论学习中心组读书会精神，统一思想，提高认识，积极推动工作指导转变，进一步加强党风廉政建设，促进全市经济社会又好又快发展。

市委书记、市人大常委会主任耿文清，市委副书记、市长李洪峰，市委副书记黄龙华，市政协主席高儒林，市人大常委会副主任李秀兰出席会议并在主席台就座。

耿文清在讲话中指出，实现工作指导由加快发展到科学发展、又好又快发展转变，是省委遵照中央指示精神作出的重大决策。实现工作指导转变是落实科学发展观的重要体现，完全符合泰安市发展实际，要认真抓好全市经济社会发展的重大问题。要做到“四个突出”，即突出增长方式转变、突出体制机制创新、突出解决民生问题、突出城乡协调发展。要努力推进各项工作落实，加强干部作风建设，深入开展好机关作风建设年活动，转变领导方式，创造性地开展工作。

10月26日，全市领导干部会议召开，传达学习党的十七大精神和全省领导干部会议精神，就进一步抓好十七大和全省领导干部会议精神的贯彻落实进行部署。

耿文清在会上就进一步抓好十七大精神和全省领导干部会议精神的贯彻落实提出要求。李洪峰主持会议并就贯彻落实会议精神讲了具体意见。

【全市落实科学发展观项目建设调度会】 10月30日至11月2日，全市落实科学发展观项目建设调度会召开。会议主要是贯彻落实党的十七大精神，总结全市经济社会发展尤其是项目建设情况，分析形势，部署下一步的工作。

市领导耿文清、李洪峰、黄龙华、高儒林、李秀兰等出席会议。市委书记耿文清在讲话中指出，要按照党的十七大精神和省委、省政府要求，紧密结合泰安实际，把科学发展观的要求体现在经济社会发展的具体工作中，加快推进工作指导转变，努力做到科学发展、和谐发展、率先发展。

市委副书记、市长李洪峰在讲话中指出，要进一步解放思想，切实增强紧迫感和责任感；要围绕结构调整、自主创新和节能环保，围绕提升城市综合竞争力、培植财源做文章，努力提升项目建设的档次和水平；要集中力量抓好在建和已立项项目建设，搞好项目的策划储备；要内外并举，千方百计扩大招商引资；要创新机制，强力推进项目建设；要努力做好当前工作，确保全面完成和超额完成全年的目标任务。

市委副书记黄龙华主持会议，并对贯彻落实会议精神提出要求。

（梁颖颖）

·组织工作·

【概况】 2007年，全市各级组织部门以加强党的执政能力建设和先进性建设为主线，以“做好十七大和省市第九次党代会有关准备工作、地方领导班子换届选举和保持共产党员先进性经常性工作”为重点，大力加强领导班子、干部队伍和人才队伍建设，全面加强基层党组织和党员队伍建设，全市党的建设和组织工作不断取得新成绩。其中，推选出席党的十七大代表候选人2名，并在省第九次党代会上当选为党的十七大代表，酝酿推荐省党代会代表44名、市第九次党代会代表450名；完成市级和县（市、区）党委、人大、政府、政协换届选举工作，对乡镇人大、政府换届人事安排方案进行审查把关；做好市直部门年度测评和领导班子调整配备，对部门科级干部调整配备进行审查；按照干部管理权限做好公务员登记、干部挂职锻炼和年度考核工作，全市招考录用公务员180人，选调51名优秀高校毕业生到基层锻炼，调动干部48名；深化农村党建“三级联创”活动，实施社区党建“双示范工程”，农村“两委”换届率达到87.6%，全市各村（居）组织活动场所基本达到省里规定标准；做好企业党建工作，全市规模以上非公有制企业党组织单独组建率达100%；建立发挥市第九次党代会代表作用的5项制度，探索党代会闭会期间发挥党代表作用的有效途径和方式；订阅发放《十七大报告学习辅导百问》和《十七大党章修正案学习问答》36.8万册，部署开展“学习党的十七大文件知识竞赛”活动；创新干部教育培训方法，举办各级各类培训（研讨）班948个（期）、培训7.18万人次，培训农村党员干部16.9万人次；推荐评选出“泰安市突出贡献人才奖”获得者10名，选拔产生第八批市级拔尖人才67名，评选产生第二批市首席技师35名，培训“金蓝领”技师300名、高级工600名；组织2.36万名党员干部群众参加“《干部任用条例》颁布5周年”知识竞赛，坚持拟提拔使用干部人选征求纪检、检察等机关意见制度，安排对27名领导干部进行经济责任审计，受理“12380”举报件28件，查核22件，处结20件；加强党员干部现代远程教育，做好全市3769个终端接收站点转星调整工作，通过远程教育培训农村党员干部群众180万人次。

【基层组织建设】 ①农村基层组织建设。做好农村“两委”换届选举工作，全市换届率达到87.6%，村党组织成员兼任村委会成员比例达到90.2%，书记兼任主任比例达到92.6%。加强基层干部培训，举办各类讲座、培训班等1247场次，培训农村党员干部16.9万人，通过远程教育培训农村党员干部群众180万人次，基本达到对所有乡村党员干部轮训一遍的要求。搞好村级组织活动场所建设，列入中央和省、市补助的228处村级组织活动场所全部建成使用，新排查确定需要扩建、修缮、改造的村级组织活动场所241处，市财政和市管党费拨款300万元补助建设，11月底全部建设完成。②城市社区党建工作。指导泰山区、新泰市公开选聘大学生社区工作者43名，改善城市社区办公和活动场所。③抓好新经济社会组织党的建设。全市规模以上非公有制企业党组织单独组建率达100%，培养树立新矿集团华丰煤矿、肥矿集团白庄煤矿等党建工作典型。④推荐、评选和命名“党员教育基地”和“基层党建工作示范点”。组织各级自下而上层层考核推荐、严格审查把关，肥城市王瓜店镇党委等8个单位被命名为“山东省基层党建工作示范点”，泰安革命烈士陵园（泰安革命史展览馆）被命名为“山东省党员教育基地”。筛选确定“泰安市党员教育基地”10个、“泰安市基层党建示范点”100个。⑤基层党建创新研究工作。组织起草《2008～2012年党员队伍建设规划》和关于课题研究的情况报告。对2005～2006年度全市基层党建创新课题成果进行汇总，筛选上报省委组织部创新课题成果9项。泰安市委组织部、泰山区委组织部、肥城市委组织部的3项创新成果分获一、二、三等奖。召开全市基层党建工作创新与落实经验交流会，总结推广各类典型19个。⑥开展“长效机制落实年”活动。在组织各县（市、区）、市直单位自查的基础上，市里抽调专门力量，先后对全市落实长效机制文件情况进行检查抽查3次，规范全市基层党建工作。

【党员队伍建设】 ①学习贯彻党的十七大精神。市委组织部为全市所有基层党组织、党员订阅发放《党的十七大报告学习辅导百问》和《党的十七大党章修正案学习问答》36.8万册。在全市党员中组织开展“学习党的十七大文件知识竞赛”活动，推动十七大精神的学习贯彻。②流动党员的教育管理。指导各级做好《流动党员活动证》发放工作，设立流动党员咨询服务专用电话，建立每半月一次的情况调度制度，加强流动党员教育管理。③探索建立城乡一体党员动态管理机制。建立村企互联共管，党支部成员联系党员，党员信息管理、信息联系和双向反馈，定期排查和组织部门与有关部门定期通报情况等5项制度，切实加强党员的城、乡双向互动管理，初步形成城乡一体的动态管理机制。④走访慰问、救助老党员和生活困难党员。全年为2026名建国前入党老党员发放生活补贴款186.8万元，为1.62万名困难党员发放慰问金243.14万元，从党费中配套资金，做好受灾地区党员的救助工作。⑤发展新党员。全年发展新党员1.04万名，其中妇女、35岁以下和高中以上文化程度的党员分别达到33.4%、72.6%和88.5%。⑥组织庆“七一”活动。专门进行安排部署，协调各新闻媒体开辟专栏，集中宣传一批先进典型，营造浓厚的舆论氛围。

【组织制度建设】 ①党的十七大和省、市九次党代会代表推选工作。集中精力，严格标准程序，历时5个月的时间，推选出席党的十七大代表候选人初步人选2名（耿文清、束怀瑞），并在省第九次党代会上光荣当选为党的十七大代表；选举产生出席省第九次党代会代表43名；组织各选举单位召开党代会、党代表会议或党员代表大会，选举产生市第九次党代表大会412名。②探索党代会闭会期间发挥党代表作用的有效途径和方式。探索建立市第九次党代会代表列席市委全体会议、重大问题征求党代表意见、党代表参与领导班子领导干部民主测评、党代表视察工作、党代表信息联络等5项制度。组织省、市第九次党代会代表于9月和12月分别视察社区党建与社区建设工作、新农村建设与农村基层党建工作。向市第九次党代会一线代表赠送《泰安工作》《泰安党建》刊物，拓宽党代表信息联系渠道。③市直及省属以上部分单位党组织关系调整理顺工作。对48个市直和省属以上驻泰单位党组织关系进行调整，指导各有关单位搞好工作衔接，进一步整合力量，理顺工作关系。调整后，由市委组织部代市委直接管理的党委由原来的61个减少至18个。

【领导班子和干部队伍建设】 ①领导班子、领导干部经常性考察。对市直部门领导班子进行2006年度考核，并及时做好情况反馈，较好地促进领导班子和干部队伍建设。②调整配备部分领导班子。指导6个县（市、区）党委圆满完成换届选举任务；精心组织市九次党代会的人事选举，顺利实现省、市委人事安排意图。完成市工商联、红十字会和6个民主党派的换届选举工作。调整县级干部680名，其中调整部门正职69名，县（市、区）党委、人大、政府、政协正职27名。提拔任职211名（其中新提正县33名、副县128名），交流任职156名（其中县市区与市直之间交流51名，市直与市直、县市区与县市区之间交流41名）。根据需要调整乡镇党委书记24名。对试用期满的领导干部及时进行考察并办理正式任职手续，对达到任职年龄界限的领导干部及时办理改任非领导职务或免职手续。配合省委组织部做好对市政府领导班子、成员和有关副市级领导干部的年度考察工作；推荐考察西藏自治区广播电视局副局长人选1名；做好2名九届省委委员、1名省纪委委员初步人选的推荐工作；配合中央组织部做好对市委有关领导的实地考察工作。做好对口帮扶挂职干部轮换工作，及时办理任职手续。完成省管干部重大事项报告工作。③深化干部人事制度改革。对列为全省党政工作部门综合考核评价试点的市财政局和新泰市安全监督管理局，精心组织，科学安排，通过准备、实施和总结3个阶段的工作，试点取得圆满成功。

【市县乡党委换届】 该项工作自2006年下半年启动，至2007年3月下旬结束。①创新考察办法。通过民主推荐、民主测评、民意调查、实绩分析、个别谈话、综合评价等方法和手段，深入了解干部的德才素质，力求全面、系统、客观、公正地考察评价干部，确保把那些政治坚定、政绩突出、作风过硬、群众信任、善于领导科学发展的优秀干部选拔到领导岗位上来。②扩大党内民主。在代表推荐选举中，普遍增加代表名额，适当扩大差额推荐和差额选举的比例，适当增加市、县党委委员、候补委员和纪委委员名额。进行全额定向民主推荐，其中市级党委换届考察中，共组织召开各类会议30多个，涉及参加谈话、会议人员3500多人次；县（市、区）党委换届考察中，共召开民主推荐、测评征求意见等各类会议144个，参加会议人员7800多人次，参加考察谈话人员3000余人次，均为历次换届考察参与人数最多。③优化班子结构。精简领导班子职数、减少副书记职数、适当扩大党政领导成员交叉任职，换届后，市级党委常委按13职配备，其中副书记2职；党政班子交叉职任职3名；市委常委平均年龄48.9岁，其中45岁以下的3名；女干部2名；全部是大专以上文化，其中研究生学历的6名。县（市、区）级党委常委均按11职配备，其中副书记2职；党政交叉任职18名；平均年龄42.2岁；40岁以下的干部19名；35以下的干部6名；女干部7名。76个乡镇党委班子共设委员613名；设党委副书记152名；党政交叉任职175名；党委委员平均年龄36岁，其中30岁以下的干部90名；党政正职35岁以下的32名；每个乡镇均至少配备女干部1名；少数民族人口较多的地方还配备了少数民族干部；大学本科以上文化程度的455名。④优化换届环境。通过召开会议、下发通知、组织谈话等措施，严肃组织人事纪律，教育引导各级领导干部从党的事业、人民群众的根本利益和改革发展稳定的大局出发，积极支持领导班子配备改革，经受住换届的考验，确保思想不散、秩序不乱、工作不断，有效防止了干部选拔任用中的不正之风。

【市县乡人大、政府和市县政协换届】 该项工作自2007年下半年开始启动，至2008年1月上旬圆满结束。①树立正确的用人导向。坚持任人唯贤、公道正派，严把干部的政治关、政绩关、作风关、廉洁关，把领导干部的思想作风、学风、工作作风、领导作风、生活作风等方面的表现，作为衡量干部德才素质的重要方面。②严格考察。通过民主推荐、民主测评、民意调查、实绩分析、个别谈话、综合评价等方法和手段，深入了解干部的德才素质，力求全面系统、客观公正地考察评价干部。对新进班子人选实行差额考察；对在现岗位工作不满2年的考察对象，到其前一个工作单位进行延伸考察。同时，注意听取纪检监察机关的意见，确保考察工作质量。③坚持加强党的领导、充分发扬民主和严格依法办事的有机统一。市委和各县（市、区）党委充分发挥总揽全局、协调各方的作用，抓住关键，管好大事。坚持走群众路线，把发扬民主贯穿于换届工作的全过程。在全额定向民主推荐中，扩大参加会议人员的范围，同时注意听取党外人士的意见。对考察对象，面向县（市、区）级以上党代会代表、人大代表和政协委员公示；对候选人提名人选，面向社会公示。市级换届考察中，共组织召开民主推荐、民意调查、民主测评征求意见等各类会议19次，参加会议约2000人次、谈话近500人次，发布考察预告、书面考察公示1400余份。县级换届过程中，共召开民主推荐、民意调查、民主测评征求意见等各类会议72次，参加会议4200人次、参加谈话1800人次，发布书面考察公示5000余份，是历次换届参与人数最多的。④优化班子结构。精简职数，把领导班子配强、配好、配顺。市人大班子配6职，平均年龄53.2岁，女干部2名，党外干部1名。市政府班子配8职，与党委交叉任职3名，平均年龄48.5岁，女干部1名，党外干部1名。市政协班子配9职，平均年龄52.8岁，女干部2名，党外干部4名。法院院长、检察院检察长平均年龄47岁。6个县（市、区）人大班子共配36职，平均年龄51.1岁，女干部7名（其中正职1名），党外干部6名，少数民族干部1名；政府班子配42职，与党委交叉任职18名，平均年龄41.9岁，女干部7名（其中正职1名），党外干部6名，少数民族干部2名；政协班子配40职，平均年龄49.6岁，女干部10名（其中正职2名），党外干部17名，少数民族干部1名；法院院长、检察院检察长平均年龄44.2岁。76个乡镇政府领导班子职数344名，人大领导班子职数127名（党委书记兼任人民代表大会主席的乡镇51个），政府班子中30岁左右的干部83名。⑤严明纪律，营造风清气正的换届环境。各级党员领导干部带头遵守换届纪律，正确行使民主权利，坚决杜绝换届中的不正之风。注重发挥思想政治工作优势，把思想政治工作贯穿于换届工作的全过程，保证换届工作的顺利进行。

【干部调配工作】 ①公务员法实施。会同人事部门，按照管理权限，完成公务员登记工作。审查审批市直和县（市、区）371个部门（乡镇）、7209名公务员登记材料，其中市委管理干部1143名，县（市、区）委管理干部3430名，六类机关其他公务员2636名。完成省委管理57名公务员登记报批工作。研究制定市直群团机关参照管理实施方案，审查审批市直7个人民团体和群众团体机关工作人员参照公务员登记工作，登记101人。全市招考录用公务员180人，其中省垂直管理机关5人、市直机关26人、县乡机关149人。审核1829名市委管理干部的年度考核情况，确定为优秀等次的445人，占市管干部总数的24.3%。②选调生工作。选调51名应届优秀高校毕业生到基层锻炼，其中硕士研究生4名、本科生47名。组织推荐基层选调生参加省级和市级机关公务员招考，从市直机关筛选7个职位单独面向基层选调生考选，有9人考取省直机关。选调10名基层选调生到团市委挂职锻炼。③挂职包村工作。组织对第十八批挂职包村工作进行年度检查考核，对9个部门的17名包村干部进行轮换。从县乡机关选派30名优秀年轻干部到市直机关跟班学习。从市直部门选派6名县级干部和6名科级干部分别到县（市、区）和乡镇党政班子挂职。选派14名市直机关干部到市信访局和市纪委进行挂职。选派市委党校6名教研人员到市法院、发改委、经贸委等部门开展课题研究。根据省委组织部安排，做好重庆市10名领导干部到泰安市的挂职工作。④干部综合工作。审核确认53个部门632名市委管理干部的职务和级别，办理1221名市委管理干部工资审批手续，完成省委管理干部工资呈报审批工作。完成6名援疆干部轮换人选的选派任务。调动干部48人。对省分配泰安市的3名团职军队转业干部进行安置。为87名到龄市委管理干部办理退休手续。办理出国（境）人员政审手续135起327人次，预审手续65起103人次，办理因私出国手续11起12人次。

【人才工作】 开展人才工作调研，完成《泰安市人才工作情况调研报告》。组织评选出首批“泰安市突出贡献人才奖”人选10名，由市委、市政府授予“泰安市突出贡献人才奖”荣誉证书。选拔产生第八批专业技术拔尖人才67名，对第七批专业技术拔尖人才进行全面考核，及时为第六批、第七批专业技术拔尖人才发放人才津贴。举办拔尖人才及“岱下英才”培养对象理论培训班，开展优秀人才考察休假活动。完成泰山玻纤公司“泰山学者”特聘专家推荐人选的把关审核与上报，配合省委组织部做好泰山玻纤公司“泰山学者”特聘专家考察工作。先后引进硕士以上人才198人，聘请外国专家52人次到泰安市工作。会同有关部门评选产生第二批市首席技师35名，推荐10人参加山东省首席技师评选，6人被评为省首席技师。举办市首席技师选拔赛暨全市企业职工技能大赛，29名选手获得“振兴泰安劳动奖章”，近百名选手获得泰安市首席技师评选资格，800余名选手获得职业资格晋升。实施“金蓝领”培训项目，培训技师300名、高级工600名。筹备召开全市农村实用人才工作座谈会，全面启动农村实用人才开发“耕耘计划”。开展社会工作人才队伍建设情况调研，研究制定出社会工作人才队伍建设的措施和办法。先后从中国社会科学院选聘2人到岱岳区和宁阳县担任科技副职，从山东科技大学选聘2名干部到市高新技术产业开发区和煤炭局挂职。召开泰安与高校挂职干部座谈会，到山东科技大学和山东农业大学以及市直有关部门进行走访和座谈。

【干部教育培训】 ①干部培训。举办培训班948期，培训各级各类干部7.18万人次。在市委党校和市公务员培训中心举办县级干部进修班6期，培训341人；科级干部进修班21期，培训1290人。在2003年至2007年间，全市共举办各级各类培训班4987期次，培训各类干部38.79万人次，完成大规模培训干部任务的101.7%。与市电视台联合制作5年大规模培训工作回顾，在“喜迎十七大、展示新成就”栏目中分4集进行系列报道。②抓好《干部教育条例》和“十一五”干部教育培训规划的贯彻落实。市委印发《关于加强干部教育培训工作的意见》（泰发〔2007〕16号），与泰安日报社联合开辟“领导干部谈学习贯彻干部教育条例”专栏，登载市直有关部门、县（市、区）主要负责人署名文章近20篇。③创新干部教育培训方式方法。总结完善教学改革办法，4月上旬，省委组织部以现场会形式在泰安市召开全省干部教育培训工作暨创新培训方法会议，中央组织部干部教育局、省委组织部有关领导、各市分管干部教育工作有关人员等实地观摩市委党校教学改革现场。组织6个县（市、区）、市直有关部门人员赴广东、江苏等地学习考察企业经营管理人员培训工作，结合实际，研究提出加强和改进企业经营管理人员培训的措施办法。④抓好十七大精神的集中轮训。年内，市县两级举办专题轮训班18期，培训干部3992人，其中，在市委党校举办轮训班4期，培训县级干部335人，乡镇（街道）党（工）委书记、乡镇长（主任）172人。

【干部监督工作】 ①学习宣传《干部任用条例》（以下简称《条例》）。6月，开展“干部任用条例颁布5周年”知识竞赛，组织全市2.36万名党员干部群众参与竞赛。结合对各县（市、区）人大、政府、政协领导班子换届考察，对各县（市、区）执行《条例》情况进行检查；11月，对30个市直部门贯彻执行《条例》情况进行检查。②做好“12380”专用举报电话的受理和查处工作。全年受理“12380”举报件28件，查核22件，处结20件，暂存6件。加强与干部监督工作联席会议成员单位的联系沟通，收集各类干部监督信息82条。③抓好干部选拔任用过程的监督。对拟提拔的干部，出席全国、省人代会候选人预备人选，九届市委委员、候补委员和市纪委委员候选人初步人选，征求纪检、检察等机关意见，共征求干部意见14次，涉及干部340名。指导东平县和市教育局开展干部选拔任用工作全过程记实制度试点。收集、报送干部监督信息，被中央组织部《干部监督通讯》采用4条，省委组织部《山东干部监督信息》采用9条，列全省第一名。④认真处理好历史遗留问题。受理更改干部参加工作时间、工龄计算及其他有关问题的申请和申诉13件，审理11件，处结11件。⑤落实各项干部监督规定。做好省管干部2006年度首次报告个人重大事项的协调服务工作。协调相关科室和单位，做好迎接省纪委、省委组织部对泰安市市、县、乡党委领导班子换届和市、县人大、政府、政协领导班子换届工作督查的有关工作。安排对27名领导干部进行经济责任审计，会同市审计局组织开展领导干部经济责任审计结果运用研究调研，总结分析影响全市经济责任审计结果运用的因素，提出具体解决措施。抓好对领导干部的谈话、函询、诫勉以及述职述廉等有关制度规定的落实。

【党员干部现代远程教育】 ①利用远程教育平台抓好十七大精神的学习宣传。及时搜集下载有关十七大精神的资料，制作先进典型、先进经验课件下发基层，发放光盘3200多张。《山东组工信息》刊发了该做法。②站点设备运行维护。全市落实设备运行维护经费598万元。健全维修服务网络，确保及时发现、排除站点设备出现的故障。督促县（市、区）举办培训班48期，培训管理员3800多人次。开展管理员“结对、帮带、提升”活动试点，规范管理员考核晋级、奖惩兑现和缺额递补等管理办法。③推进“一体化网站”建设和站点拓展延伸。市、县分别建立全省“一体化”网站分站，发布信息10万余条，点击率40多万次，省级主站转载信息700余条。远程教育进入企业、部队、景区等多个领域，延伸型站点达到30个。提前完成所有站点的转星调整，顺利通过全国远程教育办公室和省委组织部的检查验收。④提升远程教育学用水平。抓好集中学习培训，先后组织基层收听收看省九次党代会、党的十七大等重大活动，及时把党的声音传达到基层。创新教学组织管理形式，推广分组分类培训和无职党员设岗定责等做法，推行“远教+基地”、“远教+协会”等学用模式。评选表彰市级规范站点和明星乡镇、明星村。与泰安网通公司联合，在10个村开展农村信息化建设示范点创建活动。⑤加大教学资源建设力度。精心策划制作《新时期党员风采录》等五大系列专题课件，开发制作优质课件15小时。先后举办教学资源建设业务培训班暨现场比武观摩活动、第三届远程教育课件暨第九届党员电教片观摩评比活动。在全省组织系统课件观摩评比中，获一、二等奖各1个、三等奖3个；在第十一届全国行业电视展评中，获一、二等奖各1个、三等奖2个。⑥健全完善督导检查机制。组织开展调研活动4次，其中“千村万户看实效”调研报告被省远程教育工作简报刊发。规范和加强检查考核，开展集中督查3次、暗查暗访5次，年底进行综合评估。加大工作交流力度，先后召开远程教育工作暨“双争”活动表彰会、远程教育工作座谈会、领导小组会，交流经验，部署工作。“七一”期间，举办“远程教育见实效庆‘七一’文艺汇演”。省远程教育中心和市各大班子领导亲临演出现场，并给予肯定。梳理归纳长效机制建设情况，编印《播撒希望》一书。⑦做好党建宣传等工作。办好《党的生活》栏目、《远教专刊》和《乡村季风》专栏；向市新闻媒体报送新闻60余条，播出专题节目12期，在省以上简报或媒体刊发稿件8篇；完成各类摄录、宣传任务30多个小时；接待外省、市参观考察200多人次。（组织部）

·老干部工作·

【概况】 2007年，全市老干部工作紧紧围绕市委工作中心，服务改革发展稳定大局，抓住落实老干部政治和生活待遇、发挥老干部作用、丰富老干部的精神文化生活这条主线，不断促进老干部工作的机制、手段和管理服务创新，形成了团结协调、运转有序、公平公正、和谐高效的良好氛围。7月，成功承办全省老干部局长理论学习读书会；举办全市老干部工作人员业务培训班，老干部工作队伍思想政治和业务能力建设得到加强，为做好老干部工作提供了坚强的组织保证。

老干部思想政治工作 组织老干部深入学习党的十七大和省、市九次党代会精神，把老干部的思想和行动统一到中央和省委、市委的部署要求上来。健全完善老干部党建工作机制，印发《关于进一步加强和改进离退休干部党支部建设工作的实施意见》。召开全市离退休干部党支部建设经验交流会，参观县（市、区）和部分市直单位老干部党建工作现场，交流了工作经验。创新老干部党员管理服务办法，探索实行社区离退休干部党员“双重管理”模式，得到上级领导的重视和肯定，中组部老干部局《情况交流》刊登了该做法。总结树立泰山区广生泉社区老干部党支部等先进典型，在全省老干部党支部建设工作会议上，泰安市有9个集体、9名个人受到表彰，并作了典型发言。加强老干部教育培训，市委老干部党校举办老干部党员教育培训班4期和学习十七大精神辅导报告会1次，重点对十七大和市第九次党代会精神、市加强离退休干部党支部建设实施意见进行专题培训，并组织学员赴胶东地区进行参观学习。为市直166个老干部党支部免费订阅《支部生活》《党员干部之友》等报刊杂志，为市级老领导免费订阅《老干部参考》。组织市级老领导参观肥城市新农村建设、市高新区和岱岳区大项目建设、宁阳县城乡建设和全市交通系统重点项目建设情况；坚持情况通报、阅读文件、走访看望等制度，较好地落实老干部政治待遇。

落实离休干部生活待遇 重点抓好离休干部医药费和统筹外各项费用的保障，为市直自收自支事业单位离休人员补发住房补贴。争取省下达“两费”专项转移支付资金550万元，并及时进行分配划拨。做好改制破产企业离休干部工作，解决增加老干部服务用车、困难企业离休干部两项经费提取等实际问题，全市改制破产企业离休干部基本实现安置到位、待遇落实到位、管理服务到位的目标。为市直离休干部发放亲情服务联系卡，为广大老领导反映情况、参加活动学习和就医提供方便。对安置到外省市的13名离休干部，对生病住院的市级老领导、老红军及时走访慰问。深入细致地做好老干部信访工作，全年处理老干部来信来访50余件次，为老干部提供政策

咨询160余人次。

发挥老干部作用 积极为老干部发挥作用、奉献社会搭建平台，在全市老干部中开展“四争”（发挥四个作用、争当四个模范）活动，在老年大学学员和各类老年社团中深开展了“四进四送、共建和谐”活动。成功举办全市首届老干部文化艺术节，采取文艺汇演、书画摄影展览、广场文艺演出和颁奖文艺晚会等形式，展示了老干部良好的精神风貌，丰富了老干部的精神文化生活，取得良好成效。

窗口阵地建设 继续巩固争创省级老年大学示范校成果，对窗口阵地建设相对滞后的地方和单位进行重点督促指导。健全完善市、县两级老年大学，市老年大学更新办学理念，扩大办学规模，提高办学质量，2007年开设班级达到79个，新招学员1160人，在校学习活动人数达2000多人。加强老年教育理论研究，在全省老年大学运动保健教学研讨会上，有3篇教研论文被评为一等奖。完成老年大学国画教材的编著和印刷，出版师生诗词集《桑榆清音》；与省老年大学合作，编写《老年体育健身教程》。推荐作品参加山东省老年书画研究会举办的全省会员单位领导成员书画展，取得金奖5个、银奖6个、优秀奖3个。加强老干部活动阵地建设，印发《关于做好市直“先进老干部活动室”创建工作的通知》，制定先进老干部活动室的标准条件，开展先进老干部活动室创建活动。定期开展丰富多彩、健康文明的文体娱乐活动，在岱岳区成功举办全市第七届老干部门球比赛；举办老年人登山比赛、迎奥运健步走活动、全市健身秧歌比赛等；在市政广场举办“绿色家园 和谐泰安”摄影展。4月，市老年大学文化交流代表团赴韩国进行文化交流活动，扩大了泰安、泰山的影响；10月，组队参加全省第二届文化艺术节，获得全省第四名的优异成绩。市干休所全面落实老干部政治、生活待遇，相继开展市九次党代会精神集中学习月、“喜迎十七大 颂歌唱和谐”等活动；修整、美化老干部游园等外部活动场；深化亲情服务，突出系统化、个性化服务，坚持送医送药、送货送物、维修、收取费用、理发“五上门”，方便老干部的生活。完成市委老干部接待处改制工作，成功组建新企业——泰安天华投资公司。

调研信息宣传工作 继续实施老干部信息宣传工作量化考核办法，表彰奖励一批老干部调研信息工作先进单位和个人。加大信息编发和报送力度，编发《老干部工作信息》《情况反映》计30期；及时向上级领导机关报送重要信息，反映重点工作；市委老干部局在《中国老年报》《支部生活》《泰安日报》等各类媒体发稿70多篇。围绕企业离休干部生活待遇落实和社区离退休干部党建工作等问题开展调研；认真做好材料起草修改工作，起草领导讲话、工作汇报等有关材料100余篇。（李言奎）

·宣传思想工作·

【概况】 2007年，全市宣传思想工作贯彻落实科学发展观和构建社会主义和谐社会等重大战略思想，认真组织学习十七大和省、市九次党代会精神，发挥宣传部门统一思想、凝聚人心、团结奋进的重要作用。全年在省以上新闻媒体刊播各类稿件7800余件，推广全国典型11个，中央领导批示3个；深入推进思想道德建设和精神文明建设；组织开展2007“感动泰安”年度人物评选活动，精选20个典型在全市进行宣传；积极构建公共文化服务体系，在全市86个乡镇（街道办事处）、3717个行政村建立共享工程基层服务站点；成功争取将泰山、泰安列入北京奥运会统一制作的“采访线工程”外宣品计划；加强新闻宣传队伍建设，各级新闻单位深入开展“三项学习教育”（“三个代表”重要思想、马克思主义新闻观、职业精神职业道德学习教育活动）活动，有的新闻单位开展评选金牌记者（编辑）等活动，全市新闻队伍的政治业务素质明显提高。市委宣传部荣获“2007年度省级文明机关”称号。

【理论学习】 年内，组织学习胡锦涛总书记“6·25”重要讲话、党的十七大报告和省、市九次党代会精神，抓好贯彻落实科学发展观和构建社会主义和谐社会等重大战略思想的学习宣传研究。十七大后，把深入学习宣传贯彻党的十七大精神作为首要政治任务，及时下发通知，对全市学习宣传贯彻做出安排；突出领导干部这个重点，市委中心组带头，带动各级党委中心组和广大干部群众的学习贯彻；召开全市各界学习贯彻十七大精神座谈会，举办党政领导干部学习研修班、科以上干部培训班、党员教育工作者培训班等，对全市科以上干部、基层党校专职校长、骨干教师和党员教育工作者进行培训；广大基层群众通过组织集体收看、召开座谈会、举办宣讲报告会、知识竞赛、文艺表演等形式，掀起学习宣传贯彻十七大精神的热潮。深入开展理论普及，组织收看中央宣讲团在山东省的宣讲报告，邀请省十七大宣讲团作辅导报告；市和各县（市、区）均成立学习十七大精神宣讲团，面向基层做好宣讲工作，作宣讲报告500余场；组织各级新闻媒体，在重要版面、重要时段开设专栏专题，宣传学习贯彻十七大精神的好经验、好做法，营造浓厚氛围。成立重大理论与现实问题课题研讨组，制定研究计划，组织社科理论界专家、学者围绕十七大提出的重大理论，结合贯彻落实省市九次党代会精神、建设富裕文明和谐泰安的新目标和实际问题开展研究，推出一批研究成果；上年立项的30个重点课题全部完成，一批优秀成果进入领导决策层；完成市第十八届社科成果评奖工作。

【新闻宣传】 ①精心组织重大主题宣传。围绕市委中心工作和重大决策部署，及时报道全市改革开放和“三个文明”建设的新成就、新经验、新风貌，突出贯彻落实党的十七大和省、市九次党代会精神的宣传；市内新闻媒体在重要版面和时段组织“贯彻落实十七大精神，建设富裕文明和谐泰安”等一系列大型主题专栏宣传活动，推出一批好经验、好做法，好典型。②加大在中央和省级主要新闻媒体的宣传。全年在省以上新闻媒体刊播各类稿件7800余件，重头稿件820余件，其中新华社刊发160多件，中央电视台播发70多件，其中《新闻联播》15件；被中宣部肯定、中央主流媒体推广的全国典型11个，中央领导批示的3个。其中，实施文化信息资源共享工程、促进新农村建设的经验，中央政治局常委李长春作了批示；争取舆论主动，妥善处理华源煤矿溃水事故宣传报道工作，刘云山、华建敏等中央领导分别作批示；强化基层民主、倡导农村党政工作“双规范”的经验，中央政治局委员、中组部部长李源潮作重要批示。省委宣传部、省主要新闻媒体宣传推广了全市通过体制改革推动泰山景区和谐发展等6个方面的典型经验。③加强舆论监督。建立健全舆情控制和报告制度，在各部门聘请新闻联络员，建起新闻预警队伍；编发《舆情快报》46期，及时筛选通报一些苗头性问题，督促有关部门解决；加强与中央、省主流媒体的联络沟通，及时化解新闻热点。④妥善处理突发事件。山东华源矿业集团“8·17”溃水淹井事故发生后，按照抢险救灾指挥部的统一部署，迅速建立突发事件新闻报道处置领导机制、工作运行机制、信息发布机制、接待采访机制等，通过安排集中采访和召开新闻发布会等形式，有效引导社会舆论。中央领导刘云山、华建敏给予充分肯定并作出批示，中宣部印发内部材料在全国学习推广。

【思想道德建设】 ①深入推进思想道德建设。广泛开展“知荣辱、讲文明、树新风、促和谐”为主题的道德实践活动，加强社会公德、职业道德、家庭美德和个人品德“四德”工程建设，开展科教、文体、法律、卫生“四进社区”和“迎奥运、讲文明、树新风”活动，印发《文明礼仪知识读本》，开展文明礼仪知识宣传普及。在全国和全省道德模范评选活动中，泰安市田秀英获得全国道德模范提名奖，吕才科、公成东等获全省道德模范荣誉称号。②加强改进未成年人思想道德建设。总结推广未成年人思想道德建设经验，不断健全完善学校、家庭、社会三结合的教育网络。严厉查处盗版淫秽图书、有害卡通读物、不良音像制品等非法出版物，有效净化学校周边环境和未成年人健康成长的社会环境。③规范开展典型宣传。建立先进典型储备库，做到发现一批、培养一批、推广一批。泰安市农村财务委托代理的经验被中宣部确定为“落实科学发展观、建设现代农业”全国十大典型之一；市公安消防第九中队和泰山区泰前街道办事处司法所长赵平岱被列为全省重大典型。组织开展2007“感动泰安”年度人物评选活动，精选20个典型在全市进行宣传，90万人次通过手机短信、电话、网络、信函等方式投票评选。④加强思想政治工作和企业文化建设。推进农村、企业、社区思想政治工作，探索加强民营企业、流动人口、新兴组织思想政治工作新办法。开展企业文化建设创新专题调研活动，推动企业加强文化品牌建设；深化“五重一创”（重发展、重道德、重科技、重管理、重形象，创建学习型企业）活动，召开全市企业和谐文化建设经验交流会暨职工思想政治工作研究会第八次年会，表彰2006年度市优秀政研会、优秀干部和优秀成果。组织完成全市政工职称评定各项工作。

【精神文明建设】 （详见《市情概况》栏目）

【文化事业发展】 构建公共文化服务体系，市财政投入60余万元在市图书馆建立市级中心，6个县（市、区）分别建立县级中心。市、县两级累计投入540余万元，在全市86个乡镇（办事处）、3717个行政村建立共享工程基层服务站点，初步形成市、县、村三级共享网络。中央电视台《焦点访谈》以“共享欢乐”为题报道该项先进经验。

【文化产业发展】 研究制定专项规划，调整充实工作机构，加强项目建设调度，部分重点项目进展顺利。汉明堂文化旅游渡假村完成投资4800万元，基本投入运营；白马石民俗村建设完成投资1200万元，部分设施投入运营。加大文化项目招商力度，与中信集团签约投资50亿元人民币，建设包括以泰山封禅文化为核心内容的大型娱乐餐饮文化项目（晚宴综艺剧场）、主题酒店和以世界名品折扣店为主要内容的大型购物中心（奥特莱斯购物中心）等项目。开展文化产业项目的统计与月报工作，在全省较早建立文化产业统计体系。

【对外宣传和文化交流】 坚持“服务经济、推进开放、树立形象、扩大影响”的宗旨，努力构建大外宣格局。①对外新闻宣传。全年接待境外各类经贸考察团43批1100余人次，境外媒体记者40批139人次，客观报道了泰安经济发展和对外开放进程。在中央外宣媒体和重要海外媒体刊发外宣稿件700余篇。圆满完成第二十一届泰山国际登山节、东岳庙会、海内外知名企业家‘齐鲁行’等大型经贸文化旅游活动的对外宣传。②政府新闻发布。制定实施方案和工作意见，建立领导机构，组建新闻发言人队伍，完成市政府新闻发布厅的设施建设。③奥运采访线工程建设。成功争取将泰山、泰安列入北京奥运会统一制作的“采访线工程”外宣品计划。部署外国记者到泰的接待和管理工作，建立联席会议制度，制定“泰安市向外国记者采访推荐线路”，初步选定“泰山景区采访线”、“泰安城区采访线”、“泰山民俗风情采访线”等多条采访线。④外宣品制作。完成电影胶片版《天下泰山》形象片的后期制作。设计制作中、英、日、韩4种语言的《泰山》折页、《泰山国际登山节掠影》专题画册等外宣书籍。与中央电视台联合制播《国宝档案》7期、《走遍中国》4期。在全省对外传播奖评比中，泰安市获得第一名的好成绩。⑤对外文化交流。组织市新闻、旅游、经贸民间访问团赴韩进行访问，促成韩国KBS电视台到泰拍摄45分钟的《泰山》专题片。加大境外旅游促销力度，与13个国家和地区开展海外旅游文化交流活动8次。

【互联网新闻宣传管理】 年内，成立市互联网新闻宣传管理办公室，充实专职工作人员，完善工作设施；建立由市委宣传部牵头、有关部门单位参加的联席会议、工作应急预案、值班保密等一系列工作制度；编发《互联网舆情专报》54期，市委领导批示4期。组织市内主要新闻网站对党的十七大和省市党代会、人大政协“两会”的网上新闻报道；开展打击网络色情专项活动；组织协调省、市主要新闻网站开展“网络媒体泰安行”采访活动，对全市重点工作进行采访报道，在各媒体编发稿件160余条（件）。加强正面引导，对“泰安籍人大代表‘国山’提案引争议”、“8·17溃水事件”等30多个舆论热点进行积极疏导，在网上形成正确舆论导向，确保网络宣传的良好氛围。

【信息调研】 围绕社会主义新农村建设、繁荣发展文化事业和文化产业等开展系列调研活动，推动各县（市、区）建成良好的调研工作机制，形成一批优秀调研成果。全年上报省委宣传部各类信息600余篇，被省委宣传部采用130余篇，中宣部采用40余篇，多篇稿件被省委宣传部信息刊物刊发；编发部内刊物《宣传工作》24期；对全年信息调研工作和优秀调研成果进行评选表彰。年底，被省委宣传部评为全省调研部刊工作先进单位，多篇稿件被评为省优秀稿件和优秀调研报告。 （王家民）

·统战工作·

【概况】 年内，全市各级统战部门坚持以学习贯彻党的十七大精神、贯彻全国、全省统战工作会议精神为主线，以抓好民主党派工商联换届、搞好政治交接教育活动为重点，以加强统战部门作风建设和统战工作制度建设为基础，围绕中心，服务大局，统一战线各领域的工作取得新进展。市委统战部机关连续三年被评为“市直机关文明单位”。

多党合作和政治协商 ①协助6个民主党派完成换届工作。贯彻执行中央和省、市委换届文件精神，严格按照党派章程和组织程序搞好人事安排方案，坚持公开、公正、透明的原则，市6个民主党派6名主委、18名副主委、6名秘书长及39名委员候选人均顺利当选，达到“进的合格、退的愉快、留的合适”的要求，实现各民主党派愿望和市委意图的有机统一。②指导市工商联完成换届工作。年内，多次召开全市统战部长、工商联党组书记会议，专题研究换届工作。做好非公有制经济代表人士综合评价工作，转发《中央统战部关于开展非公有制经济代表人士综合评价工作的意见（试行）》，核对、填制《非公有制经济代表人士综合评价信息登记表》，对239名担任市、县两级工商联执委、常委和领导班子成员的非公有制经济人士进行综合评价，主动到16个部门征询意见，就评价工作进行沟通和综合平衡，保证政治交接的顺利完成。按照县级工商联先于市级工商联换届的规定，提早计划、统筹安排，指导和帮助县级工商联顺利完成换届工作。推荐优秀人才在省级工商联组织中任职，10人担任新一届省工商联执委会、省民间商会副会长、常委、执委等职务。③协助民主党派、工商联加强自身建设。召开各民主党派和工商联领导班子成员扩大会议，传达省、市第九次党代会精神；结合实际，开展多种形式的学习培训活动，进一步深化政治交接；引导广大民主党派成员、工商联会员充分发挥优势，围绕“建设富裕文明和谐泰安”的目标，开展调查研究；组织引导民主党派和工商联各级组织加强思想建设、完善制度建设、搞好组织建设，举办市各民主党派、工商联主要负责人研讨班，学习《各民主党派中央关于加强地方组织领导班子建设座谈会纪要》，就加强自身建设问题进行研究和探讨，学习外地先进经验。④民主党派参政议政。按照上级和市委要求，严格程序，严把质量，切实做好人大、政协换届有关人事安排工作，保证“两会”的顺利召开，全市县以上共选出党外人大代表627名、协商产生党外政协委员1217名；做好向上级人大、政协推荐提名党外代表人士工作，5名党外代表人士被推荐担任第十一届省人大代表，14名被推荐担任第十届省政协委员，1名民主党派市级组织负责人被推荐为第十一届全国人大代表候选人。全市副科级以上党外干部446人，其中副厅级6人、副县级58人、科级382人。市、县两级人大、政府、政协换届均按要求配备党外领导干部；6名民主党派主委中，省人大副主任1名、市人大副主任1名、副市长1名、市政协副主席3名。市委统战部会同市人民检察院、市教育局、市监察局、市国土资源局、市审计局、市国税局、市地税局等八部门，联合召开特约人员工作座谈会，印发《关于进一步做好特约人员工作的意见》，对特约人员工作进行安排部署；及时对党外代表人士进行全面摸底，在与各民主党派充分协商并征求有关单位意见的基础上，聘请39名党外人士担任特约人员。

为经济社会发展服务　①“凝聚力工程”。从4月下旬开始，全市统战系统部署实施“凝聚力工程”活动，以“爱我泰山、建设泰安”为主题，以“献智、出力”为着力点，围绕“建设富裕文明和谐泰安”搞好“三大服务”，推动统一战线为经济社会又好又快发展服务工作深入开展。该活动得到上级统战部门的充分肯定，中央统战部网站予以登载。②招商引资工作。全年各级统战部门完成招商引资项目48个，实际到位资金8亿元。市委统战部引进的年产30万吨生物饲料加工项目已部分建成投产，南京顺天数码城项目被确定为市委、市政府直接调度的重点项目。10月，承办“海内外知名企业家‘齐鲁行’暨中国泰安投资经贸洽谈会”，签约合同项目35个，投资协议、意向项目48个。②“民企帮村”活动和光彩事业。年内，参与“民企帮村”活动的企业达到464家，向149个村庄派出经济顾问163名，实施帮扶项目51个，帮扶金额8390万元，帮助农村、农民增收2.4亿元。与光彩事业促进会一起，争取落实全国光彩事业重点项目贴息贷款2000万元，另有3000万元贴息贷款列入中国光彩事业促进会2008年贴息贷款计划。③“三下乡”活动。年内，各民主党派组织开展科技、文化、医疗卫生“三下乡”以及扶危济困、定点帮扶、教育扶贫、文化交流等活动30余次，均产生良好的社会效果；同时，积极争取本党派中央、省委的项目支持与资金扶持，切实帮助困难群众解决一批实际问题。④推动党外人士参政议政。围绕市委工作大局，全年召开协商会、通报会、座谈会8次，其中市委、市政府主要领导参加的2次，广泛听取党外人士的意见。市政协十届五次会议期间，各民主党派提交提案、议案193件，其中8件被评为重要提案，占重要提案数的73%；多件提案得到市委、市政府主要领导的批示，有19件直接进入党政决策。各民主党派开展的专题调研活动受到市委领导高度重视，3份调研报告得到主要领导批示。

民族宗教工作　认真做好民族工作，坚持以发展促稳定，开展“进百村访千户”民族工作调研活动，进一步摸清全市民族工作情况，全面了解近三期少数民族帮扶工程所取得的政治、经济和社会效益；开展第七次民族团结进步宣传月活动。全面加强宗教工作，建立涉及民族、宗教群体性事件的应急机制，开展“将宗教工作纳入社会治安综合治理目标考核”和宗教领域反渗透工作调研，有针对性地制定具体措施，维护全市宗教领域的稳定；继续开展宗教法律法规宣传月活动；重视宗教界代表人物的培养使用，在省五大宗教团体换届中，泰安市推荐的19人全部当选。

统战理论调研宣传信息工作　制定《关于统战调研信息工作激励机制》，明确量化考核指标和具体奖惩措施，推动调研信息工作深入开展。开展统战理论调研工作，印发统战理论调研课题计划，定期进行调度，及时掌握工作最新动态；各单位围绕当前统战工作中具有全局性、苗头性和前瞻性的重大问题，撰写宣传、调研课题30余篇，从中选定6篇整理上报省委统战部，获全省统战理论研究成果二等奖1项、三等奖1项、优秀奖1项。新泰市委统战部被评为全省统战理论调研宣传“四新工程”先进单位，是全省获奖的两个县级统战部之一。做好统战宣传工作，以学习宣传全国、全省统战工作会议精神为重点，在市以上报刊杂志刊发宣传文章50余篇；编印《泰安统战》6期，获全省统战宣传工作三等奖。做好统战信息工作，召开全市统战调研信息工作座谈会，健全信息报送网络，实行信息工作月通报制度；全年创办编印《统战信息》54期，向中央和省委统战部、市委办报送信息170余条，获全省统战信息工作三等奖。

【加强新时期统一战线工作】　全国、全省统战工作会议召开后，市委高度重视，批准市委统战部提出的在新世纪新阶段进一步加强统战工作的贯彻实施意见，召开全市统战工作会议。在市、县两级党委领导班子换届和领导成员分工调整中，

泰安市房产管理局

泰安市房产管理局深入落实国家关于加强房地产宏观调控的政策措施，进一步加强法规制度建设，积极开展经济适用房建设和廉租住房租金补贴工作，不断推进房地产市场信息系统建设，大力发展物业管理市场，规范整顿房地产市场，认真组织开展房地产市场大检查，加大了市场监管和行业管理力度，不断提高行政管理效能。2007年泰安市房产管理局获“山东省房改与房地产管理先进单位”、“市级文明机关”荣誉称号，局团委被评为“泰安市五四红旗团委”。泰安市房产交易中心在荣获“国家级青年文明号”的基础上，2007年又荣获“省级文明单位”荣誉称号。

工作人员加班加点确保经济适用住房小区建设顺利进行

山东省档案管理考核
特级档案室
山东省档案局

泰安建设大厦
山东省物业管理优秀大厦
山东省建设厅
二OO五年十二月

青年文明号
建设部 共青团中央
二OO六年四月

一手抓创新　一手抓落实

中共泰安

2007年以来，市委组织部深入贯彻落实党的十七大和省、市第九次党代会精神，以科学发展观为统领，以加强党的执政能力建设和先进性建设为主线，大力加强领导班子、干部队伍和人才队伍建设，全面加强基层党组织和党员队伍建设，全市党的建设和组织工作不断取得新的成绩。

理论武装工作得到进一步强化　圆满完成十七大、省市党代会代表推选工作。酝酿推荐省党代会代表44名、市第九次党代会代表450名。把学习贯彻十七大和省市第九次党代会精神作为首要政治任务，对全市科级以上干部进行集中轮训，共举办8期县级领导干部专题培训（研讨）班。向全市基层党组织、党员订阅发放36.8万册《十七大报告学习辅导百问》和《十七大党章修正案学习问答》，并在全市党员中部署开展"学习党的十七大文件知识竞赛"活动。

领导班子结构得到优化、整体功能明显增强　圆满完成市级和县市区党委、人大、政府、政协换届选举工作。同时，对乡镇人大、政府换届人事安排方案进行了审查把关。做好市直部门年度测评和领导班子调整配备工作。配合省委组织部做好市政府班子、成员和有关副市级领导干部的年度考察工作。研究起草了《关于完善科学发展目标体系和考核机制的意见》和《实施办法》。深入实施《公务员法》，圆满完成7类机关公务员登记工作。开展了以"公开职位、公开程序，差额推荐、差额考察、差额酝酿、差额表决"为主要内容的"两公开四差额"试点工作。加强科级干部宏观管理，对部门科级干部调整配备进行审查。

基层党组织和党员队伍建设水平不断提升　在全市部署开展"长效机制落实年"活动。成立市委党的建设领导小组，研究制定了议事规则。制定深化《农村党建"三级联创"活动实施意见》。组织实施"泰山先锋"工程，充分发挥各级党组织和党员在推进科学发展中的作用。开展农村干部教育培训，培训农村党员干部16.9万人。认真搞好村"两委"换届选举，全市村"两委"换届率达到91.2%。认真抓好村级组织活动场所建设工作，目前全市3561个行政村组织活动场所基本达到省里规定标准。深入实施社

全面推进各项组织工作

市委组织部

区党建“双示范工程”。继续推行“一村（社区）一名大学生”计划。认真做好企业党建工作，全市规模以上非公企组织单独组建率达 100%。切实做好受灾地区党员救助工作。积极探索党代会闭会期间发挥党代表作用的有效途径和方式，建立党代表列席市委全委会议、向党代表征求意见、党代表民主测评评议领导班子领导干部、党代表视察、党代表意见信息联络等发挥市第九次党代会代表作用的 5 项制度。

干部教育培训工作取得实效 制定加强干部教育培训工作《意见》。筹备完成全省干部教育培训工作暨创新培训方法会议。做好五年大规模培训收尾工作。全市共举办各类培训（研讨）班 948 个（期），培训各类干部 71790 人，完成计划的 103.4%。

人才资源开发工作整体推进 推荐评选出 10 名“突出贡献人才奖”获得者，综合评审出 64 名第八批市级拔尖人才。做好“泰山学者”、优秀创新团队申报以及高技能人才队伍建设工作。认真做好市第二批首席技师评选工作。深入实施“金蓝领”培训项目，300 名技师和 600 名高级工接受培训。启动实施农村实用人才开发“1234 耕耘计划”，市级重点实施“125 农村实用人才培训计划”。

干部监督工作力度进一步加大 组织 23585 名党员干部群众参加“《干部任用条例》颁布 5 周年”知识竞赛。坚持拟提拔使用干部人选征求纪检、检察等机关意见制度。做好领导干部任期经济责任审计工作。认真做好“12380”专用举报电话的受理查处工作。

远程教育工作质量明显提高 先后组织开展“千村万户看实效”等专题调查活动。组织 130 多名专家进村入户，培训辅导党员干部群众 5000 多人次。积极推进“一体化网站”建设；认真做好全市 3769 个终端接收站点转星调整工作。举办全市教学资源建设业务培训班暨现场比武观摩活动、第三届远程教育课件暨第九届党员电教片观摩评比活动，进一步促进了全市课件制作水平的提高。

同时，老干部工作、组工调研信息、组织信访、干部档案信息、干部调配和后勤保障等工作也取得了新的成绩。

市委常委、组织部长李琥（左二）到基层调研党员先锋岗发挥作用情况

市委组织部常务副部长尹衍祥（前排左一）到基层调研干部队伍建设工作

积极部署开展“继续解放思想推进科学发展”学习教育活动及“讲党性、重品行、作表率”活动，加强自身建设

泰安市

2007年，在市委、市政府的正确领导下，各级人事部门全面落实科学发展观，开拓进取，扎实工作，各项人事工作都取得了新进展、新成效。市人事局连续五年获得省级文明机关称号。

《公务员法》实施工作稳步推进 会同组织部门，顺利完成了全市公务员登记工作，部署开展了事业单位参照《公务员法》管理工作。加强公务员队伍建设，全市招考公务员185名。印发了《“十一五”行政机关公务员培训规划》，培训公务员4932人次；派出国（境）培训45人次。完善考核指标体系，抓好县乡重点经济工作考核，充分发挥了考核的激励导向作用。

实施人才强市战略成效显著 加强高层次人才培养选拔，又有1名专家经批准享受国务院政府特殊津贴，2名专家入选山东省有突出贡献中青年专家，2名专家入选山东省名中医药专家；4家企业博士后科研工作站累计招收博士后9人。大力引进人才智力，“511引才引智工程”圆满完成，五年全市共引进培养各类人才智力25952人次，其中博士、硕士504人，本科毕业生13676人，国内中高级人才智力11521人次，外国专家251人次。印发《泰安市专业技术人员继续教育管理规定》和《“十一五”专业技术人员继续教育规划》，组织3.4万名专业技术人员参加公共科目培训。

事业单位改革和行政管理体制改革逐步深化 推进事业单位人事制度改革，全面推行了人员聘用制度。新进人员公开招聘制度全面实施，全市各类事业单位招考工作人员1031人。部署开展了事业单位岗位设置管理工作。加快推进事业单位分类改革，稳步推进事业单位收入分配制度改革。深化行政管理体制改革，调整理顺了信息产业、煤炭安全生产、政府应急管理、节能管理、园林绿化、金融工作等管理体制。建立了县（市、区）事业机构编制调整立项核准制度，首次组织开展县（市、区）机构编制管理监督考核工作。全市党政群机关的机构编制和实有人员

市领导王云鹏、杜卓群、李凤明等巡视公务员考录笔试现场

市委组织部副部长、市人事局局长张书盈深入包村点上泉村检查指导工作

公务员考录面试首次邀请各界代表旁听监督

计划安置军队转业干部公开直选安置单位

人事局

全部实行实名制管理。

人事人才公共服务体系取得新突破 制定出台《构建人事人才公共服务体系实施意见》。泰安人才网单位会员5249家，个人会员35657人，访问量70万人次。举办招聘市场62场次，进场招聘单位1700余家，接待求职人员3万人次，提供就业岗位1万多个，达成就业意向7000多人。通过设立人才工作站、就业见习基地，提供免费培训等，做好了毕业生就业指导服务工作。

其他各项人事工作实现新发展 严格落实有关政策，214名军转干部得到妥善安置。加强人事法制建设，部署开展了全市人事系统“五五”普法工作和法制宣传教育月活动。《泰安市人事志》志稿顺利通过专家评审。扎实开展全市人事系统“服务质量建设年”活动，上下联动，全员参与，人事部门政风行风建设和自身建设水平有了新的提高。

省、市领导视察全市人事法制宣传教育进社区活动

市人事局贯彻市委部署要求深入开展“继续解放思想推进科学发展”学习教育活动

市人事局组织机关工作人员开展登山健身活动

泰安市财政局

市长助理、财政局长任先德到东平县所包村检查指导工作

近几年来，泰安市财政局紧紧围绕市委、市政府中心工作，牢固树立科学发展观，继续解放思想，科学为民理财，财政工作实现了长足的发展。财源建设成效明显，重点保障能力不断提高，财政改革不断深化，财政实力显著增强，各项工作都取得了显著成绩。2007 年，全市地方财政收入完成 64.2 亿元，完成预算的 105.7%，增长 24.2%；全市财政总支出 104.6 亿元，增长 34%，其中灶内支出 82 亿元，完成预算的 104.9%，增长 23.4%，连续第 21 年实现了收支平衡，为构

全市政府非税收入知识大奖赛成功举办

农家书屋成为农民群众的最爱。图为肥城市老城镇双峪村村民到农民书屋查阅资料

在财政部门支持下，泰城生活环境不断改善。图为南湖公园一角

市长助理、财政局长任先德在继续解放思想推进科学发展动员大会上讲话

市财政局“继续解放思想推进科学发展”学习教育活动动员大会召开

建和谐社会、促进经济和各项社会事业又好又快发展做出了积极贡献。市财政局先后荣获“全国财政系统先进集体”、“省级文明机关”、“山东省部门和行业作风建设先进单位”、“山东省职业道德建设十佳单位”、“全省财政系统先进集体”、“泰安市行风建设先进单位”等荣誉称号。

市长助理、财政局长任先德走访困难职工

泰安市财政工作暨“双先”表彰会议合影

2008.3

泰安高新技

省委书记姜异康视察泰安高新区

党工委书记
管委会主任 展宝卫

电子信息产业园揭牌仪式

新城区建设

2007年，高新区在市委、市政府的正确领导下，深入贯彻落实党的十七大精神，以科学发展观统揽全局，紧紧围绕增强核心竞争力和综合竞争力两大任务，拓宽思路，应对挑战，抢抓机遇，争创一流，实现了经济和社会又好又快发展，为在新起点上实现新发展奠定了坚实的基础。全年实现地方生产总值（GDP）40亿元，同比增长42.9%；实现技工贸总收入125.2亿元，同比增长45.2%；实现工业总产值98.5亿元，同比增长53.9%；实现工业增加值30.7亿元，同比增长47.7%；规模工业企业完成产品销售收入93.2亿元，同比增长58.5%；利税8.6亿元，同比增长75.7%；实现境内财政总收入7.7亿元，同比增长43%；地方财政收入5.1亿元，同比增长38%；税收比重达到80.96%，同比提高8.86个百分点，提高幅度居全市第一；实现高新技术产业产值41.7亿元，同比增长66.2%；高新技术产业产值占规模工业企业总产值的比重达到44.9%，比上年提高3.5个百分点。全年新签约项目26个，计划总投资58.35亿元，国内市外到位资金13.09亿元，合同利用外资1.83亿美元，实际利用外资1.13亿美元。至年底，新区累计进区项目122个，计

术产业开发区

划总投资255亿元，其中过亿元项目48个；泰开电气变压器、东岳重工、尤洛卡、普瑞纳饲料等23个项目相继于年内竣工投产，竣工投产项目累计达到62个；泰开电气"双百万"及超高压电缆、山东煤机、加华电力、渗透汽化膜、奥博华汽车电子、东华合创等16个项目相继开工，计划总投资29.1亿元，在建项目累计达到50个，计划总投资91.8亿元。

高标准道路

生产车间

生产车间

项目建设

基础设施建设

创建平安和谐泰安——

泰安市公安局辖4个县市公安局和泰山区、岱岳区、泰山景区、泰汶、陶山、高新区等6个直属分局，106个派出所，市局机关设31个局属职能部门。2007年，全市各级公安机关在市委、市政府和省公安厅的正确领导下，以“三个代表”重要思想和科学发展观为指导，以创建“平安和谐泰安”和十七大安全保卫工作为主线，以“三基”工程建设为重点，坚持“发挥职能保稳定、改革创新夯基础、持之以恒抓队伍”，整体工作紧张有序、积极稳妥，为维护全市治安大局的持续稳定、促进经济建设和社会各项事业的健康发展做了大量卓有成效的工作，多项工作走在全省、全国的前列。中央和公安部、省公安厅领导分别对泰安市“打黑除恶”工作作出重要批示，给予充分肯定；市公安局纪检监察工作在省厅纪检部门考评中名列第一；护路联防工作经验被作为“泰安模式”在全省推广；在2007年度全市政风行风评议活动中，市公安局获得行政执法类第一名、所有参评单位第三的好成绩，曲植凡厅长做出批示，要求全省学习推广。年内有54个（次）集体和143个（次）个人受到泰安市委、市政府以上表彰，15个集体和157个个人分别荣立一、二、三等功。

为经济建设保驾护航深得民心

社区警务深入民心

泰城的新风景线——“自行车巡警”

消防九中队在泰山之巅冒雪巡逻

泰安市公安局

市长助理、局党委书记、局长郑岐浩检查指导基层“三基”建设

局党委副书记、政委史建民看望在街头宣传“金盾春风”工程的民警

“新春平安行动”战果显著

消防、武警官兵战斗在“8·17”溃水淹井事故抢险救援工作第一线

治安环境优化活动中严厉打击非法传销

局领导亲自看望困难帮扶对象

中国人民武装警察

省委李建国书记在指导“8·17”抢险中与支队长董玉昌、政委羊爱平亲切交谈

支队长董玉昌向亲临“8·17”现场指挥抢险的姜大明代省长汇报情况

副省长王军民看望慰问支队参加“8·17”抢险官兵

支队长董玉昌、政委羊爱平亲临一线指挥“8·17”抢险

参加“8·17”抢险官兵众志成城奋力抢险

武警泰安市支队党委带领全市部队以科学发展观为指导，坚持“打基础、树风气、保稳定、求发展”，圆满完成了以执勤处突为中心的各项工作任务。①军事工作方面。狠抓勤务管理，连续13年实现执勤无事故；认真抓好新兵集训、“四手”集训、勤训轮换、预提指挥士官培训工作，部队遂行处突、反恐作战的能力得到进一步提高；确保重大临时警卫勤务及“两会”、黄金周泰山旅游、国际登山节、奥运福娃上泰山等安全保卫任务万无一失，为建设“平安泰安”发挥了重要作用；忠实履行使命，在华源煤矿“8·17”矿难抢险维稳任务中，参勤官兵心系群众安危，忠实履行使命，圆满完成了总队前指和抢险指挥部赋予的各项任务，发挥了中流砥柱的重要作用；牢固树立安全发展理念，部队依法从严治警的水平不断提高。②政治工作方面。着眼培育忠诚卫士，扎实开展思想政治教育；围绕部队建设发展，

部队泰安市支队

支队长董玉昌到基层检查指导工作

政委羊爱平到基层调研

支队官兵积极参加驻地双拥共建活动

支队圆满完成山东省社会治安综合治理工作会议现场警卫及警力展示任务

着力提高思想政治工作质量；紧贴形势任务需要，有效开展预防工作；满足官兵成才愿望，坚持文化建队育人。③后勤工作方面。加大基础设施建设力度，“四配套”设施建设成效显著；尽心尽力解决基层困难，营造了拴心留人的良好环境；狠抓后勤规范化管理，把公物设施管理细化到班、排和个人；做好应急保障工作，组织机动中队进行“处突”、反恐和抗洪等实地保障演练，提高了部队快速保障的能力。“8·17”抢险维稳期间，在现场环境复杂、保障难度大、持续时间长的情况下，支队本着立足自我、搞好保障原则，畅通物资供应渠道，为确保参战官兵圆满完成任务提供有力的后勤保障。

支队常年担负着监狱、看守所等重要目标的外围武装警戒和安全保卫任务

支队官兵在泰山景区维持秩序服务群众

中国国际贸易促进委员会泰安市委员会
中国国际商会泰安商会

CHINA COUNCIL FOR THE PROMOTION OF INTERNATIONAL TRADE TAIAN CITY OFFICE
CHINA CHAMBER OF INTERNATIONAL COMMERCE TAIAN CHAAMBER

中国国际贸易促进委员会泰安市委员会/中国国际商会泰安商会，简称泰安市贸促会。设有国际联络、信息会展、出证认证、信息中心、外经贸服务中心等部室。主要职责是：①开展同世界各国、各地区经济贸易界、商协会等经贸团体和有关国际组织的联络工作，邀请和接待外国经济贸易界人士和代表团组来访；②组织企业参加国际展（博）览会，接待国外来展；组织经贸代表团出国访问、考察、招商、洽谈贸易和合作；③出具中国出口货物原产地证书，提供国际商事证明、领事认证、人力不可抗拒证明、ATA单证册等出证认证服务；对涉外经贸纠纷进行调解和仲裁，提供法律咨询服务；④开展国内外经济调查研究和经济贸易信息的搜集、整理、传递和发布工作；建设以“泰山国际商务网”为主的信息服务体系。

泰安市贸促会始终致力于“促进国际贸易、投资与合作”，现已与世界20多个国际组织及商协会建立和发展了友好合作关系，并在韩国、泰国、新加坡、马来西亚等国组织了一系列重大经贸活动，为促进我市外向型经济快速发展做出了积极贡献。

山东省贸促会会长刘方会（前排右一）陪同中国贸促会会长万季飞（前排右二）、山东省副省长才利民（前排左二）及中外贵宾视察泰安展区。

市贸促会会长徐福林（左一）陪同副市长林华勇（左二）在意大利与罗古市副市长卡维那先生（右二）签订友好关系备忘录

市贸促会会长徐福林（前排左三）率泰安市经贸代表团赴韩国首尔参加2007中日韩产业交流会

市贸促会会长徐福林（右）拜会瑞士施泰因市市长赫塞特曼先生洽谈经贸合作事宜

CCPIT 中国国际贸易促进委员会

促进国际贸易、投资与合作

Promote International Trade, Investment and Cooperation

泰安海关

关长　张海甫

团结奋斗的领导班子

泰安海关地处世界自然与文化遗产东岳泰山脚下，设在著名旅游开放城市——泰安市。1993年4月，国务院批准建立泰安海关。1994年5月开关办理海关业务。

张关长下厂调研

泰安海关隶属青岛海关。2005年5月之前管辖泰安、莱芜两市，是青岛关区唯一管辖两个市的处级海关。2005年5月之后辖区为泰安市，现设办公室、通关科、加工贸易监管科、调查科、监管科、缉私科6个科室，22名关员。泰安海关始终把发展作为第一要务，坚持改革创新，务实开拓，12年间基础设施面积由9612平方米扩大到22117平方米，固定资产值由1460万元发展到6709万元，办公环境，工作条件发生巨大变化。泰安海关认真贯彻落实“依法行政，为国把关，服务经济，促进发展”海关工作方针，严密监管，高效服务，从严把关，相继荣获省级文明单位、省级青年文明号、先进基层党组织、文明机关、开放型经济管理服务先进单位等诸多荣誉。特别自2003年以来，第三届党组提出“三个多投入一点”的工作指导理念和“团结、凝聚、实干、创新”的奋斗信条，泰安海关达到高度的凝聚统一，已开拓出一条可持续发展的特色道路，为实现现代海关制度第二步的发展目标，建设现代化海关奠定了坚实基础。2003年、2004年连续2年泰安海关被评为“泰安市行风建设十佳单位”；2005年4月泰安海关被山东省人民政府纠风办授予“全省部门和行业作风建设先进单位”；2005年10月泰安海关被中央文明委、中宣部授予“全国精神文明工作先进单位”的光荣称号。

13年来，泰安海关共监管进出口货物298万吨，货值12.36亿美元，征收税款3.81亿元，审批加工贸易合同备案值9.44亿美元，保税额27.9亿元，审批减免税19.86亿元，为促进泰安（莱芜）市开放型经济快速发展，优化发展环境做出了积极贡献。

阳光机关　服务机关　文明机关

中国人民银行泰安市中心支行

营业室

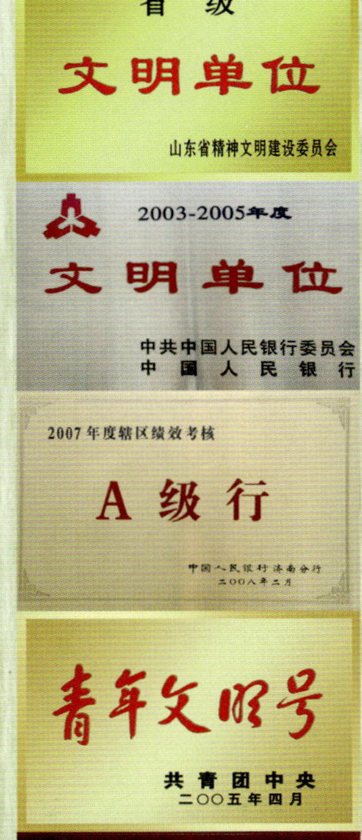

近年来，人行泰安市中心支行坚持“以公开促规范、以服务促创新、以文明促和谐”的工作思路，积极探索政务公开新途径、新方式、新举措，初步形成了“逐级审核、严格把关、考评结合、以评促改”的制度体系，以及“职责分明、各负其责、密切配合、共同参与”的工作格局，努力推动政务公开工作深入开展。

为更好地贴近群众、方便群众、服务群众，采取“走出去公开”、“到群众中公开”、“到最需要的地方公开”的方法，积极搭建政务公开“四个平台”，推进了泰安辖区人民银行系统阳光机关、服务机关、文明机关建设。

金融知识进万家活动

反假宣传

均明确由专职副书记分管统战工作。①加强制度建设。结合泰安市实际，经过反复征求意见，形成《中共泰安市委关于贯彻落实中央省委文件精神巩固壮大新世纪新阶段统一战线的实施意见》（泰发〔2007〕5号），对贯彻上级文件精神、进一步巩固壮大统一战线问题从各个具体方面提出明确要求。②解决实际问题。对市、县政府工作部门及法院、检察院领导班子，以及人大、政协机关专职领导职务中配备党外干部问题，市委责成市委统战部与组织部门认真研究、抓好落实，市中级人民法院已配备党外副职。市委为6个民主党派市委会每年各增加2万元工作经费，列入财政预算；为部机关和党派机关新增4部轿车；新选调3名优秀年轻干部充实到党派机关，进一步改善办公条件。③加大宣传力度。把统一战线的宣传纳入全市宣传计划和报道要点，充分利用各种媒体做好统战宣传工作。民主党派换届期间，市各大新闻媒体派出报道组，全程跟踪报道；《泰安日报》开辟“同舟共济向未来，议政建言写春秋”专版，介绍各党派发展历史，宣传中国共产党领导的多党合作和政治协商制度；泰安电视台以专题形式对全市统战系统为经济社会发展服务的做法和成果进行报道；市委机关刊物《泰安工作》以特稿刊登市委统战部主要领导“关于加强统一战线建设、为建设富裕文明和谐泰安服务”的文章。④强化督查落实。市委统战部领导亲自带队到各县（市、区）调度全国和省、市统战工作会议精神贯彻落实情况，并有针对性地给予指导；召开全市统战部长座谈会，交流贯彻会议情况，分析当前统战工作面临的新形势、新情况和新问题，就进一步贯彻好会议精神、推进统战工作深入开展作出安排部署。

【政治交接学习教育活动】 根据中央统战部和省委统战部的要求，年内，在全市民主党派各级组织和无党派人士中开展政治交接学习教育活动。市委统战部成立领导小组，分别制定具体实施方案，对活动的意义、指导思想、学习内容、参加范围等提出明确要求。要求各民主党派将教育活动同履行参政党职能、同加强自身建设、同加强后备干部队伍建设结合起来，引导各民主党派在完成组织交替的基础上搞好政治交接，全面把握新世纪新阶段统一战线的理论方针政策，围绕市委、市政府中心工作更好地发挥参政党职能。各民主党派市委相继召开动员会，结合各自实际，制定具体工作方案，对活动进行详细部署。以组织无党派人士向袁隆平学习为契机，在全市新的社会阶层无党派人士中开展政治交接主题教育活动，引导广大无党派人士始终坚定正确的政治方向，巩固和壮大最广泛的爱国统一战线，为全面建设小康社会、构建社会主义和谐社会贡献力量。召开县（市、区）统战部分工部长及市直有关部门负责人会议和新阶层代表人士会议，举办新的社会阶层无党派代表人士政治交接主题教育活动培训班和参观教育活动，会同市直10个部门开展评选表彰“泰安市优秀中国特色社会主义事业建设者”活动，表彰32人。树立一批先进典型，2名新的社会阶层代表人士被评为“山东省优秀中国特色社会主义事业建设者”，1名无党派人士事迹入选《山东省新的社会阶层无党派人士先进事迹选编》。加强同新的社会阶层无党派代表人士的经常性联系，培养一批骨干代表，以点带面，辐射带动。（卢晓堂）

【归国华侨联合会】 年底，全市有市级侨联组织1个，市侨联委员23人，专职侨联工作者6人；高校侨联组织2个，委员12人。有归侨侨眷6659人，其中归侨139人。市侨联系统有4人获得省侨联系统优秀工作者荣誉称号，2名归侨被评为服务社会主义新农村先进个人，1人被评为市优秀公仆，1人获优秀党务工作者荣誉称号。市侨联被评为全省侨联系统先进单位和市直文明机关，获第八届世界华人小学生作文大赛组织奖。高校侨联系统中，山东农业大学侨联被评为全省侨联系统先进基层单位。

招商引资　年内，为市内企业、单位与海外、市外企业和机构合作牵线搭桥26件次，促签经贸合作协议15个、合同8个，开工项目2个，实际到位资金2000万元人民币，超额完成市里下达的招商引资任务。其中，投资1000万元人民币的（中美合作）山东莫顿油业有限公司正式成立，生产的各类高级润滑油产品畅销全国18个省（区、市）。参与泰山国际登山节经贸洽谈会，建立起全市侨联系统招商纳贤项目库，通过网络对外发布信息，寻求合作交流的机遇。结合实际，探索性地建立“三库二会一基地”（海外华商机构信息库、海外知名华人企业信息库、泰安重点项目推介信息库，泰安市侨联海内外企业家联谊会、泰安市留学生新移民联谊会，山东省侨联侨商投资服务基地），更好地为招商引资、招贤引智服务。

对外联谊　先后接待来自俄罗斯、马来西亚、印尼、韩国、日本、美国、泰国、德国等国家和香港、台湾地区的海外宾客31批260人次，涉及工商企业、经贸金融、文化教育、旅游观光、回乡省亲等。其中，韩国现代重工（中国）投资公司项目考察团、印尼中华工商总会会长陈大江一行、日本卡车协会国际董事缪海燕一行、印尼安东尼企业有限公司总经理鲍诚一先生一行等，分别考察泰安、泰山，对泰安的投资环境和优惠政策给予充分肯定，为双方进一步合作交流打下了坚实基础。注重与海外侨社团的接触联谊，建立长期合作关系。加强国内涉侨部门和单位的联谊活动以及自身侨情资源的挖掘，促进兄弟侨联之间的信息沟通和资源共享。

维权护侨　组织各级侨联干部和广大归侨侨眷深入学习新修订的《中华人民共和国归侨侨眷权益保护法》和《实施办法》，引导他们在新形势下科学维权、主动维权、依法维权。参加由人大、政府、政协、民主党派和侨联共同召开的“五侨联席”会议，及时反映侨界的呼声和要求；帮助广大归侨侨眷解决工资待遇、寻亲访友、家庭矛盾、子女升学、退休安置、房产纠纷、婚丧嫁娶等实际问题和困难28件，处理信访、来访15件（次）；走访贫困归侨侨眷22户，发放慰问救济金1.2万元。借节假日之际，先后召开全市侨界中秋联谊会和新春茶话会。组织老归侨查体，并观看全市发展成就展。按照省侨联统一部署，吸纳泰山蓝天律师事务所为法律顾问单位。

参政议政　至年底，市、县两级人大、政协中有侨界代表和委员18人，市侨联两人被新选为市政协委员。年内，召开全市侨界人大代表和政协委员座谈会、联谊会两次，互通信息，交流经验，鼓励他们更好地参政议政。参与《〈中华人民共和国归侨侨眷保护法〉山东省保护规定》的修订工作。政协侨界委员积极建言献策，其中《关于修改、规范泰山风景区英文公示语，改善泰山国际形象的建议》《关于进行龙潭路银座段、火车站段和电校段综合整治，改善交通环境的建议》等提案，受到市政府和有关部门的高度重视。

对外宣传　年内，市侨联在省、市各类媒体、网络登载信息和专题报道60余篇（件）；通过网络、书信、通讯等形式，传递宣传资料1200余份（件）；重要节日之际，向海外寄发贺卡、明信片1800余张。组织全市小学生参加“第八届世界华人小学生作文大赛”，精选79篇优秀小学生作文参赛，获得一等奖3篇、二等奖6篇、三等奖12篇，21名教师获辅导奖；市侨联获“组织奖”。

文化交流　结合泰安、泰山的文化、旅游实际，开展对外文化、教育、艺术交流。以“泰山华文教育基地”为平台，先后介绍5名中文、音乐、武术、幼教等专职老师赴海外华校执教。接待来自印尼、泰国、菲律宾、日本等国家和香港地区的海外华裔青少年夏（冬）令营团队6批120余人，其中印尼中爪哇留台同学会组织的“齐鲁寻根之旅夏令营”，取得明显成效。与其他部门联合举办泰山国际旅游小姐大赛。组织部分国内外侨界知名书画家向泰山道观捐赠书画。

捐资助教　年内成立“泰安市侨联海外侨胞慈善基金会”，全年接受、办理海外侨胞、港澳同胞、国外友人无偿捐赠150余万元人民币，受益对象涉及教育、卫生、民族、宗教、民政、工商等界别的个人和单位。其中，旅美侨胞杨悦孝夫妇捐赠60万元人民币建设的东平中套小学和岱岳区海霞小学已竣工使用，捐助优秀贫困大中小学生和残障儿童400名；香港胡文虎基金会向宁阳县王卞中心小学捐赠30万元，用于危旧校舍改造项目，年内已完工；德国“中国教育资助工程”基金会长期资助部分贫困学生的救助计划正式启动。在“中国侨联系统海外侨胞捐资助教”经验交流会上，市侨联汇总整理的华侨捐赠工作经验材料被予以推广交流。（胡淑芳）

·涉台事务·

【概况】　对台经贸　2007年，全市新批台资项目8个，总投资额8457万美元，合同台资额4392万美元，实际利用台资额1817万美元；有7家台资企业增资，增资额1496万美元。4家台资企业被省台办、省文明办和省工商局联合评为“山东省文明诚信百佳台资企业”，3名台属被授予“优秀台属企业家”荣誉称号。年内，开展台资企业情况调查2次，先后到市、各县（市、区）、乡镇（办事处）对正常经营运营的45家台资企业进行实地调研30余次，进一步建立健全台资企业档案，并向市里提报《关于我市台资企业发展情况的报告》。举办全市台资企业政策法规培训班，培训台资企业负责人30多名。组团参加招商引资或对台经贸洽谈活动5次，积极为全市对台招商引资牵线搭桥。做好台资企业贷款的相关服务及跟踪工作，对有申贷意向的台资企业土地、厂房、负债等情况进行摸底核实。与市仲裁办联合印发《关于运用仲裁法律制度保护台商合法权益的通知》，为广大台资企业自觉运用仲裁法律制度保护自身的合法权益提供保障。

泰台交往交流　全年接待台胞1.37万人次，比上年增长10%。接待中国国民党副主席林丰正率领的中国国民党大陆参访团、台南善化东岳殿董事长尤耿村率领的东岳大帝信众泰山寻根祭祖团、香港泰山功德会理事长陈英杰率领的泰山文化考察团、全国台联千人夏令营等台湾团组26批1700余人次到泰参观访问。市内有旅游、文化、农业、宗教、卫生等6个团组57人次赴台交流。7月，与泰安二中共同举办“情系中华、和谐共赢——2007年泰台青少年交流活动”；9

月初，举行“2007泰台文化新走廊”书画交流活动，邀请台湾26名知名画家、书法家与泰安书画家共同举办书画展、笔会。其中，“2007知名台商泰山行暨泰台文化新走廊活动”和“台南善化东岳殿信众泰山朝拜行活动”被评为“2007年度全省优秀对台交流项目”，受到省台办通报表彰。

对台宣传、涉台教育　对台宣传，邀请“台湾记者协会观光团”10余名记者到泰安参观访问，台湾中天电视台记者两次到泰安采风，制作“台湾脚走大陆——泰安”专题节目，详细介绍了泰山、岱庙、“梁山八百里水泊”遗存——东平湖等名胜古迹及泰山豆腐宴、楼德煎饼、东平湖鱼宴等特色名品；向台胞赠送具有泰安、泰山特色的宣传品、工艺品、土特产等2000多件。做好赴台团组的行前教育，对100余名“亚洲举重锦标赛”志愿者进行涉台知识培训；全年向上级台办报送稿件40份，照片50余张，完成省台办下达的刊物征订任务；协助省台办在泰安召开全省宣传及刊物发行会议。

对台联络和台胞台属联谊　建立重点联络对象档案，对重点到泰专访人士及时了解情况，重要涉台信息及时上报，形成上联专报4份；对全市台胞家庭收入情况进行调查摸底，并建立档案；积极向省台联争取，为2名60岁以上的企业退休职工和5户低于当地平均收入的困难台胞家庭发放困难台胞补助。　（任延勇）

·保密工作·

【概况】　保密宣传教育　年初，市保密委印发《泰安市“五五”保密法制宣传教育规划》和《2007年泰安市保密法制宣传教育实施计划》，明确开展保密法制宣传教育的指导思想、目标任务，并制定实施步骤、提出具体要求。5月，组织开展形式多样的保密法制宣传月活动。加强对领导干部、国家公务员、涉密人员和保密干部的教育培训，6月，举办全市保密干部、网络管理人员学习班；11月，会同市国家安全局举办“反渗透、反窃密、防泄密”展览，全市4000余人参观学习。督促市委党校、市公务员培训中心开设保密法制教育课程，重新编写党校保密教育授课教材，市委党校在所有的教育培训班上均开设保密教育培训课，全年到公务员培训中心对公务员进行保密教育3次。

保密管理　①强化党政领导和国防军工科研生产单位保密管理。要求各部门、各单位审核、确定保密要害部门、部位，完善人防、物防和技防措施，完善涉密人员资格审查和管理制度。市保密局与有关部门协调配合，指导和规范电子政务内网建设与应用的保密管理。加大对国防军工科研生产单位的监督检查力度，督促指导其完善管理制度，落实防范措施。②增强保密技术防护和检查能力。印发《泰安市保密技术工作“十一五”发展规划》，并认真组织实施。加强对手机使用以及涉密软盘、U盘、光盘等存储介质的保密管理，集中开展涉密载体和涉密文件资料保密管理的专项检查。7月底，省保密局对泰安市的保密工作进行检查，抽查4个市直部门和宁阳县，未发现问题。加强计算机信息系统的保密管理，定期不定期地开展网上涉密信息搜索检查，加大对涉密计算机违规外连以及非涉密计算机存储涉密信息的监督检查力度。③加强保密监督检查。印发《关于开展集中清理取缔涉密文件资料交易的通知》，并由保密、公安、工商等相关部门负责人组成联合行动小组，对全市旧货市场以及造纸厂进行全面检查。查处部分网民利用“孔夫子旧书网”网上交易平台违法销售标有密级文件资料的情况，同时组织技术人员对相关网站进行检查。6月，会同市教育局对全市各县（市、区）、矿业集团公司的试卷保密室、部分考点进行检查，确保全市中考、高考不出问题。针对泰山医学院保卫处网页泄密的问题，召开全市120多个单位参加的保密干部通报会，并督查整改。泰山国际登山节前夕，从宣传报道、计算机及其网络、通信系统、涉外保密、商业秘密等方面作出详细的保密规定，要求各级、各部门在登山节期间高度重视保密工作，切实做到督促检查到位、保密管理到位；加强对干部职工特别是涉密人员的保密教育，要求各单位在登山节前夕对本单位的保密工作进行一次自查，彻底消除泄密隐患。　（梁颖颖）

·政策研究·

【概况】　2007年，市委政策研究室紧紧围绕市委中心工作，认真履行调查研究、文稿撰写、政策导向、指导协调等职能，准确把握上级政策，全面掌握市情，领会市委意图，开创了各项工作新局面。本着高度负责的精神，高标准、高质量地完成领导交办的文字起草工作，全年起草或修改市委领导讲话、重要文件、署名文章、新闻稿件以及各类讲稿、汇报稿、情况介绍等200余篇、120余万字；围绕市委抓农村工作的决策，起草和完善《大力发展现代农业加快建设社会主义新农村的实施意见》《关于印发311工程任务目标的通知》等一批政策意见。适时开展调研活动，全面掌握有关情况，及时给领导反映和提供准确情况，为市委决策服务。

调查研究　为开好全市经济工

作会议和全市落实科学发展观项目建设调度会，积极开展全市大项目建设情况调研，先后两次到各县（市、区）及市直、高新区察看、座谈了解大项目建设情况；对全市旅游项目进行系统的分类整理，较为全面地掌握全市旅游服务业情况；为推进省委关于“一体两翼”战略的实施，市里成立1个综合调研组和7个专题调研组，抽调专门力量负责综合报告起草工作，形成综合调研报告《泰安市关于推进“一体两翼”战略实施的调研》；会同市民族宗教局，深入岱岳区、新泰市对全市民族工作进行深入调查，形成《全市民族工作情况调研报告》；开展全市食品安全工作调研，全面掌握全市和谐社会建设的现状、存在的问题和下一步的工作建议，形成《全市食品安全工作调研报告》《宁阳县食品安全工作调查》两个调研材料；对肥矿集团社区移交地方管理问题进行调研，形成《关于对肥矿集团社区移交地方管理问题调研论证情况及建议》；为加快新农村建设，重点组织对农业产业化发展、农村空壳村、化解乡村债务、沼气发展、农村新农合、卫生厕所改造等情况进行了深入调研。

党刊编辑　按照“贯彻市委意图，研究政策法规，交流工作经验，提供决策服务”的办刊宗旨，全年编发市委党刊——《泰安工作》12期。该刊物充分发挥“重要言论”平台作用，每期都围绕市委重点工作策划栏目、组织稿件，准确、迅速地将中央、省委的重大政策和市委的工作思路、工作部署，传递给各级党组织和全市广大党员干部。围绕全市经济工作总体思路，连续两期开设“新年思路”、“经济纵横”等栏目，及时向全市干部群众传达市委的决策部署和工作重点；开设“特别策划”专栏，以“落实科学发展观，促进经济又好又快发展”为题，连续报道市直部门、高新区和6个县（市、区）年内新开工建设的大项目建设情况；通过“经济纵横”、“工作研究”、“建设社会主义新农村”、“乡镇天地”等20多个栏目，深入宣传全市改革开放和经济建设中的新成就、新典型，传达中央和省委、市委的有关经济的新政策、新举措，传递各地现代化建设的新动态、新思路；开辟“泰山文化”、“泰山旅游”等专栏，对泰山文化、泰山旅游相关知识进行介绍、考证或研讨；开设“岱下巡礼”专栏，宣传全市经济社会发展的新成就、新变化、新风貌；为配合市第九次党代会的召开，开设“迎接市第九次党代会召开”栏目，连续刊登八次党代会各项事业发展取得的成就；认真撰写“大力倡导八个方面的良好风气”、“维护社会稳定、建设平安泰安”、“认真办好关系民生的实事”等12篇稿件，发挥刊物的灵魂作用。与市委组织部合作，从第4期开始，将《泰安工作》电子版链接在《泰安党建网》上，进一步扩大宣传覆盖面，提升刊物的知名度。办好《泰安农村工作》，年内编发信息12期，及时反映新农村建设情况，为领导提供参阅。（杨　灏）

·机关党建·

【概况】　2007年，市直机关各级党组织以学习贯彻党的十七大和省、市第九次党代会精神为主线，以科学发展观统领全局，以加强党的执政能力建设和先进性建设为重点，围绕市委、市政府工作中心，突出抓好招商引资、文明机关创建、作风建设、评先树优和丰富机关文化生活5项重点工作，各项工作达到自己满意、市委市政府满意和机关党员干部满意，机关党的思想、组织、作风、制度建设取得新的进步和发展。

思想建设　加强理论武装工作，印发《关于认真学习宣传贯彻党的十七大精神的通知》，为市直机关党员干部征订学习资料3种共4万余册。组织机关党务干部学习省、市第九次党代会精神，发挥理论骨干的作用，全年举办学习贯彻十七大精神、加强作风建设、当代科技知识等专题辅导报告5次。市直各部门、各单位坚持学习日制度，不断创新学习教育的方式方法，部门党组（党委）中心组学习发挥了示范带头作用。开通泰安机关党建网站，编发《机关党建通讯》42期，及时反映各部门的学习教育情况，宣传和交流先进经验做法。

组织建设　按照市委统一部署，选举产生市直机关出席市第九次党代会代表84名。推荐产生市直机关出席党的十七大和省第九次党代会的候选人初步人选。为调整理顺党组织关系，市委将35个党委交市直机关工委代市委管理。工委及时召开座谈会，征求意见，交流情况，提出要求，保持工作的稳定性和连续性。贯彻《中国共产党党和国家机关基层组织工作条例》，年内调整、新建机关党组织46个，调整充实机关党务干部171名。举办党务干部培训班1期，培训150名。严格按照程序和标准做好党员发展工作，全年发展预备党员98名，党员转正114名。举办入党积极分子培训班1期，培训194名。年内表彰先进基层党组织70个，优秀共产党员217名，优秀党务干部117名。推选省、市级党建工作示范点9个，省党员教育基地4个。完善党内生活制度，以党的“三会一课”为重点，突出抓好党员活动日、党员民主生活会制度的落实，建立健全保持共产党员先进性长效机制。建立党员和党组织信息数据库，并做好党费的收缴、上解、管理和使用工作。

作风建设和反腐倡廉建设　组织开展机关作风集中教育整顿活动，印发《加强市直机关作风建设的实施意见》。成立市直机关作风建设领导小组及办公室，开通作风监督电话。召开市直机关作风建设工作会议，市委常委、纪委书记王元榜到会讲话。组织开展“加强作风建设，促进社会和谐”演讲比赛。在市主要媒体开设“作风建设”专栏，市直各部门、各单位认真抓好学习教育、查摆问题，并制定措施、建立长效机制，广大党员干部的精神面貌发生新变化、工作效率和服务质量得到显著提高。落实领导班子和领导干部党风廉政建设责任制，执行领导干部个人重大事项报告、述职述廉和民主评议制度，加强对各部门党风廉政建设工作的调度检查。完成市直部门科以上干部配偶子女从业情况登记。开展民主评议政风行风活动，组织评议代表进行集中评议。抓好案件的查处和审理工作，全年查处违纪党员2人。

精神文明建设　完善文明创建考评体系，细化考核内容、标准和实施办法。全年表彰文明机关41个、文明单位49个、优秀公仆124名、先进个人110名；授予38人“精神文明建设先进工作者”荣誉称号。组织21个部门、单位开展“城乡文明牵手共建”活动。组织开展“慈心一日捐”和为自然灾害事故捐款活动。

群团组织建设　①机关工会组织。把维护职工合法权益与为职工办好事、办实事结合起来，新成立工会组织3个，换届改选基层工会12个，推荐评选省“富民兴鲁”劳动奖章1名，振兴泰安劳动奖章2名。为特困职工家庭送钱物计8万余元。举办市直机关第十届田径运动会，81个部门2100名机关干部参加。组织开展登泰山、篮球、象棋比赛等文体活动。②机关团组织。举办庆“五四”、“我与祖国共奋进”演讲比赛。参加“希望工程圆梦大学”行动，捐款2.2万元。③机关妇女组织。组织开展“巾帼建功”、“巾帼文明示范岗”活动，表彰优秀妇委会14个、妇委会干部17名。④机关人民武装工作。完成国防教育、兵役登记、预备役登记和年度征兵任务，向部队输送合格兵员33名。

招商引资　3月13日，召开市直机关招商引资工作会议，表彰先进个人22名，市委副书记、市长李洪峰出席并讲话。市直各部门全年共引进项目138个，项目资金15.05亿元，对上争取资金24.4亿元，超额完成年初确定的目标任务。

（王　强）

·党史征集与研究·

【概况】　2007年，全市党史工作深入扎实地开展党史征研和党史宣传教育工作，较好地发挥党史存史、资政、育人的作用。在2006～2007年度全省党史先进评选中，市委党史办公室和5个县（市、区）委党史部门被评为全省党史系统先进集体，3人被评为全省党史系统先进工作者；3项党史成果被评为全省一等奖，6项成果被评为二等奖，11项成果被评为三等奖。市委党史办被市直机关工委评为2007年市直文明机关。

党史征研工作　①以地方史为重点的党史资料编纂。编辑出版《中共泰安历史大事记》第三卷（1978.10–2007.3），全书60余万字；完成《中共泰安地方史》第二卷（1949.10–1978.12）初稿编写工作，全书近30万字；启动第二卷《中共泰安市组织史资料》（1987.12–2008.2）的征编工作。6个县（市、区）地方史第一卷全部完成，东平县、肥城市已编纂出版第二卷；党史大事记和组织史编纂工作进展顺利。②党史专题史的征集研究。征编出版《子弟兵的足迹》，该书分泰山、泰西两卷，其中《泰山区子弟兵》70万字，《泰西区子弟兵》55万字；与市旅游局和档案局合作征编出版《登攀之歌——泰山国际登山节20周年纪实》，该书图文并茂，插图300余幅，文字30万字；制订泰安社会主义建设时期专题征编工作规划，确定专题43个，累计完成25个。③口述史的征集和编纂。完成原地委书记高逢五口述史回忆资料的征编工作，计30万字；编纂出版原市政协副主席孙继业的口述史《辉煌的事业》。各县（市、区）的口述史征集和编纂也在进行中。

党史宣传教育　①党史宣传教育活动。一是组织筹备徂徕山抗日武装起义70周年纪念活动。2008年1月1日是徂徕山武装起义70周年纪念日，为搞好这次活动，市委党史办代市委向省委写出《关于纪念徂徕山武装起义70周年活动安排的请示》（泰委〔2007〕113号），并得到省委批复；具体安排了编辑出版《子弟兵的足迹》、拍摄文献纪录片、整修纪念设施、召开座谈会等4项内容。二是为配合纪念泰山国际登山节20周年活动，参与泰山国际登山节新闻发布会的组织工作，向与会领导、记者发放纪念专著《登攀之歌——泰山国际登山节20周年纪实》150本。三是承办第19期全国党史干部培训班。②党史宣传阵地建设。全年出版《泰汶春秋》4期，发表党史宣传稿件80余篇、40余万字；以中共泰安党史网站（www.tadsw.net）等现代传媒手段为平台，进行革命传统教育和党的历史教育；与组织部电教中心联合拍摄《徂徕丰碑——纪念徂徕山抗日武装起义70

周年》电视专题片，该片分勇赴国难、烽火燎原、光耀千秋3集，每集约半个小时，在省、市电视台播出后，引起强烈社会反响。新泰市建立《平阳丰碑》党史宣传网站，新泰市委党史委与市委组织部联合摄制党史电视专题片《战地黄花分外香》。肥城市拍摄纪念建党85周年电视专题片——《光辉的历程》，收到良好的宣传效果。③党史纪念地和革命遗址的管理与保护。年内，重点对徂徕山抗日武装起义纪念碑的管理、开发利用和起义旧址保护问题做了大量工作，有关部门对纪念碑进行维修，纪念馆的修建得到省委及省直有关部门的重视和支持。东平县委组织部、党史办公室联合印发《关于建立党史教育基地的通知》，对县委党史办公室选取的18处革命纪念遗址和纪念设施进行立碑保护。新泰市对21处重要革命遗址以市委、市政府名义立碑予以保护，同时汇编《新泰革命遗址》一书，初稿10万字。肥城市对全市21处遗址进行全面普查，并帮助边院镇政府建立红军烈士墓。

完成省、市交办的其他工作　完成《中共山东年鉴》2006年度泰安部分的组稿、上报任务；开展社会主义新农村建设带头人口述史工作，完成2.5万字的口述史撰稿任务；组织参加省委党史研究室开展的“社会主义和谐社会建设”学术研讨活动，全市党史系统撰写论文35篇，其中一等奖1篇、二等奖6篇。

【纪念徂徕山抗日武装起义70周年座谈会】　12月26日，座谈会在泰山会议中心召开。徂徕山起义老战士、第四军医大学原副校长张一民，济南军区原政委、上将宋清渭，北京八路军山东抗日根据地研究会副会长黎小弟（黎玉之子），中共山东省委常委、宣传部长李群，山东省军区副司令员、少将尚书国，泰安市委、市政府、市人大、军分区主要领导出席会议。泰安市有关部门、单位主要负责人等60余人参加会议。会上播放大型电视文献片《徂徕丰碑》（第一集），发行纪念文集——《子弟兵的足迹》一书和电视片光盘，聆听了徂徕山起义老战士、老八路讲述的起义历史背景、起义过程以及四支队发展壮大的辉煌历程。省委常委、宣传部长李群在会上提出了“热爱祖国、不畏强暴，忠诚于党、矢志为民，英勇奋斗、顽强拼搏，不怕牺牲、敢于胜利”的徂徕山抗日武装起义精神。

【第19期全国党史干部培训班】　7月25日至8月3日，该培训班在泰安举办。中央党史研究室副主任李忠杰，省委党史研究室主任姚学政等出席开班仪式，来自30个省、市、自治区（包括香港、澳门联络办）党史部门的58名学员参加培训。培训主要任务是学习党中央有关指示精神，了解全党及党史工作大局，检查、交流党史工作情况和经验，推动下一步党史工作深入开展。培训班主要采取大会交流、专题讲授、参观学习的方式，安排交流大会5次、主题报告1次、专题讲座7次，并赴山东省委党史研究室、泰安市委党史办参观学习。　（李耀德　封彦君）

·党校工作·

【概况】　年底，全市有市、县两级党校7个，在职教职工320人（市委党校109人），其中专职教师168人（市委党校53人），另有外聘教师67人。全市党校主体班次毕业学员8716人（进修班1269人、培训班5114人、中青年干部班81人、研讨班2042人、理论班210人），业余教育毕业学员2090人，其中市委党校主体班次毕业学员1062人（进修班539人、中青年干部班51人、研讨班472人）。业余教育设有中央党校函授本科班、省委党校研究生班、本科班、大专班，毕业学员2090人（研究生38人、本科1163人、专科889人），其中市直学员629人（研究生38人、本科338人、专科253人）。市委党校先后被评为市直文明机关、计划生育工作先进单位、国有资产管理先进单位，离退休职工党支部被市委老干部局评为先进集体。《山东党校通讯》《泰安日报》、泰安电视台等对该校“按照《干部教育条例》的要求推进教学改革”、“适应社会化要求、推进行政后勤改革”、“加强党校文化建设、促进经济文化强市”等经验做法进行报道。

培训工作　年内，全市党校系统举办进修班、培训班、中青年干部班、研讨班等主体班次63期，培训学员8716人。其中，市委党校举办专题研讨班、县级领导干部进修班、科级干部进修班、中青年干部培训班等主体班次14期，培训学员1062人。组织贯彻党的十七大精神培训班、建设社会主义新农村试点村党组织书记培训班等专题培训班，按时完成培训任务。在学员管理上，按照“从严、民主、科学”管理的要求，发挥学员自我管理、民主管理的作用，提高学员的参与热情，取得明显管理效果。

教学工作　为切实提高干部培训质量，把全市党校系统教学改革引向深入，市委党校研究制定《关于进一步深化教学改革的实施意见》，实施“教学强校”战略。在干部教育培训改革过程中，全市党校贯彻“讲好北京话与泰安话相结合”的要求，深入开展学员课题调研组等活动，形成一大批调研成果；准刻把握党校培养对象的特点，采取以讲授式为主，案例式、模拟式、研讨式等多种课堂教学形式有机结合，充分调动学员的学习积极性；通过建立学案、规范教案、完善“四库”、健全制度等多种行之有效的保障措施，教学管理日趋规范。4月12~13日，全省干部教育培训工作暨创新培训方法会议在泰安召开，现场观摩市委党校的教学改革情况。中央组织部、省委组织部、市委领导及广大与会人员对该校的教学改革经验给予充分肯定。

科研工作　年内，全市党校认真实施课题带动战略，把为市委、市政府决策服务作为科研的重点，围绕党委政府工作大局，确立全市党校系统立项课题，科研工作取得较大突破。全年在省级以上刊物发表论文136篇（市委党校91篇），其中国家级刊物15篇、省级121篇；获全省党校系统优秀科研成果奖4项，其中《泰安城市核心竞争力研究》获一等奖；获泰安市优秀社科成果奖8项，其中《发挥改革在和谐社会建设中的强大动力作用》获一等奖；获泰安市首届优秀社科人才奖1项；科研成果进教材、进课堂的达到9项。课题立项方面，确立全市党校系统立项课题18项，争取省党校各类立项课题12项、省社会科学规划课题1项、市社会科学规划课题5项。贯彻落实“科研立校”的要求，修改完善科研管理制度，有力调动教研人员出精品、出力作的积极性，广大教师积极响应，深入基层，广泛调研，撰写调研报告。市委党校提交的调研报告——《强化泰安市农业区域规模特色，设立和打造中国有机农产品生产加工综合试验区的建议》得到市主要领导批示；《对完善科学发展观的建议》被中央党校《思想理论内参》采用，送中央政治局参阅；调研课题《实施就业援助，落实民生之本——泰安市就业困难群体援助工作调查》在《中国劳动保障报》公开发表。（亓慧亭）

·信访工作·

【概况】　年底，市委、市政府信访局设接访科、办信科、督查科、调研科等6个行政科室及信访局驻京值班工作办公室1个事业科室，有在职人员34人。年内，市委常委会听取信访工作汇报2次，先后召开专题会议5次，分析信访稳定形势，处理重大信访问题，研究制定工作措施。市信访局机关集中开展机关作风建设活动，与中央及省信访系统同步开展“创学习型机关、建高素质队伍”活动，局干部职工思想政治素养和政策理论水平得到提高；选派市直部门优秀年轻干部到市信访局挂职锻炼，进一步提高机关干部做群众工作的能力，实现挂职干部与信访干部“两促进，两提高”。11月上旬，全市信访干部培训班在市军转干部培训中心举办，150余名信访干部参加，就学习贯彻党的十七大精神，以及接访、办信、督查和非正常上访治理等方面问题，邀请省信访局领导、市委党校教授授课，收到良好效果。年末，全市信访系统1人被省委、省政府给予记一等功奖励，3人被省委办公厅、省政府办公厅、省人事厅给予记二等功奖励，4人被省委办公厅、省政府办公厅、省人事厅给予记三等功奖励。市信访局机关被评为市直文明机关。

案件处理　年内，市信访局受理群众来信来访5422件（起），同比上升30%。其中来信3250件，上升17.5%；来访2172起、1.74万人次，分别上升19.2%和46.8%；集体访509起、1.40万人次，分别上升52.3%和56.9%。处理到省上访515起、2955人次，分别上升54.6%和94.8%，其中集体访78起、1965人次，分别上升77.2%和117%。处理进京上访404起、654人次，分别上升7.1%和4.4%，其中集体访12起、161人次，分别上升50%和3.5%。市、县党政主要领导亲自办理信访事项168件，全部按期结案，按期上报率100%。立案督查处理信访事项107件，按期处结87件，办结率为95%。

重点工作　①建立和完善市、县、乡三级领导定期公开接访制度。在市级坚持党政领导周一接访日制度，县（市、区）坚持每月一次领导公开接访和一次领导下访，乡镇每天有1名领导值班接访；市、县直属部门实行每月负责人定期公开接访两次，妥善化解大量的矛盾和问题。②加快推进信访系统信息化建设。配齐配优软硬件设施设备，实现与省及县（市、区）联网，并在全省率先投入使用，得到省信访局通报表扬。全面开通网上信访，群众对办理网上来信的满意率达94%，网上来信数量不断增多。③治理非正常上访。印发《泰安市非正常上访处置暂行办法》《泰安市公安局关于依法处理非正常上访行为的工作意见》，形成以公安部门为主，信访、涉事单位及有关部门配合的联防互动的工作体系。建立健全接待劝返、落实处理责任和稳控责任、依法处置“三线联动”工作机制，从机制和制度上依法妥善解决好非正常上访问题。④开展矛盾纠纷大排查大调处活动。2007年是全国社会矛盾纠纷排查调处年。6月至8月，在全市范围深入开展矛盾纠纷大排查大调处活动，着力解决影响社会和谐稳定的信访突出问题，以及可能引发集体上访、越级上访、非正常上访、群体性事件、重大治安问题的矛盾纠纷和社会不稳定因素。突出抓好重复信访、非正常上访等各类疑难信访问题的集中攻坚，以“事要解决”推动息诉罢访，实现“群众集体上访、重复上访、进京非正常上访明显减少，群众不满意的热点、难点问题明显减少，影响稳定的群体性问题明显减少”的目标。⑤加快推进基层工作创新。年内，总结推出一批基层工作经验，并在全省推广。新泰市在市、乡两级推行建立融调解与治安防范为一体的“平安协会”，泰山区泰前办事处建立完善“以街道矛盾纠纷调解中心为核心，以完善村级调委会组织为网络，以高效的调解队伍为保证，以部门联动、协调配合为组织形式”的矛盾纠纷调处新体系，肥城市汶阳镇实施“依法治村”与“以德治村”相结合的“双治”活动，超前化解农村矛盾纠纷。（李新民）

·接待工作·

【概况】 年底，市接待处机关人员32人（在编在岗29人），设接待科、行政财务科、管理培训科等5个科室，辖御座宾馆1个自收自支事业单位、神憩宾馆（2007年6月由市国资委划归市接待处管理）和天东宾馆2个企业单位。

市接待处突出重点，强化接待，不断提高各项工作水平。①完善规章制度，提升接待水平。严格落实中央办公厅、省委办公厅文件精神，结合自身实际，制订《接待工作规程》和《政务接待工作流程》等制度，对接待活动的各个方面，包括接站、迎宾、食宿安排、会场布置、视察路线等均制定严格的操作程序，做到分工明确、责任清楚、操作规范，杜绝不必要的失误。②加强协同联动，构建高效网络。注重加强与景区、警卫、交通、车站、宾馆、医疗卫生等有关协作单位的联动，注重科学整合接待资源，延伸接待触角，构筑多角度、全方位的立体接待网络，保证重大接待工作的圆满完成。③制定快速反应机制，提高应变能力。根据接待工作的突发性、灵活性特点，建立快速反应机制，迅速制定措施，高效解决问题；及时妥善处理新泰华源矿业公司溃水淹井事故接待工作，坚守在第一线，有效地保证后勤供应，接待服务的各项工作运转有序。④稳妥推进下属单位改制工作。加大工作力度，破解改制难题，积极推进改制工作进展。按照稳定为先的原则，妥善处理改制企业后续工作。

全年接待宾客1812批、1.49万人次，其中党和国家领导人6人次（原国务院副总理钱其琛，中央政治局常委、中央政法委书记罗干，最高人民法院院长肖扬，原中央政治局常委、全国政协副主席杨汝岱，原中央政治局常委、中纪委书记尉建行，全国政协副主席黄孟复），省部级领导220人次，其他宾客1.47万人次。完成2007年亚洲第38届（男子）和第19届（女子）举重锦标赛、2007年海内外知名企业家齐鲁行暨泰安投资合作洽谈会、泰山创建国家AAAAA（简称5A）级景区考评组、泰山争创中国书法名山申报会等重大活动接待工作，并参与“8·17”新泰华源矿业公司溃水事故的善后处理接待工作，协办山东省社会治安综合治理工作会议、全省组织部长会议、泰安市第九次党代会、泰安市落实科学发展观经济工作现场会等大型活动，接待中央和省委考察组及各省、市级党政考察团20余批次。

【御座宾馆】 泰安市委、市政府政务接待的重要场所，三星级旅游涉外酒店，是泰安市对外交流的重要窗口。年内，圆满完成党和国家领导人罗干、尉建行等重大接待任务。全年接待宾客17.73万人次，实现经营收入2562.5万元、利税288万元。强化经营管理，创建“真诚御座”品牌，被山东省质量技术检验监督局等6部门确定为“山东省服务标准化试点单位”。培养造就一批技能人才，屡获国家、省、市大奖，其中1人被授予“山东首席技师”，1人被授予“泰安市首席技师”，1人荣获泰安市技术能手、泰安市青年岗位能手，1人荣获泰安市技术能手、“振兴泰安”劳动奖章。

【神憩宾馆】 泰安市委、市政府政务接待的重要场所，三星级旅游涉外酒店，6月份由市国有资产监督管理委员会划归市接待处管理。曾圆满完成党和国家领导人江泽民、王文元、顾秀莲、周铁农、李铁映、吴仪等重大接待任务。全年接待宾客15万余人次，实现营业收入1048万元、利税82.62万元。加大硬件投入，完善服务功能，争创品牌饭店，斥巨资打造高山四星级酒店新形象；瞄准市场，努力开拓经营空间，精心策划成立泰安市福爱经贸有限公司，托管泰安市委党校餐厅，走出集团化发展的路子。年内，该宾馆总经理荣获第六届“泰安市杰出青年企业家”称号。（聂兆梓）

泰安市人民代表大会

【概况】 年内，市人大常委会积极履行宪法和法律赋予的职责，围绕加强社会主义民主法制建设、构建社会主义和谐社会和建设富裕文明和谐泰安，努力促进经济社会又好又快、更好更快发展。

工作监督 ①围绕经济社会发展中的重大事项开展监督。10月，常委会对市重点项目建设情况进行审议，就有的项目规模小、发展后劲不足、发展环境仍需进一步优化等问题提出建议。常委会第二十九次会议对旅游资源保护开发利用和旅游重点项目建设情况进行审议，就如何对旅游项目建设进行科学论证、搞好市场定位、加快建设提出建议。常委会第三十二次会议上，对交通中长期发展规划编制情况进行审议，提出修改建议，并依法作出决议。②围绕建设生态文明开展监督。常委会先后对市政府及其有关部门实施《人口与计划生育法》《森林法》《土地管理法》《水法》《水污染防治法》《安全生产法》等法律法规开展执法检查；听取审议市政府关于开展建筑节能工作、发展循环经济、生态市建设和创建国家环保模范城市情况的汇报，并分别提出相应的建议和意见。组织开展“泰汶环保世纪行”宣传活动，促进了人口、资源、环境与经济协调发展。③围绕民生问题开展监督。为解决农村孩子上学难问题，常委会对农村义务教育经费落实情况进行视察，视察组重点对学生人均预算内公用经费标准偏低、农村中小学教师工资保障政策尚未全部落实到位等问题提出建议，并提交常委会第二十八次会议进行审议。为促进房地产业的健康发展，常委会对城市房地产管理法进行执法检查，要求政府增加住房有效供给，抓好经济适用房建设，缓解低收入家庭的住房困难。为促进解决农民群众“看病难、看病贵”的问题，常委会听取市政府关于农村卫生工作情况的汇报，并到部分县（市、区）进行调查，对如何改革农村卫生管理体制、优化配置资源、大力推行新型农村合作医疗制度提出相关建议。④围绕保障社会公平正义开展监督。先后听取审议“一府两院”关于开展执法责任制和错案责任追究制情况、城市管理行政执法、社会治安、民事行政检察工作的汇报，听取市政府关于农村教育工作、农村文化建设、农村基层民主建设、基层人民调解、社会保障和劳动就业工作情况的汇报。围绕以权利公平、机会公平、规则公平为主要内容的社会公平保障体系建设进行监督，社会公平和正义得到切实维护和实现。

法律监督　①促进普法教育和依法治市工作。常委会重视加强对依法治市工作的领导，开展形式多样的学法、守法、用法宣传教育活动，提高公民遵纪守法意识和国家机关工作人员依法办事的自觉性。②开展执法检查。先后对《农业法》《职业教育法》《法官法》《山东省宗教事务管理条例》等法律法规实施情况进行执法检查，对执法过程中存在的问题，提出改进意见，并跟踪督办，促进了政府和司法机关严格、规范、公正、文明执法。③加强对全市人大换届选举工作的指导。按照省人大和市委的部署，根据有关法律规定，常委会审议批准全市人大换届选举工作安排意见，成立市选举工作委员会，切实加强监督和指导，县、乡人大换届选举工作依法顺利完成。④依法做好代表工作。5月初，常委会组成执法检查组对代表法和省实施办法进行执法检查，对检查中发现的有些代表执行职务自觉性不高、个别地方保障措施执行不够有力等问题，提出相应建议。加强代表培训工作，采取集中学习、以会代训、专题讲座、现场观摩等形式，加大培训力度，激发代表的履职热情。精心组织代表开展集中视察和专题调研活动，邀请代表列席常委会会议，参加常委会组织的视察、调查和执法检查活动。坚持常委会组成人员分工联系代表制度，重大事项及时向代表通报制度，为代表知情知政提供服务。制定加强人大代表小组建设的意见，召开代表小组建设现场观摩会；为纪念《代表法》颁布15周年，组织开展“五个一”主题活动，即各代表小组集中组织一次《代表法》学习、集中进行一次贯彻实施《代表法》自查活动、集中进行一次专题视察或调查、集中联系一次原选举单位或选民、集中提出一件高质量的建议、意见。

【市十四届人大五次会议】　1月31日至2月4日召开。会议审议通过代市长李洪峰作的《泰安市人民政府工作报告》、市政府《关于泰安市2006年国民经济和社会发展计划执行情况与2007年计划草案的报告》《关于泰安市2006年预算执行情况和2007年预算草案的报告》、市人大常委会副主任李秀兰作的《市人民代表大会常务委员会工作报告》、市中级人民法院院长朱晓峰作的《市中级人民法院工作报告》、市人民检察院检察长胡宗智作的《市人民检察院工作报告》，通过相应的决议。会议批准泰安市2006年国民经济和社会发展计划执行情况的报告和2007年市级预算。会议补选唐家品为市人大常委会副主任，樊玉信为市人大常委会秘书长，李洪峰为市人民政府市长。会议收到代表提出议案20件，经议案审查委员会审查，大会主席团通过《关于加大措施，扶持重大骨干企业做大做强的议案》作为议案处理，其余作建议办理。

【市十四届人大常委会会议】　市十四届人大常委会第二十六次会议1月19日召开。会议审议《关于市十四届人大五次会议筹备工作情况的汇报》《市人大常委会工作报告（讨论稿）》《关于补选代表的代表资格的审查报告》《关于提请补选刘玉功、李洪峰同志为山东省十届人大代表的报告》《关于提请任免市政府组成人员职务的报告》《关于提请任命人民法院审判人员职务的报告》《关于提请批准吴新村、张文芹同志辞去新泰市、东平县人民检察院检察长职务的报告》；会议书面印发市人大常委会关于变更泰安市第十四届人民代表大会第五次会议召开日期的决定（草案）等；通过泰安市人大常委会关于变更泰安市第十四届人民代表大会第五次会议召开日期的决定，原则通过市人大常委会工作报告（讨论稿），市十四届人大五次会议主席团、秘书长名单（草案），市十四届人大五次会议计划预算审查委员会、议案审查委员会名单（草案）；通过了市十四届人大五次会议列席人员范围，市人大常委会代表资格审查委员会关于补选代表的代表资格的审查报告；会议补选刘玉功、李洪峰为省十届人大代表，表决人事任免事项。

市十四届人大常委会第二十七次会议　3月27日召开。会议审议《关于全市交通工作情况的报告》《关于全市畜牧产业发展情况的报告》《泰安市中级人民法院关于全市法院执行工作情况的报告》《关于提请任免市政府组成人员职务的报告》《关于提请任免市中级人民法院审判人员职务的报告》《关于提请任命人民检察院检察人员职务的报告》；表决人事任免事项；会议印发《关于全市交通工作情况的调查报告》《关于全市畜牧产业发展情况的调查报告》《关于全市法院执行工作情况的视察报告》。

市十四届人大常委会第二十八次会议　5月29日召开。会议审议《关于泰安市2006年市级财政决算（草案）的报告》《关于泰安市2006年市级预算执行和其他财政收支情况的审计工作报告》《泰安市人大常委会执法检查组关于检查代表法及省实施办法执行情况的报告》《关于农村义务教育经费落实情况的报告》《关于提请任免市中级人民法院审判人员职务的报告》；通过《泰安市人大常委会关于泰安市2006年市级财政决算的决议》《泰安市人大常委会关于泰安市2006年市级财政预算执行和其他财政收支情况的审计工作报告的决议》；表决人事任免事项；会议印发《关于视察农村义务教育经费落实情况的报告》。

市十四届人大常委会第二十九次会议　7月27日召开。会议审议《关于2007年上半年国民经济和社会发展情况的汇报》《关于2007年上半年全市及市级财政预算执行情况的汇报》《泰安市人大常委会执法检查组关于检查〈文物保护法〉实施情况的报告》《关于全市旅游资源保护开发利用和旅游重点项目建设情况的报告》《关于提请审议农发行泮河综合整治二期工程项目贷款条件的报告》《关于提请任命市人大常委会工作人员的报告》《关于提请任命市政府组成人员职务的报告》《关于提请免去市中级人民法院审判人员职务的报告》《关于提请任免检察人员职务的报告》；会议通过《泰安市人大常委会关于泮河综合整治二期工程项目建设利用中国农业发展银行泰安分行贷款及相关贷款条件的决定》；表决人事任免事项；会议书面印发《关于全市上半年国民经济和社会发展及财政预算执行情况的调查报告》《关于全市旅游资源保护开发利用和旅游重点项目建设情况的调查报告》《市政府对市人大常委会第二十七次会议关于交通和畜牧产业发展情况的审议意见办理情况报告》。

市十四届人大常委会第三十次会议　8月20日召开。会议听取审议并批准《泰安市选举工作委员会关于2007-2008年全市人大换届选举工作安排意见》。

市十四届人大常委会第三十一次会议　9月27日召开。会议审议《泰安市人大常委会执法检查组关于检查〈中华人民共和国消防法〉实施情况的报告》《泰安市人大常委会执法检查组关于检查〈中华人民共和国城市房地产管理法〉实施情况的报告》《泰安市人大常委会执法检查组关于检查〈中华人民共和国农业机械化促进法〉实施情况的报告》《关于全市外事工作情况的报告》《关于提请撤销张期东职务的报告》《关于提请任免市政府组成人员职务的报告》《关于提请任命市人民检察院检察人员职务的报告》；表决人事任免事项；会议印发市政府对市人大常委会第二十八次会议关于农村义务教育经费落实情况的审议意见办理情况报告和市政府、市中级人民法院、市人民检察院对市人大常委会第二十八次会议关于对《代表法》及省实施办法的执法检查报告的审议意见办理情况报告。

市十四届人大常委会第三十二次会议　11月27日召开。会议审议《关于全市重点经济项目建设情况的汇报》《泰安市人民政府关于市十四届人大五次会议代表议案办理情况的报告》《泰安市人民政府关于政府系统办理市十四届人大五次会议代表建议、批评和意见情况的报告》《关于泰安市交通中长期发展规划编制情况的汇报》《市人大常委会主任会议关于提请免去市人大常委会工作人员职务的报告》《关于提请任免人民法院审判人员职务的报告》《关于提请确认市人民检察院人民监督员的报告》；会议印发泰安市第十五届人民代表大会第一次会议的决定（草案），市人大常委会调查组关于全市重点经济项目建设情况的调查报告，市人大常委会人事选举代表工作室关于市十四届人大五次会议以后代表所提建议、批评和意见办理情况的书面报告；通过泰安市人大常委会关于召开泰安市第十五届人民代表大会第一次会议的决定，泰安市人民政府关于市十四届人大五次会议代表议案办理情况的报告，泰安市人民政府关于政府系统办理市十四届人大五次会议代表建议、批评和意见情况的报告，泰安市人大常委会人事选举代表工作室关于市十四届人大五次会议以后代表所提建议、批评和意见办理情况的书面报告，泰安市人民代表大会常务委员会关于泰安市交通中长期发展规划的决议；表决人事任免事项；通过泰安市人民检察院人民监督员。

市十四届人大常委会第三十三次会议　12月17日召开。会议审议《关于市十五届人大一次会议筹备工作情况的汇报》《泰安市人民代表大会常务委员会工作报告（草案）》《关于泰安市第十五届人民代表大会代表的代表资格的审查报告》《泰安市人民检察院关于提请批准刘民等同志任职的报告》；书面印发市十五届人大一次会议主席团、秘书长名单（草案），计划预算审查委员会和议案审查委员会名单（草案）；列席人员范围（草案）；会议原则通过市人大常委会工作报告（草案），市十五届人大一次会议主席团、秘书长名单（草案），市十五届人大一次会议计划预算审查委员会、议案审查委员会名单（草案），决定了市十五届人大一次会议列席人员范围，通过市人大常委会代表资格审查委员会关于泰安市第十五届人民代表大会代表的代表资格的审查报告；表决人事任免事项。

【人事任免】　年内，市人大常委会会议任免市人大常委会机关和“一府两院”干部84人，批准辞职2人，批准任命8人，决定撤职1人。

1月19日，市十四届人大常委会第二十六次会议决定任命张期东为泰安市发展和改革委员会主任，于文龙为泰安市对外贸易经济合作局局长，艾宪淮为泰安市卫生局局长，张韧为泰安市统计局局长；免去孙士杰泰安市发展和改革委员会主任职务，张平泰安市对外贸易经济合作局局长职务，肖力勇泰安市卫生局局长职务，孙兆玲泰安市统计局局长职务；任命陈建萍为泰安市中级人民法院副院长、审判委员会委员、审判员；决定批准吴新村辞去新泰市人民检察院检察长职务，张文芹辞去东平县人民检察院检察长职务。

3月27日，市十四届人大常委会第二十七次会议决定任命苏有森为泰安市体育局局长，刘学保为泰安市安全生产监督管理局局长，免去殷培联泰安市体育局局长职务，左峰泰安市民族与宗教事务局局长职务，马方谟泰安市安全生产监督管理局局长职务；任命孙岱峰为泰安市中级人民法院副院长、审判委员会委员、审判员，免去崔瑞芳泰安市中级人民法院民事审判第三庭副庭长、审判员职务，辛显利泰安市中级人民法院审判员职务；任命戴磊为泰安市人民检察院副检察长、检察委员会委员、检察员，张文芹为泰安市人民检察院检察委员会委员、检察员，吴新村为泰安市人民检察院检察委员会委员、检察员，王福平为泰安市人民检察院检察员，批准任命黄建民为新泰市人民检察院检察长，王敬政为东平县人民检察院检察长。

5月29日，市十四届人大常委会第二十八次会议任命宁方亮为泰安市中级人民法院审判委员会委员，陈学忠为泰安市中级人民法院审判委员会委员，秦勇为泰安市中级人民法院审判委员会委员，吴卫东为泰安市中级人民法院审判委员会委员，高广权为泰安市中级人民法院审判委员会委员，吕华为泰安市中级人民法院审判委员会委员，免去辛德令泰安市中级人民法院审判委员会委员职务，亓新国泰安市中级人民法院审判委员会委员职务，武洪华泰安市中级人民法院审判委员会委员职务。

7月27日，市十四届人大常委会第二十九次会议任命崔锡铭为泰安市人大常委会副秘书长；决定任命白建新为泰安市民族与宗教事务局局长；免去赵正海泰安市中级人民法院刑事审判第一庭庭长职务，刘万生泰安市中级人民法院民事审判第三庭庭长职务，韩启生泰安市中级人民法院执行局执行三庭副庭长、审判员职务，孙景清泰安市中级人民法院审判员职务；任命李玉岭为泰安市人民检察院检察员，免去张培军泰安市人民检察院副检察长、检察委员会委员职务。

9月27日，市十四届人大常委会第三十一次会议决定撤销张期东泰安市发展和改革委员会主任职务，决定任命单建军为泰安市发展和改革委员会主任，程明为泰安市旅游局局长，免去单建军泰安市旅游局局长职务；任命高洪波为泰安市人民检察院副检察长、检察委员会委员、检察员，刘运兵为泰安市人民检察院检察员。

11月27日，市十四届人大常委会第三十二次会议免去孙守珂泰安市人大常委会副秘书长职务；任命朱建国为泰安市中级人民法院副院长，宋克宁为泰安市中级人民法院副院长、审判委员会委员、审判员，吴新安为泰安市中级人民法院审判委员会委员、审判员，陈文生为泰安市中级人民法院刑事审判第一庭庭长，刘军策为泰安市中级人民法院刑事审判第二庭庭长，高广权为泰安市中级人民法院民事审判第三庭庭长，于刚为泰安市中级人民法院执行局执行一庭庭长，裴晓东为泰安市中级人民法院执行局执行二庭庭长，张林为泰安市中级人民法院执行局执行三庭庭长，张宗强为泰安市中级人民法院立案庭副庭长、审判员，刘华为泰安市中级人民法院刑事审判第二庭副庭长，张广乾为泰安市中级人民法院民事审判第一庭副庭长，陈峰为泰安市中级人民法院民事审判第二庭副庭长，魏长青为泰安市中级人民法院民事审判第三庭副庭长，徐献武为泰安市中级人民法院民事审判第三庭副庭长，仉磊为泰安市中级人民法院民事审判第四庭副庭长、审判员，王涛为泰安市中级人民法院审判监督庭副庭长，孙晓燕为泰安市中级人民法院执行局执行一庭副庭长，尹衍春为泰安市中级人民法院执行局执行三庭副庭长、审判员，王华为泰安市中级人民法院审判员，李兴文为泰安市中级人民法院审判员，马汝德为泰安高新技术产业开发区人民法院副院长、审判委员会委员、审判员，张海鹏为泰安高新技术产业开发区人民法院立案庭庭长，宋礼翔为泰安高新技术产业开发区人民法院刑事民商事行政审判庭庭长，吕学东为泰安高新技术产业开发区人民法院执行庭副庭长；免去李连玉泰安市中级人民法院副院长职务，秦勇泰安市中级人民法院刑事审判第二庭庭长、审判委员会委员、审判员职务，高广权泰安市中级人民法院民事审判第四庭庭长职务，侯凯青泰安市中级人民法院立案庭副庭长职务，王涛泰安市中级人民法院立案庭副庭长职务，刘军策泰安市中级人民法院刑事审判第一庭副庭长职务，陈文生泰安市中级人民法院刑事审判第二庭副庭长职务，裴晓东泰安市中级人民法院民事审判第一庭副庭长职务，张林泰安市中级人民法院民事审判第二庭副庭长职务，魏建国泰安市中级人民法院执行局执行一庭副庭长职务，杨福桐泰安市中级人民法院执行局执行一庭副庭长职务，刘养民泰安市中级人民法院执行局执行二庭副庭长职务，魏长青泰安市中级人民法院执行局执行二庭副庭长职务，孙晓燕泰安市中级人民法院执行局执行三庭副庭长职务，马汝德泰安市中级人民法院审判员职务。

12 月 17 日，市十四届人大常委会第三十三次会议批准任命刘民为泰山区人民检察院检察长，姚红秋为岱岳区人民检察院检察长，黄建民为新泰市人民检察院检察长，张怀顺为肥城市人民检察院检察长，彭卫东为宁阳县人民检察院检察长，王敬政为东平县人民检察院检察长。

【人大信访工作】 常委会高度重视人大信访工作，把信访作为联系群众、反映民意的窗口。将法律监督与信访工作相结合，坚持常委会主任、副主任接访和信访情况通报制度，通过健全信访办理制度，落实信访工作责任制，及时进行转办和督办，提高办理成效。全年共接待人民群众来信来访 982 件（次），接待上访群众 1058 人，办结率 89%。

【议案、建议办理】 常委会重视对代表提出的议案及建议、批评和意见的办理工作，对代表提出的议案、建议进行认真研究，制定详细办理方案；采取重点建议督办、邀请有关代表视察、常委会审议等措施，加大督办和协调力度。代表对议案、建议、批评和意见办理的满意率进一步提高。（辛振华）

泰安市人民政府

【重要决策、决定】 2 月 5 日，市政府印发《泰安市专业技术人员继续教育管理规定》。共 6 章 37 条，分别从学习培训、组织管理、经费保障、监督奖惩等方面，就专业技术人员继续教育的有关问题作出明确规定。

3 月 8 日，市政府印发《泰安市“十一五”服务业发展规划纲要的通知》。提出“十一五”期间全市服务业发展要以“扩大内需、扩大就业、扩大财源”为目标，按照“政府引导、市场运作、企业经营、社会参与”的原则，以市场化、产业化、社会化为方向，创新发展思路，改革体制机制，优化发展环境，进一步强化旅游业龙头地位，拓展生产性服务业，丰富消费性服务业，努力构建与经济强市和旅游城市定位相适应的高增值、强辐射、广就业的现代服务业产业体系，实现服务业发展速度高于经济增长速度，服务业增加值占生产总值的比重、服务业从业人员占全社会从业人员的比重不断提高，服务业对经济增长的贡献率明显增强。力争到 2010 年，全市服务业增加值达到 580 亿元，年均增长 16%，占全市生产总值的比重提高到 37% 左右，服务业从业人员占全社会从业人员的比重达到 35%以上。

3 月 10 日，市政府印发《泰安市政府投资建设项目跟踪审计实施细则》。共 5 章 31 条，分别从审计程序、内容、审计报告等方面对加强市政府投资建设项目跟踪审计的有关问题作出明确规定。

3 月 13 日，市政府印发《关于进一步加强城市节约用水工作的通知》。要求按照“总量控制、定量供应、分类计价、超量加价”的原则，通过抓源头、抓设施、抓准入、抓机制，全面优化并严格落实各项城市节水措施，形成全覆盖、多举措、严管理的城市节水管理体系。力争实现“十一五”期间，全市城市新增用水需求一半靠节水解决；城市计划用水与定额管理率达到 95%以上；万元 GDP 取水量低于全国平均值 40%；全市工业用水重复利用率大于 75%；节水器具普及率达到 100%，城市供水管网漏损率降低到 12%以下，城市再生水利用率超过 20%；全市基本完成城市居民用水一户一表改造；创建省级和国家节水型城市。

3月13日，市政府印发《关于进一步加强消防工作的意见》。针对消防工作中存在的问题，提出通过构建“政府统一领导、部门依法监管、单位全面负责、群众积极参与”的消防工作格局，进一步加强公共消防设施规划建设、公安消防部队灭火和抢险救援能力建设，大力发展多种形式的消防队伍，坚决整治和消除重大火灾隐患，广泛开展社会消防宣传教育培训等措施，有效预防火灾事故，最大限度地减轻火灾危害，保障公共安全，为建设“平安泰安”、构建和谐社会创造良好的消防安全环境。

4月17日，市政府印发《泰安市行政执法案卷评查办法》。共3章20条，就行政执法案卷评查的程序和内容等有关问题作出明确规定。

4月17日，市政府印发《泰安市行政执法责任追究办法》。共5章44条，分别从应承担行政执法责任的执法行为、行政执法责任的划分及追究形式、追究程序等方面对行政执法责任追究的有关问题作出明确规定。

4月24日，市政府印发《泰安市封山育林管理办法》。共30条，就封山育林工作的有关问题作出明确规定。

4月24日，市政府印发《泰安市泰山赤鳞鱼保护管理办法》。共6章41条，分别从保护区管理、种质资源保护、养殖与经营、监督检查等方面就泰山赤鳞鱼保护的有关问题作出明确规定。

5月14日，市政府印发《关于加强“十一五”期间市级财源建设的意见》。明确了“十一五”期间市级财源建设的指导思想、总体要求、任务目标、工作重点和保障措施等，要求通过大力发展市级财源建设，实现“十一五”期间市级地方财政收入年均增长15%，力争达到20%；到2010年，税收收入占地方财政收入的比重力争达到全省平均水平，其中来自高新技术产业、现代服务业的税收占市级税收的比重达到35%以上；培植年实缴税金超过5000万元、1亿元和5亿元的企业分别达到4家、8家和1家；驻泰30强工业企业和10户非工业重点企业实现利润占全部企业实现利润的比重达到75%以上，上缴税金占全部企业上缴税金的比重达到70%以上。

5月25日，市政府印发《泰安市规范涉及企业收费行为的暂行办法》。共6章16条，分别从收费备案、备案管理、中介机构涉企收费管理、收费规定等方面对规范涉及企业收费行为的有关问题作出明确规定。

6月8日，市政府印发《关于加强和改进社区工作的意见》。明确了加强和改进社区工作的指导思想、基本原则和目标任务，要求通过进一步加大政府投入，加强社区基础设施建设，理顺社区管理体制等措施，努力提高社区工作水平，建设“居民自治、管理有序、服务完善、治安良好、环境优美、文明祥和”的和谐社区。

6月8日，市政府印发《泰安市城市停车场（位）规划建设和停车秩序管理办法》。共7章46条，分别从规划与建设、停车场管理、道路停车泊位设置与管理、停车秩序管理、监督检查等方面对城市停车场规划建设的有关问题作出明确规定。

7月11日，市政府印发《关于推进民营企业产学研工作的意见》。提出通过培育技术产权交易市场、建立产学研联合研究基地、开展产学研活动、培育产学研联合示范基地和示范点、加快推进产学研人才队伍建设等措施，力争两年内使全市规模以上民营工业企业每家至少与1所高等院校、科研院所建立科技合作关系；3年内使全市规模以上民营工业企业每家建立1所科研开发机构，至少聘请1名高科技人才，转化一项高新技术成果，使全市企业与高等院校、科研院所联建或自建的科研开发机构达到1000家以上，引进高科技人才1000人以上，转化高新技术成果1000项以上，发展高新技术企业50家以上。

8月14日，市政府印发《泰安市取水许可管理办法》。共5章27条，分别从申请与受理、审查和决定以及监督管理等方面就取水许可的有关问题作出明确规定。

8月22日，市政府印发《泰安市节能减排综合性工作实施方案》。要求通过控制增量、调整存量，加大投入，健全法制、完善政策，落实责任、强化监管等措施，扎实做好节能降耗和污染减排工作。到2010年，万元生产总值能耗由2005年的1.50吨标准煤下降到1.16吨标准煤，降低23%；万元工业增加值取水量由2005年的32.11立方米下降到19.27立方米，降低40%；二氧化硫（SO2）总排放量由2005年的9.67万吨减少到7.60万吨，减少21.4%；化学需氧量（COD）总排放量由3.16万吨减少到2.59万吨，下降18.2%；城市和县城污水处理率不低于70%；工业固体废物综合利用率达到95%以上。

8月23日，市政府印发《关于做好被征地农民就业培训和社会保障工作的意见》。要求通过加强被征地农民就业和培训工作，建立完善被征地农民社会保障制度，加强社会保障资金筹集和管理等措施，切实做好被征地农民的就业培训和社会保障工作，保障被征地农民的合法权益。

9月21日，市政府印发《泰安市城区城镇居民基本医疗保险实施细则》。共6章33条，分别从筹资标准、登记交费、保险待遇、医疗服务管理等方面对城区城镇居民基本医疗保险的有关问题作出明确规定。

9月21日，市政府印发《泰安市城镇居民基本医疗保险实施办法》。共8章42条，分别从保障范围及对象、基金筹集、保险待遇、医疗服务管理、基金管理与监督、法律责任等方面就城镇居民基本医疗保险的有关问题作出明确规定。

10月7日，市政府印发《泰安市安全生产监督管理办法》。共7章48条，分别从职责划分、责任与方式、内容与措施、应急救援、奖惩与责任追究等方面就安全生产监督管理的有关问题作出明确规定。

10月12日，市政府印发《泰安市政府信息公开管理办法》。共5章34条，分别从公开范围和内容、公开方式和程序、监督检查等方面对政府信息公开的有关问题作出明确规定。

10月12日，市政府印发《关于免除城市义务教育阶段学生杂费的通知》。决定从2007年秋季开学起全市所有义务教育阶段学生全部实现免费教育。收费标准要求按《山东省人民政府办公厅关于在全省义务教育阶段学校试行"一费制"收费办法的意见》（鲁政办发〔2004〕65号）规定执行，即城市初中每生每年370元，城市小学1至2年级每生每年200元，3至6年级每生每年260元。免除学生杂费所需经费由市（含省财政对泰安市的补助，下同）、县（市、区）共同承担，其中：市属学校由市级承担；新泰市、肥城市、泰山区、岱岳区、市高新区所属学校由市、县（市、区）按6：4比例分担。

10月18日，市政府印发《泰安市城市供水管理办法》。共6章37条，分别从规划和建设、供水经营和用水管理、供水设施维护以及监督管理等方面就城市供水管理的有关问题作出明确规定。

10月25日，市政府印发《泰安市农村居民最低生活保障暂行办法》。共6章30条，分别从低保对象及家庭收入的确定、办理程序、资金筹集与发放、监督管理等方面就全市农村居民低保的有关问题作出明确规定。

11月6日，市政府印发《泰安市城市节约用水管理办法》。共5章27条，分别从城市用水计划、节水措施、监督管理等方面就城市节约用水管理的有关问题作出明确规定。

11月16日，市政府印发《泰安市服务业发展引导资金管理办法》。共7章24条，分别从使用范围与方式、项目申报、审批下达、项目和资金管理等方面就服务业发展引导资金管理的有关问题作出明确规定。

12月11日，市政府印发《关于加强企业工资宏观调控建立健全职工工资正常增长机制的通知》。要求按照"市场机制调节、职工平等参与、企业民主分配、政府监控指导"的原则，建立健全以按劳分配为主体、以工资指导线为依据、以工资集体协商为决定方式，兼顾效率和公平、市场调节与政府调控相结合的企业工资宏观调控体系；依法规范企业分配行为，理顺分配关系，引导企业在发展生产和提高经济效益的基础上，合理增加职工工资，逐步健全劳资共决、兼顾并重、调高保低、同工同酬、公平公正的企业工资分配机制。到"十一五"末，生产经营正常企业全部建立工资集体协商制度，效益增长的企业全部实现以工资指导线为依据增长工资，劳动力市场工资指导价位各类工种原则上实现全覆盖，基本建立起与经济发展水平相适应、符合全市实际的企业工资宏观调控体系和工资正常增长机制，企业在岗职工平均工资年增长达到10%以上。

12月14日，市政府印发《泰安市经济适用住房管理暂行办法》。共6章38条，分别从建设、分配、管理、监督等方面就全市经济适用住房的有关问题作出明确规定。

12月27日，市政府印发《关于解决城市低收入家庭住房困难的实施意见》。提出解决城市低收入家庭住房困难的指导思想、总体要求和基本原则，要求以城市低收入住房困难家庭为对象，进一步完善城市廉租住房制度，改进和规范经济适用住房制度，加大旧住宅区改造力度。到"十一五"末，基本解决人均住房建筑面积10平方米以下低收入家庭的住房困难，使低收入家庭住房条件得到明显改善。

12月27日，市政府印发《泰安市国有土地使用权出让收支管理实施办法》。共7章38条，分别从征收管理、使用管理、收支科目管理、预决算管理、监督检查等方面就国有土地使用权出让收支的有关问题作出明确规定。

（李天波　张仁新）

【政府调研】　年内，市政府调研室围绕全市改革开放、经济建设和社会发展中带有战略性、全局性、关键性的重大问题及广大群众普遍关注的热点、难点问题，积极开展调查研究，参与政务，搞好服务，为领导决策发挥参谋助手作用。①坚持精益求精，优质高效，认真做好文字材料起草与审核把关工作。高标准、高质量地完成《政府工作报告》和全市经济工作会议、环境保护大会、农村工作会议、东平湖防汛工作会议、上半年经济形势分析会、全市城乡环境综合整治动员大会等重要会议和各类专业会议领导讲话、汇报、致辞、署名文章等各类文字材料150多份，有效文字量80多万字。②坚持实事求是，突出重点，深入开展调查研究，认真撰写调研报告，及时为领导科学决策提供可靠、翔实依据。先后有针对性地组织开展或参与全市金融业发展情况调研、全市大项目建设情况调研、为民要办的12件实事筛选和跟踪调研、国有资产管理与改革调研、乡村人才“空心化”调研等综合调研或专题调研10余次，撰写调研报告或理论性文章10万余字，多数调研成果得到领导肯定，进入领导决策或被领导讲话、政府文件采用。其中，《泰安市发展农村新型专业合作经济组织情况调研》和《泰安市乡村财源建设调查报告》分别荣获2007年度全省政府系统优秀调研成果一、二等奖；《立足新起点，开启新征程，加快推进“富裕文明和谐”泰安建设》《全市大项目建设情况调研与思考》《泰安市发展农村新型专业合作经济组织情况调研》《泰安市乡村财源建设调查报告》分别在《市长参考》《山东经济战略研究》等省、市以上刊物发表。③坚持特事特办，急事先办，按时完成领导交办的其他各项工作。参与全市应急和安全生产有关文件材料的起草工作，圆满完成12期全市经济运行情况通报的调度、编发，以及与《中国城市年鉴》《市长参考》等刊物的联络和文稿编撰工作。（耿洪义）

【人大代表建议、政协提案办理】 2007年，市政府系统共承办省十届人大五次会议代表建议8件、省政协九届五次会议提案3件，市十四届人大五次会议代表议案1件、建议62件，市政府十届五次会议提案180件，均按规定的时限要求高质量地办理完毕，按期办结率100%，面复率91%，满意率99%。（连军波）

【信息工作】 全年编发大范围政务信息106期，计1900条；《信息参阅》15期，计68条；《每日快报》249期，计1008条；《信息专报》36期，市领导批示21条；上报省政府办公厅信息1215条，被采用105条，省领导批示6条；上报国务院办公厅信息86条，被采用6条。年内，被国务院办公厅评为“全国政务信息工作先进单位”，被省政府办公厅评为“全省政务信息工作先进单位”。（唐衍刚　周小龙）

【电子政务】 2007年，对政府门户网站进行全面升级改版。新版“中国泰山信息网”共设置“走进泰安、信息公开、中华泰山、公民版、旅游版、企业版、投资版”七大栏目，拥有“政务类、网上办事类、互动交流类”等一级栏目105个、二级栏目372个、三级栏目800个。包含网页3万多个，存储各类资料2.5GB。全市政府部门网站建设率达到70%，跨入全省先进行列。2007年，泰安市被评为“全国政府信息公开先进单位”，并被列为山东省信息公开示范点。（宋西军）

【“12345”便民服务电话】 2007年，市政府便民服务电话受理中心共受理群众来电、来信8.7万件。其中，有效来电和网络信件2.3万件，涉及群众生产生活的1.9万个实际问题得到解决，综合满意率达到99%以上。年初，市政府便民服务电话受理中心承担了“市长电子信箱”群众来信的办理工作。6月，“12345民生直通车”网站面向社会开通，构建起语音、信箱、网站三位一体的立体式服务平台。年内，市政府便民服务电话受理中心被团市委授予“青年文明号”。（董　光）

【行政审批服务】 2007年，市行政审批服务中心（以下简称中心）紧紧围绕全市经济社会发展大局，不断提高审批服务质量和效率，积极为公民、法人和其他组织提供方便、快捷的服务。全年组织各窗口办理各类审批和服务事项22.3万件，比上年增长57%；组织各类收入6.6亿元，增长13%，其中城市基础设施配套费9600万元，增长82%。年内，中心被授予省级“文明单位”称号，被评为全省行政审批服务工作先进集体。

网络审批平台建设　按照市政府《政府工作报告》要求，建立以审批服务为核心，以政府监管为重点，多级互动的审批管理网络和一站式审批应用系统，包括内网、外网、统计分析和监督考核、业务系统管理和数据交换等4个平台。①服务形式多样。实现申请行政许可需提报材料、条件、办理程序等的在线查询，申请表格或申请书规范文本在线下载，行政许可事项在线提报预审，事项办理情况在线查询，事项办结后的即时短信通知，申请人与窗口工作人员及中心机关人员的在线交流等。②内部运转效率提高。建立网络办理制度，初步实现窗口、科室和部门领导审核签批意见的网络传递，节约了内部运转时间。③体外循环问题有了技术防范。通过网络技术实现对每个审批服务事项的运转流程、办理时限、收费标准等程序化控制，对违规办理及收费程序不予默认。④监督工作进一步加强。通过申请人网络投诉、“评价器”现场评价，中心网络视频监督、市监察局监控终端直接监督窗口服务行为等形式加强监督工作，每月由网络程序将申请人对窗口服务的“一事一评”结果自动统计出评议结果，使监督考核的公正性和科学性进一步增强。

业务流程整合　①精简办事环节。重新梳理进驻大厅的424项事项的办理程序，将部门承诺时限分解到事项办理的每一个环节，并明确每一环节的办理时限和责任人员，本着实事求是的原则精简掉不必要的办事环节，使部门承诺办理时限在原来的基础上压缩了1/3，比法律法规规定的办理时限缩短 70%。②推行并联审批。将适合并联审批的 18 个方面的 102 项许可事项纳入并联审批流程，重点突出企业注册登记和建设项目并联审批。③企业注册登记。由市工商局窗口牵头负责，共享企业注册申请基本信息，实现了企业注册信息“一表通”，内、外资项目设立由原承诺的 21、27 个工作日，分别压缩到 14 个工作日，办理时限压缩 33.3% 和 48.1%。④基本建设项目审批。由中心报建窗口牵头负责，对规划审批完成后的 14 个审批环节全部实行并联办理，将基本建设项目审批承诺时限由 51 个工作日压缩到 30 个工作日，办理时限压缩了 41.1%。同时，在基本建设项目审批程序中还设置了网络预审程序，先对项目报件进行审核，然后收取规费，交纳相应费用后颁发证照。年内，中心共受理基本建设项目 320 项，建筑面积 470 万平方米，受理内资企业注册 418 家，注册资金 7.29 亿元，外资企业 37 家，注册资金 8040 万美元，全部按并联审批模式办理。

业务协调监督　①监督管理。按照中心《考核管理办法》，对窗口单位和窗口人员实行日常积分考核，每月逐窗口抽查审批业务档案，对“体外循环”实行一票否决，发现违规办理，严格按《考核管理办法》和有关规定处理。②收费管理。对所有收费项目，进一步明确收费依据、标准和办理程序，规范收费。对建设项目各项规费严格把关，有政策依据的“对号入座”及时兑现；属城市拆迁、改造、建设占地需要补偿的，按政策及时补偿；属于招商引资或重点建设项目需要减免的，严格按程序上报政府常务会议研究确定。年内，中心按照政策共落实减免各种政府规费近 9000 万元。同时，加大规费征收力度，对没有按规定足额交纳规费的建设单位，一律不发放规划许可证、施工许可证和建设工程放线通知单；对原欠交规费新报建项目的单位，要求必须还清原欠款后再受理新项目，避免了政府收益流失。③检查考核。根据市政府办公室《关于对进驻市行政审批服务中心部门单位行政审批服务工作检查考核的实施方案》(泰政办机发〔2007〕204 号）要求，对进厅部门（单位）及其窗口的项目进厅、部门授权、事项办理、窗口人员选派等 4 个方面的情况逐项进行检查考核，将检查考核成绩与中心对窗口日常考核成绩按要求报送市监察局和市直机关工委，作为市直部门行政效能考核和文明单位评比考核的重要依据，占 20%分值。④全市行政审批服务整体格局初步形成。加强对各县（市、区）行政审批服务工作协调和业务指导，开展县(市、区）审批服务工作调研，推荐县级全省行政审批服务工作先进集体；结合网络审批服务平台建设，对市行政审批服务中心网络审批平台与各县（市、区）审批（服务）中心网络连接进行部署，要求全市统一网络审批管理系统软件，配齐设备和技术人员，实现县（市、区）审批（服务）中心数据的统计分析和上报事项的上报审批，初步形成全市行政审批服务整体格局。

服务标准化建设　按照服务标准化评估标准，结合政务公开，在进厅审批服务事项的各个办理环节，明确公开服务的标准和尺度，建立行政审批服务标准体系，使行政审批服务事项、依据、申报材料、办理程序、承诺时限、收费标准、服务窗口、行为规范、工作监督考核等均有明确的标准可依。全面推行政务公开，编制信息公开目录和具体内容，除涉密资料及单位内部事务外，对部门职责、领导分工、科室设置、制度规定、工作动态等内容分 4 大类进行明确，并将公开目录和内容在中心内、外网公开。

年底，在 92 名窗口人员中，有党员 67 人、科级以上干部 29 人，其中 5 个窗口配备了实职正科级干部。市行政审批服务中心《考核管理办法》，对进厅窗口单位和工作人员分别实行月度百分和年度积分考核，由网络系统每月自动生成窗口和窗口人员考核分数，自动统计、分析考核数据，每月确定“红旗”窗口和先进个人，每季度确定规范化窗口和共产党员先锋岗，年终确定优胜窗口和先进个人。有 21 个窗口被授予“红旗”窗口，55 人被评为先进个人，14 个窗口被评为规范化窗口，6 人次被评为共产党员先锋岗。

(赵代胜)

【市直机关事务管理】　2007 年，市直机关事务管理工作以“管理科学化、保障法制化、服务社会化”为方向，以构建和谐机关后勤为目标，以改革创新为动力，强化措施，严格管理，狠抓落实，各项工作目标全面完成。注重加强机关组织建设，制定《廉政文化进机关活动实施方案》，逐级签订《党风廉政建设责任书》，机关事务工作作风明显转变；继续开展创建“五型”机关、“三优一满意”、争做“优秀公仆，文明市民”等活动，深入推进文明机关建设；积极开展慈善捐助活动，全年捐款 4.3 万余元。年末，被评为“市级文明机关”、“安全生产先进集体”、“工会工作先进集体”、“党员教育先进单位”和“消防工作先进单位”。

安全生产　投资 150 余万元对市政中心监控设施进行全面改造升级，整合各类安全监测资源，提高技防手段；建立健全各类突发事件处置预案，完善安全工作制度和机制，安全预警和应急处置能力得到提高；逐级签订安全责任书，及时排查各类事故隐患，安全生产、治安保卫、生活保障未发生任何安全问题，车辆行驶未发生重大安全责任事故。

日常管理与服务　严格制度，强化监管，集中办公区及机关宿舍区的卫生保洁、设备维护、会务服务、生活保障等物业管理工作保持较高水平；实施财务收支分类改革，强化软件基础建设，财务结算管理工作渐趋规范科学，办公用品保障能力明显增强；严格管理，科学调度，车辆服务保障能力稳步提升；健全工作制度，创新工作机制，物资采购及国有资产管理工作规范有序。年内共实施动力及房产设施设备规模以上维修50余次，提供大中型会务及各类活动服务200余次；办理各类收支1.5万余笔、9.6亿元，提供办公用品服务300余万元；提供车辆服务16万余台次、680万余公里。

节能降耗　制定节能降耗工作实施方案，进一步加强对水、电、气等资源的管理，落实招标采购、以旧换新、修旧利废、定额发放等规章制度，坚持资源重复利用和循环利用，严格按标准收缴水、电、暖等各项费用，有效杜绝“跑、冒、滴、漏”现象。全年节电12万度，节水9千立方米，节气1千立方米，节约办公用品等购置费约60万元，共计节约经费约81万元。

项目建设和招商引资　市直机关宿舍区的房屋整修、垃圾处理设施改造、道路改造任务全面完成，集中办公区的绿化美化、环境整治、生活服务中心配套设施建设取得新成效；汽修中心运转良好，周转房建设工程进展顺利。年内，引进到位资金150万元，完成年度考核目标。（明立东）

·政府法制工作·

【概况】　年内，市政府法制办积极开展执法监督协调，认真办理行政复议应诉、信访复核、综合性调研、涉法事务论证和规范性文件的起草与审核工作，为构建富裕文明和谐泰安提供了有力的法制保障。年底，荣获全省政府法制系统先进单位和市直文明机关荣誉称号。

推进依法行政　年初，召开全市依法行政工作会议。3月，市政府印发《2007年依法行政工作要点》（泰政发〔2007〕8号），对2007年的依法行政任务分8个方面、31项具体要求进行分解。年末，对要点贯彻情况进行调度，督促各相关部门依法行政的工作开展情况。11月16日，全市推进依法行政工作会议召开，印发《关于进一步加强依法行政工作的意见》（泰政发〔2007〕69号），对市、县政府及所属部门进一步加强依法行政工作提出明确要求。各级各单位加大依法行政的宣传力度，推进政府法制信息化建设，实现政务公开。

规范性文件制定　年内，围绕突出经济建设、优化经济发展环境，关注民生、健全完善社会保障体系，节能减排、保护生态，加强生产安全、公共安全管理，加强城市规划建设管理，规范政府行为、加强政务公开等制定规范性文件，全年制定规范性文件84件（政府令9件、市政府规范性制度及政策性文件31件），完成上级机关征求意见的文件和审核修改市直部门的文件44件；积极争取省政府立项，印发《泰山风景名胜区服务项目经营特许办法》。加大对规范性文件的备案工作，年内对各级各部门的规范性文件进行自查、督查，集中抽查4个县（市、区）和8个市直部门，查阅文件240多件。

法制监督协调　推行行政执法责任制，印发《泰安市人民政府关于推行行政执法责任制的意见》，公布市级“权力清单”，有83个行政执法主体负责实施行政执法权5489项，涉及行政执法依据1254部。印发《泰安市行政执法案卷评查办法》（政府令【第120号】）和《泰安市行政执法责任追究办法》（政府令【第121号】）。开展行政处罚自由裁量权的规范工作，将46个部门3441项带有自由裁量权内容的行政处罚依据细化为9257项。对《行政许可法》的贯彻实施情况进行监督检查，对行政审批项目进行清理，增加行政许可项目1项、非行政许可项目2项，取消许可项目35项、非行政许可项目25项，合并和变更7项，以泰政发〔2007〕88号文件的形式向社会发布。检查市级部门的行政处罚和行政许可案卷，组织案卷评查。对泰城重点建设项目涉及的拆迁“钉子户”问题调研论证，依法对案件的执法主体、执法依据、执法程序进行明确界定。加强行政执法培训工作，12月，组织市直240名新上岗执法人员进行公共法律知识的培训和考试，对全市1.10万余名行政执法人员、352名行政处罚听证主持人进行资格年审。

行政复议、应诉和信访复核　贯彻落实中共中央办公厅、国务院办公厅《关于预防和化解行政争议健全行政争议解决机制的意见》，国务院《行政复议法实施条例》和全省行政复议工作会议精神，充分发挥行政复议层级监督的作用。对重大、复杂、群众关注的案件，通过公开听证、当面核实等多种方式，增强行政复议的透明度和公信力；对涉及行政执法自由裁量权或者人民群众民事权益的案件，在不损害国家利益、公共利益和他人合法权益的前提下，采用调解、和解的方式，妥善化解行政争议。全年受理行政复议案件308件，审结286件，未结22件。审结的案件中，维持178件，撤销、变更30件，撤回申请19件，其他方式结案59件。市政府受理行政复议案件40件，审结36件；审结的案件中，维持20件，变更5件，撤销2件，终止9件。

省政府复议市政府颁发的国土使用证案1件，省政府作出维持的决定。做好行政应诉工作，各级行政机关主动配合和支持人民法院的审判工作，积极落实行政机关法定代表人行政诉讼出庭应诉制度。年内，全市行政应诉案件208件，审结187件，未结21件；审结的案件中，维持81件，撤销、变更17件，撤诉30件，其他方式结案59件；代市政府应诉6件。做好信访复核工作，全年依法办理信访复核案件27件，有效化解了社会矛盾。

调查研究　年内主要开展国有企业改制政策落实情况的调研、加快项目建设进度提高建设项目审批效率的调研、建立健全行政执法人员资格制度的调研以及城市停车场管理、洗车场管理、泰山玉管理、土地招拍挂、工程招投标等调研题目14个；完成泰城部分重点建设工程的房屋拆迁问题的论证、北京中信瑞星思达旅游开发公司与市旅游经济开发区合作的合同论证、加拿大米兰集团与市旅游经济开发区合作的合同论证、徂徕山狩猎场项目的合同论证、《关于授权市建设局与泰安清源水务有限公司签署第一污水处理厂特许经营合同的请示》的审查工作；赴滨州市就加快项目报建进度、提高建设项目审批效率等问题进行考察学习。此外，先后召开了调整征地地面附着物和青苗补偿标准、泰山门票提价、泰城自来水水价调整等听证会。（张　尧）

·人事工作·

【概况】　2007年，市人事局以“服务质量建设年”活动为总抓手，以提高服务能力、服务质量和服务水平为重点，深入实施公务员法，促进人才资源开发，逐步深化事业单位改革，完善机构编制管理，加强人事人才公共服务体系建设，各项人事工作取得新进展、新成绩。立足人事工作实际，着力打造“高效阳光和谐人事”服务品牌，市人事局机关连续五年被评为省级文明机关。加强服务能力建设，举办专题讲座16期；印发《泰安市人事系统文明服务规范》，明确文明用语和工作禁语；印发“服务质量建设年”活动和政风行风工作考核《实施细则》，把全市人事系统各单位及干部职工全部纳入考核范围；自觉接受监督，从各级人大代表、政协委员，以及市直企事业单位聘请人事系统特邀监督员20名。

【人才资源开发管理】　①人才引进。组织136家用人单位参加各类毕业生就业“双选会”40余场，顺利完成“511引才引智工程”提出的目标任务。2003～2005年，全市引进培养各类人才智力2.60万人次，其中博士、硕士504人，本科毕业生1.37万人，国内中高级人才智力1.15万人次，外国专家251人次。②人才培养选拔。年内，山东华阳科技股份有限公司闫新华被批准享受国务院特殊津贴，泰安航天特种车有限公司李基恒、泰山玻璃纤维股份有限公司呼跃武获得2006年度山东省有突出贡献的中青年专家称号，总数分别达到49名和8名。泰安市中医医院赵学印、王光辉被授予“山东省名中医药专家”称号。经省人事厅批准，泰安市聘任的首位院士蔡道基获得总额14万元的政府津贴和科研补助经费。③专业技术职务资格评审与人事考试。推行职称评审社会化，经过评审，全市有622名专业技术人员获得高级职务任职资格，1455名专业技术人员获得中级职务任职资格。继续在全市开展民营建筑工程职称评审工作，对1100份民营建设职称材料进行评审，857人通过。整合各类考试报名时间，集中开展人事考试报名周活动。在全省率先建立报名信息网上核对制度。全年组织各类人事考试43种，参考人员3.5万人。④高层次人才载体建设。加强泰山玻纤、华阳农药、肥城阿斯德和飞达化工等4家企业博士后科研工作站的建设管理工作，累计招收博士后9人，出站3人，完成科研项目14个，取得科研成果10项，获得专利6项，4名博士后获得山东省博士后科研项目择优资助8万元。加强市林业科学院、泰山玻璃纤维股份有限公司、岱岳区板栗、肥城市瓜菜、新泰市奶牛繁育和东平县淡水养殖等6处省级引智成果示范园建设。组织参加晋冀苏鲁豫皖引智成果精品展示会，发放宣传材料3万余份，达成协议60余项。

【人才市场建设】　全市举办招聘市场62场（次），进场招聘单位3600余家，接待求职人员4万余人次，提供就业岗位1.5万个，达成就业意向1.3万人；举办泰山玻璃纤维股份有限公司招聘专场，提供就业岗位200余个。泰安人才网单位会员达到5249家，个人会员3.57万人，访问量70万人次，“用人单位招聘信息库”和“毕业生求职信息库”入库量分别达到1500余家、6000余条和近万人次。发放《泰安市企事业单位人才需求信息》5000余册，在《泰安广播电视报》上刊发招聘信息50期，1000余家单位提供岗位8000余个；在泰安人民广播电台播发招聘信息1000余条；在人才市场招聘大厅大型电子显示屏上发布用人信息9700余条。全市新增代理单位79家、人员4243人，代理人员总数达到1.67万人；探索开展代理人员年度考核工作，对172家单位的2810名代理人员进行初次年度考核。做好流动党员管理服务工作，流动党员党支部党员总数达到393人，召开流动党员支部大会，为41名预备党员办理转正手续。

【公务员管理】 会同组织部门，坚持组织登记和依法登记，平稳有序地完成公务员登记工作，全市登记公务员1.30万人；对符合登记条件的人员，确定职务与级别，并进行工资套改。顺利完成群团机关参照管理工作，稳步推进事业单位参照管理工作。省人大执法检查组和全省实施公务员法检查组对全市公务员法实施工作给予高度评价。坚持“凡进必考”，努力提高考录工作的规范化、科学化水平，2007年，全市9564人报考公务员，招录185名。

【考核】 参加2006年机关事业单位年度考核2.28万人，占应考核人数的99.8%。其中，机关人员5309人，事业单位人员1.74万人，工勤人员450人。经考核，机关人员被确定为优秀等次988人，称职等次4247人，未定等次74人；事业单位工作人员被确定为优秀等次2760人，合格等次1.45万人，不合格等次6人，未定等次167人。完成2006年度县、乡3项重点工作的考核任务，并提请市委、市政府进行表彰。部署安排2007年全市重点工作的考核表彰，将对固定资产投资的考核调整为对项目建设与投资的考核，将服务业和招商引资纳入考核内容，将“节能降耗”纳入一票否决范围。

【行政任免和奖惩】 全年办理市级表彰奖励事项56项，表彰先进集体802个，先进个人1688名；推荐省级以上先进集体54个，先进个人145名。审核办理辞职备案100人次。代市政府办理人事任免202人次。

【机关事业单位工资福利】 周密部署，稳妥地推进公务员、事业单位工作人员工资分配制度改革和离退休人员增加离退休费工作。市直机关事业单位套改审批2.13万人，其中机关4863人，事业单位1.65万人，人均月增资317元。为市直机关事业单位的6336名离退休人员兑现增加的离退休费，人均月增330元。年内，共为市直机关事业单位6097人次办理工资福利审批手续。完成2006年年终一次性奖金发放的审批工作，市直1.05万名工作人员享受年终一次性奖金。会同有关部门，做好全市津贴补贴清理工作。

【离退休干部管理与服务】 认真落实到龄退休政策，全年为365名市直机关事业单位工作人员办理退休手续，为379名退休人员颁发退休证；为749人办理退休费变动手续；为7名退休人员落实特殊贡献待遇；为6名市级以上劳动模范审批劳动模范荣誉津贴；为58名去世人员的遗属办理享受生活困难补助手续。印发《关于调整遗属生活困难补助标准的通知》，为市直机关事业单位工作人员的539名遗属办理调整困难补助审批手续。做好老干部服务工作，元旦、春节期间开展走访慰问退休干部活动。做好机关事业单位伤病残鉴定工作，全年鉴定87人，其中60人被鉴定为完全丧失劳动能力。

【干部教育培训】 印发《“十一五”行政机关公务员培训规划》（泰政办发〔2007〕23号），开展公务员初任、任职、专门业务及更新知识培训，全年举办各类培训班78期，培训公务员4932人次，派出国（境）培训45人次。印发《泰安市专业技术人员继续教育管理规定》（政府令第【119】号）和《泰安市“十一五”专业技术人员继续教育规划》（泰政办发〔2007〕23号），健全完善专业技术人员继续教育相关工作制度。组织开展科学技术与能力创新公共科目培训，全市3.4万名专业技术人员参加。首次尝试对部分市直参训骨干进行脱产培训，举办培训班两期，培训220人。

【军队转业干部安置】 实行计划安置与自主择业相结合，采取考试考核、择优安置的办法，圆满完成2007年军转安置任务。全市共接收军队转业干部214人，其中计划安置转业干部194人，自主择业退役干部20人；随调家属27人，实现部队、接收单位和军转干部“三满意”的目标。做好自主择业军转干部的管理服务工作；做好部分困难企业军转干部稳定工作，建立完善解困维稳的长效机制。

【大中专毕业生就业】 加强毕业生就业指导工作，在山东农业大学设立人才工作站，在泰和集团等10家企业设立毕业生就业见习基地，会同劳动部门，为58名未就业毕业生免费提供就业技能培训。8月，组织举办“泰安市2007年大中专毕业生就业服务月”活动，举办系列专场毕业生就业供需见面会，免费为大中专毕业生提供就业咨询、就业指导、就业信息登记、就业培训、就业见习、就业推荐等服务。继续做好“三支一扶”高校毕业生管理服务工作，年内从应届毕业生中招募14名大学生到东平县有关乡镇从事支教工作。高度重视特困家庭未就业高校毕业生就业工作，建立就业登记制度，开展就业帮扶服务。面向应往届未就业毕业生，采取考试、考核的办法，为全市各类事业单位招考工作人员1031人，其中市直102人。

【人事法制与人事调研】 ①人事法制工作。印发《关于贯彻落实〈山东省人事系统法制宣传教育第五个五年规划〉的意见》；召开全市人事调研法制工作会议，全面总结“四五”普法工作完成情况，表彰全市人事系统“四五”普法先进个人，部署安排“五五”普法工作任务。印发《关于认真做好2007年全市人事系统法制宣传教育工作的通知》，通过发放政务公开目录和人事业务明白纸、在网上设立法制宣传专栏、现场解答群众咨询等形式，在全市人事系统组织开展法制宣传教育月活动。6月16日，统一组织市直和6个县（市、区）开展上街宣传活动，接待群众咨询3000余人次，发放明白纸2.8万张。举办人事法制讲座，市直人事系统100余人参加。研究制定《泰安市人事局构建人事人才公共服务体系实施意见》，印发《泰安市人事局行政复议实施办法》，健全人事系统内部纠错机制。加强派驻行政审批服务中心窗口工作，调整新进工作事项6项，全年办件量1.6万件，窗口工作年度考核名列第三，被授予“2007年度市行政审批服务工作优胜窗口”。②人事调研与科研工作。首次组织开展2006年度优秀调研报告评选活动，评出一等奖5件、二等奖10件、三等奖15奖。年初，研究确定年度重点调研课题54个。在全省人事编制优秀调研成果评选活动中，《关于特困家庭大中专毕业生就业情况的调研报告》《泰安市人才市场体系建设研究》《泰安市农村基层人才队伍建设情况调研报告》分获一、二、三等奖。③人事信息宣传工作。在《中国人事报》刊发4篇专题文章及相关图片，在人事部办公厅《人事信息》上刊发稿件2篇，在省人事厅刊物、简报上发表信息稿件41篇，在市委、市政府信息上刊发信息68条，在其他市以上信息简报上刊发信息136条。编发《泰安人事》6期，发表稿件91篇，约30万字；《人事工作简报》77期，刊发信息197条。

【《泰安市人事志》编纂】 年初，汇总整理各单位上报的资料长编，印发《泰安市人事志》资料长编（初稿）。按照志书编修的要求，对各单位资料长编进行认真梳理审阅。期间，召开由分管局领导及其分管处科室负责人参加的志稿对接座谈会9次。8月24日，会同市史志办召开《泰安市人事志》县（市、区）供稿研讨座谈会。在认真修改完善的基础上，12月中旬，将志书送审稿分送评委、供稿单位以及历任局领导审阅并征求意见；28日，召开《泰安市人事志》志稿评审会，顺利通过省、市专家评审。市人事局被市政府授予“全市地方史志工作先进集体”称号。

【行政管理体制改革】 梳理各部门提报的机构编制调整事项50余项，对不适应经济发展的体制机制进行调整。调整煤炭安全监管机构，撤销市行业管理办公室加挂的煤炭工业办公室牌子，独立设置市煤炭工业管理局。设立信息产业管理机构，将市发改委、市经贸委、市信息技术中心等部门和单位承担的信息产业和信息化管理职能进行整合合并，在市行业管理办公室加挂市信息产业局的牌子。加强市委维护稳定工作机构，设立市互联网新闻宣传管理办公室、市人民监督员办公室等部分机构。整合现有节能管理机构，设立市政府节约能源办公室。为优化金融生态环境，防范金融风险，设立金融工作管理机构。加强政府应急管理工作，设立市政府应急管理办公室。对市委组织部、市中级人民法院、市安监局、市城市行政执法局、市人防办、市编办等部门和单位的机构编制进行调整。

【事业单位改革】 扎实推进事业单位人事制度改革，在先行试点的基础上，全面推行人员聘用制度，转换用人机制，全市89%的事业单位实行人员聘用制度，97%的工作人员签订聘用合同。严格落实《事业单位公开招聘工作人员暂行规定》，新进人员公开招聘制度全面实施。对事业单位进人管理进行检查，规范事业单位进人行为。贯彻实施《山东省事业单位岗位设置管理实施意见》，在深入调查研究的基础上，部署开展事业单位岗位设置管理工作。加快推进事业单位分类改革，拟定市直事业单位分类改革的实施意见。稳步推进事业单位收入分配制度改革。

【机构编制管理】 强化对县（市、区）机构编制工作的监督管理，建立县（市、区）事业机构编制调整立项核准制度，印发《关于进一步加强和完善县（市、区）机构编制管理工作的通知》；会同纪检、组织、财政等部门，首次组织开展县（市、区）机构编制管理监督考核工作。推进机关事业单位编制实名制工作，全市401个党政群机关的机构编制和实有人员，全部实现实名制管理。加强人事计划管理，严格增人计划审批，全市机关事业单位人员总量得到有效控制。畅通社会监督渠道，对“12310”监督举报电话受理的举报事项进行认真查处。规范事业单位登记管理，启用网上办公系统，全市法人事业单位年检率达到100%。12月6～7日，全省网上登记办公系统培训班在泰安举行，110余人参加培训。

（聂圣江　张　鹏）

·外事与侨务·

【概况】 8月17日，召开泰安市委外事工作会议，总结各级各部门外事管理工作的基本情况，对下一步外事工作部门要重点把握和努力做好的工作提出具体要求，会上通

表 6 **2007 年外国暨港澳台团组到泰访问情况**

批次	团队名称	领　队	到访目的	时　间
1	美国华侨吴琦幸	吴琦幸	拜会外侨办	1.11
2	日本株式会社中国映像公司代表团		采访摄制	1.21
3	韩国驻青岛总领馆金善兴总领事一行	金善兴	拜访我市领导	3.3～3.4
4	韩国泰安郡乡校儒林会访问团		参观访问	3.29
5	韩国泰安郡近兴面居民自治访问团	金成焕	参观访问	4.4
6	马来西亚留台联总－山东文化参访团		参观访问	4.15
7	伊朗伊斯法罕省代表团		参观访问	4.17～4.18
8	韩国京畿道金文洙知事代表团	金文洙	推动友城关系发展	4.21～4.23
9	德国巴伐利亚公务员培训班代表团	阿尔弗雷德·米勒	游览泰山	5.10
10	捷克兹林州州长代表团	里伯·卢卡什	考察企业，游览泰山	5.17
11	日本太极拳协会代表团	铃木康弘	友好访问	5.24～5.28
12	美国华侨张铁汉	张铁汉	洽谈业务	5.26
13	泰国精神卫生交流考察团		参观访问	5.29
14	伊朗政党联合会考察团		游览泰山	6.1
15	国际禁止化学武器组织代表团		例行检查	6.5
16	荷兰海尔德兰省政府代表团	考尼列	经贸考察，友好访问	6.8
17	荷兰北荷兰省副省长访鲁代表团	唐·胡吉玛	游览泰山	6.17
18	日本前官房长官、内阁府特命大臣细田博之随同兴学社代表团	细田博之	参加中日友好兴学社樱花园揭幕仪式	6.17～6.19
19	丹麦议会议长一行	麦达尔	游览泰山	6.24
20	法国 ACOME 集团代表团	让·飞利浦·第里	洽谈其在华投资的新泰爱克电缆公司增资事宜	7.17
21	2007 海外华裔青少年中国寻根之旅夏令营	唐家本	考察学校、登山	7.20～7.22
22	日本八王子市乒乓球友好交流代表团		与有关部门进行交流活动	7.30 至 8.7
23	挪威挪中友协会长	埃文斯莫	调查研究	8.5～8
24	香港教育界参观学习团	郑军庆	参观游览	8.2
25	英国南安普敦市市长代表团	斯蒂芬·巴里斯－安德鲁斯	游览泰山	8.9～8.10
26	海外人才为国服务博士团山东行		项目发布，游览泰山	8.11～8.12
27	波多黎各经贸代表团	吉纳罗·德西	考察项目	8.21
28	韩国泰安郡政府友好访问团	陈泰龟	友城政府间访问	9.3～9.10
29	日本八王子市登山代表团		参加第 21 届登山节	9.5～9.7
30	韩国泰安郡青年会议所访问团	金虎荣	参加第 21 届登山节	9.6～9.8
31	国务院侨办海外华裔青年杰出人士华夏行		体验泰山文化	9.9～9.10
32	日本八王子市护校副校长		访问考察	9.18～9.19
33	日本大阪府日中友好协会	井仁朗	友好访问	9.15～9.23
34	香港应善良基金会一行	沈江森	考察捐资学校	9.22～9.26
35	美国教育基金会	邵中权	考察捐资学校	9.22～9.27
36	台湾慈心慈善基金会一行	温婉怜	考察捐资学校	9.22～9.24
37	泰国华文教师冬令营培训团	徐创业	开展华文教育交流	9.22～9.25
38	韩国现代重工业株式会社副会长一行	闵季植	进行商务考察	9.24～9.25
39	韩国驻青岛总领馆总领事一行	金善兴	参观访问	9.28
40	韩国大邱市寿城区区长金亨烈一行		参观访问	9.29
41	坦桑尼亚国务部长一行	平达部长	友好访问	10.9～10.12
42	朝鲜医学科学院访问团		执行中朝科技合作委员会议定书项目	10.10～10.17
43	日本足利市青少年交流访华团	国井墨子	进行青少年友好交流	10.19
44	美国韩华联谊会代表团	王同勋	拜会市侨办领导	10.25
45	日本静冈县泰山世界文化遗产考察团		考察泰山	10.21～10.25
46	韩国京畿道银光之家访问团	罗永秀	老年人组织交流	10.24～10.25

续表7

批次	团队名称	领 队	到访目的	时 间
47	韩国中华总商会会长一行	薛荣兴	参观访问	10.26
48	山东海外华人华侨社团大会暨经贸洽谈会代表团	陈大江	项目考察,游览泰山	10.26～10.28
49	芬兰毕多玛公司董事长一行	毕多玛	项目考察	11.11
50	日本山口县政府.议会.植树代表团	西村亘	参加"绿色桥梁"友好林项目仪式	11.11～11.12
51	韩国韩中文化协会李荣一会长一行	李荣一	游览泰山	11.16
52	第五届华文教育研讨会代表团	雷振刚	开展华文教育交流	11.7～11.8
53	泰国华校校长教师访华团	王相贤	游览泰山	12.8～12.9
54	台湾慈心慈善基金会	谢政达	为捐资小学、卫生院剪彩	12.13～12.15

过了《中共泰安市委关于加强和改进新形势下外事工作的意见》。年内，进一步深化友好城市关系，实质性交往取得新进展；做好外国党宾、国宾、世界著名企业负责人、重要华侨华人等的接待工作，出访团组结构日趋合理，效益不断提高；增强大局意识，搞好涉外管理工作；立足依法护侨，为侨服务，全市侨务工作逐步纳入法制化、规范化管理轨道；积极对上、对外争取，为泰安市外事翻译中心引进翻译人员两名，派出1人到日本学习；注册成立泰安市翻译协会，为对外开放事业提供有效翻译保障和强有力支持。着力推进无纸化办公，建立起全办内部局域网办公自动化OA系统。泰安市外办连续五年被授予市直文明机关荣誉称号。

国际友好城市及友好关系 邀请韩国泰安郡、日本八王子市参加泰山国际登山节；邀请日本八王子市与泰安市联合组队参加中日友好交流城市小学生乒乓球比赛，并取得全国第五名的好成绩。11月，林华勇副市长率友好山考察团访问日本，促成泰山与日本富士山缔结友好山一事。至年底，泰安市已拥有国际友好城市8对、友好城市合作关系7对、基层对外友好关系45对、海外荣誉市民13名。

接待与出访 年内，接待外国党宾、国宾、世界著名企业负责人等37批656人次，其中省部级以上5批81人次；接待重要华侨华人18批945人次；派出因公出访团组142批425人（自组团84批354人、随市外单位团组58批71人），团组批数下降18.4%，人数下降31.7%。由泰安市批准的县处级及以下经贸、科技团组57批232人，其中经济贸易团组86批319人次，分别占出访团组的60.6%和75.1%；培训团组24批38人次，分别占16.9%和8.9%；科技交流团组11批35人次，分别占7.7%和8.2%；文体交流团组10批15人次，分别占7%和3.5%；友好访问团组6批12人次，分别占4.2%和2.8%；其它团组5批6人次，分别占3.5%和1.4%；办理来自16个国家的邀请55批94人次；办理20个国家的领事认证62份。

涉外管理工作 ①涉外案件处理。严格执行中央的对外方针政策，根据400多名外国人长期在泰安工作和生活的实际，建立涉外事件应急处理机制，年内，先后处理俄罗斯、韩国客人在泰安交通事故等个案7件；根据泰安籍公民在国外约1.5万人的实际，建立起海外企业和泰安籍海外公民领事保护处理机制，处理岱岳区4名村民在俄罗斯被扣、1人在以色列死亡、1人在马耳他病重回国等个案11起。在涉外管理工作中，严格执行请示、报告、征求意见和及时通报情况等制度，依照政策规定和职责分工，及时妥善处理涉外事件，防止和遏制事态的发展。②外国专家工作。承办由山东省人民政府外事办公室主办的第十届外国专家日活动，组织包括山东科技大学5名外教在内的90多名驻鲁外国文教专家参加，密切了外国专家与山东人民的感情。③年检工作。配合市外国专家局做好泰安市外国文教专家聘请单位的2006年度年检工作和2007年度的年检准备工作。至年末，全市有14所院校具有聘请外国专家资格。

依法维护归侨侨眷权益 年内，开展对散居农村归侨侨眷分布情况调查，为开展侨务扶贫工作奠定基础。全年转发、印发国务院侨办、省侨办和市侨办关于侨务政策、侨务扶贫、侨资企业、华侨捐赠等文件80余份；深入基层调研侨务工作20次，了解和掌握侨界所关心的各类问题以及侨务法规、侨务政策等贯彻落实问题；走访特困归侨侨眷、下岗归侨侨眷87户236人次；对全市400户贫困归侨侨眷开展送温暖活动，发放救济款3万元；对驻泰大专院校归侨侨眷中的老专家、老教授进行专程走访；办理"三侨考生"身份认定21人次；新办理归侨侨眷身份证18人次；受理归侨侨眷来信来访、涉侨案件67件次，处结率90%以上，其中，来信来访59件，经济、宅基地、生活困难补贴8件，无一例集体上访事件。

为经济和社会发展服务 ①外事管理。在外事工作中贯彻落实

“以人为本、外交为民”的理念，加强出国管理，规范出国审批工作，建立办理因公出国手续综合服务窗口，实行一个窗口对外，一条龙全程式服务，保障出国管理工作便捷、规范和有序发展，全市2007年审批办理因公出访团组142批425人；推行政务公开，提高办事效率，在办理因公出国团组手续方面，与各县（市、区）开通专网，实行网上预审、报件；对重要经贸、工程招标、参展、合作洽谈等任务较急的团组，本着急事急办、特事特办的原则，给予大力支持和周到服务。②招商引资。依托泰山，深入开展“双百活动”（力争与100个国外机构尤其是商务机构或有实力的侨团建立起长期联系，与100名国外有实力、有影响的国际友人、企业家或侨领建立起稳固关系），确定61个国家的470个机构或人士作为长年联系对象，并印发成册，实现资源共享。全年引进项目5个，合同利用资金1661.1万元人民币，实际到位资金802.09万元人民币。③海外捐赠。全年接受海外侨胞、港澳同胞无偿捐赠77.1万元人民币。其中，香港应善良福利基金会捐建的岱岳区黄前镇中心小学和台湾慈心慈善基金会投资兴建的宁阳县泗店卫生院、东平县小河崖小学、东平县商老庄卫生院年内竣工投入使用；香港应善良基金会捐资24.3万元兴建的东平县新湖乡赵村小学、捐资27.27万元兴建的岱岳区祝阳镇东史汶小学正在建设当中。

华文教育基地工作　加强基地建设和管理，在基地单位组成、承担工作任务、开展具体活动等方面进行规范和探索，泰山华文教育基地已成为一个集接待海外华裔青少年寻根旅游团、进行海内外华校师资培训交流、海外同胞了解中国历史和现状的综合性基地。该基地接待来自韩国、日本、美国等国家和澳洲、东南亚、台湾、香港地区的华裔青少年夏令营寻根团队17批675人次；培训汉语教师2批100人次，外派教师4人。组织各类交流活动，其中，4月举办全国海外华裔青少年夏令营工作会议，9月接待2007海外华裔青年杰出人士华夏行代表150人，10月份接待了山东海外华人华侨社团大会暨经贸洽谈会代表120人，10月组织泰山华文教师工会冬令营培训班，11月参加并接待国务院侨办第五届华文教育研讨会的代表400人。

（王广浩）

·地方史志工作·

【概况】　年内，全市史志系统干部职工认真贯彻国务院《地方志工作条例》《山东省地方史志工作条例》，坚持围绕一个中心（经济建设中心）、突出三大重点（修志、办鉴、拓展社会服务）、实现三个目标（把史志部门建成修志办鉴的权威部门，把史志机构建成市情研究的专业机构，把史志办机关建成和谐、文明、开放、创新型机关）的工作思路，扎扎实实，开拓创新，推动志（书）、（年）鉴、会（市情研究会）、网（市情网、市情资料库）、馆（方志馆）、开发服务等各项工作全面开展。11月，市史志办、肥城市史志办被省史志编纂委员会评为“全省地情资料库、地情网站建设先进集体”。《泰安年鉴（2006）》在第三届全国年鉴编校质量检查评比中再获一等奖，在省政府办公厅组织的第二届全省优秀年鉴评比中获综合、框架设计、条目编写、印刷装帧等4个特等奖，《新泰年鉴（2001～2005）》、山东石横特钢集团《石特年鉴（2001～2005）》分获4个一等奖。在2007年度省史志系统业务考核中，市史志办被评为优秀档次，继续名列全省先进行列。市史志办机关连续第三年被评为市直文明机关，机关党总支被评为先进基层党组织。

志书编纂　①《泰安市志（1985～2002）》编修工作。该志书自2001年10月正式启动，2006年底形成30编、210万字的“评审稿”，由省史志办主持召开评审会，对志稿进行评审。年内，制定志稿修改方案，印发《关于〈泰安市志〉志稿修改有关问题的统一规定》，对志书体例、编章节目排列、记事地域等问题作出统一规定，明确修改标准；千方百计收集资料，完成资料补充核实工作。到年底，基本完成“统审稿”修改编纂工作。②《泰安历史文化遗迹志》编修工作。市史志编委会印发《关于进一步做好〈泰安历史文化遗迹志〉组编工作的通知》，明确12条具体要求，对志稿撰写标准作出统一规定。5月和8月，分别召开该志样稿研讨会和供稿调度会，对各县（市、区）、部门供稿标准和完成时限作出统一规定。采取走出去指导的方式，到县（市、区）和市直有关部门同供稿人员进行面对面的交流，指导志稿的编写。上半年聘请2名有文史工作经验的老同志参与志稿征编工作，充实编辑力量。采取查阅古籍、征求专家意见、现场考察等方式，对志稿认真核对、编辑，不放过任何一处疑点、难点。到年底，完成志稿150篇，占计划入志670处遗迹遗址的四分之一。③县（市、区）志编修。加强对县（市、区）志编修工作的指导和督促，对修志过程中遇到的问题，及时协调省市专家和业务骨干进行审阅指导。按照市史志编委会《关于搞好志稿审查验收工作的通知》，对《宁阳县志》志稿进行终审把关。9月，《宁阳县志（1985～2002）》出版发行，被省史志办列为2007年度向全省推荐的样板志书。《岱岳区志》组稿工作全面铺开。④基层志编修工作。6月，市史志编委会印发《泰安市地方史志事业“十一五”发展规划》，对基层志编修工作进一步作出明确规定，要求“十一五”期间，全市编纂出版200部高质量的基层志书。指导编修基层志单位制定编纂方案，落实“一纳入、五到位”要求，扎实开展志书编修工作。制定基层志书审查验收规定，精心组织志稿评审会，市史志办主持评审《泰安工商行政管理志》《泰安人事志》等志书3部，各县（市、区）分别主持评议志书8部。深入基层现场指导，市史志办先后到宁阳葛石镇葛石村、新泰市新汶办事处孙村等单位修志现场，研究解决工作中遇到的问题。至年底，各县(市、区)规划编纂基层志书201部，40多个市直部门和企事业单位制定修志方案；全市第二轮修志共出版基层志33部，其中乡镇志12部、村志10部、部门志11部。

年鉴编辑　年初，市史志编委会印发《〈泰安年鉴（2007）〉组稿意见》，对《泰安年鉴（2007）》编辑的指导思想、记载重点、质量要求、组织领导等工作进行规范。完善年鉴组编工作规程，对栏目设置、人员培训、选题确定、稿件征集、编辑加工、审核校对、出版印刷等工作进行规范，并分系统召开各单位中心撰稿人会议进行部署落实。分工编辑广泛收集各类资料，熟悉、了解各部门（行业）的工作情况，精心编辑加工，严格审核校对，做到资料翔实、文字准确、文风朴实，确保了《泰安年鉴(2007)》按时出版。强化对县（市、区）和市直部门年鉴编辑工作的指导，根据市政府关于“各县（市、区）、各部门都要根据实际情况和工作需要，编纂出版综合年鉴或几年鉴”的要求，对具备条件的县（市、区）和部门靠上督促和指导，《泰安政协年鉴（2003～2007）》《新泰年鉴（2001～2005）》《东平年鉴（1986～1993）》《石特年鉴（2001～2005）》出版发行，泰山区、肥城市、宁阳县、东平县制定年鉴编纂方案，启动年鉴编辑工作。

市情研究与史志资源开发　①编辑出版《泰安市情》杂志。全年出版4期，编发40多万字，其中第四期为“两会”特刊，整理刊载《泰安大事记(2003～2007)》，宣传普及了市情知识。②组织开展泰山泉水和名人故居调查。以泰山、泰城及周边泉水、泉系状况调查为基础写成政协提案，被评为十届市政协优秀提案。下半年，组织进行泰安历史名人故居及遗迹、遗址开发利用情况调查，提出建设性的意见和建议，并形成政协提案提交市政协十一届一次会议。③开展“泰安地方史料十大系列项目”评选活动。从2006年8月起组织开展评选活动，经过查阅资料、专家论证、社会公示、集中评选，至年末初步确定十大系列100个项目作为推荐名单，即十大自然奇观、十大地质奇观、十大泰山标志性景观、十大泰山周边景观、十大名泉、十大重点文物保护单位、十大名牌产品、十大土特产、十大历史名人、十大知名作品等。④做好《山东省历史地图集·历史文化村镇》供稿工作。组织各县（市、区）对本辖区内的历史文化村镇进行调查，并分别撰写文稿，搜集整理图照资料，全市上报文稿55篇、图照80多幅、文字15万字。⑤加强“两网一库”建设。对市情网站主页进行改版，新增栏目6个，使主页栏目达到62个，内容涵盖全市政治、经济、文化、社会等各个方面，点击率不断提高。进一步充实市情资料库内容，将新出版《泰安年鉴(2006)》等资料录入资料库。完成县（市、区）志编纂任务的5个县（市、区）也组织力量进行资料入库工作，全年市、县（市、区）共新录入地情资料400余万字。⑥加强市县方志馆建设。建立健全各项管理、借阅制度，采取购置、交换、征集等方式，收集各地各类志书、年鉴，新增各类图书、期刊500余种，接待前来咨询、查找资料百余人次（批）。至年底，市方志馆馆藏方志、年鉴、地情资料、古籍等图书5500余种，期刊1000余册。各县（市、区）史志办均成立方志馆（室），并有专兼职人员管理。⑦历史文化史料的开发与研究。东平县史志办开展罗贯中与水浒文化研究，编辑出版《罗贯中早期作品选集》《水浒故事》，宁阳县史志办编辑出版《宁阳人物》，泰山区史志办组织编撰《泰山先锋》一书。

【《泰安市地方史志事业“十一五”发展规划》颁布实施】　根据国务院《地方志工作条例》《山东省地方史志工作条例》和市委、市政府要求，市地方史志编纂委员会制定《泰安市地方史志事业“十一五”发展规划》，对2005～2010年史志事业的目标、任务、措施作出规定，提出“十一五”期间地方史志工作的主要任务，对志书编纂、年鉴工作、史志资源开发、市情研究、“两网一库”建设（泰安市情网、办公网、市情资料库建设）和各级方志馆建设提出具体目标，明确要求“十一五”期间全市编修1部市志、1部历史文化遗迹志、6部县（市、区）志和200部高质量的基层志书。

【《泰安年鉴》在全国、全省年鉴质量检查评比中分获一等奖、特等奖】　在第四届全国年鉴编校质量检查评比中，《泰安年鉴（2007）》再获一等奖，是山东省唯一连续3

年在全国评比中获一等奖的单位。由中国出版工作者协会统一组织的年鉴质量检查评比，是全国年鉴行业编校质量检查中的最高奖。该届年鉴评比重点从文字、语法、版面格式等7个方面进行检查，先后经过参评单位自查、评委小组初查、征求参评单位意见、评委会集体评审4个阶段。这次检查评比全国各类年鉴共有174种获奖，《泰安年鉴（2007）》经过层层检查、严格评比，再获一等奖，标志着《泰安年鉴》编校质量有了新的跨越。《泰安年鉴（2007）》共设栏目25个、条目1073个、示意图8幅、表格100个、时政彩页98页，总计81.9万字，全书资料翔实确凿，版面结构清晰合理，装帧设计厚重大气，印刷装订精致优良，是一部质量上乘的权威性、实用性工具书，发行后受到读者广泛好评。12月，在省政府办公厅组织的第二届全省优秀年鉴评比中，《泰安年鉴（2006）》获综合特等奖、框架设计特等奖、条目编写特等奖、印刷装帧特等奖等4个特等奖。

【《宁阳县志（1985～2002）》和关于泰山泉水的调查报告分获全省史志系统“八个一优秀”奖、入围奖】 在省政府召开的全省地方史志工作会议上，《宁阳县志（1985～2002）》被评为全省史志系统“八个一优秀”市县级志书，市史志办《关于对泰山、泰城及周边泉水、泉系进行初步调查情况的报告》获全省史志系统“八个一优秀”评选活动入围奖，分别受到大会表彰，并获省政府奖金。全省史志系统“八个一优秀”评选活动是经省政府同意开展的，从2007年开始，每年评选一次。“八个一优秀”即每年评选一部优秀省志分志、一部优秀市县级志书、一部优秀综合年鉴、一个优秀史志工作单位、一个优秀地情资料库（地情网站）、一个优秀方志馆（室）、一篇优秀业务论文（论著）和一篇优秀调研报告。在对“八个一优秀”进行表彰的同时，每个项目还表彰一项入围奖。

【《泰安大事记(2003～2007)》出版发行】 为迎接市人大十五届一次会议、政协十一届一次会议召开，市史志办组织力量编辑的《泰安大事记（2003～2007）》（“两会”特刊）出版发行。该书本着尊重历史、实事求是的原则，依据历卷《泰安年鉴》登载的有关资料，采用编年体与纪事本末体相结合的体例，按照事件发生的时间顺序，全面、系统、准确地记述了五年间全市发生的大事、要事、特事、新事，充分反映全市政治建设、经济建设、文化建设、社会建设和党的建设等各个方面的发展变化，集中展示泰安人民干事创业、建设美好家园的辉煌业绩和精神风貌。该书出版后，得到各级领导的高度评价，在社会上产生了广泛影响。

【市史志办被评为全省地情资料库、地情网站建设先进集体】 在11月8日召开的全省史志系统信息化建设经验交流会上，泰安市史志办、肥城市史志办被省地方史志编纂委员会授予“全省地情资料库、地情网站建设先进集体”称号。泰安市情网于2005年在市情资料库基础上建成开通，是全省史志系统最早具有独立域名、独立运行的地情网站。网站主页设有60多个栏目，内容侧重历史文化领域，涵盖政治、经济、文化、社会等各个方面，是全市资料齐全、内容详尽的综合性信息网站。各县（市、区）全部建成地情资料库，实现省市县三级信息库联网，并与市政府网站对接，信息共享，向社会提供了一个崭新的了解市情、宣传市情的信息平台。

·仲裁工作·

【概况】 年内，泰安仲裁委员会针对《物权法》实施后仲裁受案范围扩大的情况，积极探索涉足新领域，主动参与城市建设拆迁安置，依法处理行政手段难以解决的难题，发挥了仲裁息纷止争、保障经济科学健康发展的积极作用。全年受理案件140件，涉案标的额1.2亿元，案件调解率、审限内结案率、自动履行率分别达到70%、98%和85%。年底，荣获“2007年度市直文明机关”称号。

仲裁制度宣传推行　市政府在全市金融系统中推行仲裁法律制度工作，建立独立的仲裁网站，发挥电子网络的宣传作用，密切与市场主体的联系；编印《泰安仲裁（十年特刊）》，对市仲裁委成立10年来的工作情况进行总结、回顾，并在市直部门、企事业单位广泛发放。组织召开驻泰城各律师事务所主任座谈会，介绍往年仲裁工作情况，学习最高人民法院关于落实仲裁法的最新司法解释；深入基层、深入企业，加强对仲裁法律的针对性宣传，联合法律服务所，在温州步行街举办的“2007年房车展示会”上发放宣传材料1000余份。结合机关文明建设和行风评议活动，设置政务公开栏宣传《仲裁法》，向社会公开“六项承诺”（公开案件受理范围和管辖范围、公开仲裁案件规则和程序、公开仲裁费收取标准、公开仲裁员名单、公开仲裁法律服务项目、公开仲裁监督办法）。年内，新泰工作室工作扎实有效，受理案件71件，标的额近2000万元。

仲裁工作的审理与监督　实行立审分离，将立案和审理分别交由不同的科室承担，各自负责把关，推行专业化管理，建立配套的案件接转、登记、收费、裁决书审核、仲裁员报酬审定等制度，对重大、疑难案件及时启动专家咨询程序。印发《关于进一步加强审理工作的意见》，加强对案件审理工作的监督，明确审理时限，重申办案纪律，增强可操作性。办案人员认真遵守仲裁规则、廉洁办案“五项禁令”（严禁仲裁厅组成人员、秘书开庭前饮酒，严禁仲裁厅组成人员、秘书私自会见当事人，严禁仲裁员、仲裁办工作人员在办理案件或从事与案件有关活动时接受当事人及相关工作人员宴请，严禁仲裁员、仲裁办工作人员接受当事人及相关人员的现金、礼品、有价证券等，严禁仲裁员、仲裁办工作人员干预仲裁庭的活动或为当事人说情），注重发挥仲裁优势，努力提高调解和解率、审限内结案率和自动履行率。实行裁决书草案审签制度，要求办案秘书对裁决书的内容、形式进行初审，加大对仲裁庭的监督力度。

年内，按照省工商联和民间商会《关于在我省工商联非公有制企业中推行仲裁工作情况进行调研的通知》要求，由市工商联牵头，通过与企业座谈、查看已签订合同等形式，对泰安金泰经伟等96家非公有制企业推行仲裁法律制度情况进行调研。在已查阅合同中，选择泰安仲裁委员会仲裁且仲裁条款规范的占30%，有仲裁意思表示但仲裁协议不完善的占25%，同时选择诉讼和仲裁解决的占10%，选择诉讼解决的占35%。会同市建管局，对全市建设系统推行仲裁法律制度情况进行调研，先后到宁阳、新泰、肥城、泰山区、岱岳区建设局及市直部分建筑企业进行调研，并组织67家建筑企业负责人参加的座谈会。通过调研，了解了建筑企业普及仲裁法律制度情况，摸清了底子。（安　鲁）

中国人民政治协商会议泰安市委员会

【市政协十届五次会议】 1月30日至2月3日召开。会议应到委员419人，实到394人，因事因病请假25人，符合法定人数。会议听取并讨论中共泰安市委副书记唐家品在开幕式上代表市委所作的重要讲话；听取并审议市政协副主席傅光仁代表政协第十届泰安市委员会常务委员会所作的工作报告和市政协副主席黄自伟代表政协第十届泰安市委员会常务委员会所作的提案工作报告；听取大会发言；听取市委副书记、市长李洪峰在大会发言结束时作的重要讲话；列席市人大十四届五次会议，听取并讨论市长李洪峰所作的政府工作报告和其他报告。会议一致通过市政协关于十届五次会议提案审查情况的报告和十届五次会议决议，同意张树禹辞去政协第十届泰安市委员会主席职务，选举高儒林为政协第十届泰安市委员会主席，张树友为政协第十届泰安市委员会副主席。市政协主席高儒林在会议闭幕式上作重要讲话。

【市政协常委会议】 年内，市政协共召开常委会议7次。

十届十八次常委会议　1月10日召开。会议听取市政府负责人通报的全市经济形势和政府工作报告的起草情况；协商讨论《泰安市人民政府工作报告》（征求意见稿）；听取市政协关于十届五次会议筹备工作情况的汇报；审议通过关于召开政协第十届泰安市委员会第五次会议的议程（草案）、日程（草案）及相关事宜；审议通过政协第十届泰安市委员会常务委员会工作报告（讨论稿），并推举傅光仁副主席为报告人；审议通过政协第十届泰安市委员会常务委员会提案工作报告（讨论稿），并推举黄自伟副主席为报告人；审议市政协2007年工作要点（讨论稿）；审议通过市政协台港澳侨委员会更名为市政协港澳台侨和外事委员会有关事宜；审议通过政协第十届泰安市委员会增补委员名单及有关人事事项。会议决

表7　泰安市政协十届五次会议重点提案要目

提案人	要目
市工商联	关于积极扶持民营科技企业孵化器发展的建议
农工党市委会	关于加快农村沼气建设的建议
民建市委会　刘传廷	关于建立中小企业创业服务体系的建议
王荣生	关于启动“引后工程”,扩大招商引资成果的建议
民进市委会　董　洁	关于贯彻落实好新义务教育法的建议
九三学社市委会	通过土地整理促进新农村建设的几点建议
刘　君	关于加强居民集中居住区文化建设的建议
市政协科教文卫体委　九三学社市委会　曾庆康　贾凤岐	关于进一步完善新型农村合作医疗的建议
民进市委会	关于加强社会治安的建议

定：孟昭英担任政协泰安市委员会学习宣传和文史资料委员会主任；赵玉良担任政协泰安市委员会学习宣传和文史资料委员会调研员；贾培平担任政协泰安市委员会港澳台侨和外事委员会主任；侯迎孔、张国庆担任政协泰安市委员会港澳台侨和外事委员会副主任。会议增补田书阳、张树友、孟昭英、侯永涛、高儒林为政协第十届泰安市委员会委员。

十届十九次常委会议　2月1日召开。会议听取市委组织部有关人事事项的说明；协商审议政协第十届泰安市委员会第五次会议选举办法（草案）；协商审议监票人、计票人名单（草案）；协商审议有关人事事项及候选人协商名单；协商审议政协第十届泰安市委员会第五次会议决议（草案）；协商审议政协第十届泰安市委员会第五次会议提案审查情况的报告（草案）（书面）。

十届二十次常委会议　2月2日召开。会议听取大会组织组有关人事事项酝酿情况的说明；审议通过政协第十届泰安市委员会第五次会议选举办法（草案）；审议通过监票人、计票人名单（草案）；审议通过有关人事事项及候选人名单（草案）；审议通过政协第十届泰安市委员会第五次会议决议（草案）；审议通过政协第十届泰安市委员会第五次会议提案审查情况的报告（草案）（书面）。

十届二十一次常委会议　4月25日召开。会议审议通过市政协《关于全市循环经济发展情况的调研报告》（讨论稿）。市政协主席高儒林在会议结束讲话中指出，全市各级政协组织和广大政协委员要深刻认识发展循环经济事关全国的现代化建设事业，事关人民群众的根本利益和民族的长远发展，也关系到富裕文明和谐泰安的建设进程，是一项利在当代、功在千秋的宏伟事业；要充分发挥政协的组织优势，宣传动员全社会形成发展循环经济的强大合力；要充分发挥政协的人才智力优势，围绕发展循环经济协商议政；要充分发挥政协的民主监督作用，努力促进循环经济的发展；充分发挥政协组织、政协各参加单位和政协委员的示范带头作用，当好发展循环经济的表率。

十届二十二次常委会议　7月26日召开。会议听取市政府负责人关于全市2007年上半年经济社会运行情况的通报；审议通过《关于全市外商投资企业发展情况的调研报告》；审议通过市政协《关于政协委员履行职责的实施办法》《关于加强市政协与各民主党派工商联联系的办法》《反映社情民意信息工作实施办法》《关于加强政协专题协商的实施办法》《关于政协提案办理反馈的规定》《关于重点提案办理工作的暂行办法》；审议通过有关人事事项。会议决定：李玉洋担任政协泰安市委员会办公室主任；任令基担任政协泰安市委员会人口资源环境委员会主任；徐树平担任政协泰安市委员会办公室调研员，不再担任政协泰安市委员会副秘书长职务；姜作明担任政协泰安市委员会办公室调研员，不再担任政协泰安市委员会副秘书长、办公室主任职务；崔秀国担任政协泰安市委员会人口资源环境委员会调研员，不再担任政协泰安市委员会人口资源环境委员会主任职务；程振中担任政协泰安市委员会办公室副调研员，不再担任政协泰安市委员会办公室副主任职务。傅光仁在会议结束时讲话。

十届二十三次常委会议　10月23日召开。会议学习中共十七大精神并审议通过市政协关于认真学习贯彻中共十七大精神的决定；学习贯彻全省政协工作经验交流会议精神；市政府负责人通报2007年提案办理情况；审议通过市政协《关于大力发展现代流通业的调研报告》；表彰市政协十届三次会议以后的优秀提案、优秀提案承办单位、优秀提案工作者；审议通过有关人事事项。会议决定：皇甫炳胜因工作变动不再担任政协泰安市委员会副秘书长职务；郑成尧担任政协泰安市委员会社会法制和民族宗教委员会调研员，不再担任政协泰安市委员会社会法制和民族宗教委员会主任职务。高儒林在会议结束时讲话。

十届二十四次常委会议　12月29日召开。市政协主席高儒林、副主席李凤明分别主持会议。会议审议通过关于召开政协第十一届泰安市委员会第一次会议的决定（草案）；审议通过政协第十一届泰安市委员第一次会议议程（草案）、日程（草案）及有关事项；听取市委常委、副市长王云鹏通报《政府工作报告》起草情况和基本概况；听取市政协副主席、市委统战部部长赵成道关于政协第十一届泰安市委员会参加单位、委员名额和人选的说明，并协商通过相关名单；审议通过政协第十一届泰安市委员会常务委员会工作报告，并推定高儒林为报告人；审议通过政协第十届泰安市委员会常务委员会提案工作报告，并推定李凤明为报告人；协商通过政协第十一届泰安市委员会第一次会议列席单位名单（草案）。

【专题调研及视察活动】　年内，先后开展大型调研活动3次，小型调研视察活动若干次。①组织有关委室、部分政协委员、专家和有关部门，重点就工业和农业循环经济发展问题进行专题调研。利用两个月的时间，形成《关于大力推进我市循环经济发展的建议案》，市委、市政府领导高度重视并作出重要批示，认真采纳委员们的意见和建议。②组织部分省、市政协委员，对全市外资企业发展运行情况进行专题调研。采取市县政协联动、有关部门配合的方式，在广泛征求企业、基层部门以及专家学者的意见建议的基础上，形成《关于我市外资企业发展情况的调研报告》，对全市外资企业发展提出许多有价值的意见和建议。③开展对现代流通业情况的调研活动。调研组采取集中与分散相结合、市内调研与市外考察学习相结合、统一组织与市县联动相结合的方式，深入调研，认真分析，在汇总各县（市、区）意见、建议的基础上，立足全局，充分酝酿，征求意见，专家论证，形成《市政协关于大力发展现代流通业的调研报告》，借鉴外地先进经验，结合泰安市实际，提出大力发展现代流通业的建议。④围绕社会关心的热点、难点、焦点工作开展系列调研视察活动。主要包括市直学校发展情况视察、加强老龄工作提高养老保障水平视察、农机化发展情况视察、体育工作视察、“关爱女孩行动”视察、《烟草专卖法》实施情况视察、市容建设情况视察、城市管理执法情况视察和泰城社区警务工作视察等。

【提案工作】 市政协十届五次会议上收到提案233件，经提案委员会审查立案193件（党派团体提案48件）。其中经济类40件，占立案总数的20.73%；城建环保类71件，占立案总数的36.78%；科教文体类35件，占立案总数的18.13%；医药卫生类17件，占立案总数的8.81%；政法劳动人事类19件，占立案总数的9.84%；统战民族宗教类11件，占立案总数的5.70%。提案涉及承办单位58个，其中经市政协主席会议研究，确定重点提案9件。

自2003年至2007年间，市政协坚持重点提案和重要提案报送党委政府领导阅批，由政协和有关党政领导亲自督办，使办理工作与党委政府的领导批示督查有机结合，市委、市政府、市政协主要领导共阅批重点提案和重要提案86件，推动了全市提案办理工作；坚持主席会议督办重点提案制度、办理工作评议制度、提案专题调研和督办制度，主席、副主席领办提案36件、督办提案48件，涉及重要部门、单位18个；坚持市政府向市政协常委会议通报政府系统提案办理工作制度，每年第三季度的市政协常委会议上，市政府就该年度政府系统提案办理工作进行详细通报，并分析问题，制定对策，维护委员的知情权，提高了政协民主监督的影响力；坚持与党委政府督查室联合交办提案、联合规范办理工作程序、联合检查办理情况、联合评比表彰，做到协调行动，共同解决问题；坚持部门“一把手”抓提案办理制度，承办单位主要领导及时协调和解决办理过程中遇到的矛盾和问题，对涉及改革、发展、稳定大局和社会难点、热点问题的重要提案，还直接组织办理，抓好落实；坚持召开面复会制度，共举办单独面复会600余次，集体面复会近50次；建立跟踪反馈制度，提案办理工作初步结束后，由市委督查室、市政府督查室及时向每位提案人寄发“市政协提案办理情况反馈意见表”、向承办单位下发“关于对市政协提案办理工作进行复查的通知”，有22个部门对28件政协提案作出补充答复，对16件提案人反馈意见表示不满意的提案答复，责成原承办单位重新研究办理，并将办理结果面复提案人；坚持视察重点提案办理成果制度，每年年底，由主席、副主席带领相关委室和委员对办理重点提案所取得的成效进行视察，在肯定成绩的同时，支持和鼓励承办单位更好地做足发展的文章；坚持定期召开提案办理经验交流会，及时总结办理经验，不断优化办理方式方法。

（罗雪莲）

纪检·监察

【优化经济社会发展环境】 年内，全市各级纪检监察机关始终坚持“围绕中心、服务大局”的指导原则，把优化发展环境作为重要工作任务，努力为全市经济社会发展服务。进一步落实市委、市政府《关于进一步优化发展环境的决定》，印发《泰安市规范涉及企业收费行为的暂行办法》（泰政发〔2007〕27号），开展规范涉企检查、收费行为以及行政处罚自由裁量权工作。突出对行政审批管理部门的监督，全面深化政务公开和事业单位办事公开，泰安市被评为“全国政务公开先进单位”和省级政务公开工作示范点。开展效能监察和执法监察，全年组织开展执法监察17项，纠正退还违纪违规金额4211.4万元。严厉查处各类损害发展环境行为，查结投诉案件434件，处理人员210人次。

【党内监督】 坚持抓源治本，继续实施对拟提拔使用的领导干部人选由纪委常委会集体研究审查并出具廉政鉴定制度，全年各级纪委为582名拟提拔使用干部出具廉政鉴定。加强对各级换届选举工作的监督检查，营造风正气顺的换届环境。加强对重点领域和重大工程项目的监督，制定《关于进一步加强乡镇财政财务管理的意见》，进一步完善监督制度和办法，实施有效监督。年内，全市政府采购金额达7.96亿元，节约资金1.3亿元，综合节支率14.4%。

【纠风工作】 把纠正损害群众利益的不正之风作为维护社会稳定、促进社会和谐的重要措施，突出抓好3个方面的工作：一是进一步深化政风行风评议工作，不断改进评议方式，丰富评议内容，通过政风行风评议，促进部门行业改进工作作风，提高工作效率，切实解决群众反映强烈的突出问题；二是抓载体建设，为服务群众搭建平台，通过“政风行风热线”，现场解决一批群众反映的问题，发挥了“热线”在维护群众利益、服务群众生活方面的短、平、快作用；三是开展专项治理，有针对性地对教育乱收费、医药购销、医疗服务领域的不正之风，安全生产、环境污染、农民负担、公路“三乱”等方面的问题进行专项治理，严肃查处损害群众利益的突出问题，有力地维护群众利益。

【查办案件工作】 继续保持查办案件高压态势，重点查办领导干部以权谋私的案件、损害经济发展环境的案件和侵害群众利益的案件。全年共立案查处各类违纪违法案件655件，其中涉及县处级干部14人、科级干部65人，违纪金额万元以上的193件，挽回经济损失1400万元。在严肃查处各类违纪违法案件的同时，积极探索以案促防的有效途径，充分发挥查办案件的治本功能。

【惩治和预防腐败制度体系建设工作】 落实“三个更加注重”（更加注重预防、更加注重治本、更加注重制度建设）的要求，加快制度防腐进程，积极构建全市惩治和预防腐败制度体系。市纪委在全市范围内组织开展“制度建设推进年”活动，对确定的制度建设任务，逐一明确部门责任、完成时限和标准要求。到年底，42个制度建设部门承担的112项制度任务完成105项，构建起全市惩防体系的制度框架。

【农村基层党风廉政建设工作】 市委、市政府对农村基层党风廉政建设高度重视，制定《关于加强全市农村基层党风廉政建设的指导意见》。市纪委专门建立联席会议制度，召开全市农村基层党风廉政建设现场会，组织基层勤廉模范人物作巡回报告。全面推进镇、村两级政务公开和办事公开，加强镇、村财务管理和制度建设，普遍实行民主选举和民主议事制度，初步构建起农村基层党风廉政建设制度体系。同时，在村级设立纪检员，切实解决“有人干事”的问题，夯实基层基础，为社会主义新农村建设创造清廉环境。 （李 强）

民主党派·工商联

·中国国民党革命委员会泰安市委员会·

【概况】 简称民革泰安市委，年内新发展党员11人，其中高级技术职务2人、中级5人。到年末设支部11个、小组1个，有党员188人。年内，开展“坚持中国特色社会主义政治发展道路，搞好政治交接”学习教育活动，召开学习贯彻中共十七大精神座谈会，交流学习心得，部署贯彻落实意见。年底，民革泰安市直二支部、岱岳区支部和新泰支部被民革山东省委评为民革全省先进集体，15名民革党员被评为民革全省优秀党员。

组织建设 3月，召开民革泰安市第五次党员代表大会，通过无记名投票的方式选举产生民革第五届市委会，顺利完成市委会的换届工作。在五届二次全委会议上，对市委会主要领导的职责作重新调整和分工，健全市委领导责任制。为便于市委会更好地开展工作、更好地履行参政党职能，成立参政议政、祖国统一、社会服务和妇女工作4个专门工作小组。9月，秘书长参加民革省委举办的全省领导干部培训班。10月，召开基层支部工作经验交流会，加强基层支部建设。年末，各基层支部相继完成换届工作。

参政议政 年内，民革党员中有各级人大代表和政协委员38名，其中省政协常委1名、委员2名，市人大代表1名，市政协常委5名、委员19名；在各级政府中担任领导职务的6名，其中市级1名、县级2名。市委会围绕市委、市政府的中心工作及人民群众关心的热点、难点问题，深入开展调查研究，积极建言献策，在省、市、区各级政协全委会议上提交提案58件。其中省政协提案6件，市政协提案23件（集体提案3件、个人提案20件），县（市、区）政协提案29件。市委会提出的《为留守儿童健康成长创造良好环境》提案被市政协评为优秀提案，《关于建立中小企业创业服务体系的建议》提案被市政协列为2007年度重点提案。提交中共泰安市委的《企业社会责任应引起高度重视》调研报告受到市委主要领导的重视和批示；呈报民革省委的《树立正确的人才观，从制度上促进职业教育的改革与发展》调研报告，受到民革省委的奖励。

为社会服务 年内，在捐资助学活动中捐款捐物共折合人民币1万余元。5月，民革新泰支部党员到贫困学生杜良霞家中走访慰问；到地处新泰边缘山区的龙廷镇东枣林村开展义诊活动，为100名群众进行义务健康咨询和查体，发放健康知识宣传材料1000多份；11月，民革新泰支部派员看望新汶中学2名贫困学生，给他们送去全体支部党员捐助的2000元慰问金和物品。“六一”国际儿童节之际，民革泰安市委向泰山冯玉祥小学捐赠由市委会和部分民革党员捐资塑造的冯玉祥将军塑像。重阳节前夕，民革山东科技大学支部到三合村慰问贫困孤寡老人，捐赠价值3000元的物品。民革中心医院支部到岱岳区良庄镇慰问麻风病人，向病人捐赠3500元慰问金及生活用品。春节到来之际，泰安市中山书画研究院的8位书画家到泰安军分区开展拥军活动，为部队官兵创作书画作品50余幅。（杜荣立）

·中国民主同盟泰安市委员会·

【概况】 简称民盟泰安市委，下设总支1个，支部14个，有盟员350人，其中年内新发展盟员15人。

组织建设 4月1日，召开第六次盟员代表大会，选举产生民盟泰安市委第六届委员会，选举温孚江为主委。5月15日，在中国民主同盟山东省八届一次会议上，温孚江当选为民盟山东省委主委，牟志美当选为副主委。至11月底，民盟各支部换届工作顺利完成。10月26日，举办新盟员培训班，42人参加培训。10月12日，5名盟员分别被聘任为特约地税监察员、特约教育督导员、特约检察员、特约教育督导员、特约国土资源监察专员。

参政议政 年底，民盟成员在任各级人大代表和政协委员42名，其中温孚江主委任全国人大常委兼省人大副主任，省政协委员4名；市人大代表3名，市政协委员16名。在任的各级机关领导干部4名，其中市级1名、县处级3名。年内，市委会主要领导参加中共泰安市委、市政府、市政协等有关部门举行的政治商协会、座谈会和情况通报会5次，就政府工作报告、全市经济工作、行风建设、民主评议活动等重大问题提出意见和建议。在市政协十一届一次会议上，民盟泰安市委作题为《关于泰安市旅游发展的建议》的发言，向大会提交并立案的集体提案8件，盟内政协委员向大会提交个人提案16件。集体提案《关于加强农村社会保障体系建设的建议》被泰安市政协评为“优秀提案”。向中共泰安市委呈报调研报告《泰安市专业技术人才创业环境的调查与研究》。9月17～21日，民盟泰安市委协助民盟山东省委在泰山会议中心举办民盟中央高等教育研讨会议筹备会议。

为社会服务 年内，民盟泰安市委进一步发挥人才优势，拓宽为基层群众服务的渠道。对老盟员继续实施温暖工程，在春节前走访慰问70岁以上的老盟员73位，并为其中13位80岁以上的盟员送上生日礼品。“八一”建军节前夕，民盟市委会组织部分书画家到济南军区某部开展活动，庆祝建军节。继续开展科技、卫生下乡活动，组织医疗专家、科技专家到基层开展活动4次。（王 磊）

·中国民主建国会泰安市委员会·

【概况】 简称民建泰安市委，下设基层支部8个，有会员134人，其中新发展会员8人（硕士研究生1人、新社会阶层人士2人、公务员1人）。全市会员中具有大专以上文化程度的会员、具有中级以上技术职务的会员和新社会阶层人士分别占成员总数的90.1%、84.8%和28.7%。年内，在全市政协理论研讨活动中，民建泰安市委选报的《充分发挥政协民主监督在加强我国民主政治建设中的作用》获优秀论文一等奖。

组织建设 3月28日，民建泰安市第四次代表大会召开，大会审议通过民建泰安市第三届委员会工作报告，选举产生民建泰安市第四届委员会，滕先森当选民建泰安市委主委。年内，完成基层支部换届及调整组建工作，相继新成立民建夕阳红、泰山学院、岱岳区3个支部，新泰、泰汽、泰西、东岳等支部完成换届工作。

参政议政 年底，民建会员在任各级人大代表和政协委员42名，其中省人大代表4名，省政协委员4名；市人大常委会副主任1人，市政协副主席1人、常委7人、委员12人；区政协副主席1人、常委6人；在任的各级机关领导干部14名，其中市级2名、县处级5名；担任特约检察员、监察员、审计员和社会监督员等职务的会员9人，6人被民建省委聘为专门工作委员会委员。“两会”期间，民建泰安市委和担任各级人大代表、政协委员的会员提交提案、建议20余件。在市政协十届五次会议上，递交集体提案5件、个人提案6件。其中提案《关于建立中小企业创业服务体系的建议》和《关于进一步完善新型农村合作医疗的建议》被列为重点提案。在市政协对十届三次会议以后的优秀提案表彰中，民建泰安市委《关于大力发展循环经济，加快生态泰安建设的建议》等2件提案，被表彰为优秀提案。年内，成立调研小组，完成《全面封停城区自备井，全力打造节水型城市》调研报告，递交市委。7月，开展以坚持走中国特色社会主义政治发展道路为主题的政治交接学习教育活动。参加政风行风、文明机关视察、评议。

为社会服务　年内，民建泰安市委充分发挥密切联系经济界的特点和优势，积极开展社会服务活动，鼓励推动广大会员支持社会公益事业，捐资助学、扶贫济困，为构建和谐社会贡献力量。经积极协调，部分民营和个体企业安置下岗职工380名；为养老院、福利院、乡镇卫生院、贫困大学生捐款近百万元；驻会机关工作人员在“慈善一日捐”、爱心捐赠等活动中捐款3000余元。12月11日，会员姜广利向泰安一中捐赠首批两万元助学金，用于解决品学兼优、家庭困难学生的生活难题，并承诺连续10年为泰安一中的贫困学生提供每年两万元的捐助；此外，他还先后为乡镇敬老院，小学、中学、大学特困学生等捐资近60余万元。　（戚　锋）

·中国民主促进会泰安市委员会·

【概况】　简称民进泰安市委，下设支部8个，有会员145人，其中新发展会员10名（具有高级技术职务4名、中级5名）。会员中有高级职称的73人，中级职称的49人，分别占总人数的51%和35%。年内，召开主委办公会议8次、骨干成员会议4次、支部委员会议3次、理论学习中心组学习会议4次。贯彻落实民进中央确定的“以政治交接为主线，以参政议政和自身建设为重点，努力把民进建设成为适应21世纪的高素质参政党”的基本工作思路，扎实开展“以走中国特色社会主义政治发展道路为主题的政治交接学习教育活动”，组织会员学习中共十七大报告和省、市第九次党代会精神。8月23日，民进山东省委领导到泰安调研、指导政治交接学习教育活动，对活动开展提出明确要求。

组织建设　3月31日，民进泰安市第四次代表大会召开，传达学习中共十六届六中全会、民进中央十一届五中全会和中共泰安市委第九次代表大会精神，审议通过民进泰安市第三届委员会工作报告，选举产生民进泰安市第四届委员会，选举产生出席民进山东省第五次代表大会的代表；同日，召开四届一次全委会议，选举王昌元为民进泰安市委第四届委员会主委，陶常利、董洁、吕忠堂为副主委，任命周脉柱为秘书长。12月14日，召开四届一次会员大会，传达民进第十次全国代表大会精神，审议通过市委会工作报告，表彰2007年度先进会员，增选2人为民进泰安市第四届委员会委员。按照民进山东省委的部署，开展重点支部建设活动，山东农业大学支部、泰山区支部被列入民进山东省委“30个重点建设支部”。

参政议政　年内，民进市委担任各级人大代表、政协委员的人员有27名，其中，省人大常委1名、代表1名，省政协委员1名，市政协副主席1名、常委2名、委员12名，县（市、区）政协副主席1名、常委2名、委员8名。担任县（处）级以上领导职务的会员10名，其中，市级1名、县（处）级9名。民进市委会主要负责人参加中共泰安市委、市政府、市政协等有关部门举行的协商会、座谈会、情况通报会等10余次，就政府工作报告、全市经济工作、政风行风建设、民主评议活动等问题提出意见和建议。在市政协十届五次会议上，民进泰安市委向大会递交党派提案6件，担任政协委员的会员递交个人提案36件，其中《关于贯彻落实好新义务教育法的建议》和《关于加强社会治安的建议》被确定为重点提案，《关于加大财政支持力度，发展农村沼气池建设的建议》被确定为优秀提案。省人大代表向省人大十届五次会议提交议案、建议24件。省政府参事孙宗明报送省政府参事建议3件，省委副书记、省长姜大明批示2件，常务副省长批示1件，分管副省长批示2件。成立专题调研组，围绕泰安水资源问题开展调查研究，形成《解决我市水资源短缺问题的几点建议》调研报告，呈报市委领导阅示。报告以科学发展观为指导，全面分析了全市水资源的现状和开发利用中存在的问题，提出切实可行的建议。全年向民进组织报送信息6件，被民进中央采用2件，被民进山东省委采用4件。

为社会服务　11月8日，组织市中心医院、市附属医院、泰山区人民医院的民进会员，到泰山区徐家楼乡开展义诊服务活动，受到当地群众的欢迎。刘振海继续在全国范围内推广他所创造“二十四字英语整体教学法”，试验学校遍布全国各地。　（孙圆景）

·中国农工民主党泰安市委员会·

【概况】　简称农工党泰安市委，下设总支2个，支部17个，有党员226人，其中年内新发展党员14人。年内，通过报告会、座谈会、参观考察等形式，组织学习十六届六中全会精神，省、市第九次党代会精神，胡锦涛总书记6·25讲话，中共十七大精神以及统一战线理论；开展以坚持走中国特色社会主义政治发展道路为主题的政治交接学习教育活动；参加农工党省委举办的市级领导班子组成人员学习班；成立参政议政、医药卫生、宣传、社会服务等8个专门委员会，健全完善市委会各类会议制度和议事规则。加强机关作风建设，进一步提高机关工作作风和机关干部的素质。年底，农工党市委被授予

“全国社会服务工作先进集体”荣誉称号，1人被授予“全国社会服务工作先进个人”荣誉称号。

组织建设　年内，成立泰山区支部、山东农业大学支部和泰山学院支部。3月26日，农工党泰安市第四次代表大会召开，大会审议通过农工党泰安市第三届委员会工作报告，选举产生第四届委员会，谢崇国当选农工党泰安市委主委，吕爱钟、王庆才、徐坤当选为农工党泰安市委副主委。谢崇国等11人被选为出席农工党山东省第五次代表大会代表，并在大会上选为省委常委，1人当选为省委委员。谢崇国还被选为出席农工党全国第十四次代表大会代表，徐坤为农工党全国第十四次代表大会特邀代表，夏作理为农工党全国第十四次代表大会列席代表，12月9～15日，3人在北京参加中国农工民主党第十四次全国代表大会。

参政议政　年内，农工党在任各级人大代表和政协委员53名，在任各级领导干部8名。农工党市委积极参与政治协商、民主监督，参加中共泰安市委、市政府召开的各种座谈会、情况通报会、征求意见会11次，参加市政协组织的各种座谈会、视察调研等各项活动12次，就泰安市经济、文化、城市规划建设、社会综合治理等重大决策提出有价值的意见和建议。5名党员被聘为特约检察员、督导员、国土资源监察专员、地税监察员。在政协十届五次会议上提交集体提案10件、个人提案20件。其中，1件被列为重点提案，2件被列为优秀提案。按照中共泰安市委统战部对专项调研工作的部署，确定《关于加强食品安全的建议》的调研课题，组织专家进行深入细致的调研，向中共泰安市委提交了质量较高的调研报告。

社会服务　继续深化科技示范服务基地建设，定期进行技术指导、技术推广和技术培训。帮助宁阳葛石镇落实科研项目，争取科研课题资金20万元。7月，农工党中央参政议政考察团一行40人专程到泰安考察参观肥城市边院镇有机蔬菜科技示范基地，对市委会的社会服务工作给予肯定。同月，农工党山东省委在泰安召开全省社会服务工作会议。继续开展对新农村医疗保健试点村——泰前办事处上、下峪村的义诊活动，6月14日，组织泰山医学院附属医院10余名专家和泰山医学院检验系50余名师生在上、下峪村开展义诊活动，为村民量血压、做心电图、B超，有针对性地抽血化验160余人，受益人数近500余人。11月10日，“第十九届国际科学与和平周暨牵手社区、防治高血压健康教育大行动”开幕仪式在泰山医学院附属医院举行。继续组织专家组每月到定点帮扶卫生院肥城市边院镇卫生院坐诊，并对卫生院的医疗骨干进行临床经验的传、帮、带。十七大召开之际，农工党岱岳区支部组织部分专家到岱岳区角峪镇开展义诊和健康咨询活动，发放艾滋病宣传材料200余份，受益人数180余人。农工党省委、农工党市委积极争取社会赞助，向泰安市社区卫生组织捐送6000盒价值10万余元的药品，组织泰山医学院附属医院专家对社区医生进行专题培训讲座。　（巩相会　丁　婧）

·九三学社泰安市委员会·

【概况】　简称九三学社泰安市委。按照“三个为主”（以协商确定的范围和对象为主、以大中城市为主、以有代表性的人士为主）和《关于民主党派组织发展问题座谈会纪要》的要求，建立完善组织发展程序，年内发展21人入社，共有社员378人，主体界别占到80%以上，高级技术职务比例达到80.2%以上。年底，社主委刘君被省委统战部授予“全省民主党派为经济建设服务先进个人”荣誉称号。

组织建设　年内，先后完成6个支社和1个小组的换届工作，新成立泰山区支社和机关直属四支社，基层组织建设得到进一步加强。4月10日，九三学社泰安市第六次代表大会召开，刘君当选为九三学社泰安市第六届委员会主任委员，冯永军、马树升、王淑玲为副主任委员，孙德常为专职秘书长。

参政议政　年底，九三学社市委会有各级人大代表、政协委员48人。其中，全国人大代表1名，市人大常委1名，市人大代表1名；省政协常委1名，省政协委员2名；市政协副主席1名，市政协常委9名，市政协委员21名；区政协副主席1名，区（县）政协常委1名，区（县）政协委员9名。担任各级司法机关和政府部门的监察员、审计员等特邀人员8名。在市政协十届五次会议上提交的《通过土地整理促进新农村建设的几点建议》《关于进一步完善新型农村合作医疗的建议》《关于加强居民集中居住区文化建设的建议》，被市政协列为2007年度重点提案，占全部重点提案的33.4%。

社会服务　年内，各级组织积极开展以科技支农、送医下乡和支援农村文化建设为主要内容的活动，第60个“世界红十字日”（5月8日）之际，为进一步弘扬“人道、博爱、奉献”的红十字精神，九三学社市委开展以“奉献一份爱心，关爱贫疾农民”为主旨的下乡义诊活动；10月28日，九三学社市委机关直属二支社组织全体社员到东平参观、考察，书画家们发挥文艺支社的优势，在东平湖度假山庄创作书画作品近20幅，宣传推介东平的旅游资源和文化建设；11

月10日，九三学社市委机关直属一支社组织全体社员到新泰莲花山、岱岳区化马湾乡水峪村参观、考察，让社员们了解农村建设的新变化。（刘彦涛）

·泰安市工商业联合会·

【概况】 年内，全市6个县（市、区）、86个基层商会组织以及市级工商联全部完成换届工作。市工商联新一届执行委员会委员115人，其中非公有制经济代表人士占6成以上，班子平均年龄42.3岁，比上届降低2.1岁；大专以上文化101人，占87.8%；常委54人；秘书长以上班子成员20人，其中，不驻会企业家11人，下设直属商会3个。年末，全市会员总数达5184家，基层商会组织115个。

“两个健康”工作 年内，组织开展“两个健康”（促进非公有制经济健康发展、促进非公有制经济人士健康成长）工作，涌现出一批先进典型。先后有80余家会员企业受到国家、省级表彰，700多名企业家被评为各类先进。山东石横特钢集团入选2006年度“中国最具价值民企百强诚信品牌”、“第六届中国大企业集团暨首届企业集团竞争力500强”，被国务院授予“全国再就业先进企业”，荣获“山东省和谐劳动关系优秀企业”称号；董事长（副会长）张武宗被评为第二届中国优秀民营企业家、劳动模范。平阳纺织集团、泰安山钢集团和山东生力源集团先后被评为中国企业思想政治工作先进单位。泰山工程机械集团荣获2007年中国优秀民营科技企业称号。山东宏康集团产品被国家发改委批准为国家行业标准。市工商联与市委组织部、统战部、市人事局联合在全市非公经济代表人士中表彰优秀建设者26名，与工商、税务等部门联合表彰诚信纳税、质量管理、环保和劳动就业先进单位35家，在系统内评比先进单位“五好”（班子好、队伍好、场所好、制度好、服务好）会员和先进工作者118名（家）。

参政议政 上半年，市工商联组织2个调研小组，先后走访企业70余家，与企业法人和员工座谈800余人次，发放调查问卷4000余份，就新形势下民营企业发展的现状、问题及企业对策进行调研，形成《泰安市民营企业发展现状及问题》和《当前全市非公经济代表人士思想状况》的调查报告，上报市委、市政府主要领导。会同市政协有关委室，联合农村信用合作社、中小企业办等部门，就中小企业资金短缺、人才匮乏、发展后劲受限等问题进行专题调研，形成报告上报市民营经济领导小组。年内全市工商联系统围绕“企业产业结构调整后的企业发展”、“中小企业发展与改革”、“中小企业如何畅通融资渠道”等课题，开展调研21次，撰写调查报告30份，提出意见和建议110余条，其中有20余条被党委政府采纳，40余条引起党政和有关部门的重视。《关于积极扶持民营科技企业发展的建议》《关于促进全市桶装水生产企业参与QS认证的建议》两件提案获市优秀提案奖，市工商联被评为提案工作先进单位。在政协会上，市工商联“大力发展民营经济，努力建设文明和谐新泰安”的大会发言引起与会代表强烈反响。

为经济建设服务 ①利用网络优势，为招商引资搭建平台。成功举办“2007海内外知名企业家‘齐鲁行’暨中国泰安投资经贸洽谈会”。争取深圳发展银行和兴业银行为泰山钢材大市场注入20亿元信贷资金，与广东香江集团和澳门名嘉集团达成70亿元的世界名人休闲娱乐城和泰山旅游开发项目。先后会同8个政府部门、28家企业先后赴甘肃、四川、西藏、黑龙江、辽宁、广东、福建等地，为政府部门招商引资牵线搭桥，为企业寻找合作伙伴。其中，为市开发区联系重点招商点7个，为有关部门提供商务信息103条；利用亚洲食品协会友好关系，帮助3个乡镇、4家企业蔬菜出口日本、韩国；为5家企业产品出口协调关系。②坚持“三项服务”，着力营造非公经济发展环境。一是抓好维权服务。年内，市工商联法律维权委员会会同市律师协会、市仲裁办联合举办工商联系统法律法规培训班两期，帮助6个县（市、区）工商联全部成立维权委员会，先后为13家企业协调和仲裁经济纠纷16起，帮助9家企业挽回经济损失3000余万元。二是重点落实融资担保。帮助会员企业解决信贷近11.5亿元，协调企业之间周转资金7000余万元，聘请专家协助泰山工程集团等3家企业做好上市前期运作。三是做好信息咨询服务。依托本会实名网站，帮助400余家企业发布招商、产品购销信息8000余条，利用信息交流、工作简报为会员企业提供各类信息近千条。

光彩事业 年初，会同市委统战部召开“泰安市‘民企帮村’推动社会主义新农村建设经验交流会”，印发《泰安市工商联开展“民企帮村”活动，推进社会主义新农村建设五年规划纲要》。年内，参与“民企帮村”活动的企业有464家，对口帮扶312个村庄，其中结为帮扶对子106个，帮助新建生产基地8个，向149个村庄派出经济顾问163名，实施帮扶项目51个，投入资金8390余万元；新泰泰山染料集团投资3000万元修建和圣园、和圣山庄，为周边10多个村庄群众提供一处免费观光游览和休闲娱乐场所。积极参与教育事业，年内，捐建光彩小学2所，捐助贫困学生418名，新建敬老院2所，实施光彩项目23个，到位资金4000余万元，培训人员3300余人，安排就业4800余人。泰安温州商会捐资10万元帮助宁夏植树造林，泰安康平纳毛纺织有限公司出资460万元捐助西部贫困学生，受到国家多部委表彰。宁阳县行知学校先后与贵州毕节、曲阜师范大学联合为西部贫困山区培训特困学生1500名，并全部定向安置。

【2007海内外知名企业家“齐鲁行”暨中国泰安投资经贸洽谈会】 10月10~11日，由全国工商联和山东省人民政府主办的2007海内外知名企业家‘齐鲁行’暨中国泰安投资经贸洽谈会举行。来自美国、加拿大、以色列等8个国家以及台港澳和国内21个省市的361家企业与会，签订投资合作项目合同35个，项目总额60.4亿元；签订投资协议、意向项目48个，协议投资总额84.9亿元，合计引资额145.3亿元。 （张建之）

群众团体

·泰安市总工会·

【概况】 年末，泰安市总工会辖6个县（市、区）总工会和新汶、肥城两个矿业集团公司工会，市属41个产业（局、公司）工会和工人文化宫1个事业单位。市总工会按照“扩大覆盖面，增强凝聚力”的要求，深入学习贯彻党的十七大和市第九次党代会精神，提高思想认识，明确目标任务，增强做好工会工作的使命感、责任感和自觉性。年底，市总被全总评为全国工会财务工作先进单位，被省总工会评为全省厂务公开民主管理工作先进单位、全省职工技协工作先进单位、全省保障工作先进单位、全省工会信息工作先进单位和工会统计工作先进单位，被市政府评为全市就业再就业工作先进单位。市总机关连续五年被评为市直文明机关。

组织建设 开展“基层工会组织建设推进年”活动，分解发展任务目标，将指标下达给各县（市、区）和有关产业（局、公司）工会，县（市、区）工会将任务层层分解落实到乡镇（街道办事处）；市总工会每位班子成员及各部室分片包干，定期到联系单位进行督查指导；每月对工会组建和会员发展情况进行一次通报；严格考核，对完成年度建会任务的给予表彰奖励，同时，把工会组建和会员发展情况作为工会工作先进单位、劳动关系和谐企业等评选活动的一票否决项目。年内，新建规模以上企业工会组织888家，新发展会员9.05万人，全市规模以上企业全部建立工会；外资企业麦当劳、肯德基在泰安的4家分店全部建立工会，娃哈哈、东尊华美达等一批知名外资企业先后建立工会组织，建会率达到82.1%；开展建立乡镇（街道办事处）总工会的试点工作，全市23个乡镇（街道办事处）、工业园区建立总工会。

宣传教育 指导基层继续开展“创建学习型组织，争做知识型职工”活动和职业道德教育活动。在《泰安日报》、泰安电视台、泰安广播电台等媒体开设“劳模风采”、“劳模档案”、“劳模，您好”等栏目，对全市各行各业涌现出的先进模范人物进行宣传报道。开设“工会之窗”、“依法维权，促进发展”、“组织起来，切实维权”等专栏，对工会重点工作进行宣传报道。

民主管理 推进和完善维权机制建设，加强以职代会为基本形式的厂务公开民主管理机制建设。在全市开展“职代会建制年”活动，深化职代会星级创建，推行职工代表证制度，加大职工代表培训力度，提高职工代表素质，推动职代会制度化、规范化建设。4月，在肥城新城街道办事处召开区域性职代会现场会，7个乡镇、4个村居建立区域性职代会制度，较好地解决了规模较小、职工人数较少的基层工会自身难以解决的维权问题。在“巩固提高、规范运作、强化监督、突破创新”上下功夫，继续深化厂务公开民主管理工作。与劳动部门配合，开展劳动法律法规执法检查工作，举办《劳动合同法》电视、报纸知识竞赛，推动劳动合同、集体合同制度的落实。全市新签订劳动合同2.69万份，集体合同198份。同时，深入开展“安康杯”竞赛、“安全生产月”、安全科普知识答卷等活动，及时参与企业伤亡事故的调查处理，努力维护职工的生命安全。

困难帮扶 始终把对困难职工、特困职工的帮扶救助工作作为工会的第一责任，认真履行“第一责任人”的职责，以帮扶中心为平台，努力为广大职工办实事、办好事。元旦、春节期间，各级工会筹集送温暖资金735万元，协同各级党政领导走访慰问困难职工2万余名；继续开展机关部门结对帮扶特困职工和女职工“十百千”帮扶活动，缓解特困职工和单亲女职工的生活困难。市困难职工帮扶中心对563名困难职工和困难企业工会主席进行救助慰问，并为216户特困职工发放冬季取暖补助6.48万元，中央电视台对此进行了宣传报道。实施“工友创业行动”，形成“就业咨询、就业培训、职业介绍、上岗就业”一条龙服务机制，为195个零就业家庭的下岗失业职工争取到政府提供的公益岗位；开展“金秋助学”活动，发放助学金159万元，资助困难职工子女1576人；开展向农民工“送温暖、送安全、送健康、送文化”等活动，向农民工赠送图书资料、文化衫10万余份，提供免费医疗服务千余人次。

女职工工作　全市各级工会女职工组织大力开展“素质提升、岗位建功”、“争创学习型组织，争做知识型职工”活动，有6902名女职工取得高一层次学历，3.19万名女职工通过考试技术等级上一档次。全年开展女职工劳动竞赛、技术比武1923场，参赛女职工达5.72万人，技术创新30项，提出合理化建议3.51万件，创造经济价值7160万元。进一步加大女职工“十、百、千”帮扶行动力度，累计结对帮扶单亲困难女职工342名，累计帮扶金额17.18万元、米面油等物品7300公斤。继续开展“资助困难女职工子女上学”活动，为18名困难女职工子女发放助学金5670元。“金秋助学”活动中，各级工会组织为考上大学的171名困难女职工子女发放救助金31.89万元。结合零就业家庭摸底调查，为59名下岗失业困难女职工争取到政府安排的公益岗位。

劳模管理　年内，全市有23名先进个人获山东省“富民兴鲁”劳动奖章，100名先进个人获得“振兴泰安”劳动奖章。4月，召开市劳动模范协会第一届常务理事会第一次会议。利用电视、广播、报刊等新闻媒体和网络平台，广泛宣传劳模先进事迹，在全社会形成“学习先模、尊重先模、崇尚先模、争当先模”的浓厚氛围。编录《市以上劳动模范名册》，收录建国后的市级以上劳动模范1776人，为全市劳动模范的信息查询、身份认定提供依据。编纂泰安市历届全国劳动模范卷丛书，收录建国后评选的50名全国劳动模范的先进事迹；开展市级以上劳动模范“五险”状况调查和困难劳动模范救助活动，发放慰问金35.69万元，救助247人，为市以上劳动模范办理泰山索道免费乘坐证，组织对劳动模范的节日慰问、体检、疗养休养和学习考察等活动。

法律服务　围绕建立以人为本、规范有序、公正合理、利益共享的劳动关系，广泛开展创建劳动关系和谐企业活动，全市有5887家企业、52.6万名职工参与创建活动。市委印发《关于进一步深化劳动关系和谐企业创建活动的意见》（泰办发〔2007〕20号），专门成立领导小组，并对组织形式、评选标准、奖励办法进行调整。市总工会实行班子成员包县（市、区）和产业（局）制度，推进创建活动的开展。市及各县（市、区）、矿业集团和产业、行业均组织开展和谐企业评选表彰工作，市里命名表彰劳动关系和谐企业71家，并向贡献突出的先进个人颁发“振兴泰安”劳动奖章。

【“基层工会组织建设推进年”活动】　年内，市总工会专门成立工会组建工作领导小组，指导、督促全市工会组建工作。5月，召开由总工会、劳动和社会保障局、司法局、建设局、法院、工商联等部门参加的工会组织建设座谈会，形成“党委领导、政府支持、工会主抓、各方配合”的工作格局。各县（市、区）、市有关产业（局、公司）工会也成立专门工作机构，充实加强工作人员，整合机关各部室的力量推进基层工会组织建设。到年底，全市有基层工会组织4817家，涵盖法人单位1.20万家；建会单位职工89.30万人，工会会员85.87万人。

【泰安市职工法律顾问团成立】　11月，市总工会、市司法局、市劳动和社会保障局和市律师协会联合成立泰安市职工法律顾问团。该顾问团是工会社会化维权机制建设的一项新举措。由市总工会和市律师协会各拨款5万元设立顾问团专项资金，对达不到市法律援助标准但又因各种原因家庭比较困难，以及家庭人均收入在当地最低生活保障线和最低工资标准之间的职工，需要法律顾问团服务和帮助的，由市职工法律顾问团办事机构从专项基金中酌情支付有关法律援助、法律服务费用，切实解决职工无力维权的问题。　（欧阳宏飞　王岐刚）

·中国共产主义青年团泰安市委员会·

【概况】　年底，全市有14～35周岁团员青年158万人，共青团员25.8万人，发展新团员3.69万名；团员占青年的15.5%；有团委458个，团总支1011个，团支部1.12万个，基层团组织1.27万个，专职团干部684名，其中研究生17名、大学生510名、大专生143名。团市委机关设办公室、组织宣传部、学校维权部、经济统战部4个部室，关心下一代工作委员会（以下简称关工委）办公室设在团市委；另设机关党总支（下辖两个党支部）、少先队总队两个辅助专职工作机构。下辖泰安市青少年教育培训活动中心1个直属单位，青年联合会有会员390人，青年企业家协会会员120人，还有学联组织和学校共青团工作联谊会等组织。

青年思想道德建设　开展“中国银行”杯中小学生感恩亲情书信大赛活动，帮助青少年学生树立对家庭、对社会的责任感；开展“趋利避害　绿色上网”活动，帮助青少年学生戒除网瘾，养成健康上网的良好习惯；广泛发动大学毕业生志愿服务西部，为中西部地区经济发展做出应有的贡献；以“贯彻科学发展观，服务农村促和谐”为主题，全面启动泰安市大中专学生志愿者暑期“文化、科技、卫生三下乡”社会实践活动。

青少年维权工作　为进一步宣传、贯彻《中华人民共和国未成年人保护法》《中华人民共和国预防未成年人犯罪法》《山东省未成年人保护条例》，增强全社会依法保护未成年人健康成长的法律意识，优化未成年人成长的社会环境，在全省范围内开展山东省未成年人保护杰出（优秀）公民评选活动。泰安市泰山区法院少年审判庭庭长范红艳（女）被授予首届“山东省未成年人保护杰出公民”称号，新泰市人民检察院侦查监督科副科长于富来被授予首届“山东省未成年人保护优秀公民”称号。为进一步维护青少年合法权益，开通青少年服务台热线“12355”，该服务台是团组织以服务青少年的成长发展需求为导向，以“12355”青少年服务热线、网站等信息化服务手段为依托，围绕学习教育、就业创业、恋爱婚姻、身心健康、困难救助、犯罪预防等青少年权益工作的重点领域，为青少年提供咨询服务和实际帮助的工作平台。为落实未成年人保护法，促进未成年人健康成长，组织开展主题为“依法维权，共促和谐”的“未成年人保护行动——青少年法制宣传教育周”活动。

青年志愿者工作　发挥青年志愿者协会的优势，深入开展“泰山红叶在您身边”行动。4月，亚洲举重锦标赛举行期间，选拔培训77名外语志愿者为大赛提供翻译服务，得到各国选手和锦标赛组委会的一致好评。努力营造全民“迎奥运、争做志愿者”的浓厚社会氛围，通过组织志愿者为他人、为社会提供服务和帮助，培养全民志愿服务意识。

青春创业行动　与组织、劳动和社会保障、教育等部门联合，采取集中办班、经验交流、现场观摩、示范指导、技术服务、资金扶持和外出学习考察等各种形式对青年进行技术培训，全年参与培训的青年达1.5万人次。做好SIYB创业培训和YBC（中国青年创业国际计划）工作，拓宽扶持青年就业新路子，年内联合市劳动局举办SIYB创业培训2期，培训学员110人；YBC泰山服务站共推荐项目15个，其中得到资金扶持的10个，筹得资金50万元。至年底，全市建有青春创业行动指导中心或青年创业就业服务中心31处。与市劳动保障、工商、报社等部门联合，在全市开展泰安市大学生青春创业实战营销技能大赛，以比赛带动对大学生创业技能的辅导和创业项目的服务。在与《齐鲁晚报》联合举办的“赢在中国，相约泰山，选手培训暨交流见面会”上，推选优秀创业青年代表参与活动，两名选手成功晋级央视2台“赢在中国”36强。实施“百千万农村青年创业计划”，加大对农村创业青年的技能培训和贷款扶持力度，深入推进农村青年劳动力转移就业工程，全年完成农村青年创业贷款233万元，培训农民技工8万人，转移农村劳动力1.5万人。

团属社团和阵地建设　3月，召开泰安市青联四届二次常委（扩大）会议，百余名青联委员参加，会议增补部分青联委员，健全完善各项会议制度、界别组联系制度、走访委员制度，青联组织逐渐成为建立青年爱国统一战线的纽带。泰安市青少年教育培训活动中心大力提升教研水平，重点抓好青少年“寻找美丽中华”系列活动；通过优化文化课、艺体课及生活管理等各种有效形式，促进青少年宫（含团校）、泰山雷锋学校教师队伍建设。充分发挥青年联合会人才智力优势，开展“走近和谐——青联委员与您心连心”系列活动，组织文化艺术界青联委员走近第一线的工人、农民和部队官兵，举办慰问演出4场，观众数量超过2万人。

【为旅游经济发展服务】　充分发挥青年企业家协会在政府与企业之间的桥梁和纽带作用，成功举办第六届泰安市十大杰出青年企业家评选活动，采用候选人报纸公示、电视事迹展播、现场晚会颁奖等形式表彰为泰安经济建设做出贡献的青年企业家。4月，组织部分青年企业家远赴韩国，参加青年企业家峰会；9月，到重庆、四川进行经贸考察学习。加强青少年绿化基地建设，动员团员青年参与保护母亲河行动——青年生态林工程，全市共有青少年绿化基地13个，其中省级2个；2007年新上市、县级“保护母亲河行动”工程5个，完成绿化面积达1733.33多公顷，栽植各类树木20万余株。在全省范围内组织第二届“泰山之盟盛世婚典”青年集体婚礼，全面为美化泰安、宣传泰山服务。

【关心下一代工作】　年内，市关工委分别赴全市6个县（市、区）及矿业集团就关工委组织建设、特色工作、树立典型个人或集体等方面的工作开展情况进行督导调研，各县（市、区）积极为基层关工委工作争取条件、优化环境，在上年全市86个乡镇全部建立关工委组织的基础上，到年底，3200多个村、社区建立关工委组织，组织建成率近90%。市关工委还将工作网络延伸至市直各个部门，全市42个成员部门全部建立起关工委组织，并落实关工委办公室的规格、人员编制和经费问题，组织健全率达到100%。为进一步加快关心下一代工作的全面发展，实现关工委工作的制度化、规范化、科学化，市关工委制定《泰安市关心下一代工作委员会工作规则》，由市委办公室印发至各个部门，为下一步工作的开展提供领导组织保障。按照“党委重视抓发动，部门配合抓鼓动，以老带新抓推动”的工作思路，各县（市、区）机关、学校、大部分乡镇、村及社区继续扩大“五老”（老干部、老战士、老专家、老教师、老模范）队伍，全市有“五老”队伍100多个、人员2600余人。按照“五老”人员的专业特长和工作经历分别成立法制教育、革命传统教育、科普知识、家庭教育等不同类型的关爱工作团78个，相继实施开展“十百千万”关爱工程（联系十个部门、进百所学校、进千个村社区、进万个家庭）、百名“五老”进百校报告会、“老少互助、双向关爱”、“心手相牵、捐资助学”等以思想道德教育、法制教育、关注弱势青少年为主题的暖心活动，全年举行报告160余次，受教育人数30余万人。

【希望工程】 全年引资260万元，完工希望小学5所，开工建设希望小学1所，为改善农村义务教育基础设施做出了积极贡献；开展第三届“希望工程圆梦大学”行动，筹集救助资金36.8万元，安排救助贫困大学新生206人；在市第九次党代会召开之际，全市54所希望小学1.5万余名贫困学生开展了“童心向党心—向第九次党代会献礼”活动。 （周留洋）

·泰安市妇女联合会·

【概况】 年末，全市有县（市、区）妇联工作机构6个，乡（镇、街道办事处）妇联工作机构86个，社区妇联74个，村妇代会3627个，市、县两级党政机关、科教文卫单位妇委会534个。全市有团体会员1197个。市妇联机关工作人员21人，县（市、区）50人，乡镇86人，社区妇联主席、村妇代会主任3701人；市妇联下属有市直机关幼儿园、泰山儿童乐园、市妇女儿童服务中心3个事业单位。年内，市妇联被国家人事部和全国妇联联合表彰为全国妇联系统先进集体，被评为全国“平安家庭”创建活动先进单位；被省委、省政府授予山东省妇女儿童工作先进集体称号。

基层组织建设 市妇联在村“两委”换届前进行充分调研，并分别向市委、市委组织部报送建议。市委、市政府在《关于做好村“两委”换届选举工作的实施意见》（泰办发〔2007〕31号）中就妇女干部进村“两委”作出明确规定，为提高妇女进“两委”比例提供了政策保障。乡镇、社区健全妇女组织网络，注重在新经济、社会领域建立妇女组织。各级普遍建立妇联执委工作制和妇女代表联系制，妇联团体会员工作日益活跃，在团结凝聚妇女中发挥了重要作用。

妇联干部能力建设 制定《2006-2010年泰安妇联干部教育培训规划》，指导全市妇联干部教育培训工作。各级广泛开展学习论坛、岗位读书、知识竞赛等活动，争当学习型干部。在全市范围内开展“两性平等与社会和谐”理论研讨活动，收到论文50篇。在全市妇联干部中开展调查研究，收到调研报告、论文68篇，分别评出一、二、三等奖并进行表彰。开展争创先进妇联、先进妇代会的评选活动，评选出先进妇联10个，先进妇代会（妇委会）30个。

妇联机关作风建设 开展“加强作风建设，促进社会和谐”主题教育活动和“争创优秀机关、争当优秀公仆”活动。9月，全国妇联副主席、书记处书记赵少华带领全国妇联港澳执委、特邀代表考察团一行52人到泰安市考察，对泰安的妇女工作给予高度评价。中央电视台《新闻联播》对全市妇联学习贯彻十七大精神、做好妇女工作的情况进行了报道。

【组织妇女参与经济建设】 “双学双比”活动 实施“十万新型女农民培训计划”，组织开展结对帮扶、送科技下乡和“巾帼科技齐鲁行”活动，送科技下乡96场次，受益妇女10万余人；成立“建设新农村妇女科技致富带头人联谊会”90个，有联谊会员1618人。实施“十万农村妇女创业行动”，县级以上妇联举办城乡妇女就业创业技能培训班42期，培训妇女1.04万人，实现就业、创业5284人。组织8000余名妇女接受“阳光工程”培训，全市以妇联为主就地转移妇女1.87万人，异地转移5674人。开展“建设新农村信贷支持巾帼致富”活动，为1263户妇女发展种养加工业帮助贷款2312万元，累计为1万多户妇女帮助贷款1.3亿元。开展养牛竞赛活动，全市4万余名妇女从事奶牛养殖。开展“三八”绿色工程竞赛活动，新建基地19个，妇女造林面积9333.33公顷。开展“巾帼示范村”创建活动，创建县级以上“巾帼示范村”174个。

“巾帼建功”活动 推进妇女就业创业，泰山“爱心大姐”家政服务中心有1300多名下岗女工求职登记，与1500多户家庭和单位签订用工合同，提供家政服务1600多人次，被评为山东省服务业诚信服务优秀单位。拓展“巾帼文明岗”创建活动，组织女职工12.5万人参加职业技能竞赛活动。规范对“巾帼文明岗”创建活动的管理，配合有关部门为3个全国级、2个市级“巾帼文明岗”举行揭牌、授牌仪式，对部分全国和省、市级巾帼文明岗进行检查指导。开展“共建新农村，岗村结对帮扶”活动，组织各级巾帼文明岗与贫困村结成帮扶对子207对，通过捐赠、培训和推广新技术等方式，使5.8万名农村妇女受益。全市31个行业、30万名女职工参加“巾帼文明岗”创建活动，6.5万名女职工参加各类培训、技术比武，涌现出县级以上“巾帼文明岗”528个，其中国家级4个、省级17个。全市各级妇联组织完成招商引资额1552万元，有力地支持了当地经济建设。

【组织妇女参与精神文明建设】 ①加强教育宣传。组织全市妇联系统学习贯彻党的十七大和省、市九次党代会精神，开展社会主义荣辱观教育，激发妇女的积极性和创造性。培养、树立、宣传先进典型，召开泰安市各界妇女纪念“三八”节97周年暨表彰、先进典型事迹报告大会，表彰市“三八”红旗集体、“三八”红旗手等先进集体112个、先进个人150名。10月，开通运行泰安妇女网（http://www.tawomen.org.cn/），拓宽宣传工作渠道。全年在市及以上新闻媒体发稿48篇，编发《妇工信息》42期。②农村妇女远程教育培训。印发《2007年农村妇女远程教育培训要点》，各级妇联利用远程教育手段培训农村妇女30.3万人次，接受“农村父母课堂”培训的有17万户。③“泰山巾帼文明队”建设。组织全市3137支“泰山巾帼文明队”开展爱心奉献活动，累计为妇女群众提供服务6万余人次。全市有2个单位被评为全国“亿万妇女健身活动”巾帼文明队，市妇联等5个单位被省妇联评为“巾帼文明队”建设工作先进单位，10支“泰山巾帼文明队”被评为省“巾帼文明标兵队”。④文明、和谐家庭创建活动。开展“知荣辱、树新风，创建和谐家庭”学习教育活动，深化“五好文明家庭”、“美在家庭”创建活动，全市1户家庭被全国妇联、国家环保总局授予第二届全国“绿色家庭”荣誉称号，1个村居被全国妇联、文化部共同命名为“美德在农家”示范村，5户家庭被评为省“五好文明家庭”，18个单位分别被评为省“美在家庭”创建活动先进单位和“幸福单位”、“幸福村居”。⑤做好“双拥”工作。召开庆“八一”拥军优属座谈会，各级妇联为军人送温暖、为军烈属解决生活困难1000余件。2人分别获省“十佳兵妈妈”、“十佳好军嫂”称号。⑥“平安家庭”创建活动。通过举办法律讲座、开展护蕾行动、组织预防和制止家庭暴力大讨论等方式，促进平安和谐。1个社区被评为全国“平安家庭”创建活动先进示范社区，3户家庭被评为全国“平安家庭”标兵户，涌现出省级“平安家庭”标兵户4户、先进协调单位2个。

【维护妇女儿童合法权益】 *妇女权益保护* 实施“贫困母亲救助行动”，对全市贫困母亲数量进行摸底调查，对农村贫困妇女、城镇下岗失业妇女等特困妇女群体给予资金扶持、项目带动、结对帮扶等具体帮助。年内，全市各级妇联协调社会力量救助帮扶贫困母亲1189人，提供救助资金物资等共计124.25万元。开展妇联系统“五五”普法工作，推动法律进乡村、进社区、进学校、进家庭。市、县两级举办法律知识培训班40余场次，受教育妇女1万余人。1处乡镇妇联被确定为全国妇女法制宣传示范点。以“关注农村妇女权益，促进平安和谐泰安建设”为主题，与有关部门联合开展“三八”维权周活动，解答妇女群众咨询2000余人次。完善社会化妇女维权机制，全市维护妇女权益协调组织纳入社会治安综合治理工作指导体系。开展“无毒家庭”创建、参与国际禁毒日宣传等活动。完善信访工作责任制，市、县两级接待来信来访464件，处结率100%。

儿童工作 ①关爱贫困、留守流动儿童。组织开展“共享蓝天——全国关爱农村留守流动儿童”大行动，通过实施“牵手关爱行动”、“手拉手、共成长”、“关注农民工子女家庭教育”、“代理妈妈”等活动，动员社会各界为贫困、留守流动儿童办实事、送温暖。泰安市选送的两个《留守流动儿童工作创新实施方案》被全国妇联采用并推广。实施“春蕾计划”，资助贫困女童1791名，资助金额46.4万元。②深化“双合格”（争当合格家长、培养合格人才）教育活动，全市农村科学家教知识普及率达91%，表彰市级优秀家长学校20个、优秀家长50名、优秀小公民100名。年内，全市共为儿童捐款捐物37.43万元。（高　萍）

编辑·校对　戚淑娟

政法·军事

政法综述

【概况】 2007年，全市各级政法机关、社会治安综合治理成员部门坚持“以稳定保发展、以稳定促发展”和“标本兼治、重在治本，防范在先、把握主动”的工作思路，全面提升平安建设的内涵和水平，深入推进“平安泰安”建设，有力维护了全市社会大局的持续稳定。全年全市治安案件立案2.56万起，上升189.14%，查处2.37万起，上升215.62%；刑事案件立案6557起，下降13.94%，破案4546起，上升14.89%。群众对社会治安满意率达到97.72%。年内，做好集中处理涉法上访工作，全年组织集中公开接访12次，接待群众来访124起，中央、省联席会议交办的9起涉法涉诉案件得到较好解决。年初，中共中央政治局常委、政法委书记罗干到泰安考察工作，对全市经济发展、维护稳定和平安建设等工作给予充分肯定。5月底，全省社会治安综合治理工作会议在泰安召开，并参观现场。

【“平安泰安”建设】 ①加强基层治安防控体系建设。构建“人防、物防、技防、心防”相结合的基层治安防范网络，其中用于技防设施的投资达到1.2亿元，新上电视监控设施1300余台（套）。广泛开展基层平安创建活动，全市786个村级单位成立“平安协会”，筹集资金1820万元。②开展专项治理。针对影响社会稳定的各类突出问题，集中时间、集中力量进行专项治理。强化对农村治安混乱地区和重点部位的集中整治，相继打掉恶势力团伙60个，破案310余起。开展打击自行车被盗问题专项行动，取缔自行车非法交易市场236处，抓获犯罪嫌疑人1163人，捣毁非法销售窝点255个，缴获被盗自行车5559辆。参与整顿和规范市场秩序活动，特别是开展打击传销违法犯罪集中统一行动和“无传销社区”创建活动，先后抓获犯罪嫌疑人136人，捣毁窝点284个，教育遣返5790人，解救被禁锢人员53人。③加强社会管理。以堵塞管控漏洞、减少不稳定因素为重点，强化流动人口、重点物品、特殊行业等的管理。以换发二代居民身份证为契机，组织开展实有人口大调查，全面开通网上办公系统，落实实有人口管理。强化交通安全与消防监督管理，在全社会开展以“人让人、人让车、车让人、车让车”为主要内容的“文明礼让、安全出行”活动，有力减少了交通事故的发生，交通事故起数和直接经济损失两项指标同比分别下降13.21%、33.39%；全市火灾起数和直接经济损失分别下降26.72%和26.11%。加强预防青少年违法犯罪工作，有效减少青少年违法犯罪问题的发生。加强普法和依法治理工作，全市基层依法治理普及面达到96%，领导干部参学率达到95%，90%以上企业建立法律顾问室或聘请法律顾问。④严厉打击刑事犯罪。元旦、春节和各级人大、政协“两会”期间，组织开展“新春平安行动”，破获刑事案件2034起，抓获各类违法犯罪嫌疑人7049人，其中刑事拘留1339人，逮捕514人，治安拘留3217人，劳动教养141人。从3月份开始，开展为期6个月以“打黑除恶、打霸治痞”为主要内容的“治安环境优化”活动，严厉打击垄断市场、强买强卖、强收“保护费”、寻衅滋事、敲诈勒索等霸痞犯罪活动，先后打掉团伙110个，抓获团伙成员417名，铲除各类霸头194人。

【化解矛盾纠纷】 ①强化源头预防。高度关注关系社会群众切身利益的劳动就业、社会保障、就医上学、收入分配、环境污染、食品安全等方面的工作，从源头上减少因利益冲突引发的各类矛盾纠纷。推进依法行政和科学决策，防止因行政行为和决策不当而损害群众利益，导致矛盾激化，引发群众上访。②强化领导接访。坚持落实市、县、乡三级党政领导公开接访制度。全年市级党政领导公开接访650次，接待群众上访3961人次。开通“12345”市长热线，完善群众来信“绿色邮政”工作。③强化基层矛盾调解组织网络建设。建立健全县、乡、村三级调解组织网络体系。全市乡镇（街道）调解中心工作人员已达1360人，其中专职工作人员315人；完善规范村级调委会3659个、社区调委会86个、企事业单位调委会273个。④强化排查调处。严格落实矛盾纠纷定期排查、台帐管理和挂牌督办等工作制度，进一步健全矛盾纠纷排查调处工作机制，加大排查调处力度，把矛盾化解在萌芽状态，较好地实观了“小事不出村居，大事不出乡镇，县区关口终结”的目标，大量的矛盾纠纷化解处理在了县以下基层单位。⑤做好特殊群体的稳控工作。实施重点攻坚，做好重点人员的教育转化工作，严格落实政策，着力解决实际问题。

【安全保卫】 ①全力做好十七大安全保卫工作。制订工作措施、方案和紧急预案，全面开展摸底排查工作，建立了联席会议制度，随时应急处置发生的各类问题。进一步加强驻京值班工作，十七大期间，泰安市未发生任何影响稳定的问题。②加强对敌斗争。坚持打击、防范、教育、建设多管齐下，牢牢控制斗争的主动权。③加强安全生产。在全市组织开展以“抓防范、查隐患、促整改、保安全”为主要内容的安全整治大检查活动。各县（市、区）、市直有关部门组成130个检查组，对本辖区、本行业的安全生产情况进行整治检查。市政府组织有关部门成立28个督查组，对煤、危险化学品、易燃易爆物、公共聚集场所、中小学校等重点行业和领域进行全面排查治理，查处的1.85万条隐患全部进行整改。④维护公共安全。强化干部群众的公共安全意识，制定完善相应的管理制度和工作预案，保证泰山国际登山节、亚洲举重锦标赛等重大赛事活动及节假日期间的公共安全。加强政府处置突发公共危机事件应急机制建设，在市县两级初步建立起信息预警、组织指挥、预案运作、应急救援、力量配置、装备保障等方面的工作体系，形成以公安110为龙头，统一指挥、反应灵敏、协调有序、运转高效的应急机制，保证随时应对可能发生的各类突发性问题。

【政法队伍建设】 按照省委政法委统一部署，继续深化社会主义法治理念教育，全面开展政法队伍集中教育活动，坚持边学边查、边学边改、以查促学，及时查找思想、工作和执法等方面存在的突出问题，先后整改各类问题43个。深化基层政法综治队伍建设，全面加强基层公安机关“三基”建设，新建、改建一批高标准的派出所、警务室、拘留所；推行“公安工作进社区”、“民警驻村”等新的警务模式，法、检、司机关有28%的警力充实到基层一线；加强基层综治组织建设，乡镇（街道）综治办主任统一由党委、政府分工领导担任，配备副科级的专职副主任，全市所有的乡镇（街道）全部建起调解中心。加强各种形式的群防群治组织网络建设，全市80%以上的乡镇（街道）建起专（兼）职治安巡逻队伍，总人数达4326余人，村居治安防范承包人员达到6500余人，治安防范承包责任制推广率达到85%；加强村级普法、帮教、调解、巡逻、治保“五位一体”的群防群治组织规范化建设，落实了人员、报酬、制度、场所和办公设施。 （张 峰）

审 判

【概况】 市中级人民法院（以下简称市中院）辖6个县（市、区）人民法院和1个高新技术产业开发区人民法院。全市法院共有工作人员879人，其中审判员550人、助理审判员36人、书记员191人、司法警察38人、其他工作人员64人。全市法院秉承“公正司法、一心为民”的宗旨，努力践行社会主义法治理念，认真学习贯彻最高人民法院院长、首席大法官肖扬视察市中院时的讲话精神，遵循求真务实、开拓创新的工作思路，依法履行审判职责，全面加强自身建设，各项工作取得新发展。全年共受理各类案件3.26万件，审执结3.22万件，标的额31.5亿元。

1月6日，最高人民法院院长肖扬到市中院视察工作，对泰安市经济社会发展所取得的成就和在维护社会稳定方面所做的工作给予充分肯定，并就进一步做好新形势下的人民法院工作提出要求。年内，全市法院系统有28个先进单位、17名先进个人受到省、市级表彰，其中，市中院被山东省高级人民法院（以下简称省高院）评为“全省法院社会主义法治理念教育活动先进集体”、“全省法院商事审判工作先进集体”、“全省法院创建‘五化’法庭工作先进集体”。

【刑事审判】 全市坚持“严打”方针不动摇，把打击犯罪作为维护社会和谐稳定的重要手段，依法从重从快打击严重暴力犯罪、黑恶势力犯罪以及多发性侵财犯罪，始终保持对犯罪分子的高压态势，维护人民群众生命财产安全；依法严惩偷税漏税、金融诈骗、侵吞国家和集体财产等经济领域的犯罪，维护市场秩序，保障经济安全；依法严惩职务犯罪和商业贿赂犯罪，推动反腐败斗争的深入开展。年内，共受理各类刑事案件1993件，审结1965件，生效判决罪犯2281人，其中10年以上有期徒刑、无期徒刑、死刑的罪犯184人。坚持“宽严相济”的刑事政策，努力做到该严则严、当宽则宽、宽严相济、罚当其罪。注重司法领域的人权保障，坚持区别对待，对具有法定从轻、减轻或免除处罚情节的罪犯，依法给予从宽处理，最大限度地分化瓦解犯罪分子，最大限度地减少社会对立面。坚持少杀慎杀，用准、少用、用好死刑，按照死刑案件“一审是基础、二审是关键”的要求，严把死刑案件一审审判的事实关、证据关、程序关和适用法律关，严格、审慎地行使审判权，为省高院二审开庭和最高法院复核奠定坚实基础。坚持“打防结合、预防为主”方针，采取司法建议、以案讲法、法律宣传、回访帮教等形式，提高群众的法律意识，预防和减少违法犯罪，营造安定有序的社会环境。加强少年审判工作，继续对未成年人犯罪案件实行集中管辖，积极参与少年犯社区矫治工作，大力加强青少年法制教育基地建设，健全完善集审判、帮教、预防于一体的工作机制。

【民事审判】 全市牢固树立审判工作为经济社会发展服务的思想，按照“能调则调，当判则判，调判结合，案结事了”的原则，认真审判处理好各类与经济发展和人民群众生产生活密切相关的案件，平等保护各方当事人的合法权益，妥善化解民间矛盾纠纷，营造诚信法治的市场交易秩序，促进经济结构优化，推动经济增长方式转变。年内，共受理各类民事案件2.06万件，审结2.01万件，标的额20.3亿元。审结离婚、抚育、赡养等婚姻家庭案件5423件；审结各类合同纠纷案件1.08万件，其中借款合同2923件，买卖合同2993件，房地产合同114件，建设工程458件，运输合同86件，农村土地承包合同659件，劳动争议385件；审结各类权属、侵权纠纷3934件，其中所有权纠纷1140件，人身损害赔偿等人身权纠纷2322件，破产案件22件，破产总额7.8亿元。加大知识产权保护力度，受理知识产权案件37件，审结37件。坚持实体公正和程序公正并重，平等保护中外当事人合法权益，受理涉外案件5件，审结3件。

【行政审判】 依法强化对行政行为合法性的监督，加大司法审查力度，监督和支持行政机关依法行政，保护当事人的诉权和请求权，维护行政相对人的合法权益，平衡、协调好个人利益和社会公共利益的关系。全年共受理各类行政案件884件，审结884件。依法执行涉及城市规划建设、国土资源、房屋拆迁、城市管理等非诉行政案件1191件。通过对行政纠纷案件的公正裁判，增进当事人与行政机关之间的理解与信任，提升人民群众和行政机关的法治观念，化解“官民”矛盾，促进“官民”和谐。积极尝试行政案件协调制度，通过和解方式解决行政争议，经协调原告主动撤诉的524件。坚持实事求是，积极稳妥地审理国家赔偿案件，年内审结赔偿案件2件。

【执行工作】 继续深化落实中央政法委《关于切实解决人民法院执行难问题的通知》精神，巩固和完善“党委领导、人大监督、政府参与、各方配合、法院主办”的执行工作格局。建立健全解决执行难问题的领导机制、协作机制和威慑机制，特别是完善解决执行难问题联席会议、信息通报、执行工作网络、工作考评4项制度，努力构建解决执行难问题的长效机制。年内，全市法院受理各类执行案件9060件，执结9248件，执结标的额11.2亿元。加强对执行案件的流程管理，继续推进执行案件信息管理系统建设，加大对执行权行使和执行程序的监督力度，积极探索落实“管人、管案、管事”相结合的执行工作管理机制，实现执行工作健康发展。认真贯彻执行公开原则，增强执行工作的透明度，严格落实执行期限，加快案件流转，缩短办案周期，拓展执行方法，全面推行“执行快速机动中队”等做法，进一步加大提级执行、指定执行、交叉执行、联合执行、督办执行等工作力度，努力实现执行案件法律效果与社会效果的有机统一。

【审判监督】 按照分级负责处理的原则，对申诉和申请再审案件依法进行审查处理，符合再审立案条件的及时立案。年内，全市法院共受理再审案件262件，审结261件。其中，维持原判123件，依法改判75件，发回重审7件，撤诉、调解22件，驳回10件，其他24件，维护了司法公正。重视涉诉信访工作，积极完善大信访工作格局。强化信访源头治理，坚持抓早、抓小、抓苗头，不断提高一、二审和初信、初访办案质量，充分发挥全市法院涉诉信访接待处置领导小组的作用，全面推行信访终结、信访联动和信访责任制建设，形成解决涉诉信访问题的整体合力，力争老问题案结事了、新问题就地解决，在各级人大和政协会议及其他敏感时期实现涉诉“零上访”。依法保护当事人的申诉权利，积极解决群众合理诉求，确保有理有据的当事人打得赢官司，切实感受到司法的人文关怀。 （宋　斌）

检　　察

【概况】　年底，市人民检察院辖6个基层检察院和1个派出检察院。全市检察干警685人（市检察院150人），其中检察委员会委员85人、检察员272人、助理检察员26人、书记员126人、法警33人。全市检察机关坚持“强化法律监督，维护公平正义”的工作主题，忠实履行检察职责，努力提高法律监督能力，坚持求突破、抓亮点，实现了各项工作的创新发展。全年立案侦查贪污贿赂等职务犯罪案件124件139人；渎职侵权案件29件37人，提起公诉34人；受理提请逮捕刑事犯罪嫌疑人1828人，批准逮捕1596人。

年内，市检察院、市检察院反贪污贿赂局分别被省检察院记集体二等功，市检察院反渎职侵权局被最高人民检察院表彰为“全国查办破坏社会主义市场经济秩序专项工作先进集体”、被省检察院评为全省“十佳反渎职侵权局”；肥城市检察院被评为“全国先进基层检察院”，并被省检察院记集体一等功；岱岳区检察院被省委政法委表彰为“公正执法先进单位”。

【贪污贿赂犯罪检察】　全年立案侦查贪污贿赂等职务犯罪案件124件139人，其中查办贪污贿赂10万元以上、挪用公款100万元以上的特大案21件，县处级以上干部犯罪要案6件。开展查办商业贿赂犯罪专项工作，在工程建设领域查办14件14人，自来水系统查办7件7人，医疗卫生领域查办7件7人。切实提高办案质量，贪污贿赂等职务犯罪案件提起公诉120人，法院判决116人，全部为有罪判决。加强职务犯罪预防工作，开展警示教育174场次，受教育10万余人；提出预防检察建议107件，其中对山东农业大学的检察建议被最高人民检察检院评为全国优秀检察建议。加强电力、交通、工程建设等重点领域的职务犯罪预防，建立预防职务犯罪教育基地，提供预防咨询和行贿犯罪档案查询262次，被查询单位979个。

【渎职侵权犯罪检察】　年内，立案侦查渎职侵权案件29件37人，提起公诉34人，法院判决32人，全部为有罪判决。通过办案，为国家挽回经济损失170余万元。按照上级检察院统一部署，集中开展“查办破坏市场经济秩序”、“查办破坏环境资源渎职犯罪”等专项工作，立案侦查破坏市场经济秩序渎职犯罪23件25人，破坏环境资源渎职犯罪11件15人，其中破坏环境案7件8人、破坏资源案4件7人。各县（市、区）检察院也都查办了环境监管失职犯罪案件，该项工作在全省处于领先地位。

【刑事犯罪检察】　全年受理提请逮捕刑事犯罪嫌疑人1828人，批准逮捕1596人；受理移送起诉2731人，提起公诉2290人。重点打击影响社会稳定的严重刑事犯罪和破坏市场经济秩序犯罪，共批捕起诉杀人、强奸、绑架等严重暴力犯罪232人，抢劫、抢夺、盗窃等多发性犯罪1429人，制假售假、偷税骗税、金融诈骗等破坏市场经济秩序犯罪198人。开展“打黑除恶”专项工作，办理黑社会性质团伙犯罪2件36人，批捕32人，起诉44人；办理恶势力团伙犯罪14件62人，批捕58人，起诉53人。认真贯彻“宽严相济”的刑事司法政策，泰山区检察院实行的未成年人分案审查起诉制度，宁阳县检察院、肥城市检察院实行的快速办理轻微刑事案件制度，岱岳区检察院实行的轻伤害案件协商制度，新泰市检察院实行的捕诉衔接制度等，均得到上级检察机关的充分肯定。

【诉讼监督】　①侦查活动监督。对侦查活动中违法问题依法提出书面纠正意见50件，追捕追诉漏犯111人。办理刑事立案监督案件69件，要求公安机关说明不立案理由29件，监督纠正公安机关不应立案而立案40件。肥城市检察院监督立案的一起虐待案，被评为全省刑事立案监督“十佳”精品案件。②刑罚执行监督。监所检察部门纠正监管单位违法行为72起，批捕起诉又犯罪117人，纠正监外罪犯漏管124人、脱管17人，建议收监执行3人，立查监管人员职务犯罪案件9起。加强派驻检察室规范化建设，新泰市检察院驻所检察室被评为全国检察机关“一级规范化检察室”。③民事行政审判监督。立案审查民事行政申诉案176件，依法提出抗诉72件，利用检察建议启动再审53件。所办案件法院审结107件，改判85件，调解结案15件，改判率93%。控告申诉检察中，处理群众信访893件，处理涉检信访案5件，办理刑事申诉案9件。泰安市检察院、宁阳县检察院被评为“全国文明接待室”，新泰市检察院被评为“全国文明接待示范窗口”。　（马富强）

公　　安

【概况】　2007年，全市各级公安机关以创建“平安和谐泰安”和十七大安全保卫工作为主线，以“三基”（抓基层、打基础、苦练基本功）工程建设为重点，坚持“发挥职能保稳定、改革创新夯基础、持之以恒抓队伍”，整体工作紧张有序、积极稳妥。严密防范控制措施，圆满完成各级人大和政协会议、重要节假日、大型文体活动及警卫任务的安全保卫工作，得到中央及省市领导的肯定。深化“严打”整治斗争，全年破获各类刑事案件4546起，抓获犯罪嫌疑人4312名；摧毁犯罪团伙288个，抓获成员1162名。推进“三基”工程建设，全市公安机构改革基本到位，538个社区（驻村）警务室全部规划建设完成，累计投入资金1.5亿元。加强治安行政管理，全年未发生造成群死群伤的涉枪、涉爆、涉毒案件和事故，道路交通、火灾事故主要指标均呈下降趋势。全面加强队伍正规化建设，争先创优和立功创模活动成效显著，多项工作走在全省、全国的前列。以节约用电、用水、办公用品和警务用车节能为重点，深入开展“节约型公安机关”创建活动，全年市局车辆燃修费同比下降30%，单车耗油下降5%，公务接待费同比下降26%。

年内，市局纪检监察工作在省厅纪检部门考评中名列第一，交警支队在全省公安交警系统大比武中名列第四；12月，全省铁路护路联防现场会在泰安市召开，市局护路联防工作经验被作为“泰安模式”在全省推广；在2007年度全市政风行风评议活动中，市局获得行政执法类第一名、所有参评单位第三的好成绩。全市有54个（次）集体和143人（次）受到泰安市委、市政府以上表彰，15名民警和9个集体被评为全国、全省优秀人民警察和优秀基层单位，15个集体和157名个人分别荣立一、二、三等功。

【严厉打击各类违法犯罪】 ①狠抓大要案侦破工作。始终把斗争锋芒对准杀人、伤害、强奸、抢劫、绑架等严重暴力刑事犯罪，相继侦破泰山区“5·01”山东农业大学特大杀人案、“9·08”重大抢劫货车案，宁阳县“6·09”杀人碎尸案、“7·28”特大系列强奸案，新泰市“7·11”杀人抛尸案，肥城市“9·09”、“9·11”绑架案等重大案件。特别是在命案侦破工作方面，各级公安机关严格落实命案侦破责任制，对发生的各类现行命案，采取多种侦查手段，快侦快破；对往年的命案积案，进行梳理排队，深挖细查。年内，全市共立命案现案54起，破获53起，现案破案率98%；破获命案积案12起，现案加积案综合破案率达120%；破外省命案4起，抓获外省命案逃犯7名。②严厉打击经济犯罪。全年破获经济犯罪案件231起，涉案金额2.31亿元，抓获犯罪嫌疑人394名，追缴赃款赃物折款价值9901万元。先后破获杨某某团伙合同诈骗案、郭某某职务侵占案、泰安百川纸业有限责任公司特大非法经营案、山东飞鹤乳业有限公司生产假冒名牌饮料案、李某某特大非法拆借、发放贷款案等一系列重大案件。深入开展打击传销犯罪专项行动，立破传销案件56起，涉案金额1182.4万元，打掉较大团伙60个，抓获传销骨干分子2047名。对非法经营、非法吸收公众存款、对外劳务输出领域涉嫌犯罪等涉众型经济犯罪案件进行重点打击，有力地维护了社会稳定。③有效打击和遏制“两抢一盗”等多发性侵财犯罪。相继组织开展自行车被盗问题专项治理和打击盗抢汽车、城区街头和高速公路“两抢”、盗窃破坏电力电信广电设施犯罪等一系列专项行动，及时破获泰城江某某、王某系列抢夺案、京沪高速公路系列抢劫案等一批“两抢一盗”重大案件。年内，全市共立“两抢一盗”案件3950起，下降20.3%，发案降幅居全省第一位；破获案件5010起，抓获犯罪嫌疑人1494人，分别上升16.9%、16.8%，在全省名列前茅。治理自行车被盗问题专项行动成果显著，抓获盗窃自行车违法犯罪嫌疑人1929人，打掉违法犯罪团伙182个，捣毁非法销售窝点401个，破获案件3902起，缴获被盗自行车5584辆，查破案件数、收缴自行车数、处理人员数、查获犯罪集团数在全省位列第一。④有效遏制涉毒违法犯罪。深入开展全民禁毒宣传教育活动和歌舞娱乐场所涉毒集中整治专项行动，进一步提高广大群众识毒、拒毒能力。组织开展为期3个月的铲除罂粟统一行动，铲除罂粟1.24万株。加大对易制毒化学品的管控力度，查处非法运输、购买易制毒化学品行政案件21起，缴获易制毒化学品151.14吨。不断加大吸毒人员排查发现和动态管控机制建设，查获吸毒人员30人，强制戒毒9人。年内，全市破获涉毒案件100起，其中毒品刑事案件14起，违法案件86起，打掉制毒窝点1个；抓获各类涉毒人员97名，缴获冰毒87.67克、氯胺酮96.18克。⑤积极开展追逃工作。落实“破案追逃工作新机制”，实行“全警追逃、信息追逃”岗位责任制，各警种、各部门加强协作配合，结合一系列“严打”专项行动，相继开展“双百破案追逃会战”、“信息追逃突击月”、“法网一号”、监管场所深挖犯罪等破案追逃活动，采取多种措施追回一大批在逃犯，消除了社会隐患。年内，全市登记录入上网逃犯（包括已抓获撤销）1206名，抓获各类逃犯1290名，分别上升260%、294%。其中，抓获本地逃犯680名、外地逃犯245名，分别上升302%、252%。全市监管场所深挖各类犯罪线索1800余条，破获刑事案件631起，抓获各类犯罪嫌疑人104名。

【治安行政管理】 年内，全市公安机关查处各类治安案件2.37万起，查处违法人员2.28万人，治安拘留1.29万人，分别上升215.62%、200%、103.14%。枪支弹药、爆炸、剧毒等危险物品管理卓有成效，严格民爆器材安全检查监管工作，查处涉危涉枪涉爆案件1680起。特种行业及公共复杂场所管理日趋完善，清理整顿印章业，建立开通印章业治安管理信息系统。推进旅馆业治安管理信息系统建设，全市996家旅馆全部安装旅馆业治安管理信息系统并联网运行，抓获网上逃犯8名。扫除黄赌毒等社会丑恶现象，全年查处卖淫嫖娼案件470起，赌博案件293起。加强户政管理工作，第二代居民身份证集中换发工作进展顺利，年内换发396万张，超额完成省厅核定的任务。推行"以房管人"新模式，开展租赁房屋协税试点工作，加强对出租房屋和暂住人口的管理。

【"新春平安行动"】 为有效遏制突出违法犯罪，确保元旦、春节期间社会治安秩序稳定和各级人大、政协会议的顺利召开，自2006年12月25日至2007年3月16日，在全市范围内组织开展以"破大案、打两抢、追逃犯、压事故、严防范"为重点的"新春平安行动"。各级公安机关全警动员，全力以赴，协调有关部门和社会各界积极参与，密切配合，在历时80天的行动中，破获各类刑事案件2034起，抓获各类违法犯罪嫌疑人7049人。其中，刑事拘留1339人，逮捕514人，治安拘留3217人，劳动教养141人，追回逃犯208人；打掉犯罪团伙110个，查获团伙成员417人。1～3月，全市刑事立案与上年相比下降19.45%，其中抢劫、盗窃案件分别下降16.9%和33.05%，社会比较关注的治安热点问题得到有效遏制，"碰瓷"、医患纠纷、强买强卖、寻衅滋事等现象基本杜绝，泰城抢夺案件连续多日出现零发案，社会反响良好。

【治安环境优化活动】 根据市委、市政府统一部署，4月8日至10月8日，在全市组织开展以"打黑除恶"、"打霸治痞"为主要内容的治安环境优化活动。各级公安机关本着"有黑打黑、无黑除恶、无恶治痞"和"露头就打、打早打小、除恶务尽"的原则，集中时间、集中力量，重拳出击，对带有黑社会性质的犯罪集团和横行乡里、欺行霸市、为非作歹恶势力、各类霸痞进行全面歼灭。打掉具有黑社会性质的犯罪团伙2个，恶势力犯罪团伙94个，各类霸头霸痞团伙194个，抓获团伙成员981名。其中，刑事拘留335人，逮捕212人，劳动教养132人，治安拘留人302人，"打黑除恶"战果相当于前3年的总和，社会面治安秩序彻底改观。特别是成功打掉陈某(徐某某)、金某某两个具有黑社会性质组织犯罪团伙，一举抓获团伙成员65人，破获各类案件66起，得到社会各界和广大群众的称赞。泰安市"打黑除恶"工作的经验在全国、全省总结推广。

【基层基础工作】 全市公安机关基本完成改革任务，精简内设机构38个；下沉警力752人，一线实有总警力占县级公安机关总警力的92.35%，各项警力指标数均达到或超过省厅规定标准；社区（驻村）警务工作渐趋规范，全市538个社区（驻村）警务室全部规划建设完成，其中481个达到省厅规定标准。深化对社区（驻村）警务运行机制的探索，推行弹性工作制、主副班搭档制、错时工作制等动态勤务模式，群众见警率和民警管事率明显提高。公安信息化建设和应用迈出新步伐，基层一线百名民警计算机拥有率达到100%，各部门各警种普遍建立公安信息网站，民警上班先开机、工作必上网的习惯逐渐形成。各类数据信息录入工作全面展开，服务现实斗争的能力进一步增强。警务保障和规范化建设水平明显提高，基层所队基础设施建设整体改善，解决"三所三队"办公用房61栋；各县（市、区）公安机关全部达到公用经费保障标准，2007年全市公安机关"三基"建设总投入达8718万元。所队规范化建设水平明显提升，全市2/3的基层和窗口单位基本实现正规化，98%的派出所达到三级以上建设标准。

【治安防控体系建设】 全面加强群防群治工作，发展壮大保安力量，全市保安队伍已达3167人；推广治安防范承包责任制，在农村推广面始终保持在50%以上，经济文化单位治安承包面达到85%以上；群众性社团组织"平安协会"建设工作逐步展开，新泰、宁阳等地50个乡镇、街道办事处组建"平安协会"，发展会员1200余人，筹集社会资金700余万元；组建治安巡逻队227支2032人，有力策应了公安机关的社会面巡逻工作。增强社会面治安巡逻防控能力，完善以110指挥中心为龙头，以特警、交巡、公交和派出所为依托的城乡社会面巡逻防控网络。泰城31支接处警力量统一接受市局指挥中心调度，一级接处警，实现对城区街面、交通干线、重要部位全方位、全天候的动态巡逻控制。推行社会治安状况"四色预警"机制建设，增强打防工作的针对性、精确性。完善查缉堵控网络，建立警务工作站、治安检查站、治安卡点274个，配备民警343名，形成以泰城为中心、小封锁大包围的格局。年内，全市公安机关指挥中心系统接有效报警40.36万次，先期处警11.04万起，通过指挥调度抓获违法犯罪嫌疑人1855名。

【道路交通管理】 以创建“平安畅通县区”活动为载体，先后开展多项安全整治活动，查处各类交通违法行为50.65万起，排查出2处省级、7处市级公路危险路段，并全面落实整改措施。对各路口的道路交通基础设施实施合理改造，提高道路通行能力。规范驾驶员管理和机动车注册登记工作，启动“九二式”小型汽车自选号牌工作，年内办理汽车类驾驶证57.04万个、五小车辆类驾驶证1.72万个，核发汽车类牌照2.67万副、五小车辆牌照1.53万副。开展交通安全宣传系列活动，增强市民遵守交通安全法规意识。年内，全市发生一般以上交通事故838起，死亡312人、伤796人，直接经济损失折款335万元，分别下降16.12%、6.31%、17.68%、24.42%。

【心理防范工程】 开展“心防工程”建设，把“心理防范”理念纳入到治安防控体系建设中。各级公安机关充分利用报纸、电台、电视台、网站等新闻媒体，通过发布预警信息、专题讲座、以案说法、以案析防等形式，向广大群众及时宣传、通报各类警情，披露侵害信息，揭露违法犯罪手段，传授防范对策。开展“心防”进社区、进家庭、进校园、进企业、进农村的“五进”活动，通过致群众公开信、赠送安全警示手册、设置防范宣传栏、开展防范提示、提供安全咨询等形式，对群众进行安全防范和法制教育。全市各级公安机关共设置警示标牌3.75万面，开展集中宣传活动1270次，发放各类宣传资料69.60万份，组织专（兼）职心防宣传员1.38万名，公众防范知识知晓率达到95%以上，全年盗窃、诈骗、抢夺等可防性案件下降32%。

【“金盾春风”工程】 为密切警民关系，树立新时期人民公安亲民、爱民、为民的良好形象，努力打造具有泰安公安特色的“金盾春风”服务品牌。深入开展争创“公正执法，真情为民”窗口示范单位及“窗口服务标兵”活动，推行“礼仪化”服务，落实首问负责制、限时办结制，实行跟踪服务、上门服务、预约服务和提醒服务；印发《全市公安机关服务经济发展便民利民三十条措施》，在治安、交通、消防、出入境、户籍、车管等方面制定一系列便民利民新措施；取消行政审批项目13项，清理评比、达标项目6项。深入开展政风行风评议和“双述双评”活动，认真查找执法、服务方面存在的问题，并有针对性地进行整改。积极开展送法上门活动，通过进学校、进企业、进社区、赶大集等形式，广泛开展普法宣传和心防教育。组织开展“心系企业，真诚服务”活动，与重点企业结成对子，提供贴靠服务，积极为企业排忧解难。

【公安队伍“素质工程”】 加强思想政治和纪律作风建设，开展“纪律作风教育”活动，提高公安队伍政治素质。加强党组织建设和党员民警的教育管理，5月，全市机关党务干部培训班150余名代表到市公安局观摩学习党建工作，并给予高度评价。规范人事管理工作，印发《干部任用、管理工作规范（试行）》，科学划分事权，规范工作程序，对人事干部实行分级管理，做到管、用一致和责、权统一。印发《领导干部讲评工作试行办法》，部署开展对各级领导班子、领导干部绩效情况定期讲评活动。深化教育训练工作，以基层所队为重点，严格落实“三个必训”（民警上岗和首任必训、职务和警衔晋升必训、基层和一线民警每年实战必训）制度，采取岗位自学、集中强化训练、举办培训班、比武竞赛等多种形式，坚持政治理论、执法执勤、实战技能、科技、体能全面练兵，苦练基本功，队伍整体素质和战斗力显著增强。落实从严治警措施，严格执行党风廉政建设责任制，逐级签订责任书，扎实开展争创“无违纪所队”活动。加强执法质量监督考核，组织开展基本法律知识考试、信访案件考查、执法办案卷宗考评“三考”工作，执法办案水平和质量明显提高。

【“8·17”华源公司溃水淹井事故抢险救援和安全保卫工作】 8月17日，因连降暴雨，柴汶河东都段河堤溃垮决口，山东华源矿业集团有限公司矿井发生溃水淹井事故。在市委、市政府和省公安厅的正确领导下，全市公安机关全力以赴，积极投入抢险救援和事故处置安全保卫工作。迅速启动重大灾害事故紧急处置预案，调集警力1500余名，全力以赴组织开展抢险救援、维护抢险救援现场和矿区安全秩序，与解放军舟桥部队官兵及企业、地方抢险救援队伍同心协力，连续奋战36个小时，成功封堵大堤决口，切断溃水水源，最大限度地降低事故损失。抽调158名民警和100余名协勤人员、护卫队员，积极参与善后包保工作组，对在矿区和新泰区域内居住的158名遇难矿工家属上门入户，帮助解决实际困难，宣传方针、政策，加强法制教育，并对个别有明显违法事实的人员适时进行传唤审查，严厉训诫。周密制定各种处置预案，科学安排部署警力，严密重点部位的警戒和保卫，严密维护重要活动的现场秩序，随时应对和处置突发事件，有效防范过激行为和事件的发生。适时对华源矿业公司溃水事故责任人采取强制措施立案侦查，快速查破多起网上散布虚假、煽动信息案件，及时消除不利影响和不利因素。组织200多名警力和300多名群防群治力量，在矿区持续开展全方位、全天候治安巡逻，未发生任何治安问题。（王海涛）

·泰安市公安消防支队·

【概况】 2007年，泰安市公安消防支队团结和带领全市消防官兵开拓进取，顽强拼搏，确保了全市火灾形势和部队内部的高度稳定。消防队伍建设、消防站建设改造、心理行为训练、“班班通”工程建设、防消联勤、山岳救助、典型培养、警营文化建设等10余项工作走在全省前列。支队在全省的会议上作典型发言7次，被评为“先进支队”和“先进党委”；支队被公安部记集体三等功；泰山中队被公安部记集体一等功，被评为“全国青年文明号”，被省政府授予“模范消防中队”荣誉称号；六中队、新泰中队被省公安厅记集体二等功；六中队、特勤中队被省消防总队记集体三等功；有7人荣记个人二等功，50人荣记个人三等功。

消防监督　①加强消防宣传工作，重点抓好“119”集中消防宣传和消防安全宣传月活动，通过举办消防文艺晚会、开展各类消防教育培训、开办媒体消防宣传专栏、张贴大型宣传图板等形式，在全社会形成良好的消防宣传氛围。②完善消防工作社会化格局。年内，市政府印发《关于进一步加强消防工作的意见》，市综治委印发《关于将消防工作纳入平安建设和社会治安综合治理的意见》。市政府和各县（市、区）政府定期召开消防工作联席会议，将消防工作和“消防平安”创建纳入社会治安综合治理，纳入各级政府任期责任目标并实行一票否决，将消防安全条件作为有关部门行政审批的前置条件，推动消防安全责任制的落实。推行社会消防安全管理标准化建设，全面宣传贯彻火灾预防标准，规范社会单位、社区、农村日常消防安全管理工作，为提升社会防控火灾的能力奠定基础。③加强消防执法规范化建设。严格落实法制审核、执法例会、过错责任追究等制度，加大消防执法监督力度。完善泰安市“365”消防服务中心建设，推行消防代理服务和消防行政执法警示制度，全天候、全时段、全方位为群众提供服务，努力打造泰安消防服务品牌。在全省率先实施“2+6”警务模式的基础上，探索实施“防消联勤”勤务模式，以大队为单位组成“巡查服务队”，针对消防安全重点单位、“九小场所”开展全天候消防巡查、宣传、服务工作，形成“防”与“消”互为补充的“一体化”工作机制。部署开展新春消防平安行动、火灾隐患普查整治、“三合一”建筑和“九小场所”集中治理等专项行动，检查单位2万余个（次），全市累计投入1300余万元，整改火灾隐患5700余处，全年发生火灾332起，直接经济损失85.12万元，分别下降32.24%、33.67%，杜绝了重特大火灾事故的发生。

灭火救援　按照苦练基本功的要求，开展全岗全员培训工作，全年举办各类岗位培训班12次，培训官兵500余人次。加强泰山山岳救助队、泰山索道救援队等专业抢险救援队伍建设，扎实开展实地实战训练，岱顶山岳救助站救助遇险游客50余人。创新实行“复盘式”训练、每季度组织战例研讨等“训战一体化”工作措施，编制修订灭火救援预案624份，对全市7大类14个重点单位进行灭火救援预案实战演练。全年全市消防部队共接警出动1127次，救出遇险人员350人，抢救保护财产价值1.2亿元；成功参与处置“8·17”华源煤矿洪水淹井事故、“8·18”山东一新漆业有限公司火灾、“10·04”迎圣大酒店火灾等灭火救援任务；圆满完成十七大、泰山国际登山节，“五一”、“十一”黄金周等重要时期的消防安全保卫任务。

后勤保障　年内，新建消防站3个，升级改造消防站9个，新购执勤和业务车辆21部。泰安消防指挥中心建成并投入使用，徂徕山消防站建设即将完工，新泰、东平分别建成第二消防站并投入执勤，全市消防站总数达到19个，在全省率先实现县市全部拥有第二消防站和举高车。坚持以人为本，高标准、高质量完善各项设施，努力改善基层官兵的执勤、生活、学习条件，对农场进行升级改造，解决基层官兵的“三热”问题，在全省率先完成“班班通”工程建设，进一步营造了拴心留人的警营环境。

队伍建设　把抓班子、带队伍放在首位，在加强党委中心组理论学习和能力建设的同时，深入开展社会主义法治理念教育。探索完善队伍管理长效机制，实施干部士官竞争上岗、绩效考评等制度，先后调整大队、中队班子11个，调整、提拔营、连职干部36名。全面推行心理工作，普及心理健康知识，开展心理行为训练，支队在全国消防部队心理工作现场会上进行心理行为训练表演。加强安全防事故工作，强化安全防范措施，保持部队的安全稳定，避免等级行政责任事故的发生。推进消防文化建设，年内编纂发行《泰安消防志》，开展丰富多彩的文艺创演活动。创新合同制消防队伍管理工作模式，在肥城市、岱岳区建设以合同制消防员

为主体的县（市、区）消防队，并建立健全建设标准、管理办法和有关规章制度，省公安厅在泰安召开会议时推广了该做法。加强对消防文职雇员的考核管理，每月对文职雇员进行绩效考评。建立完善消防安保服务量化考核、服务投诉和信息反馈等机制，全市消防安保队伍达到931人。（陈洪震）

司法行政

【概况】 2007年，全市各级司法行政机关围绕建设富裕文明和谐泰安、加快“平安泰安”建设工作大局，积极开展法制宣传、法律服务和法律保障工作。年底，全市各级法律服务机构担任常年法律顾问7309家，办理各类法律事务10.73万件、法律援助案件1158件，为国家、集体和个人避免、挽回经济损失18.86亿元。开展“千企万村和美工程”，强化“12348”法律服务专线建设，巩固健全基层调解中心，司法队伍素质有了新提高。年内，全市有899人报名参加司法考试，其中，157名考生取得国家法律职业资格证书，通过率为17.4%。整个报名及考试、颁证期间，严格审查，严密组织，严格程序，未发生任何违规违纪事件。

【法制宣传教育】 深入开展以“学法律、讲权利、讲义务、讲责任”为主题的法制宣传教育活动，各级各单位将法制宣传教育与法律进乡村、进社区、进学校、进企业相结合，使法律真正走进基层、深入人心。在全市第12个法制宣传月活动中，结合富裕文明和谐泰安建设的需要，通过悬挂标语口号、展示宣传图板、播放录音录相、解答法律咨询、组织文艺汇演等形式，宣传各项法规政策，宣传“平安泰安”建设的重要意义、指导思想、工作目标和工作措施，取得良好社会效果。4月份，发放法律明白纸19.6万余份，制作宣传图版1326块，组织法制文艺汇演70余场次，解答群众法律咨询12万余人次。全方位推进依法治理工作，结合全市实际，确定阶段性目标和任务并狠抓落实，完善地方、行业和基层依法治理的工作机制。围绕社会主义新农村建设，全面落实村务公开各项措施，不断推进农村民主化、法治化进程。至年底，全市受到全国、省、市表彰的民主法制示范村已达2200个。

【基层工作】 ①人民调解组织建设。在上年全市6个县（市、区）、86个乡镇（办事处）全部建立调解中心的基础上，各级各单位加大投入，改善调解中心的基本设施和工作条件，65%以上的调解中心达到省司法厅制定的规范化标准。在省党代会、全国人大和政协会议、党的十七大及中秋、国庆节、春节等敏感、重要时期，在全市组织开展矛盾纠纷集中排查调处，实行每周调度、汇总民间纠纷排查调处工作进度制度。注重在新兴行业、非公有制企业、流动人口聚居区建立调解组织，大力发展跨地区、跨行业的联合调解组织，探索建立面向社会服务的专业化、职业化人民调解机构，扩大调解工作覆盖面。年内，全市各类人民调解委员会排查调处矛盾纠纷1.58万件，调处成功1.54万件。②基层法律服务。深入开展“千企万村和美工程”（司法行政机关过去相对独立、各自为战的各项业务职能进行有机整合，实行“混合舰队”、“集团军群”式的联合作战，为全市工商企业及广大农村的和谐稳定、千家万户的和美生活提供优质高效的法律服务和法律保障），办理非诉讼案件，协同法院依法调解一批行政、民事案件，法律服务总量明显上升。至年底，全市基层法律服务机构、法律服务人员为各类企事业单位担任法律顾问6069家，代理诉讼事务9385件，办理非诉讼事务7781件，法律援助案件714件，协办公证3887件，代书1.31万份，解答法律咨询4.02万人次，避免和挽回经济损失8259万元。③司法所建设。先后组织有各县（市、区）分管局长、基层科长、司法所工作人员参加的培训班4期，全市86个司法所的105名专职司法助理员、193名司法所工作人员的政治、业务素质和遵纪守法的自觉性均有提高，办公场所、办公条件均有改善。④安置帮教工作。将安置帮教工作领导协调小组更名为安置帮教工作领导小组，调整、充实小组成员。强化对刑释解教人员的排查摸底，落实各项帮教措施，确保不脱节、不失控，为建立刑释解教人员危险性评估体系奠定基础。3月29日，全市社区矫正工作会议召开，印发《泰安市社区矫正工作意见》，泰安市社区矫正试点工作正式启动。

【“12348”专线】 年内，全市各“12348”法律服务专线积极参与“千企万村和美工程”活动，热情解答企业职工、乡村群众提出的法律问题，全力对农民工和特困职工实施法律援助。全年共接听咨询电话1.59万个，解答群众提出的涉法问题8314个，接待来访人员3095人次。

【法律援助】 年底，全市建立法律援助机构7个（市级1个、县（市、区）级6个），配备法援工作人员27人，其中执业律师11人。全市法律援助机构全年为1918名群众代写法律文书2365份，直接办理援助案件201件，挽回经济损失450余万元，分流案件1514件。

【司法鉴定】 组织全市7家司法鉴定机构、121名司法鉴定执业人员深入开展“司法鉴定机构建设年”活动，组织专门力量检查各司法鉴定机构执业场所、仪器、设备和制度建设情况，检查司法鉴定人的学习、培训、业务开展、投诉处理情况，推动了各鉴定机构的规范化建设，鉴定质量进一步提高。

【律师事务】 根据国家司法部、省司法厅统一部署，结合律师队伍特点，制定实施方案，召开动员会、调度会，组织全市律师有计划、有步骤地开展社会主义法治理念教育活动。在省司法厅6月10日组织的全省律师法治理念教育统一考试工作中，泰安市参考率达99%。全市律师队伍的政治意识进一步强化，执法为民、公平正义、服务大局的理念显著加强，队伍中存在着的“散乱差”等突出问题得到有效遏制。到年底，全市有律师事务所31家（国资所1家、合作所11家、合伙所18家、以个人命名所1家），332名执业律师全部进行年检。全年全市31家律师事务所共担任各级党委、政府及其部门、企事业单位、其他经济组织法律顾问1240家，办理刑事诉讼辩护966件，民事代理1517件，办理法律援助案件243件，非诉讼代理2707件，参与接待涉法信访案件53件，涉及信访群众131人；参与企业改制42人次，出具法律意见书81份。

【公证事务】 年底，全市有公证处7家，公证人员68人，其中公证员47人。全年办理各类公证事项5.24万件。全市公证机关以贯彻实施新《公证法》为主线，努力提高公证服务能力，维护公证公信力，把为人民群众提供优质、高效的公证服务作为工作的出发点，全面开展便民利民服务。在新泰“8·17”矿难事故中，全处公证员分为12个公证小组，先后为181名遇难矿工办理遗物和补偿金公证，其中仅补偿金总额就达5792万元，应收公证费18万余元，全部予以减免。全处公证人员24小时手机开机待命，随时接受调度进入工作现场，不讲办证条件，不计个人得失，圆满完成矿难善后处理所涉及的各项公证任务，以实际行动维护了遇难矿工及其遗属的合法权益，维护了社会的和谐稳定。 （尹 健）

泰安军分区

【概况】 2007年，泰安军分区坚持以军事训练为中心，以达标创先为重点，突出抓基层、抓落实、抓作风转变、抓问题解决，思想政治建设坚强有力，民兵预备役工作有效落实，老干部服务保障不断推进，党管武装成效明显，军地关系进一步融洽，全区保持安全稳定的良好发展势头。

军事工作 ①军事训练。一是首长机关和现役干部训练。3月，组织团以上首长机关进行联合作战理论学习。5月，组织预备役高炮团首长机关现役、预任军官64人进行为期15天的封闭式指挥和勤务训练。6月，利用视频会议系统，采取以上带下的形式组织军分区、人民武装部（以下简称人武部）和预备役高炮团首长机关进行以城市防空袭作战、现代指挥手段、突发事件处置为主要内容的集中军事理论学习。6月下旬，组织岗位练兵比武竞赛，以参谋人员、预任军官、专职武装干部（以下简称专武）、民兵干部骨干为主体，设置军事理论、战术综合运用、射击、战术标图、文书拟制等5项贴近任务和工作实际的内容，有效推动了岗位练兵的深入开展，达到“以比促训”的目的。二是预备役军官和专武干部、民兵干部训练。4月14～21日，利用8天时间，在市民兵训练基地组织全市新任职的基层武装部长、新调整的专武干部和民兵重点分队干部，各人武部部长、军事科长或参谋等计120人进行集中训练。5月，选送6名新任职基层武装部长参加省军区组织的基层武装部长集训；先后选送预备役高炮团现役、预任官兵11名参加总部和两级军区组织专业培训。12月12～21日，指导预备役高炮团参加省军区组织的信息化条件下冬季野营训练。各人武部按照年度训练要求和训练大纲规定，分别对民兵连、排长和基干民兵进行训练。三是民兵重点分队训练。2月，各人武部结合春节战备实际，以民兵应急分队担负的基本任务为依据，以应付各类突发事件为背景，组织民兵应急分队紧急拉动演练。7月29日，组织预备役高炮团实兵实装快速拉动演练和全市民兵预备役防空袭演练，演练围绕预备役高炮团实兵实装动员集结、实施快速机动、组织民兵预备役抗敌空袭、消除敌空袭后果、反恐维稳等课题设置课目15个。8月，组织东平湖14个乡镇应急分队700余人进行防汛演练。9月16～24日，按照省军区统一部署，军分区首长机关指导预备役高炮团首长机关带兵参加潍北靶场实弹战术演习，击落拖靶3具，两个连队射击成绩为优秀，两个连队被省军区表彰为演习优胜单位；组织完成4所高等学校和35所高级中学的学生军训任务，参训学生5.54万人。②“达标创先”活动。按照“达标创先”活动要求，完善军分区、人武部基础设施建设，军分区本级和6个人武部全部实现达标。6个人武部顺利通过省军区的检查验收，达到优秀标准。③抢险救灾。8月17日，新泰华源矿业公司发生自然灾害矿井溃水事故，军分区迅速成立指挥小组赶赴现场，组织泰山区、岱岳区、新泰市民兵应急分队620人参加救援行动，先后协调部队、武警官兵2000余人参加救援，协调参战官兵生活保障，组织市、县两级前往慰问；同时，组织新汶矿业集团民兵分队300人，协助公安部门加强治安巡逻，维护事故现场秩序，受到地方政府和矿区人民的一致赞誉。④警备纠察。贯彻落实《警备条令》，履行警备纠察职责，加大巡逻纠察力度，维护军人、军车形象，较好地完成重大节日和“十七大”期间的警备执勤任务。全年派出执勤人员1637人次，出动车辆251余台次；协调涉警案件、纠纷5起。

征兵工作　2007年征兵工作自10月初开始，至12月下旬结束。工作中坚持以提高兵员质量为核心，以提高新兵文化素质为重点，以狠抓征兵廉政建设为突破口，精心策划，严密组织，严格把关，圆满完成3110名新兵的征集工作。

政治工作　①党委班子建设。加强各级党委班子能力和作风建设，党委成员认真履行职责，团结互信，积极配合。团级党委班子自觉与分区党委保持一致，听招呼、守纪律、成大局，发挥核心领导作用。②政治教育。采取集中宣讲、专家辅导、参观见学、讨论交流和办班培训等形式，重点学习科学发展观、十七大精神等理论专题。重视加强对科学发展观的研究探讨，成功召开现场观摩研讨会，为深入贯彻落实科学发展观奠定基础。采取有效形式，扎实开展以“赞颂新成就、履行新使命、迎接十七大”为主题的系列教育活动，该经验做法被省军区转发。③老干部服务保障。贯彻落实省军区老干部工作座谈会精神，把握“两高期”（年龄高、发病率高）特点规律，坚持“精细化”服务方向，积极探索提高老干部生活和生命质量的新路子。年内，圆满完成14名退休干部向地方移交的任务。干休二所被军区表彰为先进单位。

后勤工作　按照“保战备训练、保日常生活”的原则，突出质量效益，狠抓后勤机关建设。重视加强后勤战备训练，修订完善各类后勤保障计划、方案；积极参加和开展后勤岗位比武竞赛活动。认真落实党委集体理财、议财制度，稳妥推进资金集中支付改革，提高经费保障效益。加大营区基础设施建设力度，军分区机关综合楼、预备役高炮团办公楼、泰山区人武部新营区和干休二所“三个中心”等10项在建工程进展顺利。大力开展“绿色营区”争创活动，军分区机关被军区推荐为“全军绿色营区”。加快推进社会化保障改革步伐，努力提高营房维修和水电暖等项目的“精细化”管理水平，做好医疗卫生服务和开源创收工作。年内，完成年度“07式”军官服装换发任务。（温培思）

武警泰安市支队

【概况】　2007年，武警泰安市支队按照总队党委“四个发展”（可持续发展、安全发展、和谐发展、创新发展）的目标要求，坚持“打基础、树风气、保稳定、求发展”，圆满完成以执勤处突为中心的各项工作任务，部队全面建设水平有新提升。支队连续13年实现“三无”（无执勤事故、无安全责任事故、无案件）。在山东华源煤矿“8·17”矿难抢险救援行动中，先后出动兵力304名，车辆20余台，圆满完成总队前指和抢险指挥部赋予的各项任务，受到省市领导的高度称赞。

军事工作　①勤务管理。4月，协调泰安市委政法委召开全市监管执勤改革协调会，监管执勤改革完成和在建率达到80%。6月，在一大队三中队召开正规化执勤现场观摩会，全市部队执勤秩序进一步正规化。扎实开展勤务专项治理活动，加大执勤隐患治理力度，成功处置3起在押犯罪嫌疑人违法事件；支队精心组织指挥，出动兵力1889人次，圆满完成各项临时勤务122起，抓获犯罪嫌疑人28人，确保“5·23”等重大临时警卫勤务及“两会”、黄金周泰山旅游、国际登山节、奥运福娃上泰山期间的安全保卫任务万无一失；在公安机关开展的“新春平安行动”中，积极配合参与社会治安综合治理，严密组织城市武装巡逻，10月7日，协助公安机关成功处置1起地方青年跳楼制造影响事件，为建设“平安泰安”发挥了重要作用。②军事训练。始终把军事训练摆在重要位置，全年用于购置训练器材、训练奖金的经费15.3万元，14人因训练成绩突出立功受奖。突出抓好新兵集训、勤训轮换、预提指挥士官培训等工作，全年组织军事训练会操3次。8月，组织抗洪抢险实兵演练。9月，参加总队“保卫—奥运”首长机关网上演习。在总队组织的“四手”比武中，支队获团体成绩第六名，1人被总队评为“十大标兵四手”。全年共培养“四手”尖子23名，组成突击行动小组11个，有突击队员48人，部队遂行处突、反恐作战能力得到进一步提高。③军事管理。坚持从严治警方针，按照“无处不正规、无处不整洁、无处不统一”的管理目标，抓重点、攻难点、治险点。扎实开展“条令学习月”活动，组织拉网式安全大检查和安全法规学习教育。编印下发《“五个重点问题”手册》和《安全常识手册》。4月，召开正规化管理现场会，制定《泰安支队基层正规化管理实施细则》，提高正规化管理水平。在人员管理上，建立工作日人员外出由支队主官批准、节假日由干部带队集体外出、人员外出每日通报、动态人员跟踪管理等制度；在车辆管理上，依托GPS车辆监控智能管理系统加强车辆动态管控，确保行车安全；在枪弹管理上，每季度由党委成员带队，对每一个军械库、兵器室进行逐枪逐弹地检查，确保动、静态枪弹的安全；在治酒问题上，重新印发“禁酒令”警示卡，发放控酒宣传单，杜绝因喝酒、酗酒违规违纪问题的发生；在保密工作上，加强对涉秘文件资料、办公计算机、涉秘移动存储介质的管理，确保保密安全。

政治工作　根据总队统一部署和要求，认真开展“弘扬人民军队优良传统，忠实履行新的历史使命”、“赞颂新成就、履行新使命、迎接十七大”主题教育活动；研究制定《“十七大”精神学习教育实施意见》，成立试点领导小组，并在总队工作组的指导下，安排党委成员利用电视系统或深入基层进行广泛宣讲，全支队掀起学习贯彻“十七大”的热潮。坚持把干部管理教育作为部队建设的关键环节来抓，通过集中培训、过“两日”、外出参观见学等形式，提高素质，开阔眼界；落实思想形势分析制度，及时掌握官兵思想动态；以纪念建党86周年和建军80周年为契机，组织开展书画摄影展、网上文艺会演等系列文体活动；搞好政工网络建设；开展“四学双争”活动，努力提高政工干部的能力素质。紧贴形势任务需要，有效开展预防工作，严格落实预防犯罪工作责任制，认真抓好重要岗位和担负重大临时性勤务人员的政审工作，全年政审各类人员1500多人次；坚持预防工作形势月分析制度，对排查出的个别人严格落实“一干部、两骨干”的帮教措施。坚持文化建队育人，利用士兵学历教育、周末两用人才培训、网络电视知识讲座等有效载体，大力推进警营育才计划；积极开展警地文化共建活动，与市文化局、新华书店联合开展“科技、文化进警营”活动，为所有基层单位建起藏书不少于300册的拥军流动图书室；支队投资40余万元，为基层每个中队配备计算机，先后为6个中队建起网络教室和局域网；举办各类技能培训班5期，为基层培训各类文体骨干70余人。

后勤工作　加大基础设施建设力度，支队先后争取建设资金1094万余元，新建营房面积1.2万平方米。支队指挥中心工程继上年审批立项后，积极争取地方政府支持，市政府于2007年5月份将药材技校原址移交支队，在前期计划投资500万元用于办公楼改造及附属设施建设基础上，又将土地置换差额1770万元列市政府2008年财政预算。始终把“四配套”设施建设作为落实为基层服务、为官兵解难的具体体现，坚持“集中财力办实事”的思想，尽心尽力解决基层困难，拿出家底经费用于基层基础设施建设，先后投入资金96万元，为三中队和四中队两个“四配套”试点单位完善设施，为6个中队改造兵器室及厨房餐厅，为4个中队建起太阳能洗澡间，为3个中队硬化路面，为2个中队建起全封闭晒衣场，为基层中队更新生活设施4700多件（套）。狠抓后勤规范化管理，严格落实《“四类经费”管理规定》，坚持党委当家理财制度，重大开支集体决策，在总队组织的“四类经费”考评中支队获得第三名的好成绩；3月份和8月份，在三中队召开后勤规范化管理观摩会，统一标准，规范管理。严格落实自助餐，官兵饮食实现由“温饱型”向“营养型”的转变。严格落实计价挂帐管理，各类物资、器材和设施统一编号、登记造册，层层实行责任制，把公物设施管理细化到班、排和个人。做好应急保障工作，8月，组织机动中队进行“处突”、反恐和抗洪等实地保障演练，提高部队快速保障的能力；“8·17”抢险期间，支队本着立足自我、搞好保障原则，在驻新泰的2个中队设立保障点，畅通物资供应渠道，为确保参战官兵圆满完成任务提供有力的后勤保障。（江守栋）

人民防空

【概况】　2007年，市人民防空办公室坚持以人防法律法规为依据，以新时期军事战略方针为统揽，以做好人防应急准备为牵引，以“战时能力强、平时作为大”为目标，认真贯彻落实党的十七大精神和上级人防会议精神，解放思想，创新思路，真抓实干，各项人防业务建设取得明显进步。先后荣获“全国人防机关‘准军事化’建设先进单位”、“市级文明机关”等多项荣誉。

人防工程建设　市0105人防工程设施设备安装、室内装饰等工作有序展开、稳步推进。规范结建防空地下室建设审批，年内审批工程项目70项，结建防空地下室总建筑面积5.05万平方米。加强工程维护管理，编制年度维护管理计划，落实维护管理任务，适时组织人防公共工程安全检查；建立健全工程维护管理及建档制度，投入部分资金，维护工程7处，维护面积3.01万平方米。组织开展人防工程安全检查和城市地下空间普查。举办人防建设规划编制培训班，启动县（市、区）人防建设规划编制。

组织指挥通信警报建设　年内，市人民防空办公室被列为政府应急机制成员单位，明确参与城市应对突发事件和防灾、减灾、救灾活动的职责任务。转发省政府办公厅《关于利用人民防空警报系统发布灾害情报的通知》，明确利用防空警报系统发放灾情情报的组织程序，并制定具体预案。推进防空防灾一体化进程，12月，市及各县（市、区）编委相继批准两级人防部门加挂民防局牌子，并明确相应职能。新泰市被省政府确定为全省"两防一体"、"两建同步"综合试点城市。加强防空袭演练，7月29日，组织参加全市城市防空袭斗争实兵演练。完善人防专业队伍体系建设，在7种专业队伍的基础上，新增引偏诱爆、伪装设障、信息防护3个人防专业队。规划进行疏散体系建设，规划占地66.67公顷，并于1月8日举行"泰安市市直党政机关疏散地域"挂牌仪式。开展重要经济目标防护工作，对全市重要经济目标进行重新界定，规定不同的防护方法和措施；会同泰安军分区司令部联合制定印发《关于加强重要经济目标防护工作的意见》。进一步提高警报音响覆盖率，年内，全市新增部分警报设施，警报音响覆盖率达到98%以上。9月15日，成功组织防空防灾警报试鸣活动。

平战结合　按规定实行人防工程开发利用审批制度，落实"人防工程使用证"、人防工程标志牌的申领发放，规范人防工程的使用管理。

人防法制建设　市政府、军分区联合印发《关于加快人民防空改革发展的意见》（泰政发〔2007〕90号），市物价局、财政局、人防办联合印发《关于规范人防建设费征缴有关问题的通知》（泰价费发〔2007〕5号），进一步规范和促进人防各项业务建设。加强执法机制建设，制定实施《人防重大案件实行市、县联合办案规定》《对违犯人防法律法规行为举报者进行奖励的暂行办法》，对重大案件实行市县联合办案和直接查处，严格易地建设费补缴和人防工程及设施设备损毁赔偿。

2007年12月6日，全国人防办主任会议在泰安召开

人防宣传教育　深入开展人防知识教育工作和宣传报道工作，贯彻省委组织部、省人防办等七部门《关于加强人防（民防）教育工作的通知》精神，市里专门印发《关于加强人防（民防）教育工作的通知》，对人防（民防）教育工作的指导思想和原则、教育范围及要求、组织实施和组织领导等作出明确规定；制定《关于加强全市人防宣传工作的意见》，把机关团体、企事业单位、大专院校、县（市、区）全部纳入到人防宣传的阵容中来，形成人防宣传的合力。结合警报试鸣活动，在《泰安日报》刊登评论员文章。在市内设立宣传站10余处，发放传单1万多份。

机关"准军事化"建设　注重抓好党风廉政建设和机关党组织建设，对拟发展党员增加"征求党组成员意见"和"在全办党员中进行民主测评"两个程序，使党员发展工作更加公开、更加透明。不断创新战备训练建设，组织"军事周"（7月30日至8月3日）活动，走访慰问驻泰部队，参观部队营区及内务建设，进行实弹射击和队列训练；开展以登山比赛为主要内容的军事拓展训练。加强作风纪律建设，推行亲情化管理，采取征求意见、调查问卷等方式对原有的制度进行集中修订，重新出台管理制度38项。

【全国人防办主任会议在山东泰安召开】　会议于12月6～7日召开，主要部署人民防空应急准备工作任务。国家人防办副主任李扬，副省长郭兆信，省军区副司令员邬援军，以及各军区人防办负责人，各省、自治区、直辖市和中直机关、国家机关人防办主任、民防局长计100余人参加会议。会议听取各大军区人防办和各省（自治区、直辖市）人防办（民防局）2007年度工作报告，与会代表就人防体制改革、促进修改人民防空法等问题提出积极建议。会议期间，代表们现场观摩了建设中的泰安市人防指挥中心。（张　正）

编辑·校对　戚淑娟

阔步前进的泰山现代中学

泰山现代中学是泰安市教育局直属的公办改制学校，创建于2001年8月，现有教职工206人，教学班48个，在校生2240名。创办七年来，学校从零起步，快速发展，走过了规模扩张、管理完善、质量提高的三个发展阶段，自有毕业生以来，连年取得优异的教育教学成绩。2004年5月，学校顺利通过山东省规范化学校验收，并先后荣获“山东省体育传统项目学校”、“泰安市文明卫生先进单位”、“泰安市校园文化建设AAA学校”、“泰安市高中教学工作先进学校”、“泰安市直文明单位”等荣誉称号。

几年来，学校全面推行素质教育，认真落实《山东省中小学管理基本规范》，根据素质教育的基本要求和改制学校的实际特点，制定了教职工评价考核方案，从师德、生活、管理、教学等各个方面对教职工提出严格要求，每一位教师都有明确的岗位责任和工作目标，依照目标完成情况，学校决定对其续聘、解聘、奖惩等，强化了教师的责任感和质量意识、服务意识、竞争意识。学校坚持育人为本，德育为先，对学生总体上严格要求，本质上“爱”字当头，做到“严”“爱”相济；学校实行“三全管理（全员管理、全程管理、全天候管理)”，学生无时无处不在教师的关注之中；通过开展“爱”、“尊”、“诚”、“雅”等主题教育活动，从学习、生活、处事、交友等各个方面对学生的言行举止提出了明确规定，使每一个现代学子成为身心健康、奋发向上、有益社会、服务祖国的合格公民。

该校特别重视抓好差生转化和特色培养，促进全体学生的发展。坚持“一体两翼”办学模式，认真实施分层教学，根据学生的原始基础和发展潜力，采用班级分层和班内分层的方式，通过教师的教学目标分层、备课分层、授课分层、作业分层和学生间的合作学习促进各类学生的发展。特别是后进生的转化成效显著，每年高考都有100多名后进生考入本、专科；专业特长生的发动、选拔、培养和强化辅导工作走出了一条成熟的路子，该校高薪聘请专业辅导教师，加强与相关高校的联系与沟通，2007年专业特长生本科双过线人数、本科录取率均名列市直学校第二名。

付出就有回报，要做就做最好。阔步前进的泰山现代中学以打造一流精品学校的气魄为广大学子搭建了放飞理想、奔向成功的平台，我们期待着泰山现代中学的美好明天！

经济管理

发展和改革

【概况】 年内，泰安市发展和改革工作突出大项目建设、“双对接”、企业上市、服务业发展、统筹区域发展等重点工作，推动全市经济社会又好又快发展。2007年全市实现生产总值1226.1亿元，增长16.1%，其中一、二、三产业分别增长4.1%、16.9%和19%。三次产业结构由上年的11.4∶56.2∶32.4调整为10.8∶56.2∶33.0。完成规模以上工业企业增加值564.3亿元，增长23.5%；实现主营业务收入1949.9亿元、利税227.4亿元、利润130.5亿元，分别增长35.2%、37.5%和46.5%。完成地方财政收入64.2亿元，增长24.2%。实现社会消费品零售总额378.5亿元，增长18.9%。民营经济完成增加值755.1亿元、实现税收57.4亿元，分别增长30.4%和20.3%。完成进出口贸易总值13.5亿美元，增长36.5%。规模以上投资完成638.9亿元，增长25.0%。

【发展规划】 加强中长期规划和年度计划编制实施，印发《泰安市国民经济和社会发展第十一个五年规划纲要汇编》，编制完成《2007年国民经济和社会发展计划》，起草《关于2006年国民经济和社会发展计划执行情况与2007年计划草案的报告》，编制完成《关于2008年国民经济和社会发展计划》，起草《关于2007年国民经济和社会发展计划执行情况与2008年计划草案的报告》，经十四届人大五次会议审议通过。

【宏观调控】 ①新开工项目清理。做好2006年暂停建设、补办手续项目的整改工作，全市暂停建设、补办手续的17个项目中，有7个项目完善手续，3个项目已下文准予恢复建设。从严控制新开工项目，通过国家、省的调度检查，国家抽查的7个项目手续基本完善，省抽查的10个项目中7个项目手续基本完善。②楼堂馆所清理。按照省政府《关于对全省党政机关办公楼等楼堂馆所建设项目进行专项清理的通知》的统一部署，5月底对全市党政机关办公楼等楼堂馆所建设情况进行检查，纪检、监察、财政、国土资源、建设、审计、发展改革等部门联合下文、集中办公，对党政机关办公楼等楼堂馆所项目进行认真清理，通过国家、省现场检查。③节能减排。坚持上大压小、等量淘汰落后产能的原则，对全市10万千瓦以下发电机组进行调查摸底，制定“十一五”期间关停25.6万千瓦小火电机组的实施方案，共关停机组7.2万千瓦。做好重大电源建设项目争取工作，石横电厂三期2×30万千瓦机组工程、国电新泰电厂一期2×66万千瓦机组工程、石横电厂四期4×100万千瓦机组工程、新矿集团新汶1×30万千瓦煤矸石综合利用电厂等项目正在运作之中。④环境保护。上报重点流域污染治理项目，进行环保执法和监督检查活动，完成年度污染物总量控制目标。新泰电缆厂ERP项目进入竣工验收阶段；泰山玻纤6万吨全氧燃烧示范生产线项目，国家补助资金到位790万元，项目已建成。

【大项目策划与建设】 ①重点项目策划。重点策划工业、商贸、旅游等项目，全市共策划投资过亿元的项目296个，全部达到项目建议书及以上水平，超额完成全年策划100个投资过亿元项目的目标。项目总投资1418亿元，建成投产后可新增销售收入2389亿元，利税398亿元。其中，投资过10亿元的大项目37个，5~10亿元的项目58个。已进入组织实施阶段的项目108个，占36.5%。②重点项目推介。重点抓好已策划的12个盐化工项目推介工作，对已落实的新矿集团拟新上30万吨/年离子膜烧碱和30万吨/年聚氯乙烯(PVC)两个项目做好跟踪协调服务。③重点项目管理。将重点建设项目纳入全市项目建设与投资考核工作，实行月通报、季调度、半年检查、年终考核，加强对重点建设项目的调度管理，完善《泰安市重点建设项目管理办法》《泰安市重点建设项目考核办法（试行)》和《泰安市人民政府关于对工业服务业重点项目建设实行优惠政策的意见》，促进重点项目的顺利建设。270个重点建设项目中，开工269个，完成投资346.5亿元，完成年度计划的100.4%，是历年来重点项目建设进展最好的一年。

【企业上市】 市政府成立企业上市工作领导小组，把企业上市融资工作纳入县市区综合考核指标。举办《企业上市融资工作推介会》培训班，邀请资本市场专家深入企业面对面解答问题，帮助企业理清上市路子；邀请省证券监督局领导指导全市企业上市工作，对5个县市区和高新区10多家拟上市企业进行实地考察，根据企业情况，提出指导性意见。加强上市企业资源培植，培植拟上市资源20余家，其中泰山工程机械、科诺型钢、山东同创、赛特电工、尤洛卡等企业5家启动上市程序；泰山工程机械、科诺型钢、赛特电工、山东同创等4家公司变更为股份有限公司。引进战略和风险投资者6家，募集资金1.67亿元人民币。泰山工程机械、科诺型钢、山东同创3家公司上市辅导已到山东证监局备案。至年底，全市上市公司达到9家，其中境内上市公司5家（泰山石油、鲁能泰山、浪潮软件、鲁润股份、华阳科技），境外上市公司4家（盛大纳米、泰邦生物、瑞泰化工、中国中材－泰山玻纤)。年内，泰安瑞泰化工公司在美国上市；泰山玻璃纤维股份有限公司整体入股中国中材股份有限公司，成为该公司的第二大股东，于12月20日在香港H股成功上市。

【“双对接”工作】 适应国家宏观调控政策，将“双争取”提升为“双对接”，组织进京“双对接”活动2次，落实项目161个，落实资金6.34亿元。其中，到位资金4.03亿元；正在对接的项目139个。争取棉花配额3.8万吨、玉米配额4万吨，为6家企业办理免税确认。争取上级安排水库除险加固、优质小麦生产基地、优质粮食产业工程、动物防疫、节水灌溉、自来水村村通工程、沼气等农业项目10个，资金4537万元。争取教育、农村卫生、农村体育基础设施建设、流浪儿童救护中心等项目列入国家建设规划，获得无偿资金516万元。争取农村公路建设改造工程总里程140公里，中央预算内专项资金1400万元。上报煤矿安全改造项目6个，已经国家发改委通过专家论证，争取国债715万元。争取厚丰公司铝质汽车散热器自动化生产线项目一期工程列入国家发改委汽车零部件基金专项贷款项目，申请专项贷款1500万元，资金已到位。争取省级核准备案的工业项目5个，总投资39.8亿元。争取泰山啤酒、双丰化肥、岱银纺织、飞达化工、海化魁星和光大日月油脂等淮河流域重点工业废水治理项目8个，中央预算内投资2150万元。争取泰山华艺纸业、肥矿集团陶阳煤矿、宏达化工等淮河流域重点工业废水治理项目3个，通过省工程咨询院和国家发改委组织的两级专家评审。争取泰安德普施生物工程有限公司EVC酸生产线余热利用和山东阿斯德化工有限公司合成氨生产能量系统优化改造等财政奖励项目2个，国家奖励938万元。争取特变电工山东鲁能泰山电缆有限公司节能型架空导线生产线项目中央预算内投资420万元。申报城市基础设施建设投资项目23个，已批复21个，落实无偿资金1700万元。争取泰山物流中心等5个项目省级服务业引导资金965万元。泰山区获得全省2006年度服务业发展先进县市区称号，获奖励资金100万元。

【多措并举加快服务业发展】 印发《泰安市“十一五”服务业发展总体规划纲要》《泰安市服务业发展指标体系及考核办法（试行)》《关于加快发展服务业的若干意见》《关于加快培育服务业集聚区和服务业大企业（集团）的意见》等规划和政策意见。7月，协调组织市直18个部门，对照《关于加快发展服务业的若干意见》（泰发〔2007〕12号）文件，逐条研究制定具体的贯彻落实意见。①服务业载体建设。提出《关于加快培育服务业集聚区及服务业大企业（集团）的意见》，确定“十一五”期间，全市服务业发展实施“1030工程”，即重点规划建设和培育现代物流、旅游休闲、商贸暨产品交易市场、科技创业等四类10个市级服务业集聚区，从现代物流、信息科技、房地产、旅游、金融、交通、餐饮、流通、中介9个行业中选择30家重点企业进行重点培植，努力做大做强。10个市级服务业集聚区和30个服务业重点企业（集团）的认定工作积极展开。②省级服务业综合改革试点县（市、区)、集聚区及大企业（集团）的申报争取工作。引导各县（市、区）成立服务业领导和工作机构，建立全市服务业发展领导和工作体系，6个县（市、区）均已成立服务业工作领导小组，设立服务业办公室或安排专人负责服务业工作。泰城城区（泰山区、岱岳区)、新泰市城区、肥城市城区列入省级服务业重点城区名单，泰山物流园区、泰山商贸园区、泰安科技创业园列入省级服务业集聚区名单，泰安交运集团、中超科技、万力电子列入省级服务业重点企业（集团）名单。③服务业重点项目建设。强化调度考核，开展专项督查、服务业运行情况分析、召开服务业情况调度会等活动。跟踪调度银座城市广场、泰山物流中心、宝龙城市广场等20个在建重点服务业项目，中信旅游、深圳华强、南京顺天数码城等23个拟建重点服务业项目进展情况，帮助项目单位协调解决项目建设中遇到的困难和问题，保证项目顺利实施。

【经济协作】 组织协调有关部门参加在西安市举办的“第十一届中国东西部合作与投资贸易洽谈会”，举办“泰安市经济合作项目推介会暨签约仪式”，达成各类经济合作项目27项。其中，经济技术合作项目20项，合作金额23.61亿元（合同项目12个，合作金额18.99亿元）；签订商品贸易合同项目7项，合同贸易额1.83亿元。组织8家企业参加在新疆喀什举办的“第三届中国新疆喀什中亚、南亚商品交易会”，参展产品五大类（服装、能源、工艺制品、酒水、针织鞋帽）100多个品种，布置标准展位6个，对接洽谈项目9个，其中签约项目4个。参与淮海经济区和陇海兰新经济促进会组织的有关活动，5月份，陇海兰新经济联合会秘书处主任会议在泰安市召开。投资150万元援建的新疆喀什“岳普湖县青少年活动中心”项目已启用；投资400万元的“岳普湖县一中民汉合校泰山教学楼”项目、投资180万元的“就业培训中心”项目、投资170万元的“民族医院病房楼”项目、投资150万元的三个乡镇“双语幼儿园”项目均已竣工并投入使用。

【瑞泰化工、中国中材—泰山玻纤境外成功上市】 9月24日泰安瑞泰化工公司成功在美国上市，首次股权融资1461万元人民币。泰山玻璃纤维股份有限公司整体入股中国中材股份有限公司，成为该公司的第二大股东，于12月20日在香港H股成功上市，募集资金38.2亿港币，大部分资金主要投入泰安。

【基金投资担保】 市基金投资担保经营有限公司（以下简称基金担保公司）承担建立全市资本市场运营体系和企业信用担保体系、盘活国有存量资本、确保国有资产保值增值、扶持企业发展职责。注册资本5.57亿元，员工26人。2007年，实现营业收入1578万元，增长39%，其中担保费收入823万元，增长59%。提取未到期责任准备金和风险准备金784万元，增加283万元；费用率同比降低5%，实现利润增长45%。①担保业务。在自身严控担保风险的同时，聘请实力强、信誉好的法律事务所作为法律顾问，建立周二联系日制度，修订反担保合同文本，为业务开展提供专业的法律保障，预防关系保、人情保，规避风险。年内受理担保业务185笔，办理158笔，完成担保总额6.7亿元，实现担保费收入807万元(不含小额担保部)。②资本市场运作。利用存量资产，加大运作力度，拓宽融资渠道，通过直接间接多种渠道、市内市外多种途径，增加可运营资金数量，增强资金的运营能力和效益。与银行开展委托贷款业务，为企业解除燃眉之急，为公司增加收益。借鉴国内担保机构先进经验，探索服务性代偿，缓解在保企业还款压力，实现收入755万元，增长22%。③清贷工作。克服清收难度大，清收成本高的不利因素，对债权企业进行梳理、摸底，理顺借贷关系，坚持一企一议，因企制宜，利用法律、行政、人际等多种手段，稳妥清收债权，收回现金502万元。④长期投资管理。公司参、控股企业共11家，投资总额3.78亿元。通过明确管理分工、制定管理措施、有针对性的走访座谈、加强动态监管、健全档案资料、及时沟通信息等措施，加大管理力度。按时参加参、控股企业的相关会议，定期索要有关资料，履行股东的权利和义务，维护国有资产的合法权益。普华投资有限公司(公司相对控股)投资的太平洋证券有限公司在上海证券交易所成功上市，基金担保公司对该公司的投资市值增长40倍。⑤小额贷款担保。服务全市稳定大局，坚持“把握政策、服务第一、爱岗敬业、务实高效”的工作理念，开展下岗失业人员小额贷款担保优质服务年活动，发放宣传材料5000份，召开现场咨询会16场，使下岗失业人员了解党和政府扶持失业人员自主创业的优惠政策。为市直下岗失业人员办理小额贷款担保338笔，担保金额981万元，增长57%。

国有资产监督管理

【概况】 年内，市国有资产监督管理委员会（以下简称市国资委）围绕建立和完善国有资产保值增值的中心工作，推进国有企业改革、重组，加强企业财务监管，探索完善国有资产管理体系监督管理新模式，稳定国有企业改革成果，维护了国有出资权益。

国有资产监管基础体系建设 市政府印发《关于加强企业国有产权交易监管有关问题的通知》，对国有产权进场交易、产权转让的审批、方式及监督做出明确规定。从企业国有产权进场交易、产权转让等方面规范监管。规定企业国有产权原则上不得采取协议方式转让；按规定拟直接采取协议方式转让的，必须报市国资委审核确认后，转报省国资委等相关机构批准。

国有资产审计、评估管理　全年审计评估项目39个，节约审计评估费用200万元。调整充实中介机构备选库，对审计、评估项目一律实行招投标管理，实行公示制度。完成2006年度全市国有资产评估核准、备案项目的微机录入、汇总，泰山生力源集团玻璃有限公司改制、泰山玻璃纤维股份公司股权投资、太平洋证券改制上市、泰信典当增资扩股等资产评估核准工作。

国企改革改制　就改制后空壳企业、政策性破产企业、公益性企业、企业国有产权管理、改制完成企业存在的问题等方面进行调研。对于正在改制企业，严把企业改制方案制定关、职代会决议关、资产审计评估关、资产处置关、职工权益兑现和劳动关系理顺关等五道关口，促进改制工作有序进行。年内，批复生力源玻璃公司、印染厂、环泰公司等5户企业改制方案或预案；泰安柴油机厂、山东巨菱股份有限公司的破产清算工作进入破产财产和国有划拨土地已进入处置阶段；华宇畜产公司进入职工安置和职工权益兑付阶段；泰安交通运输集团有限公司重组原泰安第二运输公司，职工和离退休人员得到妥善安置。对已经完成改制的企业，妥善处理遗留问题，先后改造完成恒发公司、畜产公司职工宿舍水电表，减免泰安普惠公司职工住房维修基金，为改制企业创造良好的发展环境。

【产权登记工作】　年内，全市152户占有国有资产的国有及国有参股、控股企业参加国有产权登记年检，年度内企业新设占有产权登记19户，注销产权登记46户，变动产权登记16户；企业国家资本34.88亿元，国有法人资本11.30亿元，国有资产总额65.14亿元(其中市级企业国有资产总额49.97亿元，县级企业国有资产总额15.17亿元)，净增加0.19亿元。

【企业财务监管】　年内，全市有国有及国有控股企业129户，减少7户；国有资产总额53.51亿元，增长23.95%。其中，市属企业45户，国有资产总额42.16亿元，增长32.83%。市国资委履行出资人职责的4家国有资产营运机构及所属企业18户，国有资产总额22.58亿元。

【重大事项报批】　落实重大事项报告制度，审批事项达16项。论证否决市国资公司申请批准其转让1000万元国泰君安股权，年内，该宗股权市场价值达到2.2亿元，是原价值的22倍。完成泰山生力源集团玻璃有限公司改制资产处置问题分析论证、齐鲁种子中心整体移交商贸国资公司、泰和东新股份公司代管国有资产的处置审核工作，解决鲁能泰山电缆电器有限责任公司出资人职能虚位问题，规范国有产权处置行为，促进了国有产权的合理流动。核销泰信典当有限公司资产损失62万元。制定对城信资产管理中心22笔不良资产的清收处置方案，报市政府批准实施。

【政策性破产】　全市有政策性破产企业14户，其中企业破产终结8户。年内争取中央补助资金16.8亿元，安置职工2.45万人，安置比例占在职职工的94.1%。尚未破产终结的单位中，肥城矿业集团查庄、陶阳煤矿已进入破产程序，中央政策性补助资金10.3亿元已拨付到位；新汶矿业集团良庄煤矿已经破产重组，肥矿集团的杨庄煤矿学校已经移交；泰安煤炭机械厂、中集泰立机器厂已经进入破产费用审核阶段。

【企业国有股权管理】　论证泰安鲁润股份公司股权分置改革材料，完成鲁润股份股权分置改革国有股权管理审批工作。完善浪潮软件股份公司股改后续工作，非流通股解除禁售后，批准国资公司择机转让所持浪潮软件股权。做好泰山玻纤国有股权出资中材股份及太平洋证券股份公司上市国有股权管理工作，推进企业重组及上市工作的进程。12月，太平洋证券上市后，市基金担保公司间接持有的5273万股价值达21亿元，市国资公司持有的中材股份在香港上市后，股权价值接近30亿港元，实现国有资产保值增值。

【行政事业单位国有资产管理体制改革】　按照“直接管理、备案管理、委托管理、授权经营”的模式，加大资产清产审核力度，通过各单位自报、中介机构审核、国资委认定，摸清市级行政事业单位国有资产底数。截至2005年12月31日，市本级261户独立核算行政事业单位实有资产总额80.7亿元，国有资产总额59.2亿元，其中固定资产58.3亿元。实现行政事业单位资产处置收益3203万元，增长83.4%。

【行政事业单位资产清查】　资产清查基准日为2006年12月31日，清查范围为2006年12月31日以前经机构编制管理部门批准成立的各类行政事业单位、社会团体等单位。经过核查摸底，全市有1166户行政事业单位在填报资产清查报表范围。其中，市直261户，县市区905户；行政单位和国家机关327户，事业单位和其他社会团体839户，其中市直分别为73户、188户。截至2006年12月底，全市行政事业单位帐面资产总额182.22亿元，负债总额70.46亿元，资产负债率38.67%；帐面固定资产总额117.35亿元，国有资产110.04亿元。查出各类待处理流动资产1.34亿元，各类未在帐固定资产8.11亿元；毁损、待报废固定资产14.73亿元。

【首批经营开发服务类事业单位改企转制工作】 领导小组办公室专门印发领导小组办公室及相关部门职责分工、改企转制审批程序及改企转制工作验收办法，规范审批程序。通过调研，对原列入首批改企转制试点的33户事业单位根据实际情况进行调整，确定实际实施改企转制的单位为27户。山东公路泰安培训中心资产属省级国有资产，需按照全省公路系统事业单位改革的整体部署进行；市蔬菜良种中心、市泰山蔬菜批发市场筹建处、市果树新品种开发中心、市多种经营技术学校、市接待处培训中心等5家单位因无资产、无经营场所，兑付职工权益无资金来源，无法实施改企转制，暂缓改制；世行培训中心、市种鸡场、市煤矿职工培训中心等23家单位完成改企转制任务；泰山华侨大厦、天东宾馆、泰山干部休养院、科技器材服务站等4户单位，受客观因素制约，未能如期完成改制任务。

【管理部分企业党委】 4月，部分市直和省属以上驻泰企业党组织关系调整至国资委党委管理，国资委直接管理市属企业和部分省属以上驻泰企业的66个党委、1.7万名党员。建立流动党员和规模以上非公有制企业党组织管理台账，系统内有流动党员124人，规模以上非公有制企业建立党组织18家。建立党员管理信息库，录入1.6万名党员信息。组织党员教育基地和党建工作示范点推荐工作，泰山玻纤股份公司被确定为全市党员教育基地，石横电厂被确定为全市党建工作示范点。 （李国庆）

【行业管理】 8月16日，市行业管理办公室加挂市信息产业局牌子，仍隶属市经贸委管理，将市信息化领导小组办公室调整设在市行业管理办公室（市信息产业局）。市行业管理办公室围绕实现建设经济强市新跨越的目标，推动全市信息产业及行业经济持续、快速、健康发展。①加强规划落实。按照行业经济发展“十一五”发展规划，把电子信息产业作为新的支柱产业来规划发展。通过行业调研、市场调查、落实安全监管等活动，分析行业的发展现状和问题，为企业传递产业政策和市场信息，引导企业发展“三高”产品，推进科技创新，促进产品的上档升级，推动电子信息产品制造业发展，增强行业经济实力。行业地位和规模有较大提升，初步实现了在电子信息产业“十一五规划”中提出的“培育新的支柱行业”的目标。②推动行业经济结构调整。协助企业向上争取政策、资金，争取全省信息产业发展项目5个、专项扶持资金75万元，促进企业的发展。6月，省信息产业厅批准泰安高新技术开发区为山东省首批12个电子信息产业园之一。③加强行业协会建设和指导。至年底，协会总量达到4个。年内，组建市美容美发协会，吸收会员单位62个，规范美容美发业有序发展。特邀请国内知名美容美发设计师来泰，开展专业技术培训，提高从业人员素质、促进服务水平迈上新台阶。

（高　健　杨成栋）

工商行政管理

【概况】 年末，全市工商行政管理机构169个，除市工商局外，下设4个分局和4个县（市）工商局，基层工商所108个，其中专业所4个。全市登记注册内资企业6584户，外商投资企业273户，私营企业1.37万户，个体工商户8.95万户，各类交易市场483处。工商系统年内查处各类经济违法违章案件2.97万件，受理消费者申诉490件，为消费者挽回经济损失51万元。泰安市工商系统连续七年被评为全市“十大文明行业”，连续三年被省工商行政管理局评为“全省工商系统行风建设先进单位”，泰山分局、岱岳分局、肥城市局、东平县局被评为省级“文明单位”。

【工商企业登记管理】 年末，全市实有内资企业（国有、集体、股份合作）6584户，减少7.84%。其中，国有企业1625户，减少7.19%；集体企业2709户，减少12.8%；公司2068户，减少2.13%；股份合作企业145户，增长0.7%；其他企业37户，增长27.59%。法人企业期末3314户，减少178户，下降5.1%。年内新登记各类企业273户，减少38.65%；期末注册资金235.77亿元，降低1.56%。

年内新登记注册外商投资企业33户，减少34%；新登记外商投资企业累计投资总额2.62亿美元、注册资本1.19亿美元、外方认缴6460万美元，分别是上年的98%、72%和62%；户均投资额为792万美元，增长40%。新登记投资总额1000万美元以上的大企业6户。

新登记从事制造业的外商投资企业29户，占新登记企业户数的89%，其中传统的食品加工业、纺织业、服装制造业及其它制造业仍为支柱行业，占新登记企业总数的85%。新登记独资企业15户，占新登记企业户数的45%，实有独资企业107户，占外商投资企业总户数的39%。新登记合资企业16户，占新登记企业户数的48%，实有合资企业156户，占外商投资企业总户数的57%。登记港资企业12户，韩资企业6户，美国投资企业2户，分别占新登记外商投资企业总数的36%、18%和6%。至年底，全市实有港资企业79户、韩资企业33户、美国投资企业36户，分别占外商投资企业总户数的29%、12%和13%。

年内，实有私营企业1.37万户，注册资本（金）194.29亿元，分别增长8.19%和12.82%。一人公司增长尤为迅速，登记一人公司1060户，占全市私营企业总数的7.7%，增长137%。至年底，实有个体工商户8.95万户，增长10.79%；注册资金为19.42亿元，增长19.85%。新登记个体工商户1.58万户，从业人员3.12万人，注册资金3.94亿元。新登记业户的注册资金起点普遍较高，户均注册资金达到2.5万元。

【经济合同管理】 年末，全市有“守合同重信用”企业460家，增长9.52%，其中国家级15家、省级194家、市级251家，分别增长36.36%、31.97%和减少4.20%。撤销不合格企业14家，其中私营企业占总数的36.74%，集体企业占总数的26.52%。办理企业动产抵押登记217件，抵押物价值41.52亿元，主债权金额15.87亿元；办理注销登记59件，抵押物价值5.33亿元，主债权金额2.68亿元。动产抵押登记被担保的主合同中借贷合同最多，占68.67%，抵押权人为国内金融机构的抵押合同187份，抵押物价值33.15亿元，主债权金额11.60亿元，分别占总数的86.18%、79.85%和73.13%。公司办理动产抵押合同94份，占总数的43.32%；私营企业动产抵押合同91份，占总数的41.94%。全市有拍卖公司6家，国有拍卖公司和私有拍卖公司各为3家。实施现场监管拍卖场次37场，委托拍卖金额5186万元，成交额2369万元，分别减少55.95%、85.61%和82.42%。全市检查各类合同2229件，增长20.81%，金额17.36亿元，减少6.14%。农副产品买卖合同增长幅度较大，增长115.38%。查处违法合同案件2件，违法金额35万元，罚没金额5000元。

【商标广告管理】 ①商标管理。年末，全市注册商标达到4555件，其中创中国驰名商标3件、山东省著名商标66件。查处各类商标违法案件40件，增加2件，增长5.26%，其中一般违法案件4件，减少7件；侵权假冒案件36件，增加9件，增长33.33%。②广告管理。年末，广告专（兼）营单位达到320户，从业人员2428人，实现广告经营额1.06亿元，分别增长15.94%、7.2%、22.09%。广告公司129户，占广告经营单位40%，兼营广告经营单位登记46户，占广告经营单位的14%；事业单位36户，占广告经营单位的11%；其他单位127户，占登记数的39%。个体私营广告经营企业成为广告业发展的重要力量。个体私营广告企业达到262户，占广告经营单位总户数的81%，增加42户，增长19.09%，实现广告经营额4497万元，增加915.5万元，增长25.56%。查处各类广告违法案件108件，增加25件，增长30.12%。

【农村食品安全监管】 全市88%以上的食品业户建立一户多档、实名登记、证明登记和标牌公示制度，按照“试点先行、全面跟进；创新完善、无缝覆盖”的思路，建立了农村食品安全长效监管机制。7月24日，全省工商行政管理工作暨现场观摩会议代表视察了岱岳区现场，给予充分肯定。9月28日，在全省工商系统创新工作经验交流会议上作典型发言。12月4日，全国工商系统农村食品市场整顿工作总结现场经验交流会议在山东召开，泰安市作为现场接受全国工商系统领导的视察、指导，得到国家工商总局领导和与会代表的充分肯定。

【公平交易执法】 年内，查处违反公平交易案件1638件，下降12.78%；案件总值1760.96万元，增加11.93%。其中，不正当竞争案件63件，下降30.77%；虚假宣传案件301件，上升634.15%。查处无照经营案件1.80万件，减少21.90%，案件总值5900.89万元，增加38.54%。以“创建无传销社区”活动为载体，强化与社区居委会协作，在社区内制作宣传栏，设立投诉举报电话，实行楼长信息采集负责制和排查制度，完善了打击传销的“信息平台”。与公安配合，对出租房屋、流动和暂住人口全面排查，与宾馆等重要场所签订《拒绝为传销活动提供便利条件责任书》，落实了村书记、治保主任和片警三方责任制，强化对传销活动的日常监督管理，形成打击传销活动的合力。取缔传销窝点284个，清查驱散传销人员5790人次，移送司法机关追究刑事责任案件11起，刑事、治安拘留343人，28个社区实现了“无传销社区”的目标，其中泰山区的嘉德社区和市场街社区，被评为全省首批“无传销社区”。立案查处商业贿赂案件40

起，涉案金额380多万元。总结乡镇卫生院、教育、社会中介等领域查办商业贿赂案件的做法，3月，在全省治理商业贿赂专项工作经验交流会议上作典型发言。

【重要市场监管】 查处各类市场违法违章案件6337件，减少36.81%。经贸、公安、国地税等部门协作，解决交易场所规划设立、二手车交易合同使用等问题，联合设立泰山机动车交易市场服务大厅，方便车辆交易双方，被团省委认定为省级"青年文明号"。4月24日，全省系统机动车交易管理现场会在泰安市召开。探索建立工商监督、市场监管和业户自律相结合的农村经纪人管理规范制度，新培育发展农村经纪人1.78万名。深化"红盾护农"行动，推行"两帐两票一卡一书一留样"制度和"村级直销"模式，设立农资直销、连锁店300多处。查处农资案件40件，下降89%；案值32万元，下降39%；加大棉花市场、粮食市场监管力度，打击违法经营行为，维护良好市场经营秩序。加大成品油抽查力度，成品油市场进一步规范。查处成品油案件9件，下降57%。

【消费者权益保护与消费投诉】 查处侵害消费者权益案件144件，减少45件，减少23.8%；案件总值182.6万元，增加69.98万元，增长62.14%。围绕"消费和谐"主题，市工商局、市消费者协会与电视台联合举办"有爱守在你身边"大型公益活动，承办省送法下乡咨询服务团到肥城举办的大型咨询服务活动，提高广大群众自全保护意识。继续深入开展12315"五进"活动，累计设立"12315申诉举报联络点"和"消协投诉站"2477个，方便消费者及时就近投诉。推行旅游市场小额度消费投诉先行赔偿制度，在新泰试点建立消费者权益保护基金。全市工商系统12315申诉举报中心受理消费者申诉受理消费者申诉490件，减少346件，减少41.39%。 （张　军）

物价管理

【概况】 年末，全市有物价管理机构7个，干部职工199人，其中市物价局55人，泰山区、岱岳区物价分局38人。年内，全市物价工作立足于促进发展、维护稳定、推进改革，科学应对物价上涨，实施价格调控，疏导价格矛盾，开展清费治乱，整顿市场价格秩序。

年内，全市市场价格上涨较快，但低于全国、全省的水平。上半年，市场价格小幅波动，出现上涨苗头。下半年，上行趋势明显加快，粮食、能源、工业原料全面上涨，并向第二、三产业迅速扩散。全年居民消费价格总水平上涨4%，涨幅提高2.7个百分点，其中食品类、居住类、家庭设备用品及维修服务类、烟酒及用品类、医疗保健和个人用品类全年分别上涨11.6%、2.6%、1.9%、0.4%和0.1%；衣着、交通和通讯类分别下降1.4%和2.5%；娱乐教育文化用品及服务类与上年持平。商品零售价格上涨3.7%。原材料、燃料、动力购进价格上涨4.0%，工业品出厂价格上涨2.5%，分别比上年提高2.4和3.1个百分点。商品房销售价格上涨6.0%，二手房销售价格上涨6.1%，房屋租赁价格上涨0.8%。土地交易价格同比上涨12.5%。

【价格服务】 开展涉案房地产、汽车、奇石鉴定、事故车辆定损等业务，完成业务量2665件，鉴证（认证）总金额1.46亿元，为司法、行政执法机关提供有力支持。落实调价必先监审的工作制度，改革调价机制，实现科学定价，对城市供水、供气、供热、泰山门票、泰山索道等15个项目的定调价格实施成本监审，核减不合理费用2031万元，核增符合政策成本200万元。实行新的农产品成本调查核算体系，对小麦、玉米、花生、散养生猪等农产品的生产成本进行调查，完成国家下达的成本调查任务。年内，"价格服务进万家"活动进入全面推进阶段，各级政府、各部门创新方式，延伸职能，将服务融于管理之中，把民生问题作为重中之重，有的放矢、重点突出地开展工作，取得了良好的效果，得到人民群众、上级领导的肯定。在省政府召开的"价格服务进万家"活动电视会议上泰安市作首位典型发言。

【价格调控】 ①健全价格监测体系。对全市价格监测指标体系、监测点布局、监测周期进行调整；加强食品等重要商品监测，实行粮油副食品日报告制度；采集、汇总、上报数据1.5万条。②价格调控适时适度。物价的大幅上涨，给居民特别是部分低收入居民的生活造成了不利的影响，适时放缓部分项目的调价步伐，除全国全省统一部署调价项目外一律暂停。实施调价报备制度，统筹协调各地、各项价格改革。研究编制低收入群体价格指数，为制定低保补贴标准与物价上涨挂钩联动机制奠定基础。③价格调节基金工作取得进展。对调整后的泰山门票和索道票开征价格调整基金，年内征收700余万元。

【物价检查】 配合各项价格调控、监管措施的实施，重点开展了涉农、涉企收费、公用事业价格以及人事、劳动、质检、电力等系统的专项整治。以制止价格垄断、价格欺诈、哄抬物价为重点，加强对春节、元旦、“五一”、“十一”等节日期间市场价格的跟踪检查。推进明码实价，保障消费者权益，组织17个检查小组，在泰城各主要街区开展集中整治活动，散发宣传材料3万余份，检查商户6000余家，明码标价普及率提高至90%。查处各类价格违法案件248件、违法所得2555万元，实施经济制裁1053万元。加强价格举报工作，保证12358价格举报电话24小时畅通，受理各类举报案件481件，办结480件，无行政复议、行政诉讼案件。

【价费管理】 落实义务教育“一费制”办法，完善公办高中择校生“三限”政策，规范高校招生收费，整治教育系统乱收费问题，抽查20所学校，查出违规金额628万元。加强医疗卫生行业价费管理，降低1080种药品的售价，核定7668种招标药品的临时售价；开展药品和医疗服务价格专项检查，查出12家医疗单位违法所得310万元。严控收费项目审批、办证、年审，与财政局联合发布《2007年市直部门行政事业性收费项目目录》，调整21项价格，备案32项收费，新发或变更《收费许可证》44本。重新制定城市基础设施配套费标准，变更机动车驾驶员培训收费标准，拟定城市绿化收费标准，规范人防工程收费，改进景区停车收费办法，调整泰山门票价格和索道价格。运用电价政策促进节能减排，对部分高耗能行业实行差别电价政策，公布第三批实行差别电价的企业名单，落实对6家限制类企业的电价政策，降低不符合国家产业政策的小火电的上网价格，为符合国家产业政策的三家地方电厂制定了较为优惠的上网价格。调整泰城综合水价，大幅提高自备井的水资源费和污水处理费标准，并对低收入家庭实行减免政策。拟定《泰安市天然气上、下游价格联动机制》，重新界定泰城各类天然气用户适用范围，批复泰山燃气集团有限公司与下游公司天然气结算价格，安排调整非生活用天然气销售价格，制定车用天然气销售价格。实施惠农政策，提高征地地面附着物和青苗补偿标准，实现全市城乡用电同网同价，农村非居民照明用电每度下降0.18元，结束农村电价高于城市的历史。继续对小麦实行最低收购价政策，保护了农民种粮积极性。 （段晓楠）

质量技术监督管理

【概况】 年末，市、县两级有质量技术监督（以下简称质监）行政管理机构7个、市质量认证咨询培训中心1个（对外为泰安市质量技术监督局高新技术开发区分局）。计量、质量、特种设备、纤维检验、情报等技术机构27个。职工611人，其中市质量技术监督局及直属单位职工188人。年内，全市质量技术监督系统以“科技提升年”活动为抓手，以全面实施电子化监管为手段，事业发展速度不断加快。市质量技术监督局先后荣获全国质监系统区域整治先进单位、省级文明单位、全省金质工程建设先进集体、泰安市十大文明行业、先进基层党组织等荣誉称号。

【质量监督与管理】 ①推进名牌战略实施。年内，泰山赤鳞鱼被国家质监总局批准为地理标志保护产品。山东东岳工业橡胶有限公司生产的东岳牌摩托车轮胎荣获“中国名牌产品”称号，泰安华鲁锻压机床有限公司、山东鲁峰专用汽车有限责任公司、泰安市泰银制丝有限责任公司、泰安振华锻压机械制造有限公司、山东泰山天盾矿山机械有限公司、新泰市华龙管道有限责任公司、山东石横特钢集团有限公司、山东华兴纺织集团有限公司等8家单位生产的产品荣获“山东名牌产品”称号。泰安高新技术产业开发区报审咨询服务中心、泰安供电公司、泰安市御座宾馆等3家单位的服务品牌荣获“山东省服务名牌”称号。全市新增中国名牌产品1个、山东名牌产品8个、山东省服务名牌3个。至年底，全市拥有中国名牌6个、国家免检产品25个、山东名牌89个、山东省服务名牌8个，山东名牌农林水产品8个。山东名牌农（林、水）产品数量列全省第四，山东名牌产品总数列全省第六，山东省服务名牌总数列全省第七。12月13日，市政府召开全市名牌工作表彰大会，对获得2007年度中国名牌产品称号的山东东岳工业橡胶有限公司生产的“东岳牌”摩托车胎和荣获山东省名牌产品的泰安华鲁锻压机床有限公司生产的“岱岳牌”卷板机等11家企业，出资105万元给予重奖；对市质量技术监督局进行通报表彰，奖励10万元。②加强食品安全监管。突出食品质量安全市场准入、生产加工企业日常巡查和小作坊专项整治三个重点，不断强化监管措施。年底，全市346家食品生产加工企业获得生产许可证，获证率100%。充分发挥山东金质区域监管信息系统的作用，利用掌上电脑，按照企业分级对食品生产加工企业定期巡查，发现问题及时督促相关单位整改落实。对151家小作坊全面调查，建立起政府宏观界定、统一领导、督查督办，部门各司其职、相互配合、齐抓共管的食品小作坊监管机制。

表 8 泰安市荣获"山东名牌产品"称号企业名单

序号	企业名称	山东名牌产品名称
1	山东亚奥特乳业有限公司	亚奥特牌巴氏杀菌乳
2	山东泰山娃哈哈桶装水有限公司	娃哈哈牌饮用天然矿泉水
3	泰安岳首工程机械集团有限公司	岳首牌沥青混合料搅拌设备
4	泰安市泰山工程机械制造有限公司	岱峰牌 DGY 型履带式吊管机
5	山东宝来利来生物工程有限公司	宝来利来牌益生素
6	山东赛特电工材料有限公司	赛特牌 200 级聚酯亚胺复合聚酰胺酰亚胺漆包铜圆线
7	山东裕鑫玻璃纤维有限公司	裕鑫牌玻璃纤维网格布
8	肥城银宝食品有限公司	银宝牌分割猪肉
9	山东瑞泰化工有限公司	瑞泰牌羟丙基甲基纤维素
10	山东华阳科技股份有限公司	华阳牌 50% 多菌灵可湿性粉剂
11	泰山水泥有限公司	泰山牌 42.5 普通硅酸盐水泥
12	山东瑞星化工有限公司	东平湖牌农业用尿素
13	泰安康平纳毛纺织集团有限公司	康平纳牌高档毛纺面料
14	山东岱银纺织集团股份有限公司	雷诺牌西服
15	山东东岳橡胶制品有限公司	东岳牌力车轮胎
16	山东飞达化工科技有限公司	飞达牌尿素
17	山东华阳科技股份有限公司	华阳牌毒死蜱乳油
18	山东华阳科技股份有限公司	华阳牌二甲戊乐灵乳油
19	山东大众橡胶有限公司	九州牌汽车 V 带
20	山东瑞泰化工有限公司	瑞泰牌甲基纤维素
21	山东宏康机械制造有限公司	宏康牌板材开卷矫平剪切成套设备
22	泰开电气(集团)有限公司	泰开牌高压开关设备
23	泰安岳首工程机械集团有限公司	岳首牌稳定土厂拌设备
24	山东光明起重机械有限公司	金斗山牌桥式起重机
25	中国重型汽车集团泰安五岳专用汽车有限公司	五岳牌汽车起重机底盘
26	泰山玻璃纤维股份有限公司	CTG 牌无碱玻璃纤维喷射纱
27	山东泰山复合材料有限公司	泰山复材牌无碱玻璃纤维湿法薄毡
28	泰安鲁珠水泥有限公司	鲁珠牌普通硅酸盐水泥
29	泰安市皮鞋厂	美安泰牌皮鞋
30	山东泰工工贸有限责任公司	泰工牌活扳手
31	山东金彩山酒业有限公司	彩山牌彩山特曲
32	肥城富世康制粉有限公司	富世康牌小麦粉
33	山东巨龙食品有限公司	巨龙牌方便面
34	新泰市新汶食品酿造有限公司	新汶牌酿造食醋
35	山东泰和东新股份有限公司	泰山牌纸面石膏板
36	泰山玻璃纤维有限公司	CTG 牌无碱玻璃纤维短切原丝毡
37	肥城阿斯德化工有限公司	阿斯德牌工业甲酸
38	肥城金隆纺织有限公司	安琪尔牌纤缝制品(床上用品)
39	山东傲饰服饰有限公司	傲饰牌西服
40	山东海化魁星化工有限公司	魁星牌三聚氰胺
41	山东厚丰汽车散热器有限公司	东岳牌车用散热器
42	山东九鑫机械工具有限公司	泰山牌呆扳手、梅花、两用扳手
43	山东阿斯德化工有限公司	春旺牌尿素
44	山东索力得焊材有限公司	索力得牌气保焊丝、埋弧焊丝
45	山东泰峰塑料土工材料有限公司	泰峰牌聚乙烯及复合土工膜

【计量管理】 年内，联合市经贸委、市统计局，组建节能减排计量服务队，帮助企业完善计量检测体系，加强能源计量管理。全年检定燃气表、水表、电能表、热量表等能源计量器具 2.5 万台（件）。联合团市委、市教育局、少工委，共同举办"让'眼镜'呵护眼睛光明行活动"，在社会上引起强烈反响。开展民生计量"四进"（计量放心工程进农村、进超市、进社区、进学校）活动，为群众免费检定计量器具。

【标准化工作】 年内，泰山无公害茶种植加工作为国家级一类农业标准化示范区项目顺利通过省质监局验收。绿龙食品公司等 2 家单位被国家标准化生产委员会列为全国首批良好农业规范(GAP)试点单位。年底，全市已建立国家级标准化示范区 10 个、省级示范区 2 个和市级示范区 8 个。岱银集团、百川纸业等 9 家企业相继通过标准化良好行为确认。泰山玻纤作为全国开展标准化良好行为试点的唯一代表在全国标准化科技创新工作会议上做典型发言。行政审批服务、导游服务等 5 个项目被省质监局批准列入首批服务标准化项目。27 个产品取得采标认可证书，14 个产品取得采标标志证书。

【特种设备安全监察工作】 ①特种设备安全综合整治。年内，开展气瓶充装单位、有色冶金企业特种设备安全隐患排查治理活动，在元旦、春节、"五一"、"十一"期间对特种设备开展集中整治，检查企业 3154 个，检查设备 2 万台，消除安全隐患 1463 处。②特种设备专项检查。在全市范围内开展了以注册登记为主的特种设备普查登记专项检查。检查 3068 家单位的 1.57 万台设备，普查后全市特种设备总数量由原来的 1.21 万台增为

续表 8

序号	企 业 名 称	山东名牌产品名称
46	山东泰山衡器有限公司	泰衡牌台秤
47	山东泰山啤酒有限公司	泰山牌、克利策牌啤酒
48	山东泰山染料股份有限公司	金斗彩牌 3.3－二氯联苯胺盐酸盐
49	山东泰山生力源集团股份有限公司	泰山牌白酒
50	泰安东岳重工有限公司	东岳牌汽车起重机
51	特变电工山东鲁能泰山电缆有限公司	泰山牌 35KV 及以下交联聚乙烯绝缘电力电缆
52	山东华阳科技股份有限公司	华阳牌农药(神农丹颗粒剂)
53	山东泰开高压开关有限公司	泰开牌户外六氟化硫断路器
54	肥城米山水泥有限公司	米山牌普通硅酸盐水泥 42.5、32.5R
55	肥城市云宇工程机械有限公司	云宇牌驱动桥总成
56	肥城腾达实业有限责任公司	银龙牌电焊条
57	山东宝来利来生物工程股份有限公司	宝来利来牌生物 E 蛋白
58	山东春潮色母料有限公司	春潮牌色母料
59	山东岱银纺织集团股份有限公司	岱银牌纯棉纱线
60	山东电力管道工程公司	森波管道牌预应力钢筒混凝土管
61	山东东岳工业橡胶有限公司	东岳牌摩托车轮胎
62	山东光大日月油脂股份有限公司	智育牌食用植物油(棉籽油、花生油)
63	山东华阳科技股份有限公司	华阳牌乙草胺乳油
64	山东九鑫日用化工有限公司	满婷牌洗发水
65	山东鲁能泰山电力设备有限公司	鲁能泰山牌电力变压器(油浸式、干式)
66	山东农大肥业科技有限公司	农大牌复混肥料(控缓释型)
67	山东山口生物发展股份有限公司	山口牌酿造食醋
68	山东升华玻璃股份有限公司	岱牌啤酒瓶
69	山东省新泰市开关厂	新联牌户内金属抽出式开关设备
70	山东盛大科技股份有限公司	盛科牌纳米碳酸钙
71	山东新煤机械有限公司	零点牌单体液压支柱
72	山东裕鑫玻璃纤维有限公司	裕鑫牌玻璃纤维土工格栅
73	山东赵斌食品有限公司	赵斌牌糟鱼
74	泰安百川纸业有限责任公司	百川牌轻型胶版印刷纸、羊皮纸
75	泰安华兴纺织有限公司	华兴牌纯棉纱线
76	泰安亲亲食品有限公司	亲亲牌膨化休闲食品
77	泰安岳首工程机械集团有限公司	岳首牌混凝土搅拌站(楼)
78	泰山玻璃纤维股份有限公司	CTG 牌无碱玻璃纤维缝编复合毡
79	特变电工山东鲁能泰山电缆有限公司	泰山牌 110KV 及以上交联聚乙烯绝缘电力电缆
80	中国重型汽车集团泰安五岳专用汽车有限公司	泰山五岳牌自卸汽车
81	东平湖水泊食品有限公司	水泊牌咸鸭蛋
82	泰安华鲁锻压机床有限公司	岱岳牌卷板机
83	山东鲁峰专用汽车有限责任公司	鲁峰牌混凝土搅拌运输车
84	泰安市泰银制丝有限责任公司	雪梅牌生丝
85	泰安振华锻压机械制造有限公司	海珊牌数控锻压矫平机
86	山东泰山天盾矿山机械有限公司	泰山天盾牌矿井提升机
87	新泰市华龙管道有限责任公司	新水牌预应力钢筒混凝土管
88	山东石横特钢集团有限公司	亚力亚牌树脂锚杆用热轧钢筋
89	山东华兴纺织集团有限公司	华兴牌麻棉纱线

1.74 万台，实现全市特种设备使用登记率 100%，区域监管覆盖率 100%的工作目标。③特种设备应急救援演练。年内，督促全市特种设备使用单位，特别是危化品生产、储存、经营、运输单位，制定应急救援预案，组织实战演练。6 月 21 日，新汶矿业集团泰山盐化工分公司进行液氯泄漏演练；6 月 22 日，山东华阳科技股份有限公司进行液氨泄漏演练。同时，全市质监系统内部制定应急救援预案和演练，4 月 7 日，在满庄钢材市场举行了起重机械事故应急救援演练；6 月 29 日在夏张液化气站举行液化石油气泄漏应急救援演练。

【基础建设及科技工作】 ①实验室建设。年内，全市质监系统新上检验检测项目 281 项，市质量监督检验所、市纤维质量检验所通过国家实验室认可，国家棉花公正检验仪器化实验室、国家蚕茧检验中心等重点实验室建成并投入使用。②信息化建设。对 64 家企业实施视频监管（特种设备企业 34 家，食品企业 30 家）；为 2445 家企业建立电子档案，通过省质监局组织的检查验收，区域监管信息系统成为基层监管人员的重要工具；全市有 261 家企业申请加入中国质量产品电子监管网，其中 6 家企业完成激活上市工作。③科技创新工作。年内，顶板动态仪校准装置通过国家质监总局的鉴定；列入国家质监总局科技发展计划项目 2 个；获得国家知识产权局的专利授权专利 5 项；列入山东省科技发展计划项目 1 个，获得经费补助 10 万元；获得山东省软科学成果奖项目 1 个，实现省级软科学成果获奖零的突破；推荐为山东省科技进步奖项目 2 个；列入省局科研课题项目 1 个，获得经费补助 7 万元；列入泰安市科技发展计划项目 3 个，获得

表9 泰安市荣获"中国名牌产品"称号企业名单

序号	企业名称	中国名牌产品名称
1	特变电工山东鲁能泰山电缆有限公司	泰山牌交联聚乙烯电力电缆
2	泰山玻璃纤维股份有限公司	CTG牌无碱玻璃纤维短切原丝毡
3	泰山玻璃纤维股份有限公司	CTG牌无捻粗纱
4	山东泰和东新股份有限公司	泰山牌纸面石膏板
5	山东华阳科技股份有限公司	华阳牌拟除虫菊酯
6	山东东岳工业橡胶有限公司	东岳牌摩托车轮胎

表10 泰安市荣获"山东省服务名牌"称号单位名单

序号	企业名称	服务品牌名称
1	泰安市泰山索道运营中心	阳光服务、绿色通道
2	泰安市泰山风景名胜区管理委员会	爱护遗产、享受遗产、传承遗产
3	山东泰安交通运输集团有限公司	交好运、运真情
4	泰安市神憩宾馆	天上人间、真情相伴
5	山东泉贸有限公司泰安泉盛大酒店	岱下明珠、温馨家园
6	泰安高新技术产业开发区报审咨询服务中心	投资泰安，稳如泰山
7	泰安供电公司	以电连心
8	泰安市御座宾馆	真诚御座

表11 泰安市荣获"山东名牌农林水产品"称号企业名单

序号	企业名称	山东名牌农林水产品名称
1	山东省肥城桃开发总公司	仙乐牌中华佛桃
2	泰安市泰绿农业开发有限责任公司	泰绿牌马铃薯
3	泰安岱岳区房村镇多种经营服务中心	泰山珍珠牌番茄
4	泰安市栗欣源工贸有限公司	东岳牌泰山明栗(生鲜)
5	东平县泰丰科技服务中心	东优牌有机大豆
6	新泰市天宝镇年家峪村农副产品购销站	年家峪牌红灯樱桃
7	东平县大羊林果技术服务中心	鲁东牌香铃核桃
8	泰安泰山亚细亚食品有限公司	泰山亚细亚牌菜豆

经费补助4万元；获泰安市科技进步奖项目1个。 （马 敏）

安全监督管理

【概况】 年末，全市有安全生产监督管理（以下简称安全监管）机构7个，在职人员103人。其中，市级安全监管机构1个，在职人员24人，12月，市政府批准设立危险化学品安全监督管理科，增加行政编制2人，市安全生产监察支队增加编制8人至23人；县（市、区）级安全监管机构6个，在职人员79人，各县（市、区）均成立安全生产监察大队，配备安全执法人员50人。86个乡镇普遍建立安全生产监督管理办公室或安全监督管理所，各村居（社区）成立安全生产领导小组，指定专人负责安全生产工作，安全监督机构延伸到村居（社区）。市、县、乡三级配备专（兼）职安全监管人员459人。按照"安全第一、预防为主、综合治理"的方针，落实安全生产责任，突出抓好隐患排查治理和重点行业领域的专项整治，强化基层基础工作，加强安全管理。全年发生各类事故1158起、死亡329人、受伤801人、直接经济损失806万元，分别下降23.7%、9.9%、17.7%和32.1%，工矿商贸企业事故死亡人数连续6年稳定下降。各类事故死亡人数占省政府下达安全生产控制指标人数的92.2%，较好完成了省政府下达的各类事故死亡人数比上年下降3.5%的安全生产控制指标，全市安全生产形势保持总体稳定。

【安全生产目标管理】 年初，确定"各类事故死亡人数比上年下降2%、力争3%，努力减少一般事故，遏制重大事故，杜绝特大安全生产安全事故"的目标，对省政府下达的安全生产控制指标分解下达给6个县（市、区）和43个市直部门、单位，与其签订安全生产目标责任书，落实责任，严格考核。县、乡（镇）、部门和企业、班组，逐级分解下达安全生产控制指标、层层签订安全生产责任书，安全生产责任落实到基层单位。9月开始，以乡镇辖区为基本单位，按照"分级负责、属地管理"和"谁主管、谁负责"的原则，开展为期3个月的全市生产经营单位大排查、大摸底活动，对全市6.59万家生产经营单位的安全生产监管、主管单位和部门逐一进行明确。10月，市政府印发《泰安市安全生产监督管理办法（试行）》，建立分级属地管理和行业管理相结合的管理体制，对监管方式、应急救援、考核奖惩、责任追究等作出明确规定。市政府每月公布安全生产事故情况。年底，对市政府下达安全生产控制指标的县（市、区）政府、市直部门、单位进行考核，48个单位和部门未突破市政府下达的安全生产控制指标，对完成较好的进行表彰，突破安全生产控制指标的实施"一票否决"。

【安全隐患排查治理和专项整治】 ①集中排查整治。在春节、"两会"、"五一"、夏季汛期、党的十七大、冬季等重要敏感时期开展安全生产大检查6次，开展隐患排查治理专项行动、专项行动“回头看”和重点行业领域的专项整治等活动。组织检查组790个，检查企业1.8万余家，排查整改各类事故隐患4.7万余条，投入整改资金2700万元，强化了对重点领域、重点企业、重点部位的监管和监控。②重点领域专项整治。对6万吨以下的小煤矿和不具备安全生产条件的地方矿井实施关闭，所有乡镇煤矿一律收归县级管理。督促有关部门对全市567座水库、3000余座塘坝、170余条河道进行排查摸底，对398处小型和8处大中型病险水库实施重点治理，对3处病险水库投入650万元除险加固，38座危桥得到整修。对4处重大火灾隐患单位实行挂牌督办，28个较大以上火灾隐患单位完成整改。完成校舍危房改造工程67个、13.8万平方米。③重大危险源排查摸底活动。按照行业管理和属地管理的原则，对1426处重大危险源建立管理档案，明确责任单位和责任人，制定落实防范措施，确保可控在控。对94家重点监控企业进行定期检查、实施重点监控。

【安全生产源头管理】 ①安全生产许可证发放。开展化工、医药行业调查摸底，对20家普通化工、3家医药生产企业建立管理档案，对各加油站、油库、输油管道开展防渗漏专题调研，摸清底数。严格审查标准条件，向545家危险化学品、36家非煤矿山企业颁（换）发安全生产许可证，对44家单位颁发易制毒化学品生产备案证明，对73家化学品生产企业发放危险化学品生产单位登记证，6家单位取得危险化学品包装物容器定点证书。②建设项目安全设施管理。对31家危险化学品、16家非煤矿山及8家冶金机械企业的55个建设项目进行安全设施“三同时”审查验收。对危险化学品、有色冶金行业在建和试生产项目进行排查，督促安全设施、审批手续不完备的11家危险化学品、8家有色冶金在建和试生产项目完善相关手续，补建安全设施。③安全生产标准化建设。通过政策激励、典型引路、举办培训、召开现场会、搞好帮扶等措施，督促引导各类生产经营企业完善基础条件，开展安全标准化创建活动。7月，在市高新区开展“安全生产标准化示范区”创建活动；11月，省政府确定泰安高新区为全省唯一“安全标准化园区”创建试点单位。在露天采石场推行公司化、规模化、机械化、专业化、规范化“五化”建设，整合关闭124家，全市采石场数量由337家减少到213家，平均年产规模由5万吨提高到15万吨以上；机械装岩企业达93%，采用中深孔爆破技术的企业占到94%；142家达到三级以上安全标准化，占采石企业总数的66.7%。年末，有103家非煤矿山、22家危险化学品、10家轻工机械企业通过三级以上安全标准化审核，全市非煤矿山、危险化学品、烟花爆竹企业达标率分别占到行业总数的51.6%、31.4%和100%。

【安全生产执法监察】 市、县、乡三级执法机构配备执法人员266名。下发《安全生产执法实用手册》教材，对全市470名安全监管监察人员进行集中培训，开展“大比武、大练兵”活动，促进执法监察工作规范化、标准化。年内，检查企业1.1万家次，下达各类执法文书2万余份，督促整改安全隐患和问题2万多条，责令98家企业停产停业整顿，依法对139家企业实施行政处罚。开展安全费用提取、建设项目“三同时”等专项监察，督促未按规定标准提取的40余家生产经营单位补提安全费用328万元，对未进行“三同时”审查验收的9个项目责令限期整改。建立有关部门参与的打击非法建设、生产、经营联席会议制度，取缔非法建设项目91个、非法生产单位93个、非法经营单位71个、查获非法储存烟花爆竹制品5300余箱。

【安全生产宣传教育培训】 ①安全生产月活动。开展以“综合治理，保障平安”为主题的全市“安全生产月”活动，据统计，活动期间，全市出动宣传车1239辆次，悬挂宣传标语条幅1.49万幅，张贴安全宣传张贴画9399张，制作宣传橱窗4074个，电台、电视台、报刊等新闻媒体播发新闻稿件902篇，制作播出专题栏目92次，开辟专栏（专刊）37个，播发公益广告758次。开展安全知识“四进”（进企业、进校园、进社区、进家庭）活动，组织全市2509个部门和企事业单位参加“全省百万职工安全科普知识答卷”活动，发放、收回答卷29万份。开展应急救援和自救演练、安全生产服务队下基层、安全生产集中整治和执法检查等活动。开展全市安监系统监察队伍培训、执法竞赛活动，组织参加山东省第二届特种作业人员安全技能大赛，市安监局荣获优秀组织奖。②安全生产教育培训。6月23~25日，山东省第四届安全生产监管执法培训班在泰安市举办，市、县、乡340名安全监管人员参加培训并通过结业考试，取得安全生产监察员证。10月，对全市部分危险化学品生产企业主要负责人和安全管理人员130人进行统一命题考试。全年培训企业负责人和安全管理人员9935名、特种作业人员1.3万多名，分别上升100%和8%，有3家企业被评为全省安全文化建设先进单位。

【安全生产应急救援】 重新修订《泰安市重大安全事故应急救援预案》，在“泰安市安全生产专家组”基础上成立由76名各行各业专家组成的特大安全事故应急救援专家组。市级安全生产综合监管应急救援指挥平台完成了视频会议室装修和主要设备安装调试，安全生产基本信息采集系统、安全生产监管政务系统、安全生产综合监管应急救援指挥平台、危险化学品安全监管政务信息系统、安全生产远程监控系统以及办公协作系统等已安装调试完毕，系统试运行工作已展开，实现了与省视频会议系统开通使用。完成1800余家企业信息采集和数据资料的录入，应急救援辅助决策系统正进行安装。对事故应急救援安全保卫、医疗救护、交通运输、物资保障、善后处理、事故调查处理等部门和单位明确责任，全市安全生产事故应急救援体系初步形成。建立市公安消防支队、市森林消防队、市燃气集团抢救队、新汶矿业集团救护队、肥城矿业集团救护队以及兼职的市森林消防队等6支专职应急救援队伍，队员1900余人。各煤矿企业、危化品生产企业以及其它行业的部分企业建立专兼职应急救援队伍。通过应急救援演练、演习，完善应急救援预案，锻炼救援队伍的实战能力，为处置突发事故积累实战经验。成功处置京沪高速公路泰安颜张段液化气罐泄露事故，避免重特大事故的发生。

【华源矿业集团公司重大自然灾害洪水淹井事故救援】 8月17日，山东华源矿业集团公司因重大自然灾害发生洪水淹井事故，172人遇难。

2007年8月16~17日，新泰地区突降暴雨，24小时降水量达到205毫米，引起山洪暴发。洪水冲垮河床，以每秒50立方米溃入华源公司井下。事故发生后，党中央、国务院高度重视，胡锦涛、温家宝等中央领导同志作出重要指示，要求尽一切努力抢救井下被困人员。受中央和国务院的委托，国务委员华建敏、国家安全生产总局局长李毅中、国家煤监局局长赵铁锤等领导同志迅速赶到事故现场，指挥抢险救援。省委书记李建国，济南军区司令员范长龙，副司令员叶爱群，省委副书记、代省长姜大明，省委常委、常务副省长王仁元，省委常委、副省长王军民，省委常委、秘书长王敏，省委常委、省军区司令员谈文虎，省军区政委张秉德，省武警总队队长戴肃军等连夜赶到现场指挥。市委书记、人大常委会主任耿文清，市委副书记、市长李洪峰，市委副书记黄龙华等，以及新泰市、新矿集团主要领导在第一时间赶到事故现场，立即投入抢险施救工作。现场成立由姜大明代省长为总指挥的指挥部，迅速紧张地展开工作。解放军、武警官兵、华源矿职工及附近干部群众迅速投入抢险救援行动。同时，从河北开滦、河南郑州等地紧急调运大型水泵，加快排水速度。各级党委、政府千方百计解决好遇难职工家属生产生活中的实际困难，千方百计做好职工安置工作，体现了一方有难、八方支援的好传统。至9月6日，救援工作进入20天。据生命科学专家组现场考察研究分析，被淹矿井内不具备人体生存条件，被困矿工已无生还可能。

8月17日，新泰名公煤矿也因同样原因发生淹井事故，9人遇难。 （李　强）

审　计

【概况】 全市有审计机构1253个，其中市、县（市、区）两级有审计机关7个，社会审计组织15个，内部审计机构1231个；审计工作人员2795名，其中政府审计机关189名，社会审计组织297名，内部审计机构2309名。年内，市、县两级审计机关完成审计（调查）项目294个，查出各类违规问题金额18.55亿元、管理不规范金额40.74亿元，揭示损失浪费金额53万元。通过审计上交财政金额2718万元，归还原渠道资金960万元。提交的审计报告、信息被批示采用267篇（次），提出改进工作的审计建议498条，促进被审计单位建章立制26项。

【财政审计】 全市审计机关审计预（决）算执行单位49个，查出预算安排、资金拨付、转移支付、税收征管等方面问题金额1.42亿元，提出综合审计意见和建议109条，促进被审计单位制定整改措施14项。工作中牢固树立大财政的审计观念，加大延伸审计力度，揭示深层次问题，注重从体制、机制、制度建设和管理层面分析原因，审计建议的针对性、科学性和可操作性进一步增强。审计结果得到市、县两级人大和政府的充分肯定。市人大常委会作出决议，要求市政府进一步提高审计监督实效，高度重视审计查出问题的整改，严格依法理财。市审计局11月份向市人大常委会和市政府提交了整改情况的报告。在搞好预算执行审计的同时，不断加强和改进财政决算审计，审计结果引起人大、政府的高度重视。

【专项资金审计】 全市审计机关开展了慈善捐赠资金、财政转移支付资金、农村养老保险基金、新型农村合作医疗基金、住房公积金、农村义务教育经费、村村通自来水工程等专项资金审计和审计调查。审计（调查）专项资金管理使用单位17个，审计资金总额3.46亿元，查出挤占挪用、滞留闲置等违规金额7154万元，促进拨付到位资金656万元。审计结果引起了市委、市政府及有关县（市、区）的高度重视，市委、市政府领导分别在反映农村养老保险基金审计、村村通自来水工程项目审计情况的《泰安信息》《泰安政务信息》上作出批示，对审计整改提出明确要求。

【政府投资审计】 全市审计机关审计政府投资建设项目97个，审计投资额9.56亿元，核减工程款9682万元，查出滞留、挤占建设资金等问题资金984万元。出台了《泰安市政府投资建设项目跟踪审计实施细则》等4项制度办法，印发了《泰安投资审计规范》，形成了内容齐全、较为实用的政府投资审计规范体系。

【经济责任审计】 全市审计机关审计领导干部175人，查出违规问题金额15.92亿元，管理不规范金额28.28亿元，其中领导干部负直接责任问题金额6370万元。对全市审计结果运用情况和村干部经济责任情况进行调研，摸清情况，指出问题，分析原因，提出了加强、改进工作的意见和建议，调研报告受到上级表扬，分别在《中国审计报》、审计署网站、《泰安工作》上刊发。对经济责任审计方案制定、审计进点、审计文书撰写和发放、审计取证等继续进行规范和改革，促进了经济责任审计的规范化、制度化和科学化。

【行业和其他专项审计】 ①对工商行政管理系统、中小学校、地方党政机关等201个行政事业单位进行了财政财务收支审计。摸清了资产家底，查出挤占挪用、隐瞒截留收入、漏缴税费等违规金额2.35亿元。在依法处理处罚的同时，有针对性地提出加强管理的意见和建议，促进规范财务管理。②根据审计署驻济南特派办的授权，对泰安移动公司、泰安网通公司2006年的财务收支进行审计，揭示了财务管理中存在的突出问题及管理方面的薄弱环节。③对7户国有及国有控股企业进行审计。重点关注企业会计信息的真实性、核算方法的合法性、资产运营的效益性，查出违规经营、损益不实等违规金额1.4亿元，促进企业加强内部管理。

【内部审计】 通过考核评比、检查指导、举办培训班、组织CIA（国际注册内部审计师）考试等措施，推动内部审计工作全面发展。市内部审计师协会被评为全省优秀内部审计师协会。年内全市内审机构审计项目（单位）1058个，纠正违规和管理不规范金额5049万元，提出审计建议2124条，促进增收节支9985万元。（杨金巨）

统　计

【概况】 年末，市及县（市、区）、乡（镇）有统计机构100个，其中市级统计机构2个，县（市、区）级8个，乡镇统计站86个；各级统计机构共有专兼职统计人员382人，其中，具有本科学历以上的137人，具有中级以上技术职务的123人。

统计监测分析　围绕国家宏观调控政策的变化，加强对宏观经济运行态势的监测和预警，反映经济发展趋势和存在的问题，提出有关咨询建议。撰写的季度、半年、全年国民经济运行报告、GDP发展走势及构成要素分析，为市领导提供了决策依据，统计监测分析水平得到进一步提高。年内，完成研究课题12个，撰写统计分析268篇，被领导机关和新闻媒体采用279篇次，被市领导批示8篇。撰写政务信息，被市以上新闻媒体采用303篇，其中被国家局内网采用12篇，被省局、省总队内网采用258篇。

专项调查　根据领导决策和社会需要，开展工业企业创新调查、金融运行情况调查、城市环境保护满意率调查、城市中小学生课业负担情况调查、廉租房调查等20多项专项调查，写出调查报告，取得了较好的社会效果。农业普查工作通过省及国家的质量抽查验收，得到国家质量抽查组的高度评价。采取“统一组织、统一标准、分级负责、分工协作”的模式，制作电子地图数字化照片近2万幅，网页5000余页，制作完成全市农业普查电子地图。1%人口和劳动力抽样调查工作，数据质量和组织工作得到省检查组的充分肯定。修订完善能源统计报表制度，加强对重点用能企业能源消耗的监测，提高能源统计的准确性、时效性。建立能耗公报制度，对单位GDP能耗、工业增加值能耗及其他能源相关数据进行全面核算，定期通报。修订对高新技术产业统计标准，按月对高新技术发展情况进行监测，力求真实全面的反映高新技术产业发展成果。

统计信息咨询服务　为人大、政协“两会”和市第九次党代会提供现场统计咨询服务，专门整理编印《2003年以来全市国民经济和社会发展回顾》《数说发展》大型彩色统计宣传资料，得到市委领导和代表的广泛赞扬。利用多种媒介打造“数说发展”服务品牌，创办专为领导人提供的“数说发展”呈阅件、《泰安日报》“数说发展”专题栏目、泰安电台、电视台的“数说发展”专访节目，为社会各界提供统计信息服务，引起社会各界的较大反响。（张　涛）

编辑·校对　赵　兵

综　述

【概况】　2007年，全市完成农业增加值132.77亿元，比上年增长4.1%，其中种植业84.56亿元，增长2.2%。农民人均纯收入5309元，增加657元，增长14.46%，是十一年来增加最多、增长最快的一年，连续4年呈两位数增长。①增产增收。全市粮食总产达到278.59万吨，增加5.47万吨，增长2%。优质专用小麦面积14万公顷，优质玉米面积达到10万公顷，分别新增6667公顷。位于大汶口镇的玉米生产示范田，折合单产每公顷1.69吨，创夏玉米大田生产长江以北单产最高纪录。②农产品质量进入全省前列。到期农产品复查换证产品个数和换证率居全省第一。绿色、无公害农产品认证面积分别新增2.67万公顷、1万公顷，总面积分别达到12万公顷和12.47万公顷。各县（市、区）对农药经营单位进行普遍检查，依法查处甲胺磷等5种高毒农药的营销行为，累计检查农药生产企业8家，农药销售店1296家，收缴销毁高毒有机磷农药5种701公斤。③农村财务委托代理典型经验在全国推广。全市实行财务委托代理的乡镇82个，村3285个，分别占总数的95%和91%。④农业经营服务方式创新取得新进展。从解决农民群众最关心、最直接、要求最迫切的问题入手，做好党的惠农政策落实、实施好测土配方施肥工程、提升农产品质量安全水平等9件实事。新发展农民专业合作组织195个，总数达到1428个；入社农户25万户，新增4万户，带动农户44.6万户，涉及20多个特色产业。开展农资打假护农活动，检查各类农资生产、经营单位和业户2480多个次，整顿各类农资市场230个次，查处各类农资违法案件350起（立案168起），查获各类假劣农资产品516吨，货值196万元，捣毁制假售假窝点3个，为农民挽回经济损失960多万元。

【农业结构调整】　立足于培植6大主导产业和8大特色产业，强化有机蔬菜这一亮点。坚持一年四季抓调整不放松，突出“一村一品”建设，提升调整水平。全市经济作物种植面积19.08万公顷，总产724.56万吨，其中瓜菜13.55万公顷，总产702.3万吨。新增高效经济作物1.02万公顷，高值田6667公顷，设施农业3333公顷。参加第五届国际农交会，签订各类农产品成交合同及协议59个，成交额4.4亿元，投资合同、协议额2630万美元。全市农民人均纯收入达到5309元。下发《一村一品“百村示范千村推进工程”实施规划》，明确发展目标，确定发展重点。召开春季、秋季农业结构调整流动现场会，推广成功经验和做法；组织特色产业乡镇和“一村一品”专业村参加“泰安市新农村建设·现代农业发展论坛”，命名表彰全市“十大现代农业特色乡镇”、“十大一村一品示范村”，起到了示范带动作用。全市新调整高效经济作物1万公顷，新发展设施农业3333公顷，新增高值田6667公顷；1200多个村初步形成“一村一品”生产格局，其中达到“一村一品”示范标准的村373个，专业乡镇11个。市有机农产品生产基地农场已达200多个，分别获得国内外11家有机认证机构认证，新增有机蔬菜2133公顷，面积达1.33万公顷；规模较大的有机蔬菜加工企业达到20家。有机蔬菜发展全国面积最大、产量最高、出口最多。

【农业产业化经营】　产业化经营“六条产业链”（牛奶加工业产业链，鸡、鸭肉加工产业链，猪肉养殖加工产业链，蔬菜加工贮销产业链，果品加工产业链，粮油、桑蚕加工产业链）初步形成。加大对农业的扶持力度，特别是对农业龙头企业的扶持政策，争取国家和省农业项目资金总额7330万元，增长21%；引进、新建投资过千万元农业龙头企业29家，投资额9亿多元。对重点龙头企业和农产品出口企业进行扶优扶强，争取省扶持无偿资金446万元。全市销售收入100万元以上的农产品加工企业310家。国家农业产业化重点龙头企业2家，省级17家，全部通过重点龙头企业监测。全年龙头企业实现销售收入120亿元，增长10%；出口创汇6917万美元。山东八戒食品有限公司等8家企业晋升为第四批省级重点龙头企业，全市省级龙头企业总数达到23家；蒙牛乳业泰安有限公司等35家龙头企业晋升为第四批市级重点龙头企业，全市市级重点龙头企业发展到102家。组织企业申报龙头企业贴息补助项目，全市有8家企业获得贴息补助资金105万元。为良庄北宋蔬菜批发市场开发服务中心等7家企业争取省财政贴息资金351万元。15家单位列入省级村企互动示范单位。国家级龙头企业肥城银宝集团公司享受初级农产品所得税优惠的政策，减税近1000万元。

【农业标准化生产】 以改善品质为核心，以基地建设为基础，推进有机蔬菜产业快速发展，重点发展有机芦笋等高效品种，推广“三作三收”、“四作四收”高效种植模式。推广股份制合作社模式、专业协会模式、企业自主经营模式，推出孙东、王庄、新河西等典型，初步建立起“企业连基地、基地带农户”的产加销一体化经营格局。全市新增有机蔬菜2133公顷，面积达到1.33万公顷。年内，申报绿色、无公害农产品面积4.67万公顷，其中绿色、无公害农产品认证面积分别新增2.67万公顷、1万公顷，总面积分别达到12万公顷和12.47万公顷。在基地管理、质检体系建设、农产品质量安全等方面加大工作力度，协调市财政局，落实对获得无公害、绿色、有机食品认证项目承办单位的以奖代补奖励；列入2007年省财政扶持优势农产品竞争力提升计划项目的农业标准化生产基地2处；获得农业部无公害农产品质量认证11个，相关机构绿色农产品质量认证10个，获得省财政扶持资金51万元。搞好农产品质量例行抽样检测，开展农产品质量安全专项整治活动，实施高毒农药替代和新型除草剂试验44项，对蔬菜农药残留实行一季一检测一通报制度。开展农产品质量专项整治行动，对农药经营单位进行拉网式检查，依法查处甲胺磷等5种高毒农药的营销行为，累计检查农药生产企业8家，农药销售店1296家，收缴销毁5种高毒有机磷农药701公斤；蔬菜农药残留检测样品2328个，超标检出率为1.41%，降低4.1个百分点。

【外向型农业发展】 抓住国家加大对“三农”扶持力度的有利时机，争取国家和省农业项目资金总额7330万元，增长21%；引进、新建投资过千万元农业龙头企业29家，投资额9亿多元。对重点龙头企业和农产品出口企业进行扶优扶强，争取省扶持无偿资金446万元。做好农产品出口促进项目的争取工作，5家单位获得省级扶持资金95万元。对岱岳区、新泰、肥城、东平4个县（市、区）的11家企业进行实地调查，了解日本肯定列表制度对全市农产品出口的影响，针对农产品出口创汇存在的薄弱环节和问题，采取相应对策。全年农产品直接出口创汇6917万美元。

【生态农业建设】 ①农村沼气建设。岱岳区、东平县被列为国债沼气项目县，泰山区、新泰市、宁阳县、肥城市列为省级沼气项目县，落实“一池三改”7250户和“一池两改”3235户。年内争取上级扶持资金达1081万元，增加207万元。全市培训沼气技术工100名，397名沼气生产工获得农业部颁发的技术上岗证书，培训农民达4000多名，组建沼气施工队200多个。全市培养沼气示范乡镇15个、示范村50个、示范户4000个、生态示范大棚3000个，建立村级农村沼气服务网点120个。2007年全市新建沼气池1.87万个，其中“一池三改”8680个、“一池二改”6700个、“四位一体”1450个、“猪—沼—果”1420个、单建池750个。累计建成户用沼气总数达到7万个，建成100户以上沼气化示范村50个。拥有大型沼气工程4处，沼气建设使农民年增收近7000万元。②生态农业建设。在每个县（市、区）重点抓好3～5个能源生态大棚示范村，推广“四位一体”蔬菜大棚和“猪—沼—果”等生态模式。确定10个生态示范乡镇、10个生态旅游示范村，投入资金500多万元。强化多种措施，推广秸秆沼气600多个，秸秆还田60万吨，秸秆青储10万吨，全市秸秆综合利用率达72%；通过大中型沼气工程治理农村粪便污染80万吨。

【农业科技推广】 农业新品种、新技术推广步伐进一步加快。全市新引进、试验优良品种50个，推广三大领域16个主推品种和特用玉米栽培、小麦氮肥后施、高温闷棚蔬菜病虫害防治等21项主推技术，农作物良种普及率达到98%以上。①技术培训。举办各类农业实用技术培训班次526期，受训农民8.12万人次；组织农民参加农业部“百万中专生”人才培养计划，培训中专层次实用技术人才617人，高等层次人才536人；举办新型农民科技培训班186期，受训人员1.6万人次，获得绿色证书1179人；通过实施玉米、生猪科技入户项目,培训项目区农民4000余人次。②新技术申报。组织申报山东省农牧渔业丰收奖5项，获一等获1项，二等奖1项，三等奖3项；组织申报泰安市科技进步奖2项，获二等奖1项；评定市级农业丰收计划奖16项。③新技术推广。推广测土配方施肥技术，5个县（市、区）列入配方施肥国家及省项目县，获得项目资金365万元；免费为6万农户提供测土配方施肥技术服务，全市实施测土配方施肥面积17.64万公顷，肥料利用率提高4个百分点，为农民节本增收1.3亿元。

【农村劳动力转移】 全市6个县（市、区）均实施阳光工程项目，除新泰市为市级项目县外，其余均为省级项目县。争取省级示范性转移培训任务1.6万人，市级1200人，财政补助资金501.6万元，增加100万元。主要培训专业为机械制造类、电子电器类、焊工类、计算机应用类、服装缝纫与加工类、建筑装饰类、餐饮旅游服务类7大类专业，学员转移到浙江、江苏、广东、青岛等地大中型企业以及县域用工单位。至年底，完成阳光工程培训1.8万人，转移就业1.79万人，转移就业率为99.58%，稳定就业率达到90%，带动农村劳动力转移培训5.32万人。

【农村基本政策落实】 ①落实土地承包政策。完善第二轮土地承包，开展土地突出问题专项治理，解决农村土地突出问题800多件（次），清理整顿“两田制”（口粮田和责任田）、超5%预留机动地村303个，面积7333公顷；修订完善土地承包合同36万份，涉及承包面积8.67万公顷；依法规范土地流转面积1.87万公顷，占总承包面积的6%；查处土地信访问题130多起，纠正承包期内违法调整或收回承包地问题103宗，纠正强迫流转土地问题12宗。②落实粮食直补、良种补贴和农资综合直补政策。年内，直补小麦面积22.06万公顷，兑付补贴资金1.47亿元，增加5394.5万元。实施良种推广补贴项目1067万公顷，补贴资金1600万元。三项补贴共计向农户直接兑付资金1.63亿元，增加近6000万元。资金按时拨付到每个种粮农户“齐鲁惠农一本通”中，惠及105.8万农户、369.8万农民。③开展农民负担专项治理。全市3561个村各确定一名农民负担监督员，形成农民负担监管的制度化。规范乡镇农村财务代理内容和村级代理程序，全面推行农村财务委托代理制度，全市实行财务委托代理的乡镇达到82个，村3285个，分别占总数的95%和91%。重点对中小学义务教育阶段乱收费、借“一事一议”乱收费、农民建房、修路、用电乱收费等八大领域的乱收费问题进行专项清理，清退宅基地乱收费760万元，纠正向农民不合理收费300多万元。纠正32起“三乱”（乱摊派、乱收费、乱罚款）问题，退还农民不合理负担260多万元。

【依法治农】 ①规范执法行为。按照市政府《规范行政处罚自由裁量权工作实施方案》的要求，将农业部门涉及的11部法律法规的28条行政处罚条款细化为151条上报市政府法制办，明确具体的处罚标准和范围、幅度，建立科学、公正的行政处罚程序和制度，促进行政处罚行为规范化，达到行政处罚程序公开、透明。②加强队伍建设。组织农业行政执法人员培训学习，系统接受农业执法知识培训和职业道德教育。对审验行政执法证件进行审验，对调离执法岗位人员的执法证全部收回，《农业行政执法证》持有人由原来148人裁减为79人，《行政执法证》由42人裁减为29人。实行持证上岗，对新增执法人员进行岗前培训，按程序经考核合格发证后，方能开展执法工作。③加大农业综合执法力度。严格市场检查，推行台账制度。采取明查暗访、随机抽样调查等形式，查明摸清各种农资的进货渠道。对140家“诚信农资生产经营单位”进行表彰挂牌。对农资生产、经营

表12 **2007年泰安市农业科技获奖成果情况**

项　目　名　称	获奖等级	完成单位
1000万亩麦田杂草化防新技术研究与应用推广	省丰收一等奖	泰安市农科院
泰安市300万亩中低产田无公害高效施肥技术集成与推广	省丰收二等奖	泰安市农科院
50万亩优质小麦玉米持续高产精准栽培技术模式推广	省丰收二等奖	泰安市农科院
花生地下害虫综防技术推广	市丰收一等奖	泰安市农业局
新泰市“一池三改”综合利用技术推广	市丰收一等奖	新泰市能源站
有机蔬菜病虫害物理、生物防控技术推广	市丰收一等奖	肥城市植保站
60万亩无公害优质高产专用小麦病虫害综防技术推广	市丰收一等奖	宁阳县植保站
麦后两茬大白菜栽培技术研究与推广	市丰收一等奖	宁阳县农广校

企业和销售网点进行拉网式检查，出动执法检查人员2360人次，检查各类农资生产、经营单位和业户2480个次，查封未审先推、包装不合格、标签不规范玉米种88吨，取缔非法经营户4家，查处假劣农药61吨，查封劣质复混肥367吨。捣毁制假售假窝点3个，为农民挽回经济损失960万元。④强化法制宣传。利用广播、电视、报刊、网络等新闻媒体，结合“放心农资下乡进村宣传周”等活动的开展，对坑农害农的重大案件进行曝光，向社会广泛宣传农业综合执法工作。加大对经营业户的培训，通过农业行风热线，公开举报电话号码、及时解答农户的各类咨询，鼓励群众举报各类制售假冒伪劣农资的违法行为。利用法制宣传月、“3·15”、“12·4”等普法日，结合科技“三下乡”活动，开展农业法律法规宣传活动，出动宣传车110台次、800人次，散发宣传资料达10万份，开展普法宣传大集48次，农业法规宣传咨询3000余人次，受到了良好的普法效果。

【扶贫开发】 按照产业扶持引导、强化造血机能、形成脱贫产业的思路，搞好开发式扶贫，加大扶持力度。①扶贫项目建设。全市扶贫开发工作在东平、宁阳、新泰3个县市的23个乡镇、84个贫困村实施。其中，省级扶贫项目在东平县银山镇、斑鸠店镇、老湖镇的54个村实施，覆盖贫困人口5.4万人；市级扶贫项目在新泰市、宁阳县、东平县的20个乡镇30个村实施，覆盖贫困人口3.2万人，超过了年初3.05万人的目标。完成投资2436万元，7.5万人实现稳定脱贫，贫困村村容村貌和生产生活环境得到改善。②争取扶贫资金。争取省扶贫贴息贷款1000万元，对山东光大日月油脂股份有限公司等扶贫龙头企业进行扶持。争取中央、省财政扶贫资金200万元，市财政扶贫资金200万元。争取东平县职业学校列为省级贫困劳动力转移培训基地，获得省级财政扶贫资金20万元。 （张洪燕）

种 植 业

【概况】 全市农作物总播种面积62.1万公顷，增长1.2%。其中，粮食作物播种面积42.3万公顷，增长2.8%；油料作物播种面积4.5万公顷，增长1.6%；棉花播种面积9418公顷，增长12.1%。大多数农产品产量有所提高。

全市种植业发展特点：①粮食生产继续回升，经济作物有所调减。年内，全市农作物总播种面积增加7200公顷。其中，粮食作物面积42.30万公顷，增加1.15万公顷；经济作物面积19.75万公顷，减少4247公顷；粮食和经济作物播种面积比例68.17∶31.83，粮食作物比重上升1.07个百分点。②经济作物种植效益继续提高，优质农产品面积继续扩大。全市突出农产品区域特色优势，加强设施农业和高值田开发，新调整高效经济作物面积1万公顷，新发展设施农业面积3333公顷，新增高值田面积6667公顷。绿色、有机食品和无公害农产品基地认证步伐加快，“三品”认证面积是历年来认证产品最多、基地规模最大的一年。全市获得认证的无公害农产品和绿色食品基地面积分别达到12万公顷和12.47万公顷，获得国家OFDC、国际OCIA、日本JONA、欧盟BCS等11个有机机构认证的有机蔬菜基地面积1.33万公顷，约占全国的8%；年产量达67万吨，约占10%；年创汇3600余万美元，约占10%，有机农产品基地农场达200多个，有机蔬菜加工出口大型龙头企业20家，产品全部出口到日本、美国、加拿大、欧盟等十几个国家和地区。粮食生产优质专用小麦面积继续扩大，优质专用小麦面积14万公顷，优质玉米面积达到10万公顷，分别增加6667公顷。③设施农业稳定发展。全市各类塑料大棚达到16.31万个，面积7760公顷。其中，冬暖式塑料大棚达到4.66万个，面积3053公顷。在各类塑料大棚中，蔬菜大棚13.40万个，面积5827公顷；食用菌大棚4302个，面积160公顷；林果大棚1245个，面积万86.67公顷；花卉大棚523个，面积20公顷；畜禽和桑蚕大棚1.69万个，面积1126.67公顷。④发展特色农业。实施“一村一品百村示范千村推进工程”，区域布局优势产业带初步形成，如泰山区苗木花卉、女儿茶；岱岳区设施大棚、桑蚕生产、中草药；肥城市有机蔬菜、“两菜一粮”（土豆—玉米—白菜）；新泰市黄花菜、池藕、覆膜土豆；宁阳县有机蔬菜、双孢菇；东平县大蒜、鸡腿菇等已初具规模特色，带动形成了相当规模的产地市场。1200多个村初步形成“一村一品”生产格局，从事主导产业生产的农户和收入已占50%以上，其中达到“一村一品”示范标准的村373个，专业乡镇11个。

【粮食生产】 年内，贯彻落实中央和省市委文件精神，对种粮农民实行直接现金补贴和良种补贴，粮食生产快速发展。全市粮食播种面积42.3万公顷，增加1.15万公顷；公顷单产6585千克，减少0.78%；总产278.60万吨，增长2.00%。其中，夏粮播种面积、单产、总产分别20.92万公顷、6000公斤/公顷、125.39万吨，分别增加9020公顷、减少3.17%、增长1.19%；秋粮播种面积、单产、总产分别为21.38万公顷、7170公斤/公顷、153.20万吨，分别增加2487公顷、增长1.48%、2.68%。

【蔬菜生产】 年内，全市完成蔬菜面积13.19万公顷，减少5127公顷，总产万702.27万吨，减少5.20万吨；平均每公顷单产53.23吨，增加1.61吨；瓜类面积4027公顷，减少82.67公顷，总产19.16万吨，减少2.67万吨；平均每公顷单产47.58吨，增加2.61吨。全市蔬菜生产的特点为：①有机蔬菜面积扩大，种植水平提高。全市有机蔬菜面积扩大到1.33万公顷，新增2133公顷，其中有机绿菜花已达到2067公顷。单产水平提高，效益显著，提高了农户种植有机蔬菜的积极性。龙头企业生产能力的增强，带动全市有机蔬菜生产的快速发展，初步形成龙头企业+基地+农户的合作社式模式，促进了有机蔬菜产业的发展。②做大做强黄花菜产业。市政府高度重视黄花菜的综合开发，把其作为挖掘资源优势，加快农村致富奔小康的重要措施来精心培育，在种植方式上实现了由原来单一的堰边种植发展到了大田、大中拱棚及冬暖式大棚等多种形式种植，全市发展冬暖式大棚栽培506.67公顷，大、中、小拱棚栽培653.33公顷，一膜覆盖栽培233.33公顷。一般每公顷产量达到15~22.5吨。主要销往寿光、北京、沈阳、长春、哈尔滨、大连、上海、深圳等地。每公顷效益5.25万至12万元。③发展泰山池藕产业。总结农民种植经验，探索出成熟的池藕栽培技术，引用推广新品种，得到了显著的经济效益。新发展133.33公顷，平均公顷产量达到65.4吨，公顷效益达到11.78万元。④发展食用菌产业。全市食用菌栽培面积800公顷，食用菌棚8.7万个，以双孢菇、鸡腿菇、平菇、香菇、黑木耳等为主。省食用菌质量检查组抽查全市3家菌种生产厂家，质量结果全部合格。⑤做大中草药产业。全市种植面积约3666.67公顷，品种50多个（不含野生），年产值1亿多元。逐步形成汶南、东庄、接山、安站、老城、角峪、徂徕、下港、夏张等中草药种植重点乡镇，其中汶南达386.67公顷，徐长卿（中药材名）栽培面积有80公顷，规模在全国名列前茅，为徐长卿传统主产区。其他如桔梗、丹参、黄芩、黄芪、白术、灵芝、玫瑰也具备一定规模，在国内省内具有一定影响。⑥建立高值田示范，带动高效农业发展。推动"一村一品、百村示范千村推进工程"，新增高值田面积1333.33公顷。重点培育岱岳区良庄镇、房村镇、范镇，宁阳县华丰镇、伏山镇，新泰市谷里镇、楼德镇，肥城市边院镇、孙伯镇、王庄镇，东平县沙河站镇、斑鸠店乡，泰山区邱家店镇等高产高效乡镇。以冬暖大棚高产高效栽培为目标，合理品种搭配，优化组装各项栽培技术，试验总结实用的栽培管理模式，从管区到村户分种类分季节培训指导，农民效益有很大提高，受到镇、村和菜农高度评价。⑦引进推广优新品种，促进增产增收。引进基层农户所需的各种优良新品种，通过建立品种示范田，配套组装一整套生产技术规程，满足基层菜农的需要。引进蔬菜优良品种5个，花生优良品种2个。⑧推广新技术。着重推广大棚根结线虫综合防治技术、大棚西红柿改枝换头技术等多种农村实用新技术，举办技术讲座40次，举办田间地头现场会25次，举办培训班17次，培训各级农业技术人员和种植带头户1万多人次，发放各种普及资料2万多份。解决农民生产中的难题30项，提高蔬菜产量，增加了农民经济效益。

【植物检疫】 年内，全市各级农业植保部门，严把植物检疫关口，做好产地检疫、调运检疫和农业植物有害生物的普查和防治等工作，防止危险性病虫草害的传播蔓延。158人参加培训并考试合格，取得兼职检疫员、报检员证和继续教育证书。5月份，对所辖县（市、区）的6家统一供种实施单位进行

表13 2007年泰安市粮棉油菜生产情况 单位：公顷、吨、公斤/公顷

名称	农作物面积	粮食			棉花			花生			瓜菜	
		面积	总产	单产	面积	总产	单产	面积	总产	单产	面积	总产
合计	620534	423030	2785905	6586	9418	14778	1569	45216	182470	4036	131936	7022568
泰山区	16130	9435	60900	6455	5	6	1200	43	113	2628	4698	166369
岱岳区	127973	71992	516555	7175	697	627	900	6416	28911	4506	46205	2513902
新泰市	113508	76408	472691	6186	333	999	3000	17199	59239	3444	18584	1049410
肥城市	118338	80474	550058	6835	1335	2949	2209	2280	7882	3457	33190	1964636
宁阳县	123576	83993	566902	6749	1277	1523	1193	15182	70976	4675	19467	964603
东平县	121009	100728	618799	6143	5771	8674	1503	4096	15349	3747	9792	363748

检疫检查。对省安排全市9.33万公顷小麦良种补贴实施面积进行核准。自繁的2.1万吨小麦种，检疫合格率达到100%。全市产地检疫农作物3907.53公顷，产地检疫合格率达100%。对承担统一供种任务的种子公司小麦、玉米制种田进行严格的产地检疫，其中小麦3560公顷，生产合格良种1.7万吨，玉米230.67公顷，生产合格良种936吨。在加强产地检疫的同时，加大对调入、调出的农产品检疫的力度，年内全市签发植物检疫证书561批次，调运无危险病虫种子1.02万吨，苗木9万株。

【农作物病虫害防治】 按照“预防为主，综合防治”的植保工作方针，加强农作物病虫测报，推广“绿色控害”植保新技术，掌握飞蝗发生动态，及时控制危害，依法开展植物检疫和农药管理工作，推动植保工作全面发展。全市农作物病虫草鼠害发生262.05万公顷，总体发生程度2级，防治面积230.17万公顷次。其中，病虫害发生217.15万公顷次2级，防治189.64万公顷次；农田草害发生43.63万公顷，化学除草39.67万公顷；农田鼠害发生1.27万公顷，防治8700公顷。挽回粮食损失3.4万吨、棉花2816.61吨、花生2.77万吨、蔬菜22.88万吨。

【治蝗工作】 年内，全市东亚飞蝗为中等发生，发生面积1.67万公顷，其中夏蝗发生1万公顷，秋蝗发生6700公顷。主要集中在黄河滩区、东平湖南大堤外坡地、湖西山坡地，高密度点块发生区域集中。针对蝗情，市及东平县均成立治蝗领导小组和技术小组，加强对治蝗工作的领导，保证治蝗物资、资金及时足额到位；从3月份起，临时查蝗员和长期查蝗员开始对东亚飞蝗侦察，准确掌握东亚飞蝗的发育进度和密度变化。为提高蝗虫防治效率，将防治任务分配到各乡镇，重点发生区域，高密度片由县农业局机防治队统一防治，通过广泛发动，于6月15～25日将东亚飞蝗夏蝗发生区域全部防治一遍，于8月15～20日将秋蝗发生区域防治了一遍，防治面积总计1.71万公顷，防治效果均在95%以上。

（张洪燕）

【农业综合开发】 ①农业综合开发新模式初见成效。创新实践的“六位一体（高标准农田建设、优势农产品基地培植、农民专业合作经济组织帮扶、农业龙头企业扶持、现代农业科技推广、新农村建设支持）融合抓，追求效益最大化”的开发模式，提高了农业综合生产能力和农业综合效益。投资7270万元，建成优质苗木花卉基地、有机蔬菜基地、优质粮基地、林果基地和奶业基地8400公顷，做大做强了特色优势产业基地。②项目争取。年内，争取到位项目24个（高标准农田建设项目5个，农业产业化经营项目4个，农业科技推广项目1个，世行三期机构发展与支持项目1个，扶持农民专业合作经济组织项目13个），总投资额6793.9万元，其中省以上财政资金4261.9万元（无偿资金3369.4万元），增加1556.9万元、524.9万元（无偿资金增加349.4万元）。③农业龙头企业建设。投资2390万元，扶持4家农业龙头企业搞好项目建设，在高标准农田项目区建基地、壮产业、扶农合、带民富、强企业、增效益，向高标准农田建设项目区扩展延伸，带动项目区农民增收、农业增效、财政增长。投资3874万元，连续五次扶持的山东亚奥特乳业有限公司，解决安置了近8000人的社会闲散劳动力，直接吸收1100农民进厂就业，实现销售收入1.8亿元，利税1700万元，带动农民增收1.14亿元。投资2400万元连续两年扶持的肥城市绿源果蔬有限公司，带动5000户农民发展有机蔬菜基地800公顷，年实现销售收入4800万元，创汇360万美元，利税380万元。④农民专业合作经济组织建设。投资70万元，扶持发展农民专业合作经济组织13个，架起企业与农户之间的桥梁，使龙头企业与基地农户结成紧密的利益共同体，保障农业龙头企业的原料来源，解决基地农户产品的销路，深受企业和农户好评。

林果业

【概况】 2007年，全市林业系统实施生态立林、产业强林、改革活林、科技兴林、依法治林的“五林”战略，促进森林资源培育、保护和利用的协调发展，实现林业生态效益、经济效益和社会效益的共同提高。年内，全市完成造林1.11万公顷，实现林业产业总产值39.3亿元，增长12%。全市实有林地面积发展到19.38万公顷，森林覆盖率达到31.2%。

【林业生态建设】 年内，全市建成义务植树基地83个，完成义务植树786万株。完成荒山造林5247公顷，增加1260公顷，再创历史新高，其中荒山直播造林238公顷。按照《泰安市封山育林管理办法》，加强封育和管护措施，使荒山绿化成活保存率均达到85%以上。加强村镇绿化工作，148个村达到绿化先进村建设标准；肥城市和3个村、25个户获得国家级表彰，分别被中宣部等四部委授予全国“绿色小康县”、“绿色小康村”、“绿色小康户”称号。

【林业产业建设】 年内，全市苗木花卉总面积达到1.44万公顷，增加1647公顷，实现产值8.36亿元。按照“抓特色、抓典型、抓标准、抓产业”的要求，新发展大樱桃、核桃、茶叶、珍珠油杏等特色果品3000公顷，经济林总面积达到7.11万公顷、总产量达到66万吨，增加1.93万吨。全市果品贮藏加工能力新增12万吨，达到32万吨。林果经济合作组织发展到95个，增加5个，成为提高果品产业化水平的重要力量。县级以上森林公园达到25处，接待游客255万人次，旅游直接收入2.72亿元，分别增长6.25% 和7.5%。徂徕山林场投资2000万元，建设飞龙宾馆等一批游乐设施，服务功能进一步完善。投资520万元的濯龙湾旅游开发项目已开工建设。

【森林资源管护】 2007年，全市森林防火队伍达到670人，增长18%，全部实行军事化、专业化管理。把森林防火工作纳入安全目标考核体系，落实领导责任制和岗位责任制，加大防火投入，强化防火队伍和装备建设，提高应急处置能力，连续六年全市无森林火灾，被省政府评为全省森林防火工作先进单位。市政府投资400多万元，在徂徕山林场组建公安消防中队，对维护徂徕山林区及其周边区域的森林资源安全奠定基础。年内，全市依法办理征占用林地手续7起，核发林木采伐许可证2168份。市政府成立泰安市重大林业有害生物灾害防控指挥部，拨出专项资金建立市级重大林业有害生物除治物资储备库，紧急购置药剂药械，以应对美国白蛾疫情的严峻形势。

【科技兴林工作】 ①新品种引进开发。年内，新引进林果、花卉、绿化苗木品种60多个，推广各项新技术、新成果30多项。科技创新实现新突破，全市获得市（厅）级以上奖项16项，其中泰山抗寒茶树新品种选育及配套技术研究、泰山板栗天花良种选育及仿野生栽培技术开发获市科技进步一等奖；市林科院研制的泰山罗汉茶在陕西杨陵中国农业高新技术博览会上获精品奖；泰山景区小津口生产的泰山女儿茶在第一届国际绿茶博览会上获金奖。②对外技术合作。邀请日本、荷兰等国的6名专家开展苗木花卉学术交流。重点加强林业高科技示范园、泰山苗木花卉科技园、生物技术研究中心和病虫害生物防治示范区建设，建设生物防治示范区591.33公顷，实现林业有害生物由化学防治向生物防治的转变，提升了科学防控水平。③果品标准化生产。全市无公害、绿色、有机认证及转换面积达到4.07万公顷，新增67公顷。“五镇十村”林果示范工程创建活动深入推进，带动产生了一批绿色名牌林产品。

（丁四兵）

水利和渔业

【概况】 2007年，全市投入资金3.58亿元，投工4615万个，完成各类水利工程1.01万项，完成工程量9118万方，扩大灌溉面积6800公顷，改善恢复灌溉面积1.36万公顷，发展节水灌溉面积1.3.5万公顷、除涝面积7133公顷，治水能力有了新的提高。完成702个村的自来水工程，受益人口45.1万人；治理水土流失面积8155公顷；完成水产养殖和增殖面积27.33千公顷，生产各类鱼苗6.1亿尾，水产品产量达8.02万吨，实现产值8.93亿元；征收各项水利规费1.66亿元；争取省以上无偿资金1.22亿元。年内，荣获“全省村村通自来水工作先进单

表14 2007年泰安市林业生产情况 单位:公顷、吨

	新造林	新增农田林网	新育苗	森林面积	经济林面积	果品产量	森林覆盖率(%)
合 计	11123	13946.0	3533.3	193765.3	71060.0	660171	31.20
泰山区	59	–	533.3	5666.7	2733.3	14995	30.40
岱岳区	1376	3333.3	1036.0	49026.7	28409.3	281384	35.43
新泰市	3094	1334.0	430.0	50200.0	13333.3	121933	30.70
肥城市	3411	3382.0	939.0	36186.7	13995.3	151719	32.70
宁阳县	1584	3586.7	389.0	23206.7	8504.0	50629	32.80
东平县	1593	2310.0	200.0	13133.3	3650.0	39236	20.10
泰山林场	6	–	1.0	9490.0	–	83	81.50
徂徕山林场	–	–	5.0	6759.3	437.3	192	80.20
林科院	–	–	–	96.0	–	–	–

位”、“全省水利工程管理工作先进集体”、“全省海洋与渔业系统先进集体”、“全省农林水系统工会工作先进单位”等荣誉称号。

【水利工程建设】 ①水利工程管理体制改革。市政府成立改革工作领导小组，9月份以市政府办公室文件转发市水利、发展改革、人事、财政、劳动保障、物价等部门《关于水利工程管理体制改革的实施意见》（泰政办发〔2007〕51号），市水利和渔业局成立3个督导组，分赴各县（市、区）进行督导。②水库除险加固。编制完成金斗、光明、苇池、山阳、崅峪、彩山、小安门、贤村8座大中型水库除险加固工程的初步设计。其中，金斗水库除险加固工程初步设计上报国家发改委和水利部；彩山、小安门2座水库除险加固工程初步设计通过黄河水利委员会审查批复。完成71座重点小（一）型水库的安全鉴定和327座小（二）型病险水库的安全排查工作。编制泰安市2008～2010年三年期小型病险水库除险加固计划，确定2008年首先安排138座“头顶库、串联库”的除险加固任务。③南水北调工程。南水北调济平干渠东平段堤顶道路硬化工程建成通车，生态绿化和姜沟排水工程已基本完工，安全防护工程已完成施工招标，各标段工程陆续开工。穿黄段工程和宁阳县洸河截污导流工程于12月28日正式开工，其中投资6154万元的洸河截污导流工程是南水北调东线山东段开工的首个截污导流工程。直界水库除险加固一期工程完成投资1339.08万元，是计划投资的108.7%，超额完成了工程任务。尚庄炉水库除险加固一期工程全部完成，二期溢洪道工程11月份正式开工。𡊨城坝灌区节水改造第四期工程全部完工，完成投资753万元，扩大改善灌溉面积2333公顷；第五期工程正在施工当中。年内还编制上报2处大型灌区和6处重点中型灌区改造项目的可研报告，其中胜利水库灌区改造工程列入国家投资计划。

【农村安全饮水工作】 年初，市委、市政府把村村通自来水列为为民办的十二件实事之一。年内，完成702个村的自来水工程，新增受益人口45.1万人，超额完成年度计划任务。自2005年实施村村通自来水工程三年来，全市累计投资4.99亿元，建成自来水工程252处，新增自来水村庄2718个，受益人口216.3万人。至年底，全市累计已有4752个自然村377.7万人用上自来水，农村自来水普及率达到95.02%，超过三年规划任务11.4%。6月份，泰安市为全省村村通自来水精品工程观摩会提供现场，30多家省内外单位前来参观学习。年底，省政府考核组对三年来实施村村通自来水工程情况进行考核，泰安市获一等奖，获奖金216万元。为破解工程建设资金筹集难和建成后管理难的问题，各级水利部门解放思想，开阔思路，改变“集体建、集体管”的旧模式，创出大户投资、股份合作、集体建设整体拍卖、县（市）自来水公司扩网供水和乡镇水利站建设供水工程并组建企业经营管理五种比较成功的建管模式，保证了工程建设管理的健康发展。全市个体大户参与建设的工程30余处，融资总额超过7500万元；股份合作制供水公司达10余家；通过集体建设后整体拍卖的供水工程达36处；有250个村20万人吃上了城市管网自来水；以乡镇水利站为依托组建了15个企业化经营管理的供水站。

【水资源管理】 年内全市审批、换发取水许可证53个，审批水量500万方；完成5个项目的水资源论证工作；开展取水许可和违法取水集中整治活动，查处违法取水案件61起，取水许可和水资源论证制度得到进一步落实。市政府成立节水型社会建设工作领导小组，在全市范围内开展“百家节水型单位”创建活动，参加创建活动的100家用水单位全部达到节水型单位的要求。全年实现节水4000多万方，其中农业节水2250万方，工业节水950万方，生活节水800万方。开展水功能区确界立碑工作，在全市15处水功能一级区统一设立34块标志碑。加大对各饮用水源地、河流断面和排污口的水质监测力度，严格落实突发性水污染事件月报制度，做到一月一监测，及时通报监测结果，防止水污染事件发生。

【渔业生产】 全年完成淡水养殖和增殖面积2.73万公顷，生产各类鱼苗6.1亿尾，水产品产量达6.51万吨，实现渔业产值7.94亿元，渔民人均收入达5390元，其中渔业产值和渔民收入分别增长0.3%和14%，渔业经济在全市农业经济中的比重上升到4%以上。①发展休闲渔业项目。以休闲渔业为主的二、三产业项目发展到500多处，年收入达9600万元，增长了20%以上。涌现出一大批休闲渔业示范典型，其中10家被评为首批市级休闲渔业示范点，1家被评为省级休闲渔业示范园。②品牌渔业发展。东平湖鲤鱼和泰山赤鳞鱼健康养殖基地被评为省级和国家级健康养殖示范区；东平湖区年内发展标准化养殖基地1200公顷，累计发展养殖户1000多家；泰山赤鳞鱼等8个品种被认定为无公害和绿色产品。泰山赤鳞鱼原种场建设项目基本完成并投入试运行。赤鳞鱼养殖场所发展到80余处，面积近20万平方米，养殖规模达300多万尾，年收入4000多万元，名牌效应得到显著提升。③渔业资源修复行动。开展东平湖大水面人工增殖放流，累计放流各类鱼苗329.38万尾，超额完成计划任务。④渔业社会化服务。在全省率先启动内陆渔业保险业务，参保渔民达4000多人，投保资金近20万元；在全省率先成立第一个渔业合作社即“肥城市国庄村渔业合作社”，在渔业组织化生产和集约化经营方面探索积累了成功的经验，全市渔业合作社已发展到近20家。

【水利渔业科技】 ①科技研究。《泰安市水土保持生态村建设模式及效益评价指标研究与示范》等3个项目被市级以上立项；《山区风力扬水技术应用推广》等9个在研项目完成年初确定的研究内容；《节水节能型鱼苗孵化系统》获国家发明专利；《泰山赤鳞鱼标准化技术研究与推广》项目获市科技进步二等奖，《砂石山区优良水土保持先锋树种欧李引种及其效益研究》项目获省水利科技进步二等奖，2个项目获省水利科技进步三等奖。②技术推广。编制全市节水型农业建设实施意见，提出要重点实施好“1086工程”（即在全市范围内树立邱家店镇等10个机井灌区低压管道灌溉节水示范乡镇，建设省庄镇射频卡控制灌溉等8个高效节水样板工程，实施宁阳罡城坝灌区等6个灌区节水改造工程），计划利用三年时间发展节水灌溉面积5.33万公顷。推广射频卡控制灌溉、微喷滴灌、风力提水集雨节灌、自动化滴灌等农业节水技术，带动全市建成一批规模大、标准高、效益好的节水工程，发展节水灌溉面积1.35万公顷。其中，发展微喷灌面积1467公顷，年节水330万方；推广变频恒压供水设备60台套，年节电60多万度；新安装风力扬水设备120台套，年节电达18万千瓦时。

【依法行政】 年内，全市查处水事违法案件197起，调处水事纠纷14起；编报水土保持方案4个；行政审批服务中心窗口办理行政审批事项142项，多次被评为红旗窗口、规范化服务窗口。①规费征收。全年征收各项水利规费16551.18万元，突破1.6亿元，增加12.66%。其中，水资源费5339.8万元，河道工程维护管理费1756.68万元，河砂资源各项税费9265万元，水土保持设施补偿费189.7万元，分别增加9.65%、14.91%、14.21%和4.71%。②水利渔业资源保护。年内，市政府分别以第123号和第125号政府令颁布了《泰安市泰山赤鳞鱼保护管理办法》和《泰安市取水许可管理办法》。就泰山赤鳞鱼这一单一物种，设立专门保护区并颁布保护管理办法，在全省尚属首次。③自备井集中清理整顿。从5月份开始，组织开展了泰安市市区自备井集中清理整顿活动。清查各类自备井795眼，确定需要集中封停的自备井334眼，年内封停108眼。

【河砂资源综合整治】 年内，市政府发布《主汛期全市河道、水库禁止采砂的通告》，完善河砂禁采政策，为主汛期永久禁采提供制度保障。各地强化禁采监管措施，推动河砂禁采走上了规范化道路。涉砂行政许可制度得到严格落实，形成“依法、有序、有偿、规范”的河砂资源经营权出让工作局面。全年审批河道采砂许可申请170份，有偿出让河砂590万方。运砂、储砂和税费监管秩序更加规范，加大运砂车辆超载治理力度，按照“以禁为主，从严控制，统一规划，集中经营”的要求，巩固储砂清理工作的成果。年内，投资440万元实施河砂管理联网系统工程，一期工程包括25处稽查站、3处禁采河段、1个市中心站和7个县（市、区）分站，于12 月份通过验收并投入运行，实现了对河砂禁采和稽查现场的实时监控，是全省第一个能够实时收集和处理音频、视频等数据的河砂监管局域网络。年内，完成采砂船舶卫星定位系统的测试。全年下发各类涉砂执法文书1200余份，扣押机具60台套，暂扣、吊销经营许可证12个，打掉涉砂违法团伙2个，对91名不法分子给予训诫、取保候审、治安拘留和刑事拘留的处罚，罚没违法所得150万元，挽回经济损失1300余万元。为提高大汶河的防洪能力，市、县河道管理单位多方筹集资金，实施果都防汛桥和三娘庙、明新村、桑安口险工护砌等20项河道治理工程，完成工程量2.5万方，完成投资1600多万元。

【防汛工作】 2007年全市平均降雨量730毫米，比常年同期偏多4.9%。1～9月份平均降雨量700毫米，比历年同期638.3毫米偏多10%。汛期平均降雨578.6毫米，比历年同期522.1毫米偏多10.8%，其中6月份122.3毫米，7月份157.3毫米，8月份267毫米，9月份32毫米。

新泰市8月份降雨量421毫米，较常年同期150.4毫米偏多180%，是有降雨记录以来历史同期最高值。特别是8月16日4时至18日6时，鲁中地区降暴雨到大暴雨，局部特大暴雨，暴雨中心位于新泰市柴汶河上游。此次降雨历时50小时，新泰市东周水库、金斗水库降水量分别达到250毫米、279毫米。降水主要集中在17日2时至15时，东周、金斗两雨量站时段降水量分别为161毫米、195.5毫米，分别占此次降雨的64.4%、70.1%。经频率分析，此次降雨区间最大3、6、12小时重现期分别为70、50、50年一遇。强降雨导致柴汶河洪水暴发，西都村河段发生河岸垮塌。严重自然灾害导致新泰华源煤矿8月17日发生溃水淹井事故，造成重大人员伤亡和财产损失。

8月29日至30日，东平县平均降雨量达到68.7毫米，最大点降雨量124.9毫米。由于降雨量大、时间集中，加之大清河、东平湖长期高水位运行，渗水严重，大部分乡镇发生不同程度的内涝。据统计，全县受灾人口8.7万人，损坏房屋460间，倒塌28间，农作物受灾面积1.32万公顷，绝产3733公顷，树木被淹6000多棵，鱼塘漫水200多公顷；冲毁生产堤60米，直接经济损失1.01亿元。

【水土保持】　围绕培植小流域治理“亮点”工程，坚持“突出重点、培植亮点、提升标准、带动辐射”的原则，选择8条基础较好的小流域（新泰市青松岭、岱岳区凤凰山和宋家庄、泰山景区牛山口、宁阳县张家崖、肥城市陶山、泰山区亓家滩、东平县梁林小流域）作为示范项目，进行综合治理。在示范项目带动下，全市铺开小流域治理项目30个，完成水土流失治理面积8155公顷。其中，新泰青松岭小流域山地坡面自然集水和风力扬水综合治理模式，成为全省山丘区小流域治理的典型样板。年内，在全省率先启动生态清洁型小流域治理项目，桃花源小流域作为省级生态清洁型小流域申报项目上报省水利厅。岱岳区宋家庄小流域作为全国生态清洁型小流域试点，年内编制完成治理规划和实施方案。

【库区移民后期扶持政策落实工作】　年初开展“移民政策实施回头看活动”，组织县、乡、村对移民人口登记情况进行自查自纠，安排督导组和移民办工作人员对各县（市、区）登记材料进行全面审查。至8月份，泰安市移民登记工作全面结束，省移民办核定泰安移民人口为34万人，列全省17市之首。至年底，实行资金直补的25.82万名移民的扶持资金1.55亿元和实行资金直补与项目扶持相结合的2.19万名移民的直补资金700多万元，均全部兑现到移民个人；采取项目扶持和直补与项目扶持相结合形式的所有项目扶持资金，全部拨付到各县（市、区）。编制完成库区和移民安置区基础设施建设和经济发展规划，上报省政府和省移民办。年内市移民办接待群众来访136人次，受理信访事件7件，指导县（市、区）移民办办理群众来电、来信反应事项22件，满意率达到100%。（刘永辉　李　晨）

畜　牧　业

【概况】　2007年，全市有乡镇以上畜牧管理服务机构121个，科技人员1019人（高级技术职务228人，中级599人）。2007年12月7日，泰安市机构编制委员会发布泰编〔2007〕32号文，将泰安市畜牧办公室更名为泰安市畜牧兽医局，列为市政府直属事业单位。

年内，全市畜牧系统克服高致病性禽流感、高致病性猪蓝耳病、牲畜口蹄疫等重大动物疫情给畜牧业带来的冲击和影响，围绕增加农民收入，突出奶业富民工程，加快畜牧合作经济组织建设，推进产业化进程，全市畜牧业保持持续发展的良好势头。全市大牲畜、猪、羊、禽存栏分别达到27.1万头、125.1万头、147.9万只和2074.9万只；出栏分别达到20.7万头、220.6万头、235.3万只和7259.8万只；肉、蛋、奶产量分别达到32.4万吨、19.9万吨和38.5万吨，增长0.1%、9.3%和47.5%。畜牧业产值75.7亿元，占农业总产值的32.2%；畜牧业增加值33.3亿元，提高4.9个百分点；农民人均牧业纯收入325.9元，增长23.9%。

【奶业生产】　市委、市政府把“奶业富民工程”列为全市农村工作的“三大亮点”之一来抓，奶牛生产继续呈快速发展势头，奶牛存栏19.2万头，名列全省第一。全市引进外地奶牛1.7万头，对奶牛繁殖改良起到了重要作用。宁阳县是全市招商引牛工作力度最大、数量最多的县，引进上海奶牛场主10多家，千头以上奶牛园区5家。至年底，全市利用良种冻精细管配种新生奶牛，农民从中获得间接经济效益达1.7亿元以上，50头以上的奶牛场（户）达1810个，300头以上的场（区）167处，千头以上的园区18处，规模饲养比重达80%，挤奶大厅发展到105个。

【重大动物疫病防控】　在春秋两季的重大动物疫病的防控工作中，高致病性禽流感、高致病性蓝耳病、口蹄疫、猪瘟免疫密度均达到100%，免疫家畜的挂标率、持证率也达到100%。发挥市、县两级实验室作用，对规模饲养场进行病原学监测和抗体水平监测。全市配备3689名村级防疫员，做好辖区内的养殖监管，程序化操作、规范化检疫，产地检疫率达到100%。对规模养殖场（户）实施新型二维码动物疫病标识及疫病可追溯体系建设；对全市2219个规模养殖户建立健全电子档案，对畜产品生产、经营实行全程监管。对生猪屠宰实施严格的驻场检疫。对全市所有畜禽屠宰加工企业，实施派驻检疫制度，屠宰检疫率达100%。

【惠农政策落实】　落实奶牛和生

猪补贴资金5535.1万元，其中奶牛1398.6万元，生猪4136.5万元。6个县市区获得国家和省财政奶牛良种补贴支持，补贴资金353万元，补贴农户2733户，奶牛平均单产提高500公斤以上；对符合国家规定实施良种补贴项目所生产的0~28月龄的2.09万头后代母牛，每头补贴500元，补贴资金通过“惠农一卡通”发放到农户手中。获得国家生猪扩繁场和标准化规模场（小区）改扩建补贴资金1193万元，扶持场区44家。补贴能繁母猪12.9万头，补贴资金696.5万元，其中市级211.1万元。能繁母猪政策性保险承保数量8.10万头，其中赔付200多头，支出赔偿费用20多万元。省财政安排专项资金20万元，补助建设生猪人工授精站2个，对购买良种猪精液给予补助。新泰市获得国家生猪调出大县奖励615万元。

【畜禽标准化规模养殖】 全市发展各类养殖小区2640个，规模养殖场（户）4850个，规模养殖畜禽占总出栏量的65%。泰山区建成高标准科技示范型、“托牛所”型、旧场提升改造型、村办企业带动型的四种奶牛养殖小区；岱岳区金兰奶牛场首创具有自主特色的“股份制奶牛养殖模式”；新泰建成全市肉鸡饲养规模最大的中慧养殖场和生态化的徐家塘子生猪养殖场；肥城八戒食品公司养猪场在全省首开“自然养猪法”试点；肥城市连续三年被列为全国生猪科技入户示范县。

【饲料工业发展】 全市饲料总产量、总产值分别达到56.8万吨和14.2亿元，增长37.7%和25.7%。全市饲料产品质量监督抽检979批次，饲料生产领域产品合格率达到95%以上，经营领域合格率达到92%以上。全市青贮玉米秸秆156.2万吨，其中带穗青贮18.7万吨。宁阳县秸秆综合开发项目通过农业部、财政部验收。

【畜产品质量安全整治】 迎接全国、全省食品安全整治检查活动，印制明白纸6万余份，出动宣传车565辆次，出动人员1500余人，对全市畜禽散养户用药、用料、防疫及执行休药期制度进行清查，对2219个规模养殖场进行检查整顿；组织人员对全市11家兽药企业、76家饲料生产企业、548家兽药经营单位和全市屠宰、经营肉类制品的单位进行检查整顿。消除潜在的质量安全隐患，净化兽药饲料等投入品市场。

【畜牧业产业化经营】 全市发展大型畜牧龙头企业22家，其中国家级1家，省级5家。龙头企业吸纳安置劳动力3万多人，带动饲养场户20多万户。蒙牛乳业泰安公司快速发展，2007年实现销售收入12.4亿元，完成产值14.2亿元，实现税收4657万元，利润8582万元；日处理鲜奶达到420吨，辐射全市40多个奶站，270多家养殖场（区），从业人员1579人。

【合作经济组织建设】 全市发展畜牧合作经济组织126个，其中合作社78个，发展社员3万多户，带动农户5万多户。开展生猪产销协议活动，建立生猪生产长效调控机制，肥城市被列为全省生猪产销协议活动试点市。 （徐胜林）

农业机械

【概况】 年内，全市有乡镇以上农机管理服务机构91个，从业人员591人。其中，农机科技人员392人（高级技术职务29人，中级154人），市农业机械管理局64人。12月7日，市机构编制委员办公室下发《关于市农业机械管理办公室更名及调整隶属关系的通知》（泰编〔2007〕32号），泰安市农业机械管理办公室更名为泰安市农业机械管理局，为市政府直属事业单位。

全市农机系统以推进现代农业、促进农业增效、农民增收为中心，实施农机化创新示范工程，全面提升农业机械化水平。①农机装备总量持续增长。至年底，全市农机总值21.6亿元，农机总动力375.9万千瓦，增长4.8%和5.4%。联合收割机8070台，其中小麦联合收割机7000台、玉米联合收获机1070台。拖拉机5.31万台，拖拉机配套机具11.55万台（套），配套机具投资比例明显加大，机具配套比例达到1：2.1。经济作物、林牧渔业及农产品加工机械，均实现持续快速发展。②农机化作业水平不断提升。全市完成机耕地面积27万公顷，机播面积26.66万公顷，小麦机收面积18.96万公顷。小麦生产过程中的耕、播、收获机械化继续保持在96%以上；玉米机收面积4.34万公顷，机收率达到27.1%，增长11%；花生机械化收获3600公顷，地瓜机械化收获3730公顷。全市农业机械化综合水平达到70%以上。③农机队伍不断壮大。全市农机化作业服务组织15.1万个，农机合作组织413个，增长14.7%；乡村农机从业人员26万人，农机专业户发展到14.78万个。④农机经济和社会效益稳步增长。农机经营服务总收入16.5亿元，增长10%。其中，农机跨区作业收入3.2亿元，农田作业收入5.3亿元，农机修配收入1.7亿元，农机销售市场实现收入1.2亿元，农机运销市场实现收入5.1亿元。

农机为农民实现人均纯收入438元，贡献率达到9%。

农机社会化服务体系　市、县、乡三级农机部门因地制宜、开拓创新，引导农民或农业生产经营组织以机械、技术、资金入股等方式，筹建各类农机服务组织。全市各类新型农机服务组织总数达到413个，其中农机协会70个，农机合作组织343个，形成“以协会为纽带，以合作组织为龙头，市级宏观调控、县级组织协调、乡镇管理服务、农机大户带头实施”的新型农机社会化现代管理服务新模式，为发展现代农业、建设经济强市奠定了基础。

农机科技推广　①实施以玉米收获和保护性耕作机械化为重点的创新示范工程。全市投入276万元用于玉米收获机补贴，新增玉米收获机334台，保有量达到1070台；新增小麦免耕播种机105台，保有量达到132台；新建保护性耕作示范点35个，总数达到53个，保护性耕作示范面积3400公顷，实现节本增效350万元。②落实《2003~2007年机械化旱作节水农业发展规划》。建立重点示范乡镇30个、重点示范村100个、科技示范户300个，形成农机新技术新机具推广网络。五年来，累计完成机械化旱作节水农业开发面积17.3万公顷，超额完成规划制定的各项任务指标。③推进薯类和花生等经济作物生产机械化。全市新增花生覆膜播种机280台，保有量达到1655台；新增花生收获机200台，保有量达到2023台，机械收获花生面积3600公顷；新增薯类收获机械100台，保有量达到450台，完成地瓜收获面积3730公顷。④推广农机节本增效技术。新增化肥深施机200台，保有量达到1782台，完成化肥深施作业面积25.3万公顷；新增小麦精播施肥机2000台，小麦精少量播种作业面积16万公顷；完成玉米贴茬直播、玉米套播面积12万公顷。

农机跨区作业“四大战役”　组织春、夏、秋、冬农机跨区作业“四大战役”，实现跨区作业收入3.2亿元，增长16.7%。三夏期间，全市7000余台和外地1991台小麦联合收割机、3.6万台拖拉机等10万余台农业机械进行农业生产作业，实现收入1.22亿元。市、县两级农机部门成立农机跨区作业领导小组，制订实施方案，组建农机跨区作业中介组织和明星服务队100个。打造泰安农机明星服务队品牌，组建80支共产党员服务队（机车组）和“明星服务队”，开展“展风采、创品牌、树形象”活动，提出“提供最好的服务、赢得最大的市场”的口号，党员机手带头，优质作业，日夜奋战，并对外出务工户和困难户进行重点帮扶，努力打造泰安品牌。各县（市、区）农机部门与外地签订引机协议和作业协议近500份，实行“统一调度机械、统一转移机械、统一安排作业、统一收费”的“四统一”全程跟踪服务。市、县、乡三级农机管理部门成立农机抢修小组、农机诊所等380个，派出巡回技术服务人员1400人次；派出60名农机管理干部带队出征外省市服务跨区作业。实行“三夏”机收进度日报告制度，开通“跨区作业直通车”，实现全国联网，实行24小时热线电话服务，在全市50个多乡镇设立接待点，接机1600余台。三秋期间，与德州、河北衡水等地签订玉米机收、秸秆还田、免耕播种等作业合同150份，组织1744台机械赴河南、河北省和德州、胶东等地跨区作业，完成作业面积4.4万公顷，实现作业总收入2882.47万元，单机收入平均1.57万元。

农机科教培训　年内，全市农机化学校实施现代农业农机新技术培训行动，采取送科技下乡、举办培训班、远程教育等，多种形式开展以农机大户为重点的职业技能培训，组织农机“送科技下乡”活动200余次，发放宣传材料5.2万余份，举办各类农机实用技术培训班179期，培训各类人员5.6万人次，培训农机管理人员241人，农机大户1860人，跨区作业机手2652人，新训联合收割机手267人，新训农机驾驶员1090人，完成农村劳动力转移培训2249人。

农机执法　年内，建立农机监管长效机制，完善了农机系统重、特大农机事故应急处理预案。“平安农机”创建工作成效显著，全市未发生重、特大农机事故，死亡、重伤人数为零，实现了农机安全生产年，被市安全生产监督管理委员会评为全市安全生产单位。市农机局与市安监局、市公安局联合印发《关于在全市建立拖拉机及其驾驶人道路交通安全专项整治工作长效机制的意见》，开展道路交通安全集中整治活动和农机安全隐患排查治理活动，促进农业机械年度检验、农机牌证核发和拖拉机第三者责任强制保险工作的开展。全市新训、新考驾驶员847人，换发驾驶证1169个，换发新牌证1588副，2000台拖拉机参加第三者责任强制保险。开展农机安全“十、百、千”示范创建活动，全市新创建农机安全示范乡镇20个，示范村130个，示范户1100个。

【“农机服务五百强”建设活动】 年初，市政府将“农业机械装备增量、服务升级工程推进行动”列为“泰安市现代农业建设十大推进行动”之一，开展“农机服务五百强”建设活动，即在4年的时间内，全市要建设好30个农机现代化示范乡镇，170个农机现代化示范村，100个农机服务组织，200个农机服务代理制示范大户。年内，市、县、乡三级农机部门通过典型宣传、政策倾斜、资金扶持等手段，新建10个农机现代化示范乡镇、30个农机现代化示范村、30个新型农机服务组织、60个农机服务代理套餐式服务典型。

【农机购机补贴】 年内，安排中央、省、市、县农机政策性补贴资金855万元。其中，农机购置补贴资金600万元（中央资金440万元，省级资金110万元，市级资金50万元），国家优质粮工程现代农机推进项目资金255万元。市农机局会同市财政部门，制定实施方案，各县（市、区）坚持阳光操作，实行购置补贴产品目录管理制、补贴机具竞争择优筛选制、受益公示制、资金集中支付制、管理监督制、成效考核制，通过电视台等各新闻媒体大力宣传，做到公开、公正、科学规范、高效便民，并对享受补贴的机具逐一入档，实行微机管理，确保农民真实受益。11月底市农机局会同市财政局对全市补贴落实情况进行检查验收。全市累计补贴农机具1273台套，其中大型拖拉机383台，玉米联合收获机305台，小麦免耕播种机105台，其他配套机械480台（套），带动农民投资6134万元新购大中型农机具，购机补贴成为一项拉动泰安机械化发展的“惠民政策”。

【农机三大市场建设】 ①规范农机修配市场。年内，全市修配网点发展到930个，从业人员1965名，农机修配收入达1.7亿元；换发新的维修技术合格证428个，创建星级文明维修网点33个、农机销售明星店10个；完成农机职业技能鉴定3162人，提高了农机职业技能鉴定工作的规范化、制度化、正规化水平。②开拓农机销售市场。市、县两级农机部门对各类农机零售、批发市场进行了支持、指导。争取财政扶持和银行小额贷款，引导农民增加农机投入。全年农机流通企业、农机供应点发展到935个，从业人员4707名，实现收入1.2亿元。③扶持发展农机运销市场。重点抓好拥有各类运销车辆10部以上的农机运销龙头组织的培育发展工作，使农机运销成为农民增收的一个重要渠道。全市10部以上车辆，年纯收入20万元以上的农机运销流通组织已发展到25家。

【农机信息宣传】 一是以泰安市农业机械化信息网络建设为重点，累计发布更新农机信息340余条，被山东农机化信息网采用工作信息307条；编发“全市小麦机收快讯”等三夏专题跟踪报道53篇，获得全省农机信息网宣传第一名。邀请泰安电视台、泰安日报等新闻媒体及时报道小麦机械化收获开机仪式、玉米收获保护性耕作现场演示会、农机跨区作业等重大活动20余次，提高了社会对农机化工作的认识。二是6月份在全市开展“农机安全生产月”活动，出动宣传车20台（次），发放宣传材料3万余份，展出宣传图板60余块，张贴宣传标语300余条，悬挂过街条幅20余幅。6月3日在泰城青年路开展了“安全生产宣传日”活动，组织农机执法人员20多名，出动宣传车10台次，展出宣传板10块、印发宣传材料2000多份。

【泰安市农业机械协会成立】 4月11日，泰安市农业机械协会成立。首批100多个集体会员和个体会员参加了会议。协会的成立，标志着全市农机化工作的组织化程度提升到新水平，为促进农民增收、建设社会主义新农村和现代农业搭起新平台。 （王 忠）

编辑·校对 **赵 兵**

东平金牛矿业有限公司

东平金牛矿业有限公司，属非煤矿山民营企业，始建于2004年12月，注册资金2800万元。年设计采选铁矿石12万吨。现拥有总资产5300万元，其中固定资产4000万元。有干部职工150人，管理及特殊工种持证上岗人员78人。2006年1月取得采矿许可证，2007年9月领取安全许可证，非煤矿山标准化管理达到三级，2007年度被评为泰安市安全管理先进单位。该公司的发展理念是：坚持科学发展观，安全第一永为天，创建文明和谐矿，谋求双赢快发展。

中粮山东粮油进出口公司泰安分公司

中粮山东粮油进出口公司泰安分公司成立于1987年6月，1992年5月23日又经中华人民共和国对外经济贸易部登记注册的国有外经贸企业，法定代表人田繁修。下属3个粮油加工企业，7个经营部门，一个铝材合资企业。公司地址：泰安市岱宗大街206号。

在计划经济期间，该企业主要经营粮食、油料、饼粕，为国家出口花生、玉米、油料等农副产品提供货源。在省公司和市委、市政府的正确领导和社会各界支持下，公司上下团结拼搏，曾创造出辉煌的业绩，累计出口供货值达10亿人民币，出口创汇近2亿美元，出口商品花生米（仁）50万吨、玉米100万吨、饼粕类商品10万吨、其他农副产品5万吨，为泰安外经贸事业和经济发展做出过积极贡献。

年内，该企业按照政策规定，通过各种形式的改制方式退出市场，职工得以分流和妥善安置，保证社会稳定。

工业·信息产业

综　述

【概况】　2007年，全市工业企业2.75万个，完成工业总产值2375.93亿元，工业增加值767.27亿元。规模以上工业实现利税219.44亿元，利润127.29亿元，固定资产净值年平均余额497.92亿元，流动资产年平均余额568.32亿元，全部从业人员平均人数41.63万人。规模以上工业企业完成增加值681.2亿元，增长23.49%，增幅列全省第6位，比全省平均水平高2.73个百分点。工业结构进一步优化，轻工业增长28.46%，比重工业增幅高5.97个百分点，轻重工业协调发展。规模以上工业企业亏损面和亏损企业亏损额实现双下降，亏损面下降0.93个百分点；亏损企业亏损额为1.72亿元，下降19.33%。①工业效益显著提高。全年工业经济效益综合指数达228.74%，提高32.84个百分点。反映经济效益水平的7项主要经济效益指标中有5项提高，总资产贡献率为20.57%，提高2.71个百分点；资产保值增值率为109.71%，下降10.13个百分点；资产负债率为68.73%，增加3.24个百分点；流动资产周转率为3.33%，提高0.46个百分点；成本费用利润率为7.39%，提高0.59个百分点，全员劳动生产率为15.20万元/人，增加3.84万元/人；产品销售率为98.43%，提高0.51个百分点。②工业生产快速增长。27种重点工业产品有22种产量快速增长，纸制品8.10万吨，增长174.38%；电解铝7.11万吨，增长129.04%；电力电缆19.24万千米，增长118.45%；轮胎2300.66万条，增长120.95%；烧碱12.4万吨，增长70.3%；布6.31亿米，增长65.37%；变压器2751.23万千伏安，增长70.06%；石膏板2.77亿平方米，增长34.98%；焦炭218.1万吨，增长30.62%；玻璃纤维纱26.07万吨，增长27.68%。③产品出口明显增加。工业产品销售率达到98.55%，提高0.46个百分点。工业制成品出口总值73406万美元，增长16.22%，占全市出口总值的93.0%，提高1.1个百分点。28户重点出口企业实现5.35亿美元，增长18.1%，占全市工业制成品出口总额的72.9%。其中，机电产品出口实现1.92亿美元，增长47.5%，占全市出口总值的22.6%。

【主导产业】　围绕主导产业抓好项目建设，重点围绕汽车及零部件、输变电设备、新材料、精细化工、食品等八大产业，以推进产业升级、产品更新换代、完善拉长产业链、打造产业集群为目标，做好项目规划，建设一批重点项目。采用高新技术和先进适用技术搞好生产工艺、技术装备的改造，开发新产品，加快产品结构调整，提高制造水平，提高产品的技术含量和附加值，增强企业的核心竞争力。树立品牌意识，升华品牌理念，争创“品牌产品”、“品牌企业”，促进“品牌经济”发展。八大产业实现主营业务收入、利税、利润分别达到1219亿元、136亿元、77亿元，分别比上年增长31%、36%、42%，占规模以上工业的比重分别达到62.5%、59.6%、58.9%。其中，汽车产业实现主营业务收入134亿元，占规模以上工业的比重为7%；输变电设备产业实现主营业务收入136亿元，占规模以上工业的比重为7%；新材料产业实现主营业务收入113亿元，占规模以上工业的比重为5.8%；精细化工产业实现主营业务收入106亿元，占规模以上工业的比重为5.4%；食品产业实现主营业务收入170亿元，占规模以上工业的比重为8.7%；纺织服装产业实现主营业务收入165亿元，占规模以上工业的比重为8.5%；特钢产业实现主营业务收入130亿元，占规模以上工业的比重为6.7%；能源产业实现主营业务收入266亿元，占规模以上工业的比重为13.6%。

【骨干企业培植】 实施“三个一批”（发展壮大一批主导产业、培植一批骨干企业、培育一批名牌产品）战略，在大项目建设、结构调整、创新型企业、节能降耗、骨干企业培植等方面实现新突破，推动工业经济又好又快发展。按照功能分区的发展方向，从区域经济一体化、园区功能提升出发，引导配套产业围绕主导产业集聚，整合工业园区，形成产业集群发展的优势。发挥好龙头企业的辐射作用，形成产业链发展的新优势。按照投产一批、开工一批、储备一批的要求抓好项目建设，围绕八大产业、30强企业高新技术产业、新兴产业、过亿元的项目，做好大项目建设。为企业破解土地和资金瓶颈制约项目建设的难题，组织好银企联谊活动，推进信用体系建设，启动民间资本，做活招商引资的文章，推动有条件的企业上市融资，多元化增加资金投入。到年底，工业企业实现主营业务收入过亿元的企业358户，增加81户；过10亿元的24户，增加9户。利税过千万元的企业达到389户，增加86户；利税过1亿元的37户，增加18户；实交税金过千万元的企业139户，增加34户，其中过5000万元的企业15户，增加1户。

表15　2007年泰安市工业30强企业主要经济指标完成情况　（单位：万元）

序号	单　位	主营业务收入		利税		利润总额	
		当年	上年	当年	上年	当年	上年
1	新汶矿业集团有限责任公司	1722019	1509398	173394	130024	78013	50139
2	山东石横特钢集团有限公司	917092	905320	83027	80142	48592	41619
3	肥城矿业集团有限责任公司	615745	377207	83500	55359	26500	16670
4	山东泰丰矿业集团有限公司	288147	212247	54550	45277	40871	32542
5	山东岱银纺织集团股份有限公司	252641	192440	17245	14304	7751	6512
6	泰开电气集团有限公司	223923	163241	26552	22052	14608	13747
7	泰山集团股份有限公司	110041	145689	14120	12837	11432	7288
8	山东傲饰集团有限公司	160000	130009	15929	12565	6000	4501
9	泰山玻璃纤维有限公司	159792	178149	23328	19359	15532	13505
10	泰安科诺型钢股份有限公司	159309	106550	16202	8500	8606	4322
11	瑞星集团有限公司	157501	112658	5390	3831	2057	1157
12	蒙牛乳业泰安有限公司	124267	101969	12994	11010	8582	7446
13	华泰铝轮毂(泰安)有限公司	116079	101218	10593	9127	4698	3915
14	泰山石膏股份有限公司	110126	77316	19830	14986	18129	13590
15	山东明兴矿业集团	109700	82000	19300	13355	12420	9600
16	山东阿斯德化工有限公司	104037	103826	10039	9766	7358	7197
17	山东泰山轮胎有限公司	101486	76093	10308	6362	8017	4531
18	特变电工山东鲁能泰山电缆有限公司	101062	58385	4019	1847	1271	674
19	山东华阳农药化工集团有限公司	100356	88400	8823	7800	5020	4537
20	山东泰鹏实业有限公司	79242	70904	4522	11161	4020	7029
21	山东鲁龙集团有限公司	79201	23084	871	1199	871	1078
22	山东华宁矿业有限公司	76601	50568	16262	11268	11065	7160
23	山东肥城云宇工程机械公司	75670	61200	7897	6376	6480	4988
24	山东海力实业集团有限公司	75006	46304	7814	5511	6057	4335
25	山东厚丰汽车散热器有限公司	71411	48912	4403	2811	3398	2124
26	泰安华兴纺织集团有限公司	71200	58100	5313	4572	2503	2200
27	泰安瑞泰纤维素有限公司	68990	20589	4960	4320	4739	3756
28	山东泰山生力源集团股份有限公司	60453	50835	9734	8102	1947	1689
29	泰安五岳专用汽车有限公司	51923	34253	1236	892	400	348
30	泰安东岳重工有限公司	43089	33386	2244	1495	1083	362

表16 2007年规模以上工业经济情况

	2007年(亿元)	比上年增%
增加值	564.3	23.5
主营业务收入	1949.9	35.2
利税	227.4	37.5
利润	130.5	46.5
工业投资	419.5	23.3
技改投资	312.6	32.7
工业制成品出口	7.3亿美元	16.2
机电产品出口	1.9亿美元	47.5
工业实交税金总额	78.1	25.8
工业用电	93.46亿千瓦时	16.52

【技术创新】 实施市以上技术创新项目1000余项，其中达到国际先进水平的项目46项、填补国内空白的58项、国内先进水平的220项，投产687项。列入国家、省重点及批次技术创新项目计划249项，省重点技术创新项目11项，项目总数列全省第1位。新增国家级企业技术中心1个、省“双百”重点企业技术中心2个、省级企业技术中心3个、市级企业技术中心11个。全市已拥有国家级企业技术中心3个、行业技术中心1个、省级企业技术中心23个、市级技术中心33个。新增中国名牌产品1个、中国驰名商标2个、山东省名牌产品8个、山东省著名商标11个。年末，拥有中国名牌产品6个、中国驰名商标3个、省名牌产品89个、省著名商标66个。

落实对企业技术中心的奖励政策，对2006年新争取的省级技术中心，在全市经济工作会议上隆重表彰奖励，提高企业建设技术中心的积极性。做好向上争取工作，新汶矿业集团技术中心进入国家级行列，华阳科技、泰开电气进入2007年度省“双百工程”重点技术中心名单，宏康机械、泰山工程机械、华宁矿业进入省级企业技术中心行列。培植创新型企业，制定《泰安市创新型企业认定评价实施细则》《泰安市重点技术创新项目鉴定验收办法》，完善培植创新型企业的政策环境。评选出2006年度泰安市创新型企业18家，进行表彰奖励。推进产学研联合，组织185家企业、1000余人参加2007年山东省产学研展洽会暨（山东）国际装备制造业博览会，汇集上报技术难题60余条，人才需求信息200项，招商引资项目37项，达成合作意向20项，签订正式合同5项。

【技术改造】 成立重点项目建设领导小组和跟踪服务小组，帮助企业协调解决项目建设中的困难和问题。印发《关于加快推进重点技术改造项目的实施意见》（泰政发〔2007〕28号），推动技术改造项目建设。建立项目责任人制度、调度例会制度和项目进度通报制度，加大调度、协调力度，掌握项目进度，把握投资运行趋势。围绕做大八大产业，抓好产业项目建设；围绕做强30强企业，抓好重点项目建设；围绕过亿元的项目，抓好“双十”工程建设。组织了全市金融生态建设暨银企合作会，171家单位与金融部门达成合作意向，涉及金额136.6亿元。争取政策支持，扶持企业发展，泰开电气集团有限公司发展550千伏SF6断路器等11个项目列入2007年省重点产品结构调整项目计划、44个项目列入山东省2007年企业技术改造项目导向计划，总投资57亿元。

全年完成工业投资419.5亿元，增长23.3%；工业在建技术改造项目695项，项目计划总投资666.9亿元，当年累计完成投资312.6亿元，增长32.7%。有437项技术改造项目竣工投产，项目累计完成投资230.8亿元，全部达产后，年可新增销售收入370.2亿元，利税57.2亿元。技术改造项目中，市直在建项目44项，当年完成投资23.4亿元，增长72.5%，其中过亿元项目24项，当年累计完成投资19.9亿元，占市直完成投资的85%；在建过亿元技术改造项目189项，计划总投资497.6亿元，年内完成投资195.3亿元，占全市完成投资的62.5%；189个过亿元项目中八大产业项目132项，完成投资145.7亿元，占完成总投资的比重达到74.6%；“双十工程”项目计划总投资112.5亿元，项目累计完成投资53.7亿元，占“双十”工程项目总投资的47.7%，当年累计完成投资47.7亿元，占过亿元项目完成投资的24.4%；泰山玻纤6万吨无碱玻璃纤维池窑拉丝生产线项目、山东塔高矿业机械装备制造公司大型综采液压支架生产线项目和肥城阿斯德公司甲酸三期扩能改造等3个项目竣工投产。

【节能降耗】 到年末，全市有资源综合利用企业114家，全年利用工业固体废物900.31万吨，其中煤矸石486.75万吨，煤泥145.02万吨、粉煤灰134.25万吨。71户重点企业的工业用水量7.92亿吨，工业用水重复利用率达到93.79%；工业取水量4922.63万吨；工业废水排放总量1889.71万吨，工业废水排放达标率99%；万元GDP能耗1.39吨标准煤，下降4.7%，降幅位居全省第6位；万元GDP电耗990.03千瓦时，下降0.17%；规模以上工业万元增加值能耗2.46吨标准煤，下降7.04%，降幅位居全省第7位。加大行政推动力度，召开全市发展循环经济建设节约型社会现场经验交流会、全市节能大会、全市节能减排暨发展循环经济现场工作会议等会议，制定《泰安市节能减排综合性工作实施方案》《泰安市超标准耗能加价管理办法》《泰安市节能奖励办法》等文件，与县（市、区）和重点耗能企业签订《节能降耗目标责任书》，对各县市区和有关单位进行节能减排专项检查和节能降耗专项督查活动2次。调整产业结构，构建节约型产业体系，组织力量对落实高耗能高污染行业调控政策和差别电价政策情况、执行行业准入和淘汰落后生产能力情况、控制高耗能高污染行业污染物减排和在建项目等情况进行清查，淘汰小钢铁、小火电等落后产能，遏制和杜绝高耗能、高污染行业的盲目扩张。实施一批重点节能工程。其中，华丰工业园被列入省重点培育的20个循环经济园区，新矿集团等21家企业被列入省重点培育的300家循环经济企业；新汶矿业集团等企业的15个项目列入省2008年节能、清洁生产备选项目，12个资源节约和环境保护项目获得国家支持资金9081万元；泰山玻纤6万吨无碱玻璃纤维节能示范生产线等节能节水专项，获得省节能节水专项资金补助860万元；山东华兴纺织集团公司纺织电气节能工程技术改造等3个项目获省重大节能技术产业化奖励，泰山宾馆等8家宾馆获省太阳能集热系统使用补贴资金370万元。开展省重点耗能企业能源审计工作，指导重点企业编制节能规划，开展节能对标和节能自愿协议活动，山东阿斯德化工等2家企业被评为“山东省节能先进企业”，7项节能技术成果被评为“山东省优秀节能成果”。资源综合利用认定企业达到103家，其中省级64家。

【企业管理培训】 搞好企业信息化试点工作、推广以“6S（清洁、清扫、整理、整顿、修养、安全）”为主题的活动和企业管理创新经验及成果的应用，开展“市现代化管理创新及优秀应用成果”、“市企业管理创新优秀企业”、“市改革创业优秀企业家及贤内助”评选等活动，获得省级管理创新十佳企业1家，省级管理创新优秀服务企业3家；获得省级创新成果和优秀应用成果8项；2007年度推荐并受到表彰全国优秀创业企业家1名、省级优秀创业企业家3名。市经贸委与团市委共同组织“第十五届山东省十大杰出青年企业家”评选活动。围绕建立企业人才供需预测预警机制，开展企业人才需求调研工作，摸清企业人才资源状况，了解企业人才需求，组织全市280多名高层管理人员，参加“成长性企业成功经营的十二项突破”论坛。指导企业开展各种适应性自主培训。创新培训教育方式，以服务企业为宗旨，坚持“企业自主培训与集中培训相结合”的原则，开展职业教育和培训工作；组织开展物流师、提高执行力等培训6个班次。

（韩　念）

采　掘　业

·地方煤矿·

【概况】 至年底，全市监管煤矿41处，年生产能力1295万吨。其中，原国有重点煤矿破产改制重组继续从事煤炭生产的企业5处，年生产能力395万吨；原国有重点煤矿改为股份制煤矿2处，年生产能力340万吨；外地在泰安辖区办矿改为民营后移交属地监管的煤矿2处，年生产能力60万吨；中央驻泰煤矿(鲁能西周)1处，设计能力21万吨；市县地方煤矿31处，年生产能力500万吨。全年地方煤矿共生产原煤496万吨，实现销售收入25亿元，利税6.64亿元。

体制建设 健全管理机构，分别设立市煤炭工业管理局、市煤矿安全执法支队，加强对煤炭企业和煤矿生产的监督管理。按照国务院、省政府有关“国有重点煤矿破产改制重组后继续从事煤炭开采的企业实行属地管理”的要求，从10月份起，原新汶矿业集团5处、肥城矿业集团2处、外地在泰安境内2处破产改制重组或转民营的煤矿，移交属地安全监管。按照国家和省政府有关煤炭产业政策，新泰市对原地方煤矿进行资源整合，取消乡镇办矿体制，组建4个煤炭产业集团。年末，全市煤矿年生产能力均达到9万吨以上。

安全监管 年初，市政府与县（市）政府、煤炭管理部门、煤炭企业、工区班组层层签订安全目标管理责任书。破产改制重组或转民营煤矿实行属地安全监管后，逐级落实市、县政府监管责任和企业主体责任。加大对煤炭生产许可证的监管力度，坚持动态管理，严把安全生产“准入关”，煤炭生产许可证的年检合格率达100%，未出现非法煤矿。对煤矿开采部署和储量、瓦斯鉴定等工作进行审查，严格各类设计审批，对重大安全生产隐患由专家论证，进行超前预防和监控，确保资源合理、安全开采。逐矿进行生产能力核定，掌握每个矿井、每个生产环节的实际生产能力，年内未出现超能力、超定员、超强度违法生产行为。对全市46处煤矿进行全面安全检查，查出问题706条，及时进行治理，对其中的3项重大隐患，实行挂牌监管，跟踪调度，落实治理责任和措施，确保安全生产。汲取“8.17”自然灾害事故教训，对威胁矿井安全的水害实施专项治理，排查治理古井、古空隐患15处，对13处受地下水患威胁矿井落实防治水措施。按照省政府关闭整顿小煤矿的要求，制定整改、整合和关闭计划，依法吊销11处不符合产业政策和不具备安全生产条件矿井的生产许可证，稳妥组织实施。把“双基”建设和质量标准化建设列入安全监管内容，加强现场施工质量管理，实施动态达标。年内，有24处矿井达到安全质量标准化一级标准，10处矿井达到“双基”建设省级先进标准。

行业管理　立足煤炭主业，发展非煤产业，至年末有市、县属非煤产业项目41处，销售收入46亿元；实施“走出去”战略，到市外、省外发展接续煤田，年内市煤炭企业在新疆、内蒙、云南、山西、陕西等省、自治区建设煤矿10处；节能减排和循环经济成效明显，“绿色开采”技术得到推广应用，部分矿井实现“矸石不升井，矸石换煤”，提高了资源回收率，减少了地表塌陷和环境污染。全市煤炭企业投入资金近亿元，用于科技攻关和新技术、新产品、新工艺的推广应用，提高矿井安全保障能力和现代化生产水平，减少资源浪费。取缔无证经营煤炭业户和有欺行霸市、掺杂使假行为的煤炭经营业户，规范市场经济秩序。年内，全市取得煤炭经营许可证的企业488家，其中批发企业151家，零售企业337家。全年组织培训矿长32人，特殊工种、班组长和救护队员3474人，煤矿干部职工业务素质和安全素质明显提高。

【市煤炭工业管理局成立】　8月16日，经市委常委会研究，撤销市行业管理办公室加挂的市煤炭工业管理办公室牌子，设立市煤炭工业管理局。主要职责是贯彻落实国家、省有关煤矿安全生产的方针、政策，做好煤炭行业管理工作；依法对全市煤矿安全生产实施监督监管；组织和协助上级有关部门对煤矿安全事故进行调查处理；负责全市煤炭经营管理工作；组织指导煤炭安全生产技术培训、职业危害防治、煤矿救护工作。12月14日，批准设立市煤矿安全执法支队，隶属市煤炭工业管理局。主要职责是负责全市煤矿安全的日常性执法检查，组织开展煤矿安全执法专项检查，对煤矿违法违规行为依法做出现场处理或实施行政处罚；依法查处违法煤矿和违法开采行为，依法实施关闭不符合产业政策和不具备安全生产条件的矿井。（孙　磊）

·新汶矿业集团·

【概况】　始建于1956年，是国有资产为主体、多种所有制并存，以煤为主、多种产业共同发展的大型企业集团，全国520家重点国有企业和山东省136户重点企业集团之一，列2007年中国煤炭工业100强第13位。年末有职工8.3万人，资产总额378亿元。主要煤种有气煤、气肥煤、肥煤、1/3焦煤等，煤炭产品有冶炼精煤、动力精煤、洗混煤、混煤、块煤等，2007年，实现总收入219.16亿元，利税总额23.6亿元。企业信贷信誉AAA级，先后荣获全国企业文化优秀奖、首届山东省管理创新优秀企业奖和中国煤炭工业优秀企业管理奖，被国家发改委等六部委确定为全国第一批循环经济试点企业，2007年荣获全国资源综合利用先进单位、山东省节能突出贡献企业等称号。

煤炭生产　推广综采液压支架、螺旋钻机等国内领先的新设备，对老矿区区薄煤层进行综合开采。综采产量占到原煤总产量的78%。采用具有自主知识产权的深井开采冰冷辐射降温技术和冲击地压预防、井巷支护新技术对超深井进行开采，使常规采煤方法难以开采的深部煤炭得到大规模安全开采。研发煤矿井下原生矸石充填与开采一体化技术，实现矸石不升井、地面矸石零排放的矿山“绿色开采”。全年原煤产量1389万吨。

循环经济　运用市场经济规律和先进理念再造企业，按照循环经济发展模式，逐步构建起以煤、电、化、建为主体的产业格局。年产600万吨的全国最大井工矿井——龙固煤矿正在开发建设中。非煤产品和业务主要有水泥（500万吨/年）、电力（806万千瓦）、石膏（50万吨/年）、特种纸（5万吨/年）、盐化工（10万吨烧碱、10万吨聚氯乙烯）以及机械制修、铁矿石开采、制药、建筑建材、轻纺、冶金铸造等。经营地域涉及山东省境内的泰安、莱芜、菏泽、济南、德州、济宁、日照等地市，省外涉及新疆、内蒙、安徽、山西、陕西、贵州、云南、宁夏等省区，与美国、日本、韩国、波兰、乌克兰、澳大利亚、南非、德国等国家有关企业建有经贸合作关系。新汶矿业集团以及其所属鄂庄煤矿、泰山水泥集团有限公司、华丰顶峰热电有限公司、华泰建材有限公司、华新石膏制品有限公司、泰山阳光水泥有限公司5个非煤项目被列入全省循环经济建设300家企业名单。新汶矿业集团四大工业园区之一的泰安华丰循环经济工业园被列入全省循环经济20个园区。

科技创新　与国内10余所大专院校和科研院所保持合作关系，构建重大难题与外部科研单位联手攻关、一般性难题组织本矿专业人员攻关、全矿职工参与小改小革等三级技术创新体系。对重大科研项目实行抵押金制度，每年拿出100万元用于创新奖励。在矿井深部开采、治理高温热害、发展循环经济等方面进行重点攻关，其中《深井高应力难采煤层上行卸压开采的技术研究》解决了深部开采的难题；建成全国煤矿系统制冷降温研发基地，建成集设计、制造、安装为一体的矿井制冷降温产业，产值过亿元；实施“似膏体充填、以矸换煤”工程，做到矸石下去、煤炭上来，推进节能减排和生态矿井建设。研发使用井下直接饮用水技术、薄煤层使用综采设备、红矸石的综合开发利用等多项技术。完成创新成果364项，申报国家专利21项，获中国煤炭工业协会科学技术进步奖5项，获国家安全生产监督管理局三等奖3项，创直接经济效益1.5亿元。（明志国）

·肥城矿业集团·

【概况】 始建于1958年。1960年以后陆续投产，1998年3月经原煤炭部批准改制为国有独资有限责任公司。集团公司由公司机关和所属子公司与直属二级单位组成，其中控股和相对控股子公司5个，参股公司5个。年末，总资产96.4亿元，总负债75.6亿元，资产负债率78.42%，所有者权益20.8亿元，其中省属国有净资产12亿元，在职职工2.48万人。公司主营业务为煤炭开采及洗选加工。

经营管理 全年煤炭产量（含自用电煤和省外煤矿）突破1000万吨，达到1017万吨，其中省内原煤产量887.7万吨；精洗精煤产量300.7万吨，对外销售煤炭786.4万吨，其中精煤销量达到总销量的38%以上。全年商品煤综合售价454元/吨（不含税）。全年实现销售收入73.5亿元，其中煤炭收入35.7亿元、非煤销售收入37.8亿元。实现利润2.36亿元。投入建设项目13个，完成投资21.3亿元，实际到位资金18.8亿元。企业资产总额达到96.4亿元，比年初增加15.9亿元。

安全生产 到年末，全公司杜绝死亡事故和重大非伤亡事故，实现连续安全生产1245天，创出全国同类型企业安全最好成绩。修订完善安全责任、目标管理、隐患排查治理等22项综合管理制度，做到安全工作有章可循，按制度办事。明确单位安全主体责任、第一责任和直接责任，层层落实责任制，逐级签订责任书，严格量化考核，做到事事有人管、人人有责任。开展“精品采区”创建活动，有7个采区达到了“精品采区”标准，地面、井下面貌大为改观。突出重点专业，对安全隐患及时整改治理。强化干部、班组长、安监员、工人四个安全培训层次，举办各类培训班618期，培训3.27万人次。对矿井防治水、“一通三防”、薄煤层开采、边角煤柱回收、复采及深部支护、矿压管理等难题，加大技术攻关力度，多回收煤炭60多万吨；先后投入资金2325.6万元，更换1613台套淘汰设备，消除设备隐患；采提高装备水平和工作效率。

非煤产业 投资兴建总装机容量30万千瓦的矸石热电厂7座，年产7万吨的电解铝厂、年产5万吨的脱墨纸浆厂等一批项目，逐步形成以煤业为主，发供电、电解铝、煤化工、脱墨纸浆、机械加工、建筑安装等多种非煤产业并举的企业集团，是山东省111户国有重点企业，也是国家重点扶持的512家国有重点企业之一，银行认可的资信“AAA”级企业。控股和相对控股子公司包括东岳能源有限责任公司、泰西天然气公司、杨营能源公司、菏泽聚隆公司、高邑风城公司；参股公司为青海江仓能源发展有限公司、泰安泰山三和实业公司（原大封煤矿）、山东鑫国煤电有限责任公司（原国家庄煤矿）、肥矿医院、肥矿技校。（侯念胜）

制造业

【概况】 年末，全市规模以上工业企业中制造业企业1222户，增加164户。制造业全行业实现工业总产值1604.31亿元，增长46.09%（当年价，下同），占规模以上工业企业的77.28%，产销率98.79%，出口交货值67.43亿元，新产品产值97.4亿元；主营业务收入1476.19亿元，增长42.55%，占规模以上工业企业的78.71%；利税164.67亿元，增长46.34%，占规模以上工业企业的75.04%。

·机械制造业·

【概况】 机械制造业主要为通用设备、专用设备、交通运输设备制造业、电气机械及器材制造业364户，主导产品电力电缆、高压开关、特种专用车、汽车起重机、单缸直喷柴油机等总体技术水平国内领先，部分产品达到国际先进水平，并在全国具有较高的品牌知名度和市场占有率。实现工业总产值466.28亿元，增长56.87%，产销率98.77%，出口交货值12.48亿元，新产品产值36.06亿元；主营业务收入431.72亿元，增长56.13%；实现利税51.12亿元，增长69.61%。

【泰开电气集团有限公司】 该集团公司是研制、开发和生产550kV及以下电压等级输变电电器成套设备的大型专业企业。注册资金6.2亿元，总资产22.4亿元，厂房面积24

表 17　2007 年泰安市机械制造业主要产品产量

名　称	产量	单位	比上年增%
起重设备	20.84	（万吨）	11.68
变压器	2751.2	（万千伏安）	70.06
电力电缆	19.24	（万千米）	119.22
液压元件	58.57	（万件）	50.72

万平方米，职工 4000 余人，其中专业技术人员 1000 余人。集团下设 14 个公司，2007 年累计订货金额 40.3 亿元，实现销售收入 23.2 亿元，利税 2.54 亿元。综合经济指标在全国高压开关行业列前四名，山东省同行业居首位。是全国电气百强企业、国家火炬计划“重点高新技术企业”、省机械工业利税五十强企业、全省百家诚信纳税企业、重合同守信用企业、文明单位、全市经济支柱企业、泰安市工业 30 强企业、纳税大户，荣获“富民兴鲁”劳动奖状。集团科技实力雄厚，建有“山东省级认定企业技术中心”。集团生产的“泰开”牌户外高压 SF6 断路器、高压成套开关设备荣获“山东省名牌产品”称号，“泰开”商标被评为省著名商标。

该集团有各级专业技术开发人员 388 名，其中中高级技术人员 32%，享受政府特殊津贴的专业技术拔尖人才 2 名，教授级高工 3 名、硕士 5 名、高级工程师 30 名。按照国家级技术中心标准的要求，投入 4793 万元，建起 550 千伏净化装配车间，配备 550 千伏试验变压器等高压试验检测设备，引进美国哈斯集团卧式加工中心、维德曼集团数控冲床、日本阿玛达集团钣金柔性加工线、德国乔格集团铁芯数控横剪线以及激光切割机等先进的加工设备，工艺装备达到国际先进水平。采用先进的 MIS 信息系统，产品设计和制造广泛采用 CAD 和 CAM 技术，研制开发 500kV 及以下、80 多个品种、近千种规格具有国内外先进水平并适合城乡电网改造及电源建设需要的电力产品，20 种产品填补国内空白、省内空白，十几种产品分别列入国家重点新产品试产计划和火炬计划。主导产品 35kV SF6 断路器被评为国家级重点新产品，获国家科技进步三等奖，国内市场占有率 70% 以上，成为国内名牌产品。126kV 组合电器（GIS）在国际著名的荷兰 KEMA 试验站通过型式试验，产销量连续多年列国内前两位，126kV SF6 断路器产销量居全国同行业前三位。252kV SF6 断路器成为国家免检产品。252kV 高压隔离开关产品产销量居国内第四位。KYN18A 等系列开关产品首批运行于国家重点电厂工程 60 万千瓦发电机组，成为省名牌产品。

【泰山集团】　该集团辖 10 个公司及泰山集团热电工程研究所和企业技术开发中心 2 个研发机构，占地 30 多万平方米，职工 3200 人，总资产 8 亿元，是中国 500 家最大机械工业企业、中国 500 家最佳经济效益工业企业和中国 500 家重合同守信用企业。为中国电器工业协会工业锅炉分会副理事长单位，具有 A 级锅炉及一、二类压力容器制造资格，在同行业中率先通过 ISO 9001 质量体系认证。主要产品 400 余种，其中工业锅炉产品有 11 种被评为国家级优秀节能产品，10 多种钢制锅炉、全自动燃油燃气铸铁锅炉、单双向高强度拉伸土工格栅等产品填补国内空白。SZL 系列锅炉产品获省优称号，DZL 改进型锅壳式水火管快装、组装蒸汽热水锅炉和 WNS 全自动燃油燃气锅炉荣获国家科技成果金奖。“泰山牌”工业锅炉先后被评为“中国十大畅销名牌锅炉”、“全国消费者信得过产品”。位列 2006 年中国大企业集团竞争力 500 强第 224 位，为“山东省高新技术企业”。2007 年实现主营业务收入 11.0 亿元，利税 1.4 亿元，利润 1.14 亿元。

·化学工业·

【概况】　行业内规模以上企业 128 户，实现工业总产值 234.51 亿元，增长 42.86%，产销率 99.14%，出口交货值 8.37 亿元，新产品产值 11.67 亿元；主营业务收入 206.42 亿元，增长 40.92%；实现利税 21.2 亿元，增长 35.35%。

【山东华阳科技股份有限公司】该公司是山东省 136 户重点企业之一，科技部认定的高新技术企业，山东省农业银行“银桥工程”重点扶持企业，主要从事农用化工和精细化工的科技先导型企业。2007 年实现主营业收入 10.03 亿元，利税 8823 万元，利润 5020 万元。占地 72 万平方米，有职工 1850 人，拥有省级技术开发中心 1 个、博士后科研工作站 1 个；拥有国家星火计划项目 5 项，国家重点新产品 5 项，国家火炬计划项目 4 项。产品六大系列 200 多个品种，其中“神农丹”产品为亚洲唯一，生产工艺

表 18　2007 年泰安市化学工业主要产品产量

名　称	产量	单位	比上年增%
化肥（折纯）	70.20	（万吨）	6.69
氢氧化纳（烧碱）（折有效成分 100%）	12.44	（万吨）	70.30
浓硝酸（折 100%）	14.36	（万吨）	11.02

和技术国际领先，系国家级星火计划项目、国家重点新产品、国家重点技术推广项目；二甲戊乐灵为国内首创的高效旱田除草剂，国家重点新产品、国家重点火炬计划项目；种衣剂为国家“种子工程”的重要组成部分；腈菌唑为国家火炬计划项目，灭多威为中国农药学会新产品。克百威被国家科委定为“九五”国家重点推广产品。建立覆盖全国28个省、市、自治区的产品推广、销售网络，主要产品的国内市场占有率在50%以上，其中神农丹国内占有率98%，甲基1605省内市场占有率90%，莱草通国内占有率70%。产品销往30多个国家和地区，出口收入占公司总收入的20%以上。11月8日，华阳科技入选为2007年度(第三届)消费者信赖的“中国十大农药质量品牌”。

·建材工业·

【概况】　全市建材工业主要为非金属矿物制品业，规模以上生产企业155户。主要产品有玻璃纤维纱、石膏板、水泥、平板玻璃。实现工业总产值173.76亿元，增长47.12%，产销率98.89%，出口交货值9.0亿元，新产品产值14.62亿元；主营业务收入158.89亿元，增长37.1%；实现利税22.65亿元，增长51.21%。

【泰山玻璃纤维有限公司】　该公司是世界同行业5强企业、国家科技部认定的国家重点高新技术企业、国家863科技成果转化基地、国家科技兴贸重点出口企业。2007年实现主营业务收入15.98亿元，利税2.33亿元，利润1.55亿元。公司拥有全国玻纤行业唯一的国家级技术中心，首家荣获企业博士后科研工作站，先后承担国家、省、市科技计划项目50余项，国家“863”计划项目3项，其中获得国家科技进步二等奖1项。通过国际质量管理体系、国际环境管理体系、职业健康安全管理体系三体系认证，通过中国船舶检验局、挪威船级社及英国劳氏船级社的产品型式认可和AAAA级企业标准化良好行为认证。主导产品为无碱玻璃纤维毡、无捻粗纱、电子级纺织纱、无碱玻璃纤维缝编织物、方格布、短切纤维、耐碱纤维共七大类59个品种、1350多个不同规格，其中无碱玻璃纤维无捻粗纱（直接纱、喷射纱、SMC纱、透明瓦纱等）和短切原丝毡双双荣获“中国名牌产品”荣誉称号，产品出口美国、西欧等五十多个国家和地区。公司在国内外先后设立了泰山玻纤北美公司、南非公司、邹城公司、泰山发博瑞克公司、奥萨茨公司、东莞公司等权属公司，拓宽了企业发展空间。

7月26日10时18分，泰山玻纤六万吨无碱玻璃纤维池窑胜利点火投产。该生产线是该公司自行研制、自行设计，具有独立自主知识产权的大型无碱玻纤池窑。该生产线于1月18日奠基。

【山东泰和东新股份有限公司】　该公司是中国最大的纸面石膏板和石膏粉生产基地，国家新型建筑材料生产企业，辖1个工业园区、18个分厂（公司）。2007年实现主营业务收入11.01亿元，利税1.98亿元，利润1.81亿元。现有员工4000多人，有资产11亿元，年石膏板生产能力3.5亿平方米，石膏粉生产能力400万吨。连续六年实现了产销22%的增长，稳居国内同行业第一。先后通过ISO 14001：2004环境管理体系认证、ISO 9001：2000质量管理体系和HBC19—2005《轻质墙体板材》中国环境标志产品认证、ISO 14001环境管理体系认证、HJBZ25-1998环境标志产品认证，成为国家环保总局倡导的“双绿色之星”企业。“泰山”牌系列石膏板赢为“中国环境标志认证产品”、“中国绿色建材名优品牌”，被建设部指定为“国家康居示范工程选用部品与产品”，“泰山”牌纸面石膏板被评为“中国名牌产品”称号，“泰山”牌商标被认定为“中国驰名商标”。5月18日，该公司大型纸面石膏板生产线热风炉干燥技术成果通过由中国建筑材料协会主持召开的成果鉴定。鉴定认定：该项目为国内第一家100%利用脱硫石膏生产纸面石膏板的大型生产线，为国内外大型石膏板生产线干燥供热系统技术之首创，对于环境保护，节约能源，降低经营成本，促进循环经济有良好促进作用。

表19　2007年泰安市建材工业主要产品产量

名　称	产量	单位	比上年增%
水泥	890.90	（万吨）	-22.45
石膏板	2.77	（亿平方米）	30.83
平板玻璃	45.10	（万重量箱）	1.77
玻璃纤维纱	26.07	（万吨）	27.36

·食品药品业·

【概况】　年末行业内有规模以上食品饮料、副食品加工企业179户，实现工业总产值187.23亿元，增长45.34%，产销率97.59%，出口交货值8.55亿元，新产品产值4.41亿元；主营业务收入172.13亿元，增长41.51%；实现利税17.66亿元，增长35.22%。规模以上医药工业企业完成工业总产值21.5亿元，增长66.42%；实现利

表20　2007年泰安市食品饮料业主要产品产量

名　称	产量	单位	比上年增%
白　酒	1.3	（亿升）	-18.23
小麦粉	89.10	（万吨）	31.31
乳制品	27.47	（万吨）	23.65
软饮料	18.33	（万吨）	36.80

润2.6亿元，增长74.78%；实现利税3.5亿元，同比增长69.59%。

【泰山生力源集团股份有限公司】　该公司始建于1945年。辖5个子公司、员工2000余人。经营扩展到彩色印刷、生物蛋白饲料、生物肥料、造纸、奶牛养殖及乳品加工等多个行业，其中包括两个控股公司、两个参股公司、一个独资公司。年末，总资产达到10亿元，销售收入7.2亿元，上交税金1.1亿元，实现利润4000万元。综合实力、综合经济效益连续六年保持山东同行业第一，连续六届被评为山东省消费者满意单位，是山东唯一的“中国白酒工业经济效益十佳企业”。

年内，通过ISO 14001环境管理体系、ISO 22000食品安全管理体系及酒类产品质量认证，使产品的食品质量安全保证体系增加到六种。“泰山牌”白酒依据《全国白酒行业纯粮固态发酵白酒行业规范》和《纯粮固态发酵白酒审定规则》严格审核之后，荣获中国食品工业协会白酒专业委员会颁发的纯粮固态发酵白酒标志认证；公司拥有的小窖酿酒车间入选大世界基尼斯之最，被认定为“最大的纯粮固态发酵酿酒车间”。

·纺织服装业·

【概况】　行业内有规模以上企业147户，实现工业总产值174.93亿元，增长50.1%，产销率98.8%，出口交货值16.78亿元；主营业务收入163.51亿元，增长43.15%；实现利税15.29亿元，增长44.1%。

【山东岱银纺织服装集团】　该集团前身是泰安第二棉纺厂，1996年改制为股份制公司，拥有20万纱锭、1万头气流纺、1000台织机、3500台(套)缝制设备，形成集纺纱、织布、毛纺、服装、进出口贸易、跨国经营为一体的完整产业链。销售收入17.36亿元，荣获“中国棉纺织业竞争力排名前20强企业”、“中国企业改革示范单位”等荣誉称号。2007年实现主营业务收入25.26亿元，利税1.72亿元，利润7751亿元。

年内，建成岱银天梭工业园5万纱锭精纺车间和岱银新宇工业园3万纱锭特殊品种纱车间年，新增销售收入3亿多元。按照“国际化”、“大经贸”的理念，充分发挥自身优势，加大对国际市场的开拓力度，走出一条出口产品系列化、出口市场多元化、合作方式多样化的经营新路子，各种系列的纱、布、毛呢、服装产品拓展到美国、加拿大、法国、德国、日、韩等80多个国家，通过10多家国际知名公司的检验，出口商检合格率一直保持在100%，年内出口创汇达6322万美元。

·冶金工业·

【概况】　行业内有规模以上企业26户，实现工业总产值158.66亿元，增长16.81%，产销率100%，新产品产值27.29亿元，出口交货值9.19亿元；主营业务收入142.95亿元，增长7.05%；实现利税13.28亿元，增长9.62%。

【山东石横特钢集团有限公司】　该公司公司是集冶金、建材、炼焦、发电、机械制造为一体的大型钢铁联合企业。职工8293人（含子公司），拥有炼焦、球团、烧结、炼铁、炼钢、轧钢、机械制造等专业化生产线和配套齐全的生产生活辅助设施，具备年产210万吨铁、270万吨钢、240万吨钢材、130万吨焦炭的生产能力。主要产品有优质硬线、齿轮钢、锚杆钢、易切削钢、焊线钢、建筑用材、中小型材、焦化产品、机加工件等，产品畅销全国各地，部分产品打入国际市场。名列2007中国企业500强第397位，中国制造业500强第221位。树脂锚杆用热轧钢筋被评为“2007年度山东省名牌产品”。被山东省人民政府授予“2006年度、2007年度山东省节能先进企业”。

生产经营　至年末，产铁

表21　2007年泰安市纺织服装业主要产品产量

名　称	产量	单位	比上年增%
服装	7453.30	（万件）	34.60
布	6.31	（亿米）	63.57
纱	15.94	（万吨）	14.46

表22　2007年泰安市冶金工业主要产品产量

名　称	产量	单位	比上年增%
生铁	139.93	（万吨）	28.05
钢	184.53	（万吨）	3.75
钢材	251.78	（万吨）	1.85
原铝（电解铝）	7.11	（万吨）	129.04

139.93 万吨，产钢 192.25 万吨，生产钢材 220.34 万吨，生产焦炭 40.23 万吨，机械产品产量 1.4 万吨。全年发电量 3272 万千瓦时，完成计划的 120.48%。全年完成工业总产值 105 亿元，完成工业增加值 11 亿元；实现销售收入 105 亿元，利税 7.4 亿元。生产成本降低 1.16 亿元。

工程建设　坚持产量、品种、效益与环保协调发展的原则，完成三炼铁工程。三炼铁工程总投资 9.56 亿元。180 平方米烧结机 7 月 22 日一次性热负荷试车成功；新建东原料场占地 10.5 万平方米，年处理物料能力 230 万吨，储料场有效储料量 27 万吨，混匀料储料量 5 万吨；新建四机四流 R7 米铸机于 4 月 24 日正式投用；450 立方、1080 立方高炉 TRT 发电和 15 千瓦发电机组分别于 8 月份和 10 月份正式并网发电。

科技创新　建立健全管理技术创新机制，持续推进自主创新活动。年内，完成公司级管理、技术创新项目 137 项，其中技术创新 83 项，管理创新 54 项。集团公司 8 项技术创新成果、3 项管理创新成果在省市获奖，其中《高强度、低成本热轧带肋钢筋生产技术研究与实践》获得省科技进步三等奖；《400MPa 级 φ6～10mm 超细晶粒碳素钢筋工业化技术开发》《预应力钢绞线用 SWRH82B 盘条的开发》等项目获山东省冶金科技进步一等奖，《产品“四化”战略的定位与实施》获得 2007 年度泰安市企业管理现代化创新成果特等奖。

循环经济　编制《山东石横特钢集团有限公司“十一五”节能规划》《山东石横特钢集团有限公司循环经济发展方案》和《能源管理办法》。全年投入环境专项治理资金 5702.6 万元，投运除尘设施 38 台套，治理各类噪声源点 70 余处，除尘设备与主体生产设施同步运行率达到 99.97%；新增绿化面积 1.5 万平方米，绿化面积 43.4 万平方米，绿化覆盖率 28.3%，增加 1.3 个百分点。全年综合利用焦炉煤气 4200 万立方米，利用率 100%；综合利用高炉煤气 20.77 亿立方米，利用率 90%；综合利用转炉煤气 1.48 亿立方米，回收利用蒸汽 19.76 万吨，产生综合效益 1213 万元。对高炉煤气余压发电和煤气发电的负荷调整进行综合平衡，节约电费 2880 万元。利用各种渣、除尘灰、污泥、氧化铁皮的综合效益 4842 万元。吨钢耗新水 2.50 立方米，重复利用率 97.29%，基本实现生产废水“零排放”。完成了节能减排目标责任书确定的节能减排任务。

企业管理　成立标准化办公室和环境管理体系与职业健康安全管理体系“双认证”办公室。全年平均存货周转率 8.54 次，较同行业的 6.36 次加快 2.18 次，相对节约资金占用 2.9 亿元。年末资产负债率 67.46%，流动比率 107.35%，速动比率 45.98%。低库存战略效果显著，全年库存资金占用额为 1.81 亿元，减少 2134 万元，节约利息支出 140.18 万元。（马庆明）

·金属制品业·

【概况】　行业内有规模以上企业 50 户，实现工业总产值 32.14 亿元，增长 52.02%，产销率 98.44%；主营业务收入 30.81 亿元，增长 63.44%；实现利税 3.24 亿元，增长 23.19%。主要产品中金属切削工具 6.9 万件，增长 4.55%。

·橡胶制品业·

【概况】　行业内有规模以上企业 15 户，实现工业总产值 39.15 亿元，增长 74.22%，产销率 96.56；主营业务收入 42.69 亿元，增长 83.07%；实现利税 3.02 亿元，增长 65.14%。主要产品中橡胶轮胎外胎(轮胎外胎)　980.1 万条，增长 33%；橡胶靴鞋(胶鞋)1315.4 万双，增长 484.62%。

·塑料制品业·

【概况】　行业内有规模以上企业 41 户，实现工业总产值 24.59 亿元，增长 48.84%，产销率 97.49%；主营业务收入 24.09 亿元，增长 54.21%；实现利税 3.09 亿元，增长 42.98%。主要产品中塑料制品 14.61 万吨，下降 10.1%。

水电气生产与供应业

【概况】　年末，全市电力、煤气、自来水的生产和供应企业有规模以上工业企业 27 个，其中亏损企业 12 个。全部从业人员 1.16 万人。分为电力、热力的生产和供应业、燃气生产和供应业、水的生产和供应业。年内实现工业总产值 105.60 亿元，完成工业增加值 31.74 亿元，实现销售收入 105.65 亿元，利润 1.53 亿元，上缴税金 3066 万元。

为保障电力供应，抓好发电企业电量的申报与管理，落实分解省下达的 2007 年度发电量计划；印发 2007 年泰安市地方及企业自备电厂月度发电量计划。做好重要节日期间的电力供应保障工作以及电力安全生产和安全检查工作。完成对泰安 4 家发电企业 14 台机组的初审工作上报工作。加强电力需求侧管理，制定泰安电网限电事故拉路序位方案，印发《关于印发 2007 年泰安电网限电拉路、事故拉路序位表及方案的通知》，全市迎峰度夏工作达到预期目标。对辖区内的八个高耗能行业情况进行全面调查摸底，认定执行差别电价的6家，其中直供区4家，趸售区2家。加快新农村电气化建设，成立泰安市新农村电气化建设工作领导小组，完成6个新农村电气化乡镇和121个新农村电气化村的建设改造工作。开展为期40天的电力客户安全用电春季大检查活动，检查单位239户，查出安全隐患817处，编制整改计划，督促客户消缺处理。对全市电力客户用电安全工作进行抽查验收，重点抽查煤矿、化工等高危企业和重要客户。全社会用电量114.57亿千瓦时，增长15.94%。其中，工业用电93.46亿千瓦时，增长16.52%，重工业用电增长17.23%，轻工业增长10.75%；制造业用电增长20.35%，占工业用电的比重达到52.94%。

【中国国电集团山东石横发电厂】 该厂位于肥城市石横镇，处于山东电网负荷中心，始建于1962年，年末运行的315千瓦机组4台，被誉为“中国电力改革开放的窗口机组”，一期2×300千瓦工程是中国首次引进国外设备制造技术和电站设计技术的“双引进”机组，二期2×300千瓦工程是国家“八五”期间山东省重点技改项目，总装机容量达到1260千瓦。企业现有职工2299人，占地297公顷，固定资产58亿元。至年末，完成发电量68.89亿千瓦时，较承包电量超发电量2.9亿千瓦时。得到集团公司、分公司、山东中华发电有限公司和兄弟单位的认可。

【泰安抽水蓄能电站】 该电站是国内第四座、全省第一座大型水利电站，总投资43.26亿元、装机总容量100万千瓦、年发电量13亿千瓦时，坝高98.3米，正常蓄水位410米，发电库容890万立方米，共安装4台套250千瓦混流可逆式水轮发电机组。年内实现发电13.14亿千瓦时，每年节约标准煤43.4万吨，节约燃油25.5万吨，提高电网运行效率。

【泰安供电公司】 泰安供电公司是国家大型供电企业，担负着全市7个县（市、区）、7762平方公里、560万人口及工矿企事业单位的电力供应。有职工1057人，设有职能部室16个，生产经营车间8个，代管肥城、新泰、宁阳、东平4个（县）市供电公司。泰安电网网架以220千伏输电线路为骨干，网内有500千伏变电站1座，所属35千伏及以上变电站50座，其中220千伏变电站9座、110千伏变电站23座、35千伏变电站18座，变电总容量453.45万kVA，全部实现无人值守。35千伏及以上输电线路共98条，总长度为1447.33公里。2007年，公司售电量完成86.27亿千瓦时。

信息产业

【概况】 至年底，全市有信息产业企业216家，其中电子信息产品制造业企业40家，信息服务业49家，软件开发企业127家。在软件企业中，通过双软认证的10家，有计算机系统集成资质的企业8家。全市软件产品和制造业企业产品分别覆盖45、56个种类。全市信息产业完成营业收入79.63亿元，增长25.94%。其中，电子信息产品制造业销售收入61.73亿元，增长28.71%；信息服务业以通信企业为主，实现销售收入16.7亿元，增长18.71%。①软件产业较快发展，软硬融合趋势突出。各类软件企业已达10余家，软件企业、制造业企业分别有软件产品45种、56种。软件企业销售收入1.2亿元，软件行业呈现出良好的发展势头。其中，蓝光计算机研究所已经成为国家煤炭行业各种解决方案的重要提供商；精诚软件的煤矿作业管理系统成为国家安监总局、国家煤炭行业协会在全国的推广产品；财源软件公司具有自主知识产权的产品，通过国家软件产品认证。②信息产业结构进一步优化。信息产业产业结构呈产业集群发展态势，煤炭行业产品、电力电子器件、电子计量器件、车用仪器仪表、安全预警系统、自动化控制系统、电线电缆等一批新的骨干重点企业脱颖而出。特别是在煤炭行业各类产品上，已形成大规模与大板块，聚集大量人才、资金和技术。其中，市内有各类提升机综合保护控制器、漏电保护、井下信集闭系统等产品近40家，是全国最大的该类产品生产基地。全市最大的5家电子、软件企业都聚集在煤炭行业。安全类产品发展强劲。众诚公司的井下移动变电站产品位居全国同行业第一。众诚自动化公司的煤矿井下移动变电站为全国最大的生产企业，市场占有率位居全国第一，销售收入突破1亿元。③强化产业化基地建设。高新技术产业开发区“电子信息产业园”被认定为全省首批12家省级电子信息产业园之一。蓝光软件公司被认定为山东省软件工程技术中心，依托尤洛卡公司建立的“山东省煤矿灾害监测仪器工程技术中心”被认定为省工程技术研究中心，泰开电气有限公司省级企业技术中心被评为省级重点企业技术中心。④通信业基础设施不断完善。全市光缆总长度达4436皮长公里，主干传输端口带宽达15.6G；全市电话交换机总容量已突破160万门，固定电话用户总数近130万户，移动电话用户达到14多万户，电话人口普及率达50%；互联网用户20万户，其中宽带用户19万户、数字有线电视用户达46万户。⑤电子政务稳步推进。全市电子政务总体架构初步形成，电子政务在优化政务流程，提高行政效率，改善政府服务，降低行政成本，密切党群、政群联系，引导和带动全社会信息化等方面发挥重要作用。其中，市政府综合门户网站“中国泰山信息网”，设有一级栏目11个，子栏目210个，数据资料3.6G，网页个数2.24万页。在网络投票评选中，名次列“山东省国家机关优秀网站”第5名、新浪网全国257个地级市政府网站第13位。

【市信息产业局挂牌成立】 8月16日，根据市委常委会研究意见，市行业管理办公室加挂市信息产业局牌子，仍隶属市经贸委管理。将市信息化领导小组办公室调整设在市行业管理办公室（市信息产业局）。主要职责是贯彻执行国家、省有关信息产业的政策和法律、法规；拟定全市信息产业发展和信息化建设方面的规范性文件，并组织实施。研究拟定全市信息产业发展战略和总体规划，振兴电子信息产品制造业和软件业，推进国民经济与社会信息化。协调全市通信网络、广播电视网络及其他专用通信网络的规划建设，指导、协调与组织信息资源的开发利用。组织实施国家、省制定的电子信息产品制造业、软件业和信息服务业的技术标准，指导电子信息产品质量监督与管理。依法对全市电子信息市场、信息服务市场进行监管，并对软件产业、军工电子产品进行行业管理。根据国家、省信息产业政策与技术发展政策，引导与扶植全市信息产业的发展，指导产业结构、产品结构和企业结构调整。推进全市电子信息产品制造业、软件业的科研开发工作，组织重大科技项目攻关和引进技术的消化、吸收、创新，促进科研成果产业化。组织对外经济技术合作与交流，指导电子信息技术的推广应用和信息化普及教育。负责市信息化工作领导小组办公室的日常工作；承办市委、市政府交办的其他事项。

【山东省尤洛卡自动化装备公司】 该公司以自身的研发团队为基础，与山东科技大学的产学研合作，成立“山东科技大学煤矿灾害监测工程技术研究中心”、“教育部矿山生产安全监测技术与设备工程技术研究中心矿压监测技术与设备产业化基地”、“教育部煤矿监测技术研究中心矿山灾害预防控制重点实验室”。从事煤矿矿山压力及岩层控制理论研究，顶板灾害监测技术产品研发、生产、销售服务，为省级高新技术企业。公司主要人员曾承担国家“六五”攻关项目“顶板动态监测”，国家“七五”攻关项目“煤矿顶板预报与计算机监测系统”的研究，曾获得国家科技进步二等奖、煤炭部科技进步一等奖等多个奖项。2007年，销售额6200万元，纳税1200万元，创利润1500万元，实现人均纳税8万元，人均创利10万元，在全国同行业中，该公司的产品市场销售额占90%以上。 （高 健 杨成栋）

·电 信·

【中国网通（集团）有限公司泰安市分公司】 该公司设有职能部门10个，生产营销单位11个，县（市、区）分公司6个，员工2000多人。年内，公司全面完成省公司各项考核指标，全年完成净营业额为预算目标的100.01%，同比增长1.67%。公司获得“中国网通集团文明单位”、省级“劳动关系和谐企业”、“富民兴鲁劳动奖状”“泰安市十大文明行业”等荣誉称号。随着东平县分公司建成“省级文明单位”，全市网通系统实现“省级文明单位”创建“满堂红”。青年路营业厅被授予“国家级青年文明号”。全公司获得“富民兴鲁劳动奖章”2人、“振兴泰安劳动奖章”4人、“山东网通劳动模范”2人、被评为全省“优秀档案工作者”1人。

企业管理 印发《市县人员交流办法》《后备管理人员管理办法》《效绩考核办法》，完善绩效考核体系。调整市公司部分机构设置，管理人员竞聘上岗，组织开展人才双向交流工作，全年共举办各类培训班75期，培训2388人次。加强财务管理，全面预算工作的均衡性控制得到加强，顺利地通过集团公司组织的测试。根据省公司的要求，对全市交换网络实施“瘦身”计划，把固定电话用户实装率提高到90%以上，下电冗余的板件及机器，减少公司在设备用电及备品备件方面的支出，降低维护成本和运行成本，提高网络资源利用率，安全生产形势保持稳定。严厉打击盗割电缆犯罪活动，年内共协助公安机关破获案件243起，抓捕犯罪嫌疑人84名，其中有43人被判刑。商业贿赂治理、效能监察工作持续深入开展，不良资产清理和用电效能监察成果进一步巩固。

企业经营 紧紧围绕集团“创新发展年”主题，在做好传统主营业务发展的同时，狠抓转型业务的发展，深入开展4006、农村网站、114导航、网通V+、商务宾馆、IDC、广告传媒等重点业务。按照“以应用促发展”的原则，公司推出网视通、宽视界、小神通、影视、游戏、教育、安全平台等30多类互联网应用业务。利用信息港网页、由10060外呼、与客户经理结对子深入社区等各种渠道对新业务进行宣传，由原等客户上门转变为主动营销服务。1～11月份累计完成业务收入净营业额同比增长1.58%，宽带业务收入增幅48.84%。年末，公司电话用户达到114.67万户，宽带用户达到14.5万户。增值业务同比增长86.05%，居全省第1位。114电话导航业务收入完成省公司规定指标的101.31%。广告传媒业务超额完成省公司下达的任务，实现了广告传媒业务的开门红。同号用户渗透率居全省第3名。开发“亲情1+1”、“家庭信息化风暴”等组合产品，受到市场欢迎。

通信建设　年内，完成11个营业厅的装修、改造工程。重点进行语音增值业务扩容、宽带城域网扩容、传输扩容、EPON试点等，出口带宽已达27.5G，新建7个2.5G环网，网络安全性和容量明显提升。开通城域网二纽核心路由器至青岛10G电路和中心局，升级其软件版本。推进“政务、农村、企业、社区、家庭及农村光缆进村”为主要内容的信息化“5+1”提升工程和一期“光进铜退”工程，至年底，光缆进村率达到50.68%，基本实现行政村村村通宽带，城区光缆覆盖率达到98.8%，80%以上的部门、单位建立网站或实现宽带接入，90%以上的行政村纳入农村党员干部远程教育网。

通讯服务　开展“诚信服务、放心消费”暨“优质服务年”和“迎奥运、塑形象、添光彩劳动竞赛”等活动，拓展“情传万家”服务理念的深度和广度。提供装、移、修机预约服务、同城移机不改号和市话详单查询服务。加大营业、入户、10060等服务规范的执行力度，实施差异化服务，通过神秘客户暗访、服务质量监督检查、社会监督员座谈会等形式加强对服务的监控。开展“评先树优”、“星级员工”等系列活动，发挥典型示范作用。改革社区经理制，建成完善8个社区（校园）营业厅，流动营业厅活跃在泰城的大街小巷，缩短服务半径。在全市范围内开展“宽带服务质量提升”和“重点客户服务质量满意度提升”活动，全年固定电话障碍修复和ADSL障碍修复及时率居全省前列。

企业文化建设　实施“关爱职工、凝聚人心、缓解压力”工程，全面启动职工带薪旅游休假。8月公司举办“军民如鱼水，网通传真情”庆祝建军80周年军民联欢会，搭起泰安网通与泰安各部队之间沟通的桥梁。结对帮扶2名单亲特困女职工，救济离退休职工遗属和困难员工70余人。积极参加以“奉献爱心，构建和谐社会”为主题的“慈善一日捐”活动，筹集善款3.4万元。参加阳光政务热线、政风行风热线电台直播节目，倾听听众对泰安网通服务工作的意见和建议，现场解答听众提出的问题，取得行评工作新成绩。3月16日起编辑出版《泰安网通报》，4开4版，设有公司新闻、工作动态、企业风采、员工风采、学习园地、经验交流、业务知识、网通新业务、小常识等10余个栏目，每月发行两期，全年共出版18期。　（姜　萍）

【中国移动通信集团山东有限公司泰安分公司】　该公司辖新泰、肥城、宁阳、东平4个县市分公司，职能部室6个，挂靠中心2个和生产单位2个（泰山分公司、岱岳分公司），员工1025人。公司坚持“服务与业务双领先”战略，实现规模和效益的大发展，全年公司运营收入7.93亿元，完成省公司预算计划的105.95%，同比增长31.66%，增幅位居全省第二位，话务量同比增幅55.66%，位居全省第一。全年累计新增客户完成年计划129.44%，再创历史新高，网上活动用户总数达到157万户。新业务收入占运营收入的比重达到29.95%，新业务收入比上年增长58.42%，增幅名列全省第三位。

经营与服务　公司始终把客户利益放在首位，开发“一点投诉、全网相应”的客户服务投诉管理系统，完善“窗口服务客户，后台支撑前台，一切为客户”的服务监督管理体系，以客户需求为导向，优化产品结构。①推出贺岁长话和漫游优惠包、新版神州行轻松卡－自由打、新版神州行四喜卡、07版动感地带、系列全球通套餐等活动，提升渠道营销服务能力。②推进农业信息化。全面启动以“中国移动，服务进村”为主体的“村村有点”工程，在全市村庄内设立移动电话服务站，办理手机入网、手机缴费、公话、电话卡销售等业务；推进“农信通”、“气象通”等适合农村市场的新业务；投入大量资金购买信息机，助力提升村级政府工作效率，通过开展农村渠道的软硬件提升、专项竞赛提升、渠道营销提升、宣传促销提升4项工作，启动电子渠道应用推广，逐步完善县、乡、村三级营销体系，使农村市场成为新增客户的主要来源。③发展增值业务。利用业务推介会、路演、校园活动、网站、报纸、短信、PUSH等多形式宣传，广泛开展产品捆绑、预存赠送、合作外呼、节日营销等活动，使增值业务的客户数、普及率持续快速增长。④关注客户投诉。针对大客户推行一站式个性化服务，在公司内设立“大客户接待室”，在市政大楼和泰山火车站内设立VIP服务室。建立客户投诉“预警管理”“投诉处理”2次回访等制度，网络质量、SP违规、营销不规范等热点投诉得到控制。开展“诚信服务　满意100”品牌创建、“优质服务流动红旗”竞赛、服务明星评选等活动，认真履行“八项服务承诺”，建立市、县两级服务监督体系，确定“服务一致性”考核标准，完善服务监督卡、服务承诺单等监督制度，提升公司文明服务能力。

网络维护与建设　以客户良好

感知为目标和标准，多措施、分专项对泰山景区、铁路和公路沿线、城市室内及农村等区域实施网络动态优化，平衡网络安全、质量和效率，网络运行安全稳定客户感知持续改善，保持网络质量领先优势。年内扩容小区957个、扩容载频1861块，减容小区835个、减容载频1517块，新入网小区415个、增加载频数目1374个。

企业综合管理　深化预算管理，提高财务分析的广度和深度，完成各项基建、技改工程的审计工作，完成SOX法案遵循项目的各项工作，顺利通过集团公司内部测试和毕马威中期审计。合理配置人力资源，调整充实中层干部队伍，先后组织员工培训20期560人次。规范合同管理，加大集中采购力度。完善公司工作制度，使企业持续健康发展。　（郭　建）

【中国联通泰安分公司】　该公司是中国联通在泰安设立的分支机构，经营范围涵盖移动通信网络（CDMA和GSM）、长途电话、数据通信、互联网与电子商务、各类电信增值业务以及通信电路出租等一体化电信业务解决方案，是全市唯一的综合电信运营企业。设11个部室、6个分公司。

网络建设与维护　顺利完成GSM（130/131/132）网络14期和CDMA网络五期工程建设，GSM基站394个，CDMA基站248个。全市人口覆盖率达99.9%，地域覆盖率达99%，无线容量达到37万户。泰山、徂徕山等风景区实现全面覆盖，高速公路、国道、省道都已作到无缝覆盖。到年底，泰安联通传输通信建成干线近200公里，本地网传输线路3400多公里，形成大容量、高速率、覆盖全省、连接国内外的强大传输通信网络。

营销建设　加强渠道建设，新建自有营业厅47家、联合营业厅95家、大卖场27家，签约代理商352家、手机便利店269家，各类业务代办点、服务站854处，形成“以自有营业厅为核心，以卖场、专营店和客户经理为紧密层、以普通代理商、城市便利店和乡村代办点为扩展”的可控渠道。在渠道管理服务上，加强人员培训，提升渠道销售与服务职能；提高渠道市场掌控力度；积极走访调研，掌握渠道市场最新动态。

通信服务　围绕“客户满意度”和“一次投诉解决率”，开展“营业厅百日达标竞赛”和“诚信联通”活动，服务质量和服务水平实现新的提升。强化首问负责制、责任追究制、落实督察制，提高责任意识和服务意识。设立集团客户产品经理，加大政务新时空、工商新时空、金融新时空、炒股手机业务、军网等行业应用项目宣传开发力度。发挥综合业务优势，为中小企业提供信息化综合解决方案，成立农业新时空项目组和农业信息推广站，服务农村市场，努力打造农村资费品牌和服务品牌。开展“诚信服务、放心消费”8项承诺活动，整合丰富服务内容，完善服务流程，为消费者提供个性化、差异化特色服务，推动服务管理由“面向生产过程”向“面向客户过程”转变，由“客户满意”到“客户享受”转变。提升整体服务质量，得到广大市民认可，公司连年荣获省、市级“消费者满意单位”荣誉称号，中心营业厅荣获“省级青年文明号”荣誉称号。　（李　倩）

【中国铁通泰安分公司】　该公司隶属于中国铁通集团有限公司山东分公司，拥有一个以光缆为主、卫星和微波为辅的大容量、高速率的传输网络。主要经营国内、国际语音、数据及多媒体通信与信息服务。公司秉承“专业品质　卓越服务”的理念为全市各界客户提供长期优质的电信服务，培养和造就一支团结协作、干事创业的干部员工队伍。

营销服务　以发展数据业务为重点，本着“为客户降低成本、为客户创造价值、为客户提供长期优质服务”的经营宗旨，实施“大客户、合作经营、综合信息服务和新业务发展”4大经营战略。采取集中营销、联挂销售、上门服务、分片包干等多种服务方式，贴近用户，用心服务，全体员工实行“首问负责制”的“一站式”服务，树立良好的“铁通人”形象。以行业用户、集团用户、中小企业、商业用户、铁路关联大客户为重点，整合单项业务，推出电信业务服务“一揽子”解决方案，着重打造“商务新动力”品牌，为用户提供包括语音、数据、视讯等在内的综合服务，提升企业品牌形象。年内公司业务得到长足发展，固话装机有较大增长幅度，宽带用户和收入的增长幅度均在100%以上，收入比上年增长20%。

网络建设　全年新增本地网电缆2.5万对公里，用户端电缆3.54万对，新建管道52孔公里，新增本地网光缆800芯公里；新建电话交换机6000线，DSLAM交换机5200线，LAN接入端口2008线；建成一体化局点25个，通过优化城域网网络及线路改造，扩大覆盖面，提高固话通话质量和互联网上网速度，客户满意度达到99%。全年规范整理中继数据管理、传输接入设备等各种资源台帐，加强无人值守机房和有人值守机房的整治，验收达标率达到100%。

企业管理　注重成本控制，实行全面预算管理，制定一系列财务成本控制办法。加强企业质量管理，举办各种形式培训班，其中公司启明星QC小组获得“全国通信行业优秀质量管理小组”称号。全年未发生安全事故。　（李　军）

编辑·校对　**赵　兵**

建设·环保

城乡规划

【概况】 全市规划工作坚持“高起点、严管理、广覆盖”原则，以构建和谐社会为目标，认真贯彻国家宏观调控政策，超前研究和编制规划，强化规划管理，提高服务质量，增强规划引导和调控作用，工作水平和服务质量不断提高。年底，全市有市、县（市）两级规划管理机构5个，职工125人。其中，国家注册规划师20人，高级专业技术职务人员12人，中级45人。

规划编制 ①编制重点地段详细规划和重要的专项规划。年内，邀请国内高水平的设计单位编制完成多项重点地段详细规划和重要的专项规划，控制性详细规划覆盖率达95%。《泰安市长城路城市设计》规划以高层建筑为主，集中展示泰安市现代城市形象，打造一个以居住、商务、办公、旅游服务为主的现代化标志性区域。《时代发展线详细规划》展示泰城现代化时代风貌，由行政办公、商务会展、文化娱乐和中央公园等主要内容组成。《泰安通视走廊规划》充分展现山城相依的城市特色，在适当位置留出观山通视走廊，将自然景观与人文景观相互融合。《蒿里山历史文化区保护规划》充分挖掘历史文化内涵，展现历史原貌，力争使蒿里山地段形成新的旅游景点和亮点。《黄前水源地保护规划》制定合理可行的措施，切实保证城市饮水安全卫生。②城中村和城乡结合部规划编制。抓好试点，积极推动，加快改造，努力改善城市面貌，泰城83个城中村改造规划基本编制完成。③新农村建设规划。组织课题研究，提出新农村规划的“三级体系（县域村镇体系规划、乡镇总体规划和中心村规划）”和“两大工作重点（中心村布局、市政和公共服务设施规划）”。按照新农村规划要求，全市县域村镇体系规划全部编制完成，95%的乡镇（街道）完成总体规划，6个县（市、区）的试点中心村规划编制全部展开，全市新农村规划建设积极推进。

规划管理 年内，审查审核各类规划和建设工程方案983项次，办理建设用地规划许可证121项、面积733.57万平方米，办理建设工程规划许可证168项、面积243.47万平方米，办理工程竣工规划验收合格证45项、面积94.04万平方米，办理市政工程许可28项、32.02万米。①黄前规划所、徂徕规划所挂牌成立。为加强黄前水源地和徂徕山风景区的保护，实现规划管理全覆盖，成立黄前规划所和徂徕规划所，隶属于岱岳区规划分局管理，9月29日正式揭牌成立。黄前规划所负责黄前、下港、山口、范镇、祝阳5个乡镇，徂徕规划所负责徂徕、化马湾、角峪、良庄、房村5个乡镇。②加强房地产开发用地的规划管理。围绕国家宏观调控政策，会同市土地储备中心等部门编制年度房地产开发用地出让计划，及时编制控制性详细规划，明确拟出让地块的规划条件，报市政府土地资产管委会批准后实施；规定对所有经营性土地全部纳入市级一个管理平台。公开出让土地前必须有规划条件，规划条件一经核发，不得随意变更，特别是涉及容积率增加或绿地率减少等其它指标变更的，必须经市政府建设项目管委会批准。规模较小的零星开发用地必须先整合再出让，确保公共设施配套到位。坚决控制变相房地产开发和高档别墅的开发建设，对泰安市中低价位和套型面积在90平方米以下的住房，在制定出让计划和规划条件中确定。③加强工业和其他建设用地的规划管理。按照“控制增量、盘活存量、严格保护耕地”原则，认真做好工业项目用地的选址定点工作，提倡推广多层式厂房，科学确定容积率，最大限度地节约土地资源。严格控制办公楼及党政机关楼堂馆所建设。与国土部门密切配合，没有建设用地指标的，规划部门不进行选址定点；没有建设用地规划许可证的，国土部门不予核发土地证。④支持重点工程建设。科学编制重点工程规划，其中在参与财源大街、通天街改造工程中，创新“政府主导，市场运作”模式，破解资金难题；探索形成“市区共建、以区为主”模式，突破拆迁难题。

规划监察　根据建设部、监察部的部署，自上年开始，泰安市全面启动城乡规划效能监察工作。市规划局、监察局联合印发《关于开展城乡规划效能监察工作的实施方案》，成立工作领导机构，市级和县（市、区）级同时展开。年内，界定“双违（违法用地、违法建设）”建设工程521件，办结率达到100%。年末，泰安市的城乡规划效能监察工作通过省建设厅考核验收，泰安市的经验在全省建设系统转发。

年末，市规划局被省建设厅授予“山东省建设工作先进单位”、“山东省建设系统行风建设示范单位”称号，被市文明委授予“市级文明机关”称号，局属市规划设计院被评为“泰安市文明单位”，局属市地理信息中心被评为“市直文明单位”。

【泰安市被列为国家历史文化名城】　泰安市历史文化底蕴深厚，为保护好历史文化名城，从二十世纪九十年代泰安市就开始了关于历史文化名城保护方面的规划建设。2005年底，泰安市再次启动国家历史文化名城申报工作。2007年，先后完成文字说明、图片资料、图纸资料、电视汇报片等资料成果，按程序上报省政府，转报国务院审批。建设部、国家文物局等有关部门组成考察组进行实地考察，对泰安市历史文化名城保护、规划和管理工作给予充分肯定。3月9日，国务院国函〔2007〕25号文件批准泰安市为国家历史文化名城。

【泰城“十大优秀工程”评选】评选活动自上年11月启动，2007年5月9日举行授牌仪式。经过广大市民的两轮投票和专家的严格把关，市政大楼、华侨大厦、东湖公园、天外村广场、泰山医学院新校区、山东农业大学校本部、红门路、国华经典、天地家园、泮河综合改造一期工程被评为泰城“十大优秀工程”。评选的主要目的在于普及规划建筑知识，强化规划意识，提升规划建设理念。

【城市规划展示馆建设】　泰安市城市规划展示馆，馆舍主体工程于上年基本完成。年内，完成展厅方案招投标、主体模型设计方案招投标、展厅文字脚本草案、展厅施工图设计、主体模型招标和施工单位招标，布展工作进展顺利。该城市规划展示馆分上下两层，总面积2620平方米，包括多媒体室、会议室等辅助用房，主要用于展示泰安发展前景、征求市民意见、接待游客参观等。（刘忠义　高　超）

城乡建设

·综　述·

【概况】　泰安市城乡建设工作以创建和谐社会、推进城乡统筹发展为主线，全面提升城乡建设管理和行业发展水平，在城市基础设施建设、城乡环境综合整治、社会主义新农村建设、建筑节能、建设行业管理等方面实现新突破。

提升城市功能　泰城实施新一轮重点工程建设。完成财源大街、通天路、南关路、货场路、唐訾路南段、东湖路东段、校园街、旧镇路等城市道路综合整治工程建设，新建、改造道路50万平方米；加快梳洗河、七里河、双龙河、箭杆河、唐庄河等河道综合整治步伐，实施以胜利渠为重点的城区水系改造建设工程。道路建设中，坚持基础设施建设、项目建设和生态绿化建设同步并举，涉及的各类管线、光缆，全部改为地下敷设，雨污水及中水管网敷设与道路改造建设同步进行，沿街建筑物、路灯架设一并改造。启动规划展示馆建设工程、全民健身活动中心建设等重点项目，推进城市服务功能和承载能力进一步提高。新垃圾处理场建成投入使用，建设了生活垃圾焚烧发电项目和大型垃圾中转站，垃圾处理能力和质量不断提高。

改善人居环境　以创建国家园林城市为总抓手，扩大绿化面积，提升绿化水平，泰城建成区绿化覆盖率达41.4%，人均公共绿地面积15.06平方米，建成各类公园12个，游园绿地325处。提高泰城污水处理能力和质量，第一、第二污水处理厂完成市场化运作，全市日污水处理能力达到37万吨，泰城污水处理能力达到16万吨，敷设配套排污管网达到193公里、中水管网80余公里，污水集中处理率达到75%，中水回用达到2万吨以上。加快城中村改造，形成村集体经济组织自行改造和借助开发企业力量开发改造两种形式。出台经济适用房和最低收入家庭廉租住房管理办法，经济适用住房小区项目全部纳入基本建设程序管理，累计申请报批经济适用住房建设计划73.83万平方米，竣工面积55万平方米，城区人均住房建筑面积达27.9平方米。建立廉租住房保障制度，年内接收申报322户，对符合发放条件的307户家庭发放租金补

泰安市林业局

市委书记杨鲁豫（左）参加义务植树

党委书记
局　　长　宗德峰

副市长彭华（右一），市林业局局长宗德峰（左三）在全市林业工作现场会上

山东省林业局局长贾崇福（左）与日本友人共同植树后合影留念

泰安市林业局是市政府主管全市造林绿化和森林资源保护工作的职能部门。2007年以来，在市委、市政府的正确领导下，按照“发展现代林业，建设生态文明”的目标要求，全面推进林业生态体系、产业体系和生态文化体系建设，实现了林业生态效益、经济效益和社会效益的共同提高，为全市生态建设、经济发展和新农村建设作出了积极贡献。2007年底，全市实有林地面积达到290.65万亩，森林覆盖率达到31.2%，比上年提高1.4个百分点；实现林业产业总产值39.3亿元，比上年增加4.25亿元，增长12%。年内，先后获得市级以上各类先进荣誉10余项，被省政府授予“全省森林防火工作先进单位”；连续三年被评为“市直文明机关”。

工厂化育苗

技术人员在指导群众如何进行生物防治

雨季造林现场

装备精良的森林防火专业队伍

泰山世界地质公

徂徕山国家

省人大副主任莫振奎（左三）视察徂徕山

徂徕山是世界地质公园、国家级森林公园、国家AAA级景区，山东省自然保护区。位于泰安市东南20公里。从京沪高速“泰安东”出口转泰良路，或从京沪高速“化马湾”出口转244省道可达。是集自然与人文景观为一体的山岳型观光休闲风景旅游区，与东岳泰山并称姊妹山。

徂徕山国家森林公园占地90平方公里，森林覆盖率80.2%，植被覆盖率92.4%，有山峰99座，主峰太平顶海拔1028米。既有北方粗犷雄浑的壮观，又有江南幽雅妩媚的秀丽，被人们誉为“江北小庐山”。公园景观主要为沟曲谷幽、泉清溪潺、林森草茂、鸟鸣虫唱的自然景观和远离尘嚣、恬淡闲适的隐逸文化。

公园内峰峦叠嶂，峭壁凌云，既有幽深

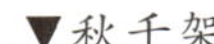
▼秋千架

▼徂徕山风光

国祖徕山国区 森林公园

市委书记杨鲁豫（前排中）到徂徕山调研

党委书记
场　　长 边炳梓

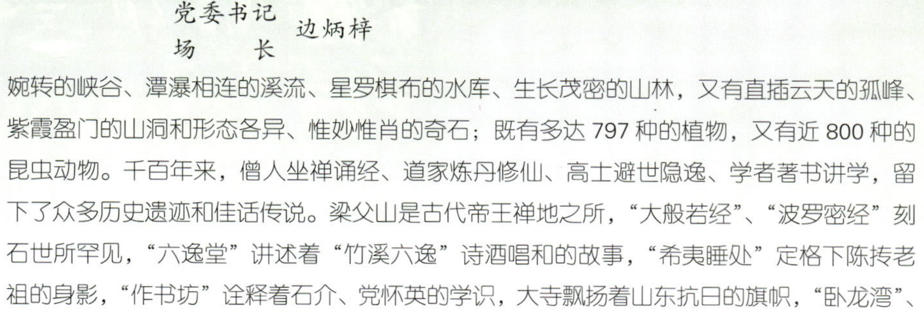

婉转的峡谷、潭瀑相连的溪流、星罗棋布的水库、生长茂密的山林，又有直插云天的孤峰、紫霞盈门的山洞和形态各异、惟妙惟肖的奇石；既有多达 797 种的植物，又有近 800 种的昆虫动物。千百年来，僧人坐禅诵经、道家炼丹修仙、高士避世隐逸、学者著书讲学，留下了众多历史遗迹和佳话传说。梁父山是古代帝王禅地之所，“大般若经”、“波罗密经”刻石世所罕见，“六逸堂”讲述着“竹溪六逸”诗酒唱和的故事，“希夷睡处”定格下陈抟老祖的身影，“作书坊”诠释着石介、党怀英的学识，大寺飘扬着山东抗日的旗帜，“卧龙湾”、“濯龙湾”流淌着龙王的传说。

上世纪九十年代以来，公园先后修缮、重建了多处文物古迹，规划建设太平顶、中军帐、卧龙湾、濯龙湾等景区景点和横贯东西的山区公路。每年五月份的“百里飘香”槐花节和七、八月份的自驾游休闲消夏活动，吸引大量的游客前来观光游览、休闲度假、科考探险。主要景观景点有“徂徕夕照”、“汶水环抱”、“徂徕山抗日武装起义纪念碑”、“秋千架”、“中军帐”、“太平顶”、“卧龙湾”、“濯龙湾”、“四禅寺”、“光华寺”、“隐仙观”、“二圣宫”、“梁父山”等。徂徕山国家森林公园正在建成一个集休闲、娱乐、疗养为一体的旅游胜地，成为泰安旅游大产业的重要组成部分。

徂徕春色

徂徕之松

龙湾大峡谷

泰安市商贸国资公司

党委书记
董 事 长　周长欣
总 经 理

泰安市商贸国资公司是经省经贸委批准，于2001年1月挂牌成立的国有资产运营机构。主要职能是按照市国资委授权，承担国有资产保值增值责任，行使国有资产出资人权利，按照《公司法》和《公司章程》进行运作。同时，按照市委、市政府要求承担企业改制、重点项目建设、招商引资、生产经营、企业党建以及信访稳定等方面的工作任务。公司成立后，陆续交公司管理的企业29户，分布在商业、物资、医药、外经贸、轻纺、农业等六个行业。全系统共有职工5200余人。

2007年以来，在市委、市政府的正确领导下，公司上下认真贯彻落实党的十七大精神和省、市第九次党代会精神，按照科学发展观和构建社会主义和谐社会的总体要求，紧紧围绕全系统改革、发展、稳定工作中心，团结带领广大干部职工真抓实干，开拓进取，各项工作取得了明显成效。一是重点项目建设步伐加快。对公司招商的泰安圣地大厦等重点项目，加快建设进度。该项目总投资价值30亿元，总建筑面积60万平方米，建设六期工程，总占地面积180亩，全部工程将于2010年前后竣工，将建成泰城标志性、现代化的高级商务和商住中心。二是全力抓好招商引资工作。公司连续4年被市政府评为“全市招商引资先进单位”，连年超额完成招商引资任务。2007年实现到位资金7000万元，完成全年任务的175%。三是进一步完善企业产权制度改革。截至2008年6月，全系统已完成改制的企业22家，1家正在改制，在已完成改制的22家企业中，国有资产全部退出，共兑付职工各项权益8400万元。对正在改制的企业，严格政策，规范操作，稳步推进。对已改制企业，进一步完善后续收尾工作。四是全力维护好全系统的稳定。把解决职工群众的利益放在重要位置，把解决特困职工、下岗失业职工生活保障作为重点，最大限度地维护全系统的稳定。公司2006年被评为“市级信访工作先进单位”。五是强化全系统安全生产工作。公司连续4年被评为“全市安全生产先进单位”。六是进一步加强党建和精神文明建设。2005、2006年公司连续两年被市委、市政府授予市级“文明单位”称号。

圣地大厦系列工程

一期四星级酒店

二期A座商务综合楼 B座商务公寓

三期C栋商务公寓

四期圣山大厦

五、六期圣华园小区和盛世大厦

泰山城区热力有限公司

市领导到公司视察工作

董　事　长
经　　　理　李更生
党总支部书记

供热 110 抢险分队参加演习

泰山城区热力有限公司成立于 2003 年 10 月，是根据泰安市企业改革改制的精神，以承债方式购买原泰安市热电总公司管网及相关资产组成。主要经营泰城集中供暖（制冷）业务，为国有独资企业，是泰城最大的热力输配企业。现有职工 167 人，其中高级职称 4 人、中级职称 16 人、初级职称 39 人，资产总额 3.37 亿元，拥有主蒸汽管网 78.6 千米、分支蒸汽 38.3 千米、热水管网 130.5 千米，各类调峰锅炉 10 台，换热站 86 座，其中蒸汽换热站 39 座，水－水换热站 47 座，10 万平方米大型换热站 24 座。采暖用户 16000 余家，集中供热面积近 400 万平方米，实现吨汽供热面积 1.53 万平方米／小时。

目前，公司已初步形成以泰山城建热电公司、鲁邦大河热电公司为主要热源，以区域调峰锅炉为辅助热源的城区集中供热格局，为改善泰城环境质量和提高居民生活质量发挥了重要作用。公司先后荣获省级守合同重信用企业、省供热行业安全生产先进单位、市级文明单位、市劳动关系 AAA 级和谐企业、市民主管理厂务公开先进单位、市职代会先进企业等荣誉称号。

标准整洁的生产现场

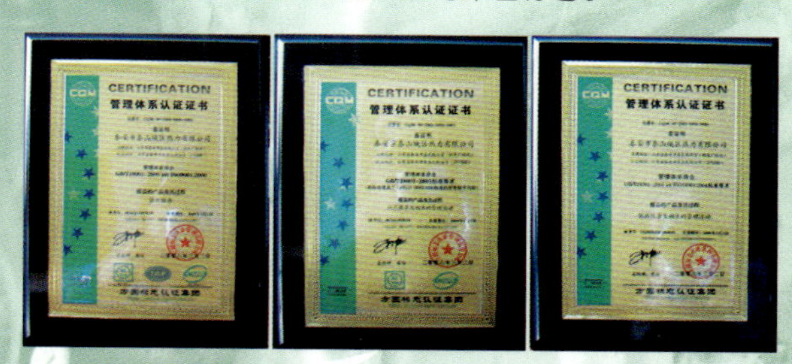

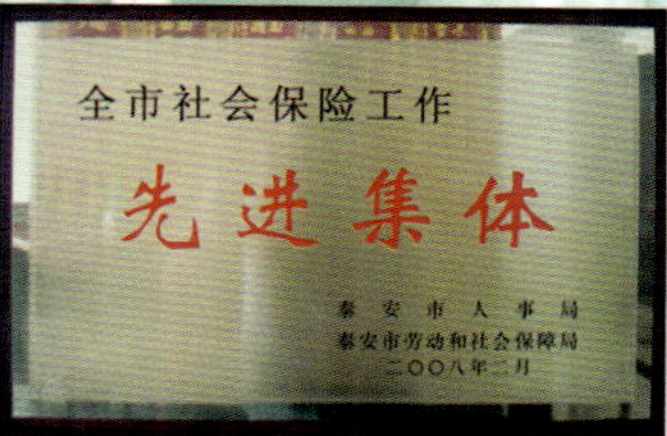

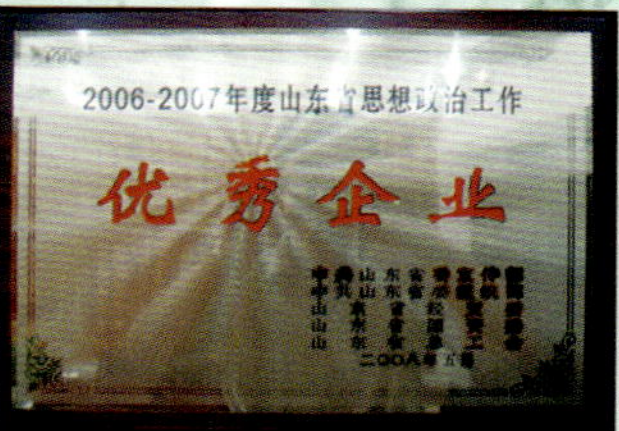

泰安市泰山区小井村

村党支部书记　王继臣

村委会主任　于永祥

小井村地处泰安东部新城区建设重要部位，是东岳大街和泰莱高速路的交汇处，宽敞的泰明路从村中心穿过，泰安东汽车站坐立于村北。近几年来，由于城市建设的发展，该村已由农村变成城区。现有户数 710 户，总人口 2689 人。

着重抓和谐建设，促社会稳定。2006 年以来，两委班子加强团结，凝心聚力，集中精力发挥区位地理优势，把快速发展经济摆在工作第一位。2007 年自筹资金 600 万元，建成省级规范化小学，建教学楼 5000 余平方，可容纳 32 个教学班，解决了该村及周边村孩子上学难的问题。相继投资建设了泰城东部最大的商贸城，建筑面积 10000 余平方米。大力发展服务业项目，通过开展招商引资，泰山传礼酒业、大型衡器有限公司在该村落户。

2007 年 12 月 1 日，到西柏坡考察学习

着力打造泰东新明珠，彻底改变村庄面貌。2006 年以来，该村与山东新广厦置业有限公司合作开展旧村改造，打造精品工程，确保居民安康。现有 50% 的村民搬进新居，年底绝大多数的村民回迁安置于新小区。

近年来，该村获得市、区两级多次各种奖励，2006 ～ 2007 连续两年被授予泰山区文明村、区综合治税先进单位、市捐资助学先进单位，在上高街道多年来经济工作和纳税情况一直名列前茅。

纳税先进单位
中共泰山区上高街道工作委员会
泰山区上高街道办事处
二〇〇七年三月六日

“四五”普法“三五”依法治区
先进单位
泰山区法制教育依法治区领导小组
二〇〇六年十二月

经济工作先进单位
中共泰山区上高街道工作委员会
泰山区上高街道办事处
二〇〇七年三月六日

奖给：地方税源普查
先进单位
泰山区人民政府
二〇〇七年八月

2007年12月1日，村两委班子成员赴西柏坡接受革命教育，牢记“两个务必”

党支部班子

小井村办公楼

小井学校

建设绿色新泰 生态新泰——

新泰市林业局为一级行政单位，内设 14 个科站（室）和市森林防火办公室二级全额预算管理事业单位，下属太平山林场、土门林场两个二级差额事业单位和楼德苗圃、洛沟苗圃、果树园艺场三个股级差额事业单位。现有干部职工 397 人，其中在职人员 317 人、退离休人员 80 人。

近年来，新泰市林业局认真贯彻落实科学发展观，以建设绿色新泰、生态新泰为目标，按照“中心是栽植、重点是质量、关键是成活、要害是管护、目的是效益”的工作思路，全面推行林权制度改革，大力实施荒山绿化、绿色通道建设、名优经济林基地建设、村镇绿化、农田林网建设、速生丰产林基地建设、花卉苗木基地建设七大重点工程，全市整体绿化水平明显提升。截至 2007 年底，全市林地面积达到 89.6 万亩，森林覆盖率达到 30.7%；果品产量达到 12.2 万吨，实现林业产业总产值 10 亿元；建立无公害果品基地 10 万亩，注册商标 18 个；累计完成林权改制面积 51 万亩。取得了连续六年未发生森林火灾的显著成绩。

该局先后被省林业局授予“全省森林资源调查规划”、“全省森林资源连续清查”、“全省林业种苗行政执法和质量监督”、“全省林业工作”、“全省森林防火工作”、“全省林业信息宣传工作”、“全省国有林场管理工作”等先进单位称号，被泰安市委、市政府授予“绿色泰安建设先进单位”、“森林防火工作先进单位”。朱昌礼同志被国家人事部、国家林业局授予“全国林业系统先进工作者”荣誉称号。

新泰特色果品——珍珠油杏

冬枣示范基地

爱宕梨示范基地

高标准农田林网建设

新泰市林业局

局长　朱昌礼

党委书记　陈成文

驻新泰部队赠送锦旗

新泰特色果品——杏梅

荒山造林绿化工程

新泰市新汶街道办事处

党工委书记　成　刚

党工委副书记
办事处主任　韩学锋

千佛文化展厅

新汶森林公园

新汶街道办事处是新泰市政府派出机构，总面积 42.1 平方公里，辖 18 个村（居），总人口 11.2 万，其中农业人口 2.7 万。2007 年，全处实现社会总产值 100 亿元，完成国地税收入 6.1 亿元，地方财政收入 1.8 亿元，城镇居民人均可支配收入达到 15000 元，农民人均纯收入达到 7120 元。

近几年来，坚持走“工业立处、项目兴处、园区强处、富民活处、和谐稳处”的发展路子，发挥新汶自身优势，以园区为载体，以大项目建设为支撑，着力打造精密机械加工制造基地，做大做强工业经济。2007 年，全处共新建、续建投资 4.6 亿元的惠普玻纤、投资 2.2 亿元的容大玻璃、投资 1.8 亿元的润通机械二期等 3000 万元以上的项目 19 个，其中过亿元的 8 个。胜达机械、润通机械一期等 10 个项目竣工投产，全部项目竣工投产后，年可实现销售收入 51.2 亿元，利税 11.5 亿元。按照“东部建城西建园，南山北水抓循环，中部服务兴三产”的发展框架，累计投资 3 亿元，实施了新汶森林公园开发、柴汶河三期治理、龙柏园扩建、新矿路改造等重点城建工程，城区面貌明显改观。加快实施“城中村”改造工程，群众生活居住条件进一步改善；坚持优先发展教育，各学校均创建为泰安市级以上规范化学校，其中省级规范化学校 3 处；新农合参合率连年保持 100%，全面启动城镇居民基本医疗保险工作；投资 560 万元，完成敬老院公寓楼建设；劳动力就业率达到 100%，各类保险应保尽保；文化体育事业长足发展，群众性文体活动丰富多彩。

办事处先后获得全国千强镇、山东省先进基层党组织、平安山东建设先进基层单位、山东省最具成长性乡镇、山东省和谐社区建设示范街道、泰安市“五个好”乡镇党委等多项省市级荣誉称号，连续多年被评为泰安市经济工作先进单位。

新汶城区鸟瞰图

山东胜达精密机械有限公司

小康村全景

新泰市翟镇

泰安市委常委、新泰市委书记辛显明到翟镇调研

新泰市委副书记、市长郭德文到翟镇调研

党委书记　朱致义

镇　长　李锋祥

翟镇属工矿区，距市区8公里，京沪高速公路新汶出口10公里。辖45个行政村，面积69.5平方公里，人口6.8万。是“全国重点镇”、“山东省中心镇”。

近年来，翟镇依托区位和资源优势，大力实施“项目强镇，产业富民”战略，狠抓招商引资、项目建设、特色农业、新农村建设工作，走出了一条以工业为主导，以工业化带动农业产业化、农村城镇化的经济发展新路子，形成了以煤炭和机械制造业为主、设施农业发达、辐射带动明显的区域性经济中心。2007年，新上投资过亿元的项目2个，投资5000万元以上的项目5个；民营经济实现总收入72亿元、实现增加值17亿元、实缴税金1.5亿元，同比分别增长23%、21%、20%；实现地方财政收入8651万元。完成农田水利建设项目36个，其中柴汶河三期治理被评为“泰安市优质工程”，新建一批畜禽养殖小区、规模饲养场、冬暖式蔬菜大棚、桑蚕大棚，农业效益和农民收入显著增加，农民人均纯收入达5226元。新农村建设扎实推进，开展镇村环境综合整治，镇村面貌焕然一新，按照“产业依托、点面结合、连片发展、整体推进”的思路，新农村建设由点到面；小城镇建设取得新进展，建设完成和谐桥，安装路灯136盏，实现镇区主要街道亮化；基本实现了村村通公路、村通自来水、人人享受合作医疗的目标；完成38处放心肉店建设。社会各项事业协调发展，教育教学工作全市总评第二；敬老院工作被评为泰安市敬老院建设先进乡镇；开展城镇居民基本医疗保险试点工作，参保人数达1287人；计生优质服务、标准化建设成绩突出，晚婚晚育奖励、独生子女待遇得到较好落实，落实二孩女扎补助每户300元，二孩女扎完成率达98%，被评为泰安市计划生育工作先进单位；认真落实信访稳定、安全生产、社会治安各项措施，平安建设保持平稳态势，群众安全感普遍增强。

翟镇呈现出政治安定、社会稳定、人口与资源、环境协调持续发展的良好局面。

翟镇采煤塌陷地治理一瞥

全国重点镇

国家农业部、发改委、民政部
国土资源部、科技部、建设部
二○○四年三月

山东省中心镇

山东省人民政府
二○○○年六月

翟镇镇区概貌

新泰市光明水库管理局

局　长　周长乐

光明水库局委会研究工作

新泰市光明水库管理局为一级事业单位，下设政工、财务、工程、灌溉、保卫和渔业开发处5科一处，有干部职工51人。主要承担工程管理、抗旱防汛、农业灌溉、城镇供水、水产养殖等职能。近几年来，坚持以科学发展观为指导，解放思想，开拓创新。按照“开发工业供水，保障农业灌溉，发展水产养殖，保护水源水质”的总体工作思路，以水库为平台，做足做活水的文章，努力挖掘自身潜能。每年为农业灌溉提供用水800万立方米，为城镇提供用水500万立方米，为社会提供鲜鱼20万斤。在做好兴利的同时，在除弊上狠下实功，每年安排岁修项目。2004年投资168万元，完成了溢洪道大桥重建；2005年投资30万元，硬化了大坝路面；2006年投资76万元，完成了水库分洪工程建设，使水库工程安全体系不断加强和完善。自2007年以来，全力争取水库除险加固工程项目。

始终把水库度汛安全作为水库管理的生命线，按照“密切注意天气变化情况，准确把握工程安全状况，科学合理调度洪水运行，随时做好抗洪抢险准备”四十字工作要求，超前预谋，严密组织，科学应对，安全蓄泄，实现了“确保大坝安全，确保水库下游安全”两个确保目标，为保障新泰经济社会发展做出了积极贡献。

光明水库全貌

肥城市新城街道办事处

肥城市委书记张瑞东（中）到新城街道办事处调研三产项目建设

新城街道党工委书记　邹家强

新城街道办事处主任　赵兴伟

该处是肥城市委、市政府所在地，也是著名的肥城桃的集中产区之一。全处总面积55.4平方公里，辖27个行政村、8个居委会，总人口15万人，其中农业人口3.6万人。该处充分发挥城区优势，整合各种资源要素，突出工业项目建设和三产服务业两个重点，全力打好项目区建设、"城中村"改造、旅游开发三大战役，实现了经济社会又快又好发展。2007年，全处地方财政收入实现4085万元，其中工商税收2504万元，分别比上年增长12.7%、36.9%；农民人均纯收入达到了6997元，比上年增长了19.2%。在2007年度全市乡镇综合工作考核中，荣获全市综合第二名的好成绩，被授予平安山东建设先进基层单位、省级老干部支部先进单位、全省亿万农民健身活动先进乡镇、山东省最具发展潜力的乡镇、山东新农村建设十佳先进典范乡镇、山东省计生协先进单位和泰安市经济工作先进街道办事处、人口和计划生育目标管理责任制先进街道、参与"民企帮村"推进社会主义新农村建设先进单位、村镇绿化先进单位等荣誉称号。

开放发展新格局正在形成　引进各类项目91个，到位资金3.37亿元，对上争取项目20个，到位资金1175万元，其中引进过亿元的项目7个，过5000万元的项目8个，过千万元的项目40个。全处共发展各类民营工业企业464家，三产服务业239家，有20家企业进入规模企业行列。

城乡面貌发生深刻变化　编制了19个"城中村"改造规划，铺开了16个"城中村"的开发改造，建成78幢居民楼。对8个"城边村"的新村建设规划进行了进一步修编、调整、完善，维护了村庄规划的严肃性。

现代农业悄然升温　建成以沙沟有机芦笋为主的千亩有机蔬菜生产基地，以巧山1000亩节水农业为主的微滴灌自动化监测控制系统示范基地，以肥桃路沿线三尚绿色肥桃为重点的2000亩肥桃培优示范基地，以南尚为主的400亩核桃生产基地，以苏庄为主的100亩花卉生产基地等五大农业生产基地。对白云山风景区和中央桃行进行高标准的规划建设。2007年4月6日，中央电视台《激情广场》在中央桃行风景区成功举办了大型文艺演出。

民生工程深入实施　加强基础设施建设，新建5处农村标准化卫生室，农村新型合作医疗参合率达到99.8%。成立街道慈善协会，募集资金80万元；为3000多名被征地农民办理养老保险；农村养老保险扩面3万人，参保率达到92%；就业再就业工作实现历史性突破，泰安市政府在新城召开泰安市基层劳动保障工作表彰大会，推广了新城经验。以"三级联创"活动、"平安新城"、"鲜花送文明"等为重点的"三建"工作，深入扎实，富有成效，"四支队伍"的作用得到了真正有效发挥，聚集了强大的发展合力，一个政通人和的人文环境正在逐步形成。

老年舞剑队

优质的社区服务

天普阳光科技饲料项目

华运大酒店

肥城市湖屯镇

万亩丰产林基地

工业经济蓬勃发展

设施果树栽培基地

泰山国家地质公园陶山园区

湖屯镇共有 48 个行政村(居),1.2 万户,辖区人口 8.2 万人,其中农业人口 4.6 万人。境内矿产资源丰富,煤炭储量 3.4 亿吨,有 5 处大中型煤矿,年产原煤 420 万吨,是典型的工矿服务型乡镇。交通便利,区位优势明显,北距济南国际机场 80 公里,东行 30 公里接京沪、京福高速,西行 8 公里与济菏高速相连。泰湖铁路贯穿东西,有占地面积 5 万平方米、日周转货物 3000 吨的货运站一处。

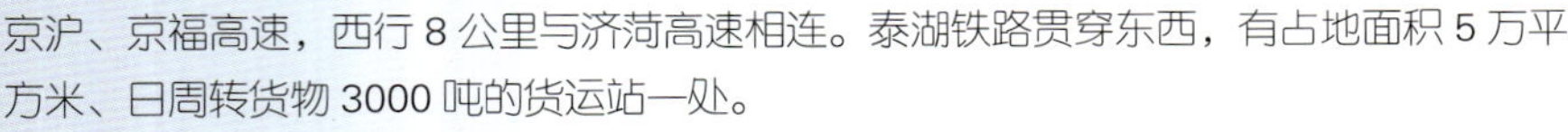

和谐湖屯建设成效显著

2007 年,全镇完成工农业生产总值 33.4 亿元,财政收入 3361 万元,工商税收 1515 万元,农民人均纯收入 6219 元,全社会固定资产投资完成 12.1 亿元,金融机构各项储蓄存款余额 4.6 亿元。先后荣获全国计划生育协会工作先进单位、山东省政务公开示范乡镇、平安山东先进基层单位、省级环境优美镇和泰安市经济工作、农田水利基本建设、种植结构调整、农业标准化建设、绿色泰安建设、民营经济纳税、维护社会稳定工作先进乡镇、市级文明镇等荣誉称号。

工业经济发达。有金城机械、中油龙泉、兴盛彩钢复合板、金火焰工业燃气、裕隆建材、瑞泰达机械、桑乐太阳能等大中型骨干企业 36 家,初步形成以煤炭、建材、机械、化工、石油、电力等六大主导产业体系。农业基础牢固。培植有机菜、两菜一粮、设施果菜大棚、旱地池藕、林菌间作、桑蚕养殖等主导产业 8 项、专业村 21 个;有种鸡孵化养殖龙头企业 1 处;经济林 9000 亩、用材林 1.8 万亩、农田林网 6 万亩,林木覆盖率 40.1%。旅游蓬勃发展。陶山被命名为泰山世界地质公园陶山园区;正在建设的中华商圣旅游区,较好地融入山东省“山水圣人”一小时旅游圈,是短期游的理想选择。三产繁荣活跃。有煤炭运输、商贸餐饮等工商户 5000 多户、大中型运输车辆 4000 多辆,各类集市、集贸市场 10 余处。近期抢抓泰湖铁路西接京九的机遇,筹建占地 1800 亩,集粮食、石油、煤炭、建材于一体的大型物流中心。社会事业和谐,党的建设坚强有力,精神文明建设深入人心,民主法制建设有效普及;科教文卫、慈善救助、城镇环保、供电交通、安全生产、计划生育等社会事业稳步发展,群众从中享受到更多发展成果,全镇上下呈现出又好又快发展的良好格局。

肥城市仪阳乡

仪阳乡位于肥城市城市中东部，区域面积97.4平方公里，辖49个行政村，4.6万人。近年来，在市委、市政府的坚强领导下，仪阳乡以科学发展观统领全局，紧紧围绕“工业经济实力乡、城乡一体活力乡、林果旅游魅力乡、统筹发展和谐乡”的发展定位，努力推进经济社会又好又快发展，先后被授予泰安市“招商引资工作先进乡镇”、“民营经济纳税先进乡镇”、“绿色泰安先进乡镇”、“维护社会稳定工作先进乡镇”、“信访工作先进单位”等荣誉称号。

肥城电力润能节能电气项目

工业经济蓬勃发展。乡政府驻地已融入肥城城区，泰肥一级公路、济微公路交汇于此。借助良好的区位和交通条件，通过兴建工业项目集中区，打造大平台，实施大招商，促进工业经济持续快速发展。全乡工业企业已发展到40多家，规模工业企业发展到19家，培育出了一滕集团、绿源果蔬等一大批知名民营企业。2007年全乡实现乡镇级工商税收1252万元，比2002年增长了20多倍。

山东一滕集团

绿源果蔬有限公司有机蔬菜加工厂

农村产业成效显著。立足自然条件，优化区域布局，发展现代农业。全乡发展以肥桃和核桃为主的干鲜果经济林3万亩、各类设施瓜菜和有机蔬菜1万亩、桑蚕3000亩。农业产业化得到了快速发展，2006年投产的绿源果蔬有机蔬菜加工项目成为国家农业综合开发产业化龙头企业，2008年建成投产的来源千头肉牛养殖场将建成全市最大的肉牛规模养殖场。乡政府驻地附近开发建设的刘台桃源世界风景区以其特有的自然风貌与漫山遍野的桃花被誉为真正的“人间仙境、世外桃源”，是肥城10万亩桃花的精品园。自2002年以来，以该景区为主会场，连续承办了七届肥城桃花旅游节，年客流量均在30万人次以上，先后被评为“国家AA级旅游景区”、“全国首批农业旅游示范点”。

刘台桃源世界风景区

民生事业全面进步。扎实推进新农村建设，投资1000万元实施了村村通自来水工程，全乡4.2万农民群众全部吃上了符合国家标准的卫生水；完成村村通公路建设100多公里，行政村柏油路通达率达到了100%；完成楼房化中小学校舍改造1万平方米。群众生产生活条件得到极大改善，乡村面貌焕然一新。

仪阳乡工业项目集中区

肥城市城建房地产开发有限公司

董事长、总经理李思金陪同省建设厅和肥城市领导视察新新家园

新新家园

该公司成立于1985年10月，原名为肥城市房地产综合开发公司，2006年6月改企转制为有限责任公司。公司共有员工216人，各类专业技术人员78人，拥有固定资产3800万元，自有流动资金2600万元，年开发能力为8～10万平方米，具有三级房地产开发资质、三级建筑安装资质、三级物业管理资质，是肥城市开发经验丰富、建设规模较大、管理水平较高、综合实力较强的开发企业。公司成立二十多年来，先后开发建设了龙山、河西、苹果园、井楼、丰园、艺苑、新新家园、建设小区8个居民小区，总建筑面积120万平方米，小区入住总人口5万人。公司于2003年通过了ISO9001质量管理体系认证，先后荣获省级重合同守信用企业和山东省消费者满意单位荣誉称号，连续4年被肥城市政府授予财政贡献先进企业。所管理的小区分别荣获1个国家级优秀小区、3个省级优秀小区、3个泰安市级优秀小区、3个省级花园式小区荣誉称号。

公司已发展成为集房地产开发、建筑安装、建材加工、物资批发、物业管理、社会服务为一体的集团化综合型企业，在社会上具有较高的知名度。该公司始终坚持"信誉第一、诚实为本"的企业精神和"精打细算、薄利多销、让利于民、服务大众"的经营理念，面向中低收入家庭，满足不同层次的需求，为提高居民的生活质量、改善居住环境、振兴肥城市经济、构建和谐社会作出积极地贡献。

公司地址：肥城市泰西大街26号

联系电话：3212832

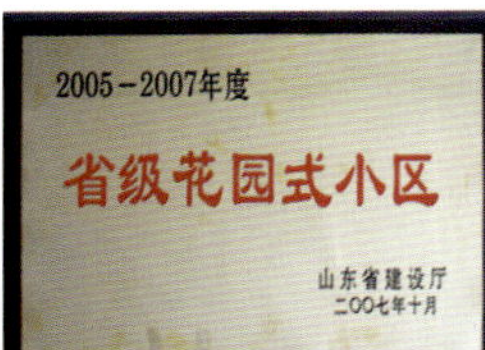

贴 24.2 万元。泰安市、肥城市被省政府授予“山东省适宜人居环境奖”称号，新泰市继续保留“山东省适宜人居环境奖”称号，宁阳县被省政府评为“山东省园林城市”。

加强村镇建设　继续开展新农村村镇建设试点工作，确定 20 镇、40 村为试点村镇。石横镇、满庄镇、汶南镇被列为全省示范镇。争取省级资金 178 万元、市级资金 190 万元用于小城镇规划建设和村庄整治。农村人均住宅面积达到 30 平方米，人均道路面积达到 14.64 平方米，绿化覆盖率达到 26%，自来水普及率达到 99%。行政村主要街道硬化率达到 84.14%，实现村村通柏油路、通电、通电话，77.54%的行政村实现通车，有线电视普及率达到 70%，村庄内道路硬化率达到 60%以上。

加强行业管理　全市有建筑和装饰企业 483 家、勘察设计企业 56 家、房地产企业 149 家、公用企业 14 家，建设行业从业人员 30 万人。钻机挂牌管理、勘察设计公开招标、“节能公示牌”制度等管理措施为全省首创，被省建设厅作为典型经验在全省建设领域推广。建筑业年创产值 160 亿元，列全省第六位；外出施工产值达到 59 亿元，列全省第三位。推进建筑节能，累计应用新型墙材 22 亿标块，建成节能建筑 438 万平方米。加强城市节水管理，以创建节水型城市为目标，全面推行户表改造、自备井整治、节水器具普及、中水管网敷设、水价调整等工作。

提高队伍素质　围绕创建学习型、效率型、务实型、创新型机关的目标，突出“创新、规范、服务、奉献、廉洁”的主题，落实廉政责任制，着力构建全新的服务理念、服务机制和服务手段，全面加强建设系统内部管理和依法行政管理，坚持与民同心、为民造福、服务全局，真心实意为群众排忧解难，实施“阳光工程”、“提速工程”、“诚信工程”、“便民工程”等四大工程，市建设局在泰安市 2007 行风评议中名列第五位，被评为“市级文明机关”。（吴　强）

【城建国有资产经营有限公司】

重点工程建设　城建国资公司作为业主承担的续建工程包括时代发展线、垃圾填埋场、垃圾焚烧发电、泮河一期、城建大厦、南湖大街等工程。年内，时代发展线工程完成居民拆迁 1005 户、企业拆迁 81 家，拆除各类房屋 24 万平方米，腾空土地 50.67 公顷；29 栋住宅楼开工面积 10 万平方米，竣工后可回迁居民 900 户，回迁小区具备施工条件的地块全部开工，工程开工率 50%。垃圾填埋场、泄洪沟、污水处理、防渗、综合楼、道路、绿化等工程年内完成。垃圾焚烧发电项目于 6 月 29 日开工。泮河一期工程拆除各类房屋 1.4 万平方米，腾空土地 106.67 公顷，砌筑河道岸墙 7.8 公里，绿化面积 43 万平方米，铺设园路 3.8 万平方米，铺筑道路及截污管网 7.9 公里，完成总工作量的 99%，泮河东、西路河道岸墙、橡胶坝、绿化项目通过质检验收。城建大厦项目重新修编规划方案。南湖大街工程完成 9046.05 平方米拆迁和沥青铺设工作。

国有资产监管　完善产权登记与产权变动报告制度，建立国有资本动态监控机制。依法做好清产核资工作，摸清家底，界定产权，核实国有出资人权益。组织所属全资、参控股企业进行国有资产产权登记和年检，对涉及增资、出资人变更及国有产权转让的产权变动企业进行重点梳理和规范。建立激励与约束相结合的国有资产监管运营机制，实施法定代表人经营业绩考核奖惩办法。制定固定资产投资管理办法，对企业固定资产投资程序进行规范。

招商引资　把招商引资与重点建设项目、产权制度改革、资产重组结合起来，引资金，引技术，引管理。全年引进项目 3 个，总投资 4.79 亿元，年内到位资金 1.02 亿元。其中，与山东勇岳市政建设投资有限公司合作开发城建大厦项目，总投资 5000 万元；泰山燃气集团公司与深圳燃气投资有限公司共同开发液化天然气项目，总投资 1.5 亿元，初期投资 7820 万元，年内到位资金 1820 万元；香港中科能源投资集团、北京中科通用能源环保有限公司和中国北方工业装备有限公司三方合资建设垃圾焚烧发电项目，总投资 3182 万美元，年内到位资金 8350 万元人民币。

安全生产　与各权属企业签订《2007 年度安全生产工作目标管理责任书》，印发、转发安全生产文件 77 份，统一组织检查和抽查 7 次，查处整改安全问题和事故隐患 175 处。组织开展冬季安全生产集中整治、“五一”安全生产大检查、“安全生产月”活动、重点行业和领域安全生产隐患排查治理专项行动等活动。

便民服务　公司 12319 公用事业投诉热线，受理投诉案件 1448 件，处结率为 100%，市民满意率为 98%。

年内，公司获“平安泰安建设先进单位”、“市直机关招商引资工作先进单位”、“市政府便民服务电话工作先进单位”荣誉称号。

（张贺玲）

【泰山区城区建设】　①完成财源街、通天街、南湖大街、时代发展线、七里河等重点建设项目的拆迁改造任务，拆除各类房屋 8 万平方米。完成城区双龙、唐庄、梳洗、三里、七里河等 5 条河道、23 处重点部位疏浚工作。②加快旧住宅小区、背街小巷环境整治。年内，完成向阳、凤凰2个小区和东青龙街、庙前街、后营街、文化街、三里小学路、财源新村南村中心路、青山东街、青山新村东西路、清真寺街9条街巷的整治工作任务。③加强城市基础设施和商贸房地产项目建设。规划建设宝龙城市广场、宝龙国际社区、圣地大厦等现代商务、商贸服务设施和高中档住宅小区，加快实施泰山物流中心等物流园区建设。年内，完成房地产开发业投入7.9亿元，全区实施房地产开发建设项目22个，施工面积93.7万平方米，新开工项目10个，新开工面积52.3万平方米。④城中村改造。全区78个城中村有42个村规划获批复，21个村列入市政府城中村改造试点，33个村实施旧村改造。⑤房产管理。全年累计办理房产登记3330套，面积约112.32万平方米。⑥开展城市环境综合整治。按照省、市连续3年开展城乡环境综合整治活动的部署及要求，继续开展城市环境综合整治。全区3年共安装东部新区主干道路灯400盏、居民小区和背街小巷路灯620盏、园林灯146盏，搬迁居民小区、重点街巷占道经营的市场24处，清挖化粪池2620个，排污检查井6240口，更换破损井盖2780个，疏通排污管道、雨水管道2.6万米，改建、增设垃圾中转站108个、果皮箱1170个，拆除城市建设中遗留的残墙断壁163处，粉饰、美化居民小区、背街小巷及居民楼道破损墙面56万平方米，拆除破旧广告牌匾3410块，更新广告牌匾3260块，安装电动伸缩门92个，铁艺围墙8150米。⑦加快新区建设发展。建成道路总长度50公里，形成“五纵五横”的主干道路网络。日供气能力达5万立方米，日供水能力达20万立方米，供热能力每小时80吨。泰山工业园区依托泰山啤酒有限公司、泰开互感器公司、岱银纺织集团、康平纳公司、泰山鲁能集团、岳首集团等一大批骨干企业，初步形成以电器电缆、生物制药、新型材料、纺织服装、精密机械等为主的优势产业集群。康平纳公司被中国科学院确定为全国唯一的毛纺试验基地，承担的一项国家“863计划”顺利通过验收。山东泰山工业园区被山东省侨联确定为“侨商投资服务基地”，这是省侨联在泰安市确定的唯一基地。（彭锡瑞）

【岱岳区城区建设】 ①基础设施配套建设。投资100万元，铺设总长1.4公里的供水管线，彻底解决城区供水加压不足问题。投资30万元对府前路西段进行改造，该路段总长224米，宽4.5米。城区入住率提高到40%。②城中村改造。实施粥店等14个村的旧村改造工程，二十里埠村、常家庄村、董家庄村的旧村改造工程奠基。③建筑业发展状况。全区有建筑企业51家，其中房屋建筑总承包一级企业1家（鲁中建设总公司于2007年5月被建设部批准晋升国家房屋建筑总承包一级企业）。建筑业从业人数8万人，完成建筑业总产值24亿元，增长2.6%；实现利税1.2亿元，其中财政贡献3000万元，增长3.5%；办理建设项目报建手续31项，收取报建费用351.85万元。房地产开发企业23家，其中一级房地产开发资质1家。完成开发总投资2.8亿元，实现利税5500万元，其中财政贡献3100万元；施工面积达65万平方米。④重点工程拆迁。共拆除房屋面积2.6万平方米，补偿资金3000万元。

（侣向峰）

【城建档案管理】 年内，签订建设工程档案报送责任书88份，签署建设工程验收意见书56份，发放山东省建设工程档案合格证32份，验收单体工程108个。至年末，共接收竣工档案1996卷。做好城建声像档案工作。对城建重点工程和重大活动跟踪报道，留存大量的声像档案资料，真实记录城市的发展轨迹。（肖　波）

【建设职工培训】 ①建设岗位培训。组织完成建筑装饰企业中级岗位十二大员新训1235余人，中级岗位继续教育1899人，项目经理继续教育686人。安全三类人员（包括建筑装饰企业、园林、市政工程管理安全三类人员）考核培训1263人。完成“李兆基”温暖工程培训，培训农民工1000人。组织强制性标准培训班，培训3000人。组织全市房产开发企业住宅产业技术宣贯班培训考核218人，举办全市建筑节能培训247人。进行专业技术人员职称继续教育工作，完成全市专业技术人员继续教育工作120人。②职业技能培训。组织全市建筑企业技术工人职业技能培训鉴定1000人。组织园林绿化企业技术工人职业技能培训鉴定108人。组织监理企业安全员培训234人。组织房地产企业建筑安装施工企业财税人员高级研修班32人。为参加全国建筑业职业技能大赛选拔赛，组织培训20人。与东方劳务公司合作，搞好技术工人出国前的培训工作，培训199人。③工程专业技术人员培训。对全市乡镇民营建筑装饰企业专业技术人员进行工程专业技术培训考核，共有1681人获得初、中级工程技术职务任职资格。④学历教育。与山东省委党校联合举办“建设经济管理”本专科班，培训89人。与山东城市建设职业教育学院联合举办“工业与民用建筑”专业中专班，培训102人。与山东科技大学联合举办“工程技术函授”、“工程造价函授”大专班，“土木工程”本科班，招生159人。⑤建造师考前辅导。完成2834人二级建造师执业资格的报名工作，组织500人参加一、二级建造师考前辅导。（孔德民）

【市政设施管理】 市政基础设施建设 ①道路建设和污水治理。对货场西路、金山东街、校园路、东湖路东段、擂鼓石大街东段、旧镇路、荣疗东路北段、财源街东段、财源东街、财源西街、科山北路等道路进行建设，对双龙河、梳洗河实行污水治理，小堰堤垃圾处理厂封场工程完成。建设道路总长度11千米、面积9.40万平方米，新建人行道4.6万平方米，完成工程投资4000万元。红门路工程被山东省市政工程协会评为2007年度“山东省市政金杯示范工程”和山东省“质量诚信、用户满意”工程，是泰安市首届群众最喜爱的“十大优秀工程”之一。②基础设施养护。维修路灯2万盏次，擦拭路灯8000盏次，新安装路灯1000盏；全城1.7万盏路灯，亮灯率始终保持在99.9%以上。河道清淤7400立方米，维修排水设施、疏通排水管线240公里，安装维修污水检查井180套、雨水篦子350套。养护道路面积1.7万平方米，修复人行道2.8万平方米。办理道路刨掘现场勘察140起，纠正制止各类违章270起，督促各管线单位更换维修井盖、井圈490套。整治路牌广告300块，新安装公交车候车亭20处，落地式广告设施80处。③城市防汛。成立防汛工作领导小组，组建抢险大队；购置防汛物资，加强河道设施的检修，对城市道路易积水地段进行改造；编排防汛值班表，落实岗位责任制和交接班制度。共出动抢险车辆120台次、人员1150人次。（洒荣民）

·泰城重点工程·

【财源大街改造工程】 财源大街是泰安市一条老商业街，上年完成中段改造工程，年内实施东段改造工程。财源大街东段西起通天街，东至虎山路，全长515米。年内，中段人行道板铺装工程、绿化工程、雨污管道工程、电力管道工程全部验收完毕，东段道路工程基本完工，雨水管道、热力管道、沥青路面铺设完成。

【南关路北段改造工程】 该段北起财源街，南至泮河大街，全长2.7公里，红线宽度为50米。其中，财源街至灵山大街段宽20米，灵山大街至泰良路段宽34米，泰良路至泮河大街段宽18米。改造工程5月6日开工，9月基本完工。工程敷设雨水、污水、中水、电力、热力、煤气、自来水、弱电等管线，其中雨水管线4000米，污水管线2600米，中水管线4000米；累计动用土石方8.8万立方米，铺设沥青路面5万平方米，拆除旧路缘石8430米，新安路缘石、镶边石、平沿石6500米，铺装人行道板2.2万平方米。完善环卫基础设施，在路两侧设置消防栓、道路标志牌等。开展规范广告牌匾、沿街商业房包装、建筑物夜景亮化等景观综合整治。

【货场路改造工程】 北起东岳大街，南至泰山大街，全长1.6公里，规划宽30米。4月16日开工，年末基本竣工。工程共拆除房屋50户、4000平方米，挖填土石方7.8万立方米，铺筑水泥稳定砂5.2万平方米、沥青路面3.8万平方米，浇筑水泥路面3900平方米，铺筑人行道板9000平方米，敷设雨水、污水、电力、路灯、中水、自来水、弱电等各类管线7600米。

【唐訾路南段改造工程】 唐訾路南段北起东湖路，南至灵山大街，全长959米，改造工程于4月3日开工。换填路基土石方8.7万立方米，敷设排水管线3820米、电力管线1350组米、路灯管线1860米，铺筑车行道稳定砂2.8万平方米、基层稳定碎石2.7万平方米，沥青混凝土2.8万平方米，安装路沿石3720米，铺设人行道板8400平方米，安装路灯54盏。完成弱电管线1170米、煤气管线1230米、热力管线870米、给水管线430米等专业管线的改造和埋设工作。

【东湖路东段改造工程】 西起唐訾路，东至泰明路，全长1392米，4月13日开工。换填路基土石方3.6万立方米，外运垃圾土石方1.2万立方米，铺筑稳定砂1.4万平方米、基层水泥稳定碎石1.4万平方米、沥青混凝土面层1.4万平方米，铺设电力管线210米，砌筑电力沟1200米，埋设雨污水管线1800米、中水管线560米，铺设人行道板3600平方米。改造和埋设弱电管线470米、煤气管线230米、热力管线370米、给水管线240米。

【校园街改造工程】 北起擂鼓石大街，南至岱宗大街，全长590米，4月8日开工，6月30日建成竣工。完成换填路基土石方5780立方米，排水管线320米，路灯管线590米，铺筑稳定砂3835平方米、基层稳定碎石3810平方米、沥青混凝土3540平方米，铺设人行道板1320平方米。同时完成弱电管线、煤气管线、热力管线、给水管线等专业管线的改造和埋设工作。

【旧镇路改造工程】 北起灵山大街，南至南湖大街，全长570米，改造工程于4月13日开工，6月

30日竣工通车。共计完成路基土石方换填6260立方米，污水管线580米，路灯管线580米，铺筑稳定砂3673平方米、稳定碎石3532平方米，铺筑沥青混凝土3390平方米，铺设人行道板3360平方米。同时完成弱电管线、煤气管线、热力管线、给水管线等专业管线的改造和埋设工作，各类架空线路对接完毕。

【七里河治理工程】 北起环山路，南至泮河，总长度5.39公里。年内，实施易初莲花铁路桥至泰东路迎胜路桥段，治理长度2.2公里。拆除各类建筑6800平方米，回迁安置32家，征用集体土地5.49公顷，清理河底淤泥11.9万立方米，砌筑河堤2600米，修筑防洪通道520米，铺筑沥青路面1.1万平方米，安装路沿石900米，敷设排水管道690米。

【“四河”治理工程】 年内，对梳洗河、双龙河、箭杆河、唐庄河“四河”进行治理。梳洗河工程上游北起泰师附小，南至灵山大街，中游北起灵山大街，南至铁路桥，总长1320米；双龙河工程北起白家庄，南至梳洗河，全长7120米；箭杆河工程北起生物制药厂，南至胜利水渠，全长2400米；唐庄河工程北起三合水库，南至梳洗河，全长3808米。“四河”治理总长度为16公里，沿河地上附属物的清障拆迁工作基本完成，完成清淤21.37万立方米，铺设污水管线10.5公里、中水管线5970米，砌筑坝墙6300立方米。（吴　强）

·公用事业·

【燃气经营管理】 年内，对全市45家取得市批燃气经营许可证的企业进行年检，下达整改通知书13份。对新申办燃气经营许可证的企业进行审查，为达到《山东省燃气管理条例》相关要求的4家燃气经营企业办理经营许可证和供应许可证。到年末，全市有56家燃气经营企业取得经营许可证，其中省批企业7家、市批企业49家。加强安全培训和宣传工作，组织企业（单位）安全管理人员持证上岗培训班，相关人员持证上岗率达到100%。（李秋法）

【城市燃气供应】 泰山燃气集团有限公司全年安全供应天然气1.2亿立方米。与深圳燃气集团有限公司合作建设的泰安深燃液化天然气利用项目开工。与华气天然气股份有限公司合作开发的泰安压缩天然气汽车加气项目，建成子站5座、母站2座，日供应压缩天然气8万立方米。基础设施投资4425万元，市建成区新增管网32公里，累计长度599公里；发展各类天然气用户9261户，天然气用户累计11.3万户。公司被市政府授予“精神文明先进单位”。（曹俊峰）

【城市公交】 截至年末，泰城拥有公交标准运营车辆812标台，全年行驶里程2300万公里，完成客运量4200万人次。新增车辆55台，其中更新4路车28台，更新15路车11台，用于新开线路的公交车16台。年初，根据1路线客流分布情况和开发区群众的出行需要，将1路线调整分段，新开9路线；调整14路、18路线；新开28路和29路。建设启用东开发区停车场、大河停车场和公交加油站，确立城区第二个枢纽站易初莲花公交枢纽站。开展首届“十佳文明驾驶员”评选活动，评出文明驾驶员10名。9月16日至22日举办了首届中国城市公共交通周及无车日活动。（刘洪祥）

【城市供水】 结合国家水质新标准的颁布实施，市自来水公司投资100万元，更新改造三合水厂的水质检测化验设施，使水质检测项目由原来的35项增加到国家规定的106项，水质综合合格率达到100%。加强供水安全管理，民兵抢险分队同公安110实行配套联动，处理抢险事故400次，抢险及时率达100%。逐步对旧城区供水管网进行更新改造，投资250万元，铺设管道5.37公里。完成居民用水“一户一表、计量出户”改造1.2万户。（王长柏　张　鹏）

【城市节水】 以创建节水型城市为目标，广泛开展群众性创建节水型城市活动，提高市民节水意识；健全供水、节水法规，完善管理机制。万元GDP取水量降到22.41立方米，万元工业增加值取水量降到18.84立方米，工业用水重复利用率达到86%，工业废水处理达标率达到100%，非常规水利用率达到5.5%，城市生活污水集中处理率达到75%以上，城市再生水利用率达到14%，城市供水管网漏损率降低到12%以下，“一户一表”改造率达到城市居民用水户的40%。城市建成并正常运行的中水设施达到4座，总建设规模达到3000立方米/日。市区自备水的取水量低于公共供水量的15%，基本完成不符合国家标准用水器具的改造。年节约用水约1200万立方米。（张光华）

【城市供热】 泰山城区热力公司取得由省建设厅颁发的供热经营许可证，是泰城供热行业首家荣获ISO 9001三项体系认证的企业。该公司有职工160人，资产总额3.37亿元，拥有各类蒸汽管网78.6千米、热水管网123.1千米，各类调峰锅炉10台，10万平方米以上大型换热站24座，最高实现供热面积398万平方米。完成汽改水和水改水中心换热站改造各1座，合并各类小型换热站15座；推行换热站无人值守和混水供热技术试点工作，升级改造热网监控系统和自动控制系统，完善热力调度中心建设，对换热站运行状况进行实时调控，实现部分管网自动调节、均衡供热；在南关大街段、南湖大街、唐訾路、科山路、旧镇路、九州家园等处敷设高温水管道7.4千米；继续开展供热分户改造，年内完成分户改造1882户。制定投诉受理工作标准，建立客户服务系统，实现业务咨询、投诉受理、报修抢险等语音自动流程管理，完善温暖热线运行机制和供热辖区管理制度，落实供热首问负责制，设立"服务标兵"服务窗口，开展优质服务和微笑服务。泰山城区热力公司获得"省级守合同重信用企业"、"省供热行业安全生产先进单位"、"市级文明单位"、"市劳动关系AAA级和谐企业"、"市民主管理厂务公开先进单位"、"市职代会先进星企业"等称号。 （卜静涛）

·城市环境·

【城市管理行政执法】 泰安市城市管理行政执法工作，坚持以人为本、执法为民，紧紧围绕优化发展环境、构建和谐城管的目标，探索新形势下城管执法的新机制，加大执法力度，规范执法行为，城市管理执法水平不断提升。市城管执法局于2003年8月26日成立，有在职职工247人，其中机关人员20人（行政编制），下属单位227人（全额事业编制）。机关内设办公室、法规科、宣传教育科和财务装备科，下辖泰山区执法分局、岱岳区执法分局、督查机动大队、直属执法大队和投诉中心。

拆除违法建筑 强化与区政府、街道（镇）及社区（村居）的协调力度，建立"三级巡查网络"。坚持拆罚并重，及时果断地对违法建设进行拆除或处罚。针对重点建设项目周边违法建设多发问题，掀起"拆违风暴"，相继对董家庄、曹家村、高王寺、灵山大街西段、堰东堰西等进行七次大规模强制拆除行动，拆除违法建筑356处、9.06万平方米，占年度拆除违法建设总量的40%。查处各类越证实施建设的违法行为，建立建设工程批后管理档案。全年查处违法建设853处、55万平方米，其中依法拆除622处、23万平方米，收缴罚款407万元。

加强市容管理 以城乡环境综合整治为突破口，重点对东岳大街等20余条主次干道、城市窗口和旅游轴线占道经营行为进行大规模的集中整治，规范市场20处，清理占道经营4万处，取缔马路市场20处。采取"清、涂、抓、呼"等方式方法，及时清理乱贴乱画，抓获乱贴乱画人员70人次，查抄制贩假证窝点7处，行政拘留60余人，刑事拘留17人，追呼违章张贴的电话号码1269个，处罚445人次，对拒不接受处罚的46个电话号码进行停机，并在《泰安日报》上刊登曝光。对全市户外广告开展集中普查，拆除830块、1.75万平方米。选择财源街、岱北街、红门路作为示范街建设试点路段，培养市民自觉遵守城管法律法规意识和城市意识。

保障重点工程 基本完成迎胜路综合整治，参与时代发展线、财源大街、七里河、南关路、货场路、唐訾路等重点工程指挥部工作，在查处违法建设、制止各类乱搭乱建、动迁和清障等方面，积极主动地配合各项改造建设工作。先后动迁市、区时代发展线117户、7000平方米，清理工程障碍10户，拆除铁屋棚厦60个，拆除乱搭乱建12家、2000平方米，清理占道经营200户，占道物品500平方米。

规范集市摊点管理 协调上高办事处和泰山区东部新区管理委员会，在适宜路段新建市场3处，实施分类划片画线、分区经营，对泰明路、唐訾路和汉明堂路集贸市场共1000多个经营业户进行疏导和搬迁。对达不到建设新市场条件的路段，按照"主干道严禁、次干道严控、背街小巷规范"的原则，采取"分别情况、辟出地段、进区经营、集中管理"的办法，在科山路、向阳路、湖东路、荣疗路、12号马路等街道，试行便民服务临时摊位证管理办法，采取市场化运作的方式，用资20万元，设置130个经营商亭，实施定点规范经营。

完善工作机制 制定《泰安市城市管理行政执法局考核奖惩办法》，明确考核的原则、办法、程序、形式和奖惩办法，调动广大队员的工作积极性。实行每周市容例会、每周规划例会和每周投诉例会制度，制定《泰安市城市管理行政执法局行政处罚自由裁量权标准》，规范行政处罚自由裁量权。制定《关于加强行政收费和罚款管理的规定》，严格行政收费和罚款的程序。加强政务公开工作，依照规定对机构职能、法规文件、工作计划、工作动态和行政执法的各项内容面向社会进行公布。畅通投诉举报受理渠道，完善快速处访、定期排查和督办问效机制。年内，在市政府便民服务热线办理情况月度考核中，市城管执法局均被评定为优秀等级，并连续3次位居前三名，案件办结率100%、案件回复率100%，群众满意率96.5%。全年无越级、重大上访案件发生。

加强队伍建设 围绕构建和谐城管，召开全市和谐城管建设经验交流会，开展构建和谐城管大讨论，举行和谐城管征文比赛，营造构建和谐城管的浓厚氛围。强化廉政建设，签订党风廉政建设目标责任书，层层落实党风廉政建设责任制。开展“思想、作风、纪律”三整顿活动，建设思想纯洁、作风正派、纪律严明、昂扬向上、奋发有为的高素质城管队伍。召开“加强作风建设、促进社会和谐”主题教育报告会，邀请省高校工委教授就如何把握科学的思想方法和如何提高干部素质做专题讲座。认真开展文明行业创建、政风行风评议、“服务旅游、党性闪光”主题实践活动等，涌现出一批助人为乐的典型人物和事迹。

10月24日，新华社《内参选编》（2007年第42期）刊发新华社记者于长洪、王志采写的《山东泰安创新机制打造“和谐城管”》一文，产生广泛影响。北京、河北、江苏、河南、安徽以及山东的20多个城市城管执法部门到泰安学习考察。

年内，市城管执法系统被市文明委评为“创建文明行业工作先进行业”，市城管执法局被评为“市级文明机关”，市城管执法局被省法制办评为“全省城市管理行政执法工作先进集体”。

【城市环境综合整治】 把开展城乡环境综合整治作为实施可持续发展战略的切入点，突出解决市民关注的水污染、水短缺、环境差等热点问题，提高城市整体生态环境质量，构筑大环境综合整治的格局。对七里河、梳洗河、双龙河、箭杆河、唐庄河等河道实施综合整治，总长度21.4公里，全面改善沿河环境和水体质量。完善城市绿化系统，提升绿化水平。按照政府组织、政府扶持、市场运作的原则，分期分批改造旧住宅小区15个，整治完成率达到78.9%。完成背街小巷的综合整治，完成率达到100%。在新、旧居住小区全面实行规范化物业管理，有效地改善小区面貌和居民的居住环境。在城区范围内开展违法建设普查工作，查处各类违法建设2000处、120万平方米，其中拆除857处、12.6万平方米，查处率和处结率均达到100%。制定户外广告资源有偿使用管理办法，对城区内道路户外广告进行集中整治，拆除广告标牌5561处、6.5万平方米。清理乱贴乱画14万处、7万平方米。对沿街建筑、围墙进行粉刷，拆除乱搭乱建110处、2000平方米，清理摊点2.1万处。实施城市管理重心下移，充分发挥办事处、居委会、社区的作用。开通“12319”、“12345”服务热线，“12319”办理各类事项4000件，“12345” 办理建设类事项880件，办结率、回复率、群众满意率均达100%。 （赵克华）

【园林绿化】 年内，建成各类公园12个，游园绿地325处。节日期间摆放、栽植时令花卉30万盆。泰城建成区绿化覆盖率达41.4%，人均公共绿地面积15.06平方米。

公共绿化工程 以创建国家园林城市为总抓手，开展泮河大街、泰山大街、梳洗河、南湖大街等绿化工程。从春季开始，以查缺补漏为重点，开展22条主干道，15处公园绿地的苗木补植工作，共充实各类乔木405株，灌木12.8万株和宿根花卉3.98万株。

园林绿化管理 通过科学管理，力求使园林的生态功能更加突出。提升管理观念，加强对园林职工业务素质的培养，聘请有关园林专家进行授课、指导工作；积极引入和倡导生态理念、节约理念等有利于可持续发展的好思路、好办法；在东湖、南湖应用的“全自动光谱杀虫灯”和与山东农业大学合作实施的生物防治新技术，都在防病治虫的同时，减少农药用量，保护生态环境。完善用工机制，在调查摸底的基础上，减员增效，合理用工，力求管理效益的最大化。美化节日泰城，重大节日期间共组织30万盆鲜花装点泰城，美化市容市貌。抓好安全生产，把金山、蒿里山防火作为重中之重，做到组织落实，制度健全，措施到位，保证全年无责任事故发生。

社会绿化工作 3月，市领导带头在泮河风光带进行义务植树活动，掀起全年绿化的高潮。年内，新增44个省、市级新“花园式单位（小区）”，数量创历史之最。

【参加山东省第二届城市园林绿化博览会获奖】 博览会自9月16日至11月25日在济南举行。泰安市完成植物雕塑展、园林城市形象展等7个室内、室外展览，全方位展示出具有泰安地方特色的园林绿化成果。其中，植物雕塑以泰山标志性景观——“南天门”、“十八盘”为载体，前置泰山石雕刻的“国泰民安”印章，凸现“和谐”的主题。在园博会上赢得包括“最佳组织奖”、“园林城市最佳展示奖”、“植物雕塑展综合金奖”等20个奖项。 （邱海燕 艾 鹏）

【环境卫生管理】 完成泰城637万平方米的日常保洁工作，日清运生活垃圾710吨、粪便50吨，日处理生活垃圾730吨，保持垃圾箱、果皮箱等环卫设施的正常运行和外观整洁，管理维护城区121座公厕正常运转。加快垃圾处理场建设，市生活垃圾压缩转运站建设工程、小堰堤垃圾处理场封场及生态恢复工程被列为2007年泰安市委、市政府确定的泰城环境综合整治重点建设工程。年末，压缩转运站建设工程的土建工程部分全面铺开，小堰堤垃圾处理场封场工程建设全面展开，粪便处理厂建设一期工程完成。年内，1个集体获“市巾帼文明示范岗”称号，1人获“全省建设系统先进工作者”称号，1人

获“山东省富民兴鲁劳动奖章”称号。（边树举）

【污水处理】 继第二污水处理厂上年移交泰安清源水务有限公司经营后，2月，经泰安市政府授权，市建设局与泰安清源水务有限公司签订《第一污水处理厂特许经营权合同》，由清源水务有限公司出资对第一污水处理厂进行技术改造。7月，将第一污水处理厂移交给清源水务有限公司进行经营管理，两个污水处理厂均实现了市场化运作。11月1日，上调泰安市污水处理费收费标准，居民生活用水每立方米0.90元，机关团体用水每立方米1.00元，工业、经营服务、特种用水每立方米1.10元。

及时调整运行工艺，加大设备维修管理、水质监测等工作力度，并对第一污水处理厂进行技术改造，不断提高污水处理的运行效率和管理水平。严格设备巡查制度，发现隐患及时排除，精心运行、精心维修保养。加强水质监测，累计出具监测日报表321份、月报12份、监测报告120份，为污水处理正常运行提供准确可靠的检测数据。第一污水处理厂工程建设全部完成。（王　波）

【泰山广场管理】 ①完善规章制度。修订《泰山广场保安队员工作守则》《泰山广场保安队员考核办法》和《保安量化管理制度》等，将文明服务礼貌用语上墙，进行军事化训练，全面提高保安队伍的整体素质。②规范管理行为。采用市场运作招聘机制，重新与卫生保洁、保安单位签订合同。安排专人负责卫生保洁的检查工作，坚持夜扫、日保、全面保洁，对广场地面随时检查整修。制止破坏广场设施行为200起，劝阻打架斗殴、酗酒闹事等违法行为120余次，清除教育不法商贩和违章经营180人次，年内未发生治安刑事案件。③加强广场建设。广场健身娱乐器材完好无损，音乐喷泉全年喷放300次，满足了市民休闲娱乐需要。全年完成接待服务任务160多次，配合有关部门在广场举办大型文艺演出和各种宣传展示活动50场。（张　田）

【红门路荣获“山东省人居环境范例奖”】 红门路位于泰山风景区中轴线，南起岱庙厚载门，北至泰山红门宫关帝庙，全长1435米，是泰城的仿古一条街，是游客步行登山的主要道路。自1996年开始，不断对该路进行综合整治和改造，实施道路绿化，铺筑沥青混凝土路面，敷设雨污水、电力等各类管线，安装景石，改进白鹤泉景观水系，形成一轴（历史文化轴）三带（泉眼、潭瀑、溪泊）的景观格局。红门路成为独具特色的标志性道路，成为绿化、净化、美化融为一体的精品工程。年内，荣获“山东省人居环境范例奖”。（李　伟）

·县乡建设·

【村镇建设概况】 年内，全市村镇建设以中心镇和重点镇建设为重点，以村庄整治为突破点，按照因地制宜、试点先行、科学引导、注重实效的工作思路，抓点带面，典型引路，全面发展。全市86个乡镇（街道）中，属村镇建设范围的乡镇73个，其中建制镇59个（宁阳镇、东平镇为城管镇）、乡14个，行政村3392个（不含镇驻地村），自然村4665个。村镇总人口456.44万人，其中乡镇驻地人口为105.53万人，农村人口为350.91万人。全年村镇建设投资31.2亿元，其中乡镇驻地建设投资14.5亿元、村庄建设投资16.7亿元，全面实施道路、自来水、电信、有线电视、宽带网、教育、医疗卫生等基础设施和公用设施建设。到年末，实现村村通柏油路、通电、通电话，84.14%的行政村主要街道实现硬化，77.54%行政村实现通车，有线电视普及率达到70%，绿化覆盖率达到26%，自来水普及率达到99%，人均住宅面积30平方米，人均道路面积14.64平方米。继续开展新农村村镇建设试点工作，确定20镇、40村为新农村村镇建设试点村镇，其中石横镇、满庄镇、汶南镇被列为全省示范镇。争取省级资金178万元、市级资金190万元用于小城镇规划建设和村庄整治，有13个乡镇、48个村获得资金补助。（杨新培）

【泰山区村镇建设】 泰山区以加快推进城乡一体化建设为目标，以加强村镇基础设施建设、改善群众居住生活条件为重点，严格按照泰城总体规划和农村城市化、城乡一体化建设要求，全力抓好小城镇和新农村建设。①规划管理。邱家店镇省级中心镇申报工作，于12月19日顺利通过省建设厅检查验收组专家验收。全区城市规划区外村庄75个，其中50%的村完成新一轮村庄建设规划编制。邱家店镇居岭庄、埠阳庄等村的村庄整治规划编制完成。②中心镇和小城镇建设。着力抓好中心镇综合开发、配套建设、基础设施建设管理工作，其中省庄中心镇商贸小区、1.6万平方米住宅小区建成。在全区小城镇实施净化、亮化、绿化、美化工程，小城镇绿化覆盖率达到24.8%以上，人均公共绿地面积4平方米。③新农村试点建设。抓好居岭庄、徐家庄等10个省级和邱家店、埠阳庄等5个市级试点村镇建设，新确定东郭庄、东苑庄等4个市级新农村试点。8月31日，全市新农村村镇建设现场会在泰山区召开。改善村容村貌、村庄环境，着重对邱家店镇徐家庄等20个村实施绿化、道路硬化、外墙粉刷、环境整治。投资1600万元，硬化道路2.52万米，新修排水沟2.1万米，新增绿化面积8万平方米，更换路灯44盏，新安路灯489盏，清理“三堆”和垃圾死角2.94万吨，清理广告牌匾755块，新制作标准广告牌匾165块，拆除违章建筑0.8万平方米，粉刷墙体4.6万平方米，清除乱贴乱画1万处。建立环境卫生长效管理机制，充实卫生保洁队伍，负责苗木管护与日常卫生保洁。投资30万元，配备垃圾运输车、小型环卫车和洒水车，率先实现镇域垃圾统一收集和无害化处理。

【岱岳区村镇建设】 ①规划编制工作。良庄镇等3个乡镇总体规划修编完成，报区政府审批；黄前镇、下港乡总体规划开始修编。全区小城镇建设总投资2.2亿元，新修道路10.5万平方米，新增路灯534盏，铺装人行道2万平方米，排水沟15公里。小城镇详细规划率达到45%。②查处违法建设。全力抓好制止违法建设工作，建立健全依法有序的建筑市场秩序，全年共查处违法建筑381处，建筑面积14.99万平方米；强制拆除违法建筑318处，建筑面积10.51万平方米。2月3日和5月25日，分别召开岱岳区制止违法建设暨环境综合整治工作大会和岱岳区建筑工程综合执法检查工作大会。7月19日和8月3日，组织市、区两级30个部门、1500人次，对违法建设量大、影响严重的曹家村进行强制拆除活动，拆除违法建筑273处，建筑面积7.58万平方米；7月24日，对高王寺村违法建筑进行强制拆除，拆除建筑面积5600平方米；8月15日，对上旺村和过驾院违法建筑进行强制拆除，拆除建筑面积2700平方米；12月13日，对堰西村和堰东村违法建筑进行强制拆除，拆除建筑面积1万平方米。③城镇环境综合整治工作。在岱岳区制止违法建设暨环境综合整治工作大会上，分别与城区4个居民小区和17个乡镇（街道）签订责任书，实行季度检查，半年考核和年终总评，严格按照《城镇环境综合整治考核标准》和《村庄环境综合整治考核标准》进行考评。在岱岳电台开辟“全区城乡环境综合整治”专题栏目，对省、市各种政策和全区有关活动进行宣传报道。各乡镇成立专门办事机构，增加资金投入，加大美化、亮化工作力度，充分利用春季植树季节，大力种植苗木，提高绿化覆盖率。

【新泰市城乡建设】 年内，顺利通过全省城乡环境综合整治三年总评考核，继续保留“山东省适宜人居环境奖”荣誉。到年末，城市建成区面积扩展到58平方公里，城市人口达到47.7万人，人均拥有道路面积19.5平方米，人均公共绿地面积15.2平方米，人均居住面积28.26平方米，城镇化水平上升为52%。

城市建设 ①市政设施。新建重兴路和明珠南路，对青龙路、青云路西段、新矿路东段、孙村东路进行整治和改造，通过新建及改造6条道路，增加道路面积3.9万平方米，特别是随着青云路西段维修改造工程的实施，城区主干道路全部实现沥青罩面。②园林绿化。以新建道路配套绿化、原有道路的绿化完善为重点，重点实施“三路一园”工程（205国道东段绿化、重兴路绿化、明珠南路绿化和龙柏园绿化工程），新增绿化面积11.76万平方米，各项绿化指标继续保持全省前列。③环境卫生。新购置4座生态环保移动式公厕，对市区主要道路两侧的27座公厕，按照星级宾馆厕所标准进行达标改建。在新泰、新汶两城区建设垃圾转运站11座，改造垃圾转运站9座，提高垃圾收运能力。争取中央预算内补助资金600万元，用于新的城市生活垃圾综合处理场筹建，年内完成选址、环评大纲及报告书编制与评审、地形测绘、地质勘察、大气测量、环境监测等工作。④房屋拆迁。重点进行重兴路、明珠南路、污水处理厂和天然气管道工程的拆迁建设工作，共拆迁房屋面积1.9万平方米。⑤城乡环境综合整治。重点抓城区主干道沿街环境综合整治、背街小巷和居住小区环境整治、城中村开发改造和弱电入地改造工程。突出发展大道、青龙路、滨湖路、青云路、向阳路、府前街、新甫东路7条道路的整治；对青云街道办事处15个社区、村居，新汶街道办事处9个社区、村居，汶南镇7个村庄，龙廷镇3个村庄，实施背街小巷和区内环境整治，改善村民的居住生活环境；城中村开发改造共启动3批31个社区村居的开发改造，首批青云街道办事处银河社区等6个村居共开工建设回迁楼31栋，建筑面积12万平方米，第二批、第三批4个乡镇办事处25个城中村按照开发改造计划实施；弱电入地改造完成向阳路口线路入地、青云路7道横跨弱电线缆入地，埋设弱电共同网4600米。⑥房地产管理。开展城镇居民住房状况调查，完成《新泰市城镇最低收入家庭廉租住房管理办法》的起草工作。加快经济适用住房和廉租住房制度建设。铁西小区2栋安居回迁楼于10月建成入住，解决低收入住房困难家庭90户。启动廉租住房租金补贴发放工作，首批58户补贴发放到位。⑦建筑业管理。集中开展新泰市质量、安全暨整顿规范建筑市场大检查，共检查施工、监理企业52家，检查施工现场130处，查处违法违规工程57项，下达限期整改、处罚告知书34份。组织开展建筑施工、村镇建设、城镇燃气等安全专项整治活动，共检查生产经营场所760项次，下达隐患整改通知书、责令限期整改通知书360份，现场调查笔录、取证80份，杜绝重大质量安全事故的发生。积极组织各建筑施工企业、燃气企业开展安全质量标准化、规范化建设，供电公司5号住宅楼、荣峰大酒店装饰装修荣获省“泰山杯”奖，秀水花园小区、桃源商务酒店综合楼工地分别被评为省级安全文明示范小区、安全文明示范工地，供电公司3号住宅楼、办公楼、人力资源大厦、荣峰大酒店被评为省“质量诚信、用户满意”工程。⑧墙改与建筑节能。新上新型墙材生产企业7家，新增生产能力7000万标块，新型墙材生产能力达到4.2亿标块，规划区内应用比例达到99%以上，新泰、新汶两城区基本杜绝粘土砖的使用。推广应用商品砼，组织9家施工、造价咨询单位完成商品砼价格的测定。年内，新开工工程81项，面积47.26万平方米，完成总产值27亿元，实现增加值10亿元，其中外出施工产值8亿元。

村镇建设　加快新一轮村庄规划修编进度，全市城市规划区外的612个行政村中，471个村庄完成规划修编，约占村庄总数的76.96%。加大小城镇驻地基础设施建设和环境综合整治力度，新增乡镇绿化面积28公顷，新修村镇道路68公里，同步修建排水沟136公里，新增路灯2300盏，新增沼气池1800个，拆除乱搭乱建临时房96处，整治广告牌659块，取缔占路摊点890处，清理垃圾堆等960处，绿化覆盖率达30%，亮灯率达95%以上。深入推进城乡交通沿线环境整治，对济临路、牛石路、蒙馆路、汶汶路等8条总长400公里的道路沿线环境进行大规模集中绿化和高档次整治。

（王　健　赵伟伟）

【肥城市城乡建设】　城市建设　①城市规划。编制完成新一轮城市总体规划、战略规划、近期建设规划和专业规划，完成40多项城市功能规划设计，城市详细规划覆盖率达92%。对城区以外的10个乡镇，根据基础条件和功能定位，划为3个中心镇、4个重点镇和3个一般乡镇，进行总体规划。村庄规划，以乡镇为单位，在村镇体系规划和乡镇总体规划的指导下进行，城中村、乡镇驻地村和近郊村、远郊村，区分不同类型，按照“工业向园区集中、农民向城镇集中、居住向社区和中心村集中”的思路，合理布局定点，形成县乡村三级规划相互衔接、一体联动的格局。②基础设施建设。总投资1.5亿元，完成城市东西区32.6公里、50万平方米的“八横六纵”路网工程，建成工业三路康王河大桥、康汇大桥、文化路赵庄桥3座桥梁。投资500万元，对城区的育才路、市府北路、市场南路等断头路、小街小巷进行硬化完善。对城区的供水管网、部分水井和东水厂进行改造建设，建成日供水能力3万立方米的西水厂，新铺设城市供水管道4公里，完成供水总量940万立方米，水质综合合格率、水压合格率、管网抢修及时率均达到100%。实施东区供热二期工程，新增供热面积35万平方米。新开煤气用户3100户，新增中低压管线5000米。建成城市污水处理厂，城市污水处理率达85%，出水水质达国家二级处理水排放标准。年内，龙山公园被评为“山东省文明公园”，康王河公园一期工程被评为“山东省水利风景名胜区”，肥城市获省政府“山东省适宜人居环境奖”。③城市环境综合整治。实施城区户外广告综合整治，拆除各类不规范广告标牌4000块，新安装高标准广告标牌3600块。新建高标准公厕4座，新建、改建垃圾中转站9座、高档果皮箱150个。新安装高标准路灯700盏，同时完成新城路聚商城段等背街小巷的路灯安装，方便市民群众夜间出行。

村镇建设　全市村镇建设总投资2.01亿元，其中驻地综合开发投资1.76亿元，完成面积32万平方米。完成城区外10个乡镇驻地总体规划调整，加大驻地详细规划的编制力度，详细规划覆盖率达90%以上，全市607个行政村第二轮建设规划全部调整完成。加强社会主义新农村建设，积极抓好10个泰安市级试点村的同时，狠抓肥城市级试点村建设。扎实推进村庄改造建设，5个镇中村铺开建设。各乡镇普遍建立卫生保洁队伍、绿化队伍和市容监察队伍。

（宿崇华　孙绪军）

【宁阳县城乡建设】　城区建设　①建设规划。本着先急后缓、突出重点的原则，超前编制县城控制性详细规划、修建性详细规划、专项规划，不断健全完善规划体系，县城详细规划覆盖率达到90%以上。②重点工程。完成重点工程投资10.6亿元，其中政府投资1亿元。建成河滨公园，共拆迁房屋4万平方米，开挖湖面外运土方约50万立方米，硬化铺装2万平方米；栽植乔木5000株，灌木1350株，模纹2万平方米，种植草皮2.5万平方米；安装灯具1000盏。新增绿化面积182万平方米，城区绿化覆盖率达到39.7%。新修和改造道路2600米，安装景观灯1004盏，新增路灯1354盏，城区路灯总数1.2万盏。③招商引资。充分运用市场，多元化融资搞城建，为环境综合整治提供强大资金支持，成立城市资产经营有限公司，城市建设投资模式由2002年完全政府投资，到

2003年政府投资与社会投资之比为1∶1.5，2004年到1∶2，2006年达到1∶6，2007年实现1∶8。④建筑业管理。建安企业实现企业总产值15.3亿元，建筑业产值14.9亿元，利税1.1亿元，全员劳动生产率6.65万元/人，外出施工产值达1.1亿元，同比增长6个百分点。办理招标投标工程60项，总投资2.01亿元，应招标率为100%。创建市优工程17项，市级“质量诚信、用户满意”工程12项，“省级安全文明工地”2项，县林业局办公楼、四通公司宿舍楼被推荐为省级“质量诚信、用户满意”工程。⑤房地产管理。办理房屋初始登记22.58万平方米，增长10.6%；办理房产交易面积13.8万平方米，金额1.7亿元，分别增长26.14%、28.15%；办理房产抵押31.33万平方米，金额4.23亿元，分别增长5.7%、53.47%；完成房地产开发面积32万平方米。⑥优化生态环境。以“增绿”、“建园”、“治水”为重点，抓好道路、公园和庭院绿化。完成城区所有道路的绿化建设，各类行道树达到3.45万株，街道绿化普及率达到100%。建成金阳公园、扉园、世纪城街头绿地等30多处规模适宜的高档次公共绿地，园林绿化和其他各项指标都达到或超过省里确定的标准要求。宁阳县被省政府命名为“山东省园林城市”，被山东省建设厅、人事厅评为“全省城乡环境综合整治先进单位”。

村镇建设　编制乡镇驻地详细规划196项，覆盖率达到70%；结合社会主义新农村建设，全县566个村庄的建设规划全部修编完成，编制率100%。完善村镇道路、路灯、绿化等基础设施。投资1.4亿元，新建道路28.3万平方米，安装路灯3109盏，铺设排水管道27.9万米，新增绿化面积24万平方米，磁窑镇、伏山镇、堽城镇等成为绿化大镇。全县村庄整治共改沼气池3638个，改厕4950个，安装路灯2027盏，新增绿化面积8.5万平方米，修建排水管道22.7万米，清理垃圾堆等2206处。（邱保金）

【东平县城乡建设】　城区建设　①城市规划。编制《东平湖风景名胜区总体规划》《东平县工业园区控制性详细规划》《彭集镇总体规划》《白吉河整治建设规划》等规划，完成白佛山、虹桥村西、九鑫南、原民兵训练基地、县府东、幸福街南、环山渠北修建性详细规划编制，编制完成后屯村、护驾村城中村改造规划和四海城综合整治规划。加强对新区建设、城中村和旧城改造开发程序的严格把关和审批。②基础设施建设。实施东出口道路拓宽改造、金汇商业街工程建设、瑞星住宅小区续建、高级中学科技楼等一批城市重点建设项目。东出口道路拓宽改造工程，西起一担土，东至大井，长3.3公里，主路面宽24米，人行道宽3.5米，绿化带宽12米，总投资1500万元；金汇商业街建设工程，位于县城中心地段，长640米，宽65米，建筑总面积5.5万平方米，总投资1.2亿元；杭州花园三期建设工程，建筑面积4万平方米，共建13栋楼盘；高级中学科技楼建设工程，建筑面积1.5万平方米；瑞星小区续建工程，建筑面积1.5万平方米。实施后屯村、卜楼村、赤脸店村、焦园村、赵桥村等10个城中村和百货公司、五交化公司、物资公司、土产公司等14处旧城区的开发建设，铺开开发建设面积10万平方米，总投资1.5亿元。加快基础设施建设，铺装人行道12.8万平方米，硬化路面1.6万平方米；栽植各类苗木30万株，新增园林绿化面积1万平方米；污水处理率达到95%；新铺供水主管道6公里;实施了西山路霓虹灯隧道工程。③环境综合整治。围绕实施“硬化、绿化、净化、亮化、美化”五大工程，制定详细的整治方案，加大指导和督促力度，主要整治龙山街、佛山街、汇河街、望山街、汶河街、稻香街、东山路、西山路等道路，铺设人行道，硬化道路，实施重点区域的亮化，加强城市绿地建设，搞好重点区域的景观建设，对沿街建筑物进行美化整治。④建筑业管理。完成赤脸店村委公寓楼1~8号工程、卜楼村公寓1~5号工程、瑞星安全工程（二期）、广播局沿街楼建设工程、公安局武警楼建设工程建筑面积共计8.8万平方米，总标的4000万元的招投标任务。举办由140人参加的“李兆基”基金会农工培训。迎接市建筑市场执法大检查和劳动防护用品大检查，查处违法工程12项。组织每月6号的安全生产工作例会，共检查46个建筑施工现场，24个装饰施工现场，下达124份隐患整改通知书，对整改工程进行了跟踪检查。共办理安全报监手续33份，成功拆装提升机35台，组织一场高空坠落应急预案演练，共有8个工地申报市级安全文明工地，2个工地申报省级安全文明工地，推荐7名市级优秀项目经理，1项省级“质量诚信、用户满意”工程，2项市级“质量诚信、用户满意”工程，3项市级建筑施工优良工程。

村镇建设　确定省、市、县三级试点村镇75个，完成12个乡镇、450个村庄的总体规划和村庄建设规划修编，编制完成州城、银山、大羊、新湖、彭集、梯门等乡镇的主要街道、小区的详细规划。按照建设社会主义新农村的要求，以彭集、接山、大羊、东平镇4个县城出口乡镇和州城、银山两个中心镇为重点，突出抓好村镇基础设施和公共服务设施建设，搞好沿街建筑物粉刷美化，规范广告设置。

（李宏力）

建 筑 业

【概况】　全市建筑行业以创建和谐社会、推进城乡统筹发展为主线，全面提升城乡建设管理和行业发展水平，在城市基础设施建设、城乡环境综合整治、社会主义新农村建设、建筑节能、建设行业管理等方面实现新突破。年内，建筑业实现增加值 80.7 亿元，增长 10.5%。三级以上建筑企业完成总产值 289.1 亿元，增长 25.9%，实现利税 21.6 亿元，增长 18.3%。其中，国有及国有控股企业完成总产值 20.3 亿元，增长 36.0%，实现利税 3.9 亿元，增长 40.7%。年内，收缴建筑企业养老保障金近 5362.10 万元，新增投保企业 12 家，保障了建筑企业离退休职工的合法权益，促进了施工企业健康发展。

工程质量管理　加大质量管理力度，开展工程质量检查，工程质量水平明显提高。6 项建筑工程和 1 项装饰工程荣获山东省建筑工程质量“泰山杯”奖。创建省级“质量诚信、用户满意”工程 21 项，市级“质量诚信、用户满意”工程 69 项。开展建筑工程质量检查活动，检查在建工程 101 个，面积 55 万余平方米；举办建筑工程标准、规范宣贯学习班 12 期，培训工程建设人员 2400 人。

建筑企业管理　全市有建筑企业 396 家。按资质序列划分，总承包企业 283 家，专业承包企业 77 家，劳务企业 30 家。按资质等级划分，一级企业 12 家、二级企业 81 家、三级企业 267 家。全市建筑业从业人员超过 30 万人。有 368 家企业参加资质年度考核，其中合格 298 家，基本合格 56 家，不合格 14 家。加强建筑业从业人员的教育培训，累计培训一线技工 4500 余人。　（汪厚亮）

【施工安全生产管理】　落实安全生产责任制，严格监督管理，开展创建安全文明工地活动，5 个施工现场荣获“山东省建筑施工安全文明示范工地”称号，21 个施工现场荣获“山东省级安全文明优良工地”称号，152 个工地荣获“泰安市建筑施工安全文明工地”称号。开展施工现场起重机械检测检验等专项治理活动，遏制各类事故的发生；严把安全准入关，为 169 项建设工程办理安全备案手续。开展安全生产检查活动，检查在建工程 300 项，下达隐患整改通知书 200 份，提出安全隐患整改意见 4000 条，整改率达到 100%。开展企业法人、项目经理和特种作业人员安全教育培训，累计培训 2500 人。

到年末，市装饰装修行业有企业 94 家，其中一级资质企业 7 家，二级资质企业 25 家，三级资质企业 62 家。年内，新办装饰企业 7 家，资质升级 4 家，办理资质增项 9 家，变更企业资质 5 家。驻外施工企业由 4000 人增加到 6000 人，承接外地装饰装修工程由 8000 万元增加到 1.8 亿元，1 项工程获山东省建筑装饰工程质量“泰山杯”奖，全年完成装饰装修工程额 5.2 亿元。全年检查建设项目 167 项，单体工程 635 个，印发整改通知书 800 份，办理安监手续 203 份，印发证据保全书 1 份，查处了无证施工、越级施工、违法分包、非法挂靠等行为，严格市场准入清出制度，对施工用电乱拉线等行为进行查处，查处 28 家无资质施工现象。6 月份，组织全市 122 家装饰装修企业参加以“遵章守法、关爱生命”为主题的“安全生产月”活动，进行安全生产大检查，对 120 个施工现场的配电箱、电源线、脚手架、临建设施等部位检查，对不符合安全生产条件或存在重大事故隐患的 8 家宾馆、饭店、娱乐场所印发整改通知书，对 3 项擅自变动建筑主体、改变承重结构、乱砸乱建及使用有毒有害装饰装修材料的工程责令停工整改。　（杨崇勇）

【建设工程管理】　对市区范围内建筑工程施工现场实施综合管理，提升建筑施工现场水平。全年检查建筑、装饰工程 174 项、建筑单体 646 个，建设规模 277 万平方米，造价 31 亿元。其中，进入行政审批中心办理手续 168 项，占工程总

9 月 1 日，第 21 届泰山国际登山节暨泰安市第五届房产交易展示会开幕式举行　（马　鑫　摄）

量的97%。建设手续齐全的工程109项、建筑单体486个，建设规模181.91万平方米，造价23.7亿元，占工程单体总数的75.2%；建设手续不齐全的65项（其中正在完善建设工程手续的50项）、建筑单体160个，建设规模95万平方米，造价7.3亿元，占工程单体总数的24.8%。与建设单位、施工单位预警式谈话达500余次，下达责令限期整改通知书105份，印发责令停止违法行为通知书35份。对违法违规较为严重的18家建设单位、施工单位、监理单位做出行政处罚，共计罚款63.29万元，对20家施工单位、监理单位通报批评，记入企业信用档案。

【新型墙体材料管理】 制定实施《泰安市建筑节能检测与认定管理办法（试行）》，切实做好新型墙材认定、推广和应用工作，全市75家企业年生产新型墙材折标准砖16亿块，使用新型墙材的工程面积289万平方米。加强新型墙材专项基金的征收和管理工作，征收专项基金588.77万元。（汪厚亮）

【建设工程招标投标】 年内，全市招标各类工程建设项目641项，总标底价36.25亿元，总中标价33.72亿元，降低工程造价2.53亿元，下浮率7%；其中公开招标506项，公开招标率79%。中标价24.99亿元；邀请招标135项，邀请招标率21%，中标价8.73亿元。市建筑工程招标投票管理部门围绕依法监督、依法行政的主线，突出完善规章、提高素质两个重点，抓好招投标程序监督、招标代理机构和评标专家动态管理、有形建筑市场管理和违规项目的依法查处等环节，加强监管，使工程招标率和进场交易率保持在较高的水平，全市应招标工程招标率和应公开招标工程公开招标率继续保持实现两个100%，市直项目公开招标率达到90%。先后完成东湖路东段、货场路改造、南关路改造、荣疗东路北段、双龙河、唐庄河、箭杆河整治、时代佳苑安置小区三期、财源大街东段及通天东、西街改造、经济适用住房工程、七里河、粥店河清淤改造、货场路绿化、常家庄村、二十里埠村回迁项目、生活垃圾压缩转运站工程等30余个市级重点项目的招标工作。对投标申请人实行严格的资格审查制度，遏制转借资质、非法挂靠进行投标的行为；继续实行电子投标、计算机评标，减小评委的自由裁量权，确保评标的公平、公正性；完成对评标专家资格的重新认定工作，启用全省统一的全新的评标专家管理系统，加强对评标专家的管理与监督，完善优胜劣汰机制；加强有形建筑市场场所建设，确保开标、评标活动的严肃性和保密性。根据国家推广工程量清单招标，对传统计价模式进行改革的政策，制定了全新的《泰安市建设工程施工招标评标定标办法》。在建设项目中摸索推广实行工程担保制度，遏制拖欠工程款、挂靠等问题，发挥工程担保的作用。（于元祥　张　振）

房产管理

【概况】 年末，全市有房产管理机构7个，在职职工951人，其中高级专业技术职务20人、中级174人、初级207人。全市房产管理工作落实国家房地产宏观调控政策措施，开展经济适用房建设和廉租住房租金补贴工作，推进房地产市场信息系统建设，发展物业管理市场，规范整顿房地产市场，多措并举繁荣活跃房地产二、三级市场，全市房地产市场持续健康发展。年内，市房产管理局获“山东省房改与房地产管理先进单位”、“市级文明机关”称号，市房管局团委被评为“泰安市五四红旗团委”，市房产交易中心获“国家级青年文明号”、“省级文明单位”称号，市天元房地产开发有限公司被泰安市委市直机关工委评为“市直文明单位”。

房产市场管理 ①加强房产市场监管力度。印发《泰安市商品房预售管理实施细则（暂行）》《泰安市商品房预售款监管实施细则（暂行）》和《关于进一步规范商品房预售许可审查要件的通知》，完善泰安市商品房预售管理制度和监管措施。市区发放商品房预（销）售许可证31份，建筑面积53.10万平方米；市区办理合同备案登记手续4693套，面积61万平方米。②规范房产中介行为。制定《泰安市房地产开发企业和中介机构信用档案暂行办法》，强化房地产中介机构监督管理。③组织实施专项整治活动。实地检查开发企业83家、评估机构12家、房地产经纪咨询机构16家、物管企业46家。对1家房地产开发公司进行行政处罚，取消2家中介公司在泰安市的资格备案，要求2家评估公司进行限期整改。年末，全市取得专业资质或在主管部门备案的房地产中介机构共33家，其中经纪机构19家、评估机构14家。④开展房地产市场信息系统建设。自2006年底开始组织实施泰安市房地产市场信息系统建设，年内完成软件设计和硬件招投标，这是国家加强房地产市场宏观调控的重要措施之一。⑤加强信息平台建设。通过《泰山晨刊房产周刊》、“泰安住宅与房地产信息网”、市电视台《第一地产》栏目、市电台《泰安房产之声》栏目为主阵地的房产信息发布网络体系，普及房产法规知识，引导购房

者理性适度消费，增加政务公开透明度。

房产交易管理　房地产交易与权属登记规范化管理创建工作稳步推进。肥城市房产管理局作为县级市优秀代表在全省房屋产权产籍管理会议上发言。全市办理房产转让面积186.10万平方米，办理房产抵押登记5890起，抵押面积263.06万平方米。

产权产籍管理　严格执行房屋现场调查制度，确保确权房屋的真实性、准确性。规范不同时期房屋确权资料的收验标准，提高房屋确权率，保护产权人的合法权益。落实房产测绘监管职能，完成房产测绘面积130万平方米，市房产交易中心测绘的“泰山科技城35幢楼房产测绘”被山东省测绘行业协会评为三等奖。完成房屋安全鉴定8起，面积2.86万平方米。加强房产档案信息管理，接收档案资料1.25万份，业务提档8422卷次，提供档案查阅服务1000人次，市房产交易中心档案室和肥城市房管局档案室被省档案局审核批准为省特级档案室。年内，全市发放房屋权属证书3.13万本，其中所有权证2.50万本、有权证78本、他项权证6206本。

物业管理　①制度建设。参与《山东省物业管理条例（草案）》《山东住宅小区物业管理企业与政府专业管理单位管理服务职责分工规定（征求意见稿）》的修改工作。②物业管理。年内，进行前期物业管理招投标活动15次，共与13个项目的开发建设单位签订物业管理用房和经营性用房规划建设协议。累计建立业主大会、业主委员会31个。开展物业管理专项整治活动，发现10家企业不同程度的存在未按规定明码标价、4家企业签订的物业服务不规范等问题，已按相关规定要求整改完毕。加强住宅专项维修资金的归集管理，市区累计归集维修资金6100万元，肥城归集2000万元，新泰归集500万元，东平归集50万元，宁阳归集200万元，与21家房地产开发企业签订维修资金代收协议。年末全市实行物业管理的房屋面积超过1000万平方米，物业管理企业发展到121家，外地在泰经营企业8家。组织开展创建物业管理优秀项目活动，年末全市共有省优项目38个，国家示范项目4个，其中擂鼓石花园小区和东平平湖花苑获“省级物业管理优秀项目”称号，国华经典小区被评为“国家示范住宅小区”。建立物业管理师制度，全市5位企业经理通过全国物业管理师认定考试。③直管公房管理。严把直管公房产权关，妥善处理房产历史遗留、拆迁安置、破产企业租赁公房等问题，加强公房租赁管理及维修，加大对违规违纪、拒租拒管公房的处理力度。年内，非住宅直管公房租金标准提高为办公用房每月5元/平方米，生产用房每月7元/平方米，营业房按市场价协议定价标准。处理违纪住房30户，复管复租住房9户，换发租赁合同322份。拆除直管公房1300平方米，安置住房2022平方米。

【经济适用住房及廉租住房建设】①机构调整。7月16日，成立泰安市住房保障中心，为市房管局下属科级事业单位，主要负责办理经济适用住房及廉租房建设的相关手续、项目招标投标、建设管理、竣工验收和经济适用住房的销售管理等工作。②廉租住房租金补贴工作。印发《泰安市城区解决低收入家庭住房困难发展规划和年度计划编制工作实施方案》《泰安市人民政府关于解决城市低收入家庭住房困难的实施意见》，完成《解决泰安市市区低收入家庭住房困难发展规划和年度计划（2008～2010年）》的文本编制。年内，泰安市市区共发放廉租住房租金补贴资格证366户，其中发放补贴361户，累计发放49.8万元，4县（市）共发放廉租住房租金补贴70户、1.96万元。③经济适用住房建设。制定《泰安市经济适用住房管理暂行办法》。泰安市首个由政府直接组织建设的经济适用住房小区（惠普家园东区）7月19日开工建设，年内开工20栋住宅楼（4.7万平方米、610套）。

【住房制度改革】　严格审批程序，严把企业集资建房条件关，加大对企业集资建房管理力度。年内，审批办理集资建房单位4个、495户、4.8万平方米。

【第五届房产交易展示会】　9月1～6日，第21届泰山国际登山节暨泰安市第五届房产交易展示会举行。房展会主题为“和谐人居·绿色家园”，集中展示了泰安市经济适用房及主要精品楼盘的开发建设情况。有30家企业参展，参展楼盘30个，参展面积300万平方米，销售房屋535套，销售总额1.9亿元，接待参观者3万人次。

（蒋志虔）

国土资源管理

【概况】　全市国土资源系统贯彻落实国家宏观调控政策，严格保护资源，积极保障发展，推进依法行政，有效维护权益，优质服务社会。

①法规宣传。利用“3·19”矿法纪念日、“4·22”世界地球日、“6·25”土地日等大力宣传国土资源法律法规和关于严格国土资源管理的方针政策。在市广播电台开辟

《国土在线》专栏，利用党校党政干部培训班对县科级党政干部进行国土资源政策法规宣传。②业务办理。以国土资源政务大厅为平台，规范完善国土资源行政审批的高效服务机制，调整充实办事程序和考核管理办法，对重点项目纳入绿色通道办理，开展居民房发证送证上门服务。完善集体决策机制，细化会审内容、会审方式，提高工作的透明度。通过政务大厅对土地市场交易特别是土地二级市场交易进行规范，防止有关契税的流失。年内，政务大厅实现各种政府收费14.2亿元，契税收缴6761万元，办理行政审批事项27318件，接受咨询2879人次，组织会审68次，被团市委授予“青年文明号”称号。③执法监察。开展第七次土地卫片执法检查、查处土地违法违规案件专项行动和土地执法百日行动，顺利通过省国土资源厅和济南国土资源督察局的验收，全市没有出现大的违法案件。从严从快查处土地违法违规案件，市国土资源局与市公安、检察院联合查处上梨园村非法转让土地案件。重视国土资源信访工作，及时处理信访案件，市国土资源局受理各类国土资源信访案件229件，办结217件，结案率95%。④队伍建设。举办全市国土资源系统干部贯彻落实十七大精神学习班，邀请市委党校教授作辅导报告。组织业务知识培训，就土地管理工作进行讲解，各县（市、区）国土资源局局长和87名基层所长参加学习。开展国土资源工作重大问题专题工作调研，掌握土地管理方面存在的问题和困难，研究制定解决办法和工作措施。强化党风廉政建设，逐级签订党风廉政建设承诺书，开展治理商业贿赂专项工作，组织干部职工下煤矿体验生活，到监狱听取现身说法，强化廉洁自律意识，确保队伍的健康发展。加大国土所办公场所、办公设备、通讯交通等方面的投入，全市72个基层所达到规范化标准或基本达标，其中7个基层国土所被评为“全省百佳国土资源所”，7名国土所长被评为“全省百佳国土所长”，2个县国土资源局被评为“全省国土所建设先进单位”。年内，市国土资源局获得“全省国土资源管理工作先进单位”、“泰安市政风行风建设先进单位”、“平安泰安建设先进单位”、“泰安市十大文明行业”等称号，连续两年获得全市政风行风评议执法类第二名，市国土资源局机关连续三年保持“省级文明机关”称号。

【土地资源管理】 年末，全市国土总面积为77.62万公顷，人均0.144公顷。全市耕地面积34.31万公顷，因农业结构调整及建设占用减少634.09公顷，通过实施土地开发整理增加耕地637.39公顷，连续八年实现耕地总量动态平衡。①保障经济发展用地。统筹安排用地指标，及时办理报批手续，全年共报批建设用地933.33公顷。西气东输、济菏高速、南水北调、城市基础设施、盐化工项目等一批国家、省、市重点工程项目进展顺利。涉及民生的普通商品房、经济适用房、廉租房用地供应增加。②耕地保护。认真执行土地利用总体规划，严格执行耕地占补平衡和土地用途管制制度，实施土地开发整理复垦，年内，完成123个土地开发整理项目，新增耕地648.20公顷。③土地资产管理。出台《泰安市工业用地招标拍卖挂牌出让管理办法》，工业用地招拍挂出让在全市全面推行，全市共招拍挂出让工业用地25宗，面积125.20公顷。健全完善土地有形市场，全市实现政府收益24.18亿元，其中市本级实现政府收益12.3亿元。强化地租征收力度，全市完成地租征收1524万元，其中市本级征收246万元。④节约集约用地。组织实施城市建设用地增加与农村建设用地减少挂钩试点和建设用地置换工作，8个挂钩试点项目区拆旧复垦198.13公顷，办理征收193.73公顷，建成使用151.73公顷。制定《泰安市建设用地置换工作实施意见》，批复置换立项面积226.67公顷。强化用地预审，在投资强度、节约集约、征地补偿等关键环节上严格把关。开展全市城乡建设用地潜力调查，挖潜盘活闲置低效用地，收回、盘活存量土地162.40公顷，重新安排项目87个。⑤基础业务工作。对泰城城区、各县（市、区）和乡镇驻地工业、商业、住宅、公共建筑和公共设施用地基准地价进行全面调整，调整面积671平方公里。城镇变更地籍调查进展顺利，4个县（市）的城区变更地籍调查成果通过省国土资源厅验收。泰安市的土地利用现状更新调查成果被省国土资源厅评为科技进步一等奖。强化地籍权属管理，全市共发放国有土地使用权证2.38万宗、集体土地使用证602宗，抵押登记611宗、抵押金额28.7亿元。全面启动市级国土资源规划修编，土地利用总体规划完成11个专题的编写，第二轮矿产资源总体规划编制稳步推进。国土资源档案管理规范，建立档案搜集、整理、归档体系，健全档案管理归档制度和档案查询、借阅制度。

【矿产资源管理】 ①整顿和规范矿产资源开发秩序。顺利通过省政府整顿和规范矿产资源开发秩序检查验收，泰安市的工作经验得到省政府检查组的高度评价。矿产资源整合扎实推进，《泰安市矿产资源整合方案》通过省整顿规范矿产资源开发秩序领导小组的批准，确定整合矿种6个，整合重点矿区14个。市政府与各县（市、区）政府签订资源整合责任书，石材矿山、粘土砖厂的资源整合全部完成，石膏矿、长石矿、煤矿等地下开采矿山的资源整合稳步推进，全市采矿权由551个压减为401个，整合压减比例27%。泰山石保护综合整治成果进一步巩固，私采乱挖泰山石的现象得到遏制。②矿产资源勘查。编制《泰安市矿产资源可持续发展战略研究》，对未来5~10年的主要矿种供需形势进行系统分析。组织开展超贫铁矿资源开发利用调研，提出疏堵结合、规范管理的建议。加大地质找矿力度，新探明金矿储量2吨、铁矿2400万吨、石膏矿6亿吨。③矿业权市场建设。严格采矿权审批，新设矿权全部实行招拍挂出让，煤炭资源全面实行有偿使用，全市出让采矿权152宗（次），征收价款6000余万元。探矿权价款征收进一步规范，征收铁矿探矿权价款848万元。强化矿产资源补偿费征收，年内征收入库3834万元，继续保持全省领先水平。④地质灾害防治。对全市地质灾害易发区的范围、灾种进行逐个核实，对地质灾害危险点进行灾情排查，对泰山区、岱岳区的地质灾害危险区进行综合治理，安排每户1.5万至2.5万元的专项补助资金用于365户地质灾害危险区居民的搬迁。8月17日，山东华源矿业公司因重大自然灾害发生洪水淹井事故后，市国土资源局积极参与事故救援和次生地质灾害治理，争取省国土资源厅1500万元专项资金，用于灾毁土地的复垦和次生地质灾害的预防、治理，年内完成灾毁土地复垦，深入调查治理次生地质灾害。

【测绘事业管理】 年内，全市具有测绘资质证书的测绘单位24家。①测绘市场管理。通过采取不定期抽查和定期年检相结合的方式，加强对24家具有测绘资质证书的测绘单位的管理，杜绝超资质测绘、超范围测绘及恶性压价竞争现象。②测绘产品的质量管理。组织人员对市辖区内测绘资质单位的测绘质量管理和测绘产品质量特别是房产测绘质量进行监督检查，对个别单位存在质量问题的测绘产品，责令限期整改，确保无不合格测绘产品提供给用户。严格地图市场管理，收缴问题、盗版旅游图5000份。③基础测绘工作。建成泰城地理信息空间框架示范演示系统，制定“金土地”工程实施方案、技术方案和三年规划。④测量标志和测绘成果管理。安排10万元资金对414座测量标志进行管护，测量标志完好率达到90%。加强测绘成果汇交管理和测绘产品质量检查，强化测绘成果保密，确保测绘成果质量和安全。（刘　国　王　磊）

环境保护

【概况】 年末，全市有环境保护管理机构29个，干部职工511人，其中行政编制121人。泰安市环保局有干部职工112人，其中局机关工作人员24人。年内，全市各级环保部门以科学发展观为统领，以污染减排为主线，以生态市建设和创建国家环保模范城市为平台，以水和大气污染防治为重点，加大环保执法力度，加强基础能力建设，各项工作扎实推进。

生态市建设　认真实施《泰安生态市建设总体规划》，列入2003~2007年度生态省建设泰安市长责任书的指标任务基本完成，生态市建设第一阶段的目标基本实现。①加强自然保护区和生态示范园建设与管理。泰山、徂徕山省级自然保护区经省政府批准建立，组织实施东平湖省级生态功能保护区建设、新汶矿区资源开发和生态恢复示范工程（国家级）、肥城市生态示范区（省级）建设工作。新泰市、肥城市、宁阳县、东平县生态市（县）建设规划颁布实施。举办首次生态市建设培训班。②深入开展不同层次的生态示范创建工作。创建省级“环境优美乡镇”5个、省级“绿色学校”27个、省级“绿色社区”9个，确定农村小康环保行动计划示范镇2个、示范村3个。肥城实验小学、泰山区华新社区分别被国家环保总局评为国家级“绿色学校”、“绿色社区”，填补了泰安市空白。肥城市王瓜店镇获得“全国环境优美乡镇”，成为泰安市第二家国家级环境优美乡镇。③继续巩固提高创建国家环保模范城市的工作成果。按照2006年11月国家环保总局专家组对泰安市创建工作技术评估的意见，对照“十一五”创建指标，制定持续改进方案，加快创建工作进程。

污染防治　①完成污染减排任务。制定实施年度减排计划，狠抓结构调整减排、治污工程减排和执法监管减排，完成减排项目31个。列入《泰安市“十一五”二氧化硫总量削减目标责任书》的25个项目，完成19个。山东石横电厂3号、4号机组烟气脱硫工程于8月通过环保部门验收，成为泰安市《“十一五”二氧化硫总量削减目标责任书》中第一个通过验收的脱硫项目。新泰市、宁阳县分别关停6台和2台现役燃煤机组。建立健全了减排台账，COD和SO2两项主要污染物均超额完成减排任务，其中COD削减率居全省第一位。②流域水质明显改善。坚持定期调度、现场检查与情况通报相结合，督促加快治污项目建设进度。全市列入南水北调责任书、碧水行动责任书、南水北调控制单元治污方案的100个项目，除3个项目因长期停产无法实施外，其余97个完成

92个，在建5个。列入2006年市政府限期治理的93家工业企业，有88家完成再提高和深度处理工程，达到省南水北调沿线水污染物排放标准。洸府河截污导流工程12月开工建设，是全省第一个开工建设的截污导流项目。东平县对湖区小淀粉污染进行综合治理，除保留5家规模较大、建有治理设施的企业外，其它厂点予以关闭。大汶河水质达到地表水五类标准，洸府河水质优于地表水五类标准，东平湖水质基本达到地表水四类标准。

环境管理　①查处环境违法行为。组织开展3次“整治违法排污保障群众健康”环保专项行动，检查重点行业、饮用水源地、工业园区和城市污水处理厂等单位150个次、河流断面12个次，查处违法行为17起。②建设项目监督管理。审批建设项目152个，环评执行率达到99.8%。对全市经省政府正式批准的7个开发区、10个乡镇项目集中区进行集中检查。③排污费征收。坚持依法、全面、足额征收，不断拓宽征收面，完善征收程序，加大对重点排污单位排污费的征收力度，以收促治，征收排污费3317万元，创历史新高。④环境信访。办理环境信访1235件，议案提案26件，处理率为100%。⑤处置环境突发事件。8月17日，山东华源矿业公司因重大自然灾害发生洪水淹井事故后，立即启动《辐射事件安全监管应急预案》，制定《“8·17”溃水事故矿井外排酸性废水治理预案》，确保环境安全。督促指导50家化工企业编制污染事故应急预案，加强对化工等重点行业的监管。⑥危险废物、医疗废物与辐射安全监管。危险废物、医疗废物基本实现集中处置。进一步加强放射源安全管理，完成25家伴生放射性污染源普查登记监测，为15家辐射装置使用单位办理“辐射安全使用许可证”。做好废放射源收贮工作，年内共收贮废放射源176枚。⑦环境宣传。组织“人人参与，共建绿色家园”大型广场宣传活动，通过百名儿童绘画、驻泰高校大学生发表绿色宣言、设立咨询服务站、发放宣传资料、举办环境警示与科普图片展览、绿色社区文艺演出等形式，宣传“污染减排与环境友好型社会”的主题。围绕南水北调水污染防治和生态市建设，组织开展“泰汶环保世纪行”集中采访活动。继续推行环境信息公开制度，每月在媒体公布环境空气质量、主要河湖水质状况。制定《泰安市环保系统新闻宣传和信息工作考核奖励暂行办法》，建立环保通讯员网络，健全宣传工作定期通报、联席会等制度。

环境科研、监测　投资460万元，在泰城新建4个大气自动监测站，对原有3个自动监测站进行改造，在全省率先完成建设任务。市及各县（市、区）监测站均通过省计量认证复查。市环境保护监测站创建国家实验室工作10月通过中国合格评定国家认可委员会组织的专家评审。

【强化污染源和污水处理厂监管】　按照省环保局《全省重点企业监管办法（试行）》《全省污水处理厂水质监管办法（试行）》《全省主要河流水质监测办法（试行）》和《全省17个设区城市建成区空气质量监管办法（试行）》，重点加强对113家市控以上污染源和7家城市污水处理厂的监管，对城市污水处理厂每天检查监测一次，对重点污染源每旬抽查监测15%。自7月“四个办法”实施后，全市环保系统共对重点污染源现场检查监测2004个次，对污水处理厂现场检查监测1200个次，对违法排污的28家（次）企业和15家（次）污水处理厂进行了通报批评和依法处罚。

【“数字环保”工程】　按照建设省、市、县“三级五大网络”的要求，加快推进“数字环保”工程。投资2700万元，进一步完善市环境监控中心，85家符合条件的重点企业、污水处理厂全部安装在线监控装置，并逐步与省、市监控平台联网，实现实时在线监控。

【“绿色信贷”制度】　与银行系统建立信息共享制度，将企业环保信息纳入人民银行征信系统，定期通报企业环保情况，对存在严重违法行为的单位，银行系统削减其授信额度或不予信贷支持，通过经济手段强化企业治污工作。（王　斌）

编辑·校对　张云霞

泰山·旅游

泰　山

·综　述·

【概况】　泰山，古称东岳，又名岱山、岱岳、岱宗、泰岳，为五岳之首，位于山东省中部，绵亘于泰安、济南、淄博、莱芜四市之间，东西长约200公里，南北宽约50公里。主峰玉皇顶，在泰安市城区北，北纬36° 16′，东经117° 6′，海拔1532.7米。泰山与西岳华山、中岳嵩山、北岳恒山、南岳衡山合称“五岳”，而泰山以“五岳之首”、“五岳独尊”称誉古今。泰山积淀中华民族五千年的历史文明，是华夏历史文化的缩影，是中华民族的象征，是文化与自然遗产融为一体的典范。1982年，泰山被国务院公布为第一批国家重点风景名胜区；1987年12月，被联合国教科文组织列入中国首例、世界首批文化与自然双遗产名录；2003年，被评为“中华十大名山”之首；2005年，被评为全国文明风景旅游区，获得国家地质公园称号；2006年，获得世界地质公园称号，泰山景区“爱护遗产、享受遗产、传承遗产”的宗旨成功入选山东省服务名牌。2007年，泰山成功入选首批国家AAAAA级（简称5A级）旅游景区，荣登中国民间文化遗产旅游示范区榜首，被首届中国县域旅游品牌高峰论坛评为中国县域旅游品牌十强景区第一名，被“2007欧中合作论坛”评选为欧洲人最喜爱的中国十大景区，被“首届中国品牌节中国自驾车旅游品牌评选活动”评为中国自驾车旅游品牌十大景区，被中国书法协会命名为首座“中国书法名山”，被评为“2007中国青年喜爱的旅游目的地”。在由中国城市竞争力研究会、香港中国城市研究院、亚太环境保护协会、亚太人文与生态价值评估中心等机构评价完成的第二届“中华100大人文与生态名山口碑金榜”上，泰山连续两届排名首位，荣膺“中华国山”特别美誉；在由大众日报、山东省旅游行业协会等单位联合主办的2007第二届山东旅游年会暨旅游总评榜评选活动中，泰山景区被评为“2007山东最具竞争力（驰名）景区”首位。

泰山的形成经历了一个漫长而复杂的演化过程，经受了泰山运动、加里东运动、华里西运动、燕山运动和喜马拉雅运动等五次地壳运动的强烈变革，经历了太古代、元古代、古生代、中生代和新生代等5个主要地质历史阶段的改造，保留了丰富而典型的地质遗迹。泰山岩群其原岩为超基性、基性火山岩和火山质凝灰岩组成的科马提质绿岩构造，是华北地区最古老的地层，记录了自太古代以来近30亿年漫长而复杂的演化历史，是中国早前寒武纪地质研究的经典地区，泰山北侧区域被确定为华北寒武系标准剖面，在地质学史上占有重要地位。在新构造运动的影响下，泰山不仅有雄伟厚重的轮廓，而且保留有典型的断裂、褶皱、韧性剪切带、重力滑动构造以及“桶状构造”等复杂的构造遗迹。泰山以典型、完整、系统、稀有、科学的内涵，记录地球的地质历史、地质事件和形成过程，向世人展示博大精深的自然魅力，是一部地质科学的万卷丛书。

泰山是一座文化名山。泰山地区是中国古代文化重要发源地之一，现代考古科学的研究揭示出在五万年前的旧石器时期，泰山周围已经有人类活动的踪迹，大量史料也都记载了泰山地区早在母系氏族社会阶段就显露出文明的曙光。在五千年前的新石器时代，泰山南麓的大汶口文化、北麓的龙山文化，不仅影响到山东，而且影响到黄河中下游的广大地区。泰山人文景观，以古建筑和碑刻为主体。保护较好的古建筑群有22处，总建筑面积14万多平方米，其最突出的特点就是对地理环境的利用，它巧妙地因自然之势，又以人工之力加强和美化自然环境。泰山碑刻现存2000余处，历史久、规模大、数量多，从秦到清，历代皆有巨制，这些碑刻时代之连续性、艺术之精湛、构景之巧妙都堪称一绝，著名的有秦《泰山刻石》、汉《衡方碑》、《张迁碑》、晋《孙夫人碑》、南北朝《经石峪金刚经》、唐《纪泰山铭》、宋《青帝碑》、元《天门铭》、明《洪武碑》、清《摩崖碑》等。刻石中所包含的高韵深情与巍巍壮丽的泰山融合在一起，充分体现了中华民族自强不息的崇高精神。泰山吸引了众多的文化名人，历代诗人墨客纷至沓来，他们朝山览胜，赋诗撰文，留下丰富的文化精品。孔子、管仲、司马迁、张衡、诸葛亮、曹植、李白、杜甫、刘禹锡、苏东坡、欧阳修、范仲淹、王世贞、姚鼐、郭沫若等都挥笔疾书，留下浩如烟海的颂岱诗文，孔子《丘陵歌》、曹植《飞龙篇》、李白《登岱六首》、杜甫《望岳》、苏辙《灵岩寺》、姚鼐《登泰山记》等都是不朽的名篇佳作，把游人从山神崇拜中引向游览观赏、求知审美的方向。

泰山风景名胜，主要分布在南起泰安古城南门（包括蒿里山、灵应宫），东南、西南以环山路为界，北到灵岩寺，总面积171平方公里范围内，主景区面积125平方公里。根据景点分布区域，主景区又分为登天、天烛峰、桃花峪、樱桃园、玉泉寺、灵岩寺六个景区。景区内有山峰156座、崖岭138座、溪谷130余条、潭池瀑布64处，此外还有旭日东升、晚霞夕照、黄河金带、云海玉盘、雾淞雨淞、碧霞佛光等自然奇观。泰山自然风光优美、壮观，其景观特点以雄为主，“雄、奇、险、秀、幽、奥、妙”兼有。

泰山属暖温带季风性气候，四季变化明显，山顶夏季平均气温为17℃，最高气温为29℃，年平均降水量为1042.8毫米。泰山树草葱茏，鸟语花香，有植物1136种，中草药资源丰富。山上山下古树名木繁多，泰山百年以上的古树名木有2万余株，其中有2100年前的汉柏6株、1300年前的唐槐、500年前的望人松，还有一棵被誉为国宝的600年前的盆景松树“小六朝松”。山上有野生动物200余种。赤鳞鱼、鹿角菜、何首乌、苹果、板栗、核桃、山楂等土特产誉满中外。泰山被誉为“活着的世界自然遗产”。

【泰山被评为首座“中国书法名山”】 古人视泰山为神山。历代帝王亲临封禅、遣使告祭，文人墨客朝山览胜、抒情赋志，留下的2516处石刻中，碑刻500余座、摩崖题刻800余处，自秦至今，历代皆有巨制，碑刻之多冠中国名山之首，涵盖整个中国书法史，展示了中国书法形变神异、一脉相承的发展脉络，具有很高的历史人文价值和书法艺术价值。中国书法协会经过认真考察研究，决定授予泰山“中国书法名山”称号，这是中国书协开展此项活动以来，授予的第一座书法名山。12月16日，命名授牌揭碑仪式在泰山天外村广场举行。著名书法家欧阳中石题写“中国书法名山”碑名，中国书法协会荣誉主席沈鹏题写“中国书法名山”碑碑额，中国书法协会党组书记、副主席赵长青撰写碑文，中国书法协会主席张海亲笔书丹。泰山“中国书法名山”碑以岱顶无字碑为形制，以毛笔和砚台为形态，含“笔蘸砚台”、“书不完写不尽”、“源远流长”之意。碑额呈道士貌状，象征中华文化；笔头浮雕寓中国书法真草隶篆行五种书体；碑座以荷花砚形状，寓和谐文化、百花齐放之意。该碑创意别致独特，全部选用泰山花岗岩制作，古朴而又新颖，为泰山增添了一处富有特色的文化景观。

【泰山与富士山缔结友好山】 4月12日，温家宝总理在日本国会发表演讲，将中国泰山与日本富士山作比，赋含文化传统和民族情结。富士山位于日本本州中南部，海拔3776米，距东京约80公里，跨静冈、山梨两县，面积为90.76平方公里。富士山是日本的“国山”，大和民族的象征，千百年来富士山一直是大和民族崇拜的“图腾”，把它奉为“圣岳”、“不二山”。富士山是一座活火山，日本人自古以来就把经常发生喷火和熔岩流的山看作神山，或将其崇拜为神。日本人登富士山的历史悠久，始于一千多年前的平安时代，且富士山信仰与佛教相结合。日本人认为“登上富士山顶就是英雄”，这与中国人“攀登泰山十八盘”和“不到长城非好汉”在内涵上遥相呼应。为加强与日本富士山国山之间的交流合作，11月12日，中国山东省泰安市代表团与日本富士山协会在日本东京举行签字仪式，泰山与富士山正式结为“友好山”。

【泰山景区被评为全国首批5A级旅游景区】 2006年3月，国家旅游局启动5A级旅游景区创建试点工作。泰山景区按照国家旅游局关于国家5A级旅游景区评选工作的创建要求和10大项、246小项的标准，广泛深入地开展创建工作。强化组织领导，营造人人参与创建、人人支持创建的浓厚氛围；改善交通与通讯环境，方便旅客游览；健全服务设施及功能，为游客提供高效优质服务；加强平安建设，强化卫生管理，规范经营秩序，保持环境整洁；创新管理体制机制，强化资源保护，实现景区可持续发展。

2007年1月，泰山景区通过国家5A级旅游区创建验收组的验收。3月，全国旅游景区质量等级评定委员会将首批66家通过验收的景区在中国旅游网上公示，泰山景区名列其中。5月，国家旅游局正式公布全国首批66家5A级景区。

·泰山管理·

【概况】 泰山景区规划总面积426平方公里。泰山景区党工委、管委会对景区范围的经济、行政和社会事务实行统一领导和管理，有职工2279人。景区管委会机关设局室15个，辖红门、中天门、南天门、竹林寺、樱桃园、桃花峪、桃花源、天烛峰、玉泉寺、灵岩、巴山、虎山公园等12个管理区和门票管理处、博物馆、文物店等基层单位，并统一管理辖区内13个行政村（居）、2.07万人，代管泰山索道运营中心。景区内设有泰山景区公安分局、工商分局、地税分局。景区组建了1个集团公司——东岳泰山旅游集团有限公司。全年实现购票进山游客200.27万人，增加13.87万人，增长7.44%；实现门票收入2.27亿元，增加5019万元，增长28.39%。进山购票游客人数首次突破200万人，门票收入首次突破2亿元，均创历史最高纪录。税收完成3254万元，增加873万元，增长37%；税收形成本级财力647万元，增加324万元，增长100.3%，比上年翻一番；实现全口径财政收入2.53亿元，增长27.88%，景区财政收入达到1.33亿元，增长18.93%。

【安全生产】 坚持关口前移、重心下移，严格落实“一岗双责、属地管理”责任制，全面强化安全稳定工作措施。加强森林、文物、古树名木等各类遗产资源保护，实施森林健康、有害生物防控、森林火险区治理等项目，实现连续20年森林无火灾、无虫灾，连续11年文物安全无事故。重视安全生产，做到食品卫生安全、交通安全、游客安全，索道运营中心安全运送游客214万人次，连续24年安全运营无事故，创国内同行业最高纪录；旅游客运车辆安全运送游客240万人次。景区共有水库17座、塘坝30座，投资2157万元，自2006年至2007年末完成曹家庄、山里、黄溪河、大直沟、土门、马套、灵岩、药乡8座水库的除险加固工作，按规划2010年完成景区病险水库的除险加固工作。

【行政执法】 加大违法违规行为查处力度。全年按照一般程序立案174件，进入法律程序申请法院执行违法建设1198.64平方米，由执法局组织强制拆除违法建设94处、2277.65平方米；适用简易程序当场处罚72起，罚款4980元，没收违法所得2910元。清理规范各类违规违章广告、牌匾400块（副），销毁各类过期变质食品、饮品811件，规范和制止违章停车行为5200台次，受理处结各类投诉75起，抓获不法黑车倒客人员6名。在景区环境提升专项整治、土地执法百日行动、保障重点工程建设等工作中出动执法力量，维护景区社会、旅游秩序稳定。依法整治景区乱采乱挖行为，保护“泰山松”、“泰山石”及周边石材，关闭景区和泰山周边的采石场12处，对受到破坏的2万多平方米植被进行恢复性绿化，在各路口设立检查站点，成立以泰山管理行政执法局为主体的流动检查分队，保护景区资源。年内，泰山管委被建设部评为“国家级风景名胜区最佳资源保护单位”、“国家级风景名胜区综合整治十佳单位”；森林公安分局被国家林业局授予“全国森林公安系统优秀公安局”称号，是全省森林公安系统唯一获此殊荣的单位。

【环境提升工程】 本着“爱护遗产、享受遗产、传承遗产”的宗旨，大力实施环境提升工程。①绿化美化和环境卫生整治。实施南天门、中天门、红门、桃花源、桃花峪等景点及桃花峪路、大津口段泰佛路等道路的绿化工程。②基础设施建设。投资400万元，按四星级公厕标准重建公厕7处，按三星级以上标准整改主景区公厕13处，新建桃花峪、大津口乡政府驻地二处大型垃圾中转站，建设岱庙北门生态停车场。③继续推进经营点“四定（定点、定位、定员、定性）”工作。在南天门试点的基础上，实施中天门管理区“四定”工作，初步解决屡禁不止的店外经营、超范围经营、占道经营、尾随兜售等问题，景区投诉中心和“12315”收到经营类投诉41起，下降62.5%。④打击违法违规行为。坚持日常治理与重点整顿相结合，经常性治理与阶段性整治相结合，规范管理与严格执法相结合，“五一”前后，集中开展为期1月的旅游环境综合整治；针对在票证稽查方面存在的问题，集中开展打击野导游专项整治活动，抓获非法倒票分子20人，依法给予处罚；制定《防范和打击扰乱门票管理秩序不法行为奖励办法》，通过有奖举报，查处不法行为4起，抓获违法人员4名；在建设部组织的综合整治工作检查验收期间，泰山列入免检单位，被评为“国家级风景名胜区综合整治工作十佳单位”，景区行政执法局被省政府授予“全省依法行政先进单位”称号。⑤提升服务形象。改善窗口单位服务人员年龄结构，强化教育培训，规范仪容仪表，工作人员坚持统一着装、挂牌上岗、文明服务，经营业户亮证经营、服装规整、明码标价、文明经营；建立健全“方便游客投诉、便捷高效处理、信息反馈及时”的投诉处理机制，做到投诉不出景区；在景区范围内积极开展“服务旅游、党性闪光”等主题活动，营造“人人都是流动景点、人人都是泰山形象”的优质服务氛围。“十一”黄金周游客总体满意率达98.38%。

【泰山旅游节庆活动策划实施】 泰山石敢当习俗、祭祀习俗等民俗文化是泰山非物质文化遗产的重要组成部分，也是泰山景区发展文化旅游着力挖掘和利用的资源。开展集民俗文化、历史文化为一体的长春会、泰山国宝文物精品展、民间传统手工艺制作表演、东岳大帝出巡游、泰山迎春祈福元宵灯会等特色旅游节庆活动，利用普照寺、王母池等宗教场举行佛事法会、祈福道场等特色宗教旅游活动。举办“登泰山，迎奥运，贺《福娃》，庆国庆”、“喜迎奥运，平安泰山”国庆万人签名、岱庙“中国古代高尔夫球开球仪式”等特色活动，突出“在北京看奥运，到泰山祈平安”的主题。推出“泰山民俗文化宣传使者”促销举措，规范引导香客到泰山的集体朝山进香活动，扩大泰山民俗文化的影响力。

【组建东岳泰山旅游集团】 年内，注册成立东岳泰山旅游集团。按照市场化模式推进子公司的运营，旅游客运有限责任公司、泰山通达货运索道有限公司、岱宗旅游开发有限责任公司的经营收入均有所提高。加大旅游商品研发力度，按照封禅文化、帝王文化、宗教文化、民俗文化等系列，开发出旅游商品30多种。组建天烛峰山泉水有限公司，引进顺天府商务休闲有限公司，吸收青岛国际旅行社泰安分公司加盟集团。该集团及子公司的组建运营，为泰山景区的旅游发展提供了市场支撑。

【主题教育活动】 针对景区面临的新形势、新情况，集中开展为期2个月的“履行岗位职责，落实科学发展”主题教育活动。下发教育活动意见、方案及各阶段实施方案，明确指导思想、目标要求和教育活动的各项具体任务，成立教育活动领导小组，通过动员学习、查摆问题、制定措施、整改提高四个阶段，全面查摆、分析和解决影响履行岗位职责和制约落实科学发展的实际问题，建立健全长效机制，达到思想解放、素质提高、作风转变、制度健全的目的。

【旅游商品开发】 立足泰山优势，挖掘文化内涵，利用市场主体，搞好旅游商品开发。抽调专业人员，进行研发工作，推出5大类、30多种旅游商品。其中，封禅文化方面，有唐玄宗禅地玉册、宋真宗禅地玉册等；帝王文化方面，有泰山三宝仿真品、岱庙铜亭、具有极高收藏价值的泰山神启跸回銮图高清晰扫描珍品等；宗教文化方面，有新疆和田玉泰山圣母像、泰山圣母金殿、铜质泰山圣母像等；民俗文化方面，有泰山石敢当系列产品等；土特产品方面，有泰山葛花茶、丹参叶茶、泰山苦菜茶等。岱宗旅游开发公司获旅游商品发明专利2项。

·泰山建设·

【概况】 年内，泰山景区党工委把重点项目建设作为景区发展的载体和抓手，坚持从项目入手，推动景区发展再上新台阶。年内投资4360万元，实施桃花峪水系综合生态建设工程、白阳坊旅游基地建设、黄溪河水库改造工程等12项重点建设项目，充分挖掘文化、自然、地质、非物质文化遗产内涵，提升老景点，开发新景点，丰富景区的旅游内容，提升旅游档次和品位。大力实施新农村建设，将农村经济引入景区发展大格局。

【泰山岱庙石刻园建设】 石刻园位于岱庙雨花道院内，占地6900平方米。该项目总投资260万元，4月施工，9月6日正式向中外游客开放。石刻园精选最适宜刻碑的一级天青石和临清贡砖，采用局部复原、碑廊、碑塔、碑墙、自然石刻等多种形式，镌刻岱庙馆藏近现代书法家作品百余件、泰山上下精华石刻25处，成为一处融石刻和遗址为一体的新游览区。石刻园右侧是大面积仿经石峪天然石坪，截取“如来灭后五百年”精华段落167个大字；“五岳独尊”、“高山流水”、“风月无边”等泰山石刻错落散布于四周；真、草、隶、篆、行等各种书体的古代、现代书法珍品，镌刻于自然石刻、碑墙、碑阙、碑组合、碑塔、单体碑之上；环咏亭、鲁班殿、过厅3个清代建筑遗址分布于园中，与碑刻、山石、苍松、翠竹掩映成趣。在石刻园南边的仿古长廊和凉亭内，设有游客参与互动项目，游人既可在此休息观景，也可摹写、捶拓。

【白阳坊旅游基地建设】 白阳坊旅游基地位于泰山天外村至竹林寺中段，海拔500米，与竹林禅修院一山之隔。项目总投资1000万元，规划面积12公顷。利用原有民房、仓库、梯田，按照当地民俗建筑风格，结合园林建筑风格进行改建，种植四大名药，绿化美化周边环境，形成风格雅致的田园民居游览区。基地内有中国书法家协会泰山书法创作基地、东岳太极拳培训基地、泰山道教养生基地、石敢当民俗区和集泰山四大名药种植观赏、药膳餐饮、旅游购物于一体的游览服务区。

【黄溪河水库改造工程】 黄溪河水库位于中天门西南黄溪河上游二级保护区内，海拔610米，流域面积2.45平方公里。工程总投资1000万元，由除险加固和景观改造两部分组成，于2006年6月18日开工，2006年底完成除险加固工程，2007年实施景观改造。拆除砌石挡墙3000立方米，水库清淤、外运弃渣土石方6万立方米，完成河道清理、坝体加高主体工程，浇筑混凝土1万立方米。配套建设景观桥护栏、步游路、观景台、消能坝及河道护岸等设施，栽植风景油松、柿树、枣树、淡竹等，利用消能坝建设，形成三潭叠瀑景观，展现"泉飞千尺素，山叠万层青"的景观效果。

【岱顶改造工程】 ①老景点挖掘提升。恢复宋摩崖历史景点，对宋真宗"登泰山谢天书述二圣功德铭"刻石进行清理发掘、贴金，对宋摩崖周围进行清理绿化。对鲁班洞进行整修，重塑"百匠祖师"鲁班神像，新建步游路300米，使鲁班洞、北斗台、斗仙岩、仙泉等景点连成一片，新增游览面积6000平方米。对白云洞、青云洞历史景观进行发掘，对洞体进行修整，恢复白云洞楹联，洞内供奉"福"、"禄"二神，新增盘路80米，游览平台300平方米，整修原有道路，使两处景点与天街连成一片。对仙泉、圣水井、万福泉、裂天泉进行重点整修，重现历史上的"仙泉"遗迹，塑造三泉叠流的自然景观。②岱顶生态恢复。按照岱顶气候特点，恢复高山地带植物群落，突出生态景观效果。完成南天门、白云亭、东神门、宋摩崖、拱北石、玉皇顶南坡、桃花源索道上站等7个景点的绿化美化工作，共移植大油松111株，栽植海棠、花楸等花木400株，恢复绣线菊、连翘、卫矛等灌丛植被1.34万平方米。

【桃花峪水系生态保护工程】 桃花峪是一条地质断裂形成的呈北西走向的谷地，游览路长13公里。该工程突出"观花赏石、亲水休闲"主题，以桃花峪游览路为轴线，以自然山水、地质奇观、野生赤鳞鱼等景观为依托。工程分两期建设，总投资1.17亿元。年内，投资2501万元，完成一期工程建设。①彩石溪园区建设。投资900万元，实施清淤截流工程，清除淤积泥砂4.63万立方米，用自然石垒砌景观坝12处，新增蓄水量4.15万立方米，垒砌护岸1176.5米，建设步游路3000米、栈道260米，修筑供游客休息的平台11个，增设地质园区科普知识走廊。②野生赤鳞鱼观赏区。实施赤鳞鱼养殖基地建设及周边环境提升，建设塘坝2个，修筑步游路500米，建设含有"天圆地方"理念的休息区，用自然石拼切太极图水潭，与供游客休息的八仙桌相照映，栽植结缕草、黄花菜、淡竹点缀，形成富有传统文化意蕴、与周边自然环境有机融合的景观区。③水库塘坝截水工程。投资746万元实施曹家庄水库、马套水库除险加固和景观改造，在水库上游垒砌自然石拦沙坝2座，新建截水塘坝12处，与19处自然石暗坝形成整个水系的截水体系，完成清淤8万立方米，垒砌自然石护岸1260米，水系总蓄水量达60万立方米。④绿化美化工程。投资260万元，重点对部队挖坑道的弃渣坡和关闭的采石场进行植被恢复，栽植紫叶碧桃、龙柱碧桃等13个桃树品种2万株，面积14公顷，恢复了桃花满谷的壮丽景观。⑤配套工程。投资575万元，贯通步游路4公里，沿途增加景点9处，建设封闭运行站点8处。利用河道清淤的泥沙，填埋采石场坑穴2处，回填土6200立方米，新增绿地园地面积0.8公顷。

【岱庙保护与发展】 加强岱庙保护和建设，建成岱庙石刻园，岱庙碑刻展览系列更加完整丰富。投资40万元，扩大厚载门生态停车场面积。投资30万元，对岱庙电线路进行改造，增添检查井，彻底解决线路老化带来的安全隐患。制定和实施一系列门票优惠措施，加强与旅行社的沟通，扩大宣传。加强内部管理监督和检查，杜绝跑冒滴漏。年内，岱庙门票收入546.98万元，增长4%。①环境改善。加强对岱庙5个经营点和院内6个办公场所的管理，成立由管理人员和经营业户组成的经营巡查组，规范经营行为，岱庙经营区获得2007年泰安市"文明经营区"和"绿色食品安全区"称号。进行树木整姿，保持造型优美，全年摆放鲜花3万盆、增加展品200盆。实施三灵侯、太尉殿彩画和塑像保护，增加塑像9尊。配备天贶殿自动穿鞋机、星级厕所洗手液、厕纸等人性化服务设施。②文物保护。开展神轴、古籍、瓷器和大型铁器的修复和防腐保护，全年修复字画30余件、器物13件、古籍近百册。强化保养措施，为一级文物温凉玉圭制作有机玻璃罩、长期置蒸馏水增加湿度，对50件银质法轮、180件祭器器物座及80块木雕版进行清尘，对10件断裂的器物进行加固修复，对遥参亭明代铁香炉实行石蜡涂抹表面封护。市博物馆被省文物局授予"山东省文物工作先进单位"称号。③安全管理。在岱庙大院四周和库房、展室等部位，新安装红外线监控对射装置8对、电子报警按钮30个、手摇报警器2个、摄像机8部，实现24小时监控，重点部位安排专人盯守，城墙四周设流动岗6个，定点设置警犬。实行周一消防专项检查和周四安全专项检查制度，全年查出较大安全隐患3处、一般安全隐患60处，均妥善处理。岱庙保卫科被市公安局授予“先进护卫队”称号，记集体三等功。

【新农村建设】 泰山管理体制调整后，努力在“共建共享共赢和谐景区”上下功夫，推动乡村发展。坚持从搞好规划入手，将泰山东麓、西麓开发规划纳入泰山景区旅游发展总体规划，筹划特色乡村旅游内容。重点加大山区特色产业扶持力度，大力开展赤鳞鱼、泰山女儿茶、苗木花卉等特色基地建设，将农村经济引入景区发展大格局。完善农村远程教育、计划生育、新型农村合作医疗、低保、优抚等工作，在养老院建设、乡村道路建设、中小学校舍改造等方面加大投入。①防汛抗旱。超前部署防汛抗旱工作，排查47座水库塘坝的安全隐患，编制落实16座水库的防洪预案，对黄溪河水库、土门水库、马套山里水库、金山坝进行除险加固，完成直沟水库、药乡水库的安全鉴定，启动除险加固工作。②“村村通”自来水建设。年内，解决了2600人的用水问题，基本实现“村村通、户户通”的3年规划目标。③牛山口村流域治理。完成谷坊10道，浆砌石1000立方，护岸400米。④特种渔业保护和管理。重点开展桃花源水系、黄溪河、天烛峰大直沟、大津口乡天井湾等区域内的野生赤鳞鱼保护工作，鼓励村民发展赤鳞鱼、香鱼养殖，养殖户达63户，繁殖仔鱼50万尾。双龙休闲渔业示范点、土门垂钓中心、牛山口垂钓中心、沙岭赤鳞鱼养殖基地等，成为景区特种渔业经济的品牌和亮点。⑤畜牧业发展。3月，召开重大动物疫病防控工作部署会，签订责任书，对首批村级动物防疫员集中进行培训，完成春秋冬重大动物疫病防疫，防疫率、发证率、建档率均达到100%，实现全年安全无疫。扶持发展特色养殖，重点培植沙岭柴鸡、范家庄獭兔、粟杭白绒山羊发展。成立大津口泰山白绒山羊购销合作社，发展会员124人，扶持养殖大户17户。集中对畜产品进行专项整治，查纠无证经营、不按规定检疫等问题。（张俊敏　吴克欣）

·泰山索道运营中心·

【概况】 泰山索道运营中心是2003年底由泰山索道公司改制而成的市政府直属正县级事业单位，2004年底划归泰山景区党工委、管委会代管，主要负责泰山中天门、桃花源、后石坞三条客运索道的安全运营、维护和管理等工作。年内，中心接待游客214万人次，实现运营收入9621万元，增长3.14%。

安全生产　坚持“安全为天，预防为主”的工作方针，逐级落实安全生产责任制和消防安全责任制，层层签订《安全生产责任书》和《消防安全责任书》。强化劳动保护和安全宣传教育，扎实开展“安全生产综合治理”、“安全生产百日整治”和“安全生产月”等专项活动。加强对设备的日常检查、维护和安全监督管理，顺利完成设备改造项目，年内主要完成中天门索道托压索轮自动拆装装置的设计和研制、中天门索道钢丝绳截绳、中天门索道加减速段皮带张紧轮的设计和研制、桃花源索道驱动轮轴承的更换、桃花源和后石坞索道消协滤波柜安装，中天门35KV变电站—南天门站、桃花源下站—桃花源上站、桃花源上站—南天门站的高压山地专用电力电缆敷设。采取多种措施杜绝火种和易燃易爆等危险物品进入索道运营区域，组织防火扑救演习，确保消防安全。全年未发生任何安全事故，泰山索道实现连续安全运营24周年，创国内同行业最高记录。

精神文明建设　①强化文化载体建设。提高内部刊物《索道人》稿件质量和印刷质量，宣传发展成果，展示员工才华，成为社会各界了解泰山索道的重要窗口。各索道站丰富读书阅览室资料，举办才艺展示晚会、摄影比赛、登山比赛、冬季运动会等寓教于乐的文体活动，与泰安市消防支队联合举办警民迎春晚会。②加强服务品牌建设。广泛开展“细微服务”、“党性闪光，服务旅游”等主题实践活动，将泰山索道的服务理念、服务文化、服务方针融入员工的具体服务行为，提升“山东省服务名牌”的品牌形象，黄金周期间进行的游客满意度调查显示，游客满意率100%。③做好员工教育培训。采取理论知识与专业技术培训相结合、冬季集中培训与日常培训相结合、业务骨干重点培训与普通员工轮训相结合的学习培训模式，每位员工均能接受统一组织的教育培训。

接待工作　全年接待各级重要客人2万人次，圆满完成泰山国际登山节及市委、市政府组织的各类经贸洽谈、招商引资等接待服务累计6000人次。其中，接待全国旅游工作会议考察团、国家5A级旅游风景区检查团等，受到专家高度赞扬。完成桃花源索道下站贵宾接待室装饰工程及中天门、桃花源索道站出站口周边环境整修。

【泰山索道票价调整】 按照山东省物价局《关于泰山索道票价的批复》（鲁价费发〔2007〕282号）和泰安市物价局《转发山东省物价局〈关于泰山索道票价的批复〉的通知》（泰价费发〔2007〕203号），自2008年1月1日起，泰山索道中天门和桃花源索道票价由单程每人次45元、往返90元调整为单程每人次80元、往返140元，后石坞索道票价仍按原票价执行，即单程每人次20元，往返40元。

【泰山索道综合信息管理平台建设】 年内，综合信息管理平台建设工程进展顺利，完成覆盖3个索道站的局域网及IP电话网络建设，中天门和桃花源索道的线路监控系统、视频播放系统建设，泰山索道数字动态监控系统在桃花源索道站完成应用调试，中天门和桃花源索道站LED大显示屏安装完成。泰山索道综合信息管理平台，能有效实现对设备运行情况的适时监控，及时发现设备运行过程中出现的问题，准确统计设备运行及技术参数，为全面掌握设备的技术性能状况及设备的检修、维护和更新改造提供科学依据。 （瞿祥耀）

旅　游　业

·旅游资源·

【概况】 泰安市旅游资源丰富，重要景区景点有120多处，除最著名的泰山之外，在自然遗产方面还有国家森林公园徂徕山、腊山、金牛山，省级森林公园莲花山、神童山，省级风景名胜区八百里梁山泊水域以及被列入《世界吉尼斯大全》的肥城十万亩桃园、被誉为“天下斗蟋第一虫”的宁阳蟋蟀园等。在文化遗产方面有国家重点文物保护单位大汶口遗址、岱庙、冯玉祥墓、白佛山隋唐石窟造像、泰山齐长城、泰山古建筑群等；省级重点文物保护单位泰山碧霞祠、徂徕山映佛岩《般若波罗蜜经》刻石、山西会馆、明代三朝元老萧大亨墓、徂徕山抗日武装起义革命遗址、宁阳颜庙颜林、东平司里山等24处；省级历史优秀建筑宁阳禹王庙以及和圣柳下惠墓、史圣左丘明墓、商圣范蠡墓、黄巢兵败退守遗址黄巢寨及衣冠冢黄巢墓、穆桂英生长地穆柯寨，还有大字鼻祖洪顶山高僧安道一摩崖经刻及全国民俗旅游定点村埠阳庄等。到年底，全市共有A级旅游景区（点）13家，其中5A级1家、3A级3家、2A级9家。

【泰山景区】 泰山风景名胜区面积125平方公里，其景观特点以雄为主，兼有“奇、险、秀、幽、奥、妙”的特点，分为丽区、幽区、妙区、奥区、秀区、旷区六大景区。

岱　庙　位于泰山南麓泰城红门路南端，是泰山中路登山起点。又名东岳庙、泰岳庙、岱岳庙，俗称泰庙，是古代祭岱的主要场所。庙内有古建筑和仿古建筑186间，碑碣184块，汉画像石48块，古桧、侧柏212株，观赏植物292种。建国前，由道士管理。建国后，曾为泰山管理机构驻地，后为泰安市博物馆。1988年列为全国重点文物保护单位。主要景点有遥参亭、正阳门、天贶殿、汉柏院、东御座、唐槐院、后花园等。

灵应宫　碧霞元君下庙，原名天仙祠。位于市区灵山大街西段北侧。创建年代无考，明万历年间奉敕拓建，赐额此名。2002年重修。

丽　区　即岱麓游览区，指的是泰山南麓东起王母池、西至樱桃园一带清幽明丽的游览区域。岱麓地处山城结合部，依山临市，环山公路贯通东西，环境优美，风景秀丽，气候宜人。主要景点有岱宗坊、王母池、范明枢墓、普照寺、烈士祠、五贤祠、三阳观、樱桃园、冯玉祥墓等。

幽　区　即中路游览区，是泰山主景区。登山道路是在唐玄宗登封泰山古御道的基础上拓建而成的，自泰山山门岱宗坊始，至岱顶南天门，全长8.5公里。石阶七千，峰回路转，林荫夹道，溪瀑争流，亭台楼阁，风景幽深。沿途两侧碑碣题刻触目皆是，风景名胜最为集中。主要景点有关帝庙、红门宫、万仙楼、革命烈士纪念碑、斗母宫、经石峪、中天门、朝阳洞、十八盘、南天门等。

旷　区　即西路游览区，是指自西溪谷口大众桥至中天门的游览区域。西路游览区峰峦起伏，群峰耸立，谷深峪长，潭静瀑飞，林木繁茂，景色旷秀。主要景点有天外村广场、黑龙潭、扇子崖、元始天尊庙等。

妙　区　即岱顶游览区，是自南天门至玉皇顶大约0.6平方公里的游览区域。攀越十八盘，登上南天门，就算进入了“天府仙界”。此处，“日近云低”，“只有天在上，更无山与齐”。虚无缥缈的月观峰，金碧辉煌的碧霞祠，直插云天的玉皇顶，扑朔迷离的无字碑，都使人感到神秘莫测，妙不可言。岱顶集中了泰山自然风光与名胜古迹的精华，是游览泰山的高潮所在。主要景点有天街、碧霞祠、唐摩崖、玉皇庙、孔子庙、日观峰、东天门、探海石、爱身崖、仙人桥、月观峰、西天门。

奥　区　即后石坞游览区，是以岱阴后石坞为中心的游览区域，南起玉皇顶，北至元君庙，东起天烛峰，西至北天门，约5.5平方公里。后石坞自古即被称作岱阴第一洞天。奇峰耸秀，怪石嶙峋，峰险谷深，旷远清幽。步行道“独足盘”环绕其间，为明万历年间所辟。沿“独足盘”攀登，行愈远，路愈险，山愈奇，景愈胜。主要景点有丈人峰、北天门、独足盘、八仙洞、后石坞、元君庙、九龙岗、天烛峰、谷山玉泉寺、周明堂遗址、锦绣谷、齐长城。

秀 区 即桃花峪游览区，位于泰山西麓，因旧时桃林满谷而得名，分上下两段，上段称桃花源，下段为桃花峪，是近年来新开辟的风景旅游区。这里奇峰垒列，林深涧曲，豁达空旷。峪底公路，逶迤10公里。沿途千潭叠瀑，万壑汇川，丹英饰涧，纷飞如雨。主要景点有桃花源、猛虎沟、彩带溪、后寨门、吴道人庵、桃花峪谷口。

【徂徕山景区】 徂徕山位于泰山东南，横跨泰安市岱岳区房村、良庄、徂徕、化马湾及新泰市天宝等乡镇，东西长30公里，南北宽15公里，总面积250平方公里。有森林植物797种（木本234种，草本563种）、鸟类134种、兽类7种、昆虫700余种。森林覆盖率80.2%，植被覆盖率92.4%，有山峰99座，是集自然与人文景观为一体的山岳型观光休闲风景旅游区。其主峰太平顶，海拔1027米，与泰山玉皇顶的直线距离为30公里。徂徕山多松，《诗经·鲁颂》称“徂徕之松”，《水经注》记“山多松柏”。徂徕山峰峦嵯峨，林木茂密，古迹众多。存寺庙3处，碑碣54块，摩崖刻石113处，古树名木千余株。1992年被林业部命名为国家级森林公园，1999年被省政府划定为生态公益性林场，2006年9月跻身世界地质公园。风景资源质量达到一级标准，为国家AAA级旅游景区。主要景点有太平顶、光化寺、礤石峪、竹溪、中军帐、竹溪庵、石介墓、十八连潭、濯龙湾大峡谷等。

太平顶 位于徂徕山中部，为徂徕山最高峰。其巅双峰颉颃，老松偃覆其上。西峰较平，上有感应侯祠遗址。

光化寺 位于徂徕山东南麓。寺创建于北魏，隋代称光化寺，宋易名崇庆寺。寺居山岙，左右双峰如抱，前有诸山如翠屏遥列，后有山泉引流入庭。寺北门路东有巨石，名将军石，上刻北齐武平元年（570年）梁父县令王子椿隶书《大般若经》。寺东南路西有墓塔林遗址，为元明遗物。墓塔林东是映佛岩，耸峙陡险，其巅有巨石，南壁刻王子椿隶书《般若波罗密经》，存85字。

石介墓 位于徂徕山西北麓桥沟村南、北望庄北。原墓林古柏千株，浓荫蔽日，立有宋泰、苏轼、欧阳修等撰书的碑碣，后散佚。1990年，苏轼、刘概二碣被重新发现。

濯龙湾大峡谷 穿过世外桃源，为一大峡谷，有二十一曲十四潭之称。此处连潭飞瀑，迸珠溅玉，奇石遍布，还有众多传说故事。峡谷全长4000米，沿谷上行，逶迤曲折，移步换景，最终可达太平顶。两侧山峰悬崖垂直高度可达130余米，谷内流水清澈，四季不断。

【泰山区主要景点】 汉明堂 又叫谢过城，公元前500年鲁定公和齐景公在泰山脚下举行轰动一时的夹谷会盟，由于孔子以理服人，迫使齐景公在此向鲁定公谢过。后来汉武帝东封泰山时，在该地设明堂。故址为一高台地，西高东低，东西长180米，南北宽80米，相对高度17.6米，文化层堆积厚达1米至3米。现存汉明堂依故地修建而成，整体建筑风格为汉代建筑，古色古香，精巧别致，气势宏伟，既有大汉遗风，又有明清古韵。

蒿里山 位于泰山之阳，汉代以前，蒿里山被称作“高里山”，《汉书》有汉武帝“亲禅高里”的记载。魏晋时期，始有“蒿里”之称。古代，人们视蒿里为死后灵魂的归宿之处，故汉魏间即有名为“蒿里行”的丧歌。蒿里山为泰山（泰安）地府—人间—天堂“三大空间”的地府所在。蒿里山曾建有蒿里山神祠，又名森罗殿，创建年代无考。1992年，被国务院批准列入泰山总体规划开发景点。

埠阳庄民俗村 位于邱家店镇东南。此地民风淳朴、物产丰富，是一处典型的中国北方乡村。20世纪80年代成为泰安市民俗旅游观光点。中外游客到村中，吃农家饭、睡农家炕、干农家活，日出而作、日落而息，体验泰山脚下农民的日常生活，可谓其乐融融。

上高花卉苗木种植基地 该基地是江北著名的花卉苗木产销集散地和南北中转站。全街道花卉苗木种植面积达1000公顷，种植业户3000户以上，成为省级农业特色科技园——山东泰山苗木花卉特色科技园。

【岱岳区主要景点】 大汶口文化遗址 位于泰山南麓大汶口镇的汶河两岸，遗址面积80余万平方米，文化层堆积2米至3米，是大汶口文化的发现地和命名地，被考古界命名为“大汶口遗址”。后来，又在山东境内及江苏、安徽北部和河南东部、河北南部、辽东半岛相继发现了与此同类型的遗址，被学术界命名为“大汶口文化遗址”。

泰山蓄能休闲探险科普水城 位于樱桃园内峡谷中，总面积3.5平方公里，森林覆盖率80%以上，具有“天然氧吧”的美誉。泰山蓄能电站集科普教育、观光、休闲、度假等旅游功能于一身，是华东地区规模最大的工业旅游产品。山体内的洞群总长17公里，洞内设置灯箱、模型、沙盘及声、光、电科幻演示等，打造了6个大型及若干个小型旅游景点，游客在专用豪华观光电车内，游览到泰山抽水蓄能电站的美丽景观。2007年，泰山抽水蓄能电站被批准为国家AAA级旅游区（点）。

蒙牛乳业泰安工业园 位于泰安市高新技术开发区，北距京沪高速公路6公里，西连104国道和京福高速公路。蒙牛工业园区内环境优美，有先进的生产线和严格的检验程序。2005年蒙牛集团被评为“第二届中国最具影响力百强企业”。2006年11月，该园区被山东省旅游局评为省工业旅游示范点。

齐长城民俗文化区　齐长城是春秋战国时齐国为争霸天下而修建的军事防线。位于下港乡境内的齐长城遗址，是齐长城保存最为完好的地段之一，城址全长2.31万米，历经52座山头。民俗文化区山乡情调浓郁，文化氛围浓厚。

天外山寨　位于下港乡赵峪村。村中山清水秀、民风纯朴，林果产品丰富。区内修建了“望岳亭”、“天庭园”、善梯、长廊等休闲娱乐、餐饮旅游设施。2006年11月，被山东省旅游局评为山东省农业旅游示范点。

萧大亨墓　萧大亨是明代著名政治家、军事家，历仕嘉靖、隆庆、万历三朝，官至太傅兵刑两部尚书。卒后，明神宗敕令为其建墓，墓坐落在金牛山之阳，依山傍水，坐北朝南，有前后石牌坊两座、华表一对、石人两对、石马一对、石羊一对、石虎一对。气势恢宏，建造精美，保存完整，占地2公顷，为省级重点文物保护单位。

夏张古驿道　位于夏张镇境内。夏张驿道历史可追溯至北宋时。清代于此置有驿站，故址在夏张三官阁以北，旧有馆舍、马号等建筑，规制宏阔，为岱西名驿。后仅存三官阁下印满车辙的石板路基，犹见证着这一古道的兴衰往史。

无梁殿　位于夏张镇梨园村，因殿内无梁，仅八根柱子顶地而立，又因殿内供千手千眼佛，又名泰山行宫千手千眼佛圣母大殿。殿东西长41.5米，南北宽33米，占地面积1369.5平方米。

黄巢寨　位于道朗镇西北5公里。山势高峻，易守难攻。相传唐末黄巢起义时，曾据守此山，故而得名。山寨中尚存元帅府、旗杆孔、屯兵房、大石臼、点将台、跑马场等众多古迹。附近还有国画崖、熊猫石、仙人盆、红石崖等奇峰怪石。

良庄特色瓜菜园　位于良庄镇。2002年，镇政府实施“南菜北瓜，瓜菜结合”农业发展战略，开发了30余个蔬菜系列，150多个品种。特色瓜菜园地处徂徕山南麓，与山上众多景点相映生辉，成为一处独特的景点。2006年11月，被山东省旅游局评为山东省农业旅游示范点。

【新泰市主要景点】　莲花山森林公园　位于新泰西北泉沟镇境内，因九峰环抱状似莲花而得名，为泰山余脉，旧名小泰山，主峰海拔994米。莲花山松柏参天，溪瀑遍谷，有古树名木120多株，旅游景点60多处，“新甫拥翠、仙台夕照、鲁柏含润、汉宫故迹、五松抱槐、白云降露、古寺晚钟、盘道连宵”为古新甫八景。莲花山古迹众多，自北魏开始建寺，至明清时最为昌盛，主要遗迹有汉武行宫、云谷寺、高泉寺、王禅寺、太平庵、八卦殿等。1993年被省林业厅公布为“省级森林公园”。2005年被评为山东省“十佳”自驾车旅游区第一名，12月晋升为国家森林公园。2006年9月跻身世界地质公园。

青云山　古称鳌山，位于新泰城东4公里的青云湖东畔，面积6平方公里，四座山峰，一字摆开，逐次升高，主峰海拔495米。青云山拔地突兀，宛如擎天一柱，叹为观止，有古建筑三官庙、玉皇殿、揽波亭等。

峙　山　位于新汶办事处西南4公里的大寺山村，主峰海拔440米，面积4平方公里，因与东面黑山对峙而得名，后讹读为寺山。峙山山势玲珑奇特，峰峦峻秀，翠柏遍布，清泉长流。据传，此为龙女牧羊之地，柳毅为龙女传书洞庭而结为夫妻在此居住，存有醉柳石、望柳墩、羊蹄迹等遗迹，还有净目泉、不老泉、王母池、药王桥、仙人桥、石笋林、太监冢等多处名胜古迹，主要建筑有龙女庙、上清观、窑王阁等。

梁父山　位于徂徕山东侧，为历代帝王禅地之所。公元前219年，秦始皇东封泰山之后降禅梁父山。西汉元封元年（公元前110年）汉武帝登封泰山，复降禅梁父山，并在梁父山下秘埋了礼禅玉册，举行隆重的禅礼。梁父山小而势峻，孔子曾以登梁父山比喻推行仁政的艰难。

牟家峪樱桃沟　位于徂徕山之阳的新泰市天宝镇，山沟南北长5公里，气候土壤适宜樱桃的生长。该地种植樱桃有500余年的历史，面积达万余亩，是全国著名的樱桃生产基地。1998年天宝镇被命名为中国樱桃第一镇。“五一”前后是樱桃的盛果期，前后将近一个月的时间，游客可参与采摘，体验农家生活。

科马提岩地质景观　位于羊流镇雁翎关一带。科马提岩是一种富含高铁镁等多种金属元素的超基熔岩，世界公认的著名科马提岩仅有4处，分别是南非的马伯顿、澳大利亚的皮尔巴拉、加拿大的阿比提比和中国的新泰市羊流镇雁翎关。羊流镇雁翎关科马提岩是中国唯一被公认的具有典型鬣刺结构的太古宙科马提岩，它的发现为泰山申报地质公园提供了有力证据，对我国乃至世界的地质演化历史研究具有极其重要的指导意义。

【肥城市主要景点】　金牛山国家森林公园　金牛山，又名牛山、郁葱山，国家AA级旅游景区，位于新城北约15公里，总面积约19平方公里，森林覆盖率达93%，2002年被公布为国家级森林公园。主峰穆柯寨海拔524米，相传是穆桂英练兵习武之地，占地25公顷，是保存较为完整的古山寨，有万余米寨墙，被誉为“天下第一古寨”。

陶山溶洞　陶山俗称桃花山，位于湖屯镇北10公里，因范蠡曾在此隐居，又名鸱夷山。其海拔502.2米，面积20多平方公里，东连小泰山，与牛山相望，西接平阴凤凰山，背依长清大峰山。陶山共有72溶洞，大致都在一个等高线上，洞洞都有美丽的传说，比较典型的有朝阳洞、观音洞等。

范蠡墓　范蠡，字少伯，号鸱夷子皮，春秋末期越国大夫，著名政治家、军事家、商业家。他赤心保国，辅佐越王勾践，出谋划策，灭吴兴越（前473年灭吴）。他在与勾践共事中，发现只能与之共患难，难于共安乐，便审时度势，携门客家奴、西施随同，浮海出齐，隐居陶山脚下，经商办实业。卒后葬于此，其墓位于陶山脚下，四周原有石砌围墙，墙内有8棵千年的古柏，附近是遮天蔽日的古柏林。整个墓地三面环山，一面为湖，前有幽栖寺、范蠡祠、西施墓等历史遗迹60多处。

左丘明墓　位于石横镇东衡鱼村。建国初，墓有封土，墓前有明天启年间知县王惟精书写的墓碑、墓门坊等。坊上书“先贤左丘明墓”。后碑坊湮没。2000年复建史圣陵园，4柱3门花岗岩石墓门坊为新加坡左丘明后裔丘氏家族捐资兴建，陵墓墓台高2.4米，墓直径20米，高5米余，墓前碑高3.8米，雄伟壮观，碑文遒劲。

石横发电厂　位于石横镇，始建于1962年，国家特大型企业。总装机容量126万千瓦，全国首批“国际一流火力发电厂”之一。先后获得“全国精神文明建设先进单位”、“全国‘五一’劳动奖状”等称号。电厂努力营造绿色环境，不断完善旅游接待功能，打造了20多个旅游景点，规划了3条旅游线。2006年11月，被山东省旅游局评为省工业旅游示范点，被国家旅游局评为全国工业旅游示范点。

十万亩桃园　肥城桃是肥城市独有的宝贵资源，已有1100多年的栽培历史，自明朝起，即为皇室贡品，明隆庆年间曾赐名“佛桃”，后被誉为“群桃之冠”，驰名中外。主要分布在桃园、新城、仪阳、安站等乡镇（街道办事处），种植面积达10万多亩，已被世界吉尼斯总部认定为“世界上最大的桃园”。其中位于仪阳乡刘台村的桃源世界风景区先后被评为国家AA级景区、全国农业旅游示范点。

温泉度假村　位于肥城南部安庄镇，水质优良，经鉴定，水中富含偏硅酸、偏硼酸、氟锶、锂等57种人体所需的微量元素，水温最高达66℃，被誉为“齐鲁第一温泉”。

【宁阳县主要景点】　神童山　位于宁阳县城东14公里，紧靠104国道和京福高速公路。主峰海拔548.1米，总面积112平方公里。园内山、水、林、村相间，峰峦峭拔，峡谷幽深，汶水东来，龙脉西去，若游若吟，欲啸欲飞。汉河、马河、圣母池、双龙池环卫于内，九山、灵山、彩山、杏山、告山、马山拱拜于外，远山近水，相拥相护，仪态万千。魁星阁、翰墨院、晾字台、吟诗亭、孔子瞭鲁处、穆桂英点将台、汉朝古寨、后梁石刻、三圣母殿等各类名胜古迹130余处，丰厚的人文景观，是神童山的一大特点。

千顷枣林　位于宁阳县城东15公里的葛石镇境内。沿山350万株枣树，漫山遍野，铺天盖地。仲春杨柳吐绿，百花竞红争艳；初夏果枝绽出，嫩叶黄花，随枝轻歌曼舞，串串溢香流彩。树上树下蝶蜂争蕊，雀鸣鹂唱。苏轼在此留下了“簌簌衣巾落枣花，村南村北响缫车”的千古佳句。文天祥写下了“桑枣人家近，蓬蒿客路长”的绝世华章。

蟋蟀园　宁阳斗蟋蟀始于秦汉，兴于唐宋，盛于明清。蟋蟀的种类分为青、黄、紫、红、黑、白、异七大类260多个品种。宁阳斗蟋以个大、性烈、强悍善斗、品种繁多著称，自古被誉为“天下斗蟋第一虫”，历代被奉为皇宫贡品。1998年后，宁阳县每年9月初举办中华蟋蟀友谊大赛。每年到此选购斗蟋的北京、上海、安徽、广西等20多个省、市、自治区的蟋蟀爱好者高达8万余人次，呈现出“百种名虫争霸主，八方好者涌城池”的盛景。宁阳斗蟋远销上海、北京、天津等大中城市，有的还远销国外和港、澳、台地区，每年蟋蟀交易额达8000余万元，带动了第三产业发展。

颜庙　颜林　颜庙亦称复圣祠，位于宁阳县城西北鹤山乡泗皋村，省级文物保护单位。元代泰安州太平镇巡检颜伟奉敕修建。颜庙坐北朝南，由大门、仪门和大殿组成。大殿三开间，灰瓦悬山顶，饰吻兽，殿顶木结构，具有宋元时期建筑特点和国内仅有的“二梁不在大梁上”的特殊建筑技巧，具有十分重要的历史文物价值。颜庙以西为颜林，启用于南宋末年，占地20公顷，林内珍稀树木遮天蔽日，有国内少见的宋元时期“颜氏之林”石坊一座，极具观赏价值。

堽城坝　位于大汶河南岸，土罡城里村西，为古代著名水利工程。元宪宗七年（1257年）始筑，遏汶水南流，由洸河注入济宁，以利漕运。因坝为土筑，汛期常被冲毁，且泥沙淤积，河底升高，洸河塞流。元至元四年（1267年）都水少监马之贞建石砌大闸，石料用铁砂磨合，使之坚固。在伏山镇土罡城坝村北建石砌溢流坝，次年竣工。1958年，在原坝址基础上重建一水泥浆砌石溢流坝，坝拦汶水南流，灌溉宁阳西部农田，亦称“宁阳县西引汶灌溉工程”。

禹王庙　原名为汶河神庙，位于大汶河南岸伏山镇土罡城坝村北，始建于明成化十一年（1475年），因建坝立庙。存古柏11株，胸围均2米以上，其中桧柏2株，虽数百年树龄，仍枝繁叶茂，形如华盖。又有一株状若龙形，称作“虬枝岐柏”，为宁阳古八景之一。大殿为清代建筑，灰瓦歇山顶，蟠龙大脊，五开间，进深7.8米，面阔15.9米，高7米，内施彩绘，门额篆“风调雨顺”四字。

【东平县主要景点】　东平湖　古称蓼儿洼、大野泽、巨野泽、梁山泊、安山湖，到清朝咸丰年间才称为东平湖。它是《水浒传》中八百里水泊遗存水域。1985年被公布为省级风景名胜区，同时也是山东省推出的水浒旅游线路中的重要景区。其总面积626平方公里，常年水面124.3平方公里，平均水深2.5米，蓄水总量40亿立方米。湖西近京杭大运河，东连大汶河，北通黄河。它在古代是漕运要枢，后用作蓄水滞洪，起到重要的作用，在中国南水北调东线水利工程中，更是举足轻重。东平湖三面环山，素有“小洞庭”之称。该湖水质肥沃，无污染，是一个浅水富营养型淡水湖泊，鱼类和水生动植物资源非常丰富。湖中生长着苇、蒲、菱、芡、藕等水生植物40多种，鱼类、贝类等水生动物60余种。沿湖文物古迹遍布。湖底掩埋着隋代建筑清水石桥，此桥建于隋仁寿元年（601年），比赵州桥还早5年。湖东岸是宋江攻打东平府城驻地，有后汉东平国宪王刘苍及其后代墓地和称为东平古八景之一的“黄石悬崖”；西岸有古代京杭大运河故道，有晁盖等好汉初聚地司里山，有国家森林公园腊山，有明朝万历七年(1579年)修建的寺院“月岩寺”；北岸有唐朝大将程咬金的“程公祠”，著名的农民起义领袖“楚霸王”墓地，有北齐名僧安道一书写的洪顶山摩崖刻经；湖东南有宋朝东平郡太守刘敞修建的乐郊池亭遗址。湖中有“土山岛”，呈椭圆形，历史上九省御道曾在此设重兵把守，为历代军事要塞，更是《水浒传》中水浒英雄出没之地。传说“智取生辰纲”后，晁盖、吴用、公孙胜、刘唐、阮氏三雄头领为躲避官府缉拿，便到此岛寺院聚义，所以也称“聚义岛”。后建起“水浒之旅”旅游区和水上旅游园，修建了腊山森林公园、土山岛、湖上酒家、码头等旅游景点和设施，开辟了东平湖—腊山一日游线路，开展了水上游乐观光、垂钓等专项游乐活动，湖区道路平坦，交通方便，通讯设施齐全。

腊　山　为国家森林公园，主峰海拔258.4米。坐落在烟波浩渺的东平湖畔，天光照水，碧波浩渺，舸姿帆影，风月翠霭，美不胜收。自然景观和人文景观互相辉映，构成独特的游览景区，自古被誉为“小泰山”、“小岱峰”。72座山峰各有特色，素有“山奇雄、峰奇秀、岩奇险、水奇清、景奇幽、石奇美”之称。放眼望去，林海苍茫，峰峦叠嶂，古木参天，青松蔽日。“小岱峰”以其悬崖陡峭、奇松怪柏众多而一枝独秀。过云路桥是一条曲径通幽的小路，沿途可观赏古戏楼、聚义厅、邹龙江墓、祥龙观等名胜古迹。祥龙观又名“三清宫”，是金朝著名道人丘处机修身布道之所，典型的金代八卦图式建筑。云梯乃青石级盘道，建于唐代，东西各有一架，悬于碧峰之上，似通天之路。碧霞元君祠依崖而建，初建于明代，1995年重修，内祀碧霞元君及金童玉女、送子娘娘、眼光娘娘等神像。六工山是当年水泊梁山的北部关口，山上有明代修建的玉皇庙，大殿、经楼、戏楼、山门等保存尚好，明、清以来的10余幢碑石深藏在荆棘丛中。20世纪90年代，腊山森林公园又新建了聚孝堂、百龙亭、瞰湖亭、民族风情园等一批新的景点，并增加了索道，凌架于山巅之间。

洪顶山摩崖刻经　位于东平县旧县乡屯村铺村东洪顶山溪部山谷两侧，为全国重点文物保护单位。东边是署名“僧安道一”的《文殊般若》刻经，经文出自梁曼陀罗仙和僧伽婆罗译本中，全文共98字，文中以佛主如来与文殊菩萨对话的形式，禅释出僧众如何修成大智能到彼岸的“性空”思想，在佛经中具有代表性。书写风格是隶中带楷，楷中带隶，这是中国文字进化从隶到楷的重要特征。两边是用篆体书有《安公之碑》的风门口碑字谜，还刻有“药师琉璃光佛主”与“大佛”题名。碑西是“僧安道壹”题名，刻于高2米、宽1.3米的圭首碑内，书体隶中带楷，并有行书韵味，潇洒流畅，其中“一”字为大写“壹”。北山崖最西是安道一所书《文殊般若经》摘录。2006年，被国务院公布为全国重点文物保护单位

司里山　位于东平县城西50公里的戴庙乡境内。原名“棘梁山”，据碑文记载，因此山遍生荆棘，故名“棘梁山”，又名“立良山”。至宋代后，在此设巡检司“以安其境”，更名“司里山”。自南北朝以来，就成为中国北方“三教合一”的宗教名山。旧有大佛殿、文昌阁、碧霞行宫、娘娘殿、真武庙等。传说当年《水浒传》梁山好汉晁盖、吴用、刘唐、公孙胜、阮氏三雄等人“智取生辰纲”之后聚此。山顶有两块巨石称“千佛崖”，东西长32.2米，南北长14

米，最高处11米。东崖似印，西崖似匣，远看又似城堡。两崖壁上自南北朝到明代雕刻的造像共788尊，其中大者10米，小者10多公分，保留下来的共计480余尊。分别为北朝、隋、唐、宋、元、明六个造像区，其中“三教合一”是此山造像在中国北方乃至全国年代最早、内容最全、规模最大的造像群。最大者为释迦牟尼造像，高7.50米，左为老子像，右为孔子像，旁有僧徒侍立像。

戴村坝　位于东平县彭集镇南城子村东北，大汶河下游，始建于明永乐九年(1411年)，是中国古代著名的水利枢纽工程，素有“北方都江堰”之称。此坝的作用是遏汶水入南旺湖，于南旺附近注入运河，并分水南北流，成为当时引汶济运的主要工程。明万历二十二年　(1594年)，尚书舒应龙又在此坝南北各筑一坝(与原坝衔接而成为一体)，北边的坝取名“玲珑坝”，南边的坝取名“滚水坝”，中留石滩以泄水，名曰“乱石坝”。建国后又多次维修，总长1599.90米，保存完整，为省级文物保护单位。戴村坝在地方名胜中被誉为东平新八景之一——“戴坝虎啸”。戴村坝横卧清汶两水之间，夏日汶水漫坝，白浪翻滚，声若虎啸。

稻屯洼国家城市湿地公园　又名稻屯湖，位于白佛山西约4公里处，为县境内一处天然水洼地，面积约20平方公里。水域内各种鱼类和水生动植物资源丰富，“东平古八景”之一“稻蒲荷香”即指此地。稻屯洼平均水深0.5米左右，苇荡丛丛，芦花飘飘，鸭戏鸟鸣，港汊纵横，构成了一幅秀逸的水上画卷。2005年5月，稻屯洼被建设部评为国家城市湿地公园。

·旅游市场·

【概况】　年内，全市共接待海内外游客1518.5万人次，实现旅游总收入109.7亿元，分别增长22%和25.4%。其中，接待国内游客1503.4万人次，实现国内旅游收入104.8亿元，分别增长22%和25.7%；接待海外游客15.1万人次，实现海外旅游收入6492万美元，分别增长19.8%和24.8%。旅游总收入占全市GDP的9.07%，比上年提高0.42个百分点。到泰游客人均花费722元，增长2.8%；其中国内游客人均花费697元／人，海外游客人均花费430美元／人。

【节庆旅游】　第21届泰山国际登山节暨2007中国泰安投资合作洽谈会于9月6～12日举办。登山节以旅游和体育为切入点，组织开展庆典、经贸、旅游、体育和文化5大板块、20项活动。登山节期间，全市共接待海外游客1.40万人次，增长17%；签订招商引资项目合同32个，其中利用国内资金项目20个、利用外资项目12个。

2007年中国泰山东岳庙会暨民俗风情文化节于4月19日开幕。组织开展开幕式、王母池蟠桃盛会、泰山传统文体大看台、旅游购物美食文化周、碧霞祠祈福迎祥大法会、台湾东岳庙泰山朝圣和泰山花卉盆景根雕奇石艺术展等7项主题活动，弘扬泰山民俗文化，打造文化旅游产品。庙会期间，全市共接待国内游客129万人次，实现旅游总收入7.27亿元，到泰游客人均花费563.3元，分别增长29%、34%和3.84%。

【旅游规划】　开展全市旅游产业发展总体规划修编工作和大汶口文化旅游区规划邀标评审工作。指导县（市、区）策划筛选部分重点旅游项目，赴北京与国家旅游局等对接。策划包装泰山樱桃园、马蹄峪民俗村、肥城十万亩桃园、东平县卧牛山村、宁阳县捕蟋斗蟋等农家乐旅游项目5个，为樱桃园争取旅游扶持资金20万元。实地考察东平湖（梁山泊）、生态新泰、工业科普一日游、泰城逍遥一日游中的购物、餐饮、娱乐等项目，形成旅游精品线路考察报告，修改完善精品旅游线路7条。抓好A级旅游景区创建工作，泰山被授予全国首批5A级旅游景区称号，新泰莲花山风景区和徂徕山被山东省旅游局批准为国家3A级景区，宁阳神童山、新泰和圣园、泰山旅游空中观景塔景区被批准为2A级景区，至年末，全市共有A级旅游景区（点）13家，其中5A级1家、3A级3家、2A级9家。开展工农业旅游示范点创建工作，对新泰和圣园风景区、肥城市王庄农业观光园申报省级农业旅游示范点进行初评，至年末全市有工农业旅游示范点13家，其中全国农业旅游示范点1家、全国工业旅游示范点3家、省级农业旅游示范点9家。狠抓旅游厕所的建设工作，全市有星级厕所44家，其中五星级1家、四星级7家、三星级14家、二星级12家、一星级10家。参与品牌中国总评榜—中国县域旅游品牌评选活动，全市共获得7个奖项，其中新泰、东平被评为中国县域旅游品牌百强县，泰山被评为中国县域旅游品牌景区十强第一名。开展市级休闲渔业示范点创建工作，泰安连年有鱼渔业有限公司等10个单位被评为泰安市首批休闲渔业示范点。制定《泰安市数字化旅游建设实施方案》，加快旅游信息化建设。

【旅游大项目建设】　①旅游资源调查。邀请省内外专家，深入到泰山、徂徕山、莲花山、东平湖、彩山等重点旅游资源地，开展调查研究，共整理出景点314个，其中新发现景点50个，完成资源数据库模板。②旅游项目包装。邀请市内外专家，策划市旅游综合服务中心、山外山休闲度假区、大汶口文化旅游区、上泉古泉群、彩山自驾车营地和白鹭栖息地、东平湿地公园和纸坊村等旅游开发项目，编印市旅游综合服务中心和山外山休闲度假区项目建议书以及建设分析报告，编制徂徕山景区、东平梁山泊旅游中心城、肥城温泉度假村、汉御道、彩山景区、马蹄峪民俗旅游开发等项目建议书。③跟踪服务制度。充分发挥市重点旅游项目建设领导小组办公室职能作用，对徂徕山国际鹿业狩猎场、市旅游综合服务中心、市旅游经济开发区中信集团合作项目、新泰莲花山景区、东平湖水浒文化旅游区、新泰和圣影视基地、泰山抽水蓄能电站等开发项目进行动态跟踪管理，及时掌握项目进度。④旅游项目开发投入多元化。参与海内外招商活动，引导客商采取独资、合资、合作、参股、联营、特许经营等形式参与旅游大项目和基础设施建设，鼓励大企业、大集团投资旅游项目。将山外山休闲度假区、市综合旅游服务中心等列入国家项目，国家旅游局、财政部拨付扶持资金70万元用于市综合旅游服务中心项目建设。推进秦皇岛金地集团和徂徕山林场的合作，加快泰山（徂徕山）国际鹿苑项目开发进程。

【旅游市场开拓】　①启动泰安旅游营销规划编制工作。聘请北京大学和美国普渡大学教授，合作开展《泰安市旅游市场营销战略规划》编制工作。6月16日，召开“泰安旅游形象策划与营销策略专家座谈会”。12月16日，营销规划专家组到泰安市考察，启动第一阶段工作。②以泰山国际登山节为突破口，推进泰安、泰山旅游“国际化”。围绕第21届泰山国际登山节，设计开发适合海外市场的专项旅游产品，设计制作中、英、日、韩4种语种的产品册页、文化衫、电子杂志等宣传品，推出海外团队优惠政策，利用平面媒体、电视媒体和互联网提前进行信息发布，与国家旅游局驻外办事处、海外重点旅行商和国际旅行社建立合作关系。登山节期间，成功组织韩国游客参加登山比赛，接待《人民日报海外版》和中央电视台国际频道《节庆中华》两家外宣媒体，对登山节以及周边县市区进行采访、拍摄。派人赴俄罗斯、德国、法国、瑞士、埃及等13个国家和地区开展海外市场促销活动8次。参加第四届泰国国际旅游展、莫斯科国际旅游展、韩国国际旅游展和香港国际旅游展等国际旅游展4次，在莫斯科、伊尔库茨克、首尔、釜山、新加坡、吉隆坡、巴黎、柏林等13个主要城市召开旅游推介会，参加庆祝香港回归十周年中国内地旅游产品嘉年华“欢乐社区行”大型图片展，在东京、大阪、釜山和首尔举行4场图片巡展活动。③以旅游活动为舞台，展示泰安“立体化”旅游形象。策划组织“辉煌中国”古典汽车中国之旅泰山行活动、山东省第2亿名游客欢迎仪式、D31/32北京－上海动车组经停泰山站欢迎仪式等旅游活动。组织有关部门、旅游企事业单位报名参加成都第十届海峡两岸旅行业联谊会、第三届中国西安（国际）旅游博览会、2007中国（苏州）国内旅游交易会、青岛亚太旅游博览会、2007中国北方旅游交易会、中国体育博览会、首届黄河口旅游博览会、中国国际旅游交易会等8次国内重要的旅游交易会，获得展会优秀组织奖、优秀展台奖3个。④密切与海内外旅行商、新闻媒体联系，展示“多样化”旅游形象。接待海内外旅行商和记者考察团40批、700人次，其中来自美国、俄罗斯、瑞士等10个国家和地区的海外旅行商、记者考察团31批、600人次。播发各类专题、稿件500个（篇）。举办2007“春满泰安”山东新闻媒体旅游采风活动，来自省内11个市的30名记者采访了徂徕山、莲花山、东平湖等景区景点。与国内多家新闻媒体建立合作关系，免费为泰安播发电视片、稿件，《人民日报海外版》、上海东方卫视、《Beijing Review》（北京周报）、《China Daily》（中国日报）、香港无线电视台、台湾

表23　1996～2007年泰安市旅游总收入相当于全市GDP的比重

年份	旅游总收入		相当于全市GDP比重%
	亿元	增长%	
1996	14.7	38.7	6.3
1997	15.7	6.8	5.6
1998	17.2	9.5	5.5
1999	20.5	18.9	6.0
2000	23.0	12.7	6.1
2001	28.0	21.3	6.5
2002	34.9	24.7	7.1
2003	35.2	1.0	6.2
2004	49.1	39.5	7.1
2005	66.3	35.1	7.8
2006	87.5	31.9	8.6
2007	109.7	25.4	9.0

《墨客》杂志、德国黑森电视台等宣媒体播发泰安旅游稿件、专题100篇（个）。⑤开展“区域化”旅游合作，互利多赢日益凸显。以山水圣人线、齐鲁文化线为核心，开展广泛合作，联合设计特色区域性旅游产品，整合山水圣人线和齐鲁文化旅游线上青岛、淄博、济南、曲阜推出“金秋狂欢之路”旅游产品。齐鲁文化旅游线4地市联合宣传促销，联合设计制作宣传品，3月4～14日赴陕西、甘肃、青海宣传促销，10月23日至11月1日赴江苏、浙江、上海宣传促销。与国内26个城市联合发起“中国旅游霞客联盟”。⑥旅游宣传品制作力求“精品化”，全面展现泰安旅游魅力。编辑《全景泰安－泰安泰山1600景》，出版中、英、日、韩4种语种的《泰山国际登山节》专题册页和系列文化衫。在第八届山东省对外传播奖评选中，《泰安泰山》画册获得一等奖，《泰山神韵》和《泰山国际登山节》获得二等奖。⑦深入开展市场调研，有效进行市场营销。6月14日，召开由泰山国旅、泰安中旅、吉祥国旅、中飞国旅、海峡国旅等五家国际旅行社参加的座谈会，就各国际旅行社入境市场经营现状、开展国际促销情况、登山节旅游产品推广等问题进行调研。对泰山火车站客运能力、登山节海外旅游产品设计、齐鲁文化旅游线区域合作实践等主题进行调研，撰写调研报告5篇，分别在中国旅游协会《城市旅游》杂志、《大众日报·大众旅游》《泰安工作》和《泰安日报》上刊发。

·旅游行业管理·

【概况】 旅游行业管理水平不断提高。积极创建最佳旅游城市，完成《泰安市创建中国最佳旅游城市实施方案（征求意见稿）》。10月14～17日，山东省旅游局代表国家旅游局对新泰市进行终检，新泰市顺利通过验收，成为山东省第26个中国优秀旅游城市。东平县被列为山东省旅游强县试点县。开展2006年度旅游细微服务达标企业、示范企业及细微服务明星评选活动，推荐示范企业10家、细微服务明星16名、细微服务先进个人3名。开展争创青年文明号活动，全市旅游行业青年文明号14家，其中国家级3家、省级10家、市级1家。组织全市星级饭店、旅行社参加2007年山东省服务名牌评价活动，御座宾馆获得山东省服务名牌称号。在全市旅游行业开展“迎奥运、讲文明、树新风”活动，宣传普及《中国公民出境旅游文明行为指南》和《中国公民国内旅游文明行为》。配合市安全监管局、消防局等部门检查旅游企事业单位20次、80家。认真做好黄金周期间森林防火、食品卫生安全等工作。泰安市旅游局顺利通过市安全委员会安全生产目标管理责任考核，被评为泰安市安全生产先进单位。

【旅游饭店】 年初，开展2006年度全市星级饭店复核工作，严格依照星级饭店评定标准要求复核星级饭店52家，其中评定性复核11家、发放警告通知书3家、下达限期整改通知书11家、注销1家。12月10日，东尊华美达大酒店顺利通过国家旅游局验收，成为泰安市第一家五星级旅游饭店。年末，全市有旅游星级饭店62家，其中五星级1家、四星级2家、三星级26家、二星级31家、一星级2家。开展绿色饭店创建工作，全市有绿色饭店5家，其中金叶级1家（宝盛大酒店）、银叶级4家（御座、神憩、虹桥、杞都）。

【泰安名吃】 干炸赤鳞鱼　以赤鳞鱼做成菜肴，是泰安传统风味的高档名吃。过去帝王和显要官宦登临泰山，无不以赤鳞鱼为必备之菜，因而当地厨师对赤鳞鱼的烹调技术世代相传，极富特色，基本上分干、汤两种吃法。干炸赤鳞鱼是干吃法，炸好之鱼均呈弓形，色泽淡黄，配以花椒盐蘸食，脂富而不腻，外焦而里嫩，麻酥酥的香，辣乎乎的咸，其味不同寻常。中外游客无不羡慕地称道：“非到泰山，难得此味”，因而人们均以游览泰山能吃上赤鳞鱼为一大幸事。

州城糟鱼　为东平县地方传统名吃。远自清代，在境内各大集镇均有糟鱼上市，誉为佳品。建国后，糟鱼声誉愈增。特别是州城镇聂、谢两家，世代相传，技艺精湛，久负盛名，所制糟鱼，鱼体完整，骨肉同食，香而不腻。糟鱼制作，多选用鲫鱼、鲇鱼、黑鱼等，留腮鳞，去内脏，洗净下锅，首尾相交，上下分层(大者在下)，加适量香料、红糖、食盐、老汤、温水等，以木柴文火通夜焖炖，次日即可食用。

东平名菜“霸王别姬”　是东平县上等佳肴名吃。主料为鳖(王八)和鸡，借用历史典故的谐音得名。1976年，县招待所焦云杰等厨师进一步调整配料，改进烹调工艺，将整鳖整鸡内脏剖出，油炸后加佐料煮烂，再将鳖蟠于鸡上，入盘浇原汤熏蒸，出锅后滴南酒及花椒油即成。“霸王别姬”营养丰富，健身祛病，充分体现了鳖和鸡的营养特点，故深得食客的高度赞誉。

宁阳犬肉　因早先肉户常把煮熟的肉块装入用白蜡树条编制的圆形高筐内挑着赶集出售，故又称“高筐肉”。宁阳犬肉是省内外驰名的传统名吃，又以泗店乡牛家村的犬肉为最佳。牛家村加工制作犬肉迄今有200多年的历史。早在清雍正年间，这个村以彭姓为主开始了宰狗卖肉的生意。解放初期，发展到彭、侯、刘等7家。由于选料、配料、加工讲究，煮熟后肉色棕红，食无腥味，香郁不腻，味道鲜美，具有独特风味。犬肉含有丰富的营养成分，不仅是饮食佳肴，并有很高的药用价值。人常食能安五脏、轻身益气、宜肾补胃、壮气力、补五痨七伤、补血脉等。全县经营犬肉的个体户发展到200多家，年销售量达两万多公斤。

演马庄牛肉　肥城演马庄回民陈氏经销的熟牛肉已有260多年的历史。其制作工艺讲究：将活牛屠宰后，剔除骨骼，肉分割为块，置木架上晾干后下锅，加水浸过肉约10公分，点火烧煮，待水开后，用铁勺置火硝约2两，点燃加入锅内，约半小时，漂去白沫及污物。按百斤肉加盐3斤，并将配好的佐料(大小茴香、三奈、白芷、砂仁、紫蔻、花椒、丁香、桔皮、边桂等)轧碎装纱布袋放入锅内中层，同时将上次煮肉的老汤注入，继续烧煮约一个半小时，再改用文火烧煮2至3个小时方可停火，趁热将肉捞出晾至无汽水即可。陈氏加工制作的牛肉微红透亮，味香爽口，咸淡适宜，营养丰富，有色、香、味俱佳的特点；又有“安中益气，健脾养胃，强骨壮筋”的较高医用价值，因而畅销东平、平阴、泰安、青岛、济南等地，成为待客和馈赠亲友的佳品。

金星佳肴　是20世纪80年代泰安新兴的地方风味优质菜肴，主要有酱牛肉、酱牛肚、酱蹄筋、扒鸡、清氽丸子、卷煎、酥菜、盐卤花生及糖醋烤虾、糖醋排骨等品种。其色、香、味、形较之其他肴店所制同类产品具有显著的优点和特色，被人们誉为泰山脚下风味名吃的“一枝独秀”。其酱牛肉、酱牛肚、酱蹄筋均用新货制做，扒鸡则宰杀活小鸡制做，因而色泽新鲜，味道纯正；在配料上，比例适

表24　2007年泰安市部分旅游星级饭店名录

名　称	地　址	星　级	总经理	电　话	所在地
泰安东尊华美达大酒店	迎胜东路16号	五星级	李文钜	8368888	泰山区
泰山华侨大厦	东岳大街中段	四星级	周知一	8228112	市直
肥城宝盛大酒店	龙山路20号	四星级	邵容午	3237888	肥城
泰安市泰山宾馆	红门路26号	三星级	战新国	8224678	市直
泰安市御座宾馆	岱庙北路50号	三星级	薛玉法	8269999	市直
泰安市神憩宾馆	泰山天街10号	三星级	时贞强	8223866(山上) 8337025(山下)	市直
泰山大酒店	岱宗大街210号	三星级	申昌正	6057777	市直
泰安市东方假日酒店	东岳大街中段	三星级	王元成	8295066	市直
泰安市金海大酒店	东岳大街东段	三星级	曲晨光	8228899	市直
泰安市金山度假村	环山路137号	三星级	彭　刚	8225254	市直
虹桥宾馆	粥店大佛寺	三星级	贾　林	8412111	市直
鼎西宾馆(石化饭店)	迎宾大街	三星级	李振伟	8418533	市直
泰安市普照宾馆	擂鼓石大街东段	三星级	宋乐晶	8226968	市直
泰山饭店	岱宗大街123号	三星级	段荣林	6361033	市直
泰安市中泰瑶池大酒店	虎山东路北首	三星级	翟永胜	6203091	市直
泰安迎圣大酒店	天外村停车场内	三星级	刘仁田	6206888	景区
泰安市东都宾馆	岱宗大街279号	三星级	曲朋娟	8227948	泰山区
泰安市华泰大酒店	迎胜中路	三星级	张　勇	2105859	泰山区
泰安市泰山区云海饭店	虎山路150号	三星级	王晓利	6365555	泰山区
五马宾馆	灵山大街29号	三星级	王晓利	8256666	泰山区
锦华泰山印象酒店	龙潭南路北首	三星级	周　莉	6612345	泰山区
泰安市格林豪泰大酒店	擂鼓石大街市府东路1号	三星级	卢中华	8480888	泰山区
泰安市嘉华城市酒店	东岳大街143号	三星级	由　峙	6295555	泰山区
泰安市新大都饭店	东岳大街43号	三星级	张传珍	8227749	泰山区
岱岳迎宾馆(桃花源度假村)	桃花源	三星级	王　梅	8571326	岱岳区
新泰市杞都宾馆	青云路中段	三星级	赵德厚	7260005	新泰
肥城泰西宾馆	北京路020号	三星级	李纪忠	3230408	肥城
宁阳宾馆	宁阳县长寿路469号	三星级	罗士贞	5619999	宁阳
东平迎宾馆	龙山大街015号	三星级	王厚哲	2833499	东平

当，故香味浓郁醇和而不燥烈；制做均用“老汤”为主，先以武火煮沸，继用文火细焖，使之烂度适宜，既不过烂而腻口，又不欠火而费嚼，尤其扒鸡虽然抖骨即碎，但又保持一定的弹性而愈嚼愈美。其卷煎，味鲜清口而不腻。清汆丸子，纯以精肉制做，汆煮火候不欠不过，辅以佐料做成汤丸，食之清香脆嫩；如抛掷于案几，若球能弹起，堪称一绝。其酥菜则油而不腻，酥而不碎，酸甜咸三味合一而又以咸为主，很适于北方大众口味。金星佳肴，系泰安人陈悦时于1933年在青岛得名师传艺而创制。自1979年在泰城开店上市以来，誉满城乡，所设数处分店，每天排队争购者络绎不绝，一年四季，门庭若市。后来，店主陈悦时、陈君父女在继承其传统制作工艺，保持并发扬其传统风味的基础上，又进一步改革创新，不断推出新品应市。由于风味独特，加之经营有方，该店年产值达百万元以上。1986年，经理陈君光荣地出席了全国先进个体经营户表彰大会。

泰安神豆腐　泰安豆腐，中外游客称之为“神豆腐”。有“泰安三美——白菜、豆腐、水”之誉。据民间传说，自宋代在泰山脚下建成以后，城郊四周农村豆腐业不断发展，城内“凌晨街街梆子响，傍晚户户豆腐香”的景象，历久不衰，形成山城一大特色。泰安神豆腐制作工艺与各地无异，但质量独优。其特点是：浆细含水多，质嫩而不流，洁白如雪，味道甘美，富有弹性，久煮不老亦不糊。豆腐俗称“水货”，卖豆腐者俗称“水里求财”，泰安豆腐质量之优，使用泰山水是决定因素。泰山水矿物质含量极低，硬度5.44度，比平原平均低4～5度；PH值6.3，比平原低1.3；含氧量6.4毫克/升，比平原高2.6毫克/升；呈弱酸性。这种高氧、低硬度的水，使豆腐的蛋白质极易凝固，因而赋予泰安豆腐以无比优越的特质。据《泰山药物志》称：“豆腐味甘性寒而能清热，有散淤血、和脾胃、消肿胀、下浊气、解毒气、清血利便等功能。此物遍地皆产，唯泰城泮河两岸作者为佳，质细而坚，食之若鱼脑，入锅中煮沸加以豆酱美如羊肉，以油烹之胜似山珍，以盐淹（腌）咸过于海味，令人久食而不厌耳。”近年城东、南郊农村产的豆腐也极优良，尤以“黄庄豆腐”为最著名。本品是当地农家的四季家常菜。经过再加工而制成豆腐乳、豆腐干、臭豆腐、五香豆腐、麻辣豆腐、冻豆腐、茶豆腐等品，质量亦显著优于其他各地同类产品。中外登山游客，每以品尝泰安豆腐为快，故菜馆用豆腐制成名肴而列入菜谱者有100多种，成为泰安地方名吃的“菜中之王”。

水河松花蛋　东平水河松花蛋，多次被评为省优、部优产品。最早加工始于1936年，时有解河口村农民解培欣从济南、济宁学得制作技术，当年制成松花蛋2.5万枚。1954年，黄花园供销社组织解培欣等4人专门制作松花蛋，产品销往济南、青岛、天津等城市。1979年，成立水河松花蛋厂。由于不断改进工艺，质量逐步提高。1981年，开始销往日本、美国、香港等国家和地区。2000年，全县总产量1000多万枚，其中80%以上出口。水河松花蛋多以东平湖麻鸭蛋制成，此品个大，壳内空隙小，质量高，具有蛋白粘重、黄大色红、营养丰富的特点。鲜蛋精选后用料液浸泡，蛋白迅速液化，胶凝变色，并产生弹性，蛋黄随之由边缘到中央逐步质变，在蛋壳蛋白交界处形成松花纹，成熟为松花蛋。本品具有色泽鲜明、花纹清晰、蛋白胶凝、透明度好、层次清楚、糖心硬度适中，食之不腻、味美醇香，回味浓郁等特点，是贵宾盛宴的高级珍品，常食且有增进食欲、舒肝明目、降压清热、开胃健脾之功能。水河松花蛋1986年被国家科委列入“星火计划”发展项目，1987年9月在北京展出，受到国内外用户的高度赞誉，至今不衰。

泰山牙枣　泰山牙枣是泰安首创的土特产品，形似饴糖，肉若荔干，香甜可口，别有风味，被称为“干果糕点”。常食对紫癜、胃炎、脱发、肾虚、肝炎等有预防作用。本品用精选的鲜长枣经特殊加工制成。枣坯为宁阳县葛石大枣，故有“泰山牙枣宁阳坯”之说。传统的手工制作方法分为选枣、煮枣、脱皮、晾晒、除核、提霜六个步骤。首先要选择个头均匀的鲜红枣，放入锅内煮至五六成熟，脱皮晾成半干，待枣的表面自然生出一种白色物质(俗称“枣霜”)后，除核，拌上适量淀粉，使外皮漂白光滑美观即成。本品创产于明末，距今已有500余年的历史。清代定为“贡品”。旧时朝山香客无不争相购食，因而牙枣摊贩遍布山城，形成泰安一大特色。冯玉祥将军居住泰山时，多以牙枣待客赠友。建国前，英、美、德、意等国驻泰安的教会人士，亦常购买此品回国作馈赠礼品，泰山牙枣由此驰誉海外。

泰安酱包瓜　创制于清咸丰年间。因质优味美，清同治时定为“贡品”。本品较其他各地同类产品为优，主要因为采用泰山南麓大白峪村特产的一种黑褐色未成熟鲜嫩甜瓜作外衣，并根据传统配方比例，将莴苣、黄瓜、花生仁、核桃仁、瓜子仁、杏仁、藕、龙须菜、冰糖、柿饼、青红丝等切块作料馅，又用当地自产的甜酱腌制，故具有皮柔、肉嫩、鲜脆清香、酱味浓郁、开胃口、增食欲的特点。泰安市酱菜厂继承传统工艺，每年生产7500公斤。

【旅行社】　年初，完成2006年度全市旅行社业务年检工作，通过年检117家、暂缓通过9家、不予通过1家。注销国内旅行社2家（宁阳旅行社、泰安市诚信旅行社），新审批旅行社5家，年末全市旅行社数量达到136家，其中国际旅行社6家、国内旅行社130家。全市旅行社旅游总收入2.03亿元，增长30.18%；利润总额796万元，增长36.94%；促销费用166万元，增长70.57%；实缴税金59万元，增长30.22%。扶持做大做强旅行社，泰山中国国际旅行社、泰安康辉旅行社列入泰安市发改委服务大企业扶持名单。

【导游队伍管理】 年初，完成2006年度导游员年审工作。开展导游人员情况调研，形成《关于进一步加强全市导游员管理工作的调研报告》。加强对全市导游人员的管理，完善管理办法，从导游证发放和年审、导游人员流动及带团服务质量全程监督、服务质量反馈等方面加大力度，不断提高导游队伍的整体素质。年末，全市考取全国导游资格证人员3157人，持有导游资格证并申领导游证IC卡的人员2860人，中级导游员57人，由泰安迁往外地市人员83人。

【旅游市场秩序整顿】 制定《泰安市2007年整顿和规范旅游市场秩序工作实施方案》和《全市旅游市场集中整顿规范行动工作方案》，召开全市旅游市场集中整顿规范行动执法联席会议，成立集中整顿规范行动小组，对全市旅游市场进行集中整治。8月13～17日，对红门、天外村、桃花源景区、新老汽车站、高速公路泰城西出口、天烛峰景区等主要进山口和重点部位的旅游秩序情况进行突击检查。8月24日至9月12日，对天外村、桃花峪、红门景区进山旅游团队和带

表25　2007年泰安市部分旅行社名录

旅行社名称	许可证号	地　址	负责人	电　话
泰安市诚之旅旅行社有限公司	L－SD－GN09053	东岳大街泰氏商务楼	徐　娟	8888001
泰山中国国际旅行社有限责任公司(国际社)	L－SD－GJ00007	虎山路158号国资公司七楼	冯海东	8256538
泰安康辉旅行社有限公司	L－SD－GN09025	普照寺路1号锦华之星商务楼	綦　葵	8260333
泰安市康泰旅行社有限公司	L－SD－GN09105	东岳大街东段泰氏商务楼	曹云青	8286775
泰安市五岳旅行社	L－SD－GN09038	东岳大街139号新汽车站	李先明	8261047
泰安市泰山环球旅行社有限公司	L－SD－GN09020	龙潭路57号	岳义敏	8206368
泰安大汶口文化旅行社有限公司	L－SD－GN09094	龙潭路70号济军招待所	卢方鲁	8711109
泰安市泰山瀛泰旅行社有限公司	L－SD－GN09055	迎胜路中段交通医院对面	刘　剑	6267158
泰安市双龙旅行社有限公司	L－SD－GN09031	牡丹大酒店	田纪玉	8267128
泰安市宏泰旅行社有限公司	L－SD－GN09052	财源大街富都大酒店	张　磊	8208633
泰安市缘之旅旅行社有限公司	L－SD－GN09066	东岳大街68号华泰商务楼	张　虹	8272878
泰安中国旅行社(国际社)	L－SD－GJ00023	虎山路云海饭店四楼	宋泓辰	6262222
泰安承惠旅行社有限公司	L－SD－GN09112	泰山蓄能电站院内	丁　阳	8142098
泰安市天成旅行社有限公司	L－SD－GN09075	东岳大街中段鲁科海商务楼	李吉哲	8299216
泰安市泰山新亚旅行社有限公司	L－SD－GN09092	龙潭路70号济军招待所	李　勤	8291999
泰安市开心假日旅行社	L－SD－GN09043	龙潭路市委党校院内	韩广秀	8298336
泰安市泰山中信旅行社有限公司	L－SD－GN09080	升平街37号天同证券5楼	井　虹	8266836
泰安市泰山新闻旅行社有限公司	L－SD－GN09106	东岳大街东段泰氏商务楼	赵婷婷	8281806
泰安市金城旅行社	L－SD－GN09026	龙潭路76号新元门市23号	于翠芹	8298398
泰安市联合假期旅行社有限公司	L－SD－GN09126	泰山大酒店东商务楼	贾海娟	6266661
泰安市泰山春秋旅行社	L－SD－GN09017	迎春路55号鲁民宾馆二楼	王　平	8263817
泰安市光大旅行社有限公司	L－SD－GN09045	东岳大街鲁科商务西信用社楼	王　宏	8888102
泰安市泰山裕隆旅行社	L－SD－GN09019	龙潭路17号裕隆宾馆	刘　强	8258406
泰安国通旅行社有限责任公司	L－SD－GN09059	龙潭路28号友好宾馆	赵　安	6268899
泰安市海峡国际旅行社有限公司(国际社)	L－SD－GJ00079	新泰市青云街道办事处对面	孟广艾	7226528
泰安吉祥国际旅行社有限公司(国际社)	L－SD－GJ00062	红门路30号科技大学西门	柏争先	6227800
泰安市泰山金辉旅行社有限公司	L－SD－GN09116	东岳大街双龙池东20路南	杨丽丽	8888333
泰安市泰山金桥旅行社有限公司	L－SD－GN09099	龙潭路锦山宾馆(原五金公司)	王允田	8216056
泰安市华夏旅行社有限公司	L－SD－GN09108	岱宗大街聋哑学校	李华忠	8339228
泰安金秋旅行社有限公司	L－SD－GN09101	东岳大街86号面粉厂西临	李琳玉	6262833

团导游进行集中检查。9月11～12日，对新泰市旅游景区、公园、旅行社、星级酒店、导游员及长途汽车站等游客集散地进行暗访检查。9月24～30日，对全市星级宾馆的服务质量、食品卫生安全及消防安全方面进行突击检查，检查星级宾馆35家，下发整改通知书16份。9月27～29日，对天外村广场、桃花峪景区、中天门景区、红门景区及市区旅行社进行检查。严格检查旅行社，强力推行组团合同和委托接待合同。开展旅游行业诚信建设，倡导诚信经营，改善服务质量，切实促进行业管理规范。建立诚信评价制度，通过山东诚信旅游网，开展诚信旅游经营承诺，建立旅游警示制度。加大对导游市场的监管力度，推行导游员IC卡管理，重点查处无合法证件、无正当手续、未经旅行社委派私自非法从事导游活动和伪造、借用他人导游证等27种违规行为。认真受理旅游投诉，一般投诉按照《旅游投诉暂行规定》妥善处理，紧急、突发的旅游投诉按照“及时、就地、首接负责、安全第一”的原则处理。市旅游咨询中心坚持24小时值班，为游客提供游览的信息、咨询、游程安排、讲解等旅游服务项目，共接待海内外游客2.77万人次，游客满意率达到100%。

【旅游教育培训】 抓好导游员教育培训工作，结合导游员年审培训1190人。进行导游员岗前培训，举行导游员宣誓仪式。开展导游员网上培训，将国家的大政方针、旅游法规、业内动态以专题形式进行定期发布。做好全国导游资格考试泰安考区组织工作，共选拔合格人员249人。为国家旅游局选派援藏导游员。抓好饭店经理培训，7月29日至8月5日，市旅游培训中心组织泰城6家星级饭店赴浙江杭州、宁波、长沙等地学习。

【旅游商品开发】 编制完成《泰安市旅游商品发展规划》，提出旅游商品规划发展的指导思想、开发思路、战略重点、开发定位、规划目标。加强旅游商品市场建设，中国肥城桃木旅游商品城被山东省旅游局授予“山东省旅游商品研发基地”和“山东省桃木旅游商品研发生产基地”称号，泰山名饮时尚礼品广场荣获“2007～2008年度山东省大型综合旅游购物场所十佳品牌”称号。指导肥城市旅游局搞好第二届旅游商品创新设计大赛，发展旅游商品定点企业12家。提升旅游商品设计水平，泰安市旅游商品推荐设计单位增至3家，对县（市、区）的定点单位进行设计、包装等方面的指导。组织旅游商品企业参加第五届山东省旅游商品创新设计大赛，共获得奖项47项。举办泰安市第四届旅游商品创新设计大赛，200件商品参评。编辑出版《泰安旅游购物休闲指南》，制定《泰安市旅游商品品牌标识管理办法》，完成泰城主要购物超市泰安特产的调查并建立商品信息数据库。

【旅游行业协会服务职能不断增强】 修改完善《泰安市旅游协会章程》，新发展会员单位30家。召开旅行社专业委员会、导游专业委员会座谈会，安排部署针对兼职导游员管理及精品导游员评选的工作任务。开展问卷调查，对会员单位客源市场、经营状况、面临的主要问题进行全面的了解。指导督促县（市、区）成立旅游协会，肥城市、东平县成立旅游协会，泰山区成立生态民俗旅游协会。加强旅游诚信建设，75家会员单位自愿遵守、维护“泰安市旅游行业诚信自律公约”。主办“2006山东首届旅游年会暨旅游总评榜活动”，泰安市有5家旅游单位获奖。举办“中国·泰安第八届旅行社联谊会”，达成合作意向100项。举办“感知泰安·泰山地方特色名吃美食周暨泰山地方特色名吃展评会”，40家知名餐饮企业参展，3万市民和游客参与活动。举办全市首席技师选拔赛暨全市烹饪与服务技能人才职业技术大赛，分别评选出宴席展台奖、中式烹调奖、中式面点奖、餐厅服务奖和客房服务奖。举办山东六城市“克利策杯”泰安金秋美食节，70家餐饮企业参与，接待国内游客12.15万人次，成交金额54.5万元。 （闫　晨）

编辑·校对　张云霞

民营经济·招商引资

民营经济

【概况】 年内，全市民营经济完成增加值755.1亿元，比上年增长30.4%，占全市GDP的61.6%，同比提高5.2个百分点；实交税金57.4亿元，增长20.3%，占全部税收的71.0%，提高5.1个百分点。其中，国税34.14亿元，增长19%；地税23.21亿元，增长23.4%。到年底，全市私营企业发展到1.37万户，增长8.2%；注册从业人员33.5万人，增长10.8%；注册资本（金）194.3亿元，增长12.8%；户均注册资本（金）141.35万元，比上年增加5.8万元。私营有限公司发展到1.01万户，增加878户，占私营企业总户数的73.17%。全市登记1人公司1060户，占私营企业总数的7.7%，增长137%。个体企业发展到8.95万户，注册从业人员19.2万人，注册资本19.4亿元，分别增长1.5%、8.8%和17.8%；户均注册资本（金）2.17万元，增加0.16万元。

【优化民营经济发展环境】 年内，市委、市政府继续把民营经济作为全市经济工作重点来抓，进一步为民营经济创造良好环境。①引导推动发展。2月8日，市民营经济工作领导小组召开会议，确定按照“抓大助小，培优扶强”的指导方针，提高民营企业核心竞争力、自主创新能力。各级开展形式多样的“民营经济宣传月”活动，市政府分工副市长在《泰安日报》发表《认真贯彻落实〈山东省中小企业促进条例〉促进中小企业又好又快发展》署名文章，营造了促进中小企业加快发展的浓厚氛围。②强化调研。2月，市民营经济工作领导小组办公室组织开展《民营经济发展前沿问题研究》专题调研，《泰安市民营经济调研报告》等5个专题报告，被收录到《民营经济30年——山东民营经济发展研究报告》书中，作为全省民营经济发展前沿问题研究的一部分。③表彰先进典型。按照《泰安市民营经济考核奖励办法》，对20个发展民营经济工作先进乡（镇、街道办事处）进行表彰，授予其“泰安市民营经济先进乡（镇、街道办事处）”荣誉称号。

【培植规模企业和利税大户】 年内，全市各级继续把发展规模企业和培植纳税大户作为民营经济的工作重点来抓。年初，把计划新增规模企业的目标任务分解落实到各县（市、区），对民营经济实交税金、完成增加值、规模企业和骨干企业培植、重点项目建设等主要考核指标继续实行月调度、月通报、月调整制度。实施促进中小企业成长计划，对列入省计划的企业，从资金、培训、信息化等方面予以倾斜，重点扶持，并通过实施各级党政领导成员包保责任制等方式，及时解决企业发展过程中遇到的难题，促进企业发展。全市进入省中小企业成长计划的企业达到208家，总量列全省第4位。在扶持列入省计划企业发展的基础上，市、县（市、区）政府还分别确定一批成长性好的中小企业，纳入各自的培育计划，作为省计划的后续资源进行重点培育。到年底，全市规模企业发展到1322家，其中民营规模企业1142家。民营规模企业中，收入过10亿元的16家，增加5家；过亿元的247家，增加57家；过5000万元的506家，增加132家。全市实交税金过1000万元的民营企业71家，增加13家；过500万元的117家，增加17家；过100万元的302家，增加40家。

【重点项目建设】 进一步突出项目建设在民营经济发展中的作用，围绕解决项目建设和企业发展融资难加大融资和对外交流合作力度。①开展中小企业融资情况专题调研。根据国务院《转发发展改革委等部门关于加强中小企业信用担保体系建设意见的通知》（国办发〔2006〕90号）和省政府《关于贯彻国办发〔2006〕90号文件进一步加强中小企业信用担保体系建设的通知》（鲁政办发〔2007〕34号），全市对中小企业融资难的情况进行调研，从宏观政策、金融机构及企业3个方面提出解决的对策建议，为全市出台关于加强中小企业信用担保体系建设的意见提供了依据。②引导金融机构资金向中小企业倾斜。引导各金融机构贷款向中小企业倾斜，并通过组织引导企业参加银企对接会、推介会等形式，为企业融资牵线搭桥，提供便利，全市各金融机构约48%的新增贷款流向中小企业。③启动民间资本。全市各级通过引导大户投资、利用亲情招商、以项目吸纳民间资本等手段，全年启动利用民间资本95亿元。④加强经贸技术交流与合作。组织企业参加第4届中国国际中小企业博览会暨中日中小企业博览会、第5届APEC中小企业技术交流暨展览会等，其中在第4届中国国际中小企业博览会暨中日中小企业博览会上，泰安民营企业与外商达成合作意向5个，项目投资额3.5亿元，签订一批销售协议，协议额2.3亿元。

年内，全市确定计划投资过千万元的民营工业项目912个、项目计划投资总额700亿元，当年完成投资386亿元。其中计划投资过亿元的项目174个、项目计划总投资483亿元，当年完成投资201亿元。年内完工项目694个，其中投资过亿元的项目94个。

【中小企业社会化服务体系建设】 通过搭建服务平台，支持、扶持中介服务机构建设，优化民营经济和中小企业服务环境，促进民营经济和中小企业发展。①小企业创业孵化基地建设。全市通过收购、租

表26 2007年实交税金1000万元以上民营企业 单位：万元

序号	企业名称	法人	实交税金	
			当年	上年
1	山东石横特钢有限公司	张武宗	38457	30815
2	泰开电气集团有限公司	赵文林	18528	14017
3	山东泰山能源股份有限公司	曹明清	17701	19691
4	山东泰山生力源集团股份有限公司	马西元	8158	7595
5	泰山集团股份有限公司	曹西森	7668	2651
6	泰安华兴纺织有限公司	胡广敏	5857	1770
7	泰山水泥集团有限公司	郎庆田	4965	4553
8	山东泰安泰山啤酒有限公司	陈成稳	4771	5813
9	蒙牛乳业泰安有限公司	姚国新	4657	4867
10	山东鲁能泰山电力设备有限公司	曹西森	4463	2861
11	宁阳海力实业有限公司	冯振山	4127	1637
12	新泰正大焦化有限公司	肖一峰	3969	1041
13	山东泰和东新股份有限公司	贾同春	3809	1779
14	山东华源矿业有限责任公司	郑珍修	3608	5293
15	泰山焦化有限公司	张吉生	3541	4530
16	山东米歇尔生物制品有限公司	林 东	3143	1789
17	山东省傲饰集团有限公司	蒋正刚	2908	784
18	山东岱银纺织集团股份有限公司	赵焕臣	2863	3263
19	山东祥泰洁净煤有限公司	孙正启	2840	2319
20	泰安银座商城有限公司	郑良玉	2743	2302
21	泰安瑞泰纤维素有限公司	吕兴富	2743	1531
22	山东恒信集团焦化公司	司相芳	2657	1787
23	山东光彩投资有限公司	余渐富	2592	1791
24	山东泰开互感器有限公司	王均梅	2466	1791
25	泰安国华基础产业投资建设有限公司	王广群	2432	1604
26	泰安大汶口矿业开发建设有限公司	李安东	2413	109
27	新汶矿业集团公司泰山盐化工分公司	张福华	2323	–
28	山东泰安阳光矿业集团	吴秀祥	2312	2504
29	特变电工鲁能泰山电缆有限公司	铁 斌	2312	1969
30	瑞星集团有限公司	孟广银	2237	2453
31	山东宝龙实业发展有限公司	许健康	2205	12
32	山东泰鹏实业有限公司	刘建三	2173	2273
33	山东超威电源有限公司	李 杰	2123	46
34	泰安鲁珠水泥有限公司	于更申	1974	1764
35	山东金阳矿业集团有限公司	郝桂明	1794	1772
36	山东兆宇石油管制造有限公司	张砚华	1700	–
37	山东泰山复合材料有限公司	徐建民	1607	1319
38	山东泰山轮胎有限公司	翟远新	1599	2062
39	山东赛特电工材料有限公司	李希存	1539	389
40	山东润银生物化工股份有限公司	孟广银	1490	–
41	新泰市华源焦化有限公司	郑珍修	1478	923
42	泰安满庄热电管理有限公司	李国瑞	1475	–
43	山东升华玻璃有限公司	徐西胜	1471	1671
44	良达热电有限公司	邢茂俭	1465	828
45	山东光明热电有限公司	袁秋心	1404	1692
46	新泰市汶南煤矿	公成东	1388	1644

续表 26

序号	企业名称	法人	实交税金	
			当年	上年
47	山东岱岳制盐有限公司	赵建国	1383	227
48	山东清大实业集团有限公司	周彬	1340	493
49	泰安东岳重工有限公司	刘汝滨	1311	1673
50	泰安岱银山口纺织有限公司	赵焕臣	1285	1159
51	泰安泰龙棉纺针织有限公司	闫新	1267	1376
52	山东鲁龙集团有限公司	陈富胜	1261	999
53	泰安泰山工程机械股份有限公司	宋绪山	1258	580
54	泰安市科诺型钢有限责任公司	钱占绪	1242	–
55	山东天风能源有限公司	刘天团	1227	656
56	山东山口钢管集团有限公司	钱占绪	1221	885
57	山东东平宏达矿业有限公司	段连文	1164	2651
58	山东新申纺织有限公司	任增学	1144	1040
59	山东聚源矿业集团有限公司	孙远华	1141	1055
60	山东立业机械装备公司	张忠	1108	882
61	肥城龙祥纺织有限公司	李祥芝	1091	1020
62	新泰市韩庄煤矿	单光合	1087	2155
63	肥城金隆纺织有限公司	刘建三	1076	1297
64	新泰市市中房地产综合开发公司	张新汶	1075	1373
65	莱钢新泰铜业有限公司	高德军	1072	375
66	山东鲁润宏泰石化有限责任公司	李超	1069	189
67	山东锦轮股份有限公司	李勇	1059	889
68	肥城隆源煤矿集团有限公司	李刚	1040	1183
69	泰安金卡特织造有限公司	赵焕臣	1010	532
70	泰安市山口锻压有限公司	王振迎	1005	400
71	泰安市华伟房地产开发有限公司	王传武	1000	380

赁、新建等方式，整合社会各类资源，推动小企业创业孵化基地建设，全年建成泰安天禧中小企业创业基地、山东万力科技企业孵化器和宁阳县小企业孵化器基地，3处基地总建筑面积4万平方米，入驻企业67家，创造就业岗位1060个，年实现销售收入7100万元，利税1100万元。②公共技术服务平台建设。全市依托企事业单位规划6大技术服务平台，其中依托山东乡镇企业建材质量监督检验中心建起“装饰装修材料实验室项目服务平台”、依托新泰市羊流起重机械协会建起“起重机械行业公共服务平台”、依托山东万力电子信息产业有限公司建起“万力技术信息服务平台”，另有3个服务平台正在建设中。③担保机构建设。到年底，全市面向民营企业、中小企业开展业务担保机构发展到26家，备案16家。16家担保机构注册资本12.38亿元，其中政府出资的3家。16家担保机构累计担保企业3841家，担保总额76.16亿元，为解决中小企业融资难，发挥了重要作用。④信息化建设。中国中小企业山东岱岳网和东平网先后开通，全市县（市、区）以上中小企业网站全部建成投入运营。全市1300家中小企业成为中国中小企业网会员。⑤实施利用邮政资源拓展中小企业市场工程。市中小企业办公室与市邮政局联合印发《关于利用邮政资源实施中小企业市场拓展工程的实施意见》，对200余家中小企业开展现代营销公益培训，在部分企业开展利用邮政资源开拓市场尝试。6月，泰安天禧科技企业孵化器投资管理有限公司、山东省乡镇企业建材质量监督检验中心、泰安市财富特担保有限公司、泰安市弘泽投资担保有限公司、肥城市乡镇企业职工中专、新泰市羊流起重机械协会、肥城市机械制造行业协会等7家单位，被省中小企业办认定为省中小企业社会化服务体系建设示范单位。

【提高民营企业素质】 ①加快高新技术企业和企业技术中心培植。年内，山东一滕化工有限公司被认定为国家高新技术企业，泰开电气集团有限公司被认定为省重点高新技术企业，山东泰和东新股份有限公司等14家企业被认定为省级高新技术企业。泰山工程机械有限公司和山东宏康机械制造有限公司等2家的企业技术中心被认定为省级企业技术中心。泰山工程机械有限公司、山东泰山染料股份有限公司等2家企业被授予2007年中国优秀民营科技企业称号。到年底，全市民营国家级高新技术企业20家，省级高新技术企业188家，省级企业技术开发中心19家，博士后工作站2家。②实施品牌战略。年内，山东泰和东新股份有限公司的“泰山”牌商标和山东农大肥业科技有限公司的“农大”牌商标获中国驰名商标；山东东岳橡胶制品有限公司的“东岳”牌摩托车轮胎获中国名牌产品称号；肥城市云宇工程机械有限公司的云宇牌商标等9个商标获山东省著名商标称号，占全市总量的81.8%；宁阳华兴纺织有限公司华兴牌麻棉纱线等7种产品获山东名牌产品称号，占全市总量的87.5%。到年底，全市民营企业获国家驰名商标3件、国家名牌产品1件、省著名商标60件、省名牌产品67个。③推动产学研联合。3月，组织召开全市民营（中小）企业与驻泰高校产学研座谈会。6月，市中小企业办与泰山学院组建成立山东省第一家中小企业研究机构——“泰山中小企业研究所”。康平纳公司产学研经验在全省中小企业工作会上进行推广。④加强对民营企业家教育培训。对企业人员开展申报国家和省扶持资金项目培训、中小企业财会与统计培训等，通过政府对参加培训民营企业家给予50%学费补贴，组织4批68名企业高层管理人员参加清华大学MBA总裁班学习。⑤节能减排。市中小企业办公室成立以分工主任为组长的节能减排工作领导小组，将“十一五”COD、二氧化硫削减目标及时进行分解落实到各有关企业。从“点、线、面”三个层面上发展循环经济，在泰和集团等单位建立起点上的小循环示范，在肥城市建立面上的大循环示范，肥城市被省环保局确定为全省两个循环经济建设示范县之一。全市通过省级清洁生产绩效评估23家企业，被评为“山东省节能先进企业”2家。

【泰山中小企业研究所成立】 6月21日，由市中小企业办公室、泰山学院联合建立的全省首家中小企业学术研究机构——“泰山中小企业研究所”在泰山学院揭牌成立。省中小企业办、市人大、市政府、市政协、泰山学院等领导，驻泰高校代表、各县（市、区）分管民营经济工作的负责人、市民营经济领导小组成员代表、市民营企业家代表及泰山学院部分师生参加揭牌仪式。该研究所的成立，直接促进学校与政府、企业间的信息交流与科研合作，填补市经济专业研究机构的空白，为产、学、研及政府搭建起一座桥梁。揭牌仪式上，授予泰山学院、山东省乡镇（民营）企业职业技能鉴定站、泰安市天禧科技有限责任公司全国乡镇企业蓝色证书培训基地牌匾；泰山学院向泰山生力源集团公司、泰安康平纳毛纺织有限公司、美国威玛泰安公司和山东泰山啤酒有限公司的董事长颁发客座教授证书。华夏基石管理顾问公司咨询总监邓成华应邀作专题学术报告。（张学亮）

招商引资

【概况】 年内，市委、市政府继续把招商引资作为经济工作的重中之重来抓，围绕经济结构调整和产业优化升级，集中精力抓招商引资和大项目建设。全年共引进总投资3000万元以上项目518个，合同引资额447.6亿元，国内到位资金176.2亿元。向上争取无偿资金665笔，金额27.02亿元。全市新批准利用外资项目105个，合同利用外资14.1亿美元，增长20%；实际利用外资9.8亿美元，增长23.3%。“走出去”迈出新步伐，各级各部门瞄准“世界500强”“国内500强”跨国公司、上市公司等大企业、大集团，开展小分队招商、节会招商、亲情招商，宣传泰安、推介项目、寻求商机。先后组织举办“泰山国际登山节暨泰安投资合作洽谈会”、“海内外知名企业家泰山行”、“江苏企业家CEO泰山行”、“泰台经贸洽谈暨知名台商泰山行”等大型招商活动，邀请产业关联度较高的行业知名人士来泰，签定一批投资规模大、技术含量高、产业带动力强的大项目、好项目。

招商氛围浓厚　市委、市政府主要领导先后多次到各县（市、区）和市直单位检查督导招商引资、大项目建设，带队赴外地专题调研，学习招商引资工作经验、做法。市政府先后召开落实科学发展观项目建设调度会、一季度一次的全市招商引资工作调度会、重点招商项目观摩会和登山节签约项目调度会等，极大地推动全市招商引资工作的开展。

招商质量提高　①大项目招商成效明显。全市新开工投资1亿元以上项目127个，合同引资额251亿元，实际到位资金102亿元。新签订投资过亿元的重点项目103个。其中泰山区总投资30亿元的华强泰山文化旅游科技园项目、岱岳区总投资40亿元的泰山盐化工二期工程、新泰市1200吨碳纤维、肥城市“双30”万吨盐化工、宁阳县超威锂电池、东平县粉煤气化、高新区中材泰山新材料工业园、旅游经济开发区的中信集团旅游合作开发项目等一批过10亿元的大项目。②投资结构优化。全市引进投资过3000万元项目518个。其中，工业项目334个，占

64.5%；农业及农产品加工项目28个，占5.4%；旅游及三产服务业项目156个，占30.1%。工业项目增势强劲，服务业项目比重增加，农业龙头项目呈上升趋势，经济结构不断优化。③项目质量提高。在引进的项目中，高新技术项目达到26%，其中市高新区的蓝景膜项目、新泰市的玻璃绝缘子项目、宁阳的RT培司项目、东平县的秸杆乙醇项目等，都是国家最新专利技术和先进科技成果，具有广阔的发展前景。

招商水平提高　以蹲点招商为突破口，强化专业化招商，邀请客商到泰安实地参观考察400多人次，先后成功引进南京顺天集团泰安世界之窗数码电子城、液压成套设备生产、苏宁电器、泰山家园等项目。已开工在建项目7个，签定合同项目8个，在谈项目42个。同时，继续加强与浙江省浙商工作室、上海台商协会、广州商会、北京企业家俱乐部、清华大学中小企业总裁俱乐部、烟台中西部合作办公室中介机构的联系与合作，开展代理招商、委托招商、上网招商，拓宽了招商引资渠道。各级通过互联网、多媒体等多种形式，开展对外推介活动，宣传全市的政策、环境、产业、资源和招商项目。

投资环境改善　市委、市政府印发《关于进一步改善投资环境的意见》，明确部门为企业和客商服务的职责分工，完善市行政审批服务中心建设，规范审批行为，推行并联审批制度，最大限度地压缩审批环节和时限，政府服务效率和质量明显提高。市政府对行政许可和非行政许可项目进行全面清理，建立完善行政审批、效能投诉、便民服务电话受理“三个中心”，推行政务公开，建立网络审批服务系统。11月，泰安市被中国国际跨国公司研究会、联合国全球契约组织、联合国环境规划署联合授予“跨国公司最佳投资的城市”称号，“投资泰安、稳如泰山”的品牌效应逐步显现。继续坚持市级领导联系重点项目制度，及时帮助解决企业发展和项目建设中遇到的困难和问题。年底，举办2008全市新年客商联谊会，密切政府与客商的联系。

【2007中国泰安投资合作洽谈会】

9月6～8日，2007年中国泰安投资合作洽谈会在市政府二楼大厅举办。欧美、日韩、港澳台等20个国家和地区的232位境外客商以及来自珠三角、长三角、京津塘和青烟威等全国18个省市自治区的578名国内客商参加洽谈会。洽谈会共集中签订招商引资项目合同32个，

泰城风光·东湖公园　（刘水　摄）

9月8日，2007中国泰安投资合作洽淡会签约仪式在市政大楼举行 （李 明 摄）

其中利用国内资金项目20个，合同引资额244.5亿元；利用外资项目12个，合同利用外资额2.65亿美元。其中，合同引资额过亿元的97个，占签约合同项目总量的34.9%，比上年提高9个百分点。

【泰安市荣膺“跨国公司最佳投资城市”】 11月16～18日，中国国际跨国公司研究会、联合国开发计划署、联合国贸易和发展会议、联合国工业发展组织、联合国环境规划署、联合国全球契约组织等国内和国际组织共同举办的“中外跨国公司CEO圆桌会议”在北京举行。国际劳工组织、联合国粮食及农业组织等7个联合国机构，美国、德国等27个国家的驻华使馆，德国柏林、英国伦敦等26家外国城市和开发区，深圳、厦门等53家国内城市和开发区，ABB、荷兰银行等69家国际知名公司以及中国石油、国家电网等118家国内知名企业的代表参加会议。全国人大常委会副委员长成思危担任大会主席并作主旨发言。会议评选出2007年度最具核心竞争力的在华跨国公司、最具核心竞争力的中国企业、跨国公司最佳投资的中国城市和开发区、中国企业最佳投资的外国城市和开发区等。泰安市被中国国际跨国公司研究会、联合国全球契约组织、联合国环境规划署授予“跨国公司最佳投资城市”称号。此次评选采取对各国驻华使馆、在中国投资的外国跨国公司、外国商会等单位进行问卷调查的形式，具有较强的公信度。（张 斌）

编辑·校对 李 鹏

开发区

泰安高新技术产业开发区

【概况】 泰安高新技术产业开发区、泰安经济开发区（以下合并简称高新区）是山东省人民政府批准成立的省级开发区。高新区由位于泰城东部的东部建成区和南部新区两部分组成。东部建成区于1992年开发建设，规划面积6平方公里，已基本建成；南部新区于2002年启动建设，总管辖面积118平方公里，规划面积50平方公里，北起京沪高速公路，南至胜利水库南坝线，东到京沪铁路，西至京沪高速铁路规划线。根据泰城新一轮城市总体规划，高新区南部新区的功能定位是以发展现代工业、高新技术产业为主导的现代化园林旅游城市新城区，是泰城的副中心。高新区管辖北集坡镇，48个村（居）民委员会，区内企事业单位810个，区内人口12万余人。

经济发展 全年实现生产总值（GDP）31.8亿元。其中，第一、第二、第三产业增加值分别为0.8亿元、23.3亿元、7.8亿元。实现技工贸总收入125.2亿元，增长45.2%；实现工业总产值98.5亿元，增长53.9%；工业增加值30.7亿元，增长47.7%。规模工业企业累计达到51家，其中销售收入过亿元企业累计达到15家。规模工业企业完成产品销售收入93.2亿元，增长58.5%；利税8.6亿元，增长75.7%。在规划发展的四大主导产业中，机械设备、汽车及零部件、食品医药制造业等占全部工业总产值的比重达到82.6%。实现高新技术产业产值41.7亿元，增长66.2%；占规模工业企业总产值的44.9%，同比提高3.5个百分点。实现境内财政总收入7.7亿元，增长43%；实现地方财政收入5.1亿元，增长38%；税收比重达到80.96%，同比提高8.86个百分点，提高幅度居全市第一。

招商引资 坚持有目标地走出去、有重点地请进来，实行专业招商与全员招商相结合，采取政府为主导、企业为主体的办法，强化蹲点招商，在青（岛）烟（台）威（海）、江（苏）浙（江）沪（上海）、闽（福建）粤（广东）三个区域设置了青岛、南京、苏州、广州和福州等5个驻点招商组。全年新签约项目26个，计划总投资58.35亿元，国内市外到位资金13.09亿元；合同利用外资1.83亿美元，实际利用外资1.13亿美元。加大项目建设服务协调力度，完善基础设施。至年底，新区累计进区项目122项，计划总投资255亿元，其中过亿元项目48项。年内，泰开电气变压器、东岳重工、尤洛卡、普瑞纳饲料等23个项目相继竣工投产，竣工投产项目累计达到62个；泰开电气“双百万”及超高压电缆、山东煤机、加华电力、渗透汽化膜、奥博华汽车电子、东华合创等16个项目相继开工，计划总投资29.1亿元；在建项目累计达到50个，计划总投资91.8亿元。

科技创新体系建设 加大以国家级高新技术创业服务中心（以下简称高创中心）为龙头，泰山科技城、星火科技园为梯次孵化基地，中小科技型企业产业聚集带为依托的科技创新体系建设，有力地支持了中小科技型企业的快速发展，高创中心孵化服务能力不断提升。至年底，孵化面积累计达19万平方米，在孵企业157家，经过高创中心初次孵化，毕业到新区的企业24家，征地建厂企业12家。年内，电子信息产业园被认定为全省首批12家省级电子信息产业园之一，与市科技局联合创办的“泰山科技创业园”

被列入首批“山东省服务业集约化园区”。鼓励支持企业加大科研投入，创建国家级和省级工程技术研究中心、企业技术中心。蓝光软件公司被山东省信息产业厅认定为山东省软件工程技术中心，依托尤洛卡公司建立的“山东省煤矿灾害监测仪器工程技术中心”被省科技厅认定为省级工程技术研究中心，泰开电气有限公司省级企业技术中心被省经贸委评为省级重点企业技术中心。至年底，全区累计拥有企业技术中心9家，其中国家级1家、省级5家、市级3家。全年新认定高新技术企业15家，其中省级高新技术企业5家。全区高新技术企业累计达到126家，其中省级以上58家，约占全市的三分之一。新认定市级高新技术产品20种，高新技术产品累计达到256种，其中省级44种。

城市建设　①基础设施建设。投入资金6900万元，完成高开支路等道路、污水雨水等管网、道路绿化苗木栽植及小区绿化建设，新栽植各类苗木8万株，绿化道路长度15公里，新增绿化面积10万平方米。投入资金1050万元，完成35KV汶北线改造、徐家楼配出13条10KV配电线路改造、龙腾路电缆线路建设、110KV凤祥变电站规划设计等电网建设任务。投入资金280万元，建成龙潭路奥林匹克花园段、配天门大街东段、凤天路加华制药至三德段、配天门大街煤机集团段、龙腾路泰鑫薄板至华新建材段等路段的中压燃气管线3700米。②规划执法。对高新区总体规划进行修编、完善，完成拆迁4.5万平方米，保证了项目落地和新区建设的顺利进行。全年查处各类违法案件168起，处置率达到98.7%；强制拆除13处、面积1098.9平方米，当事人自行拆除或发现制止于萌芽状态31处、面积3135.45平方米；违章建筑发案率降低50%以上，强拆率降低28%以上，自拆率提高5个百分点以上，有效遏制抢搭乱建势头。③城市管理。开展创建国家环保模范城、国家卫生城市、国家级园林城市和全省城乡环境综合整治检查验收等活动，严格查处占道经营、乱设摊点、乱倒垃圾、乱涂乱画、违法设置户外广告等行为，形成爱国卫生、市政设施维护与管理、城市环境保护以及全方位环境治理管理格局，区容区貌显著改善。

投资服务　开展工作流程再造，进一步精简审批事项，创新服务方式，提高服务效率和质量。修订完善《岗位责任制》《首问负责制》《一次性告知制》等制度，建立《服务质量调查制度》《投诉处理程序》，为各类项目提供个性化服务。设立“经济110”，落实专人严格执行24小时值班制度，扎实开展民主评议政风行风活动，接受社会全方位的监督。报审咨询服务中心、凤凰社区被列为全省服务标准化试点单位，“投资泰安、稳如泰山”被评为山东省服务名牌。

社会事业　进一步加大投入力度，统筹经济社会协调发展，全年用于社会保障、教育、医疗卫生、支农等方面的支出达到3056万元。①文体教育。启动凤凰小学达省标及庵上小学、北店子小学达市标工作，展开区内完全中学的筹建工作，建设完成凤凰幼儿园、龙泉幼儿园。山东服装职业学院在校生达到8000人，泰山学院新校区在高新区落地。②医疗卫生。完善新型农村合作医疗制度，提高报销比例和范围，年内共为参加新型农村合作医疗的农民报销医药费180余万元，受益群众达3万人次。加大食品卫生监管力度，进一步提高食品质量安全水平。③计划生育。加强流动人口管理，狠抓晚婚晚育，认真落实农村部分计划生育家庭奖励扶助制度，计划生育率100%，人口出生率9.2‰，自然增长率2.34‰，晚婚率93.37%，晚育率96.64%。④社会保障。年内为1.80万名占地农民发放面粉近225万公斤，为1809名占地60%以上的老年人发放生活保障金127万元。积极稳妥地进行驼凹村旧村改造，完成280户回迁户的分房和入住龙泉小区工作，启动凤凰社区三期和龙泉社区四期居民回迁楼建设。委托市劳动局技能培训中心、泰山职业技术学校培训学员500多人，就业率达到90%以上。开展农村低保扩面提标工作，实现应保尽保；完成北集坡镇敬老院的改扩建工作，达到省级规范化敬老院标准；成立高新区慈善协会，健全三级慈善组织网络。⑤新农村建设。开展村镇环境综合整治，村容村貌发生显著变化。完成泉林庄村一期36栋小康楼主体工程以及东夏村桥、泰北路北段等桥梁道路基础设施建设，推进村村通自来水工程，新增受益人口3000余人。

【泰安高新区跻身全省科学发展示范园区】　“山东省科学发展示范园区”的评选，严格按照统一标准进行，主要评价在体制机制创新、发展规划、土地利用、环境保护、招商引资、可持续发展等方面是否发挥示范带动作用。年内，经省主管部门认真评审，并现场查看、验收，泰安高新区各项经济指标和各项工作，均符合标准要求，得到专家普遍认可，从全省170多家开发区中脱颖而出，成为山东省中西部地区唯一的一家示范区。

【泰安高新区成为全省区域性安全生产标准化示范区】　高新区认真开展安全生产专项检查和重点行业整治，积极开展安全生产标准化示范区创建活动，分门别类制定安全标准，得到了省安全监督委员会、省安全监督管理局的高度评价和充分肯定，正式确定泰安高新区为全省唯一的区域性安全生产标准化示范区试点单位，并作为开发区标准向全省推广。蒙牛乳业泰安公司、泰安特种车公司顺利通过省级安全标准化复评、达标。

【“投资泰安　稳如泰山”被评为山东省服务名牌】 年内，高新区投资服务品牌——“投资泰安　稳如泰山”，被山东省名牌战略推进委员会、山东省质量技术监督局、山东省质量评价协会评定为2007年山东省服务名牌（鲁质监质发[2007]164号）。高新区以为投资项目提供高效、快捷、优质的报审咨询服务为己任，积极为投资项目在项目立项、组织机构代码证办理、税务登记办理、建设用地规划许可办理等大小26项手续提供全方位、保姆式、一条龙服务，加快了项目落地建设进程，得到了广大投资客商的一致好评。

【泰安高新区被确定为全省首批电子信息产业园】 根据《山东省电子信息产业园认定管理办法（试行）》规定，经认真评选，年内确定泰安高新区电子信息产业园为全省首批12个电子信息产业园之一。省级电子信息产业园是在产业发展、技术创新、出口加工、招商引资等方面特色明显，已形成一定优势，并具有一定规模和产业聚集度或发展潜力巨大的产业园区。省级电子信息产业园的认定，是根据全省信息产业总体发展规划和布局，充分吸收省内外产业发展的成功经验，在各市推荐的基础上，经过认真筛选，科学论证，严格按照申报条件和程序选定的。该电子信息产业园的批准，为高新区乃至全市发展信息产业搭建了良好平台。

【泰开电气集团超高压电缆项目奠基暨“双百万”变压器项目开工】 9月6日举行开工典礼。750千伏超高压电缆项目是国家重点鼓励发展的产业、产品和技术，项目总投资6亿元，规划占地23.33公顷，新建厂房10.8万平方米，年产750千伏超高压交联电缆和特种电缆8000公里，将建成长达350米的国内电缆行业最大的生产车间，并建有136米高的立塔式交联电缆生产线，达产后年可新增销售收入16.3亿元，年实现利税2.5亿元。“双百万”变压器项目总投资3.5亿元，建筑面积3.95万平方米，主体厂房高46.8米，实验大厅和厂房及配套均为国内一流，年可新增销售收入6.36亿元，实现利税1.5亿元。

【山东鲁峰汽车万辆生产线项目奠基】 9月6日举行开工奠基仪式。该项目由山东省重点交通工业企业山东鲁峰专用汽车有限责任公司建设，计划总投资4.9亿元，占地面积17.93公顷，总建筑面积11万平方米。达产后，预计年实现销售收入10亿元、利税1.2亿元。

【高新区开通“经济110”服务热线】 为进一步提高公务和政务运行质量，确保企业正当利益和合法权益不受侵害、正常生产经营秩序免受干扰，及时解决企业反映的问题，切实为进区企业搞好服务，努力打造“投资泰安、稳如泰山”的品牌，从2007年3月份开始，高新区开通了电话号码为8938110的“经济110”热线电话，实行24小时全天候值班服务，落实首问负责制，确保了服务网络畅通，衔接无缝隙。

【高新区努力破解城管执法难题】 针对违法建设涉及面广、反复性强、处罚难度大的特点，高新区寻根求源、创新举措，有效破解这一难题，呈现出违法建设发案率低、城管执法效果好的良好局面。一是创新工作理念。提出并落实了“一个标准、三个原则、四看要求”（凡发出禁止乱搭乱建通告后出现的违法建筑一律查处，以村居自律为主、以自行拆除为主、以正面教育为主，看早、看小、看死、看严）的工作思路，对违法建筑见新即拆，对历史遗留问题扎口管理。二是创新工作机制。制定实施《关于健全查处违法建设联动机制的意见》，明确基层党委和村居两委是制止违法建设行为的主体；建立部门之间协调配合机制，工商、卫生等部门将是否利用违法建筑从事经营活动纳入办理或审验相关证照的检查范围；建立科学规范的违法建设强制拆除机制，公、检、法等部门提前介入，提供有力司法保障。三是创新政策规定。对房屋拆迁，统一实行按宅基地补偿的标准，凡合法宅基地不论房屋新旧和面积大小，一律同等安置，违法建筑一律不予补偿；对地上附属物，根据发展规划，超前部署，提前清点、提前记账、提前计息，土地仍由原户主耕种，征用时按已清点数目补偿，新增植物或设施不再考虑；对结婚等原因急需住房的按成本价购买一套住房，不再审批宅基地。四是创新奖惩制度。建立工作抵押金制度，根据制止违法建设工作情况给予一定比例的扣罚或奖励，同时将此项工作纳入对基层组织的考核范围，并与基层干部的工资待遇挂钩。

【《泰安高新技术产业开发区志》出版发行】 该志书作为泰安市的首部开发区志，历时两载，三易其稿，于年初出版发行。该志实事求是地记述了泰安高新区的沿革历史和经济与社会事业发展的现状，做到思想性、科学性和资料性的统一，是泰安高新区发展历史的真实记载。（左绪刚）

泰安旅游经济开发区

【概况】 该区前身是泰山旅游度假区，始建于1992年，与高新技术产业开发区、西南工业加工区（1996年更名为泰安经济开发区）合署办公。2002年8月，泰山旅游度假区与泰安高新技术产业开发区、泰安经济开发区分离，成为独立机构，更名为泰安旅游经济开发区，设立党工委、管委会作为泰安市委、市政府的派出机构，负责规划范围内规划、建设方面的协调管理、招商引资和进区项目的协调、服务、管理工作。开发区规划范围：北至桃花峪入山口（元君庙南墙），并与泰山风景名胜区二级保护区边界衔接；东至黄草岭村环山路防火通道至泰山学院西墙北端；向南直线延伸接京沪铁路，沿京沪铁路向东至货场西路；南至泰肥铁路；西至界首405仓库路、京福高速公路。规划面积29.6平方公里，管辖村（居）15个。

年内，该区实施“项目立区、旅游兴区、生态建区”战略，推进招商引资、基础设施建设和大项目建设，全年完成内资合同引资额达70亿元，外资合同引资额3亿美元，实现到位资金3亿元人民币。

规划管理 对进区项目严格按规划统一编制、统一实施，高起点规划、高标准建设。中信集团投资项目已委托美国易道公司进行总体规划，首期项目中的主题酒店单体规划设计完成初步方案。泰山文化交流中心项目经过多轮修改完善，已经市规划委员会批复。新湖绿苑项目、泰山国际度假村等项目的规划正在编制中。

基础设施建设 加强以道路建设为龙头的基础设施建设和以管网配套为主的配套设施建设，投资环境逐步改善。滨湖路绿带一期工程于2007年7月破土动工。

项目建设 入区项目进展顺利，旅游大项目建设稳步推进。中信集团项目一期工程已选址立项，项目公司已经注册成立；项目用地已经山东省政府批复，土地清偿工作完成80%。泰山文化交流中心项目用地已经办理土地手续，规划方案已经市规划委员会批复。泰山国际度假村项目已投入资金3000万元，完成项目用地的土地手续并取得土地证，项目单位正在编制规划设计方案。

招商引资 瞄准高端旅游市场，努力引进战略投资者。年内，中信集团、美国瑞星斯达集团、青岛龙海集团、浙江新湖集团、新加坡亚典集团、美国戴斯酒店管理集团等知名旅游企业先后落户开发区。

旧村改造 年内，有8个村完成旧村改造规划定点，其中二十里埠旧村改造列入市试点工程，并于12月动工。常家庄村、董家庄村旧村改造方案已经公示，大辛庄村、小官庄村、马家园村的旧村改造定点已经市规划局批准。

执法工作 泰安市城市管理行政执法局直属执法大队加大对该区巡查力度，年内查处违章建筑70余处，拆除违章建筑18处、面积2757.50平方米，监控停工10处，遏制了违法建设。 （马增刚）

编辑·校对 周美广

泰城风光·长城路南段 （周长征 摄）

国内贸易

综　　述

【消费品市场繁荣兴旺】　年内，全市消费品市场建设步伐加快，消费环境明显改善，居民购买力显著增强，社会消费品零售额连续6年实现两位数增长。全市批发零售、住宿餐饮业创造增加值112.1亿元，增长17%，占第三产业增加值比重27.7%，在第三产业中占绝对优势。全市商品流通业从业人员达31.5万人，占全市第三产业从业人员的30.4%，为社会创造大量的劳动就业机会。

市场发展速度加快　①销售规模不断扩大。全年实现社会消费品零售额378.47亿元，增加60.27亿元。月平均零售额达到31.54亿元，增加5.02亿元。全年有10个月月零售额超过30亿元，仅10月份高达35.5亿元。②增长速度逐月攀升。经济的快速增长，推助消费需求日渐趋旺，零售额增幅呈现逐月攀升态势。1月消费品市场保持较快增长势头，增长幅度为14.8%；2月时逢春节，居民购买欲望强烈，增幅高达18.7%；3、4月逐渐进入旅游旺季，有效推动市场发展，零售额增幅分别为17.2%和16.9%；5月“黄金周”效应，居民购物时间充足，外来人口剧增，拉动零售额增长18.3%；6、7、8、9月既是销售旺季，又是旅游旺季，零售额快速增长，增幅分别达到16.2%、17.6%、18.7%和18.5%。后三个月，增长幅度更是超过20%，分别达到20.7%、22.5%和26.7%，增长幅度逐月攀升，创历史新高。③城镇市场担当重任。随着社会保障制度逐步完善，低收入群体消费潜力得到释放，购买力显著增强。特别是市场体系日趋完善，促使城市消费品市场不断扩大。城镇实现社会消费品零售额209.31亿元，增长20.1%，增幅提高3.4个百分点，对社会消费品零售总额增长的贡献率69.7%，继续担当拉动社会消费品零售总额增长的主力军。④农村市场发展提速。国家取消农业税、加大农业补贴等一系列惠农、支农政策的逐步落实，社会主义新农村建设全面启动，“万村千乡市场工程”、“双百市场工程”实施，使农村商业结构得到优化和提升，农村市场实现零售额127.12亿元，增长16.7%，农村市场在上升通道中已连续6年增速稳定在10%以上。⑤餐饮市场持续红火。居民现代消费意识增强，外出就餐成为时尚，节假日餐饮、旅游餐饮、休闲餐饮、婚庆餐饮持续火爆，成为餐饮消费市场的夺目亮点。餐饮业顺势而为，连锁化、集团化、规范化、多元化和特色化发展，行业规模和经营领域日趋扩大，成为国内消费市场中发展速度最快的行业。全年餐饮零售额实现37.34亿元，增长15.1%。其中，限额以上餐饮业实现零售额7.13亿元，增长88.8%，高居各行业之首。

企业经营活力增强　①非公有经济异军突起。随着经济发展环境的不断优化，经营灵活、适应性强的个体私营经济，在优胜劣汰的竞争中得到迅猛发展，日益成为消费品市场中最具活力与生机的经济成份。2007年全市非公有经济实现社会消费品零售额313.68亿元，增长17.7%，拉动增长14.8个百分点，对零售额增长的贡献率达78.1%，占全社会消费品零售总额的比重为82.9%。其中，个体私营经济实现零售额242.68亿元，增长10.5%，占非公有经济市场份额的77.4%；港澳台商经济实现零售额0.27亿元，增长37.5%，市场份额为0.09%；外商经济实现零售额0.82亿元，增长54.4%，市场份额为0.26%。②多种业态竞相发展。随着大型综合超市、超级市场、便利店、专业店、专卖店、家居中心、仓储商店等新型零售业态进入市场，成为零售业规模扩大的主要动力。全市零售业法人中，专门零售业占61.8%、百货零售业27.9.%、超级市场4.2%、无店铺销售等其他业态占6.1%。新型零售业态的快速发展，改变百货商店单一的经营模式。百货商店进入专注做精品化、品牌化、周转快的百货，与新型业态共同形成行业内多层次、多业态、开放式、竞争型的新格局。③规模企业拉动力增强。全市491家限额以企业实现零售额94.49亿元，增长52.7%，高于零售总额增幅33.8个百分点；市场份额达25%，同比提高5.8个百分点，直接拉动全市社会消费品零售总额增长10.2个百分点。

居民消费心态转变 ①汽车消费成为亮点。全市限额以上企业汽车类零售额完成8.2亿元，增长117%。汽车已由以往的生产消费为主转变为生活消费为主，成为居民家庭消费升级换代的标志性商品。2004年市区居民每百户家庭拥有家用汽车仅为1辆，2005年达到3辆，2006年为4辆，2007年达到7辆。②住宅消费持续升温。全市个人住宅销售额达30.7亿元，增长57.5%。住宅消费拉动家庭居住消费的快速增长，全年建筑及装潢材料类商品零售额增长7倍，家俱类增长125.7%，家用电器类增长15.7%。③饮食结构层次升高。居民消费观念发生重大变化，外出就餐成为时尚，全年城镇居民人均在外饮食支出832元，增长50.3%。限额以上企业实现食品饮料烟酒类零售额17.96亿元，增长37.2%，其中肉禽蛋类增长24.6%。④文化消费渐成时尚。随着需求日趋多元化，文化商品消费增长明显，成为拉动消费需求增长的新亮点。全年限额以上企业通讯器材、文化办公用品类商品的零售增幅分别达到154.8%和71.6%，电子出版物及音像制品类的零售额增长51.8%，体育娱乐用品类增63.2%。⑤高档商品受到追捧。年内，化妆品类增长84.9%，金银珠宝类增长51.3%，服装鞋帽针纺织品类增长12.6%，消费档次提升助推市场扩容。

旅游、假日为市场助力 ①节日假日增繁荣。元旦、春节、元宵节、情人节、妇女节、劳动节、端午节等多个中外节日，给市场增添商机，各贸易餐饮企业抓住节日销售有利时机，以文化、情感、服务促销，开展一系列丰富多彩的营销活动，节日销售异常火爆，销售额节节攀升，连创新高，吃、穿、用商品全面旺销。社会消费品零售总额增长超过18%的月份，达到7个。②旅游升温助发展。全市依托得天独厚的泰山旅游资源，坚持"营造大泰山，开拓大市场，发展大旅游，构筑大产业"的方针，努力打造旅游强市，旅游业得到迅猛发展。全市旅游人数达到1518.5万人，增长22%；旅游总收入109.7亿元，增长25.4%。旅游业的发展，有力地带动贸易、餐饮业的发展，推动消费品市场快速增长。 （曹燕君　王　鑫）

【市商贸国有资产经营有限公司】 年内，该公司接收原隶属市农业局管理的市齐鲁种子中心后，全系统有企业29家，分布在商业、物资、外经贸、医药、轻纺、农业6个行业。全年实现销售收入13.6亿元，增长16.3%；实现商品进出口额4200万美元，增长18%；实现对外经济合作营业额3470万美元，增长57%；年末外派劳务在外人数达1564人，比年初增加200人。该公司连续5年被市委、市政府评为全市招商引资先进单位。

企业产权制度改革 ①做好已改制企业的收尾工作。年内积极筹措资金，共缴纳养老保险725万元、医疗保险436万元。重点对资产变现不及时、预提费用不能按时缴纳的改制企业，按照与劳动部门签定的分期缴纳协议，督促企业按时缴纳，保障好职工各项权益。进一步明确破产、清算企业留守组的工作职责，加大工作指导督促力度，认真做好离退休、内退、遗属等人员的管理服务工作。②推动华宇外贸畜产公司改制和一滕泰山医药公司职工权益测算兑付工作。按照市政府对华宇畜产公司改制工作的总体要求，抽调人员成立改制工作组进驻企业，全力推进改制工作，年内职工安置方案已报市劳动局审批，与开发商签定拆迁及资金到位协议，职工权益兑付工作已经展开。按照市政府会议纪要精神，开展一滕医药公司职工权益的测算和兑付工作，会同企业做好资产的处置，年内部分资产已经处置完毕，资金到位后，兑付部分职工权益。③抓好系统内未改制企业的摸底工作。积极协调法院、不良资产管理公司等单位，尽最大努力保全未改制企业查封的资产，为下一步实施改革改制做好前期准备。④加强资产管理工作。对改制后遗留资产、机关自身资产等进一步摸清家底，核实存量，加大清欠工作力度，加强租期、收益等方面管理，保证资产安全及收益最大化。

生产经营 ①强化企业管理。充分发挥泰安品牌港现代大型流通设施优势，以品牌经营为理念，广泛开展对外合作，加大对进驻商家的管理与服务，23家进驻商家实现销售额5.4亿元，增长17%。其中，泰安中百大厦实现年销售额3.3亿元；泰艺金银珠宝有限公司强化商品品牌建设和企业管理工作，做好上海老庙黄金银楼、上海老凤祥银楼等知名品牌店的运作，开展重点商品区域代理业务；总投资500万元、总建筑面积1960平方米的泰山珠宝城项目进展顺利，年内完成主体工程；泰山饭店把开展星级服务作为提高竞争力的重要环节来抓，取得明显成效，泰安市

饭店烹饪协会成功落户泰山饭店；银座放心早餐工程公司本着“早餐经营调整挖潜，门店经营拓展规范”的经营方针，年末有外地面食加工店面16个、早餐经营网点110个，实现销售收入2200万元，较上年增加16%。②调整进出口业务。系统内各外经贸企业克服人民币汇率升值等因素对出口业务带来的不利影响，积极调整外贸进出口结构，稳固外贸业务渠道。东方外贸有限公司在抓好传统业务的同时，积极拓展转口贸易业务，在香港、澳大利亚和俄罗斯等口岸转口贸易额已开证3500万美元。③拓展劳务输出业务。泰安国际经济技术合作有限公司加强外派劳务培训基地建设，成功申领省级纺织服装外派劳务专业基地牌子，年内向日本、韩国、博茨瓦纳等国家新增外派劳务200人。该企业积极拓展境外工程承包业务，年内新签项目1个，为博茨瓦纳住房发展公司建设住宅80套，合同额1474万美元。

【圣地大厦项目进展顺利】 该项目实现到位资金7000万元，完成全年任务的175%。圣地大厦总投资价值近30亿元人民币，总建筑面积约50余万平方米，列入全市重点工程。整个项目由原来的3期延伸为5期，增加建设泰安高档次酒店及商住综合服务区。年内，一期工程24层4星级酒店，面积2.6万平方米的大楼已封顶，正在装修；二期工程2栋楼9万平方米，其中B楼27层商务公寓已经封顶，A楼21层商务办公楼已开工建设；三期工程C楼27层商务公寓5万平方米已开工建设，二、三期工程将于2008年先后投入使用；四期工程43层20余万平方的商务居住综合楼 -- 圣山大厦、五期工程7万平方米圣华园小区正在进行规划审批。

【山东省首家外派劳务纺织服装专业基地落户泰安】 1月9日，山东省外派劳务纺织服装专业基地揭牌仪式在岱岳区第三职业中专举行。该基地经省外经贸厅批准，由泰安国际经济技术合作有限公司与岱岳区第三职业中专合作办学，是全省首家集技能、语言、素质培养为一体的综合型、专业型外派劳务（研修生）纺织服装培训基地。基地建立后，年可培训外派劳务学员2000余人次，涉及纺织服装、水产加工、建筑、食品加工等20多个行业。通过“校企合作”渠道，加强外派劳务人力资源培养和储备，促进外派劳务业务的可持续发展。年末外派劳务储备500人。

（刘锦多）

粮　　食

【概况】 全市粮食系统围绕促进粮食供求平衡、保障粮食安全这个中心，突出粮食产业化发展和依法管粮，推进粮食行政执法体系、粮油质量检测体系、社会粮食统计体系和粮食应急建设，着力做好深化粮食企业改革、执法宣传、经济运行分析、安全生产监管、企业稳定和政风行风建设等基础性工作，使粮食企业综合效益和社会效益大幅提高。全市92家国有粮食购销企业全面完成改革任务，改革后粮食行业重组企业64家，其中国有独资11家、国有控股5家、国有参股1家、其他改革形式47家，改革分流职工6504人。粮食系统全年完成社会粮食收购168.78万吨，占年收购建议数量的170.8%，增加74.55万吨，增幅79.1%。完成销售收入32.84亿元，增长124.1%；实现利润2842.7万元，增长146.3%。全年粮食企业完成固定资产投入1.87亿元，增幅139.9%。市粮食局荣获全省“粮食执法工作先进单位”、“粮食统计工作先进单位”及“全省粮食企业经济效益考核三等奖”等称号，荣获全市“履行计划生育职责先进单位”、“2007年度市文明机关”、“全面落实科学发展观建设富裕文明和谐泰安集中宣传活动先进单位”、“信访工作先进单位”、“工会工作先进单位”等称号。

粮食收购　市政府认真贯彻落实小麦最低收购价政策，市、县（市、区）分别成立粮食收购领导小组，对小麦最低收购价收购工作做细化分工。市粮食局及时测算并下达各县（市、区）的粮食收购建议数量，并与县（市、区）粮食局、直属单位签订粮食工作责任书。夏粮收购前采取合粮并仓、维修仓房、腾空仓容、备足物资器材用品，搞好人员培训，引导和鼓励多元市场主体参与粮食收购，最大限度地掌握粮源。全年共完成社会粮食收购168.78万吨，其中国有独资、控股、参股粮食企业收购57.13万吨，占年收购建议数量的151.3%，增加21.49万吨，增幅60.3%。

依法管粮　建立《粮食收购许可证》档案制度。按照“一户一卷”原则，对符合条件经营业户立卷归档275家，确保粮食经营业户档案材料的完整性。年内建立粮食收购资格信息共享机制，并准确完成各项社会粮食统计工作。落实粮食执法体系建设，做到机构、编制、人员、经费四到位，粮食行政执法经费和统计经费列入财政预算。全市配备粮食行政执法车4辆，各县（市、区）均建成粮油质量检测站，并先后组织20人参加国家、省粮食局举办的粮食行政执法培训班。加强执法力度，组织监督检查728人次，检查粮食经营业户780家，办理符合粮食收购资格条件的粮食经营企业《粮食收购许可证》92家，对不符合规定的粮食经营企业进行整改、处理379家，其中限期整改144家，对不按规定进行整改的粮食经营业户提出警告97家，对长期未建立粮食收购台帐、不报送粮食收购有关数据情况以及收购劣质粮食的个体经营户进行罚款41家、移交工商局处理5家，保护种粮农民利益，依法维护粮食生产者、消费者的权益。

粮食产业化 各级粮食部门把粮食产业化作为发展粮食经济的重要举措，依靠招商引资和项目带动，延伸粮食产业化经营的触角，拉长从种植到加工、销售一条龙产业链条。在连年保持稳步提升的基础上，全市粮食企业共实现利润2842.7万元，增长146.3%。市粮食局把年度主要经济指标细化分解，与各县（市、区）和市直企业签订工作责任书，明确各自的责任。按照年初制定的年度经济效益考核办法，对各县（市、区）和市直企业进行考核。健全内部经营与管理机制，深化企业内部人事、用工和分配制度改革，全面提升粮食企业经营管理水平，采取月调度、季分析、年考核的办法，及时进行经济运行情况分析，促进企业不断改进工作方式，提高管理水平。全市粮食企业利用闲置场地和资产招商引资9534万元，完成年计划的125%，其中国有独资、控股、参股粮食企业招商引资3884万元，占年计划的170%；市直企业完成656万元，占年计划的131%。全市粮食系统新上一批粮食基础设施，催生一批大项目建设。

储备粮管理 规范地方储备粮管理，明确实施监管的指导思想和目标、监管主体和范围、监管方式和职权以及监管内容和要求，并督促各承储单位按照规范化管理的要求，落实储备粮管理措施，统一完善储备粮管理的有关帐、表、卡及检查记录。强化仓储设施建设，泰山国家储备粮库、东岳粮库、长城粮库筹措资金670余万元，建成仓容2200万公斤的高标准仓库及配套设施并投入使用。至年底，全市粮食系统累计新增仓容12.05万吨，其中高标准仓容6.45万吨，有效仓容已达到65.75万吨。

【粮食行业实现盈利】 各级粮食部门突出抓好粮食产业化发展，国有独资、控股、参股粮食企业完成销售收入20.21亿元，增长129.5%；实现利润1709.71万元，增长128.4%；完成固定资产投入7943万元，增长154%。全市粮食企业经济运行呈现强劲地增长势头，实现粮食经济又好又快的发展。 （张在友）

盐 业

【概况】 泰安盐业公司围绕“巩固专营，全面发力，促进企业更好更快发展”的主题，立足于建立企业发展的长效机制，建立规范食盐专营机制和盐政执法体系，以小康树连锁经营体系为主干，基本完成物流平台的建设，全行业完成体制改革“三步走”（结合行业实际，充分挖掘盐业本身的内在潜力，向盐业产品深层次、多样化要效益；发展相关产业，结合盐业产业链、产品链长的特点，向相关产业渗透和延伸；以谋求大发展的勇气，不失时机地跨入纯竞争性行业，5年内实现非盐产业收入与专营收入基本平衡）的发展战略和5年目标。全行业实现安全生产年。全系统完成薪酬改革工作，公司一线员工的薪酬，活的成分占到75%，当天薪酬能够计算占到61%。该公司自主研发具有独立知识产权“小康树连锁经营体系电子信息管理系统”软件，成功推向市场，该系统已应用于全市412个连锁店和8472个加盟店的小康树连锁经营体系之中。

食盐专营 国家下达全市小包装盐计划1.88万吨，实际完成1.92万吨，占年计划102%，增加400吨。下达食盐计划3.15万吨，实际完成3.58万吨，占年计划114%，增长0.43%，其中营养盐完成1581吨，增长406%。下达小工业原盐计划9000吨，实际完成9572吨，占年计划106%，比上年减少724吨。全市盐业实现销售收入9108万元，实现利税1016万元，其中利润318万元，完成省公司下达计划的106%。①增加市场评估频率。市场评估改为每季度一次，重点检查“一证一卡”(食盐零售许可证、食盐专营服务卡)制度执行情况、居民碘盐知识知晓情况、连锁店建设情况以及业务部对零售户的服务情况等，并把物流商品的铺货率作为重要内容加以考评，激励各级面向市场，抓好终端。②提高一线经济效益。调整营养盐政策，使利益分配更加合理，激发职工的积极性，全市职工人均收入稳定提高，食盐专营在创新中发展。③强化电话终端建设。完成电话访销信息系统的设计，以电话访销为中枢，配备专门的访销人员，促进电话终端建设，减少物流成本。④重建食盐销售网络。以换发零售许可证作为重建专营网络的契机，坚持三个结合(即结合两网合一、电话访销、零售户ABC管理)，使全市食盐零售户由过去的1.19万户精简到8472户。⑤实施业务分级管理。公司印发《业务部分级管理办法》，将现有的26个业务部分为ABCD 4级，主要评判内部管理、薪酬实施、对零售业户的组织化程度、各项制度的执行情况和人员结构、组织效率等制度的实施。

盐政执法　建立法律事务工作队伍，全系统有法律事务人员16名，大专以上学历的达到90%。其中市公司聘请律师1名，各级公司及相关企业配备法律事务人员1~2名。规范盐政人员工作日志制度，为治理市场终端发挥重要作用。全年共查处盐业违法案件2473起，没收私盐421.5吨，罚款57.1万元，刑事拘留11人。其中，先后查获宁阳磁窑、葛石等水泥添加剂伪装盐产品和私盐窝点案多起，协调处理新泰市涉盐违法犯罪案件1起；市稽查大队检查商店1372个，入户5063户，取缔无证经营户297个，查处盐业违法案件146起，查没私盐6.2吨，罚款1万余元，被取保候审1人、网上通缉1人；协助山东省稽查总队办理涉盐违法案件120余起，查获非法运输盐产品车辆23辆。

科研创新　“小康树”连锁经营体系建设，得到国家商务部、市政府的高度重视和支持，泰安市方兴物流有限公司连续被命名为全国“万村千乡”市场工程优秀试点企业。年内新建连锁店298个、加盟店8472个，其中280个小康树和方兴物流连锁店通过政府主管部门的验收。泰安燕禧堂日化用品有限公司与北京市盐业公司联合开发生产漱口盐等产品，打入北京市场。泰安市七星强化营养食品研究所成功研发盐罐和标准盐勺等产品。泰安市和美酿造食品有限公司被列为全市农业产业化重点龙头企业。

企业文化　落实“事业、奋斗、成功”的企业新文化思想，严格员工“自尊、敬人、诚实、信用”的行为规范，档案管理工作被评为全省盐业系统先进单位；企业管理、企业文化建设、信息化建设等各项工作被省盐务局作为典型经验在大会介绍推广，并在《山东盐业》杂志刊发；在全省盐业系统摄影书法比赛上，共获得一等奖1个、二等奖4个、三等奖6个、优秀奖5个。组织承办全省盐业行业首届乒乓球比赛，并获得团体第8名和优秀组织奖。年内，获全国轻工行业劳动模范称号1人；市盐业公司先后荣获国家、省、市各类表彰30余项，受到省以上表彰28人次，数篇论文获得国家、省、市奖项。

·链接·

“小康树”连锁经营体系

泰安市方兴物流有限公司创造的《以服务三农为导向的“小康树”连锁经营体系的建立与实施》成果，获得第14届国家级企业管理现代化创新成果一等奖。该成果主要创新点：提出农村市场建设的的三大理念，即农村大市场的理念、现代化经营理念、人力资源的本土化理念；创建以“分工协同、流程透明、实销实结、合作共赢”为基本原则的农村市场建设多赢机制；利用现代化信息管理技术，嫁接现代物流模式建立农村市场信息化平台。国内知名专家学者组成的评审委员会认为：该成果的创建，切中当前农村市场发展中的实际，改变以往农村市场建设中一般企业的挤占市场、抢占地盘，以我为大的做法，使企业成为培育市场、培育市场经营者的真正为农民服务的人，从多赢中获得自己应得的利益。有效地开辟满足农村市场消费需求的新模式，增加农民就业，支持农村经济发展。该成果在中国第二届管理学年会发布，获得学术界高度重视和好评。　(张庆安)

烟　　草

【概况】　市烟草专卖局（山东泰安烟草有限公司）组建于1983年，辖6个县（市、区）烟草专卖局（营销部）。年末，总资产3.31亿元，其中固定资产7408.26万元、流动资产2.36亿元，资产负债率29.75%；职工1078人，其中聘用职工501人；辖区内有卷烟零售户2.64万户。全年销售卷烟78.82亿支（15.76万箱），增长8%；实现销售收入12.84亿元，增长30.87%；销售毛利2.98亿元，增长40.1%；实现税利1.95亿元，增长46.80%；费用利润率为93%，同比提高26个百分点；国有资产保值增值率为117%，比上年降低7个百分点。被市政府授予“2007年度十佳流通企业”、“2007年度纳税大户”荣誉称号；被市社会治安综合治理委员会评为“平安泰安建设先进单位”。

卷烟销售　把订单供货作为重点工作，品牌培育、物流整合、电子结算、明码标价、精品线路等稳步推进，初步建立以加盟店、定点店为核心层、以守法诚信户为紧密层、以非诚信户为松散层的现代零售终端体制，卷烟销量和结构在经营规范、价格规范、市场规范的基础上稳步增长，企业综合竞争实力明显增强，初步实现由增长型向成长型的转变。物流配送中心完善各类人员的岗位职责和工作流程，配齐各种消防设施、防盗措施，采用先进的数字化仓储管理系统进行存储管理。安装2条激光打码防伪贴标流水线，对中高档卷烟实行小盒激光打码和加贴防伪标识，为消费者和卷烟经销户识别卷烟真伪提供方便。采取一户一码，送货上门等方式，提高服务质量和零售户的盈利水平，增强零售户的忠诚度和依赖度。全市实行“一库式”配送管理办法，县级公司实现零库存。加强高档品牌卷烟“定点店”管理，通过宣传引导、选店、签订协议、颁发标识牌等工作，提高定点店客户的信誉和形象，降低消费者购买风险。加强与工商部门协同营销，推动“中华”、“苏烟”、“南京”等卷烟的畅通销售，有力地拉动销售结构的稳定增长。在全市开展创“百家精品店，千家形象店”的活动，健全零售户档案，对零售户实行分类监管。全年共销售卷烟77.01亿支（15.40万箱）。其中：销售一类卷烟2.31亿支（0.46万箱），增加1.12亿支（0.22万箱），增长93.33%，占总销量的3.01%；二类卷烟1.32亿支（0.26万箱），增加0.58亿支（0.12万箱），增长78.38%，占总销量的1.71%；三类卷烟7.29亿支（1.46万箱），增加2.78亿支（0.56万箱），增长61.84%，占总销量的9.46%；四类卷烟25.71亿支（5.14万箱），增加5.61亿支（1.12万箱），增长27.9%，占总销量的33.38%；五类卷烟40.37亿支（8.07万箱），减少6.172亿支（1.23万箱），减少13.26%，占总销量的52.44%。

企业管理　①规范劳动用工。为各县级局（营销部）确定机构设置和人员编制计划，采用业务外包、项目合作等方式，剥离部分辅助用工。建立全市烟草系统外聘人员的档案管理制度，各单位外聘人员均填写《外聘人员基本情况登记表》或《外聘人员减少审批表》，并及时上报人事劳资科备案。②加大职工培训。全年培训1800人次，其中管理人员400人次，操作人员1400人次，管理层集中培训时间为40个课时，一线员工培训时间为128个课时，提高了干部职工队伍的专业技能和综合素质。③加强专卖管理。采取“填起来、控起来、管起来”的经营管理方法，净化烟草市场。对58个重点乡镇（街道）实行“日调度”制度，全面推动工作重心下移，实现管理下伸、触角前移，通过“上下互动、左右互通、跟进指导、及时调整”的工作方法，为各专营单位、专营业户开展工作提供良好的经济平台。

专卖执法　落实“专卖进社区、工商驻烟草、检企共建、执法联席会”四大工程。加强与各级党委政府和职能部门的联络，形成全社会齐抓共管的烟草专卖新格局。全年查获非法卷烟3924.63万支，增长150.33%；实现罚没款619.78万元，增长3875.5%；拘留152人，逮捕19人，判刑39人；查处烟丝烟叶115.8吨，打击非法经营大户828户，端掉藏匿假烟窝点142处。年内，专卖管理工作被省公安厅、省烟草专卖局授予“全省卷烟打假工作特殊贡献奖”，被市政府评为“平安泰安建设先进单位”。

企业文化　创建起以“国家利益至上、消费者利益至上”为行业核心价值观，“泰山青松”品质为文化品格，“人品若山、真情奉献”为核心理念，“重塑自我，服务社会”为企业宗旨，“求实创新、负重奋进”为企业精神的泰安烟草文化体系。按照“把文化变成制度，把制度变成观念，把观念变成生活，把生活变成文化，用文化推动发展”的总体要求，抓好企业文化的灌输、牵引、分享与传播，使企业文化真正落地。企业文化建设成果被国家局作为典型案例在全国推广，《按客户订单组织货源的企业文化再造》被省局（公司）评为企业管理现代化一等奖。

【开通96009600服务热线】　元月1日，市烟草专卖局（公司）面向全社会启用了96009600服务热线，为全社会搭建一个举报违法违规线索、提出合理化建议和意见、参与监督全市烟草专卖专营活动的平台。广大消费者和卷烟经销户可以通过拨打96009600电话来进行卷烟真伪查询、专卖案件举报、卷烟销售咨询投诉、了解行业相关政策信息等，电话开通后每天的接听量达30余次。

·链接·

卷烟物流配送中心

该中心占地面积3.1万平方米，建筑面积5640平方米，其中综合办公楼面积2400平方米；卷烟仓库面积1800平方米，分拣、配送、打码车间面积1440平方米。物流配送中心拥有现代化的办公条件和先进的仓储，卷烟储位1281个，最大储存卷烟量为3.03万支，日平均出入库卷烟量为5000万支，建有4条现代化的卷烟半自动分拣流水线，每小时可分拣卷烟400万支左右，日分拣量约5000万支左右，建有2条激光打码防伪贴标流水线，主要为中高档主销卷烟实行小合激光打码防伪贴标，为消费者和卷烟经销户识别卷烟真伪提供了便利条件。物流配送中心承担着仓储、分拣、配送3项职能，为全市2.46万个零售户提供配送上门一条龙服务。　（金传龙）

供　　销

【概况】　年末，市供销合作社联合社（以下简称市社）系统事业单位2个，各级供销社法人单位66个，其中省辖市社1个，县（市、区）供销社6个，基层供销社59个。生产经营法人单位145个，产业活动单位974个。全系统干部职工8623人，其中市直企事业单位389人、县（市、区）供销社企事业单位4972人、基层供销社3262人。

全年实现商品销售额32亿元，增长45.6%；上缴税金2486万元，增长18.5%；社会总贡献额9651万元，增长9.45%。已建、新建营业网点3329处，累计发展各类农村合作经济组织481个。争取岱岳区供销社列入省供销社 2008 年全省重点扶持的 30 个县之一。争取各项扶持资金 140 万元，其中肥城人民商厦农村现代流通服务网络建设 90 万元，新泰市社、岱岳区社合作经济组织建设 30 万元，肥城市社农村社区服务中心建设 20 万元。全年招商项目 36 个，招商引资总额达 3.58 亿元，其中市社招商引资 540 万元。明珠旅行社引进全国如家连锁品牌项目，引资 400 万元；华联大厦电脑城的成立，扩大营业面积 1 万平方米，成为全省最大科技市场之一。华源棉业公司新疆收购加工棉花项目，实现利税 500 多万元。富源农资公司年实现农资供应 1.2 亿元，增长 30%。

【建立新型农村经营服务体系】 全市供销社系统以“一个网络（农村市场现代流通网络）、两个平台”（农村合作经济组织、农村社区服务中心）为工作切入点，积极参与建立新型农村经营服务体系，各项主要业务走在全省系统前列。

农村现代流通服务网络建设 全系统在调整经营网络，整合网络资源，构建新型业态，发展连锁经营等方面有较大突破。①农资连锁经营规模进一步扩大。各农资公司建立健全连锁经营服务网络，开展化肥、农药等大宗农资配送业务，及时满足农业生产的需要。到年底，全系统农资连锁店已发展 1200 个，连锁经营额 6 亿多元。新泰市供销社以农资公司为龙头，投资 300 多万元新建配送服务中心，新增仓储能力 1 万吨，连锁店发展到 560 个，当地市场占有率突破 80%。开展“农资放心企业”、“农资放心店”评选活动，打击假冒伪劣农资，保护合法经营。②发展日用消费品流通网络。市社以抓龙头建网络为指导策略，按照“巩固城区，下伸农村，拓展周边，形成网络”的工作思路，指导肥城人民商厦、新泰青云购物中心、宁阳华联商厦等龙头骨干企业，构建农村现代流通服务网络，在乡镇驻地和较大的行政村，投资建设日用消费品超市，开办直营店，发展加盟店，实行连锁经营。肥城人民商厦、新泰青云购物中心还建起物流配送中心，形成覆盖乡村、服务农民的农村流通服务网络。

发展农村合作经济组织 市社以求质量、重效果为原则，着力培植壮大已成立运营的合作组织，并通过工商登记各类合作经济实体逐步发展壮大，带动当地经济发展。①加强各类合作社建设。肥城市安庄寨子大樱桃合作社、宁阳县葛石大枣合作社、岱岳区良庄蔬菜合作社、下港金港果品合作社、东平县益农公司等专业合作社，加强内部治理结构和经营规模扩张，均收到良好的经济效益和社会效益。肥城市安庄寨子大樱桃合作社通过国家验收，成为全国农业标准化示范项目。②成立资金互助合作社。在肥城市王瓜店镇蔬菜合作社中成立资金互助合作社，股东 16 人，股本 30 万元，吸收社员入社资金 100 多万元，向社员贷出资金 100 多万元。③组建市级烟花爆竹协会和果品蔬菜协会。发展会员 100 个，为进一步推动行业健康发展发挥积极的作用。

推进农村社区服务中心建设 各县（市、区）供销社按照“政府引导、供销社主办、多方参与、市场化运作”的原则，推进农村社区服务中心建设工作。新泰市新汶办事处的马庄前村，宁阳县东疏镇西蔬村、葛石镇杏山村，肥城市仪阳乡张家南阳村等农村社区服务中心均建成开业。这些社区服务中心的带动辐射功能和提供综合性服务深受农民欢迎。

【烟花爆竹专营】 贯彻“安全第一，预防为主”的方针，以防火、防盗、防交通事故为重点，强化安全措施，落实安全责任，严格安全管理。加强烟花爆竹在经营安全、储藏安全、市场秩序、经营资格审批等各环节的管理，配合有关部门，举办形式不同的宣传活动，全市出动宣传车 50 余辆，张贴宣传标语 500 多幅，发放宣传材料 5 万余份。严格推行“六统一”（统一管理、统一标识、统一防伪标签、统一价格、统一配送、统一结算）和“三公开”（进价公开、费用公开、结算公开）。组建市级烟花爆竹协会，规范市场经营秩序。加大稽查力度，配合安全监督、公安等部门对全市烟花爆竹安全、经营情况进行不定期的检查，查获违法产品 100 多万元，治安拘留 16 人。净化烟花爆竹市场，全年烟花爆竹经营安全无事故。

【肥城大樱桃标准化示范项目被评为全国第 5 批国家级农业标准化示范区】 10 月 23 日，受国家标准化管理委员会和中华全国供销合作总社委托，省供销社与省质量技术监督局等部门组成专家考核验收组，对肥城市供销社承担的第 5 批国家级农业标准化示范区项目——肥城市大樱桃标准化示范区进行考核验收。验收组通过听取汇报、实地考察、查阅资料等，对照《农业标准化示范区考核验收评价表（种植类）》进行评价打分，给出 95.22 分的成绩，综合评定为国家级农业标准化示范区。

该示范区共投入资金 500 多万元，建设培训室、仓库、办公室，培训农民技术人员 2540 多人次，培训出技术骨干 350 人。大樱桃示范区由 2004 年的 133.3 公顷发展到 333.33 公顷。在示范区的带动下，非标准化樱桃种植面积稳定增长，由 2003 年的 133.3 公顷发展到 800 公顷，辐射带动周边村、乡、镇 6000 农户 1666.7 公顷樱桃种植面积。产量由2004年平均公顷产1.5万公斤，提高到公顷产2.25万公斤，产品的优质果比例已占总产量的97%，价格也由原来的每公斤28元提高到42元，优质品种“红灯”最高价格能卖到56元，年销售樱桃产品150万公斤，销售额达6000多万元。到年底已有4个乡镇20多个村或合作社经济组织与肥城市大樱桃专业协会签订协议，自愿加入协会组织，走标准化、规范化生产的路子。（刘和宝）

丝　绸

【概况】　市丝绸公司是以生产茧、丝为主，贸、工、农相结合，产、供、销于一体的实体化公司，辖5个县（市、区）的茧丝生产，年产鲜茧1万吨、白厂丝1000吨以上，销售收入4.5亿元，实现利税4000万元。公司“以优质服务，让每户蚕农都丰收；靠质量品牌，让每一位客户都满意”的经营理念，打造优质的蚕茧品牌。泰安蚕茧及生丝质量保持全国领先水平，年产张种产茧量、桑园亩产茧量和蚕茧质量、经济效益自20世纪90年代开始稳居全省领先地位，桑蚕生产技术及管理水平居中国北方蚕区领先水平。白厂丝等级在5A以上，公司的经济效益位居全省前列。

蚕茧总量稳定　全市投产桑园面积7200公顷，蚕茧产量9650吨，占全省的26.4%，蚕农茧款收入2.3亿元，蚕茧价格全年平均23.22元/公斤，蚕农增收显著。全市完成新植桑园1333.33公顷，其中岱岳区新发展533.33公顷，桑蚕业已成为全市农村经济的支柱产业和农业种植结构调整的龙头产业之一，成为农民增收、农业增效、财政增长的重要渠道。岱岳区丝绸公司被市政府批准为市第4批农业产业化重点龙头企业。

创企业品牌　奉行“质量第一，用户至上”的经营理念，遵循市场规律，科学规范内部管理，推进“创优质名牌和优质服务”工程，生产的各种规格生丝质量稳定，深受国内外客户欢迎。“梅花牌”20/22D生丝荣获国家外经贸部“优质产品”奖，“泰山制丝”、“泰山龙”牌系列产品畅销日本、韩国等国家和地区，并享有较高的信誉和知名度。先后被市委、市政府授予“出口创汇先进单位”、“外向型经济先进单位”，列为市“13511”重点保护企业、“泰安工业五十强”。（郭　华）

石　油

【泰山石油股份有限公司】　年末，该公司有区域内加油站153座，日加油量达800吨；油库1座，年吞吐量100万吨左右；CNG加气站1座，日加气量1万立方左右。设置市区、新泰、肥城、宁阳、东平等5个片区，其中零售中心负责成品油零售，区域内加油站油品实行统一进货、统一配送、统一价格、统一核算；客户中心负责成品油直销、批发业务，设市区营业室、新泰营业室等润滑油超市4个。至年底，公司在册员工总数为1162人，实现经营总量83.67万吨，销售收入27.5亿元，毛利2.8亿元，报表利润1.5亿元，创历史最好水平。

企业管理　①体制改革。将公司原11个片区整合为5个片区，片区职能更加协调、理顺。发挥绩效考核的引擎作用，将各中心薪酬与销售指标联动、管理部室薪酬与公司整体经营指标联动、润滑油销售完成情况与专业中心薪酬总额联动，润滑油销售增加扣项考核，实现以考核“增压力、增动力、增活力”的目标。规范用工管理办法，公司用工总量比上年减少54人，其中加油站减少45人；清退不符合条件的用工31名，对符合条件的668名员工进行规范管理。②加强内部管理。公司按照总部新版《内控手册》的要求，修订33个业务流程，更新《权限指引》，每季度对责任流程进行穿行测试、对口抽查。实现办公自动化系统单轨运行。严格执行费用预算与考核机制，安全管理实现20年无事故。③调控市场。公司面对资源全面紧张的市场环境，采取组织资源，有序销售，确保加油站安全经营与汽运资源及时入库等措施，发挥中国石化的主渠道作用，得到社会的认可。④调整营销策略。上半年公司对成品油采取向零售倾斜的经营策略，通过自助加油、提供非油品便民服务等方式，零售量大幅增加。10月，公司提高终端销售的奖励标准，客户中心实施轻润组合营销，以此带动润滑油销量增长，全年销售长城包装油1939吨、散装油2418吨。⑤科学管理。两大中心开展市场调研，其中零售中心建立客户档案1424个，客户中心轻油客户数量由年初的310家增加到390余家，两大中心通过对客户实施“差别化”营销，“规范化”、“亲情化”服务，逐步建立较为稳定的终端客户群体。

企业经营　优化网络布局，加快加油站形象改造。收购加油站2座，改造加油站7座，开业加油站15座，建成品牌柱15个，增加服务提示牌、便利店等便民服务设施，实现销售能力稳步增长。8月，泰城首座中石化CNG加气站开业，日加气量达1万立方，占泰城加气量的1/2。实施加油卡四期工程建设，全年建设发卡网点29个，实现运维加油站141座、发卡网点45个、县级管理终端7个。开展充值送保险、明信片抽奖、“加油卡”同“龙卡汽车卡”捆绑营销等活动，全年累计发卡近2万张，加油卡充值4.54亿元，增长106%；持卡消费4.42亿元，增长116%；持卡消费比例达26.7%，增长13.7个百分点。

企业文化　公司以“四好”(政治素质、经营业绩、团结协作、作风形象好）班子创建活动为载体，扩展到“四好”部室、片区、加油站、员工创建，实现上下联动，提高各级管理层面的综合素质。公司制订联系基层制度、与困难职工帮扶结对子制度及考评办法等，使创建活动进一步规范化、制度化，使创建活动得到延伸，企业内部逐步形成一种健康向上的人际关系，《中国石化报》报道泰山石油延伸创建的措施，受到省公司领导好评。公司全年举办各级各类培训班26期次，培训员工1584人次，参加鉴定员工170名，通过141名，通过率达82.9%。在省公司职业技能竞赛和技术比赛中，公司员工培训率、初赛参赛率均达到100%，公司荣获优秀组织奖，获得综合团体奖第5名，各专业线复赛团体成绩位居各地市前列，其中零售专业线、储运调和专业线获全省复赛第1名、质检岗位获第2名、财务专业线获第3名；有12人获得复赛奖项，其中一等奖2人，二等奖6人，三等奖4人；有9人进入中石化决赛，获得零售专业线决赛银牌1人、财务专业线决赛铜牌1人。（王春梅）

【泰安鲁润股份有限公司】　该公司拥有分公司3个、子公司6个，职工236人，主营业务为油品经营、房地产开发、黄金开采。至年底，公司总资产8.3亿元，净资产3.78亿元，实现营业收入15.95亿元，利润总额1162万元。1月30日，该公司第一大股东中国石化山东泰山石油股份有限公司（以下简称“泰山石油”）、第二大股东泰安鲁浩贸易公司（以下简称“鲁浩公司”）分别与江苏永泰地产集团有限公司（以下简称“江苏永泰”）签订股份转让协议，泰山石油将所持有的该公司50，280，000股法人股（占总股本的29.50%）、鲁浩公司将所持有的该公司43，761，730股法人股（占总股本的25.68%）以每股1.992元的价格协议转让给江苏永泰。11月30日，江苏永泰获得中国证监会要约收购义务豁免的批复，12月14日泰山石油、鲁浩公司分别与江苏永泰在中国证券登记结算有限公司上海分公司办理完成股权过户手续，江苏永泰成为该公司的控股股东，持有该公司股份94，041，730股，占总股本的55.18%。9月19日，该公司股权分置改革方案获得省国有资产监督管理委员会批准，9月27日召开股权分置改革相关股东大会，股改方案（10送2.3）以现场投票和网络投票方式获得高票通过，确定12月21日为股改方案实施股权登记日。股改实施后，该公司股本总额仍为170，446，162股，第一大股东江苏永泰持有该公司股份81，180，167股，占总股本的47.62%。

企业生产与经营　①油品经营。该公司在巩固原有营销网络与客户群体的基础上，继续开辟西北市场，成立西北办事处，重新优化整合经营队伍，拓宽经营渠道，增加优质资源，发展新的业务关系，把经营平台继续前移，不再把网点数量作为硬性考核指标，重点发展年销量1500吨以上的加油站。年末在营加油站点39个、油库4座，全年销售各类油品32.15万吨。②房地产开发。该公司“天地家园”项目进入工程收尾，并加快销售回款力度；4月7日济南“鲁润名商广场”项目A、C栋公寓顺利开盘，签约房源的90%；写字楼及商业部分签约面积近2000平方米，全年共销售房地产面积4.40万平方米。③黄金开采与销售。对原矿井的外围矿脉进行探矿，并已见矿，新增矿石量4.8万吨，品位3.52克/吨，金属量124.24公斤。全年完成黄金产量6597两，实现销售收入3605万元。

企业管理　该公司全面启动会计电算化工程，提高财务工作的效率与质量。各项费用实行全面预算化管理，各部门按费用项目进行细化，每月进行预算汇总和费用分析。对车辆使用、内部接待等后勤服务实行内部市场化运作，费用管理体制得到理顺。完善安全工作组织机构，年初对安全委员会成员进行调整，各部门相应设立“安全员”岗位，根据《安全生产法》的规定，逐级签订安全生产责任制承诺书，把安全生产任务指标分解落实，将安全工作做为年终绩效考核一项重要内容。

企业文化建设　公司以创建学习型企业为目标，开展企业文化建设。“七一”期间，组织基层党员干部赴革命圣地西柏坡参观学习活动；“八一”建军节，组织退伍军人赴徐州淮海战役纪念馆等地参观学习；公司组织书法、书画、摄影展和乒乓球比赛、慰问伤病职工、军属、救济特困职工，组织慈心一日捐活动，极大地提高企业凝聚力，增强员工对企业的认同感。该公司被评为市创建劳动关系和谐企业、信得过基层工会先进单位、计划生育先进单位等荣誉称号。

（刘珊珊）

编辑·校对　李　鹏

·单位选介·

泰安金徽物流服务有限公司

泰安金徽物流服务有限公司（原泰安市交通局金徽物流配载有限公司）是专业的第三方物流服务企业，公司成立于1994年3月，注册资金100万。日派车辆20余部。

该公司于1998年率先开通“全国货运信息网”泰安代理网，并加入中国货运联盟。于2004、2005年度成为全国货运联盟优秀物流企业。

公司经营国内、国际货物的陆运、海运、铁运等代理业务，提供接货、定舱、中转、拼箱仓储等相关业务。公司备有各型货运车辆80余辆，并且每年挂靠车辆都在递增，形成了一只庞大的物流货运公司，并且能够保证节假日的货物运输。

公司经营理念本着“诚信、高效、创新、专业”和“求实、求新、求质”的服务宗旨，依托公司雄厚的国内外代理网络和稳定的客户群体，形成了海、陆、空全方位的立体交通运输网络体系。

该公司成立十几年来，已经与国内许多各类型企业建立了物流业务关系，在运作中本着全心全意为客户服务的原则，在业界赢得广泛赞誉。并心希望能与更多公司建立友好的业务关系！

经理　陈汉胜

电话：0538－6626777\888\999
传真：0538－6626669
手机：13905486668　13953811118
13305381118
网址：http://www.cnhuoyun.com
地址：泰安市西南工业园（玻纤西邻）

对外经济贸易

综　　述

【概况】 年末，全市有市、县（市、区）外经贸机关7个，编制员额114人（市外贸局36人）中，行政编制107人（市外贸局29人）。年内，涉外经济机构、企业完成自营进出口贸易总值13.45亿美元，比上年增长36.5%。其中，出口8.52亿美元，增长24.0%；进口4.93亿美元，增长65.5%；进出口总值占全市GDP的8.0%，提高0.4个百分点。全市签订利用外资合同额14.07亿美元，增长20.0%；实际利用外资9.82亿美元，占全市全社会固定资产投资额的11.3%，增长23.3%。签订对外承包工程和劳务合作合同额4.64亿美元，完成营业额3.21亿美元，分别增长34.0%和40.0%。

年内，围绕"立足现有企业，以项目建设为中心，以服务企业为基础，以企业境外融资和寻求合资合作为重点，推动外经贸工作又好又快发展"的思路，采取得力措施抓好对外经济贸易工作。①推介招商。开展企业项目合作需求信息调查活动，全面了解企业现状和融资扩规、项目合作需求情况，共发放调查问卷1041份，了解到有招商意愿的企业402家，建立企业项目合作信息库，并精心筛选确定一批重点项目。利用驻泰外商、省外经贸厅和商务部等上级渠道、参展参会等各种途径对外推介招商，一大批企业项目与外商进行对接，获得大量有益的反馈信息。②搞好项目建设。实行包保责任制，对已批项目分类管理，划分为开工建设项目、已投产外资未全部到位项目、增资扩股项目和已批未开工项目等4类，对每一类项目区别不同情况采取相应推进措施，跟踪督促，动态管理，定期通报，解决难题，督促进展，确保协议升合同、合同升报批、报批转落地。到年末，已签合同的在谈项目、已批准未开工企业、开工建设企业、已投产外资未全部到位企业、增资扩股企业分别达到26个、23家、16家、12家、16家。③促进进出口贸易平衡发展。对重点企业加强调度和服务，30家重点企业出口额占到全市出口总额的70%以上。组织企业参展参会开拓市场，帮助企业争取广州交易会摊位2个，组织企业参加（日本）大阪山东出口商品展览会、上海"华东出口商品交易会"、广州"中国进出口商品交易会"、深圳"高新技术产品交易会"、中国—东盟博览会、德国法兰克福食品博览会等。在出口贸易稳步增长的同时，引导企业扩大资源性产品进口，进出口额均好于全省平均发展水平。④规范外派劳务市场秩序。实行招收外派劳务登记备案制，印发《关于加强对外派劳务合作业务管理的通知》，对企业的经营行为、招收劳务广告的发布、护照的办理、劳务纠纷和突发事件的处理等作了明确规定。开展整顿外派劳务经营秩序活动两次，工商部门取消4家企业的外派劳务中介服务业务经营资格，联合工商部门查处非法中介机构。⑤加大为企业服务力度。一是为企业培训业务骨干。举办进出口业务培训班、政策宣讲会，组织企业人员参加全省应对国际贸易摩擦、加工贸易业务等培训6次，参加企业达到600多家次。二是为企业争取资金。加强对上联络和争取工作，为69家（次）企业申报113个项目的开拓市场、保险补贴、技术开发扶持、应诉资助、贷款贴息、承包工程奖励、境外资源开发扶持等各类资金1449.64万元。三是对各类劳务合作企业实施分类帮扶。根据不同情况引导帮助企业开拓境外市场、提供劳务信息、熟悉掌握政策、规范管理经营。为3家企业争取外派劳务资格，有2家外派劳务企业在日本、新加坡设立办事处，拓宽了国际劳务市场渠道。四是加强对策研究和对基层的指导。国家出台新

表 27　2007 年泰安市对外经济技术合作情况　单位:万美元、人

项目	合同数		合同额		营业额		外派人次		期末在外人数	
	份数	比上年增%	合同额	比上年增%	营业额	比上年增%	人数	比上年增%	人数	比上年增%
合计	1473	67.0	46390	33.7	32077	40.3	14559	57.8	25886	50.3
承包工程	3	-25.0	5941	-13.9	5936	39.0	294	-16.5	838	-4.1
劳务合作	1470	67.4	40449	45.6	26141	40.6	14265	60.7	25048	53.2

《税法》、调整出口退税、加工贸易政策后，在深入调研的基础上，及时提出对策措施，指导企业依法开展业务。

全年对外经济贸易的主要特点。①外经贸持续较快发展，对全市经济的拉动作用有所增强。外资、外贸企业实现销售收入增幅均高于全市销售收入增幅。出口贸易对全市地方财政收入贡献度提高，2007 年全市出口贸易所创税收约计 11.5 亿元，比上年增长 24%。②利用外资质量有所提高，储备项目增加。全年新批外商直接投资项目 50 项，有资金到位的 31 项，到位外资额 4400 万美元，占新批合同外资总额的 31%，比上年提高 11 个百分点。全年新批 500 万美元以上项目 9 个，合同外资额 9119 万美元，占总额的 57%，其中千万美元以上项目 3 个。到年底，全市合同在谈利用外资项目 26 个，外资额 1.82 亿美元。③重点企业出口稳步增长，龙头带动作用明显。有出口实绩的企业达到 353 家，比上年增加 45 家。全市 30 家重点出口企业合计出口额 6.1 亿美元，占全市出口总额的 71%。其中，出口过 3000 万美元的企业 5 家，出口额 2.96 亿美元，增长 19%，拉动全市出口增长 10.5 个百分点；出口额过 5000 万美元的企业达 4 家，比上年增加 2 家（山东石横特钢、泰安科诺型钢）。进口额居前三位的企业合计进口额达 3.3 亿美元，增长 98%，拉动全市进口增长 48 个百分点。④境外投资和资源开发实现突破，外派劳务基地建设成果显著。新设立境外投资项目数和投资额均成倍增长，其中，山东地质勘探公司增资 937 万美元，在印尼加里曼丹岛开采煤矿，投产后年可产煤炭 100 万吨，实现销售收入 3000 万美元，利润 560 万美元，实现泰安市境外资源开发零的突破。

全市对外经济贸易存在的主要问题。一是外经贸工作总量少、规模小。进出口额占全市 GDP 的比重（经济外向度）仅 7.8%，外商投资占社会固定资产投资的比重不高，利用外资、外贸出口等主要指标在全省处于落后位次。二是多数外资项目个头小、技术水平不高。新批 50 个项目，平均合同外资额 205 万美元，平均实际到位仅 65 万美元，除 9 个 500 万美元以上项目外，多数为规模较小的一般制造业项目，企业境外直接上市还没有实现突破。三是外经贸人才特别是专业招商人才十分缺乏。四是思想观念有待进一步转变，工作方式还需进一步创新。

年内，新泰市被确定为全省外派劳务基地，宁阳被评为全国外派劳务先进基地县，省外经贸厅在宁阳举办了外派劳务专题政风热线节目，中国建筑工程总公司、北京建工集团、北京城建集团、中铁十八局、齐鲁建工集团、青岛建工集团、山东国际公司等企业在泰安市设立了劳务招收培训基地，全市劳务知名度大大提高。

【对外经贸活动】　年内，各县（市、区）、市直有关部门和企业先后参加了 101 届、102 届中国进出口商品交易会（广州）、第 16 届（上海）华东出口商品交易会、第 11 届中国厦门投资洽谈会、第 9 届（深圳）高新技术产品交易会、东北亚威海经贸洽谈会、鲁台经贸洽谈会、2007（大阪）中国山东省出口商品展览会、中国—东盟博览会、德国法兰克福食品博览会、印度国际博览会等，参加活动的企业有 216 家（次），共签订出口合同额 5840 万美元。举办 2007 中国泰山国际投资贸易洽谈会。组织企业赴德国、英国、西班牙、意大利等国家和地区开展招商、经贸考察和市场开发活动，参加企业 32 家（次）。

【2007 中国泰山国际投资贸易洽谈会】　9 月 6～8 日在泰安举行。邀请境外客商 232 人，分别来自日本、韩国、德国、法国、美国、加拿大和香港、澳门、台湾等 20 多个国家和地区，涉及旅游及服务业、制造业、服装针织、节能环保、化工、农业及农产品开发、食品加工、房地产、物流配送、电子电器、建材、贸易及融资等 13 个行业。重点客商有：韩国泰安郡郡守陈泰龟、法国卢瓦尔大区驻青岛办事处主任戴简乐、韩国全国经纪人联合会北京代表处首席代表李承焕、德国 IGS 发展公司董事长莫林豪尔等。会上共签约合同外资项目 36 个，利用外资额 3.93 亿美元。

【6 家外商投资企业被授予荣誉称号】　在 2007 年中国外商投资企业协会举办的评选活动中，山东鲁

能泰山电力设备有限公司、蒙牛乳业泰安有限公司两家企业被授予“2005～2006年度全国优秀外商投资企业”称号，山东鲁能泰山电力设备有限公司、山东泰山啤酒有限公司、山东泰邦生物制品有限公司、泰安紫阳食品有限公司等4家企业被授予“履行社会责任贡献突出外商投资企业”称号。

【宁阳县被评为全国外派劳务基地先进县】 年内，宁阳县外派劳务实现合同额6275万美元，营业额4089万美元，派出劳务2316人，期末在外3350人，分别比上年增长109.8%、91.7%、101.4%和67.9%。劳务合作市场主要有日本、韩国、新加坡、毛里求斯、阿尔及利亚等十余个国家和地区。2005～2007年，该县连续三年被评为“全省外派劳务基地建设先进单位”；2007年被国家商务部授予“全国外派劳务基地先进县”称号。

【境外企业】 年内，泰安市新批境外投资项目8个、增资项目1个，投资总额3319.31万美元，全部为中方投资，比上年增长197.6%。投资项目中，山东岱银纺织服装集团有限公司在危地马拉投资的岱银危地马拉纺织服装公司，总投资2196万美元；泰安立人进出口贸易有限公司在安哥拉投资的安哥拉泰山事业发展有限公司，总投资23.22万美元；莱芜钢铁集团新泰铜业有限公司在赞比亚投资的莱钢集团赞比亚矿业有限公司，总投资100万美元；泰山玻璃纤维股份公司在阿联酋投资的泰山玻璃纤维中东贸易有限公司，总投资50万美元；泰安市弘盛房地产开发有限责任公司分别在新加坡、日本东京建立的办事处，投资额分别为12万美元、25万美元；山东朝阳建筑工程有限公司在新加坡设立的办事处，投资额6万美元；泰安市锦亿贸易有限公司在新加坡设立的办事处，投资额10万美元；山东泰山地质勘探公司投资的印尼泰山地质勘探公司增资897.09万美元。至年底，全市累计实有境外企业31家，境外投资带动出口2879万美元，增长75%。（杨其伦）

【中国国际贸易促进委员会泰安市委员会】 年内，该会以招商引资为重点，以贸易促进为手段，以网络建设为平台，以增强服务为宗旨，积极做好招商引资、贸易促进、出国展览、出证认证、信息建设、法律服务等工作。

招商引资 ①赴境外招商联络活动。年内组织或参与了5次境外招商经贸活动。其中，分别于3月和12月组成4人招商联络团组，赴新加坡、马来西亚和印度尼西亚开展招商经贸活动，在境外期间，先后拜访了当地知名的商会、财团，宣传泰安的优势产业和产品，就双方进一步合作达成意向。该会还分别随市外办、外经贸局和招商办团组赴欧洲、日本、美国开展招商引资活动，期间结识联络了许多经贸客户，扩大了对外交往的渠道。②邀请客商到泰安进行投资经贸考察。先后联系接待马来西亚、加拿大、印尼、泰国、新加坡客人等9批66人次，其中马来西亚留台联合总会组织18人的企业家经贸考察团到泰安，密切了双边关系。③加强国内合作。通过联系沟通，与秦皇岛市贸促会签定友好协议，在信息交流、会展组织、投资贸易促进等方面建立长期合作关系。④推进项目落地或外方增资。年内，该会参与的一批招商引资项目陆续落地，境外投资方承诺的资金基本到位。

会展业务 ①精心组织2007年中日韩产业交流会（首尔）。6月6日至17日，组织参展参会代表团一行10人赴韩国、日本参会参展并进行招商经贸考察，布置招商引资摊位2个，制作展位展板6块，并参加“中日韩联合商务论坛”、“中国投资说明会”、“中日韩企业零配件采购说明会”等活动，接待洽谈客商人数100余人，拜访参会客商20余家，发放宣传册300份（韩文180份、日文120份）、招商项目册240份（韩文120份、日文120份）、中英文企业名录120册，实现从推介境外展会向组织境外展会的转变。②推介境外展会。分别为泰安华耀玻璃有限公司参加6月份澳大利亚建材展、泰安利得玻璃锅盖有限公司5月参加美国消费品展览会提供服务。③抓好国内展会活动。一是重

表28　2007年泰安市直及县市区进出口情况

序号	县市区名称	进出口总值		出口总值		进口总值	
		总　值（万美元）	比上年增%	总　值（万美元）	比上年增%	总　值（万美元）	比上年增%
1	市　直	28235	39.9	19134	18.7	9101	124.0
2	泰山区	14787	24.1	12848	27.1	1939	7.2
3	岱岳区	13195	36.4	11409	35.2	1786	44.3
4	新泰市	33157	105.2	9242	53.9	23915	135.5
5	肥城市	29039	15.6	21093	27.0	7946	-6.7
6	宁阳县	7714	28.4	6401	20.5	1313	88.9
7	东平县	3093	-5.2	1769	-13.3	1324	8.5
8	高新区	5305	-14.7	3345	-19.0	1960	-6.0

点推介针对性强的对外经贸商业活动。参加国内外重要的洽谈会、交易会、展销会、论坛等7次，其中，泰安高新区2家企业参加省贸促会组织的英国考文垂经贸考察团经贸洽谈会，泰山衡器有限公司、泰安皮鞋厂参加省贸促会组织捷克来华采购团的商贸洽谈活动，组织企业分别参加第三届中国会展经济国际合作论坛、第八届中国国际展览和会议展示会等。二是组织客商参加泰山国际登山节经贸活动。国外以东南亚为重点，国内以温州、北京为重点，邀请客商与会，积极对接项目，登山节经贸洽谈会圆满成功。④会展信息搜集联络工作。为更好地服务企业，该会通过欧盟展览机构在华办事处、北欧各国驻华使馆、欧盟中国交流协会等整理了北欧四国展会信息，与部分驻北京、上海、南京的专业展览、境外商务考察公司建立工作联系，拓展了与出展、商务考察相关的工作渠道。同时，通过网站、传真、邮件及电话、走访企业等多种方式向企业介绍国家及省贸促会的年度展览计划，传递了大量的出展信息。

出证认证　全年签发产地证3959余份，认证发票180份，大使馆认证及证明书321份。

网络建设　年内，“泰山国际商务信息网”更名为“泰山国际商务网”，及时更新充实网站的数据资料，其中更新商务资讯557条、贸促动态46条、头条新闻14条、投资贸易研究报告40条、供求信息505条、出证认证信息11条、外经贸法律法规90条、会员企业资讯7条、通知公告11条，栏目中增加会员企业名录60条、展会公告23条、英文版企业名录68条等。更新计算机防病毒软件，连接互联网的电脑均安装KV2007防火墙，确保网络系统的正常运行。拓展服务领域，通过走访山东海力集团、新泰兰得染料化工有限公司、新泰天盾矿机有限公司等企业，发展网络会员5家。根据《山东省贸促系统信息收集、发布管理办法》的要求，安排专人负责，每月向山东贸促网提供“支会工作动态”6篇左右，全年提供60余篇。

（陈学文）

利用外资

【概况】　年内，全市批准利用外资项目105个，增加11个，合同外资总额14.07亿美元，增长20.0%。其中，外商直接投资项目50个，减少5个，合同外资额1.60亿美元，下降29.5%；国外贷款、融资项目55个，合同额12.47亿美元，增长31.9%。至年底，全市累计批准利用外资项目1386个，合同外资金额49.4亿美元。

全市实际利用外资9.82亿美元，增长23.3%。其中，外商直接投资1.04亿美元，增长38.2%；国外贷款、融资8.79亿美元，增长21.7%。至年底，全市累计实际利用外资26.66亿美元。2007年，通过八部门联合年检的外商投资企业233家，实现主营业务收入90.95亿元人民币，增长20.5%；实现利润6.57亿元人民币，增长47%；创税收3.00亿元人民币，增长8.8%；自营出口2.04亿美元，增长11.1%；从业人员3.4万人，下降11.4%。

外商直接投资行业　年内批准的外商直接投资项目涉及12个行业，其中，金属制品业6家，增资2项，合同外资3282万美元，占

表29　2007年泰安市利用外资结构情况　单位：万美元

项目	合同外资额				实际使用额		
	项目个数	合同额	上年同期	比上年增%	使用额	上年同期	比上年增%
合计	105	140730	117279	20.0	98247	79694	23.3
外商直接投资	50	15997	22703	-29.5	10365	7499	38.2
合资	20	6008	8410	-28.6	4295	2070	107.5
合作	1	450	912	-50.7	0	912	-100.0
独资	29	9539	13381	-28.7	6070	4517	34.4
国外贷款	55	124733	94576	31.9	87882	72195	21.7

表30　2007年泰安市实际利用外资分单位完成情况　单位：万美元

单位	实绩	上年同期	比上年增%
合计	98247	79694	23.3
县市区小计	81246	64717	25.5
泰山区	14054	11733	19.8
岱岳区	15663	13010	20.4
新泰市	15607	12880	21.2
肥城市	14606	12230	19.4
宁阳县	14082	8854	59.1
东平县	7234	6010	20.4
市直部门小计	17001	14977	13.5
高新区	11435	9228	23.9
国资公司	5060	4206	20.3
城建国资公司	-	-	-
商贸国资公司	-	-	-

新批合同外资总额的20.5%；餐饮服务业2家，合同外资3142万美元，占新批合同外资总额的19.6%；其他轻工企业14家，增资2项，合同外资1672万美元，占新批合同外资总额的10.5%；纺织服装业9家，增资4项，合同外资1529万美元，占新批合同外资总额的9.6%；机械设备业9家，增资1项，合同外资1427万美元，占新批合同外资总额的8.9%；食品制造业3家，增资7项，合同外资1329万美元，占新批合同外资总额的8.3%；文体娱乐业1家，合同外资1200万美元，占新批合同外资总额的7.5%；化学原料及化学制品制造业5家，增资1项，合同外资928万美元，占新批合同外资总额的5.8%；生物制品业增资1项，合同外资额730万美元，占新批合同外资总额的4.6%；房地产开发业1家，增资1项，合同外资636万美元，占新批合同外资总额的3.95%；非金属制造业1家，合同外资115万美元，占新批合同外资总额的0.7%；林业开发业增资1项，合同外资7万美元，占新批合同外资总额的0.05%。

外商、港商直接投资来源　年内批准的外商、港商投资企业涉及17个国家和地区，其中，香港投资21家，增资6项，合同外资8271万美元，占新批合同外资总额的51.7%；韩国投资7家，增资1项，合同外资1641万美元，占新批合同外资总额的10.3%；英国投资3家，增资1项，合同外资1590万美元，占新批合同外资总额的9.9%；加拿大投资2家，合同外资1383万美元，占新批合同外资总额的8.6%；法国投资1家，增资1项，合同外资1365万美元，占新批合同外资总额的8.5%；台湾投资3家，增资3项，合同外资额409万美元，占新批合同外资总额的2.6%；美国投资5家，增资3项，合同外资306万美元，占新批合同外资总额的1.9%；日本投资2家，增资1项，合同外资288万美元，占新批合同外资总额的1.8%；波兰投资1家，合同外资272万美元，占新批合同外资总额的1.7%；瓦努阿图投资企业增资1项，合同外资178万美元，占新批合同外资总额的1.1%；菲律宾投资企业增资2项，合同外资129万美元，占新批合同外资总额的0.8%；德国投资1家，合同外资73万美元，占新批合同外资总额的0.5%；意大利投资1家，增资1项，合同外资48万美元，占新批合同外资总额的0.3%；澳大利亚投资企业1家，合同外资37万美元，占新批合同外资总额的0.2%；瑞典投资1家，合同外资6万美元，占新批合同外资总额的0.05%；日本投资1家，合同外资5万美元，占新批合同外资总额的0.05%；新加坡投资企业增资1项，减资1项，当年外资额为-4万美元。　（杨其伦）

对外贸易

【货物进出口贸易】　年内，全市累计完成自营进出口贸易总值13.45亿美元，比上年（下同）增长36.5%。其中出口8.52亿美元，增长24.0%；进口4.93亿美元，增长65.5%。实现贸易顺差3.6亿美元。

全市进出口总值在全省各市中列第14位，占全省进出口总额的1.1%，增幅高于全国平均增长水平13个百分点，高于全省平均增长水平7.8个百分点。其中，出口额在全省各市中列第15位，占全省出口总额的1.13%，增幅分别低于全省、全国平均增长水平4.3个百分点和1.7个百分点；进口额在各市中列第13位，占全省进口总额的1.04%，增幅分别高于全省、全国平均增长水平36.2个和44.7个百分点。肥城市出口额达到2.11亿美元，增长26.9%，占全市出口总额的24.7%；岱岳区出口额达1.14亿美元，增长34.6%，占全市出口总额的13.4%。

从贸易方式看，一般贸易增速加快，占比提高。全市一般贸易出口6.45亿美元，增长29.2%，占出口总值的75.7%，比重提高3.1个百分点；一般贸易进口4.26亿美元，增长86.4%，占全市进口总额的86.5%，比重提高9.7个百分点。全市加工贸易出口2.07亿美元，增长10.7%，占全市出口总额的24.3%，比重下降2.9个百分点；加工贸易进口5653万美元，增长8.8%，占进口总额的11.4%，比重降低6个百分点。

从出口企业情况看，民营企业出口高速增长，其他企业平稳发展。国有企业出口2.19亿美元，增长8.8%，占出口总额的25.8%；民营企业出口4.29亿美元，增长42%，占出口总额的50.3%；三资

表31　2007年泰安市外贸进口市场情况

国家（地区）	进口额（万美元）	占进口总额%
巴　西	8485	17.22
美　国	6552	13.29
新喀里多尼	6230	12.64
澳大利亚	3571	7.25
南　非	3463	7.03
德　国	2881	5.85
日　本	2775	5.63
印　度	2685	5.45
阿根廷	2190	4.44
韩　国	1361	2.76
英　国	1274	2.59
瑞　典	996	2.02
台　湾	890	1.80
意大利	687	1.39
土耳其	614	1.25

企业出口2.04亿美元，增长11.1%，占出口总额的23.9%。

从出口商品结构看，初级产品出口额5497美元，下降1.7%，占出口总额的6.5%；农产品出口额6338万美元，占出口总额的7.4%，下降2.1个百分点；工业制成品出口额7.34亿美元，占出口总额的86.1%，下降5.8个百分点。工业制成品出口中，机电产品出口1.92亿美元，增长48%；高新技术产品出口1.56亿美元，增长25.3%。

从大宗出口商品看，钢铁1.46亿美元，增长26.3%，占全市出口总额的17.1%；各类机械1.41亿美元，增长47%，占出口总额的16.6%；玻璃纤维及制品1.05亿美元，增长20.1%，占出口总额的12.3%；服装9532万美元，增长10.2%，占出口总额的11.2%；纺织品7661万美元，增长19.8%，占出口总额的9%；轮胎4352万美元，增长41.2%，占出口总额的5.1%；蔬菜3596万美元，增长6.7%；汽车零部件2351万美元，下降33.8%；电线电缆1959万美元，增长68.6%；汽车1156万美元，增长82%；三聚氰胺1058万美元，下降29.1%；水泥1032万美元，下降30.2%。

从出口市场看，对亚洲出口3.28亿美元，增长6.4%，占出口总额的38.5%；对欧洲出口2.20亿美元，增长46.4%（其中对欧盟出口汇总1.76亿美元，增长33.4%），占出口总额的25.78%；对非洲出口5230万美元，增长94.4%，占出口总额的6.1%；对美洲出口2.37亿美元，增长23.4%，占出口总额的27.8%；对大洋洲出口1386万美元，增长42.3%，占出口总额的1.63%。

【对外服务贸易】 全年签订对外承包工程劳务合作合同1473个，增加591个，合同总额4.64亿美元，增长33.7%。其中，承包工程合同3个，减少1个，合同额5941万美元，下降13.9%；劳务合作合同1470个，增加592个，合同额4.04亿美元，增长45.6%。全年实际完成承包工程劳务合作营业额3.21亿美元，比上年增长40.3%，其中，完成承包工程营业额5936万美元，增长39.0%；完成劳务合作营业额2.61亿美元，增长40.6%。年内派出劳务1.46万人次，增长57.8%，其中承包工程劳务人员294人次，下降16.5%；研修生和其他种类劳务人员1.43万人次，增长60.7%。年末在外2.59万人，增长50.3%，其中承包工程838人，下降4.1%；研修生和其他种类2.50万人，增长53.2%。派出劳务主要从事服装缝

表32 2007年泰安市外贸出口市场情况

国家(地区)	出口额(万美元)	占出口总额%
美国	14790	17.38
日本	6382	7.49
加拿大	4929	5.78
韩国	4888	5.73
伊朗	3538	4.15
俄罗斯	3035	3.56
意大利	2803	3.29
西班牙	2658	3.12
英国	2334	2.74
法国	2242	2.63
德国	2167	2.54
印度	2101	2.46
荷兰	1823	2.14
印度尼西亚	1593	1.87
比利时	1512	1.77
南非	1489	1.75
墨西哥	1473	1.73
澳大利亚	1206	1.41
越南	1123	1.32
新加坡	1041	1.22
菲律宾	1025	1.20
阿拉伯酋长国	1023	1.20
沙特阿拉伯	988	1.16
丹麦	933	1.10
斯里兰	871	1.02
土耳其	868	1.02
埃及	810	0.95
巴基斯坦	809	0.95
科威特	802	0.93
马来西亚	788	0.93
香港	682	0.80
肯尼亚	648	0.76
泰国	642	0.75
台湾	621	0.73

表33 2007年泰安市对外贸易分类情况 单位:万美元

项目	进出口		出口		进口	
	金额	比上年增%	金额	比上年增%	金额	比上年增%
合计	98532	32.3	68753	26.2	29779	49.0
按企业性质划分						
国有企业	51335	64.0	21925	8.8	29410	164.0
外商投资企业	24621	9.3	20406	11.1	4215	1.7
其他企业	58569	31.0	42910	42.0	15659	8.0
集体企业						
私营企业	58569	31.0	42910	42.0	15659	8.0
按贸易方式划分						
一般贸易	107157	47.2	64523	29.2	42634	86.4
加工贸易	26371	10.3	20718	10.7	5653	8.8
其他贸易	997	-44.7	0	-100.0	997	-41.7
按大类商品划分						
纺织服装	17537	16.8	17193	14.5	344	
农副产品	21788	51.1	6609	2.0	15179	91.0
机电产品	23541	26.9	19238	47.5	4303	-21.8
高新技术产品	16109	29.6	15574	25.3	535	

纫、水产品加工、蔬菜肉食品加工、建筑安装、机械加工、机械维修、厨师、电子装配、电气焊、纺织工、塑料加工、木工、农业种植、养殖工、工程师、中医师、项目经理等，派出到37个国家和地区，主要有日本、新加坡、苏丹、韩国、阿拉伯联合酋长国、马来西亚、斯里兰卡、巴基斯坦、蒙古、捷克、德国、俄罗斯、毛里求斯、厄瓜多尔、安哥拉、塞班（美国）、加拿大及台湾地区等。（杨其伦）

出入境检验检疫

【概况】 年内，该局认真履行出入境卫生检疫、动植物检疫和进出口商品检验监管工作职能，加强源头管理，强化疫病疫情监测，提高行政执法水平，有力地促进了泰安外经贸的发展。全局保持“省级文明单位”、“泰安市开放型经济管理服务先进单位”、“泰安市文明行业创建先进行业”、“先进基层党组织”等荣誉称号。

国境卫生检疫 完成传染病检测体检1.23万人次，增长31.79%，体检人次列全省第三位，增幅列全省第三位。体检中发现病例3298例，增长43.27%。实施预防接种5841人次，增长20.43%。对国际旅行保健中心进行改造、扩建，更新仪器设备，艾滋病筛查实验室通过国家局专家组考核，4月，首次检出艾滋病病例一例。

农副产品检疫 检验检疫进出口农副产品3274批、货值1.05亿美元，分别增长16.06%和42.92%。其中，出口3163批、7242万美元，分别增长15.14%和20.47%；进口111批、3266万美元，分别增长50.00%和143.65%。经检验检疫发现入境不合格农副产品70批、37万美元。

表34 2007年泰安市大宗和重点进口商品检验检疫情况 货值：万美元

商品类别	批次	增减%	数重量	增减%	货值	增减%
动物	2	-33.33	9	-43.75	20	-45.95
禽鸟	2	-33.33	9	-43.75	20	-45.95
动物产品	9	200.00	781	1101.54	61	369.23
肉类(冰鲜冻)	2	-33.33	50	-23.08	19	46.15
猪肉	2	-33.33	50	-23.08	19	46.15
动物油脂	7	–	731	–	42	–
植物产品	109	98.18	23257	131.87	3220	151.96
蔬菜	7	133.33	93	389.47	12	300.00
速冻蔬菜	7	250.00	93	745.45	12	500.00
木材及竹木草制品	8	–	4	–	5	–
竹木草制品	7	–	4	–	5	–
棉花	92	76.92	23121	130.96	3199	150.90
干果及坚果	2	–	39	–	4	–
干果	2	–	39	–	4	–
纺织品	38	-2.56	1108	-37.68	211	-19.77
印染布	16	33.33	188	111.24	61	117.86
化纤	19	-13.64	838	-46.93	131	-31.05
轻工品	7	-65.00	2061	-83.02	109	-80.47
纸浆	4	-80.00	1985	-83.65	104	-81.36
纸张	2	–	76	–	5	–
矿产品	5	66.67	822	8120.00	97	3133.33
铜矿	4	–	822	–	97	–
金属及制品	317	18.28	3039	-17.40	1347	92.15
化工品	241	66.21	11171	50.90	1719	56.13
塑料	233	80.62	9863	49.73	1568	62.15
橡胶	5	-16.67	622	-23.49	134	3.08
机电产品	265	38.02	97	-47.28	4995	72.96
机床	84	200.00	–	–	1161	77.52
家电	18	5.88	–	–	215	28.74
电机	3	200.00	–	–	235	1136.84
机动车辆	2	-77.78	–	–	6	-86.05
电工电器	25	-21.88	84	-53.85	437	-17.70
阀门轴承	6	-76.92	–	–	437	126.42
纺织机械	20	66.67	–	–	1251	122.20
锅炉压力容器	13	116.67	–	-100.00	70	118.75
电梯	14	100.00	–	–	60	-32.58
医疗器械	13	-23.53	–	–	58	-81.88
其他机电产品	65	124.14	12	–	1064	325.60
废旧物品	49	-18.33	9624	-15.68	162	-3.57
废纸	49	-18.33	9624	-15.68	162	-3.57
食品	2	-88.24	5	-98.25	–	-100.00
罐头	2	-50.00	5	-70.59	–	-100.00

入境交通工具及集装箱检疫 检疫入境集装箱24个标箱。从4个标箱中截获有害生物，分别进行熏蒸、药剂喷洒除害处理。

出境货物检验情况 检验检疫出境货物9599批、4.79亿美元，

表35　2007年泰安市大宗和重点出口商品检验检疫情况　货值:万美元

商品类别	批次	比上年增%	数重量	比上年增%	货值	比上年增%
动物产品	191	-19.75	4473	-21.79	820	22.21
肉类(冰鲜冻)	148	-20.43	3557	-19.16	747	23.68
猪肉	148	-20.43	3557	-19.16	747	23.68
动物油脂	16	-30.43	30	150.00	7	40.00
皮张	5	66.67	57	29.55	34	-5.56
蛋制品	4	-63.64	183	-71.63	2	-75.00
其他动物产品	18	20.00	646	4.53	30	66.67
植物	5	400.00	66	-	3	-
植物产品	2845	18.15	44404	20.18	5755	22.58
蔬菜	1590	13.09	21811	7.41	3228	5.56
保鲜蔬菜	60	5.26	1455	25.32	121	-35.98
脱水蔬菜	406	-8.14	5776	-16.05	1228	-3.23
速冻蔬菜	1001	38.83	13173	37.94	1704	35.56
盐渍蔬菜	123	-33.87	1407	-48.18	175	-48.98
粮谷	4	300.00	138	200.00	3	200.00
其他粮谷	4	300.00	138	200.00	3	200.00
木材及竹木草制品	817	21.94	7976	30.35	1144	45.73
板材	162	14.08	1307	-17.85	275	25.00
竹木草制品	652	23.48	6669	47.28	869	53.81
保鲜水果	23	187.50	476	190.24	83	492.86
苹果	23	187.50	476	190.24	83	492.86
干果及坚果	363	32.00	11447	51.98	1236	65.68
干果	360	32.84	11393	52.72	1226	69.34
其他植物产品	47	20.51	2491	10.47	56	-1.75
纺织品	2490	15.44	26792	-27.66	6862	11.63
坯布	162	17.39	9813	-9.10	664	-12.86
梭织服装	1607	22.58	5755	14.19	3797	25.81
印染布	290	27.75	7486	-54.96	1324	24.09
丝类	100	-50.25	60	-52.38	169	-42.52
纱线	27	2600.00	384	7580.00	125	6150.00
其他纺织品	304	8.96	3294	-26.01	783	-22.01
轻工品	1916	22.98	2083	57.92	4742	28.06
轮胎	1840	21.37	603	-28.47	4458	23.56
鞋类	36	56.52	431	35.11	73	78.05
其他轻工品	26	44.44	393	150.32	85	60.38
矿产品	271	-40.31	540896	-32.99	4787	-26.75
煤/焦碳	249	-43.79	539097	-33.13	4776	-26.85
其他矿产品	22	120.00	1799	689.04	11	450.00
金属及制品	269	10.70	128691	-14.68	7021	-14.44
化工品	127	209.76	2508	205.85	234	154.35
无机化工品	26	766.67	476	610.45	11	57.14
有机化工品	88	225.93	1881	316.15	205	583.33
其他化工品	11	37.50	146	-49.66	16	-64.44
机电产品	2099	74	15268	51	17227	278
机床	30	20	-	-	225	116
家电	186	403	3410	112	1124	1684
电机	18	50	323	70	131	70
机动车辆	402	302	5	67	9807	767
电工电器	244	73	6355	123	3608	123
五金工具	840	50	4428	13	975	25
阀门轴承	39	-29.09	718	-46.06	61	-39.00
锅炉压力容器	19	-34.48	12	-94.29	144	5.11
发电机组	46	109.09	-	-	145	98.63
其他机电产品	275	23.32	17	-62.22	1007	113.35
废旧物品	6	-	34	112.50	9	-10.00
其他废物	6	-	34	112.50	9	-10.00
食品	324	5.54	4947	-19.47	603	-11.06
罐头	34	-22.73	159	-56.08	31	-62.65
水产制品	8	-33.33	179	-34.43	14	-33.33
酒及饮料	23	27.78	126	32.63	72	26.32
食用酒	18	20.00	97	12.79	64	16.36
其他酒及饮料	5	400.00	29	383.33	8	700.00
糖类	15	-59.46	279	-69.34	14	-66.67
调味品	202	23.93	2230	52.22	296	-
其他食品	41	24.24	1972	-35.09	176	-1.68

分别增长17.05%和35.75%，其中货物不合格2批次、8万美元。①动植物及其产品检验。共检验1435批、3498万美元，分别增长24.48%和43.99%。②食品及化妆品检验。共检验1678批、3744万美元，分别增长7.98%和4.51%。③金属及其制品检验。共检验153批、6379.8万美元、12.65万吨，分别下降19.89%、20.44%和0.09%。出口产品主要有螺纹钢、铝锭、钢管。主要出口国家和地区有韩国、新加坡、香港、斯里兰卡。产品质量稳定，质量状况良好，未发现不合格批。④机电产品检验。检验2145批、1.76亿美元，分别增长75.53%和276.02%。⑤纺织品检验。检验2438批、6872.7万美元，分别增长14.35%和11.57%。检出不合格产品2批、8万美元。⑥化工产品检验。检验1338批、4683.5万美元，批次下降0.52%，货值增长28.23%。⑦轻工品、矿产品检验。检验360批、5074.2万美元，分别下降32.96%和23.29%。

进境货物检验情况　入境货物740批、1.45亿美元，分别增长29.82%和74.22%。经检验检疫发现不合格商品91批、405万美元。①动植物及其产品检验。入境货物109批、3266万美元，分别增长91.23%和147.52%。其中检验出证进口棉花90批、10.75亿包、2.16万吨，货物总值3129.58万美元，经检验发现不合格85批、10.63万包、2.14万吨，货物总值3092.19万美元，对外索赔金额50.66万美元，占进口货物总值的1.62%。不合格货物中，在品质方面程度不同存在问题的55批，对外出具索赔证书55批，对外索赔金额共计10.50万美元，占进口货物总值的0.336%；在重量方面短重的78批，短重合计278.49吨，平均短重率1.27%，对外出具索赔证书78批，对外索赔金额共计40.16万美元，占进口货物总值的1.28%。②金属及其制品检验。检验151批、3007.9万吨、1335.0万美元，分别增长19.84%、92.39%和下降17.37%。其中，共检验进口金属材料49批、1241.75万美元、1770.2吨，货值增长74.88%，批次和重量分别下降88.82%、51.89%。进口金属材料批次、货值分别占进口工业产品总量的7.79%和11.04%。出现货值增加而重量减少的主要原因是国际市场价格增幅较大。主要进口国家有日本、德国、美国，主要产品为铝带和铜带。③机电产品检验。检验171批、货值7617.2万美元，分别增长31.54%和81.50%。检出不合格产品19批、365万美元。不合格产品中，检验进口旧机电11批、货值584.37万美元，分别增长37.5%、139.48%，分别占进口机电产品的6.47%和7.70%；检验不合格批次8批，主要质量问题是防护装置存在安全隐患、安全警示标示与国内标准不符、电压与频率和国内用电制式不符、附着油污、脏污、铁屑，未发现严重不合格。主要品种是反压铸造机、加工中心、数控车床、同轴电缆设备、圆环链制造设备，主要进口国别是美国、法国、波兰。④纺织品检验。检验37批、货值206.3万美元，分别下降2.63%和27.18%。⑤化工产品检验。检验215批、货值1715.7万美元，分别增长61.65%和50.47%。⑥轻工品、矿产品检验。检验10批、206.3万美元，分别下降54.54%和63.05%。

产地证签证情况　签发普惠制原产地证书4139份，签证金额1.42亿美元，分别增长10.46%和19.42%。签发一般原产地证书1947份，签证金额6423万美元，分别增长1.83%和16.96%。

包装鉴定及委托业务情况　检验出口包装698批、1099万件，分别增长27.61%和165.16%。一般包装性能鉴定266批、1040万件，分别增长50.28%、185.51%，品种主要为瓦楞纸箱；危险货物包装性能鉴定37批、1万件，批次增长32.14%，数量下降11.77%；危险货物包装使用鉴定395批、58万件，批次增长15.5.%，货值下降18.36%，其品种涉及到塑料桶、铁桶、纸板纤维桶及塑编袋。

【监管认证】　加强出口质量许可证和卫生注册管理工作，新获卫生注册登记企业4家，完成复查换证企业11家，注销卫生登记企业4家，3家企业4种产品获得出口质量许可证以及临时证，帮助4家企业通过ISO 9000、ISO 14000等国际标准认证。

【专项整治活动成果突出】　年内，成立“出口食品专业组”和“出口工业品专家组”，负责开展对出口食品、农产品及工业品生产企业的“拉网式检查”和“专项整治”活动。共检查出口企业168家，暂停出口企业15家，限期整改企业153家。其中，检查出口食品企业34家，暂停出口企业6家，限期整改企业28家；检查出口工业品企业94家（机电类企业31家，纺织类企业25家，轻工类企业9家，化工类企业15家，煤炭企业4家），暂停出口9家，限期整改的有81家；检查非法检企业33家。到年底，专项整治13个100%的目标已完成12个，对出口重点国家的重点非法检商品100%实行重点监控工作正在落实中。

【促进外贸出口取得明显成效】　一是促进外贸出口结构调整，扶持机电产品、高新技术产品出口。制定并实施泰安市支持机电产品、高新技术产品扩大出口的“双百企业帮扶计划”，成立帮扶小组，责任到人，对出口机电产品的5家企业进行重点帮扶，在项目引进、标准应用、质量改进、实验室检测等方面，为企业提供全方位的信息、技术和政策支持。对4家出口名牌企业全部纳入一类企业管理，减少抽检批次，方便出口。机电产品出口

表36　2007年泰安市出口企业前20名情况

序号	企业名称	2007年	2006年	比上年增%
	合计	39088	30159	29.6
1	泰山玻璃纤维股份有限公司	8769	8167	31.6
2	山东岱银纺织股份有限公司	6084	5055	44.1
3	泰安市科诺型钢有限公司	5422	3656	177.8
4	山东石横特钢有限公司	5095	4861	184.7
5	山东泰山轮胎股份有限公司	4218	3057	36.0
6	山东鲁龙机械有限公司	2461	1916	-33.3
7	泰山工程机械集团有限公司	2305	206	1861.1
8	泰安远东经贸总公司	2214	1828	77.8
9	肥城阿斯德化工有限公司	2029	1437	5.2
10	山东海化魁星化工有限公司	1814	1755	-7.3
11	肥城金隆纺织有限公司	1573	1444	-7.1
12	新泰爱克电缆有限公司	1559	923	-27.9
13	泰安复发中记食品有限公司	1526	2600	-0.3
14	泰安锦利针织有限公司	1468	1309	8.3
15	山东平阳纺织有限公司	1466	1235	67.3
16	肥城英泰休闲用品有限公司	1299	975	-36.7
17	山东华阳科技有限公司	1209	830	0.5
18	鲁能泰山电缆有限公司	1188	330	57.8
19	泰盟电器(泰安)有限公司	1153	72	98.1
20	泰安欣怡制衣有限公司	1129	874	77.6

批次、货值分别增长31.54%和81.50%。二是支持食品农产品扩大出口，促进社会主义新农村建设。全面实施出口食品农产品源头管理，推行以“一个模式、十项制度”为主要内容的出口食品安全管理模式，从源头上保证出口食品农产品质量安全。在肉类企业中实施检验检疫官方驻厂兽医制度，做到“服务基层、重心下移；过程控制、有效监管；风险评估、体系验证；科学把关、快速核放”，农产品出口批次、货值分别增长16.06%和42.92%。三是发挥职能作用，推进循环经济发展。对符合国家产业政策引进的二手设备，帮助企业积极向上级局申报，加快办理备案审批手续，及时开展境外预检和到货检验，对引进设备存在的质量问题，帮助企业及时对外索赔，最大限度减少经济损失。对高耗能、高资源消耗、高环境污染的进口二手设备或机电产品，严控境外预检和到货检验环节，防止不合格设备进口。严格检验检疫进口废物原料等涉及安全、卫生、健康、环保、反欺诈的敏感货物，严防不合格产品进口，保护工农业生产安全和人民身体健康。检验发现进口不合格旧机电11批、货值584.37万美元，较好地维护了进口旧机电检验监管的严肃性和有效性。四是努力发挥政策技术优势，提高泰安出口产品国际市场竞争力。对出口货物实施以数据监管为主、视频监控为辅的电子监管手段，年报检量5单以上的生产企业全部实施出口电子监管。加强普惠制产地证和《亚太贸易协定》《中国—东盟自由贸易区》《中国—巴基斯坦》和《中国—智利》等区域性优惠原产地证书签证工作，提高普惠制产地证书的利用率，为泰安出口商品充分享受关税优惠提供政策支持。发挥政策优势，利用原产地政策加大对泰安优势产品帮扶力度，泰安出口货运自卸车、混凝土搅拌车、起重机车等工程车辆总计4089辆、货值5763.6万美元，分别增长75.41%和425.87%，占全市法检机电产品出口总货值的32.68%，成为泰安市外贸出口新增长点。（蒋　钰）

海　关

【概况】　年内，泰安海关积极践行“依法行政，为国把关，服务经济，促进发展”的工作方针和“政治坚强，业务过硬，值得信赖”的海关队伍建设要求，充分发挥把关、服务的职能作用，促进了泰安市对外经济贸易的快速发展。该关在保持“全国精神文明建设工作先进单位”、“省级文明单位”和“省级青年文明号”荣誉的同时，还被泰安市政府授予“开放型经济服务先进单位”称号。全年共监管进出口货物76万吨、货值1.96亿美元，分别增长200%和100%，监管进出口集装箱6619标箱；征收税款1.09亿元，增长202%，增收

表37　2007年泰安市进出口产品情况

指　标	进出口		进　口		出　口	
	总值(美元)	比上年增%	总值(美元)	比上年增%	总值(美元)	比上年增%
合　计	1345254335	36.5	492843425	65.5	852410910	24.0
其中：一般贸易	1071572198	47.2	426342811	86.4	645229387	29.2
加工贸易	263709764	10.3	56528381	8.8	207181383	10.7
其中：对东盟贸易	78329535	25.16	8960661	167.62	69368874	17.11
对日本贸易	91574983	25.06	27753774	62.13	63821209	13.75
对韩国贸易	62548815	-15.14	13606346	40.41	48942469	-23.55
对香港贸易	7533970	-31.06	716384	-35.4	6817586	-30.57
对欧盟贸易	247093885	40.68	70962730	61.57	176131155	33.72
对俄罗斯贸易	30357127	187.98	6502	-99.66	30350625	251.93
对美国贸易	217255618	8.68	65521270	27.23	151734348	2.24
对非洲贸易	96142627	112.45	42005598	128.74	54137029	101.32
对拉美贸易	149641755	96.5	109533968	105.74	40107787	75.03
对大洋洲贸易	116449174	101.08	101942376	112.24	14506798	46.81
其中：国有企业	513353119	64.0	294104759	164.0	219248360	8.8
三资企业	246206836	9.3	42146997	1.7	204059839	11.1
集体、私营及其他企业	585694380	39.17	156591669	25.66	429102711	44.83

表 38

2007 年泰安市主要进口商品情况(前 20 位)

序号	商品名称	单位	数量	比上年增%	进口值(美元)	比上年增%
1	大豆	千克	319897407	102.14	114332361	167.47
2	铁矿砂	千克	743211560	-30.96	63031498	1.85
3	机电产品		1155358	-20.19	52031726	23.27
4	原棉	千克	19556505	7.42	28062270	16.58
5	木浆及纤维素浆、回收纸及纸板	千克	82936454	17.06	23675165	43.34
6	纺织机械及零件		700	-67.86	15528399	136.87
7	初级形状的乙烯聚合物	千克	5957890	-9.11	10113192	2.12
8	纺织纱线、织物及制品	米	3937632	-10.92	8138761	12.67
9	铜材	千克	842409	43.29	7710254	72.47
10	通断保护电路装置及零件		146510	2210.52	6030052	408.24
11	铝材	千克	754575	140.7	3506830	172.17
12	初级形状的不饱和聚酯	千克	921686	16.32	2881683	9.67
13	水海产品	千克	3032567	597.01	2600892	782.75
14	载体及其他引发剂、反应促进剂等	千克	1700	-48.14	2214881	-32.55
15	初级形状的丙烯或其他烯烃聚合物	千克	1424080	70.51	1915744	85.31
16	化学纤维短纤及纱线	千克	1274708	0.64	1647222	7.84
17	安装用油灰	千克	392000	-44.05	1291584	-40.16
18	泥煤制品、碳纤维及制品	千克	34344	134.98	1166560	131.34
19	金属加工机床	台	19	-44.12	1134320	-69.41
20	汽车和汽车底盘	辆/台	2	0	1059947	0

表 39

2007 年泰安市主要出口商品情况(前 20 位)

序号	商品名称	单位	数量	比上年增%	出口值(美元)	比上年增%
1	机电产品		53337680	31.84	124804995	87.48
2	玻璃纤维制无纺产品	千克	105632750	13.86	107421974	23.03
3	服装及衣着附件		26810186	-0.56	89707094	16.68
4	纺织纱线、织物及制品	米	66936246	-2.59	85120079	10.98
5	钢铁管件、板桩、铁轨	千克	93920272	35.68	52447124	43.87
6	钢铁棒材	千克	114671416	-7.52	51276066	4.7
7	轮胎	条	366617	-29.54	43516333	41.3
8	蔬菜	千克	28681521	18.1	35960542	8.73
9	汽车零件		5125198	-34.93	23518723	-32.76
10	羧酸及其衍生物等	千克	35058953	18.3	20193034	40.32
11	电线和电缆	千克	3492639	77.24	19590506	68.45
12	床垫、寝具及类似品		2948957	23.24	15195090	41.34
13	塑料制品	千克	7304550	44.69	12975697	52.24
14	汽车和汽车底盘	辆/台	718	-24.42	11555987	101.65
15	钢铁板材	千克	19873719	313.3	10690544	399.03
16	水泥	千克	342317000	-29.12	10318193	-23.24
17	手用或机用工具	千克	5327272	26.56	9927117	35.1
18	肥料	千克	34476871	158.8	9185603	322.08
19	氨基化合物	千克	2116975	41.96	7556657	73.27
20	电扇	台	539451	269625.5	6492537	164101.75

7290万元，首次突破亿元大关；审核报关单3014票；审批加工贸易备案合同346份，备案值9974万美元，保税额2.4亿元；审批减免税合同242份，备案值8700万美元，减免税额1.5亿元；联网监管覆盖率达76.2%，应用率达69.9%；加工贸易内销征税额达458万元；立案调查4起，审结3起，罚没收入5.7万元；稽查补税4起，补交税款184.68万元；办理企业注册备案125家，变更66家；监管实货8000余吨，进口标箱800余个；年审海关监管车辆28辆。

税收征管　该关围绕税收轴心，坚持科学征管，加强综合治税，税收大幅增长，创历史新高。从服务入手，及时了解税源动态，积极帮助企业解答通关疑难问题，以服务引税源；从加强海关审价、归类、原产地认定等方面入手，强化税收征管基础工作，质量并举。针对主要税源商品公式定价铁矿砂存有“二次付汇”的情况，做好价格跟踪和价格调整，强化对铁矿砂的后续审核，确保大宗敏感商品税款应收尽收。

保税与减免税　该关通过加大调研力度，创新工作方法，加工贸易工作质量指标实现新的突破。8项质量指标中有7项进入A档，其中加工贸易手册报核及时率、报核手册结案及时率、电子账册平均核销周期等均进入A档。单耗管理上新层次，在顺利完成制定6个三级单耗信息、通过2个二级单耗标准总关评审的同时，经海关总署、国家发改委批准同意，青岛海关委托该关承制汽车散热器一级单耗标准。运用风险管理的理念、方法对减免税前期备案和审批环节进行有效控制，将审批风险降到最低。要求企业提供减免税设备用于特定项目、特定企业、特定用途的保证函。全年共审核退回不正确的《项目确认书》、不符合减免税政策及禁止进口货物的减免税申请10余起，避免税款流失1000多万元。

稽查企管　该关通过适时调整稽查工作的重点和着力点，在风险分析的基础上，有针对性地开展稽查，提高查获率，实现由以量为主到质和量并举的转变。对32家企业实施稽查，从中发现问题企业18家，查获率达到56%；立案调查一起，案值8000万元，涉税1320万元，实现历史性突破。首次开展专项风险分析项目立项和调研工作。在网上报名数、网上确认数和参加考试人数大幅增加的情况下，通过严密的组织实施，确保全国报关员资格考试泰安考点的各项工作顺利完成。

监管查验　工作中做到认识到位、监管到位、服务到位、措施到位。通过强化对物流的实际监控，加强与口岸海关的密切联系与配合，认真研究内支线、直通、转关货物的特点，监管质量得到大幅提升，确保货物始终处于海关有效监管之下。规范查验工作，完善查验作业制度，按照查验设置的要求，坚持双人作业制度，并做好相关查验记录及处置结果。

【岗位操作手册学习应用】　该关认真做好《岗位操作手册》（以下简称《手册》）的学习应用，坚持做到岗位练兵与实际工作紧密结合。一是日常工作中摒弃凭经验办事的旧习惯，严格按照《手册》规定开展各项业务工作；二是要求各科室边学习边对照《手册》对2006年以来开展的每一项业务进行自查，共发现纠正问题15个；三是开展全关范围的督察审计，纠正问题20个，更正不符合《手册》规定的单证，进一步规范业务操作程序。10月18日，总关第三检查组对泰安海关学用《手册》和开展岗位练兵活动进行检查，给予99.51分的综合评定分数，充分肯定了泰安海关学用《手册》的成果。

【快速通关与统计分析】　年内，该关负责人带领业务骨干到市内30家重点进出口企业，宣讲政策，答疑释惑，解决困扰企业发展的40多个问题。通过加大对外宣传、召开推介会和企业座谈会等形式，不断加大多点报关、网上付税和无纸通关等优惠政策的宣传推介力度，辖区无纸通关企业已达80余家，通关成本明显降低。推进“A”类企业和诚信企业的推荐上报工作，8家企业被批准为海关“A”类管理企业，有2家企业被青岛海关授予“诚信企业”称号，辖区内“诚信企业”数量达到6家。泰安海关为方便进出口货物快速通关、即时装卸、预约通关和无假日通关等做法得到地方政府与企业的好评。每月向市政府报送进出口贸易数据报表，并对辖区农产品、铁矿砂、苹果、柴油机等专项商品开展调研分析，撰写统计分析报告。全年有15篇统计分析报告被市政府采用，《国际商报》《中国国门时报》《泰安日报》和泰安电视台等多家媒体对该关采取措施服务地方经济发展的事例进行了报道。

（程元鹏）

编辑·校对　周美广

交通·邮政

综　述

【概况】　年内，全市交通系统以构建文明和谐交通为目标，立足“三个服务”（服务经济社会发展全局、服务社会主义新农村建设、服务人民群众安全便捷出行），坚持又好又快发展，全年完成交通固定资产投资9.56亿元，交通事业保持和谐发展的良好局面。市交通局新设副县级全额事业单位--农村公路管理处；市第二运输公司、泰山交通发展有限公司与泰安交通运输集团有限公司合并重组。年底，市交通局机关内设10个职能科室（含纪委、工会、团委），直属事业单位13个，行业监管企业1个，全系统在职职工9359人。

交通基础设施建设　济（南）菏（泽）高速公路东平段9月底竣工通车，济菏高速公路至东平县城连接线全部完成。全市高速公路通车里程达到232.7公里，增加24.3公里，基本实现“县县通高速”。组织实施干线路网改造项目5个，完成投资1.36亿元。实施“五大养护工程”(文明样板示范工程、公路安全保障工程、公路养护畅通工程、科学养路创新工程、养护管理信息工程），推广应用节约环保型养护管理技术，干线公路养护投资完成1.3亿元，综合好路率达到92.2%。改造重要县乡公路154.5公里，完成投资1.1亿元，县乡公路综合好路率达到81.1%。农村公路改建616.7公里，完成投资1.9亿元，全市新增受益行政村39个，行政村通油路率达到96%。完善工程质量保证体系，全市所有公路工程质量合格率100%，重点工程优良品率达90%以上。年底，全市公路通车总里程达到1.30万公里，公路密度达166.9公里/百平方公里（按土地面积计算），居全省第3位。

交通依法行政　建立交通稽查牵头、执法主体统一的交通执法新机制，形成执法合力。全面推行行政执法责任制、公开公示制和案卷评查制，强化执法责任。加强执法

表40　2007年泰安市交通运输指标完成情况

单位＼项目	客运				货运			
	客运量(万人)		客运周转量(万人公里)		货运量(万吨)		货物周转量(万吨公里)	
	累计	比上年增%	累计	比上年增%	累计	比上年增%	累计	比上年增%
合　计	4902	6.4	317446	13.2	6915	13.7	437262	35.7
市　直	2130	-6.7	177912	-0.6	703	-60.5	58384	-40.8
泰山区	269	-13.5	17700	-7.4	203	6.3	20042	2.8
岱岳区	-	-	-	-	1052	6.8	63043	95.5
新泰市	875	11.9	40825	0.9	1003	1.0	55500	0.5
肥城市	999	3.3	46119	49.2	2236	17.3	74247	22.0
宁阳县	196	6.5	11304	13.9	237	6.8	15227	10.2
东平县	433	10.2	23586	16.7	1481	25.1	150819	61.0
其中水路	-	-	-	-	50	150	33700	166.3

表 41　2007 年泰安市公路通车里程情况　单位:公里

单位	公路通车里程合计	国道	省道	县路	乡路	专用路
全市	12957.7	289.8	880.8	1420.8	2037.6	27.7
泰山区	518.2	20.4	67.2	81.9	78.6	11.1
岱岳区	2527.3	96.1	192.1	344.9	413.1	12.1
新泰市	2944.4	78.8	186.4	286.4	508.0	-
肥城市	2306.0	-	154.7	194.5	614.8	4.5
宁阳县	2321.4	32.0	116.8	269.9	192.1	-
东平县	2340.4	62.5	163.6	243.2	231.0	-

监督检查，畅通投诉渠道，加大行政复议和行政执法投诉案件查处力度，提高依法行政水平。依法加强运政管理，深入开展道路运输企业质量信誉考核，加强危险品运输、客运出租、旅游客运、驾培、维修等市场专项治理；加强路政管理，查处路政事案 7533 起，有力地维护路产路权。加强航政管理，强化对东平湖旅游船、黄河浮桥的管理，取缔非法营运船舶 132 艘，水上运输秩序进一步好转。依法加强交通规费征收，严厉打击偷逃漏缴规费等违法行为，全市全年征收各项交通规费比上年提高 21.7%。

交通运输经济　推进运输企业集团化、客运线路集约化、运输装备高档化，交通运输经济蓬勃发展。全市完成营业性客运量 4902 万人次、旅客周转量 31.7 万人公里，分别比上年提高 6.4%和 13.2%；完成营业性货运量 6915 万吨、货物周转量 43.73 亿吨公里，分别比上年提高 13.7%和 35.7%。

【全市中长期交通发展规划发布实施】　市十四届人大常委会第 32 次会议审议批准《泰安市中长期交通发展规划》，并发布实施。该规划在“十一五”交通发展规划的基础上，结合全市城市综合交通规划、旅游发展规划和省会城市群经济圈对全市交通运输的需求等，对未来 20 年全市路网、场站、港航等交通基础设施建设进行全面系统规划。

公路网规划　干线公路网规划分为“一绕三横九射九纵”主干线公路网、“一环四横七纵”次干线公路网和一般干线公路三个层次，2619.1 公里。按技术等级分，高速公路 347.3 公里，一级公路 568.3 公里，二级公路 1432.7 公里，二级及以上公路里程占干线公路总里程的 89.7%。按建设里程分，新建 388.1 公里，改建 1213 公里，利用现有公路 1018 公里。建成后，全市形成“1 小时生活圈”(即泰城到各县市所在地 1 小时内到达)，泰城到各县(市)及各县(市、区)之间基本实现一级以上公路连接，县(市、区)到主要乡镇由二级以上公路、乡镇之间由三级及以上公路连接，泰城及各县(市、区)到主要旅游景点基本实现二级以上公路贯通。到 2025 年，全市不含村道公路通车里程达到 5450 公里，公路密度达到 70.2 公里 / 百平方公里；含村道公路通车里程达到 1.47 万公里，公路密度达到 189.4 公里 / 百平方公里。

场站规划　公路客货场站规划布局为：以泰城为中心的客货运输站场枢纽，改扩建泰安老汽车站，建设小井转盘泰莱路入口处、光彩大市场 2 个客货兼营站；建立泰山国际保税物流中心、大白峪物流中心、南关货运站 3 个大型货运场站，使（北）京台（湾）、（北）京沪（上海）、青（岛）兰（州）高速公路形成真正 3 条呈“大”字形客货运输通道。在新泰、肥城、宁阳和东平 4 个县市分别布设 9 个客运中心站和 9 个物流中心。到 2025 年，全市 5 级及以上客运站达到 96 个，4 级及以上货运站场达到 26 个。

港航规划　建设京杭运河东平湖至济宁段航道 23.8 公里，近期按 3 级航道设计，远期按 2 级航道设计。建设八里湾船闸，年单向通过能力达到 2100 万吨。打造东平湖港口，分为代屯港区和东金山港区两部分，年吞吐量达到 400 万吨。该项目已列入交通部、省交通厅“十一五”发展规划，概算投资 5.9 亿元。

【市直交通运输企业实现合并重组】　年内，为进一步整合交通运输资源，市交通局积极引导交通运输企业以资产为纽带，以市场为依托，实现集团化、集约化、规模化发展。4 月 12 日，泰安交通运输集团有限公司与泰山交通发展有限公司实现联合。5 月 24 日，泰安交通运输集团有限公司与泰安市第二运输公司完成重组，原市二运公司客运公司更名为“泰安交运集团第二客运公司”，原二运公司货运公司更名为“泰安交运集团第二货运公司”。重组后，泰安交通运输集团有限公司资产达到 5.7 亿元，在册员工 5300 余名，辖属 32 个二级经营单位；拥有营运客货车 2700 多辆，客运经营线路 290 余条，公司日始发客运班次 1900 多个。2007 年公司营业收入达 6.5 亿元，实现利税 1700 万元。

【高等级公路建设养护管理】 高速公路建设管理　年底，全市高速公路通车里程达到232.7公里，基本实现“县县通高速”。加强高速公路运营管理，健全完善突发事件应急处置预案和快速反应机制，实现路政、养护、征收、服务区4位一体，配套联动，确保春运、黄金周和重大活动期间高速公路的安全畅通。

干线公路改造　全年续建项目4个、新开工项目1个，完成投资1.36亿元，改建90公里。其中，104国道附线驼凹至曲阜界路面翻修、205国道新泰城区改线大中桥路面工程和泰（安）商（老庄）线东平至州城段路面翻修全部竣工。济（南）临（沂）线后燕庄至化马湾改线段桥涵路面改建工程埠阳庄大桥至化马湾段完成15.3公里，后燕庄至埠阳庄段完成土路肩2091立方米，旧路面处理3万米，浆砌片石挡土墙750立方米。205国道高峪铺至新泰蒙阴界路面翻修工程沈家庄至蒙阴界段完成4.6公里。蒙（阴）馆（陶）路磁窑至宁阳段大中桥路面改造完工。市重点工程104国道泰安绕城西线建设项目环保评审、水土保持方案制定已经完成，压矿和地质灾害勘测顺利进行。

干线公路养护　“实施五大养护工程”，推广应用节约环保型养护管理技术，完成养护投资1.3亿元，对11条干线公路进行路面专项大、中修，新建文明样板示范路段73公里，加固、维修、改造危窄桥梁5座。开展“公路绿化年”活动，投资320余万元绿化改造干线公路280余公里。投资700万元购置中小型养护机具61台套，实现干线公路规模化、集约化、机械化。年底，全市干线公路综合好路率达92.2%，其中，国、省道综合

畅安舒美的高速公路成为泰安腾飞的通途　　（周长征　摄）

好路率分别达到100%、89.8%。

路政管理 4月，开展全市路政宣传月活动，集中进行以穿村路段和公路用地范围为重点的路域环境综合治理。全市8个路政服务大厅改造完成。全年查处路政事案7533起，清理非公路标志标牌8411块，收取路赔费930万元，维护了路产路权。

科技兴路 市公路局完成《沥青摊铺综合检测控制仪的研究与开发》《野生花卉在公路环境建设中的应用研究》《公路绿化植物病虫害防治专家系统的构建与开发》等3项科技成果，其中《沥青摊铺综合检测控制仪的研究与开发》项目中的高程与厚度检测技术达到国际领先水平。加强专业技术人员的业务培训，在全省公路系统工程测量比赛中，市公路局代表队取得较好成绩。

【济（南）菏（泽）高速公路东平段建成开通】 济（南）菏（泽）高速公路东平段（第9、第10合同段）完成投资2.25亿元，该高速公路途径东平二级湖区（全国最大生态稻屯洼湿地），全长15.96公里，其中建有大桥2座、中桥8座、分离式立交桥9座、互通立交1处、通道27道，动用路基土322万立方米，自2004年12开工以来累计完成投资8.3亿元。9月28日竣工通车，济菏高速公路至东平县城连接线全部完成。

【农村交通建设养护管理】 市交通部门把改善农村交通条件作为服务社会主义新农村建设和服务民生的重点，精心组织实施"村村通油路"、"村村通客车"工程，全面加快县乡公路改造，扎实推进农村客运网络化进程。

重要县乡公路改造 年内，改造泰城周边及县（市、区）重要县乡公路154.5公里，完成投资1.1亿元，全市累计改造重要县乡公路424.5公里，完成投资3.7亿元。年底，全市县乡公路综合好路率达81.1%，提高4个百分点。泰山区小（津口）水（泉）路、泰（安）新（泰）路，岱岳区下（港）姚（庄）路、泰（安）楼（德）路、涝（坡）华（丰）路，新泰市南（岙阳）涝（坡）路、沈（家庄）汶（南）路、西（营）禹（村）路，肥城市鱼（池）石（横）路，宁阳县辛（安店）周（家庄）路、万（家庄）乡（饮）路，东平县广（里）障（城）路、东平湖旅游路、220国道至土山公路等一批重要县乡公路竣工，优化了路网结构。

农村公路改造 全年累计改造农村公路616.7公里，完成投资1.9亿元。针对部分贫困村庄经济基础薄弱、通油路难度大的实际，对14个贫困村通油路27.6公里采取每公里补助10–15万元的方法建设，并在资金政策、方案制定、工程施工中给予重点指导，岱岳区夹河大桥、徐家汶大桥等直接由市交通局投资并组织施工，共投入资金898万元，年底已全部完工，全市新增受益行政村39个。自2003年启动"村村通油路"工程以来，累计改造农村公路7712.1公里、大中桥梁13座，完成投资19.3亿元，新增通油路行政村1229个，直接受益人口210万人，行政村通油路率达96%。

农村公路养护管理 市交通局新成立农村公路管理处，全面实施农村公路由以建为主向建养并重、以养为主转变，对550公里重要县道进行重点养护。各县（市、区）结合实际，对养护工作的组织机构、路政管理、经费来源、监督管理等做出明确规定，农村公路管养形势逐步好转。组织开展"样板示范路段"评选活动，建成农村公路样板示范路段132.6公里，全市示范样板路已达到280公里。加强农村公路路政管理，治理乱堆乱放、违章占道等行为，确保公路安全畅通。

农村客运网络化建设 大力推进城乡客运网络化进程，全年调整、延伸、开通农村客运线路16条，累计调整延伸农村客运线路100多条2000多公里，基本形成泰城通往各县、市及主要乡镇，各县、市通往各乡镇、贯串各行政村的客运网络，乡镇通客车率达100%，行政村通客车率达99.3%。宁阳县城乡客运实现网络化布局、公司化管理、公交化运营的新格局，其经验在全国道路运输管理工作会议作介绍，全省乡镇交管所规范化和农村客运网络化建设经验交流会到宁阳县参观学习。

乡镇交管所规范化建设 印发《泰安市人民政府关于加强乡镇交管所规范化建设的意见》，把乡镇客运站改造和交管所规范化建设有机结合，按照乡镇交管所、农村客运站、农村公路管理站和乡镇治理超载点"四位一体"模式，全年改造完成13个，在建5个，完成投资1213万元。自2004年启动"村村通客车"工程以来，全市累计建设改造农村客运站56个，安装行政村站亭站牌1300多个，完成投资6300多万元，基本实现"乡镇有站、大村建亭、小村设牌"目标。

【运输场站建设】 投资9274万元完成泰城客货场站建设。其中，泰安汽车东站、光彩大市场泰安汽车西站建成，站级验收和启动前各项准备工作已实施；南关货运场站、大白峪物流中心一期工程完成；加油、加气、营业站房、停车场等设施投入使用；泰安老汽车站改扩建项目征地拆迁等前期工作进展顺利。4个县（市）驻地中心场站进行升级改造，全部实现封闭式发车。年内，泰安市被交通部列入国家级公路运输主枢纽规划。

【道路运输行业管理】 开展道路运输企业质量信誉考核，规范危险品运输市场管理和出租车管理，严把道路运输经营准入关，强化从业人员教育培训和服务质量监管。进行运输市场专项治理，系统内实行运政、稽查综合执法，系统外加强与公安部门联合执法，打击各类违法违规经营行为，查处非法营运车辆383辆次，运输市场秩序进一步好转。

客运行业 强化驻站管理，全市三级以上客运站全部落实驻站管理制度。针对站外揽客、不按站点停靠等行为，与公安部门联合开展重点客运线路经营秩序整治、汽车客运站周边环境治理，站场秩序和经营行为明显好转。规范全市旅游包车、临时标志牌发放管理工作，编制管理软件，实现微机化管理。开展旅游客运企业整顿，顺利通过省交通厅道路运输局检查验收。

货运行业 落实《山东省道路货物运输源头管理办法》，印发《泰安市道路货物运输源头管理工作实施方案》《道路危险货物运输企业安全标准化工作意见》，对全市20家重点货源单位实行进驻管理，实现执法机构名称、执法着装、执法证件、执法车辆、装载证明“五个统一”，从源头上遏制超限超载行为。加强危险品运输市场监管，开展道路危险货物运输企业安全标准规范化活动，对全市危险品运输企业进行资质审查，取缔危险品运输企业3家。对交通物流发展进行调研，印发《泰安市推行道路货物甩挂运输的实施意见》，并在2家运输企业进行试点。

客运出租行业 通过开展“泰山文明号”创建、优质服务竞赛和月评“十佳车”等活动，对客运出租市场进行专项治理整顿，规范公司经营行为，维护行业稳定。利用市场化运作形式，在不增加业户负担的情况下，统一更换出租汽车标志灯和座套。9月27日落实燃油改革财政补贴政策，对泰城1292辆客运出租汽车发放第3次燃油补贴，每车补贴1285.15元，共发放补贴166万元。

【道路运输结构调整】 ①推进运力结构调整。严格执行客运车辆8年退出市场制度，89辆老旧客车退出营运市场。发展高速、豪华、旅游客运和集装箱运输、厢式货运和专用货运，全市新增中高档客运车辆103辆。年底，全市拥有营业性客车1776辆（不含出租汽车），其中，中高级客车达1117辆，占营运客车总量的62.9%，旅游客车135辆。客运营运线路586条，年平均日发班次3533班；全市拥有营业性货车4.85万辆（含农用车、拖拉机、三轮车）。②推进客运线路集约化。新增集约化车辆26辆，州城（东平）至北京，泰安至东平，新泰至济南，新湖（东平）、银山（东平）至泰安5条客运线路完成集约化改造，泰安（火车站）至东平、泰安至济南2条专线进行加密，全市集约化线路达24条、146辆车，东平县所有客运线路全部实现集约化经营。③推进运政管理信息化。全市运政专网升级、规费征收软件改版、运政数据字典规范和数据整合工作全面完成，交通运政专网实现与省及县三级联网、信息共享。全市所有2级以上汽车站使用电子检票、视频监控系统和安全检测信息发布设备。④强化营运车辆安全监管。推广GPS安装和应用，全市有1350辆营运客车和451辆危险品运输车辆安装使用GPS，其中，危险品运输车辆GPS安装率达100%。

【道路交通秩序整治】 坚持交通部门牵头、公安配合、依法严管的路面执法模式，严厉打击车辆绕行、偷逃规费、集结闯关、换牌换卡等违法行为，严格治理超限超载。组织开展春季、夏季整治及交通规费集中封闭检查等活动，始终保持路面执法检查的高压态势。强化货物运输源头管理，在20家源头单位派驻监管。规划建设治理超限超载检查站，国家级治超检测站泰安磁窑检测站开工建设，省级治超检测站岱岳区化马湾站、肥城市边院站、宁阳县城北站完成开工前期准备工作。年内，全市共出动交通执法人员11万人次，检查车辆140万辆次，其中，超限超载车辆1.2万辆次，卸货5万吨。自2004年开展治理车辆超限超载工作以来，全市累计出动执法人员40.7万人次，检查车辆495万辆次，其中，超限超载车辆8.05万辆次，卸货14.8万余吨。全市超限超载车辆比例由治理前的80%下降到5%以下，道路安全状况、车辆通行秩序进一步改观。

【机动车维修行业管理】 ①加强综合性能检测站规范化建设。机动车检测进行拆线重建1家，全市6家A级综合性能检测站全部取得省计量认证证书。全年上线检测车辆6.12万台，车辆大修和二级维护上线检测率达95%。②加强车辆技术管理工作。严格按照《营运车辆技术等级划分和评定要求》（JT/T198-2004）的规定，完成全市营运车辆技术等级评定、客车级型评定工作。根据《山东省道路运输企业车辆技术管理工作规范》要求，督导全市运输企业加强车辆技术管理，健全各种技术档案资料。③维修市场治理整顿。采取与法院等部门联合执法、处罚与疏导并举等方式，打击违法经营行为85起，清理无证经营及非法占道经营维修点18个。年底，全市拥有各类汽车维修业户644家，其中一类汽车维修业户19家，二类汽车维修业户172家，三类汽车维修业户453

家，从业人员达到 1.3 万余人。按照省交通厅统一要求，对全市 640 家维修企业的许可证牌进行重新统计核发。④建立行业自律机制。4 月 24 日，成立泰安市机动车维修行业协会，会员单位 163 个。

【机动车驾驶员培训行业管理】

机动车驾驶员培训管理　贯彻落实《中华人民共和国道路运输条例》和《机动车驾驶员培训管理规定》，以强化驾驶员培训学校和驾驶员培训管理为重点，深入开展机动车驾驶员培训市场专项整治活动，重点查处经营许可、企业法人营业执照等证照不全，超越许可范围经营、擅自设立培训点、擅自挂靠教练车、使用不符合规定要求的教练车和脱离属地监管违规设立的招生派出机构、代理机构，以及采用虚假广告和虚假信息招揽学员、欺骗误导学员等违法违规行为。年内，查处违规设立的培训点 18 处，非法设立的招生机构、代理机构 12 家，查扣违规教练车 9 辆。对已许可发证的机动车驾驶培训机构资质进行查验并换发《道路运输经营许可证》。依法对新申报驾校 3 所、变更教练场地的驾校 3 所、变更培训资格级别的驾校 1 所进行验收，并向社会进行公示。督促各驾驶培训机构建立健全了各项安全管理制度，举办教练员培训班，有 149 名教练员考取《教练员证》。年底，全市共有驾校 39 所，其中，一级驾校 4 所，二级驾校 33 所，三级驾校 2 所。

营运驾驶员从业资格培训管理　贯彻落实山东省《道路运输从业人员管理规定》，严把营运驾驶员从业资格培训报名、培训、考核关，规范培训行为，提高培训质量，共有 1.4 万人考取从业资格证书，全市共换发新版从业资格证件 2 万余个。10 月 1 日开始，全市从业人员资格培训实行集中报名、培训、考试规范化管理，理论实行无纸化考试。

水路交通执法

【水上运输行业管理】　①加强航政和海事管理。加大巡航力度，出动海巡艇 95 次，巡航 9750 公里，纠正违规现象 167 起，现场取缔非法营运船舶 29 艘，清理、疏通航道 21 公里，新开辟湿地旅游航道 12 公里。开展“低质量船舶、渡口渡船、黄河浮桥”三个专项整治活动，对水运企业及船舶、浮桥检查 4 次、督查 3 次，检查单位 16 家，发现不安全问题 58 处，下发隐患整改通知书 8 份。青云湖、天平湖 103 条“三无”船舶全部被清退出航运市场。②加强船员管理。审验船员适任证书 153 份，换发新证书 628 个，组织长江航线船员全国统考 3 次，取得航行长江的资格 208 人。新发展三等船长、轮机长 137 名。购置船员安全培训教材，开发船员安全知识考试试题，培训船员 260 人。7 月 20 日，泰安市地方海事局在东平湖成功举行了首次水上应急救援大演习，共有 85 人、18 艘船舶参加演练，提高处理突发事件的能力。③发展水路运输，全市新上水运公司 2 家，新发展船舶 12 艘，更新改造承压舟 46 对。年底，全市有船舶公司 17 个，各类船舶 510 艘，载重吨位 10 万，客位 1500 个，船员 1200 名。年内，完成货物运输量 71 万吨、货物周转量 3.37 亿万吨公里，分别增长 42%、0.1%；浮桥通行量 25 万辆次，增长 12%。。

【京杭运河济宁至东平湖段续建工程《南水北调东线第一期工程南四湖至东平湖段输水与航运结合工程可行性研究报告》通过交通部和水利部行业审查】　根据国家发展改革委员会《关于南水北调东线南四湖至东平湖段工程可行性研究报告编制工作的通知》（发改办农经〔2006〕2228 号）“编制调水与航运相结合的可行性研究报告”的要求，由省交通厅投资 580 万元，市交通局委托山东省水利勘察设计院，在《京杭运河续建工程济宁至东平湖段可行性研究报告》的基础上，编制《南水北调东线第一期工程南四湖至东平湖段输水与航运结合工程可行性研究报告》。该《报告》于 9 月 19 日、11 月 24 日经水利部牵头组织召开的审查会和复审会审查通过，于 11 月 19 日经交通部牵头组织召开的行业审查会通过审查。

【平安交通建设】 交通综合保障体系逐步完善，全市交通责任事故率、责任死亡率、责任受伤率、经济损失率均明显低于省交通厅、市政府下达的控制指标。加强施工、监理单位的资质资信管理、招投标管理、合同管理和工程质量监督，严格规范从业单位和参建人员的行为，健全完善“纵到底、横到边”的质量管理制度。全市公路工程质量合格率达100%，重点工程优良品率达90%以上，一般工程优良品率达85%以上。全面推行“一岗双责”，严格责任制考核，与检察机关联合开展预防职务犯罪活动，突出抓好交通基础设施、行业管理、收费站运营廉政建设，稳步推进治理商业贿赂工作，初步建立起具有交通特色的教育、制度、监督并重的惩治和预防腐败体系。加大治理公路“三乱”力度，建立治乱投诉快速反应和监督机制，全市未发生公路“三乱”问题。加强交通综合治理，妥善处理来信来访，保持行业稳定。市交通局被市综合治理委员会评为“平安泰安”建设先进单位。

【交通文明行业创建】 与市文明办联合开展“创优夺杯”竞赛活动，完善《创建考核标准》和《文明行业管理办法》，设立综合优胜杯7个、单项工作优胜杯33个，将交通各项业务工作全部纳入文明行业考核范畴，并严格进行考核评比。组织开展“服务旅游、党性闪光”、创建“六型两满意”（学习型、创新型、和谐型、廉政型、文化型、服务型和让人民群众满意、让各级党委政府满意）机关活动。加强交通文化建设，组织实施交通文化“五个一”工程（一首歌、一本书、一本画册、一部电视专题片、一本文化手册）。年内，市交通局被交通部评为“全国交通行业文明单位”，被山东省精神文明建设委员会命名为“省级文明机关”，被省委组织部确定为“山东省基层党建工作示范点”。市交通局、市公路局被省人事厅、交通厅联合授予“全省交通系统先进集体”荣誉称号。全市交通系统继续保持“省级文明交通行业”和“全市十大文明行业”荣誉，新涌现出市级以上文明单位20个、“青年文明号”5个、“巾帼文明岗”4个、山东省“富民兴鲁”劳动奖状1个。 （周　真）

铁　　路

【概况】 2007年，境内有铁路4条，营运里程219.05公里。其中，京沪线北起界首入境，南到宁阳县南驿站前石桥村出境，营运里程58.51公里；泰肥支线西起肥城湖屯站，东至泰山站，营运里程49.34公里；磁博支线西起磁窑站，东至新泰北师店出境，营运里程84公里；辛泰支线西起泰山站，东至范镇站出境，营运里程27.2公里。铁路线跨济南、泰安、莱芜3市，以京沪线为主干线，辛泰、泰肥线分支两侧，营运里程168公里。北至济南南水屯站，西至泰肥线的终端湖屯站，东至莱芜西站。

邮　　政

【概况】 全市邮政系统辖泰安、新泰、肥城、宁阳、东平5个通信企业，设服务网点143处，在岗职工864人。有邮路23条，总长2253公里（单程），邮政专用汽车104辆。全市邮政业务总量2.49亿元，业务收入1.88亿元，分别增长7.8%和9.38%。在全市政风行风评议中被评为“2007年度政风行风建设先进单位”，连续第3年进入服务行业前3名，被市委、市政府推荐为“全省政风行风建设先进单位”；在全市创建“劳动关系和谐企业”活动中，被评为“泰安市AAA级劳动关系和谐企业”；荣获“山东省富民兴鲁劳动奖章”2人，荣获“全国邮政系统优秀支局长”称号1人，荣获“振兴泰安劳动奖章”3人。

能力建设　制定《投递网建设方案》，计划分3年完成全市投递网建设，对网点的主要标识进行规范，90个支局网点达到集团公司的形象标准；对26个支局网点进行装修改造，提升服务形象和服务能力。完成电子化支局系统、邮储系统前置、电子汇兑前置和部分中间业务系统的省集中工程。完成营业系统与网运系统的互联互通，全市大部分支局的邮件出口实现散装转移。根据铁路第6次大提速要求，调整作业计划，加快邮件传递时限，优化区内邮车运行线路和时间，每天赶发邮航邮件增加到336件。开通泰安－潍坊直达快速邮路，为快速网车安装GPS系统。推进营销体系建设，实施速递专业市、县一体化改革，全市新增区域经理6人、客户经理5人、投递人员5人、揽收段道2个，提升对重点区域、重点客户的服务开发能力，新增电视监控69套，防尾随联动门50个，更新解款车4辆，33个网点安装防弹玻璃，提高防范能力。

业务发展　金融业务收入完成1.18亿元，占计划的115.69%，收入计划完成率居全省第2位；累计代发工资、养老金11.3亿元，增长99%；新增电费、有线电视费、燃气费、烟草款等代收费服务项目；开展“质贷惠三农”主题营销活动，全年投放小额质押贷款1.4亿元，居全省第4位。函件业务收入1535万元，增长23.63%；新增中行、公路局等账单大客户，完成账单业务量119.93万件；《商务名片手册》业务经验开始在全省推广；制作中邮专送广告1056期，发行1422.68万份；开发泰山门票邮资明信片业务，宣传和提升泰山景点形象。速递业务收入1958.2万元，增长48.91%；新增“当日递”、交通违章通知书、消防隐患通知书等特快寄递服务，同城业务收入增长23.4%。物流业务收入644万元，增长48.77%；建设“邮政三农服务站”860个，规范化比率达到30%；新增化肥种子、酒水等配送项目，共配送化肥1.1万吨、种子12.4万斤、农药76吨。报刊发行业务收入完成1324.84万元，新增《人民公安报》《人民权利报》等13种行业报刊的收订投递服务；增加报刊批销零售网点，完善区域配送网络，加快报刊面市时限；拓展图书零售市场，销售“十七大”图片720套，居全省首位；做好教材征订发行工作，全年发行教材70.29万册，确保“课前书到、人手一本”。集邮业务收入528万元，开发形象宣传年册7960册，开发个性化邮票1.1万版，满足客户的多元化和个性化需求。代理信息业务收入248万元，增长29.84%；代放号6.37万部，实现收入169.32万元；储蓄短信保有量6.46万户，实现收入50.73万元。包裹业务收入468万元，收入进度居全省首位。

企业管理　以建设标准化支局班组为主要内容，强化基层和基础管理，提升支局班组的服务水平和工作质量，全市支局班组标准化建设达标率达到95%。组织开展“规章制度学习月”、“提高邮政储汇内控制度执行力”活动，提升基层单位的执行水平。在业务和服务管理方面，报刊分发系统顺利上线，规范作业流程，加快内部处理速度；加强生产现场管理，实现生产标准化和操作规范化；加强服务质量社会监督，并通过11185电话、客户经理上门、邮寄调查函等形式回访客户，多方面征求用户意见，全市邮政服务社会综合满意度达到88分；机要通信继续保持质量全红。在财务管理方面，加强成本控制，成本费用减少5.43%，车辆维修费用减少44%；开展责任中心核算工作，企业财务工作向管理服务型转变。在人力资源管理方面，人力资源管理系统顺利上线，员工管理更加规范；制定《员工岗前培训管理办法》，严格执行劳务人员就业准入培训制度；建成市局教育培训基地，组织营销培训20期，完成职业技能鉴定考试3次，提升员工服务技能和水平；调整营业网点作业班次，促进企业用工总量控制、存量盘活。在安全管理方面，规范安全检查，加强监督检查，排查整改安全隐患，全市未出现安全案件和重大事故。（王　戈）

编辑·校对　李　鹏

泰城风光·滦河　（刘延斌　摄）

财政·税务

财　　政

【概况】　年末，全市有市、县（市、区）、乡（镇、街道）三级财政机构97个，其中，市级财政机构1个，县（市、区）级财政机构6个，市高新技术开发区财政机构1个，泰山管委财政机构1个，县开发区财政机构2个（新泰市开发区、肥城市开发区），乡镇（街道）财政机构86个。在职职工1398人（市财政局及下属单位181人），其中具有高级技术职务的102人（市财政局及下属单位61人），具有中级技术职务的484人（市财政局及下属单位56人）。全市有会计人员4.37万人。市财政局连续第5年被评为“省级文明机关”，连续第4年被评为“全省部门和行业作风建设先进单位”，在市直机关行风评议取得了第二名的好成绩。

财政预算与执行　①财政收入。全市地方财政收入完成64.2亿元，完成预算的（下同）105.7%，比上年增长（下同）24.2%。其中，税收收入完成46.75亿元，完成116.88%，增长29.62%；市级地方财政收入17.7亿元，完成108.5%，增长25.8%。市级主要收入项目中，各项税收11.9亿元，完成112.4%；国有资本经营收入0.4亿元，完成165.37%；专项收入0.87亿元，完成71.48%。市级各项税收中，增值税1.5亿元，完成94%；营业税3.9亿元，完成106.1%；企业所得税2.0亿元，完成95.5%；个人所得税4379万元，完成116.12%；其他各项税收4.4亿元，完成预算的142.9%。②财政支出。全市财政总支出完成104.6亿元，增长34%。市级总支出21.1亿元，增长24.1%。市级支出中，一般公共服务4.15亿元，完成100.92%；国防及公共安全3.12亿元，完成116.02%；教育2.21亿元，完成114.30%；科学技术3859万元，完成111.11%；文化体育与传媒3886万元，完成148.15%；社会保障和就业2.63亿元，完成145.32%；医疗卫生1.36亿元，完成123.53%；城乡社区事务3.67亿元，完成121.99%；环境保护4596万元，完成579.57%；农林水事务8123万元，完成82.48%；交通运输2545万元，完成261.29%；工业商业金融等事务1.89亿元，完成196.87%。按现行财政体制结算，连续21年实现财政收支平衡。

财源建设　①明确财源建设思路。市政府印发“十一五”期间市级财源建设意见，进一步明确财源建设的指导思想、总体要求、任务目标、工作重点，调整完善财源建设扶持方式，加大资金的整合、撬动力度，为扩大财源奠定基础。②创新财政扶持方式。筹集资金6.04亿元，用于支持企业发展，其中投入4.1亿元，重点支持工业骨干企业发展。建立“财政、银行、企业”联动投入机制，通过财政贴息、奖励、补助等方式，帮助企业贷款2.04亿元、吸引银行贷款72亿元、利用外资10亿元。推进发展方式转变，拨付资金1.3亿元，支持企业节能减排；拨付资金6200万元，支持企业技术改造、技术研发和实施名牌战略；落实支持服务业发展资金1196万元，支持城市服务业和农村“万村千乡”市场工程建设；拨付资金2.31亿元，帮助泰山玻纤、市商业银行等企业优化资本结构。③落实财税优惠政策。根据国家政策，为企业减轻税收负担8亿元。筹集资金1.6亿元，支持市属改制企业职工安置和权益保障。

新农村建设　年内，按照“多予、少取、放活”的方针，扩大公共财政覆盖农村的范围，全市用于“三农”方面的财政总投入达到25.2亿元，增长23%。①落实支农惠农政策。通过落实粮食、良种、母猪、综合直补以及库区移民扶助等政策，直接补贴农民4.59亿元。拨付资金1351万元，实施农村劳动力阳光工程，支持农村科技服务体系建设，促进农村劳动力转移就业。②改善农村生产生活条件。市财政拨付资金2989万元，支持“村村通自来水”工程，新增受益人口45.1万人，全市农村自来水普及率达到95.02%。筹集资金1.53亿元，支持村村通公路和农村客运站建设，全市98%的行政村通柏油路，95%的行政村通客车。拨付资金5024万元，用于农田水利基本建设和节水型农业体系建设。市财政拨付资金745万元，对37个乡镇、109个贫困村进行开发式扶贫，7.5万人实现脱贫。③支持农村社会事业发展。从2007年春季开学起，全部免除农村义务教育阶段学生学杂费，提高农村义务教育阶段中小学公用经费保障水平，全年财政共拨付改革专项资金1.28亿元，免除37.8万名农村中小学学生杂费并免费提供秋季国家课程教科书。对普通高中家庭经济困难学生给予资助，全年发放高中助学金427.2万元，受益学生8668人。推进农村卫生事业发展，全市投资1296万元，列入省“360工程”的22个中心卫生院建设改造项目全部通过省级验收。巩固新型农村合作医疗制度，财政落实资金1.4亿元，全市有350.71万农民参加新型农村合作医疗，占农业人口的96.7%，全年为参加合作医疗的农民报销医疗费1.57亿元。完善农村最低生活保障制度，将农村年人均收入低于800元的农民纳入享受低保政策范围，全年发放农村低保金1720万元。完善农村“五保”供养机制，落实农村“五保”供养经费1758万元，筹集资金1903万元完成12所乡镇敬老院改扩建任务，“五保”户生活得到保障。6个县（市、区）全部实行计划生育家庭奖励扶助制度，对符合条件的8542人拨付奖励补助资金512.5万元。

社会保障　全市用于社会保障的财政资金达14.36亿元，增长36.37%，其中市级用于社会保障的财政资金达4.31亿元，增长72.06%。市级支出中，拨付1277万元，用于扶持就业困难群体再就业等；拨付3245万元，用于离休干部报销医疗费及困难企业军转干部医疗、生活等方面的补贴；拨付社会保险、公益性岗位、职业培训等政策性补贴资金4868万元，扶持失业人员再就业4.1万人；拨付资金1000万元，用于市疾病控制中心病媒生物实验室建设等；提高城区低保对象补助标准，自2007年9月1日起城区由每人每月200元调整为230元，全年落实城市低保资金2969万元，及时为享受城市低保政策的2.86万人发放补助资金；拨付救灾补助资金1.17亿元(华源煤矿自然灾害救灾资金9017万元)，帮助受灾群众生产自救；为符合条件的357户家庭发放租赁住房补贴43.75万元；筹集资金1700万元，为低收入家庭提供价格低廉的住房。年内，泰安市被列入全国首批79个城镇居民基本医疗保险试点城市之一，每年中央和省级财政补助资金2200余万元，泰安城区、新泰市、宁阳县、肥城市已开展试点，参加基本医疗保险人员达到20.2万，收缴医疗保险费1300万元。

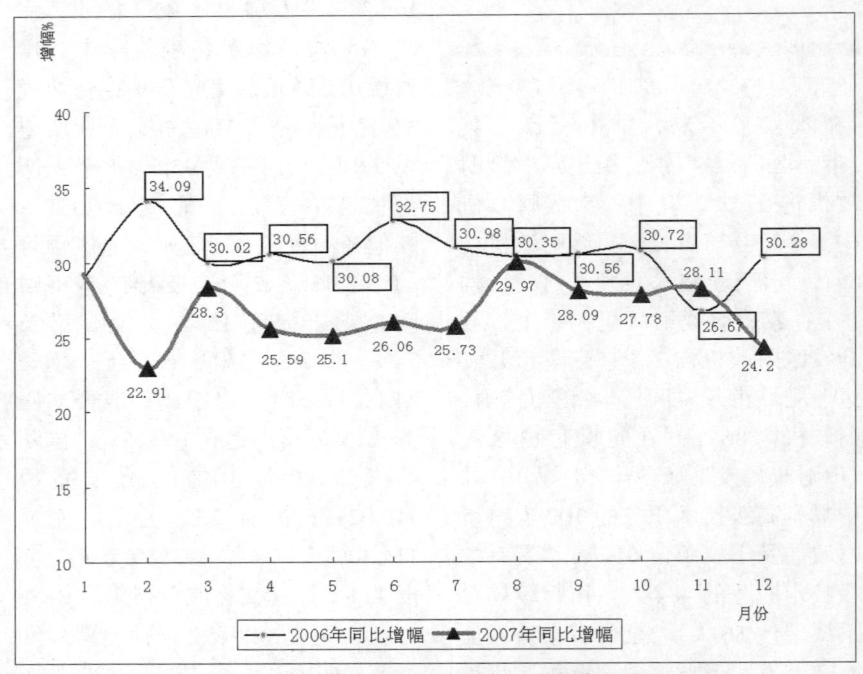

图1　2006～2007年财政收入增幅情况对照

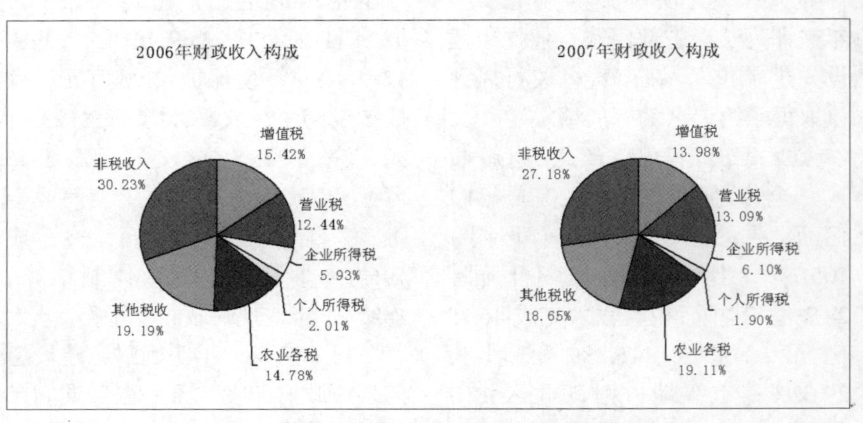

图2　2006年、2007年财政收入构成对照

财政改革　开展“财政管理年”活动，改进和完善财政运行机制，财政监督管理水平有新提高。在全省率先完成国库集中支付改革资金扩面任务，市直和6个县（市、区）的预算内、外资金全部纳入国库集中支付范围，全年实现网上支付3.5万笔，涉及资金51亿元，其中直接支付资金33亿元，授权支付资金18亿元。完善行政事业单位银行结算账户的开立、变更、撤销财政审批备案制度，完成行政事业单位银行结算账户清理工作。按照新的政府收支分类科目和综合预算、零基预算的要求，细化部门预算编制，建立部门预算基础信息库，增强预算的约束力和透明度。按照“监管职能归财政，执行职能市场化”的要求，完成市级政府采购“管采分离”工作，将市政工程、园林绿化等各类重点建设工程的规划、设计、施工、监理、招投标全部纳入政府采购管理范围。全市完成政府采购总额7.96亿元，增长21.5%；节约资金1.3亿元，综合节支率14.4%。全年融资到位资金12.86亿元，为市重点工程项目建设拨付资金4.14亿元。市级投融资平台资产规模达到59.04亿元。严格工程预（结）算审查，共评审政府投资项目780个，评审总额21.1亿元，审减资金4.3亿元，平均审减率20.5%。开展“政府非税收入管理宣传月”活动，加强国有资源（资产）有偿使用收入管理，拓宽政府非税收入管理范围，增加政府非税收入。

【预算执行分析】　①财政收入稳定快速增长。年内，市政府制定“十一五”期间市级财源建设意见，筹集资金6.04亿元，通过财政贴息、奖励、补助等方式，支持企业发展。各级财税部门牢固树立依法治税、应收尽收的观念，落实财政增收任务，坚持抓大与抓小并重、征管与稽查并举、税收与非税收入齐管，促进财政收入总量的提高。全市地方财政收入总量达到64.2亿元，增加12.5亿元，增幅达到24.2%，略高于全省平均增幅。②地方财政收入增长基础稳固。全市实现生产总值1226.1亿元，增长16.1%，高于预期目标2个百分点。全市坚持工业强市不动摇，突出大项目建设，传统骨干企业实力不断增强，新兴骨干税源企业迅速成长，第二产业共提供各类税收52.8亿元，占全部税收的60.8%，是地方财政收入的主要来源。财政汇编的335户重点企业中，主营业务收入过10亿元的企业达到13户，实现税金超亿元的企业达到7户。青年汽车、泰山盐化工、山东超威电

表42　2007年泰安市地方财政收入预算执行情况　单位：万元

收入项目	预算数	决算数	完成预算%	同口径比上年增%
收入合计	607279	641950	105.71	24.20
各项税收收入	399957	467458	116.88	29.62
增值税	91944	89739	97.60	12.58
营业税	76786	84038	109.44	30.67
企业所得税	36911	39158	106.09	27.73
个人所得税	12410	12167	98.04	17.13
城市维护建设税	31978	30483	95.32	8.87
城镇土地使用税	32543	34174	105.01	50.34
农业各税	60042	122646	204.27	60.56
其他各项税收	57343	55053	96.01	13.61
各项非税收入	207322	174492	84.16	11.68
国有资产经营收益	26847	35596	132.59	34.47
专项收入	28800	25113	87.20	-15.74
行政性收费收入	74757	69417	92.86	27.95
罚没收入	14450	26202	181.33	62.72
其他收入	62468	18164	29.08	-38.65

表43　2007年泰安市地方财政一般预算支出情况　单位：万元

支出科目	预算数	决算数	完成预算%	比上年增%
支出合计	894031	1045857	116.98	33.98
一般公共服务	128086	140377	109.60	20.19
外交	-	-	-	-
国防	4769	4167	87.38	109.08
公共安全	43218	55736	128.96	34.15
教育	142251	165343	116.23	38.59
其中:教育附加支出	15235	13355	87.66	2.89
科学技术	12809	16443	128.37	62.37
文化体育与传媒	7201	8842	122.79	45.31
社会保障和就业	110604	222568	201.23	74.39
医疗卫生	40878	48757	119.27	29.97
环境保护	5211	10447	200.48	173.34
城乡社区事务	71312	96633	135.51	53.70
农林水事务	63140	86797	137.47	57.73
交通运输	5126	6136	119.70	-15.08
工业商业金融等事务	114093	120180	105.34	25.59
其他支出	145333	63431	43.65	-33.19

表44　2007年度各县(市、区)财政收入完成情况　单位:万元

地　区	预算数	决算数	完成预算%	同口径比上年增%
全市合计	607279	641950	105.71	24.20
市本级小计	162937	176729	108.46	25.82
县级小计	444342	465221	104.70	23.59
泰山区	57831	61066	105.59	24.98
岱岳区	30707	30716	100.03	18.02
新泰市	154830	162966	105.25	24.20
肥城市	121721	128116	105.25	24.20
宁阳县	42487	44966	105.83	24.88
东平县	36766	37391	101.70	20.00

表45　2007年度各县(市、区)财政支出完成情况　单位:万元

地　区	预算数	决算数	完成预算%	比上年增%
全市合计	894031	1045857	116.98	33.98
市本级小计	226212	211036	93.29	24.07
县级小计	667819	834821	125.01	36.75
泰山区	67459	75700	112.22	29.37
岱岳区	69736	74180	106.37	39.75
新泰市	218673	236848	108.31	8.65
肥城市	157955	255776	161.93	84.82
宁阳县	83476	92173	110.42	28.74
东平县	70520	100144	142.01	41.24

源、山东正大焦化等一批大项目陆续达产投产，其中泰山盐化工新增税收1411万元，山东超威电源新增1905万元，山东正大焦化增收2069万元，已成为新的财源增长点。③地方财政收入占生产总值比重有所提高。全市地方财政收入占GDP的比重为5.31%，较上年略有提高；全市税收收入增长29.62%，居全省第6位，高于全省平均增幅3.38个百分点，高于全省市地平均增幅1.51个百分点；占地方财政收入的比重为72.82%，同比提高3.05个百分点。第三产业对财政的贡献逐步增强，全市来自第三产业的税收达到34.1亿元，增长61.6%。④财政支出体现了公共财政方向。按照基本公共服务均等化的要求，全力支持经济社会薄弱环节发展。全市用于社会保障的财政资金达14.36亿元，增长36.37%，其中市级用于社会保障的财政资金达4.31亿元，增长72.06%，确保

泰城风光·凤凰河公园

了下岗职工基本生活费、城乡居民最低生活保障线、离休干部医疗费、下岗职工再就业等资金需要。按照多予少取放活的方针，不断加大“三农”财政投入，全市用于“三农”方面的财政总投入达到25.2亿元，增长23%，其中市级用于“三农”方面的各项资金投入达到8.12亿元，重点支持了农村义务教育、新型农村合作医疗、社会保障以及农业产业化经营等重点事业发展。充分利用上级扶持财政困难县、工资改革转移支付、义务教育经费保障机制改革等政策，争取上级支持，增加地方可用财力，较好地缓解了县乡财政困难。全年共安排对下转移支付12.7亿元、专项资金18.9亿元，分别比上年增加3.4亿元、8.6亿元，有力支持了基层各项事业发展。

（王庆涛　池庆喜　耿化勇）

住房公积金管理

【概况】　年内，全市住房公积金管理机构9个，其中市级管理中心1个、县(市、区)管理部6个、矿业集团分中心2个；在职人员44人。各管理机构健全制度，加大归集力度，规范贷款管理，增强住房保障能力。

公积金归集　全市归集住房公积金5.49亿元，增长23.01%，占全年计划的119%，年度缴存率为88%。累计归集住房公积金24.03亿元，归集余额18.6亿元。①扩面征收。在督促单位按时缴存的同时，采取多种措施宣传《住房公积金管理条例》和公积金贷款的低息优惠政策，建立公积金制度的单位不断增加。市本级以民营企业和大型企业为突破口，各县（市、区）管理部以乡镇和民营企业为突破口，靠上做工作，取得明显效果。全市实缴公积金的单位达到1984个，实缴人数为27.8万人，其中，2007年新增缴存单位46个，新增缴存人数8627人，新增缴存额1126万元。②全力清欠。对欠缴单位逐一分析，摸清底子，分类排队，针对不同情况，采取电话通知、发催缴函与上门催缴相结合的方式，全力组织清欠。全年清欠住房公积金5432万元。③平衡推进。对全市公积金归集情况实行周调度、月督导，及时交流、推广先进经验，不断完善征缴工作措施。对进度较慢的单位靠上指导，帮助完善措施，确保完成任务。④严控提取。严格实行“三级审查”制度，对申请材料认真审核，符合条件的即时办理。不符合条件的，耐心细致地做好解释工作，让职工了解住房公积金的有关规定，得到申请人

（彭涛　摄）

的理解，缓解了提取压力，为住房公积金贷款提供充足的资金支持。

公积金贷款　全市发放个人住房公积金贷款7.8亿元，增长135.1%，占贷款年度计划的147.6%。年末贷款比率为60%，年度贷款比率为142.09%。全市累计发放个人公积金贷款15.89亿元，贷款余额11.14亿元，累计有2.1万人享受到公积金的优惠政策。①严格贷款审查。根据国家公积金贷款利率政策的调整，细化贷款流程，从贷款材料初审开始，严格标准条件，层层把关。加强对购房真实性的考察，逐份落实散户合同，重点关注开发商，采取到购房所在地实地考察楼盘、到开发商处核对备份合同、到售楼现场核对登记表、到物业管理处核对物业管理登记等手段，坚决杜绝用虚假购房合同骗取公积金贷款的行为，维护了公积金贷款的严肃性和资金的安全。②提高窗口服务水平。将泰安市建设银行、交通银行、农业银行、中国银行等4家委托银行一并纳入大厅统一管理，使公积金贷款从咨询、领表、审批、签订合同、委托、划款等业务形成一条龙服务，减少了职工往返的次数，节约了时间，提高了工作效率。加强对服务大厅工作人员的管理，建立严格的签到、值班、前后台衔接、请销假等规章制度，严明工作纪律，规范服务行为，树立了住房公积金管理中心对外服务的良好形象。③完成开发区职工贷款任务。组织各家银行上门服务，宣传贷款政策，做好相关表格的填写、资料的准备，把基础性工作做扎实；严格审核借款人贷款资质、诚信情况，确保贷款资金安全；协调泰山城市建设投资有限公司、借款人、委托银行及时签署按揭意见、借款合同和保证合同，确保中间环节完整无误，未出现任何纰漏。共为1326名职工办理了贷款，金额1.88亿元。④降低贷款逾期率。根据逾期贷款的不同特点，采取不同的催收方法。对老拖欠户，在采取电话催收、上门催贷等手段的同时，还利用法律手段进行催收，对个别恶意拖欠的借款人提起诉讼。对借款人缺乏还款意识造成的非恶意拖欠，采取以电话提醒为主的催收方式。全市贷款逾期率为0.02%，远远低于省里0.15%的考核标准。

财务管理　实行“收支两条线”，资金收支分离；加强银行账户管理，完善各项规章制度；自觉接受财政、审计、银监等方面的监督检查，认真进行整改；诚恳接受人大、政协及社会各界的监督，有效加强资金监管，确保资金安全完整与增值。全年实现住房公积金增值收益1565.3万元，占计划的156.5%，比上年增长166%，收益率0.96%。其中转入廉租住房建设的资金达到1291万元，首次突破千万元大关，有力地支持了全市廉租住房建设。（杜继祥）

国家税务

【概况】　年末，全市有国税系统机构（以下简称国税）49个，其中市级局1个、县级局6个、分局（所）37个、直属单位5个；在职职工1202人，其中市国税局机关129人。全市国税收入完成48.5亿元，增长12.9%；扣除海关代征“两税”，完成税收收入47.69亿元，增长11.9%；兑现税收优惠政策12.1亿元。

税收调研　开展企业所得税政策和福利企业政策的调研，测算新政策对当地经济发展和组织收入工作带来的影响，积极向市委、市政府建言献策。对车购税、消费税等征收管理与政策执行情况进行调研，保证各项税收政策落实到位。根据调查情况，从2007年10月1日起下放车购税管理权限，由市级集中管理改为属地管理，方便纳税人。开展税收科研工作，有两篇科研文章分别获得全省国税系统优秀税收科研成果一、二等奖。

税收征管　完善税收分析、纳税评估、税务稽查、税源管理等“四位一体”的互动机制，密切部门协作和征管、稽查各环节的衔接。做好CTAIS2.0、电子报税系统和税库银系统日常运行管理与维护工作，确保系统的安全稳定运行；自主研发、升级《税务数据仓库与数据挖掘系统》，提高信息数据的利用率；开发运行《综合征管软件数据健康检查》软件模块，变数据检查“事后整改”为“事前纠正”。落实税收管理员制度，实现税源管理的制度化、规范化、专业化。实行分类管理与纳税评估相结合，全年评估3771户，补税5532万元。加强普通发票管理，鼓励购物者索取发票，全年兑付获奖人员38万人次，兑现奖金384万元。全年完成内资企业所得税收入4.03亿元，增长48.2%；完成外资企业所得税收入5591万元，增长30.2%。全年审核出口退税6.83亿元，增长5.35%。

税收执法　建立以电子考核为主、人工考核为辅的执法考核评价体系，加强对执法过程和执法质量的监督检查，切实保障税收执法的质量和效率。认真执行重大税务案件集体审理制度，提高案件办理质量。开展税收执法检查和执法监察，改进税收执法检查、监察方式方法。整顿和规范税收秩序，开展大要案、专项、专案和举报等检查查处工作，加大对涉税违法行为的查处和打击力度，全年共检查纳税人662户，查补税款、罚款和滞纳金6170万元。

泰安市农业机械管理局

2007年12月7日，泰安市农业机械管理局揭牌

市政协主席高儒林带领政协委员调研农机服务现场

该局是主管全市农业机械化、设施农业工程和农用航空业务的职能部门，主要负责全市农机管理、安全监理、农机科教、农机修配和新技术新机具推广工作。2007年12月经市编委批准由泰安市农业机械管理办公室易名为泰安市农业机械管理局。2008年，全市农机总动力达到410万千瓦，拖拉机达5.7万台（大中型拖拉机达1.5万台），小麦联合收割机7000台，玉米联合收获机1570台，小麦免耕播种机550台，果园机械、薯类机械、畜牧机械持续快速发展。全年完成机耕作业面积447万亩，机播面积达到431万亩，机收面积437万亩。全市粮食作物耕种收综合机械化水平达到70.6%，其中小麦耕、播、收获机械化保持在98%以上，玉米机收率达到35.7%。全市农机经营服务总收入16.5亿元，农机化为农民人均增收贡献额419元，贡献率为6.8%。

近年来，市农机局坚持"立足大农业，发展大农机，服务新农村"的战略，精心组织实施农机购置补贴，大力推广先进实用的农业机械化技术，积极发展农机社会化服务，依法加强农机质量和安全监督管理，全市农机化事业保持了良好的发展态势。在省农机办工作考核中，泰安市农机推广、农机管理、农机监理、农机安全"十百千万"示范创建活动、科技教育、跨区作业、新型服务组织建设、农机职业技能鉴定、信息宣传等九项工作位于全省前六位；2005～2008年连续四年被评为全省农机信息化工作先进单位、全省农业机械化创新示范工程玉米收获机械化工作先进单位和全省农机安全"十县百乡千村万户"示范活动先进单位、2005～2008年度全省农机跨区作业先进单位、全省农机职业技能鉴定先进单位；2005～2008年连续四年被评为全国农机信息宣传先进单位、全国农机科普先进单位；2004～2007年连续四年被市政府评为安全生产先进单位，2008年被省安全委员会评为全省安全生产先进单位；连续六年被评为市直文明机关。

玉米机械收割

小麦联合收割

农机播种

泰安陆军预备役高射炮兵团

泰安陆军预备役高射炮兵团组建于2005年1月1日。三年来，该团坚持“着眼高标准，着力打基础，艰苦创业，开拓创新，努力建设一流部队，创造一流业绩”的工作思路，从严治军，加强正规划建设，圆满完成了上级赋予的工作任务。2006年被山东省委和省军区联合表彰为“民兵预备役政治工作先进单位”，2007年被省军区“先进预备役团”。

加强思想政治建设 不断强化“牢记使命不负重托，争做第一代创业人”的思想认识，组织“忠实履行新世纪新阶段我军历史使命”等专题教育和系列“军营文化活动”，丰富官兵文化生活，确保官兵政治坚定。

抓好战备训练工作 坚持训练中心不动摇，加快战斗力生成，采取“机关下连队，部门包单位”和“集中下、分片抓、逐年过”的组织整顿方法，连续三年组织全团现役官兵进行信息化条件下冬季野营训练，练战术、练技术、练体能、练思想、练作风，提高了“信息化条件下走、打、吃、住、藏、管、保”等综合能力，圆满完成训练任务。2007年参加快速动员和城市防空演习；2007年、2008年连续实弹战术演习，被省军区表彰为“实弹战术演习优胜单位”；2007年参加省军区信息化条件下岗位练兵比武，取得综合第一名1个、单项第一名3个。

加强综合保障建设 泰安市委、市政府坚持以人为本，超前发展、信息主导、贴近实战的要求，投入3000余万元，加强综合保障建设。着力抓好后勤保障，细化装备管理制度和规定，制定《武器装备管理实施细则》，规范装备维护保养规程，所有装备均达到“四无”要求标准。

2006年1月，济南军区司令员范长龙、政委刘冬冬看望拉练官兵

向汶川地震灾区运送救灾物资

防空袭演练大会

抓好战备训练，提高部队战斗力

泰安监狱

泰安监狱在风景秀丽的泰山脚下，分东、西两个监管区，主要关押泰安、莱芜、寿光、昌乐地区的罪犯，是省级现代化文明监狱。

泰安监狱紧紧把握“以人为本”的科学发展观，遵循“稳定是基础，发展是关键，队伍建设是保障，对警察职工负责是根本”的指导思想，以落实《监狱法》为主线，努力做到“依法行刑、以德育人、科学管理、文明改造”，建立并完善了“法治管理、依法行刑、狱务公开、执法监督”的公正执法体系。

办公楼

教育改造工作 围绕实践“人文教育、健康改造”，突出抓好入监教育、法制教育、道德教育、技能教育和出监教育，重点发挥亲情、伦理、道德、科学等深层次文化的导向、陶冶、教育功能，建立了全国第一家狱内多功能教育网站，被省科协命名为“省级科普教育示范基地”，教育改造质量不断提高，特别是“开展罪犯技术教育，提高罪犯生存发展素质”的做法得到中央政治局常委周永康同志的肯定和亲笔批示。

劳动改造工作 认真探索新形势下适应罪犯改造的劳动教育手段，监狱经济中工具产品规模位居中国五金工具十强第二名，是“中国扳手十大知名品牌”和“山东省名牌产品”。齿轮产品是目前我省生产规模最大、加工能力最强、技术最先进的汽车齿轮生产厂家，达到省内一流，在国内也处于先进水平。摩托车产品是“全国摩托车行业零部件定点企业”，具有完全自主知识产权的 LD800 摩托车在全行业第一个进入国家发改委目录公告，全国销量第一。

监狱长春节向服刑人员拜年

队伍建设工作 以建设“和谐发展型团队”为目标，培植“和”文化，深化警察岗位练兵和社会主义法制理念教育，警察执法理念和管理水平跃上了一个新的台阶。对监狱环境进行全面整治，实现警察福利待遇成倍增长，高标准建设圣源小区，24 栋楼、10 万平米全部竣工入住，成为泰安市高档住宅小区之一，群众生活质量得到质的提高。

泰安监狱连续 9 年实现监管安全，认真履行了监狱职能，为维护泰安社会稳定做出了积极贡献。先后被司法部授予“全国监狱系统减刑、假释、保外就医工作先进单位”，被省司法厅、省监狱管理局表彰为人民满意的司法行政单位和人民满意的监狱单位。被中国企业联合会授予“2005 年度和谐劳动关系优秀企业”，被省政府命名为省级先进企业，被泰安市命名为“13511 工程重点保护企业”。被省直机关文明委命名为“省直机关文明单位”，被泰安市委评为“先进基层党组织”，被泰安市评为“平安泰安建设先进单位”，被省司法厅记集体二等功。

队列会操比赛

干警住宅小区

技改新增设备

中国光彩事业 科学发展

光彩教育集团

中央政治局常委、全国政协主席贾庆林接见光彩企业家（后排右一为董事长张时仲先生）

集团董事长张时仲与中共中央政治局委员、国务委员刘延东（左二）、中央统战部副部长、中国光彩会常务副会长胡德平（右三）在一起

即将走上工作岗位的同学们

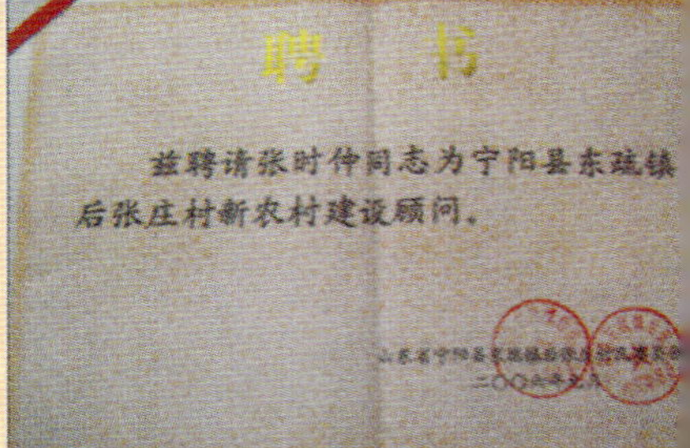

和谐发展 创新发展 先进的办学理念

中华爱国工程联合会秘书长向张时仲先生颁发理事聘书

董事长
中国光彩事业促进会理事
世界华商联合会副理事长
中国百所大专院校名誉院长
中国公益事业十大新闻人物　　　　张时仲
中国山东省光彩会常务理事
中国泰安市青年创业联合会副会长
中国西部教育顾问

光彩教育集团是中国光彩事业促进会重点扶持企业。集团在中国光彩事业促进会的指导下，依托孔子故里联合曲阜师范大学物理工程学院、曲阜市职业中专、山东东平职业中专和山东凯文科技职业学院的优秀师资、教学设备和人文环境等独特资源，通过与贫困地区政府合作，开展订单式招生培训，招生即招工。根据岗位需求，强化实践环节教学，全方位多渠道对学生加强职业技能培训。集团从市场需求出发，按照“今后干什么，现在学什么”的教育原则落实教学计划，改革课堂教学。实现政府支持，校企合作，学校教学，实训为主，集团负责对学生的分配安置并力求达到学生满意、家长满意、政府满意、企业用工更满意。在校期间部分减免学生学费，使学生真正走向工作岗位，从根本上解决老少边穷地区贫困问题。集团现已为革命老区江西、少数民族地区青海、新疆、四川、贵州毕节地区培训学生4千多名，并已全部安排在大型现代化企业就业，为构建和谐社会做出应有的贡献。

集团总部：中国泰安宁阳西关路104号

邮编：271400

电话：（0538）5611397

传真：（0538）5611396

手机：13853859088

网站：http://www.gcjyjt.cn/

邮箱：gcjyjt@163.com

团结合作的集团领导班子

全国光彩事业重点项目

中国光彩事业促进会

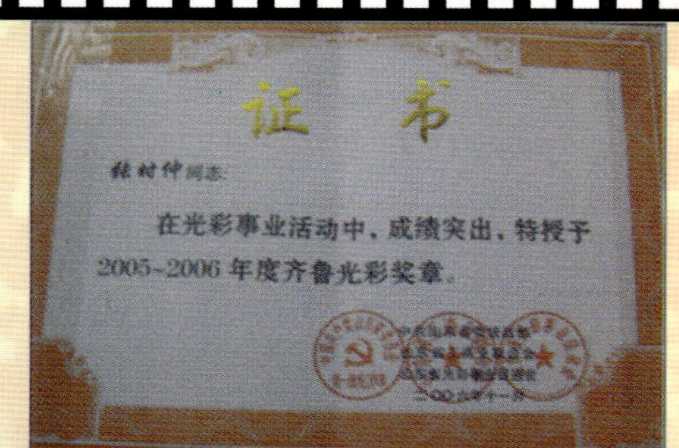

山东财政学院东方学院

解放思想，开拓创新，全面推进特色教育教学工程

原省委副书记王修智莅临学校视察工作

合作办学双方领导莅临学校视察工作

山东财政学院东方学院是由山东财政学院、山东黄金集团有限公司按新机制、新模式联合举办，经中华人民共和国教育部批准成立，以实施全日制普通本科教育为主的独立学院。

学校规划占地 800 亩，投资 4～5 亿元，建筑面积 27 万平方米；一期工程占地 400 亩，投资 2 亿元，建筑面积 10 万平方米，其中教学行政用房 4.5 万平方米，学生宿舍近 4 万平方米；建有功能、设施齐全的办公楼、教学楼、图书馆、实验室、学生公寓、学生餐厅以及全塑胶标准操场等现代化教学、生活和文体设施。

学校开设财政学、金融学、国际经济与贸易、会计学、艺术设计等 14 个本科专业和金融管理与实务、会计等 6 个专科专业，专业涵盖经济学、管理学、理学、文学四大学科门类。

学校坚持"以教学为中心，以学生为主体，以服务为根本，以质量为生命"的办学理念，遵循"厚德明志，博学笃行"的校训，贯彻"质量立校、特色兴校、人才强校"办学方针，狠抓教育教学质量，努力为全国和山东区域经济的发展培养优秀财经人才。

学校在与校本部"高位嫁接，承包办学"的基础上，坚持与母体错位发展。根据"建设教学型院校，培养应用型人才"的办学定位，大胆改革，锐意创新，全面推行特色教育教学工程，实施"一体两翼战略"，走"规模、结构、质量、效益"协调一致的可持续发展之路。

按照董事会的决策，学校确定了"两步走"的发展战略："十一五"期间"保证质量上规模"，"十二五"期间"稳定规模上层次"。学校发展的总体目标是，到 2010 年把东方学院打造成校风严谨、机制灵活、管理规范、特色鲜明、省内一流，在校生规模达 6000 人的示范性独立学院，实现社会效益、经济效益的双丰收。

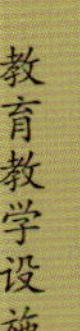

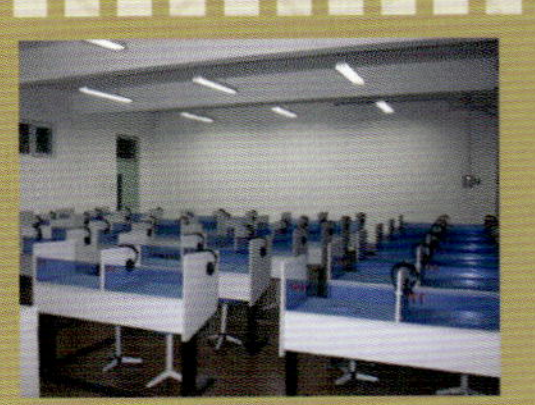

泰安师范学校附属学校

校长　周世国

校级班子合影

该校创建于1950年。学校占地32亩，总建筑面积近1.6万平方米。学校布局合理，环境清新幽雅，设施齐全，各种专用教室功能齐全，拥有自己的网站（www.taschool.com），一流的网络中心、计算机教室、多媒体教室、主控室、电子备课室、多功能演播厅和闭路电视系统，实现了教学、办公现代化。

学校努力实现“以德育为首，教学为中心，五育并举，发展特长，培养能力”的办学目标，不断深化教育教学改革；遵循“小学姓小，小中见大，注重养成，培养能力”的十六字方针，创办诚信学校，实施绿色教育；以“八好五会”工程为主线的素质教育工程，为孩子的终生发展奠定了坚实的基础。

学校本着“生活宜人、情感暖人、事业育人”的宗旨，对教师实行人本化管理，营造优良的教学与科研环境。形成了一支爱岗敬业、团结、向上、业务精湛的师资队伍。

学校全面实施科研兴师、科研兴教、科研兴校战略，承担着全国及省、市级科研课题十几项，并取得丰硕成果。到2008年6月，学校有泰安市拔尖人才2人，特级教师1人，泰山功勋教师1人，泰山名师6人，中学高级教师19人，小学高级教师79人，市级以上教学能手31人（其中省级教学能手16人），30名教师先后被评为全国模范教师、省市级优秀教师（教育工作者）、市级劳动模范等称号，27名教师参加国家级、省级、市级骨干教师培训。

多年来，学校秉承“以人为本，情满校园”的育人理念，不断深化教育教学改革；遵循“小学姓小，小中见大，注重养成，培养能力”的十六字方针，创办诚信学校，实施绿色教育；以“八好五会”（“八好”即：读好书、写好字、唱好歌、扫好地、做好操、画好画、算好题、作好文；“五会”即：会做人、会学习、会生活、会健身、会创造。）工程为突破口，积极推进素质教育，为孩子的终生发展奠定了坚实的基础。学校先后荣获全国现代教育技术实验学校、全国劳动技术教育先进单位、山东省文明单位、山东省职业道德建设先进集体、山东省绿色学校、山东省优秀家长学校、山东省示范家长学校、山东省关心下一代工作先进集体、全省优秀交通安全示范学校、山东省十佳幼儿园、山东省规范化学校、山东省教学示范校、市教书育人先进单位、市先进基层党组织等几十项荣誉，赢得了社会各界的高度赞誉。

参加市鼓号操大赛

幼教楼内部设计色彩人性化

现代化的幼教大楼

泰安市中心醫院

TAIAN CITY CENTRAL HOSPITAL

生命之托 重于泰山

全国十大杰出医院院长
山东省人大代表
泰安市中心医院院长、党委书记

全国创建文明行业工作

先进单位

中央精神文明建设指导委员会
二〇〇二年十月

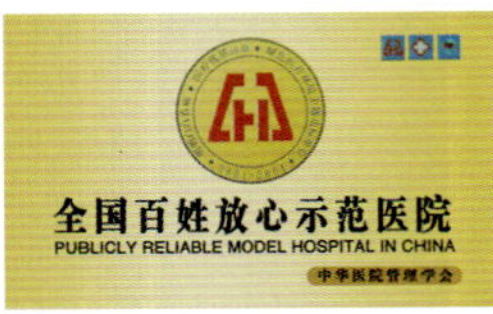

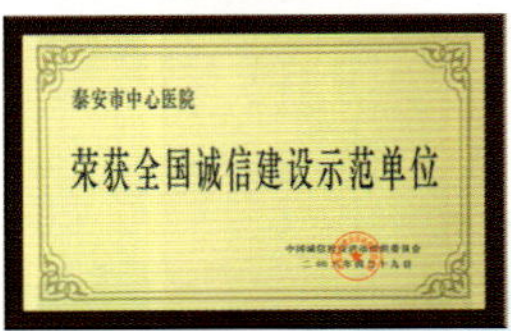

山东省泰安市中心医院位于雄伟壮丽的泰山脚下，承担着全市540万人口和年1000多万中外游客的医疗保健任务，是泰安市医疗、教学、科研及预防保健中心，泰山医学院附属泰安医院。1993年被评为三级甲等医院。

医院始建于1948年。经过60年的发展，目前开放床位已达1500张，年门诊量61万人次，年出院病人3.9万人次，年手术1万多人次。医院设有49个临床、医技科室，7个科技实验机构，中医康复为国家级重点专科，肿瘤科为省级重点专业，神经外科、血液内科、神经内科为省级特色专科。有12个科室为泰安市重点学科或特色专科。

医院有职工1566名，其中高级职称卫生技术人员376名，博士后、博士20余名、硕士183名。有12人为国家级专业委员会委员，有35人为省专业委员会委员，其中16人为主任、副主任委员。有34人为硕士生导师，有13人为市级专业技术拔尖人才。7人为“151岱下英才培养工程”首批培养对象。医院配有5万元以上先进设备400多台（件）。开展了冠状动脉选影成形及支架放置术、肝脏移植术、肾脏移植术、胰肾联合移植、骨髓移植术、干细胞移植术、二代试管婴儿、单克隆抗体临床应用等新技术。全院放射介入治疗每年2000多例，其中心脏介入达900多例。腹腔镜手术每年达1800多例，均达省内同级医院先进水平。

近年来，医院坚持“科技兴院、文化管院、法德结合、从严治院、深化改革、促进发展”的工作方针，率先在全国实行了院务委员会领导下的院长负责制，机关实行了事业部制管理，科室实行了主诊医师负责制，并积极探索内外科融合的专业管理体制，人事实行代理制，实行全员竞聘管理，经济实行全员预算管理，开设“济困病房”，实行单病种限价，后勤走出了社会化改革新路子，并取得了有益的成功经验。医院被中华医院管理学会誉为“泰安模式”向全国推荐，提出“南学清远（广东省清远市人民医院），北学泰安（泰安市中心医院）”，先后有8000余家医疗卫生单位到该院考察学习，为国家卫生改革做出了贡献。

医院坚持人本管理，系统进行文化建设，总结出了“生命之托重于泰山”等9大文化理念，三个文明建设不断迈上新台阶，被中华全国总工会授予“全国五一劳动奖状”，被中央文明委表彰为“全国创建文明行业工作先进单位”，被中华医院管理学会授予“全国明明白白看病百姓放心医院”、“医疗优质高效百姓放心医院”、“绿色医疗环境百姓放心医院”和“全国百姓放心示范医院”，荣获“全国优秀诚信单位”、“全国诚信建设示范单位”、“全国医院文化建设先进单位”、“全国医院文化建设优秀成果奖”、“全国医院新闻宣传工作先进单位”、全国“医院人文管理荣誉奖”、“中国医院文化杰出策划奖”、全国“模范职工之家”、全国“巾帼文明岗”、全国“青年文明号”、全国群众创作歌典大赛金奖等荣誉称号，被山东省委省政府表彰为“思想政治工作先进单位”，被省文明委确定为“山东省文明行业示范点”，荣获“山东省职业道德建设十佳单位”、全省卫生系统先进集体、全省职工最满意的医保定点医院，“山东省十佳诚信医疗卫生单位”、“山东省医院管理及医政管理先进单位”、“全省惠民医疗先进单位”、连续十二年被评为“省级文明单位”。

地址：泰安市龙潭路29号 ⊙电话：0538-8224161（总机） ⊙传真：0538-8223227

⊙网址：WWW.taishanyy.com

泰安市第四人民医院

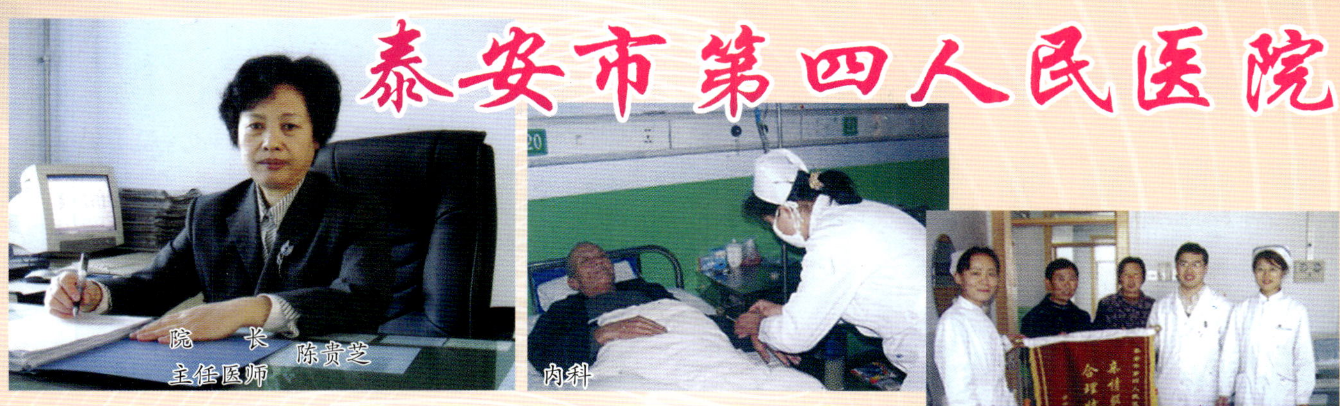
院 长 陈贵芝
主任医师
内科

该医院于2004年5月在原铁路医院的基础上改建、扩建，成为市级非赢利性公立医院，隶属泰安市卫生局。为泰安市城镇职工医保定点、城镇居民医保定点、新农合医疗定点、特种病门诊定点和干部保健定点医疗机构。

设有急诊科、内科、外科、妇产科、儿科、血液透析科、肛肠科、整形外科、眼科、耳鼻喉科、口腔科等21个临床医技科室及聊城、莱芜、磁窑、新汶、乐园、新村等6个社区医疗门诊部和2个保健站。

医院拥有先进的医疗设备：美国GE全身螺旋CT、美国纽邦E-150呼吸机、美国AU530B超、美国全自动生化分析仪、全自动血凝仪、瑞典金宝血液透析机、美国动态心电动态血压监测仪、日本东芝500MA X光机、日本东芝SSA-350A彩超、日本富士直肠腔内超声仪、日本富士电子阴道镜、乳腺检查仪、电动手术台、高频电刀等。

聘有泰安市知名外科专家李慎宝、妇产科专家许胜美等数名专家来院工作，并与天津肛肠医院专家、中国协和医科大学整形美容专家技术合作。成功开展了颅脑、胸外、普外、泌尿、脊柱、肛肠、口腔颌面、眼、耳、喉及妇产科等手术。独家引进载有X光射线DR机、B超等先进检查设备的大型体检车，可到驻地进行体检等医疗服务。

医院始终重视对门诊部的建设。乐园门诊部、新村社区卫生服务站、人员设备安全，是泰安市卫生服务站中，硬件环境最好、医疗技术最全的医疗服务站。

医院先后荣获泰安市"市级文明单位"、"医院管理先进单位"、"卫生系统综合治理、安全生产先进单位"、"抗洪救灾先进单位"、"防非典先进单位"等荣誉称号。

电话：2196047（内一） 2197547（内二） 2185522（儿科）

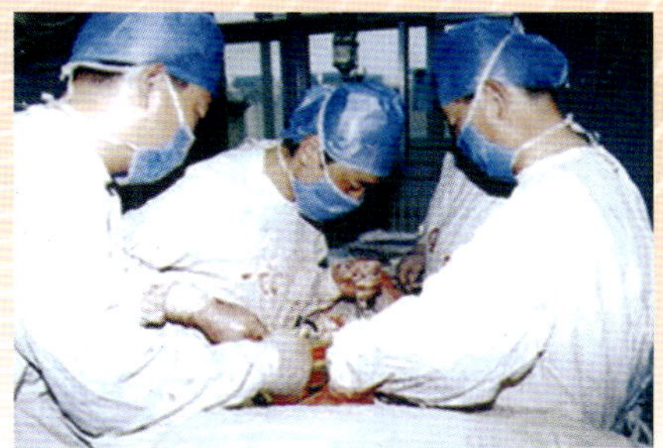
肛肠科

整形外科

山东厚丰汽车散热器有限公司

董事长 张广厚

公司始建于1972年，是一家集内燃机水散热器、汽车空调器及冷却系统研制开发、生产销售于一体的集团化公司。公司产品达十大系列1500余种型号，为各类乘用车、商用车和发电机组等内燃机配套。公司以一流的技术研发能力和自动化生产规模而成为国内行业内产品门类最多、品种最全、开发自配能力最强、生产规模最大的制造经营厂家。

2004至2007年公司连续荣获"全国百家最佳零部件供应商"，并先后荣获"中国机械工业500强企业"、"全国守合同重信用企业"、"中国农行AAA级信用企业"，系"省级高新技术企业"、"省级文明单位"、"省级先进民营企业"，产品荣获"山东省名牌"、"省标志产品"、"省著名商标"。

公司在行业内率先通过ISO 9001：2000、QS 9000及ISO/TS 16949质量体系认证，公司产品以卓越的品质和信誉享誉国内外市场，连续二十年批量出口欧、美等市场。

地址：山东省泰安市高新技术开发区东区
联系电话：0538－8628658、8628608、8628618
传真：0538－8628678、8628655
HTTP://www.houfeng.cn
E-mail:houfengceo@vip.163.com

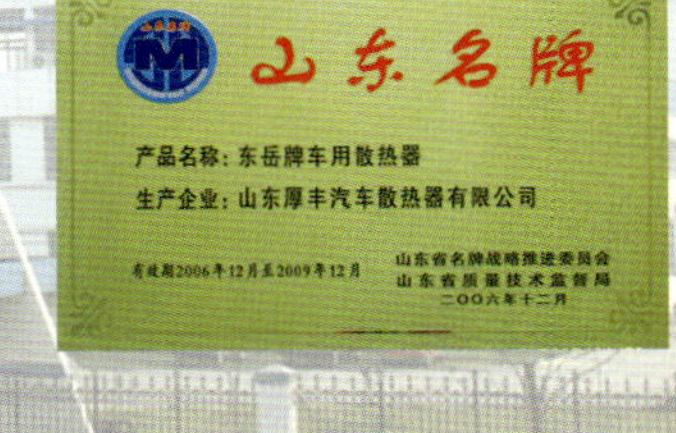

中国水利水电

中国水利水电建设集团公司（Sinohydro Corporation）是中央管理的、跨国经营的综合性大型企业，是中国规模最大、最具实力的水利水电建设企业。集团公司注册资本金 40 亿元，资产总额 522 亿元，在中国各大区域分别设有 17 个全资企业和 10 个控股企业，在世界上 32 个国家分别设有33个 经理部、代表处和分公司。2007 年，集团公司以营业收入和总资产双双超过 500 亿元进入中央企业 500 ～ 1000 亿元规模企业行列，在中央企业第一个任期业绩考核中，被国务院国资委授予“绩效进步特别奖”，在“中国企业 500 强”中排名第 89 位，在全球最大 225 家国际工程承包商排名第 51 位。

公司主要从事国内外水利水电建设工程的总承包和相关的勘测设计、施工、咨询、监理等配套服务，以及机电设备、工程机械的制造、安装、贸易业务，电力、公路、铁路、港口与航道、机场和房屋建筑、市政公用、城市轨道等方面的工程设计、施工、咨询和监理业务；投融资业务；房地产开发经营业务；进出口贸易业务等。公司已由单一的水利水电施工企业发展成为工程承包、投资开发、国际经营等多元发展的大型企业集团。

新建京沪高速铁路是《国家中长期铁路网规划》中“四纵四横”客运专线的南北向主骨架，也是投资规模最大、技术含量最高的一项工程，是中国第一条具有世界先进水平的高速铁路，也是继三峡工程以后的又一个国家级特大型工程。京沪高速铁路的成功中标，是全面落实集团公司《关于加快发展非水电建筑业务的指导意见》和《关于全面开拓铁路建设市场的决定》的精神，牢固树立“大集团、大土木、大市场”经营理念和“强总部、精专业、细项目”管理思想的重要体现。

中国水电集团公司总经理范集湘（左）与山东省省长姜大明（右）就京沪高速铁路建设事宜进行磋商

3 月 28–29 日铁道部原副部长、京沪高铁公司董事长蔡庆华（中）在集团公司总经理助理、京沪高铁三标常务副总经理杨忠的陪同下视察三标一工区

3 月 28–29 日铁道部原副部长、京沪高铁公司董事长蔡庆华（左三）在中国水电集团京沪高铁项目部会议室通过视频系统向三标全体参战工程局致以亲切的问候

2 月 17 日京沪高速铁路有限公司总指挥赵国堂（前排左一）在集团公司总经理助理、京沪高铁三标段副总经理杨忠的陪同下视察三标现场

2 月 17 日铁道部京沪公司总指挥赵国堂在京沪高铁三标中心试验室（左）

4 月 15 日中国水电集团京沪高铁项目部与中国网通山东分公司签订远程监控签字仪式

2 月 27–28 日中
路项目部召开团队训

建设集团公司

该次土建施工招标共划分六个合同段，中国水电集团中标的 JHTJ-3 标段，北起山东济南，南至江苏徐州，起讫里程 DIK412+062.27~DK667+026.73（其中铺轨 DK285+903 ～ DK534+400），全长 266.617 公里。其中路基全长 94.190KM；桥梁 99座，总长 161.574KM；隧道 10 座 10.553KM；车站 4 座（泰安站、曲阜站、滕州站、枣庄站）；铺轨 264.596KM；联络线特大桥 2 座 9.263KM。工程范围包括迁改、桥涵、路基、隧道、站场（土石方、站台墙、综合管沟、地下通道）、无砟轨道及其他相关工程。主要单位工程有黄河南引桥、跨济兖公路特大桥、跨津浦铁路特大桥、金山铺特大桥、跨泰肥铁路特大桥、跨 104 国道特大桥、大汶河特大桥、泗河特大桥、辽河 1 号特大桥、辽河 2 号特大桥、荆河特大桥、蟠龙河特大桥、跨薛枣公路特大桥、跨兰薛公路特大桥、韩庄运河特大桥、西渴马 1 号隧道、凤凰台隧道、金牛山隧道、落凤山隧道、泰安站、曲阜站、滕州站及枣庄站。

京沪高速铁路与现在的京沪铁路走向大体并行，北起北京南站，南至上海虹桥站南端，途经北京、天津、河北省沧州、山东省德州、济南、泰安、曲阜、滕州、枣庄、江苏省徐州、安徽省宿州、蚌埠、定远、滁州、再经江苏省南京市、镇江、常州、无锡、苏州、昆山，止于上海虹桥站。全线为新建双线，正线全长约 1318 公里，设计时速 350 公里，初期运营时速 300 公里，共设置 21 个客运车站。建成后，北京至上海全程运行时间只需 5 个小时，比目前京沪间特快列车的运行时间缩短 7 个小时左右。

本标段计划开工日期为 2008 年 1 月 15 日开工，2010 年 12 月 20 日前完成全部建筑安装工程（含铺轨），施工总工期 1070 天。

4 月 30 日集团公司副总经理王彤宙在集团京沪高铁三标项目部召开会议

2 月 17 日京沪高速铁路有限公司总指挥赵国堂（左一）在京沪高铁三标试验室视察工作

4 月 16 日集团公司党委书记、副总经理刘起涛（左二）在集团公司总经理助理、京沪高铁三标段常务副总经理杨忠的陪同下考察泰安梁场

5 月 21 日京沪高速铁路有限公司监事会主席刘雅芝（左二）泰安在集团公司总经理助理、京沪高铁三标段常务副总经理杨忠（左一）的陪同下视察梁场施工现场

电集团京沪高速铁员大会

5 月 23 日济南市长清区慈善总会、万德镇政府向中国水电十局捐款

5 月 19 日岱岳区向中国水电集团受灾工程局中国水电十局捐款

中铁十四局集团第二工程有限公司

董事长
党委书记　许兰民

总经理　刘红旗

火车头优质工程一等奖、国家优质工程银奖——济南北园立交桥

天津市"海河杯"市政工程金奖——京沪高速公路跨津霸铁路立交桥

中铁十四局集团第二工程有限公司是国家建设部审定的公路工程施工总承包一级，市政工程施工总承包一级，铁路工程、房屋建筑工程施工总承包二级，机场、隧道工程施工专业承包一级资质企业。主要承担公路、铁路、桥梁、隧道、机场、码头、地铁、城市交通、市政、水利水电等各类工程施工总承包和专业承包。

公司有员工 2573 人，其中各类专业技术人员 498 人，中高级工人技师 93 人，高中初级技术工人 1396 人。年施工能力 15 亿元。

公司组建于 1951 年，先后转战全国 20 多个省、市、自治区，参加了京原线、京沪高铁、青藏线、兖石线等 20 多条铁路的修建，承建了济青、泰化、宁台温、沪宁等高速公路工程，还参加了泰安蓄能电站、广州新白云机场等工程项目的建设。在工程建设过程中，公司始终坚持质量第一，信誉为本，所完成工程质量总评合格率 100%，优良率 93.6%，二十多项工程获国家级和省部级优质工程奖。其中修建的蚌埠车站、105 国道东平流泽特大桥被评为"全国用户满意工程"，京九铁路南段、温州机场、梧桐山隧道、济泰高速公路泰安西天平立交桥、青藏铁路十二标段获国优鲁班金像奖；京九铁路吉安段工程获中国土木工程詹天佑大奖；上海市逸仙路高架桥工程、武汉轨道交通一号线获中国市政工程金奖；济南北园立交桥获中国铁道工程建设协会火车头优质工程一等奖和国家优质工程银质奖。

中国市政工程金奖——武汉轻轨

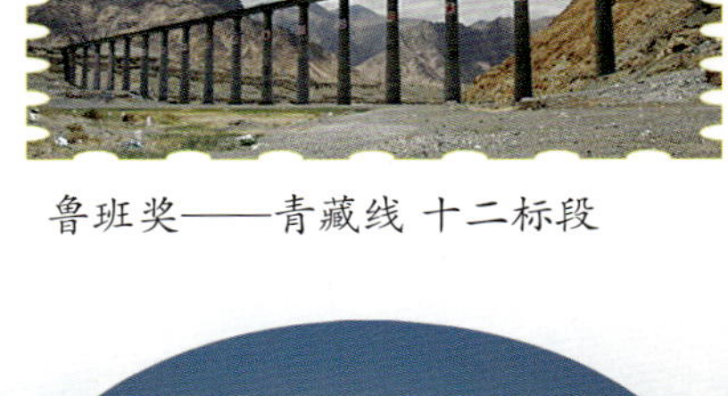

鲁班奖——青藏线 十二标段

中国铁道建筑总公司优质工程——泰安抽水蓄能电站尾水工程

公司坚持精神文明和物质文明同步发展，员工素质和核心竞争力不断提升，经济实力不断壮大，先后被评为国家级守合同重信用企业、山东省省级先进企业、省级质量重合同守信用企业、山东省文明单位、泰安市"和谐劳动关系模范企业"、连续 4 年被评为省级银行信用 AAA 级企业。公司员工中有全国劳动模范 2 名、全国新长征突击手 1 名、全国青年岗位能手 1 人、省部级劳动模范和先进人物 22 名。董事长、党委书记许兰民获全国五一劳动奖章。

公司坚持"不畏艰险、勇攀高峰、领先行业、创誉中外"的企业精神和"诚信、合作、创新、卓越"的经营理念，竭诚为祖国的基础设施建设做出更大的贡献。

新庄立交桥

泰安市方圆钢管有限责任公司

泰安市方圆钢管有限责任公司位于中外驰名、风景秀丽的旅游胜地泰山脚下，山口镇环镇北路。是于2000年注册兴办的股份制企业，法人代表刘树森。公司北临青银高速，南临泰莱高速，东临济临公路，西临泰山。是专业生产冷轧带钢、高频焊管、冷弯型材的企业。公司拥有台湾生产的焊管机组、意大利模具、日本高频。可产国标、非标和英制 φ（12.5–127）mm*(0.5–3.75)mm 圆管；（15*15–100*100）mm*(0.5–3.75)mm 方管；(10*20)mm–(80*100)mm*(0.5–3.75)mm 矩形管。(12–400)mm*(0.5–20)mm 冷轧带钢及各种冷拔、冷弯型材、各种车辆扶手用花管。产品主要用于各种车辆和设备制造。产品远销华南、华中、华北等地，并与各地区生产经营企业建立了长期的加工配送合作关系。

电话：0538–8612166　8612188　8612767　8611967　手　机：13953818178　13305484599　传真：0538–8613806

网址：WWW.tafygg.com　E–mail：tafygg@163.com　公司地址：山东省泰安市岱岳区山口镇环镇北路　邮编：271038

泰安市前进机械制造有限公司

泰安市前进机械制造有限公司位于中外驰名、风景秀丽的旅游胜地泰山脚下，山口镇环镇北路。是于2007年注册兴办的股份制企业，法人代表刘树森。它是集生产、租赁混凝土输送泵、搬运工具车、超市与仓储货架于一体的企业。建筑机械HBT系列混凝土输送泵广泛用于高层建筑混凝土浇注。

泰安市岱岳区金山口红石建材厂

泰安市岱岳区金山口红石建材厂位于山口镇环镇北路，成立于1992年，法人代表刘树森。主要产品为粘土砖，产品为山口等周边乡镇的建设提供了优质的建筑材料。

泰安市岱岳区树森植物园

泰安市岱岳区树森植物园是于1996年建立的银杏采果园，占地60余亩，现有定植银杏采果树5000余棵、樱花树、银杏盆景等20多种绿化树木20余万棵。各种绿化苗木远销全国各地，用于国家的城市绿化。

众成科技
服务无限

山东众成饲料

山东省农业产业化重点龙头企业

总经理葛金山在2007年度山东新闻人物颁奖现场

总经理葛金山被评为2007年“感动泰安”十大新闻人物。图为泰安电视台播出的颁奖画面

该公司于1999年初在泰山脚下创建而成，是一家集科研、生产、销售、服务、贸易为一体的综合性高新技术企业公司。主要生产系列禽畜饲料产品，“众成饲料——用出来的名牌”这一口号早已深入人心，连年被评为山东省知名饲料企业及优质品牌、省农业产业化重点龙头企业。

该公司在原国营单位泰安市粮食局饲料公司基础上改制而成。创业初期，创业行动带头人葛金山带领二十几名下岗职工，由一个民营式小作坊开始了自主创业的道路。

独特的企业文化打造了众成软实力，公司用文化去管理企业、管理员工。由众成“感恩文化、责任文化、镜子文化”根基衍生出来的力量，推动着企业不断向前发展。

感恩文化是众成员工最为骄傲的企业支柱，常怀感恩之心，一切艰难险阻都能迎刃而解。专业化、规模化、一体化的产业化道路，是众成科技强大起来的路径。十年时间里，公司一直专注于畜禽饲料的研发生产，始终在走一条“创新型产业”的专业发展道路。

公司总经理、党支部书记葛金山，1971年出生于山东省沂水县农民家庭，1993年毕业于山东农业大学，后攻读于清华大学，获工商管理博士学位，获英国剑桥大学CIE商务/管理职业（高级专业级）资格。1994年在泰安市粮食局饲料公司从事饲料配方技术研发工作，1997年从事饲料原料贸易工作，1998年原国营单位破产倒闭，1999年初牵头带领二十多名下岗职工创建了泰安市众成饲料科技有限公司。2002年被评为“泰安市劳动模范”，2006年被泰安市总工会授予“工友创业带头人”荣誉称号，2007年被肥城市授予“慈善捐赠先进个人”、“市文明之星”荣誉称号，2007年被山东省科技厅授予“科研成果创造性贡献奖”荣誉称号，2007年被评为“感动泰安”十大新闻人物，荣获2007年度山东省新闻人物提名奖。

科技有限公司

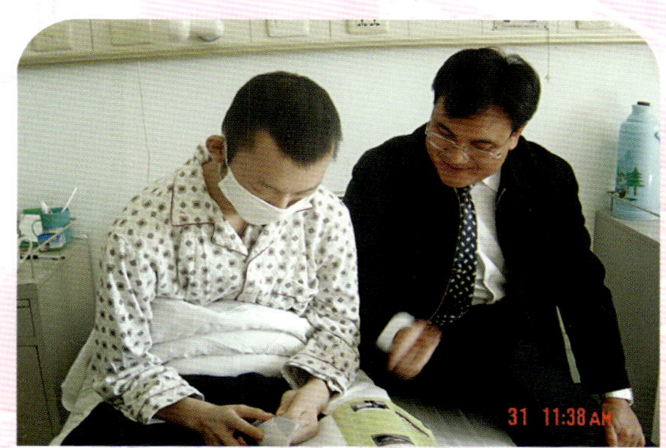
总经理葛金山与闫晶波亲切交流

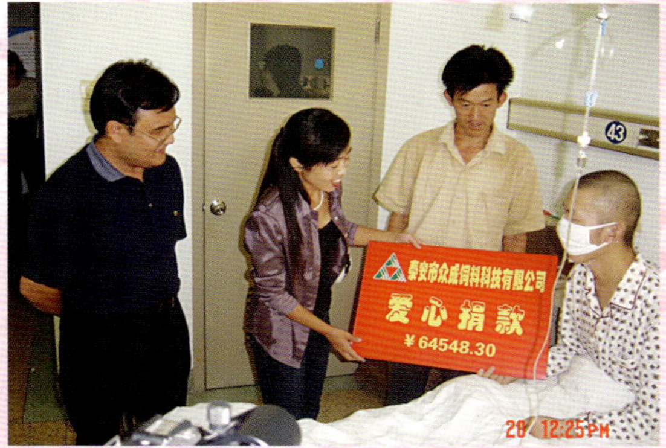

众成公司二次爱心援助闫晶波

情系汶川　烛光祈福

外国专家参观众成车间

众成二期工程

众成团队

ACV 实验室

车间

众成办公楼

PICC 中国人民健康保险股份有限公司
PICC HEALTH INSURANCE COMPANY LIMITED

泰安中心支公司

总经理石琳开业致辞

2007年8月15日，中国人民健康保险股份有限公司泰安中心支公司举行开业典礼

中国人民健康保险股份有限公司（简称“中国人保健康”）是经国务院同意、中国保监会批准成立的，由PICC中国人民保险集团公司联合欧洲最大的商业健康保险公司德国DKV健康保险公司以及其他三家公司共同发起设立的现代股份制金融企业，是国内首家专业健康保险公司。

中国人民健康保险股份有限公司泰安中心支公司作为泰安保险市场上首家专业健康保险公司，于2007年8月15日隆重开业，为适应业务发展，开设银行代理、团险、个险三条业务渠道，业务涵盖“与国家医疗保障政策配套、受政府委托的健康保险业务”。秉承“为中国最广大的民众提供健康保障、实施健康管理”的使命和“为社会公众提供健康保障”的责任，以“树专业旗帜、走精品道路、建中国模式、达国际水准”为方针，把“引领专业健康保险市场，建成最具活力、不断超越的商业健康保险公司”作为自己的远景规划，中国人保健康立志为泰安人民提供完善的和充满人性化的健康保障、健康管理。

开业以来，经营管理水平稳步提高，品牌影响日益扩大，仅用四个多月的时间，保障人群已达36万人。中国人保健康泰安中心支公司积极参与多层次医疗保障体系建设，在健康保障、健康管理和服务大众生活方面，做出积极的贡献。2007年11月21日，泰安市人民政府办公室下发《关于支持中国人民健康保险股份有限公司泰安中心支公司工作的通知》，肯定了公司在建设多层次医疗保障体系中的地位和作用，支持中国人保健康工作，为公司发展指明了方向。

中国人保健康始终坚持“以客户为中心”，在为客户提供健康保障和健康管理的同时，及时、高效理赔，累计医疗赔款给付600余万元，在医疗补偿方面发挥了重要作用，受到大众的广泛赞誉。2007年10月，向新泰华源矿难捐款10万元，充分体现了中国人保健康神圣的社会责任。

中国人民健康保险股份有限公司泰安中心支公司将继续发挥专业优势，积极参与多层次医疗保障体系建设，服务大众健康生活，实现又快又好地发展，为构建“和谐泰安”贡献智慧和力量。

地址：泰安市擂鼓石大街西段泰山方圆广场三楼

全国客服热线：95591　泰安地区服务热线：0538-8888226

网址：www.picchealth.com

健康知识讲座

业务合作

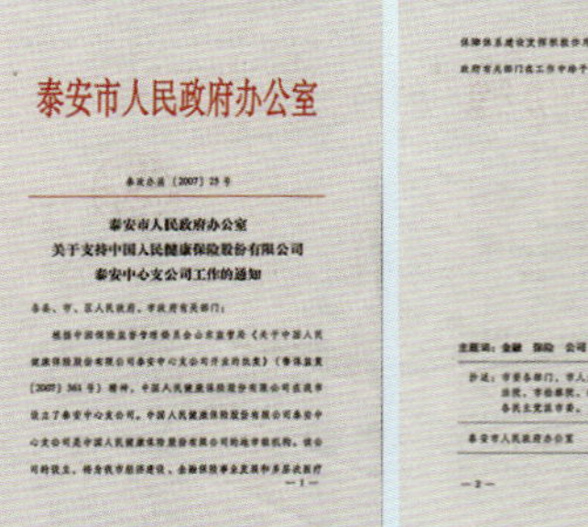
泰安市人民政府办公室

政府办公室发文支持

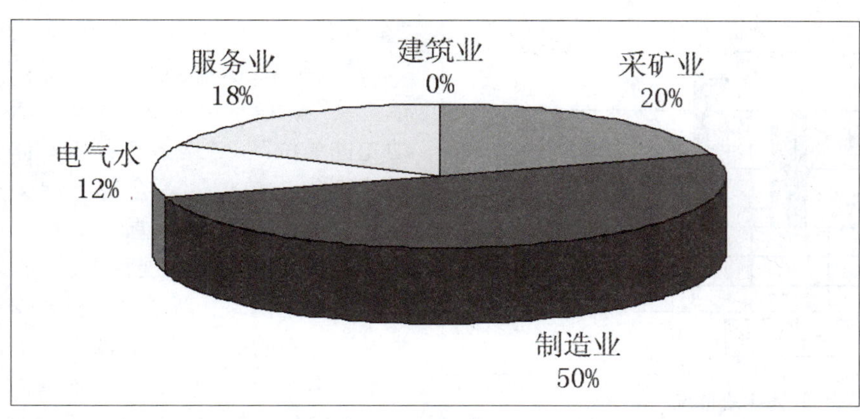

图 3 2007 年税收收入分产业结构情况

表 46 2007 年泰安市国税税收收入完成情况 单位:万元

项　　目	完成税收	比上年增%	比上年增减额
税收收入合计	485003	12.92	55474
国内税收收入	476952	11.87	50608
计划口径税收收入	476952	11.87	50608
其中:中央级	355339	11.20	35784
省　级	12531	21.89	2250
市及以下级	109082	13.03	12574
国内两税	395337	8.78	31901
国内增值税	387588	9.03	32113
其中:直接收入	358888	10.61	34413
免抵调库收入	28700	-7.42	-2300
国内消费税	7749	-2.66	-212
车辆购置税	19823	9.44	1710
企业所得税	40339	48.46	13167
涉外企业所得税	5591	150.29	2576
个人所得税	15862	18.97	2529
非计划口径税收收入	-	-	-
燃油税	-	-	-
其他各税	-	-	-
海关代征两税	8051	152.78	4866
出口免抵退税	-57250	-0.18	106

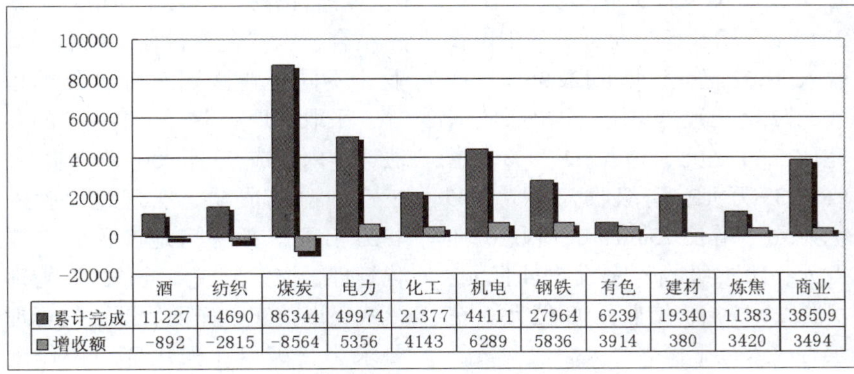

	酒	纺织	煤炭	电力	化工	机电	钢铁	有色	建材	炼焦	商业
累计完成	11227	14690	86344	49974	21377	44111	27964	6239	19340	11383	38509
增收额	-892	-2815	-8564	5356	4143	6289	5836	3914	380	3420	3494

图 4 2007 年国内两税重点行业税收增减情况

【年度税收分析】 ①全年税收收入增幅呈现前低后高的趋势。上半年受同期集中开展税负调查带来的高基数影响，全市税收增长缓慢甚至一度出现下降。6 月份以后，税收收入增幅呈现逐月提高、持续攀升的趋势，下半年整体税收增速为 21%，其中 4 季度各月税收增速均在 35%以上，增收额迅速扩大，增速稳步提高。②各预算级次税收收入协调增长。中央级收入完成 35.53 亿元，增长 11.2%；省级收入完成 1.25 亿元，同口径增长 21.9%；市以下地方级收入完成 10.91 亿元，增收 1.56 亿元，增长 16.7%，超额完成年初预算并首次突破 10 亿元。加上中央税收返还收入，全年国税收入形成地方财力 17.82 亿元，增长 11.3%，增加 1.8 亿元。③流转税、所得税各税收入同步增长。年内，除消费税因政策调整因素略有下降外，其他各税均呈增长态势。国内“两税”完成 39.53 亿元，增长 8.8%，其中国内增值税完成 38.76 亿元，增长 9%。企业所得税、个人所得税以及车辆购置税等税种继续保持较快增长，其中内、外资企业所得税分别完成 4.03 亿元和 5591 万元，分别增长 48.5%和 30.3%，个人（利息）所得税完成 1.59 亿元，受居民收入的持续增加和连续加息推动，在税率下调的情况下仍增长 19%；车辆购置税完成 1.98 亿元，增长 9.4%；海关代征“两税”完成 8051 万元，增长 152.8%。④各单位税收收入实现全面增长。泰山区、岱岳区、宁阳县等单位税收增长较快，分别增长 19.6%、42.7%和 37.5%。市直、高新区在部分税种下降的同时，仍然实现税收收入的稳定增长，增速分别为 9.35%和 11.06%。新泰、肥城等单位在消化华源煤矿溃水灾害和上年同期税负调查大量一次性增收等因素对税收收入影响的情况下，税收收入分别增长

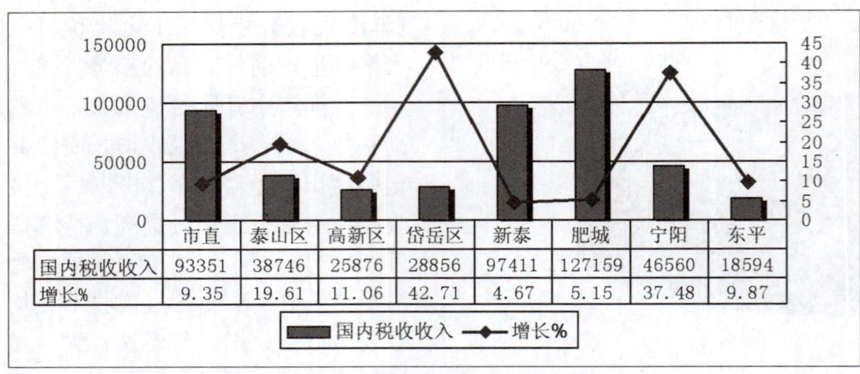

	市直	泰山区	高新区	岱岳区	新泰	肥城	宁阳	东平
国内税收收入	93351	38746	25876	28856	97411	127159	46560	18594
增长%	9.35	19.61	11.06	42.71	4.67	5.15	37.48	9.87

图5　2007年各单位税收收入完成情况

4.67%和5.15%。⑤全面完成各项税收收入计划及预算。其中国内直接收入完成省分计划的103.9%，超收1.67亿元，增长13.4%；地方级收入完成泰安市地方财政预算的100.2%，超收161万元，增长16.7%。⑥全面落实各项税收优惠政策。全年共审批办理出口免、抵、退税及各项减免税金合计12.13亿元，增加2.52亿元，增长26.2%，有力地促进了全市产业结构调整升级和经济社会的和谐发展。⑦重点税源企业纳税能力进一步提升。全年入库税收1000万元以上重点税源企业达到85户，增加15户；合计入库税收28.10亿元，增长21.4%；占年内全市税收收入的58.9%，增收额4.95亿元，占全市税收增收额的97.8%。⑧部分新增税源陆续形成税收。近几来全市加大产业结构调整和招商引资工作力度，加快制造业和服务业发展，促进税源规模的扩大和税源结构的优化。2007年，焦化、化工、电气机械以及现代生物技术行业税收均实现较快增长，一批新增税源开始见效。⑨产业结构调整工作力度加大。大力发展制造业和服务业，努力实现产业结构升级和节能减排，全市制造业和服务业税收比重明显提高，税源结构进一步优化。2007年，制造业和服务业税收比重占全部税收的68%，拉动全市税收收入增长13.5个百分点，成为主体税源。其中，制造业中的机电、钢铁、化工、焦化等行业，服务业中的金融、房地产行业税收均实现较快增长。　（刘昌会）

地方税务

【概况】　年末，全市有地方税务（简称地税）机构98个，其中市级局1个、县级局6个、直属单位和派出机构5个、基层分局（所）86个；在职职工1040人，其中市地税局142人（含市直属分局、稽查局）；纳入地税系统管理的纳税人5.25万户。全市各级地税部门按照“收好税，定好位，带好队”的总体要求，围绕依法组织收入这个中心，大力开展“信息化建设应用年”活动，以省级数据大集中为总抓手，全面提升地税管理水平，整体工作实现新突破。全年累计组织各项收入33.05亿元，增长21.68%，增收5.89亿元（其中税收收入31.32亿元，增长22.36%，增收5.72亿元）。其中，中央级收入完成5.30亿元，增长15.79%，增收7233万元；省级收入完成3.05亿万元，增长25.68%，增收6299万元；市本级收入完成5.94亿元，增长22.17%，增收1.08亿元。在全省收入过千亿表彰大会上，泰安地税共获得“富民兴鲁劳动奖状”、“全省地方税收工作先进单位”、“全省地税系统目标管理考核优秀单位”、“‘信息化建设应用年’活动先进单位”、“房地产税收一体化管理先进单位”等全部5项荣誉，实现了荣誉的“满堂红”。

税源管理　①开展税源普查。将增加多少税源、新增多少税款作为税源普查的落脚点，查漏点、提低点、纠错点、理混点、澄模糊点、抓暗点、清空点，最大限度地盘活存量、挖掘增量，形成新的税收增长点。年内新增税款4700万元。②深化税源分级分类管理。将税源分级分类为重点税源、中小企业、个体工商业户三种，根据其不同特点采取相应措施，税源控管质量大幅提高。抓好重点税源管理，市、县两级均成立重点税源管理办公室，推行“以市为主，市、县（区）实施”的集中管理模式，依托《重点税源监控与分析管理信息系统》，将全市年纳税10万元以上的1685户纳税人纳入监控范围，实现重点税源管理的集约化、专业化。全年重点税源共实现税收收入24.89亿元，增收5.67亿元。抓好中小企业税源管理，全面推行中小企业核定征收办法，重新确定347个行业（产品）的定税参数、调整系数和定额标准，完成1844户中小企业的税额核定工作，平均税负提高11%，年增加税收150余万元。③创新征管方式。将调整优化产业结构工作与税源普查、纳税评估、综合治税、税收专项检查等紧密结合，因“企”制宜，对不同行业、不同企业区别对待、分类指导，采取一厂一策、一事一议的办法，年内促成99家大中型企业二、三产业分离成功，实现地税收入4823万元。抓好房地产税收一体化管理，探索形成“链条式”管理模式，以落实“先税后证”的管理要求为突破口，强化部门协作配合，畅通信息资料传递渠道；以房源控税源，利用房地产开发企业的登记信息和综合治税信息，对建设工程在办理立项、开工许可、工程款拨付、竣工验收等各个环节实施全方位监控，全面建立单位和个人房屋出租的税源信息档案；研制开发《房屋出租（装修）业管理系统》，加强对出租房屋和装饰装修的税收管理，实现对房地产业涉税数据的电子化采集、储存、传递、加工、处理。全年组织入库建筑业、房地产业税收 7.51 亿元，增长 28.23%，增收 1.65 亿元。

税收执法　拓展税收执法岗位职责体系，分管理、监控、检查、法制等 5 个部分，包括 19 类、59 个指标、167 种执法行为，涵盖税收工作的各个方面、各个环节，最大限度地减少税收执法考核盲区。实施“交叉稽查”，将稽查工作按功能和程序进行划分，建立适应信息化管理、相互协调、相互监督的管理新模式。共组织检查纳税单位 529 户，查补税款 4763 万元，入库税款、滞纳金、罚款 4083 万元。

纳税服务　①服务经济建设。重点围绕加强税源管理、增加地税收入等政府关心的问题，积极为地方党委、政府献计献策；对企业改制、扩建、重组等情况按照政策规定逐户核实，年内有 108 户企业的所得税重新纳入地税管理，增加地方税收 1000 余万元。②服务社会发展。重点落实就业再就业、文教卫生等各项税收优惠政策，累计减免各项税款 827.82 万元。做好残疾人保障金代收工作，共代收残疾人保障金 830 余万元，增收 67 万元。③服务纳税人。完善纳税服务中心建设，开通运行纳税呼叫服务平台，推行“网送税法”、提醒和限时办结等服务，方便了纳税人办理业务。

税收信息化建设　根据省地税局开展“信息化建设应用年”的部署，研发、推广和应用一系列操作性能良好、功能强大的软件系统，其中，泰山分局的税收集约化管理、新泰市局自主研发应用的《房屋出租、装修管理信息系统》、宁阳县局完善并推广应用的《重点税源监控与分析管理信息系统》、东平县局自主开发的《临界点纳税人动态监控管理信息系统》等，均产生较好效果。改造升级局域网、中心机房等相关设备，更新电脑 524 台，完成数据采集补录、私有代码编制、系统初始化、数据清理及模拟迁移等工作；制定《泰安地税省级“大集中”税收征管信息系统培训方案》，优化培训环境；健全完善数据校验制度，建立 54 类、2100 余项数据质量标准，严格人工三级数据审核制度，落实数据质量校验责任。开发应用《数据校验系统》，为征管软件增加数据质量甄别功能，创新数据校验手段。10 月初，全局顺利完成数据模拟迁移。

年内，市局机关继续保持“全国精神文明建设先进单位”称号，8 个省级文明单位全部通过年度复审，新增省级青年文明号 2 个，新泰市局荣获“全国税务系统文明单位”荣誉称号。

【年度税收分析】　①收入总量突破 33 亿元大关。全年完成各项收入 33.05 亿元，按月分析，除受 2006 年 5 月份新泰稽查查补入库

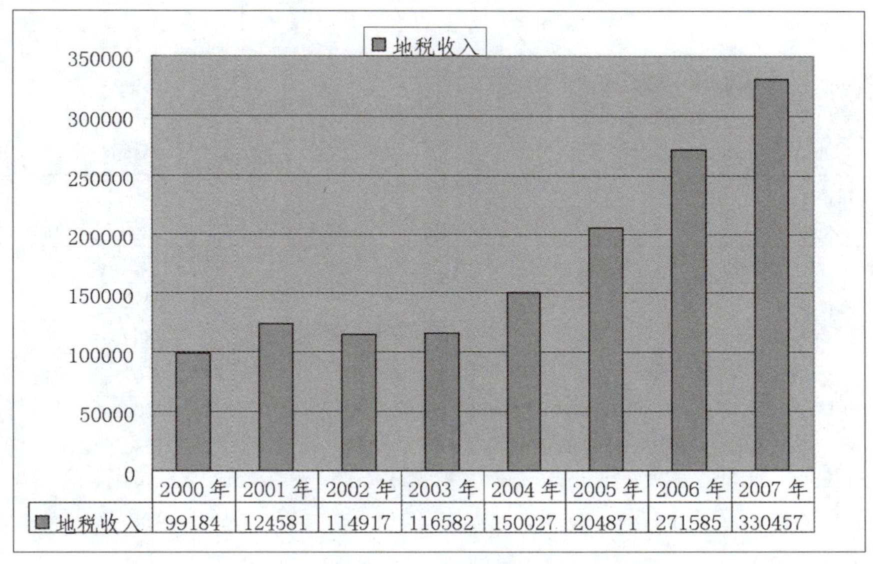

	2000 年	2001 年	2002 年	2003 年	2004 年	2005 年	2006 年	2007 年
地税收入	99184	124581	114917	116582	150027	204871	271585	330457

图 6　2000～2007 年地税收入情况

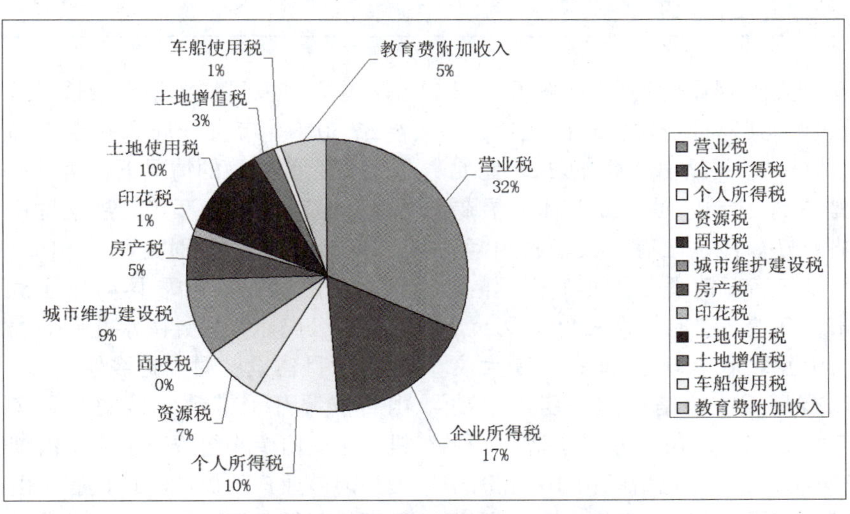

图 7　2007 年泰安市地税分税种收入情况

表47　　2007年泰安市地税分行业税收情况　　单位:万元

项　　目	累　计
合　　计	330457
第一产业	98
第二产业	191034
采矿业	74344
制造业	69812
电力、燃气及水的生产和供应业	9375
建筑业	37503
第三产业	139325
交通运输、仓储及邮政业	11293
信息传输、计算机服务和软件业	6776
批发和零售业	20378
住宿和餐饮业	7344
金融业	26706
房地产业	37587
租赁和商务服务业	19070
居民服务和其他服务业	2163
教育	1703
卫生、社会保险和社会福利业	745
文化、体育和娱乐业	1352
其他行业	4208

表48　　2007年泰安市地税分单位收入情况　　单位:万元

县市区	税　额	比上年增%	比上年增减额
总　计	330457	21.68	58872
泰山区	28845	20.01	4809
岱岳区	25137	44.72	7767
肥　城	62237	23.90	12004
新　泰	93363	14.31	11686
宁　阳	27402	21.73	4892
东　平	19507	30.35	4542
开发区	20474	37.50	5584
市直分局	50637	15.61	6838
景区分局	2855	35.63	750

新矿集团企业所得税9300万元影响外，其他月份均实现同比增收，月均入库税额由上年的2.26亿元提高到2.75亿元。②总体发展趋势较好。岱岳区有两大增收因素：一是科诺新钢股份公司首年运作上市，缴纳各项地税收入3600万元，比上年增收3200万元；二是大汶口石膏工业园销售门头房等不动产，11~12月份集中入库营业税3241万元，同比增幅由10月份的33.06%提高到44.72%，居全市增幅首位。开发区税源稳定增长，增幅37.50%。市直分局和新泰市局在税源大幅萎缩的情况下，通过强化社会综合治税、积极开展纳税评估等广开税源，分别实现15.61%、14.31%的增幅。东平县局抓住济菏高速公路东平段、南水北调等大工程项目建设，对周边乡镇河砂、山石资源开采带动明显的有利契机，由政府牵头组织对沿河、沿湖囤积河砂业户的储砂清理摸底，由河道管理等部门对河砂按承包估量代征税款，收入增幅达30.35%。③三产对地税的贡献率均明显提高。各级充分利用政策，积极开展二、三产业分离，努力提高三产比重，三产实现的地税收入达到13.93亿元，占收入总量的42.16%，提高4.1个百分点，增收3.59亿元，占总增收额的61.05%。采矿、制造、建筑、房地产等四大行业共实现地税收入21.92亿元，占全部地税收入的66.35%。受年内股市强势市影响，金融证券保险业实现2.67亿元收入，增收6692万元，增长25.06%。④主体税种支撑作用、政策性增收作用均较明显。营业税、企业所得税、个人所得税三大主体税种共实现税收19.35亿元，增长23.42%，增收3.67亿元，占收入总量的58.54%，比上年提高0.83百分点。其中营业税完成10.50亿元，增长30.67%，占收入总量的31.79%，比上年提高2.19个百分点，增收2.47亿元。土地使用税新条例正式实施，土地使用税单位税额提高使税基明显扩大，土地使用税入库3.42亿元，增长50.34%，增收1.14亿元；土地增值税预征全面实施，入库税款8864万元，增长23.45%，增收1684万元。⑤“8.17”华源煤矿溃水事故影响很大。“8.17”溃水事故对新泰市的煤炭、焦化、交通运输等行业影响很大，导致新泰地税收入减收1.90亿元。9~12月份新泰地税收入呈明显下滑趋势，月均入库5611万元，比前八个月月均下降3253万元，扣除9月份稽查局集中查补入库新汶矿业集团往年企业所得税3700万元以及年底土地使用税调增单位税额等政策性增收因素，后4个月平均入库仅4000万元左右，成为年度地税收入最大的减收因素。　（王　筱）

编辑·校对　周美广

金　融

综　　述

【中国人民银行泰安市中心支行】 该行辖新泰、肥城、宁阳、东平4个支行，共有职工299人，其中市人民银行173人。主要职责：贯彻执行国家货币政策；发行和管理人民币流通；监督管理银行间同业拆借市场；实施外汇管理，监督管理银行间外汇市场；维护辖区的金融稳定；经理国库；维护支付、清算系统的正常运行；管理信贷征信业；指导部署金融业反洗钱工作，负责反洗钱资金监测；负责金融业的统计、调查、分析和预测等。

金融调控　坚持"把握重点、分类指导"的方针，引导金融机构严格贯彻国家宏观调控政策，正确处理发展和改革、"好"与"快"、"保"与"压"的关系，完善和疏通货币政策传导机制，金融调控效果明显增强。先后印发信贷指导意见8个，其中有2个以市政府文件形式印发，增强了窗口指导效果。按季度召开货币信贷工作座谈会、金融形势分析会（金融联席会），向各银行业金融机构和有关科室下发季度分析重点、通报货币信贷运行状况、研究部署促进区域经济发展的各项政策措施。成功举办2007年银企合作暨金融产品推介会，协议贷款金额136.61亿元，资金到位率达到93%。年末，全市人民币各项贷款余额539.18亿元，按可比口径计算，比年初增加54.23亿元，增长11.18%。

金融生态　按照"央行参谋、政府主导、部门联动、社会参与"的要求，完善政府主导的金融生态建设工作机制，加大对金融生态环境建设的宣传和创新力度。①信用共同体建设。指导农村信用社创建泰山钢材大市场、新泰羊流起重机械行业、东平老湖镇特种养殖等5个信用共同体，累计发放贷款近4亿元，较好地解决了中小企业担保难、贷款难问题。结合全市区域经济发展的不同方式，设计了适用于中小企业的"双层锥式"、适用于农民专业合作组织经济的"M模式"、适用于农户经济的"矩阵式"信用共同体等3种模式，在全省金融产品创新座谈会上作了经验介绍。②征信体系建设。先后组织开展征信知识进校园等活动，全方位开展征信知识宣传。认真落实《应收账款质押登记管理办法》，维护银行业金融机构利益。开展信用评级工作，完成评级企业76户。③外汇管理。制定《关于进一步改进外汇管理促进全市涉外经济又好又快发展的指导意见》，为涉外企业发展壮大搞好服务。年内，岱银集团、泰山玻纤集团等获得进出口银行项目贷款，为企业跨国经营提供融资支持。

金融稳定　建议并协助市政府召开全市金融稳定联席会议，指导各县（市、区）政府加快建立和完善金融稳定协调机制，进一步疏通金融稳定信息传导渠道。做好农村信用社专项票据兑付和后续考核工作，指导和督促泰山区联社和岱岳区联社做好专项票据兑付工作，年末先后通过人民银行济南分行、人民银行总行的兑付考核，获得专项票据2.06亿元。强化地方法人金融机构存款准备金管理，合理摆布再贷款、再贴现限额，解决个别机构暂时流动性短缺。

金融服务　印发《2007年全市金融服务意见》，引导全辖金融机构加强服务文化建设，树立泰安金融新形象。按照上级部署，做好账户核准和账户系统升级换版的各项准备工作。制定《泰安市金融机构商业承兑汇票业务推广实施方案》，印发《全国支票影像系统业务操作规程》，确保支票影像新业务上线后正常运行。在全省率先撤销特约联行汇兑清算系统县级分中心。制定《特约联行撤销处理流程》，顺利完成了设备及网络更换、迁移基础数据等工作，确保特约联行县级分中心的顺利撤销和业务的衔接。先后举办农民工银行卡特色服务宣传月、小额支付系统宣传月、支票全国通用宣传月等多项宣传活动，宣传银行卡用卡知识，指导农民工安全用卡。协调财政、水利等部门，成功通过小额支付系统直接支付水库移民补贴资金，累计拨付水库移民补贴24万余笔、金额3510余万元。

年内，市人民银行先后被总行、分行确定为思想政治工作联系行、党建工作联系点、党风廉政建设联系点、央行文化建设联系点、政务公开示范点。在分行2007年度绩效考核中位居A级行第二名。机关工会被评为“总行级模范职工之家”。中心支行机关连续五年荣获“省级文明单位”称号。

【金融运行情况分析】 ①存款情况。到年末，人民币各项存款余额为812.29亿元，比年初增加62.32亿元，增长8.31%，同比少增51.36亿元，增幅回落9.56个百分点。从结构看，企业存款先降后升，同比少增21.28亿元，占全市存款同比少增量的41%，反映出企业面临日益紧缩的宏观形势，支付能力逐步趋紧，资金供应更加紧张。储蓄存款分流迹象明显，增幅明显回落，年末人民币储蓄存款余额500.11亿元，比年初增加32.5亿元，增长6.95%，同比少增

表49 2007年泰安市银行业金融机构信贷收支情况 单位:万元

来源项目名称	年末余额	比年初增减数		运用项目名称	年末余额	比年初增减数	
		年内	上年			年内	上年
各项存款	8122885	623204	1136841	各项贷款	5391817	542283	585118
企业存款	1492221	14886	227710	短期贷款	3480068	400949	350605
活期存款	1053760	42097	199801	工业贷款	1226305	125930	216762
定期存款	438461	-27211	27910	商业贷款	267662	-9142	21703
财政存款	190665	56781	29764	建筑业贷款	20737	454	-4460
机关团体存款	350751	76622	37039	农业贷款	1259265	199764	166936
储蓄存款	5001115	325038	658772	乡镇企业贷款	299576	16227	-6849
活期储蓄	1396719	108693	205737	三资企业贷款	13759	-3203	11886
定期储蓄	3604396	216345	453036	私营企业及个体贷款	28706	-12081	28449
农业存款	219082	-27562	89326	其他短期贷款	364057	83000	-83822
信托存款	-	-	-	其中:个人短期消费贷款	56630	9003	15287
委托存款	735	-365	916	中长期贷款	1541843	222654	171309
其他存款	868315	177803	93313	基本建设贷款	551343	35786	70550
金融债券	10	-	-	技术改造贷款	53300	-8800	-6065
应付及暂收款	144420	43050	12455	其他中长期贷款	937200	195668	106824
其中:应付及预收利息	87942	32316	13474	其中:个人中长期消费贷款	353389	70767	5810
同业往来	4908	-20929	-10001	信托贷款	-	-	-
系统内资金往来	-	-	-	融资租赁	-	-	-
各项准备	79277	12576	17070	委托贷款	-	-	-
其中:贷款损失准备金	74836	14852	17123	票据融资	367939	-81320	64402
所有者权益	253805	64619	44823	其中:贴现	367939	-81320	64402
其中:实收资本	164558	-	25000	各项垫款	1967	-	-1199
当年结益	112750	112750	58525	有价证券及投资	490888	26837	103270
其他	-1333640	-188952	-264289	应收及预付款	16670	623	81
				其中:应收利息	13040	5735	918
				同业往来	91076	20731	8831
				系统内资金往来	1042303	-74070	226561
				金银占款	-	-	-
				外汇占款	-	-	-1
				固定资产	151254	-11139	-3445
				库存现金	87657	28303	16485
资金来源总计	7271664	533567	936899	资金运用总计	7271664	533567	936899

33.38亿元，增幅回落9.45个百分点。②贷款情况。全市人民币各项贷款余额539.18亿元，比年初增加54.23亿元，增长11.18%，同比少增4.28亿元，回落2.54个百分点。各项贷款增势趋缓，是国家一系列宏观调控政策综合效应的体现。全市第一产业贷款增加17.12亿元，占全部新增贷款的比重为31.57%，同比提高3.41个百分点。第二产业贷款增长适度，较年初增加19.97亿元，重点支持了钢铁、纺织等传统行业及泰安市重点发展的六大主导产业。第三产业贷款增加17.14亿元，占全部新增贷款的比重为31.61%，同比下降1.09个百分点。③外汇情况。受人民币持续升值影响，企业和居民结汇意愿进一步增强，外汇各项存款增长乏力，全年减少1451万美元，下降18.76%，余额为6283万美元。年末，全市金融机构外汇贷款余额6037万美元，比年初增加2875万美元，增长90.88%，主要是新汶矿业集团、石横特钢公司、特变电工等大中型企业进口押汇及办理福费廷业务的拉动。④现金收支。全市现金总收入2504.09亿元，总支出2479.52亿元，收支相抵净回笼现金24.57亿元，连续第5年保持强回笼态势。从回笼渠道看，商品销售收入、服务业收入和储蓄存款收入仍占据现金回笼的前3位，但商品销售收入和服务业收入年累计呈下降趋势，较同期分别下降5.27%和2.25%。

（张浩三　岳安玉）

银　行　业

【中国银行业监督管理委员会泰安监管分局】 该局辖新泰、肥城、宁阳、东平4个监管办事处，全员61人，其中分局机关46人。全市各类银行业金融机构717个，其中政策性银行1家、分支机构5个，国有商业银行4家、分支机构200个，股份制商业银行1家、分支机构11个；城市商业银行1家，分支机构22个；农村信用联社6家，分支机构341个；邮政储蓄网点138个。全市银行业金融机构正式职工8448人。

市场准入管理 严把银行机构网点“规划、审批、回访”三关，增强金融机构市场准入管理的前瞻性、计划性，切实提高行政许可审批效率。及时为金融机构办理机构升格、迁址、更名等变更事项。坚持高管人员资格审查和行为监管并重，从严加强对高管人员任职前审查和履职考核，对61名拟任高管人员进行资格考试和审查。

法人监管 围绕城市商业银行组建工作，帮助城市信用社尽快完成改制为城市商业银行的改革工作，该行于2007年8月16日顺利挂牌。督促农村信用社进一步深化改革，积极协调地方政府，落实对农村信用社的各项补贴措施，确保央行票据兑付资金顺利到位。到11月份，泰山区联社、岱岳区联社顺利完成票据兑付工作。

现场检查 按照年初确定的检查工作安排，年内进行部分国有大型银行全面常规检查、农村信用联社检查、新发放贷款及投向合规性检查等现场检查项目12个，集中调配检查人员206人次，累计工作量6419天，检查各级各类机构420个，查出违规金额33.2亿元，撰写检查报告20份，提出整改意见278条。

非现场监管 ①加强非现场监管信息系统建设。健全分析结果的监管内部之间、监管部门与被监管部门之间、监管部门与政府有关部门之间共享的机制，及时将监管状况汇报到政府、传达到被监管机构。②提高非现场监管专业化水平。一是完善监管流程。通过召开年度审慎会议、定期召开分析例会、考评监管报告、加大进行入社频率等方式，强化对金融机构异常变动的监测分析，及时发现风险信号，加以综合评价和深入分析，提出针对性的监管建议，并制定下一周期监管计划，形成有机衔接的非现场持续监管机制，提高监管效力。二是实行主监管员工作制度。在监管科室人员紧张的情况下，合理调配科室人员，明确主监管员，加大对非现场监管工作的倾斜力度。突出主监管员在非现场监管中的核心作用，通过行政和主监管员两条报告路线，加强信息在系统内的沟通、交流和反馈。三是落实非现场监管责任制。建立和实施主监管员目标责任制，强化主监管员的责任意识，切实“了解我的机构”、“管好我的机构”，真正做到有效的持续监管。③做好监管信息系统基础数据核查工作。按时完成辖内银行业金融机构和高级管理人员的基础信息审查核对工作，确保基础数据真实、准确、完整。完成岗位说明书的编写修订工作和监管岗位竞聘工作，选拔了一批符合条件、想干事、能干事的业务骨干担任主查员、主监管员等重要岗位。

内控监管 ①加大对案件专项治理工作的指导。年内召开由各银行业金融机构主要负责人参加的案件专项治理工作会议3次，以河北邯郸农业银行发生的大案为例，全面分析和探讨案件治理形势、泰安市银行业案件治理过程存在的问题和解决办法。指导各机构明确案件专项治理思路，提升防范案件的思想和决心。②推进案件治理长效机制建设。在银行业金融机构倡导和培育良好的合规文化，强化“合规意识”、“合规人人有责”的理念和行为准则，从文化建设层面及强

化人的思想意识、行为准则的高度出发，落实制度建设，强化执行力，提高内部建设和风险管理能力。经常性地开展对防范操作风险情况的抽查，促进各项案件防控措施落实到位。③开展案件治理调研活动。派人深入到县（市）监管办事处、银行业基层营业机构，下基层、搞座谈、实地进行考察，充分了解案件防范一线情况，找准案件防控思路，促使银行业更加侧重一线案件防控工作，提高案件防范的全员参与性，保证案件防控不留死角、不留空白点。

风险提示与窗口指导　利用各种监管手段，加大对银行业市场风险的预警和提示，重点对高校贷款、“两高一过剩”（高耗能、高污染，产能过剩）贷款、集团客户贷款、信贷资金违规入股市房市、票据业务、电话银行业务等风险点加大监管力度，围绕国家产业政策项目和泰安市确立的重点行业（项目），科学把握信贷投放力度，优化信贷结构，在全面市场风险分析的基础上，加大对泰安市经济的支持力度，信贷投放更为严格、审慎、合理、高效。

不良贷款双降　按照“锁住存量、监控流量、重点防控、严格问责”的不良贷款“双降”（余额、占比双下降）要求，按照分类指导的原则，合理确定不良贷款压降计划，将不良贷款“双降”指标纳入非现场监管目标考核的重要内容，利用日常监测、风险提示、约见谈话、现场调研等多种监管手段，加强监控，确保压降任务按时完成。按照“一行一策、一企一策”的方法，加大对重点不良贷款客户的监测力度，督促相关金融机构制定切实可行的清收措施，尽可能减少信贷资产损失。至年末，全市不良贷款余额下降2.54亿元，占比较年初下降1.33个百分点。（吴钦业）

【中国农业发展银行泰安市分行】 该行辖市分行营业部和新泰市、肥城市、宁阳县、东平县4个支行。共有职工167人，其中市农业发展银行机关34人，中级以上技术职务的72人。年内，该行按照“以人为本、管理立行、质量建行、科技强行、创新兴行”的治行思路，强化经营管理，坚持有效发展，改进金融服务，加大支农力度，充分发挥在农村金融中的骨干支柱作用，有力地支持了全市新农村建设。年末，各项存款余额3亿元，比年初增加1.45亿元；向上级行借款17.16亿元，比年初减少0.70亿元；各项贷款余额20.76亿元，比年初增加1.31亿元，剔除划转因素实际增加4.32亿元。不良贷款1236万元，占比0.6%，比年初下降0.15个百分点。实现账面利润5487万元，同比增加2732万元，完成省行下达计划的140.58%。年内辖属5个营业机构全部实现了盈利。

信贷业务　年内累计发放贷款8.7亿元，其中发放商业性贷款6.7亿元，年末余额6.5亿元，比年初增加4.41亿元。①支持粮棉油购销储贷款业务。年内累计发放粮油储备贷款2.90亿元，支持中央和地方储备企业轮换、增储粮食3.22亿公斤。落实小麦最低收购价政策，认定26家企业贷款资格和33家收储库点，及时测算资金需求，审议审批贷款4.29亿元。在市场小麦收购价高于最低收购价政策运行的情况下，在有效防控风险的基础上，累计发放粮油收购贷款9500万元，支持9家购销及加工企业自主收购粮食5671万公斤、油料5万公斤。同时，积极支持棉花购销和产销供需衔接，发放棉花购销贷款1.85亿元，支持企业收购调销皮棉35万担、棉籽12万担，并帮助购销企业与纺织企业签订供需衔接协议，稳定棉价，保护了农民利益。②审慎积极地拓展商业性贷款业务。通过对目标客户进行调查和参加“市银企合作暨金融产品推介会”，与15家企业签订“银企合作协议书”，签约资金5.51亿元，实际投放贷款8.32亿元，履约率达151%。年内共考察商业性贷款客户29家，对19家客户投放贷款6.65亿元，办理银行承兑汇票7080万元。其中，向10家农业产业化龙头、加工企业发放贷款2.37亿元，向2家农业科技企业发放贷款2500万元，向6家农业小企业发放贷款2280万元，向1个农村基础设施贷款项目发放贷款3亿元，有力地支持了全市农业农村经济的发展。

信贷管理　①扎实开展信贷风险防控工作。开展评级授信工作，对信用等级评定实行动态管理，对商业性贷款客户全面推行统一授信管理。年内评定信用等级企业60家，对24家企业核定内部授信5.79亿元，对3家企业公开授信1.75亿元，对1家企业核定特别授信80万元。严格贷前调查、贷款

表50　2007年中国农业发展银行泰安市分行各支行(部)基本情况　单位:万元

支行(部)	职工人数	年末存款		年末贷款	
		余额	比上年增%	余额	比上年增%
市分行营业部	47	19731	129.51	131681	2.98
新泰市支行	22	2608	-16.06	14503	22.88
肥城市支行	24	3364	79.51	24478	-9.04
宁阳县支行	22	2490	130.56	20706	21.19
东平县支行	18	1848	113.89	16236	49.83
合计	167	30041	93.54	207604	6.73

审查，落实贷款风险防控措施，对粮棉油购储销贷款执行定期查库、出库报告、销售货款回笼归行等有效制度。开展贷后评价和管理工作，加强对企业实物监管和财务经营状况的监测分析，及时发现解决问题，达到风险管理“关口”前移的效果。②开展粮棉促销工作。2006年度收购的小麦全部销售，占用贷款全部收回。8月末，2006棉花年度棉花购销贷款本息全部收清，实现贷款本息双结零。③不良贷款继续实现“双降”目标。严格执行贷款分类标准和商业性贷款期限监控，按月对每笔贷款进行书面风险提示，保证贷款按时收回。清收不良贷款15万元，核销呆账贷款200万元，完成1993~1998年中央政策性棉花财务挂账贷款的处理消化工作。同时，CM2006信贷管理系统顺利上线并安全稳定运行，有效控制了贷款风险。

经营效益　完善信贷资金监测台账，制定资金计划考核办法，加强资金预测调度、监督检查和信贷项目监测分析及信贷计划管理，提高计划执行的准确率和资金营运效益。年末借款计划执行率91.6%，同比提高5个百分点，资金占置费比模拟运行期间月均减少65%，信贷计划执行率达到100%。加强对财政补贴资金的监督拨付工作，实现当年应由地方财政承担的补贴资金到位率99.7%，同比提高4.2个百分点。其中应由地方财政承担的利息补贴到位2721万元，到位率达到105%。严格执行经营绩效考评、专项量化考核和财务资源分配办法，严控非经营性支出。狠抓利息收回工作，综合贷款利息收回率达到101.07%，其中商业性贷款和准政策性贷款利息收回率均为100%。坚持对固定资产及大额低值易耗品实行公开招标和集中采购，对闲置固定资产进行处置和租赁，年内实现租赁费收入51.24万元。资产利润率2.55%，同比提高1.08个百分点。积极开展存款业务，年内新增存款客户18个，吸收同业存款16笔，旬均存款达到3.2亿元，增幅80.7%，完成省行任务的198.3%。年末各项存款余额3亿元，比年初增加1.45亿元，占负债的16.5%，比年初提高7个百分点，节约资金成本120余万元。拓展中间业务，实现中间业务收入41.68万元，其中代理保险手续费收入33万元，比年初增加18万元，完成省行任务的157%。办理国际业务6笔，金额40万美元，收益1390元。

年内，市农业发展银行机关和辖属5个营业机构全部通过省行和省、市妇联“巾帼建功示范岗”、“模范职工之家”验收，并通过省、市分行“文明建设先进单位”、“文明服务示范窗口”复查验收，有两个支行分别被总行、省行授予“青年文明号”荣誉称号。（李正国）

【中国工商银行泰安分行】　该行辖县（市、区）支行8个，设置各类营业机构50个。职工829人，其中大专以上学历592人，中级以上技术职务265人。年内，实现拨备前利润2.85亿元，增加6788万元，增长31%；实现税金3527万元，增长30.97%。

存款业务　①健全完善稳存增存长效机制。坚持“以市场为导向，以客户为中心”的服务理念，树立“总量就是实力，增量就是优势，份额就是地位，增存就是增效”的发展观念，完善基层营业网点绩效考评体系，深化重点产品市场营销和优质客户服务，拓展优质客户市场，促进各项存款的持续稳步增长。②加强理财中心建设。在20家综合网点实施推广核心竞争力项目，着力打造精品网点，项目网点的综合贡献度和服务支撑作用逐步显现，网点品牌效应日渐突出。③加强员工素质培训。采取走出去、请进来的方式，充分利用各种资源，分层次、有重点的对员工进行新业务、新流程和服务营销等方面的学习培训，促进了员工经营理念的转变和服务水平的提高。全行通过金融理财师（AFP）和国际

表51　2007年中国工商银行泰安分行各支行(部)基本情况　单位:万元

单位	职工人数(人)	人民币存款		其中:储蓄存款		人民币贷款		税金	
		余额	比上年增%	余额	比上年增%	余额	比上年增%	余额	比上年增%
市分行直管	290	103816	18.24	27357	8.85	165080	3.13	860	20.98
泰山区	78	113118	2.44	80886	-2.97	124584	25.56	458	42.89
岱岳区	83	135191	9.38	104254	1.50	56329	16.38	253	41.96
新泰	90	150678	7.85	80666	0.56	75278	21.02	309	25.35
肥城	108	207942	-3.46	114119	-8.43	200222	20.18	765	43.03
宁阳	65	68489	-24.01	43488	4.16	51793	11.06	218	17.08
东平	36	50892	-6.37	29083	-5.02	48510	33.60	199	62.67
火车站	33	39100	-1.64	23366	2.25	56608	22.02	218	39.78
新汶	46	140021	1.24	82881	15.69	48309	-23.12	245	3.73
合计	829	1009248	0.98	586100	0.55	826712	13.46	3527	30.97

理财师（CFP）认证考试的分别达到11名和4名，成为泰安同业机构中拥有理财师人数最多的金融机构。年末，各项人民币存款余额100.92亿元，较年初增加0.98亿元，增长0.98%。其中，储蓄存款余额58.61亿元，增加0.32亿元；公司、机构存款余额42.31亿元，增加0.66亿元。

信贷业务　面对宏观调控政策趋紧、信贷增长空间受限的形势，着力在信贷投放节奏、结构和产品创新上下功夫，实现贷款营销工作的新突破。巩固和扩大优质市场份额，年末贷款增量在市内4家国有商业银行占比为38.21%，继续保持同业第一地位。人民币各项贷款日均增加12.82亿元，同比增加2.89亿元，贷款投放均衡度达到67.74%，同比提高16.92个百分点。在加大优质大项目、大企业营销力度的同时，发展小企业和个人类贷款，新增小企业和个人类贷款5.15亿元，占全部新增贷款的52.49%。发展贸易融资业务，累计办理国内贸易融资业务2.56亿元，增加1.9亿元，增长287.87%；办理国际贸易融资业务9583万美元，增加9000万美元，增长16倍。累计清收处置不良贷款1.76亿元，完成计划的703.5%；压降重点关注贷款0.56亿元。年末，不良贷款余额8901万元，较年初减少1158万元；不良贷款率1.05%，较年初下降0.32个百分点，实现了不良贷款余额和占比“双下降”。

中间业务　把发展中间业务及新兴业务作为调整经营结构、提高经营效益的着力点和突破口来抓，整合营销品种，完善运作体系，拓展优质客户市场，特别是个人金融理财、银行卡及电子银行等业务已成为该行的品牌业务，在金融同业中继续保持领先优势。年内，实现中间业务收入7736万元，增加3328万元，增长76%，占营业净收入的比重为16%，同比提高4.6个百分点；实现网上银行交易额761亿元，增加111亿元；信用卡新增发卡1.97万张，累计发卡量达到4.94万张，累计实现消费额3.23亿元，同比多增1.03亿元，发卡量、消费额均居同业第一位；累计代理销售基金、保险、本外币理财产品23.3亿元，增加18.4亿元；累计办理国际结算2.53亿美元、结售汇业务1.53亿美元，分别增加1.6亿美元和1.04亿美元，分别增长72.1%和211.22%。

内部管理　坚持从严治行、内控先行的方针，完善管理制约措施，加大督查力度，组织实施“扫雷工程”、“案件就在身边”等教育活动；选优配强专职纪检员、总会计和营业经理，加强监督检查力量；开展依法合规自查、安全防范、内控管理、执法监察、会计专业等多项检查活动；强化计算机安全信息管理和服务保障工作，严格防范各类事故，实现全年安全营运；加强党建工作和企业文化建设，营造崇尚文明、干事创业、真抓实干、加快发展的良好氛围，提升了工行品牌形象。年内，肥城支行被总行授予“文明建设先进单位”。　（赵绪春）

【中国农业银行泰安市分行】　该行辖有县、市支行6个，直管经营支行3个，二级支行2个，营业网点80个；员工1313人，其中，市分行机关248人，具有中级以上技术职务的533人。全年实现经营利润2.14亿元，增加6240万元。

存款业务　进一步推进网点转型，加快网点改造进度，深入开展“金钥匙春天行动”和“优质文明服务”活动，加强服务渠道建设，提高优质服务能力，促进个人存款持续增长。加强重点企事业单位分、支行联动营销和“一揽子”综合服务，提升法人客户服务层次，拓展合作的深度与广度。适应客户投资需求，加强基金、本外币理财、第三方存管等产品营销，增强存款业务与理财产品的联动发展。年末，各项存款余额119.05亿元，较年初增加4.63亿元，在市内4家国有商业银行中存量、增量市场

表52　2007年中国农业银行泰安市分行各支行（部）基本情况　单位：人、万元

单位	职工人数	年末存款		其中人民币储蓄存款		年末贷款		税金
		余额	比上年增%	余额	比上年增%	余额	比上年增%	总额
新泰市支行	211	247974	-1.13	181954	5.00	215134	0.48	739
宁阳县支行	138	107235	-1.29	78534	1.22	48501	-22.85	177
肥城市支行	173	197160	1.29	131917	6.06	167085	29.38	587
东平县支行	117	66092	3.69	47958	10.07	29993	4.74	100
泰山区支行	195	222082	2.97	160522	2.36	61044	33.22	303
龙泽支行	157	195660	15.85	143638	10.76	79018	665.01	223
市分行营业部	38	100808	-12.40	23652	4.29	120740	-16.44	581
东岳支行	17	30244	10.43	11448	-10.78	5177	-44.52	43
岱宗支行	19	21347	-5.11	11408	-8.36	7887	58.95	36
合计	1065	1190546	1.79	791031	5.01	789964	10.66	2958

份额为 30.17%、12.92%，总量保持第一位。

贷款业务 ①加大重点客户有效信贷投放力度。紧密围绕全市经济发展重点，积极配置信贷资源向能源、电力、高新技术、重大装备和先进制造业等优势行业中的重点客户倾斜。累计向 34 家银企合作签约客户发放贷款 15.54 亿元，完成签约额的 231%。②加强中小企业贷款投放。以农业产业化龙头企业、成长型中小企业为主导，积极向上级行推荐优势企业，扩大信贷支持范围，加大简式快速贷款、多户联保贷款等新产品推广力度，实现小企业信贷投放规模与质量的新突破。年末，中小企业各项贷款余额达到 11.97 亿元，较年初增加 3.25 亿元。③加强个人信贷投放。针对居民投资、消费趋势，创新个人贷款经营管理体制，增加业务开办机构，大力发展个人生产经营贷款、综合消费贷款等业务。其中，个人住房贷款累计发放 2.78 亿元，余额达到 5.28 亿元，较年初增加 1.99 亿元，增幅 60.24%。

中间业务 ①突出发展中间业务。整合服务渠道，全力推广“金 e 顺”电子银行业务品牌，大力发展财务顾问等业务。全年新增企业网银 690 户、个人网银 1.31 万户，实现财务顾问收入 348 万元。②提升银行卡业务质效。以发挥银行卡综合功能、筑牢电子银行发展基础为重点，着力拓展金穗卡、电话银行等产品，优化用卡环境，扩大交易份额。全年累计新增借记卡 20.53 万张，增幅 66%；新增银联特约商户 366 户，总量达 716 户，居同业第一位；新增 ATM、BST 等自助设备 89 台，总量达 156 台。③强化保险代理业务。加强换代产品推广力度，大力发展银（行）保（险）直通车业务，拓展期缴、万能险等寿险产品。累计实现保费收入 1.66 亿元。④保持国际业务高速发展。积极普及外汇业务知识，围绕重点区域、重点客户，扩大贸易融资和外汇理财业务。全年实现国际结算量 3.98 亿美元，增幅 39.2%。

年内，该行开展“合规风险管理年”活动，培育合规文化，增强员工合规意识。开展“员工家访月”等活动，积极构建家庭、社会、农行“三位一体”思想政治工作体系。加大干部的纵横向交流力度，推行领导干部双向选择、竞聘上岗。组织开展创建文明行业、文明单位等活动，涌现出总行“优秀思想政治工作者”1 人、省行“十大杰出青年”1 人、“振兴泰安劳动奖章”2 人，3 个单位被评为“市级文明单位”，4 个单位被评为“省行先进单位”。（乔　鹏　王　彬）

【中国银行泰安分行】 年末，该行机构总数为 28 个（分行 1 个、支行 10 个、分理处 17 个）。其中，泰安城区机构总数 15 个，即分行 1 个、综合性支行 3 个、经营性支行 3 个、分理处 8 个；各县（市）机构总数 13 个，即综合性支行 3 个、综合管理型分理处 1 个、经营性支行 1 个、分理处 8 个）。在岗职人 519 人。本外币资产合计 83.36 亿元，负债合计 81.78 亿元，所有者权益合计 1.58 亿元。资产利润率为 1.58%，实现净利润 1.24 亿元。

负债业务 人民币一般性存款余额 75.28 亿元，剔除 5 亿元邮储到期的影响，较年初新增 5.40 亿元。其中，企业存款新增 2.97 亿元，储蓄存款新增 2.43 亿元。外汇各项存款余额 4642 万美元，较年初下降 422 万美元。其中，储蓄余额 2545 万美元，下降 683 万美元；企业存款余额 2097 万美元，新增 261 万美元。

资产业务 人民币贷款余额 51.42 亿元，新增 7.32 亿元。其中，公司贷款余额 40.16 亿元，新增 3.43 亿元；零售贷款余额 11.26 亿元，新增 3.89 亿元。外币贷款余额 1397 万美元，下降 208 万美元。

中间业务 办理国际结算 6.02 亿美元，实现人民币卡消费额 3.54 亿元，外卡收单交易额 795 万元，

表 53　2007 年中国银行泰安分行各支行基本情况

单　位	职工人数（人）	人民币存款		其中储蓄存款		人民币贷款		税　金	
		余　额	比上年增%	余　额	比上年增%	余　额	比上年增%	余　额	比上年增%
市分行直管	210	257942	5.32	93865	7.79	204741	25.87	2398	112.30
泰　山	27	65998	24.63	18367	11.17	51424	12.45	1028	35.48
东　岳	53	60379	7.09	43484	8.41	7473	-10.18	38	10.92
岱　岳	36	49079	13.56	26464	10.08	14469	21.09	47	41.05
肥　城	58	108351	5.47	34431	8.66	111091	5.68	2366	30.42
新　泰	63	148545	4.05	62814	8.93	84130	5.85	1898	18.62
宁　阳	52	51706	6.62	26166	4.41	31917	-1.55	835	9.51
东　平	20	10770	-38.22	7659	-15.16	9001	8.95	206	-0.65
合　计	519	752770	7.21	313250	7.75	514246	14.24	8816	39.06

报关即时通交易量2.01亿元，代销保险5260万元，代销基金8.29亿元，中银信用新增发卡5794张。

资产质量　年末，不良贷款余额4487万元，减少1727万元，不良率0.86%，较年初下降0.53个百分点。授信结构进一步优化，年末A、B类客户贷款余额34.38亿元，余额占比为98.65%，较年初提高0.38个百分点。关注类授信余额2.79亿元，下降9080万元，授信占比由年初的8.16%下降至8.01%。新增零售贷款占全部新增授信的71.62%，余额占比较年初提高5.24个百分点。

内部管理　落实定点联系行、营业网点内控合规员制度、基层网点代职人制度、营业主管派驻制度、轮岗制度和强制休假制度、亲属回避制度，加强内控文化的培育和业务培训，构建和谐的工作氛围。坚持“以客户为中心”，从环境规范、礼仪规范、服务规范、技能提高方面推进服务规范化、高质效。通过改善硬件、弹性增加窗口、提高自助业务迁移率等措施，缓解“排队长”问题。组织人员为亚州举重锦标赛提供24小时金融服务，赢得客户的普遍赞誉。

（马和睦）

【中国建设银行股份有限公司泰安分行】　该行辖县（市、区）支行11个，营业网点45个，其中综合性网点39个；人员总量1183人，其中长期劳动合同制员工1022人，短期劳动合同制员工161人。全年实现利息收入3.91亿元，增加6981万元，利息实收率100.3%；实现账面利润1.99亿元，增加5061万元。

存款业务　全口径存款余额101.12亿元，比年初增加12.37亿元。开展以“争办基本户”为核心的固本开源活动，营销拓展新开立基本账户100余户，以齐鲁证券公司第三方托管（CTS）系统上线为契机，营销签约优质客户2万余户，夯实对公存款基础。优化客户结构，加大对VIP客户指标无形资产配置力度，利用OCRM客户关系管理系统，加大对个人高中端客户筛选力度，提高对个人中高端客户的服务能力。开展形式多样的营销竞赛活动，促进个人金融业务的发展。年末，储蓄存款新增4.53亿元，完成省行核定全年任务的71.68%，新增额居当地5家银行第一位。

贷款业务　各项贷款余额62.09亿元，新增1.39亿元。成立中小企业客户服务中心，大力发展中小企业业务；完成中小企业“成长之路”业务的申请、开办和业务拓展工作，全年批复小企业信用等级36户，审批通过成长之路贷款额度1.32亿元，实际信贷投放1.14亿元。提高贷款材料申报质量，促进非贴现贷款业务的快速发展，对公非贴现贷款余额42.55亿元，新增5.18亿元。加大票据贴现业务风险防范措施，发挥票据中心、贴现窗口专业化经营优势，加强客户经理谈判能力、定价能力，充分利用价格杠杆，进行差别化定价，全年累计办理贴现业务26.02亿元，贴现业务余额8.76亿元。顺利完成“A+P”个人贷款系统的上线工作，实现个人贷款业务集约化、专业化、标准化经营，个人类贷款余额10.76亿元，新增1.25亿元。采取有效措施，压缩不良资产，提高资产质量，五级分类口径不良贷款额6025万元，比年初减少196万元；不良资产率0.97%，比年初下降0.07个百分点。

中间业务　全年实现中间业务收入5930万元，增加3529万元。加强中间业务和资产业务联动营销机制，制定中间业务发展推动方案，推动了中间业务的发展。发展国际业务，成功营销泰安抽水蓄能电站50亿日元的外汇掉期业务，

表54　2007年中国建设银行股份有限公司泰安分行各支行(部)基本情况　单位:万元

单　位	职工人数(人)	年末存款		其中储蓄存款		年末贷款		税　金	
		余　额	比上年增%	余　额	比上年增%	余　额	比上年增%	余　额	比上年增%
分行直管	502	243129.05	11.14	135857.48	6.15	144953.21	-1.34	684.21	23.19
泰山支行	76	48655.15	-26.33	31843.22	0.16	38756.78	-26.77	198.98	3.44
市中支行	73	81826.76	20.46	43613.35	3.42	17616.95	-2.01	92.30	31.95
岱宗支行	22	23860.85	49.59	7345.86	23.29	6325.24	96.61	216.05	15.95
青年路支行	41	47598.24	13.25	8914.81	7.65	43303.94	21.80	219.68	24.68
东岳支行	40	25238.86	5.23	14049.69	3.84	21095.67	36.33	694.41	47.37
新泰支行	91	97701.59	19.64	59586.99	31.60	46525.36	-10.63	177.60	65.98
新汶支行	103	202031.02	17.37	130113.38	14.26	57696.22	28.17	103.56	14.99
肥城支行	140	189809.74	20.58	72233.85	1.86	181104.86	4.85	166.50	24.71
宁阳支行	58	31805.69	40.18	14001.02	17.12	45355.92	6.82	81.13	74.89
东平支行	37	19562.35	3.60	9014.51	-4.99	18159.06	-19.95	28.53	414.98
合　计	1183	1011219.30	13.94	526574.16	9.42	620893.21	2.29	2662.95	30.93

填补全省建行系统及当地同业衍生产品交易品种的空白。完成国际结算量2.43亿美元，增长52%。实施整体联动，加快信用卡和电子银行业务发展，全行信用卡发卡新增1.55万张，实现消费额1.76亿元。新增电子银行客户3.16万户，电子银行渠道占比达到28.56%。

年内，该行开展“夯实基础年”活动，构建系统化、制度化、科学化的案件风险防范机制；建成以会计主管为监控主体、以基层机构为监控对象、以13个关键风险点为监控内容、风险管理部牵头管理、会计部归口管理、双线汇报的操作风险管理体系；启动“心理防范工程”，提高员工自我控制能力以及预防、化解风险的能力。

（袁志强）

【泰安市商业银行】 年末，该行营业网点23个，其中营业部1个、支行22家；在职职工483人，其中中级以上技术职务152人。

存款业务　年末，各项存款余额88.09亿元，增加12.84亿元，增长17.06%。其中，对公存款29.20亿元、储蓄存款32.78亿元、保证金存款27.55亿元，占比分别为32.61%、36.61%、30.77%。

贷款业务　授信总额46.53亿元，增加2.96亿元，增长6.80%。存、贷比例52.82%。新计提准备金7735万元，拨备覆盖率231.93%，位居全省城市商业银行排名前列。

中间业务　全年贴现业务累计106.31亿元，增加35.59亿元，增长50.32%。贴现利息收入2.05亿元，增加9584.7万元，增长88.11%。价差收入2924.01万元，增加206.91万元，增长7.61%。债券总交易量1352亿元，交割量全国总排名第112位，山东排名第4位。货币市场各项收入合计1.94亿元，净收入1.50亿元。

经营管理　年内正式被吸纳为银联机构成员，“岱宗卡”已通过审批验收。先后与兴业银行、中国人民健康保险公司、新华人寿保险公司展开业务合作，证券资金第三方存管、代理保险业务系统成功上线，电话银行、代理理财、柜面通业务积极推进。全年投入科技系统建设资金1000多万元，新一代核心业务系统、人民银行全国支票影像交换系统、财务管理系统基础会计模块、自签商业银行汇票系统等成功上线平稳运行。印发《关于进一步加强案件专项治理工作的意见》，突出风险防控的预防、发现、整治、巩固4个环节，有效防范操作风险。结合“我为商行发展献计策”大讨论活动，提高员工的职业素质。强化内部管理，理顺部门职能，调整成立公司业务部、零售业务部、合规部；在全行范围公开竞聘支行行长，公开招聘员工近百名。推出委托贷款、应收账款质押业务，全年共办理委托贷款25笔、2.08亿元。推行个人抵押贷款和个人生产经营贷款业务，新增个人贷款2.34亿元，余额达1.47亿元。全面推行信用评级，完成244家公司类客户评级工作。

年末，实现总资产143.7亿元，增加24.42亿元，增长20.48%；各项收入完成6.55亿元，增加1.69亿元，增长34.75%；实现经营利润1.38亿元，增加146万元，增长1.07%；上缴税金2915万元，增长14%。（李　全）

【泰安市商业银行挂牌营业】 1986年10月，经中国人民银行泰安市分行批准，全省首家城市信用合作社——财源城市信用社在泰安市成立（后改为泰山城市信用社）。1987～1990年，相继成立青年、车站、泰前、工业、东岳、泰东、岱宗城市信用社，在新泰市成立平阳、孙村、东都、协庄城市信用社，肥城市、宁阳县、东平县各成立一家城市信用社。1993年9月，泰安市城市信用社中心社成立，行使管理职能。1995年8月，中心社对15处城市信用社归口管理，归口后中心社所属15处城市信用社，正式员工1001人。2001年6月，按照省政府《关于泰安市城市信用社重组方案》的要求，对泰安市城区城市信用社合作重组为1家法人机构，定名为泰安市城市信用社，下辖22个办事处、1个营业部。

为筹建泰安市商业银行，2005年2月开始筹备增资扩股。2006年12月31日，山东银监局以《关于泰安市城市信用社变更注册资本金的批复》（银监鲁准〔2006〕471号），批准泰安市城市信用社注册资本金由人民币1.52亿元变更为人民币3.02亿元。当日，泰安市城市信用社向山东省工商行政管理局申请变更了注册资本。2006年7月，银监会批准筹建泰安市商业银行。

2007年1月12日至2月2日，山东银监局组成检查组，对泰安市商业银行筹备工作及业务情况进行验收。2月13日，召开泰安市商业银行创立大会暨股东大会第一次会议，审议通过了《泰安市商业银行章程》和主要内控管理制度，选举产生了第一届董事会、监事会，调整充实了董事会、监事会下设各委员会。6月1日，山东银监局以《关于泰安市商业银行股份有限公司开业的批复》（银监鲁准〔2007〕129号），批准泰安市商业银行股份有限公司开业。8月16日，举行泰安市商业银行开业典礼，正式挂牌营业。年内，共召开股东大会2次，董事会4次、监事会4次，分别审议通过了《2007～2009年三年资本补充规划》等议案30多项。（李　全）

【山东省农村信用社联合社泰安办事处】 该社辖信用联社6家，信

表 55　　2007 年泰安市商业银行基本情况　　单位：万元

单　位	职工人数	年末存款		其中储蓄存款		年末贷款		税金总额
		余　额	比上年增%	余　额	比上年增%	余　额	比上年增%	
总　部	110							
营业部	19	86588	-11.62	26717	-1.36	52126	210.98	
泰山支行	16	62127	58.12	12295	-28.90	10640	-24.25	
车站支行	16	22760	58.28	7205	-17.52	9757	-23.05	
青年支行	17	30896	8.40	12717	-2.92	14828	104.67	
岱宗支行	16	62866	28.92	13139	-21.61	47806	13.57	
工业支行	15	30476	70.67	10371	9.16	5437	-2.62	
泰前支行	16	44722	34.91	19714	-6.25	18454	45.16	
东岳支行	15	45640	33.04	11989	-20.22	15566	47.00	
广生泉支行	17	44918	14.27	22096	22.61	24184	20.59	
财源支行	15	22582	-28.15	6850	-45.32	4269	-42.81	
普照支行	14	20990	41.22	11563	-10.50	4824	-16.41	
青年路支行	17	35990	27.47	20385	-2.17	770	-57.08	2915
新区支行	14	26506	159.33	3127	22.39	16	-96.20	
市中支行	14	32866	50.85	11876	45.24	7034	149.43	
英雄山支行	15	34593	1.14	15316	25.08	5477	130.32	
开发区支行	17	34973	-9.53	8904	33.47	15015	31.30	
灵山支行	16	46729	35.72	12337	16.22	7081	520.60	
城东支行	16	26562	9.82	15648	7.73	5098	83.58	
迎胜支行	15	25599	-2.71	18931	17.18	7919	10.82	
红门支行	16	24267	13.65	14972	11.42	4955	24.06	
市政中心支行	20	42713	-6.67	23107	-0.21	2928	-26.69	
建设大厦支行	18	32227	4.21	14048	5.17	7310	80.36	
岱道庵支行	19	43366	18.12	14538	35.49	8350	4.31	
合　计	483	880956	17.06	327845	1.04	279844	36.53	

用社 90 家，分社（储蓄所）263 家；正式员工 3018 人，其中大专以上学历的 1711 人，拥有中级以上技术职务的 356 人。

存款业务　各项存款余额达 224 亿元，增加 24 亿元，同比少增13.5 亿元。存款市场占有率为 27.62%，较年初上升 0.9 个百分点，其中新增存款市场占有率达 38.66%。

贷款业务　各项贷款余额 175 亿元，增加 24 亿元，其中农业贷款余额 127 亿元，占各项贷款的 72.6%。年内，大力开展支农网络建设，积极推进信用工程，全面推行贷款证贷款和贷款上柜台，在各行政村设立“信贷支农服务指南牌”，加深农民群众对信用社服务程序和金融业务知识的了解。完善企业贷款管理体系，组建公司业务部，对公司类业务实行集中管理。加大对中小民营企业支持力度，对产品技术含量高、发展潜力大、市场前景好的小企业提供信贷支持。积极发放个人消费贷款，年内新增 7344 万元，其中个人住房贷款 5400 万元。全年累计投放贷款 303 亿元，其中累计投放农业贷款 170 亿元，占比 56.11%。

中间业务　中间业务发展到四大类 30 项。信通卡有效发卡量达 21 万张，卡存款余额达到 8.3 亿元；新安装 ATM 机 6 台，ATM 机数量达到 37 台；新发展 POS 特约商户 81 户，POS 商户达到 321 户；信通卡消费交易量 17 万笔，交易额 6.08 亿元；全年代收业务量达 344 万笔，金额 42 亿元。全年实现中间业务收入 4118 万元，中间业务收入占比为 2.66%。

信用工程　全年新评定信用村 6 个。全市信用镇、信用村和信用户总数分别达到 16 个、1088 个和 33.3 万户，占比分别达到 18.6%、29.8% 和 29%。发放农户贷款证 25.6 万本，累计发放农户小额信用贷款 2.4 亿元。

内部管理　年内，泰山、岱岳两区联社 2.06 亿元票据获准兑付，至此，全市信用社兑付总额达 5.05 亿元，兑付比例达 87%。推行县级

表56 2007年泰安农村信用社系统基本情况 单位:万元

单位	职工人数(人)	年末存款		其中储蓄存款		年末贷款		税金	
		余额	比上年增%	余额	比上年增%	余额	比上年增%	总额	比上年增%
泰山区联社	460	327237	11.98	210860	23.38	260049	15.71	6419	236.25
岱岳区联社	533	434968	17.49	361551	19.62	345608	20.76	4719	271.28
新泰市联社	765	503758	7.47	388118	15.50	405564	9.30	2745	41.57
肥城市联社	542	473312	7.51	402097	10.96	316140	11.39	1147	22.28
宁阳县联社	336	238322	17.22	188558	18.10	193033	19.11	3364	165.09
东平县联社	351	265958	16.69	232901	16.75	232133	23.25	3000	169.30
办事处	31	–	–	–	–	–	–	–	–
合计	3018	2243555	12.03	1784085	16.55	1752527	15.59	21394	153.48

联社副主任级职务缺职竞聘，调整充实后备干部人才库，加强对联社班子的考核力度；为符合条件的100名员工办理内部退养手续，新招录员工287人；组织3084名员工参加办事处成立后的第二次持证上岗考试，开展网点负责人“三竞”、负责人与一般员工“双选”等活动。推进业务创新，组建“新泰市羊流起重机械行业信用共同体”、“泰安市天平钢材市场信用共同体”和“泰安泰山钢材大市场信用共同体”，全年为信用共同体中的110户签约企业授信13亿元，累计使用授信额度6亿元。针对农户、个体工商户生产经营周期与贷款不匹配的问题，推出一次发放、分期偿还的“金种子”个人整贷零偿贷款，方便了客户。（孙丰军）

保 险 业

【概况】 年内，新开业保险公司4家（长城人寿保险、中英人寿保险、人保健康保险、阳光财险保险）、代理公司1家（惠众利德）、公估公司1家。到年底，辖内保险公司达20家，其中产险公司9家、寿险公司11家，在职保险从业人员1.35万人。全年实现保费收入21.39亿元，增长25.33%。实现财产险保费收入5.48亿元，增长39.53%；保险金额1200亿元，提高58.74%；累计赔付3.11亿元，提高56.79%。财产保险中的机动车辆保险，提供保障425亿元，提高30.29%；提供经济补偿2.83亿元，提高27.49%。实现人寿险保费收入15.91亿元，增长21.09%；累计给付3.08亿元，提高19.35%。

保险宣传 ①组织开展全行业的各种宣传活动。3月14日，市保险协会组织驻泰各保险公司参加全市“3·15”国际消费者权益日暨“有爱守在您身边”大型公益活动。各保险公司在指定区域设立宣传咨询展位，悬挂宣传标语和横幅，向过往行人发送《共创和谐保险消费》宣传手册和公司宣传材料。4月15日，组织各会员参加全省“让保险深入生活”主题活动，各公司设立咨询台，向过往行人发放“让保险深入生活”和公司产品等宣传材料，并提供咨询。11月2~7日，组织会员公司举办泰安市首届“保险杯”业余篮球赛，活跃了业内文化体育生活，展示了全市保险员工的精神面貌。年末，组织策划以“热烈祝贺全市保费收入突破20亿元”为主题的保险宣传月活动，提高了保险业的社会影响。②强化与新闻媒体的合作。5月14日，协会与泰安交通广播电台签订为期一年的合作协议，联合开办“保险在您身边”专题栏目，设行业信息、保险知识系列讲座、保险产品推介、保险知识问答、业界精英沙龙、“点歌台”等板块，每天11点30分至11点45分固定播出，为各公司免费提供信息发布平台。同时，强化与报社、电视、电台等媒体的合作关系，协助会员公司处理突发事件，提升保险行业的良好形象。③编印《泰安保险信息》。全年编发12期，发行近7000份。同时，向上级业务部门报送各类稿件10余篇，分别刊登在《山东保险信息》等刊物或网站上。

行业自律 ①提高会员公司的自律规范意识。利用有关会议和活动，组织会员公司学习行业自律公约和省保险协会、省保监局有关文件规定及法律法规，提高会员公司的自律规范意识，端正其经营理念。②建立车险市场自律体系。为建立规范的车险市场，市保险协会多次召开自律工作会议，及时修改完善自律公约，对车险承保中容易导致分歧的几个具体问题作出明确约定。3月15日，成立机动车辆保险自律工作办公室，确定3名业务熟、思想政治水平高的人员为办公室成员，印发《关于成立机动车辆保险自律工作办公室的实施方案》，并于5月22日至7月27日对驻泰9家产险公司2007年一季度商业险及交（通）强（制保）险业务进行常规自律检查，共查阅商

表 57　　2007 年 12 月泰安市财产保险业务情况

单位:万元

单位	险种	承保数量/户/辆/笔 当期	承保数量/户/辆/笔 累计	保险金额(万元) 当期	保险金额(万元) 累计	上期保费累计	保费收入(万元) 当期	保费收入(万元) 累计	比上年增%	市场份额%	赔款件数 当期	赔款件数 累计	赔款金额(万元) 当期	赔款金额(万元) 累计	赔付率%
人保公司	企财险	24	778	144220.10	1884016.50	3244.50	147.00	3391.50	26.06		45	443	107.20	940.30	27.73
	机动车交强险	6371	60465	38190.00	362394.00	5939.30	575.30	6514.60	126.61		370	3671	162.90	1384.40	21.25
	机动车商业险	2656	33428	119809.50	1598652.20	12216.50	1054.50	13271.00	1.16		1035	17969	554.10	10674.50	80.43
	家财险	5830	40700	31996.20	108399.20	85.20	97.00	182.20	20.18		14	244	1.60	40.90	22.45
	责任险	251	2343	290205.10	1519967.60	681.80	28.80	710.60	41.13		21	379	15.20	263.20	37.04
	保证险	–	11	–	38344.60	124.00	–	124.00	112.33		–	53	–	53.70	43.31
	工程险	–	2	–	29048.70	20.70	–	20.70	–173.40		–	–	–	–	–
	货运险	118	2280	9989.90	88723.30	283.80	27.80	311.60	49.95		1	56	1.10	27.00	8.66
	意外险	2404	31918	239694.00	620127.30	418.30	58.70	477.00	23.07		29	1093	11.40	311.20	65.24
	健康险	1	9	25.60	1567.60	3.00	–	3.10	–87.24		1	28	0.40	5.40	174.19
	其他险	5	35	7110.70	42071.10	516.10	104.20	620.30	890.89		25	80	3.10	19.10	3.08
	小计	17660	171969	881241.10	6293312.10	23533.20	2093.40	25626.60	27.80	46.77	1541	24016	857.00	13719.70	53.54
太平洋保险	企财险	1	70	500.00	184936.30	204.80	2.08	206.88	27.05		0	25	0.00	32.50	15.71
	机动车交强险	602	20953	7212.00	129330.00	1598.10	83.61	1681.71	153.90		158	1649	62.61	355.54	21.14
	机动车商业险	401	8536	21034.80	324746.20	2611.80	167.06	2778.86	25.59		460	4732	128.82	1768.52	63.64
	家财险	1018	6029	12313.20	67073.70	36.96	9.16	46.12	–5.38		1	19	0.33	6.75	14.64
	责任险	5	264	754.00	88113.30	51.39	3.11	54.50	16.38		1	8	0.03	6.24	11.45
	保证险	–	–	–	–	–1.97	–0.17	–2.14	–263.36		–	1	–	0.40	–18.69
	工程险	1	2	1190.50	1352.50	0.49	1.54	2.03	–		–	–	–	–	–
	货运险	147	1463	1585.40	11623.80	18.78	2.35	21.13	35.10		1	34	0.12	3.89	18.41
	意外险	18129	265089	23199.20	451806.90	269.01	15.88	284.89	97.58		32	642	3.70	89.59	31.45
	健康险	–	–	–	–	–	–	–	–		–	–	–	–	–
	其他险	–	–	–	–	–	–	–	–		–	–	–	–	–
	小计	20304	302406	67789.10	1258982.70	4789.36	284.62	5073.98	53.97	9.26	653	7110	195.61	2263.43	44.61
平安保险	企财险	30	178	–3628.00	280677.05	221.51	–2.78	218.73	4.42		9	40	8.01	22.52	10.30
	机动车交强险	879	11333	5274.00	67998.00	899.34	78.87	978.21	118.30		208	1759	31.83	244.14	24.96
	机动车商业险	369	4393	3725.29	42105.87	1432.66	117.83	1550.49	2.01		340	3254	85.37	1283.42	82.78
	家财险	7	376	1582.60	30430.12	13.67	1.40	15.07	409.12		–	6	–	1.11	7.37
	责任险	42	180	69.30	13987.10	22.62	0.62	23.24	6.95		–	10	–	3.42	14.72
	保证险	–	–	–	–	–	–	–	–		10	–	–	–	–
	工程险	–	26	–	78601.89	157.11	–	157.11	58.81		–	45	22.33	62.80	39.97
	货运险	11	209	556.00	6466.35	6.95	0.44	7.39	–54.16		–	–	–	–	–
	意外险	75	790	–	–	198.77	3.03	201.80	62.78		–	–	–	–	–
	健康险	–	–	–	–	–	–	–	–		–	–	–	–	–
	其他险	–	–	–	–	–	–	–	–		–	–	–	–	–
	小计	1413	17485	7579.19	520266.38	2952.63	199.41	3152.04	26.08	5.75	567	5114	147.54	1617.41	51.31
天安保险	企财险	2	30	1690.70	36774.14	40.97	1.93	42.90	–31.85		4	5	1.70	11.06	25.78
	机动车交强险	516	11437	3096.00	68622.00	1033.64	55.95	1089.59	102.51		146	1256	59.01	305.22	28.01
	机动车商业险	579	5289	12650.34	237174.39	1635.89	296.66	1932.55	–8.96		382	4875	220.07	1977.87	102.35
	家财险	10	257	103.10	7011.30	3.17	0.05	3.22	8.78		1	9	0.08	0.98	30.43
	责任险	13	155	2409.00	15540.25	30.15	4.54	34.69	–3.93		5	23	13.22	16.98	48.95
	保证险	–	–	–	–	–	–	–	–		–	–	–	–	–
	工程险	–	–	–	–	–	–	–	–		–	–	–	–	–
	货运险	56	439	2119.75	18978.35	18.06	2.27	20.33	17.04		2	2	1.63	1.63	8.02
	意外险	48	1198	8752.62	187862.27	82.66	1.55	84.21	–50.79		23	281	6.35	48.23	57.27
	健康险	2	327	340.00	984.00	0.22	0.01	0.23	–51.06		–	–	–	–	–
	其他险	–	–	–38.55	–1968.08	–9.39	–0.24	–9.63	–138.28		–	–	–	–	–
	小计	1226	19132	31122.96	570978.62	2835.37	362.72	3198.09	7.43	5.84	563	6451	302.06	2361.97	73.86

续表 57

单位	险种	承保数量/户/辆/笔		保险金额(万元)		上期保费	保费收入(万元)		比上年	市场份	赔款件数		赔款金额(万元)		赔付率
		当期	累计	当期	累计	累 计	当期	累计	增%	额%	当期	累计	当期	累计	%
永安保险	企财险	5	69	13050.73	71446.58	75.63	0.90	76.53	-8.26		1	4	0.80	1.05	1.37
	机动车交强险	750	11370	4458.00	68058.00	1078.74	62.38	1141.12	285.74		99	645	24.78	175.53	15.38
	机动车商业险	315	5324	12015.27	192706.00	1746.17	105.24	1851.41	48.89		251	2449	142.42	1056.55	57.07
	家财险	74	952	724.81	11366.49	51.44	5.60	57.04	34.56		1	4	0.10	0.71	1.24
	责任险	5	170	1300.00	30110.30	16.88	1.02	17.90	73.79		–	11	–	1.02	5.70
	保证险	–	–	–	–	–	–	–	–		–	–	–	–	–
	工程险	1	1	864.14	864.14	–	0.20	0.20	–		–	–	–	–	–
	货运险	1	35	110.00	2874.42	2.71	0.09	2.80	93.10		1	1	17.80	17.80	635.71
	意外险	172	1061	197560.80	549049.16	56.75	2.40	59.15	-24.71		6	49	16.53	40.83	69.03
	健康险	–	–	–	–	–	–	–	–		–	–	–	–	–
	其他险	–	–	–	–	–	–	–	–		–	–	–	–	–
	小计	1323	18982	230083.75	926475.09	3028.32	177.83	3206.15	82.65	5.85	359	3163	202.43	1293.49	40.34
中华联合保险	企财险	7	79	2848.68	109199.84	210.19	0.45	210.64	1.12		2	63	6.83	174.80	82.99
	机动车交强险	1269	25185	7614.00	151110.00	2690.77	145.30	2836.07	146.09		519	2304	395.91	1112.91	39.24
	机动车商业险	402	11865	15534.97	481350.87	4391.49	-6.54	4384.95	-8.05		840	9859	569.36	5967.30	136.09
	家财险	1	50	3.00	724.26	0.96	–	0.96	-97.87		–	3	–	0.49	51.04
	责任险	23	420	3318.20	206258.95	83.78	1.50	85.28	-26.70		5	98	1.55	29.01	34.02
	保证险	30	620	608.90	12855.34	42.76	0.05	42.81	–		–	–	–	–	–
	工程险	4	11	2099.37	28205.34	32.89	2.66	35.55	–		–	–	–	–	–
	货运险	–	6	–	895.54	2.62	–	2.62	-24.50		–	1	–	6.74	257.25
	意外险	991	6017	6751.04	128629.78	128.49	3.72	132.21	-17.96		66	311	8.63	120.82	91.38
	健康险	5	502	86.80	9697.52	34.36	3.05	37.41	–		5	71	20.23	71.50	191.13
	其他险	–	1	–	25.30	0.15	–	0.15	–		–	–	–	–	–
	小计	2732	44756	38864.96	1128952.74	7618.46	150.19	7768.65	20.34	14.18	1437	12710	1002.51	7483.57	96.33
安邦保险	企财险	3	26	10438.97	49935.25	98.83	23.99	122.82	6.03		–	4	–	37.56	30.58
	机动车交强险	593	11779	3558.00	68730.00	1218.20	63.12	1281.32	257.17		541	4175	19.32	209.78	16.37
	机动车商业险	325	6465	12412.89	230062.40	2373.17	115.22	2488.39	154.16		594	4859	130.32	1099.78	44.20
	家财险	–	5	–	315.00	0.44	–	0.44	-81.67		–	–	–	–	–
	责任险	–	59	–	7386.40	12.93	–	12.93	-48.66		2	7	1.38	3.77	29.16
	保证险	–	–	–	–	–	–	–	–		–	–	–	–	–
	工程险	–	–	–	–	–	–	–	–		–	–	–	–	–
	货运险	–	–	–	–	–	–	–	–		–	–	–	–	–
	意外险	2	33	823.40	6352.06	14.92	2.61	17.53	58.36		7	15	2.49	4.84	27.61
	健康险	–	–	–	–	–	–	–	–		–	–	–	–	–
	其他险	–	1	–	70 –	1.79	–	1.79	–		–	–	–	–	–
	小计	923	18368	27233.26	363481.11	3720.28	204.94	3925.22	163.03	7.16	1144	9060	153.51	1355.73	34.54
大地保险	企财险	9	46	2711.13	72359.30	82.69	4.95	87.64	164.21		2	5	2.93	9.25	10.55
	机动车交强险	1251	13393	7410.00	79200.00	819.17	85.84	905.01	285.39		178	810	51.64	183.49	20.27
	机动车商业险	188	3175	7184.66	112496.12	922.99	55.99	978.98	195.57		366	2242	75.60	401.12	40.97
	家财险	16	329	243.40	7700.00	2.02	16.06	18.08	6134.48		–	–	–	–	–
	责任险	9	199	1336.10	67205.80	117.43	2.91	120.34	407.98		16	23	310.81	313.76	260.73
	保证险	–	1	–	591.80	1.18	–	1.18	–		–	–	–	–	–
	工程险	–	–	–	–	–	–	–	–		–	–	–	–	–
	货运险	4	87	2953.49	16463.17	17.29	3.00	20.29	20190.00		–	–	–	–	–
	意外险	205	3466	13961.84	525134.60	186.77	5.34	192.11	68.08		71	549	15.36	54.96	28.61
	健康险	–	4	–	378.20	0.67	–	0.67	–		–	–	–	–	–
	其他险	2	21	35.20	289.74	2.05	0.08	2.13	139.33		–	1	–	0.09	4.23
	小计	1684	20721	35835.82	881818.73	2152.26	174.17	2326.43	214.06	4.25	633	3630	456.34	962.67	41.38

续表 57

单位	险种	承保数量/户/辆/笔		保险金额(万元)		上期保费	保费收入(万元)		比上年	市场份	赔款件数		赔款金额(万元)		赔付率
		当期	累计	当期	累计	累 计	当期	累计	增%	额%	当期	累计	当期	累计	%
阳光保险	企财险	2	2	1484.00	1484.00	–	12.10	12.10			–	–	–	–	–
	机动车交强险	490	1540	2940.00	9240.00	123.09	90.30	213.39			10	40	9.68	17.59	8.24
	机动车商业险	255	573	11475.00	22649.51	104.67	107.20	211.87			12	63	12.75	32.90	15.53
	家财险	4405	4451	8810.00	10190.00	0.48	10.57	11.05			–	–	–	–	–
	责任险	–	4	–	20.00	2.57	–	2.57			–	–	–	–	–
	保证险	–	–	–	–	–	–	–			–	–	–	–	–
	工程险	–	–	–	–	–	–	–			–	–	–	–	–
	货运险	–	–	–	–	–	–	–			–	–	–	–	–
	意外险	11	32	142.00	205.00	20.95	20.56	41.51			11	47	1.50	7.30	17.59
	健康险	5	15	30.00	80.00	16.71	6.78	23.49			–	11	–	3.50	14.90
	其他险	–	–	–	–	–	–	–			–	–	–	–	–
	小计	5168	6617	24881.00	43868.51	268.47	247.51	515.98		0.94	33	161	23.93	61.29	11.88
全市总计	企财险	83	1278	173316.31	2690828.96	4179.12	190.62	4369.74	22.53		63	589	127.47	1229.04	28.13
	机动车交强险	12721	167455	79752.00	1004682.00	15400.35	1240.67	16641.02	153.48		2229	16309	817.68	3988.60	23.97
	机动车商业险	5490	79048	215842.72	3241943.56	27435.34	2013.16	29448.50	11.98		4280	50302	1918.81	24261.96	82.39
	家财险	11361	53149	55776.31	243210.07	194.34	139.84	334.18	12.75		17	285	2.11	50.94	15.24
	责任险	348	3794	299391.70	1948589.70	1019.55	42.50	1062.05	35.52		50	559	342.19	637.40	60.02
	保证险	30	632	608.90	51791.74	165.97	−0.12	165.85	177.76		10	54	–	54.10	32.62
	工程险	6	42	4154.01	138072.57	211.19	4.40	215.59	195.29		–	45	22.33	62.80	29.13
	货运险	337	4519	17314.54	146024.93	350.21	35.95	386.16	47.42		5	94	20.65	57.06	14.78
	意外险	22037	309604	490884.90	2469167.07	1376.62	113.79	1490.41	25.04		245	2987	65.96	677.77	45.48
	健康险	13	857	482.40	12707.32	54.96	9.94	64.90	162.01		6	110	20.63	80.40	123.88
	其他险	7	58	7107.35	41118.06	510.70	104.04	614.74	314.08		25	81	3.10	19.19	3.12
	小计	52433	620436	1344631.14	11988135.98	50898.35	3894.79	54793.14	39.53	100	6930	71415	3340.93	31119.26	56.79

业保险单6023份、交（通）强（制保）险保单1.16万份及相关的账册和登记表等，就检查中发现的问题和不足，向相关公司提出改进意见。此外，对收到的违反自律公约的举报件进行调查，维护了车险市场秩序。③对保险从业人员进行自律管理。年底对辖内公司进行保险代理人管理情况调研检查。在各公司自查的基础上，于11月22～27日分产、寿险2个检查小组，对各公司进行集中检查，督促各保险公司加强对保险代理从业人员的管理，规范保险代理从业人员的展业行为，提高行业自律水平。④做好信访投诉工作。年内，协会受理信访投诉件18起，其中电话投诉10起、来人来访7起、信件投诉1起。协会对接访的信访事项均逐件登记分类处理，对涉及具体保险公司事项的分别与有关公司联系，妥善处理信访投诉事项，办结率为100%。

拓展服务 ①推动实行商业保险定点医疗制度。在调查论证的基础上，协商拟定《泰安市商业保险公司医疗定点机构合作合同》《泰安市保险行业医疗定点机构管理办法》，在行业内部成立“泰安市保险行业医疗定点机构管理委员会”，选择确定17家定点医疗机构。6月1日，举行泰安市保险行业医疗定点机构签字仪式，首次实现全市保险业与医疗行业的交流与合作。6月26日，召开定点医疗机构管理委员会会议，确定定点医院重点联系人制度。7月3日，召开城区定点医院和保险公司座谈会，医保双方就下一步的深入合作交换意见。8月9～10日，组织部分“医疗机构管理委员会”成员赴天津学习定点医院管理工作。②实现保险代理人资格考试由笔试到上机考试的转变。7月下旬，利用泰安广播电视大学网络建立远程考点，正式实现保险代理从业人员电子化考试，为代理人参考提供方便。到年末，全市保险代理人的电子化考试已完全取代笔试。全年组织代理人资格考试30场，参考1.20万人。其中，笔试9场，参考6251人；电子化考试21场，报名5791人，参考5745人，通过4194人。协会打印及换发资格证书1.20万本，为各会员公司打印发放展业证2060本。③加强统计工作，为各会员公司业务决策提供依据。协会于2月份召开统计工作会议，表彰上一年先进，安排布置全年工作任务。6月份，召开各公司统计人员会议，传达保监局有关业务统计表中“意外健康险”的拆分指示，明确统计要求和上报时限。各公司统

表 58 **2007 年 12 月泰安市各县(市、区)保费业务情况**

单位:万元

地区 公司名称	市区		泰山区		岱岳区		新泰市		肥城市		宁阳县		东平县		全市	
	当期	累计	当期	累计	当期	累计	当期	累计	当期	累计	当期	累计	当期	累计	当期	累计
人保公司	932.10	8906.00	148.50	1780.90	338.00	1916.70	246.00	5321.80	221.00	3541.40	139.00	2683.40	68.80	1476.40	2093.40	25626.60
太保产险	97.19	2430.35	–	–	–	–	84.80	1246.00	54.49	753.19	19.17	402.37	28.97	242.07	284.62	5073.98
平安产险	104.03	1541.49	–	–	–	–	30.09	454.72	38.34	489.24	5.78	376.55	21.17	290.04	199.41	3152.04
天安保险	251.23	1246.17	–	–	–	–	45.19	657.86	30.21	463.63	23.93	386.70	12.16	443.73	362.72	3198.09
永安产险	91.82	1973.66	–	–	–	–	28.65	469.89	48.79	660.81	–	–	8.57	101.79	177.83	3206.15
中华联合	60.94	3010.38	3.02	761.36	15.05	668.70	31.62	1234.63	27.07	1321.15	4.88	162.01	7.61	610.42	150.19	7768.65
安邦产险	86.96	2073.67	12.18	76.29	8.97	145.55	39.29	678.13	25.60	504.75	11.19	107.93	20.75	338.90	204.94	3925.22
大地产险	89.10	1421.16	–	–	–	–	35.71	435.35	20.55	223.82	11.97	163.51	16.84	82.59	174.17	2326.43
阳光产险	247.51	515.98	–	–	–	–	–	–	–	–	–	–	–	–	247.51	515.98
财产险小计	1960.88	23118.86	163.70	2618.55	362.02	2730.95	541.35	10498.38	466.05	7957.99	215.92	4282.47	184.87	3585.94	3894.79	54793.14
中国人寿	257.00	3862.00	531.00	9847.00	328.00	6445.00	795.00	15007.00	971.00	11361.00	353.00	8235.00	256.00	7112.00	3491.00	61869.00
太保寿险	21.48	2188.90	2.39	476.85	596.50	5657.96	381.76	4077.70	524.92	4876.63	453.34	4613.82	405.62	4265.25	2386.01	26157.11
平安寿险	1583.25	17102.25	–	–	–	–	355.15	3911.78	466.71	5179.50	–	–	–	–	2405.11	26193.53
泰康人寿	517.98	4616.80	–	–	–	–	256.78	2885.55	313.21	3503.26	102.42	1241.89	29.82	250.85	1220.21	12498.35
新华人寿	1009.78	9492.13	–	–	–	–	45.66	1033.30	22.22	793.92	29.43	683.76	18.21	506.24	1125.30	12509.35
太平人寿	926.76	9579.76	–	–	–	–	22.33	286.75	–	–	–	–	–	–	949.09	9866.51
民生人寿	143.68	729.63	–	–	–	–	198.73	1239.40	19.38	291.05	10.10	100.16	–	–	371.89	2360.24
合众人寿	80.85	693.36	–	–	–	–	31.68	420.39	–	–	–	–	–	–	112.53	1113.75
中英人寿	497.80	3191.20	–	–	–	–	–	–	–	–	–	–	–	–	497.80	3191.20
长城人寿	48.60	352.14	–	–	–	–	–	–	–	–	–	–	–	–	48.60	352.14
人保健康	799.62	2971.00	–	–	–	–	–	–	–	–	–	–	–	–	799.62	2971.00
人寿险小计	5886.80	54779.17	533.39	10323.85	924.50	12102.96	2087.09	28861.87	2317.44	26005.36	948.29	14874.63	709.65	12134.34	13407.16	159082.18
产寿险合计	7847.68	77898.03	697.09	12942.40	1286.52	14833.91	2628.44	39360.25	2783.49	33963.35	1164.21	19157.10	894.52	15720.28	17301.95	213875.32

计人员认真负责，工作努力，均能在规定的时间内完成当月业务数据的上报。协会进一步完善细化统计工作，将全市各县（市、区）业务分开统计，方便了各公司的经营决策和地方政府对当地保险业发展情况的跟踪了解。④加强与政府部门的沟通协调。市保险协会经常向市政府汇报协会工作、全市保险业发展及会员公司在发展中遇到的问题等情况，争取政府对保险业发展的政策支持力度；主动与工商、税务、公安、卫生等部门，围绕保险业发展、服务“三农”、维护社会稳定等方面进行沟通，创造保险业良好的发展环境。（陈宝英）

【中国人民财产保险股份有限公司泰安市分公司】 该公司辖县（市、区）支公司 6 个，营业部 7 个，兼业代理机构 65 个；在编员工 214 人，资产总额 1.24 亿元。主要经营机动车保险、企业财产保险、责任保险、货物运输保险、家庭财产保险、工程保险、农业保险等财产险业务和人身意外伤害保险、短期健康保险等人身保险业务领域。全年实现保费收入 2.5 亿元，累计为全市 800 家企业、7 万户城乡居民家庭和 10 万辆机动车提供 700 亿元的风险保障，市场占有率 46.77%。

年内，该公司通过开展解放思想大讨论，全体员工坚定了跨越式发展的信心和决心。市公司班子成员在抓好机关工作的同时，拓展服务渠道，直接参与基层公关展业；基层班子不畏艰难、迎难而上，各公司挂靠人员立足全局、心系一线，员工队伍的精神状态和工作热情显著改善，整体素质明显提高。上半年，分别实施了“迎新春 惊喜无限”、“为生存 增二十”业务竞赛，加大了重点险种、效益险种的奖励力度，业务拓展能力明显提高。下半年分别制定了九月份促进奖指标、后四个月业务考核指标、背水一战会战方案等，加大奖励力度，增强了考核的科学性及有效性。加强销售队伍建设，全年有效增员 158 人，增长率 31%；营销业务收入增加 2926 万，增长 29%。按照上级要求强势推进网点建设工作，全年新增农村营销服务部 17 个，形成遍及泰安城乡的销售服务网络。开展“携手人保财险，尊享金牌服务”首届客户节活动，对外

表59 **2007年12月泰安市人身保险业务情况**

单位：万元

单位	项目	保险种类	上期保费累计	保费收入(本月)			保费收入(累计)			同比增长%	市场份额%	退保支出(累计)	赔款支出(累计)				
				首期	续期	小计	首期	续期	小计				满期给付	死伤给付	医疗给付	年金支付	赔款支付
中国人寿	团体业务	人寿保险	414.00	50.00	–	50.00	418.00	46.00	464.00	-72.29		244.00	34.00	33.00	–	383.00	–
		意外保险	188.00	11.00	–	11.00	199.00	–	199.00	-35.69		–	–	–	–	–	70.00
		健康保险	544.00	22.00	–	22.00	566.00	–	566.00	3.66		1.00	–	–	–	–	618.00
		分红保险	1716.00	–	–	–	1716.00	–	1716.00	179.48		776.00	1.00	–	–	34.00	9.00
		小计	2862.00	83.00	–	83.00	2899.00	46.00	2945.00	-6.33		1021.00	35.00	33.00	–	417.00	697.00
	个人业务	人寿保险	22883.00	623.00	1145.00	1768.00	5337.00	19314.00	24651.00	11.22		2047.00	3199.00	674.00	521.00	1156.00	4.00
		意外保险	1417.00	12.00	–	12.00	1429.00	–	1429.00	70.73		–	–	–	–	–	138.00
		健康保险	1006.00	48.00	–	48.00	723.00	331.00	1054.00	29.38		4.00	1.00	4.00	1.00	–	373.00
		分红保险	13058.00	69.00	479.00	548.00	4802.00	8804.00	13606.00	4.84		3162.00	1199.00	102.00	5.00	241.00	–
		小计	38364.00	752.00	1624.00	2376.00	12291.00	28449.00	40740.00	10.72		5213.00	4399.00	780.00	527.00	1397.00	515.00
	银行业务	人寿保险	–	–	–	–	–	–	–	–		–	–	–	2.00	–	–
		意外保险	–	–	–	–	–	–	–	–		–	–	–	–	–	–
		健康保险	–	–	–	–	–	–	–	–		–	–	–	–	–	–
		分红保险	17152.00	1032.00	–	1032.00	16868.00	1316.00	18184.00	-4.11		2015.00	13964.00	52.00	3.00	34.00	–
		小计	17152.00	1032.00	–	1032.00	16868.00	1316.00	18184.00	-4.11		2015.00	13964.00	52.00	5.00	34.00	–
	合计		58378.00	1867.00	1624.00	3491.00	32058.00	29811.00	61869.00	5.04	38.89	8249.00	18398.00	865.00	532.00	1848.00	1212.00
太平洋人寿	团体业务	人寿保险	926.58	–	–	–	926.58	–	926.58	432.00		884.60	26.64	29.84	–	91.79	–
		意外保险	453.10	13.27	–	13.27	466.37	–	466.37	31.12		–	–	–	–	–	34.19
		健康保险	92.58	3.07	–	3.07	95.65	–	95.65	27.86		–	–	–	–	–	27.94
		分红保险	–	–	–	–	–	–	–	–		–	–	–	–	–	–
		小计	1472.26	16.34	–	16.34	1488.60	–	1488.60	146.19		884.60	26.64	29.84	–	91.79	62.13
	个人业务	人寿保险	12333.88	155.23	1166.87	1322.10	2836.05	10819.93	13655.98	5.33		649.18	325.06	267.80	–	100.52	–
		意外保险	151.66	7.50	–	7.50	159.16	–	159.16	158.38		–	–	–	–	–	277.26
		健康保险	55.20	3.47	–	3.47	58.67	–	58.67	58.48		–	–	–	–	–	93.05
		分红保险	3871.18	9.32	164.59	173.91	1333.98	2711.11	4045.09	247.63		188.86	247.27	80.44	–	105.60	–
		小计	16411.92	175.52	1331.46	1506.98	4387.86	13531.04	17918.90	25.95		838.04	572.33	348.24	–	206.12	370.31
	银行业务	人寿保险	–	–	–	–	–	–	–	–		–	–	–	–	–	–
		意外保险	248.77	68.77	–	68.77	317.54	–	317.54	1471.98		–	–	–	–	–	–
		健康保险	2.00	–	–	–	2.00	–	2.00	106.19		–	–	–	–	–	–
		分红保险	5636.15	793.92	–	793.92	6430.07	–	6430.07	-6.30		825.76	831.68	32.08	–	–	–
		小计	5886.92	862.69	–	862.69	6749.61	–	6749.61	-1.96		825.76	831.68	32.08	–	–	–
	合计		23771.10	1054.55	1331.46	2386.01	12626.07	13531.04	26157.11	20.45	16.44	2548.40	1430.65	410.16	–	297.91	432.44
平安人寿	团体业务	人寿保险	–	–	–	–	–	–	–	–		–	–	–	–	–	–
		意外保险	98.72	6.60	–	6.60	105.32	–	105.32	19.07		507.16	–	–	0.44	–	19.35
		健康保险	74.06	4.95	–	4.95	79.01	–	79.01	–		72.46	–	–	1.03	–	45.14
		分红保险	74.13	3.30	1.65	4.95	52.69	26.39	79.08	-25.19		144.91	0.10	–	–	146.72	–
		小计	246.91	14.85	1.65	16.50	237.02	26.39	263.41	35.67		724.53	0.10	–	1.47	146.72	64.49
	个人业务	人寿保险	11169.46	187.77	912.03	1099.80	2094.78	10174.48	12269.26	20.02		1087.27	609.98	–	88.62	62.56	56.89
		意外保险	1110.41	35.77	73.57	109.34	399.04	820.71	1219.75	105.32		–	–	–	118.16	–	45.52
		健康保险	2117.55	63.81	144.69	208.50	711.88	1614.17	2326.05	-21.55		–	–	–	206.77	–	45.52
		分红保险	6241.12	114.01	500.52	614.53	1271.88	5583.77	6855.65	14.97		465.97	499.07	–	177.24	41.71	79.65
		小计	20638.54	401.36	1630.81	2032.17	4477.58	18193.13	22670.71	14.82		1553.24	1109.05	–	590.79	104.27	227.58
	银行业务	人寿保险	–	–	–	–	–	–	–	–		–	–	–	–	–	–
		意外保险	–	–	–	–	–	–	–	–		–	–	–	–	–	–
		健康保险	–	–	–	–	–	–	–	–		–	–	–	–	–	–
		分红保险	2902.97	249.51	106.93	356.44	2281.57	977.84	3259.41	20.66		999.19	–	–	27.15	–	–
		小计	2902.97	249.51	106.93	356.44	2281.57	977.84	3259.41	20.66		999.19	–	–	27.15	–	–
	合计		23788.42	665.72	1739.39	2405.11	6996.17	19197.36	26193.53	15.70	16.47	3276.96	1109.15	–	619.41	250.99	292.07

续表 59

单位	项目	保险种类	上期保费累计	保费收入(本月) 首期	续期	小计	保费收入(累计) 首期	续期	小计	同比增长%	市场份额%	退保支出(累计)	赔款支出(累计) 满期给付	死伤给付	医疗给付	年金支付	赔款支付
泰康人寿	团体业务	人寿保险	3.89	2.12	55.13	57.25	6.01	55.13	61.14	406.13		26.80	–	1.80	–	2.74	0.30
		意外保险	42.17	3.07	–	3.07	45.24	–	45.24	32.63		–	–	–	–	–	12.82
		健康保险	327.35	–	–	–	327.35	–	327.35	-61.41		17.15	–	116.27	–	–	164.76
		分红保险	–	–	–	–	–	–	–	–		189.01	–	2.39	–	0.65	–
		小计	373.41	5.19	55.13	60.32	378.60	55.13	433.73	-53.03		232.96	–	120.46	–	3.39	177.88
	个人业务	人寿保险	550.92	–	4.09	4.09	136.98	418.03	555.01	-26.88		116.30	9.00	12.03	–	28.94	–
		意外保险	87.57	0.60	7.91	8.51	11.63	84.45	96.08	69.81		3.54	–	–	–	–	40.40
		健康保险	801.78	1.52	68.96	70.48	61.09	811.17	872.26	-13.33		37.03	–	40.30	–	16.83	60.88
		分红保险	4448.68	83.14	313.48	396.62	2215.38	2629.92	4845.30	26.48		405.54	–	36.78	–	99.13	–
		小计	5888.95	85.26	394.44	479.70	2425.08	3943.57	6368.65	12.66		562.41	9.00	89.11	–	144.90	101.28
	银行业务	人寿保险	1749.60	–	–	–	1749.60	–	1749.60	-61.44		137.56	–	5.00	–	–	–
		意外保险	–	–	–	–	–	–	–	–		–	–	3.22	–	–	–
		健康保险	–	–	–	–	–	–	–	–		–	–	–	–	–	–
		分红保险	3266.18	678.49	1.70	680.19	3933.91	12.46	3946.37	2580.96		529.15	1046.73	42.08	–	–	–
		小计	5015.78	678.49	1.70	680.19	5683.51	12.46	5695.97	21.07		666.71	1046.73	50.30	–	–	–
	合计		11278.14	768.94	451.27	1220.21	8487.19	4011.16	12498.35	10.79	7.86	1462.08	1055.73	259.87	–	148.29	279.16
新华人寿	团体业务	人寿保险	5.76	1.05	–	1.05	6.81	–	6.81	602.06		–	–	–	2.71	–	–
		意外保险	217.17	3.67	–	3.67	220.84	–	220.84	336.01		–	–	3.30	5.73	–	6.62
		健康保险	82.20	20.86	–	20.86	103.06	–	103.06	244.22		–	–	–	7.18	–	9.70
		分红保险	8.39	–	–	–	8.39	–	8.39	58.30		–	–	–	–	–	–
		小计	313.52	25.58	–	25.58	339.10	–	339.10	290.40		–	–	3.30	15.62	–	16.32
	个人业务	人寿保险	187.82	0.77	14.45	15.22	4.24	198.80	203.04	-11.04		12.75	–	69.28	3.72	24.13	–
		意外保险	9.60	0.30	0.57	0.87	4.83	5.64	10.47	-16.04		–	–	15.27	–	–	0.60
		健康保险	1315.89	13.72	107.49	121.21	514.51	922.59	1437.10	41.40		25.18	–	21.92	65.02	–	16.03
		分红保险	5924.02	151.49	369.63	521.12	3294.66	3150.48	6445.14	76.27		158.47	–	–	–	–	–
		小计	7437.33	166.28	492.14	658.42	3818.24	4277.51	8095.75	64.77		196.40	–	106.47	68.74	24.13	16.63
	银行业务	人寿保险	–	–	–	–	–	–	–	–		–	–	45.13	–	–	–
		意外保险	–	–	–	–	–	–	–	–		–	–	–	–	–	–
		健康保险	–	–	–	–	–	–	–	–		–	–	–	–	–	–
		分红保险	3633.20	438.20	3.10	441.30	3993.10	81.40	4074.50	-28.42		943.61	–	–	–	–	–
		小计	3633.20	438.20	3.10	441.30	3993.10	81.40	4074.50	-28.42		943.61	–	45.13	–	–	–
	合计		11384.05	630.06	495.24	1125.30	8150.44	4358.91	12509.35	16.99	7.86	1140.01	–	154.90	84.36	24.13	32.95
太平人寿	团体业务	人寿保险	–	–	–	–	–	–	–	–		–	–	–	–	–	–
		意外保险	159.51	23.30	–	23.30	182.81	–	182.81	23.12		0.50	–	37.61	135.12	–	–
		健康保险	44.16	5.56	–	5.56	49.72	–	49.72	-35.18		–	–	–	132.82	–	–
		分红保险	–	–	–	–	–	–	–	–		–	–	–	–	–	–
		小计	203.67	28.86	–	28.86	232.53	–	232.53	3.25		0.50	–	37.61	267.94	–	–
	个人业务	人寿保险	629.89	16.68	34.00	50.68	450.07	230.50	680.57	463.25		1.50	–	12.00	0.42	–	–
		意外保险	50.37	5.45	–	5.45	55.82	–	55.82	68.18		0.18	–	–	0.79	–	–
		健康保险	239.96	13.70	–	13.70	253.66	–	253.66	132.27		0.05	–	–	73.94	–	–
		分红保险	225.19	20.90	20.00	40.90	153.69	112.40	266.09	278.45		4.47	–	–	–	–	–
		小计	1145.41	56.73	54.00	110.73	913.24	342.90	1256.14	276.61		6.20	–	12.00	75.15	–	–
	银行业务	人寿保险	–	–	–	–	–	–	–	–		–	–	–	–	–	–
		意外保险	–	–	–	–	–	–	–	–		–	–	–	–	–	–
		健康保险	–	–	–	–	–	–	–	–		–	–	–	–	–	–
		分红保险	7568.34	754.50	55.00	809.50	8050.84	327.00	8377.84	66.96		100.00	–	5.60	–	–	–
		小计	7568.34	754.50	55.00	809.50	8050.84	327.00	8377.84	66.96		100.00	–	5.60	–	–	–
	合计		8917.42	840.09	109.00	949.09	9196.61	669.90	9866.51	76.93	6.20	106.70	–	55.21	343.09	–	–
民生人寿	个人业务	人寿保险	29.30	3.28	2.01	5.29	20.99	13.60	34.59	54.90		1.32	–	–	–	–	–
		意外保险	40.51	1.96	2.68	4.64	24.56	20.59	45.15	412.49		0.02	–	–	10.23	–	–
		健康保险	219.72	45.19	25.62	70.81	143.86	146.67	290.53	10.82		16.73	–	5.00	3.31	–	–
		分红保险	585.92	1.25	8.50	9.75	476.80	118.87	595.67	317.84		2.62	–	–	2.01	–	–
		小计	875.45	51.68	38.81	90.49	666.21	299.73	965.94	121.61		20.69	–	5.00	15.55	–	–
	银行业务	意外保险	–	–	–	–	–	–	–			–	–	–	–	–	–
		健康保险	–	–	–	–	–	–	–			–	–	–	–	–	–
		分红保险	1112.90	281.40	–	281.40	1394.30	–	1394.30			11.96	–	–	–	–	–
		小计	1112.90	281.40	–	281.40	1394.30	–	1394.30			11.96	–	–	–	–	–
	合计		1988.35	333.08	38.81	371.89	2060.51	299.73	2360.24	441.50	1.48	32.65	–	5.00	15.55	–	–
合众人寿	个人业务	人寿保险	685.96	26.40	–	26.40	694.76	17.60	712.36	538.09		–	–	–	–	–	–
		意外保险	10.25	1.20	–	1.20	11.45	–	11.45	182.02		–	–	–	–	–	–
		健康保险	91.64	1.60	3.20	4.80	84.87	11.57	96.44	3773.09		–	–	10.03	1.84	–	–
		分红保险	213.37	62.13	18.00	80.13	233.27	60.23	293.50	1936.78		–	–	–	–	–	–
		小计	1001.22	91.33	21.20	112.53	1024.35	89.40	1113.75	739.93		–	–	10.03	1.85	–	–
	合计		1001.22	91.33	21.20	112.53	1024.35	89.40	1113.75	739.93	0.70	–	–	10.03	1.85	–	–

续表 59

单位	项目	保险种类	上期保费累计	保费收入(本月)			保费收入(累计)			同比增长%	市场份额%	退保支出(累计)	赔款支出(累计)				
				首期	续期	小计	首期	续期	小计				满期给付	死伤给付	医疗给付	年金支付	赔款支付
中英人寿	银行业务	人寿保险	-	-	-	-	-	-	-			-	-	-	-	-	-
		意外保险	-	-	-	-	-	-	-			-	-	-	-	-	-
		健康保险	-	-	-	-	-	-	-			-	-	-	-	-	-
		分红保险	2693.40	497.80	-	497.80	3191.20	-	3191.20			-	-	-	-	-	-
		小计	2693.40	497.80	-	497.80	3191.20	-	3191.20			-	-	-	-	-	-
	合计		2693.40	497.80	-	497.80	3191.20	-	3191.20		2.01	-	-	-	-	-	-
长城人寿	个人业务	人寿保险	164.43	24.83	-	24.83	189.26	-	189.26			-	-	-	-	-	-
		意外保险	3.99	1.26	-	1.26	5.25	-	5.25			-	-	-	-	-	-
		健康保险	124.60	19.73	-	19.73	144.33	-	144.33			-	-	-	-	-	-
		分红保险	10.52	2.78	-	2.78	13.30	-	13.30			-	-	-	-	-	-
		小计	303.54	48.60	-	48.60	352.14	-	352.14			-	-	-	-	-	-
	合计		303.54	48.60	-	48.60	352.14	-	352.14		0.22	-	-	-	-	-	-
人保健康	团体业务	人寿保险	-	-	-	-	-	-	-			-	-	-	-	-	-
		意外保险	6.93	1.46	-	1.46	8.39	-	8.39			-	-	-	-	-	-
		健康保险	1969.57	774.65	-	774.65	2744.22	-	2744.22			-	-	-	565.60	-	51.82
		分红保险	-	-	-	-	-	-	-			-	-	-	-	-	-
		小计	1976.50	776.11	-	776.11	2752.61	-	2752.61			-	-	-	565.60	-	51.82
	个人业务	人寿保险	-	-	-	-	-	-	-			-	-	-	-	-	-
		意外保险	1.99	0.29	-	0.29	2.28	-	2.28			-	-	-	-	-	-
		健康保险	192.89	23.22	-	23.22	216.11	-	216.11			-	-	-	-	-	-
		分红保险	-	-	-	-	-	-	-			-	-	-	-	-	-
		小计	194.88	23.51	-	23.51	218.39	-	218.39			-	-	-	-	-	-
	合计		2171.38	799.62	-	799.62	2971.00	-	2971.00		1.87	-	-	-	565.60	-	51.82
全市合计	团体业务	人寿保险	1350.23	53.17	55.13	108.30	1357.40	101.13	1458.53	-21.66		1155.40	60.64	64.64	2.71	477.53	0.30
		意外保险	1165.60	62.37	-	62.37	1227.97	-	1227.97	24.44		507.66	-	40.91	141.29	-	142.98
		健康保险	3133.92	831.09	-	831.09	3965.01	-	3965.01	151.63		90.61	-	116.27	706.63	-	917.36
		分红保险	1798.52	3.30	1.65	4.95	1777.08	26.39	1803.47	139.22		1109.92	1.10	2.39	-	181.37	9.00
		小计	7448.27	949.93	56.78	1006.71	8327.46	127.52	8454.98	63.28		2863.59	61.74	224.21	850.63	658.90	1069.64
	个人业务	人寿保险	48634.66	1037.96	3278.45	4316.41	11764.13	41186.94	52951.07	13.64		3915.32	4143.04	1035.11	613.76	1372.15	60.89
		意外保险	2883.35	66.33	84.73	151.06	2103.02	931.39	3034.41	88.73		3.74	-	15.27	129.19	-	501.78
		健康保险	6165.23	233.96	349.96	583.92	2911.98	3837.17	6749.15	8.62		82.99	1.00	81.25	351.88	16.83	588.48
		分红保险	34578.00	514.02	1873.72	2387.74	13794.96	23170.78	36965.74	32.88		4387.93	1945.34	219.22	184.25	487.44	79.65
		小计	92261.24	1852.27	5586.86	7439.13	30574.09	69126.28	99700.37	21.24		8389.98	6089.38	1350.85	1279.08	1876.42	1230.80
	银行业务	人寿保险	1749.60	-	-	-	1749.60	-	1749.60	-61.45		137.56	-	50.13	2.00	-	-
		意外保险	248.77	68.77	-	68.77	317.54	-	317.54	694.25		-	-	3.22	-	-	-
		健康保险	2.00	-	-	-	2.00	-	2.00	106.19		-	-	-	-	-	-
		分红保险	43965.14	4725.82	166.73	4892.55	46142.99	2714.70	48857.69	24.05		5424.67	15842.41	131.76	30.15	34.00	-
		小计	45965.51	4794.59	166.73	4961.32	48212.13	2714.70	50926.83	15.84		5562.23	15842.41	185.11	32.15	34.00	-
	合计		145675.02	7596.79	5810.37	13407.16	87113.68	71968.50	59082.18	21.09	100	16815.80	21993.53	1760.17	2161.86	2569.32	2300.44

展现了该公司独具特色的服务和良好社会形象。严格落实《黄金客户服务方案》，在大客户、集团客户的维系方面积累了成功经验，全年40万元以上大客户的续保率达到100%。开展“催材料、送赔款”活动，年底有7个公司送款率达到100%。完善“小额赔款快速处理通道”，车险当年理赔周期提速58%以上，基本完成“理赔无忧－车险快捷”承诺目标。到年底，该公司未积压任何一笔赔案，得到了客户和社会各界的广泛赞誉。（殷文文）

【中国人寿保险股份有限公司泰安分公司】 该公司辖县（市、区）支公司6个，直属个险销售部2个，团险销售部1个，中介代理部1个，收展管理部1个，县域营销服务部41个，中介代理机构427个；有员工290人，其中市分公司104人，中级以上技术职务的46人；营销业务员3000余人。主要提供个人人寿保险、团体人寿保险、意外险及健康险等产品和服务。全年实现保费收入6.21亿元，增长5.43%，占全市人身保险市场份额的38.89%，总资产达18.55亿元，继续保持寿险市场的龙头地位。在省公司2007年分类分级绩效考核中被评为甲类AAA级公司。该公司加大结构调整力度，促进业务协调发展，公司险种的期趸交比例进一步优化，首年期交保费首次突破1亿元，成为年内业务发展的一大亮点。制定《中国人寿泰安分公司构建七大销售平台执行方案》，重新组建泰山区支公司和城区团险销售部，在城区业务做大做强上进行探索。继续实施“促强扶弱”战略，有3个县域支公司在省公司的年终综合考评中获4项奖励，建成标准化营销服务部4个，城区收展管理部、新泰市支公司收展部分别荣获总公司AAA级、A级标准化区域收展部荣誉称号，个险、团险、中介渠道分别在全省系统2007年“万众创富”大赛综合考评中获得第9名、第5名和第3名的优良成绩。围绕客户服务工作重心，开展“牵手中国人寿，共建和谐生活”、首届“6·16国寿客户节”、VIP客户附加值服务、“和谐生活·魅力女性”、高考志愿填报讲座等一系列客户服务活动。在业务管理上，全面推行柜员制，严格单证管理、档案管理、回访管理、理赔管理，加大对基层单位保全上报、短险批复、疑难业务处理的审核审批力度，全年共处理各类理赔赔案近1.3万件，完成回访量15万件。印发《中国人寿泰安分公司反洗钱工作方案》《2007年财务管理质量考核办法》《规范劳动用工管理实施方案》《2007年党风廉政建设考核办法》和《2007年效能监察实施方案》等一系列规章制度，并与公司404项目遵循结合起来，贯彻到各项工作的每个环节中，提高了制度执行能力和依法合规经营能力。围绕诚信服务和品牌形象宣传，制定贯穿全年的市场宣传方案，组织实施“诚信·沟通·维权”、“1+N客户服务”宣传活动，在泰城主要街道发布姚明形象大型公交站牌灯箱广告，为第21届泰山国际登山节提供人身意外伤害保险保障，在市、县两级新闻媒体刊发新闻稿件、投放反映公司产品和服务的广告，为业务发展提供良好的舆论环境氛围，提升了中国人寿的品牌形象。（韩大平　赵　冲）

证　券

【齐鲁证券泰安管理总部】　该部是根据国务院关于信托、证券分业经营管理的要求，以原泰安市信托投资公司所属3个营业部的资产6600万元入股山东省齐鲁证券经纪有限公司而组建成的。2007年1月9日，齐鲁证券公司总部受让了天同证券证券类资产，圆满完成托管工作，由此泰安管理总部所辖营业部增至4家，分别是泰安岱宗大街证券营业部、泰安东岳大街证券营业部、泰安升平街证券营业部、新泰府前街证券营业部。营业部经营场所宽敞明亮，配套设施齐全，均设有大型LED行情显示屏，双向卫星同步传送A、B股行情和即时证券信息，采用自助委托、网上委托、电话委托、手机炒股等多种交易方式方便投资者，开通齐鲁证券钻石网站，实现股民和证券分析师的网上交流。

经过近几年的跨跃式发展，齐鲁证券形成以证券经纪业务、投资银行业务、证券投资业务、资产管理业务、金融创新业务和固定收益业务为基本架构的完善的业务体系，建立了研究咨询、信息技术、市场营销和风险管理等强有力的业务支持体系。到年底，泰安管理总部实现交易量742.6亿元，居公司第10名；实现佣金收入2亿元，居公司第9名；累计开户14.12万户。托管市值高达42.32亿元，实现净利润9190万元，营业收入1.99亿元，为支援泰安当地经济发展作出突出贡献。（谭鸿岩）

【海通证券泰安营业部】　该营业部成立于1995年，2006年迁至岱宗大街81号，被核定为“海通证券股份有限公司泰安岱宗大街证券营业部”，注册资本500万元。年内有工作人员15名。

该营业部位于市中心，交通便利，各项软、硬件设施具有先进水平。拥有1100平方米的交易场所，其中一楼散户大厅面积400平方米，设有大型LED行情显示屏、200个固定玻璃钢座椅、不间断电源、自助委托下单系统等；营业部设有大、中户室及贵宾室。采用HP公司的高级服务器，依托NOVELL计算机网络，双向卫星同步异地传输A、B股行情和政治、经济、金融等导向性信息。开通了工行、农行、中行、交行省内营业网点的银证转账业务，资金调度方便。该部采用自助委托、电话委托、网上委托、手机委托、海通系统交易一卡通等，其中网上交易中配置仿钱龙的“标准版”分析软件，通俗易懂，无师自通；一分钟开户服务，方便快捷；采用国家安全机构许可的加密、解密传输体制和第三方公证的安全身份认证体制，系统与数据运行安全、保密。年内，在做好A股、基金、国债、B股交易等业务的同时，开通期货仿真交易和手机炒股业务，大力拓展开放式基金的销售；借助海通证券的业务优势，为企业设计投资组合计划，办理企业财务顾问，做好企业股权分置改革；为客户提供每日、每周解盘和月末入市辅导，常年提供境内权威咨询报告，方便客户入市交易。

到2007年底，股民开户数达4.2万户，增加1.46万户，增长53.28%。年内完成证券交易量300亿元（只含股票、基金），增加237亿元，增长376.19%；完成营业收入8612万元，增加6584万元，增长324.65%；实现利税6965万元，其中税金470万元。

（高　敏）

编辑·校对　周美广

·单位选介·

阳光财产保险泰安中心支公司

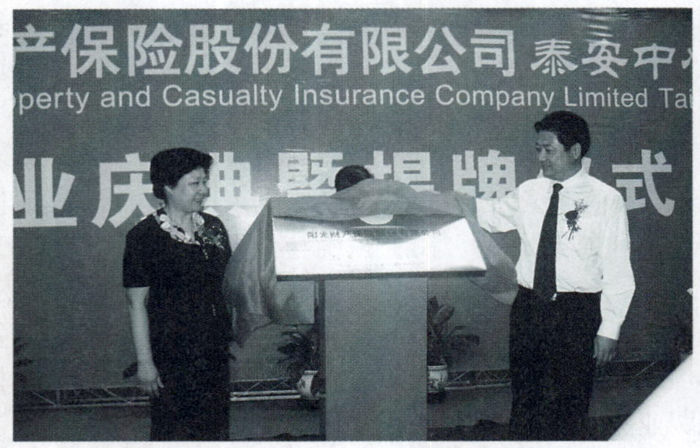

2007 年 8 月 28 日，阳光财产保险股份有限公司泰安中心支公司挂牌成立

泰安中心支公司刘汉信总经理致辞

阳光保险集团股份有限公司，是由中国石油化工集团公司、中国南方航空集团公司、中国铝业公司、中国对外贸易运输（集团）总公司、广东电力发展股份有限公司等国有大型企业集团为主发起组建，注册资本金为 27.5 亿元人民币。公司股东实力强大，涉及行业广泛，股权结构合理，符合现代企业制度。2005 年 7 月 28 日，阳光财产保险股份有限公司成立；2007 年 6 月 23 日，阳光保险控股股份有限公司成立；2007 年 12 月 17 日，阳光人寿保险股份有限公司成立。2008 年 1 月 23 日，阳光保险控股股份有限公司正式更名为阳光保险集团股份有限公司，这是阳光保险继成为中国保监会直管的七家保险公司之一、国内八家保险控股公司之一后，再次成为国内七大保险集团之一。

阳光财产保险股份有限公司泰安中心支公司于 2007 年 8 月 28 日正式开业，拥有新泰、东平、肥城 3 个营销服务部，内勤员工 20 人，外勤业务人员 200 余人，截至 2008 年 4 月底，公司实现保费收入 1200 万，市场份额 3.11%，在全市 9 家财产保险公司中位居第八位，实现银行保险业务 2.1 亿元，有力的发挥了商业保险的经济补偿、社会管理功能。

阳光保险泰安中心支公司秉承“打造最具品质和实力的保险公司”的公司愿景，以“共同成长”为使命，把“诚信、关爱”、“创造价值”作为核心价值观，坚持“工作激情与管理理性”、“创新与执行”、“团队合作与发挥个人作用”等三个方面高度统一，发扬“战胜自我”的企业精神，以崇高的道德水准、高效健全的管理和高素质、高境界、高度职业化的员工队伍，为客户提供优质稳定的服务，成为高成长性的公司，成为客户首选的公司，成为优秀人才向往的公司。

科学技术·社会科学

综　　述

【概况】　2007年，泰安市科技工作以加快高新技术产业发展为主线，以提高科技自主创新能力、建设创新型泰安为着力点，强化措施，真抓实干，呈现出新的发展局面。全年取得重要科技成果300项，其中获省以上科学技术奖43项（国家科技进步特等奖1项，为山东省第一个国家科技进步特等奖）；专利申请2548件；市级以上高新技术企业发展到700家，高新技术产品达到1165个。新认定省级工程技术研究中心5家，总数发展到15家。争取省级以上各类科技计划项目81个，补助经费达到2490万元。争取各种科技品牌46个。年内，泰安市被评为2005至2006年度全国科技进步先进市；民间科技发明创造引导计划被列为山东省2007年科技十大新闻之首；市科技局连续五年被评为省级文明机关；市知识产权局被评为全国专利系统先进集体。

科技计划与经费投入　在充分调研和广泛征求专家意见的基础上，年内，设计了高新技术自主创新推进计划、制造业信息化关键共性技术应用与示范、科技合作与成果转化服务体系建设示范、泰安市泰山科技创业基金计划等8个专项计划，集中科技资源，对优势产业和项目进行重点支持，支持经费占总经费的64%。争取省级以上各类科技计划项目81个，补助经费突破2000万元，达到2490万元。

科技合作与交流　全市50家企业（单位）与国内外大专院校科研单位建立科技合作关系。组织参加第十一届中国东西部经济合作与投资贸易洽谈会和北京科技博览会，推出参会项目3个、发布项目100余项，签订合同意向3项，合同额近3000万元。组织15家企业参加海外人才为国服务博士团山东行，发布技术难题、技术需求信息50余项，洽谈项目3项。

科技政策与法规建设　市科技局会同各级科技管理部门，详细盘点各级促进科技发展的优惠政策，形成《科技优惠政策（部分）汇编》，具体分为营业税、企业所得税、个人所得税、房产税、土地使用税、政府采购、金融支持和其他等八大类54条；通过调研，全面了解掌握全市科技优惠政策落实情况，并提出解决问题的办法；与有关方面加强沟通，畅通促进科技优惠政策落实的渠道；结合政务公开，把科技优惠政策摘录上网；大力宣传落实科技优惠政策的好典型，强化检查督导，切实把科技优惠政策落到实处。

【高新技术及其产业】　年内，新认定国家级高新技术企业7家、省级16家，省级以上高新技术企业发展到176家，市级以上高新技术企业发展到700家，高新技术产品达到1165个。全市规模以上工业企业实现高新技术产业产值和高新技术产品产值分别为564.79亿元、533.2亿元，分别增长45.4%、44.63%；占规模以上工业总产值的26.88%、24.38%，同比分别提高3.04、3.05个百分点。高新技术产业中的高新技术产品产值为280亿元，占高新技术产品产值的52.51%；传统产业中的高新技术产品产值为253.19亿元，占高新技术产品产值的47.49%。市高新技术产业开发区实现技工贸总收入125.2亿元，增长45.2%。

【新农村科技支撑体系建设】　年内，引进、选育农业新品种（系）236个，开发引用覆盖率96%以上。示范推广先进农业科技新成果、新技术320项。选派市、县两级科技特派员206名，建立科技服务点120个，实施科技富民项目62个。建立名特优果品精品示范园5个、面积16.67～33.33公顷，带动辐射333.33公顷。实施农业良种产业化工程、“星火富民”行

表 60　2007 年泰安市境域内获省级以上科技奖励项目情况

项目名称	完成单位	获奖等级
9409 工程	泰安航天特种车有限公司	国家科技进步特等奖
管道内壁等离子原位反应复合处理设备与工艺	山东科技大学 泰安正方机电科技有限公司	山东省技术发明奖二等奖
魏氏梭菌类毒素疫苗与抗毒素血清制备研究	山东农业大学 山东农业科学院 山东省菏泽学院 大连民族学院	山东省技术发明奖三等奖
玉米无公害生产关键技术研究与应用	山东农业大学 中国农业科学院作物研究所 中国农业科学院农业资源与农业区划研究所	山东省科技进步奖一等奖
矿区岩层与地表移动及控制技术研究	山东科技大学 山东省煤炭工业局 山东省人民政府压煤村庄搬迁办公室	山东省科技进步奖一等奖
生姜新品种选育及安全生产关键技术研究	山东农业大学	山东省科技进步奖二等奖
设施果树 CO2 气肥效应及控施技术研究	山东农业大学	山东省科技进步奖二等奖
制麦芽小麦品种筛选及其制麦特性研究	山东农业大学	山东省科技进步奖二等奖
E 税通网络申报管理信息系统	泰安市地方税务局 泰安同力软件有限公司	山东省科技进步奖二等奖
400MPa 级 Φ6 – Φ10mm 超细晶粒碳素钢筋工业化技术开发	山东石横特钢集团有限公司 钢铁研究总院	山东省科技进步奖二等奖
复杂产品虚拟样机技术研究	山东科技大学 山东常林机械集团股份有限公司	山东省科技进步奖二等奖
山东煤田勘探地质理论与实践	山东省煤田地质局 山东科技大学 山东煤炭地质工程勘察研究院 山东省煤田地质局第三勘探队	山东省科技进步奖二等奖
赋存复杂煤层条件下开采系列技术研究	山东科技大学 北京昊华能源股份有限公司	山东省科技进步奖二等奖
龙固矿井近 600m 冲积层冻结法凿井技术研究与应用	新汶矿业集团有限责任公司 中国矿业大学 煤炭工业部济南设计研究院 兖矿集团东华建设有限公司 中煤第七十一工程处 淄博翔宇勘探工程有限责任公司	山东省科技进步奖二等奖
煤矿胶带输送机安全运行技术研究	山东泰山能源有限责任公司协庄煤矿	山东省科技进步奖二等奖
滨海盐碱地改造及综合利用技术研究与示范	东营市渔业技术推广站 山东农业大学 东营市土壤肥料工作站 黄河三角洲保护与发展研究中心 河口区海洋与渔业局	山东省科技进步奖三等奖
鸡传支病毒变异株分子生物学特性与防制研究	山东明发兽药股份有限公司 山东农业大学	山东省科技进步奖三等奖
大花蕙兰日光大棚栽培与快繁技术研究	泰安市泰山林业科学研究院	山东省科技进步奖三等奖
金链树苗木繁育及产业化开发	山东省果树研究所	山东省科技进步奖三等奖
套袋促进苹果果实着色机理及标准化技术研究	山东省果树研究所	山东省科技进步奖三等奖
泰山玉巴旦杏等良种选择及早期丰产栽培技术研究	泰安市泰山林业科学研究院	山东省科技进步奖三等奖
叶籽银杏遗传多样性的研究	山东农业大学 沂源县林业局 沂源县国有织女洞林场	山东省科技进步奖三等奖

续表 60

项目名称	完成单位	获奖等级
杨树种质资源保存与利用研究	宁阳县林业局 宁阳县国有高桥林场	山东省科技进步奖三等奖
大枣干酒新技术的研究	山东轻工业学院 山东金彩山酒业有限公司	
CYP2E15 侧翼区基因多态性与锰中毒易感性病例对照研究	山东省职业卫生与职业病防治研究院 泰安市职业病防治院 淄博市职业病防治院	
糖酯平胶囊对 2 型糖尿病合并高脂血症双重作用的研究	泰安市中医医院	
人狂犬病免疫球蛋白的研制及开发	山东省米歇尔生物制品有限公司	
5000t/a 毒死蜱清洁化工业技术研究	山东华阳科技股份有限公司	
万吨级以上大型无碱玻璃纤维池窑纯氧燃烧技术的开发	泰山玻璃纤维股份有限公司	
电站锅炉预测控制与燃烧优化	山东电力研究院 山东石横发电厂 中国科学技术大学	
基于 3S 技术的输配通信一体化管理系统	山东泰安供电公司 中科大鲁能集成科技有限公司	
砂砾岩油藏精细勘探技术与勘探实践	山东科技大学 中国石化股份胜利油田分公司胜利采油厂	
矿井通风系统可靠性理论与灾变预警技术研究	山东科技大学 枣庄矿业(集团)有限责任公司 兖矿集团有限公司 淄博矿业集团有限责任公司通风防尘处	
强含水砾岩层下安全开采综合防治技术研究	枣庄市金庄生建煤矿 山东科技大学	
超长综放工作面煤炭自燃早期的多层预控集成技术研究	兖州煤业股份有限公司 山东科技大学	
超千米深井高地应力巷道锚杆支护成套技术研究	新汶矿业集团有限责任公司	
薄隔水层高承压水体上煤层安全开采技术研究	肥城矿业集团有限责任公司 煤炭科学研究总院西安分院	
煤层顶板结构及构造条件的定量化研究	山东省煤田地质局 山东科技大学 山东省煤田地质局第四勘探队 山东省煤田地质局第三勘探队	
MG300/700－WD 型四象限开关磁阻电牵引采煤机研究与应用	新汶矿业集团公司孙村煤矿 中国矿业大学 无锡盛达机械制造公司 北京中纺锐力机电有限公司	
矿用 2K70 系列通风机节能技术研究	新汶矿业集团有限责任公司协庄煤矿 山东科技大学	
ZMY550/165 型全液压采煤钻机研制与应用	新汶矿业集团通力机械有限责任公司	
兖矿集团综机设备管理模式研究	兖州煤业股份有限公司 山东科技大学	
新汶矿业集团循环经济发展战略和示范技术研究	新汶矿业集团有限责任公司	

动等科技计划项目 106 项，带来直接经济效益 10 亿元。岱岳区被省科技厅认定为省级中药现代化科技产业示范区，肥城市边院镇被省科技厅认定为省级粮食丰产科技示范基地。东平县被国家科技部、财政部列入“全国科技富民强县试点县”，肥城市、宁阳县被省科技厅、财政厅列入“全省科技富民强县试点县”，并获得国家、省补助资金计 212 万元。

【知识产权管理】 4 月 12 日，市政府成立国家知识产权试点城市工作领导小组，印发试点工作方案，稳步开展试点工作。知识产权信息平台建设初具规模，全市专利申请 2548 件，增长 115.93%，增幅居全省第一位。其中，发明专利申请582件，占申请量的22.84%，所占比例居全省第四位。调处专利纠纷案件5起，调解结案5起。5家商业企业获得“山东省无假冒、冒充专利商品商场”称号。全年获山东专利奖14项，其中一等奖1项、二等奖1项、三等奖8项、优秀奖4项。新增专利明星企业9家，总数达30家。

【科技管理】 ①规范科技成果鉴定和评奖工作。充实完善科技成果鉴定和评奖专家库，随机抽取评审专家，严格鉴定程序，确保科技成果评价的真实性和公正性；实行科技进步奖申报时间、范围、标准、时限、程序、评奖办法、评审专家、奖励办法、工作纪律和监督渠道的“十公开”，让社会各界对标准清楚、程序明白；市级科技进步奖全部实行网上申报、网上评审，全程进行纪律监督，避免弄虚作假，确保评审结果公开、公平、公正；对经市科技进步奖评审委员会确定的拟授奖项目和人员，在新闻媒体上公布，广泛接受社会监督。②搞好科技计划服务。完善市级科技计划项目的网上申报、网上评审；建立健全国家级、省级和市级三级项目数据库和评审专家库。③加强科技进步考核。按照《泰安市县市区科技进步绩效考核办法》（泰办发〔2006〕35号）的要求，经市委、市政府同意，年末，对6个县（市、区）2007年度高新技术产业发展、财政科技投入、利用上级政策争取支持和专利申请年度工作情况等科技进步绩效主要指标进行严格考核；对考核成绩前3名的东平县、新泰市和肥城市授予“泰安市科技创新工作先进单位”称号，并以市委、市政府名义在全市经济工作会议上进行表彰。④科技创新服务体系建设。泰安市科技发明服务中心、泰山生产力促进中心、泰山制造业信息化生产力促进中心、泰安市科技咨询评估中心等为企业（单位）科技创新创业服务2900多次，解决各类问题2100多个。到年底，各类科技中介机构发展到266家，从业人员1052人，服务企业1898家。

表61 2007年新认定省级以上高新技术企业名单

序号	企业名称	级别
1	泰安康平纳毛纺织有限公司	国家级
2	山东泰开电气集团有限公司	
3	泰安瑞泰纤维有限公司	
4	肥城阿斯德化工有限公司	
5	山东华阳农药化工集团有限公司	
6	山东一滕化工有限公司	
7	特变电工山东鲁能泰山电缆有限公司	
1	山东三川机械制造有限公司	省级
2	泰安义德隆新能源设备制造有限公司	
3	山东泽生生物科技有限公司	
4	山东恒业世纪电子技术有限公司	
5	泰安航天特种车有限公司	
6	泰安磐然测控科技有限公司	
7	泰山集团股份有限公司	
8	山东泰和东新股份有限公司	
9	泰安市山农大药业有限公司	
10	山东鼎鑫电气科技有限公司	
11	泰安市众诚自动化软件有限公司	
12	泰安协同科贸有限公司	
13	泰安鼎鑫冷却器有限公司	
14	泰安圣奥化工有限公司	
15	山东泰鼎矿山机械有限公司	
16	山东恒通膨胀节制造有限公司	

【科学普及】 与市级新闻媒体联合创办“创新泰安”专栏、专题，对国家、省、市科技创新政策、国内外科技自主创新和管理经验、公共科技资源和办事程序，以及全市加强自主创新推动区域、企业（单位）发展、科技合作、科研人员、科技中介组织、农业科技龙头企业、依靠专利保护促进区域（单位）经济发展的先进典型进行系列深度宣传；在《泰安日报》、泰安电视台先后进行科技特派员典型、民间发明优秀成果（人才）、大学生科技创新优秀成果（人物）、综合性重要科技品牌专题系列宣传；精心策划《科技日报》专版，大力宣传创新泰安；定期举办“科学与中国”院士报告会。5月14～20日，举办以“携手建设创新型国家”为主题的2007年泰安市暨新泰市科技活动周，安排了开幕式、知识产权论坛、企业家论坛、农业科技乡村行、防震减灾宣传、科技咨询义诊等活动，参与组织活动的部门、单位和企业达100多家，参与组织的人员超过3000人次，活动普及面涉及人员100余万人。农业科技信息协会发展会员1.40万人，免费发放《泰山农科》期刊20万册，提供技术信息4600余条，受益农民达76万人。

【大学生科技创新和民间发明科技创造成果】 自2006年9月起，泰安市率先在全国推出“泰安市民间科技发明创造引导计划”，启动

表 62 2007 年新认定省级工程技术研究中心名单

序号	中心名称	依托单位
1	山东省色母料工程技术研究中心	山东春潮色母料有限公司
2	山东省电磁线工程技术研究中心	山东赛特电工材料有限公司
3	山东省煤矿灾害监测仪器工程技术研究中心	山东省尤洛卡自动化仪表有限公司
4	山东省车用散热器工程技术研究中心	山东同创汽车散热装置有限公司
5	山东省岩盐化工工程技术研究中心	新矿集团泰山盐化工分公司

实施“泰安市大学生科技创新行动计划”，市财政每年拨款 100 万元，重点支持市域内民间自然人非职务发明创造和驻泰大学生、研究生的科技创新活动，旨在鼓励驻泰高校学生积极投身科技创新的主战场，培养具有创新意识和创新能力的人才，推出一批科技水平较高、有产业化前景的成果。年内，受理申报项目 600 余项（大学生 510 项、民间发明人 96 项），评审支持 194 项，资助经费 122.3 万元。到年末，发表论文 78 篇，申请专利 56 项，32 个项目已进入产业化阶段。在 9 月份召开的第 17 届全国发明展览会上，泰安市参展的 9 个项目中，有 4 个项目获奖。其中，由泰安鸿雁科贸公司纪翔发明的节能燃气采暖机在展览会上获得最高奖——金奖暨“环保发明专项奖”。12 月 17 日，市科技局、市财政局联合举行“泰安市民间科技发明创造引导计划”、“泰安市大学生科技创新行动计划”成果展，展出民间发明人和大学生的优秀创新成果 64 项。该次展览为期 1 个月，在山东农业大学等驻泰各高校巡回展出，5 万余名大学生参观，引起强烈社会反响。（刘增喜）

科协工作

【概况】 年底，全市有科协专职工作人员 64 人，其中，市科协 17 人。有市级学会 56 个，会员 1.36 万人；县（市、区）学会 86 个，会员 1.11 万人。企业科协 56 个，会员 3.45 万人。农村专业技术协会（以下简称农技协）319 个，会员 7.1 万人。年内，宁阳县成功创建全国科普示范县，全市共有国家级科普示范县（市）2 个、科普示范基地 2 个、农村科普带头人 2 名；省级科普示范县（市、区）1 个、科普示范基地 18 个、科普教育基地 21 个、全省优秀农村科普带头人 4 名，规模以上农技协 78 个；成立科普专家团、科普宣讲团、科普艺术团，参与科普工作的科技工作者 2850 余人，科普志愿者达到 2.24 万人；开展调研活动 21 次，形成调研报告 16 篇；科技中介服务工作成效明显，科技司法鉴定辐射泰安周边 8 个地市，承接完成各类司法鉴定案件 200 余件。年内，肥城市农业新技术示范基地、农村科普带头人——岱岳区池藕专业技术协会会长孙兆芳分别受到中国科协、国家财政部联合表彰，东平县、新泰市祥云农业育种协会、宁阳县油料作物基地和泰山区果品生产及果树苗木协会会长程广言分别受到省科协、省财政厅联合表彰，累计获得专项扶持资金 59 万元；14 个单位和个人被省科协命名为全省优秀农村专业技术协会、科普示范基地和科普带头人荣誉称号。

科普宣传 年内，全市举办大型科普宣传活动 44 场次，发放各类科普宣传材料 186 万份。①农村科普活动。实施“三个一”（一站一栏一员）建设工程，全市 3572 个行政村建设科普村村通宣传栏 3601 个，80%的乡镇、40%的行政村已建立科普站、配备科普员。6 月，全省科普村村通暨科普惠农工作会议在泰安召开，市科协、市财政局和东平县科协作典型发言，受到省科协领导和与会代表的高度评价，东平县被评为全省科普惠农示范县。开展第 10 届农村专业技术职务评审工作，1200 余人申报，评出高、中级专业技术职务工作者 294 人。年底，农村专业技术职务评审工作连同“三个一”建设工作纳入全市“农村党员远程教育科技示范工程”。②城区科普活动。全年更新丰富画廊内容 1672 平方米。实施“四个一”（一栏一队一校一站）建设工程，全市 135 个社区有 62 个社区完成“四个一”建设任务。6 月，市科协与市直机关工委联合，邀请复旦大学法学和生物学博士秦义龙教授在市政大楼举办“基因科技与人类健康科普报告会”，与会人员 400 多人；11 月，与市文明办联合在泰山区召开全市“科普社区通”工作现场会，推广泰山区把科普工作纳入创建文明城市评估指标体系的做法。③企业科普活动。各级科协深入开展“讲理想、比贡献”竞赛活动，实施“金桥工程”。全市有 18 项“金桥工程”优秀项目、5 个“金桥工程”先进组织单位和 12 名“金桥工程”先进工作者受到市科协表彰。完成 36 项全省“金桥工程”项目的评选申报工作，11 项被评为全省优秀金桥工程项目；2 人被省科协评为“讲、比”活动先进标兵，泰山区科协、新汶矿业集团科协被授予“讲、比”活动优秀组织奖。④青少年科普活动。组织开展第 22 届全市青少年科技创新大赛和第 13 届计算机（信息学）奥林匹克竞赛等活动，全年征集科技创新大赛作品 356 项，评出优秀科技创新项目

一、二、三等奖33项，推选参加省级竞赛项目16项，获奖7项；组织推荐12名选手参加省级奥林匹克竞赛复赛。市科技馆被评为全国优秀组织单位。9月，在泰山外国语学校成立全市首家青少年航模科普教育基地；经市科协推荐，泰山蓄能电站科普水城、泰山医学院医学影像博物馆被省科协命名为“全省科普教育基地”。市科技馆先后举办“海洋生物展”和动漫嘉年华科普展、走进科学科普展等活动，接待观众6万余人次。岱岳区组织开展的首届“泰山新苗”评选活动中，评选青少年50人为“泰山新苗”。⑤反邪教科普示范社区创建工作。泰山区嘉德社区创建为“全省崇尚科学、反对邪教示范社区”，到年末，全市有省级反邪教科普示范社区3个，市级反邪教示范社区19个。

学会活动　年内，各级学会组织开展各类学术交流活动146次，参加人数2万余人次，交流学术论文1300余篇；参加省级、国家级学术交流90余人次，推荐交流论文76篇；新建学会3个，新建学会专业委员会14个，市直学会组织达到56个。实施“同行认可价值体系”建设，与民政部门密切协作，推动学会改革，不断加强对所属学会的规范管理和指导服务。按照学会《章程》，先后指导市防震减灾协会、市心理卫生学会、有机食品协会、沙棘科技协会等学会组织的成立和换届工作；按照学会工作评估体系和评比标准，表彰先进学会10个、优秀学会工作者10名。市营养学会承担的营养师培训工作、心理学会承担的心理师和国际职业资格认证培训工作，结业率均达85%以上；市家电维修协会承担的家电维修从业人员职业技能鉴定工作，得到业内人士广泛认同，成为泰安市家电维修行业技能鉴定的权威机构；4月，市建筑技术协会、市发明家协会、市土木建筑学会联合开展全市建筑技术专家奖和青年鲁班奖评选活动，该活动每两年评选一次，每次评选“建筑技术专家奖”60名、评选“青年鲁班奖”80名，范围涉及城市建筑、园林、公路、水利、煤矿等行业；市茶叶协会邀请日本茶叶专家到泰安市茶叶产区现场传授日本茶叶生产技术，介绍世界茶叶发展趋势和前景，提高茶农生产水平，推广良种茶叶面积33.33余公顷；市心理学会通过创办《泰安市心理学会报》、开通学会网站、在《泰安广播电视报》开设专栏等方式，宣传各行各业心理健康知识和教育心理知识；市抗癌康复协会在“世界抗癌日”到来之际，在广场、社区广泛开展科学抗癌、康复保健宣传活动，千余名群众现场咨询；医学影像研究会结合“九九老人节”，召开“敬老会暨医学影像技术新进展研讨会”，把学术交流与道德教育有机地结合，不断增强学会活力。

国际民间科技交流　实施“海支计划”，加速开发海外人才资源，建立的“泰安海外华人智力库”已吸纳各类海外专业技术人才208人。开展科技招商活动，协调组织韩国畜牧业技术投资考察团对泰安市岱岳区、肥城市的畜牧养殖业进行定向考察和投资洽谈，9月，在肥城市仪阳乡小栲村投资建起万头肉牛养殖场一期工程；中韩“爱心阳光”奶牛科技养殖基地带动周边585户农民科学养殖奶牛。

【科普惠农】　年内，市科协、市财政局遵循上级科协科普惠农工作形式，联合印发《泰安市“科普惠农示范工程”配套计划实施方案（试行）》，确定由市财政列支专项资金，每年在全市评选表彰农技协10个、农村科普示范基地10个、农村科普带头人10名。各县（市、区）根据各地实际，开展多种形式的科普惠农活动，其中宁阳县落实每年6万元专项资金对部分农技协、科普示范基地和科普带头人进行重点奖励扶持。8月，泰安市组团参加由中国农技协组织召开的“全国科普惠农工作暨基层农村专业技术协会建设与发展研讨会”，并在会上作典型发言，会上推介了泰安市的经验和做法。11月，组织9个基层科普组织的26个项目，代表山东省参加在陕西杨凌举办的第14届中国农业高新科技成果博览会，其中，6个基层农技协的项目被中国科协评为“中国农技中心示范精品”，市科协被授予“全国优秀组织奖”。

【全面实施《全民科学素质行动计划纲要》】　1月，全市实施《全民科学素质行动计划纲要》（以下简称《纲要》）启动仪式暨科普迎春月文艺汇演举行，《纲要》实施工作全面启动。全年举办各类提高公众科学素质的活动578场次，受益公众达150万人次，涉及组织、人事、宣传、科技、教育、财政、卫生、农业等部门和大专院校、科研院所等29个单位，参与活动的科技工作者1820人、科普志愿者1.26万人。①健全领导协调机制和检查督导机制。市科协履行全民科学素质工作领导小组办公室职责，制定印发《泰安市全民科学素质工作领导小组工作规程》和《泰安市全民科学素质工作领导小组办公室工作规则》，定期召开调度会，加强督促检查和监测评估，协调解决实施工作中的有关问题。3月和9月，先后2次到县（市、区）开展专题督导调研活动，推动《纲要》实施工作的开展。12月，召开市领导小组成员单位会议，回顾总结一年来工作情况，安排部署下一步工作。到年底，市一级包括未成年人科学素质行动、科学教育与培训基础工程、保障条件与监测评估体系等内容的9个《实施方案》全部完成；6个县（市、区）的科学素质工作领导和协调机构全部建立健全，印发了《实施意见》，9个《实施方案》的制定工作完成过半。②丰富《纲要》实施工作内容。在推动《纲要》实施的过程中，增加加强基层科普设施建设内容，要求各县（市、区）在3~5年内建设中小型专业科普场馆，完善科普阵地建设；科学化设置成员单位“联络员”，将各成员单位联络员由个人变更为科室承担，保障《纲要》实施工作的相对连续性。省领导小组对该做法给予充分肯定，并在全省予以推广。③开展形式多样、内容丰富的科普宣传活动。9月，全市第四届科普日系列活动开幕式在泰山区岱庙广场举行，省、市领导，市直有关部门负责人、有关企事业单位、市直20余个学会（协会、研究会）以及全市广大科技工作者、科普工作者等1600余人参加，并参观科普展览。该活动历时2个月，安排了医疗专家健康教育进社区、百名科技大王乡村行、科普活动室进校园、“节约环保、健康安全”科普知识企业行等8项内容，收到良好社会效果。年内，全面反映科学素质工作的内部交流专刊——《泰山科普》出版发行2期，内容丰富、形式新颖，受到社会各界好评。

【老科学技术工作者协会】 开展老科技工作者“四进四送”（进社区、送健康，进企业、送安全，进农村、送技术，进学校、送科学）活动，广大老科技工作者积极响应，成为市老科协工作的一大特色和亮点。在省老科协组织召开的实施“十一五”规划和建设创新型省份建言献策研讨会上，泰安市推荐的8篇论文中，东平县《打好“中国核桃之乡”知名品牌，加快东平核桃产业发展步伐的建议》和肥城市《建设世上桃源和谐肥城需要做好的一项重要工作》2篇论文被评为三等奖，受到与会专家好评。承担的省老科协职称评定试点工作进展顺利，推荐13人参加职称评审，写出试点工作报告，上报省老科协，为全省老科协职称评审工作提供了重要经验。在全市组织开展的“服务三农十百千行动计划”中，重点扶持的十个乡镇、一百个村、一千个农户的科技示范作用成效突显，受到各级领导和农民朋友的充分肯定；“夕阳红”健康指导站积极服务于老年群体，每周开展1次夕阳红保健知识讲座，受到广大老年朋友的欢迎。 （韩盛涛）

气　　象

【概况】 2007年全市气象系统有干部职工106人，其中专业技术人员100人（具有高级技术职务的9人、中级58人）。

气象服务　全年发布各类灾害性天气预警信号52次，向市委、市政府领导及有关部门报送《重要天气预报》11次，呈阅件2份，专题决策天气预报88期，雨情等气象信息材料服务53次，市政府两次以传真电报形式转发《关于做好“防风、防雷、防暴雨”工作的紧急通知》。通过新闻发布会、“12121”气象咨询电话等形式向社会发布气象预报信息，准确预报3月初的大暴雨和秋季连阴雨天气。特别是新泰“8·17”自然灾害发生后，立即启动重大气象灾害应急预案，从8月17日至9月17日，省、市、县气象部门每3小时向防汛抗旱指挥部和新泰现场救援指挥部提供一次最新天气预报和雨情。期间，为配合事故调查组工作，还统计了大量的历史气象资料，促进了救援及善后处理工作的顺利开展，省市领导对气象服务工作予以高度评价。全市用于人工增雨防雹的高炮29门、火箭炮7门，年内先后进行人工增雨作业6次、消雹作业4次，累计影响面积1670平方公里，直接经济效益1亿元以上。建设村村通气象工程，在全市各乡镇成立气象监督管理办公室，聘任乡镇兼职气象协管员92名，逐步健全覆盖社区和行政村的气象监督管理和服务体系。开展气象服务“进学校、进社区、进企业、进农村”活动，气象灾害决策服务短信平台服务用户达8000余户。

雷电防护安全工作　对全市各有关单位、重点企业、学校、泰山名胜古迹及加油站等易燃易爆场所进行防雷电安全检测、检查，对新建、改建建筑物防雷装置图纸设计进行审核，对防雷工程的设计及施工进行监管，与安全生产监督管理局联合检查单位130多个，查处安全隐患70多处，下达整改通知书70多份。

气象现代化建设　完成泰山新一代雷达建设，建设双柏树、牛山口、天烛峰等泰山梯度站，全市加密自动气象站已完成一期76项建设任务，移动气象台已签署供货协议。建设完成气象预警预报业务平台并投入业务试运行，完成短时、临近预警系统建设。开展短时定量降水预报并发布预报产品。开展一氧化碳中毒潜势预报、大气成分预报（雾、霾等）、雷电潜势预报、精细化天气预报、短时临近天气预报等预报服务业务。建立全市范围的小麦、玉米等主要农作物和森林的重大农林业气象灾害监测、评估、预报、预警系统。

气象业务与科研工作　地面气象测报错情率0.1‰以下，农业气象工作无错情，酸雨观测质量被评为全国优秀。承担的省气象局重点课题“生态气象监测技术方法”、“主要农作物品种演变过程中对农田 CO_2 通量的影响研究”通过省局鉴定，达到国内先进水平；中国气象局项目“遥感光合—水分胁迫作物估产技术在山东省作物估产推广应用和典型区验证”、国家科技部农业科技成果转化项目“黄淮平原农业干旱监测预警与综合防御技术推广应用”正在进行中。发表科技论文25篇，其中核心期刊刊登3篇。论文《明天启六年王恭厂灾变之气象成因探析》在2008年第一期《自然科学史研究》（中国科学院自然科学史研究所主办）刊登；《基于卫星遥感图像的黄河流域耕地变化驱动分析》在美国圣地亚哥参加国际光学会议上被交流，并被《国际光学进展》期刊收入。年内投入科研资金20余万元，确立一批自立课题，其中“区域站极端天气和故障报警系统”、“肥城市中、市郊天气要素对比分析”等一批项目通过验收。《完全模拟自然环境制作宝光的方法》获国家专利，《自动气象站风传感器的防冻装置》专利申请被国家专利局受理。承担中国气象局气象行业标准项目《气象预报预警无线电子显示屏技术要求》制订工作，这在全国市级气象部门中是唯一一家。

气象行政执法工作　建立健全气象行政执法责任制、气象行政执法公示、气象执法过错追究等各项规章制度。全市各级气象主管部门与公安、消防、安检等部门建立长效联合执法查处机制，制止和查处破坏气象探测环境、擅自发布天气预报、非法从事防雷工程施工等违法行为。与公安局联合在全市所有气象台站和区域站设立公告牌，进一步加大气象探测环境和设施保护力度。气象防灾减灾加入公安110行列。

年内，市气象局在全省气象业务技术竞赛中取得全省总分第四名的好成绩，连续8年保持省级文明单位称号；被市委、市政府表彰为“安全生产先进单位”、“政风行风建设先进单位”；气象学会被市科协表彰为先进学会。1人被授予“振兴泰安劳动奖章”荣誉称号。市气象局被评为市直机关“先进基层党组织”。

【气候影响评价】　2007年泰安市天气气候主要特点为：气温异常偏高，降水正常略偏多，光照偏少。

降　水　全市平均降水量为745.7毫米，比上年（628.3毫米）多117.4毫米，偏多18.7%；较常年（661.0毫米）偏多84.7毫米，偏多12.8%，属降水正常年。全年3月、5月、6月、8月、12月份降水偏多，其中3月、12月为降水异常偏多月份，分别较常年偏多146%和80.2%，1月份基本无降水，2月、4月、7月、9月、10月、11月份降水均比常年偏少，其中11月份降水异常偏少，较常年偏少91.2%。8月15～18日，新泰市出现大暴雨天气过程，过程总降水量263.2毫米，降雨200毫米以上的乡镇有6个。新泰市区降水最大强度出现在17日11～12时，新泰市区小时降水量为36.0毫米，新泰日最大降水量为164.8毫米，比新泰有记录的1983年8月31日降水222.5毫米偏少57.7毫米，比1991年7月24日降水227.3毫米偏少62.5毫米。该次天气过程平均风力3～4级，伴有中等强度的雷暴。9月末至10月上半月，出现典型的秋季连阴雨天气，阴天日数持续13天。

气　温　年平均气温为14.3℃，比上年（14.5℃）偏低0.2℃，较常年（13.3℃）偏高1.0℃，属气温异常偏高年。全年除7月、8月较常年略偏低外，其他10个月均较常年偏高，其中，1月、4月、9月、11月份气温显著

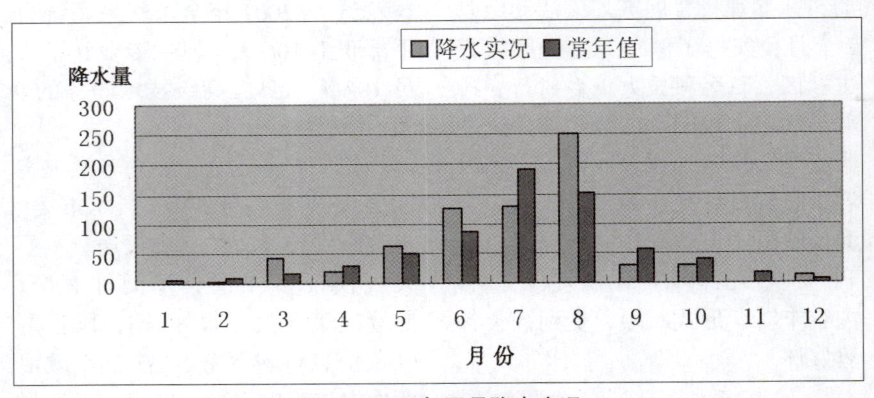

图8　2007年逐月降水实况

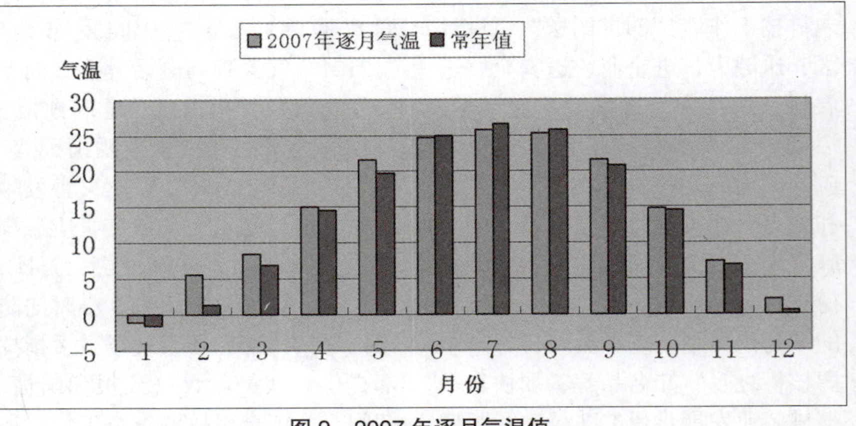

图9　2007年逐月气温值

偏高，2月、3月、5月、12月气温异常偏高。2月份偏高达4.4℃，气温上升趋势明显。年极端最高气温39.1℃，6月9日出现在肥城；年极端最低气温-11.1℃，1月7日出现在宁阳。2007年终霜结束于3月20日，初霜日开始于10月29日；严寒开始于11月2日；初雷始于4月15日，终雷结束于9月3日；土壤表面解冻开始于2月4日，冻结开始于11月27日；大雾日数15天；大风日数13天；日平均气温稳定通过18℃的初终日分别为4月29日、9月27日。

日　照　年总日照时数为2093.8小时，比上年（2008.2小时）多85.6小时，比常年（2425.7小时）偏少331.9小时，偏少13.7%。除1月、4月份日照时数接近常年略偏多外，其余月份均比常年偏少。属日照偏少年份。

大气干旱指数　由于2006年秋季到2007年春季降水偏少，温度偏高，蒸发大，2007年初天气干旱，气候干燥，出现旱情，岱岳区轻旱面积2万公顷，其中麦田干旱面积0.33万公顷。3月上旬旬初，普降中到大雨，局部出现暴雨，该次过程极大地改善了农田墒情，持续已久的旱情得以解除，对小麦等农作物生长发育十分有利。

【气候与农作物生产】　气候与冬小麦　2007年度小麦全生育期内（2006年10月上旬至2007年6月上旬），全市平均≥0℃积温2536.4℃，较常年偏多257.4℃，较上年偏多223.6℃；日照时数1501.6小时，较常年偏少119.3小时，较上年偏多43.6小时；降水量165.0毫米，较常年偏少28.8毫米，较上年偏多7.8毫米。2006年9月中旬，各地夏玉米收获完毕，9月中下旬降水偏少，各地抢墒播种小麦，小麦播期比常年提前，之后温度持续偏高，部分麦田出现旺长；越冬期间，温度偏高，属暖冬年份，小麦安全越冬，但长期雨水不足，秋冬连旱，小麦苗情偏弱，叶尖黄枯；返青后，3月上旬普降大雨，旱情缓解，小麦苗情转化升级；3月中旬至4月上旬、4月下旬至5月中旬降水明显不足，对小麦抽穗、灌浆生长不利，由于暖冬影响，病虫存活率高，小麦蚜虫大发生；收获期间天气以晴好为主，小麦收晒顺利。综合小麦全生育期农业气象条件，不利因素较多：前期温度高，小麦旺长，群体大，整个生育期降水不足，尤其是出现秋冬春连旱，影响小麦产量提高。

气候与夏玉米　全市夏玉米以套种为主，2007年度夏玉米生育期间，全生育期100天左右，≥0℃积温2432.6℃，比上年减少70.8℃，比常年多90.2℃；降水量514.8毫米，比上年多103.8毫米，比常年多47.3毫米；日照时数489.2小时，比上年少151.2小时，比常年少187.6小时。综合夏玉米生育期间气象条件利大于弊，有利于生长及产量提高，光照不足成为限制产量提高的主要不利因素。

气候与花生　2007年，春花生4月28日播种，9月18日收获，全生育期143天，期间≥0℃积温3468.9℃，比上年少57.6℃，比常年多284.4℃；降水量460.3毫米，比上年少132.5毫米，比常年少56.7毫米，降水偏少；日照时数977.2小时，比上年多75.6小时，比常年少3.3小时。综合春花生生育期间气象条件光热充足，降水略少。整个生长期花生长势良好。取样分析，单株荚果数18.3个，比上年少0.2个，百粒重比上年多1.1克，花生产量为丰产年。

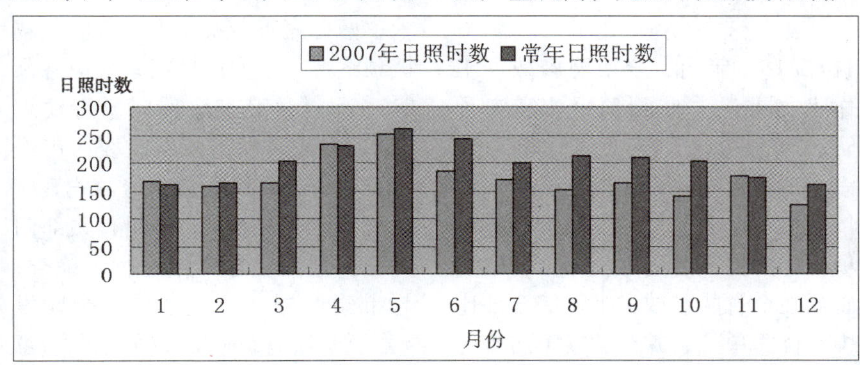

图10　2007年逐月日照时数

【主要气候事件及影响】　干　旱　冬季岱岳区轻旱面积2万公顷，其中麦田干旱面积0.33万公顷。春季由于降水天气过程间隔时间长且分布不均，岱岳区5月上旬到中旬前期出现干旱，干旱程度为轻度。其中，春田干旱面积1.33万公顷，麦田干旱面积0.33万公顷。

大　风　5月16～17日，泰安市岱岳区良庄镇遭受大风袭击，自动站资料显示：最大风速18.5米/秒，风力达到8～9级。大风毁坏蔬菜大棚2500个，刮倒树木13株，农作物受灾533.33公顷，直接经济损失80万元。7月11日下午2点左右，泰安市岱岳区粥店办事处遭受强对流天气，受大风、大雨影响，刮倒玉米37.33公顷，树木被损7000余棵，果树受害3000余棵，房屋被损100余间，院墙倒塌200余米，倒折电线杆10余根，受灾人数300余人，造成直接经济损失300万元。下午3~4点，受副高边缘西南气流和北部冷空气影响，肥城市遭受雷雨大风天气袭击，瞬时风速27.8米/秒，风向东北（本站），风力9～10级，降雨量40毫米，局部地区伴有冰雹，各乡镇（街道）均不同程度受灾，其中边院、汶阳、安驾庄、安临站灾情较为严重，受灾人口38万人，成灾人口26万人，直接经济损失6000万元；农业经济损失3800万元，无人员伤亡情况。玉米、蔬菜等农作物受灾8400公顷，绝产600公顷；损坏房屋560间，厂房1.6万平方米，回民清真寺1处；树株折断或倒伏4.2万棵，树苗160公顷。

干热风天气　5月25、29日，泰安市岱岳区出现轻度干热风天气，受害小麦面积0.33万公顷，受灾害程度轻微，对小麦灌浆和籽粒增重产生一定影响。

雷　雨　7月31日凌晨，东平县遭受雷雨袭击，造成银山镇、商老庄乡、东平镇、新湖乡和州城镇5乡镇受灾，受灾人口2.2万人，倒塌房屋4间，农作物受灾面积2300公顷，另有67公顷鱼塘、33公顷围网受灾。造成直接经济损失1140万元，其中农业经济损失690万元。

暴　雨　8月15～18日，新泰市出现大暴雨天气过程。8月15日降水0.9毫米，16日白天新泰市区降水38.8毫米，17日新泰市区降水164.8毫米，18日新泰市区降水58.7毫米，过程总降水量263.2毫米，为泰安市降水最大值，新泰市平均降雨量203.0毫米，降雨200毫米以上的乡镇有青云、放城、岳家庄、刘杜、果都、羊流等，新泰市区降水最大强度出现在17日11～12时，新泰市区小时降水量为36.0毫米。新泰日最大降水量为164.8毫米。该次降水过程，新泰市有17个乡镇受灾，受灾人口53.27万人；柴汶河沿岸11个乡镇13个村进水，3400户被淹，疏散转移避险人口2万人，农作物受灾面积1.72万公顷，绝产面积918公顷，损坏树木14.20万棵，桥涵199座，河坝122个，受损房屋4341间，其中倒塌房屋1070间，直接经济损失2.34亿元。8月15日凌晨至16日晚，泰安市高新区北集坡镇和新区街道管理中心25个行政村遭受暴风雨袭击，受灾人口6500人，500米道路被冲毁，农作物受灾面积657公顷。造成直接经济损失120余万元，其中农业经济损失105万元。

雾霾天气　秋季9月份出现大雾8站次，轻雾81站次，10月份出现轻雾天气16天，10月1～7日连续7天出现轻雾天气，6日、24日出现能见度小于500米的大雾。11月份出现轻雾107站次，大雾天气4站次。冬季出现大雾天气42站次，其中泰安5次、肥城6次、东平6次、宁阳17次、新泰8次，最小能见度只有20米，大雾天气给人们出行带来不便。

连阴雨天气　9月27日至10月13日，受副高边缘西南暖湿气流和切变线共同影响，全市出现秋季连阴雨17天。由于气温低、光照少、降水多、田间泥泞，不利于秋播的进行，小麦播种、出苗比常年偏晚。

寒潮天气　11月25～27日出现寒潮天气过程。极端最低气温-6.0℃，11月27日出现在肥城站，48小时降温幅度在8℃以上。受其影响，感冒人数急增。　（徐学义）

防震减灾

【概况】　年内，全市防震减灾工作大力推进“监测预报、震灾预防、紧急救援”三大工作体系建设，地震台站建设、群测群防、震情值班与会商、抗震设防管理等各项工作取得显著进展。年末，市地震局在全省防震减灾工作综合评比中获优秀单位，并获“震害防御与法制工作”单项奖，被市直机关工委表彰为市直文明机关。

地震台站建设　完成东平县地震台建设，并通过DDN专线与市地震监测台网中心联网，年内投入试运行。

群测群防工作　对全市原有37个地震宏观点进行调查摸底和现场察看，按照精简效能的原则，筛选保留14个点，达到每个县（市、区）2～3个。同时，明确观测人员、建立观测档案和上报制度，加强规范化管理。

震情值班与会商　全市地震系统继续坚持常年震情值班，坚持周、月和年中、年度会商制度，制定《震情值班》《震情会商》《短临预报》《短临跟踪》和《异常落实》等项制度，认真开展震情观测和地震异常调查处理，全年未发生地震谣传事件。

抗震设防管理　年内，市地震局在市行政审批服务中心为88个建设项目提供抗震设防参数，总建筑面积达178万平方米；监督泰安清大房地产开发有限公司、泰安市泰山燃气集团有限公司等9个重大工程和次生灾害源工程开展地震安全性评价。印发《关于切实加强农村民居防震保安工作的通知》（泰政办发〔2007〕59号），并在新泰市开展安全农居试点建设。

地震应急工作　年内，根据工作需要和人员变化情况，充实调整市防震减灾工作领导小组。根据《山东省破坏性地震应急预案》要求，修订完善《泰安市地震应急救援预案》《泰安市地震系统应急预案》及《泰安市地震应急行动细则》。市地震局与市发改委、市经贸委、市民政局联合制定《地震应急检查工作制度》，会同有关部门对全市地震应急工作进行了检查；与市建设局、市规划局联合印发《关于加强应急避难场所建设的意见》，并在新泰市开展避难场所试点建设。

防震减灾宣传　围绕提高社会公众防震减灾意识和能力，市、县（市、区）通过设立宣传站、布设宣传展板、张贴宣传挂图、发放宣传材料、刊登报纸署名文章、在电视上播放科技录像片等多种形式，相继开展3月1日《防震减灾法》施行9周年、5月15～21日科普活动周、“7·28”唐山地震纪念日、“12·4”全国普法宣传日等一系列宣传活动，收到良好社会效果。（张春华）

社会科学研究

【概况】　泰安市社会科学联合会（以下简称市社科联）有工作人员5人，所属学会、研究会27个，会员3000余人。2007年，市社科联及所属学会、研究会发挥桥梁纽带、组织协调、咨询服务和宣传普及作用，围绕市委、市政府的中心工作开展社会科学研究活动。全年组织召开社会科学理论研讨会3次，收到论文200余篇，参加者300余人次。其中，会同市委宣传部、市委党校联合举办社科界“学习贯彻胡锦涛总书记‘6·25’重要讲话精神”座谈会、“深入贯彻落实科学发展观，加强机关作风建设”、“构建社会主义和谐社会”专题报告会等，坚持以邓小平理论和“三个代表”重要思想为指导，全面贯彻落实科学发展观，认真学习贯彻党的十六届六中全会精神和十七大精神，贯彻省、市委的重大决策，全市社会科学事业呈现繁荣发展的新局面。年内，积极组织各学会、研究会结合泰安实际开展理论研究活动，取得许多有价值的研究成果，引起市委领导高度重视。市统计学会有3篇研究报告得到市委领导的批示。组织开展全省联动的第三届社科普及周活动，特别是开办的“泰山讲坛”“泰山文化”系列讲座，受到广大群众广泛关注和好评。科普周期间，举行中韩饮食文化交流活动，韩国饮食文化代表团观看御座宾馆等组织的烹饪表演，参观山东农业大学等单位，并游览泰山，收到很好的效果。组织开展全市第21次社会科学优秀成果评奖工作，坚持公开、公平、公正的原则，严格标准、注重质量，坚持匿名评审，严格把好政治导向关和学术质量关，从参评的260项成果中评选出获奖成果84项，其中一等奖11项、二等奖26项、三等奖47项；向省社科联推荐的参评4项作品中，有两项获奖。

【《泰安论坛》改版】　由市社科联主办的综合性理论期刊——《泰安论坛》全年出版4期，年内对期刊进行改版，由过去的小16k改为大16k，内容、形式也有所调整。内容更加务实，注重采用与泰安经济社会发展紧密结合的实用性研究成果，突出宣传科学发展观、宣传共建共享和谐社会、宣传社会主义新农村建设，注重选用联系泰安实际的应用对策研究成果，为领导决策、指导工作发挥积极作用；形式更加新颖，发行后受到广泛好评。（孙　莉）

泰城风光·红门路　（刘延斌　摄）

2007 年泰安市第 21 次社会科学优秀成果部分获奖项目情况

表 63 （同等奖次排名不分先后）

作品名称	获奖作者单位	成果形式	获奖作者	获奖等级
泰山志校证	泰山学院	专著	周　郢	省二等奖 市一等奖
技术发展的人性化走向	山东科技大学	论文	王耀东	省二等奖 市一等奖
顾随年谱	泰山学院	专著	闵　军	市一等奖
中外舞蹈作品赏析	山东科技大学	专著	孙　璐	市一等奖
齐鲁民俗文化与现代生活	泰山学院	专著	孟昭水	市一等奖
论利益矛盾协调是构建社会主义和谐社会的切入点	泰山学院	论文	马兆龙 李　鹏	市一等奖
发挥改革在和谐社会建设中的强大动力作用	市委党校	论文	崔伟华	市一等奖
正确处理人民内部矛盾　构建社会主义和谐社会	山东农业大学	论文	吕秀兰	市一等奖
中国家族企业治理模式研究	山东科技大学	专著	李　忱	市一等奖
泰安市农村义务教育投入机制研究	市财政学会	课题	任先德	市一等奖
山东省城市创新能力评价及“四大创新圈模式”构建	泰山学院	论文	张立柱 郭中华	市一等奖
世界遗产:现代人类中心主义的实证	泰山学院	论文	孟　华	市二等奖
在异质文化中探寻“自我”—国外汉学家中国解放区文学译介研究管窥	泰山学院	论文	宋绍香	市二等奖
普通话教程	泰山学院	教材	曹大为 秦存钢等	市二等奖
近六年清诗研究综述	泰山学院	论文	于　慧	市二等奖
简析蒲松龄对“狐鬼精魅”及其婚恋故事的文化定位	山东农业大学	论文	杨　棣	市二等奖
“环境友好”生存智慧的思想远远	山东科技大学	论文	郭　霞	市二等奖
转移补偿升华－对柳宗元山水散文的审美轨迹探析	泰山学院	论文	夏忠梅	市二等奖
马克思主义“以人为本”的本体论意义	泰山学院	论文	刘明和	市二等奖
伽达默尔哲学解释学视域中的审美艺术活动	泰山学院	论文	张　静	市二等奖
深刻理解全面把握马克思哲学的当代性	市委党校	论文	陈士兵	市二等奖
构建和谐社会中的政府责任	山东科技大学	论文	费广胜	市二等奖
毛泽东节约思想与建设节约型社会	山东农业大学	论文	侯爱萍	市二等奖
当代资本主义发生新变化的主要原因探析	泰山学院	论文	姜素琴	市二等奖
新视野大学英语的课堂处理之我见	泰山学院	论文	张桂芬	市二等奖
体验式思想政治课教学方法初探	泰山职业技术学院	论文	唐木兰	市二等奖
素质教育与和谐社会	泰安市实验学校	论文	詹　丽	市二等奖
泰安市农村社会养老保险工作发展状况与研究对策	市财政学会	课题	尹逊祥	市二等奖
泰安城市核心竞争力研究	市委党校	课题	王希荣	市二等奖
山东省循环经济法规体系建设构想	市委党校	论文	刘　菊	市二等奖
企业并购中的文化整合	泰山学院	论文	王孟文	市二等奖
科学发展观与民营企业文化建设	泰山学院	论文	冯雪芹	市二等奖
资源型企业发展循环经济的调查与研究	新汶矿务局	课题	郎庆田	市二等奖
农民权益保护立法的法理思考	山东农业大学	论文	王本利	市二等奖
《村委会组织法》的完善与村民自治的健康发展	山东农业大学	论文	刘友田	市二等奖
企业灰色营销模式的影响及对策	山东科技大学	论文	李慧珍	市二等奖
对当前我国失地农民保护主体的审视与思考	山东科技大学	论文	孙绪民	市二等奖

编辑·校对　戚淑娟

综　述

【概况】　全市教育事业以促进教育公平为目标，以农村义务教育经费保障机制改革和教育均衡发展为重点，完善体制机制，加强督导督查，实现持续快速协调健康发展。

年内，全市教育经费总投入23.01亿元，比上年增长8.39%；预算内教育经费15.95亿元，增长0.78%。全市城市教育费附加划拨教育经费1.25亿元，增长4.98%；地方教育附加划拨教育经费3454.78万元，增长16.25%。

全市有各级各类学校（幼儿园）1915所，在校生85.9万人。其中，幼儿园986所，在园幼儿12.2万人；小学678所，在校生34.3万人；初中159所，在校生10.9万人；普通高中41所，在校生11万人；特殊教育学校7所，在校生1211人；各类中等职业学校28所，在校生7.73万人；省属和市属高校6所，在校生8.8万人。全市3～6周岁幼儿入园率89.4%；学前一年入园率98.6%，小学适龄人口入学率100%，初中入学率99.7%，高中段入学率89.29%。全市小学、初中年辍学率分别为0.12%、1.08%。

全市有教职工5.19万人（专任教师4.41万人），其中，小学教职工2.36万人（专任教师2.19万人），普通中学教职工2.44万人（专任教师1.96万人），职业中学教职工3670人（专任教师2554人）。全市小学、初中、高中、职业学校专任教师学历合格率分别为99.66%、97.08%、89.63%、84.22%。

全市有县级以上规范化中小学653处，占中小学总数73.5%。其中，省级规范化学校119所，占13.4%；市级307所，占38.8%。省级示范（实验）幼儿园48所，占幼儿园总数的4.9%；市规范化幼儿园186所，占幼儿园总数的18.86%。全市国家级重点职业学校11处，省级重点职业学校17处，省级骨干示范职业学校7处，省级示范专业15个。全市高中段招生职普比为4.65：5.35，职业学校毕业生就业率连续6年达97%以上，2007年高质量就业率达到51%。

全市教育事业被确定为中国教育改革实验区、山东省创新教育综合试点市。10月26～28日，中国教育家学会第20次全国学术年会在泰安市举行，教育部教育司、中国教育学会、省教育厅等领导、专家和来自全国各地300名代表参加会议，会议设思想观念、课堂教学、学校管理和学校·家庭·社会结合4个论坛。与会人员对全市道德教育、特色办学和人才培养模式创新方面，取得的成绩和经验给与高度评价。全市有6处乡镇创建为“泰安教育工作强乡镇”，占全市乡镇总数的70.9%。5月23～27日，省2006年度教育工作综合督导团对全市教育进行评估，查阅全市的资料、数据，到随机抽样的市直学校、新泰市、泰山区及其所属县直部门和4个乡镇、10余所学校实地考查，根据省督导评估结果，全市教育综合发展水平居全省第5位，实现连续3年位次前移；年度发展水平居全省第6位，是全省唯一连续3年保持前6位的市。在全市民主评议政风行风活动中，市教育局位列“经济和社会管理类”第3位，再次荣获“泰安市政风行风建设先进单位（十佳）”称号。全市教育系统被市文明委命名为全市“文明创建标兵行业”。市教育局机关连续5年保持“省级文明机关”荣誉称号。年内，全市教育系统获省级文明机关、文明单位1个，市级文明机关、文明单位43个，市直文明单位3个。

【教师队伍建设】　①支援农村教育。全市选聘优秀大中专毕业生补充教师队伍609人，其中到农村学校任教481人。全市教育系统参与各种形式的支援农村教育活动

2600人次。②开展教师教育培训工作。培训市级骨干教师280名、骨干班主任330名；组织中小学教师学历提高培训3078人，校长任职资格提高培训778人，国家和省级高级中小学校长、教师研修培训192人，新课程远程研修班骨干教师培训1060人。泰山外国语学校1人被评选为省2007年度教育创新人物，泰安市实验学校获创新人物提名奖1人。③提高职业学校教师素质。组织103名教师到企业顶岗锻炼，获高级工及以上职业资格证书103人，“双师型”教师占专业课教师的比例达到85%。跟踪培养培训中青年骨干教师30人，参加国家级培训54人、国外培训7人。获全省职业学校百名“杰出教师”称号12人。加强兼职教师队伍建设，岱岳区职业中专、新泰市职业中专、肥城市第二职业中专、宁阳县职业教育中心、东平县职业中专5处中等职业学校被列为国家紧缺专业选聘兼职教师资助学校。④教育系统递进人才管理。对首届100名泰山名师、10名泰山名校长进行任期期满考核，有77名泰山名师、8名泰山名校长连任泰山名师、名校长称号。做好教育干部挂职锻炼工作，选派到市内机关、学校或到杭州挂职学习31人。⑤完善义务教育管理体制。各级加大教育投入，为教师创造良好的工作、生活条件。东平县、新泰市、肥城市先后实现县域内教师工资统一标准发放，各县（市、区）教师工资增幅都在400元以上。

【教育科研】 加强“创新教育、新道德教育、校本研究、教师成长、课堂创新、网络科研应用项目”等重点工作，评审、公布市“十一五”立项课题，其中重大课题8项，重点课题60项，规划课题260项。在省政府第二届“教学成果奖课”评选中，获一等奖1项（全省10项），二等奖5项，三等奖8项。形成全市教育科研中的“以创新教育实验为龙头课题，推进课程改革；以新道德教育实验为载体，提高德育效果；以课堂教学为重点，开展校本研究；以读书成长工程为动力，促进教师专业成长。”的教学新局面。市教育科学研究所以网络科研应用为重点，加强科研博客建设，被评为全省教育科研先进单位。

【教育信息化和教学条件装备建设】 全面落实教育信息化应用项目管理实施意见，开展实施教育管理、教育科研、学校教学管理评价、学生信息技术应用能力提高等10个方面的应用项目，基本完成电子政务系统建设，实现电子公文和信息传输。全市累计建成校园网266个、微机室1213口、多媒体教室1465个。其中，肥城市初中以上学校全部建起校园网，小学校园网（网络教室）覆盖率达到90%以上；东平县初中以上学校均建起多媒体教室，中小学建成校园网43处，小学实现校校通32处。投资135.4万元，实施农村中小学现代远程教育工程，为农村教学点安装教学光盘播放系统35处，小学安装卫星教学收视系统107处，农村初中安装计算机教室19处。市教育系统投资30万元完善电子政务公开系统，市教育科学研究所创立“泰安教研”、“中国创新教育”等网站。建立校长、教师博客9600个，发表学科课例研究和博客文章3万篇，传输“空中大课堂”优秀课例400节，全市90%以上的教师能够通过网络进行辅助教学。按照新课程标准，加快全市中小学校图书馆（室）建设工作进程，启动农村中小学教学仪器更新工程和特殊教育学校教学仪器配备工程，学校申报示范图书馆建设试点单位30所，全市新增图书41万册，新建物理实验室281口，化学实验室266口，生物实验室247口。

【学校文化建设】 学校文化建设分物质文化、制度文化、精神文化建设3个层次，以实现学校管理的制度化、规范化、人性化，力求建成良好的校风、教风、学风。年末共有81所各级、各类学校通过学校文化建设3A级单位评估验收，20所学校通过4A级验收，全市3A级学校累计已达297所。其中，肥城市建成泰安市级以上规范化学校（幼儿园）139处，泰安市校园文化建设3A级、4A级学校55处，国家级绿色学校1处，省级绿色学校8处，3处职业学校有2处创建成国家级重点、1处达到省级规范化学校标准，14个乡镇有12个建成泰安市教育工作强乡镇；宁阳县12个乡镇中的11个通过市教育工作强乡镇验收；东平县18所学校被评为市、县教学管理示范校，12所学校被评为市校园文化建设3A级学校，8所学校被评为市绿色学校，21所学校被评为县环境建设示范校。

【教育外事工作】 国家汉语推广办公室批准泰山教育集团成为首批“汉语国际推广中小学基地”。全市国际汉语推广工作有重大突破，汉语桥—美国中小学校长访华之旅代表团在泰考察访问期间，泰安学校与美方9所学校签署交流合作意向，选拔4名优秀教师分别赴美国、新加坡、香港担任志愿者或教学指导教师。聘请外教和接受外国学生工作稳步推进，组织4所学校申报接收外国学生的资格。常驻泰安的外国中小学留学生100名；2所学校与美国康州相应学校建立姊妹校关系，9月中下旬泰安—美国康州项目，泰山学院附中12名优秀学生和3名老师赴美康州姊妹学校进行师生交流；2所学校与南澳洲相应学校建立姊妹校关系。暑假期间泰安—韩国泰安郡项目，双方分别由教育局派员带队，选拔50名优秀师生进行互访体验活动；基层教师赴美国3个月培训项目，先后派出基层教师赴美国佛蒙特州任教培训2批；国外政府负担费用公派留学（或短训）项目，泰安一中高二留学（新加坡大学）项目（新加坡政府承担费用）被录取2人；由市直高中15名优秀师生组成的赴日研修团，进行为期15天（日本政府承担费用）第4期短期研修。

【实施农村义务教育经费保障机制改革】 自春季起，全部免除农村义务教育阶段学生杂费，提高农村义务教育阶段中小学公用经费保障水平。各级财政拨付农村义务教育经费保障机制改革资金1.75亿元，其中免杂费及公用经费补助资金1.06亿元，校舍维修改造资金4659万元，免费教科书资金2142.72万元，补助寄宿生生活费资金100.79万元。全市农村中小学全部免除学杂费37.8万人，享受贫困生免费教科书2.75万人，享受贫困生寄宿生生活费补助3000人。自秋季开学起，全市建立健全困难学生资助政策体系，全部免除城市义务教育阶段学生杂费。市属高校5400名学生、全市中等职业学校2.1万名学生、普通高中8700名学生接受资助，全部免除城市义务教育段学生杂费7.8万人。各级财政拨付各类资助资金近4000万元，其中普通高校611.1万元，中等职业学校1547.16万元，普通高中427.2万元，城市义务教育1326.66万元。全市全年用于学生资助政策的支出共1.67亿元，全市受惠学生51.2万人，占学生总数的76.2%。

【举办第4届创新课送教下乡活动】 年内，各级教育部门和学校，强化校本研究聚焦课堂、促进教师专业成长的工作措施，制定关注课堂细节、提高课堂教学有效性的10条标准，举行第4届创新课送教下乡活动，10名教师在12个乡镇巡回讲课，听课教师4000人，在说课、讲课、评议的过程中，提高教师课堂教学的有效性。

基础教育

【概况】 有独立设置的幼儿园986所，在园幼儿12.16万人，比上年增加1.27万人，包括其它幼儿园在园幼儿15.50万人；3~6周岁幼儿入园率89.4%（城市为95.19%；农村为88.25%）;全市学前一年入园率达到98.6%。有中小学校887所，在校生56.4万人。其中，小学678所，教学点121处，在校学生34.3万人，小学适龄儿童入学率100%，小学在校学生年巩固率为99.9%；初中159所，在校生10.9万人，初中适龄儿童入学率99.6%，在校生年巩固率达98.9%；普通高中41所，在校生11万人，初中毕业生升入普通高中比率为47.74%；特殊教育学校7所，在校生1211人，教师298人，全市残疾儿童义务教育入学率达91.7%以上。

学前教育　对全市所有学前教育机构重新进行登记注册，颁发办园许可证916处，限期整改320处，取缔143处。认定乡镇中心幼儿园8处，全市通过认定的中心幼儿园已达45处，合格建园率52%。继续开展省“十佳”幼儿园、省示范幼儿园、市级规范化幼儿园创建工作，年内，宁阳县1所幼儿园被省教育厅公布为全省“十佳”幼儿园，泰山五岳幼儿园等20处幼儿园被省教育厅公布为省级示范幼儿园，泰山八一幼儿园等17处幼儿园通过市级规范化幼儿园验收。全市建成省级实验（示范）幼儿园68所，占幼儿园总数的6.9%；市级规范化幼儿园244所，占幼儿园总数的24.7%。岱岳区学前教育《〈泰山文化园本课程的开发与建设〉课题研究报告》获山东省课题研究成果一等奖。到年末，全市学前教育机构总数为1334所（包括托儿所、小学附设学前班、亲子园和独立设置的幼儿园），按办园主

表64　2007年泰安市小学基本情况　单位:所、个、人

单位	校数	教学点	毕业生数	招生数	在校生数	毕业班学生数	教职工数	专任教师	小学学龄儿童入学率(%)	小学结业升学率(%)
泰山区	65	4	5554	8367	40058	7211	2191	1923	100	103.31
岱岳区	131		5652	11359	63492	7623	3988	3808	100	101.75
宁阳县	67	38	4256	8084	41418	4497	3431	3149	100	104.53
东平县	117	39	4803	7820	44957	5899	3278	3037	100	100.44
新泰市	194	3	7272	18222	92828	11071	5719	5310	100	101.22
肥城市	104	37	5257	10997	59970	7021	4959	4677	100	100.06
合　计	678	121	32794	64849	342723	43322	23566	21904	100	101.80

体分类，政府办园65所、教育办园322所、企事业单位办园26所、街道办园3所、村委会办园452所、公民个人办园466所；按城乡区域分类，城区144所、农村1190所。

义务教育　贯彻新《义务教育法》，规范教育教学行为和办学行为，举办新《义务教育法》培训班、知识征文等活动。严格执行义务教育阶段免试就近入学政策，以及义务教育阶段不得举办重点学校或重点班的规定，坚持以流入地政府为主、以公办中小学为主，保障进城务工就业人员子女接受同等水平的义务教育。加强义务教育学籍管理，借助学籍电子注册系统，建立市、县、乡、校4级管理监控网络。到年末，全市有小学678所，比上年增加5所；教学点119个，减少8个；招收一年级新生6.49万人，比上年增加1394人；入学率继续保持100%；2007～2008年度在校生34.27万人，比上年增加3.55万人。初中159所，比上年减少6所，招收初中一年级新生3.4万人，增加4567人，入学率继续保持99.6%以上，2007～2008年度初中在校生11.01万人，初中年辍学率分别为0.12%、1.08%，均比上年下降0.5个百分点。

高中教育　落实省教育厅关于规范普通高中招生行为有关问题的通知精神，对全市高中学校教务主任、学籍管理员，全部进行普通高中学籍管理及学生电子发展报告书建设业务培训，统一《高中学生发展报告书》填写、录入、上报等工作，规范高中学生学分认定和学生基础素养评价工作。高中教育课程开展“搞好研究性学习”主题年活动，学校选课制度，研发《泰安市普通高中学籍变动电子管理系统》，并要求各县（市、区）按照《关于启用高中学籍变动电子管理系统有关问题的通知》，做好高考应届生的资格审查，确保高考报名的公正、公平，全年普通高中生毕业生4.2万人。

中考招生　实行招生计划、组织考试、录取等方面市级统筹管理，严格执行限分数、限人数、限钱数的“三限”要求，择校生的比例不超过30%，对纸质学籍册，实行统一打印。全市报名参加中考的4.21万人，设8个考区、27个考点、1412个考场。全市普通高中41所，在校生11.02万人，其中年内注册新生学籍3.34万人，普通高中入学率为47.74%，实现各县（市、区）的招生计划不超过本地初中毕业生50%的目标。全市高中段入学率为89.29%，比上年提高3.99个百分点。中考实行课改与非课改年级2套试题，泰山区为非课改试题，其余县（市、区）为课改试题，严格规范普通高中的办学行为和招生工作秩序。

规范化学校建设管理　制定《泰安市教育局关于进一步加强规范化学校建设与管理的意见》（泰教发〔2007〕58号），印发《关于规范化学校建设有关问题的通知》等配套文件，建立省、市规范化学校年度动态管理、复评淘汰机制，对管理出现滑坡或其他方面与规范化学校标准有明显差距的学校，视情节给予警告、取消或建议上级主管部门取消其相应级别规范化学校资格。年内，创建市级规范化学校20处，申请省级规范化学校上报省教育厅19处。全市省级规范化学校总数达到119所，占中小学总数的13.4%，列全省第三位；市级规范化学校309所，占中小学总数的34.9%。新泰市普通高中全部成为省级规范化学校。

【课程改革】　秋季学期，泰山区、新泰市、肥城市、宁阳县小学1～5年级，岱岳区、东平县小学1～4年级进入新课改，全市实施新课程的小学生达到31.65万人，比上年增加9.15万人，占小学生总数的92.3%。全市初中学生全部实施新课程，达到10.94万人。高中3个年级全部实施新课程，计11.02万人。全市实施新课程的中小学生共有55.04万人，占学生总数的92.7%，有4.7万名中小学管理者和教师参与新课改。7月，市教育局在宁阳县组织召开全市新课程教师培训现场会，

表65　2007年泰安市普通中学基本情况　单位：所、人

单位	初中					高中				
	校数	毕业生数	招生数	专任教师		校数	毕业数	招生数	专任教师	
				小计	达标				小计	达标
泰山区	19	5918	5738	1616	1584	7	5655	6000	1001	979
岱岳区	29	10766	5751	1997	1898	5	6034	4790	885	762
宁阳县	21	12113	4449	1612	1584	5	6116	5998	1068	978
东平县	21	7123	4824	1989	1939	6	5599	4000	940	860
新泰市	44	22909	7361	3092	3029	9	12219	7341	1618	1314
肥城市	25	11031	5260	2488	2386	9	6404	5220	1334	1243
合　计	159	69860	33383	12794	12420	41	42027	33349	6846	6136

推广宁阳县全员封闭式培训的做法。8月，举办义务教育课程改革通识培训500余人，12月，组织开展市首届中小学优秀校本课程评比活动，评出《泰山》等小学组一等奖15项、二等奖16项、三等奖21项，《走进高中》等中学组一等奖11项、二等奖12项、三等奖19项，并评选出全市中小学校本课程建设先进单位27个。

【危房改造】 强化领导包保、责任到人、挂账销号等措施，对危房改造项目进行逐项落实。全年消除危房9万平方米，完成改造项目99处，完成投资8168万元，新建校舍14.8万平方米。其中新泰市年内13处危房改造项目全部竣工，该市共新建学校82处，改扩建68处，实现农村中小学无危房的目标。2001年至年底，全市共消除危房54.5万平方米，完成危房改造项目699个，完成危改投资4.68亿元，新建校舍87万平方米。

中等职业教育与成人教育

【概况】 全市有各类中等职业学校28所，在校生7.73万人，中等职业学校在校生占高中段在校生比例为47.16%，比上年提高3.87个百分点。2007～2008年度招生2.9万人，招生职业教育、普通高中教育比为5.3∶4.7，中等职业学校招生人数占高中段招生人数的比例比上年提高4个百分点。全市86处乡镇成人教育中心学校，全年开展各种短期职业技术培训达21万人次。

职业教育基础能力建设 各职业学校通过增加财政投入、争取上级专项资金、学费收入、勤工俭学、与企业合作办学等多种渠道，累计投入资金2000多万元改善办学条件。其中，东平县职业中专争创为国家级重点职业学校，新泰市第一职业中专、肥城市第二职业中专通过省级重点中等职业学校复评；泰安卫生学校列入全国基础能力重点建设项目，争取专项资金200万元；岱岳区职业中专列入全省重点建设项目，争取专项资金130万元；岱岳区职业中专的机电技术应用等7个专业被评为第三批省级教学改革试点专业；宁阳县职业教育中心等3处中职学校分别获全省职业教育“就业十大明星学校”和“创业十大明星学校”称号。新创建市级骨干示范校5处，市级示范专业8个，市级精品专业3个。

职业教育教学改革 推进“学分制”、“双元制”、“半工半读”改革，加强校企合作项目。到年底，教育系统所属22所职业学校自秋季开始，在所有专业全面推广学分制；全市28所职业院校共38个专业点，累计与160个大中型企业建立密切合作关系，平均每个专业与4个以上企业建立合作关系。其中东平县职业中专多方筹资1000万元，建设焊接、机械加工、体育器材等实训车间，建立校企联合、校校联合、校农联合的多元化办学机制，并与贵州毕节、吉林白城等地区和全国50多家大中型企业实现合作办学，办学层次逐步提高，该校创建为全国重点职业学校，成为山东省劳动力转移培训基地，毕业生就业率稳定在98%以上。全市职业中专毕业生获普通话、英语、计算机、职业资格等“四证”的人数占毕业生总人数的98.45%，中等职业学校毕业生就业率稳定在97%以上，其中，高质量就业率达51%。

【农村成人教育】 以创建示范性乡镇成人教育中心学校活动为抓手，推动全市农村成人教育健康发展。对2006年度市级示范性乡镇成人教育中心学校进行复查，对2007年度市级示范性乡镇成人教育中心学校进行指导、调度和评估验收。立足服务“三农”，进行在职职工、下岗失业人员再就业、农村实用技术培训21万余人次；开展农村劳动力转移培训达5万人次。11月，全省农村职业成人教育工作经验交流会上，泰安市作典型发言。年末，岱岳区祝阳镇成人教育中心学校被评为“全国农村成人教育工作先进单位”。

【民办教育】 市政府印发《关于加强民办教育规范管理引导民办教育健康发展的意见》（泰政发〔2007〕70号），市教育局印发《泰安市民办学校审批管理规定》（泰教发〔2007〕48号），进一步严格对民办学校的审批和管理。全市265处民办学校、36处驻泰高校函授站和远程教育学习中心进行年检，对办学不标准民办学校15

表66 2007年泰安市职业中学基本情况 单位：人

单位	校数	毕业生数	招生数	在校生数	教职工数	专任教师
泰山区	11	5862	11158	27445	1470	895
岱岳区	5	1392	3213	6624	422	300
宁阳县	1	2538	4215	10374	378	253
东平县	1	949	4116	10018	351	314
新泰市	5	5016	4269	14769	453	352
肥城市	5	2542	2058	8090	596	440
合　计	28	18299	29029	77320	3670	2554

处，提出整改意见。年内新增现代远程教育校外学习中心1处。

【语言文字工作】 推进城市语言文字工作，制定《泰安市迎接山东省二类城市语言文字工作检查评估方案》和《任务分解表》。市政府印发《泰安市社会用字管理规定》（泰政发〔2007〕37号），规范社会用字管理办法。市教育局印发《泰安市小学中华文化经典诵读活动实施方案》（泰教办发〔2007〕25号），在全市小学开展中华文化经典诵读活动。举办全市"雅言经典天下传——中华诗文诵读比赛"，组织"推广普通话志愿者义务送教下乡一日讲活动"，组织万名师生参加爱我母语、爱我中华"全国语文规范化知识大赛"活动。全年共开展普通话测试2.2万人次。自主研发"普通话测试微机录音系统软件"，成功实现人机对话的方式进行普通话测试。年内，创建省级语言文字示范校15处，市级示范校30所，培训市级普通话骨干教师120人，指导各县（市、区）培训教师8543名。（丁连厚）

高等教育

【概况】 年内，全市6所普通高等学校共招生2.4万人，在校生8.8万人；驻泰安市普通高等学校教职工9326人，博士、硕士研究生6998人，毕业生1.1万人。高校的科研成果、学科建设、对外文化交流、基本建设均有新的发展。

·山东农业大学·

【概况】 该校前身是1906年创办于济南的山东高等农业学堂。1952年成立山东农学院。1958年由济南迁至泰安，1983年更名为山东农业大学。1999年7月，将山东农业大学、山东水利专科学校合并，同时将山东省林业学校并入，组建新的山东农业大学。到年末，学校已经发展成为一所以农业科学与生命科学为优势和特色，融农、理、工、管、经、文、法、医、教育学等于一体的多科性大学。学校占地354万平方米，其中校园占地225.5万平方米，建筑面积98.8万平方米（包括站园实验室）。教学、科研仪器设备资产总值2.54亿元。学校现有在校生2.85万人，其中博士、硕士研究生2804人（包括专业学位研究生、在职申请硕士学位研究生906），设有20个学院、62个本科专业。在职职工2616人，1552名专任教师中，中国科学院院士2人、中国工程院院士4人，教授246人，副教授536人；入选国家"百千万人才工程"专家6人；国家有突出贡献的中青年专家4人；国家级教学名师1人，省级教学名师1人；享受政府特殊津贴人员78人。年内录取新生7232人，生源涵盖全国28个省（市、自治区）。学校有博士后流动站7个、一级学科博士学位授权点6个、二级学科博士学位授权点41个、硕士学位授权点59个，硕士专业学位授权点3个，研究生教育涵盖经济学、法学、文学、理学、工学、农学、管理学等7个学科门类，国家重点学科2个，国家重点实验室1个，农业部重点学科2个、农业部重点开放实验室1个，省级重点学科16个，省级重点实验室10个，省级人文社会科学研究基地1个、国家小麦改良分中心1个、农业部谷物品质检测中心1个、黄淮海区域玉米技术创新中心1个、省农村经济研究基地1个、省级工程技术研究中心7个。"九五"计划以来，学校承担各级各类科技项目2391余项，其中主持和参加省部级以上项目1079项；获得省部级以上科技成果奖励186项，其中国家级奖励8项、省部级一等奖7项；"冬小麦矮秆、多抗、高产新种质'矮孟牛'的创造及利用"研究成果获1997年国家技术发明1等奖。此外，还获得64项国家专利和7项植物新品种权。学校先后获得省级以上教学成果奖51项，其中国家级教学成果特等奖1项、一等奖2项。办有《山东农业大学学报》（自然科学版、社会科学版）、《山东畜牧兽医》等学术刊物，设有山东农业大学科教音像出版社。

本专科教育 年内，全年争取各项教学改革项目经费300余万元。遴选14门课程为"1522"课程建设工程首批试点课程，其中13门课程获高等学校基础学科建设专项资金资助。植物保护专业被评为省级品牌专业，总数达2个；动物科学专业、植物科学与技术专业被评为省特色专业，总数达4个；《园林计算机辅助设计》《普通昆虫学》被评为省级精品课程，总数达10个；《农业生态学》被评为国家级精品课程，总数达3门。园艺专业第一类特色专业建设点，农学专业、动物科学第二类特色专业建设点。新上车辆工程（工）、道路桥梁与渡河工程（工）、项目管理（管理）、日语（文）等4个本科专业，并于年内招生；新申报环境工程（工）、遥感科学与技术（工）、森林资源保护与游憩（农）、应用生物技术（农）等4个本科专业。加大实验室建设力度，改善实验教学条件，化学实验教学示范中心、农业生物学实验教学示范中心被评为省级实验教学示范中心，农业生物学实验教学示范中心被评为国家级实验教学示范中心。学校有校外基地115个，相对稳定的教学实习点达800余个。年内资助“SRT”计划立项169项，对2005、2006年度的133个项目进行结题评审，批准结题128项，5项中止，对参加结题项目的634名学生给予学分奖励。在全国大学生数学建模竞赛、电子设计竞赛等各类创新竞赛中，分别获得国家级一等奖1项、二等奖2项，省级一等奖9项、二等奖5项、三等奖13项。年内有本专科毕业生7471人，其中，考取研究生1517人，考取中央国家机关公务员11人，考取省级机关公务员46人，参加山东省“三支一扶”计划活动121人。

继续教育　年内学校成人教育录取新生5875人，毕业专科、本科函授生4502人，其中取得学士学位226人。组织新型农民创业培训4期，受训的农产品加工企业和合作经济组织负责人790人。完成中央党校渔政法律班123人的面授任务。录取委托培养进修生61名，800余名学业证书班学员顺利毕业。开展各个层次的教育培训班7期，培训人员近1000人。

科研工作　新上各级各类课题339项，立项经费首次达到7909万元。实际到位科研经费7195万元。其中，在109项目国家级课题中，主持“973”计划项目课题3项、参加5项；主持“863”计划课题3项、参加9项；主持跨越计划项目1项；新上国家自然科学基金课题21项（其中1项为自然科学基金国际合作课题）；国家成果转化资金项目1项；国家软科学计划项目1项。在87项省级课题中，省自然科学基金课题21项、省优秀中青年科学家科研奖励基金课题12项、省科技攻关项目8项。年内获得各级各类科技奖励30项，其中，省科技进步一等奖1项，二等奖3项，三等奖1项，省技术发明三等奖1项；省社科优秀成果二、三等奖各1项；山东高校优秀科研成果奖6项；省软科学优秀成果奖3项；省文化艺术科学优秀成果奖2项；泰安市社科成果奖11项。年内鉴定科技成果20项，出版专著18部，发表论文1173篇。全年签订各种项目合作协议、技术合同116项，合同金额1498.51万元。

学科建设　作物生物学实验室成为国家重点实验室，作物栽培学与耕作学、果树学2个国家重点学科通过评估，批准继续建设。

文化交流　年内引进外籍教师40人，其中英语、德语教师5人，专业课教师35人。学校与美国普渡大学、俄勒冈州立大学、肯塔基大学、东密歇根大学、夏威夷大学，英国皇家农学院，德国埃森经济与管理应用技术大学、魏恩斯特凡应用技术大学，韩国公州大学、建国大学、晋州产业大学，荷兰万豪农学院，日本东京公立女子大学，乌克兰卢甘斯克国家农业大学等国外22所院校建立友好校际关系，12个国家和地区的48批152人次外宾到校访问。被山东省自筹留学基金资助出国留学2人，公派出国考察、短期进修或参加学术会议40人次。9月，与美国夏威夷热带作物农业与人类资源环境学院续签为期5年的友好关系学校协议。

（王延耀）

·山东科技大学·

【概况】　山东科技大学是1999年8月16日经国家教育部批准成立，山东省政府9月16日下发〔1999〕23号文件，12月28日山东省政府为该校成立揭牌。该校是一所以工为主，工学、理学、管理学、文学、法学、经济学、教育学等多学科相互渗透、协调发展、特色鲜明的省属重点大学。设有16个学院、9个教学系（部）以及1个独立学院。有博士后科研流动站5个，博士学位授权一级学科3个，博士学位授权学科、专业24个；硕士学位授权一级学科12个，硕士学位授权学科、专业77个；工程硕士专业学位授权领域14个；本科专业72个。山东省“泰山学者”设岗学科7个。有国家重点（培育）学科1个，省部级重点学科（实验室）27个，山东省强化建设人文社会科学研究基地1个，青岛市重点实验室1个，教育部工程研究中心1个，省级工程技术研究中心7个。学校设有国家制造业信息化培训中心授权业务中心、国家外专局外语培训中心、“山东－俄罗斯科技合作中心”。俄罗斯自然科学院在学校设有中国唯一的“中国科学中心”。学校校生3.8万余人，其中博士、硕士研究生3700人，独立学院学生6900人。教职工2900人，其中专任教师1900余人，教授257名，副教授411名。中国科学院院士3名，中国工程院院士1名，俄罗斯自然科学院外籍院士5名，“泰山学者”5名，新世纪百千万人才工程国家级人选3名，教育部新世纪优秀人才支持计划人选3名，国家有突出贡献的中青年专家6名，享受国家政府特殊津贴教师58名，山东省有突出贡献的中青年专家6人，省部级专业技术拔尖人才37名。博士生导师125名。学校全国优秀教师8人，省级优秀教师19人，省级教学名师4人；学校设有工程技术及人文社会科学类专业研究院（所）80个，教育部、财政部特色专业建设点3个、实验教学示范中心建设点1个，山东省品牌专业建设点3个，山东省特色专业建设点3个；建有国家级精品课程1门，省级精品课程15门。获国家级教学成果2等奖2项，省级教学成果奖31项。毕业生就业率始终保持在全省高校前列。校办产业已形成机械电子、防水建材、环境保护、信息技术和科技培训等产业中心，振弦传感技术、等离子熔覆技术和防水建材研发达到国内或国际先进水平，防水建材产品进入国际市场，取得良好的社会效益和经济效益。学校省级大学科技园，已列入青岛经济技术开发区国家高新技术创业服务中心孵化基地，入驻企业和科研单位50余家。（张传洲）

·泰山医学院·

【概况】 泰山医学院是山东省属高等学院，始建于1974年，前身是山东医学院楼德分院，1980年搬迁到泰安市，1981年7月，国务院命名“泰山医学院”。该院是省属高等医学院校，占地总面积200公顷。年内新建教学楼、宿舍楼8万平方米，校舍建筑面积达75万平方米，固定资产总值达11亿元，各类图书188万册。设有教学院部系15个，其中新增口腔医学系。硕士学位授权点16个，本科专业28个，专业门类涵盖医学、工学、文学、理学、管理学等学科门类。有省重点学科3个，医药卫生重点学科2个和省重点强化建设实验室1个。有各类实践教学基地182个，其中附属医院10所（直属附院1所、非直属附院9所），预防医学教学基地9个。在职教职工1485人，专任教师1005人，13名院士受聘为学校教授。全日制普通在校生1.97万人，其中硕士研究生425人，外国留学生500人。年内本科招生2149人，专科1688人，社会专升本981人，普通硕士研究生166人，在职研究生200余人，成人教育学生4311人。普通本专科毕业生4807人，毕业生就业率达95%以上。学校主办的《泰山医学院学报》被评为省优秀期刊，向国内外公开发行。

科研工作 加强重点项目建设管理，制定《泰山医学院青年科学基金管理办法》，设立青年科学基金，对112项科研项目进行资助。获上级科研主管部门立项课题70项，其中国家自然科学基金项目2项，省科技攻关项目等省部级课题14项，厅局级课题54项；中美合作脑卒中项目等横向合作课题5项；校级立项课题141项。获省社会优秀成果奖、省高校优秀成果奖等奖项26项，获校级优秀成果奖217项。鉴定科研成果10项，其中达到国际先进水平1项，达到国内领先水平6项。学校教师和大学生申报职务发明和实用新型国家专利4项。加强对重点学科（实验室）、中青年学术骨干的资助力度和督导检查力度，入选省卫生系统中青年重点科技人才1人，入选“1020”工程8人，在省内同类院校中名列前茅。

教育教学 新成立口腔医学系。新增设预防医学专业。临床医学专业、医学影像专业被评为省级特色专业，医学影像学专业荣获教育部第二批高等学校特色专业建设立项。进行全员聘用制登记备案，稳妥推进人事制度改革。年内引进硕士54人，博士及博士后7人，其中国外博士后2人。学校药理学教学团队被评为省级优秀教学团队。

学生工作 落实国家家庭困难学生资助政策，加大贫困生帮扶力度，设立新生入学“绿色通道”，2401人获得助学贷款2300余万元，获得国家级奖、助学金4668人。举办学术报告会63场，营造浓厚的校园学术氛围。举办第18届大学生文化艺术节、第3届大学生宿舍文化节、首届十佳青年评选活动，开展青春创业和素质拓展活动、青年志愿者活动，丰富大学生的精神文化生活。在第10届“挑战杯”山东省大学生创业计划竞赛中1项作品获特等奖，学校团委被评为“五四”红旗团委，社会实践服务团队被评为全国优秀服务团队。被评为省级优秀青年志愿者1人，被团省委评为“优秀毕业生”23人，志愿服务西部3人。制定《泰山医学院研究生教育创新计划项目管理暂行办法》，设立校级研究生创新计划项目，对12项项目给予资助，其中获得省研究生教育创新计划专项资助2项。硕士研究生顺利毕业93名，就业率达到100%。③继续教育。制定《关于进一步加强函授教育辅导站管理工作的意见》，召开成人教育招生工作会议，总结交流各教学站点招生及办学经验。年内新增口腔医学等专业8个、函授教学点10处。医学影像学专业获山东省成人高等教育品牌专业建设立项。（刘希欣）

·泰山学院·

【概况】 泰山学院是经国家教育部2002年3月批准设立的一所全日制综合普通本科学校。该学院由原泰安师专等5所院校合并组建而成，占地69.66公顷，校舍建筑面积42万平方米，仪器设备总值6857万元，图书馆藏书125万册，各类期刊2100余种，并建有电子文献资源库。现有教职工1127人，其中专任教师752人，高级职称的教师334人，博士、硕士学位的教师336人，省教学名师、中青年学术骨干及各类专业技术拔尖人才14人。年内新增5个学士学位授权专业，现有学士学位授权专业达17个。该校涵盖文学、理学、工学、管理学、法学、历史学、教育学、经济学等8个学科门类，其中文学、理学、教育学、管理学等在全国有较大影响的学科群。该校现有教学单位19个，本科专业44个，专科专业34个，现有全日制普通在校生1.56万余人，成人高等学历教育在籍学员4120人。年内招收普通教育新生4875人（其中：本科2338人，“3+2”专升本601人，专科1936人；从外省录取575人），实际报到4041人，报到率为84.31%。数学与应用数学专业、汉语言文学专业被确定为省级本科特色专业，高等代数、数据结构、光学、语文课程与教学论、中国地理、大学英语、速写等7门课程被确定为省级精品课程，代数与教法教研室入选山东省首批优秀教学团队，先后完成90多项教学改革课题，获省级以上优秀教学成果奖14项。全年编辑出版《泰山学院学报》6期、《岱宗学刊》4期、《泰山乡镇企业职工大学学报》4期、增刊2期，共编发学术论文527篇。本科毕业生3786名，获得学士学位3743人，其中参加全国硕士研究生入学考试1806人，上线753人，录取509人。全年本、专科毕业生5047人，就业率达93%。

教育教学　全校应届本科毕业生参加全国硕士研究生入学考试，上线率和录取率分别达到了41.7%、28.2%，2005级普通本科和英语本科专业英语四级考试一次性通过率分别达56.13%、71.7%。7篇学士学位论文被省教育厅评为“山东省优秀学位论文”。学校师生在全国CCTV“奥运舵手”选拔中，体育科学系1人成功晋级全国20强，并进入国家赛艇队训练。在第10届“挑战杯”大学生课外科技学术作品竞赛中获全国三等奖、省特等奖1项、省二等奖3项、省三等奖2项；在大学生数学建模大赛中获全国二等奖1项、省一等奖2项；在全国大学生电子设计大赛中获省三等奖1项；在大学生英语竞赛中，获全国三等奖1人、获省特等奖2人、获省一等奖5人、获省二等奖18人、获省三等奖35人；在“中国校园原创音乐”大赛山东赛区获“最佳人气奖”1项和总成绩三等奖1项，并顺利进入全国总决赛；在山东省第2届高校音乐专业师生基本功比赛获一等奖2项、二等奖1项；在山东省第10届大学生科技文化艺术节校园剧大赛获三等奖1项。加强重点学科和优势学科建设。充实省级重点学科“计算机应用技术”筹建工作，该学科教授、副教授达24人，博士、硕士达27人，建成研究所和专业实验室8个，投入专项建设经费300多万元，仪器设备资产过千万元。推进校级优势学科培育工程，投入经费260多万元，建设完成重点项目10个。新增本科专业5个、学士学位授权专业5个，本科专业达到44个、学士学位授权专业达到17个。加强品牌专业、特色专业建设，对42个本科专业进行评估，评审确定校级品牌专业建设点2个、校级特色专业建设点1个；新增省级本科特色专业1个。增加综合素质课程近50门，评选确定校级精品课程16门，从中推荐的3门课程全部被评为省级精品课程，使全校省级精品课程达到7门。批准设立校级教学改革项目22项，全年校级教改课题结题27项，其中获中国高等教育学会教研立项2项、省高等教育学会教研立项2项、省教育厅教研立项1项。组织开展四级英语模拟考试，启动双语教学改革试点，按照应用型人才的培养目标，更新人才培养模式，修订本、专科各专业的人才培养方案，公共选修课实现网上选课。加强实践教学，建设完成实践教学基地100个。

师资队伍建设　组织开展中青年教师教学竞赛和教学名师、教学成果奖评选，共评出校级教学竞赛奖29项、校级教学成果奖13项，校级教学名师7人、新增省级教学名师1人。全年引进博士生5人、硕士研究生53人，聘请兼职教授15人、客座教授5人。在职培养的博士5人、硕士研究生9人学成返校，在职教师取得高校教师硕士学位36人，3名教师考取定向培养博士，28名教师报考在职硕士学位。分别有520名、446名教师参加学校统一举办的多媒体技术培训和省级普通话测试。实施优秀教学团队建设工程，评审确定校级优秀教学团队培养对象7个，其中代数与教法教研室被评为省级优秀教学团队。获得首批“泰安市突出贡献人才奖”1人。被评为市第8批专业技术拔尖人才4人。获得市首届优秀社科人才奖（全市共2人获得）1人，被评为市十佳社科人才2人。实行全员聘用工作制，正式启动岗位设置管理工作，全年评审通过教授7人，副教授15人，讲师44人，其他系列副高4人，先后新聘、续聘专业技术人员861人。

科学研究　全校组织申报的各级各类项目17种，共220项。被上级批准立项73项，其中主持国家自然科学基金项目1项、参与承担国家自然科学基金项目1项，承担省级项目22项（山东省自然科学基金项目1项，省社会科学规划项目6项，省艺术科学重点课题12项，省软科学研究项目3项），承担市（厅）级项目49项，争取科研经费42.6万元。评审确定校级科研项目54项，安排项目资助经费124.4万元。有33项课题成果通过鉴定验收。评出校级优秀科研成果50项。向上级推荐的80项成果中，获得省、市级以上奖励64项，发放奖金28.8万元。在中国现当代文学、旅游管理学、计算机应用技术、有机化学与工程、数学教育学和物理电子学等学科领域形成本校的特色和优势，计算机应用技术学科被列入山东省“十一五”重点学科筹建计划。2005～2007共承担各类科研项目144项，其中国家自然科学基金项目6项、省部级项目64项；取得科研成果

2775 项，其中有 203 项分别获得省部级和地市级奖励；被 SCI、EI、ISTP 收录的学术论文有 221 篇，在核心期刊上发表论文 450 篇，出版学术著作 105 部。学校设有泰山研究院和数学教育、应用物理与电子技术、分析科学、图像与数据处理、元素及金属有机化学、中国现当代文学、旅游、教育科学、泰山书画艺术、中小城市社区等研究所 10 个。公开出版发行《泰山学院学报》（哲学社会科学版、自然科学版）等学术刊物。

学生工作 实施政治理论武装、基础文明建设、大学生涯规划和法制安全教育 4 项工程，加强对学生的理想信念教育、诚信教育、感恩教育、法纪教育和国防教育，提高学生的思想政治素质和文明素养。①学生管理。以系级德育评估为主，加强系级学生工作规范化、学风、班集体和先进典型 4 项建设，完善学生工作管理体制和运行机制，调动系院、班级、学生社团和学生干部的工作积极性，实施班级工作量化考核，加强班主任工作和各类评先树优工作。②学生服务。强化毕业生就业指导、心理健康教育、学生宿舍管理和帮困助学 4 项服务职能。采取举办大型供需见面会和专场招聘会等措施，加强对毕业生的宣传推介，为毕业生提供就业岗位万余个。成立大学生心理健康教育中心，加大对学生心理健康教育和咨询力度，组织开展“关注安全，珍爱生命”大讨论系列活动，对大学生心理状况进行问卷调查，举办研讨大会和签名活动，对新生进行心理普查。加强学生宿舍秩序管理、卫生管理、夜间值班和维修工作。完善助学政策体系，设校内勤工助学岗位 760 个，发放助学资金 60 余万元，有 3600 名同学参加校内劳动实践，有 3779 名学生获各类奖学金、助学金达 749 万元，1214 名学生获得国家助学贷款 591 万元。③学生素质拓展。以强化基地建设为重点，突出大学生志愿者行动、社会实践活动、科技创新活动和社团活动 4 项特色工作，召开首届学生科技创新总结表彰大会，成立泰山学院学生科技创新协会，组织开展泰山学院“十佳社团”评选，该校被评为山东省志愿服务西部先进单位，连续 3 年被评为全国社会实践先进单位。学校团委被评为省先进团委、市红旗团委。④开展校园文化。打造“两节两月一校一园地”校园文化工程（即：“园之春”科技文化艺术节、“校园金秋”体育节，安全文明教育月、社团活动月，学生团校、学生宿舍文化园地）、周末文化工程、“奥运风，泰山情”文化活动和“泰山文化进校园”活动 4 大校园文化品牌，组织开展一系列校园文化活动，编辑出版《大学生安全教育 14 讲》。学校连续第 5 次被评为泰山防火先进单位。

继续教育 成人教育本、专科学生毕业 865 名，本科毕业生中 122 人获得成人教育学士学位；录取新生 619 人。举办市初中校长培训班 2 期 140 人、中小学教师资格认证培训 1 期 50 人，承担完成 550 名中小学教师的自学助考教学任务。泰安广播电视大学开放教育招生注册 21 个专业 578 人，其中本科 317 人；春秋季毕业 839 人，其中本科 638 人；电大普通班毕业 385 人；年底开放教学在校生 1244

4 月 21 日，2007“蒙牛杯”第 19 届女子、第 38 届男子亚洲举重锦标赛在泰山学院体育馆举办。图为开幕式
（武 哲 摄）

人，普通教育专科342人。全年组织完成保险代理人资格笔试6227人次，机考4400人次。《大众日报》在省“党代会特刊”报道了学校“发挥优势，服务地方，积极办好各种层次的继续教育”的经验。

文化交流与合作　学校先后与美国、澳大利亚、泰国、日本、韩国、台湾、香港等国家和地区的14所高校建立交流与合作关系，年内与韩国青云大学、俄罗斯圣彼得堡人文大学建立友好关系，并就合作办学、学生交流项目进行洽谈；与美国马里兰大学孔子学院就教师交流项目正在进行洽谈；与市外侨办、台办联合开发华文教育，对台交流项目进入准备工作，学校与市广播电视局、泰山管委、市社联等单位合作推出大型系列学术讲座“泰山讲坛”，共邀请国内知名专家7人，举办学术报告8场，并全部制作成电视节目。全年通过请进来、走出去等多种方式，举办或参加学术报告、学术会议100多场（人）次，开阔广大师生的学术视野，营造浓厚的学术氛围。

【亚洲举重锦标赛在泰山学院举办】　（详见《文化·体育》）

【“山东省语言学会第15次年会暨泰山文化学术研讨会”在泰山学院召开】　11月16~18日，由泰山学院承办的“山东省语言学会第15次年会暨泰山文化学术研讨会”在该校召开，来自全省各地的93名代表出席会议。市领导出席会议开幕式并讲话，会议收到研究论文60余篇。与会人员围绕语言学理论研究、语言规划、语文政策研究、语言应用研究、泰山文化研究等问题进行了研讨，同时还开展优秀论文评奖和语言文字学科课题立项审查。会议选举产生新一届18位常务理事。

【岱蕾文学社获全国“十佳文学社”称号】　11月，由四川省绵阳市人民政府、人民文学出版社、中华民族文化促进会共同主办，《诗刊》《星星》诗刊、《诗歌月刊》《诗潮》等刊物协办的第二届中华校园诗歌文化节上，泰山学院岱蕾文学社从全国院校200多家文学社团中脱颖而出，被评为全国“十佳文学社”之一。

【大学生科技创新表彰暨大学生科技创新协会成立】　5月，物理与电子科学系2人分别获得全国大学生英语竞赛C级（非英语专业本科生类）、D级（高职高专、艺体类）最高奖，分别成为全省高校30名、13名特等奖获得者之一；6月，在第10届“挑战杯”山东省大学生课外学术科技作品竞赛中，材料与化学工程系2人撰写的作品《DNA-纳米多孔羟基磷灰石修饰电极及其芦丁的相互作用》荣获特等奖，11月，数学与系统科学系3名学生组成的数学建模代表队在全国969所院校的1.18万个代表队中脱颖而出，荣获2007年“高教社杯”全国大学生数学建模竞赛二等奖。12月18日，学院隆重举行大学生科技创新工作表彰暨大学生科技创新协会成立大会。对生物科学与技术系、经济管理系、材料与化学工程系、数学与系统科学系、物理与电子科学系、美术系、信息科学技术系等7个单位和27人进行表彰奖励。该校第40个校级学生社团——泰山学院大学生科技创新协会正式揭牌成立。

【泰山古籍整理类著作获全国优秀古籍图书二等奖】　10月，泰山学院副研究员周郢编著的《泰山志校证》（黄山书社2006年版）荣获全国优秀古籍图书二等奖，这是泰山古籍整理类著作首次获此殊荣。全国优秀古籍图书奖由全国古籍出版社联合会负责评定，系目前中国古籍类图书的最高奖。

（许兆宝）

·山东服装职业学院·

【概况】　该校是山东省唯一的国办全日制普通高等服装院校，也是全国第一所国办服装高等职业院校。学院创建于2000年，占地40公顷，建筑面积16.8万m^2。该校设有7个系，28个专业，其中新增纺织品装饰艺术设计、新闻采编与制作、表演艺术、财务管理等4个专业。科研所1处、成人教育中心1处。设有普通专科（高职）、对口专科（高职）、5年制大专及成人大专、成人本科、在职硕士研究生教育等办学层次。年底，在职教职工463人，专任教师327人，其中硕士研究生66人，教授、副教授102人；聘请75名专家、教授和外籍教师到校执教。图书馆馆藏资料32.7万册。新建6号、10号学生公寓，以艺术广场、文化长廊等为主体的艺术大道竣工，成为学院的标志性建筑。组织编写《山服学子》《山服年鉴》（2007）等。《人民日报》《光明日报》《大众日报》等国家、省、市媒体报道学院稿件30余篇。7月，《山服学刊》创刊出版。学刊开设本刊特稿、高职教育研究、服装与艺术研究、社科研究等7个栏目，该书的出版为广大教职工学术交流提供了平台。5月，教育部高等学校高职高专服装纺织类专业教学指导委员会第3次委员会议和教育部高职高专服装纺织类专业首期师资培训班在该院举行，全国30余所院校的150余名专家参加会议。年内，1人被省人事厅、省教育厅授予“山东省普通高校毕业生就业工作先进个人”，记三等功。

教学科研　学院提出“走内涵

建设与外延扩张并重的科学发展思路，走创名牌，树品牌的精品发展之路，努力提高学院核心竞争力”的发展战略，进一步完善教学质量保障体系，积极实施“一二三”（10个重点学科、20个重点专业、30门精品课程）、“十百千”（10个教学团队、100名优秀教师、1000名知名学生）精品建设工程。学院“服装结构设计”成为省级精品课程，70余人考取青岛大学、山东科技大学等院校的研究生、本科生；科研项目获省教育厅科研计划立项1项，优秀成果奖6项，省文化艺术科学优秀成果奖三等奖3项，市大学生科技创新计划立项2项。自编《服装材料》等10本服装设计专业系列教材及《高职高专英语实用手册》等教材相继出版。

师资队伍　学院加强师资队伍建设，引进高学历、高层次、高水平的人才，加大教师队伍的培养力度，年内，学院聘任旅美男高音歌唱家王歌群等高水平人才为客座教授，招聘10余名研究生（硕士学位）、副教授以上技术职务教师到校执教，30余名教职工考取山东大学、青岛大学等院校的在职硕士研究生。

学生工作　构建学生管理立体通道，利用教育、教学、活动、制度、服务等措施抓管理，为学生营造和谐、文明的校园环境。学院餐厅实行饭菜补贴和院领导轮流就餐制度在全省高校进行推广，学生宿舍实行“班组”和“楼舍”联席会议制度，治安管理划分责任区，实行承包责任制。加大对贫困生的帮扶力度，首次获得国家、省政府助学金、奖学金资格，形成以“五金”（奖学金、国家奖学金、省政府奖学金、院长奖励基金、“567”特别奖励基金）、“六助”（国家助学金、省政府助学金、勤工助学、助学贷款、特困生定期困难补助、优秀特困生补助）、“一帮扶”（教职工与学生结对帮扶）为主的学生奖励资助体系，近500人获得国家、省政府奖学金、助学金100余万元，100人获得国家助学贷款60余万，奖励资助工作实现历史性地突破；为贫困生、患病学生捐助救助款及发放各类补助金近40万元。组织学生参加社会实践，广泛开展暑期“三下乡”活动，10名师生被评为“市级先进个人”，学院团委被授予“泰安市大中专学生暑期三下乡社会实践活动先进单位”。

招生就业　年内，学院招收各类学生2383人，毕业生1010人，在校生6288人，是历年来生源质量最好，报到率最高，生源结构最合理的一年。学院进一步拓宽进入国内大中型企事业单位、专升本、出国研修、自主创业的“4条通道”，积极走出订单、半订单式的路子，就业率达到98%，就业率和就业质量均高于全省同类院校平均水平。

【成功申领“山服”注册商标】为促进服装专业发展，发挥服装专业优势，加快服装产业开发，5月，学院在国家商标局成功申请注册“山服”商标。商品类别包括服装、工作服、运动衫、舞衣、帽子、领带、鞋、腰带、手套、批肩等10个种类。

【山东省第2届大中专院校学生服装模特大赛在泰安举行】　6月，“山服杯”山东省第2届大中专院校学生服装模特大赛在本校召开。该次大赛由省教育厅艺术教育委员会、山东教育电视台主办，学院具体承办，是山东省知名度最高，覆盖面最广，影响力最大的大学生服装模特大赛。来自全省近30所大中专院校的100余名选手参加比赛，学院荣获季军1人，获得“十佳模特”等称号7人。

【全省高职院校首届校企合作论坛】　10月31日学院成功承办由省委高校工委主办的“全省高职院校首届校企合作论坛”，论坛的主题为新形势下高等职业教育的改革与发展，全省高职院校100余家，知名企业的厂长、总经理200人参加论坛，大会共收到论文50余篇。

（吴士锋）

·泰山职业技术学院·

【概况】　山东省教育厅于2004年5月批准泰山职业技术学院建校。该学院是泰安市人民政府举办的唯一一所全日制普通高职院校。学院占地面积58.6公顷，建筑面积12万平方米。固定资产总值2亿元，其中教学设备总值2000万元，馆藏图书26万册。教职工501人，专任教师267人，在校生6900人，提前一年达到设学规模。设有7个系，涵盖工科、农科和财经学科等28个高职专业，拥有各种专业实验实训室86个。年内，改造完成学校供水工程、生活中心电路改造和图书馆广场道路铺设等工程；建成文化广场大屏幕；塑胶运动场建成并投入使用，完成校园内种树植绿4万平方米。荣获振兴泰安劳动奖章荣誉称号1人，荣获市优秀党务工作者、市优秀共产党员荣誉称号4人，获市教学能手称号4人，当选省百佳优秀教师2人。学校被授予泰安市花园式单位荣誉称号，通过市文明单位复查。

教育教学　年内新增加楼宇自动化工程等5个专业，完成招生2600人，毕业生1100人。注重提高教师的综合素质，将学生表现与教师教育教学挂钩，与绩效考核挂钩，通过组织各种教学比赛活动提高教师的专业教学水平。与驻泰岱银集团、蒙牛集团（泰安）、泰开集团等企业联系确定实习基地40处，加强培养机电、电子、信息等专业的双师型教师，突出高职教育特色，召开专家论证会8次、校企座谈会12次，调整完善12个专业的课程教学计划，加大实训教学比重；改革考试方式，强化学生专业技能培养；结合专业建设与发展需要，发挥教学能手、学科带头人、骨干教师的示范作用，带动全体教师明确各自的业务目标。学校获市科技发展计划项目4项，“大学生科技创新引导计划”获准市级立项课题4项，获省级三等奖3项，获省教育厅三等奖2项，获市级一等奖1项；申报立项省教育厅科研项目5项，省文化厅1项，市科技发展计划项目4项。2007届毕业生就业率达95%。学校教师在国内核心期刊上发表论文41篇，编印教材6种；在市第3届会计知识大赛中荣获第二名。培训在职职工、转岗职工和“庄稼医生”2000人。

师资队伍　学校对教育教学管理及各处室、各部门管理制度、岗位职责及办事程序进行全面系统的修订和完善，编撰完成17章、30余万字的规章制度汇编。学校专任教师267人，其中硕士学位的38人，在职攻读博士、硕士学位的65人。学校通过互联网招录教师20名。参加各种业务进修教师40名，4名教师被派遣到德国和奥地利进修学习，3名教师分派到西安交大、贵州大学、武汉职业学院等地学习，20名教师到淄博职业学院等学校学习交流。学校95%的教师已获得高校教师资格证，95%的高级教师完成职称转评。

学生工作　加强学生管理队伍建设，抓好学生管理干部、思想政治课教师和辅导员（班主任）三支思想政治教育骨干队伍，充分发挥课堂教学的主导作用，强调“教书育人、管理育人、服务育人、以人为本”的管理理念。发挥校报、广播、网络、板报、团课、宣传栏等载体的作用，加强对校园普遍关注的热点、焦点问题的引导，运用青年学生喜闻乐见、易于接受的方式进行教育，宣传“树立社会主义荣辱观、建设社会主义和谐社会”，使“知荣明耻、共筑和谐”进课堂、进教材、进公寓。开展“学雷锋、树新风”文明礼貌月系列活动，举办“捐助困难学生、奉献一片爱心”活动，“倡导健康上网，构建和谐校园”签名，“植树造林、美化校园”，“中华美文”朗诵比赛，大学生义务献血，“晟和杯”手绘T恤展示等活动。为89名学生办理生源地国家助学贷款32.41万元，帮助安排勤工助学岗位109人，发放国家级、省级、校级奖学金助学金347.5万元，获奖学生达1070人。学校学生在市大学生营销技能大赛中荣获第2名，有3件作品在省第3届学生文学博览会高校组获二等奖；1、2号学生公寓被山东省教育厅评定为标准化公寓。（曾晓东）

·山东财政学院东方学院·

【概况】　该学院是由山东财政学院、山东黄金集团有限公司按新机制和新模式联合举办，经教育部确认，2005年6月3日正式成立，以实施全日制普通本科教育为主的独立学院。学校位于市高新区文化区，一期占地26.66公顷，投资2亿元。学校建筑面积近10万平方米，建有功能、设施齐全的办公楼、教学楼、图书馆、实验室、学生公寓、学生餐厅以及全塑胶标准操场等现代化教学、生活和文体设施。为配合特色教育教学活动的全面展开，学校投资300多万元，建设完成会计计算机模拟实验室、会计手工模拟实验室、金融计算机模拟实验室、金融手工模拟实验室、金融模拟实验室等。学校与一些银行、工业、大型商业企业建立校企合作关系，并在省内的市、县财政局建立相对稳定的校外实习基地，保证每个专业有1处校外实习基地，重点专业有3处校外实习基地。学校设有财政金融、国际商务、会计学、工商管理、信息管理、人文艺术、基础教学7个教学系部，开设财政、金融、国际经济与贸易、会计、工商管理、市场营销、信息管理与信息系统、新闻、保险、统计、艺术设计、英语、人力资源管理、劳动与社会保障14个本科专业和金融管理与实务、国际贸易实务、旅游管理、计算机信息管理、新闻采编与制作、会计6个专科专业，专业涵盖经济、管理、理学、文学4大学科门类。学校有本专科生2749人，年内招收907人。该校教职工165人，其中专职教师75人，其中博士3人、硕士21人，教授、副教授16人，外聘教授、副教授20人。

教育教学　该学院以“建设教学型独立学院，培养应用型财经人才”为办学目标，坚持与母体（校本部）错位发展，提出“12345”人才培养目标，即学好1门专业、夯实2个基础（计算机、外语）、发展3个特长（勤于思考、善于演讲、长于写作）、塑造4项品质（厚德、明志、博学、笃行）、实现5个成功（学业成功、就业成功、创业成功、事业成功、人生成功）；进行“两优、两重、一适应”（即优化课程体系设置，优化教育资源利用，重视基础知识训练，重视实践能力培养，使学生能够适应竞争日趋激烈的人才市场需要）；人才培养模式改革和“1321”课程模式改革（每一学期的教学工作从总体上分成3个教学时间段，2个教学时间段用于理论教学，1个教学时间段用于实践教学）；开展以主题演讲和主题写作为主要内容的“一早一晚，一说一写”特色教育活动等。尝试开展“99+1”（绝大多数学生按照高素质应用型合格人才目标培养，极小数综合素质高、特长突出的学生按照拔尖创新人才目标培养）人才培养新模式。学校开办“助研班”，采取各种措施，鼓励、促进有志于学术追求的同学考研成功，为学生提供更为广阔的发展空间；开办“韩语班”、“日语班”，对有意向出国进修的同学提供切实的语言培训；开办“工商管理试验班”，选拔一批有志于工商创业的同学，朝着工商创业的方向培养，艺术设计专业的学生开展艺术经营方面的培训、实训。学校在课程建设上，以精品课程建设为龙头，充分发挥精品课程示范作用，扩大优质课程覆盖面；在教学管理上落实教学质量监控及保障体系，强化学生评教、教学督导、干部听课（学校、督学、教务处及系、部领导听课制度）、部门检查（教务处、系、部定期教学业务检查）制度，通过4位一体的教学监控、评价体系，切实保障教学质量；推行诚信考试制度，严格考试纪律，基本杜绝考试作弊现象。在学生管理上，坚持“严抓严管”的管理思路，强化系级学生管理体系，坚持班主任带班制度；坚持早操、早读、晚自习制度。学校制定“一体两翼”战略：以本科教育为主体，创品牌；以继续教育和国际合作办学为两翼，增强市场竞争能力。本科教育平稳、健康地发展。与校本部及其他高校成人教育学院合作，本着互利双赢的原则，承担部分成人教育学生教学、管理工作，与财税系统合作承办财税干部培训班，提高学校社会知名度。

学生工作　探索学生工作新模式，通过各种形式的学生工作，在做好政治思想教育、学生管理与服务工作的基础上，强化学生综合素质培养职能。探索共青团工作新模式，以提高大学生综合素质为出发点和归宿点，开展丰富多彩的校园文体活动。开展生情、校情调研活动，就大学生普遍存在、关心的问题进行调研。有组织、有计划地开展暑期社会实践、社会调查活动，使社会实践、社会调查真正成为实践教学的有机组成部分，成为提高学生综合素质，促进学校全面发展的教育教学活动。

师资队伍建设　学院坚持“人才兴校，专家治校”的理念，实施“人才强校战略”，在招聘专业建设急需人才的同时，引进一批学术造诣深、具有较高专业技术职称和丰富教学、管理经验的专家、学者，使之成为学校管理、教学和学科建设的中坚力量。学校根据独立学院办学的相关要求，按照自有教师40%、校本部聘任教师35%、社会聘任教师25%的比例进行师资队伍建设，建立起一支以首席主讲教授和专业责任教授为核心，以讲师为教学骨干，专、兼结合的高水平师资队伍。

文化交流　学院与美国全球教育集团、美国圣·文森特大学、英国龙必亚大学、韩国顺天乡大学、中菲国际交流中心签署合作办学协议，国际合作项目正在洽谈进行，与韩国顺天乡大学合作的“韩国班”开始实施，与外经贸大学现代远程教育学院合作协议已经签署，正在向省教育厅申报。

编辑·校对　李　鹏

泰城风光·青年路　（彭　涛　摄）

文化·体育

文化综述

【概况】 2007年，全市文化工作围绕构建公共文化服务体系，认真实施文化信息资源共享工程和非物质文化遗产保护工作，大力繁荣文化事业和文化产业。年末，全市共有艺术表演团体3个，艺术表演场所7个，群众艺术馆、文化馆7个，公共图书馆7家，藏书132.3万册。改版扩容《泰山文化》刊物，出版6期，赠阅6000余册，受到社会各界的好评。

社会文化活动 全市文化系统以“繁荣全市社会文化艺术事业”为工作重点，引导各界群众参加丰富多彩的社会文化活动。在春节、“五一”、“六一”、“七一”、“十一”等节日举办文化活动30余项，其中在“五一”期间，组织、策划大型旅游文艺演出《魅力泰山》7场，该演出填补泰山作为旅游文化名城没有旅游文艺演出的空白。2月17日，市第九届歌手暨第二届戏曲票友大赛在市艺术馆举行，120人进入复赛，44人进入决赛，大赛评出一等奖8名、二等奖14名、三等奖22名，泰山区等6个县（市、区）获优秀组织奖。肥城市建起艺术团、庄户剧团、书画社等各类文化团体48个，组织城乡文化活动1000多项，每逢节日，乡镇之间、村与村、城乡之间举办书画、摄影展览和民间故事班子表演、演唱等，活跃了农民的文化生活。肥城市被评为全省第7批社会文化先进县。9月28日至10月30日市文化局、市直机关工委、市文明办、市教育局、市广播电视局、泰安日报社共同主办，第五界全民读书月活动，受到社会各界的关注。参加全国第14届“群星奖”和省首届“星光奖”等评选活动，推选节目（作品）50件，获得省级以上奖项41个。

文化展演活动 ①专场文艺演出。创作编排《2007年泰安市军民联欢会文艺演出》《2007年泰安市春节文艺晚会》《2007年泰安市春节团拜会文艺演出》《2007第19届亚洲举重锦标赛开幕式文艺演出》《泰安市庆祝中国共产党成立86周年暨香港回归10周年文艺演出》《泰安市庆祝党的十七大召开广场文艺演出》等重大节庆文艺演出15项，营造欢乐祥和的文化环境和节日氛围。②送文化下乡。组织文艺工作者深入农村送百场戏、送图书等文化活动，宁阳县8月6日启动“百村百部电影”下乡活动，把“我放啥你看啥”变为“你想看啥我就放啥”，把选择的主动权交给农民。泰安市山东梆子剧团为满足不同年龄、不同层次人群的文化需求，复排《三岔口》《黄牛分家》等10台传统剧目，在新泰市楼德镇、肥城市孙伯镇、宁阳县南关村、岱岳区大陡村等12个乡（镇）、230个村、街演出，与农村“三会”（山会、庙会、物资交流会）结合，全年演出130场（次），惠及群众15万人。③商业演出。市直文艺表演团体开拓演出市场，市山东梆子剧团全年商业演出128场，年收入35万元，增长10%；市歌舞团先后在淄博、济宁等地演出达120场，收入60万元，增长10%；市杂技团在西班牙、上海、青岛等地演出580场（次），年收入达120万元，演出人员平均工资比上年增长20%。

文艺创作 市山东梆子剧团和市歌舞团先后创作编排神话剧山东梆子《泰山石敢当》、民俗展演《泰山神韵》、情景剧《日出泰山东方红》等作品。市文学戏剧创作研究室创作小说、诗歌、散文、报告文学、广播剧等文学作品200余篇，并先后在《十月》《长江文艺》《读者》等国家级刊物上发表。文学作品《泪血山河》、戏剧《泰山石敢当》、歌曲《日出泰山东方红组歌》荣获省级精品工程奖。中央电视台戏曲频道9月、11月分别播出《泰山石敢当》剧目。年内分别参加“第三届中国戏曲红梅大赛”和“山东省青年歌手大赛”，其中荣获中国戏曲红梅大赛金花奖（国家级一等奖）1人、获红梅奖（国家级二等奖）1人、获省选拔一等奖5人、获二、三等奖13人。

【文化信息资源共享工程建设】 在市图书馆和6个县（市、区）图书馆建起文化信息资源共享工程支中心，乡镇（街道办事处）、村（居委会）通过与党员干部现代远程教育网站，全部建起基层站点，提前完成“十一五”规划共享工程建设目标，并通过全国文化信息资源共享工程示范省（市）项目的验收。全市基层示范点建设，文化部和省文化厅给予高度评价。3月24日，中央电视台《焦点访谈》以“共享欢乐”为题，报道满北村、大陡山村文化信息资源共享工程基层点建设经验。9月18日，大陡山基层站点作为山东省代表，出席全国文化信息资源共享工程农村服务工作座谈会。

【非物质文化遗产保护】 ①公布名录。在深入普查基础上，市、县（市、区）两级第一批非物质文化遗产名录公布。其中非物质文化遗

表67 2007年泰安市市级以上非物质文化遗产名录

序号	名　称	类　别	所处地区	现级别	批准文号	延续年代	现　状
1	泰山石敢当民俗	民俗	泰安市	国家级	国发〔2006〕18号	秦朝时期	民间广为流传
2	泰山道教音乐	民间音乐	泰安市	省级	鲁政发〔2006〕149号	秦朝时期	在泰山各道观一直流传
3	泰山皮影戏	传统戏剧	泰安市	省级	鲁政发〔2006〕149号	明朝时期	民间流传
4	泰山东岳庙会	民俗	泰安市	省级	鲁政发〔2006〕149号	汉朝时期	民间流传
5	山东梆子	传统戏剧	泰安市	省级	鲁政发〔2006〕149号	明末清初	现有剧团
6	腊山道教音乐	民间音乐	东平县	省级	鲁政发〔2006〕149号	1478至今	现在腊山一带流传
7	独杆跷	民间舞蹈	新泰市	省级	鲁政发〔2006〕149号	清朝光绪	民间流传
8	逛荡灯	民间舞蹈	新泰市	省级	鲁政发〔2006〕149号	隋朝	新泰地区流传濒危
9	百兽图	民间舞蹈	新泰市	省级	鲁政发〔2006〕149号	清光绪	民间流传
10	宁阳木偶戏	传统戏曲	宁阳县	省级	鲁政发〔2006〕149号	清朝中期	民间广为流传重大节日均有演出
11	四音戏	传统戏曲	东平县	省级	鲁政发〔2006〕149号	清道光	东平民间流传未成立剧团
12	端供腔	曲艺	东平县	省级	鲁政发〔2006〕149号	唐朝贞观	东平湖附近流传濒危
13	宁阳彩粽及送彩粽习俗	民俗	宁阳县	省级	鲁政发〔2006〕149号	清初	民间广为流传
14	泰山封禅与祭祀	民俗	泰安市	省级	鲁政发〔2006〕149号	秦朝	帝王文化濒危
15	桃木雕刻民俗	民俗	肥城市	省级	鲁政发〔2006〕149号	元末明初	全国及至世界广为流传
16	泰山传说故事	民间文学	泰安市	市级	泰政发〔2006〕81号	唐朝	民间广为流传
17	宁阳龟山砚	民间美术	宁阳县	市级	泰政发〔2006〕81号	清朝中期	宁阳一带流传
18	徐家庄木版年画	民间美术	泰山区	市级	泰政发〔2006〕81号	清朝咸丰	制作工艺尚存濒危
19	宁阳朱氏唢呐	民间音乐	宁阳县	市级	泰政发〔2006〕81号	清朝同治	民间广为流传
20	段家唢呐	民间音乐	岱岳区	市级	泰政发〔2006〕81号	明末清初	民间广为流传
21	宁阳拉魂腔	传统戏曲	宁阳县	市级	泰政发〔2006〕81号	清末	宁阳一带流传
22	宁阳弦子戏	传统戏曲	宁阳县	市级	泰政发〔2006〕81号	清末	民间广为流传
23	东平渔鼓	曲艺	东平县	市级	泰政发〔2006〕81号	明朝	民间广为流传
24	范镇油酥火烧	民间手工技艺	岱岳区	市级	泰政发〔2006〕81号	明朝	山东省著名小吃产业集团化
25	宁阳乡饮小凉席	民间手工技艺	宁阳县	市级	泰政发〔2006〕81号	宋朝	民间广为流传
26	泰山神豆腐	民间手工技艺	泰山区	市级	泰政发〔2006〕81号	明朝中期	泰安著名地方特产工艺独特
27	泰山煎饼	民间手工技艺	岱岳区	市级	泰政发〔2006〕81号	明朝	泰安著名土特产
28	泰安白菜	生产商贸习俗	岱岳区	市级	泰政发〔2006〕81号	清末	泰安著名土特产
29	泰安红心萝卜	生产商贸习俗	岱岳区	市级	泰政发〔2006〕81号	宋朝	泰安著名土特产
30	横山蚕丝	生产商贸习俗	新泰市	市级	泰政发〔2006〕81号	清初	民间广为流传
31	新泰芹菜	生产商贸习俗	新泰市	市级	泰政发〔2006〕81号	清朝	新泰地域品种独特
32	七月十五放河灯	民俗	岱岳区	市级	泰政发〔2006〕81号	清初	每到鬼节汶河一带广为流传
33	安驾庄梁氏正骨	中医中药	肥城市	市级	泰政发〔2006〕81号	清朝中期	祖传秘方功效独特
34	摔二鬼	民间杂技	东平县	市级	泰政发〔2006〕81号	民国	每到重大节庆日皆有表演
35	宁阳斗蟋	竞技	宁阳县	市级	泰政发〔2006〕81号	清朝中期	现有宁阳蟋蟀节每年举办
36	宁阳四八宴席与酒礼	民俗	宁阳县	市级	泰政发〔2006〕81号	唐朝	民间传统礼俗

泰安市群众文化活动丰富多彩。图为市民在泰山广场晨练

产《泰山石敢当》项目列入国家级名录、《泰山封禅与祭祀习俗》等省级名录15项、《泰山传说故事》等市级名录36项、《范镇油酥火烧制作技艺》等县级名录170项。7月，省文化厅命名宁阳县▮城镇第三批“山东省民间艺术之乡”。②申报项目。5月，做好第二批国家级“非物质文化遗产”名录的申报工作。组织“山东梆子”、“泰山皮影戏”、“泰山道教音乐”等13个项目申报国家级名录。参加省级第一批“非物质文化遗产”项目代表性传承人的申报工作，其中“泰山皮影戏”的传承人范正安，“泰山道教音乐”的传承人霍德忠，“百兽图”的传承人张传霞，“逛荡灯”的传承人李天顺，“山东梆子”的传承人郝瑞芝，5位传承人入选。③宣传工作。在《泰安日报》《泰山晨刊》开设“走近非物质文化遗产”、“非物质文化遗产掌门人”栏目进行系列报道。在全国第二个“文化遗产日”宣传活动期间，应文化部之邀“泰山皮影戏”项目赴北京参加活动，温家宝总理和中央有关领导及文化部领导观看表演，并给予很高评价。10月7日央视“实话实说”栏目重点报道，“新闻联播”、“焦点访谈”、“文化访谈”等栏目和北京电视台多次报道。在党的“十七大”期间，“泰山皮影”项目进京为党和国家领导人及十七大代表汇报演出。新华社、《中国文化报》《泰安日报》《泰山晨刊》等各级平面媒体和“新华网”、“人民网”、“搜狐”、“新浪”等众多网络媒体作大量的报道，信息多达数千条。

（张云鹏）

文化市场管理

【概况】 年末，全市拥有各类文化产业经营单位4874个，从业人员3.73万人，年营业收入30.49亿元，约占全市GDP的2.5%。按照文化产业8大类别区分，出版发行和版权服务业经营单位有1533个，从业人数1.14万人，营业收入10.84亿元；广播、电视、电影服务业有69家，从业人数1015人，营业收入6554万元；文化艺术服务业有234个，从业人数3916人，营业收入1976万元；网络文化服务业有598个，从业人数1849人，营业收入1.03亿元；文化休闲娱乐服务业348个，从业人数7977人，营业收入6.0亿元；其他文化服务业195个，从业人数838人，营业收入6589万元；文化用品、设备及相关文化产品的生产业有481家，从业人数4520人，营业收入5.24亿元；文化用品、设备及相关文化产品的销售业1416个，从业人数5718人，营业收入5.87亿元。

围绕“一手抓管理，一手抓繁荣”的工作方针，在全市开展“反盗版天天行动”、打击政治性非法出版物和非法出版活动，全年出动稽查人员4865人次，车辆1130台次，查处违法违规案件123起，受理群众举报76起，立案调查72起，收缴各类非法出版物8.3万盘（册），上缴财政罚没款24.5万元，没收电子游戏机84台，电脑主机6台，其中，泰山区出动检察人员1400人次，检查各类文化经营场所1000家次，停业整顿接纳未成年人、超时营业网吧40家，关闭带有赌博性质和非法经营的游戏厅8家，收缴盗版光盘3万张，取缔无证书摊13处，打掉非法出版物批销窝点5个，移交司法机关处理2人。

年内，各县（市、区）招聘文化协管员147名，协助管理当地文化市场；督促各经营单位建立消防安全制度，组织消防演习，及时整改消防设施器材，对没有安全合格认定书的，严禁营业；培训义务消防员、义务安全监督员，提高从业人员的防范意识和守法经营意识，建立突发性事件应急工作预案。

【版权管理】 ①加大宣传力度。将国务院公布的《信息网络传播保护条例》整理成问答形式稿件，在

《泰安广播电视报》泰安信息港网站上分期刊登。召开打击网络侵权盗版专项行动动员大会，广造声势，增强震慑力。在《泰安日报》等新闻媒体，发表打击侵权盗版消息9篇。公布举报电话，营造良好的舆论氛围。②开展专项行动。成立打击非法预装计算机软件专项行动领导小组，向各县（市、区）转发省版权局《关于开展打击非法预装计算机软件专项行动的通知》，对非法预装计算机盗版软件行为进行集中治理，对神州大厦、三联家电、三源家电等规模较大的计算机销售市场进行专项检查。专项行动中查处盗版计算机软件2000余盘，处罚2家，责令整改7家，取消经营资格2家。③加强出版物管理。年初印发《泰安市内部资料性出版物管理补充规定》，集中清理内部资料性图书上市行为，对岱庙周围，红门路两侧、泰山文化广场的图书零售摊点进行检查，查处《历代文人与泰山》等内部资料性图书4种，当场予以没收，并对当事人进行批评教育。④组织评选活动。开展"正版产品经营示范单位"评选活动。评出泰安市乐苑音像有限公司、泰安市畅想大学书店有限公司、泰安市文汇书店、泰安市众志电子有限公司4家正版产品经营示范单位，在全市图书、报刊、音像、计算机软件、工艺美术行业中起到引导带动作用。 （周长顺）

印刷与发行

【概况】 年内，按照新闻出版总署和省新闻出版局开展"出版物质量管理年"活动的要求，以印刷、发行业为重点，加强印刷、发行单位的质量管理工作。①加强宣传工作。印发《泰安市开展"出版物质量管理年"活动实施方案》，成立活动领导小组，先后在《中国新闻出版报》《齐鲁晚报》《新闻与出版》《新闻出版快讯》《泰安工作》等报刊发表各类文章8篇，宣传报道泰安市开展出版质量管理年活动的情况，并分别赴温州、武汉等地考察学习3次。②举办展销会。组织100多人参加2007中国（青岛）国际包装印刷技术设备展销会暨印刷产品成果展、首届中国（郑州）印刷包装产品博览会。4月，举办泰山2007年春季全国印刷包装机械物资展销会，吸引全国各地50余家生产、经销设备厂商参展，各县（市、区）印刷企业400家、1000人参加展销会，设备成交60台（套），成交额达6000余万元。③举办研讨、调度会。5月，举办"出版物质量管理年"印刷新技术、新设备研讨会，300人到会听取专家的讲座，并现场参观北人集团（印刷企业）的管理模式。8月，在肥城市举办全市"出版物质量管理年"观摩调度会，各县（市、区）交流经验。④加大检查力度。规范印刷企业印刷行为，帮助、指导部分印刷企业建立健全工作制度。在检查中采取不通知、不定期、不定时的方式，将每次检查的情况对各县（市、区）反馈。开展"出版物质量管理年"检查活动，检查印刷发行中小学教材企业单位20家，确保全市中小学教材印装市场的健康发展。3月，对全市印刷企业、打字复印单位、出版物发行单位进行年审，对达不到资质条件的印刷企业进行降级处理1家，不符合资质条件的印刷企业限期整改5家。全年共检查印刷企业和发行单位214家，对其中的非法印刷企业2家、违规印刷企业2家进行严肃处理。

【"乡村阅读"工程建设】 "乡村阅读"工程是党中央、国务院加强公共文化服务体系和实施新农村文化建设的五大基础工程之一。3月，新闻出版总署等八部委联合印发《"农家书屋"工程实施意见》，省委宣传部、省新闻出版局等16部门联合制定《关于实施"乡村阅读"工程，加快推进"农家书屋"的意见》。11月14日，全市召开实施"乡村阅读"工程及"农家书屋"建设会议，印发《关于实施"乡村阅读"工程，加快推进"农家书屋"的实施方案》，确定全市实施"乡村阅读"工程及"农家书屋"建设的总体目标：通过8年左右的建设，在全市逐步建立起面向农村、农民"供书、读书、管书、用书"的长效机制，基本形成适应全市政治、经济、文化发展要求的农村出版物借、阅、租、售等多元素构成的图书发行网络。用健康有益的出版物占领农村出版物市场，用社会主义先进文化占领农村思想文化阵地，力争到2010年全市一半以上的行政村建立起"农家书屋"，到2015年实现"农家书屋"基本覆盖全市所有行政村。按照"一年试点、二年推开、三年见效、四年过半"的目标，把任务分解到每一年。2007年全市建成样板书屋24家，其中新华书店捐建17家。 （杨天刚）

【泰安市新华书店】 全市新华书店系统（含新泰、肥城、宁阳、东平4个县店）共有职工636人，其中在岗职工498人中，泰安市新华书店（简称"市店"）200人。全市新华书店固定资产达9801万元，全年实现销售码洋1.92亿元。该书店在全市捐建"农家书屋"17家，捐赠图书、电子音像制品码洋36.8万元。4月，泰安新华书店网站（www.taxhsd.com）开通；6月30日，投资5000万元、总面积1.5万平方米肥城新华大厦开业；9

月，市店总面积9100平方米的图书配送中心综合楼通过竣工验收；11月，财源街书店3000平方米改造工程开始施工建设。市店被评为“市级文明单位”、“泰安市厂务公开民主管理工作先进单位”。

营业网点与图书销售　全系统城乡营业网点54处，总营业面积2万平方米；全年发行各类图书2674万册，增长15.3%；实现利税764万元。其中，市店发行各类图书1457万册，增长13.76%；利税240万元。全系统发行各类音像、电子出版物410万元，增长3.45%。市店为省内外出版部门及市内外新华书店代发图书价值1489.8万元，增加562万元，增长60.6%；中转图书14.8万件，中转、代发创历史新纪录。

图书征订发行　全市征订发行党的十七大报告、党章、辅导材料等6.5万册。征订发行“学先进、迎奥运、促和谐”青少年读书专题教育活动用书22.2万册。全年发行中小学课本957万册，发行大中专教材、图书馆用书22.3万册。征订发行《百家讲坛》《实用文玩收藏指南》等图书、电子音像制品码洋213.6万元。全年参加送书下乡活动1100余人次。

经营管理　市店重点对第一、二门市部进行整体改造，新增营业面积200多平方米，增设书架、书台100多个，第一门市部图书陈列达到5.8万种，第二门市部达到7.3万种。落实教材发行的服务承诺，全部教材送书到校，为学校发放售后服务卡，提高残次教材及余缺调剂服务效率。市店利用“春节”、“六一”、“十一”节假日开展优惠销售活动，假日销售额平均增长24.6%，其中“六一”期间增长78.64%。4月8日，市店邀请齐鲁电视台知名节目主持人——小么哥进行现场签售活动，共签售《啦呱》《我是小么哥》500册。9月28日至10月4日，市店与市文化局、市图书馆联合举办“泰安市第5届全民读书月图书展销”活动，得到广大图书爱好者的称赞。

（郑维山）

报刊管理

【概况】　年末，全市报刊共有全国统一刊号报纸6家、期刊12家，省级报刊12家。认真落实中央、省委、市委关于打击假报刊、假新闻、假记者，假记者站的打“四假”活动，维护新闻报道的真实性。坚持报刊审读机制，采取日常监管审读与专家定向审读相结合、出版单位建立自我审读机制与新闻出版管理部门审读相结合、一般调研性审读与针对特定目标问题审读相结合的“三结合”方式，对出版的报刊采取边审读、边反馈意见。打击各种违规采编、违规出版、违

表68　2007年泰安市报刊情况

名　称	刊　号	刊　期	开　版	主办单位
泰安日报	CN37－0051	日报	对K4版	泰安市委
泰安广播电视报	CN37－0104	周一	4K48版	泰安市广播电视学会
新汶矿工报		周一	4K4版	新汶矿业集团宣传部
山东农大报	CN(G)37－0140	周一	4K8版	山东农业大学
山东科大报	CN(G)37－0116	周一	对4K4版	山东科技大学
泰山医学院报	CN(G)37－0149	月	4K4版	泰山医学院
泰山学院报	CN(G)37－0150	旬	16K	泰山学院
山东农业大学学报(自然版)	CN37－1132/S	季	16K	山东农业大学
山东农业大学学报(社科版)	CN37－1303/C	季	16K	山东农业大学
山东科技大学学报(自然版)	CN37－1124/TD	季	16K	山东科技大学
山东科技大学学报(社科版)	CN37－1327/C	季	16K	山东科技大学
泰山医学院学报	CN37－1199/R	季	16K	泰山医学院
泰山学院学报	CN37－1092	季	16K	泰山学院
泰山乡镇企业大学学报	CN37－1332(G)4	季	16K	泰山学院
岱宗学刊	CN37－1340/G4	季	16K	泰山学院
中国矫形外科杂志	CN37－1247/R	双月	16K	解放军第88医院主办
落叶果树	CN37－1125/S	季	16K	山东省果树科学研究所
山东畜牧兽医	CN37－1267/S	双月	16K	山东大学畜牧兽医学会
山东农业教育	省内准1133号	季	16K	山东农业大学教务处
肥城矿工	省内准0019号	周一	16K	肥城矿业集团宣传部

规经营活动，全年查处非法记者站4家，收缴非法记者证1本；查处非法报纸13种，收缴38万多份。依法纠正新闻单位刊发虚假新闻案件1件，约谈出版单位负责人及当事人，并进行批评教育；依法约谈违规印刷企业2家，责令其限期纠正违规行为。

·泰安日报·

【概况】 《泰安日报》为中共泰安市委机关报。正刊对开8版，周六刊，年发行量5.5万份。依托正刊，办有《泰山画刊》（4开4版，周刊）、《泰山晨刊》（4开24版、周六刊）、中华泰山网站，受到社会各界的关注和喜爱。报社有在职职工200名（含聘任制50名），其中，专业技术人员118名（正高级技术职务17名、副高级33名、中级38名、初级29名），大专以上学历157名，党员140名。年内上级新闻媒体用稿400余件。

强化宣传报道 ①及时准确地完成重要会议、重大活动和重要事件的报道。完成党的十七大和省、市第九次党代会，市人大、市政协“两会”，全市经济工作会等重点宣传报道任务。在要闻版开设“创造新业绩，喜迎十七大”、“百姓心中的十七大”、“贯彻落实十七大精神建设富裕文明和谐泰安”、“认真学习贯彻党的十七大精神系列谈”、“贯彻落实市第九次党代会精神系列谈”等大型专栏；完成市委、市政府为民要办的增建经济适用房和扩大廉租房补贴范围、全面建立城镇居民基本医疗保险制度、城市社区卫生服务体系建设、提高新型农村合作医疗保险补助标准、健全学生资助政策体系等12件实事的宣传报道。在一版开设“12件实事进行时”、“泰城重点建设工程巡礼”、“科学发展看泰安——大项目建设追踪”专栏，对实事的办理情况进行追踪报道；完成泰山国际登山节和2007亚洲举重锦标赛的宣传任务；完成“8·17”抢险救灾报道任务；完成嫦娥一号奔月工程等重大成就、事件的宣传报道任务，三次受到省委宣传部报刊阅评表扬。②经济宣传和民生报道。围绕市委、市政府“一个中心、三大重点、四个坚定不移”的发展思路和关注民生、建设和谐社会的要求，加大经济和民生宣传力度。一是加强新闻策划，针对节能减排策划的“工业节能奏响节能减排最强音”、“节能建筑向我们走来”等系列报道，受到上级表扬；二是突出报道重点，先后就品牌战略、招商引资、大项目建设、民营经济、旅游服务业、环境保护、劳动就业等重点，进行多角度、大密度地宣传报道；三是为中心工作提供服务，开设的“财经”、“新农村”、“民生”、“法治”等版面和《经济信息港》《民生直通车》《慈善之光》《环保世纪行》《石敢当》等栏目，结合形势，集中宣传，既有宏观政策信息，也刊发外地经验和基层情况，为市委、市政府决策提供参考，受到上级领导表扬。③增加百姓喜闻乐见的栏目和报道。开设“走遍泰山”、“泰山周边游”、“名人与泰山”等栏目，增加报纸的看点。对亚洲举重锦标赛、东平出土的东汉墓葬发现孔子见老子彩色壁画等新闻进行挖掘。对名人名家到泰安进行跟踪报道，专访中国书法家协会主席沈鹏、中国人民解放军上将刘振华、著名评书说唱家刘兰芳、亚洲举重联合会主席苏丹和世界举重冠军李萍、邱红梅等。组织“记者汶河行”大型系列报道，记者历时4个月沿着汶河两岸采访，撰写30篇有较强可读性的稿件，受到读者的好评。④加强理论评论。针对重要会议、重大节日、重要活动和重大典型发表社论、评论，在学习贯彻科学发展观、推进社会主义和谐社会构建、社会主义新农村建设等方面，都发挥了评论的重要作用。特别是在理论宣传新闻化、适用化等方面进行新尝试，打造品牌栏目，具有较强思想性、指导性和前瞻性，受到读者喜爱。

创新版面内容 年内是《泰安日报》改版后第一年运行，在内容上突出指导性、服务性、可读性。从5月1日起，天天出彩报，以崭新面貌与读者见面，受到读者的欢迎和赞扬。《泰山晨刊》以办一张“离你最近的生活报”为宗旨，突出贴近性，涌现出一批好版好稿，受到广大读者的喜爱，赢得各方面的赞誉和好评。泰山画刊以“图说新闻”为主要表现形式，以“面向高端、服务决策，深入社会、美化生活”为办报宗旨，以“名山、名城，名人、名牌”为宣传重点，形象地宣传泰山、泰安，多次举办活动，多家开展合作，赢得社会赞誉。

建设新兴媒体 年内，加大对中华泰山网站的投入，《中华泰山网》受到社会各界关注。依托日报、晨刊、画刊以及新华社的新闻资源，网站及时更新和增加栏目内容，积极健康地扩大舆论宣传阵地，形成昂扬向上的网上舆论主流。网站24小时全程监控，认真把关，坚决抵制有害信息传播，特别是“8·17”抢险救灾期间，网站建立专栏，发表正面新闻、评论300余篇，宣传国家、省、市委的援救措施，正面引导舆论，受到省委宣传部外宣办、互联网信息研究中心的表彰。

提升管理质量 健全完善《报社员工守纪八条规定》《采编出版差错处罚标准办法》《加强财务管理的规定》《广告管理办法》等规章制度，提高职工遵守规章制度的自觉性。修订完善经济合同，本着“抓大管总，放活经营”的原则，研究确定新一轮广告、印刷等经营合同，对部分实体进行变更法人工作。坚持每周一次业务例会、每天一次编前会，使各项工作按照正常机制高效运转。组织开展全员学习教育活动，提高员工的理论政策水平和业务工作技能。落实各项工作制度，严格财务管理，提高后勤服务水平，为员工创造安全无忧的工作和生活环境，连续五年被评为"社会治安综合治理先进基层单位"。（石静山）

文　物

【概况】　境内文物古迹丰富，其中泰山景区和新泰市、东平县的文物相对集中。为加强文物保护管理，市文物局设文物科，负责全市范围内的文物保护和管理；6个县（市、区）的文物管理职能由其文化体育局承担，新泰市、宁阳县设博物馆，岱岳区、肥城市、东平县设文物管理所；泰山景区设文物宗教局、市博物馆、市文物考古研究所。全市专职文物管理人员455人，其中高级技术职务21人、中级86人，专兼职文物行政执法人员63人。有馆藏文物2.19万件，分属石器、陶瓷器、铜器、金银器、玉石器等20多大类，其中国家一级文物152件、二级文物536件、三级文物4383件；县级以上不可移动文物有334处，包括古遗址、墓葬、建筑、石刻等，其中国家级9处、省级23处、市级64处。年内，全市文物管理工作坚持"保护为主、抢救第一、合理利用、加强管理"的方针，在行政执法、基础工作、宣传工作、文物普查等方面均取得成效，泰山管委和市博物馆被评为全省文物工作先进集体，泰山管委1人被评为全国优秀长城保护员，宁阳县博物馆1人被评为全国文化遗产保护工作先进个人、1人被评为全省文物工作先进个人。

行政执法　①执法培训。举办文物执法培训班，聘请省文物局、济南市考古研究所等执法和业务方面的专家，采取以案说法和理论联系实际工作等形式，对各县（市、区）文化体育局分管领导和文物管理所（博物馆）负责人进行培训。②执法措施。5月，市政府办公室印发《关于深入开展打击文物犯罪活动的通知》（泰政办函〔2007〕10号），加大打击文物犯罪活动力度。以国家文物局文物行政执法专项督察工作为契机，对10处存有安全隐患的文物保护单位下发《安全整改、修缮通知书》，责成相关单位限期拿出保护规划、方案并进行维修保护。对未经批准在大汶口遗址保护区内改建大桥工程、道朗白马寺修复工程和新泰赛特电缆厂在周家庄墓群保护范围内施工均下发停工通知书。宁阳县、东平县对破坏古墓葬、倒卖古石刻违法行为进行严厉打击，查处案件4起。③人大执法检查。市人大常委会检查组分别到东平县、泰山景区进行《文物保护法》和文物执法情况检查，对市文物局贯彻《文物保护法》、文物行政执法、文物安全等工作进行检查。

基础工作　调整市文物管理委员会成员，将交通局纳入成员单位。由分工副市长代表市政府与各县（市、区）政府签定《文物安全管理目标责任书》，建立田野文物县、乡、村、看护员4级保护网络。5月，市文化局与财政局联合对文物专项经费、文物保护等情况，进行为期一周的调研，文物部门根据调研情况建立5年内文物维修保护项目库，并以市政府名义公布第一批市级重点文物保护单位的保护范围和建设控制地带（泰政发〔2007〕31号）。市博物馆为保障文物、古建筑安全，投资30余万元改造用电线路，并在岱庙四周和库房、展室等重点部位，新安装红外线监控对射8对、摄像机8部、电子报警按钮30个、手摇报警器2个，实现全院24小时监控，监控录像与办公局域网连接，可以随时查看各部位安全情况。新泰市、宁阳县对文物库房进行改造，更换先进的监控设备和文物橱柜。

保护发掘　①文物维修。邀请省市文物、古建专家，对财源街改造中涉及的育英中学旧址抢救性维修保护并恢复原貌事宜进行论证。对泰山区清真寺、岱岳区下旺清真寺、宁阳县颜庙、新泰市徐琛墓等一批重点文物保护单位进行维修保护。全市新建一批重点文物保护单位看管房，进一步提高文物保护单位的安全系数。②大运河调查。完成近2万字的调查报告，摸清大运河的本体及沿线环境等情况，为空间技术在大运河调查中的应用和保护提供详细资料。配合省文物考古研究所对京沪高速铁路沿线进行调查勘探，发现文物点2处。③古墓葬发掘。10月，东平县和岱岳区发现古墓2处，依法按规定程序进行发掘整理。④遗产调研。接受国家文物局世界遗产保护调研组对泰山保护情况的调研，调研组分别对泰山文化遗产、管理、保护等工作给予肯定。

宣传工作　5·18"国际博物馆日"期间，邀请省文物店的专家进行文物咨询鉴定，组织中小学生参观市博物馆、冯玉祥纪念馆，受到广大市民的欢迎。6月9日，与《泰安日报》联合举办"文物保护知识竞赛"活动，收到省内外读者答卷近千份。在第二个"文化遗产日"期间，围绕"保护文化遗产、构建和谐社会"的主题，在市政广场举办《泰安文物精品（图片）

表 69　2007 年泰安市市级以上重点文物保护单位

名　称	地　址	级　别	公布日期	类　别
大汶口遗址	岱岳区大汶口镇	国家级	1982.2	古遗址
岱　庙	泰山区岱庙街道办事处	国家级	1988.1	古建筑
冯玉祥墓	泰山景区	国家级	1988.1	革命遗址及革命纪念建筑物
齐长城	泰山景区、岱岳区、肥城市	国家级	2001.6	古建筑
泰山石刻	泰山景区	国家级	2001.6	石窟、寺及石刻
白佛山石窟造像	东平县县城西白佛山	国家级	2001.6	石窟、寺及石刻
泰山古建筑群	泰山景区	国家级	2006.5	古建筑
洪顶山摩崖	东平县旧县乡	国家级	2006.5	石窟、寺及石刻
京杭大运河	东平县彭集镇、宁阳县堽城镇	国家级	2006.5	古建筑
泰山古建筑(无极庙、元始天尊庙、老君堂)	泰山景区	省级	1977.12	古建筑
徂徕山革命遗址	岱岳区徂徕镇	省级	1977.12	革命遗址及革命纪念建筑物
陆房战斗遗址	肥城市安临站镇	省级	1977.12	革命遗址及革命纪念建筑物
古瓷窑址	宁阳县华丰镇	省级	1977.12	古遗址
潘茂村汉墓	宁阳县东疏镇	省级	1977.12	古墓葬
东平故城	东平县东平镇	省级	1977.12	古遗址
梁氏墓群	东平县老湖镇	省级	1977.12	古墓葬
北桥墓群	东平县老湖镇	省级	1977.12	古墓葬
范明枢墓	泰山景区(普照寺南)	省级	1992.6	革命遗址及革命纪念建筑物
萧大亨墓地石刻	岱岳区满庄镇	省级	1992.6	石窟、寺及石刻
徂徕山摩崖石刻	新泰市天宝镇	省级	1992.6	石窟、寺及石刻
智人化石点	新泰市东都镇	省级	1992.6	古遗址
颜子庙	宁阳县鹤山乡	省级	1992.6	古建筑
司里山摩崖造像	东平县戴庙乡	省级	1992.6	石窟、寺及石刻
理明窝摩崖造像	东平县斑鸠店镇	省级	1992.6	石窟、寺及石刻
新泰市周家庄东周墓群	新泰市青云街道办事处	省级	2006.12	古墓葬
宁阳灵山寺	宁阳县华丰镇	省级	2006.12	古建筑
宁阳文庙	宁阳县县城	省级	2006.12	古建筑
无梁殿	岱岳区夏张镇	省级	2006.12	古建筑
山西会馆	岱岳区大汶口镇	省级	2006.12	古建筑
古石桥	岱岳区大汶口镇	省级	2006.12	古建筑
宁阳禹王庙	宁阳县伏山镇	省级	2006.12	古建筑
泰山显灵宫	肥城市石横镇	省级	2006.12	古建筑
宁家沟遗址	新泰市汶南镇	市级	1994.2	古遗址
柳园遗址	宁阳县东疏镇	市级	1994.2	古遗址
抬头寺遗址	新泰市汶南镇	市级	1994.2	古遗址
柳杭遗址	泰山区省庄镇	市级	1994.2	古遗址
沈西皋遗址	宁阳县鹤山乡	市级	1994.2	古遗址
沟坝遗址	东平县梯门乡	市级	1994.2	古遗址
东焦遗址	肥城市王庄镇	市级	1994.2	古遗址
姚庄遗址	岱岳区祝阳镇	市级	1994.2	古遗址
小王庄遗址	肥城市潮泉镇	市级	1994.2	古遗址
汉明堂遗址	泰山区泰前街道办事处	市级	1994.2	古遗址
王村墓群	东平县须城	市级	1994.2	古墓葬
百墓山墓群	东平县斑鸠店镇	市级	1994.2	古墓葬
徐琛墓	新泰市羊流镇	市级	1994.2	古墓葬
东王林(王宪墓)	东平县梯门乡	市级	1994.2	古墓葬
燕语城遗址	岱岳区化马湾乡	市级	1994.2	古城址
成城故城址	宁阳县东庄乡	市级	1994.2	古城址

续表69

名　称	地　址	级　别	公布日期	类　别
古博城遗址	泰山区邱家店镇	市级	1994.2	古城址
文姜城遗址	岱岳区大汶口镇	市级	1994.2	古城址
羊祜城遗址	新泰市天宝镇	市级	1994.2	古城址
光化寺	新泰市天宝镇	市级	1994.2	古建筑
月岩寺	东平县银山镇	市级	1994.2	古建筑
清真寺	泰山区清真寺街	市级	1994.2	古建筑
老城文庙	肥城市老城镇	市级	1994.2	古建筑
祥龙观	东平县银山镇	市级	1994.2	古建筑
莲花山行宫	新泰市泉沟镇	市级	1994.2	古建筑
仲子读书处	东平县斑鸠店镇	市级	1994.2	古建筑
腊山古建筑群	东平县银山镇	市级	1994.2	古建筑
清真寺	东平县州城镇	市级	1994.2	古建筑
育英中学旧址	泰山区岱庙街道办事处	市级	1994.2	古建筑
中华圣公会教堂	泰山区庙街道办事处	市级	1994.2	古建筑
萃英中学旧址	泰山区庙街道办事处	市级	1994.2	古建筑
泰安火车站小楼	泰山区财源街道办事处	市级	1994.2	古建筑
阴佛寺造像	岱岳区角峪镇	市级	1994.2	石刻造像
青峰山摩崖造像	东平县东平镇	市级	1994.2	石刻造像
陶山朝阳洞石刻	肥城市湖屯镇	市级	1994.2	石刻造像
泰西武装起义遗址	肥城市仪阳乡	市级	1994.2	革命纪念地
前张庄遗址	宁阳县东疏镇	市级	2006.12	古遗址
古城遗址	宁阳县泗店镇	市级	2006.12	古遗址
黄家庵遗址	宁阳县泗店镇	市级	2006.12	古遗址
刚邑古城址	宁阳县堽城镇	市级	2006.12	古遗址
云亭山遗址	岱岳区大汶口镇	市级	2006.12	古遗址
唐仲冕母墓	肥城市湖屯镇	市级	2006.12	古墓葬
一担土古墓	东平县东平镇	市级	2006.12	古墓葬
王宪祖茔(西王林)	东平县梯门乡	市级	2006.12	古墓葬
三官庙	泰山区邱家店镇	市级	2006.12	古建筑
十字穿心阁	岱岳区角峪镇	市级	2006.12	古建筑
二圣宫	岱岳区良庄镇	市级	2006.12	古建筑
下旺清真寺	岱岳区粥店街道办事处	市级	2006.12	古建筑
粥店古石桥	岱岳区粥店街道办事处	市级	2006.12	古建筑
三官庙	新泰市汶南镇	市级	2006.12	古建筑
玉都观	肥城市新城街道办事处	市级	2006.12	古建筑
岱阳观	肥城市孙伯镇	市级	2006.12	古建筑
肥城小泰山古建筑群	肥城市湖屯镇	市级	2006.12	古建筑
金山庙	肥城市边院镇	市级	2006.12	古建筑
武氏家庙	肥城市孙伯镇	市级	2006.12	古建筑
神童山观音庵	宁阳县葛石镇	市级	2006.12	古建筑
西台里清真寺	宁阳县堽城镇	市级	2006.12	古建筑
阁老顶观音造像	新泰市放城镇	市级	2006.12	石窟、寺及石刻
神童山摩崖刻石	宁阳县葛石镇	市级	2006.12	石窟、寺及石刻
琵琶山石塔造像	宁阳县鹤山乡	市级	2006.12	石窟、寺及石刻
黄石崖石刻	东平县老湖镇	市级	2006.12	石窟、寺及石刻
华严洞石窟造像	东平县梯门乡	市级	2006.12	石窟、寺及石刻
龙山石窟造像	东平县东平镇	市级	2006.12	石窟、寺及石刻
大协炮楼	新泰市小协镇	市级	2006.12	近现代重要史迹及代表性建筑

展》，开展文物法规宣传、文物咨询鉴定、文物保护知识竞赛以及文物保护市民签名等活动。市文物局负责人在《中华泰山网》发表讲话，介绍全市文物工作情况，呼吁市民共同参与文物保护工作，得到市民的高度关注。市文物局在市级以上报刊、网站发表文物信息30余篇，其中在国家级媒体发表8篇。市博物馆在岱庙举办泰山庙会、泰山神轴、历代石雕和汉画像石等展览，免费向市民和游客开放，增强市民保护文化遗产、传承文化遗产的意识。9月，省政府参事室“大力开发我省文化资源、构建文化强省”调研组到徂徕山、大汶口遗址进行调研，对进一步开发利用文物资源提出建议，扩大泰山文化的宣传。年内，参加全省文物精品展、世界文化与自然遗产博览会（沈阳），完成大运河泰安段申请遗产保护工作方案等。出版《泰安文物》4期。

【第三次全市文物普查】 根据国务院的统一部署，年内开展第三次全国文物普查工作。9月17日，市政府组织县（市、区）分管负责人、市直有关部门、各县（市、区）文化体育局长、博物馆（文物管理所）长收看第3次全国文物普查电视电话会议，并召开全市文物普查动员会，市政府分工副市长作《统一思想　加强领导　强化措施　确保实效》讲话。10月8日，全市第3次文物普查领导小组成立，领导小组办公室设在市文物局，印发《泰安市第3次全国文物普查实施方案》，全市第3次文物普查正式实施。年内主要开展制定普查实施方案，发布规范和标准，组织培训和试点等工作。6个县（市、区）和泰山景区均成立文物普查领导小组及其办公室，分别制定所在辖区的文物普查实施方案，落实普查队伍。市、县两级财政筹集普查经费41.2万元。各县（市、区）均购置笔记本电脑、数码相机、GPS定位仪、打印机、扫描仪等普查设备。12月初，组织全市11名文物博物工作人员参加省第3次全国文物普查第二期培训班。市普查办公室举办6个县（市、区）、高新区、泰山景区和市文物局分管的副局长以及博物馆馆长、文物管理所所长、基层文物干部等50余人参加的市级培训班；宁阳县、肥城市、新泰市等地举办由乡镇文化站长和文物普查工作人员参加的县级培训班。

【东平汉代壁画填补省内空白】 10月12日，在东平县发现一处古墓群。省文物考古研究所会同东平县文物管理所对该墓地进行勘探发掘，清理发掘汉代墓葬18座，出土较为丰富的陶器、铜器等，其中3座为多室壁画墓。据文物研究专家推断，该壁画为东汉早期，距今已有2000多年。壁画面积5平方米左右，壁画内容丰富，布局均称合理，保存完好。墓顶绘制云气纹和金乌，门楣、墓壁以人物画像为主，间以鸡、狗等动物形象，内容有敬献、谒见、斗鸡、宴饮、舞蹈等场面，各类人物形象多达48人。其中，壁画中的孔子见老子问礼故事图是至年底山东地区唯一一幅保存完好的孔子问礼故事绘画图，系山东乃至全国汉代壁画和汉代考古的重大发现，填补山东省汉代考古的空白和汉代彩绘壁画的研究空白。国内文物专家鉴定后认为，该壁画是迄年底山东境内发现的年代最早、保存最完好、艺术水平最高的彩绘壁画，在全国极为罕见，它为中国早期绘画研究提供重要的实物资料，具有极高的艺术价值和考古研究价值。省文物局专门就该壁画墓的发现召开新闻发布会，准备在省博物馆新馆内设专馆陈列。

（田承军）

文　　联

【概况】 年内，市文学艺术界联合会（简称文联）配合市委关于“树立科学发展观，构建和谐泰安”的总体部署，建全市作家协会领导机构，吸收十几名近几年创作成果突出的社会各界人士加入作家协会领导班子，为全市文学事业发展打下基础。肥城市文联、岱岳区文联相继成立，全市东平县、宁阳县、肥城市、岱岳区4个县（市）级文联开展系列文艺活动，其中宁阳县举办“网通杯”诗歌朗诵会和“农信杯”征文大赛，编辑出版《宁阳文学》4期，主办书画展4次，组织金阳公园文艺晚会6次，受到群众普遍好评。

文学创作　开展“报告文学年”活动，组织有经验的作家创作一批反映时代精神、弘扬先进文化的优秀作品，其中反映全市劳动就业保障事业发展的《就业进行曲》、反映当代大学生楷模赵东营的长篇报告文学《让世界充满爱》等作品发表后在社会上引起较好反响。在2007年山东省“五一”文化奖文学作品类评选中，全市推荐作品6件，其中获一等奖4件、二等奖1件、三等奖1件。市作家协会编辑、出版《泰山》杂志6期，编辑发表全市及全国作者各类作品百万余字，获得社会各界及文学艺术人士好评。

服务社会　市作家协会与泰安市消防支队联合，在岱顶九中队建立“泰山作家中心创作基地”，组织一批作家深入采风、采访，创作出反映九中队风貌的报告文学、纪实特写、诗歌、散文等体裁作品9篇。市书法家协会在全市建立“书法活动中心”23处，与“抱墨轩”画廊联合成立“泰安市书法家协会作品创作展览中心”，画廊提供展出场地，书法协会组织活动，既解决画廊的展品来源问题，又为协会会员提供作品展览场地，实现两方共赢。市曲艺家协会与普照宾馆联合，成立“泰山曲艺大舞台”，协会出节目，宾馆出场地，既解决曲艺家演出场地，也为普照宾馆发展注入新的活力，受到有关领导及专家好评。市根艺花卉奇石协会，建立6000余平方米的“步云轩”展示场地，形成以协会为龙头带动基地，以基地为基础发展协会的局面。

繁荣艺术门类　以协会为龙头，带动所属艺术门类的发展，形成“成立一个协会，繁荣一个门类”的局面。市摄影家协会经常组织会员深入建设、联通、银行、房地产等行业，拍摄、创作许多贴近生活，贴近时代的精品力作，展示全市在各个行业所取得的巨大成就和优秀人物的精神风貌。市曲艺家协会组织“岱下艺苑·曲艺名家泰安专场演出”活动，中国曲艺家协会主席刘兰芳、国家一级相声表演艺术家李金斗等知名曲艺家登台献艺，活跃泰城文化生活，促进全市曲艺事业发展。市花卉盆景根艺奇石协会年初在市政大楼二楼大厅举办“和谐颂”书画摄影花卉盆景根艺奇石展，市委领导为展览题写展名；东岳庙会期间，该协会举办“物华天宝·花卉盆景根艺奇石艺术作品展”，作为2007东岳庙会的活动之一，彰显泰山文化的实力和民间文化的魅力。为庆祝党的十七大隆重召开和纪念中日建交35周年，市书法家协会举办“泰山书韵——2007泰安市书法精品邀请展”、《来日方长——泰安·福冈中日友好书法交流展》，交流展展出两地书画作品150多件，两地艺术家代表现场挥毫泼墨进行书法交流，艺术家精湛的技艺给大家留下深刻印象。在2007年国家级展览中，全市有7件作品入选，加入中国书法家协会7人。5月23日，市文联、市作家协会与中国作家协会诗刊社、泰山学院及海力集团联合，举办“海力杯·春天送你一首诗”大型诗歌朗诵会，中国作家协会《诗刊》社及市有关领导和泰山学院部分师生参加，在全市文艺界和大学生中引起强烈反响。11月28日，市美术家协会作品慈善捐赠活动在泰山饭店举办，来自市美术家协会的18名书画家将30余幅作品无偿捐赠给慈善总会。12月16日，泰山诗书画研究会在泰山大酒店举行中韩第二界文化交流笔会，来自韩国的书法家与泰山诗书画研究会的书画家们进行书画交流。各协会种类繁多的艺术活动，共同营造泰安浓厚的文化氛围，为构建和谐泰安做出贡献。年内，成立市民间文艺家协会、市女书画家协会、东岳印社等。东岳印社成立后，举办市首届中青年篆刻展，社长被吸收为西泠印社社员，这是自该社成立百余年来，首次吸收泰安籍会员。

【泰山被评为首座“中国书法名山”】　全市有石刻6000余处（其中泰山2516处）、碑刻500座、题刻800处，市博物馆藏有名人书法艺术作品835件，这些作品，纵跨各个朝代，横及各类书法字体，是一座世界罕见的书法博物馆。泰安市委、市政府将泰山书法资源的保护列入《泰山风景名胜区保护条列》之中，先后投资过亿元，用于泰山书法资源的保护、修建完善岱庙雨花道院碑廊等，建立泰山主要历史文化遗存的文字、图片资料和电子档案41处。10月24日，中国书法家协会命名泰山为“中国书法名山”。12月16日上午，在天外村广场举行“中国书法名山”命名授牌揭碑仪式，该碑由著名书法家欧阳中石题写“中国书法名山”碑名，中国书法家协会荣誉主席沈鹏题写“中国书法名山”碑碑额，中国书法家协会副主席赵长青撰写碑文，中国书法家协会主席张海亲笔书丹。（详见《泰山·旅游》）

【泰山文化协会成立】　6月6日，泰山文化协会在新大都酒店举行成立大会。王裕晏等省领导、市委宣传部负责人出席成立大会。季羡林为协会成立书写致词，欧阳中石为协会亲笔题词。该协会成立后，积极发展会员，开展文化活动，举办泰安市老年书画研讨会，出版《泰山石刻大全》《老年诗词》等一批力作。

（石锡波）

广播电视

【概况】　市广播电视局（台）下设广播中心、电视新闻中心、电视社教中心、电视文体中心、广播电视技术中心等5个中心和广播电视报社、广告部、器材站、网站、生活服务部等5个直属科级事业单位。广播中心有3个系列台，即泰安人民广播电台、泰安经济广播电台、泰安交通信息广播电台。每天播出50多个小时，全年完成播出1.97万小时。出动流动电台48台次。与泰山（区）人民广播电台合作开办“都市音乐之声”，每天播出18.5小时，共播出6700小时。电视新闻中心有新闻综合频道、生活频道、影视频道和图文信息等4个专业化频道，每天播出76小时，全年共播出2.7万小时。有线电视转播节目共计30万小时。广播电视报每周1期，发行3万多份。全局（台）有职工544人，其中正式职工336人，聘用人员29人，临时人员179人。年内在中央电视台发稿56条，同比增加10条，其中

《新闻联播》用稿20条；在山东卫视发稿809条，其中《山东新闻联播》用稿240条；电视对上供稿列全省第3位。广播新闻在中央人民广播电台各新闻栏目播发稿件56篇，其中《新闻和报纸摘要》12篇、录音报道1篇；在中国国际广播电台各新闻节目播发稿件19篇，其中录音报道3篇、现场连线3篇；在省广播电台发稿名列全省第2位。与中央电视台合作，拍摄制作《国宝档案·泰安专辑》7期，《国宝档案·东平专辑》4期和反映水浒文化的《走遍中国·东平专辑》4期，在中央电视台第4套节目黄金时间播出。广播电视实现全年无大事故，市广播电视局被评为市直文明机关。

宣传工作　①专栏报道。广播电视先后开设《坚持科学发展构建和谐社会》《树精品理念　建中华泰山》《喜迎十七大》《贯彻全市经济工作会议精神》《自主创新爱岗奉献》《创新泰安》《关注2007亚洲举重锦标赛》《全面落实科学发展观　建设富裕文明和谐泰安》《劳动者风采》《喜迎党代会——岱下先锋》《2007泰汶环保世纪行》等新闻专栏，圆满完成市“两会”、市第9次党代会、全市经济工作会议、学习贯彻党的十七大精神、巩固和提高党的先进性教育成果、香港回归10周年、建军80周年、泰山国际登山节、全国三山两湖户外挑战赛、新农村建设、循环经济、节能减排、乡村财源建设、发展少数民族经济促进民族团结、借助外脑有的放矢引进项目资金、建设蓝天碧水青山绿色家园等大题材的宣传；完成中共中央政治局领导、省委领导来泰安检查指导工作、全省社会治安综合治理工作会议等重要活动的宣传；利用流动电台相继完成全省干部教育培训现场会、全省社会治安综合治理工作会议、全市招商引资现场会等25次宣传任务。②大型活动。贯彻“活动栏目化，栏目活动化”的宗旨，树立“影响生活每一天，感动生活每一天”的理念，依托栏目举办一系列大型活动，《新闻零距离》先后与山东电视台联合发起“一元钱”爱心捐款活动；与山东泰山啤酒公司联合发起“圆梦在泰山”大型公益助学晚会、资助24名贫困学生顺利进入大学、开展救助贫困教师的“烛光工程”等活动；在“3.15”日，与律师事务所联合开展法律咨询服务活动，与市工商局等部门举办“有爱守在你身边”全市3.15大型公益活动。《天天说事》栏目成立全市专项“新爱心基金”，特为贫困学生上学募集资金；春节前夕开展“春节送福”活动，为20户困难大学生家庭和残疾家庭送去实物和现金；并邀请泰安梆子剧团、医疗单位、律师事务所等深入农村、社区举办一系列送戏、送知识、送温暖活动。市广播电视局与市委宣传部共同开展“感动泰安”年度人物评选活动；推出《领秀任我行》文艺节目之泰安市卡拉OK歌王大赛活动。年内90多个单位主要负责人做客广播《政风行风热线》节目，回答听众提问，得到群众好评。③精品创作。广播电视全年有70多件作品在市级以上各项评奖中获奖。其中广播文艺《蓝色的心》6月12日获中国广播电视协会广播文艺委员会专家一等奖；广播栏目《政风行风热线》《901百姓生活热线》分别获全省十佳栏目奖，《大海的精灵》获全省广播文艺二等奖；电视《新闻零距离》栏目第3次获全省十佳新闻栏目奖，《农民租飞机播泰山名药》获全省好新闻二等奖，《疯狂石头演绎暴富神话》获山东省齐鲁环保好新闻二等奖，电视系列片《泰山三宝》获全省社会教育类二等奖，电视专题《十四字铭文剑之谜》获全省对外宣传类二等奖，广播新闻《泰山成功飞播四大名药》获全省对外宣传类三等奖，专题文艺《撒向大地一片情》、音乐电视《有爱守在你身边》分别获全省电视文艺牡丹奖一等奖；少儿文艺《乘着歌声的翅膀》获全省文艺牡丹奖二等奖，《领秀任我行》获全省栏目类三等奖；公益广告《全民健身迎奥运》获全省二等奖，《让激情在奥运中挥洒》《泰山娃娃》分别获全省三等奖；电视系列报道《岱顶铸警魂》、广播剧《桃花村》获山东省精品工程奖。

事业建设　全年新开通光节点85个、数字光节点305个，发展数字电视用户10.1万户，基本完成城区数字电视平移。新架光缆线路98公里、同轴线路165公里，新埋地下管线15公里，拆除各类线路129.4公里。发展有线电视用户1万多户。全年新增个人宽带用户4000户，新增单位用户3个，系统联网8个，开发防ARP病毒软件，增强广电网的安全性能。按照村村通的新标准和要求，向省里提供并确认144个广播电视空白村。

技术管理　以确保党的“十七大”宣传报道节目安全播出为重点，制定广播电视安全播出应急预案，加大科技投入，全面实现摄、录、编设备的数字化，实现硬盘播出，被省广播电视局评为广播电视安全播出优胜台。印发《泰安市卫星广播电视转星调整总体实施方案》，与各县（市、区）签订《任务责任书》，全市完成卫星电视转星3875座，其中，机关、企事业单位38座，境外卫星平台19座，党员远程教育站点3769座，中小学远程教育站点31座，文化资源共享站点2座，大专院校站点16座。市广播电视局（台）被国家广播电影电视总局评为全省十七大安全播出先进集体，1人被评为全国十七大安全播出先进个人（1等奖）。

社会管理　与公安、工商、国

家安全等部门配合，开展卫星电视专项整治活动，共拆除非法安装、使用的卫星电视接收设施993套，查处擅自销售卫星电视接收设施的业户23家，收缴卫星电视接收设施805套，捣毁长期在泰城家电市场从事非法销售卫星电视接收设施个体业户1家，收缴查扣其卫星电视接收天线640个、数字卫星电视接收机150个。

【泰安广播电视中心大楼建成】 该大楼2005年2月奠基，累计投入1.2亿元，于12月建成并投入使用。该大楼共22层，建筑面积2.6万平方米。该大楼系集办公、节目制作、发射和传输为一体的现代化广播电视中心。

【泰安电视台实现大型综艺娱乐节目现场直播】 6月2日晚，泰安电视台第一套节目现场直播大型综艺娱乐节目《领秀任我行》之泰山啤酒杯泰安市卡拉OK歌王电视大赛30晋18的第一场决赛，取得圆满成功，首次实现电视娱乐节目现场直播。到年底共进行13场现场直播。

【“新爱心基金”成立】 6月6日“新爱心基金”开始筹建，在《新闻零距离》开播2周年庆典晚会上，以《新闻零距离》的名义创办、全市媒体第一个专项慈善“新爱心基金”正式成立，市委、市政府领导亲临现场为“新爱心基金”揭幕。会上募集第一批善款4万多元。该基金主要资助贫困学生上学为内容，全年救助24名贫困学生。

【2007年度“感动泰安”新闻人物评选】 10月，市委宣传部、市广播电视局联合组织开展“感动泰安”年度人物评选活动。评选出温刚、王常文、张元民、申洪英、王龙兰、赵东营、戚强、泰安市消防9中队、傅桂兴、爱波群体、辛英、杜翠莲、侯家成等年度人物代表并给予表彰。市领导出席颁奖晚会，在社会上产生很大反响。（杨晓明）

档　　案

【概况】 年末，全市有档案馆10个，其中国家综合性档案馆7个、专门档案馆1个、企业档案馆2个，建筑面积1.43万平方米；馆藏档案1017个全宗、73.7万卷（件）；馆藏资料13.33万册。年内利用档案1.5万卷次。市、县两级档案馆（局）编制总人数为130人，实有123人。

资源建设与服务　全市档案馆接收文书档案2.85万卷，各类专业档案3620卷，机读目录8万余条。其中市挡案馆接收机关文书档案9215卷、5298件，会计档案227卷；整理进馆资料260余册，接收机读目录6.98万条、照片104张；接受捐赠谱谍档案14册，《泰山石刻》10册及全套原稿材料。全市综合档案馆馆藏档案资料达63万余卷（件、册），其中市档案馆馆藏档案资料20万余卷（件、册）。市档案馆编印《反腐倡廉文件汇编》，与市委党史办联合编辑出版《登攀之歌——泰山国际登山节20周年纪实》，两书的出版得到社会的好评。全市有40项科技成果获省档案资源开发利用成果奖，其中获一等奖2项、二等奖13项、三等奖25项。市档案馆编印的《泰安市大事记（2006）》获全省档案资源开发利用成果二等奖。全市综合档案馆接待查档4500人次，提供档案1.6万卷（件）次。

档案数字化、信息化建设　按照《泰安市县市区数字档案馆建设指导方案》，市档案馆重点开展数据库的续建工作，对首创的数字档案管理系统“条块结合、互联可控、统一维护、分级管理”的市域文档在线集中管理模式，进行完善与补充，完成全部馆藏档案目录数据库和重要档案全文数据库的校对、备份和挂接，并展开档案信息数据备份和灾难恢复系统的技术研究工作。到年底，目录数据库有310余万条，全文数据库150余万页，在政务网站公布文件2364份、开放档案目录3200条。市直机关使用文档在线管理系统的单位已达100多家，系统中管理各类档案目录12.84万条及部分文件。肥城市投资30万元，完成数字档案馆建设工程，年末录入条目200多万条，完成全文扫描100多万页。宁阳县投资90多万元建立局域网，开通政务网和互联网，完成馆藏全部档案目录数据库及重要全宗原文数据库建设，有目录数据库240万条，全文数据库190万页，实现档案自动检索和查询利用。新泰市档案馆完成微机输入案卷级、文件级目录及专题人名数据库总计6万余条，拍摄照片1.2万张，全文扫描50万页，依托政务网初步实现档案数字化管理。年内，省档案局以泰安数字档案管理系统为试点，通过政务网进行联网，建设全省开放档案检索平台，为全省档案工作联网奠定基础。市档案局被评为“全省档案信息化建设先进集体”。4月《中国档案报》整版刊登《铸就共建共享模式—泰安市档案信息化建设纪实》。

机关企事业档案　市档案局对市直机关、企事业单位进行分批培训240余人。对泰山抽水蓄能电站、新汶矿业集团盐化工等重点项目的档案管理工作进行跟踪指导验收。受省档案局委托，按照《山东省档案考核标准》，对县（市、区）二级档案局进行考核，考核综合档案馆7个，档案室888个。其中达到省特级标准档案馆1个、档案室25个；达到省一级标准档案馆5个、档案室242个；达到省二级标准档案馆1个、档案室206个；考核合格档案室415个。被省档案局评为省档案工作先进个人10名。全市评出档案先进个人80名。与市人事局联合表彰30个“全市档案工作先进集体”单位、记三等功20人、嘉奖30人。泰山玻璃纤维股份有限公司档案室被国家档案局评为“全国档案工作优秀集体”。

档案科教工作　市档案馆《泰安市域档案馆室电子化同步共建互联分管技术研究》科研项目，获得国家档案局科技进步三等奖、市科技进步三等奖。在省档案学会评优工作中，全市有22项成果获奖，其中一等奖1项、二等奖5项、三等奖16项。做好高、中、初级档案专业技术职务的材料审查、申报和中、初级专业技术职务的评审工作，评出高级技术职务7人、中级13人、初级10人。年内，招收2007级档案文秘本科班51人，按期毕业72人，市档案局被省档案局评为档案文秘专业业余教育先进单位，1人被评为先进工作者。加强爱国主义教育基地的管理，对基地投影仪、电脑软件进行升级。8月，利用馆藏库中的万余张照片和各县（市、区）档案馆及有关单位提供的材料，筛选出318幅照片，设计制作“纪念《档案法》颁布20周年图片展”，在教育基地以幻灯片的方式对外进行宣传，年接待参观者15批170余人次。并将展览内容办成网上展厅，扩大宣传范围，得到社会各界的认可。被评为全省档案宣传工作先进个人1人、档案法宣传先进个人1人。

【农村档案】　加强全市农村档案工作，全市达到规范化标准的村级档案室占村级总数的85%以上。肥城市采取和乡镇宣传部门联合的方式，实施“旧村改造和新村建设记忆工程”，对拆迁村、翻盖率较大的村、建设较快的村、历史文化悠久有建筑特色的村和环境特殊的村进行拍摄和拍照存档。宁阳县制定《新农村档案管理办法》，印发《关于加强乡镇档案集中管理工作的通知》等文件，将村级档案分为党政工作、农业科技、村民档案、基本建设等11个大类，所有行政村的档案管理已全部达到合格，达到优秀标准行政村235个。

【民生档案】　对城市社区档案、信用档案、社保档案进行积极探索。泰山区印发《社区档案整理规范》文件，对社区进行调查确定试点单位；宁阳县档案局对民营企业进行现场指导，其经验在全省信用档案建设座谈会典型发言；新泰市档案局社区档案管理50%以上的达到规定要求。4月，省委、省政府领导在新泰市考察社区建设工作期间，专门视察社区档案工作，对社区建档工作给予高度评价。（车文翔）

体　育

【概况】　市体育局有竞赛科、训练科等行政科室4个和体育分会、体育场等事业科室4个，下辖事业单位2个（市体育运动学校、市体育中心）。6个县（市、区）的体育管理部门均与文化管理部门合署。全市省、市二级体育传统项目学校68所，向市以上体校输送人才100多名。全市体育系统有职工278人，其中工作人员110人、教练员97人、文化教师71人。年内，全市体育工作“竞技体育上位次、群众体育争先进、体育彩票扩总量、体育设施上水平”为目标，呈现出又好又快的发展局面。

竞技体育　以备战2008年奥运会、2009年11届全运会、2010年22届省运会为重点，编制《2007-2010年泰安市竞技体育发展规划》，本着“选好苗子、打好基础、系统训练、积极提高”的原则，整合教训资源，强化业余训练，推进体育教育结合。与市教育局联合成立协调领导小组，先后举办全市春季、冬季田径达标赛、16届市运会，审批二级运动员280余名。做好22届省运会注册工作，注册运动员109余名。新泰市承接全国竞走特许赛、全省蹦床锦标赛，并代表泰安市参加全省跳水锦标赛。举办第21届泰山国际登山节登山比赛，参赛人数达到1500多名。与中国登山协会、山东电视台联合举办全国山地户外挑战赛，吸引国内16支高水平俱乐部和高校队伍参加。年内，泰安籍运动员在省以上比赛中获得奖牌55枚，其中世界级比赛冠军8项、全国级比赛冠军4项、全省级比赛冠军15项。市体育局被省体育局授予“竞技体育工作贡献奖”。

全民健身　贯彻实施《全民健身计划纲要》《山东省全民体育健身条例》，坚持农村体育抓示范、城市体育抓普及、职工体育抓提高，突出“全民健身与奥运、全运同行”主题，抓好“协会建设和体育骨干队伍建设”，夯实“全民健身场地设施建设”基础，实施体育“六进工程”（进农村、进社区、进学校、进机关、进企业、进家庭），全民健身工作呈现出“政府指导、社会支持、群众积极参与”局面，全市体育人口达到40%以上。①开展“全民健身与奥运、全运同行”主题活动。全面启动“全民健身月”、“五个亿万人群”、健身、迎奥运倒计时1周年万人健步走、迎全运倒计时2周年大型庆典、迎奥运乡镇行活动、环泰山万人健身跑活动，举办“宝龙杯”中国象棋比赛、篮球比赛、泰山国际登山节登山比赛，开展棋类、球类、太极类、健身气功等大型健身赛事活动30余项次。②农村体育。按照“五个一”（网络、场地、项目、器材、体育指导员各一）标准，广泛开展“篮球进村”、“乒乓球进村”、“健身秧歌进村”、“健身气功进村”、“东岳太极拳进村”等健身活动。全市群众体育健身活动场地达到1700余处。③城市体育。以创建城市体育先进街道、创建城市体育先进社区为标准，扶持和指导基层单位建立体育指导站和健身站，全市发展各类单项体育协会8个、俱乐部（培训中心）24个、民间体育团体1744个。举办二级社会体育指导员培训班，全市社会体育指导员队伍发展到2348名，体育骨干队伍发展到5000余名。新批健身气功活动站点100多个，晨、晚练活动站点达到5000个，城市居民体育人口数达到70%以上。④学校体育。加强与教育系统的联合互动，注重“体教结合、学训相长”，突出抓好传统体育项目学校和体育特色学校建设，以竞赛为杠杆，以评比为动力，城市中小学生体育运动指标达标率在96%以上，乡村中小学生达标率达到82%以上。⑤职工体育。每年对机关企事业单位职工进行一次体质测试，配合市直有关部门组织各系统运动会、单项比赛，参加省以上各类比赛20项次。⑥国民体质监测。建立“泰安市国民体质监测中心”“山东省普通人群体育锻炼标准测试站泰安站”，科学指导群众开展健身活动。⑦老年体育。全市建立老年体育协会4088个、老年人活动站点4428处，在站点上活动的老年人达18万人次，基本形成市、县、镇、村四级组织网络。先后建立起门球、台球、太极拳剑等9个工作委员会，全市老年人社会体育指导员800余人、裁判员246人、表演队伍480个，全年举行老年人各类项目表演和竞赛活动20项次，活跃老年人的生活。老年体育协会举办全市健身球第5套、养身太极剑、武氏太极拳、东岳太极剑教练员培训班，为基层培训骨干350人。泰安市被国家体育总局授予“全民健身与奥运同行活动优秀组织奖”，被国家体育总局健身气功管理中心授予“推广健身气功突出贡献奖”，市体育局被省体育局授予“群众体育工作贡献奖”。

表70 2007年泰安籍运动员在世界级比赛中获得奖牌情况

姓　名	运动会名称	项　目	名　次	时　间	地　点
王　峰	第12届世界游泳锦标赛	男子跳水3m板双人	1	2007.3	澳大利亚
王　峰	世界跳水系列赛	男子跳水3m板双人	3个第1	2007.3	英国、墨西哥、中国南京
王　峰	世界跳水大奖赛	男子跳水3m板双人	1	2007.9	德国
刘　坤	第4届世界军人运动会	军事五项女子个人	1	2007.10	印度
刘　坤	第4届世界军人运动会	军事五项女子团体	1	2007.10	印度
杨世伟	第4届世界军人运动会	军事五项男子团体	1	2007.10	印度
杨世伟	第4届世界军人运动会	军事五项男子个人	2	2007.10	印度
王　峰	世界跳水大奖赛	男子跳水3m板单人	3	2007.9	德国
娄　明　马延青	蹦床世界杯系列赛	男子双人同步	3	2007	波兰

表71 2007年泰安籍运动员在全国级比赛中获得奖牌情况

姓　名	运动会名称	项　目	名　次	时　间	地　点
王　峰	全国跳水锦标赛暨奥运选拔赛	男子跳水3m板双人	1	2007.9	山东烟台
娄　明　马延青	全国蹦床锦标赛	男子团体	1	2007	浙江萧山
李　娜	全国青年女子举重锦标赛	女子举重	1	2007.7	浙江
邢怡颖	全国少儿跳水锦标赛	女子乙B组5m台	1	2007.1	陕西太原
冯慧慧	全国柔道锦标赛	女子柔道	2	2007.4	芜湖
贾亚峰	全国女子自由跤锦标赛	女子摔跤	2	2007.4	江西
安光乾	全国重点体校射箭锦标赛	30m双轮单项	2	2007.7	山东烟台
邱豪然	全国少儿跳水锦标赛	男子5m台	2	2007.1	山西西安
王　峰	全国跳水锦标赛暨奥运选拔赛	男子跳水3m板单人	3	2007.9	山东烟台
韩增峰	全国古典式摔跤锦标赛	古典跤	3	2007.3	成都
马　勇	全国古典式摔跤锦标赛	古典跤	3	2007.3	成都
邢怡颖	全国少儿跳水锦标赛	女子5m台双人	3	2007.3	山西西安

体育设施 市体育综合训练馆圆满完成亚洲举重锦标赛运动员训练、休息、恢复等任务。全年利用新建成的体育场馆，组织大型体育比赛和文艺演出等活动，并向市民开放各种健身场所，提供优良健身环境，扩大体育的社会影响，提高体育场馆利用率。实施全民健身工程，申报省级体彩公益金资助项目403个，完成全市117个村健身工程的招标、建设工作。全民健身活动中心的筹建工作已展开，市体育中心体育场改造工程进入初步规划。年末，全市建有文体中心或社区健身苑的乡镇（街道）20个，建有文体室的行政村2300个。

体育彩票 整合市场资源，规范市场管理，创新网点管理运营模式，树立公益品牌形象，拓展彩民群体，全市体育彩票共销售5554万元，资助建设市综合训练馆和全民健身路径64处，其中市综合训练馆免费向公众开放，为体育事业的快速发展增添强大动力。新泰市、肥城市被评为“山东省体育彩票工作先进县市区”，被评为“山东省体育彩票工作先进工作者”8人。

【亚洲举重锦标赛在泰安举行】 4月17～28日，“蒙牛杯”2007年亚洲第38届男子、第19届女子举重锦标赛在泰安市体育训练馆举行。来自22个国家和地区的237名运动员参加比赛。该次比赛由亚洲举重联合会和中国举重协会主办，山东省体育局和市政府承办。国际举重联合会副主席，亚洲举重联合会主席、副主席、秘书长，国家体育总局和省、市的领导，全国各省举重界人士等出席开幕式，24家中央、省、市平面、电视、网络、广播媒体的100多名记者驻会进行采访。比赛取得圆满成功，得到亚洲举重联合会、国家体育总局、省政府、省体育局和社会各界的充分肯定和高度评价。亚洲举重锦标赛是全市有史以来承办的水平最高、规格最高、规模最大的一项

表72　**2007年泰安籍运动员在省级比赛中获得奖牌情况**

姓　名	运动会名称	项　目	名　次	时　间	地　点
华　鑫	全省田径锦标赛	链球	1	2007.8	山东临沂
江建壮　安光乾　郭英帅	全省射箭锦标赛	男甲双轮全能团体	1	2007.9	山东烟台
江建壮	全省射箭锦标赛	男甲双轮全能个人	1	2007.9	山东烟台
安光乾	全省射箭锦标赛	男甲单轮全能个人	1	2007.9	山东烟台
邢怡颖	全省跳水锦标赛	女子陆网	1	2007.7	山东济南
邢怡颖	全省跳水锦标赛	女子陆板	1	2007.7	山东济南
邢怡颖	全省跳水锦标赛	女子1m板	1	2007.7	山东济南
邢怡颖	全省跳水锦标赛	女子3m台	1	2007.7	山东济南
邢怡颖	全省跳水锦标赛	女子5m台	1	2007.7	山东济南
宋明君	全省跳水锦标赛	女子素质比赛	1	2007.7	山东济南
新泰队	全省蹦床锦标赛	男子乙B团体	1	2007.12	山东新泰
刘向东	全省蹦床锦标赛	男子乙B	1	2007.12	山东新泰
安婷婷	全省蹦床锦标赛	女子乙A	1	2007.12	山东新泰
刘向东　王明森	全省蹦床锦标赛	男子乙B双人	1	2007.12	山东新泰
宋雪成　胡文豪	全省蹦床锦标赛	男子甲组双人	1	2007.12	山东新泰
耿元学	全省田径锦标赛	链球	2	2007.8	山东临沂
安光乾	全省射箭锦标赛	男甲双轮全能个人	2	2007.9	山东烟台
江建壮	全省射箭锦标赛	男甲单轮全能个人	2	2007.9	山东烟台
郝昭晨	全省赛艇锦标赛	赛艇6000m	2	2007.9	山东日照
宋雪成	全省蹦床锦标赛	男子甲组	2	2007.12	山东新泰
刘　杨　马明芮	全省蹦床锦标赛	女子乙B双人	2	2007.12	山东新泰
王　宁	全省田径锦标赛	1500m	3	2007.8	山东临沂
陈晓晖	全省柔道锦标赛	女子柔道52kg	3	2007.10	山东莱芜
杨　风	全省国际式摔跤锦标赛	女子自由式59kg	3	2007.11	山东莱芜
段　阳	全省国际式摔跤锦标赛	男子自由式66kg	3	2007.11	山东莱芜
姜　昆	全省举重锦标赛	男子94kg	总3	2007.12	山东莱芜
新泰队	全省蹦床锦标赛	女子乙A团体	3	2007.12	山东新泰
王明森	全省蹦床锦标赛	男子乙B	3	2007.12	山东新泰
邢如意	全省蹦床锦标赛	男子乙A	3	2007.12	山东新泰

表 73 2007 年泰安市第十六届运动会少年组比赛成绩

参赛代表团	金牌总数	比赛总分	综合成绩金牌总数	综合成绩总分	备注
泰山区	9	99	23.5	262	
岱岳区	43	675.5	75.5	1181.5	道德风尚奖
新泰市	87	983	177.5	2143	道德风尚奖
肥城市	44	782.5	66	1206.5	道德风尚奖
宁阳县	74	966.5	92.5	1488.75	道德风尚奖
东平县	21	414	45	806.25	

表 74 2007 年泰山国际登山节登山比赛各组别个人单项成绩一览表

组别	国际			国内			泰安		
	姓名	队别	成绩	姓名	队别	成绩	姓名	队别	成绩
老年男子组	峰尾金男	日本	41′32″	韩吉生	莱钢集团	35′32″	尹逊宽	泰安市建设局	37′37″
老年女子组	李正肴	韩国	1:24′07″	吕广芝	辽宁维康医药集团	44′52″	付荣先	岱岳区文体局	48′18″
中年男子组	森山正博	日本	1:17′50″	王志成	海力集团	59′	姚玉宝	岱岳区文体局	1:7′35″
中年女子组				潘　梅	辽宁维康医药集团	1:13′	姚秀丽	泰安市建设局	1:30′
青年男子组	峰朋芳	日本	1:9′48″	李子成	山东	56′22″	朱大磊	都市风向标装饰公司	1:4′48″
青年女子组				蒲　珍	山东	1:15′27″	赵　惠	都市风向标装饰公司	1:19′25″

注：老、中、青各组起点均为泰安市林校操场，老年组终点为中天门，全程 5.9 公里；中年组终点为南天门，全程 8.6 公里；青年组终点玉皇顶，全程 9.4 公里。

国际性体育赛事。比赛设金牌 45 枚，中国队夺得 35 枚，其中 3 人次打破三项亚洲和世界记录。

【2007 年全国竞走特许赛】 7 月 1～3 日，2007 年全国竞走特许赛在新泰市成功举办，来自全国各地 22 个代表队的 170 余名运动员参加比赛。经过激烈角逐，江苏队董吉敏、海南队徐发光、甘肃队张学智、江苏队孙超、山东队司天峰、辽宁队管卫龙分获 1～6 名。

【2007 新泰安·三山两湖全国山地户外挑战赛】 9 月 9～11 日，市政府与中国登山协会、山东电视台联合，在泰山、徂徕山、莲花山和东平湖、天平湖著名旅游景区，举办 2007 新泰安·三山两湖全国山地户外挑战赛。设有山地越野、皮艇漂流、丛林穿越、山地车、越野跑、轮滑、速降等项目，有 16 支国内俱乐部和高校队伍的 64 名运动员参加比赛。整个赛事惊险刺激，角逐激烈，最终西藏祥云户外运动有限公司代表队、探路者户外运动俱乐部代表队、中国地质大学（北京）代表队分获前三名。

【泰安市第 16 届运动会】 10 月 11～14 日，全市第 16 届运动会在市体育中心举行。本届运动会设少年组、职工组、老年组三大组别 27 个项目，来自全市各行各业的 153 个代表队 1 万名运动员参加比赛，在参赛人数上创下市运会历史之最（比赛成绩见附表）。

【迎奥运倒计时一周年万人健身跑活动】 8 月 8 日上午 8 时，全市 1 万名老年体育爱好者参加活动，以健身跑的形式，从市政广场出发，沿环山路，至天外村天地广场

表 75 2007 年泰山国际登山节登山比赛团体总分前六名

组　别	名　次	单　位	成绩(分)
全国	一	辽宁维康医药集团	66
	二	莱钢集团	121
	三	济南泉城长跑一队	294
	四	无锡老年体协长跑队	318
	五	辽宁维康医院	530
	六	山东淄博齐都长跑一队	627
泰安	一	岱岳区文体局	41
	二	泰安市建设局	53
	三	泰山长跑俱乐部	90
	四	山东北方机电有限公司	154
	五	泰前办事处上梨园村	167
	六	新泰王府佳肴店	175

注：团体名次按各队老年组、中年组、青年组男、女各两名最优队员得分总和排列，积分少者名次列前。

(全程4公里)，庆祝北京奥运会倒计时一周年，表达全市人民情系奥运、积极健身的热情和浓郁的全民健身氛围。

【迎全运倒计时两周年庆典活动】 10月11日上午10时，第11届全国运动会倒计时两周年庆祝活动在市政广场举行，来自社会各界的1万名干部群众参加。在庆祝活动启动仪式上，市委、市政府领导为倒计时牌揭幕，并举行文体表演、组织“相约2009”万人签名活动，引起全市上下对第11届全国运动会的广泛关注。

【第十二届全国全民健身登泰山比赛】 9月7日，第十二届全国全民健身登泰山比赛在泰安市林校操场举行，来自全国各地的1500余名运动员参加比赛。全民健身登泰山比赛自1996年被中国登山协会正式列为首批全国全民健身比赛项目，不仅吸引世界各地和国内人们的关注与参与，推动全民健身活动的广泛开展，而且加深泰安与国内外的沟通交流，促进经济社会的快速发展（比赛成绩见附表）。

【参加山东省跳水锦标赛取得优异成绩】 7月10～13日，2007年山东省跳水锦标赛在济南举行，全省6个市代表队、70余名运动员参赛。泰安市组队参加女子丙组的比赛，并夺得全部6项金牌，其中邢怡颖个人夺得1米板、3米板、10米台等5枚金牌。

【泰安市综合训练馆顺利投入使用】 3月，泰安市综合训练馆建设完工并投入使用。该工程投资2600多万元，总建筑面积1.3万平方米，设有篮球、排球、羽毛球、网球、乒乓球、举重、摔跤、柔道、武术、跆拳道、游泳等项目场馆。3月15日，省政府、省人大的领导参加网球馆开馆仪式。训练馆的建成，为全市体育专业运动员及省以上有关专业队提供训练场所。

（刘西华）

编辑·校对 李 鹏

9月9～11日，市政府与中国登山协会、山东电视台联合，在泰山、徂徕山、莲花山和东平湖、天平湖著名旅游景区，举办2007新泰安·三山两湖全国山地户外挑战赛。图为比赛现场 （刘 水 摄）

医药·卫生

卫生综述

【概况】 年内，全市卫生系统抓好农村卫生工作和行业作风建设两大亮点，突出新型农村合作医疗、乡镇卫生院改造、社区卫生服务、以艾滋病为重点的传染病防治、卫生监督与疾病控制体制改革和行业作风建设六项重点，干事创业，取得新成就。市卫生局、市中医院、泰山区卫生局、岱岳区卫生局获得全省卫生系统先进集体称号。全市卫生系统取得国家级青年文明号3个、省级11个、市级14个，年内，新增国家级青年文明号1个、市级2个；1人被评为全国卫生系统青年岗位能手，1人被评为山东省卫生系统青年岗位能手。

至年底，全市有卫生机构727所（含城市社区卫生服务机构），其中，县及县以上医院76所，乡镇卫生院82所（一乡一所），卫生防疫防治机构16所，妇幼保健机构7所。拥有病床1.61万张，卫生技术人员2.08万人。城市社区卫生服务机构527个，卫生技术人员1915人。乡村卫生室2817个，乡村卫生人员8230人。列入省“1127”工程的54所乡镇卫生院房屋整修项目全部竣工并投入使用，完成投资1801万元，完成计划的107%，改造业务用房4.39万平方米。为列入“360工程”的22所卫生院配置了价值560余万元的仪器设备。市中心医院第三住院部施工建设，市中心医院分院一期工程全面竣工。新型农村合作医疗行政村覆盖率达到100%，参加合作医疗农民达到350.71万人，常住农民参加新型农村合作医疗的比率（简称参合率）达到96.67%。

【新型农村合作医疗】 新型农村合作医疗制度实行个人缴费、集体扶持和政府资助相结合的筹资机制。以县为单位进行筹资，农民个人缴费10元，省、市、县财政扶持参合农民人均40元。在乡镇卫生院就医门诊报销20%~25%，住院治疗分段按比例报销，乡、县、市等医疗机构逐级转诊，大病报销封顶线为1.5万~2万元。年内，市财政拨付专项资金2000万元，在全市推广新型农村合作医疗工作，6个县（市、区）全部纳入省级试点管理，乡镇和行政村覆盖率均达到100%，全市参加新型农村合作医疗的农民350.71万，占常住农业人口的96.67%。共报销新型农村合作医疗费1.58亿元，受益农民583.90万人次，其中获2千~5千元补助的6801人，获5千~1万元补助的1258人，获1万元以上补助的288人。市级新型农村合作医疗管理办公室经市编制部门批复。岱岳区、宁阳县、泰山区全面完成乡镇卫生院上划工作。全市村卫生室实行一体化管理的达到2654处，占94.21%，其中实行规范化管理的达61.10%。（米　峰）

预防保健

【疾病预防控制】 年内，围绕全市卫生工作中心任务和疾病预防控制工作重点，贯彻《传染病防治法》，加强传染病、地方病和慢性非传染性疾病的防治工作。全年累计报告法定传染病8018例。其中，乙类传染病7290例，死亡人数17例，报告发病率为132.38/10万，下降14.26%；死亡率为0.31/10万，上升70.00%，累计报告丙类传染病728例，无死亡报告，报告发病率为13.22/10万，累计发病数下降49.06%。

肠道传染病防治　举办全市腹泻病防治技术培训班，培训技术人员200余人；更新充实救灾防病物资，为霍乱等传染病疫情及突发公共卫生事件发生时能够快速、及时

表 76

2007 年泰安市卫生事业发展情况

指　　标	计量单位	2007 年	2006 年	2007 年比 2006 年增长%
卫生机构总收入	千元	2379050	1787484	0.33
业务(事业)收入	千元	1816040	1565067	0.16
卫生机构总支出	千元	2375720	1857523	0.28
业务(事业)支出	千元	1850590	1650104	0.12
卫生机构数	个	727	199	2.65
医院	个	76	75	0.01
卫生院	个	82	85	-0.04
卫生防疫防治机构	个	16	18	-0.11
妇幼保健机构	个	7	7	0.00
社区卫生服务中心(站)	个	7		
卫生机构床位数	张	16115	15053	0.07
医院	张	11226	10616	0.06
卫生院	张	3054	2933	0.04
卫生防疫防治机构	张	336	315	0.07
妇幼保健机构	张	538	535	0.01
社区卫生服务中心(站)	张	73		
医院病床使用率	%	74.97	70.65	0.06
卫生技术人员数	人	20708	18162	0.14
执业医师	人	7030	6208	0.13
执业助理医师	人	1681	1620	0.04
注册护士	人	6943	6154	0.13
医院	人	11635	11325	0.03
卫生院	人	4836	4834	0.00
中医医院	人	1522	1456	0.05
卫生防疫防治机构	人	938	938	0.00
妇幼保健机构	人	512	469	0.09
社区卫生服务中心(站)	人	230		
卫生防疫人员数	人	617	613	0.01
卫生机构诊疗人次数	人次	13839404	8270597	0.67
医院	人次	6582133	5243234	0.26
健康检查人数	人	1090200	930521	0.17
当年入院人数	人	373950	328406	0.14
当年出院人数	人	371013	321112	0.16
传染病发病率	十万分之一	154.8	180.35	-0.14
7 岁以下儿童数	人		396055	-1.00
5 岁以下	人	288137	294903	-0.02
3 岁以下	人	169872	174226	-0.02
7 岁以下儿童保健服务				
新生儿访视数	人	48252	46813	0.03
保健管理人数	人	382887	380451	0.01
3 岁以下系统管理人数	人	169872	169795	0.00
5 岁以下儿童死亡数	人			
婴儿	人	293	276	0.06
新生儿	人	222	208	0.07
1~4 岁儿童	人	61	58	0.05
5 岁以下儿童死亡率	‰	7.21		

续表 76

指　　标	计量单位	2007 年	2006 年	2007 年比 2006 年增长%
新生儿死亡率	‰	4.52	4.29	0.05
婴儿死产率	‰	5.97	5.68	0.05
参加农村合作医疗的人数		3507084	3543055	-0.01
参加农村合作医疗参合率		96.67	91	0.06
孕产妇保健情况				
活产数	人	49076	48279	0.02
产妇总数	人	48733	47972	0.02
孕产妇管理人数				
建卡人数	人	48607	47846	0.02
产检人数	人	48607	47853	0.02
产后访视人数	人	48633	47729	0.02
系统管理人数	人	48538	47706	0.02
住院分娩人数	人	48733	47972	0.02
新法接生数	人	48733	47972	0.02
高危管理人数	人			
高危产妇人数	人	2847	3351	-0.15
高危管理人数	人	2847	3351	-0.15
高危住院分娩数	人	2847	3351	-0.15
孕产妇死亡人数	人	6	4	0.50
产妇住院分娩比例	%	100	100	0.00
诊所、卫生所、医务室和社区服务情况				
卫生机构数	个	527	565	-0.07
卫生技术人员数	人	1915	2137	-0.10
执业医师	人	783	911	-0.14
执业助理医师	人	249	206	0.21
注册护士	人	471	356	0.32
农村卫生组织情况				
机构数	个	2626	2758	-0.05
医生和其他卫生人员	人			
执业(助理)医师	人	575	597	-0.04
乡村医生	人	7654	7918	-0.03
卫生员	人	1	276	-1.00

表 77

2007 年泰安市新型农村合作医疗情况

县市区	农业人口	参合农民总数	参合率(%)	资金筹集总额(万元)	农民个人筹资数(万元)	市县乡财政补助数额(万元)	省级补助(万元)	报销资金总额(万元)	报销总人次
泰山区	147189	139887	95.0	724.1	150.4	377.8	195.8	539.0	410868
岱岳区	649842	619134	95.3	3095.0	619.0	1609.2	866.8	2857.2	1392012
新泰市	925760	899195	97.1	4578.0	924.8	2394.3	1258.9	3378.0	564355
肥城市	639556	608219	95.1	3040.9	608.0	1581.4	851.5	3292.1	1056889
宁阳县	605102	599042	99.0	2995.2	599.0	1557.5	838.7	2899.7	105569
东平县	595222	579254	97.3	2623.9	306.8	1506.1	811.0	2541.0	1219283
高新区	49980	47834	95.7	239.0	48.0	124.0	67.0	177.0	38470
泰山景区	15280	14519	95.0	74.4	16.3	37.8	20.3	76.8	53218
合　计	3627931	3507084	96.7	17370.4	3272.3	9188.2	4910.0	15760.9	4840664

地处置提供保障。4月1日，全市腹泻病门诊按时开诊，4～10月共登记腹泻病人8244例，检索腹泻病人粪便标本1419份，霍乱弧菌快速检测率达到17%以上，结果均为阴性；外环境疫源检索共采集各类样品3490份，其中饮用水样品301份、食品876份、剩饭菜及洗碗水174份、其他494份，检测结果均为阴性。编印发放手足口病防治宣传材料2.5万份，开展县（市、区）手足口病防治工作督导检查，每周对手足口病疫情形势进行定期分析，全年累计报告手足口病例2103例，报告发病上升237.56%，死亡1例。

流感/人禽流感等呼吸道传染病防治 做好市中心医院、市儿童医院、泰山区人民医院三家哨点医院的流感/禽流感监测工作，举办全市流感/人禽流感监测与防治技术培训班，组织对市直医疗单位流感/禽流感防治工作的督导检查。4月初完成2006～2007监测年度的工作任务，监测病例8.33万例，报告流感样病例1998例，占同期门急诊病例总数的2.40%；采集咽拭子标本243份。2007～2008监测年度中，至年末，3所哨点医院共监测门急诊病人4.05万人，报告流感样病例1382例，流感样病例占门急诊病例比例为3.41%；采集咽拭子标本91份。

艾滋病防治 ①普及知识。开展艾滋病知识进公共场所的活动，在泰城各公共场所免费发放艾滋病知识和免费咨询检测信息招贴画10万余份；开展艾滋病知识进家庭活动，利用基层工作网络向全市发放100万份艾滋病知识明白纸，基本达到了“户均一张明白纸”。②开展行为干预。在部分高危场所安装由市财政购置自动售套机38台。在建筑工人艾滋病行为干预活动中，受教育工人达到1200余人，免费检测100余人。③完善监测网络。全市共建成艾滋病筛查实验室30家，筛查中心实验室1家，建成市、县艾滋病监测网络。全年共监测1.32万人，其中监狱、看守所在押人员2564人、来自7个疫情高发省份的外来妇女2257人、GAP项目监测403人、哨点检测各类人群936人；发现HIV感染者7例，其中献血人员中发现艾滋病感染者2例，医院就诊病人中发现2例，羁押人员中发现2例，其他1例。接受2080人次自愿咨询检测。对7例感染者进行免费抗病毒治疗和机会性感染的预防，符合条件的感染者治疗率达到100%，感染者随访率达到90%。为经济困难的感染者争取政策，将28名感染者和感染者家属纳入低保，享受城市低保待遇。

结核病防治 ①基层建设。落实《全国结核病防治规划(2001~2010年)》和《山东省贯彻落实全国结核病防治规划(2001~2010年）实施意见》，按照《中国结核病防治工作规划实施指南》要求，完善结核病防治体系，加强乡镇痰检点建设，全市29处乡镇卫生院痰检点全部开展工作，市参比实验室深入到乡镇痰检点指导工作，开展室内和室间质控。抓好结核病人的发现和治疗管理，建立传染病网络直报系统，由专人负责网络直报，采取电话追踪、乡村医生追踪、巡回医疗车追踪等形式，对肺结核病人和可疑肺结核病人开展结核病人网络追踪工作，全市肺结核病人追踪总体到位率为90%。②健康教育宣传。在“3.24世界防治结核病日”前后，开展义诊宣传活动，利用广播、电视、板报、宣传橱窗、信息简报等媒体，进行结核病健康教育。通过开通热线电话、提供信函服务、访视出院病人、接受群众咨询等形式，宣传普及防痨知识，接听热线电话160个，为病员回信答疑80余封，家庭访视90余人次，接受群众咨询400多人次，发放宣传材料1万多份。③开展示范县创建活动。在宁阳县、新泰市被命名为全省结核病防治示范县的基础上，泰山区通过省卫生厅的考核验收，被命名为全省结核病防治示范县。全市共确诊活动性肺结核病人2847例，涂阳病人1992例，其中，新发涂阳病人1573例、复治涂阳病人419例；涂阴病人855例，全部免费治疗，病人治疗率100%。

流行性出血热防治及鼠情监测 落实《泰安市流行性出血热重点管理乡镇实施方案》，强化灭鼠、防鼠和疫苗接种等预防措施，加强疫情报告和疫情管理，控制流行性出血热疫情。全年出血热发病30例，下降33.3%。

狂犬病防控 年内，建设狂犬病暴露处置门诊110个。全市共报告狂犬病11例。

【计划免疫】 加大脊髓灰质炎的免疫、监测与管理，防止脊髓灰质炎野毒株的输入和VDPV的传播流行，加强AFP病例快速报告、常规报告和主动监测工作，防止AFP病例漏报。至年底，AFP病例共报告17例，各项监测指标均达到80%目标，全市2005/2006年度和东平县2006/2007年度脊灰强化免疫接种率达到95%以上。全面启动消除麻疹活动，市卫生局印发《2006～2012年泰安市消除麻疹实施方案》，全市共报告麻疹疑似病例60例，及时报告率、及时调查率、样本采集率均为100%。对15岁以下儿童进行麻疹疫苗查漏补种，适龄儿童麻疹疫苗接种率达到95%以上。推进预防接种单位规范化建设，全市共有预防接种门诊134处，新生儿预防接种室67处，其中省级示范预防接种门诊59处。推进全市儿童免疫规划信息管理系统建设，举办儿童微机信息管理系统培训班3期，建立县级信息管理站，对2005年后出生儿童资料进行录入。做好常规免疫工作，年内，全市统一执行逢5按旬接种模式，提高了适龄儿童及时免疫接种率，全市免疫规划八种疫苗常规接种105.25万人次，接种率为98.77%。

【妇幼保健】 年内，贯彻“一法两纲”（《中华人民共和国母婴保健法》《泰安市妇女发展规划纲要》《泰安市儿童发展规划纲要》），建立健全全市妇幼保健信息网络，完善孕产妇、儿童死亡率和出生缺陷监测报告制度，实施降低孕产妇和婴儿死亡率行动计划，依法加强妇幼卫生管理和督导，提高了母婴保健水平。

【干部保健】 在原有2个干部医疗保健基地和12个干部医疗保健定点医疗机构的基础上，以市疾病预防控制中心、市卫生局卫生监督所、市中心血站和市紧急医疗救援基地为依托，建立干部保健疾病预防控制基地3个和干部保健紧急医疗救援基地1个，为保健对象查体2000余人次。 （米　峰）

表78　2007年泰安市妇幼卫生保健情况

项　　目	指　　标
孕产妇死亡率	8.23/10万
建　卡　率	99.74%
孕产妇系统管理率	98.81%
住院分娩率	99.36%
非住院分娩中新法接生率	100%
高危住院分娩率	100%
产后访视率	98.86%
婴儿死亡率	5.72‰
新生儿死亡率	4.31‰
5岁以下儿童死亡率	7.21‰
5岁以下儿童中重度营养不良患病率	0.30%
7岁以下儿童保健管理率	95.95%
3岁以下儿童保健系统管理率	97.86%
低出生体重发生率	1.11%
4个月母乳喂养率	98.37%
4个月纯母乳喂养率	90.13%
婚前健康检查率	60.80%
疾病检出率	7.70%

医　　疗

【医政管理】 ①开展医院管理年活动。根据国家及省卫生厅要求，8月份，组织市属各医疗机构间进行医院管理年活动全面相互督查，对各县（市、区）医院管理年活动情况进行抽查。②建立综合考核评价体系。市卫生局印发《泰安市市直单位目标考核标准》，对市直医疗卫生单位进行全面考核，初步建立医疗考核长效评价机制，促进了医院科学管理和医院核心制度的落实。③加强药事管理。通过加强督导检查等方式，促使处方抗菌药物的比例逐步下降，减少滥用抗菌药物，提高合理用药水平和防范药害事件发生的能力。组织专家编写《泰安市药事管理检查标准》，对药事管理工作进行专项检查，加强和规范全市药品的使用与管理。

【惠民医疗】 6月份市卫生局印发《关于在全市实施社会化护理体系建设的意见》，全面推行住院病人社会化护理体系建设，400余名患者接受住院社会化护理陪护，社会反应良好。6月23日，启动泰安市实施困难病人康复救助计划，首批30位康复救助对象在市中心医院进行康复治疗，受到患者及社会的好评。通过对全市二级以上医疗机构的单病种质量控制指标及相关指标进行检查和公示，促进医疗机构改善医疗质量，降低医疗费用，减轻病人就医负担，为病人择医就医提供良好条件。年内，仅市直医疗服务机构就接诊困难病人6974人次，住院894人次，优惠金额282万元，减轻了困难病人的经济负担。按照全省统一安排，继续实施万名医师支援农村卫生工程，安排市直以上驻泰医疗卫生机构12家，对口支援县、乡医疗卫生机构，共下派医务工作者1813人次，诊疗农村患者6.45万人次，捐赠医疗设备等物品价值138.7万元。

【医学科技教育】 年内，市直医疗卫生单位2个课题入选2007年山东省医药卫生科技发展计划课题；6项科研项目荣获市科技进步奖二等奖，14项科研项目荣获三等奖；2项科研项目获得省科技进步奖三等奖。市直医疗卫生单位承担市科学技术发展计划课题17项，共有37项科研课题通过专家鉴定，其中国际先进2项、国内领先35项。2007年，泰安市中心医院肿瘤内科被确定为全省重点学科。组织完成“360”工程三期154学员和“1127”工程第一期95名学员的培训任务。组织完成

2007年度护士执业资格报名及考试工作，1980名护士参加了执业资格考试；组织完成2007年度执业医师资格实践技能考试和综合笔试工作，其中2824人报名参加医师资格考试。

【学会工作】 年内，全市卫生系统专业学会新增物理医学与康复专业委员会、妇产科和危重病专业委员会。①医疗事故鉴定工作。全市共受理医疗事故鉴定申请43起，鉴定40起，其中12起鉴定为医疗事故，维护了医患双方的权利。②学术活动。各专业委员会举办学术会议34次，活跃了学术气氛，推进了医疗卫生事业的发展。

（米　峰）

中医·中药

【概况】 年内，加强县级中医院基础设施建设和以中医专科、急诊急救等综合服务功能为重点的内涵建设，面向农村和社区推广中医药和适宜技术，提高中医整体服务水平。①中医药网络建设。巩固以县级中医院为龙头、乡镇卫生院为枢纽、村卫生室为网底的三级中医服务网络。把建设标准中医科列入乡镇卫生院服务能力项目建设的首要内容进行重点督导，全市86家乡镇卫生院(社区卫生服务中心)开设中医相关科室137个，中医科、针灸推拿科、中药房、中医人员配置率达100%。②农村中医工作先进县、先进乡镇创建工作。2007年新泰市、肥城市通过全省中医工作先进县（市、区）建设单位中期督导检查。③人才培养和中医学历教育工作。做好乡村医生的中医药知识技能培训，扩大乡村医生中医药知识与技能培训覆盖面，完成乡村医生中医药知识技能培训2000余人，乡镇覆盖面达95%以上。做好中专学历教育、中医药继续教育和师承教育工作。完成中医执业医师报名审核考务工作。35名基层优秀中医被授予“泰安市基层优秀中医”称号。④推广中医适宜技术。印发《泰安市农村中医适宜技术推广工作考核标准》及《泰安市农村中医适宜技术示范单位建设评审细则》，遴选12个乡镇卫生院、5个社区卫生服务中心、60个村卫生室、16个社区卫生服务站作为中医适宜技术推广普及示范单位，争取财政资金8万元。中医适宜技术推广县和乡镇覆盖率均达100%，村卫生室中医药应用率达25%。⑤发挥中医药在“新农合”中的作用。中医医疗机构全部列入“新农合”医疗定点服务机构，中医药全部纳入“新农合”报销比例范围，中医药补偿比例提高10%，中医适宜技术补偿标准提高20%。⑥医院内涵和学科建设。9月份组织专家对各县（市、区）中医医院、泰安市第一人民医院进行中医医院管理年活动督导与中医药特色评价督导检查。开展中医“治未病”(采取预防或治疗手段，防止疾病发生、发展）工作，泰安市中医二院被列为国家第一批“治未病”预防保健服务试点单位。培植名科、名院，泰安市中医医院肝病科被列为山东省名中医专科；泰安市中医二院中风病专科被列为国家级第二批全国农村医疗机构中医特色专科（专病）建设项目单位。泰安市中医医院肝病科和脑病科、泰安市中心医院康复科被列为国家“十一五”重点专科建设项目。

（米　峰）

卫生执法监督

【概况】 ①监督体系。年内，岱岳区卫生监督局和疾病预防控制中心挂牌成立，理顺了卫生执法监督体系。全市6个县（市、区）中均健全了卫生监督执法体系。②卫生监督执法。以食品卫生安全为重点，开展食品卫生、职业病危害、公共场所卫生及医疗卫生的专项整治工作。把食品卫生监督量化分级管理制度与卫生许可制度及企业诚信体系建设结合起来，严格卫生准入门槛，严把换证关，共发放卫生许可证7000个，从业人员健康查体、行业卫生监督覆盖率达100%。开展“食品卫生安全进农村、进社区、进学校、进工地”活动。把农村和城乡结合部作为重点地区、把学校食堂作为重点环节，开展餐饮消费安全专项整治行动，监督检查餐饮单位和食品摊点1.8万户次，下达卫生监督意见书4000余份，责令限期整改1000多家，依法取缔300多户。通过整治，全市县城以上餐饮单位无证经营查处率达到100%；全市食品卫生监督量化分级管理实施率达95%，其中，市直管单位达到100%；全市餐饮单位、集体食堂和县城以上城市的餐饮单位全部建立进料进货索证制度，县城以上城市集体食堂、餐饮单位使用猪肉全部来自定点屠宰企业。在职业卫生工作中，落实《职业病防治法》，开展对可能产生职业病危害的新、改、扩建项目以及技术引进、技术改造项目的职业卫生审查、审核及竣工验收工作，从源头上控制职业病危害。督导企业开展职业健康检查，加强职业危害因素的监测。规范职业卫生技术服务行为，提高服务水平。以打击非法行医为重点，强化医疗质量管理，加大对医疗广告的监督查处力度，规范和净化医疗服务市场。全市出动执法人员4278人次，出动车辆1072辆次，监督检查医疗机构2266户次，罚款80.3万元，没收违法所得1.1万元，取缔无证行医229户，限期整改145户，查处出租外包科室2户、聘用非卫生专业技术人员47户。医疗广告监测与处理率均达100%。实现了无群体性食物中毒事件、无急性职业中毒事件、无重大非法行医事件的“三无”目标。③专项整治。开展元旦、春节、黄金周、夏秋季等食品卫生专项整治，完成旅游黄金周、登山节、高中考、亚洲举重锦标赛等重要接待任务以及各类重大活动期间的食品卫生安全保障工作，确保万无一失。（米　峰）

红十字事业

【概况】　年内，各级红十字会组织贯彻《中华人民共和国红十字会法》，加大宣传力度，加强组织建设，狠抓备灾救灾、社会捐助、骨髓库建设及遗体捐献登记等工作，取得新成绩。7月6日，市红十字会召开第三次会员代表大会，选举产生了新一届领导机构，聘请市委副书记、市长李洪峰为名誉会长，选举市委常委、副市长白玉翠为会长，选举常务理事32人，理事107人。

无偿献血与器官捐献　①无偿献血。全市临床用血全部来自街头自愿无偿献血。无偿献血总数2万余人次，采血量3.72万单位，全年总供血量6.41万单位。全年成分用血比例平均达93%。②遗体捐献工作。参加遗体捐献报名登记的志愿者32名。成功捐献角膜1例。

赈灾募捐与社会救助　做好备灾救灾、“送温暖”等活动，累计发放钱物33万余元，发放帐篷200顶。向上级红十字会申请资金20万元，用于麻风病村合并重建工作。（米　峰）

食品药品监督管理

【概况】　年末，市、县（市、区）两级设有食品药品监督管理行政管理机构6个、药品检验机构1个（市药品药检所）；在职干部职工215人，其中市食品药品监督管理局机关在职工作人员42人。全市共开办药品生产企业18家，减少5.26%；医疗机构制剂室15家，同上年持平；药品经营企业1265家（零售企业1239家，增长5.27%，批发企业26家，增长13.04%），增长5.42%，医疗器械生产企业16家，增加6.67%；医疗器械经营企业240家，增加6.67%。全市食品药品监管系统把保障人民群众的饮食用药安全作为监管工作的出发点和落脚点，整顿和规范药品市场秩序，完善食品安全综合监管机制、突发事件应急处理机制、协调运行机制，提高食品药品监管工作水平。

食品安全综合监管　①健全协调机制。除泰山区外，县（市、区）、乡（镇）健全完善食品安全协调机构，77个乡镇明确专（兼）职人员，全市聘任3468名食品安全乡镇协管员和村级信息员。②完善食品安全责任体系。年初，市、县、乡、村四级签订《食品安全责任书》，市、县政府与有关监管部门签定《食品安全责任书》，把食品安全责任落实到乡镇和行政村。形成一级抓一级、层层抓落实的食品安全工作格局。③发挥综合监督协调作用。开展食品安全专项整治活动，对有关食品安全事件进行暗访和核查。开展食品安全调查与评价工作，完成化妆品、小麦粉、奶制品等抽样送检任务。针对河豚鱼、假葡萄酒等食品安全问题，及时发出食品安全预警和核查信息。④开展食品安全示范县创建活动和信用体系建设试点工作。深化食品安全食用体系建设试点工作，制订完善《食品安全信用评价制度》《信用信息征集制度》《信用信息披露制度》《信用奖惩制度》以及各个环节的评价标准和评分细则。全市有7个行业参加了食品安全信用体系建设试点，试点企业数量达1410个。新泰市被确定为省级食品安全示范县，东平县被确定为市级示范县。⑤食品安全应急体系建设。依据《泰安市重大食品安全事故应急救援预案》，印发《泰安市重大食品安全事故应急救援预案操作手册》。组织重大食品安全事故应急演习演练培训，印发应急演习演练方案，编写应急演习演练脚本。11月28日，在东平县组织市、县两级重大食品安全事故应急演习演练。⑥宣传教育。新闻媒体对食品安全进行宣传，开展食品安全进社区、进学校、进农村活动，确定两个社区、两个学校、两个行政村为食品安全宣传教育示范点。10月份国家食品药品监管局举办“第二届全国食品安全知识竞赛”活动，新泰市获得集体组织奖。12月21日，组织市、县两级同步开展食品安全知识进农村宣传日活动，通过多种形式为村民讲解食品安全知识，各监管部门出动人员300余人次，悬挂横幅标语、展牌50块，设立咨询台30个，发放食品知识挂历800余本，食品安全宣传单6000余份，发放食品安全知识读本800余册，现场接受群众咨询3000余人，展示假劣食品10余种，假农药10余件，假种子50多千克。

药品生产管理　年内，对全市所有药品生产企业和医疗机构制剂室进行监督检查，对发现的问题提出整改建议。对全市3家高风险药品生产企业和6家原料药、药用辅料、医用氧等生产企业进行专项检查。开展全市注射剂类药品生产工艺和处方核查。印发《对药品生产企业针对性谈话办法》，组织辖区内药品生产企业发出诚信倡议书。推进派驻监督员工作制度，向全市药品生产企业派驻14名监督员，提出整改要求及建议80余条，提高药品生产企业生产质量管理水平，消除质量隐患。

药品经营管理　①开展整顿和规范药品市场秩序专项行动。确定打击制售假劣药品、治理违法药品（包括保健食品，下同）广告、整顿药品流通流域经营行为不规范4项整治内容，对2006年后新开办批发企业清理检查、药品流通领域药品购销行为、疫苗质量、蛋白同化制剂等进行专项检查。②深化药品经营准入制度。对所有拟开办药品零售企业的从业人员进行法律法规及专业知识考试，考试合格方能下达《同意筹建通知书》，共组织考试11批，1420人参加了上岗证的考试。③发挥农村药品“两网”（供应网、监督网）作用。县级监管、乡级协助、村级报告的县、乡、村三级农村药品监管格局已基本建立，形成药品监管到村镇、供应网络进乡村、，药品质量有保证、城乡价格趋向统一的新局面。同时，建立开办零售药店风险警示制度，使全市零售药店开办势头趋缓，药店布局趋于合理。至年底，全市聘请药品监督员70人，乡镇协管员407人，村信息员3489人，监督网行政村覆盖率100%，供应网络行政村覆盖率99%，通过监

泰城风光·泰山广场

督网络发现并查处的假劣药品案件48起，占全部案件的18%。④实施《药品经营质量管理规范》(GSP)和药品分类管理跟踪检查。对全市药品批发、连锁零售企业实施药品分类管理工作和GSP实施情况进行跟踪专项检查。组织GSP认证员对全市600余家药品零售企业、9家批发企业进行GSP认证跟踪检查，依法注销了14家药品经营企业。

药品质量抽验　全市完成日常监督抽验药品1934批，其中不合格药品203批，不合格率为9.93%。抽验中药饮片475批，不合格184批，不合格率为38.74%。

(刘延斌　摄)

特殊药品管理　年内，与市辖区内2家区域性批发企业、13家专门从事第二类精神药品批发企业和4家特殊药品使用企业逐一签定监管责任状，建立监管责任制和巡查制度。对全市涉及麻黄碱苯海拉明片的经营企业和医疗机构100余家开展专项检查，对4家申请罂粟壳、医疗用毒性药品批发资格和5家申请零售资格的企业进行了现场核查。各麻醉、精神药品经营企业的购、销、存等情况得到有效监控。

医疗器械监督管理　完善医疗器械生产、经营企业监督检查档案，全市11家医疗器械生产企业进行自查整改。开展一类医疗器械注册核查工作，对辖区内二类医疗器械生产企业的日常监督检查进行了评级，其中“A”级6家，“B”级5家。开展骨结合用无源金属植入物医疗器械产品市场专项检查。加强全市医疗器械单位在购进、使用高风险植入类医疗器械产品方面的质量管理。加强对医疗器械广告的监管。共抽验6个品种、12批次的产品，无不合格产品。

【药品不良反应监测管理】　稳步推进全市ADR监测工作和医疗器械不良反应报告工作。举办全市药品、医疗器械不良反应报告和监测培训班。共收到药品不良反应病例8056例，医疗器械不良反应病例21例。

【药品、医疗器械质量行政执法】开展整顿和规范药品市场秩序工作，先后组织开展药品生产、经营、使用单位、医疗器械广告、批准文号清查及再注册、含麻黄碱复方制剂、“五一”、“十一”等专项检查活动，出动执法人员1.31万人次，检查生产、经营、使用单位6394个，查处各类违法案件208件。其中制售假劣药品案件154件，涉案标值69.4万元，取缔无证经营户主22户，没收药品价值19.25万元，处以罚款942.3万元，没收违法所得14.65万元，处以警告1211件，收回药品零售企业GSP证书43个。　(赵中阳)

爱国卫生运动

【概况】　年内，市爱卫办以优化生存和发展环境、提高全民健康水平和生活质量为目标，开展爱国卫生宣传教育，整治城市环境卫生，推进卫生先进单位创建活动，全年新增省级卫生先进单位10个、卫生镇7个、卫生村15个、卫生户27个。

爱国卫生宣传教育　①爱国卫生运动宣传。通过广播、电视、报纸等媒体，利用黑板报、宣传栏等阵地，扩大爱国卫生工作的影响。结合爱国卫生运动55周年宣传纪念活动，请媒体拍摄采访，广泛宣传，加强对热点难点问题处理情况的跟踪报道，促进各项工作的落实。年内在新闻媒体上共发表新闻稿件100余篇，其中泰安人民广播电台20余篇，泰安电视台30余篇，《泰安日报》40余篇。编发爱国卫生工作动态，在市政府办公室主办的《政务信息》上刊发信息5条，印发《爱国卫生简报》10期。②专题教育培训。采取举办培训班、以会代训、发放宣传品、现场观摩等多种方式引导农民进行改厕。共举办改厕培训班80期次，召开专题会50多次，为各县（市、区）免费发放宣传品19.29万册(张)，组织8600多名农民到改厕现场观摩。利用各种宣传手段，营造除“四害”的氛围，普及除害灭病知识，引导市民自觉参与爱国卫生运动的积极性。

巩固国家卫生城市成果　完善城市管理机制，狠抓环境卫生整治，加大协调监督检查力度，使国家卫生城市成果得到进一步巩固。①完善城市管理机制。一是实行城市卫生目标管理责任制。市政府与市建设局、工商局、卫生局、公安局、泰山管委等有关责任单位签订《国家卫生城市目标管理责任书》，印发考核细则，采取明查和暗访相结合的办法，定期检查。各责任单位按照职责分工，建立健全责任制，采取签订目标责任书的办法，将任务责任分解落实到科室、人头，做到任务明确，职责清楚。二是施行联席会议制度。市政府将爱国卫生工作作为经常性议题进行研究，定期召开爱卫会成员单位会议，调度情况，分析问题，部署工作，并将市容环境卫生方面的内容纳入文明单位的评审与考核，促进了各项任务的落实。三是落实属地管理制度，将所有单位全部纳入属地政府管理，落实单位卫生管理责任，实行日监、周考、月查制度，进行严格奖惩。四是实行领导现场办公制度。市政府领导带领有关部门负责人，对城区卫生工作进行巡回检查，对群众反映的热点难点问题现场办公，及时督促整改，推动了整体工作的开展。

环境卫生整治活动　开展市容环境卫生综合整治，保持城市环境卫生整洁。在国家级5A景区创建、亚洲举重锦标赛、“2007海内外知名企业家齐鲁行”暨中国泰安投资经贸洽谈会、“黄金周”各级领导至泰考察等20多项活动期间，提前介入，排查解决问题，进行环境卫生综合整治督导，保持了良好的城市环境和秩序，受到社会各界的好评。

农村环境卫生综合整治　2007年是全省城乡环境综合整治活动总评年。5月28日至6月5日，组织人员对全市城乡环境综合整治情况进行检查，重点督导。各县（市）城区、城中村、城乡结合部、城市出入口、商业区、车站等的整治情况和农村特别是乡镇驻地的环境卫生、乡村容貌、改水改厕、垃圾处理等，镇村容貌显著改观。

病媒生物防制工作　采取举办培训班、开展灭鼠咨询服务等形式，开展灭鼠技术培训，普及科学灭鼠知识，推动灭鼠工作开展。春夏季节，针对蚊蝇等“四害”繁殖滋生快的特点，以清除“四害”孳生地为主，集中开展全民除“四害”活动，对重点部位和公共场所进行重点消杀，控制蚊蝇密度，杜绝了各类蚊蝇携带疾病的暴发流行。

【农村改厕】　年内，市委、市政府把农村改厕列入为民要办的十二件实事之一，要求年内改造完成农村无害化生态卫生厕所5万座。至年底，全市完成农村改厕6.03万座，超额完成20.5%。自2004年实行农村新一轮改厕以来，已建成无害化厕所15.03万座，无害化卫生厕所普及率达到32.6%。通过农村改厕工作，农村“三堆”问题（柴堆、粪堆、土堆）明显减少，脏、乱、差问题基本解决，农户院内清洁卫生，蚊蝇密度显著降低，村容村貌有明显变化，农村环境质量、空气质量得到提升。①目标管理。细化、量化任务目标，分解落实到各县（市、区）。各县（市、区）成立工作机构，明确专门人员，为农村改厕任务的完成提供保证。制定完善岗位目标责任制，建立目标考核奖惩制度，市、县、乡、村层层签订《农村户厕改厕责任书》，统一技术标准、改厕数量，明确各级应承担的任务及责任。②宣传教育。采取举办培训班、以会代训、发放宣传品、现场观摩等多种方式，引导农民进行改厕。举办改厕培训班80期次，召开专题会50多次，为各县（市、区）免费发放宣传品19.29万册（张），组织8600名农民到改厕现场观摩，提高群众改厕的积极性。③资金保障。采取“财政拨一点，部门帮一点，社会集一点，集体出一点，群众拿一点”的方法筹集资金，投入改厕资金约6176.8万元，其中市级财政拨付150万元。④技术培训。培训技术人员和业务骨干5000余人，形成了市带乡、乡带村、村带户、户帮户的一整套技术培训体系。

【健康教育】　普及健康知识。提高健康教育资料入户率，利用各种活动散发“健康教育知识台历”等宣传资料2万余份，引导群众养成良好卫生习惯，提升市民卫生意识，提高市民的健康教育普及率和健康知识知晓率，各项指标均达到国家卫生城市标准。泰城健康教育网络覆盖率达到90%以上，市民卫生素质明显提高。开展健康教育培训。与市疾病预防控制中心联合举办健康教育知识培训班，聘请省疾病预防控制中心和市中心医院专家，对市直有关部门、省级卫生先进单位和全市各级医疗机构的健康教育工作人员近200人进行专题讲座，收到良好效果。　（刘汉文）

编辑·校对　赵　兵

社会生活

人口管理

【概况】 年末，全市户籍人口552.57万人。全年出生5.06万人，出生率为9.17‰；死亡3.65万人，死亡率为6.62‰；自然增长1.41万人，自然增长率为2.55‰。在出生人口中，合法生育5.38万人，合法生育率为99.66%，比上年提高0.03个百分点；晚育率为82.20%，比上年降低4.33个百分点；违法生育184人，比上年减少2人。年内，女性初婚3.98万人，比上年增加4345人；女性初婚晚婚率为75.76%，比上年降低10.30个百分点。全市已婚育龄妇女为113.76万人，占年末总人口的20.48%，其中，领取独生子女父母光荣证的51.69万人，领证率为45.44%，比上年提高2.33个百分点；长效节育措施落实率为95.93%。全市连续17年保持低生育水平，合法生育率、统计质量合格率、避孕节育措施落实率均达到99%以上，出生婴儿性别比为105.9∶100。全省人口早期教育领导干部培训班、全省生育关怀行动基线调查培训会议、山东省人口关爱基金泰安市暨岱岳区生育关怀行动现场会议先后在泰安召开。

宣传教育 年内，全面落实"五位一体"（党政统一领导、宣传部门牵头、计生部门协调、相关部门配合、群众广泛参与）宣传教育运行机制，继续将新型人口文化和新型生育文化作为社会主义先进文化的重要内容，协调报刊、广播、电视、互联网等大众传媒采取灵活多样、生动活泼的形式进行宣传，举办人口和计划生育专题专栏，开展人口和计划生育宣传教育。协调宣传、文化等部门利用城乡基层各种文化场所，开展群众喜闻乐见的人口文化活动。进一步完善乡村人口学校、人口文化大院、生育文化一条街等阵地和设施建设，实行重点宣传品免费向基层和群众发放。结合"五五"普法，进一步加强人口和计划生育法制宣传，深入开展基本国策、国情市情、人口形势等教育，积极倡导科学、文明、进步的婚育观念，促进人口和计划生育惠民政策深入人心，引导群众遵纪守法，自觉实行计划生育。依托各级理论中心组、党校、行政院校、农村党员干部现代远程教育网络、人口学校，面向各级党政领导、相关部门、人口计生干部搞好人口理论培训，增强全社会的人口安全和人口忧患意识。

依法管理 ①加强组织领导。市委、市政府高度重视人口与计划生育（简称人口计生）工作，实行人口与发展统筹考虑、综合决策、协调推进。重新调整充实市人口计生领导小组，先后召开计划生育工作会议6次，重申人口与计划生育工作一票否决、离职审计及追踪奖惩。市人口计生委抽调450余人次，对6个县（市、区）所有86个乡镇、1960个村居进行工作指导和抽查调研，走访入户量达到2.1万户。实行季抽查、季通报制度，将抽查结果计入年终考核成绩。全年财政投入人口计生经费1.41亿元，人均26.55元，增长10%。②创新工作方法。一是全面实行合同化管理。针对不同目标人群有针对性地签订相应的合同，使计划生育日常管理服务更加规范有效。岱岳区在全省基层基础规范化建设暨2007年人口形势分析会议上做典型发言。全市计划生育合同管理到位率达到100%。二是规范执法行为。引导各级认真遵守计划生育群众工作纪律和考评工作纪律，坚持做到依法管理、服务、维权，杜绝责任事故发生。加强和改进社会抚养费征收工作，全市社会抚养费征收到位率稳步提高。三是强化执法监督。坚持实行政（村）务公开和服务公开承诺制度，自觉把计划生育工作置于社会和群众的监督之下。聘请1302名计划生育行风监督员，听取他们的意见和建议，及时改进工作。实行工作质量明示制，强化优质服务意识，不断提高服务水平。把推进“三自”（自治为基础、自主为途径、自觉为目的）模式与构建和谐社会、建设社会主义新农村有机结合起来，全市达到“三自”模式示范村（居）924个。在全市行风评议活动中，市、县人口计生部门均名列前矛受到好评。③流动人口管理。推广落实城区和流动人口“五化”（属地化管理、全员化覆盖、信息化带动、合同化服务、市民化待遇）管理机制，建立起以流入地为主的目标管理双向考核制度，各级人口计生部门成立流动人口（农民工）计划生育工作协调小组，建立实行联席会议制度，完善部门联手、职责落实、责任共担、信息互通、互惠共赢的长效机制，有效遏制为超生而流动和在流动中超生行为。将计划生育纳入城市社区发展总体规划，泰山区、岱岳区、高新区、泰山景区社区工作经费和工作者的生活补贴提高到市、区财政各承担50%。全市流动人口建档率、发证率、查验率、信息联系率均达到98%以上。④婴儿性别比管理。营造男女平等和关爱女孩的浓厚社会氛围。严厉打击非医学需要鉴定胎儿性别、选择性终止妊娠及贩卖、残害、遗弃女婴违法犯罪行为。年内，全市出生婴儿性别比继续保持在正常范围以内。

技术服务　①队伍建设。年初市、县、乡层层举办人口计生综合培训班，对育龄妇女组长以上计生干部全部进行系统培训，举办乡镇党委分工书记培训班1期，市、县党政分工领导参加省人口计生委组织的培训班1期，完善三位一体（行政管理、技术服务、群众工作）管理服务网络。市、县人口计生部门选拔有医学专业的人员加入领导班子，全市86个乡镇、办事处保留计生办，县、乡计生服务机构全部列入全额事业单位，每个村配备1-3名专兼职人口计生工作人员，村计生委主任工资纳入县、乡财政预算，实行定期发放。全市计生协会4463个，会员56.3万人。②科技服务、机构标准化。新建乡镇服务站4个，5个县级服务站购置3维彩超，1个配置4维彩超。各县（市、区）和50%的乡镇基层计生服务机构达到标准化要求，技术人员比例县、乡服务站均达到80%以上。工作中“晚婚晚育一起抓，措施管用不违法”、流动人口合同化管理、“六位一体”利益导向机制、“五位一体”宣传教育运行机制、人口早期教育等措施，得到国家和省人口计生部门的充分肯定。③计生信息化建设。投资614.7万元，完善以WIS系统为主的综合统计应用信息平台，借助各级政府网站和现代远程教育网络，实现相关部门信息共享和“村村通”。及时收集、上报、加工、反馈各类人口计生工作信息和各类育龄群众需求信息。全市信息网络畅通率达到98%以上，信息上报及时率达到100%，信息化管理合格率达到96%以上。人口计生证件实现网上办理，来信来访网上答复。

制度建设与信访　加强人口计生工作制度化建设，全面推行责任制、公示制、评议制和过错追究制，完善12项规章制度，规范8项执法程序，统一17种执法文书。年内，成立计划生育依法行政工作领导小组，加大依法行政工作推进力度。完善信访工作长效机制。坚持实行领导定期接访、信访案件及时查处，增强预防、吸纳、化解矛盾的能力。年内，共受理计划生育信访案件227件，当年结案率达到85%以上。

【计生利益导向机制建设】　完善“六位一体”（奖励、优先、优惠、扶持、保障、救助）的计划生育利益导向政策体系，全市农村独生子女父母奖励费落实率达到100%。企业职工的独生子女父母奖励费和退休后的一次性养老补助，由所在单位从企业公益金中列支。对困难、改制、破产企业和离岗、下岗职工独生子女父母奖励费，全部由各级财政解决。对符合2胎生育政策但自愿报名终生只要1个女孩的夫妇，除每月享受双倍独生子女父母奖励费外，给予1次性重奖。对农村独生子女户和男到女家落户的，在宅基地划分、各类经济承包、就学、就业、就医等方面，享受优先优惠照顾。落实对独生子女户、双女户发展致富项目进行扶持的政策，深入实施“少生快富幸福工程”，全市共发放扶持金960万元，帮助6.2万个生活困难的计划生育家庭办起致富项目。加强农村敬老院和城区老年公寓、托老所等养老设施建设，完善计划生育保险制度，全市共办理母婴安康保险118万元，累计投保额达到1.83亿元。全面落实计生奖励扶助制度，全市8542名奖励扶助对象全部领到奖扶金。

【计划生育奖惩兑现电视电话会议召开】　2月1日，市委、市政府召开2006年度人口和计划生育工作奖惩兑现电视电话会议，市委书记出席会议并讲话，市长与部分责任单位签订2007年度《人口和计划生育目标管理责任书》。根据对2006年度《人口和计划生育目标管理责任书》执行情况考核评估，市委、市政府决定：授予肥城市、泰山区、岱岳区、宁阳县、新泰市、东平县、市高新区、泰山景区“2006年度执行人口和计划生育目标管理责任先进单位”称号，奖励6个县（市、区）现金各2万元，奖励市高新区、泰山景区现金各5000元，以上奖金中30%奖励“五职责任人”，对市人口计生委奖励现金6万元。对岱岳区祝阳镇、新泰市宫里镇、宁阳县乡饮乡、东平县商老庄乡等4个出现违法生育问题的乡镇给予“黄牌警告”。对工作成绩显著的市纪委等28个部门和单位，授予“履行计划生育职责先进单位”称号，对市检察院等22个部门和单位给予通报表彰。

【泰安市获全省人口目标责任考核第一名】 市委、市政府认真执行与省委、省政府签订的2006-2007年《人口与计划生育目标管理责任书》，把人口计生工作摆在突出位置，实行人口与发展统筹考虑、综合决策、协调推进，全市人口计生工作稳定健康发展。经省人口与计划生育领导小组对《人口与计划生育目标管理责任书》执行情况党政线和基层线调查考核，泰安市以党政线996.8分、基层线998.0分、总评分997.4分获得全省第一名，被省委、省政府授予人口目标管理责任考核达标奖。

【泰安市被确定为全省唯一的“全国婚育新风进万家活动示范市”】 年内，全市以宣传教育为先导，按照“大宣传、大联合、出精品”的思路和建立“党政统一领导、宣传部门牵头、计生部门协调、相关部门配合、群众广泛参与”五位一体宣传教育运行机制的要求，各级党委、政府均建立由宣传部门牵头，教育、文化、人口计生等部门参加的人口计生宣传教育联席会议制度。市、县报刊、广播、电视等新闻单位，均开办人口和计划生育专题栏目。全市建立县级人口文化促进会3个，乡镇和社区人口文化促进会58个，县级宣教中心5个，6个县（市、区）计划生育服务站都在服务大厅配备触摸屏，开通“生育文化网站”，建有人口文化大院1780处、文艺宣传队136支。全市计生干部和育龄群众计划生育知识应知应会率分别达到95%、90%以上。6月30日，泰安市被确定为“全国婚育新风进万家活动第三阶段（2006~2010年）示范市”。

【泰安市生育关怀“双抚、双建”经验向全国推广】 在开展生育关怀行动中，充分发挥计划生育公益金、生育关怀基金的作用，把计划生育伤残死亡家庭纳入全市救济计划之中，积极组织开展对计划生育特困家庭的救助活动。年内，全市共发放计划生育公益金、生育关怀基金223.97万元，救助计划生育伤残死亡家庭和特困家庭4586个，受到群众热烈欢迎，产生良好社会影响。9月，在全国省级计划生育协会会长座谈会上，泰安市介绍开展生育关怀“双抚（经济优抚、精神慰抚）、双建（建立运行机制和保障体系）”活动的经验，受到中央领导和专家的好评，被作为贯彻落实中央《决定》、提升计生协会工作水平的经验向全国推广。

（郭志刚）

劳动管理

【概况】 全市劳动保障部门坚持“为党委政府分忧，为职工群众解难”的宗旨，发挥劳动保障部门整体合力，切实搞好就业服务，增强保障能力，壮大技能人才队伍，促进劳动关系和谐稳定，各项劳动保障工作全面协调推进。市劳动保障系统被省文明委命名为“省级文明机关”，被市文明委表彰为“泰安市文明创建标兵行业”，被市政府表彰为全市“行政效能优秀单位”。

就业再就业 坚持把就业工作摆在经济社会发展的突出位置，千方百计扩大就业再就业。年内，全市新增就业再就业7.8万人，完成年计划的119.4%，其中下岗失业人员再就业4.1万人，完成年计划的115.9%；城镇登记失业率2.64%，低于3.8%的控制目标，就业再就业局势稳定。市委、市政府把实施“就业困难人员就业援助工程”列为为民办理的12件实事之一，通过开发公益性岗位援助就业、支持企业吸纳就业、技能培训促进就业、社保补贴灵活就业等措施，全市安置“4050”人员、“零就业”家庭等就业特困人员6168人，完成年计划的123.4%。全市累计发放《再就业优惠证》6.5万份，为5297名从事个体经营的下岗失业人员减免税费576万元，落实各项再就业补贴5010.2万元；累计发放小额担保贷款6519万元。市劳动保障局带头实施“一对一”帮扶计划，局机关正科以上干部和就业办公室全体干部职工，每人与1名“零就业家庭”成员结成“一对一”帮扶对子，通过上门对接服务，61名帮扶对象的就业、工资和保险问题得到解决。6月，泰安市代表山东省参加全国就业困难人员援助经验交流会议。

劳务输出 把劳务输出作为促进农民增收的短平快工程，11月，举办“农村劳动力转移就业丰收成果展”，总结近几年农村劳动力转移就业的做法和经验。促进农村劳动力向外输出和就近就地向二、三产业转移。全市新增县外劳务输出7.4万人（其中境外输出4171人），完成年计划的114.6%，农村劳动力累计在外务工人员总量达64万人，累计就近就地转移就业达66万人。宁阳县“培训、就业、维权”三位一体的劳务输出模式在全国推广，“肥城建安”、“东平港务”被命名为首批“山东省驰名劳务品牌”。

职业培训 全市培训各类人员10.4万人，完成年计划的115.6%。

表 79　2007 年泰安市劳动力市场部分职位工资指导价位情况　单位:元/人

工　　种	高位数		中位数		低位数		平均数	
	年薪	月薪	年薪	月薪	年薪	月薪	年薪	月薪
企业中层管理人员								
企业经理(厂长)	109528	9127	68975	5748	21035	1753	41697	3475
生产或经营经理	81243	6770	34559	2880	14364	1197	40434	3370
财务经理	77449	6454	34868	2906	14235	1186	37644	3137
行政经理	79491	6624	30142	2512	13440	1120	34956	2913
人事经理	76749	6396	29919	2493	13881	1157	31285	2607
销售和营销经理	85664	7139	34412	2868	14216	1185	35854	2988
广告和公关经理	75426	6286	26451	2204	12784	1065	33268	2772
采购经理	72146	6012	30682	2557	13090	1091	33544	2795
研究和开发经理	77802	6484	34544	2879	13276	1106	35495	2958
专业技术人员								
测绘工程技术人员	35505	2959	28493	2374	11469	956	23019	1918
矿山工程技术人员	65343	5445	27986	2332	13187	1099	28456	2371
冶金工程技术人员	34451	2871	18839	1570	11282	940	20033	1669
化工工程技术人员	34986	2916	13623	1135	9522	794	14010	1168
机械工程技术人员	36211	3018	16079	1340	7880	657	15986	1332
机械设计工程技术人员	48000	4000	18509	1542	9279	773	22013	1834
机械制造工程技术人员	33584	2799	15289	1274	9236	770	15091	1258
仪器仪表工程技术人员	45711	3809	12272	1023	8517	710	14543	1212
设备工程技术人员	33886	2824	11722	977	8897	741	13604	1134
电子工程技术人员	29454	2455	15881	1323	11150	929	15483	1290
通信工程技术人员	32700	2725	17010	1418	8700	725	19884	1657
计算机与应用工程技术人员	43781	3648	24723	2060	14720	1227	25933	2161
计算机软件技术人员	40958	3413	14233	1186	9957	830	18958	1580
电气工程技术人员	30929	2577	17500	1458	10834	903	18553	1546
电力工程技术人员	45827	3819	30220	2518	21905	1825	31567	2631
汽车运用工程技术人员	21840	1820	15698	1308	8120	677	14989	1249
建筑工程技术人员	36533	3044	18731	1561	9958	830	14358	1197
纺织工程技术人员	27165	2264	15746	1312	8465	705	12968	1081
安全工程技术人员	45383	3782	19985	1665	12038	1003	20838	1737
标准化、计量、质量工程技术人员	27820	2318	12668	1056	8138	678	13689	1141
农业技术人员	31755	2646	12584	1049	7964	664	16606	1384
西医医师	35333	2944	18944	1579	12460	1038	21239	1770
药剂人员	32651	2721	17857	1488	11680	973	17643	1470
医疗技术人员	30996	2583	13202	1100	10508	876	12402	1034
护理人员	26239	2187	9407	784	7950	663	11502	959
经济计划人员	33372	2781	17976	1498	11120	927	18292	1524
统计人员	22938	1912	11871	989	10178	848	12754	1063
会计人员	30601	2550	12281	1023	10670	889	15896	1325
出纳	28825	2402	10673	889	9018	752	12628	1052
审计人员	37762	3147	13695	1141	7776	648	15076	1256
房地产开发业务人员	29315	2443	13985	1165	9240	770	12678	1056
不动产销售员	25752	2146	13200	1100	7934	661	15482	1290
银行信贷员	57536	4795	47215	3935	16053	1338	43867	3656
银行储蓄员	44703	3725	15356	1280	11792	983	19044	1587
保险推销员	29465	2455	19609	1634	9600	800	20476	1706
图书资料与档案业务人员	29533	2461	12975	1081	7854	655	13689	1141
商业、服务业人员								
金融守押员	21471	1789	15162	1264	9997	833	16552	1379
消防人员	30220	2518	14400	1200	9065	755	17994	1500
话务员	21145	1762	14170	1181	8856	738	12354	1030
营业员	23268	1939	9875	823	7963	664	9943	829
收银员	18236	1520	9458	788	8125	677	9720	810
推销员	30103	2509	12513	1043	8774	731	12863	1072
出版物发行员	18912	1576	14524	1210	7801	650	12379	1032
采购员	31158	2596	10796	900	7744	645	12416	1035
保管员	21489	1791	9714	810	7524	627	10905	909
理货员	20755	1730	11314	943	9600	800	13112	1093

续表 79

单位:元/人

工种	高位数		中位数		低位数		平均数	
	年薪	月薪	年薪	月薪	年薪	月薪	年薪	月薪
中式烹调师	31725	2644	18430	1536	9197	766	17947	1496
中式面点师	18662	1555	17032	1419	8971	748	15302	1275
餐厅服务员	20014	1668	13253	1104	7921	660	11201	933
客房服务员	21905	1825	12860	1072	8200	683	12936	1078
汽车客运服务员	13528	1127	10005	834	7950	663	9526	794
物业管理工	18360	1530	10013	834	7860	655	10089	841
供水生产工	14747	1229	11044	920	8492	708	11046	921
供水供应工	18712	1559	12773	1064	7542	629	13094	1091
生活燃料供应工	18368	1531	14071	1173	11651	971	14587	1216
锅炉操作工	19721	1643	11002	917	7892	658	13021	1085
浴池服务员	17188	1432	11263	939	7680	640	11485	957
保育员	19526	1627	12136	1011	8837	736	13187	1099
保洁员	24172	2014	9392	783	7468	622	11051	921
生产、运输设备操作人员								
花卉园艺工	17738	1478	9081	757	8314	693	10843	904
棉花加工工	9130	761	8080	673	7464	622	8219	685
蔬菜加工工	9031	753	8064	672	7471	623	8039	670
矿井开掘工	34715	2893	17087	1424	9761	813	17904	1492
井下采矿工	39821	3318	18285	1524	10887	907	18084	1507
矿山提升机操作工	20245	1687	13336	1111	10084	840	14099	1175
矿井机车运输工	20583	1715	11437	953	10146	846	13170	1098
矿井通风工	23890	1991	13295	1108	9618	802	12869	1072
矿山安全监测工	36730	3061	15933	1328	7857	655	19374	1615
矿山检查验收工	31014	2585	28163	2347	17163	1430	26527	2211
矿灯、自救器管理工	17604	1467	11932	994	8836	736	12368	1031
火工品管理工	23857	1988	19068	1589	8595	716	16468	1372
矿物开采辅助工	38131	3178	8073	673	7445	620	15241	1270
钻井人员	34130	2844	20762	1730	14246	1187	21725	1810
铁合金冶炼人员	24026	2002	14814	1235	8354	696	15171	1264
化工产品生产工	15101	1258	10881	907	9882	824	11315	943
车工	30780	2565	12362	1030	7927	661	14298	1191
铣工	23440	1953	14315	1193	9425	785	14981	1248
刨插工	19824	1652	11750	979	8774	731	13272	1106
磨工	23065	1922	16917	1410	8080	673	14347	1196
镗工	21841	1820	16899	1408	7953	663	15187	1266
钻床工	23002	1917	12800	1067	8075	673	13841	1153
加工中心操作工	15200	1267	12953	1079	7958	663	13200	1100
铸造工	24992	2083	16707	1392	8467	706	16025	1335
锻造工	17120	1427	12839	1070	8951	746	12972	1081
冲压工	21426	1785	16633	1386	9925	827	16464	1372
剪切工	20778	1732	14171	1181	9972	831	14450	1204
焊工	25411	2118	12929	1077	8475	706	13476	1123
冷作钣金加工工	26401	2200	17768	1481	10418	868	18328	1527
镀层工	13300	1108	10300	858	8075	673	10536	878
涂装工	12819	1068	10031	836	8488	707	10129	844
部件装配工	23367	1947	16210	1351	8198	683	13120	1093
装配钳工	22743	1895	11000	917	7626	636	11855	988
工具钳工	29772	2481	14837	1236	10748	896	17220	1435
动力设备装配工	23495	1958	10524	877	7877	656	11196	933
运输车辆装配工	17733	1478	12700	1058	9044	754	13394	1116
机修钳工	20593	1716	10957	913	9010	751	10605	884
汽车修理工	21938	1828	15657	1305	8594	716	14836	1236
仪器仪表修理工	14355	1196	11707	976	8105	675	10087	841
锅炉设备安装工	32068	2672	12435	1036	9711	809	17650	1471
专业电力设备检修工	17388	1449	12000	1000	10081	840	13298	1108
常用电机检修工	17682	1474	13458	1122	8538	712	12958	1080
维修电工	21852	1821	12094	1008	9159	763	12518	1043
橡胶制品生产工	15965	1330	10969	914	8577	715	11316	943

续表 79 单位:元/人

工种	高位数		中位数		低位数		平均数	
	年薪	月薪	年薪	月薪	年薪	月薪	年薪	月薪
塑料制品加工工	12451	1038	10397	866	7600	633	9760	813
纺纱人员	14786	1232	10960	913	8059	672	12090	1008
织造人员	20449	1704	11278	940	8988	749	10094	841
印染人员	19124	1594	12886	1074	7882	657	10807	901
裁剪工	15383	1282	12809	1067	7935	661	11456	955
缝纫工	14432	1203	10853	904	8987	749	11682	974
机械木工	12082	1007	9514	793	7644	637	9122	760
制浆工	23975	1998	12421	1035	9936	828	12231	1019
水泥生产制造工	14718	1227	9448	787	7654	638	12510	1043
水泥制品工	16011	1334	9682	807	7562	630	9562	797
印前处理工	22078	1840	15066	1256	9189	766	14040	1170
印刷操作工	18041	1503	10521	877	8937	745	11682	974
印后制作工	20666	1722	16350	1363	13152	1096	16799	1400
土石方施工人员	23594	1966	11846	987	7072	589	13873	1156
砌筑工	22303	1859	11750	979	8392	699	12497	1041
混凝土工	22546	1879	15756	1313	8459	705	14905	1242
钢筋工	23141	1928	10996	916	8050	671	12215	1018
架子工	20511	1709	11193	933	8104	675	10425	869
装饰、装修、油漆工	20094	1675	14958	1247	7914	660	15882	1324
机械电气工程设备安装工、管工	33236	2770	22216	1851	10948	912	22016	1835
电工	25501	2125	10388	866	7643	637	12438	1037
木工	19665	1639	10643	887	7490	624	10266	855
汽车驾驶员	25383	2115	11392	949	9918	827	12250	1021
铁路信号工	19007	1584	12803	1067	10000	833	13892	1158
起重装卸机械驾驶员	20345	1695	13443	1120	7640	637	13324	1110
检验员	20721	1727	11743	979	8908	742	10925	910
计量员	15684	1307	10732	894	9310	776	10868	906
包装工	21251	1771	10436	870	7689	641	10170	847
简单体力劳动工	13130	1094	9548	796	7811	651	9196	766
办事人员和有关人员								
行政业务办公人员	46324	3860	10428	869	8434	703	18341	1528
行政执法人员	23645	1970	19379	1615	11405	950	18706	1559
秘书	34074	2839	13878	1156	7580	632	17117	1426
公关员	18297	1525	10198	850	7958	663	10507	876
收发员	16818	1401	9313	776	7600	633	11624	969
打字员	24761	2063	11070	922	7491	624	13643	1137
计算机操作员	12724	1060	9964	830	7804	650	9280	773
制图员	27938	2328	21198	1767	9949	829	19874	1656
保安员	18193	1516	9976	831	7988	666	10942	912

评选产生第二批“泰安市首席技师”35人、市技术能手18人，被确定为“山东省首席技师”拔尖技能人才6人，评选数量居全省第1位，省首席技师总量达到15人，每月享受政府津贴1000元。全市参加职业资格评审鉴定企业一线技能人才8609人，其中技师、高级技师1381人，高级工4872人，高技能人才比例位列全省第5名。实施“金蓝领”培训项目，在有影响的大企业设立培训基地，参加培训技师320人、高级工600人；分别举办“石横特钢”杯、“五岳专汽”杯、“金卡特”杯职业技能大赛29个工种、1210人参加，获得“振兴泰安劳动奖章”28人，获得“泰安市青年岗位能手”称号27人，获得“巾帼建功”称号4人。加强职业技能鉴定质量监督和管理，技能鉴定2.6万人，完成年计划的107.6%。全市公办技工学校9所，实现招生8566人，其中市高级技工学校首次突破3000人，创历史最好水平。实施“技能扶贫计划”，1500名技能扶贫生免费就读技工学校。年内，毕业生就业率达96%以上，实现招生、就业“两旺”。全市民办职业培训学校80所，当年培养技工1.3万人。

企业工资指导 健全完善工资指导线，发布2007年企业工资指导线，将全市范围内所有企业纳入指导线调控范围，会同财政、税务部门审核625户企业工资指导线实施方案，涉及职工近30万人，平均增资额152元，增资后人均月工资1283元。年内指导线增资中，各类企业一线职工增资额占平均增资总额的89%，增资幅度比中层以上管理人员平均高7个百分点。全市全部职工年平均工资1.72万元，比上年同期增加2920元，增长20.5%。全市在岗职工年平均工资1.82万元，增加2974元，增长19.5%。其中，国有经济单位在岗职工年平均工资2.15万元，城镇集体经济单位在岗职工年平均工资1.29万元，其他经济类型单位在岗职工年平均工资1.77万元。全面调整最低工资标准和小时工资标准，泰山区、新泰市、肥城市调整620元/月，最低小时工资标准为5.2元/小时，岱岳区、宁阳县、东平县的最低工资标准分别调整为500元/月，最低小时工资标准为4.2元/小时。年内，对全市范围内生产经营正常的近600户企业(包括中央属、省属企业)、6万名在岗职工2006年工资水平进行抽样调查，经汇总、整理、分析，形成141个职位（工种）工资指导价位，对企业、求职者和职业介绍机构有较强的参考和指导作用。此次公布的劳动力市场工资指导价位的实施时间为：2007年7月1日至2008年6月30日。

劳动关系调整　积极参与市直企业改革改制，为改革改制企业提供优质高效的“一条龙”服务，累计审核110户破产改制企业的预提费用方案，涉及职工5.5万人。其中改制企业50户，涉及职工3.6万人；关闭破产企业60户，涉及职工1.9万人。继续推动实施“劳动合同3年行动计划”，组织专项执法检查5次，检查用人单位3201户，涉及职工33.1万人，督促用人单位补签劳动合同6.3万份，补缴社会保险费1.26亿元，解决拖欠工资5364.3万元。至年底，全市各类企业从业人员达77万人，劳动合同签订率达到90.9%，高于全省0.9个百分点。全市查处劳动监察举报案件844起，立案775起，结案771起。全市行政处罚71件，罚款41.6万元；行政处理42件，到位金额830万元。全市6个县（市、区）全部成立劳动仲裁院。推行劳动仲裁“一步到庭”、“阳光仲裁”，妥善处理劳动争议案件，全市立案受理争议案件527起，结案520起，结案率99%。依法维护劳动者的合法权益，促进劳动关系的和谐稳定。（张培峰　李　辉）

社会保障

【概况】　坚持“广覆盖、保基本、多层次、可持续”的原则和“保发、促缴、扩面、严管”方针，巩固完善5项保险“一票征缴”机制，深化社会保险制度改革，完善企业养老保险制度，落实做实企业职工基本养老保险个人账户的有关规定，实行新的养老金计发办法，加强失业保险宏观调控，深化医疗保险管理，启动城镇居民基本医疗保险，加快工伤保险体系建设，覆盖城乡居民的社会保障体系制度框架逐步建立。以养老、失业、医疗、工伤和生育保险为主要内容的社会保险体系不断完善。全市收缴各项保险费29.3亿元，增收6亿元，增长25.6%。城镇养老、失业、医疗、工伤和生育保险参保人数分别达84.1万、45.7万、53.8万、37.4万和42.3万人，农村养老保险有效参保人数达70.5万人。全市收缴保险费3805.4万元，发放各项社会保险金23.7亿元，较好地发挥了社会保险“安全网”“稳定器”作用。市社会保险征缴管理中心被表彰为“全国劳动保障系统优质服务窗口”。

养老保险　全市企业养老保险参保职工42.3万人，离退休人员6.4万人，全市收缴保险费11.5亿元，发放养老金7.5亿元，企业离退休人员养老金社会化发放率连续10年保持100%。全市机关事业单位参保职工11.9万人，离退休人员3.5万人，收缴保险费7亿元，发放养老金8.1亿元。全市农民参加农村养老保险103.4万人，当年收缴养老金3805.4万元，为5.04万名农民支付养老金847.5万元。

失业保险　全市企业失业保险参保职工36.7万人，收缴保险费9414.1万元，为3.2万名失业职工发放失业保险金6325.9万元。全市机关事业单位失业保险参保职工9万人，收缴保险费4209.4万元，为364名失业人员发放36.3万元。为弥补物价上涨对失业人员的影响，根据全市基金结余和支付能力，通过精心测算后报省同意，市直、泰山区、新泰市、肥城市由每人每月失业保险金255元调整为320元/月；岱岳区、宁阳县、东平县由210元调整为285元/月，单亲有未成年子女等特殊困难失业人员还要在此基础上增加40%，本次调整是2001年以来第一次调整。

医疗保险　全市城镇职工基本医疗保险参保职工53.8万人（含新汶矿业集团11.09万人、肥城矿业集团5.46万人），收缴医疗保险费7.6亿元，支付医疗保险费6.3亿元。以“扩大范围、完善政策、加强管理”为重点，不断加大工作力度，使医疗保险制度健康运行。建立医疗保险缴费激励机制，实行缴费基数与享受基本医疗保险住院待遇挂钩，缴费基数按最低缴费标准执行，住院医疗费用在起付标准以上至最高支付限额以下部分，统筹基金支付80%。在此基础上，职工缴费基数每递增10%，统筹基金的支付比例相应提高1%，统筹基金最高支付90%。完善医疗保险结算办法，制定以人次人头比为主要指标的住院费用结算管理办法，有效地控制住院费用增长。完善基本医疗保险门诊慢性大病管理办法，逐步扩大病种补助范围，由原来的14种扩大到24种，对不同病种实行分类补助、限额结算的管理办法。

工伤保险　年内，工伤保险参保职工37.4万人（含新汶矿业集团8.73万人，肥城矿业集团5.86万人），收缴工伤保险费1.1亿元，支付工伤保险费9644万元，基金累计结余2953万元。将事业单位和民间非营利组织纳入工伤保险，实施"平安计划"，落实农民工参加工伤保险办法，重点做好建筑、煤炭等高风险行业的农民工参加工伤保险工作，全市农民工参保人数4.14万人。市劳动保障局印制《工伤保险浮动费率办法》，对市直39户企业费率进行调整，促进工伤预防。完善工伤认定规程和联席会议制度，做好工伤认定工作。参与"8·17"华源煤矿事故善后处理工作，依照法律法规提出处理意见，积极化解矛盾，维护社会稳定。

生育保险　在全市各类企业、个体工商和灵活就业人员中全面建立生育保险制度，全市收缴保险费3840万元，为5951名生育女职工拨付生育费用2186万元，人均生育保险待遇支出3673元，基金收支平衡。

【增加企业退休人员基本养老保险待遇】　自7月1日起，全市为企业退休人员调整增加基本养老金待遇。调整范围为2006年12月31日前已按规定办理退休、退职手续的企业退休、退职人员。2006年底前企业退休人员5.47万人，月人均增加养老金110元，全市月增加养老金支出602万元，年增加7224万元。企业退休人员养老金三年调整的目标全面完成，调整待遇后全市企业退休人员月人均养老金达到987元，增加的基本养老保险金全部发放到退休人员手中。

【开展社会保险缴费申报稽核稽查活动】　为解决部分用人单位漏报、瞒报缴费基数和缴费人数问题，3~4月，组成6个稽查工作组，制定实施方案和严密的工作程序，把规模较大的、效益较好的单位和按最低缴费基数申报的单位作为稽核稽查的重点，开展社会保险缴费申报稽核稽查活动。全市共稽查用人单位3052个（次），涉及职工45.5万多人，实现扩面7.2万人，清欠社会保险费2.2亿元。通过社会保险缴费申报稽核稽查活动，企业职工月人均缴费基数增长16.8%，机关事业单位缴费基数增长19%。养老保险费征收额增长26.3%。

【城镇居民基本医疗保险试点】　开展城镇居民医疗保险试点工作被市委、市政府列入为民要办的12件实事之一。7月，泰安市被国务院确定为全国城镇居民基本医疗保险首批试点城市。9月，市政府召开全市城镇居民基本医疗保险启动大会，印发《泰安市城镇居民基本医疗保险实施办法》（泰政发〔2007〕58号）和《泰安市城区城镇居民基本医疗保险实施细则》（泰政办发〔2007〕45号）及7个相关配套文件，合理确定参保范围、筹资标准、财政补助标准、医疗待遇水平和保障标准，建立健全科学合理的政策体系和运行机制规范业务工作流程。泰安城区、新泰市、肥城市、宁阳县相继启动实施。在医疗保险试点工作中，充分发挥社区、学校"两个平台"作用，全面组织城镇居民参保缴费，年内参保人数达到20.2万人，收缴医疗保险费1300万元，争取上级财政补助资金766万元，支付医疗保险待遇110万元。

【被征地农民基本养老保险和新型农村养老保险】　市政府印发《关于做好被征地农民就业培训和社会保障工作的意见》（泰政发

表80　2007年泰安市城乡低保工作情况

单位	城市低保					农村低保				
	保障标准（元）	在保户数	在保人数	人均月补助水平（元）	全年累计发放资金（万元）	保障标准（元）	在保户数	在保人数	人均月补助水平（元）	全年累计发放资金（万元）
泰山区	230	4163	11049	106	1145.21	1000	976	2152	32	46.4
岱岳区	230	862	1733	108	174.08	900	9464	17942	28.9	273
市高新区	240	7	9	209	2.22	1000	635	1194	38.2	24.6
泰山景区	230	188	460	109	47.82	900	322	760	29.8	12.69
新泰市	200	2991	7423	102	825.6	1000	10725	20177	32	664.5
肥城市	200	1581	4304	94	460.3	1000	3582	8413	33.7	203
宁阳县	200	757	1619	100	151.99	800	8966	19485	30.28	305.7
东平县	180	666	1981	90	163.66	800	8130	16296	30	190
合计		11215	28578	102	2970.88		42800	86419	31	1719.89

〔2007〕47号），规范完善被征地农民社会保障的范围、保障形式、资金的筹集和管理。到年底，全市参保被征地农民达4069人，参保金额720万元；有2332人领取养老金，年内发放养老金233.1万元。探索“个人缴费、集体补助、政府补贴”的新型农村养老保险筹资模式。岱岳区对没能参加养老保险的60岁以上老人，实行个人缴费、集体、财政给予补贴的办法，实施养老保障；宁阳县在上年试点的基础上，年内扩大到乡镇9个、村14个，至年底，全市参加新型农村养老保险制度的农民达到640人，收缴保费585万元。

【建立社会保险综合服务大厅】 年内，泰安市被国家确定为社会保险经办工作“三化”（规范化、专业化、信息化）建设试点城市。按照“三化”建设要求，在全省率先建设500平方米社会保险服务大厅，实现机关企事业各项社会保险业务的集中办理。服务厅设立工作岗位39个，实现5个险种8个类别的“四统一”（统一办公场所、统一管理服务、统一业务流程、统一信息网络），达到各项保险业务“一个大厅”受理、“一站式”办理、“一条龙”服务的要求，全面提升社会保险经办管理服务水平。5月，全省社会保险经办现场会在泰安召开，推广泰安市的经验。

（张培峰　李　辉）

民政事务

【概况】 全市民政工作围绕和谐社会建设目标，服务大局，为民解困，维护稳定。全年民政事业费支出2.99亿元，增长26%。市民政局在市直机关行政效能评估考核中获第2名，在行风评议活动中获得经济和社会管理类第4名、综合排名第5名，被评为“政风行风建设先进单位”，“全市十大文明行业”。市民政局被评为“市级文明机关”，被全国妇联评为“全国双学双比先进单位”，被省民政厅评为“政务信息工作先进单位”。并获得泰安市“招商引资先进单位”、“平安泰安建设先进单位”荣誉称号。

社会救助　①城市低保。针对副食品价格上涨实际，进一步提高城市低保标准，泰山区、岱岳区、市高新区、泰山景区由200元提高到230元，新泰市、肥城市由170元提高到200元，宁阳县由160元提高到200元，东平县由150元提高到180元。全年为3.8万名城市低保对象累计发放保障金2969万元，人均月补差达到102元。②城乡医疗救助。全市办理城乡困难群众医疗救助6.18万人，发放救助金334万元。困难病人康复救助工作列为市委、市政府实事工程之一，全市投入367.4万元，为341名困难病人进行康复治疗。③慈善捐助。开展“慈心一日捐”活动，募集善款2500万元，比上年增加770多万元，全市捐款10万元以上的单位达70个。全市建立16家企业慈善专项基金，认捐额2100万元。开展为“8·17”华源煤矿遇难矿工捐款活动，募集捐款2380万元。全市利用募集善款1334万元，集中实施情暖万家、朝阳助学等8大救助工程，救助困难群众6万多人次。覆盖市、县、乡、村的慈善机构网络体系基本形成，全市乡镇办事处全部建立慈善协会，85%的村（居）建立慈善工作联络站，募集创始资金1764万元。

服务军队和国防建设　①双拥工作。全市第4次获得“全国双拥模范城”称号，泰安市、泰山区、新泰市、肥城市、宁阳县被省委、省政府、省军区命名为“全省双拥模范城（县）”。全市各级民政部门完善双拥工作机制，积极为驻军解难题办实事，节日期间广泛开展走访慰问活动，推出的“兵妈妈”贾美荣、泰山极顶消防九中队等成为全国全省双拥先进典型。②优抚工作。全面落实国家新出台的关于优抚对象和部分军队退役人员有关政策。全年发放抚恤定补金7434万元、优待金2311万元。开展优抚对象代表座谈会、为优抚对象义务查体、实施困难优抚对象救助等“关爱功臣”活动，其中乡复退军人精神病患者巡防巡治工作经验在全省推广。泰安革命烈士陵园、肥城陆房烈士陵园完成一期改造工程，泰安革命史展览馆如期向社会开放，年接待1.4万人次。③安置工作。坚持政府指令性安置与自谋职业相结合，1086名退役士兵得到较好安置。在市高级技校建立培训基地，落实培训优惠政策，退役士兵自谋职业率达到50%。接收安置军队离退休干部44人。市第二军队离退休干部修养所办公服务设施改造顺利完成，交付使用。

社区和基层民主政治建设　市政府印发《关于加强和改进社区工作的意见》，对解决社区“有人办事、有地方办事、有钱办事”问题作出明确具体规定。全市155个社区全部配备5至7名社区居委会人员，“有人办事”问题得到全面解决；144个社区办公和服务用房达到规定标准，解决“有地方办事”问题；91个社区落实居委会办公经费和工作人员生活补贴，解决“有钱办事”问题。12月4~5日，全省城市社区工作现场经验交流会议，推广泰安市经验，泰安市被列入国家首批社区服务示范试点城市。组织开展第9届村委会换届选举工作，年底换届率达到98.6%；开展援建农村图书室活动，援建图书900套、27万册，帮助300个村建立起图书室。新泰市、肥城市被国家民政部确定为“全国农村社区建设实验市”。

社会福利　全市机构养老床位达到1283张。市儿童福利院建设列入国家“蓝天计划”首批资助项目，填补泰安市无专业儿童福利机构的空白，项目建设已完成主体工程。根据省民政厅的统一安排，市民政局在全市86个完成城镇“三无”（无劳动能力、无固定经济来源、无法定赡养人或抚养人）人员和城乡孤儿普查工作，核实全市现有孤残儿童267人，为使孤残儿童进入福利院做好基础调研工作。市流浪儿童救助保护中心项目列入国家民政部、发改委、省民政厅首批资助计划，项目建设前期工作已开展。对全市福利企业进行资格认定和年检102家，全市社会福利企业安置残疾职工2353人。全年销售福利彩票1.72亿元，增长22%。新泰市金斗路和泰安温州步行街2个“中福在线”大厅顺利营业。

专项社会事务管理　做好社会组织培育发展工作，全市依法登记管理的社会组织达到1999个，其中社会团体1031个、民办非企业单位968个，对违规社会组织给予行政处罚72家。加强地名公共服务体系建设，基本完成城市街道标志和农村村标设置任务，推进乡村街、巷标志设置。开展“平安边界”创建活动，基本建立“两图一责”（行政区域接线管理示意图、管理区网络图、管理责任书）管理模式，完成7条县级边界线联检任务。婚姻登记合格率和收养登记合格率均达到100%，火化率达到98%。泰山长安陵园项目完成省、市土地征用、建设审批和规划设计等前期工作。加强三峡移民管理，全市1005名三峡移民按时足额领取后期扶持资金。

【全市农村低保制度全面建立】市委、市政府把农村低保制度建设列为当年要办的12件实事之首，市政府召开专题会议，印发《关于进一步做好农村低保工作的通知》和《泰安市农村最低生活保障暂行办法》，明确提出全市农村低保标准不低于800元，经费由原来的县、乡财政负担转为省、市、县、乡财政共同负担，按照每人每月补差最低30元的补助水平，省、市配套补助资金在3个不同类型的县（市、区）承担比例平均达到60%以上。全市农村低保标准提高到800元以上，其中泰山区、市高新区、新泰市、肥城市1000元，岱岳区、泰山景区900元，宁阳县、东平县800元。各县（市、区）及时做好低保对象认定、发证工作，明确县、乡资金分担比例，实现应保尽保，年底全市在保农村低保对象8.64万人，比上年增加6.4万余人。12月5日，省政府、省民政厅、财政厅领导出席全市农村低保对象低保证和低保金发放仪式。民政部对泰安市农村低保工作给予充分肯定。

【乡镇敬老院改扩建任务全面完成】从2005年开始，全市制定敬老院建

表81　2007年泰安市新增社会团体情况

登记证号	单位名称	法人（单位负责人）	业务主管单位
J0250	泰安市泰山景区慈善协会	刘向阳	泰安市泰山管委
J0251	泰安市酒类行业协会	张铭新	泰安市经济贸易委员会
J0252	泰安市煤炭经营行业协会	马玉海	泰安市经济贸易委员会
J0253	泰安市网络文化	董焕芹	泰安市文化局
J0254	泰安市药业商会	郑云峰	泰安市工商联合会
J0255	泰安市商会	陈信文	泰安市经济贸易委员会
J0256	泰安市企业发展促进会	徐险峰	泰安市经济贸易委员会
J0257	泰安市农业机械协会	邢介斌	泰安市农机办
J0258	泰安市钟表眼镜行业协会	王中华	泰安市经济贸易委员会
J0259	泰安市沙棘科技协会	于传富	泰安市科学技术协会
J0260	泰安市心理学会	王荣超	泰安市科学技术协会
J0261	泰安市机动车维修行业协会	李平金	泰安市交通局
J0262	泰安东岳印社	倪和军	泰安市文联
J0263	泰安市泰山文化协会	张传珍	泰安市文联
J0264	泰安市泰山城区热力有限公司职工技术协会	王晓东	泰安市总工会
J0265	泰安市防震减灾协会	韩延宏	科学技术协会
J0266	泰安市美容美发行业协会	王俊霞	泰安市经济贸易委员会
J0267	泰安外事翻译协会	邹沁园	泰安市政府外事办

设3年规划实施意见，连续2年把乡镇敬老院建设列入全市为民办的实事之一。2005年，对22处敬老院实施改扩建，集中供养率达33.8%；2006年改扩建敬老院50处，集中供养率达61.3%；年内新建、改扩建敬老院11处。3年内全市累计投入资金1.5亿元，新建和改扩建敬老院83处，其中新建29处、改扩建54处，供养床位达到1.10万张。全市1.42万人五保对象，在院供养1.03万人，集中供养率达到72.2%。年内，全市执行集中供养每人每年2000元、分散供养每人每年1200元的供养标准，全市共落实五保供养资金2934万元。全市93%的敬老院实行集中供暖，90%以上敬老院设立卫生室、餐厅、娱乐室及室外活动场所，87%的敬老院建起洗浴室，管理服务逐步规范，受到省政府和省民政厅领导的高度评价。12月25日市政府召开全市敬老院总结表彰大会，对乡镇敬老院改扩建工作进行全面总结和表彰，被表彰"全市敬老院建设工作先进乡镇"2个、"全市模范敬老院"12个、"全市敬老院建设工作者先进个人"50人。

【泰安市在全省第一个成立市级减灾委员会】 7月26日，泰安市在全省第一个成立市级减灾委员会，由分工市长任主任，35个单位负责人为成员，办公室设在市民政局。市减灾委员会成立后，修订完善《泰安市自然灾害应急预案》，出台《应对自然灾害工作规程》，建立全市基层灾害信息员制度，开展"减灾安居工程"建设。新泰市、东平县遭受重灾后，第一时间启动应急预案，及时向灾区派出工作组，及时掌握和报告灾情、下拨救灾应急资金、紧急调拨物资，保障受灾群众生活。年内，全市共争取拨发救灾款3100万元，其中救灾应急资金1600万元，下拨救灾资金为历年之最。及时向灾区调拨救灾帐篷300顶、棉被3000床。在"8.17"洪涝灾害及矿难事故救援过程中，全市共接收社会捐赠资金1.07亿元。岱岳区、肥城市、宁阳县成立县级减灾委员会，制定《自然灾害应急预案》，民政部救灾救济司的领导视察泰安减灾救灾工作后给予高度评价，称赞泰安市为"全国救灾工作的一面旗帜"。

表82　　2007年泰安市婚姻登记情况

单位	结婚登记					离婚登记（对）
	合计（对）	初婚（人）		再婚（人）		
		男	女	男	女	
泰安市	47201	42523	41645	4090	5031	3229
泰山区	6267	5018	5075	712	654	761
岱岳区	5614	5074	4838	497	789	509
新泰市	14941	13809	13557	1130	1384	912
肥城市	7893	7134	6986	757	907	486
宁阳县	6554	6044	5829	510	725	343
东平县	5932	5444	5360	484	572	218

表83　　2007年泰安市新增民办非企业单位情况

登记证号	单位名称	法人（单位负责人）	业务主管单位
J00127	泰安市当代艺术交流中心	孙宝文	泰安市文化局
J00128	泰安市高兴培训学校	高兴文	泰安市教育局
J00129	泰安市支点计算机职业培训学校	周　健	泰安市劳动和社会保障局
J00130	泰安外联果蔬工程技术研究院	李润月	泰安市科技局
J00131	泰安倍进轮滑俱乐部	陈成宇	泰安市体育局
J00132	泰安市王子健身俱乐部	王道彬	泰安市体育局
J00133	泰安市大众艺术团	贾师庆	泰安市文化局
J00134	泰安市健康卫生科技服务中心	李　国	泰安市科技局
J00135	泰安市山川水土保持生态工程咨询中心	齐玉诚	泰安市水利和渔业局
J00136	泰安市天时达汽车职业技能培训学校	梁大军	泰安市劳动和社会保障局
J00137	泰安市华鲁劳动职业培训学校	高怀玉	泰安市劳动和社会保障局
J00138	泰安市海华劳动职业培训学校	陈一良	泰安市劳动和社会保障局
J00139	泰安新思维会计培训学校	何晓霞	泰安市教育局
J00140	泰安市温州步行街中福在线即开票服务站	郭武起	泰安市民政局
J00141	泰安市中意劳动职业培训学校	池金香	泰安市劳动和社会保障局
J00142	泰安市鲁岳能源检测评价中心	桑险峰	泰安市经济贸易委员会
J00143	泰安市新农村青年发展研究院	王元成	共青团泰安市委员会

【市民政局被国家民政部授予"全国行政区域界线管理工作先进集体"称号】 9月5日，国家民政部发布《关于表彰全国行政区域界线管理工作先进集体和先进个人的决定》（民发〔2007〕133号文件），授予泰安市民政局"全国行政区域界线管理工作先进集体"称号。泰安市认真贯彻落实国务院《行政区域界线管理条例》，坚持依法治界，维护勘界成果，建立起边界线管理"两图一责"（界线管理示意图、界线管理任务网络图、责任书）模式和县（市、区）、乡镇、村、界管员4级界线管理机制，及时化解界线管理工作中出现的矛盾纠纷，按时完成边界线联检任务，各条边界线实地界桩和界线标志物维护良好。

【全省城市社区工作现场经验交流会议在泰安召开】 12月4～5日，省政府在泰安市召开全省城市社区工作现场经验交流会议，省政府分管领导、省民政厅及各市分工市长、民政局长、政权科长、地税局分管局长、省直部门23个负责人，共计参加会议120余人，泰山区政府作大会典型发言。与会人员参观泰山区社区工作现场，对解决社区"三有"（有人办事、有钱办事、有地方办事）的做法，得到省政府领导及与会人员的高度评价。

【泰安市社会福利院老年公寓被评为"全国模范养老机构"】 12月份，泰安市社会福利院老年公寓被中国社会工作协会老年福利服务工作委员会授予"全国模范养老机构"。该老年公寓于2003年投资建成，设置床位150张，入住社会老人72人，能够满足不同收入老人的入住需求。有正式职工6人、招聘护士8人，房间利用率保持在98%以上，在泰安养老服务行业中树立了良好形象。 （翟清铎）

民族与宗教事务

【概况】 全市有回、满、蒙古、壮、朝鲜等40个少数民族，总人口8.26万人，列全省第二位。其中回族占97%。少数民族主要集中在38个乡镇（办事处）的130个村。少数民族过万人的县（市、区）4个，分别是泰山区、岱岳区、新泰市、肥城市。少数民族过1000人的乡镇（办事处）20个。有民族中学2所，民族小学14所。新汶、肥城矿务局，城区机关、企业、事业单位少数民族人口1.4万人。全市共有清真寺65坊，其中近年得到维修建设的40坊。年内，围绕各民族"共同团结奋斗，共同繁荣发展"主题，认真贯彻落实党的民族政策和《宗教事务条例》，推动民族团结进步事业发展，促进民族团结、宗教和顺、社会和谐，为全市经济发展和社会稳定做出贡献。

民族经济 ①少数民族帮扶工程。年初，市政府专门召开民族帮扶工程调度会，市财政局下拨200万元少数民族扶持资金，对全市21个帮扶工程项目进行检查。全年各县（市、区）共投入民族建设资金891万元，帮助13个民族村修路11.5公里，建跨河大桥1座，帮助岱岳区郑家杭村、新泰市东街村、肥城市兴隆村解决吃水困难930户，帮助岱岳区梭庄村、新店村，新泰市河西村，东平县东南村新建了农田水利设施，扩大水浇面积283.33公顷，改善灌溉面积34.67公顷，帮助肥城市凤凰村、宁阳县西台村进行沼气池建设325户，帮助泰山区东孙村、岳庄村建起占地1200平方米、建筑面积为400平方米的挤奶大厅，年收入95万元，人均增收980元；帮助宁阳县红旗村新发展桑蚕养殖项目10公顷，年收入40万元，人均增收560元，带动当地民族村经济发展，增加群众收入。②推进新民族村试点建设。以中央新农村建设"20字方针"为指导，按照"生产发展、生活宽裕、乡风文明、村容整洁、管理民主"的要求，年内，把泰山区东孙村，岱岳区梭庄、北大圈村，新泰市卢家沟、车阳、天宝一村，肥城市凤凰、前黄、陈埠、肖埠、大王、升庄、北仇、夏庄村，宁阳县西台村，东平县西王庄、展庄、马庄等18个民族村被列入建设范围，年末，18个民族村按照"一池三改"要求全部改造建设完成，成为全市新民族村建设的示范村。③发挥优势，为企业服务。充分利用国家优惠政策，积极为全市4家企业争取成为国家民委少数民族特需用品生产企业贴息贷款单位，全年共争取贷款2.957亿元，贴息807万元，促进龙头企业的发展。④民族文化交流。加强与少数民族地区文化交流，在康平纳集团公司的协助下向西藏地区边境小学捐赠校服1.9万套，价值502万元，国家民委在北京举行捐赠仪式新闻发布会，促进泰安市与边疆民族地区的文化交流。

民族教育 年内，争取省民委教育专款25万元，会同市教育局、财政局共下拨省、市民族教育专款共计75万元，帮助岱岳区马庄镇民族中小学、肥城市前黄民族小学配备教学设备，加强校舍建设。马庄民族小学通过省级规范化学校标准的验收，成为全市3A级学校，被北京大学确定为山东省进行空气质量研究的唯一试点单位。市、县民族宗教局对参加高考少数民族考生的民族成份进行把关认定，全市508名少数民族学生参加高考，其中300多人考上各类大学。

宗教事务管理 ①认真宣传党的方针政策。党的十七大胜利召开后，先后安排组织全市民族宗教工作干部、宗教界人士进行认真学习，深入讨论。10月29日，《泰安日报》刊发彩色专版对市、县两级民族宗教部门学习贯彻十七大会议精神情况进行报道，宣传党的民族宗教政策和十七大关于民族宗教工作的新观点、新论述。②依法管理宗教事务。印发《关于处理涉及宗教方面突发性事件的应急预案》，完成《宗教活动场所登记证》的换证工作，规范全市163处宗教活动场所的名称、布局和秩序，完善各项管理制度。市道教协会、天主教爱国会和伊斯兰教协会通过市社会团体管理局的年度工作验收。协助省5大宗教团体完成换届工作，全市10名宗教界人士当选省宗教团体常委以上职务，其中4人当选省宗教团体负责人。市民族宗教局深入全市20处天主教活动场所，大力宣传党的政策，提高全市天主教信教群众的自传、自治的思想情绪。对全国重点道观碧霞祠进行重点保护，投资80万元新配备自动监控报警安全装置和120立方米的专用消防水池。③传承非物质文化遗产活动。年内实施东岳庙会(2007省级非物质文化遗产名录)系列道教活动，成功举办西王母蟠桃会、台湾台南善化东岳殿大型泰山朝圣活动、泰山碧霞祠祈福迎祥大法会及泰山道教音乐（省级非物质文化遗产名录）鉴赏活动，受到广大海外台胞、侨胞及国内游客的称赞。④文化交流。12月初，市领导带队赴台湾进行为期10天道教文化交流，考察台北指南宫、中台禅寺、高雄龙凤宫等10多处有影响的佛道教寺观，举办祈福迎祥法会2次，召开道教文化交流座谈会，增进宗教界的相互了解，加强泰安与台湾省之间的宗教文化交流。年内，接待亚洲举重锦标赛穆斯林团队，做好清真饮食、住宿和涉及宗教方面的相关工作。全年共接待各类民族宗教团体20多个，接待国内外游客、香客12万人次，并多次完成上级安排的重大接待任务。

【民族体育取得历史好成绩】 全市组成48人代表团参加全省第7届少数民族传统体育运动会，35人参加6大项15小项比赛，共获得奖项21个，获奖48人。其中团体冠军2项、亚军3项、第三名1项。武术比赛荣获一等奖1名、二等奖4名、三等奖3名。取得团体总分第5名的历史最好成绩。泰安市代表团荣获优秀组织奖，被评为民族体育先进个人3人、优秀运动员12人、优秀教练员3人，荣获体育道德风尚奖1个，市民族宗教局被评为全省民族体育先进集体。

【开展“进百村访千户”民族工作调研】 为全面掌握少数民族经济社会各项事业发展和帮扶工程取得的社会效益情况及热点难点问题，3~4月，市民宗局抽调27名民族宗教干部，分3个小组，集中20天时间，组织开展“进百村访千户”民族工作调研活动。对全市6个县(市、区)的少数民族村、社区（含杂居村、社区,）进行广泛调研。通过听取县、乡汇报，进108个村入1126户座谈听取意见、组织填报统计表等形式，对全市少数民族村的人口、教育、医疗、生产设施、生活状况、民族团结、经济发展、少数民族群众关心的热点难点问题等进行全面调研，对每个村重新核实登记造册，全面掌握全市民族工作基本情况，为市政府今后制定更加符合少数民族群众特点和需求的工作措施提供了可靠的依据。

【开展宗教工作调研】 11月至12月初，市民族宗教局为进一步了解宗教团体建设、宗教活动场所、宗教教职人员和信教群众的基本情况，市民族宗教局会同各县（市、区）民族宗教局对全市宗教工作情况进行全面调研。调研采取听取县（市、区）和乡镇街道办事处宗教工作情况汇报、每个乡镇（街道办事处）走访查看2~3个宗教点、组织填报信教群众基本情况统计表等。调研组成员与86个乡镇（街道办事处）的宗教工作人员进行座谈，走访宗教活动场所160余处，与近万名宗教界人士和信教群众进行座谈交流。年末，全市有爱国宗教团体11个，其中市级宗教团体3个、县级宗教团体8个，宗教活动场所162个，宗教教职人员311人，信教群众达11.7万人。全市县、乡、村三级宗教管理网络基本建立，6个县（市、区）均建立宗教工作机构，其中肥城市、宁阳县建立宗教联席会议制度，定期召开宗教团体负责人和宗教界人士联席会议，促进各宗教间的交流与沟通，增进团结和友谊，共同维护宗教领域的稳定。全市162处宗教场所均成立民主管理委员会或民主管理小组，对场所的重大问题进行集体研究决定。 （张烈泉）

老龄工作

【概况】 年末，全市有60岁以上老年人68.28万人，占全市总人口的12.34%。其中农村老年人52.07万人，城镇16.21万人；60~69岁37.22万人，70~79岁23.39万人，80~89岁6.54万人，90~99岁1.13万人，100岁以上108人。全市各级老龄组织坚持“党政主导、社会参与、全民关怀”的方针，以养老保障、维护老年人合法权益和老龄宣传工作为重点，认真实施积极老龄化战略和《泰安市老龄事业发展“十一五”规划》，各项老龄事业与经济社会协调发展。

养老保障　①农村养老保障。全市农村五保供养对象“按标施保”1.43万人，其中集中供养1.03万人，分散供养3967人，集中供养率达72%，年发放供养金2500多万元。全市718个村（居）推行多种形式、标准不一的退休和生活补贴制，老年人受益8.89万人。农村社会养老保险有效参保人数70.5万人，领取养老保险金人数4.6万人，其中岱岳区、宁阳县采取政府、村集体、个人、企业相结合的筹资模式，为老年人加入农村社会养老保险，每人每月领取100元养老保险金。市政府印发《关于做好被征地农民就业培训和社会保障工作的意见》，将失地农民大龄和老龄人群列为社会保障重点对象，所需保障资金由农民个人、农村集体和当地政府共同承担，并建立保障待遇正常调整机制。泰山区采取失地农民加入养老保险和实行口粮补助两种方式，受益老人3280人。把家庭赡养纳入村规民约和基层评选条件内容，全市签订赡养协议书户数33.97万户，占应签户数的96.9%；兑现率99%以上。巩固家庭养老基础。②医疗保障。全市参加合作医疗老年人51.6万人，减免参加合作医疗费用老年人11.3万人，有的乡镇还提高老年人的报销比例，解决老年人看病困难和因病致贫、因病返贫的问题。③社会救助。救助贫困老年人3.28万名，救助金额642.5万元。城乡“低保”向老年人重点倾斜1.79万人，老年人享受最低生活保障。泰山区成立特困老人救助资金，每年拨付特困救助资金10万元，为100户特困老人发放救助金。④居家养老。重点开展日常生活、助急、助医、开设服务热线、救助、文体娱乐、法律等7项服务，实行无偿、低偿、有偿三种服务形式，得到老年人及社会的广泛赞誉。⑤养老服务业。全市各类养老服务机构达到115处、床位1.15万张，发展各类养老服务组织60多个，组织老年人旅游0.32万人次，发放老年优待证20多万本。

维护老年人合法权益　全市各级老龄委通过积极开展老年法规政策宣传，加强执法监督检查，做好老年人信访工作，推动老年维权工作开展和老年优待政策的落实。建立市、县、乡、村老年维权小组，成立“老年维权岗”，维护老年人合法权益。公安、司法系统各级法院审理涉老案件57件，结案率100%。获得司法救助或法律援助老年人60人，减免诉讼费、律师费8.9万元。市老龄办、市司法局联合命名“岱松律师事务所”为“泰安市老年维权岗”。贯彻落实省、市《优待老年人规定》，落实老年人乘车补助，为老年人办理乘车意外伤害保险，开展为老年人免费健康查体活动，全市所有百岁老人全部给予长寿补贴金每月100元。

老龄宣传教育　市老龄办将宣传工作纳入《泰安市老龄工作百分制考核标准》，各级利用老人节、新年春节、十七大召开等时机，通过在新闻媒体上开辟专栏、节目，举办老龄事业成就展览，设置户外老龄宣传物等多种形式，集中开展老龄宣传活动。在市委主办的《泰安工作》杂志上集中发表关于老龄工作的文章7篇，与泰安电视台联合摄制电视系列片《泰山夕阳美》。开展“山东省十大孝星”和“泰安市十佳孝星”评选活动。市委、市政府、市老龄委在泰山广场举行庆祝老人节大型广场文化活动暨“泰安市十佳孝星”颁奖仪式。举办全市老龄工作20年成就图片展、“海力杯”泰安市首届老干部文化艺术节、“九·九重阳”老年人登泰山、老年体育竞赛、“敬老助老惠老”等活动。10月21～25日，市老龄委派人参加在北京召开的“第8届亚洲和大洋洲地区老年学和老年医学大会”，刘庚常等3人撰写的论文《浅析中国老年人口社会分层》获优秀论文奖。该次会议是近20年间老龄领域规模最大的一次国际性学术会议。

【“海力杯”泰安市首届老干部文化艺术节】　8月28日，“海力杯”泰安市首届老干部文化艺术节开幕式暨老干部书画摄影作品展在市政大楼举行。本届老干部文化艺术节由市委老干部局、文化局、广播电视局主办。市老干部活动中心、老年大学、老年书画研究会承办，山东海力实业集团协办。从8月底至10月17日期间，开展老干部书画摄影展览、广场文艺演出、文艺比赛、颁奖文艺晚会等丰富多彩的文体活动。全市离退休干部创作出一批文艺精品，极大地丰富市民的精神文化生活，全面展示了新时期离退休干部老有所学、老有所乐、老有所为的丰硕成果和健康向上的良好精神风貌。　（薛　华）

残疾人事业

【概况】　年末，根据第二次（2007）全国残疾人抽样调查的数据，全市有视力、听力、言语、肢体、智力、精神和多重残疾7大类34.02万残疾人，占全市总人口的6.16%。其中，视力残疾5.06万人，占14.86%；听力残疾8.22万人，占24.16%；言语残疾0.52万人，占1.53%；肢体残疾9.89万人，占29.07%；智力残疾2.27万人，占6.68%；精神残疾2.52万人，占7.40%；多重残疾5.55万人，占16.30%。全市86个乡镇设专兼职残联理事长、配备残疾人专职干事，3737个村（社区）建立残疾人协会，市、县、乡、村残疾人服务网络健全，市残联连续3年被评为市级文明机关。

残疾人就业培训与扶贫　市残联与扶贫办等单位联合印发《泰安市残疾人扶贫工作“十一五”实施方案》，与市劳动和社会保障局等单位联合印发《泰安市残疾人就业和社会保障工作“十一五”实施方案》，全年完成残疾人保障金征收任务1045万元，安置残疾人就业2100余人，其中分散安排残疾人就业590人。①扶贫与培训基地建设。通过采取“立标准、抓试点、常督导”等方法，全市建残疾人扶贫基地49处，辐射带动残疾人2183名；建残疾人培训基地50处，年培训残疾人近5000人。全市有6个扶贫基地、1个培训基地被省残联评为“两基地”建设先进单位。②扶贫工作。市财政局、市残联筹措资金13万元，为市直300贫困残疾人发放生活补助金，为12名考上大中专院校的贫困残疾学生资助学费。年内省残联下达给100户农村贫困残疾人危房改造任务，市财政局、民政局落实经费，协调解决问题，使危房改造工作顺利开展。③扶残助残活动。在“助残日”期间，全市各级为贫困残疾人发放轮椅693辆，走访慰问残疾人1000余户，发送慰问款（物）近百万元，为残疾人做好事、实事1500余件（次）。宁阳县在“助残日”组织社会募捐活动，当场募捐资金30余万元。肥城矿业集团在“助残日”筹款24万元，为全公司1132名残疾人每人发放生活补助金200元，对受到表彰的34名残疾人和17名助残先进个人每人发奖金300元。

残疾人康复　开展“康复机构建设年”活动，搞好市、县（市、区）、乡镇（街道办事处）、村（社区）四级康复机构建设。到年末，市、县、乡3级康复机构全部建立，村（社区）康复站（点）建设率达80%以上，康复站（点）配备或明确1～2名康复工作人员，为实现残疾人“人人享有康复服务”的目标创造条件。落实市委、市政府确定的“困难病人康复救助工程”实施方案，为355例困难病人实施救助。全市实施白内障复明手术3100例，其中免费350例；为低视力患者配戴助视器118人，培训低视力患者亲属35人；为语训聋儿做人工耳蜗3例，培训聋儿家长75人；为残疾人装配了矫形器30人；供应残疾人用品用具2100件；训练肢残、脑瘫、智残儿童320名，培训智残儿家长140名，为残疾人免费安装大（小）腿假肢40例。“世界防治麻风病日”期间，市领导率卫生、民政、残联等部门，带着食油、运动胶鞋等急需生活用品到岱岳区麻风村走访慰问麻风病患者。

残疾人维权　各级残联积极协调配合司法、法制部门，加大对《残疾人保障法》及相关配套法规的宣传，协调人大、政协开展执法检查和视察，推进残疾人有关法规政策的落实。利用各种宣传日和媒体开展各种形式的宣传活动，增强社会各界依法推进残疾人事业和残疾人运用法律武器维护自身合法权益的意识。全年受理残疾人来信、来访1150件（次），电话咨询678人（次），处结率达98.7%，其中市残联机关受理来信、来访296件（次），处结率为99.1%。

残疾事业宣传和文体活动　利用多种渠道宣传残疾人事业发展，全年在电台、电视台及各种报刊杂志上播发稿件700余件（次），市残联编发简报12期，信息86条。泰山区被省残联评为信息报送先进单位，被省残联评为先进个人1人。4~5月，组织新闻媒体记者深入基层，对全市自强模范残疾人20人、扶残助残先进单位20余家进行集中采访宣传。在第17个“全国助残日”期间，各级残联围绕“保障残疾人权益、共建和谐社会”主题，开展一系列宣传残疾人事业，为残疾人办实事、做好事、解难题活动。5月14～20日，在市政大楼中央大厅举办全市残疾人事业发展成就展，展示残疾人自强不息精神风貌和泰安市残疾人事业发展纪实及残疾人劳动成果。组织参加第5届全省盲、聋、培智学校学生艺术汇演活动，全市参赛节目7个，2个舞蹈类节目获二等奖；2个声乐类和器乐类节目获三等奖。新泰市肢残女自行车运动员牛之凤在法国、哥伦比亚举行的国际比赛中，分别取得2枚银牌、1枚铜牌、3个第四名的优异成绩，为国家赢得荣誉。

【泰安市残疾人培训服务中心全面投入使用】　年内，全市1个残疾人培训中心、6个残疾人综合服务中心全部建成并投入使用。市残疾人培训中心和泰山区、新泰市、肥城市、东平县、宁阳县综合服务中心，投资配套健身、残疾人培训、文化体育等器材，开展残疾人培训、康复、盲人按摩、法律咨询、用品用具供应等活动，其中市残疾人培训服务中心增加开展聋耳语训业务。岱岳区建筑面积1040平方米残疾人综合服务中心改造装修完毕，政府采购的器材和物品已经到位。年内，市残联在市残疾人培训服务中心免费举办两期为期3个月的缝纫和电器修理培训班，培训来自全市的残疾人60名；聋儿语训部语训聋儿20名，培训聋儿家长20名。泰山区、新泰市、肥城市、东平县残联分别在所属残疾人综合服务中心举办残疾人职业技能培训班。岱岳区依托社会电脑培训学校举办15名残疾人参加的微机培训班。

·链接·

泰安市残疾人培训服务中心

该中心是在残疾人劳动服务部和泰安市聋儿语训学校的基础上成立的事业单位，占地面积837.8平方米，建筑面积3400平方米，使用面积2380平方米。该中心主要负责组织残疾人职业技术培训，提供有关劳动就业服务指导；负责组织残疾人开展医疗康复训练；负责残疾人特殊用品、用具的供应；组织开展各种文体活动，丰富残疾人的文化生活；负责对学龄前聋哑儿进行听力和语言训练；为残疾人提供法律援助等。 （张昌伟）

人民生活

【概况】 年内，全市城乡居民在收入、消费、居住等生活方面均得到改善，市区居民人均可支配收入1.38万元，增长15.5%，农民人均纯收入5308元，增长14.4%，是1998年以来增幅最高的年份；城镇居民人均住宅使用面积为23.5平方米，增长5.5%。农村居民人均住房面积为35.6平方米。年末，全市城乡居民储蓄存款余额500.1亿元，比年初增加7.0%。全市年人均储蓄存款9204元，比上年增长6.5%。

城市居民收入 ①城市居民收入空间不断拓宽，收入多元化趋势明显。市区居民工资性收入增长平稳。市区居民人均工资性收入1.13万元，增长9.7%。占居民家庭总收入的比重为77.4%，在居民家庭收入中占据主导地位。②个体经营净收入增长稳定。各级政府采取有效措施规范就业、鼓励创业、积极扶持下岗职工再就业，就业渠道不断拓宽，城市居民家庭个体从业人员增多，收入明显增加。市区居民人均个体经营净收入564元，同比增长8.7%。③财产性收入下降。市区居民人均财产性收入421元，同比下降9.5%。其中利息收入人均44元，下降43.2%，股息与红利收入人均83元，下降56.0%，出租房屋收入人均216元，增长22.1%。④转移性收入强势增长。市区居民人均转移性支出2312元，增长69.7%。其中养老金和离退休金1649元，增长56.5%，捐赠收入543元，增长2.1倍。⑤低收入户收入增长缓慢，收入差距继续扩大。市区低收入户居民人均可支配收入5114元，增长5.7%，增幅比市区居民人均可支配收入低9.8个百分点；市区高收入户居民人均可支配收入31622元，增长26.3%，增幅比市区居民人均可支配收入高10.8个百分点。收入差距由上年的5.2:1上升为今年的6.2:1。

农村居民收入 ①工资性收入是农民收入实现较快增长的主要动力。农民人均工资性收入2641.8元，增长13.7%。外出农民打工人均从业收入941.6元，增长19.0%，占工资性收入的35.6%，提高1.5个百分点。年末全市农村非农劳动力人均从各类企业中收入888.2元，同比增长15.5%。②家庭经营收入增加。农民人均家庭经营收入2441元，增长14.7%。占农民人均纯收入的46%。在家庭经营收入中，第一产业人均收入1958元，占家庭经营收入的80%，增长14.4%。第二、三产业人均收入482.4元，增长16.4%。③财产性和转移性收入拓宽农民增收渠道。农民人均财产性收入86.7元，增长47.3%，人均转移性纯收入139.1元。增长5.4%，其中；家庭非常住人口寄回和带回收入增长22.5%；离退休金、养老金增长41.2%，报销医疗费收入增长近3倍。

城市居民消费支出 市区居民人均消费性支出9970元，增长16.4%。从居民消费总体看，居民消费总量明显增加，居住及生活条件明显改善，生活质量进一步提高。从居民消费类别看，食品支出、衣着支出、居住支出、家庭设备用品及服务支出、医疗保健支出、交通和通信支出快速增长；教育文化娱乐服务支出明显下降。①受粮油及肉蛋价格上涨影响，食品支出大幅增长。全年粮、油、肉、蛋、鲜菜等副食品价格大幅上涨，居民食品支出明显增加。市区居民人均食品支出为3194元，增长28.5%。城镇居民恩格尔系数为32%，提高3.0个百分点。在食品支出中，人均肉禽蛋水产品支出为768元，增长35.1%，增长最快；粮油类人均支出401元，增长17.9%；蔬菜类支出人均263元，增长17.8%；干鲜瓜果类人均支出242元，增长14.9%；糖烟酒饮料类人均支出311元，增长28.0%；人均糕点、奶及奶制品支出261元，增长11.8%。②衣着类消费持续增长。随着收入的快速增长，居民的穿着打扮发生较大变化，购买高档、时尚穿着的居民越来越多，品牌化、时尚化、个性化趋势十分明显，衣着支出快速增长。市区居民衣着支出人均为1076元，增长11.7%，其中：购买成衣支出791元，增长14.6%，鞋类支出215元，增长8.4%。③居住支出大幅增长。随着市区居民居住环境的改善，居民纷纷投入大量资金装修住房以改善居住条件，住房装潢支出成倍增长。人均居住支出1013元，增长58.5%，其中，人均住房装潢支出467元，增长2.6倍。④医疗保健类支出大幅增长。随着生活水平的提高，城市居民保健意识明显增强。市区居民人均医疗保健支出926元，增长55.4%，其中，药品费人均342元，增长36.2%，医疗费人均491元，增长1.1倍。⑤交通和通信支出快速增长，居民家庭汽车消费渐入佳境。汽车价格的不断下降，刺激居民购买汽车的欲望，家用汽车正快速进入居民家庭，成为居民消费的一大亮点。年内市区百户居民购买家用汽车2辆；年末，市区百户居民家庭拥有家用汽车7辆，增长75%，同时也带动车辆燃油及零配件、交通工具及服务等支出的大幅增长。市区居民家庭交通和通信支出1525元，增长12.9%。其中交通类支出1088元，增长27.5%。⑥家庭设备用品及服务消费支出继续增加。随着居住条件的不断改善，居民越来越注重购置用于享受及实用的家庭设备用品。居民家庭设备用品及服务支出人均为700元，增长13.2%。⑦教育文化娱乐服务支出明显下降。市区居民人均教育文化娱乐服务支出为1202元，下降21.5%。其中，人均非义务教育学杂费支出250元，下降4.5%；人均义务教育学杂费支出40元，下降5.6%。

农村居民消费支出　全市农村居民人均生活消费支出3146元，同比增加463元，增长17.2%，比上年同期提升3.1个百分点。①受食品价格影响，食品支出增长较快。全市农村居民食品消费人均支出1312元，增加199元，增长17.9%。农村居民的恩格尔系数是41.7%。从食品消费构成来看，粮食消费人均213公斤，增长3.8%；肉禽及其制品消费人均18公斤，下降4.3%；蛋类及其制品消费人均13公斤，增长3.2%；奶及奶制品消费人均11.5公斤，增长29.5%；水产品消费人均4公斤，增长5.4%。②衣着消费向时尚型转变。随着社会主义新农村建设不断深入，农民穿着打扮开始讲究时尚、时装化。全市农村居民衣着消费支出人均为199元，增长16.0%。服装消费人均为122元，增长17.5%，占衣着消费支出的61.0%。鞋类消费人均为54元，增长16.9%。③居住质量提高，居住环境持续改善。随着农村居民家庭收入的增加，农村建房热潮强劲，标准越来越高。农村居民居住消费支出人均408元，增长5.4%。其中用于居住消费品支出人均为301元，增幅略高于上年；居住消费服务性支出人均为107元，增长23.6%。农村居民年末住房面积人均为35.6平方米。其中楼房面积人均4.3平方米；钢筋混凝土房屋面积人均10.79平方米；砖木结构房屋面积人均23.85平方米，下降3.5%。水冲式卫生厕所的农户占5.8%；使用其他燃气的农户占24.3%；饮用自来水的农户占72%；57.0%的农户住宅外有水泥或柏油状路面；16.0%的农户住宅外有沙石或石板等硬质路面。④家庭中高档耐用消费品拥有量不断增加。农户家庭设备、用品服务消费支出人均247元，增长9.6%。农村居民家庭每百户拥有彩色电视机103台，比上年增长7.3%；洗衣机48台，增长20%；电冰箱33台，增长26.9%；摩托车82辆，增长22.4%；影碟机71台，增长7.6%；空调12台，生活用汽车2辆；太阳能热水器15台，抽油烟机10台，分别都有不同程度的增长。⑤交通通信消费增长较快。农村居民人均交通和通讯支出341元，增长13.8%。其中农民当年购买交通和通讯用品的数量进一步增多，人均支出189元，增长15.0%；交通和通讯服务消费支出不断增加，人均152元，增长12.4%，其中交通消费服务支出人均50元，增长18.2%。年末，全市农村居民平均每百户拥有固定电话104部，增长11.8%；移动电话91部，增长42.2%。⑥文化教育、娱乐消费支出持续增长。农村居民文化教育、娱乐消费支出人均395元，增长13.1%；其中，文化教育、娱乐用品消费支出人均为144元，增长62.6%，教育服务消费支出人均为236元，下降4.9%，文化、体育、娱乐服务消费支出人均为16元，增长18.4%。旅游消费在农村逐步兴起，此类消费支出人均为10元，增长26.3%。⑦医疗保健消费快速增长。农村居民医疗保健消费支出人均为174元，比上年增加62元，增长54.7%。其中，购买医疗保健用品消费支出人均72元，增长22.5%；医疗保健服务费支出人均为102元，增长90.2%。

（王　鑫）

编辑·校对　**李　鹏**

·单位选介·

山东省泰安盲童学校

山东省泰安盲童学校座落在泰山脚下，始建于1984年，现占地27余亩，建筑面积6700多平方米，教职工67名，在校生162名。集小学、初中、中专、成人康复培训于一体，全日制寄宿学校，承担着泰安市及山东部分市地的盲人义务教育和职业教育及培训，学校积累了丰富的特殊教育办学经验，为省级规范化学校。近年来，学校先后获得“全国残疾人康复工作先进集体”、“山东省残疾人之家”、“山东省特殊教育先进学校”、“山东省体育运动先进学校”、泰安市“优秀青少年维权岗”、“泰安市‘十佳’职业道德建设先进单位”、“市级文明单位”“泰安市巾帼文明示范岗”等荣誉。

学校基础设施完善，拥有宽带接入的校园网，配备微机室、语音室、电子备课室、多媒体教室、理化生实验室、盲人门球室、柔道室、康复训练室等各功能室，建成现代化塑胶操场。学生公寓服务设施齐全，管理严格规范，管理人员24小时值勤。良好的校园文化建设营造了优雅、方便、安全、舒适的学习、生活环境。

学校全面贯彻党的教育方针，坚持以人为本，为视障生终生负责的办学思想，按照视障生的特殊需要科学施教，形成“以仁爱之心育人，培养视障生树立自尊、自信、自强、自立精神和社会适应能力为主要目标，挖掘潜能，发展特长，让视障生真正成为健康的劳动者和对社会有为的一代新人”的办学宗旨；形成“仁爱、奉献、自强、创新”的校风；“对话、沟通、鼓励、相长”的教风；“勤学苦练、互助共进”的学风；“以仁爱之心育仁爱之人”的校训。以普及九年制义务教育为基础，抓好推拿按摩职业教育，重视对学生创新能力、实践能力、自立能力的培养。狠抓教风和学风建设，确保教学质量，建立了完整的课堂教学、实验、文体活动和社会实践教学体系。以教科研兴校，不断推进教学改革，多年来，承担了一大批国家、省、市重点特殊教育课题研究项目。在视障儿童随班就读和低视力儿童康复教育以及职业教育等领域已形成特色和优势，成绩显著。

建校以来，已有多名中专毕业生考入长春大学特殊教育学院深造，300余名按摩师毕业生依靠自己的双手，创造幸福生活，自立于社会，得到家长及社会各界的普遍好评。

学校对外交流广泛，多年来，先后与美、英、德、港、台等20多个国家和地区的视障教育机构建立了合作关系，还与北京金钥匙视障教育研究中心等社会团体建立了长期合作关系，扩大了学校在国内外的影响。

在各级领导的关怀和社会各界的帮助下，全体教职工以仁爱之心育仁爱之人，为盲人有一个光明的鼓舞人心的未来而共同奋斗。

操场比赛

操作电脑

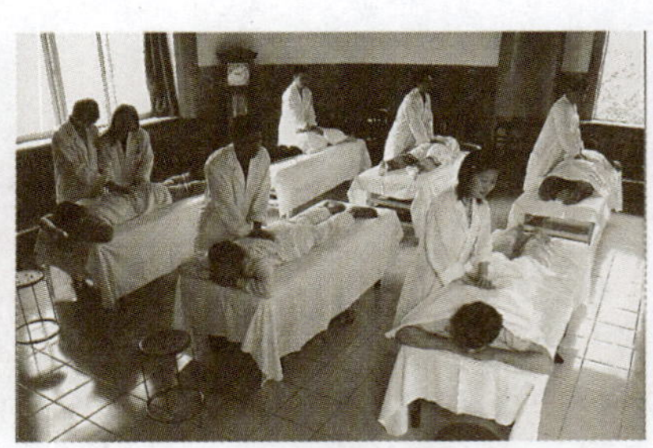

室内按摩

团结奋进的领导班子

公司总经理王长元深入乡村走访电力客户

安全生产先进单位"、"省级优秀交通安全单位"、"省级厂务公开先进单位"、"泰安市职工职业道德建设十佳单位"、"泰安市AAA级劳动关系和谐企业"等光荣称号，并连年保持全县政风行风测评第一名的好成绩。

在新的征程上，东平县供电公司将全面坚持科学发展观，紧紧围绕"三抓一创"、努力建设"一强三优"现代供电公司的总体发展思路，强化管理，开拓创新，努力拼搏，为东平县的社会进步和经济发展做出新的贡献，谱写新的篇章！

电力服务热线 95598

检修变电设备 确保电网安全　　风雪不摧　　节电宣传进农家　　冒雨抢修线路

山东肥城供电公司

SHANDONG FEICHENG POWER SUPPLY COMPANY

该公司属国家中型二级企业，2005年被命名为国家一流县供电企业，有职工1090人，辖14个供电所，公司资产总额5.11亿元。境内拥有220kV变电站2座，公司所属110kV变电站4座，35kV变电站13座，主变总容量46.93万千伏安；110kV输电线路5条、35kV线路30条、6~10kV配电线路126条，总长度1841公里，初步形成了以220kV变电站为枢纽、110kV线路为骨干、35 kV线路为框架、6~10kV线路相配套的供电网络，城区10kV电网实现了"手拉手"环网供电的网络结构。公司2008年上半年完成售电量6.66亿千瓦时，高低压综合线损率完成3.87%，高压线损率完成2.82%，低压线损率完成8.44%，公司连续安全生产天数超过4000天。

公司电力调度指挥中心

近年来，在山东电力集团公司、泰安供电公司以及各级政府的正确领导下，公司坚持"三抓一创"工作思路，围绕建设"一强三优"现代供电公司，以同业对标创一流为主线，深入实施"三新"农电发展战略，全力推动了公司各项工作上水平。公司先后荣获"国家一流县供电企业"、"省级文明单位"、"山东省思想政治工作先进企业"、"山东省企业文化建设示范单位"、"山东省农电体制改革先进单位"、"山东省先进县供电企业"、"山东电力科技进步示范单位"等荣誉称号。

电气化村王瓜店东大封村街景

近五年，公司以电网建设为突破口，以电力发展推动全市经济又好又快发展为目的，工作中努力做到"四个坚持"、实现"四新目标"。即坚持科学发展，实现了电网建设规模新突破；坚持全心奉献，实现了电力供应能力新提高；坚持惠民利民，实现了电价政策执行新到位；坚持创新发展，实现了多产企业规模新跨越。至2008年6月，完成110千伏项目16个、35千伏项目58个、10千伏项目172个、0.4千伏配网工程项目775个。

公司职工冒雪巡视电力设施

电力职工冒酷暑施工

公司训练有素、整装待发的职工队伍

公司电力职工积极为地方桃农服务

■2008年3月5日，泰安市委书记杨鲁豫到供电公司视察工作

■公司经理史爱国研究电网建设方案

公司紧紧围绕服务于社会主义新农村建设，深入实施“新农村、新电力、新服务”农电发展战略，大力推进新农村电气化建设。自2006年以来，建成新农村电气化乡镇2个、电气化村18个，有力促进了农村经济社会发展，取得了良好的社会效果。工作中，注重加强领导，提高认识，努力营造新农村电气化建设的浓厚氛围。做到“三个统一”（统一组织领导、统一目标任务、统一思想认识），注重科学筹划，精心组织，为新农村电气化建设打下坚实的基础。早行动，早部署，抓好前期调研工作，加强电网建设。示范先行，全面推进，确保了阶段性目标的顺利实现。加强对上汇报，积极争取地方党委政府支持。在工程设计中注重设计方案的优化、筛选，结合地方经济发展潜力，积极推广应用成熟的新技术、新设备、新材料、新工艺，努力提高电网的技术含量，避免了重复投资。严把物资材料关，确保施工质量。严格“三公开、四到户、五统一”管理，农村用户供用电合同签订率达100%，建立起了打击盗窃、破坏电力设施的长效机制，形成了农村和谐供电新格局。至2008年6月，湖屯镇、王瓜店镇已基本达到新农村电气化乡镇标准，西大封、蒋庄、中王、李屯等53个村已基本达到新农村电气化村标准。

■电业大楼夜景

■公司建设的铁塔

■公司110KV新城变电站

泰安市

2月27日，省烟草专卖局局长孙公准、副局长陈毅力到泰安市烟草专卖局（公司）视察工作

11月5日，泰安市政协主席高儒林，副主席李凤明、于连荣、傅光仁、赵成道、张树友，秘书长张进善到泰安市烟草专卖局（公司）视察

8月17日，市政府召开打击涉烟犯罪工作会议

为卷烟经销户送货服务上门

2005年底以来，泰安市烟草专卖局（公司）党委团结带领全局同志，认真落实科学发展观，大力弘扬“苦干、奋进、不服输”的泰山“挑夫”精神，不断深化改革，强化专卖执法，狠抓基础管理，推进自主创新，取得了瞩目的成绩，促进了经济效益和社会效益不断提高。2007年，销售卷烟达到了15.4万箱，实现利税达到了20048万元，为满足市场消费、增加国家财政积累，做出了积极贡献。企业先后被评为“全省卷烟打假工作特殊贡献单位”、“全省安全生产先进单位”、“平安泰安建设先进单位”等荣誉称号，连续三年被市政府授予“十佳流通企业”、“纳税大户”荣誉称号。2007年，《按客户订单组织货源的企业文化再造》被省烟草专卖局（公司）评为企业管理现代化一等奖，被山东省人民政府国有资产监督管理委员会、山东省企业联合会评为山东省企业管理现代化创新成果奖二等奖；企业文化建设成果被国家烟草专卖局作为典型在全国推广。

在一种全新的氛围下，在一种全新的理念下，市烟草专卖局（公司）党委牢固树立“国家利益至上，消费者利益至上”的行业核心价值观，更新理念、科学定位、抢抓机遇、奋战攻关，认真落实“全市整治卷烟市场经营秩序行动方案”，深入开展整治卷烟市场经营秩序专项行动，进一步加大打击非法经营大户、破除非法经营网络的工作力度，全员扬帆启航，调整兵力，重拳出击，始终保持卷烟打假和市场整治的高压态势，重点抓好“打大户、破网络”和宾馆、饭店、娱乐场所治理整顿，相继查处了一批大案、要案，有效地震慑了不法分子的嚣张气焰，卷烟市场治理整顿工作取得了明显成效，市场净化率不断提高，市场控制力显著增强，卷烟市场秩序进一步好转，内部管理基础进一步夯实打牢。2007年1月，在国家烟草专卖局、山东省烟草专卖局和泰安市委、市政府的正确领导下，在公安、工商等部门的积极配合下，一举侦破了震惊全国烟草的泰安百川纸业有限公司非法生产经营卷烟纸大案（简称“2·13”大案），是07年全国打假的典型案件，是全国公安烟草联合打假的成功案例，对全国烟草打假工作具有重大的推动作用。

与此同时，市烟草专卖局（公司）牢固树立“善待客户，善待同行，善待品牌”的经营理念和“服务与监管并重”的市场管理理念，以开展“按客户订单组织货源”为契机，全面建立了规范的工作流程体系、有效的工作推进体系、完善的激励保障体系、有力的市场控制体系，狠抓了明码实价、合理定量、营销政策、电子结算、物流配送等一系列关键环节和工作，积极推行“诚信等级管理”，从库存、渠道、价格三方面对零售户实行分类监管。通过建立健全零售户档案，实行卷烟零售指导价格，面向社会启用96009600服务热线，进一步完善零售户投诉举报制度；投巨资建设了国内先进的卷烟数码防伪系统，兴建了两条激光打码防伪贴标流水线，对市场主销的中高档卷烟实行小盒激光打码和加贴防伪贴标，为消费者和卷烟经销户识别卷烟真伪提

烟草专卖局（公司）

团结奋进、开拓创新的泰安市烟草专卖局（公司）领导班子

供了方便。同时，为了更好地服务卷烟零售客户，采取一户一码、送货上门等方式，进一步提高服务质量，提高零售户的盈利水平，增强了零售户的忠诚度和依赖度；针对零售户守法经营状况，采取不同工作策略，通过设置名优卷烟定点店、实行差异化服务等方式，实施了针对性监管措施，坚持管理与服务并重，寓管理于服务之中，卷烟销量和结构得到了较大提升，促进了与零售户利益的双赢，促进了双方关系的和谐，使泰安烟草实现了社会效益和经济效益双丰收，为我市的经济发展做出了更大的贡献。

在抓好专卖管理、卷烟销售等工作的同时，市烟草专卖局（公司）党委一直将企业文化视为企业的灵魂，始终遵循“以文化促发展”的创新理念，结合自身特点，创建起了以“泰山青松”品质为文化品格，以“人品若山、真情奉献”为核心理念，以“重塑自我、服务社会”为企业宗旨，“求实创新、负重愤进”，提炼出了以“苦干、奋进、不服输”为企业精神的泰安烟草“实”文化体系，增强了内部凝聚力、感召力，提升了外部形象，进而提升了企业的核心竞争实力，增强了员工的归属感、责任感，塑造了诚信负责的社会形象，被国家烟草专卖局作为典型案例在全国推广。在企业文化的强大推动下，泰烟人用“滴滴汗水、担担真情”，“挑”出了良好的工作作风，“挑”出了良好的工作执行力，“挑”出了良好的经济效益，“挑”出了良好的社会形象，努力构建了“五大和谐关系”，即和谐的内部关系、和谐的外部关系、和谐的工商关系、和谐的批零关系、和谐的执法环境。

5月11日，泰安市烟草专卖局（公司）举行企业文化新闻发布会暨企业文化手册首发式

10月28日，泰安市烟草专卖局（公司）举行公开焚烧假冒伪劣卷烟活动

颁奖

山东岱宗会计师事

董事长
总经理 侯 强

该公司前身“山东泰安会计师事务所”于1985年12月经山东省财政厅批准，1986年6月正式挂牌，为泰安市最早成立的会计师事务所，隶属于泰安市财政局，是自收自支的事业单位，并于次年在泰山区、郊区、新泰、莱芜、肥城、宁阳、东平7个县市区成立分所。

1991年，经原国家国有资产管理局批准，该所取得了资产评估资质；1992年泰安市财政局规定所有国有企业年终报表须经事务所审计，业务范围有了较大拓展。1994年1月1日《中华人民共和国注册会计师法》正式实施（以下简称《注册会计师法》），该所的业务范围也由企业工商登记验资，外商投资企业为年度会计报表审计扩大到国有企业年度会计报表审计、基本建设审核、会计培训、会计咨询服务、代理记账等领域。1999年11月，按照国务院的统一部署，经山东省财政厅批准，山东泰安会计师事务所脱钩改制为山东岱宗会计师事务所有限公司。脱钩改制使事务所性质、人员身份有了根本的改变。该所抓住建立社会主义市场经济、深化企业改革、加入WPO等一系列的机遇，使队伍和市场都得到了快速发展。2000年底与泰安至诚（原泰山区财政局事务所）和泰安正平（原郊区事务所）实现了联合。

到2008年6月，该公司从业人员已达到百余人，已建成一支在审计、税务、评估、咨询、工程造价、培训等方面具有丰富知识和经验的年轻化、知识化、专业化的人才队伍，连续6年年收入超过千万元，已形成“规模化、规范化、多元化”的格局，是山东省内规模较大的会计师事务所之一。公司注册资本人民币贰佰万元；拥有办公楼，建筑面积1700多平方米，办公条件现代化、规模化；拥有交通车辆26辆，各类办公设备100余套，全部实现网络化办公。公司拥有财政部、国资委和国家税务总局等政府部门审批的各种资质，如国有大型企业审计资格、资产评估资格、土地评估资格、工程造价审计、政府采购代理和税务鉴证资格，能够为客户提供审计、会计、税务、评估，商业咨询的专业化、全方位、一站式的服务。

该公司作为山东境内历史最长的本土化事务所，凭借雄

务所有限责任公司

山东岱宗会计师事务所董事会成员

厚的专业实力及对山东省政治经济环境和文化的独到理解，为山东省近 400 家知名国有企业，以及上百家大型集体企业、民营企业和外商投资企业提供会计、审计、税务、资产评估和咨询服务，在会计行业中信誉卓著。该公司的行业经验涉及工业制造、通讯、信息、金融、制药、旅游、建筑、房地产、出版、餐饮、化妆品及商业等诸多行业。能够为客户提供多元化、复合型的专业服务。

该公司本着“专业、规范、创新、发展、诚信”的经营理念，“以质量求信誉、以信誉求发展”的服务宗旨，培育了健康、积极的企业文化。作为中介机构，一直把质量、效率作为发展的生命线，把优化服务质量和提高工作效率有机地结合起来，坚持“服务、质量、信誉”三个第一的原则，为委托方提供满意的服务，努力创建一流事务所（一流的人才、一流的服务、一流的质量、一流的信誉）。

多年来，在省财政厅、省注册会计师协会组织的各类检查中，基于事务所优秀的社会服务意识，执业质量均被评为优秀，多次受到表扬，在 2005 年度省注册会计师协会组织的全省会计师事务所评选中，被评为山东省优秀会计师事务所。主任会计师侯强先后被评为“山东省优秀注册会计师”、“山东省十佳注册会计师”，被选为泰安市第九次党代表；副总经理张兴国、刘平、孟宪铎荣获“优秀资产评估师”、“优秀注册会计师”荣誉称号。公司还被评为城市重点工程、市政中心建设工程、泰山综合保护建设工程、泰山学院建设工程等的先进单位，被泰安市工商局授予“守合同、重信用”称号。

公司党建工作取得了良好的成绩，连续 3 年获得“市直文明单位”荣誉称号，多名员工荣获“市直文明个人”等称号，2007 年被山东省委组织部评为党员示范基地。

专业知识更新与时俱进、完善的质量控制制度、科学的项目管理平台、规范的事务所运作、崇高的企业信仰、协调一致的合伙人团队、高素质的员工队伍和先进的管理体系，该公司能够为客户提供超值的专业服务。

山东泰安交通运

董事长
党委书记　邹兰东
总经理

山东泰安交通运输集团有限公司是山东省道路运输骨干企业，是泰安区域内规模最大、实力最强、功能最全、信誉最高、里程最长、安全最好，也是泰安市客货运输经营资质最高的专业道路运输企业，并通过ISO9000国际质量认证和国家AAA级认证的道路运输企业。客运、货运、汽车工业是集团公司的三大支柱产业，“交好运、运真情”的企业品牌是山东省服务名牌。集团公司有资产5.77亿元，在册员工5300余名，辖属38个分支机构，遍布在泰安市的6个县市区和莱芜市。集团公司经营范围除道路运输外，还包括汽车维修及配件销售、汽车驾驶员培训、出租车管理、旅游服务、建筑工程设计及施工、计算机应用、医疗服务、幼教、广告装饰、宾馆、餐饮等。集团公司拥有营运客货车2700余辆，客运经营线路400余条，日始发客运班次2200余个，直达国内20多个大中城市，通达山东省各地级市和80%的县市区，年实现客运量2000余万人、货运量160余万吨，年运输国际集装箱1万余个标准箱。2007年，集团公司先后兼并重组了泰山交通发展有限公司、泰安市第二运输公司，收购了新泰通达出租车有限公司，企业综合经济效益跃居全省同行业第3名。

多年来，集团公司秉承“守规诚信、尊客爱货、安全优质、及时快捷、持续改进、永不满足”的企业质量方针，长期奉行“诚信为本、优质服务、安全第一、精细管理、永不满足、追求卓越”的经营理念，树立“服务回报社会、创造最佳业绩”的企业价值观，致力于以“好运文化”为核心的企业文化建设，创建学习型组织，努力打造“六型”企业。公司认真践行“交好运，运真情”服务品牌，为社会各界提供优质、舒适、快捷的道路客货运输和汽车营销、维修等服务，为建设富裕、文明、和谐泰安做出了积极的贡献。到2008年6月，集团公司有一名员工荣获“全国五一劳动奖章”称号，12名员工分别

▼物流运输　▼宽敞明亮的汽车销售展厅

输集团有限公司

获得省部级劳动模范、富民兴鲁先进个人等荣誉称号，15名员工荣获省、市级首席技师称号。集团公司也曾先后荣获“全国企业文化优秀奖”、“全国交通系统双文明建设先进单位”、“山东省先进企业”、“山东省质量管理奖”、“山东省文明企业”、“山东省服务名牌”、“山东省百强服务企业”、“山东省交通文明服务先进企业”、“山东省重合同守信用单位”、“山东省企业文化管理创新成果一等奖”及“山东省劳动关系和谐企业”、“泰安市劳动关系和谐AAA级企业”、“2007年度泰安市纳税大户”等荣誉称号。

企业客户服务热线：2188777

集团公司总部地址：山东省泰安市迎胜路1号

员工进行企业文化展示

▼改造后的泰安汽车总站效果图

泰安市供销社

2008年11月8日，广东茂名市供销社到泰安参观考察

2008年9月，省供销社主任白志刚（右三）到泰安考察工作

泰安市供销合作社联合社（以下简称市社）系统事业单位2个，各级供销社法人单位66个，其中省辖市社1个，县（市、区）供销社6个，基层供销社59个。生产经营法人单位145个，产业活动单位974个。全系统干部职工8623人，其中市直企事业单位389人、县（市、区）供销社企事业单位4972人、基层供销社3262人。

全年实现商品销售额32亿元，增长45.6%；上缴税金2486万元，增长18.5%；社会总贡献额9651万元，增长9.45%。已建、新建营业网点3329处，累计发展各类农村合作经济组织481个。全年招商项目36个，招商引资总额达3.58亿元，其中市社招商引资540万元。

开展“万村千乡”市场工程，丰富农民生活

拓宽经营思路，县、市、区供销社合作联营

县

泰　山　区

【概况】　泰山区因境内泰山而得名。

政区　人口　全区总面积337平方公里。辖8个乡（镇、街道）、204个村（居）委会。年末全区总人口63.0万人，其中非农业人口50.3万人。人口出生率8.41‰，死亡率3.73‰，自然增长率4.69‰。有少数民族28个、1.8万人。

经济概况　全年实现国内生产总值99.4亿元，按可比价格计算，比上年增16.7%。其中，第一产业增加值5.0亿元，增长7.3%；第二产业增加值53.4亿元，增长15.1%；第三产业增加值41.0亿元，增长20.1%。三次产业比例为5.0∶53.7∶41.3。全社会完成固定资产投资74.9亿元，增长29.4%。实现地方财政收入6.1亿元，按可比口径增长25.0%。税收总收入5.7亿元，增长23.2%。年末金融机构人民币各项存款余额55.3亿元，比年初增加4.2亿元，其中居民储蓄存款余额34.2亿元，比年初增加4.0亿元。年末金融机构人民币各项贷款余额47.5亿元，比年初增加5.3亿元。

农　业　全年农林牧渔业完成增加值5.0亿元，比上年增长6.0%。粮食总产6.1万吨，增长5.6%；水果总产1.0万吨；蔬菜总产16.6万吨，增长20.0%。肉类总产6261吨，禽蛋总产6616吨，奶类总产12.1万吨。水产品总产648吨。全区农机总动力11.8万千瓦，增长1.4%。

工　业　全年实现工业增加值51.6亿元，比上年增长16.0%。规模以上工业企业162家，实现增加值41.7亿元，增长29.2%；实现产品销售收入140.3亿元，增长39.0%；实现利税12.9亿元，增长34.5%；实现利润8.2亿元，增长38.2%。规模以上非公有制工业实现增加值41.7亿元，占全部工业的80.8%，增长24.5%。

建　设　年末人口城镇化率达到80.3%。城市建成区绿化覆盖率达到38.3%。资质三级及以上建筑企业59家，完成建筑业总产值31.7万元，增长60%；实现利税1.2亿元，增长6.2%。

交　通　公路通车里程402公里，其中高速公路37.5公里。公路旅客运输量269万人，客运周转量为1.77亿人公里，比上年下降7.4%。公路货物运输周转量为2.0亿吨公里，增长6.3%。

贸易　旅游　全年共实现社会消费品零售总额50.6亿元，比上年增长19.1%。其中，批发零售业营业额41.3亿元，住宿餐饮业实现营业额8.6亿元。实现进出口总值1.48亿美元，增长23.6%。实际利用外资1.41亿美元，增长19.8%。主要旅游景点有岱庙、灵应宫、齐长城遗址、博城遗址、周明堂遗址、汉明堂遗址及泰山风景名胜区内的60多个旅游景点。全年接待国内外游客180万人次，增长20%；实现旅游总收入525万元，增长5%。

教科文卫　普通中学15所，在校生1.3万人。小学60所，在校生2.9万人。特殊教育学校1所，在校生85人。共取得市级以上各类重要科技成果5项，专利申请量245件，授权专利187件。有广播电台1座，公共图书馆1处，群众艺术馆、文化馆1处，档案馆1处。有卫生机构10所，其中医院（卫生院）7所、卫生防疫机构2所、妇幼保健机构1所。各类卫生机构共有床位480张，卫生技术人员500人，其中执业医师345人、注册护士160人。有体育馆1座，全年参加省级以上体育比赛共获奖牌8枚，其中金牌3枚。

社会生活　城镇居民人均可支配收入1.4万元，增长15.5%；人均消费性支出为9971元，增长16.4%；人均住房使用面积31.4平方米。在岗职工年平均工资1.6万元，增长15.6%。农民人均纯收入

5793元，增长12.5%；人均生活消费支出3241.5元，增长12.4%；人均居住面积36.9平方米。全年参加职工养老、医疗、失业、工伤、生育保险的人数分别达到6.5万人、4.2万人、3.0万人2.5万人和4.6万人，比上年分别增加0.49万人、0.39万人、0.06万人和0.43万人。社会保险基金总收入2.23亿元，增加1822.4万元。参加农村养老保险人数达到3.8万人。全区最低生活保障救助1.1万人，其中城镇低保1.4万人、农村低保2152人。全区福利彩票销售4519.5万元，增长75.6%。收养性社会福利单位7个，床位240张，收养260人。社会福利企业13家，安置残疾人员360人。

【泰山赤鳞鱼被列为国家地理标志产品】 2007年10月，泰山赤鳞鱼被列为国家地理标志产品。泰山赤鳞鱼是中国五大名贵淡水鱼之一，成鱼一般长20厘米左右，生长在海拔300～800米之间的山涧溪水中，以肉质细嫩、味道鲜美、香而不腥、营养丰富而名闻遐迩。夏日置鱼于岩石上，经烈日曝晒可化油而流。除作高级佳肴外，还有很高的滋补和药用作用。该鱼生存环境要求特殊，受干旱等自然条件制约，致使该鱼种濒临灭绝。为保护这一珍稀鱼种，山东农业大学等单位研究开发人工养殖繁育赤鳞鱼，并获成功。年内养殖数量达到300万尾。

【泰山区荣获全国地质灾害防治突出贡献奖】 泰山区坚持“以人为本”原则，强化措施，狠抓工作落实，积极做好地质灾害的防治工作，2007年4月，被国土资源部授予“全国地质灾害群测群防突出贡献奖”荣誉称号。该区成立地质灾害防治工作领导小组，加强对全区地质灾害防治工作的检查、指导和协调。在地面塌陷较为严重的邱家店、省庄两镇也成立相应的领导机构，具体负责本区域内的地质灾害防治工作。区、镇（街道）、村、组层层签订地质灾害防治责任书，地质灾害点监测落实到人。深入宣传《地质灾害防治条例》，举办地质灾害防治培训班26期，发放明白纸2万余份，设置大型宣传栏和警示标志22处，普及防灾知识，提高群众的防灾自救意识。建立“全区汛期地质灾害防治应急系统”，按片区划分成立地质灾害防治应急分队7个，组织、协调、指导和监督地质灾害防治工作。加强群测群防，在村、组聘用137名地质灾害监测员，统一配发雨衣、雨靴、应急灯、铜锣等器材，建立健全汛期灾情快报、月报制度，强化汛期值班巡查，做到有人蹲点值守监测、有人通报预报情况、有可行的撤离路线、有安全的避灾场所、有可靠的处置方案，发现险情及时采取防治措施。2003年至年末，共组织地质灾害巡查50余次，发放“防灾工作明白卡”105份、“避险明白卡”1727份，先后成功处置地质灾害险情12起，没有出现一起人员伤亡，避免经济损失2800多万元。做好地质灾害点治理与避让搬迁工作，组织实施“岩溶塌陷调查与风险评价项目”，先后投资600多万元进行地质灾害点治理，对无法治理的地质灾害点，规划新址进行搬迁，确保人民群众的生命财产权安全。

【市场社区被表彰为首批“全省充分就业和谐社区”】 岱庙街道市场社区探索建立“岗位集中开发、信息定向反馈、结对重点援助、服务全程跟踪”的充分就业推进模式，三年间累计安置下岗失业人员729人，社区适龄居民就业率达到100%，在泰安市率先实现了充分就业社区创建目标。2007年8月，在全省就业和社会保障工作会议上，被表彰为“全省充分就业和谐社区”。一是多渠道开发就业岗位。市场社区投资建设了泰山贸易大市场、金桥服装精品城和轻纺大市场，新增就业岗位2150个，开发社区公益性岗位300个；对社区办企业进行改制，创办了拥有6所分园的泰山幼儿园、奶牛存栏量达600头的金兰奶牛养殖厂，创造岗位190个；先后与南湖公园管理处等驻区单位建立用工联系制度，协调争取用工岗位22个。初步形成“以市场为龙头、以企业为支撑，社区自主开发、驻区单位联动配合”的岗位开发格局。二是全方位开展精准帮扶。三年间，累计帮扶困难群体实现就业236人，扶持创业78人，实现了无“零就业”家庭、无“一户两代失业”、无“双失双下”家庭的“三无”目标。三是多层次完善促进体系。建立社区劳动保障服务站，配备专职人员4名；开展社区联谊，争取共建单位对社区就业工作的支持配合，联谊单位已发展到12家；实施结对帮扶，建立健全居民互助体系；开展“再就业伙伴”计划，动员辖区经营大户与困难对象签订结伴责任书，帮助下岗失业人员实现再就业。共结成就业对子43个，56名被帮扶对象全部实现就业，12人成为市场经营大户。

【泰山区基层劳动保障信息化工作走在全省前列】 该区加强网络系统建设，实现区、街道、社区三级劳动保障网络的全面贯通。采用劳动保障部的劳动保障基层管理信息系统，依托居民医保、就业管理、失业管理等八大业务模块，重点建设企业从业人员、失业人员、特困人员基本情况动态数据库，做到失业原因清、家庭状况清、技能水平清、就业意向清、安置去向清、社保关系清。对街道社区就业和社会保险等各项劳动保障业务进行全面分析梳理优化，统一业务范围、职责权限、工作流程，实现工作的制度化、规范化。全面推进城镇居民基本医疗保险工作，实行网上参保登记、申报、缴费，共办理参保登记7.8万人，居民参保率达到64%；已享受城镇居民基本医疗保险待遇的居民493人，统筹基金支付74.1万元，占医疗费用总额的45.9%。对零就业家庭管理、就业困难人员管理、职业介绍等业务模块，实行一对一再就业援助帮扶，共帮扶627名就业困难人员实现再就业，全区“零就业”家庭基本实现“存量消零”、一户一人就业。到年底，市直288名、该区1.05万名失业人员纳入社区管理。2007年，该区被列为全省唯一的劳动保障管理信息系统试点县（市、区）。（刘玉朴）

岱岳区

【概况】 该区因位于泰山脚下，泰山古时亦称岱岳而得名。

政区 人口 全区总面积1750平方公里。辖18个乡（镇、街道）、731个村（居）委会。年末全区总人口97.34万人，其中非农业人口17.59万人。人口出生率7.7‰，死亡率7.98‰，人口自然减少率0.29‰。有少数民族25个、2.2万人。

经济概况 全年实现国内生产总值99.6亿元，比上年增长16.5%。其中，第一产业完成27.4亿元，增长2.0%；第二产业完成47.8亿元，增长23.7%；第三产业完成24.4亿元，增长19.3%。实现财政总收入5.4亿元，比上年增长43.6%；地方财政收入3.1亿元，比上年增长18.0%。三次产业比例为27.5：48.0：24.5。人均生产总值达到1.0万，增长16.5%。民营经济增加值、实缴税金分别增长29.8%和51.0%。完成全社会固定资产投资77.3亿元，增长25.7%。其中，50万元以上的项目投资76.6亿元，增长29.3%；亿元以上的投资在建项目35个，完成投资额30亿元。金融机构各项人民币存款余额76.9亿元、贷款余额42.6亿元，分别增长14.6%和18.8%。

农业 全区农林牧渔业总产值49.8亿元，增长2.0%。粮食总产51.6万吨，增长1.6%；棉花总产627吨，下降1.3%；水果总产24.4万吨，下降0.2%；蔬菜总产251.4万吨，增长0.5%。肉类总产4.6万吨，禽蛋总产3.8万吨，奶类总产8.4万吨，水产品总产3175吨。全区林地面积5.4万公顷，其中，经济林面积2.8万公顷，用材林面积5800公顷，防护林面积2.0万公顷。森林覆盖率达到37.2%。全区农机总动力69.0万千瓦，增长0.9%。

工业 规模以上工业企业206家，全年实现工业增加值32.3亿元，增长29.3%；实现产品销售收入105.3亿元，增长40.0%；规模以上工业产销率99.5%，增长0.1%。主营业务收入105.3亿元，增长37.7%；实现利税10.7亿元，增长64.1%；实现利润6.1亿元，增长74.2%。

建设 环保 全区建筑业实现增加值5.6亿元，增长26.4%，其中资质三级以上企业38家，完成建筑业总产值18.3亿元，增长14.5%。全区环境污染治理总投资5200万元，工业废水排放达标率97%，二氧化硫达标率57.8%，工业烟尘达标率99%，粉尘达标率98.67%，工业固体废弃物综合利用率99.3%，主要污染物排放指标烟尘、工业粉尘等排放量分别下降7.4%、25.4%。

交通 邮电 全区等级公路通车里程2620.4公里，其中高速公路80.1公里。公路货物运输量为1052万吨，增长6.5%。完成邮电业务总量8902万元，增长1.9%。其中，电信业务总量6364万元，与上年持平；邮政业务总量2538万元，增长7.2%。年末固定电话用户达到19.1万户，互联网用户8963户。

贸易 旅游 全年共实现社会消费品零售总额52.6亿元，比上年增长19.1%。实现进出口总值1.3亿美元，增长35.6%，其中出口总值1.1亿美元，增长34.6%。国内招商引资实际到位资金60.5亿元，增长21%；对上争取各类资金5.6亿元，增长33%。合同外资额2.0亿美元，增长20%；实际利用外资1.6亿美元，增长20.4%。完成对外劳务合同额9981万美元，增长71%；完成对外劳务营业额7685万美元，增长53.4%；外派人员1916人次，增长41%；年末在外人数2911人次，增长9%。全区2A级景区一处，旅行社10家，旅游定点企业5家。全年接待国内外游客173.5万人次，增长45.8%；实现旅游总收入8078.7万元，增长58.8%。

教科文卫 中等专业学校5所，在校生6624人。普通高中5所，在校生1.4万人。普通初中32所，在校生3.1人。小学122所，在校生5.9万人。特殊教育学校1所，在校生144人。全区省级以上工程技术中心达到5家，分别建立了粮食、蔬菜、桑蚕、中药材、林果等方面的5个农业科技示范园，示范园面积达112公顷。共取得市级以上各类重要科技成果4项，其中获得国家科技奖励1项、省科技奖励1项。专利申请量213件，授权专利43件。有各种艺术表演团体3个，公共图书馆1处，群众艺术馆、文化馆1处，档案馆1处。广播、电视人口覆盖率分别达到95.4%和

93.4%。农村家庭电话普及率达到63.5%。有卫生机构22所，其中医院（卫生院）20所、卫生防疫机构1所、妇幼保健机构1所。各类卫生机构共有床位1216张，卫生技术人员1676人，其中执业医师及助理医师680人、注册护士466人。参加全国级体育比赛获金牌1枚、银牌2枚，参加省级比赛获金牌1枚。在第二十一届泰山国际登山节比赛中获团体总分第一名。全年体育彩票发行额488万元。

社会生活　城镇在岗职工年平均工资1.4亿元，增长23.6%。农民人均纯收入4796元，增长10.8%；人均生活消费支出3175元，增长20.9%。全区收缴各项社会保险费2.6亿，增长31%。其中，收缴企业养老保险费9708万元，增长17%；收缴企业失业保险费386.9万元；收缴机关事业单位养老保险费1.1亿元，增长41%；收缴医疗保险费3321万元，增长17%；收缴工伤保险费155万元，增长42%；收缴农村养老保险费1384万元，增长168%。参加新型农村合作医疗人数61.91万人，占应参加人数的95.27%。全区17处敬老院有房间1200间，床位2089个，达到了70%集中供养目标。最低生活保障救助1.0万户、2.0万人，其中城镇低保862户、1733人，农村低保9464户、1.8万人。全区17个乡镇（街道）和53%的村均成立慈善组织，共募集创始资金459.7万元。新增城镇就业再就业人员9576人，其中下岗失业再就业人员3305人。社会福利企业13个，安置残疾人员664人。全区收缴各项社会保险费2.58亿元，增长31%；参加新型农村合作医疗人数61.91万人，参合率95.27%。

【平安岱岳建设】　该区在平安岱岳建设中注重抓好5个确保：一是确保平安建设基础，村级综合治理办公室人员达到1995人，全区有70%以上的村（居）达到规范化建设标准；二是确保社会治安形势稳定，刑事案件发案数下降3%，刑事案件破案率上升20.8%，做到了命案全破；三是确保提高治安防范能力，乡镇（街道）成立专职巡逻队伍，建立特警分队，村（居）推广治安防范承包制，提高技术防范水平；四是确保及时有效化解矛盾纠纷，共排查各类矛盾纠纷1316件，调处化解1302件，调处成功率98.9%，防止群体性事件13起，防止矛盾激化案件53起，妥善安置接收的刑满释放或解除劳动教养人员55名；五是确保平安建设的法治环境，组织开展普法培训班、普法学习明白纸、普法考试、赶普法大集、赠送法制春联等“五个一”活动，受教育人数达8万。

【规模工业增长态势良好】　年内，该区规模工业实现增加值32.31亿元、主营业务收入105.33亿元、利税10.71亿元，分别增长29.3%、40%、64.1%。税收过百万元的企业达到52家，增加13家；其中过300万元的22家，过500万元的17家，过千万元的11家，规模工业增长态势良好。一是工业生产呈现产销两旺态势。全区规模工业达到206家，比上年增长28家；累计完成工业增加值32.31亿元，增长29.33%；主要工业产品产量大幅度增长，其中石膏板、原盐分别增长128.4%、100.47%；工业产品销售率达到99.49%，比上年增长0.06%。二是高新技术产业企业拉动增长强劲。完成高新技术产品产值29.41亿元，增长36%，占规模工业产值比重27.17%，比上年提高3.3个百分点；高新技术产业产值达到21.13亿元，增长81.93%，占规模工业产值比重达到19.52%，比上年提高3.9个百分点。三是工业效益显著提高。全区规模工业共实现主营业务收入105.33亿元，增长37.67%；利税10.71亿元，增长64.12%；利润6.13亿元，增长74.21%。

【打造汽车市场“岱岳品牌”】　该区围绕“塑造岱岳品牌，繁荣汽车市场”目标，加大协调服务力度，定期召开行政单位与汽车企业座谈会，共同解决“泰山国际汽车城”发展中遇到的困难和问题。完善规划，提供完善的汽车销售、维修保养、汽车美容、配件供应、汽车文化、车贷保险、驾训挂牌等一站式服务，增强产业服务功能。加大宣传推介，成立汽车销售业协会，搞好汽车展和汽车文化节等活动，建立汽车销售网网站，提升“泰山国际汽车城”的知名度和吸引力。利用环境、区位、品牌等优势，以商引商，加快形成产业集群。优化发展环境，解决汽车城规划、交通、信贷、保险等问题，力争把“泰山国际汽车城”打造成车商投资兴业的基地、客户购车养护的乐园。

【蚕茧产量连续七年居全省第一】　年末，该区成龄桑园达到3334公顷，蚕茧产量4499吨，占全市总产量的59.1%，连续7年名列全省第一；蚕农增加收入1.04亿元，蚕茧组织管理费及税金合计贡献达900万元；制定发布地方蚕茧标准8项，进一步巩固山东桑蚕第一县和山东优质桑蚕主产区的地位。①落实优惠政策。区委、区政府印发《关于鼓励发展桑蚕生产的意见》，新发展桑园的分别给予乡镇、村和农户奖励，并由区财政贴息为养蚕户提供桑苗贷款，鼓励发展新桑园。各村利用每年秋调时机，统筹规划，引导蚕农集中建设养蚕大棚。②抓好桑园建设。推行“3+1”生产模式（3亩桑一个大棚），桑园向养蚕能手和养蚕大户集中，全区有养蚕大棚4100个、面积45.1万平方米。实行“大壕、大苗、大肥、大水”的桑园建设标准，加强栽植后的管理，确保栽一片带一方。③推广新技术。引进繁育良种桑苗达到90%以上，推广小蚕共育、大棚省力化养蚕、蚕病综合防治、桑园快速丰产等关键实用技术。栽桑养蚕的综合经济效益提高15%以上，每亩桑园增收800元以上，蚕农人均增收500元以上。④实行桑蚕标准化生产。该区为首批3个“桑蚕茧生产国家农业标准化示范区”之一，桑蚕生产技术管理水平处于全国领先水平。配套实施10项桑蚕茧系列岱岳区农业地方标准和5项泰安市农业地方标准，提高了全区桑蚕茧生产整体水平。与省蚕业科技研究所、山东农业大学等科研单位建立长期协作关系，加快科技成果转化。⑤搞好科技培训。按桑蚕生产的不同季节，分别举办全区范围的培训班，邀请专家对各村技术员和养蚕大户进行指导培训。定期发放植桑养蚕明白纸和有关技术资料，组织专业技术人员进村入户或到田间地头跟踪指导，使每家养蚕户都有技术明白人。⑥建立服务网络体系。建立以乡镇蚕茧站为依托，各级技术人员为骨干的服务网路，为蚕农提供产前、产中、产后的全方位优质服务，与蚕农形成长期稳定的经济协作关系和蚕茧合同产销体系，把桑园管理、蚕室消毒防病、小蚕共育、大蚕饲养技术指导、蚕用生产物质供应、蚕茧收购等工作有机的结合在一起，提高科技入户率，形成上接市场、下连千家万户的完整桑茧产业化发展链条。 （张洪谱）

新泰市

【概况】 新泰取境内新甫山及泰山首字而得名。

政区 人口 全市总面积1933平方公里。辖20个乡（镇、街道）、917个村（居）委会。年底全市总人口136.7万人。男女性别比104.6：100。人口出生率10.5‰，死亡率6.0‰，自然增长率4.5‰。有少数民族22个、1.7万人。

经济概况 全年实现国内生产总值346.6亿元，按可比价格计算，比上年增长16.8%。其中，第一产业增加值30.2亿元，增长7.7%；第二产业增加值216.9亿元，增长17.0%；第三产业增加值99.5亿元，增长19.5%。三次产业比例为8.7：62.6：28.7。规模以上固定资产投资完成159.8亿元，增长24.1%。实现地方财政收入16.3亿元，增长24.2%。年末金融机构各项存款余额163.5亿元，比年初增长3.3%，其中居民储蓄余额112.4亿元，比年初增长11.3%。年末金融机构各项贷款余额94.6亿元，比年初增长5.6%。

农 业 全年农林牧渔业完成增加值30.2亿元，增长7.7%。农业增加值16.0亿元，增长5.0%。粮食总产47.3万吨，增长1.9%；棉花总产999吨，增长85.7%；油料总产5.9万吨；水果总产10.1万吨，增长6.2%；蔬菜（瓜类）总产107.1万吨。肉类总产12.3万吨；禽蛋总产5.7万吨，增长24.2%；奶类总产9.2万吨。水产品总产量2412吨。全年造林面积8584公顷，林木覆盖率达到30.7%。全市农机总动力76.6万千瓦。

工 业 全年实现工业增加值202.1亿元，增长17.0%。规模以上工业企业260家，实现增加值201.8亿元，增长24.7%；实现主营业务收入614亿元，增长30.1%；实现利税85.8亿元，增长31.0%；实现利润48.3亿元，增长36.3%。

建 设 50万元以上固定资产投资完成159.8亿元，增长23.6%。资质三级及以上建筑企业70家，实现利税8.46亿元，完成建筑业总产值59.43亿元，增长24.0%。

交通 邮电 公路通车里程2944.4公里，公路旅客运输量和周转量分别为875万人、4.08亿人公里，分别增长11.9%和0.9%；公路货物运输量1003万吨、周转量5.55亿吨公里，分别增长1.0%和0.5%。完成电信业务总量1.40亿元，增长5.6%；邮政业务总量4995万元，增长14.4%。年末固定电话用户达到25.3万户，移动电话用户56.4万户，电话普及率94部/百人，互联网用户33043万户。

贸易 旅游 全年共实现社会消费品零售总额85.0亿元，增长17%。实现进出口总额3.32亿美元，增长105.2%，其中出口9242万美元，增长53.9%。合同外资额2.04亿美元，增长20.0%；实际利用外资1.56亿美元，增长21.2%。主要旅游景点有莲花山、青云山、石城寺。

教科文卫 中等职业学校5所，在校生1.5万人。普通中学53所，在校生5.3万人。小学194所，在校生9.3万人。有各类专业技术人员5.7万人。共取得市（地）级以上各类重要科技成果56项。专利申请量918件，授权专利203件。有专业艺术表演团体2个，公共图书馆2个，文化馆2个，档案馆2个。有卫生机构52所，其中医院（卫生院）42所、卫生防疫机构2所、妇幼保健机构2所。各类卫生机构共有床位3558张，卫生技术人员4313人，其中执业医师1420人、注册护士1602人。有体育馆13座，全年参加省级以上体育比赛共获奖牌41枚，其中金牌27枚。

社会生活 城镇居民人均可支配收入达1.3万元，增长16.2%；农民人均纯收入达6454元，增长

18.0%；人均生活消费支出3161元，增长15.6%；人均居住面积36.0平方米。全年参加企业养老保险人数7.5万人。农村养老保险人数33.0万人。城镇职工基本医疗保险人数4.9万人。城镇登记失业率1.96%。年末城镇在岗职工人数22.4万人，增长2.7%；全市最低生活保障救助人数为2.5万人，其中城镇4838人、农村2.0万人。

年内，该市荣膺“2007年度全国中小城市综合实力百强”和“全国县域经济基本竞争力百强”，分别位列66位和31位。被国务院表彰为“2007年度全国粮食生产先进县”，被省政府表彰为“2007年度全省粮食生产先进县”。在中国城市经济杂志社、山东新闻网联合主办的2007山东省县域经济发展有奖调查活动中，被评为“山东省投资环境十佳县（市）”第一名和“山东省县域经济最具发展潜力十佳县（市）”第一名；莲花山景区在2007年第二届山东旅游年会中被评为“2007年山东最具竞争力景区”。被命名表彰为“平安山东建设模范市”，并受到省委、省政府隆重表彰奖励；被品牌中国产业联盟评委会评为“中国自驾车旅游品十大目的地”。

【荣膺“中国优秀旅游城市”】 近几年，新泰市以争创中国优秀旅游城市为抓手，累计投资50亿元，在完成《新泰市旅游产业发展总体规划》和各单项规划的基础上，加大旅游开发力度。以莲花山旅游开发为龙头，建设柳下惠故里和圣园旅游区、青云山文化旅游区、新汶森林公园等12家景区，成为省内短线游的热点目的地。加快旅游市场主体建设，发展旅行社7家，星级饭店3家，三星级旅游餐馆2家，山东省农业旅游示范点1处，旅游学校1所。完善旅游咨询服务中心、特色餐饮街、购物步行街、霓虹灯街、公交车、出租车、观光巴士、道路景区指示牌等功能，方便市民和游客的吃、住、行、游、购、娱，旅游经济发展水平明显提升。加强旅游对外宣传，充分挖掘新泰的文化底蕴，积极实施走出去战略，灵活多样的实施旅游宣传，提高了新泰的知名度。年接待游客246万人次，旅游业总收入突破10亿元。年内，国家旅游局发布最新31个“中国优秀旅游城市”名单，新泰市位列其中，居山东4个县级“中国优秀旅游成市”第一位。

【壮大村级财源】 该市积极引导村级组织培育新的经济增长点和生财点，努力增加村级集体收入。一是靠地利生财。城区、工矿区、乡镇政府驻地、交通枢纽所在村，充分利用区位优势，通过兴办企业、搞房地产开发、发展商贸流通、餐饮服务等渠道，广辟财源，发展壮大村级集体经济。二是靠工业生财。在做大做强原有村办企业的基础上，充分利用资金、技术、管理、信息等优势，新上市场前景好、技术含量高、发展潜力大的项目，增强村级集体经济发展后劲。三是靠土地生财。对集体拥有的荒山、荒滩、荒岭、荒沟等“四荒”资源和河道、水库、塘坝、机井、村内空闲地等资源，通过承包、拍卖、租赁、入股等形式进行开发，增加集体收入。有条件的村发展农业生态旅游业，努力培植新的财源。四是靠资源生财。对境内的沙、石、土等矿产资源，在国家政策许可的范围内，办理好有关手续，由村集体组织进行合理开采，依托其发展建材业、运输业等相关产业，拉长产业链，提高资源综合利用效益，增加村级收入。五是靠服务生财。探索“农户+协会”的形式，发展订单农业，村级组织搞好产前、产中、产后服务，特别是在产品加工、包装、储藏、装运、销售等环节，充分发挥集体的优势，进行有偿服务，增加集体收入。六是靠外力生财。优化内部环境，以所在村优势，吸引外单位和个人到村投资，带动当地经济发展，增加村级财源。七是靠维权生财。对原集体承包合同进行梳理，承包额明显过低、发包程序不合法、承包内容违背国家政策、承包方不能完全履行合同的，依法进行规范完善，维护了群众利益，保障集体不受损失。八是靠运营生财。采取有效措施对村办企业进行以明晰产权为重点的改制，加强村级集体生产服务设施的管理，确保集体资产保值增值。对集体投资、投劳形成的房屋、院落、机械、厂房等闲置资产，通过承包、租赁、入股、拍卖等形式进行盘活，增加集体收入。

【农副产品名牌频现】 近几年，新泰市先后建成天宝樱桃、汶南黄花菜、石莱仔猪、楼德煎饼4个全国品牌农产品第一镇，培育形成年家峪牌樱桃、金芭蕾牌黄花菜、楼德牌煎饼、浮邱牌草帽辫等30余个特色品牌。山东楼德源生食品有限公司以煎饼研究所为依托，引进国内食品研究机构的先进技术，与传统的生产工艺相嫁接，开发出普通型、营养型、保健型、礼品型、旅游型系列产品40多个品种，产品被评为泰安市名牌产品、山东省消费者协会推荐产品、农业部部优产品、第四届中国国际农产品最畅销产品。新泰市祥云种业有限公司长期与山东农业大学、山东农业科学院等单位合作，致力于新泰密刺黄瓜的研究与开发，在新泰、宁阳、内蒙、辽宁、甘肃等地建立起稳固的种子繁育基地187公顷，年产各类黄瓜及其它蔬菜种子16万公斤，销往全国25个省、市、自治区，其中“新世纪王”、“山农5号”密刺黄瓜种经农业部农作物种质监督检测中心检测，达到国家级标准，在山东省政府主办的首届山东名优特农产品上海博览会上获得名牌产品称号。

【城乡规划效能监察工作列为全国首批联系点】 该市重视城乡规划、建设、管理工作，先后被评为国家园林城市、山东省适宜人居环境城市、山东省园林城市、首届山东省文明城市，年内被列为全国首批29个县级规划效能监察工作联系点之一。①理顺管理体系。合理划分规划管理权限，对市规划局、建设局、城市管理行政执法局的规划管理权限进行合理划分。在新汶城区设立新泰市规划局新汶直属分局，把开发区规划管理权上收到市规划局，在各乡镇设立规划管理办公室，强化城乡规划的集中统一管理。明确城市管理行政执法局依法行使城市规划管理的部分行政处罚权，取得《建设工程规划许可证》项目的批后管理仍由市规划局负责，在规划局成立规划监察大队，对所有批后建设项目实行全程跟踪管理。将城市规划效能监察细分为规划建成区的规划管理、村镇规划管理、规划批后管理和规划效能监察，明确管理内容，落实相关人员责任，层层签订责任状。城乡规划效能监察领导小组定期组织相关部门单位召开调度会、联席会议，督促加强配合协作，突出强化规划和城管执法部门之间的联合执法，保证规划的落实。②建立制约体系。将6项规划行政许可事项全部纳入行政服务中心办理，从行政许可的依据、条件、程序、时限等8个方面，制定具体的程序性规定，规范工作流程。编制建设项目规划建筑设计方案审查审定通知书等8种规划行政许可文书示范文本，规范审批程序。建立专家咨询委员会、规划局办公会、建设项目管理委员会、城市规划委员会四级审查机构，健全规划技术初审、专家评审、规划委员会审查、政府审批的规划决策机制。③健全公开体系。全面实行“五公开、六公示”（公开办事依据、办事程序、办事人员、办事机构和办事结果；城市规划批前、批后公示，重点规划建设项目公示，建设工程批前、批后公示，违法建设查处公示）制度。对城市各类规划和重要地段、重要区域、重要项目的规划方案，通过新闻媒体、规划局网站、规划公示栏和集中上街宣传等，多形式、广范围实施公开。实施“一楼一牌”制度，所有建设工程项目都必须在施工现场设置规划批后公示牌，对未按规定公示或公示内容不实的，一律不予放线、验线。④构建廉政体系。通过设立专线举报电话、意见箱、廉政信箱，及时受理群众的效能投诉。在全市聘请29名规划监督员，定期组织开展视察活动。落实党风廉政建设责任制，确保党风廉政建设工作处处有人抓，事事有人管。成立执法监察领导小组，根据工作进展和群众举报，对各单位依法审批和廉政勤政情况随机进行监督检查。 （付立新）

肥 城 市

【概况】 肥城因西周时期称肥子国而得名。

政区 人口 全市总面积1277平方公里。辖14个乡（镇、街道）、607个村（居）民委员会。年末全市总人口96.5万人，其中非农业人口26.2万人。人口出生率8.45‰，死亡率7.21‰，自然增长率1.2‰。有少数民族21个、1.10万人。

经济概况 全年实现生产总值303.7亿元，按可比价格计算，比上年增长16.9%。其中，第一产业增加值28.9亿元，增长4.5%；第二产业增加值192.1亿元，增长18.1%；第三产业增加值82.7亿元，增长19.4%。三次产业比例为9.5：63.3：27.2。实现财政总收入23.1亿元，其中地方财政收入12.8亿元，增长24.2%。年末金融机构各项存款余额139.1亿元，比年初增加11.7亿元。其中居民储蓄存款余额88.1亿元，比年初增加3.3亿元。年末金融机构各项贷款余额99.9亿元，比年初增加11.7亿元。

农 业 全年农林牧渔业完成增加值28.86亿元，增长4.5%。粮食总产55.0万吨，下降1.7%；棉花总产2949吨，增长3.4%；油料总产7894吨，增长23.9%；水果总产13.7万吨；蔬菜总产196.5万吨，增长2.0%。肉类总产5.1万吨，禽蛋总产3.7万吨，奶类总产4.4万吨。水产品总产2130吨。全年造林3411.3公顷，林木覆盖率达到32.7%。全市农机总动力73.7万千瓦，增长1.82%。

工 业 规模以上工业企业230家，实现增加值164.4亿元，增长24.9%；实现产品销售收入584.0亿元，增长40.6%；实现利税65.9亿元，增长40.1%；实现利润33.3亿元，增长55.9%。

建设 环保 城区自来水供水能力达到6.8万吨/日，供热面积160万平方米，用气人口3.2万户。公交营运车辆达到226标台。城区垃圾无害化处理能力180吨/日。城市建成区绿化面积1379万平方米，城市建成区绿化覆盖率达到39.6%。资质三级及以上建筑企业85家，完成建筑业总产值102.05亿元，比上年增长27%。已建成污水处理厂1座，城市污水集中处理率达到87%。完成环境污染治理项目14个，完成投资额1.58亿元。城市空气质量达标率达到100%，水环境功能区达标率为100%。

交通　邮电　公路通车里程1757公里。公路旅客运输量为999万人，增长18%。公路货物运输量为2236万吨，增长15%。民用汽车拥有量1万辆，增长17%，其中私人轿车0.8万辆，增长13%。邮政业务总量5058万元，增长10.9%。

贸易　旅游　全年共实现社会消费品零售总额80.9亿元，增长19.2%。实现进出口总值2.9亿美元，增长15.5%，其中出口总值2.1亿美元，增长26.9%。新签利用外资项目12项，合同外资额2.1亿美元，增长21.7%；实际利用外资1.5亿美元，增长19.4%。新签对外承包劳务合同额6482万美元，增长38.1%；完成营业额2818万美元，增长23%；外派人员2122人次，增长76%；年末在外人数3576次，增长74%。主要旅游景点有十万亩桃花源景区、牛山穆柯寨旅游区、孙伯云蒙山景区、范蠡西施陶山景区、安庄温泉度假村。全年接待国内外游客170万人次，实现旅游总收入4.9亿元。

教科文卫体　有各级各类学校198所，在校生9.0万人。普通高中和职业学校10所，在校生1.8万人。普通初中20所，在校生1.6万人。小学105所，在校生4.9万人。特殊教育学校1所，在校生135人。共取得市（地）级以上各类重要科技成果3项。专利申请量314件，授权专利69件。有各种艺术表演团体2个，公共图书馆1处，文化馆1处，档案馆1处。广播、电视人口覆盖率均达到100%。有卫生机构433所，其中医院（卫生院）35所、卫生防疫机构1所、妇幼保健机构1所。各类卫生机构共有床位2823张，卫生技术人员3547人，其中执业医师1078人、注册护士1221人。有体育馆2座，全年参加省级以上体育比赛共获奖牌24枚，其中金牌8枚。

社会生活　城镇居民人均可支配收入1.4万元，增长22.6%；人均消费性支出为8312.77元，增长20.91%；人均住房建筑面积30.66平方米。城镇在岗职工年平均工资1.8万元，增长15.14%。农民人均纯收入6107元，增长16.3%；人均居住面积38平方米。参加职工养老、医疗、工伤、生育保险的人数分别达到9.3万人、5.0万人、3.2万人和7.4万人，分别增加0.6万人、1.0万人、0.8万人和0.6万人。参加职工失业保险的人数达到9.9万人，增加0.1万人。社会保险基金总收入4.6万元，增加1.0万元；支出2.8万元，增加0.7万元。参加农村养老保险的人数达到25.7万人。全市最低生活保障救助1.3万人，其中城镇低保4303人、农村低保8413人。敬老院23个，床位1615张，收养330人。社会福利企业10个，安置残疾人员289人。

年内，该市先后被命名为全国绿色小康县、全国农村饮水安全工程示范市、全国经济林产业示范县；被山东省评为区域经济协调发展示范市、政府非税收入规范管理示范市、平安建设先进市、国土资源执法模范市和社会文化建设先进县。

【“三联”助推新农村建设】　一是企业联村。开展新农村建设结对帮扶活动，组织38家实力较强的企业与63个行政村结成帮扶对子，既帮资金、帮物资、兴办公益，又帮项目、帮技术、帮就业，村企携手共谋发展。年内实施打井修路、架桥建校、结构调整等惠民富民项目54个，安排农民就业1860多人，无偿援助资金物资折款1310万元。二是基地联农。推进“公司+基地+农户”的生产经营模式，引导农业龙头企业加快基地建设，扩张基地规模，优化区域布局。到年末，全市已形成6666.67公顷（10万亩）有机菜、6666.67公顷（10万亩）绿色肥桃、6666.67公顷（10万亩）“两菜一粮”、6666.67公顷（10万亩）绿色干鲜果品、6666.67公顷（10万亩）速生丰产林的规模种植格局，联结农户15万户，户均增收2000元以上。三是协会联户。按照“民办、民营、民受益”的原则，培育发展农村专业协会和合作社690个，其中瓜菜、林果、畜禽等专业合作社230个、专业协会80个、各类农副产品运销服务组织380个，拥有会员1.40万户，带动农户5.80万户，占总户数的35.6%，提高了农民进入市场的组织化程度和产业化经营收益水平。

【被命名为全国首批“绿色小康县”】　该市着力发展循环经济，利用10座“渣子山”，新建矸石发电厂8家，年发电4亿度，配套衍生出企业10个，形成煤—电—建材、煤—电—铝等多条产业链。实施工业节能“458”工程，突出抓好煤电节能、冶金机械、新型建材、精细化工4个重点行业和50家重点能耗企业，培植发展8家循环经济示范企业。新上项目环境评价执行率达100%，城市大气污染指数小于100的天数达300天以上。推动科技创新，培植发展高新技术企业99家，山东名牌15个，具有自主知识产权产品52个。建设生态农业，发展有机蔬菜1万公顷，成为全国种植有机蔬菜面积最大的县市。加快林业产业化发展，新栽植各类树木6000多万棵，全市森林覆盖率达到32.7%。年内，该市被中宣部、中央文明办、国家绿化委员会、国家林业局命名为全国首批“绿色小康县”。

【被评为山东省“社会文化先进县”】　肥城市委、市政府在加快发展经济的同时，重视发展文化事业。加强文化基础设施建设，扩大图书馆规模，建立博物馆，装修改造影剧院，成立艺术培训中心；规划建设了音乐喷泉广场、百花园公园、康王河公园等各具特色的文化广场，督促14个乡镇（街道）全部建立文化中心，7个乡镇和20多个有条件的村建成休闲、娱乐、健身文化广场，200多个村建成较高标准的文化大院，形成市、乡镇（街道）、村（居）较为完善的三级公共文化服务网络；培训文化管理人才和文化骨干2000余人，各乡镇（街道）分别有专职文化干部2～3名，各村（居）分别有专职或兼职文化管理人员1～2名；成立舞蹈、摄影、书法、美术等十几个专业协会，组建了近千支文艺表演队、秧歌队、合唱团、庄户剧团、书画社、戏剧票友等各种形式的社会文化队伍；创作编排了音乐、舞蹈、声乐、器乐、戏曲、曲艺、小品、美术、书法、摄影等作品500件，每年在市级以上获奖160余件，有20人获省以上奖项70余个，许多剧目在群众中广泛传唱。按照“天天有活动，月月有主题，年年有变化”的总体要求，每年都举办“桃花节戏曲电视大奖赛”、“名家书画展”、“歌手大赛”、“少儿才艺大赛”、“消夏广场文艺演出”、“四下乡”、春节文化活动、乡镇文艺汇演等文化活动，其中“肥城桃花旅游节”已连续举办了六届。实施文化信息资源共享工程，加大文化遗产保护力度，积极开展第三次文物普查工作，公布了肥城市非物质文化遗产名录，制定了保护计划和措施。成立泰安市网络文化协会肥城分会，建起互联网上网服务营业场所监控平台，聘请文化市场协管员30名，并在市人大代表、政协委员中特邀文化市场社会监督员10名，形成政府管理、行业自律、社会监督相结合的市场监管机制。有2个乡镇跨入全省社会文化先进乡镇行列，1个村被中央文明委授予“全国创建文明村镇工作先进村镇”称号，2个村被评为省级文明村。年内，该市成为全省仅有的5个“社会文化先进县”之一。

【山东阿斯德化工有限公司甲酸产能跃居世界第二位】 年内，该公司三期4万吨/年甲酸生产装置一次性开车成功，甲酸生产能力扩大到10万吨/年，列德国巴斯夫公司之后，产能居世界甲酸行业第二、亚洲第一位。该公司三期甲酸扩能项目于2006年8月开工建设，总投资1.5亿元，采用具有世界领先水平、拥有自主知识产权的甲酸甲酯生产工艺，年产甲酸4万吨，年新增主营业务收入1.97亿元、利润3000万元、税收1500万元。

【国际（肥城）2007农业有机农产品发展论坛举行】 5月24~25日，由联合国工业发展组织中国投资与技术促进处绿色产业专家委员会和肥城市人民政府共同举办的国际（肥城）2007农业有机农产品发展论坛隆重举行。国家环保总局副局长周建，联合国工业发展组织中国投资与技术促进处首席代表、绿色产业专家委员会主任胡援东，省人大常委会副主任陈延明，中国工程院院士、有机食品专家金鉴明，国家农业部原副部长宋树友，省环保局局长刘富春，省农业厅副厅长于凤华，省农业科学院党委书记仲崇高，泰安市委副书记、市长李洪峰，市人大常委会副主任周克峰及国内外有机农产品专家共计280人出席论坛。肥城市适应国内外市场需求，把有机蔬菜作为特色优势产业重点培植，科学规划指导，推进产业化发展，有机蔬菜基地面积发展到9533公顷，品种有绿菜花、青刀豆、芦笋等30个，年产量40万吨，产品95%以上出口欧盟、日本、美国、韩国等国家和地区，成为全国发展有机蔬菜最早、面积规模最大、编制规划最先、加工出口最多的县市。该次论坛，有助于打响肥城有机品牌，扩大国内外影响力，推进有机农产品产业发展。（单光启）

宁阳县

【概况】 西汉，汉高祖于宁山（今伏山村南）之南置县，因山南为阳，故名宁阳。

政区　人口　全县总面积1125平方公里。辖12个乡（镇）、566个村（居）委会。年末全县总人口80.9万人。人口出生率9.32‰，死亡率7.33‰，自然增长率1.99‰。有少数民族23个、8600人。

经济概况　全年实现国内生产总值121.4亿元，按可比价格计算，比上年增长16.6%。其中，第一产业增加值23.5亿元，增长3.4%；第二产业增加值61.3亿元，增长20.7%；第三产业增加值36.6亿元，增长19.0%。三次产业比例为19.3：50.5：30.2。全县50万元以上项目完成固定资产投资82.6亿元，增长30.2%。地方财政收入4.5亿元，按可比口径增长24.9%。税收总收入7.4亿元，增长31.2%。年末金融机构人民币各项存款余额58.3亿元，增加3.5亿元，其中居民储蓄存款余额43.2亿元，比年初增加3.7亿元。年末金融机构人民币各项贷款余额39.2亿元，增加2.8亿元。

农　业　全年农林牧渔业完成增加值23.5亿元，增长3.4%。粮食总产56.7万吨，增长3.4%；油料7.1万吨，下降5.5%；棉花总产1523吨，下降6.3%；蔬菜总产96.5万吨，下降6.4%；肉类产量6.7万吨；奶类产量4.7万吨。新增造林面积1587公顷。水产品总产量1717吨。农业机械总价值达到4.08亿元，农机总动力67.91万千瓦。增长2.55%。

工业　建筑业　全县规模以上工业企业208家；实现工业增加值45.0亿元，增长29.7%；实现主营业务收入164.6亿元，增长42.7%；实现利润12.5亿元，增长43.3%；实现利税20.8亿元，增长40.0%。规模以上工业中，制造业实现增加值36.83亿元，增长33.7%，占规模以上工业增加值的81.7%，增长2.9%；对规模以上工业增长的贡献率为93.9%，增长2.9%；实现利润8.8亿元，增长47.8%。非公有企业实现增加值25.5亿元，增长38.5%。资质三级以上建筑企业29家，完成建筑业总产值19.3亿元。

建设　环保　年内编制县城重点规划项目18项，县城详细规划覆盖率90%；编制乡镇各类详细规划196项，控制性详细规划覆盖率提高10%；完成村庄建设规划566个。县城基础设施年内累计完成投资1.98亿元。县城规划区面积已达到116平方公里，建成区面积18平方公里，园林绿化达到660万平方米，城市住宅面积286万平方米，城区道路总长77公里。新农村建设累计投资1.4亿元，新增道路28.3万平方米，安装路灯3109盏，铺设排水管道27.9万米，新增绿化面积24万平方米。全县有各类环保监测点400个，14家省控以上重点企业和县污水处理厂已安装自动在线监测设备21台(套)，并实现与省、市监控中心联网。全年完成环境保护投资2.73亿元，增加8973万元。工业废水排放达标率99.8%，工业废气中二氧化硫、烟尘排放达标率分别为99.5%、99.8%，工业固体废物综合利用率99.5%。各项主要污染物排放量均控制在泰安市政府下达的目标任务以内。生态县建设各项指标均达到目标责任书的要求。全县绿色学校达到16所、“绿色社区”4个，省级“环境优美乡镇”达到4个。

交通　邮电　公路通车里程1326.2公里，其中高速公路16.1公里、国道32公里、省道110.5公里、县道254.9公里、乡道177.9公里、村道750.9公里。全县营业性客运车辆293辆、6751客位，公路旅客运输量196万人，公路旅客周转量1.13亿人公里，分别增长7.6%和12.7%；货运车辆5723辆、1.20万吨位，公路货物运输量为237万吨，公路货物周转量1.52亿吨公里，分别增长5%和11.1%。个体营业性汽车拥有量5175辆，增长10.5%。全年完成邮政业务总量3004万元，增长11.8%；电信业务总量8399万元，增长9.8%。

贸易　旅游　全年实现社会消费品零售总额45.0亿元，增长18.7%。其中，县以上实现社会消费品零售总额17.2亿元，增长18%；县以下实现零售额27.8亿元，增长19.2%。非公有经济实现社会消费品零售额38.5亿元，增长18.3%，其中个体私营实现零售额29.6亿元，增长10.3%。累计引进各类项目387项，合同利用外资额2.05亿美元，增长19.9%；实际利用外资1.41亿美元，增长59%。主要旅游景点有神童山森林公园、泗店蟋蟀交易市场等。全年接待国内外游客16万人次，增长7%。

教科文卫　有各级各类学校95所，其中小学67所、初中21所、高中5所、职业学校1所、特殊教育学校1所；在校生8.5万人，其中小学4.1万人、初中1.5万人、普通高中1.9万人、职业教育1.0万人、特殊教育141人。幼儿园68所，在园幼儿1.9万。小学入学率、在校生巩固率、15周岁人口初等教育完成率均为100%；初中在校生巩固率98.7%，17周岁人口初级中等教育完成率98.7%；义务教育各项指标均达到或超过省定标准。全县新认定市级以上高新技术企业5家，市级高新技术产品10个。高新技术产品产值42.68亿元、产业产值36.39亿元。全年专利申请247件，增长34.6%，其中发明专利63件、授权专利20件。取得各类科技成果100多项，获省科技进步奖3项、市科技进步奖5项。宁阳县被列为省科技富民强县专项行动计划试点县。4个项目列入国家火炬计划，1个项目列入省可持续发展十大科技示范工程，4个项目列入市科技攻关计划。全县拥有公共图书馆1处，群众艺术馆、文化馆1处，档案馆1处。图书馆藏书5.3万册，为国家三级图书馆。广播、电视覆盖率分别达到100%。县辖医疗卫生机构21个，其中县直医院（卫生院）7处。各类卫生机构共有床位1564张，卫生技术人员2264人，其中执业医师761人、注册护士631人、执业助理医师318人。全县规划内“七苗”基础免疫接种率平均达到98%以上；孕产妇和儿童系统化管理率分别达到98.3%和98.7%，连续三年实现孕产妇零死亡目标。县内乡镇卫生院在全市率先普及楼房化，85%的村卫生所达到市级规范化标准。新型农村合作医疗参加率99.1%，居全市第一。

社会生活　农民人均纯收入达到4546元，增长12.3%，其中工资性收入2480元，占纯收入的54.6%，同比提高9.8个百分点。全县在岗职工平均工资达到1.5万元，增长27.4%；城镇居民人均可支配收入9990.9元。全县参加城镇基本养老保险人数达6.5万人，收缴保费1.95亿元，分别增长12.1%和25.1%。其中，企业参加养老保险人数4.9万人，增长16.3%；收缴保费1.16亿元，增长25.1%。机关事业、企业离退休人员1.1万人，发放养老保险金1.65亿元；农村社会养老保险新增投保续保7996人，发放养老金151万元；参加失业保险人数5.8万人，领取保险金人数2600人，发放失业保险金749万元；参加医疗保险人数3.77万人，支付医疗保险费2898万元。全县城镇最低生活保障730户、1613人，全年发放低保金152万元；农村低保8966户、1.9万人，发放低保金306万元。各种社会福利收养性单位供养2038人，社会福利企业9个，安置残疾人员219人。全年销售社会福利彩票1288.4万元，筹集社会福利资金90.2万元。

年内，宁阳县被授予“全国科普示范县”。

【城乡客运网络化建设经验在全国推广】 年内，在甘肃兰州召开的全国道路运输工作会议上，宁阳县作为唯一的县级单位作了典型发言，交通部向全国推广宁阳县做好城乡客运网络化建设的经验和做法。①构建高密度客运网络。该县根据当地地理特点和路网建设现状，编制实施横向延伸、纵向成环、冷热线兼顾、长短线互补、便利管理的《宁阳县城乡客运网络规划》。到年底，已形成以4纵4横县内主要干线公路为框架、55条县乡道路为支线，惠及全县各乡村的客运网络。客运班线覆盖半径，城镇居民为300米，乡村居民为1000米。②建设高标准客运站点。按照交通管理所、客运服务站、农村公路养护站、乡镇物流站“四位一体”的原则，新建或改建客运站27个，已有23个竣工投入使用，其中4个站位于三县交界处、15个具备“四位一体”功能。在全县设立港湾式候车亭23处、停车牌296个，形成以县城客运枢纽站为龙头、以乡镇客运站为依托、以村庄站点为结点的客运服务站点网络。③健全高效能管理机制。该县成立“城乡客运网络化建设领导小组”，由县交通局具体负责组织协调。县交通部门成立运政稽查队伍，与交通稽查大队及有关部门密切配合，治理城乡客运市场，打击非法营运车辆和倒客、甩客等违法行为，两年间取缔各类违规违章客车269辆。探索多渠道投入机制，吸引客运公司更新车辆和设备，两年间，全县投入城乡客运网络化建设资金达6000多万元，其中政府投资客运站点建设资金2130万元。④提供高质量客运服务。理顺运输组织结构，探索形成交通主管部门抓行业管理，客运站由专业运输企业自主经营，以站管车、以车养线、以线联网的市场运作模式。县交通运输管理处成立客运站管理办公室，专门负责客运站的行业管理和运力调控。各客运站按管理标准配齐人员，健全岗位职责和各项管理制度，编制切实可行的运行计划，保证客运网络的健康运营。引导专业运输公司新购置80辆19座以上的豪华巴士投放到各条线路，对城乡快客做到统一管理、统一标识、统一结算、统一票价、统一服务标准、统一循环发车，全县从事境内城乡客运的车辆达234辆，日客运周转量达4.21万人公里，为出行农民提供快捷便利的“宁阳城乡快客”服务。

【农村土地承包经营权流转“股份+合作”模式在全国推广】 该县把推动和完善农村土地承包经营权流转作为培育发展适度规模经营、推动农村经济发展、增加农民收入的重要举措，创造出“股份+合作”的土地流转模式和“底金+分红+劳务收入”的农户收入模式。国家农业部、发改委联合调研组和省政府调研组先后赴宁阳进行专题调研，总结推广了该县土地流转工作的经验。①多渠道助推土地流转。通过培植农业龙头企业延伸产业链条带动土地流转、发展农民专业合作社搭建平台助推土地流转、做大劳务输出产业拓宽就业渠道促进土地流转、发挥大户示范作用扩张效应引导土地流转等，促进土地流转工作的开展。②多方式进行土地流转。按照“依法、自愿、有偿”和规范管理与指导服务相结合等原则，因地制宜，采取转包、出租、互换、入股、转让等方式进行土地流转。③科学合理设置土地流转流程。该县采用统一格式的土地流转合同，制定严谨的土地流转备案制度，建立土地纠纷调解仲裁机构，使土地流转更加规范，农民权益得到切实保证。④优质服务促进土地流转。制定优惠政策，从财政和资金贷款方面对土地流转给予扶持，培植土地流转市场，建立具有政策指导、法律咨询、信息服务、土地资产评估等职能的中介服务机构，推动土地流转的深入开展。到年末，该县有302个村、3.7万户农民进行土地流转，流转面积达5067公顷。

【中国科协授予宁阳县“全国科普示范县”称号】 该县自2005年起，按照“政府推动，全民参与，提升素质，促进和谐”的方针，实施“科教兴县”战略。明确到2020年的科普工作目标，实施推动公民科学素质建设、专业化人才队伍建设、建立公民科学素质状况的“三推”计划。成立专门班子，定期研究解决存在困难问题；把《全民科学素质行动计划纲要》的有关要求列入全县精神文明建设规划；把“科普村村通”、“科普惠农”等工作纳入全县年度工作重点并予以督查和考核；选配7名高学历人才充实县科协机关队伍；增加经费投入，仅2007年就拨付科普专项经费44万元，保障了工作需要。突出抓好“一站、一员、一栏”建设，把科普活动站建设与乡村党员干部远程教育活动室的建设相结合，“一块阵地、一套设施、两块牌子、资源共建共享”，全县566个行政村（社区）中有426个建立起科普活动站，占行政村总数的75.3%，其中一类科普活动站85个，均达到有门牌、有制度、有电教设备、有光盘、有图书、有科普工作计划、有年度工作总结、有示范项目、有效益评估、有档案材料的“十个有”目标。全县566个行政村和社区均配备科普员，较好地完成了普及科技知识、开展农民科技教育培训及培育农民技术协会、科普示范基地和科普带头人等任务，全县上下形成党政推动、部门协作、人人参与的科普工作发展格局。2007年11月，中国科协授予宁阳县“全国科普示范县”称号。

【《宁阳县志》被评为全省史志系统“八个一优秀”市县级志书】《宁阳县志》是省、市政府第二轮修志规划的重点志书，2003年3月编纂工作正式启动，历经5年编纂完成。全书共30编、150万字，随文图片700余幅，全彩印刷，图文并茂，由方志出版社出版发行。该志书全面系统地记载了18年间宁阳县自然、经济、政治、文化、社会等各方面发生的巨大变化，时代特色鲜明，地方特色突出，结构严谨，叙事简洁，体例篇目多有创新，是一部思想性、资料性、可读性很强的志书。出版发行后，受到各级领导和社会各界的普遍好评。在首届“八个一优秀”（优秀省志分志、市县级志书、综合年鉴、史志工作单位、地情资料库、方志馆、业务论文、调研报告）评选活动中，被评为全省唯一的市县级优秀志书。并领取了省政府奖金。

（杜秀芝　赵先法）

东平县

【概况】　县名由来　东平因《尚书·禹贡》中“大野既潴，东原底平”之说而得名。

政区　人口　全县总面积1340平方公里。辖14个乡（镇）、716个村（居）民委员会。年末全县总人口78.0万人，其中非农业人口9.5万人。人口出生率9.9‰，死亡率6.8‰，自然增长率3.1‰。有少数民族18个，4050人。

经济概况　全年实现国内生产总值107.7亿元，按可比价格计算，增长16.3%。其中，第一产业增加值17.9亿元，增长1.2%；第二产业增加值61.6亿元，增长19.4%；第三产业增加值28.2亿元，增长18.9%。三次产业比例为16.6：57.2：26.2。全社会完成固定资产投资53.3亿元，增长20.7%。实现地方财政收入3.7亿元，按可比口径增长20.0%。税收总收入3.8亿元，增长19.4%。年末金融机构人民币各项存款余额50.2亿元，比年初增加5.4亿元，其中居民储蓄存款余额40.1亿元，比年初增加3.2亿元。年末金融机构人民币各项贷款余额35.5亿元，比年初增加6.0亿元。

农　业　全年农林牧渔业完成增加值17.9亿元，增长1.2%。粮食总产61.9万吨，增长4.3%；棉花总产8674吨；油料总产1.6万吨；水果总产3.0万吨，增长7.3%；蔬菜总产36.4万吨，下降13.4%。肉类总产3.1万吨，禽蛋总产2.4万吨，奶类总产1.6万吨。水产品总产5.5万吨。全年人工造林1.1万公顷，林木覆盖率达到19.2%。全县农机总动力76.8万千瓦。

工　业　全年实现工业增加值50.90亿元，增长20.3%。规模以上工业企业209家，实现增加值36.9亿元，增长29.5%；实现产品销售收入161.0亿元，增长41.0%；实现利税14.1亿元，增长43.8%；实现利润10.2亿元，增长52.2%。规模以上非公有制工业实现增加值36.0亿元，增长29.5%，其中私营工业实现增加值30.8亿元，增长29.8%。

建设　环保　年末人口城镇化率达到31.5%，与上年持平。自来水供水能力达到4.3万吨/日，用气人口10.1万人。新建、扩建城市道路8公里，公交营运车辆达到300标台。城区垃圾无害化处理能力150吨/日。城市园林绿地472公顷，城市建成区绿化覆盖率达到37.1%。资质三级及以上建筑企业31家，完成建筑业总产值43.2亿元，增长52.9%；实现利税7000万元，增长21%。已建成污水处理厂1座，城市污水集中处理率达到74.9%。完成环境污染治理项目4个，完成投资额3911万元，增长1.2%。城市空气质量良好率达到98%，水环境功能区达标率为75%。

交通　邮电　公路通车里程1886公里。公路旅客运输量为433万人，增长19.0%。公路货物运输量为1481万吨，增长20.0%。民用汽车拥有量6130万辆，增长2%，其中私人轿车4160万辆，增长5%。完成邮电业务总量1.36亿元，增长15.3%。其中，电信业务总量1.08亿元，增长16.1%；邮政业务总量2800万元，增长13.1%。年末固定电话用户达到15万户，移动电话用户17万户，电话普及率41部/百人，互联网用户 1.1 万户。

贸易 旅游 全年实现社会消费品零售总额 32.7 亿元，增长 18.8%。其中，城市市场实现零售额 12.12 亿元，农村市场实现零售额 20.56 亿元。实现进出口总值 3093 万美元，下降 5.2%，其中出口总值 1769 万美元，下降 13.4%。新签利用外资项目 2 项，合同外资额 1.2 亿美元，增长 20%；实际利用外资 7234 万美元，增长 20%。新签对外承包劳务合同额 1050 万美元，增长 23%；完成营业额 790 万美元，增长 20%。外派人员 210 人次，增长 22%；年末在外人数 568 人次。主要旅游景点有东平湖、腊山、白佛山、黄石悬崖、洪顶摩崖刻经、戴村坝等，全年接待国内外游客 280 万人次，实现旅游总收入 16 亿元。

教科文卫 中等专业学校 1 所，在校生 1.0 万人。普通高中 5 所，在校生 1.6 万人。普通初中 23 所，在校生 2.1 万人。小学 117 所，在校生 4.5 万人。特殊教育学校 1 所，在校生 90 人。专利申请量 106 件，授权专利 47 件。有公共图书馆 1 处，群众艺术馆、文化馆 1 处，档案馆 1 处。广播、电视人口覆盖率分别达到 98% 和 95%。有卫生机构 39 所，其中医院（卫生院）20 所、卫生防疫机构 2 所、妇幼保健机构 1 所。各类卫生机构共有床位 1320 张，卫生技术人员 2131 人，其中执业医师 660 人、注册护士 501 人。有体育馆 1 座，全年参加省级以上体育比赛共获奖牌 2 枚，其中金牌 1 枚。

社会生活 城镇居民人均可支配收入 9162 元，增长 20.6%；人均消费性支出为 5827 元，增长 18.2%；人均住房使用面积 35.8 平方米。城镇在岗职工年平均工资 1.4 万元，增长 25.9%。农民人均纯收入 4009 元，增长 11.5%；人均生活消费支出 2198 元，增长 23.4%；人均居住面积 33 平方米。全年职工养老、医疗、工伤、生育保险参保人数分别达到 5.21 万人、2.88 万人、1.97 万人和 3.56 万人，分别增加 0.35 万人、0.55 万人、0.46 万人和 0.35 万人。至年底，全县领取失业金人数 1747 人。社会保险基金总收入 1.30 亿元，增加 1663 万元；支出 1.09 亿元，增加 1607 万元。参加农村养老保险人数达到 17.0 万人。全县最低生活保障救助 1.8 万人，其中城镇低保 1981 人、农村低保 1.6 万人。全县福利彩票销售 1100 万元，增长 11%。收养性社会福利单位 14 个，床位 2010 张，收养 1941 人。社会福利企业 4 个，安置残疾人员 56 人。

【打造三大农业节能项目】 一是 10 万吨秸秆酶解发酵乙醇生产项目。该项目由山东泽生生物科技有限公司与香港中电集团合资建设，采用国内最先进的秸秆固相酶解同步发酵吸附分离三重耦合新技术。于 4 月初正式签约，总投资 8 亿元，分两期建设。一期工程投资 6 亿元，形成乙醇 6 万吨、低聚木糖 1.8 万吨，木糖 1 万吨生产规模；二期工程投资 2 亿元，扩规达到乙醇 10 万吨、低聚木糖 3 万吨、木糖 2 万吨的生产能力。项目建成后，预计年可实现销售收入 9 亿元，提供就业岗位 1500 个。二是 30 万吨复混肥项目开工建设。该项目由东平县光大集团与山东农业科学院合作，其中山东农业科学院出资 1.8 亿元，利用山东光大日月油脂股份有限公司的副产品（各类粕类、棉壳）以及东平县瑞星集团淀粉厂下脚料产品（玉米皮等）作为原料，形成年产 30 万吨复混肥规模。该项目于 4 月 4 日正式开工，分两期建设。一期投资 1.36 亿元，建设年产 10 万吨生物有机肥生产线一条和年产 10 万吨尿基复合肥生产线一条；二期投资 6387 万元，建设年产 10 万吨氨化硫基复合肥生产线。项目建成投产后，预计年产值可达 4.3 亿元，利税 5130 万元，安置就业 1000 人。三是方便粉丝加工项目。该项目由四川国基实业公司投资兴建，设计规模为 1.2 万吨，主要生产“扁担姑娘”牌地瓜、玉米方便粉丝等系列产品。4 月 10 日，第一批“扁担姑娘”方便粉丝下线，标志着该企业正式投产运营。全部项目达产后，年可实现销售收入 2.8 亿元，利税 2600 万元。

【加强渔业资源管理】 该县加强东平湖水质保护，扎实实施增殖放流活动，渔业管理工作成效显著。一是严格落实禁渔期、禁渔区和捕捞许可证制度，有效保护渔业资源增殖。每年从 4 月 15 日至 9 月 15 日实行为期 5 个月的全湖封湖禁渔期，禁止一切船只和渔具下湖捕捞作业。同时，在湖内建立 30 平方公里的市级渔业资源保护区，划定 2000 公顷长年禁渔区，禁止一切捕捞作业和养殖生产。二是打击非法捕鱼。落实水域养殖证制度和东平湖水面管理使用办法，打击电鱼、毒鱼等违法行为，取缔东平湖内的绞网、稠网密箔等灭绝性捕捞工具，维护东平湖内渔业生产秩序，合理开发与利用东平湖渔业资源。三是实施东平湖渔业人工增殖放流工程。自 2005 年实施至年末，累计投资 380 万元，投放鱼、蟹苗 1229 万尾，其中鲢、鳙、鲤、鲂等鱼苗 620 万尾，蟹 609 万只。年底，湖内鱼类种类已恢复至 30 多种，濒临绝迹的鳜鱼、翘嘴红鱼白等品种数量明显增加，乌鳢、黄颡、甲鱼等优势品种日益增多，大青虾产量达 1200 吨，渔业资源投入产出比达 1∶13.3。四是加大东平湖水质保护力度。实施东平湖水质净化工程，投资 8000 万元对东

表84　　2007 年泰安市各乡、镇

乡、镇、街道			面积(平方公里)	实有耕地面积(公顷)	村(居)民委员会(个)	人口(万人)	地方财政收入(万元)	农业机械总动力(千瓦)	农村用电量(万千瓦小时)	农产品总量(吨)			
名称	党委书记	乡镇长 主任								粮食	棉花	肉类	牛奶
财源	苏庆华	黄涛	10	–	28	10.5	7526	–	–	–	–	–	–
岱庙	徐立勇	赵健	10	38	19	11.3	12599	–	3490	425	–	368	–
泰前	周民	吴杰	70	209	26	19.7	7267	2247	6424	381	–	420	245
徐家楼	闫敏	倪新军	20	531	16	3.0	3550	–	4971	4068	–	1547	3750
上高	韩荣泉	李文	30	750	23	3.2	5027	–	4543	7326	–	1187	–
省庄	徐宗才	李峥	68	2805	41	6.0	3296	–	4023	16904	–	1756	116940
邱家店	赵永斌	冯力	74	3026	44	6.7	3026	–	4869	20728	–	1441	–
大津口	李长文	张岩	55	328	7	1.1	928	–	142	1225	–	164	540
北集坡	高志坚	郑金铭	107	4074	48	7.1	2278	27807	7200	21581	3100	2787	16000
粥店	张宗起	王增军	94	318	31	7.5	1633	29357	1560	2216	–	1274	7744
天平	刘琳	刘建新	64	1552	34	2.1	972	14904	476	6829	21	926	1200
山口	张军	郑凤泰	58	2534	44	5.2	1800	23549	691	30233	–	1671	7568
祝阳	李侠	王建新	87	4024	57	5.7	280	12947	585	26045	20	5549	5509
范镇	袁义明	赵永东	68	3766	40	6.1	1480	18836	607	31423	–	3098	10547
角峪	吴民	赵新国	64	2446	30	3.5	195	23958	540	17959	102	1087	921
徂徕	李振华	史伟	133	3907	35	5.8	571	17126	1000	35359	–	3023	5699
满庄	杨荣和	赵传星	106	4258	40	6.6	720	48882	948	47647	68	3240	7620
夏张	韩正文	郗树忠	117	5788	72	6.3	596	77345	1350	51732	294	3649	3228
道朗	敬成龙	杨涛	105	3063	44	4.5	263	23809	760	26810	166	4304	6550
黄前	孙丰海	周晓	105	1366	30	3.4	193	17616	840	9756	–	1005	1218
大汶口	孙启印	钱振华	98	4982	49	7.8	1002	49188	2976	75765	12	5602	7431
马庄	金飞	鲁瑞森	57	3045	37	5.0	2148	155957	700	51955	2	3215	5510
房村	张广闻	耿传振	95	4072	32	5.7	628	52810	2587	24729	–	10971	1043
良庄	李道明	程武	137	6228	41	7.3	148	40726	1093	32715	–	5043	3296
下港	于学军	苏建伟	155	1839	35	4.1	187	21740	273	6914	–	2258	660
化马湾	赵永生	李洪森	100	2568	32	3.8	961	33260	699	16887	–	2162	584

、街道基本情况

教育事业								卫生事业					生活·保障						
普通初中				小学				乡镇卫生院		村级卫生室			居民人均纯收入(元)	居民人均生活支出(元)	享受最低生活保障金人数(人)	入住敬老院人数(人)	敬老院数(所)	社会福利企业数(个)	福利企业残疾员工数(人)
学校数(所)	毕业生数(人)	在校生数(人)	专任教师(人)	学校数(所)	毕业生数(人)	在校生数(人)	专任教师(人)	床位数(张)	专业技术人员(人)	数量(所)	甲级卫生室(处)	乡村医生(人)							
–	–	–	–	8	1020	4852	195	10	16	26		87	13818	9971	2889	–	–	2	30
–	–	–	–	5	682	3341	143	3	13	18		76	15120	7452	4651	14	1	1	60
1	–	173	44	9	646	3889	191	30	34	10	10	20	5714	4100	935	–	–	2	11
2	125	576	99	8	442	2596	140	20	18	20	20	80	5165	4320	496	191	2	–	–
1	59	307	55	5	247	1593	78	20	15	8	8	38	5047	4720	1080	11	1	–	–
2	355	1650	182	8	695	3260	170	56	60	36	36	122	4766	2400	820	66	1	1	22
2	380	1466	140	14	632	3357	198	40	38	36	32	103	4809	2999	963	65	1	3	36
1	123	354	40	3	90	641	52	23	16	6	6	28	4200		690	27	1	–	–
2	405	1498	128	9	497	3221	185	20	43	50	32	132	4691	3187	1094	46	1	1	70
1	555	556	110	8	649	2871	183	40	22	28	28	153	4796	–	1056	26	1	2	26
1	284	846	96	6	283	2695	120	20	28	32	20	72	4496	–	701	74	1	1	20
2	598	814	147	5	343	3204	218	50	103	38	31	74	4828	–	1090	178	1	1	370
2	779	667	87	7	352	3088	283	40	52	37	35	120	4440	–	994	107	1	1	15
2	627	827	125	5	452	3805	260	40	62	39	34	84	4702	–	893	164	1	–	–
1	465	825	115	7	252	2111	110	40	59	24	24	78	4575	–	750	80	1	1	6
1	645	1036	97	11	455	4209	224	50	60	35	25	106	4495	–	1312	285	1	2	158
2	849	1206	190	12	489	4527	243	50	66	38	30	118	4780	–	1984	226	1	–	–
1	781	1212	137	7	454	4262	266	45	53	58	42	145	4750	–	474	232	1	–	–
2	434	841	116	8	416	2526	165	50	62	43	30	76	4078	–	899	201	1	–	–
1	437	667	65	3	273	2352	156	55	50	24	24	55	4488	–	1766	157	1	1	4
2	784	1644	143	9	702	5668	266	100	97	44	34	140	4806	–	1658	239	1	1	44
2	548	804	135	4	513	3778	180	40	36	36	28	119	4487	–	2097	220	1	1	16
1	437	601	106	8	322	3505	261	40	32	27	27	91	4725	–	1163	112	1	–	–
2	561	1270	144	10	499	4776	325	40	71	39	25	153	4745	–	929	198	1	–	–
1	515	764	84	4	339	3164	189	40	55	29	28	99	4628	–	759	131	1	–	–
1	559	864	90	7	300	2374	159	17	28	28	27	81	4338	–	1150	127	1	2	26

续表84－1

乡、镇、街道			面积(平方公里)	实有耕地面积(公顷)	村(居)民委员会(个)	人口(万人)	地方财政收入(万元)	农业机械总动力(千瓦)	农村用电量(万千瓦小时)	农产品总量(吨)			
名称	党委书记	乡镇长主任								粮食	棉花	肉类	牛奶
青云	陈星涛	刘玉峰	193	3472	118	19.2	17740	35680	4656	18812	12	11858	14232
新汶	成刚	韩学锋	42	376	18	11.2	47814	4276	3500	2684	－	710	12600
翟镇	朱致义	李锋祥	70	2738	45	6.9	9477	19000	860	26014	31	3771	－
泉沟	马毅	张百科	88	2349	34	4.7	5378	30000	658	15817	18	7136	17378
羊流	马守元	范庆新	180	6298	90	9.8	4906	12574	851	54788	68	5844	100
果都	陈英鹏	刘建才	51	2905	34	3.7	3779	76781	371	20843	－	2000	274
西张庄	万传宦	程德军	47	2425	28	4.0	6697	78000	1710	22076	－	3130	－
天宝	郭信波	李维刚	152	5551	50	7.9	841	68464	1445	20176	8	3300	－
宫里	王振湖	李玲	79	4164	43	5.9	2969	38000	830	33179	－	4068	120
谷里	林铁军	赵云山	99	4248	51	5.5	5380	21000	838	36506	10	3168	1
楼德	曹兴水	史新国	96	4687	36	7.3	4820	52480	964	48126	40	3900	5560
禹村	王延彪	周京文	96	3225	36	5.5	2442	27800	2014	22357	－	2720	3985
石莱	李东泉	刘新章	99	5030	69	6.5	2756	18880	247	19843	－	2230	－
放城	苌晶	陈兴波	70	1951	23	3.3	1488	12000	720	8265	2	7584	2
刘杜	刘登亮	王举军	51	1425	28	3.0	1432	16000	750	5586	3	2023	36
岳家庄	张伟贞	孝志和	71	2595	25	3.5	1053	40000	650	13083	170	1458	－
小协	夏昕	苏永涛	39	769	18	5.1	7865	12300	576	7684	425	7000	－
东都	王作东	杨福泉	62	1832	33	7.2	4690	37349	1700	17170	－	700	－
汶南	赵文坡	周鹏飞	189	5830	85	10.2	7279	21662	1236	45308	413	6213	2640
龙廷	姜立华	何涛	159	2702	53	6.0	27581	11000	283	16960	81	3340	－
新城	邹家强	孙衍辉	55	1510	27	12.6	4085	67200	7546	13948	16	2241	1480
老城	蔡丽霞	傅强	79	2995	33	8.0	3448	11673	1079	23209	16	1991	11900
潮泉	辛涛	刘圣利	53	2068	11	2.2	1000	11677	1476	13316	16	3601	800
王瓜店	侯庆洋	艾东	92	3609	32	8.1	4555	59074	2517	38989	－	4986	273
桃园	韩立新	傅玲	101	5351	42	5.6	3539	80425	1618	45451	112	2097	3500
王庄	李向东	张德奇	94	5260	53	5.5	2468	33700	2283	42503	625	2778	1415
湖屯	尚晓兵	赵平江	85	4002	48	8.2	5028	58620	1296	38405	35	4048	760
石横	杜玉江	贾同国	94	3733	43	8.6	5842	40589	2640	40016	44	6238	5500
仪阳	于京山	赵兴伟	97	4056	49	4.4	3501	50890	1100	31672	75	765	－
安临站	王爱新	李宝军	131	4525	48	5.9	1773	23000	1467	40166	726	76351	1900
孙伯	李福杰	赵波	71	3284	17	3.0	1176	29986	820	24914	754	3150	20
安驾庄	王志勇	李建军	134	7225	71	8.6	4500	52000	2700	81574	114	4900	－
边院	王华	马兴国	111	6548	80	8.2	2016	60658	2880	63337	30	4306	5100
汶阳	宁洪法	崔绪昌	80	4796	53	7.8	3568	70895	2500	52958	－	4639	4225

教育事业								卫生事业					生活·保障						
普通初中				小学				乡镇卫生院		村级卫生室									
学校数（所）	毕业生数（人）	在校生数（人）	专任教师（人）	学校数（所）	毕业生数（人）	在校生数（人）	专任教师（人）	床位数（张）	专业技术人员（人）	数量（所）	甲级卫生室（处）	乡村医生（人）	居民人均纯收入（元）	居民人均生活支出（元）	享受最低生活保障金人数（人）	入住敬老院人数（人）	敬老院数（所）	社会福利企业数（个）	福利企业残疾员工数（人）
8	9876	34000	3200	21	8678	20164	2736	132	269	92	92	239	6600	13306	1236	385	4	9	188
5	1282	16021	902	14	1035	10015	544	80	60	17	12	52	7120	8764	606	283	3	2	180
2	414	672	214	9	301	3339	167	60	75	29	18	103	5226	2590	856	110	1	–	–
1	524	1374	120	7	382	2500	151	20	29	27	27	79	4778	2980	520	86	1	–	–
1	287	862	92	13	225	4699	328	40	87	53	14	150	5335	4562	1104	200	1	2	37
1	295	409	57	9	129	2040	93	20	31	28	20	58	4570	3500	663	141	1	1	16
1	210	637	67	9	230	1587	114	40	35	28	20	89	5340	2616	457	100	1	3	210
2	414	2010	149	10	728	4607	397	60	64	50	24	159	4300	2910	1484	218	11	–	–
1	229	239	45	8	114	2640	96	35	18	28	15	105	4750	2453	1216	100	1	2	60
2	960	880	158	8	99	2729	198	30	26	30	2	126	4638	3500	718	102	1	2	33
2	600	2097	243	11	421	5011	399	350	96	52	4	150	4605	2800	549	180	1	2	46
2	736	1749	131	7	164	2387	189	37	14	27	27	53	4248	3126	1069	57	1	–	–
1	153	357	51	10	210	2687	311	30	28	53	40	127	3651	1800	1376	74	1	1	10
1	350	558	71	5	249	1700	110	30	17	17	11	39	4240	3600	760	80	1	–	–
1	105	221	36	6	220	1750	98	35	12	34	11	56	3753	2650	932	65	1	–	–
1	140	195	26	4	302	2205	140	20	18	10	2	147	4389	3250	925	50	1	–	–
1	146	248	42	6	76	1376	128	25	58	18	6	92	6172	2198	559	30	1	2	45
1	110	358	172	6	336	3011	241	20	37	28	28	101	5452	2450	710	120	1	6	126
3	813	1865	316	19	1085	7795	447	30	49	62	62	185	6490	2287	2190	212	1	1	11
2	376	738	75	9	379	3889	198	30	40	35	35	112	3700	2100	1081	14	1	1	36
1	256	518	144	9	199	1425	185	40	82	20	7	83	6997	4548	436	55	2	1	46
2	271	668	222	8	208	3226	352	36	110	15	15	59	6875	2300	654	59	1	1	10
1	43	247	50	1	165	1220	100	22	39	11	11	48	5810	3316	266	50	1	–	–
1	689	1082	159	10	266	3807	412	60	65	23	9	117	6271	4922	1526	174	1	–	–
1	366	673	110	8	212	2694	233	30	80	22	10	86	5822	1920	1132	96	1	–	–
1	168	446	106	6	387	2882	149	40	62	18	18	81	6155	3850	554	120	1	–	–
1	92	652	114	6	164	2760	223	20	43	34	34	106	6213	2496	556	132	1	1	18
1	247	743	163	11	336	3513	305	120	92	43	31	108	6970	2960	870	124	1	1	23
1	790	1315	146	7	193	1945	167	50	67	11	6	82	6140	3321	590	40	1	2	36
2	587	594	209	9	227	2880	287	48	26	24	24	96	5953	3100	590	40	1	1	46
1	353	612	58	7	93	1683	122	30	44	17	44	64	5876	4000	543	87	1	–	–
2	748	1375	298	11	485	4471	372	100	121	23	–	121	5515	4223	1600	170	1	–	–
2	762	1313	146	12	383	4625	261	100	129	80	52	162	5360	3120	548	120	1	–	–
2	780	1401	244	12	391	4337	255	80	76	22	22	67	6476	4043	175	129	4	–	–

续表 84－2

乡、镇、街道			面积(平方公里)	实有耕地面积(公顷)	村(居)民委员会(个)	人口(万人)	地方财政收入(万元)	农业机械总动力(千瓦)	农村用电量(万千瓦小时)	农产品总量(吨)			
名称	党委书记	乡镇长主任								粮食	棉花	肉类	牛奶
宁阳	刘景涛	桑民	50	2538	41	9.8	3353	61000	1032	29052	97	6543	10220
泗店	董峰	路敦平	56	3898	36	4.3	1654	63760	922	36118	74	3742	1669
东疏	张涛	刘玉华	84	5163	49	6.2	2463	49804	2656	58463	222	6055	15996
鹤山	张茂盛	靳茂永	99	5416	49	5.6	2050	49847	652	53914	216	5851	1014
伏山	刘明	崔媛	85	4919	59	6.6	3056	52000	6996	59204	26	7147	5709
堽城	侯卫国	许军	118	6314	62	7.9	3320	5248	13342	77075	475	7869	357
蒋集	马海荣	许峰	85	4061	40	5.0	1700	65924	1200	33475	1	3734	10860
磁窑	王国强	武启军	128	5480	81	9.4	3174	85548	1718	44233	16	8049	1197
华丰	柳齐鲁	齐华东	120	5613	62	9.3	4442	70500	3675	45785	13	7797	1842
东庄	董骞	肖顺利	99	4524	45	6.0	1009	25873	640	35604	47	4801	240
葛石	马新华	徐彩虹	131	6066	27	6.9	2618	52752	2316	47703	367	12451	997
乡饮	干师义	孔志刚	68	4679	15	3.7	1329	43990	962	52551	43	1234	226
东平	陈峰	彭宏	143	5582	68	13.6	3170	8231	3305	68151	1184	13200	2109
彭集	李生广	靳庆新	75	4604	53	6.4	1468	25983	1570	33182	－	4137	－
沙河站	牛之春	王成元	74	4394	65	5.7	528	21650	435	56160	84	6220	2500
州城	靳兆宏	刘峰	66	3626	71	6.1	2343	23130	1078	48799	80	7265	2780
新湖	瞿军	牛东	105	5405	54	5.1	1099	112818	635	63127	71	2741	1110
商老庄	魏宏程	方震	93	3129	35	3.2	965	120000	543	28372	461	5421	－
戴庙	臧玉海	许洪顺	80	3848	48	3.6	480	46755	530	40178	3200	2560	1489
银山	刘景倩	王建伦	104	3672	44	5.7	2215	4600	3820	17208	82	720	390
斑鸠店	戴先锋	刘文强	76	3857	40	4.6	1559	11700	1459	31982	122	1792	－
旧县	董少宏	万中原	73	1643	30	2.8	911	3200	1630	8872	280	544	－
老湖	孟庆刚	王冰	113	3521	71	6.7	1947	18000	2764	28515	2637	2587	1620
梯门	赵华明	郭芮	94	4455	43	3.6	1187	99095	1188	42698	1731	10229	－
大羊	吴同春	马金魁	94	5265	42	3.9	994	120332	994	51469	608	2471	－
接山	张立国	仲光亮	150	8004	52	5.9	2337	105000	1893	109980	523	3953	573

教育事业								卫生事业					生活·保障						
普通初中				小学				乡镇卫生院		村级卫生室			居民人均纯收入(元)	居民人均生活支出(元)	享受最低生活保障金人数(人)	入住敬老院人数(人)	敬老院数(所)	社会福利企业数(个)	福利企业残疾员工数(人)
学校数(所)	毕业生数(人)	在校生数(人)	专任教师(人)	学校数(所)	毕业生数(人)	在校生数(人)	专任教师(人)	床位数(张)	专业技术人员(人)	数量(所)	甲级卫生室(处)	乡村医生(人)							
1	708	1170	245	6	339	3365	258	260	268	37	28	74	5309	3882	784	160	1	1	26
1	352	686	198	7	196	1930	128	90	97	24	24	94	4206	3100	1289	198	1	–	–
1	619	1372	209	10	545	3418	279	68	109	49	20	125	4661	2700	1753	107	1	2	20
1	419	2665	171	7	386	2527	174	54	80	33	29	118	4125	2681	578	136	1	–	–
2	424	983	236	7	522	3228	472	30	55	51	39	156	5012	3548	1856	218	1	–	–
2	1206	2216	267	11	329	2707	336	10	98	35	35	135	4698	2901	717	54	1	–	–
1	754	1216	103	6	230	2278	287	32	69	27	15	61	4156	2793	1144	80	1	1	6
2	491	1142	165	13	529	4467	281	206	307	46	42	142	4546	2676	2829	220	1	3	45
1	1183	784	159	15	201	3329	531	60	126	58	18	177	4766	4054	1385	90	1	2	42
2	183	528	93	8	276	2622	140	60	46	42	36	92	4231	2744	1769	180	1	–	1
2	398	771	133	8	325	2578	227	40	73	31	6	135	4750	3276	1606	181	1	2	–
1	246	582	113	4	210	1452	258	30	49	24	16	124	3993	2724	979	38	1	33	–
1	408	1074	159	17	316	3402	326	50	120	45	41	144	4826	3009	1456	213	1	–	–
1	460	1480	215	9	650	2800	286	35	80	36	7	134	4446	2920	974	80	1	–	–
1	607	1059	136	5	249	2618	221	32	61	65	24	120	4300	2315	870	120	1	5	53
2	510	1306	198	10	450	3099	217	30	58	29	7	108	4730	3102	1325	143	1	–	–
1	661	1398	126	8	212	2235	150	10	33	36	–	82	3627	3181	1402	37	1	–	–
2	162	433	76	6	160	1436	128	12	15	20	8	85	3206	2180	407	45	1	–	–
1	200	470	70	11	246	1687	121	50	75	24	10	82	3100	1800	1123	124	1	2	9
1	775	3800	181	12	340	3900	210	80	94	44	15	112	4505	1800	340	60	1	1	46
1	200	1100	115	9	245	2424	181	59	61	38	24	92	4760	3094	1212	58	1	–	–
1	260	705	95	5	240	1540	108	25	9	40	13	72	3651	2200	869	49	1	2	50
2	371	1056	160	10	378	3104	286	50	130	34	–	120	2817	1072	2055	90	1	–	–
1	395	780	75	7	220	2100	160	30	41	26	7	72	2888	1850	598	91	1	–	–
1	273	899	80	7	258	1849	163	20	34	23	–	71	3416	1870	1046	125	1	–	–
2	554	1360	192	14	498	2963	227	35	79	42	30	136	4402	3840	1530	114	1	–	–

平湖湿地和稻屯洼湿地进行修复建设，东平湖的生态平衡和生物多样性逐步恢复。秋、冬、春三季，东平湖水质大部分已达Ⅱ类水质标准，部分区域达到Ⅰ类水质标准。

【六条路子促农增收】 年内，该县夏粮总产达到31万吨，增加1.74万吨；秋粮总产30.5万吨，增加5340吨；农民人均纯收入达到4009元。一是优化农业产业结构。全县建成一村一品专业村108个，其中大蒜专业村56个、花生专业村30个、圆葱专业村12个、瓜菜专业村10个。小麦、玉米优质专用主导品种面积均达到90%以上，培植发展优质小麦3.33万公顷、优质专用玉米2.67万公顷。二是推进农业产业化经营。年内新增市级以上评选认定农业龙头企业6家，其中省级2家；评选认定县级重点龙头企业7家。到年底，全县销售收入100万元以上的农业龙头企业发展到120家，其中500万元以上的82家，过亿元的达到12家。全县各类农民专业合作经济组织发展到95个，注册会员1.4万人，辐射带动农户3.3万个。三是加强农业标准化建设。规划建设粮、油、菜等农产品标准化基地4.67万公顷。有23项农产品获得国家级无公害、绿色和有机农产品认证，基地面积达到3.64万公顷。四是加强农村劳动力教育培训。实施新型农民教育培训“三进村”工程，在全县培训示范带动户2000名；实施农村劳动力转移培训“阳光工程”，培训转移农村劳动力1.15万人。五是推进农业科技入户。组织县、乡农业专家和技术指导员60人，在全县10个乡镇、100个示范村、1000个科技示范户开展科技进村入户工作，建立玉米、小麦示范田各800公顷。三年间，全县累计供应玉米良种112.5万公斤、小麦良种450万公斤，推广配方施肥面积2.67万公顷。六是落实农村政策法规。全县落实粮食直补、良种补贴、农资综合补贴等共3404万元，农民人均受益52元。 （袁恒常　杨福中）

编辑·校对　周美广

泰城风光·东岳大街

市级领导人

杨鲁豫 男，汉族，1957年3月生，山东莒县人，1974年4月参加工作，1985年7月加入中国共产党，哈尔滨工业大学环境科学与技术专业研究生，工学博士。

1974年4月至1978年3月，河南省襄城县孙祠公社下乡知识青年；1978年3月至1982年1月，哈尔滨建筑工程学院建筑系工民建专业学习；1982年1月至1984年3月，国家城乡建设环境保护部人事教育厅干部；1984年3月至1985年3月，重庆建筑工程大学教务处办公室主任；1985年3月至1987年7月，国家城乡建设环境保护部人事教育局科长（1984年8至1987年7月，哈尔滨建筑工程学院建筑经济管理专业研究生）；1987年7月至1988年8月，国家建设部办公厅秘书、主任科员；1988年8月至1989年10月，国家建设部办公厅副处级秘书；1989年10月至1991年5月，国家建设部村镇建设司办公室副主任；1991年5月至1992年12月，国家建设部村镇建设司综合处处长、办公室主任；1992年12月至1995年1月，国家建设部村镇建设司综合处处长、办公室主任，挂职任东营市副市长；1995年1月至1995年8月，国家建设部村镇建设司副司长，挂职任东营市副市长；1995年8月至1997年12月，东营市委常委、副市长；1997年12月至1999年5月，省建委副主任、党组副书记；1999年5月至2001年9月，国家建设部城市建设司司长；2001年9月至2003年5月，国家建设部标准定额司司长（1998年6月至2002年6月，哈尔滨工业大学环境科学与技术专业博士研究生）；2003年5月至2007年4月，济南市委副书记、副市长；2007年4月至2008年2月，济南市委副书记；2008年2月以后，泰安市委书记、党校校长。

李洪峰 男，汉族，1956年6月生，山东青州人，1975年11月加入中国共产党，1972年12月参加工作，中央党校研究生学历，哲学学士。

1972年12月至1975年3月，青州市东夏公社李集小学民办教师；1975年3月至1976年11月，青州市农村工作队队员；1976年11月至1978年10月，潍坊昌潍水文分站工人；1978年10月至1982年7月，山东大学哲学系哲学专业学生；1982年7月至1988年8月，山东省委宣传部干事、主任干事；1988年8～12月，山东省委宣传部副处级巡视员；1988年12月至1994年10月，山东省委宣传部研究室副主任；1994年10月至1996年2月，山东省委宣传部研究室主任（1995年10月至1996年2月，挂职任汶上县委副书记）；1996年2月至2001年1月，泰安市委常委、宣传部部长；2001年1月至2002年1月，泰安市委副书记、宣传部部长；2002年1月至2005年12月，泰安市委副书记；2005年12月至2006年2月，泰安市委副书记、市政府党组副书记（2004年3月至2006年1月，中央党校研究生院在职研究生班马克思主义哲学专业学习）；2006年2～12月，泰安市委副书记，市政府副市长、党组副书记，市国资委党委书记；2006年12月至2007年2月，泰安市委副书记，市政府代市长、党组书记。2007年2月以后，泰安市委副书记，市政府市长、党组书记。

黄龙华 男，汉族，1956年9月生，山东淄博人。1977年12月加入中国共产党，1974年5月参加工作，大专学历。

1974年5月至1975年5月，淄博市淄川区峪村公社中学民办教师；1975年5月至1978年5月，肥城矿务局陶阳煤矿工人、团委副书记；1978年5月至1982年9月，共青团泰安地委干事、宣传部副部长；1982年9月至1984年6月，山东大学干部专修科学员；1984年6月至1985年12月，共青团泰安市委宣传部部长；1985年12月至1991年5月，共青团泰安市委副书记（1986年8月至1987年8月省委办公厅联络员）；1991年5月至1992年12月，共青团泰安市委书记（1992年2月至1992年4月省委党校培训班学员）；1992年12月至1993年12月，新泰市委副书记、副市长（正县级）；1993年12月至1995年12月，新泰市委副书记、市长；1995年12月至1997年12月，肥城市委书记；1997年12月至2003年2月，泰安市委常委、政法委书记（1998年9～10月，省委党校地厅级干部培训班学习，1998年11月至2000年10月山东大学法学院在职研究生研修班学习）；2003年2～3月，泰安市委副书记、政法委书记；2003年3月以后，泰安市委副书记。

王云鹏 男，汉族，1961年11月生，山东巨野人，1982年8月加入中国共产党，1981年1月参加工作，省委党校研究生学历。

1979年2月至1980年12月，

曲阜师范学校大专班中文专业学习；1981年1月至1984年8月，济宁团地委宣传干事；1984年8月至1985年5月，济宁团市委常委、工农青年部部长；1985年5月至1988年6月，济宁团市委常委、宣传部部长（1986年9月至1987年9月，济宁市湖区开发驻微山县留庄乡工作组组长）；1988年6月至1991年2月，济宁团市委副书记（1989年9月至1991年2月，挂职任微山县委副书记）；1991年2月至1994年10月，济宁团市委书记；1994年10月至1995年2月，汶上县委副书记、代县长（1994年9月至1995年1月，在省委党校中青年干部培训班学习）；1995年2月至1997年12月，汶上县委副书记、县长（1993年9月至1996年7月，在省经济管理干部学院业余本科班经济管理专业学习）；1997年12月至1999年10月，汶上县委书记、党校校长，县人武部第一政委；1999年10～12月，济宁市委常委、汶上县委书记；1999年12月至2006年12月，济宁市委常委、秘书长（2000年9月至2003年6月，在省委党校在职干部研究生班经济管理专业学习）。2006年12月以后，泰安市委常委，市政府副市长、党组副书记，市国资委党委书记。

白玉翠 女，汉族，1954年10月生，山东泰安人，1975年5月加入中国共产党，1976年2月参加工作，在职大学学历。

1976年2～5月，泰安县省庄公社党委常委；1976年5月至1981年1月，泰安县省庄公社党委副书记；1981年1月至1982年12月，山东师范大学干修科中文专业学员；1982年12月至1984年3月，泰安县省庄公社党委副书记；1984年3月至1985年5月，泰安市（县级）政府副市长；1985年5月至1990年3月，泰安市郊区副区长；1990年3月至1991年11月，泰安市郊区区委副书记；1991年11～12月，泰安市卫生局党委副书记；1991年12月至1996年1月，泰安市卫生局局长、党委副书记（1989年9月至1993年4月，高教自考音像汉语言文学专业学习）；1996年1月至1998年7月，泰安市卫生局局长、党委书记（1996年9月至1997年7月，省委党校中青年干部培训班学员）；1998年7月至2004年1月，泰安市政府副市长、党组成员；2004年1月至2006年3月，泰安市政府副市长、党组副书记；2006年3月至2007年3月，泰安市政府副市长、党组副书记、市红十字会会长；2007年3月至2008年1月，泰安市委常委，市政府副市长、党组副书记、市红十字会会长；2008年1月后，泰安市委常委、宣传部长。

杨忠海 男，汉族，1950年12月生，山东泰安人。1970年5月加入中国共产党，1968年3月参加工作，省委党校大学学历，高级经济师。

1968年3月至1969年12月，泰安汽车制配厂工人；1969年12月至1975年3月，部队服役；1975年3月至1977年3月，泰安汽车制配厂工人、工具车间党支部副书记、党委常委；1977年3月至1981年7月，泰安汽车制配厂党委副书记（1978年4月至1978年8月省委党校学习）；1981年7月至1983年7月，山东大学干部专修科学员；1983年7月至1989年11月，泰安汽车制造厂党委副书记、书记；1989年11月至1990年10月，泰安汽车起重机总厂党委书记兼泰安专用汽车制造厂厂长；1990年10月至1992年12月，泰安市一轻局党委副书记（1991年11月至1992年1月泰安市委党校学员）；1992年12月至1995年8月，肥城市委副书记、副市长（正县级）；1995年8月至1997年12月，泰安市交通局局长、党委书记；1997年12月至2001年1月，泰安市泰山区委书记；2001年1月至2003年1月，泰安市委常委、泰山区委书记（1998年8月至2001年12月省委党校函授学院经济管理专业学习）；2003年1～3月，泰安市委常委；2003年3月以后，泰安市委常委、政法委书记。

邹斌芳 女，汉族，1969年7月生，山东莱西人，1990年12月加入中国共产党，1991年7月参加工作，大学学历，农业推广硕士。

1987年9月至1991年7月，山东农业大学植物保护专业学生；1991年7月至1997年9月，滨州农业学校教师；1997年9月至1998年12月，滨州地委统战部科员；1998年12月至2000年5月，滨州地委统战部办公室副主任；2000年5月至2001年3月，挂职滨州印染集团有限责任公司总经理助理；2001年3月至2002年1月，惠民县委常委、宣传部部长；2002年1～3月，泰安市委常委、市总工会党组书记；2002年3月至2007年1月，泰安市委常委，市总工会主席、党组书记。2007年1月至2008年1月，泰安市委常委、宣传部部长。2008年1月以后，泰安市委常委，市政府副市长、党组副书记。

王元榜 男，汉族，1961年2月生，山东平度人，1984年7月加入中国共产党，1983年7月参加工作，大学学历，工学学士。

1979年9月至1983年7月，莱阳农学院农机系农业机械化专业学习；1983年7月至1984年9月潍县朱里公社生产助理；1984年9月至1987年7月，潍坊市寒亭区委组织部干事；1987年7月至1990年8月，潍坊市寒亭区团委副书记；1990年8月至1991年11月，潍坊市寒亭区团委书记；1991年11月至1993年1月，潍坊市寒亭区固堤镇党委副书记、镇长；1993年1～11月，潍坊市寒亭区固堤镇党委书记；1993年11月至1995年3月，潍坊市寒亭区政府办公室主任；1995年3月至1997年12月，潍坊市寒亭区委常委、组织部部长；1997年12月至1999年7月，潍坊市寒亭区委副书记（1998年2～5月，在省委党校县委书记进修班学习）；1999年7月至2000年3月，昌邑市委副书记；2000年3月至2001年1月，昌邑市委副书记、纪委书记；2001年1月至2003年2月，潍坊市奎文区委书记兼区人大常委会主任；2003年2月至2006年12月，潍坊市委常委、奎文区委书记兼区人大常委会主任（2003年2～5月，省委党校副厅级干部进修班学习，2005年8月至2006年1月，中央党校优秀选调生培训班学习）。2006年12月以后，泰安市委常委、市纪委书记。

朱玉合 男，汉族，1953年3月生，山东新泰人。1976年8月加入中国共产党，1975年8月参加工作，省业余大学学历。

1973年9月至1975年8月，新泰师范学校学生；1975年8月至1976年11月，新泰县果都公社白河联中教师；1976年11月至1977年2月，山东省团校学员；1977年2～6月，团省委帮助工作；1977年6月至1979年3月，新泰团县委干事；1979年3月至1981年12月，新泰团县委副书记；1981年12月至1984年9月，新泰团县（市）委书记；1984年9月至1986年7月，山东农业大学干部专修科学员；1986年7月至1988年5月，新泰市委企业政治部副部长；1988年5月至1989年5月，新泰市财政贸易委员会副主任、党组成员；1989年5月至1992年12月，新泰市禹村镇党委书记；1992年12月至1994年9月，宁阳县委常委、组织部部长（1993年7月至1996年7月山东干部函授大学经管专业学习）；1994年9月至1995年12月，宁阳县委副书记、组织部部长；1995年12月至1996年7月，宁阳县委副书记；1996年7月至1997年12月，泰安市委副秘书长、办公室主任，市接待处处长；1997年12月至2001年1月，东平县委书记；2001

年1～12月，肥城市委书记；2001年12月至2003年1月，肥城市委书记、党校校长；2003年1～2月，泰安市委常务副秘书长（正县级）；2003年2～3月，泰安市委常委、市委常务副秘书长；2003年3月以后，泰安市委常委、秘书长。

徐思礼 男，汉族，1953年8月生，山东平邑人。1975年10月加入中国共产党，1972年11月入伍，中央党校大学学历。

1972年11月至1977年1月，济南军区独立六营战士；1977年1月至1978年3月，工程建筑一0五团二营营部书记；1978年3月至1979年7月，南京政治学院学习；1979年7～12月，工程建筑一0五团政治处宣传股干事；1979年12月至1980年11月，工程建筑一0五团机二连副政治指导员；1980年11月至1983年10月，济南军区直属工区一营二连政治指导员；1983年10月至1985年10月，济南军区直属工区六连政治指导员；1985年10月至1989年2月，工程兵工兵八团二营政治教导员；1989年2月至1993年2月，工程兵工兵八团政治处主任(1989年6月至1991年6月，南京政治学院学习)；1993年2月至1997年7月，济南军区机械化施工大队政治委员(1993年8月至1995年12月，中央党校函授经济管理专业学习)；1997年7月至2000年6月，济南军区后勤部原济南企业局党委书记(副局级)；2000年6月至2004年6月，枣庄军分区副政治委员；2004年6～9月，泰安军分区政治委员；2004年9月以后，泰安市委常委、泰安军分区政委。

李　琥 男，汉族，1963年12月生，山东济南人。1987年4月加入中国共产党，1988年7月参加工作，研究生学历，哲学硕士。

1981年9月至1985年7月，山东大学光学系技术光学专业学习；1985年11月至1988年7月，中国社科院研究生院哲学系科学学专业学习；1988年7月至1991年8月，山东社科院哲学所研究实习员（1989年10月至1991年4月，在陵县凤凰店街包村）；1991年8月至1992年7月，省委政策研究室社科文研究处干部；1992年7月至1996年12月，省委政策研究室社会事业处正科级研究员；1996年12月至2000年7月，省委政策研究室社会事业处助理调研员；2000年7～11月，省委政策研究室科教研究处副处长；2000年11月至2002年11月，省委政策研究室科教研究处调研员；2002年11月至2003年12月，省委办公厅督促检查室调研员(2003年5～11月，参加美国伊利诺伊大学公共管理项目培训)；2003年12月至2004年9月，省委办公厅督促检查室主任；2004年9月以后，泰安市委常委、组织部部长。

辛显明 男，汉族，1957年10月生，山东肥城人。1981年8月加入中国共产党，1974年8月参加工作，中央党校研究生学历，教育学学士。

1974年8月至1976年3月，平阴煤矿技术科测量员；1976年3月至1978年1月，山东矿院地质系学生；1978年1～9月，平阴煤矿技术科测量员；1978年9月至1980年7月，泰安师专物理系学生；1980年7月至1981年11月，肥城县安站公社团委干事、党委秘书；1981年11月至1983年10月，肥城团县委干事、办公室主任；1983年10月至1987年10月，肥城县司法局副局长、党支部书记；1987年10月至1990年5月，肥城县老城镇党委副书记、镇长（1983年6月至1988年6月，在曲阜师范大学函授政治专业学习）；1990年5月至1993年1月，肥城县（市）老城镇党委书记；1993年1月至1994年9月，肥城市副市长；1994年9月至1995年12月，泰安市郊区区委常委、副区长；1995年12月至1997年12月，泰安市郊区副区长；1997年12月至1999年3月，新泰市委副书记、副市长；1999年3月至2000年1月，新泰市委副书记、代市长；2000年1月至2003年1月，新泰市委副书记、市长（1998年9月至2000年6月，在山东大学管理学院研究生进修班企业管理专业学习）；2003年1月至2004年11月，新泰市委书记、党校校长；2004年11月至2007年3月，新泰市委书记、党校校长（副厅级）（2005年3月至2007年1月，中央党校在职研究生班世界经济专业学习）。2007年3月以后，泰安市委常委，新泰市委书记、党校校长。

陈　刚 男，汉族，1958年4月生，山东临邑人。1978年2月加入中国共产党，1975年8月参加工作，省委党校研究生学历。

1975年8月至1978年2月，泰安县邱家店公社下乡知青、公社团委副书记、农业学大寨工作队副队长；1978年2月至1981年1月，陆军第二十六军工兵营机械连战士、副班长、班长；1981年1～7月，山东省军区教导大队学员、副班长；1981年7月至1983年9月，莱芜县人武部见习参谋、正排职参谋；1983年9月至1985年9月，泰安军分区司令部正排职、副连职参谋；1985年9月至1987年7月，山东电大党政干部管理干修科学员；1987年7月至1988年1月，泰安军分区司令部副连职参谋；1988年1月至1989年12月，泰安市人事局干部；1989年12月至1992年10月，泰安市人事局档案科、干部科副科长（1989年8月至1992年6月，中央党校函授学习）；1992年10月至1995年12月，泰安市人事局干部科科长（其间：1993年9月至1995年6月，省委党校研究生班党政干部管理专业学习）；1995年12月至1998年12月，肥城市委常委、组织部部长；1998年12月至2001年1月，肥城市委副书记、副市长；2001年1～3月，泰安市泰山区委副书记、代区长；2001年3月至2003年1月，泰安市泰山区委副书记、区长；2003年1月至2007年1月，泰安市泰山区委书记、党校校长；2007年1～3月，泰安市总工会主席、党组书记。2007年3月以后，泰安市委常委，市总工会主席、党组书记。

唐家品 男，汉族，1952年5月生，山东东平人。1971年11月加入中国共产党，1971年12月参加工作，大专学历。

1971年12月至1972年12月，东平县委农村工作队队员；1972年12月至1973年8月，东平县城关公社党委组织干事；1973年8月至1976年9月，共青团泰安地委常委；1976年9月至1980年9月，泰安地委调研室秘书、副科级秘书；1980年9月至1982年6月，山东大学干部专修科学员；1982年6月至1984年3月，泰安地委调研室副科级秘书；1984年3月至1990年3月，泰安地（市）委副秘书长（其间：1989年6月至1990年2月，挂职莱芜市委副书记）；1990年3月至1992年11月，泰安市郊区区委副书记、区长；1992年11月至1994年9月，泰安市郊区区委书记（1993年8月至1994年9月，泰安市郊区人武部党委书记；1993年9月至1994年9月，泰安市郊区区委党校校长）；1994年9～12月，泰安市中级人民法院党组副书记（正县级）；1994年12月至1996年1月，泰安市委常务副秘书长（正县级）（1994年9月至1995年1月，省委党校中青年干部培训班学员）；1996年1月至1997年3月，泰安市委秘书长兼市直机关工委书记；1997年3月至1998年12月，泰安市委常委、秘书长兼市直机关工委书记；1998年12月至2003年2月，泰安市委常委、秘书长；2003年2～3月，泰安市委副书记、秘书长；2003年3月至2007年2月，泰安市委副书记；2007年2～3月，泰安市委副书记、市人大常委会副主任。2007年3月以后，泰安市人大常委会副主任。

齐承芳 男，汉族，1953年8月生，山东泰安人。1974年8月加入中国共产党，1977年9月参加工作，大学普通班学历，高级经济师。

1972年3月至1974年10月，泰安县徂徕公社崔家庄管区电话员；1974年10月至1977年9月，武汉建筑材料工业学院非金属矿系选矿专业学生；1977年9月至1979年10月，泰安地区明水浅井粘土矿技术员；1979年10月至1984年3月，泰安地区建材工业公司助理工程师；1984年3月至1991年6月，泰安市多种经营乡镇企业局副局长、党组成员（其间：1989年6月至1991年2月挂职肥城县副县长）；1991年6月至1992年2月，泰安市建材工业公司（局）副经理（副局长）、党委委员；1992年2～12月，泰安市建材工业公司（局）副经理（副局长）、党委委员，泰安市复合材料工程筹建处主任、党支部副书记（正县级）；1992年12月至1993年3月，肥城市委副书记、代市长；1993年3月至1997年12月，肥城市委副书记、市长；1997年12月至2001年1月，肥城市委书记；2001年1～2月，泰安市人民政府党组成员；2001年2月至2008年1月，泰安市政府副市长、党组成员2008年1月以后，市人大常委会副主任、党组副书记。

滕先森 男，汉族，1957年8月生，山东夏津人，1996年12月加入中国民主建国会，1976年6月参加工作，大专学历，研究员。

1976年6月至1978年2月，夏津双庙清凉寺小学教师；1978年2月至1980年1月，泰安师专中文系学生；1980年1月至1984年9月，泰安师专教师；1984年9月至1985年9月，山东大学中文系进修学员；1985年9月至1986年6月，华东师大中文系助教进修班学员；1986年6月至1987年4月，泰安师专函授处助教；1987年4月至1994年10月，泰安师专中文系讲师；1994年10月至1997年3月，泰安师专副教授；1997年3～5月，泰安师专学报副主编、副教授；1997年5月至1998年3月，民建泰安市委副主委，泰安师专学报副主编、副教授；1998年3月至2001年2月，民建泰安市委副主委，九届泰安市政协常委，泰安师专学报副主编、副教授；2001年2月至2002年1月，民建泰安市委副主委，泰安市政协副主席，泰安师专学报副主编；2002年1～4月，民建泰安市委主委，泰安市政协副主席，泰安师专学报副主编；2002年4～5月，民建泰安市委主委，泰安市政协副主席，泰安师专学报主编；2002年5月至2003年2月，民建山东省委常委、泰安市委主委，泰安市政协副主席，泰山学院学报编辑部负责人；2003年2月以后，民建山东省委常委、泰安市委主委，泰安市人大常委会副主任，泰山学院学报编辑部主编。

刘汉玲　女，汉族，1956年3月生，山东泰安人。1976年11月加入中国共产党，1978年12月参加工作，省委党校研究生学历。省八次党代会代表。

1975年11月至1978年12月，泰安地委驻肥城、宁阳、章丘工作队队员、副队长、队长（计算连续工龄）；1978年12月至1979年3月，泰安地委驻平阴县城关镇工作队秘书；1979年3月至1984年9月，泰安县（市）妇联干事、办公室主任；1984年9月至1986年7月，泰安师专干修科学员；1986年7～10月，泰安市郊区妇联办公室主任；1986年10月至1989年1月，泰安市郊区委组织部干事、组织科副科长；1989年1月至1991年11月，泰安市郊区委组织部副局级组织员；1991年11月至1992年5月，泰安市郊区委组织员办公室副主任（1988年6月至1992年6月高教自考省教育学院本科汉语言文学专业学习）；1992年5～12月，泰安市郊区委组织员办公室主任；1992年12月至1995年12月，泰安市郊区委常委、妇联主席；1995年12月至1997年12月，泰安市郊区委常委、宣传部长（1997年9～11月省委党校县级干部进修班学习）；1997年12月至1998年2月，泰安市计生委副主任、党组副书记；1998年2～3月，泰安市计生委党组书记；1998年3月至2001年1月，泰安市计生委主任、党组书记；2001年1～3月，泰安市岱岳区委书记、泰安市计生委主任；2001年3月至2003年1月，泰安市岱岳区委书记（1999年9月至2002年6月省委党校在职干部研究生班经管专业学习）；2003年1～2月，泰安市政府市长助理、党组成员；2003年2月至2006年2月，泰安市政府副市长、党组成员；2006年2月以后，泰安市人大常委会副主任、党组成员。

杜卓群　女，汉族，1952年8月出生，河南清丰人。1970年11月参加工作，1975年6月加入中国共产党，省业余大学学历，山东经济管理干部学院经济管理专业毕业。

1970年11月至1979年10月，山东拖拉机厂车间副主任、支部书

记、厂组织科副科级干事；1979年10月至1981年2月，泰安地区电子工业局政工科干事；1981年2月至1983年2月，山东工业学院干修科企业管理系工业企业管理工程专业学习；1983年2月至1983年11月，泰安地区电子工业局政工科干事；1983年11月至1984年7月，泰安地委组织部干事；1984年7月至1990年12月，泰安市委组织部青干科副科长、科长；1990年12月至1994年9月，泰安市委组织部副部级巡视员；1994年9月至1998年8月，泰安市委组织部副部长（1993年9月至1996年7月，山东经济管理干部学院经济管理专业学习）；1998年8月至2001年3月，泰安市卫生局党委书记、局长；2001年3月至2001年4月，泰安市人事局党组书记、局长，市编办主任；2001年4月至2004年7月，泰安市委组织部副部长，市人事局党组书记、局长，市编办主任；2004年7月至2008年1月，泰安市委组织部常务副部长（正县级）；2008年1月以后，泰安市人大常委会副主任、党组成员。

林华勇　男，汉族，1955年8月生，山东文登人。1984年4月加入中国共产党，1971年4月参加工作，大学普通班学历，行政管理硕士。

1971年4月至1974年4月，烟台粮油食品进出口公司保管员；1974年4月至1976年10月，烟台

粮油食品进出口公司文书；1976年10月至1979年8月，山东大学外文系英语专业学生；1979年8月至1986年4月，山东省外办接待处科员；1986年4月至1992年9月，山东省外办友城处主任科员（1987年8月至1988年9月美国哈特福德大学行政学院研究生行政管理专业学习）；1992年9月至1995年5月，山东省外办友城处副处长；1995年5月至1996年8月，山东省外办亚洲处副处长；1996年8月至2000年7月，山东省外办亚洲处处长；2000年7月至2001年2月，泰安市政府市长助理、党组成员；2001年2月以后，泰安市政府副市长、党组成员。

彭华 男，汉族，1954年2月生，山东肥城人。1984年3月加入中国共产党，1971年2月参加工作，在职大学学历，高级政工师。省八次党代会代表。

1971年2月至1973年8月，肥城县城关学校民办教师；1973年8月至1975年7月，肥城师范学校学生；1975年7月至1978年8月，肥城县城关公社拾屯中学教师；1978年8月至1980年10月，肥城县十八中学教师；1980年10月至1982年6月，肥城县实验小学团总支书记、少先大队辅导员；1982年6月至1984年11月，肥城县团委干事、学少部长；1984年11月至1987年5月，肥城县团委副书记（1980年8月至1985年7月曲阜师范学院中文函授本科班学习）；1987年5月至1989年1月，肥城县团委书记；1989年1月至1990年3月，肥城县新城镇党委副书记、镇长；1990年3月至1992年12月，肥城县新城镇党委书记、肥城市新城办事处党委书记；1992年12月至1993年12月，泰安市粮油集团总公司（局）副总经理（副局长）、党委委员；1993年12月至1996年1月，泰安市粮油集团总公司（局）副总经理（副局长）、党委副书记；1996年1月至1997年12月，泰安市供销合作社联合社主任、党委书记，市供销集团总公司总经理；1997年12月至2003年1月，宁阳县委书记；2003年1～2月，泰安市政府市长助理、党组成员；2003年2月以后，泰安市政府副市长、党组成员。

宋鲁 男，汉族，1957年12月生，山东肥城人。1976年3月加入中国共产党，1972年12月参加工作，省委党校大学学历。

1972年12月至1975年9月，新泰县运输公司工人；1975年9月至1976年8月，新泰县运输公司汽车队长；1976年8月至1979年2月，新泰县交通局副局长；1979年2月至1984年4月，新泰县羊流公社党委副书记；1984年4月至1985年9月，新泰县羊流办事处党委副书记、主任；1985年9月至1987年6月，省委党校干部专修科学员；1987年6月至1990年4月，新泰市经委党委副书记、副主任；1990年4月至1993年2月，新泰市经委党委书记；1993年2月至1995年12月，新泰市副市长（1994年9～11月泰安市委党校县级干部培训班学习）；1995年12月至1997年7月，新泰市委常委、副市长；1997年7～12月，泰安市经贸委副主任、党委副书记（1995年9月至1997年12月省委党校业余本科班经济管理专业学习）；1997年12月至1998年2月，东平县委副书记、代县长；1998年2月至2001年1月，东平县委副书记、县长；2001年1月至2003年1月，东平县委书记；2003年1～2月，泰安市政府市长助理、党组成员；2003年2月以后，泰安市政府副市长、党组成员。

闫新建 男，汉族，1954年7月生，山东莱芜人。1978年12月加入中国共产党，1970年11月参加工作，省委党校大学学历。

1970年11月至1975年12月，泰安开关厂、矿山机械厂工人；1975年12月至1981年11月，泰安地区二轻局轻工科计划员；1981年11月至1985年9月，泰安地区二轻局供销设备公司副经理、二轻工业公司生产计划科副科长；1985年9月至1987年7月，山东轻工学院工艺美术分院干部专修科经济管理专业学习；1987年7月至1992年1月，泰安市二轻工业公司生产计划科副科长、科长(1989年6月至1991年1月，挂任肥城安临站乡党委副书记、副乡长)；1992年1月至1994年12月，泰安市二轻局副局长、党委委员(1994年9月至1994年11月，泰安市委党校学习)；1994年12月至1996年12月，泰安市经济委员会副主任、党组成员；1996年12月至1997年7月，泰安市经济贸易委员会副主任、党组副书记；1997年7月至1998年2月，泰安市泰山区委副书记、代区长；1998年2月至1999年12月，泰安市泰山区委副书记、区长（1996年9月至1999年1月，省委党校业余本科班经济管理专业学习)；1999年12月至2000年11月，泰安市国有资产经营有限公司董事长、党委书记；2000年11月至2001年3月，泰安市经济贸易委员会主任、党委副书记；2001年3月至2005年12月，泰安市经济贸易委员会主任、党委书记（1999年9月至2001年9月，山东农业大学农业经济学院研究生课程进修班学习)；2005年12月至2006年2月，泰安市政府党组成员，市经济贸易委员会主任、党委书记；2006年2月以后，泰安市政府副市长、党组成员。

徐恩虎 男，汉族，1964年12月生，山东汶上人。1998年9月加入民革，1992年7月参加工作，研究生学历，工学博士。

1985年9月至1989年7月，山东矿业学院学习；1989年7月至1992年7月，山东矿业学院硕士研究生学习；1992年7月至1995年3月，山东矿业学院教师；1995年3月至1999年4月，东北大学工程力学专业博士研究生学习；1999年4月至2001年1月，山东科技大学资源环境学院实验中心主任；2001年1月至2003年1月，山东科技大学资源环境学院实验中心主任、民革泰安市委副主委；2003年1月至2005年12月，民革泰安市委副主委、东平县政府副县长；2005年12月至2006年2月，民革泰安市委主委、东平县政府副县长；2006年2月以后，民革泰安市委主委、泰安市政府副市长。

高儒林 男，汉族，1950年10月生，山东临邑人，1970年7月加入中国共产党，1969年12月参加

工作，中央党校大学学历。

1969年12月至1973年3月，中国人民解放军1373部队80分队战士、副班长、班长；1973年3～9月，临邑县高家村小学教师；1973年9月至1976年8月，山东农业大学农学系学生；1976年8月至1979年4月，德州地区农林办公室干事；1979年4月至1985年3月，德州地委办公室干事；1985年3月至1987年11月，德州地委办公室综合科副科长；1987年11月至1988年12月，德州地委办公室副县级秘书；1988年12月至1990年9月，德州地委副秘书长；1990年9月至1992年11月，德州地委副秘书长、办公室主任；1992年11月至1995年2月，德州地委秘书长、机关党委书记（1992年8月至1994年12月，中央党校函授经济专业学习)；1995年2～3月，德州市委秘书长、机关党委书记；1995年3月至1996年5月，德州市委常委、秘书长兼机关党委书记；1996年5月至2001年1月，德州市委常委、秘书长兼机关工委书记（1997年7月至1999年7月，北京大学区域经济学研究生课程班学习)；2001年1月至2002年12月，泰安市委副书记、市纪委书记；2002年12月至2006年6月，泰安市委副书记、市纪委书记，泰山学院党委书记；2006年6～12月，泰安市委副书记、市纪委书记（正厅级)；2006年12月至2007年2月，泰安市委副书记（正厅级)；2007年2～3月，泰安市委副书记，市政协主席、党组书记。2007年3月以后，泰安市政协主席、党组书记。

李凤明 女，汉族，1950年10月生，山东肥城人。1971年2月加入中国共产党，1969年12月参加工作，大专学历。六、七届市委委员。省妇联七届执委、八、九届常委，全国妇联七届执委。

1969年12月至1972年3月，肥城县汶阳公社塔坊中学民办教师、肥城县委整党办公室工作人员；1972年3月至1973年8月，肥城县委宣传部干事、县妇联常委；1973年8月至1975年12月，泰安地区妇联委员、干事；1975年12月至1981年9月，泰安地区知青办副主任；1981年9月至1983年10月，曲阜师范大学干部专修科中文专业学员；1983年10月至1984年3月，泰安地委委员；1984年3月至1985年5月，泰安地委委员、地区妇联主任、党组书记；1985年5月至1990年1月，泰安市委常委、市妇联主任、党组书记；1990年1月至1992年3月，泰安市妇联主任、党组书记（1990年9月至1991年7月省委党校中青年培训班学员)；1992年3月至1993年3月，泰安市政协副主席、党组成员兼市妇联主任、党组书记；1993年3月以后，泰安市政协副主席、党组副书记。

于连荣 女，汉族，1951年6月生，山东东平人。1973年9月加入中国共产党，1969年9月参加工作，中央党校在职研究生。七届市委委员。

1969年9月至1973年9月，

东平县宿城公社于寺村卫生室医生、村团总支书记；1973 年 9 月至 1975 年 8 月，淄博医专学生；1975 年 8 月至 1976 年 4 月，东平县宿城乡于寺村卫生室医生、村党总支副书记；1976 年 4 月至 1979 年 10 月，泰安地区卫生局副局长、党组副书记（1976 年 7～9 月山东省赴唐山医疗队党委副书记、泰安医疗队长，1977 年 8 月至 1978 年 8 月章丘县学大寨工作队平岭副分队长、龙山工作组长）；1979 年 10 月至 1981 年 4 月，泰安地区卫生局副局长、党组副书记兼宁阳县第二人民医院副院长；1981 年 4 月至 1984 年 2 月，宁阳县第二人民医院副院长；1984 年 2～10 月，宁阳县政府副县长；1984 年 10 月至 1986 年 7 月，山东农业大学干部专修科学员；1986 年 7 月至 1989 年 5 月，泰安市计划生育委员会副主任、党组副书记；1989 年 5 月至 1992 年 11 月，泰安市计划生育委员会主任、党组书记；1992 年 11 月至 1993 年 1 月，泰安市委宣传部部长，市计划生育委员会主任、党组书记；1993 年 1～12 月，泰安市政府副市长、党组成员，市计生委主任、党组书记（1993 年 9 月至 1994 年 7 月中央党校中青年干部培训班学习）；1993 年 12 月至 1998 年 3 月，泰安市政府副市长、党组成员（1993 年 9 月至 1996 年 1 月中央党校在职研究生班法学专业学习）；1998 年 3 月至 2004 年 1 月，泰安市政协副主席、党组成员；2004 年 1 月以后，泰安市政协副主席、党组副书记。

赵成道　男，汉族，1950 年 10 月生，山东宁阳人。1974 年 1 月加入中国共产党，1969 年 1 月参加工作，在职大学学历。

1969 年 1 月至 1969 年 8 月，宁阳县东疏公社赵茂学校民办教

师；1969 年 8 月至 1975 年 7 月，宁阳县鹤山公社罗山小学、王卞联中教师、负责人；1975 年 7 月至 1976 年 3 月，宁阳县教育局教研员；1976 年 3 月至 1981 年 1 月，泰安地区教育局干事（1980 年 5 月至 1985 年 5 月曲阜师范大学函授中文专业学习）；1981 年 1 月至 1984 年 7 月，泰安地委组织部干事；1984 年 7 月至 1986 年 2 月，泰安地（市）委组织部秘书科科长；1986 年 2 月至 1992 年 11 月，泰安市委组织部副部长；1992 年 11 月至 1997 年 6 月，泰安市委组织部常务副部长（正县级）；1997 年 6 月至 1998 年 3 月，泰安市委统战部部长；1998 年 3 月至 2008 年 9 月，泰安市政协副主席、党组成员，泰安市委统战部部长。2008 年 9 月以后，泰安市政协副主席、党组成员。

张庆明　男，汉族，1961 年 7 月生，山东泰安人。1989 年 2 月加入中国民主建国会，工商联界别，1983 年 7 月参加工作。大学学历，历史学学士。

1979 年 9 月至 1983 年 7 月，曲阜师范大学历史系历史专业学生；1983 年 7 月至 1985 年 7 月，莱芜师范政教组教师；1985 年 7 月至 1988 年 4 月，泰安师专政史系教师；1988 年 4 月至 1989 年 12 月，泰安市工商联工作；1989 年 12 月至 1992 年 9 月，民建泰安市委筹备组、民建泰安市委驻会干部；1992 年 9 月至 1996 年 10 月，民建泰安市委驻会秘书（副科级）；1996 年 10 月至 1998 年 1 月，新泰市翟镇副镇长（正科级）；1998 年 1～2 月，新泰市人民政府市长助理；1998 年 2 月至 2001 年 2 月，新泰市人民政府副市长（1998 年 9 月至 2000 年 6 月山东大学管理学院研究生课程进修班企管专业学习）；2001 年 2～12 月，泰安市政协副主席，市工商业联合会副会长；2001 年 12 月以后，泰安市政协副主席，省工商业联合会常委、市工商业联合会会长。

朱永强　男，汉族，1955 年 8 月出生，山东莱芜人。1972 年 12 月参加工作，1974 年 8 月加入中国共产党，中央党校研究生学历。

1972 年 12 月至 1977 年 3 月，云南空军服役；1977 年 3 至 1982 年 4 月，新泰县广播局编辑；1982 年 4 月至 1983 年 9 月，泰安县(市)广播局编辑；1983 年 9 月至 1987 年 7 月，泰安县（市）委党校、郊区委党校教员、理论教研室副主任、校党委委员（1983 年 9 月至 1986 年 6 月，济南市委党校大专理论班学习）；1987 年 7 月至 1989 年 1 月，泰安市郊区委组织部干事；1989 年 1 月至 1989 年 4 月，泰安市郊区委组织部副局级组织员；1989 年 4 月至 1991 年 9 月，泰安市委组织部组织科干事、副科长；1991 年 9 月至 1993 年 1 月，泰安市委组织部电教中心副主任；1993 年 1 月至 1997 年 12 月，泰安市委组织部电教中心主任（1994 年 9 月至 1996 年 12 月，省委党校业余本科班经济管理专业学习）；1997 年 12 月至 2001 年 1 月，新泰市委副书记（1998 年 9 月至 1998

年11月省委党校县委书记进修班学习，1998年9月至2000年6月，山东大学研究生课程进修班学习）；2001年1月至2001年2月，东平县委副书记、代县长；2001年2月至2003年1月，东平县委副书记、县长；2003年1月至2008年1月，东平县委书记、党校校长（2004年3月至2004年7月，中央党校县市委书记进修班学习；2004年9月至2006年7月，中央党校在职研究生班国际政治专业学习）；2008年1月至2008年9月，泰安市政协副主席、党组成员，东平县委书记、党校校长；2008年9月以后，泰安市政协副主席、党组成员，泰安市委统战部部长。

刘　君　男，汉族，1958年6月生，山东临清人。1976年6月参加工作，1992年4月加入九三学社，2000年4月加入中国共产党，上海医科大学普外专业研究生，医学硕士，主任医师。

1976年6月至1978年5月，滕州城郊下乡知青；1978年5月至1978年10月，鲁南化肥厂职工医院卫生员；1978年10月至1982年7月，泰山医学院医疗专业学习；1982年7月至1996年7月，泰安市中心医院医师（1993年9月至1996年7月，上海医科大学普外专业学习）；1996年7月至1996年10月，泰安市中心医院外科主治医师；1996年10月至2001年3月，泰安市中心医院外科副主任；2001年3月至2002年3月，泰安市中心医院外科主任；2002年3月至2003年5月，泰安市中心医院院长助理；2003年5月至2003年11月，泰安市中心医院副院长兼大外科主任；2003年11月至2007年4月，九三学社泰安市委副主委，市中心医院副院长兼大外科主任；2007年4月至2007年5月，九三学社泰安市委主委，市中心医院副院长兼大外科主任；2007年5月至2008年1月，九三学社省委常委、泰安市委主委，市中心医院副院长兼大外科主任；2008年1月以后，泰安市政协副主席，市中心医院副院长、党委委员，九三学社省委常委、泰安市委主委。

谢崇国　男，汉族，1953年10月生，山东青州人。1976年12月参加工作，1988年11月加入农工民主党，烟台师范专科学校英语专业毕业。

1974年8月至1976年12月，烟台师范专科学校英语专业学习；1976年12月至1985年6月，泰山医学院外语教师；1985年6月至1993年6月，泰山医学院外语讲师；1993年6月至1995年9月，赴坦桑尼亚医疗队翻译；1995年9月至2001年1月，泰山医学院外语教研室主任、副教授；2001年1月至2001年6月，农工党泰安市委副主委，泰山医学院外语教研室主任、副教授；2001年6月至2002年5月，农工党泰安市委副主委，泰山医学院外语系副主任、教授；2002年5月至2003年6月，农工党省委委员、泰安市委副主委，泰山医学院外语系副主任、教授；2003年6月至2005年12月，农工党省委委员、泰安市委副主委，泰山医学院外语系主任、教授；2005年12月至2007年3月，农工党省委委员、泰安市委副主委，泰山医学院外国语学院院长、教授；2007年3~5月，农工党省委委员、泰安市委主委，泰山医学院外国语学院院长、教授；2007年5月至2008年1月，农工党省委常委、泰安市委主委，泰山医学院外国语学院院长、教授；2008年1月以后，泰安市政协副主席，农工党泰安市委主委，泰山医学院外国语学院院长。

王昌元　男，汉族，1962年4月生，山东宁阳人。1983年7月参加工作，1997年12月加入民主促进会，曲阜师范大学数学系运筹与控制论专业研究生，理学硕士。

1979年9月至1983年7月，曲阜师范大学数学系运筹与控制论专业学生；1983年7月至1986年9月，泰安师范专科学校教师；1986年9月至1989年7月，曲阜师范大学运筹与控制论专业硕士研究生；1989年5月至2003年10月，泰山医学院教师；2003年10月至2004年5月，民进泰安市委副主委，泰山医学院教师；2004年5月至2005年12月，民进泰安市委副主委，泰山医学院信息科学系副主任；2005年12月至2007年3月，民进泰安市委副主委，泰山医学院信息工程学院副院长；2007年3月至2007年5月，民进泰安市委主委，泰山医学院信息工程学院副院长；2007年5月至2008年1月，民进省委委员、泰安市委主委，泰山医学院信息工程学院副院长；2008年1月以后，泰安市政协副主席，民进省委委员、泰安市委主委，泰山医学院信息工程学院副院长。

朱晓峰　男，汉族，1963年10月

生，江苏涟水人。1985年4月加入中国共产党，1983年7月参加工作，省业余大学学历。

1981年9月至1983年7月，省财政学校财税专业学习；1983年7月至1986年10月，省法院办事员级书记员；1986年10月至1987年12月，省法院科员级书记员；1987年12月至1991年4月，省法院副科级书记员（1985年9月至1988年7月，在全国法院干部业余法律大学学习）；1991年4月至1992年12月，省法院副科级书记员、挂任临清市法院副庭长；1992年12月至1993年5月，省法院政治处干部科科长；1993年5月至1997年3月，省法院政治部干部室副主任、助理审判员；1997年3～4月，省法院政治部人事处副处长、助理审判员(1995年9月至1998年7月，在省政法管理干部学院本科班法律专业学习)；1997年4月至2001年9月，省法院政治部人事处副处长、审判员；2001年9月至2002年11月，省法院政治部组织人事处处长、审判员(2002年9月至2004年7月，山东大学网络教育学院法学专业学习)；2002年11月至2005年12月，省法院政治部副主任、组织人事处处长（2005年2～12月，省委党校第15期中青年干部培训班学习）;2005年12月至2006年2月，泰安市中级人民法院党组书记、副院长、代理院长；2006年2月以后，泰安市中级人民法院院长、党组书记。

胡宗智 男，汉族，1958年1月生，山东临邑人。1976年7月加入中国共产党，1982年1月参加工作，大学学历，工学学士。

1978年3月至1982年1月，山东农机化学院农机设计与制造专业学习；1982年1月至1982年9月，临邑县农机局技术员；1982年9月至1984年4月，临邑县委宣传部干事；1984年4月至1989年2月，共青团临邑县委书记；1989年2月至1992年12月，临邑县林子乡党委书记；1992年12月至1995年3月，齐河县委常委、组织部部长；1995年3月至1997年12月，齐河县委副书记；1997年12月至1998年1月，齐河县委副书记、代县长；1998年1月至2001年1月，齐河县委副书记、县长；2001年1月至2003年1月，乐陵市委副书记、市长；2003年1月至2005年12月，乐陵市委书记；2005年12月至2006年2月，泰安市人民检察院党组书记、副检察长、代理检察长；2006年2月以后，泰安市人民检察院检察长、党组书记。

郑岐浩 男，汉族，1952年8月生，山东乳山人。1973年7月加入中国共产党，1971年9月参加工作，省委党校大学学历。

1970年1月至1971年9月，乳山县育黎公社张家村小学教师（计算连续工龄）；1971年9月至1976年11月，乳山县公安局崖子、夏村派出所民警；1976年11月至1978年8月，乳山县公安局夏村派出所副所长；1978年8月至1980年9月，乳山县公安局治安股副股长；1980年9月至1984年3月，乳山县公安局刑警队副队长、队长；1984年3月至1985年9月，乳山县公安局副局长；1985年9月至1987年7月，烟台市委党校学习；1987年7月至1988年4月，乳山县公安局副局长；1988年4月至1992年9月，威海市公安局四处处长；1992年9～11月，威海市公安局四处处长、副县级侦察员；1992年11月至1996年12月，威海市公安局副局长；1996年12月至2001年2月，威海市公安局副局长、党委副书记（1995年9月至1997年12月，在省委党校业余本科班经济管理专业学习）；2001年2～8月，威海市公安局副局长、党委副书记；2001年8月至2002年6月，威海市公安局副局长、党委副书记、正县级侦察员；2002年6月至2004年8月，威海市公安局政委、党委副书记；2004年8月至2005年6月，威海市公安局政委、副局长、党委副书记；2005年6月至2006年12月，威海市公安局政委、副局长、党委副书记。2006年12月以后，泰安市公安局局长、党委书记（副市级）。

孙士杰 男，汉族，1951年7月生，山东寿光人。1976年4月加入中国共产党，1977年8月参加工作，省委党校大学学历。

1971年4月至1973年9月，寿光县道口公社中兴联中民办教师（计算连续工龄）；1973年9月至1977年7月，山东师范学院数学系学生；1977年8月至1984年5月，泰安县（市）人事局干事；1984年5月至1985年5月，泰安市（县级）委组织部副部长；1985

年5月至1987年7月，泰安市郊区区委组织部副部长、组织员办公室主任；1987年7月至1992年12月，泰安市郊区区委组织部副部长（正科级）；1992年12月至1995年12月，新泰市委常委、组织部部长；1995年12月至1996年9月，新泰市委副书记、组织部部长；1996年9月至1997年12月，新泰市委副书记；1997年12月至1998年2月，新泰市委副书记、代市长；1998年2月至1999年4月，新泰市委副书记、市长；1999年4月至2000年11月，泰安市科学技术委员会主任、党组书记；2000年11月至2003年1月，泰安市科学技术局局长、党组书记；2003年1月至2004年11月，泰安市发展计划委员会主任、党组书记；2004年11月至2006年12月，泰安市发展和改革委员会主任、党组书记。2006年12月以后，泰安市委党校常务副校长（副厅级）。

（市委组织部）

模范人物选介

李　生　男，汉族，1955年10月出生，山东肥城人。中共党员，大学学历。泰安市委副秘书长、信访局长。2007年3月，被人事部、国家信访局授予“全国信访系统先进工作者”荣誉称号，记一等功。

自2003年6月任市委副秘书长、信访局长后，以和谐理念为统领，建立健全群众来信“绿色邮政”、疑难信访办理、非正常上访处置等相关配套措施，推行全员接访制和首问负责制，创新完善“周一公开接访”、“领导包案”、“集中会审”、“三级终结”、“信访听证”、“依法处置”等6项工作机制，妥善化解处理了大量信访突出问题，为平安和谐泰安建设做出突出贡献。泰安市信访局被国家信访局表彰为信访工作先进集体，局机关连续三年被评为市文明单位。

李学增　男，汉族，1963年9月出生，中共党员。1983年7月参加工作，大学学历。新泰市委办公室副主任、信访局长。2007年5月，省委、省政府给予记一等功奖励。

自2004年1月担任新泰市委办公室副主任、信访局长后，团结带领信访局一班人，畅通信访渠道，创新工作机制，推动信访工作的规范化、制度化、长效化建设。在全省率先成立市政府信访复查办公室，为全面开展信访复查工作奠定基础；新泰市“创新工作机制，解决疑难信访事项”的做法被国家信访局推广，省和泰安市多次在新泰召开信访工作现场会，学习和推广新泰工作经验。

王齐方　男，1961年10月出生，宁阳县信访局局长。2008年1月，被省委、省政府表彰为“平安山东”建设先进个人，荣记一等功。

自1996年从事信访工作后，每年接待来访群众近2000人次，带动每个信访干部热情接待、文明接访，解决了大量群众反映强烈的问题。任局长后，探索建立“一岗双责”、“首问负责”、“一案双交”、“一访两案”、“排查调处”、“督办销号”等工作机制，促进信访工作由滞后性向迅捷性转变。2001、2004、2007年，宁阳县连续3次被评为“山东省信访工作先进单位”；2004年，被省委办公厅、省政府办公厅、省人事厅表彰为全省信访工作先进个人，荣立三等功1次。

（李新民）

王宝玉　女，汉族，1957年1月出生，泰安市泰山区人。中共党员，大专学历。泰安市妇联副主席（正县级）。2007年，被省委、省政府授予山东省妇女儿童工作先进个人，并记一等功。

她热爱妇女儿童事业，认真履行岗位职责，积极代表和维护妇女合法权益。参与组织农村妇女“双学双比”、“巾帼科技致富工程”、“三八绿色工程”、“争做蔬菜女能手、女状元”、“农村妇女养牛竞赛”、“建设新农村信贷支持巾帼致富”等活动，连续10年组织为农村妇女送科技下乡，协调成立泰安市农村妇女科技致富指导中心和妇女培训学校；在城镇，深化“巾帼建功”、“巾帼文明示范岗”创建活动，实施“巾帼社区服务工程”，协调成立泰安市妇女就业指导服务中心和泰山“爱心大姐”家政服务中心，多次举办“下岗女工再就业专场洽谈会”，促进女工再就业和农村妇女劳动力的转移。先后获得全国“双学双比”竞赛活动先进工作者、省“农函大先进工作者”、“省优秀妇联干部”、省“三八”红旗手、“全省妇联系统先进

个人”、市下派挂职干部先进个人等称号。（高　萍）

牛玉忠　男，汉族，1955年8月出生，山东莱芜人。中共党员，1980年8月参加工作，在职研究生学历。泰安市规划局局长。2008年2月，被国家人事部、建设部授予“全国建设系统先进工作者”荣誉称号。

先后组织编制两版《泰安市城市总体规划》，其中《泰安市城市总体规划（1996–2010）》获山东省优秀设计一等奖、国家优秀设计二等奖；依据城市总体规划，组织编制《泰安市绿地系统规划》《泰安市城市综合交通规划》《泰安历史文化名城保护规划》等各类规划190多项。规范规划管理，组织开展地下管线普查工作，泰安城市规划数字化管理系统走在全国前列，为城市的可持续发展提供保障。他本人先后荣获山东省优秀规划局长、山东省建设系统先进工作者等荣誉称号。（高　超）

尚传利　男，汉族，1965年2月生，中共党员，大学文化。新泰市

公安局副政委兼经侦大队大队长，一级警督。2007年5月，被公安部授予“全国优秀人民警察”荣誉称号。

工作后，先后荣立一等功1次、二等功1次、三等功2次。新泰经侦大队两次被评为“全省先进经侦大队”，2006年被确定为公安部打击农村经济犯罪监测点和省经侦总队联系点，2007年被评为全省经侦系统“三基”建设示范单位。

曹　军　男，汉族，1975年8月生，中共党员，大学文化。宁阳县公安局刑警大队技术中队长，痕迹检验工程师，一级警司。2007年5月，被公安部授予“全国优秀人民警察”荣誉称号。

他始终坚持在打击刑事犯罪的第一线，利用过硬的刑事技术连续侦破一批重大案件，特别是在“6·09”杀人碎尸案、“6·09”劫车杀人案中，做出了突出贡献。

鄂宏超　男，满族，1978年12月生，中共党员，大学文化。泰山区公安分局副局长，一级警司。2007年，被省委、省政府表彰为全省“人民满意政法干警”，并记一等功。

他先后组织侦破一系列大案要案，为维护泰山区的社会稳定做出突出贡献。2006年荣获泰安市第七届“十大杰出青年”称号，第六届“山东省优秀青年卫士”，并记二等功1次。

高兴存　男，汉族，1947年5月生，中共党员，大专文化。泰安市公安局泰汶分局党委书记、局长，一级警督。2007年，在“8·7”华源矿业公司溃水淹井事故抢险救援和善后稳定工作中，他身先士卒，靠前指挥，做出突出贡献，被山东省公安厅记个人一等功。（市公安局）

先进个人名录（部分）

全国统战工作先进个人

赵成道　　泰安市政协副主席

国家风景名胜区事业突出贡献奖（建设部表彰）

李正明　　泰安市政协副主席

国家级风景名胜区综合整治优秀工作者（建设部表彰）

谭业刚　　泰山景区管委会主任

全国卷烟打假工作先进个人（公安部、国家烟草总局表彰）

高黎明　　泰安市公安局副局长

朱泗荣　　泰安市公安局治安支队副支队长

全国公安机关基层执法质量服务队工作先进个人（公安部表彰）

李　颜　　泰安市公安局法制处处长

全国自行车被盗问题专项整治先进个人（公安部表彰）

亓建国　　泰安市公安局治安支队副支队长

优秀消防卫士(公安部表彰)

李景军　　泰安市公安消防支队支队长

全国优秀社区和驻村民警(公安部表彰)

王　伟　　泰山区公安分局岱宗坊派出所民警

公安部记个人二等功

张　亮　　泰安市公安消防支队政治委员

全国优秀共青团干部

赵德健

中国中学生正泰品学奖

高　双
刘洪元

2007 年全国"绿色社区"创建活动先进个人

石法祯　　泰安市泰山区上高街道华新社区

全国粮食生产先进工作者(农业部表彰)

赵明华

农产品质量安全认证工作先进个人

刘迎新　　李传华　　张　磊　　张冬梅

全国种子行业工作先进个人

黄新闻

"平安山东"建设先进个人

记二等功:

于修明　　泰安市综治办副主任
张爱国　　泰安市公安局治安支队支队长
刘德柱　　东平县公安局银山派出所所长

记三等功:

戚文力(女)　泰安市公安局信访科副科长
赵月华(女)　泰安市妇联权益部部长
程镇林　　泰安市高新技术产业开发区综治办副主任
巩恩奎　　泰山风景名胜区管委会综治办主任
聂振武　　山东省长途电信泰安传输局局长
牛庆利　　新汶矿业集团公司翟镇煤矿党委副书记
张　勇　　肥城矿业集团公司曹庄煤矿保卫科科长

公正执法标兵(省委政法委、省人事厅表彰)

记二等功:

王　勇　　泰安市中级人民法院审判监督庭庭长
杨振国　　肥城市人民检察院副检察长
王晓鹏　　泰安市国家安全局五科副主任科员
韩义才　　泰安市泰山区司法局局长

践行社会主义法治理念先进个人(省政法委表彰)

记三等功:

吕　华　　泰安市中级人民法院研究室主任
林荣岱(女)　泰安市泰山区人民法院民事审判第一庭庭长
柏钦水　　新泰市人民法院副院长
张永卫　　肥城市人民法院安庄人民法庭副庭长
李太文　　新泰市公安局岱岳区分局政委
姜景桥　　东平县公安局东平派出所所长
于善波　　泰安市委政法委副主任科员
李为群　　宁阳县委常委、政法委书记

全省见义勇为先进分子(省综治委、省见义勇为基金会)

韩焕振　　岱岳区良庄镇凤凰村村民
马　强　　山东石横特钢集团有限公司工人
赵文源　　泰安胶东庄户城饭庄职工

全省治理自行车被盗问题专项行动先进个人
(省综治委表彰)

田茂金　　泰安市公安局治安支队行动大队教导员
吴　勇　　泰安市公安局泰山区分局岱庙派出所副所长
朱晓亮　　泰安市公安局刑警支队五大队民警
李　宁　　泰安市公安局岱岳区分局治安大队民警
李　蕾　　新泰市公安局治安大队秘书科科长
王臣华　　宁阳县公安局治安大队自行车管理所所长
孙海涛　　东平县公安局治安大队副大队长

全省执法为民先进个人(省人事厅、省公安厅表彰)

记二等功:

李　平　　新泰市看守所所长
李景军　　泰安市公安消防支队支队长
宋建波　　市公安局特警支队二大队副大队长
刘　涛　　岱岳区分局治安大队大队长

全省卷烟打假工作先进个人(省烟草专卖局、省公安厅表彰)

耿　心　市公安局治安支队行动大队大队长
李　甡　市公安局治安支队行动大队副大队长
王大伟　泰安市公安局治安支队民警
姬　伟　泰安市公安局特警支队副支队长
尚传利　新泰市公安局副政委兼经侦大队大队长
赵德玉　新泰市公安局经侦大队指导员
刘智勇　新泰市公安局经侦大队副大队长
高　鹏　新泰市公安局经侦大队中队长
尚道昌　新泰市公安局经侦大队副中队长
安学征　宁阳县公安局治安大队中队长

全省残疾人维权工作先进个人(省残联、省公安厅表彰)

于　军　泰安市公安局交巡支队直属四大队民警

全省维护盐业市场秩序确保食盐安全专项整治行动先进个人(省盐务局、省公安厅表彰)

邵兴伟　宁阳县公安局经侦大队三中队中队长

全省科技强警示范县(市、区)建设工作先进个人(省科技厅、省公安厅表彰)

司云龙　泰安市公安局科技处副科级干部
尹诚忠　肥城市公安局信息机要通信科科长

省公安厅记二等功

杨昭晖　新泰市市长助理、新泰市公安局党委书记、局长
薛云斋　新泰市公安局副局长
刘晓光　新泰市公安局刑警大队教导员
郭振国　新泰市公安局东都派出所所长
杨　强　肥城市公安局刑警大队机动队队长
刘玉峰　宁阳县公安局副局长
马扶军　东平县公安局交巡警大队大队长
高黎明　泰安市公安局党委委员、副局长
任雪雁　泰安市公安局出入境管理处处长
贾永峰　泰安市公安局指挥中心调度室主任
孙　坡　泰安市公安局刑警支队二大队副科级侦察员
李　彬　泰安市公安局刑警支队五大队民警
刘卫东　泰安市公安局刑警支队六大队大队长
杨乐美　泰安市公安局行动技术支队民警
徐长银　泰安市公安局特警支队二大队大队长
盛　勇　泰安市公安局经侦支队一大队副科级侦查员
张雪松　泰安市公安局公交支队一大队民警
孙勇刚　泰安市公安局景区分局岱顶派出所所长
孟兆平　泰安市公安局泰汶分局副局长

全省优秀人民警察(省公安厅表彰)

吕建忠　泰安市公安局交巡支队四大队副大队长
刘国泰　原泰安市公安局经侦支队支队长
李　涛　泰安市公安局刑警支队禁毒大队民警
亓　涛　泰安市公安局公交支队二大队民警
李汝勇　泰安市公安局特警支队三大队民警
郭芳建　泰安市公安消防支队防火监督处处长
朱宝民　泰安市公安局法制处副科级干部
李兆斌　泰安市公安局监察室副主任
贾元玉　泰安市公安局泰山区分局岱庙派出所所长
张燕山　泰安市公安局岱岳区分局徂徕派出所所长
陈　军　新泰市公安局汶南派出所所长
杨庆国　肥城市公安局刑警大队大队长

全省公安科技工作先进个人(省公安厅表彰)

胡敬明　泰安市公安局科技处处长
李文海　泰安市公安局刑警支队技术室民警

全省市级公安信息通信网运行管理工作先进个人(省公安厅表彰)

申大武　泰安市公安局信息通信处民警

全省县级公安信息通信网运行管理工作先进个人(省公安厅表彰)

刘　冰　宁阳县公安局通信科科长

全省公安机关网络安全监察工作先进个人(省公安厅表彰)

杨玉慧　泰安市公安局网监支队侦察大队副大队长
张成勇　泰安市公安局网监支队民警
刘培良　泰安市公安局网监支队民警

全省公安机关警务督察工作先进个人(省公安厅表彰)

徐　敏　泰安市公安局指挥中心主任
江志国　泰安市公安局警务督察处民警

全省公安纪检监察工作先进个人(省公安厅表彰)

韩　忠　　泰安市公安局纪委民警
赵景珠　　泰安市公安局岱岳区分局纪委书记

全省流动人口管理服务先进个人(省公安厅表彰)

周长彬　　泰安市公安局治安支队民警
肖　斌　　泰安市公安局泰山区分局岱宗坊派出所民警
付　红　　新泰市公安局户政管理科副科长
任显春　　肥城市公安局户籍管理科科长

全省公安机关防范和处理邪教犯罪工作先进个人(省公安厅表彰)

丁　敏　　泰安市公安局国保支队民警
马　彦　　新泰市公安局国保大队大队长
张珠林　　宁阳县公安局国保大队大队长

全省公安机关交警财务管理工作先进个人(省公安厅表彰)

李延萍　　泰安市公安局交巡支队财务装备科民警

全省公安机关经费保障标准落实及派出所统一建筑外观形象工作先进个人(省公安厅表彰)

张　政　　泰安市公安局计划财务处职工
王庆军　　泰安市公安局泰山区分局警务保障科副科长

全省优秀基层标兵(省公安厅表彰)

李　兵　　泰安市公安局泰山区分局财源派出所副所长
邓维立　　泰安市公安局泰山区分局岱宗坊派出所副所长
李　彬　　泰安市公安局刑警支队五大队民警
孙　军　　泰安市公安局经侦支队四大队民警
姚传耕　　泰安市公安局泰山区分局警务保障科民警
徐　锐　　泰安市公安局泰山区分局迎胜派出所民警
李志刚　　泰安市公安局泰山区分局徐家楼派出所民警
张兆峰　　泰安市公安局岱岳区分局交巡大队副大队长
任建萍　　泰安市公安局岱岳区分局警务保障科副科长
张　军　　泰安市公安局岱岳区分局夏张派出所所长
刘卫东　　泰安市公安局刑警支队六大队大队长
张仁伟　　泰安市公安局岱岳区分局化马湾派出所教导员
仲崇涛　　新泰市公安局国保大队二中队副中队长
徐勤华　　新泰市公安局特警大队三中队指导员
郑保明　　新泰市公安局经侦大队二中队中队长
王成奎　　新泰市公安局交巡大队民警
韩洪波　　新泰市公安局刑警大队副大队长
刘　辉　　新泰市公安局谷里派出所所长
刘　斌　　新泰市公安局新汶派出所所长
刘　震　　新泰市公安局北师派出所所长
郭振国　　新泰市公安局东都派出所所长

王忠军　　肥城市公安局石横派出所副所长
朱朝阳　　肥城市公安局特警大队副大队长
郭　彬　　肥城市公安局老城派出所副所长
李　波　　肥城市公安局汶阳派出所副所长
尹燕菊　　肥城市公安局桃花源派出所教导员
马衍华　　肥城市公安局刑警大队副大队长
辛　剑　　肥城市公安局仪阳派出所副所长
李爱国　　东平县公安局经侦大队大队长
李保华　　东平县公安局指挥中心教导员
牛成华　　东平县公安局交巡大队三中队副中队长
吕衍强　　东平县公安局东平派出所民警
陆晓东　　东平县公安局大羊派出所民警
安学征　　宁阳县公安局治安大队四中队副指导员
黄岳昌　　宁阳县公安局乡饮派出所副所长
于　干　　宁阳县公安局经侦大队三中队中队长
宁　伟　　宁阳县公安局磁窑派出所副所长
许振波　　宁阳县公安局华丰派出所副所长
颜文通　　宁阳县公安局堽城派出所民警
刘宝民　　宁阳县公安局交巡大队二中队中队长
姜静静　　市公安局景区分局红门派出所副所长
刘洪岩　　泰安市公安局高新区分局泰西派出所教导员
高瑞栋　　市公安局陶山分局刑侦大队大队长
陈尚军　　市公安局泰汶分局汶中派出所民警

山东青年“五四”奖章

苏庆亮

山东省十大杰出青年

侯彦卫

山东省十大杰出青年企业家

陈　杰

山东省优秀青年卫士

刘　玉

山东创业十杰

尹　涛

山东省优秀农村创业青年

韩振彬

省关工委突出贡献奖获得者

宋广吉
刘静海

山东省希望工程园丁奖

杨庆晨

省青春创业行动典型

曹　杰

省"三八"红旗手

王桂芳　肥城市王庄镇邓庄村村委委员、妇代会主任
任　燕　东平县沙河站镇徐楼村医务工作者

全省妇联系统先进个人

记二等功：

王　蕾　泰安市妇联副主席
刘凤琴　新泰市妇联主席

记三等功：

任庆梅　宁阳妇联副主席
肖　博　泰山区泰前妇联主席
赵　萍　肥城安驾庄镇妇联主席

山东省妇女儿童工作先进个人

王宝玉　泰安市妇儿工委办主任(记一等功)
赵传河　中共泰安市委组织部副调研员、干部二科科长
高　峰　泰安市教育局副局长
朱元柱　泰安市统计局社会科科长
王国连　泰安市岱岳区劳动保障局局长、党委副书记
闫永平　肥城市民政局党组书记、局长
程凤环　宁阳县卫生局妇委会副主任

第五届"齐鲁巾帼十杰"

米培莲　泰山区省庄镇东孙村党支部书记、村委会主任

山东省第六届"十佳好军嫂"

任　燕　东平县沙河站镇徐楼村医务工作者

山东省第五届"十佳兵妈妈"

王桂芳　肥城市王庄镇邓庄村村委委员、妇代会主任

省"巾帼建功"标兵

刘淑珍　新泰市环境卫生管理处副主任
刘　燕　泰安市宁阳县第一中学教师
张西环　泰安市人口和计划生育委员会机关党总支副书记
于翠芳　肥城市社会保险事业处主任
田艳梅　中国网通泰安市分公司大客户服务中心高级客户经理

省"巾帼建功"岗位明星

赵云亭　泰安市社会劳动保险事业处工会主席
姚红霞　泰安市机关事业单位社会保险事业处副科长
宋宪玲　泰安市岱岳区医疗保险事业管理处主任
张　敏　泰安市劳动就业办公室财务科长
苏　丽　中国人寿泰安分公司客户服务中心柜面管理岗
薛　源　中国人寿泰安肥城市支公司副经理
王　慧　中国人寿泰安分公司城区中介代理部专管主任
刘　娟　中国人寿宁阳县支公司个险部经理
杨桂丽　中国人寿泰安新泰市支公司部经理

省"巾帼建功"竞赛活动先进工作者

谢庆霞　泰安市岱岳区妇联主席
吴秀玲　泰安市东平县妇联副主席
谢华清　泰安市医疗保险处妇委会主任
张桂英　泰安市直机关幼儿园书记兼园长

省家教工作先进个人

杨晓萍　泰安市妇联

刘桂贞　岱岳区妇联
候诗荣　新泰市妇联
宁方跃　宁阳县教育局

山东省优秀女企业家

李祥芝　肥城市龙祥纺织有限公司董事长兼总经理
韩维华　泰安华荣服装有限公司总经理
鞠敏红　宁阳县万达百货有限公司董事长兼总经理

省委办公厅、省政府办公厅、省人事厅记二等功

周建国　泰安市委市政府信访局副局长、市政府驻京办副主任
孔祥湖　泰安市高新技术产业开发区党工委副书记
郭长泉　肥城市王庄镇人大副主席、信访办主任

省委办公厅、省政府办公厅、省人事厅记三等功

王培林　泰安市委维稳办主任
刘　强　泰安市委市政府信访局办信科科长
郭连勇　泰安市委市政府信访局驻京办主任
杨绍运　泰安市泰山景区管委会信访中心干部

全省建设系统劳动模范

张　强　张云鹏　武　鸢　陈　艳
赵克华　杨兴伟　王世军　苏志清
程卫民

全省档案信息化建设先进个人

赵力燕　泰安市档案局
陈秀红　肥城市档案局
程令水　山东省宁阳县档案局
张慧英　泰山玻璃纤维股份有限公司
蔡　玉　泰安市地方税务局

"平安泰安"建设先进个人（泰安市委、市政府表彰）

记二等功：

李殿勤　泰山区委常委、政法委书记
王新民　肥城市委常委、政法委书记
杨启典　泰安市公安局党委委员、岱岳区区长助理、岱岳区公安分局党委书记、局长
杨昭晖　新泰市公安局党委书记、局长
苏庆华　泰山区财源街道党工委书记
张　军　泰安市公安局景区分局党委书记、局长
韩　勇　山东良庄矿业有限公司党委副书记、纪委书记
许　华　肥城矿业集团公司保卫处副处长
孟　仲　泰安高新区社会事业局副主任科员
冯　彬　宁阳县公安局磁窑派出所所长

泰安市见义勇为先进群体

牛传斌　刘西学　刘　珂　牛玉磊舍己救人群体
巩加富　李克生勇斗歹徒群体
杨　诚　武　康　杨成龙舍己救人群体

泰安市见义勇为先进分子

郑继亮　泰安市高新区北集坡镇篦子店村村民
李臣军　新泰市翟镇红石板村村民
吴传禹　泰安市广播电视局司机
李永壮　岱岳区粥店街道下旺村村民
张希全　岱岳区范镇张寨子村村民
刘少林　新泰市龙廷镇上豹峪村村支部书记
张　鲁　新泰市禹村镇人民政府副镇长
解　勇　肥城市邮政局职工
辛　宝　肥城市仪阳乡刘台村村民
聂兆玉　肥城市边院镇兴隆村村民
孔　勇　宁阳县实验高中2004级1班学生
郭德政　新汶矿业职工大学学生
宗成睿　通力集团公司职工

市委、市政府记二等功

王　波　泰山区委区政府信访局副局长
杨荣和　岱岳区满庄镇党委书记，大汶口石膏工业园党工委书记、主任
杨增彪　新泰市经贸局党委书记、经贸局局长
尹鲁逊　肥城市高新区社会事务局局长、王瓜店镇人民政府常务副镇长
王守刚　宁阳县蒋集镇党委副书记、人大主席
李玉亭　东平县公安局副局长
曹永先　泰安市委市政府信访局办公室主任
刘文杰　泰安市人事局军转办主任
苏秀玲（女）　泰山景区管委会办公室副主任、信访中心主任
贾悦远　泰安市公安局泰山区分局迎胜派出所警长

编辑·校对　戚淑娟

统计资料

表 85　　2007 年泰安市各县(市、区)经济和社会发展主要指标

指标名称	单位	全市	泰山区	岱岳区	新泰市	肥城市	宁阳县	东平县
土地面积	平方公里	7762	337	1750	1933	1277	1124	1340
年末总户数	万户	169.85	21.51	28.52	44.2	29.91	23.12	22.59
年末总人口	万人	552.6	63.0	97.3	136.7	96.6	80.9	78.0
非农业人口	万人	159.06	50.31	17.59	39.47	26.23	15.93	9.53
人口自然增长率	‰	2.55	4.69	-0.29	4.53	1.24	1.99	3.12
常用耕地	公顷	310311	8635	60283	64157	58620	58379	60237
粮食总产量	吨	2785905	60900	516555	472691	550058	566902	618799
生产总值	亿元	1226.11	99.35	99.58	346.61	303.67	121.42	107.71
其中:第一产业	亿元	132.77	4.96	27.4	30.17	28.86	23.48	17.9
第二产业	亿元	688.52	53.38	47.82	216.93	192.1	61.31	61.6
第三产业	亿元	404.82	41.01	24.36	99.51	82.71	36.63	28.21
人均生产总值	元	22617	27446	10220	25398	31484	15027	13841
全社会固定资产投资	万元	6460000	742000	773000	1616000	1555000	835000	518586
社会消费品零售总额	万元	3784659	505679	526036	849927	809560	449961	326771
地方财政收入	万元	641950	61066	30716	162966	128116	44966	37391
地方财政支出	万元	1045857	75700	74180	236848	255776	92173	100144
在岗职工人数	万人	491977	41369	37382	141485	94325	52809	41050
在岗职工工资总额	万元	900770	67057	50519	277361	178945	76796	57831
在岗职工平均工资	元	18236	16278	13775	19835	18130	14638	14070
农民人均纯收入	元	5309	5793	4796	6454	6107	4546	4009

表 86　　2007 年泰安市各县(市、区)主要农产品产量

品　名	泰山区	岱岳区	新泰市	肥城市	宁阳县	东平县
粮食	60900	516555	472691	550058	566902	618799
小麦	29256	210026	174819	231199	295603	312919
豆类	15	692	1922	3382	5805	24136
油料	113	28911	59239	7894	71042	15774
棉花	6	627	999	2949	1523	8674
蔬菜(含菜用瓜)	166369	2513902	1049410	1964636	964603	363648
水果	10322	244116	100855	137388	43954	29744
肉类	6261	46203	123170	51138	66572	30765
猪肉	3310	24260	58455	23596	41985	14636
禽蛋	6616	38344	56865	37002	36763	23706
奶类	103487	83521	91462	43860	46977	15999
水产品	800	3920	4300	2630	2120	66379

表 87　　全社会固定资产投资　　单位:万元

指　标　名　称	2006 年	2007 年
全社会固定资产投资完成额	5338626	6460000
规模以上固定资产投资	5130826	6388798
固定资产投资项目	4905317	6046401
#国有单位	657387	449250
集体单位	821235	1105336
个体经营与私营	1803936	2265672
港澳台投资	10751	25706
外商投资	92702	86424
房地产开发投资	225509	342397
#国有单位	37895	62839
集体单位	27529	22351
个体经营与私营	71873	117067

表 88　**泰安市平均每天主要社会经济活动情况**

指　标	单　位	2001 年	2002 年	2003 年	2004 年	2005 年	2006 年	2007 年	2007 年比 2006 年%
全市每天创造的财富									
生产总值	万元	12274	14115	16550	20058	23443	27895	33592	116.1
财政收入	万元	630.7	651.2	755.9	855.2	1113.0	1416.0	1759.0	124.2
粮食	吨	6067	5098	5542	5754	6924	7483	7633	102.0
原煤	万吨	6.0	6.4	7.2	6.9	6.4	6.9	6.8	99.2
发电量	万千瓦时	2104	2276	2561	2639	2984	3103	3408	109.8
布	万米	19.4	23.2	28.3	43.2	51.4	104.7	172.9	165.1
其他经济活动									
公路运输工具客运人数	万人	6.8	7.1	6.8	8.1	10.6	12.6	13.4	6.4
城镇住宅峻工面积	平方米	2841	3422	2016	1351	1847	1532	1745	113.9
全市人口变动									
出生	人	152	186	157	190	162	137	139	101.2
死亡	人	88	98	96	91	97	89	100	112.4

表 89　**农村居民家庭基本情况**

指　标	单　位	2006 年	2007 年
调查户数	户	690	690
常住人口	人	2379	2399
整半劳力	人	1852	1909
乡镇企业从业人员	人	153	337
人均经营耕地	亩	1.2	1.3
总收入	元/人	5764	6560
纯收入	元/人	4642	5309
总支出	元/人	3810	4430
家庭经营费用支出	元/人	927	1016
税费支出	元/人	6	5
生活消费支出	元/人	2683	3146
现金收入	元/人	5184	5963
现金支出	元/人	3451	4025
人均拥有住房价值	元/人	11300	12122
农民人均住房面积	平方米	35.8	35.6
钢混结构	平方米	10.2	10.8
砖木结构	平方米	24.7	23.9

表 90

泰安市旅游事业发展情况

项　目	单　位	2001 年	2002 年	2003 年	2004 年	2005 年	2006 年	2007 年	2007 年比 2006 年增%
旅游人次数总计	万人次	515.7	590.7	591.8	778.9	1011.0	1244.8	1518.5	22.0
海外旅客	万人次	6.4	7.0	3.8	8.1	9.8	12.6	15.1	20.0
国内旅客	万人次	509.3	583.7	588.0	770.8	1001.2	1232.2	1503.4	22.0
国内旅游收入	亿元	26.3	33.1	34.0	46.7	63.3	83.4	104.8	25.7
旅游外汇收入	万美元	2001	2192	1455	2910	3740	5267	6492	24.8

表 91

对外贸易

单位:万美元

指　标	进出口	为上年(%)	进口	为上年(%)	出口	为上年(%)
合　计	98532	132.3	29779	149	68753	126.2
按贸易方式分						
一般贸易	72817	141.5	22875	179.4	49942	129
加工贸易	23911	112.5	5194	90	18717	120.9
其他贸易	1804	104.3	1710	117.1	94	35
按企业性质分						
国有企业	31293	99.8	11140	120.6	20153	91.1
三资企业	22519	132.3	4144	141.9	18375	130.3
其他企业	44720	171.5	14495	185.1	30225	165.8

表 92

对外承包工程和劳务合作情况

指　标	单　位	2001 年	2002 年	2003 年	2004 年	2005 年	2006 年	2007
合同个数	个	109	231	157	260	458	882	1473
承包工程	个	8	8	12	40	16	4	3
劳务合作	个	101	223	145	220	442	878	1470
合同金额	万美元	5020	3221	4310	11867	18447	34689	46390
承包工程	万美元	1724	409	378	1884	3200	6900	5941
劳务合作	万美元	3296	2812	3932	9983	15247	27789	40449
营业额	万美元	4208	3291	4670	9052	15072	22864	32077
承包工程	万美元	2268	907	728	2486	1725	4270	5936
劳务合作	万美元	1940	2384	3942	6566	13347	18594	26141
年末在外人数	人	3636	6196	6982	9560	13677	17223	25886
承包工程	人	332	175	566	777	634	874	838
劳务合作	人	3304	6021	6416	8783	13043	16349	25048

表 93

2007 年泰安市在岗职工情况

	职工人数（人）	#女性（人）	工资总额（万元）	平均工资（元/人）
总　　计	491977	162366	900770	18236
按经济类型分				
国有经济	176489	60614	377822	21468
集体经济	84741	28217	107042	12923
其它经济	230747	73535	415905	17688
按单位性质分				
企　业	352996	113769	599978	16878
事　业	102874	40712	222848	21706
机　关	35814	7815	77411	21792
其　他	293	70	533	18191
按国民经济行业分				
农、林、牧、渔业	3082	815	4654	15060
采矿业	98427	18494	238178	23711
制造业	143112	60221	184997	13096
电力、燃气及水的生产和供应业	10360	3537	31193	30101
建筑业	57594	11314	81435	13636
交通运输、仓储和邮政业	8142	2801	14999	18588
信息传输、计算机服务和软件业	1151	420	3827	33279
批发和零售业	19202	9842	19881	10198
住宿和餐饮业	4057	2169	4266	10713
金融业	8323	3531	19468	23376
房地产业	3731	1630	4978	13338
租赁和商务服务业	1454	445	2279	15468
科学研究、技术服务和地质勘查业	3262	908	7937	24242
水利、环境和公共设施管理业	6170	2436	11219	18215
居民服务和其他服务业	712	105	893	12538
教　育	60115	22508	138501	23062
卫生、社会保障和社会福利业	19781	11084	40591	20627
文化、体育和娱乐业	1733	632	3527	20326
公共管理与社会组织	41569	9474	87949	21334

表 94

2007 年泰安市教育事业基本情况

项　目	学校数（所）	学生数（人）			教职工（人）	
		毕业生	招　生	在校生	总　数	专任教师
总　计	1891	215483	237910	806836	64986	52025
普通高等学校	6	20192	22769	80739	6960	4369
普通中等专业学校	6	4315	8236	19006	993	534
技工学校	8	7635	8828	21893	1396	1275
普通中学	200	111887	66732	219633	24366	19640
初　中	159	69860	33383	109461	15731	12794
高　中	41	42027	33349	110172	8635	6846
小　学	678	32794	64849	342723	23566	21904
特殊教育	7	453	280	1211	298	205
幼儿园	986	38207	66216	121631	7407	5373

表 95　主要年份泰安市国民经济和社会发展主要指标

指　标	单　位	1985 年	1990 年	1995 年	2000 年	2005 年	2006 年	2007 年
人　口								
年末总人口	万人	473.3	527.1	526.6	540.74	550.78	551.74	552.57
#农业人口	万人	411.67	450.73	426.7	379.32	393.62	394.5	393.51
全部在岗职工人数及工资								
全部在岗职工人数	万人	36.36	46.96	57.14	49.78	49.28	48.8	49.2
全部在岗职工工资总额	亿元	4.08	10.31	27.06	35	66.08	74.93	90.08
全部在岗职工平均工资	元	1142	2235	4840	6961	13371	15262	18236
国有单位在岗职工人数	万人	29.21	35.63	41.41	36.32	18.27	17.46	17.65
国有单位在岗职工工资总额	亿元	3.48	8.86	22.67	29.75	26.42	29.75	37.78
国有单位在岗职工平均工资	元	1202	2255	5569	8085	14466	17028	21468
集体单位在岗职工人数	万人	7.15	11.33	13.7	9.56	8.04	8.38	8.47
集体单位在岗职工工资总额	亿元	0.6	1.46	3.55	3.05	7.57	8.94	10.7
集体单位在岗职工平均工资	元	908	1334	2665	3162	9613	10741	12923
工农业总产值(当年价)	亿元	41.76	107.7	328.8	567.75	1541.68	2005.76	2611.38
生产总值(当年价)	亿元	30.03	60.49	189.55	379.55	855.66	1018.18	1226.11
农业生产								
农林牧渔业总产值指数(以1978年为100)	%	176.3	205.8	346.1	498.4	665.4	686	713.4
主要农产品产量								
粮　食	万吨	190.78	215.29	257.54	234.31	252.74	273.13	2731253
棉　花	吨	11470	8775	8001	3639	14764	12366	12366
油　料	吨	122350	103068	191584	191901	172979	172766	172766
麻　类	吨	19645	2941	2234	275	202	143	143
果　品	吨	80968	75248	282838	471401	589907	596842	632304
造林面积	万亩	25.71	11.82	18.57	9.6	16.25	14.93	16.68
水产品	吨	4430	4999	32121	64546	75467	78626	80159
工业生产								
工业总产值(现价)	亿元	28.34	74.45	203.75	447.19	1353.18	1799.48	2375.93
工业总产值指数(以1978年为100)	%	184.63	367.68	790.48	1848.54	4583.97	5718.96	7173.29
主要工业品产量								
布	万米	2391	3543	5131	5321	18744	38217	63091
纱	吨	4614	20970	28091	50918	72858	144880	159447
饮料酒	万吨	5.23	8.2	23.18	23.78	27	31.1	28.6
机制纸	万吨	3.75	6.7	10.3	12.97	20.3	20.2	24.7
原　煤	万吨	1660	1908	2204	1823	2323	2506	2488
发电量	亿千瓦时	8.32	52.08	41.5	74.83	108.9	113.24	124.4
焦　炭	万吨	15.7	11.32	15.8	8.76	70.3	89.1	218.1
农用化肥	万吨	7.03	11.37	17	36.1	53.6	65.8	70.2
轮胎外胎	万条	32.5	45.94	79.9	92.28	555.9	737	980.1
水　泥	万吨	66.2	94.46	214.5	324.8	830.1	1148.8	890.9
钢	万吨	–	6.66	14	27	166.6	177.9	184.5
小型拖拉机	万台	1.52	0.81	1.32	10.1	1.1	0.9	0.77
内燃机	万千瓦	24.8	18.77	116	468	95.9	60.8	52.3

续表95

指　标	单　位	1985年	1990年	1995年	2000年	2005年	2006年	2007年
规模以上工业企业主要财务指标								
资产总计	亿元	52	74.44	222.93	354.58	933.22	1075.04	1388.37
年末固定资产原值总计	亿元	22.41	62.35	154.41	208.97	484.01	535.09	714.49
固定资产净值年平均余额	亿元	14.73	47.61	93.47	146.21	314.7	374.29	497.92
流动资产年平均余额	亿元	8.42	26.83	78.87	153.62	430.69	507.19	568.32
产品销售收入	亿元	19.3	48.8	151.53	231.07	1008.38	1356.55	1875.48
利税合计	亿元	2.2	2.84	10.75	22.48	123.03	161.96	219.44
#利　润	亿元	1.25	0.36	1.6	6.49	63.03	87.98	127.29
全部职工平均人数	万人	24.6	33.69	38.39	33.84	38.97	40.9	41.63
运输邮电								
货物周转量	万吨公里	38370	81995	145218	194252	255186	322135	437262
旅客周转量	万人公里	48390	92302	76216	117408	241779	280535	317446
邮电业务总量(不变价)	万元	2111	3184	20353	94228	152731	186488	204982
全社会固定资产投资	亿元	6.41	11.34	58.39	88.15	448.65	533.86	646
国有单位固定资产投资	亿元	2.61	4.54	28.36	42.36	69.62	69.53	51.21
集体单位固定资产投资	亿元	1.52	2.98	18.24	18.35	81.35		112.77
住宅竣工面积	万平方米	19.66	23.01	88.59	132.85	215.4	203.13	257.88
社会消费品零售总额	亿元	11.18	21.73	81.48	134.59	273.64	318.21	378.47
地方财政收支								
财政收入	亿元	1.68	4.09	7.03	19.07	40.63	51.69	64.2
财政支出	亿元	2.06	5.16	11.89	24.79	63.71	78.06	104.59
物价指数								
商品零售价格指数	%	112.7	99.8	114.8	98.6	98.8	101.3	103.7
居民消费价格指数	%	113.7	102	117.1	102.1	101.6	101.3	104
人民生活								
市区居民人均可支配收入	元	586	1494	3837	6323	10337	11966	13818
市区居民消费性支出	元	–	1341	3068	5066	7211	8566	9971
农民人均纯收入	元	378	616	1726	2782	4124	4642	5308
农民人均生活费支出	元	299	484	1111	1488	2352	2683	3145
城乡居民储蓄余额	亿元	4.97	25.99	97.11	194.97	401.73	467.61	500.11
教育文化								
高等学校在校学生数	人	8361	10245	13671	31954	74102	80900	80739
普通中等专业学校在校学生数	人	7096	9377	19370	22915	15144	14356	19006
普通中学在校学生数	万人	21.87	24.76	32.39	43.04	31.77	26.71	21.96
小学在校学生数	万人	55.87	50.53	54.01	41.58	27.31	30.72	34.27
艺术表演团体	个	7	4	3	3	3	3	3
卫　生								
卫生机构数	个	489	556	576	216	288	200	203
#医院、卫生院	个	112	129	151	159	158	161	161
医院、卫生院病床数	张	8212	10226	10993	12802	13534	13549	14280
卫生技术人员	个	12898	16051	17418	18203	18879	18162	18793
#医　生	人	5072	6887	7145	7878	8358	7828	7702

表 96 2007 年山东省各市主要指标

单位	土地面积（平方公里）	总人口（万人）	农业人口（万人）	粮食产量（万吨）	社会消费品零售总额（亿元）	地方财政收入（亿元）	地方财政支出（亿元）	出口总额（万美元）
全省总计	157126	9345.5	3436.4	4105.7	8438.8	1674.5	2262.5	7524374
济南市	7999	604.9	422.9	268.0	1103.2	156.8	180.1	343527
青岛市	11175	758.0	465.8	300.7	1199.2	292.6	321.2	2831005
淄博市	5965	419.6	183.5	150.0	593.1	97.8	117.6	299734
枣庄市	4563	380.2	121.3	167.8	242.1	45.2	68.1	54127
东营市	7923	183.1	78.8	71.8	206.5	60.1	76.3	140140
烟台市	13746	651.5	300.2	232.0	829.7	140.8	174.5	1409234
潍坊市	16005	859.1	371.7	447.9	674.3	110.6	148.8	518137
济宁市	11194	818.3	209.7	395.6	591.3	101.2	143.1	172324
泰安市	7762	552.6	159.1	278.6	378.5	64.2	104.6	85241
威海市	5698	251.1	119.1	95.2	392.6	82.0	103.4	680216
日照市	5348	283.4	99.5	104.0	172.3	29.0	46.2	196423
莱芜市	2246	125.4	48.5	26.7	111.9	26.1	34.5	121507
临沂市	17202	1027.5	210.7	412.9	660.8	68.8	127.8	224499
德州市	10356	561.7	159.8	552.4	387.2	42.0	77.0	87909
聊城市	8715	580.8	213.1	455.5	322.3	42.4	75.0	99893
滨州市	9033	374.5	95.3	263.7	246.1	59.4	84.9	188125
菏泽市	12194	914.2	177.4	491.3	327.9	42.1	95.5	72332

续表 96

单位	进口总额（万美元）	在岗职工平均工资（元）	市区居民人均可支配收入（元）	农民人均纯收入（元）	生产总值（亿元）	第一产业增加值（亿元）	第二产业增加值（亿元）	第三产业增加值（亿元）
全省总计	4737424	22844	14265	4985	25965.9	2509.1	14776.5	8680.2
济南市	278277	27133	18005	6300	2562.8	150.3	1158.0	1254.5
青岛市	1741529	27083	17856	7477	3786.5	203.6	1953.6	1629.4
淄博市	169469	23266	15849	6465	1945.0	74.4	1256.4	614.3
枣庄市	10134	21114	12585	5161	925.6	80.6	591.0	254.0
东营市	125093	30132	18626	5869	1664.8	60.6	1269.2	334.9
烟台市	985199	25706	16772	6979	2880.0	239.0	1755.8	885.1
潍坊市	132381	18904	13716	6278	2056.0	237.5	1194.7	623.8
济宁市	91929	23752	14273	5271	1736.0	213.5	960.1	562.4
泰安市	49284	18236	13818	5309	1226.1	132.8	688.5	404.8
威海市	392701	21121	16285	7737	1583.5	127.8	978.2	477.5
日照市	379484	20004	13021	5319	629.6	86.2	320.2	223.2
莱芜市	43330	25929	14906	5913	367.3	22.6	242.5	102.2
临沂市	89636	20156	14565	4722	1660.5	206.6	847.3	606.6
德州市	16279	15776	12392	4986	1180.8	158.7	655.4	366.7
聊城市	72105	16511	12401	4501	1025.4	154.5	605.6	265.3
滨州市	147743	17890	13888	4986	1030.3	109.6	638.3	282.4
菏泽市	12852	14934	9715	4023	686.0	182.0	332.0	172.0

（市统计局）

附 

文　件

中共泰安市委　泰安市人民政府关于大力发展现代农业加快建设社会主义新农村的实施意见

（泰发〔2007〕1号　2007年3月30日）

为认真贯彻落实《中共中央、国务院关于积极发展现代农业扎实推进社会主义新农村建设的若干意见》（中发〔2007〕1号）和《省委、省政府关于贯彻中发〔2007〕1号文件精神积极发展现代农业扎实推进社会主义新农村建设的实施意见》（鲁发〔2007〕1号）精神，坚持准确把握、科学规划、分类指导、扎实推进的原则，以发展农村经济为主要任务，以农民持续增收为根本目的，以给农民带来实惠为衡量标准，大力发展现代农业，积极推进社会主义新农村建设，努力实现全市农村经济社会又好又快发展。现结合我市实际,提出如下实施意见。

一、健全完善现代农业产业体系

1.做大做强优势产业。调整优化农业结构，培强优质粮食、蔬菜、干鲜果、畜禽、苗木花卉、桑蚕6大主导产业，突出发展有机蔬菜、奶牛、苗木花卉“三大亮点”，培植一批在全国、全省叫得响的特色农产品基地。年内新发展设施大棚面积5万亩，调整高效经济作物面积15万亩，新增高值田10万亩；优质粮达到330万亩。加快健康养殖业发展，推进规模化、标准化饲养和养殖小区建设，推广集约、高效、生态畜禽和水产养殖，确保畜产品、水产品质量安全，特别是加大“奶业富民”工程推进力度，年内奶牛存栏达到20万头，1000头以上的养殖小区发展到20个，规模饲养量占存养总量比重达到85%以上。猪羊鸡鸭等传统饲养品种要有一个大的提高，畜牧业比重要有明显增加。继续推进“绿色泰安”建设，重点发展苗木花卉、名优果品，抓好荒山绿化、村镇绿化和绿色通道、农田林网、速生丰产林建设，建成一批具有生态效益、经济效益的林业基地。年内新造林作业面积15万亩，其中荒山造林6万亩，苗木花卉发展到16万亩。

2.突出农业产业化经营。加大政策支持，培植一批前景好、规模大、带动力强的农业龙头企业，形成一批农产品加工产业集群。年内每个县市区要力争新建投资过1000万元的农产品加工流通项目8~10个，其中3000万元以上的2个。落实《农民专业合作社法》，坚持民办、民管、民受益，大力发展一批管理规范、带动集体和农民增收明显的农民专业合作组织，着力支持农民专业合作组织开展市场营销、信息服务、技术培训、农产品加工贮藏和农资采购经营，农业综合开发资金要积极支持农业产业化发展。年内新发展农民专业合作经济组织120个，引导80%的合作组织健全完善内部管理和运行机制。加快“一乡一业、一村一品”发展，培育一批特色明显、类型多样、竞争力强的专业村、专业乡镇，形成一批“小产品、大产业、大市场”，逐步在规模、质量、效益上形成优势。

3.加强农业标准化建设。推行农业标准化生产和管理，建设一批农产品标准化示范基地，打响“泰山有机蔬菜品牌”。加强农产品质量认证，加大对农产品注册商标、地理标志和知名品牌保护，年内新增“三品”认证数量60个以上，新增标准化生产基地40万亩，其中新发展有机蔬菜4万亩，绿色食品16万亩，无公害农产品20万亩。农业综合开发要建成一批精品示范工程。健全农业标准体系，完善农产品生产、加工、销售等各个环节的质量安全标准和其他技术标准，加强对影响农产品质量安全的农药、兽药和添加剂的经营和使用监督管理。健全完善重大动植物疫病防控体系，做好重大动植物疫病监测，健全官方兽医和兽医执业制度，加强村级防疫队伍建设。加大农产品质量安全监管力度，加强农产品生产加工环境和产品质量检验检测，搞好市县农产品质量安全检验体系建设。加强对农资生产经营和农村食品药品质量监管，建立农产品质量可追溯制度、农资流通企业信用档案制度和质量保障赔偿制度，规范农产品质量信息发布制度，提高农产品市场竞争力。

4.提高农业外向化水平。继续实施“出口农产品绿卡行动计划”，调整优化农产品出口结构，扩大出口规模，继续把大蒜及其制品、有机蔬菜、猪肉等劳动密集型农产品及其加工制品作为出口重点，加大特色农产品和高附加值精深加工产品的出口。大力扶持龙头出口企业，建设一批标准化农产品出口生产加工基地，培育一批农产品出口品牌，支持和引导农产品出口企业、生产基地进行卫生注册、国际认证和在国外市场注册品牌。扩大农业利用外资的领域，积极推进与国外农业发展研究机构、农业合作组织、各类农场的合作，大力开展国际农产品市场研究、营销策划、产品推介活动。力争年内农产品出口增长在18%以上。

5.健全农村市场体系。加强农村流通设施建设，加快发展一批功能完善、交易规范、辐射带动能力强的大型农产品批发市场。搞好农产品进城，引导支持龙头企业、农民专业合作组织等直接向城市超市、社区菜市场和城市便利店配送农产品。年内集中扩建完善10处辐射带动力较强的批发市场，新增大中城市直销点8处以上。做好工业品下乡，继续实施“万村千乡市场”工程和“超市下乡”工程，加快农资超市和农家店建设，发展农村连锁经营、电子商务等现代流通方式。加快发展多元化市场流通主体，培育一批大型涉农商贸企业集团、农产品运销户、农村各类流通组织和农村经纪人队伍，建立农产品收购、运输、贮藏、加工、配送等功能一体化的现代农业物流业。年内农村经纪人发展到1万名。供销合作社要努力推进经营方式和组织体系创新，以连锁经营为纽带，加快建设农村社区服务中心和农产品流通网络。农林牧渔等涉农部门要积极搞好市场信息预测，与销地市场的相关部门建立长期联系，为我市农产品外销提供便利。邮政、粮食、商贸、医药、通信、文化等企业也要积极开拓农村市场。

6.加快乡村财源建设。乡镇要立足实际，在增扩财源项目、增加工商税收上狠下功夫。继续采取招商引资上项目、挖掘现有企业潜力、推进农业产业化经营、发展民营经济和区域特色产业乡镇等多种形式，不断发展壮大乡镇财源。村集体要发挥自身优势，因地制宜，多渠道自主创收。要通过开发矿产、河砂、石材等资源；发展特色种植养殖业和乡村旅游业、大规模植树造林；组建各类经济合作社提供社会化服务、借助区位优势兴办服务业；盘活村集体所有的停产企业、闲置房产、水利设施等多种形式，增加村集体收入。同时，要规范财务管理，做好增收节支。

二、健全完善现代农业装备体系

7.加强农田水利设施建设。抓好节水灌溉工程建设，搞好大中型灌区节水改造和低压管灌为主的节水工程建设，加快省扶持节水灌溉项目的实施；抓好小型水源工程、田间灌排渠系、机电泵站和小型河道治理工程建设；引进推广节水新技术，提高农田灌溉保证率和灌溉水有效利用率。要抓好列入国家计划的病险水库除险加固，继续抓好中小型病险水库和塘坝的除险加固，做好河道治理、南水北调、小流域综合治理等工作，完善各类水利工程防洪应急预案，提高防灾抗灾减灾能力。年内新增节水灌溉面积20万亩，治理水土流失面积80平方公里。

8.提高耕地产出能力。认真落实最严格的耕地保护制度，控制农用地转为建设用地的规模。合理引导农村节约集约用地，切实防止破坏耕作层的农业生产行为。按照田地平整、土壤肥沃、路渠配套的要求，抓好农业综合开发特别是中低产田改造，加大土地复垦、整理力度，建设旱涝保收、高产稳产、节水增效的高标准基本农田。加快实施沃土工程，支持有机肥积造、水肥一体化设施建设，鼓励农民发展绿肥、秸秆还田和施用农家肥等有机肥料，推广测土配方施肥等先进施肥技术。

9.加大乡村基础设施建设力度。继续抓好“村村通自来水”工程，按照“用得上、吃得起、安全卫生”要求，年内农村自来水普及率达到95%。继续加快“村村通油路”工程，年内村村通油路率达到96%；搞好农村客运站建设，加强农村公路管理养护，完善农村公路筹资建设和养护机制。加强农村生态环境建设，大力植树造林，综合治理水、土污染，加强东平湖周边湿地生态保护。继续搞好村镇规划建设，做大做强中心城镇，充分发挥辐射带动功能，加快村庄建设规划编制。按照“三清、四改、五化”要求，继续搞好村庄环境综合整治，改善人居环境，年内完成5万座无害化生态卫生厕所的改造任务。加快农业生态示范乡村建设，大力发展农村沼气，年内新发展沼气池2万个。

三、健全完善现代农业科技创新体系

10.加快农业科技成果引进转化。加强与高校、科研单位及涉农企业的联系，特别是搞好与山东农业大学、山东农科院等单位的合作，引进一批粮食、蔬菜、畜牧、花卉、林果、水产、桑蚕、中药材、食用菌等优良品种。抓好现有省级、市级科技园区，加快培育一批涉农企业、合作经济组织、科技示范区、科技示范村、科技示范户等新的农业技术转化主体，建成一批影响大、带动力强的省市现代农业科技示范基地、特色农业示范园区、产学研基地、农业科技成果中试孵化基地。积极扶持涉农企业建立农业科技研发中心，提高自主创新能力。

11.推进农业科技进村入户。继续实施“科技特派员”工程和“科技入户”工程，加强基层农业技术推广体系建设，鼓励和支持山东农业大学、农业科研单位、涉农部门技术人员、农业龙头企业、农村合作经济组织、科技大户等从事农业技术推广，发挥对农民的示范带动作用。做好全市涉农信息资源整合和共享，高度重视农村档案工作，建立健全制度化、规范化的农业信息发布制度。实施“金农”工程和农村信息化示范工程，充分利用全市农村党员干部现代远程教育网、农村科技信息网，建立市、县、乡、村四级信息网络，促进农业科技信息进村入户。力争年内80%乡镇建起农业信息服务网。

12.推广资源节约型农业技术。大力提高农业可持续发展能力，推进农业资源节约和综合利用，发展节水农业、生态农业、有机农业。建立低消耗、高产出、高效益、低排放、能循环的循环农业经济体系，推进农作物秸秆、人畜粪便、生活垃圾和污水的综合处理和循环利用。生物质产业是朝阳产业，要加快开发推广以农作物秸秆等为主的生物质燃料、肥料、饲料，组织实施好国家农作物秸秆生物气化、固化成型燃料试点和农林生物质科技工程。发挥好气象为农业生产和农民生活服务的作用。

13.加快发展农业机械化。深入实施农机化创新示范工程，大力推广玉米、花生、薯类收获和保护性耕作机械化，推广土地深松、化肥深施、秸秆粉碎还田等农机化技术。搞好“农机现代化示范村”创建活动，培育农机大户和新型农机专业服务组织，发展壮大农机服务业，抓好重点农时的农机跨区作业，加强农机安全监理。年内农业机械化综合水平达到70%。

四、健全完善现代农业人力资源支撑体系

14.加强农民培训转移和权益保护。加大培育新型农民力度，继续实施农村劳动力转移培训“阳光工程”、新农村实用人才培训工程，搞好农村职业教育、成人教育和农村党员干部现代远程教育，充实培训内容、创新培训方式，切实搞好农民的农业科技、职业技能、创业技能培训，鼓励用工企业和培训机构开展定向、订单培训，年内新培训适龄农民10万人以上。加快农村劳动力转移，继续发挥好县市区和乡镇劳务输出机构作用，发展规范多种形式的劳务输出服务中介组织，打造泰安劳务输出品牌，年内新增劳务输出8万人。鼓励外出农民回乡创业，探索以创业促就业、以就业带增收的路子。落实完善农民工合同制度，努力扩大农民工养老、医疗、工伤等社会保障覆盖面，解决好农民工子女上学等实际问题，切实提高农民工的生活质量和社会地位。

15.建立健全农村社会保障体系。今年全面建立实施农村最低生活保障制度，落实农村低保资金，确保将所有符合条件的农村困难群众纳入保障范围，做到应保尽保。积极探索建立多种形式的农村养老保险制度，完善被征地农民基本养老保险制度，力争到2010年适龄农民养老保险参保率达到70%。完善农村“五保户”集中供养机制，提高集中供养水平，年内完成乡镇敬老院改造建设任务，集中供养率达到70%以上。加快农村救助体系建设，建立健全农村特困户、医疗、教育、住房、残疾人、灾民和法律援助等专项救助制度。做好农村人口与计划生育工作，落实奖励扶助政策，稳定低生育水平，提高人口素质。继续搞好开发式扶贫，提高扶贫开发的成效。

16.积极发展农村教育卫生文化体育事业。巩固提高农村九年义务教育，完善“以县为主”的农村义务教育管理体制，逐步实现县域内统一标准发放教师工资；落实农村“两免一补”政策，提高农村义务教育公共经费保障水平，加快农村中小学危房改造和教学仪器设备的补充和更新，搞好农村远程教育和控辍保学工作。继续推进新型农村合作医疗，扩大农民受益面，年内农民参合率达到95%；加强农村卫生服务体系建设，健全巩固农村三级医疗卫生网，年内90%的乡镇卫生院、85%以上的村卫生室达到规范化改造标准；加强农村疾病预防，提高应对农村重大疾病、重大公共卫生事件的处置能力。建立健全县乡村三级文化网络，加快广播电视“村村通”和“农村文化信息资源共享”工程建设，实施“农村体育健身示范”工程，搞好文化、卫生、科技、法律“四下乡”活动，净化农村文化市场，不断丰富农民群众的精神文化生活。

17.提高农村公务服务人员的能力。建立农村基层干部、农村教师、乡村医生、计划生育工作者、基层农技推广人员及其他与农民生产生活相关服务人员的培训制度，加强在岗培训，提高服务能力。引导党政机关、人民团体、企事业单位和社会知名人士、志愿者以多种方式联系村庄和农户,进行结对帮扶。加大城镇教师、医务人员、文化工作者支援农村的力度，鼓励引导大专院校和中等职业学校毕业生到农村服务，进一步推进“一村一名大学生”工作，切实改善农村基层干部队伍结构。

五、健全完善现代农业保障体系

18.认真落实各项支农惠农政策。稳定完善强化支农惠农政策，把基础设施建设和社会事业发展的重点转向农村，财政新增教育、卫生、文化等事业经费和固定资产投资增量主要用于农村，逐步加大政府土地出让收入用于农村的比重。建立健全财政支农投入稳定增长的机制，2007 年市县两级财政支农投入的增量、固定资产投资用于农村的增量、土地出让收入用于农村建设的增量要继续高于上年。市县建设用地税费提高后新增收入主要用于“三农”。认真落实好国家、省扶持我市农业项目配套资金，加大支农资金整合力度，积极引进外资，利用好世界银行贷款。提高支农资金使用效益。继续落实好种粮农民直接补贴、农作物和家畜良种补贴、农机具购置补贴、农业生产资料综合补贴等政策，对农民的补贴资金全部通过惠农“一本通”发放。落实好“五奖一补”政策、农村税费改革转移支付用于村级经费的补助比例不低于20%的政策，保障乡镇干部工资、村干部报酬及时足额发放。落实完善小麦最低收购价政策。

19.继续深化农村改革。坚持农村基本经营制度，稳定土地承包关系，引导规范农民土地承包经营权流转，发展多种形式的农业适度规模经营，农村土地承包合同签订率95%。深化征地制度改革，土地征用补偿款要及时足额到位，确保被征地农民生活不下降、长远生计有保障。积极稳妥推进农村综合改革，乡镇机构编制和财政供养人员数量今后 5 年内只减不增，推进“乡财县管乡用”财政管理方式改革，探索清理化解乡村债务措施办法，杜绝发生新的债务。加强对农民负担的监督管理，切实减轻农民负担。发挥农村金融机构特别是农村信用社、农业银行、农业发展银行等支持农村发展的作用，引导邮政储蓄资金返还农村，积极探索建立适合农村需要的信用担保体系，扩大农村小额贷款规模。加快推进粮食流通体制、林权制度、水权制度和小型农村水利工程产权制度改革等，完善村集体资产管理。

20.促进农村和谐发展。加强农村基层党组织建设，建立完善农村党组织和党员保持先进性的长效机制，继续实施党建“递进培养工程”，深入开展“三级联创”和“五个好”党组织、党员争创活动，发挥好农村党员干部现代远程教育网络作用。选好配强乡村党组织领导班子，提高农村“两委”成员交叉任职、村党支部和村委会主任“一人兼”的比例，推进在农村经济合作组织中建立党组织；加快村级组织活动场所建设。完善村党组织领导的充满活力的村民自治机制，认真搞好第九届村委会换届选举，开展好“村务财务公开民主管理示范”活动。创新农村社会管理体制机制，加强农村法制建设，提高农村干部依法办事能力，引导农民依法行使权利、履行义务。大力加强“平安县”、“平安乡镇”、“平安村居”建设，建立农村应急管理体制，提高危机处理能力，努力实现“三无两确保”的目标。广泛开展和谐农村创建、群众性精神文明创建活动和“八荣八耻”社会主义荣辱观教育，努力形成健康向上、和谐文明的村风民风。

21.加强领导狠抓落实。要坚持解决好“三农”问题是全党工作重中之重的战略思想丝毫不能动摇、促进农业稳定发展农民持续增收的重要任务丝毫不能放松、支农惠农的政策力度丝毫不能减弱、扎实推进新农村建设的各项工作丝毫不能松懈。各级党委、政府切实履行好组织领导新农村建设的责任，统筹抓好建设新农村和促进农村社会和谐的各项工作。要加强农村党风廉政建设，促进基层干部作风进一步转变；要强化对各项支农惠农政策落实和财政支农专项资金使用管理情况的监督检查，严肃查处违纪违法行为，坚决治理和纠正损害群众利益的各种行为。要按照“三个体系”建设要求，建立科学高效的领导机制、工作机制和评价考核体系，将每一阶段的目标任务分解细化，落实到领导班子成员和各级、各部门，加强督促检查，一项工作一项工作地落实，务求各项工作都见到成效，给农民群众带来实惠。各级、各部门要树立全局观念，充分履行职责，强化配合协作。市委农村工作领导小组负责对全市现代农业发展、新农村建设工作的综合协调指导和督促调度检查，市直有关部门要立足工作实际，加快制定发展现代农业、扎实推进新农村建设的具体措施，明确为农村办好的实事，切实抓好落实。要创造良好的环境，引导鼓励和支持社会各界力量投资现代农业和参与新农村建设，努力形成强大的工作合力。

中共泰安市委　泰安市人民政府
关于加快发展服务业的若干意见

（泰发〔2007〕12号　2007年7月17日）

为促进我市服务业又好又快发展，根据国务院《关于加快发展服务业的若干意见》（国发〔2007〕7号）和中共山东省委、山东省人民政府《关于进一步促进服务业发展的若干意见》（鲁发〔2006〕14号）

精神，结合我市实际，制定本意见。

一、放宽市场准入条件

1.除国家法律、法规禁止进入的，各类资本均可进入服务业领域。除国家法律、法规或者国务院决定规定的企业登记的前置审批条件外，其他均不得作为服务业企业登记的前置审批条件。服务业企业异地设立的分支机构新增经营项目需前置审批许可的，经企业申请，由分支机构向所在地工商行政管理部门提交本分支机构经营此项目的前置许可证件，可以在经营范围内增加该项目。

2.放宽企业注册资本登记条件。凡来我市投资创办生产性服务企业的，注册资本可按法定最低注册标准执行。

3.鼓励个体文化演出工作者进城发展服务业。非公有制文化企业在项目审批、资质认定、融资等方面与国有文化企业享有同等待遇。

鼓励个体行医者在社区卫生服务和建立民营医疗机构方面的发展。

4.放宽经营场所登记条件。从事设计、咨询、中介、翻译等不影响公共利益、周边环境和居民生活的企业，其申请者已取得合法使用权的住宅，可作为经营场所予以登记。规划建设部门批准并在有效期内的临时商业用房、中转房可作为经营场所办理登记。工商业户进行工商登记时，租赁协议可作为有效合法的经营场所使用凭证。

5.符合相关专业资质认证资格和条件的资产评估、质量标准与认证、工程与管理咨询、科技咨询、技术开发和推广、科技成果转让、人才、劳动力、法律和代理、代办、经纪等中介服务机构，属于公司制的企业注册资本金按第2条办理，属于非公司制的企业投资额不限。

6.根据实际情况，对一般性服务行业在注册资本、工商登记等方面降低门槛，对采用连锁经营的服务企业实行企业总部统一办理工商注册登记和经营审批手续。

二、实施税费优惠政策

7.新设立的符合我市产业发展规划，在市内缴纳增值税、营业税、所得税，投资在3000万元（300万美元）以上的服务业企业（房地产开发项目、老企业更名的除外），享受《泰安市招商引资奖励实施办法(试行)》（泰发〔2003〕5号）的优惠政策。

8.从事货运代理、拆迁代理、商标代理、广告代理、会展代理业务的单位，以实际取得的报酬为营业额计算缴纳营业税，具体扣除项目按有关规定执行。保险代理公司从事保险代理业务取得的全部收入，允许按扣除支付给保险公司保费收入后的余额计算缴纳营业税。单位和个人从事技术转让、技术开发和与之相关的技术咨询、技术服务业务取得的收入，免征营业税、城市维护建设税和教育费附加。

9.社会力量（不含外商投资企业和外国企业）通过境内非营利的社会团体、国家机关资助非关联的科研机构和高等学校的研究开发新产品、新技术、新工艺所发生的研究开发经费，按国家规定在当年度应纳税所得额中扣除。

在社区新办的物业管理、家政服务、幼托养老、就业培训、文教卫生、体育健身等服务业，按国家税收规定免征企业所得税1年。

10.“退二进三”企业，不改变土地权属关系、符合土地利用总体规划、经城市规划部门审核、经市政府批准并在原有土地上改建的项目，免收城市基础设施配套费等行政事业性收费，符合国家规定的按新办企业享受企业所得税免收1年的优惠政策办理。

11.凡未列入国家和省行政事业性收费目录的项目一律不得收费（含各类保证金）；对服务企业的行政事业性收费，凡是收费标准有上、下限幅度规定的，一律按下限额度收取。

12.免收市内金融（保险）机构在以资抵贷、抵贷资产接受和变现办理资产过户、登记、抵押等事项过程中所发生的房屋所有权登记费、房产交易手续费、机动车辆安全检验费。

13.对集资、贷款建设的收费路桥（政府还贷、合同期内的除外），自收回投资之日起，取消收费。

14.民办学校依法按国家规定可以接纳社会捐助，学校建设在减免建设配套费等方面，享受与公办学校同样的优惠政策。

三、加强资金扶持力度

15.为支持服务业发展，自2007年起市级财政设立服务业发展引导资金，数额为上年度全市GDP的万分之一；主要用于对国家和省服务业发展引导资金的配套，落实市扶持服务业发展的政策，扶持市里确定的重点服务企业、名牌企业和符合市服务业发展规划的服务业聚集区、重点项目。使用办法另行制定。各县（市、区）政府要按照经济总量比例在预算内安排相应的服务业发展引导资金，促进服务业全面快速发展。

16.金融部门要大力扶持服务业项目，符合当年度服务业产业导向目录的新建、扩建、改建项目，优先安排贷款资金。支持符合条件的服务业企业进入资本市场，通过股票上市、项目融资、产权置换等方式筹措资金。市级中小企业信用担保机构每年安排一定比例的担保资金用于扶持发展中小服务企业。

17.加大农村服务业扶持力度，加快构建以生产销售服务、科技服务、信息服务和金融服务为主体的农村社会化服务体系。

18.建立旅游“绿色通道”，全国各地旅游车辆的行驶路线和停车区域，在全市范围内均享受与当地客运车辆的同等待遇，不得歧视和限制。对列入旅游规划的景区、景点的连接道路建设，符合国家有关政策规定的，由交通部门给予一定支持。

19.对引进的国内外著名服务业企业总部、地区总部、采购中心、研发中心等自建、购买或租赁办公用房的，由所在地政府给予适当支持。

20.对国际性、全国性会展，文艺、体育等重大节庆活动，承办单位取得的广告收入，依法缴纳营业税后，由税收入库地政府按一定比例给予补贴。

21.在城市改造中，涉及老字号店铺原址动迁的，原则上应就地或就近安置。对现存的老字号商号、商标采取保护性措施，为老字号申请注册商标提供相关法律法规方面的帮助。对具有发展前景的老字号连锁企业当地财政给予支持。

22.在申报国家预算投资、国债投资、国债转贷、国债贴息资金项目中，优先支持发展潜力大的现代物流、电子信息平台、旅游、现代流通、养老服务等项目；在技改贴息项目的申报中，适当对现代物流项目进行倾斜，加快培育具有国际竞争力的大型物流企业集团。

四、实行价格扶持政策

23.服务业（桑拿、洗浴、洗车除外）的用水价格，按照与工业用水执行同价的原则，2 年内调整到位。服务业的动力用电与普通工业用电执行相同价格，逐步缩小服务业照明用电与普通工业用电价格的差价，2 年内实现并轨。进一步完善峰谷用电管理办法，降低服务企业用电成本。

24.除社区医疗、居民住宅小区物业管理收费仍实行政府指导价外，其它经营性服务项目价格一律放开，实行市场调节。

五、优先供应土地

25.凡符合土地利用总体规划、城镇建设规划、国家产业政策和供地政策的服务业项目，优先安排土地使（利）用年度计划，优先办理农用地转（征）用报批手续。对利用存量建设用地的服务业项目，可不受年度用地计划指标的限制，优先办理建设用地供地手续。

服务企业有形场所因城市建设需要依法拆迁时，按国家及省、市有关规定进行补偿。

六、积极引进培养人才

26.留学回国人员到我市从事服务业工作的，工龄与出国前的工龄合并计算为连续工龄；其在国外取得的并经国家教育部门承认学历、学位的，可根据本人实际专业技术水平和能力，申报评审或报考相应专业技术职务任职资格。

27.高校毕业生创办服务业企业（国家限制的行业除外），自工商部门批准其经营之日起，3 年内免交登记类、管理类和证照类的各项行政事业性收费。申请创业小额贷款的，参照下岗失业人员小额担保贷款办法办理。从事服务业的高校毕业生，凡办理了人事代理（劳动代理）、参加了基本养老保险的，今后如考录或招聘到国家机关事业单位工作，其缴费年限可合并计算为工龄。

28.市政府设立服务业发展特别贡献奖，两年评选一次，由市政府给予表彰和一定的物质奖励。

29.适时选派公务员、研究人员和企业经营管理人员，到服务业发达国家和地区学习培训。学习培训人员费用由同级财政和派员单位共同承担。

七、推进改革开放

30.加快推进事业单位、机关后勤服务社会化和政企、政事分开改革，破除制约服务业发展的体制机制性障碍。尽快完成政府机关所属的招待所、宾馆改企转制工作。财政供养单位经批准的公务活动和采购，凡能通过市场化手段解决的，应委托社会中介或直接向社会进行招标购买。允许旅行社代理财政供养单位经批准的公务活动。逐步将公共服务纳入政府集中采购范围，积极推进国库集中支付改革。

31.抓住我国入世过渡期结束和现代服务业国际转移的有利时机，利用好 CEPA 政策，扩大服务业对外开放和招商引资力度。积极承接国际服务外包业务，扩大对外服务贸易规模。

八、优化服务业发展环境

32.加大服务业宣传力度，利用报纸、广播、电视各种宣传媒体，大力宣传服务业发展政策，报道服务业发展动态和典型，激发调动人们从事和兴办服务业的积极性，在全社会营造广泛重视、参与、发展服务业的舆论氛围。

33.积极营造有利于扩大服务消费的社会氛围，规范服务市场秩序，建立公开、平等、规范的行业监管制度，维护消费者合法权益。

34.加强行政事业性收费管理和监督检查，取消不合理收费项目，对合理合法的收费项目及标准按照规定公示并接受社会监督。

35.除法律、行政法规有明确规定外，行政管理部门不得要求企业到指定中介机构办理验资、资产评估报告等证明性文件。各级要认真清理、修订限制服务业发展的不合理的规章制度。对企业举报的乱摊派、乱罚款、乱检查、乱评比行为，纪检监察机关要加大查处工作力度。

36.加快信用体系建设，引导城乡居民对信息、旅游、教育、文化等采取灵活多样的信用消费方式，规范发展租赁服务，拓宽消费领域。

37.加快推进服务业标准化，建立健全服务业标准体系，扩大服务标准覆盖范围。积极推行旅游、商贸、餐饮、运输、物流等行业服务标准。对新兴服务行业，鼓励龙头企业和行业协会先行制订服务标准。对暂不能实行标准化的服务行业，广泛推行服务承诺、服务公约、服务规范等制度。

九、强化管理服务措施

38.加强规划引导，根据城市定位和功能区划，优化服务业发展布局，引导交通、信息、研发、设计、文化娱乐、商贸餐饮、商务服务等服务行业集聚发展，培育一批主题功能突出的区域服务业集聚区。

39.尽快建立科学、统一、全面、协调的服务业统计调查制度和信息管理制度，完善服务业统计调查方法和指标体系，充实服务业统计力量，增加经费投入。充分发挥各部门和行业协会的作用，促进服务行业统计信息交流，建立健全共享机制，提高统计数据的准确性和及时性，为制定规划、政策提供依据。

40.建立服务业重点项目管理制度，将服务业重大项目纳入全市重点项目管理，享受市重点建设项目优惠政策。

41.建立服务业发展绩效考核制度。自2007年起，将服务业发展纳入全市经济工作年度目标管理考核体系。按照《泰安市服务业发展指标体系及考核办法（试行）》，由市发展和改革委员会牵头，市经贸委、统计局配合，对各县（市、区）、各部门年度目标、任务完成和政策落实情况进行评价，提出综合考核意见，经市政府审定后予以通报表彰。

本意见自下发之日起实施，此前相关文件规定的优惠政策，企业可选择最适用的政策执行。各县（市、区）根据本意见制定具体实施意见，市有关部门要在本意见下发后2个月内制定相关配套政策，并认真组织落实。

泰安市泰山赤鳞（螭霖）鱼保护管理办法

（2007年4月24日 泰安市人民政府令〔第123号〕）

第一章 总 则

第一条 为加强泰山赤鳞鱼及其生存环境的保护，促进泰山赤鳞鱼资源可持续开发利用，根据《渔业法》《野生动物保护法》《山东省实施〈渔业法〉办法》和《山东省实施〈野生动物保护法〉办法》等法律法规和有关规定，结合我市实际，制定本办法。

第二条 凡在本市行政区域内从事泰山赤鳞鱼科学研究、繁育养殖、经营利用、旅游观光、保护管理等活动，均应遵守本办法。

本办法所称泰山赤鳞鱼，也写作泰山螭霖鱼，是山东省重点保护的水生野生动物。

第三条 泰山赤鳞鱼的保护管理，应坚持保护野生资源、科学驯养繁育、合理开发利用的原则，设立保护区，逐步加大投入，促进泰山赤鳞鱼资源的永续利用。

严禁任何单位和个人擅自捕捉、驯养、收购、运输、携带、出售野生泰山赤鳞鱼。

第四条 市、区水利渔业行政主管部门负责泰山赤鳞鱼的保护管理工作，市水利渔业行政主管部门所属的泰山赤鳞鱼保护管理机构负责具体的保护管理。

泰山管理、环保、工商、质监、财政、林业、公安等部门应按照各自职责，做好泰山赤鳞鱼保护的相关工作。

第五条 市政府设立泰山赤鳞鱼保护发展基金。基金来源主要包括：

（一）财政拨付的专项资金；

（二）国家、省拨付的水生野生动物资源保护费；

（三）国内外组织或个人的捐赠；

（四）其他途径筹集的资金。

泰山赤鳞鱼保护发展基金主要用于保护区管理、种质资源保护、科研开发等。

泰山赤鳞鱼保护发展基金筹集、使用和管理的具体办法，由市财政部门会同市水利渔业行政主管部门另行制定。

第六条 对在泰山赤鳞鱼保护、管理及有关科研工作中做出显著成绩的单位和个人，给予表彰和奖励。

第二章 保护区管理

第七条 泰山风景名胜区的桃花峪、黄溪河、天井湾、大直沟、天烛峰等泰山赤鳞鱼的主要生息繁衍区域和水域，划定为赤鳞鱼保护区，分核心保护区、缓冲保护区和实验保护区。

（一）核心保护区。桃花峪保护区：桃花峪沟鹦鹉崖至核桃园段；黄溪河保护区：黄溪河马蹄峪至黑龙潭；天井湾保护区：以窑子沟天井湾为中心，上至二道窑子沟口，下至黑虎崖；大直沟保护区：大直沟水库至宰牛沟出口；天烛峰保护区：以顶湾为中心，上至大沟下至燕子窝、仙鹤湾、天烛峰水库。

（二）缓冲保护区。桃花峪保护区：桃花峪沟桃花源索道站至鹦鹉崖、核桃园至钓鱼台段；黄溪河保护区：马蹄峪至黄溪河水库；天井湾保护区：二道窑子沟口至一道窑子沟口段、黑虎崖至沙岭水库；大直沟保护区：宰牛沟口至东西梁子段；天烛峰保护区：

燕子窝至石坑段、仙鹤湾至西坑段。

（三）实验保护区。桃花峪保护区：桃花峪沟自桃花源索道站至桃花峪检查站两侧山脊连线除核心区和缓冲区外的区域；黄溪河保护区：中天门至黄溪河水库、黑龙潭至龙潭水库两侧山脊连线除核心区和缓冲区以外的区域；天井湾保护区：窑子沟自沙岭水库至一道窑子沟上口两侧山脊连线除核心区和缓冲区以外的区域；大直沟保护区：牛马场至大直沟水库两侧山脊连线除核心区和缓冲区以外的区域；天烛峰保护区：石坑至顶湾、仙鹤湾至顶湾及顶湾至天烛峰水库两侧山脊连线除核心区和缓冲区外的区域。

第八条　泰山风景名胜区管理委员会应协助市水利渔业行政主管部门埋设保护区界标，标注保护管理规定，并在核心区水域周围设立保护栏。

任何单位和个人不得破坏、移动、改变界标和保护栏。

第九条　泰山赤鳞鱼保护区内应遵守下列规定：

（一）严禁直接或间接向水体排放污水、垃圾以及其它破坏溪流水源水质等水环境生态平衡的活动；

（二）禁止在保护区内游泳、洗澡、洗涤衣物和使用高残留化学农药；

（三）严格限制建设向外引水调水工程和新建、改建、扩建除保护水源以外的工程项目；在核心区内，限制建设水库、水坝等阻水工程及饭店、宾馆等设施；

（四）禁止采挖山石，禁止乱砍滥伐、破坏各类植被；

（五）采取措施及时清除枰柳、核桃等树木落叶，消除落叶对水质的影响；

（六）禁止不利于泰山赤鳞鱼生存繁育的其它相关活动。

第十条　市水利渔业行政主管部门应会同泰山风景名胜区管理委员会建立健全保护区管理制度，加强对泰山赤鳞鱼的保护和管理。

泰山赤鳞鱼保护管理机构、景区管理机构应明确专门工作人员，进行定期巡查，发现破坏污染溪流水质、环境和违规捕捉赤鳞鱼的行为，应及时予以制止；对拒不听从劝阻的，应及时报有关部门依法予以处理。

第十一条　在保护区内建设项目的，建设单位必须严格执行环境影响评价制度；环保部门在对环境影响评价文件审批前，应征求市水利渔业行政主管部门的意见。

项目建设过程中，环保设施应严格执行“环境保护三同时”制度，确保泰山赤鳞鱼保护区内的环境安全。

第十二条　进入泰山赤鳞鱼保护区从事研究或捕捉等活动的，应向市水利渔业行政主管部门提出书面申请，书面申请应包括以下内容：

（一）申请人的基本情况；

（二）研究或捕捉活动目的；

（三）时间、规模、人数、范围及使用的相关设备等；

（四）污染防治措施；

（五）计划捕捉数量。

市水利渔业行政主管部门审查时应征求泰山风景名胜区管理委员会的意见，按规定报省渔业行政主管部门审批。

第十三条　经批准捕捉泰山野生赤鳞鱼的，应按照批准的范围、方式、数量、大小进行，经景区管理机构和泰山赤鳞鱼保护管理机构查验后方可带出保护区。

核心保护区内原则上不得捕捉泰山赤鳞鱼。

第十四条　保护区内赤鳞鱼数量稀少时，市水利渔业行政主管部门应组织实施人工增殖放流，并加强对放流效果的监测。

保护区内因水域水量过小等原因，影响赤鳞鱼栖息繁殖时，泰山风景名胜区管理委员会应会同市水利渔业部门及时采取清淤、汲水、调水等措施，保障赤鳞鱼相对稳定的生存环境。

第十五条　泰山赤鳞鱼保护区应纳入泰山风景名胜区总体规划，泰山风景名胜区管理委员会会同市水利渔业等有关部门制定泰山赤鳞鱼旅游开发规划，建立专门的泰山赤鳞鱼观光区域。

第十六条　建立水质监测预警制度，制定水质污染应急处理预案，发生水质污染事故或其他突发事件，造成或可能造成水质污染时，景区管理机构、泰山赤鳞鱼保护管理机构应立即采取措施防止、减轻污染，并及时通报市环保部门。

第三章　种质资源保护

第十七条　市水利渔业行政主管部门应会同市质量技术监督部门制定和公布泰山赤鳞鱼种质标准，建立种质资源库，收集、保护、养殖原产于泰山的野生优质赤鳞鱼，保证种质纯正。

第十八条　实施人工增殖放流的赤鳞鱼，必须符合种质标准，具体由市水利渔业行政主管部门组织实施。

其他任何机构、组织和个人，未经市水利渔业行政主管部门批准，不得实施赤鳞鱼增殖放流。

第十九条　繁育泰山赤鳞鱼苗种必须经省渔业行政主管部门或其授权的单位批准后方可进行。

赤鳞鱼苗种的繁育应遵守规定的生产技术操作规程，其亲本必须符合泰山赤鳞鱼的种质标准。

第二十条　除科学研究需要外，生产中不得杂交繁育泰山赤鳞鱼。

通过生物工程等技术改变赤鳞鱼遗传性状等活动的场所，必须建立严格的隔离和防逃措施；所生产的赤鳞鱼禁止投放到保护区及其它自然水域。

第四章　养殖与经营

第二十一条　从事泰山赤鳞鱼养殖的单位和个人，应向市水利渔业行政主管部门提出书面申请，经省渔业行政主管部门或其授权的单位批准，取得驯养繁殖许可证。

第二十二条　泰山赤鳞鱼养殖单位和个人应严格执行《泰山赤鳞鱼养殖技术规范》和《泰山赤鳞鱼质量标准》等地方标准，合理投饵、用药，不得使用含违禁药物的饲料、添加剂和药品等。

泰山赤鳞鱼养殖单位和个人应建立养殖生产记录，如实记载苗种、饲料、用药和销售情况，定期报区水利渔业行政主管部门备案。

第二十三条　市、区水利渔业行政主管部门应会同质量技术监督部门推行泰山赤鳞鱼养殖技术标准，加强对泰山赤鳞鱼养殖单位和个人的技术指导，不断采用新技术、新工艺，提高泰山赤鳞鱼的养殖水平和质量。

第二十四条　凡收购、出售、利用泰山赤鳞鱼及其产品的，必须向市水利渔业行政主管部门提出申请，报省渔业行政主管部门或其授权的单位批准，取得经营利用许可证，并到工商管理部门办理工商登记后，方可开展经营活动。

养殖的泰山赤鳞鱼只能向持有经营批准文件或自用的单位、个人供应。

泰山赤鳞鱼经营单位或个人应建立赤鳞鱼购入记录，明确记载赤鳞鱼的购入时间、来源、数量等内容，定期报区水利渔业行政主管部门备案。

第二十五条　运输、携带泰山赤鳞鱼的单位和个人，应向市水利渔业行政主管部门提出书面申请，经省渔业行政主管部门或其授权的单位审查批准后取得准运证。

第二十六条　市、区水利渔业行政主管部门应配合工商管理部门对泰山赤鳞鱼及其产品的经营情况进行监督管理。

第二十七条　市水利渔业行政主管部门应制定泰山赤鳞鱼发展规划，在技术、资金、种质资源等方面，加大对泰山赤鳞鱼养殖经营和开发利用的扶持力度，搞好深度开发、加工增值等。

第二十八条　市水利渔业行政主管部门应组织申请泰山赤鳞鱼地理标志产品保护，合理界定地理标志产品产地范围，经批准后，组织泰山赤鳞鱼地理标志产品专用标志的使用。

第二十九条　市、区水利渔业行政主管部门应组织建立泰山赤鳞鱼养殖协会，协调养殖经营行为，建立良好的竞争环境，搞好市场宣传和开发，提升泰山赤鳞鱼知名度，提高产业化发展水平。

第五章　监督检查

第三十条　市水利渔业行政主管部门应会同泰山管理、环保、工商、质监、林业、公安等部门，建立泰山赤鳞鱼保护管理联席会议制度，开展联合执法检查，相互通报有关行政许可和执法检查信息，及时移交和协助处理违法案件。

第三十一条　市、区水利渔业行政主管部门及泰山风景名胜区管理委员会应加强对泰山赤鳞鱼保护管理情况的检查，监督各项保护管理措施的落实。对违反本办法的行为，由市、区水利渔业行政主管部门依法予以处罚；在泰山风景名胜区范围内的，由泰山管理行政执法部门依照有关法律法规和《泰安市实施泰山风景名胜区管理相对集中行政处罚规定》等予以处罚。

第三十二条　进入泰山赤鳞鱼保护区破坏赤鳞鱼主要生息繁衍场所的，根据《山东省实施〈野生动物保护法〉办法》第36条规定，责令限期恢复原状，处以100元以上1000元以下罚款；破坏程度严重的，处以1000元以上3000元以下的罚款。

第三十三条　擅自移动或破坏泰山赤鳞鱼保护区界标的，根据《中华人民共和国自然保护区条例》第34条规定，责令改正，对擅自移动界标的，可并处100元以上500元以下罚款；对破坏界标的，可并处500元以上2000元以下罚款，情节严重的，可并处2000元以上5000元以下罚款。

第三十四条　违反本办法规定，在泰山赤鳞鱼保护区超标准排放工业污水、废气，堆积工业废渣，倾倒生活垃圾，使用有毒、有害药物的，由有关部门依法调查处理。

第三十五条　未经批准非法捕捉野生泰山赤鳞鱼的，根据《山东省实施＜野生动物保护法＞办法》第34条规定，没收捕获物、工具和违法所得，处以1000元以上5000元以下的罚款。

第三十六条　未取得驯养繁殖许可证或未按驯养繁殖许可证规定驯养繁殖泰山赤鳞鱼的，根据《山东省实施〈野生动物保护法〉办法》第38条规定，没收驯养繁殖的赤鳞鱼和违法所得，并可报省渔业行政主管部门吊销驯养繁殖许可证。

第三十七条　违反本办法规定，出售、收购、运输、携带、经营泰山赤鳞鱼及其产品的，根据《山东省实施〈渔业法〉办法》第36条规定，由市、区水利渔业行政主管部门、工商管理部门没收实物和违法所得，可并处相当于实物价值10倍以下的罚款。

第三十八条　伪造、倒卖、转让泰山赤鳞鱼驯养繁殖、经营利用、运输携带等许可证件的，根据《山东省实施〈野生动物保护法〉办法》第41条规定，吊销证件，没收违法所得，可并处200元至2000元的罚款。

第三十九条　市、区水利渔业行政主管部门和有关部门及其工作人员玩忽职守、滥用职权、徇私舞弊的，由其所在单位或上级主管机关给予行政处分；构成犯罪的，移送司法机关依法追究刑事责任。

第六章　附　则

第四十条　本办法由泰安市人民政府法制办公室和市水利渔业行政主管部门负责解释。

第四十一条　本办法自2007年6月1日起施行。

泰安市人民政府
关于加强和改进社区工作的意见

（泰政发〔2007〕29号　2007年6月8日）

为深入贯彻落实《中共中央关于构建社会主义和谐社会若干重大问题的决议》精神，适应建立社会主义市场经济体制和转变政府职能的需要，加强和改进社区建设工作，根据《国务院关于加强和改进社区服务工作的意见》（国发〔2006〕14号）和《山东省人民政府关于加强和改进社区工作的意见》（鲁政发〔2006〕94号）精神，结合我市实际，提出如下意见。

一、加强和改进社区工作的指导思想、基本原则和目标任务

1.指导思想。以邓小平理论和“三个代表”重要思想为指导，全面贯彻落实科学发展观，以建设新型和谐社区为目标，健全完善社区基础设施，加强和改进社区服务，努力提高我市社区工作水平，深入推进社会主义和谐社会建设。

2.基本原则。（1）以人为本，服务居民。把服务社区居民作为社区管理服务工作的根本出发点和归宿，不断满足社区居民日益增长的物质文化需求，提高居民生活质量和文明程度。（2）立足基层，加强基础。加强社区工作者队伍和社区基础设施建设，改进社区管理与服务，部门工作进社区实行“权随责走，费随事转”。（3）资源共享，共驻共建。充分调动社区内机关、团体、部队、企事业单位广泛参与社区建设，最大限度地实现资源共享、共驻共建。（4）扩大民主，居民自治。按地域性、认同感等社区构成要素科学合理划分社区。实行民主选举、民主决策、民主管理、民主监督，逐步实现社区居民自我管理、自我教育、自我服务、自我监督。（5）因地制宜，循序渐进。立足实际，从居民群众迫切要求解决和热切关注的问题入手，有计划、有步骤地推进社区建设不断发展。

3.目标任务。以建设“居民自治、管理有序、服务完善、治安良好、环境优美、文明祥和”的和谐社区为目标，进一步加大政府投入，加强社区基础设施建设，克服社区行政化倾向，理顺社区管理体制，满足群众需求、强化社区服务，全面提升我市社区工作水平。

二、加强社区组织、队伍和基础设施建设

4.加强社区自治组织建设。社区居委会是基层群众性自治组织，在社区党组织的领导下，依法履行下列职责：宣传宪法、法律、法规和国家政策，维护居民的合法权益，教育居民依法履行应尽的义务；执行社区居民会议的决定、决议，办理本居住地区居民的公共事务、发展公益事业；开展多种形式的精神文明建设活动，调解民间纠纷，促进家庭和睦及邻里团结；承担政府及其派出机构委托的社会治安、计划生育、公共卫生、社会保障、困难救助和社会矫正等工作，向政府及其派出机构反映居民的意见、建议和要求。社区居委会成员经民主选举产生，负责社区日常事务的管理。建立健全社区居民自治制度，全面深化居民自治工作。有条件的地方推行社区居委会直选。

5.加强社区工作者队伍建设。鼓励从机关干部、企事业单位职工、下岗失业人员、大中专毕业生、复员转业军人中选聘政治素质好、文化程度高、工作能力强、热爱社区工作的优秀人才，经过法定程序，担任社区工作者。社区居委会成员职数原则上按每300户配备1人确定，最低不得少于5人，最多不超过9人。根据社区规模和工作实际，组建居民小组。在社区工作的专业技术人员符合条件的可参加相应的职称评聘，积极探索实行社区工作者职业资格认证和持证上岗制度，加快社区工作者职业化、专业化步伐。

6.解决社区居委会工作经费和社区工作者的生活补贴等问题。社区工作经费，原则上按每千户每年不少于10000元核拨，经法定程序选举的社区工作者的生活补贴，应不低于上年度所在县（市、区）在岗职工平均工资水平，并按规定参加基本养老、医疗等社会保险。泰山区、岱岳区、市高新区、泰山景区的社区工作经费和社区工作者的生活补贴由市政府、区政府（管委会）按5：5的比例分担，其他县（市）由各县（市）政府解决。社区服务站的服务收入和“费随事转”经费全部留作社区工作经费，严禁街道向社区收取管理费。对财政困难县的社区工作经费和社区工作者的生活补贴，由市财政予以适当补助。社区组织开展互助性服务、志愿服务和社会力量兴办微利性商业服务，各级政府给予政策扶持。

7.保证社区居委会办公和服务用房。县（市、区）政府及有关单位要妥善解决好社区开展有关服务所必需的办公和服务设施，把社区居委会办公和服务用房纳入城市总体规划和土地利用规划。新建住宅小区和旧城区连片改造居民区需要设立社区基层管理组织的，社区办公和服务用房应按不低于300平方米标准建设。市、县（市、区）发展改革委、规划、建设、国土、财政、民政等部门要加强对立项、规划、土地出让、工程建设、竣工验收、经费划拨等环节的监督，规划部门要加强对社区办公用房和公益性服务设施规划实施的监督管理，对规划应当建设而未建设的，要责令建设单位（房地产开发企业）纠正，建设部门将其不良行为纳入房地产开发企业信用档案。所在街道办事处应参与社区基础设施规划和工程验收，确保社区办公和服务用房与小区建设、旧城改造同步规划、同步设计、同步检查验收、同步投入使用。老城区社区办公和服务用房要达到150平方米以上，由县（市、区）政府、街道办事处牵头，市、县（市、区）有关部门配合，尽量整合、调剂，利用现有设施资源加以解决；现有设施无法调剂的，通过新建、改建、共建或帮建等形式解决，使老城区社区办公和服务用房面积达到规定标准。对困难县（市、区）由市财政适当给予补助。

8.大力培育社区民间组织。支持和鼓励社区成立老年人协会、计划生育协会和各类文化、教育、卫生、体育、慈善、残疾人协会等社团组织及中介组织，充分发挥其提供服务、反映诉求和规范行为的作用。加强社区志愿者队伍建设，培育社区志愿服务意识，弘扬社区志愿服务精神，推行志愿者注册制度。

三、建立新型社区管理体制

9.合理调整社区规模。按照便于服务管理、便于资源整合、便于居民自治的原则，以地域性为特征，以认同感为纽带，以街巷、道路为标志，以3000户左右为标准，全覆盖、无缝隙合理划分调整社区。村改社区与社区规模调整统筹规划，同步进行。

10.完善社区居民自治。根据宪法和法律赋予社区居委会的基层群众性自治组织的性质、地位和权利，政府部门及其派出机构在履行职能的同时，要搞好对社区的服务，主动接受社区的监督和评议。社区居委会应自觉维护社区党组织的领导核心地位，完善居民自治制度，实行自我管理、自我教育、自我服务、自我监督，发挥好协调利益、化解矛盾和排忧解难的作用。

11.认真做好“城中村”改造和“村改居”社区改制工作。妥善解决“城中村”改造过程中农民的就业安置、土地补偿、社会保障、计划生育、集体资产处置等问题，切实维护农民利益。土地、规划、建设等部门在审批“城中村”改造项目时，应规划出社区办公和服务用房，制定切实可行的办法，积极推进村委会向居委会、农民向居民、农村经济组织向城市经济组织、农村村落向城市社区转变，加快推进城市化进程。

12.不断改进政府公共服务方式。属于政府部门和单位承担的行政性职能和工作，不得以行政命令方式向社区居委会直接分派任务和下达指标。对社区组织开展起来有优势的行政性工作，有关部门可依据“权随责走、费随事转”的原则，制定具体办法，委托社区组织承担，凡有专项经费的，要将不少于50%的工作经费补助给社区。加强社区公共设施建设，按照谁建设、谁负责的原则，搞好社区公共设施的正常维护。

13.妥善处理社区居委会与小区物业管理单位、业主大会、业主委员会的关系。正确处理社区居委会与物业管理企业的关系，社区居委会要支持配合物业管理企业开展规范物业服务。在物业管理区域内，业主大会、业主委员会应当积极配合相关社区居委会依法履行自治管理职责，支持社区居委会开展工作，并接受其指导和监督，市直有关部门要加大对物业公司的管理。住宅小区的业主大会、业主委员会做出的决定，应当告知相关的社区居委会，并认真听取社区居委会的建议。

14.积极开展社区共建活动。驻社区单位应大力支持社区居委会工作，教育、引导本单位职工积极参与社区建设。社区内机关、团体、企事业单位的设施，要努力创造条件对社区开放，实现资源共享。在对驻社区单位评先树优、行风评议、文明行业创建考核时，应征求所在社区的意见，动员和组织驻社区单位和社区居民以共同需要、共同利益、共同目标为纽带，积极参与各种创建文明社区活动，营造“共商社区事务，共享社区资源，共建社区家园”的良好氛围。

四、大力发展社区服务

15.切实加强社区服务中心建设。县（市、区）、街道社区服务中心可与县（市、区）政务大厅和街道社区事务受理中心、劳动保障中心整合。县（市、区）社区服务中心面积一般不低于3000平方米，街道社区服务中心面积一般不低于1000平方米。县（市、区）、街道社区服务中心通过不断完善功能，逐步承担起从政府、企事业单位分离出来的职能。有关部门应统一在社区服务中心设立服务窗口，逐步实行集行政管理、社会事务、便民服务为一体的“一站式”办公模式，方便社区群众。

16.拓宽服务内容。依靠社会各方面力量，开展面向老年人、儿童、残疾人、贫困户、优抚对象的社会救助和福利服务，面向离退休人员、失业人员、困难群体的社会保障服务，面向社区单位的社会化服务，面向社区居民的便民利民服务。加强社区服务队伍建设，做到专职、兼职和志愿相结合。

17.提高社区服务水平。着眼于居民多层次、多样化物质文化生活需求，依靠社会各方面力量，坚持以人为本原则，积极开展面向不同群体的各类社区服务活动。加强社区服务专职、兼职和志愿者队伍建设，建立健全社区综合信息网络服务系统，通过有效整合社会服务资源和实现市、县（市、区）、街道和社区的微机联网，不断提高社区服务水平。

18.推进社区就业服务。加强街道社区劳动保障工作平台建设，进一步完善社区劳动保障服务功能，通过提供就业再就业政策咨询、再就业培训、就业岗位信息服务和社区公益性岗位开发等，对就业困难人员特别是“零就业家庭”成员提供有针对性地服务和援助。结合居民物质文化生活需要开发就业岗位，挖掘社区就业潜力，创建充分就业和谐社区，提高就业稳定性。探索建立信用社区、创业培训与小额担保贷款联动机制，为失业人员自谋职业和自主创业创造条件。建立就业与失业保险、城市居民最低生活保障工作联动机制，促进和帮助享受失业保险、城市居民最低生活保障待遇的相关人员尽快实现就业。

19.推进社区社会保障服务。加强企业离退休人员社会化管理服务工作，加快老年公共服务设施和服务网络建设。具备条件的地方可开展老年护理服务，兴建老年公寓。充分发挥劳动保障网络作用，促进和帮助城镇居民按规定参加各项社会保险。

20.推进社区救助服务。加强对失业人员和城市居民最低生活保障对象的动态管理，及时掌握他们的就业及收入状况，切实做到“应保尽保”。积极开展基层社会救助服务，帮助群众解决生产生活中的实际困难。进一步推进社会福利社会化，加快发展社区居家养老服务业。大力发展社区慈善事业，加强对社区捐助接收站点、“慈善超市”的建设和管理。

21.推进社区卫生和计划生育服务。坚持政府主导、社会力量参与，建立健全以社区卫生服务中心（站）为主体的社区卫生和计划生育服务网络，以妇女、儿童、老年人、慢性病人、残疾人、贫困居民等为重点，为社区居民提供预防保健、健康教育、康复、计划生育技术服务和一般常见病、多发病、慢性病的诊疗服务。大力培养社区卫生服务技术和管理人员，加强对社区卫生服务的监督管理，保证服务质量。实施国家政策规定的计划生育基本项目免费服务。建立民主监督制度，把社区居民满意程度作为考核社区卫生服务工作人员业绩的重要标准。完善社区卫生服务运行机制，发挥社区卫生服务的健康保障功能，努力实现人人享有初级卫生保健的目标。

22.推进社区文化、教育、体育服务。深入开展科教、文体、法律、卫生“四进社区活动”，发展面向基层的公益性文化事业，逐步建设方便社区居民读书、阅报、健身、开展文艺活动的场所，加强对社区休闲广场、演艺厅、棋苑、网吧等文化场所的监督管理，促进社会主义精神文明建设。调动社区资源，支持保障社区内中小学校开展素质教育和社会实践活动。落实《全民科学素质行动计划纲要》，不断提高居民科学素质。统筹各类教育资源，积极创建各类学习型组织，建立起覆盖各类人群的多渠道、全方位的社区学习服务体系。培育群众性体育组织，落实《全民健身计划纲要》，配置相应的健身器材，不断增强居民体质。

23.推进社区流动人口管理和服务。按照“公平对待、合理引导、完善管理、搞好服务”和“以现居住地为主，现居住地和户籍所在地互相配合”的原则，将流动人口计划生育管理服务纳入社区建设总体规划，实行与户籍人口同宣传、同服务、同管理，为流动人口的生活与就业创造好的环境和条件。简化办事程序，减少相关手续，取消不合理收费，为流动人口提供优质服务。

24.推进社区安全服务。深入开展“平安社区”创建活动，加强社区警务室建设，大力实施社区警务战略，建立人防、物防、技防相结合的社区防范机制和防控网络。依托社区基层组织，挖掘和利用社区资源，加强群防群治队伍建设。建立完善收集、反馈社情民意的工作机制，组织开展以社区保安、联防队员为主体，专职和义务相结合的巡逻守望、看楼护院等活动。建立及时有效的矛盾纠纷排查、调处工作机制，加强对刑释解教人员、社区矫正对象的帮助、教育和转化工作。深入开展社区预防青少年违法犯罪工作，加强对社区青少年的教育管理。做好社区消防工作，提升社区消防安全水平。加强安全用电、用气等方面的宣传教育，预防和减少人身伤害和火灾爆炸事故的发生。深入开展打击“黄赌毒”和禁止传销等工作。健全社区环境保护管理制度，加强环境保护宣传，开展“绿色社区”创建活动，建设资源节约型、环境友好型社区。建立传染病以及食品安全、灾害事故的应急反应机制，不断提高社区应对突发事件的能力。

25.设立社区服务扶持资金。市、县（市、区）两级设立社区服务发展专项资金，通过以奖代补的形式，引导扶持公益性、福利性社区服务的发展。

五、加强对社区工作的组织领导

26.加强对社区工作的领导。各级政府要把社区工作摆上重要位置，切实加强领导，统一规划部署，主要领导亲自抓，分管领导靠上抓。要把社区工作的目标任务、发展规划、年度实施计划纳入国民经济和社会发展规划及城市发展总体规划，有计划、有步骤地推进各项社区工作。

27.建立健全社区工作协调运行机制。各级政府要建立健全政府统一领导、民政部门牵头、有关部门配合、社会广泛参与的社区工作运行机制。依托社区提供公共服务的教育、科技、公安、司法行政、劳动保障、建设、文化、卫生、人口计生、环保、体育等部门，要按照社区工作发展要求加强业务指导，提高服务水平。各级发展改革、财政、银行、税务、工商等单位要按照各自职能，进一步制定促进社区工作发展的政策措施。积极鼓励工会、共青团、妇联及残联、老龄、慈善等组织参与社区建设和服务，大力倡导团结互助、扶贫济困的良好风尚，形成推动社区工作发展的整体合力。

28.积极推进社区工作创新。以改革的精神研究新情况、解决新问题、总结新经验，不断推进社区工作的观念创新、机制创新和方式方法创新。针对不同地区、不同类型的社区工作特点和规律，加强分类指导，开展示范活动，培养和创建一批先进典型，充分发挥其示范、辐射和带动作用，把全市社区工作提高到一个新水平。

泰安市人民政府
关于公布第一批市级重点文物保护单位保护范围和建设控制地带的通知

（泰政发〔2007〕31号　2007年6月14日）

为进一步做好市级重点文物保护工作，根据《中华人民共和国文物保护法》等有关法律法规，市政府组织有关部门和单位对第一批市级重点文物保护单位的保护范围和建设控制地带进行了界定，现予以公布。

宁家沟遗址：以化石点为中心，四周各150米内的区域为保护范围。保护范围四周向外延伸50米为建设控制地带。

抬头寺遗址：以遗址高台地为中心，东西长350米，南北宽150米内的区域为保护范围。保护范围四周向外延伸50米为建设控制地带。

羊祜城遗址：残存北城墙向南1500米，城墙中心东西各500米内的区域为保护范围。保护范围四周向外延伸50米为建设控制地带。

徐琛墓：以墓与神道为中心，南北长118米，东西宽66米内的区域为保护范围。保护范围四周向外延伸100米为建设控制地带。

光化寺：光化寺东墙向西67米，北墙向北10米、南墙向南50米内的区域为保护范围。保护范围向东延伸80米，向西延伸20米，向南、北各延伸50米为建设控制地带。

莲花山行宫：以行宫院落本体为中心，南北长126米，东西宽52米内的区域为保护范围。保护范围四周向外延伸100米为建设控制地带。

沈西皋遗址：遗址中心向东、西各50米，向南、北各70米内的区域为保护范围。保护范围四周向外延伸40米为建设控制地带。

柳园遗址：以文物保护标志东南角为基点，向东180米，向西170米，向南300米，向北100米内的区域为保护范围。保护范围向东延伸30米，向西延伸100米，向南、北各延伸40米为建设控制地带。

成城故城址：以城址中心为基点向东、西各430米，向南、北各330米内的区域为保护范围。保护范围向东、西各延伸80米，向南60米，向北50米为建设控制地带。

陶山朝阳洞石刻：以朝阳洞本体为中心，向东、西各500米，向上100米，向下200米内的区域为保护范围。保护范围四周向外延伸20米为建设控制地带。

东焦遗址：以东焦遗址本体为中心，东西长、南北宽各300米内的区域为保护范围。保护范围四周向外延伸20米为建设控制地带。

泰西武装起义遗址：以空杏寺本体为中心，四周延伸120米内的区域为保护范围。保护范围四周向外延伸20米为建设控制地带。

小王庄遗址：以小王庄遗址本体为中心，南北长300米，东西宽250米内的区域为保护范围。保护范围四周向外延伸20米为建设控制地带。

文姜城遗址：以文姜城本体为中心，南北、东西各270米内的区域为保护范围。保护范围四周向外延伸40米为建设控制地带。

燕语城遗址：保护范围以古井和四个土山头为基点，东至彩山路东40米，西至泰安十八中学东墙西40米，南至京沪高速公路南40米，北至泰化公路北40米。保护范围四周向外延伸46米为建设控制地带。

姚庄遗址：保护范围西至姚中村西寨墙西60米，东至祝下路东110米，北至姚庄村北东西路北110米，南至泰莱路南310米为保护范围。保护范围四周向外延伸100米为建设控制地带。

阴佛寺造像：以造像本体为中心，四周45米内的区域为保护范围。保护范围四周向外延伸45米为建设控制地带。

沟坝遗址：以村西现村民住宅为中心，向西180米，遗址内东西向道路向北50米内的区域为保护范围。保护范围四周向外延伸20米为建设控制地带。

清真寺（东平）：清真寺本体为保护范围。南北墙外各2米，东至大门外南北路，西至墙外池塘西沿为建设控制地带。

月岩寺：小虚观塔向东50米，寺院南墙向南50米，寺院北墙向北50米，西至山窝村东现村民住宅内的区域为保护范围。保护范围东、南、北各向外延伸50米为建设控制地带。

王村墓群：以封土堆中心为基点，四周30米内的区域为保护范围。保护范围四周向外延伸20米为建设控制地带。

东王林（王宪墓）：封土墓中心向东、西各100米，南300米，北至高岗50米内的区域为保护范围。保护范围向南10米，向东、西、北各延伸50米为建设控制地带。

百墓山墓群：以1、2号墓为起点，向东各延伸10米，向西至山顶，向南、北各延伸20米内的区域为保护范围。保护范围向东延伸10米，向南、北各延伸30米为建设控制地带。

青峰山摩崖造像：以造像为基点，向东、西各延伸50米，向南至山峪北根部，向北至山顶内的区域为保护范围。保护范围向东、西各延伸50米，向北延伸40米为建设控制地带。

腊山古建筑群：东至环湖路，西至药王庙、老虎洞西100米，南至山顶，北至古戏台北100米内的区域为保护范围。保护范围向西延伸100米，向北延伸50米为建设控制地带。

祥龙观：东墙向外100米，南天门向南100米，古井向西100米，北至山顶内的区域为保护范围。保护范围向东、南、西各延伸100米为建设控制地带。

仲子读书处：以仲子读书处本体为基点，东、西墙向外20米，南、北墙向外5米内的区域为保护范围。保护范围向东、西各延伸20米，向南、北各延伸5米为建设控制地带。

中华圣公会教堂：圣公会两座楼本体为保护范围，保护范围向东10米、向南10米、向西5米、向北4米内的区域为建设控制地带。

育英中学：两座楼本体为保护范围。保护范围向东10米、向南15米、向西5米、向北10米内的区域为建设控制地带。

萃英中学：三座楼本体为保护范围。南东楼向东6米、向北10米、向西10米、向南3米，南西楼向南1.5米、向北6米、向东10米、向西8米，北楼向东15米、向北60米、向西16米、向南200米为建设控制地带。

柳杭遗址：以遗址本体为保护范围。保护范围向东至岳羊路、南至泰莱高速公路、向西100米、北至老泰莱公路内的区域为建设控制地带。

清真寺（泰山区）：以清真寺本体为保护范围。保护范围向东至清真寺街、南至居民宿舍楼20米、西至现有商品房10米、北至原回民中学45米内的区域为建设控制地带。

古博城遗址：以遗址本体为保护范围。保护范围向东至邱旧路、南至旧县村150米、西、北由本体中心向外各延伸100米内的区域为建设控制地带。

汉明堂遗址：遗址封土堆为保护范围。保护范围向东至碧霞湖路、南至富城路、向西300米、向北100米内的区域为建设控制地带。

泰安火车站小楼：小楼本体为保护范围。保护范围向东至龙潭路、向南12米、向西9米、向北40米内的区域为建设控制地带。

各级、各有关部门和单位要按照划定的保护范围，切实加强管理，认真做好文物保护工作。文物保护范围和建设控制地带内，不得建设污染文物保护单位及其环境的设施，不得进行可能影响文物保护单位安全及其环境的活动；建设控制地带内进行建设工程，不得破坏文物保护单位的历史风貌，工程设计方案要经市文物行政部门同意后，按程序报建设规划部门批准。

泰安市经济适用住房管理暂行办法

（泰政发〔2007〕89号　2007年12月14日）

第一章　总　则

第一条　为加快解决城镇低收入家庭住房困难，规范经济适用住房的建设和管理，根据《山东省经济适用住房管理办法》及有关规定，结合我市实际，制定本办法。

第二条　本办法适用于泰山区、岱岳区、高新区和泰山景区范围内经济适用住房的建设、分配、管理和监督。

第三条　经济适用住房采取实物分配或发放货币补贴的方式，具体分配方式由市政府确定。

实物分配经济适用住房按照售租结合、以售为主的原则进行。

第四条　市房产管理部门负责经济适用住房建设的组织实施和管理工作。

市发改、建设、国土资源、规划、价格、财政、监察、审计、泰山风景名胜区、高新区等部门和单位，按照各自职责负责经济适用住房的相关管理监督工作。

第二章 建 设

第五条 市房产管理部门应会同有关部门根据当地经济社会发展水平、居民住房状况和收入水平等因素，合理确定经济适用住房发展目标、建设标准、供应范围和供应对象等，编制经济适用住房发展规划，报市政府批准后组织实施。

第六条 市发改部门会同市房管、规划、建设、国土、财政等部门，根据经济适用住房发展规划，编制经济适用住房年度建设计划，经市政府同意后，报省发改、建设、国土资源部门批准。

市国土资源部门应在年度土地供应计划中优先安排经济适用住房建设用地。

第七条 市房产管理部门会同有关部门制定年度经济适用住房实施方案，实施方案经市政府批准后组织实施。实施方案应当明确以下内容：

（一）经济适用住房建设总面积、单户面积和分配户数；

（二）经济适用住房实现方式，采取实物分配方式还是发放购房货币补贴方式；

1.若经济适用住房采取实物分配，建设方式是集中建设还是分散建设。

2.若经济适用住房采取货币补贴，补贴标准、补贴户数、补贴资金来源等。

第八条 经济适用住房集中建设的，可通过招投标确定房地产开发企业负责开发建设，也可由市政府指定的专门机构进行开发建设。

分散建设的，市房产管理部门会同市发改、规划、建设、国土资源等部门将年度经济适用住房建设计划，按一定比例分解到当年商品住宅开发用地招拍挂计划中，作为商品住宅开发用地招拍挂条件，明确配套建设的经济适用住房的建设总面积、单套建筑面积、套数、套型比例、建设标准以及建成后移交或者回购等事项，并以合同方式约定。具体办法，由市房管、规划、建设、国土资源等部门另行制定。

第九条 经济适用住房建设一律免收城市基础设施配套费等各种行政事业性收费和政府性基金。经济适用住房项目小区内非经营性公共配套设施建设资金，按规定50%从城市国有土地使用权出让金和城市建设资金中划拨，50%计入房价；小区外基础设施建设费用，由政府负担。

经济适用住房建设应当凭市房产管理部门出具的证明，享受优惠政策。

第十条 集中建设的经济适用住房用地，实行行政划拨方式供应。严禁以经济适用住房名义取得划拨土地后，改变土地用途，变相搞商品房开发。

第十一条 集中建设的经济适用住房小区的基础配套设施和公共配套设施，应当与住宅工程同时设计、同时建设、同时交付使用。

第十二条 经济适用住房分散建设的，按照经济适用住房优惠政策计算优惠金额，优惠金额可在招拍挂成交价款或应缴纳的基础设施配套费中予以核减。

分散建设的经济适用住房，应在规划设计条件中确定所提供的经济适用住房的具体位置和数量，由房地产开发企业报市房产管理部门备案。

第十三条 经济适用住房套型标准根据经济发展水平和群众生活水平，建筑面积控制在60平方米左右。

第十四条 经济适用住房的规划设计和建设必须按照发展节能省地环保型住宅的要求，严格执行《住宅建筑规范》等国家有关住房建设的强制性标准，采取竞标方式优选规划设计方案，做到在较小的套型内实现基本的使用功能。积极推广应用先进、成熟、适用、安全的新技术、新工艺、新材料、新设备。

第十五条 经济适用住房的开发建设单位应当对其建设的经济适用住房工程质量负最终责任。

勘察、设计、施工、监理、材料设备供应等单位依照有关法律、法规规定及合同约定，承担相应的工程质量责任。

开发建设单位应当向购买人出具《住宅质量保证书》和《住宅使用说明书》，并承担保修责任。保修期从经济适用住房交付使用之日起计算。

第三章 分 配

第十六条 同时符合下列条件的家庭可以申请购买（租赁）一套经济适用住房或领取一次补贴：

（一）在泰山区、岱岳区、高新区和泰山景区范围内有城镇常住户口（含符合当地安置条件的复员、转业军人）；

（二）无房或现住房人均建筑面积低于10平方米（包括10平方米）的家庭；

（三）家庭人均年实际收入低于5000元（包括5000元，按计算人均住房面积的人口计算家庭收入）；

（四）规定的其他条件。

前款确定的住房困难标准、家庭低收入标准，由市统计部门会同市房管、发改、财政、建设等部门根据经济社会发展情况每年进行测算调整，报市政府批准后公布执行。

第十七条 符合条件的申请人应持家庭户口本、所在单位（无单位的由街道办事处）出具的收入证明和住房证明及其他证明材料向户籍所在地的区房产管理部门或高新区、泰山景区有关机构提出书面申请。

区房产管理机构或高新区、泰山景区有关机构自接到申请之日起30日内，会同有关单位或社区居委会通过入户调查、邻里访问以及信函索证等方式，对申请人的条件进行审核。符合规定条件的，在申请人所在单位或所居住的社区予以公示。

公示期为15日。公示期内无异议或有异议但不成立的，由区房产管理部门或高新区、泰山景区有关机构自公示期满5日内报市房产管理部门审核。

第十八条　市房产管理部门应在30日内完成区房产管理部门或高新区、泰山景区有关机构报送材料的核查工作，对符合条件的申请人通过政府网站、新闻媒体等方式进行公示。公示期内无异议的，核准发放《经济适用住房资格证》；不予核准的，应向申请人书面说明理由。

第十九条　领取《经济适用住房资格证》后，申请人根据当年度市政府确定的方式，按以下规定办理相关手续：

（一）如果实行实物分配经济适用住房的，申请人持《经济适用住房资格证》到开发建设单位购买经济适用住房。经济适用住房开发建设单位不得向未取得《经济适用住房资格证》的家庭出售、出租经济适用住房，不得向单位成批或者整幢销售、出租经济适用住房。

（二）如果采取租赁方式分配经济适用住房的，申请人应持《经济适用住房资格证》，到市房产管理部门办理承租手续。

（三）如果采取发放经济适用住房购房货币补贴的，申请人应持《经济适用住房资格证》和房屋买卖协议、房产证等资料到市房产管理部门办理补贴领取手续。

第二十条　符合条件的申请人数量多于经济适用住房房源或当年计划发放补贴户数时，无房户、持有城镇最低生活保障证的家庭应当优先购买或承租、领取补贴，其余的申请人由市房产管理部门采取公开摇号的方式确定。

第二十一条　市房产管理部门可将集中建设的经济适用住房的一定比例用作出租，不再出售。

承租的经济适用住房不得转租。承租人因条件改善不符合本办法规定条件的，应当退出已承租的经济适用住房。

第二十二条　已购买过经济适用住房的家庭不得再购买经济适用住房或承租经济适用住房，不再领取经济适用住房补贴。已参加福利分房的家庭在退回所分房屋前不得购买经济适用住房。

领取廉租住房补贴的家庭享受经济适用住房政策的，市房产管理部门应当收回其廉租住房补贴资格证，停止发放租赁补贴。

第二十三条　确定经济适用住房的价格应当以保本微利为原则。其销售基准价格及浮动幅度，由市物价部门会同市房产管理部门，依据经济适用住房价格管理的有关规定，在综合考虑建设、管理成本和利润的基础上确定并向社会公布。房地产开发企业实施的经济适用住房项目利润率按不高于3%核定；政府直接组织建设的经济适用住房只能按成本价销售，不得有利润。

政府组织集中建设的，经营性设施租售的收益全额上交财政，专项用于该经济适用住房小区的开发建设，以降低经济适用住房价格。

第二十四条　购买经济适用住房后，申请人应当按照规定办理土地、房屋权属登记手续。经济适用住房属于政策性住房，购房人拥有有限产权。

市国土资源、市房产管理部门在办理权属登记时，应当在权属证书中注明经济适用住房、划拨土地、购买价格、保障面积等内容。

第四章　管　理

第二十五条　已经购买了经济适用住房的家庭又购买其他住房的，原经济适用住房由市房产管理部门代表政府按规定及合同约定回购，仍用于解决低收入家庭的住房困难。

第二十六条　经济适用住房在取得房屋所有权证和土地使用证满5年后，购房人方可转让其住房；转让时，应按照届时同地段普通商品住房与经济适用住房差价的一定比例向政府交纳土地收益等相关价款。同等条件下，市房产管理部门代表政府优先回购。

经济适用住房购买人以市场价格出售经济适用住房后，不得再次享受经济适用住房政策。

第二十七条　经济适用住房在取得房屋所有权证和土地使用证不满5年（包括5年）的，不得直接上市交易，确需转让的，必须以不高于届时同地段的经济适用住房价格，出售给市房产管理部门确定的符合购买条件的申请人；无申请人购买的，市房产管理部门代表政府按照原价格并考虑折旧和物价水平等因素进行回购。

第二十八条　经济适用住房的限制性规定应当在经济适用住房购房合同中予以明确。

第二十九条　集中建设的经济适用住房小区，提倡业主自行组织进行管理，也可聘用物业管理单位进行管理，具体由小区业主自主决定。

经营性设施建设资金，按照谁经营谁投资的原则，由经营者承担，不得计入房价。

第三十条　供水、供电、供气、供热、通讯、有线电视等应当实行“一户一表”，由供水、供电、供气、供热、通讯、有线电视等单位依法承担物业管理区域内相关管线和设施设备维修、养护的责任。

第五章 监 督

第三十一条 未经批准，擅自改变经济适用住房建设用地或者集资、合作建房土地用途的，由国土资源行政主管部门按照有关法律、法规的规定处罚。

第三十二条 擅自提高经济适用住房的销售价格、租金标准或者有其他违反价格管理行为的，由价格行政主管部门责令限期退还收取的差价款，并依法进行处罚。

第三十三条 经济适用住房建设单位和其他单位有下列情形之一的，由市房产管理部门给予警告，按规定处1万元以上3万元以下的罚款，并责令开发建设单位限期收回；不能收回的，由开发建设单位按市场价格补缴土地出让金以及其他已减免和由政府承担的费用；对直接负责的主管人员和其他直接责任人员，由其主管部门或者监察机关依法追究行政责任：

（一）建设的经济适用住房超过规定的套型面积的；

（二）向未取得资格证的居民出售、出租经济适用住房的；

（三）假借建设经济适用住房或者以集资、合作建房的名义变相搞商品房开发的。

第三十四条 经济适用住房的购买人或者承租人有下列情形之一的，由市房产管理部门给予警告，并按下列规定进行处理；情节严重的，可处以1000元以下的罚款：

（一）弄虚作假、隐瞒家庭收入和住房条件等真实情况，骗购、骗租经济适用住房的，责令限期交回住房；不能交回的，责令其按照市场价格补缴差价款；

（二）违反本办法规定上市交易的，责令其按照市场价格补缴差价款，并不予批准其再次享受经济适用住房政策；

（三）将承租的经济适用住房转租的，责令限期改正；逾期仍不改正的，责令其按照市场价格补缴差价款。

对具有前款所列行为的购买人、承租人，市房产管理部门还可提请其所在单位依法给予行政处分。

第三十五条 房产管理部门和其他有关部门及其工作人员玩忽职守、滥用职权、徇私舞弊的，由其所在单位或上级主管机关给予行政处分；构成犯罪的，移交司法机关依法追究刑事责任。

第六章 附 则

第三十六条 集资、合作建房纳入当地经济适用住房建设计划管理，具体按国家、省和市里的有关规定执行。

单位集资合作建设的，在优先满足本单位住房困难职工购买基础上房源仍有多余的，由市政府统一向符合经济适用住房购买条件的家庭出售，或以成本价收购后用作廉租住房。

第三十七条 各县（市）可参照本办法制定具体的实施细则。

第三十八条 本办法自2008年1月1日施行。

泰安市人民政府办公室关于进一步做好《泰安年鉴》供稿工作的通知

（泰政办函〔2008〕10号 2008年3月7日）

各县、市、区人民政府，市政府各部门、直属机构，省属以上驻泰各单位：

《泰安年鉴》是市政府主办、全面记载泰安地情资料的综合性、公报性、资料性政务年刊，是各级领导科学决策、广大干部群众了解市情信息、海内外各界人士认识、了解、研究泰安不可缺少的工具书、参考书。为进一步办好《泰安年鉴》，更好地宣传泰安、泰山，为全市经济建设和社会发展服务，根据国务院《地方志工作条例》和《山东省地方史志工作条例》的有关规定，现就《泰安年鉴》的供稿工作作如下通知：

一、充分认识办好《泰安年鉴》的重要性

年鉴是系统汇集上一年度重要文献信息，逐年编辑、连续出版的资料性工具书，具有资料全面、反映及时、连续出版、功能齐全的特点。《泰安年鉴》自创刊以来，已连续出版发行17卷，累计发行3.8万余册，读者近百万人次,在广大干部群众中产生了较大影响，为全市“三个文明”建设做出了独特贡献，在改革开放和现代化建设中发挥了不可替代的作用，已成为对外宣传的有效载体、招商引资的重要窗口、社会各界了解泰安市情信息的可靠平台。做好《泰安年鉴》的编辑出版工作，为《泰安年鉴》及时提供丰富翔实的资料，是各部门各单位的一项重要职责。但是在近几年供稿工作中，也暴露出一些必须解决的问题：少数单位对供稿工作重视程度不够，供稿不够及时，影响了整体编撰进度；有的单位供稿质量较差，提供的稿件不能全面、系统地反映本部门的重点工作，存在应付现象；有的单位提供的稿件不符合年鉴文体要求，空话、套话多，实际内容少等等。对上述问题，望各供稿单位高度重视，认真对待，以对事业高度负责的态度，切实做好《泰安年鉴》供稿工作，进一步提高年鉴编纂质量。

二、明确记载内容，提高供稿质量

《泰安年鉴》的供稿工作，要全方位地反映年度内各个领域的新情况、新进展、新变化，客观记录经济建设成就和社会发展状况，努力达到“全、实、新、特、精”的要求。

一是突出记载重点，充分发挥存史资政功能。要集中记述市委、市政府当年的工作思路和工作重点，以权威的资料信息充分反映党委、政府推进改革、发展、稳定的重大举措；集中记述全市经济建设和各项事业取得的重要成就，如实反映改革开放和现代化建设所取得的重大成绩；集中记述社会的变化历程，详细反映各级党委、政府为关注民生、解决群众切实利益所采取的重大措施；集中记述各条战线、人民生活发生的重大变化，宣传各条战线涌现出的先进典型，更好地服务社会、服务大局。各供稿单位还要根据履行职责的情况，全面如实记述本部门的重点工作和经验，并力求对各项任务指标完成情况进行纵横分析对比。

二是精选专题性条目，凸现各项工作的“闪光点”。年鉴具有明显的年度特色，要善于捕捉年内全市各条战线发生的大事、要事、新事、特事，注重筛选全年的重要资料、重要事件、重要态势、重要人物，深层次挖掘各行各业的典型事例，设为专条，做到大事不遗漏，新事不埋没。

三是图文并茂，充分展示发展成就。年鉴不仅内容要创新，形式也要独特新颖。各单位在报送文稿的同时，也要报送能够代表全市经济社会发展成就的典型性图片、照片，反映各条战线、各行各业重大活动、风采风貌的时政照片，形象直观地展示泰安的辉煌成就。特别注意要站在历史的角度，把为现实服务和对历史负责高度统一起来，如实记录、准确反映历史，决不能以个人好恶来取舍或剪裁客观事实。

三、切实加强组织领导

《泰安年鉴》编辑出版工作是一项涉及各个领域、各个行业的系统工程。各级、各部门、各有关单位要予以重视，早计划、早安排、早布置，本着高度负责的精神，切实加强对这项工作的领导。要切实解决“有人办事”的问题，相对固定一名了解全面情况、善于把握全局、责任心强、文字基础较好的同志从事撰稿工作，紧密配合，通力协作，精心撰稿，按时报送。分管领导要认真审核，严把稿件的质量关，对所供稿件的全面性、准确性、权威性负总责。史志部门要组织精干力量做好年鉴的组稿、编审、校印工作，确保《泰安年鉴》按时出版。要强化措施，做好《泰安年鉴》彩页征集和发行工作。各级各部门、各单位要从充分发挥《泰安年鉴》的宣传载体和社会服务功能出发，采取多种形式搞好对市外、省外发行，加强与港、澳及各地代售、代发网点、网站的联系，使《泰安年鉴》成为扩大对外交流和合作的“信使”，为建设富裕、文明、和谐泰安发挥应有的作用。

文件选目

中共泰安市委、市委办公室文件

泰发〔2007〕1号　中共泰安市委、泰安市人民政府关于大力发展现代农业，加快建设社会主义新农村的实施意见

泰发〔2007〕3号　中共泰安市委、泰安市人民政府转发《市纪委、市监察局关于2007年全市党风廉政建设和反腐败工作实施意见》的通知

泰发〔2007〕4号　中共泰安市委批转团市委党组、市教育局党委《关于召开中国少年先锋队泰安市第四次代表大会的请示》的通知

泰发〔2007〕6号　中共泰安市委印发耿文清同志《在中国共产党泰安市第九次代表大会上的报告》的通知

泰发〔2007〕7号　中共泰安市委关于认真学习贯彻市第九次党代表大会精神的通知

泰发〔2007〕8号　中共泰安市委、泰安市人民政府关于印发市委、市政府领导班子成员党风廉政建设岗位职责的通知

泰发〔2007〕9号　中共泰安市委印发《关于加强市直机关作风建设的实施意见》的通知

泰发〔2007〕11号　中共泰安市委关于深化农村党的建设“三级联创”活动的实施意见

泰发〔2007〕12号　中共泰安市委、泰安市人民政府关于加快发展服务业的若干意见

泰发〔2007〕13号　中共泰安市委、泰安市人民政府印发《关于实行人口与计划生育一票否决、离职审计及追踪奖惩制度的若干规定》的通知

泰发〔2007〕14号　中共泰安市委批转《中共泰安市人大常委会党组关于2007-2008年全市人大换届选举有关工作的请示》的通知

泰发〔2007〕16号　中共泰安市委关于加强干部教育培训工作的意见

泰发〔2007〕17号　中共泰安市委关于认真学习宣传贯彻党的十七大精神的通知

泰发〔2007〕18号　中共泰安市委、泰安市人民政府关于进一步改善投资环境的意见

泰发〔2007〕19号　中共泰安市委批转《中共泰安市残联党组关于召开泰安市残联第五次代表大会的

请示》的通知

泰发〔2007〕20号　中共泰安市委关于深入学习贯彻党的十七大精神，推进富裕文明和谐泰安建设的意见

泰办发〔2007〕1号　市委办公室、市政府办公室印发《关于巩固成果防止反弹建立泰山石保护及奇石经营管理长效机制的意见》的通知

泰办发〔2007〕4号　中共泰安市委办公室关于加强对市级领导干部身边工作人员教育和管理的意见

泰办发〔2007〕5号　市委办公室、市政府办公室关于印发《泰安市创建节水型城市实施方案》的通知

泰办发〔2007〕6号　市委办公室、市政府办公室关于印发《2007年泰城环境综合整治重点建设工程实施方案》的通知

泰办发〔2007〕9号　中共泰安市委办公室关于对市第九次党代表大会《报告》（征求意见稿）征求意见的通知

泰办发〔2007〕10号　中共泰安市委办公室关于印发耿文清同志在中共泰安市九届一次全委会议上的讲话的通知

泰办发〔2007〕11号　市委办公室、市政府办公室关于公布2007年市委市政府为民要办的12件实事的通知

泰办发〔2007〕12号　关于继续实行市级领导干部联系困难乡镇制度的通知

泰办发〔2007〕13号　关于继续实行市级领导干部联系重点项目制度的通知

泰办发〔2007〕14号　市委办公室、市政府办公室关于转发《泰安市社区矫正试点工作意见》的通知

泰办发〔2007〕16号　关于调整市委常委、市政府党组成员、副市长企业党建工作联系点的通知

泰办发〔2007〕18号　市委办公室、市政府办公室转发《市农业局等四部门关于开展“农村财务管理年”活动的意见》的通知

泰办发〔2007〕19号　市委办公室、市政府办公室关于印发《泰安市2007年民主评议行风政风活动实施意见》的通知

泰办发〔2007〕20号　中共泰安市委办公室转发《泰安市总工会关于进一步深化“劳动关系和谐企业”创建活动的意见》的通知

泰办发〔2007〕22号　市委办公室、市政府办公室关于加强全市农村基层党风廉政建设的指导意见

泰办发〔2007〕23号　市委办公室、市政府办公室关于认真贯彻落实农村土地承包政策切实做好农村土地承包工作的通知

泰办发〔2007〕25号　市委办公室、市政府办公室关于印发《泰安市第九次党代会目标任务分解方案》的通知

泰办发〔2007〕26号　中共泰安市委办公室关于加强机关作风建设的实施方案

泰办发〔2007〕29号　市委办公室、市政府办公室关于印发《泰安市社会科学优秀成果评选奖励办法》的通知

泰办发〔2007〕30号　市委办公室、市政府办公室关于进一步分解落实责任，切实做好全市防汛、安全生产、社会稳定工作的通知

泰办发〔2007〕31号　市委办公室、市政府办公室关于做好村“两委”换届选举工作的实施意见

泰办发〔2007〕32号　中共泰安市委办公室关于学习宣传贯彻党的十七大精神任务分工的通知

泰办发〔2007〕33号　市委办公室、市政府办公室关于印发李建国书记、姜大明省长在全省服务业发展工作会议上讲话的通知

泰办发〔2007〕35号　市委办公室、市政府办公室关于做好2007年市直军队转业干部及随调家属安置工作的通知

泰安市人民政府、市政府办公室文件

泰安市人民政府令第119号　泰安市专业技术人员继续教育管理规定

泰安市人民政府令第120号　泰安市行政执法案卷评查办法

泰安市人民政府令第121号　泰安市行政执法责任追究办法

泰安市人民政府令第122号　泰安市封山育林管理办法

泰安市人民政府令第123号　泰安市泰山赤鳞（螭霖）鱼保护管理办法

泰安市人民政府令第124号　泰安市城市停车场（位）规划建设和停车秩序管理办法

泰安市人民政府令第125号　泰安市取水许可管理办法

泰安市人民政府令第126号　泰安市城市供水管理办法

泰安市人民政府令第127号　泰安市城市节约用水管理办法

泰政发〔2007〕1号　泰安市人民政府关于贯彻执行《中华人民共和国各级人民代表大会常务委员会监督法》主动接受人大常委会监督的通知

泰政发〔2007〕4号　泰安市人民政府关于下达“十一五”期间主要污染物总量控制计划指标的通知

泰政发〔2007〕5号　泰安市人民政府关于公布

市级行政执法依据及行政执法事项梳理结果的通知

泰政发〔2007〕6号　泰安市人民政府关于进一步加强行政审批服务工作的意见

泰政发〔2007〕7号　泰安市人民政府关于印发《泰安市“十一五”服务业发展规划纲要》的通知

泰政发〔2007〕8号　泰安市人民政府关于印发《2007年依法行政工作要点》的通知

泰政发〔2007〕10号　泰安市人民政府关于进一步加强城市节约用水工作的通知

泰政发〔2007〕11号　泰安市人民政府关于重点治污项目进展情况的通报

泰政发〔2007〕12号　泰安市人民政府关于进一步加强消防工作的意见

泰政发〔2007〕17号　泰安市矿山地质环境保护与治理方案

泰政发〔2007〕18号　泰安市2007年第一批新开工重点建设项目名单及进展情况调度表

泰政发〔2007〕23号　泰安市人民政府关于分解落实2007年政府工作报告目标任务的通知

泰政发〔2007〕24号　泰安市人民政府关于进一步加强社会综合治税工作的通知

泰政发〔2007〕25号　泰安市人民政府关于加强“十一五”期间市级财源建设的意见

泰政发〔2007〕27号　泰安市人民政府关于印发《泰安市规范涉及企业收费行为的暂行办法》的通知

泰政发〔2007〕28号　泰安市人民政府关于加快推进重点技术改造项目建设的意见

泰政发〔2007〕29号　泰安市人民政府关于加强和改进社区工作的意见

泰政发〔2007〕30号　泰安市人民政府批转人行泰安市中心支行《关于进一步加大金融支持力度促进循环经济发展的指导意见的通知》

泰政发〔2007〕31号　泰安市人民政府关于公布第一批市级重点文物保护单位保护范围和建设控制地带的通知

泰政发〔2007〕32号　泰安市人民政府批转市质监局《关于进一步加强标准化工作的意见的通知》

泰政发〔2007〕33号　泰安市人民政府关于印发第二十一届泰山国际登山节暨2007中国泰安投资合作洽谈会总体方案的通知

泰政发〔2007〕37号　泰安市人民政府关于印发《泰安市社会用字管理规定》的通知

泰政发〔2007〕38号　泰安市人民政府关于公布2007年第二批新开工重点建设项目名单的通知

泰政发〔2007〕39号　泰安市人民政府关于调整泰安市基准地价的通知

泰政发〔2007〕43号　泰安市人民政府关于印发泰安市矿产资源整合方案的通知

泰政发〔2007〕45号　泰安市人民政府关于印发节能减排综合性工作实施方案的通知

泰政发〔2007〕46号　泰安市人民政府关于促进生猪生产发展，稳定市场供应的通知

泰政发〔2007〕47号　泰安市人民政府关于做好被征地农民就业培训和社会保障工作的意见

泰政发〔2007〕48号　泰安市人民政府关于发布2007年企业工资指导线的通知

泰政发〔2007〕54号　泰安市人民政府关于贯彻鲁政发〔2007〕49号文件精神进一步做好农村最低生活保障工作的通知

泰政发〔2007〕58号　泰安市人民政府关于印发泰安市城镇居民基本医疗保险实施办法的通知

泰政发〔2007〕60号　泰安市人民政府关于搞好今冬明春农田水利基本建设的通知

泰政发〔2007〕62号　泰安市人民政府关于印发《泰安市安全生产监督管理办法（试行）》的通知

泰政发〔2007〕63号　泰安市人民政府关于建立健全普通高校和中等职业学校家庭经济困难学生资助政策体系的实施意见

泰政发〔2007〕64号　泰安市人民政府关于印发《泰安市固定资产投资项目节能评估审查管理办法》的通知

泰政发〔2007〕65号　泰安市人民政府关于切实做好2006年冬季退役士兵接收安置工作的通知

泰政发〔2007〕66号　泰安市人民政府关于印发《泰安市政府信息公开管理办法》的通知

泰政发〔2007〕69号　泰安市人民政府关于进一步加强依法行政工作的意见

泰政发〔2007〕70号　泰安市人民政府关于加强办学管理引导民办教育健康发展的意见

泰政发〔2007〕71号　泰安市人民政府关于印发《泰安市节能奖励办法》的通知

泰政发〔2007〕72号　泰安市人民政府关于印发《泰安市农村居民最低生活保障暂行办法》的通知

泰政发〔2007〕75号　泰安市人民政府关于印发泰安市第一次污染源普查方案的通知

泰政发〔2007〕86号　泰安市人民政府关于加强企业工资宏观调控建立健全职工工资正常增长机制的通知

泰政发〔2007〕87号　泰安市人民政府关于落实市属企业职工中独生子女父母退休时发给一次性养老补助有关问题的通知

泰政发〔2007〕88号　泰安市人民政府关于取

消、增加和调整部分市级行政审批事项的通知

泰政发〔2007〕89号 泰安市人民政府关于印发《泰安市经济适用住房管理暂行办法》的通知

泰政发〔2007〕90号 泰安市人民政府、泰安军分区关于加快人民防空改革发展的意见

泰政发〔2007〕94号 泰安市人民政府关于解决城市低收入家庭住房困难的实施意见

泰政发〔2007〕95号 泰安市人民政府关于印发《解决泰安市市区低收入家庭住房困难发展规划和年度计划》的通知

泰政发〔2007〕96号 泰安市人民政府关于印发《泰安市国有土地使用权出让收支管理实施办法》的通知

泰政办发〔2007〕1号 泰安市人民政府办公室关于推进种子管理体制改革加强市场监管的实施意见

泰政办发〔2007〕2号 泰安市人民政府办公室关于成立或调整部分临时机构和议事协调机构的通知

泰政办发〔2007〕4号 泰安市人民政府办公室关于成立或调整部分临时机构和议事协调机构的通知

泰政办发〔2007〕5号 泰安市人民政府办公室关于转发市公安局对全市部分较大火灾隐患进行限期整改的报告的通知

泰政办发〔2007〕6号 泰安市人民政府办公室关于推进企业解决工资拖欠问题的实施意见

泰政办发〔2007〕7号 泰安市人民政府办公室关于印发《泰安市政府投资建设项目跟踪审计实施细则》的通知

泰政办发〔2007〕8号 泰安市人民政府办公室关于2003-2007年度生态市建设县（市、区）长目标责任书年度检查情况的通报

泰政办发〔2007〕9号 泰安市人民政府办公室关于印发泰安市服务业发展指标体系及考核办法（试行）的通知

泰政办发〔2007〕10号 泰安市人民政府办公室关于成立部分临时机构和议事协调机构的通知

泰政办发〔2007〕11号 泰安市人民政府办公室关于印发办理领导同志批示事项工作规则的通知

泰政办发〔2007〕12号 泰安市人民政府办公室关于印发《泰安市政府系统公文处理工作考核办法》（试行）的通知

泰政办发〔2007〕13号 泰安市人民政府办公室转发市监察局等部门关于清理评比达标表彰活动工作方案的通知

泰政办发〔2007〕14号 泰安市人民政府办公室关于举办泰安市第十六届运动会的通知

泰政办发〔2007〕15号 泰安市人民政府办公室关于成立或调整部分临时机构和议事协调机构的通知

泰政办发〔2007〕16号 泰安市人民政府办公室转发市财政局、国税局、地税局关于发票即开即兑奖励及违法违章行为举报奖励活动实施意见补充规定的通知

泰政办发〔2007〕17号 泰安市人民政府办公室关于印发2005-2007年泰安市城乡环境综合整治活动总评方案的通知

泰政办发〔2007〕18号 泰安市人民政府办公室关于印发泰安市清理整顿城市市区自备井活动实施方案的通知

泰政办发〔2007〕19号 泰安市人民政府办公室转发市工商局关于加强农村食品市场安全监管工作的意见的通知

泰政办发〔2007〕20号 泰安市人民政府办公室关于成立或调整部分临时机构和议事协调机构的通知

泰政办发〔2007〕21号 泰安市人民政府办公室关于印发泰安市农产品促销助农增收活动方案的通知

泰政办发〔2007〕22号 泰安市人民政府办公室关于印发《泰安市工业用地招标拍卖挂牌出让管理办法》的通知

泰政办发〔2007〕23号 泰安市人民政府办公室关于印发《泰安市“十一五”行政机关公务员培训规划》和《泰安市“十一五”专业技术人员继续教育规划》的通知

泰政办发〔2007〕24号 泰安市人民政府办公室关于成立或调整部分临时机构和议事协调机构的通知

泰政办发〔2007〕25号 泰安市人民政府办公室关于印发泰安市2007年地质灾害防治方案的通知

泰政办发〔2007〕26号 泰安市人民政府办公室关于成立部分临时机构和议事协调机构的通知

泰政办发〔2007〕27号 泰安市人民政府办公室关于推进民营企业产学研工作的意见

泰政办发〔2007〕28号 泰安市人民政府办公室关于进一步加强环境影响评价和环境保护“三同时”管理工作的通知

泰政办发〔2007〕31号 泰安市人民政府办公室关于做好2007年大中专毕业生就业工作的通知

泰政办发〔2007〕32号 泰安市人民政府办公室关于成立或调整部分临时机构和议事协调机构的通知

泰政办发〔2007〕33号 泰安市人民政府办公室关于印发泰安市公共交通周及无车日活动实施方案的通知

泰政办发〔2007〕34号 泰安市人民政府办公室转发市财政局、市监察局、市审计局《关于进一步加强财政财务管理的意见》的通知

泰政办发〔2007〕35号　泰安市人民政府办公室关于加快培育服务业集聚区及服务业大企业（集团）的意见

泰政办发〔2007〕36号　泰安市人民政府办公室关于成立或调整部分临时机构和议事协调机构的通知

泰政办发〔2007〕37号　泰安市人民政府办公室转发市建设局等部门关于在全市逐步禁止生产实心粘土砖（瓦）的意见的通知

泰政办发〔2007〕38号　泰安市人民政府办公室关于成立或调整部分临时机构和议事协调机构的通知

泰政办发〔2007〕39号　泰安市人民政府办公室关于调整城镇居民最低生活保障标准的通知

泰政办发〔2007〕40号　泰安市人民政府办公室关于印发泰安市城市居民用水“一户一表、计量出户”改造工作实施方案的通知

泰政办发〔2007〕41号　泰安市人民政府办公室关于印发泰安市开展国家知识产权试点城市工作实施方案的通知

泰政办发〔2007〕42号　泰安市人民政府办公室关于印发泰安市遏制与防治艾滋病行动计划（2006–2010年）的通知

泰政办发〔2007〕43号　泰安市人民政府办公室关于印发泰安市产品质量和食品安全专项整治行动方案的通知

泰政办发〔2007〕44号　泰安市人民政府办公室转发市监察局市国土资源局关于进一步开展查处土地违法违规专项行动工作方案的通知

泰政办发〔2007〕45号　泰安市人民政府办公室关于印发泰安市城区城镇居民基本医疗保险实施细则的通知

泰政办发〔2007〕46号　泰安市人民政府办公室关于印发《泰安市做实企业职工基本养老保险个人账户试点实施方案》的通知

泰政办发〔2007〕47号　泰安市人民政府办公室关于印发泰安市能繁母猪政策性保险工作实施方案的通知

泰政办发〔2007〕48号　泰安市人民政府办公室关于进一步学习贯彻《行政机关公务员处分条例》的通知

泰政办发〔2007〕49号　泰安市人民政府办公室关于在南水北调黄河以南段及省辖淮河流域开展生态补偿试点工作的实施意见

泰政办发〔2007〕50号　泰安市人民政府办公室关于整治食品集中生产加工区域的通知

泰政办发〔2007〕51号　泰安市人民政府办公室转发市水利与渔业局等部门关于水利工程管理体制改革的实施意见的通知

泰政办发〔2007〕53号　泰安市人民政府办公室、泰安军分区司令部关于调整泰安市征兵工作领导小组的通知

泰政办发〔2007〕54号　泰安市人民政府办公室关于成立或调整部分临时机构和议事协调机构的通知

泰政办发〔2007〕55号　泰安市人民政府办公室关于免除城市义务教育阶段学生杂费的通知

泰政办发〔2007〕56号　泰安市人民政府办公室关于落实鲁政办发〔2007〕63号文件精神，对普通高中家庭经济困难学生实施资助政策的通知

泰政办发〔2007〕57号　泰安市人民政府办公室关于印发《泰安市超标准耗能加价管理办法（试行）》的通知

泰政办发〔2007〕58号　泰安市人民政府办公室关于公布第四批农业产业化重点龙头企业名单的通知

泰政办发〔2007〕59号　泰安市人民政府办公室关于落实鲁政办发〔2006〕100号文件精神切实加强农村民居防震保安工作的通知

泰政办发〔2007〕60号　泰安市人民政府办公室关于进一步做好城镇零就业家庭和农村零转移就业贫困家庭就业援助工作的通知

泰政办发〔2007〕61号　泰安市人民政府办公室关于理顺完善财政分配关系的通知

泰政办发〔2007〕62号　泰安市人民政府办公室关于成立或调整部分临时机构和议事协调机构的通知

泰政办发〔2007〕63号　泰安市人民政府办公室关于印发《泰安市服务业发展引导资金管理办法》的通知

泰政办发〔2007〕64号　泰安市人民政府办公室关于进一步严厉打击非法生产经营烟花爆竹行为的通知

泰政办发〔2007〕66号　泰安市人民政府办公室关于成立或调整部分临时机构和议事协调机构的通知

泰政办发〔2007〕67号　泰安市人民政府办公室关于深化规范行政处罚裁量权工作的通知

先进单位名录（部分）

全国治理自行车被盗问题专项行动先进集体

（中央综治委、公安部、建设部表彰）

泰安市公安局

公安部记集体一等功
泰安市公安消防支队第九中队

全国文明窗口（公安部表彰）
泰安市公安局出入境管理处

全国消防部队执勤部队岗位练兵先进支队
（公安部表彰）
泰安市公安消防支队

全国公安消防部队先进基层党组织
（公安部消防局表彰）
泰安市公安消防支队第九中队

第四届全国十大见义勇为好司机评选组织奖
（中华见义勇为基金会表彰）
泰安市社会治安见义勇为奖励基金会

全国查办破坏社会主义市场经济秩序专项工作先进集体
市检察院反渎职侵权局

全国先进基层检察院
肥城市检察院

全国“五四”红旗团委
泰安市供电公司
华丰煤矿团委

全国“五四”红旗团支部
查庄矸石热电厂团支部

全国妇联系统先进集体
（国家人事部、全国妇联联合表彰）
泰安市妇联

全国“平安家庭”创建活动先进单位
泰安市妇联

全国优秀家长学校
泰安实验学校家长学校

全国“巾帼文明岗”
泰安市医疗保险事业处医疗保险服务大厅
新泰市人民检察院公诉科
肥城市国家税务局办税服务厅
东平县105国道流泽桥收费站

全国“亿万妇女健身活动”巾帼文明健身队
新泰市平阳北区巾帼文明队
肥城市新城街道办事处巧山村巾帼文明队

“十五”期间全国家教工作先进集体
新泰市妇联

第五届全国青年安全生产示范岗
山东肥城矿业集团公司查庄煤矿采煤一区

“青春建功新农村——百万农村青年创业计划”活动先进集体
新泰团市委

第二届全国“绿色家庭”
李凤银家庭

第六届全国“五好”文明家庭
郑玉英家庭
程广言家庭

2007年全国“绿色社区”创建活动先进社区
泰安市泰山区上高街道华新社区

第四批全国“绿色学校”创建活动先进学校
山东省肥城市实验小学

“平安山东”建设先进县（市、区）
（省委、省政府表彰）
肥城市
岱岳区

“平安山东”建设先进单位（省综治委表彰）
肥城矿业集团有限责任公司

“平安山东”建设先进基层单位（省综治委表彰）
泰安市公安局泰山区分局
泰山区泰前街道嘉德社区居委会
岱岳区满庄镇
肥城市新城街道
宁阳县华丰镇
东平县戴庙乡
山东泰丰矿业集团有限公司
泰安航天特种车有限公司

全省模范消防中队（省委、省政府表彰）
泰安市公安消防支队第九中队

全省模范公安基层单位（省委、省政府表彰）
肥城市公安局龙山派出所

公正执法先进单位（省委政法委、省人事厅表彰）
东平县人民法院
泰安市岱岳区人民检察院
宁阳县公安局经济犯罪侦查大队
东平县公安局交通巡逻警察大队
新泰市公证处

践行社会主义法治理念先进单位（省委政法委表彰）
泰安市岱岳区人民法院
泰安市人民检察院政治部
泰安市泰山区人民检察院
新泰市人民检察院
宁阳县人民检察院
东平县人民检察院
泰安市公安局特警支队
肥城市公安局

全省治理自行车被盗问题专项行动先进集体
（省综治委表彰）
泰安市公安局泰山区分局
肥城市公安局
宁阳县公安局

省公安厅记集体二等功
泰安市公安局“2·10”陈平黑社会性质组织犯罪侦办专案组
泰安市公安局“12·22”50万伏电力塔材被盗案专案组
宁阳县公安局“8·15”传销案专案组

全省优秀公安基层单位
省人事厅、省公安厅表彰：
泰安市公安局泰山区分局岱宗坊派出所
省公安厅表彰：
泰安市公安局景区分局岱顶派出所
泰安市公安局经侦支队五大队
新泰市公安局青云派出所
肥城市公安局龙山派出所
宁阳县公安局城关派出所
东平县公安局银山派出所
泰安市公安局泰汶分局汶中派出所

全省卷烟打假工作特殊贡献奖
（省烟草专卖局、省公安厅表彰）
泰安市公安局

全省维护盐业市场秩序确保食盐安全专项整治行动先进单位（省盐务局、省公安厅表彰）
新泰市公安局

全省公安纪检监察工作先进集体（省公安厅表彰）
泰安市公安局纪委
东平县公安局纪委
宁阳县公安局纪委

全省县级公安机关执法示范单位（省公安厅表彰）
肥城市公安局

全省公安机关网络安全监察工作先进集体
（省公安厅表彰）
泰安市公安局网监支队

全省治安防控工作先进单位（省公安厅表彰）
肥城市公安局

全省追逃工作先进集体（省公安厅表彰）
宁阳县公安局刑警大队

全省公安科技工作先进集体（省公安厅表彰）
新泰市公安局

全省县级公安信息通信网运行管理工作先进集体
（省公安厅表彰）
肥城市公安局通信科

全省公安机关基层所队执法示范单位
（省公安厅表彰）
泰安市公安局泰山区分局岱宗坊派出所
东平县公安局东平派出所

全省县级流动人口管理服务专项行动先进集体
（省公安厅表彰）
宁阳县公安局户政管理科

全省公安机关警务督察工作先进集体

（省公安厅表彰）
新泰市公安局警务督察大队

全省公安机关派出所统一建筑外观形象工作先进集体
（省公安厅表彰）
肥城市公安局装备科

省检察院记集体一等功
肥城市检察院

省检察院记集体二等功
泰安市检察院
泰安市检察院反贪污贿赂局

全省“十佳反渎职侵权局”
泰安市检察院反渎职侵权局

省高级人民法院授集体一等功
泰山区人民法院

山东省新长征突击队（团省委表彰）
泰安市公安消防支队第九中队

山东省模范希望小学
新泰市石莱希望小学

山东省妇女儿童工作先进集体
泰安市妇联
泰安市卫生局
泰安市泰山区教育局
中共新泰市委

全省妇联系统先进集体
肥城市妇联
泰安市泰山区岱庙街道办事处妇联
泰安市岱岳区范镇妇联
新泰市青云街道办事处妇联
东平县沙河站镇妇联

第五届山东省“五好文明家庭”
石法祯家庭　泰山区上高街道华新社区
候存香家庭　岱岳区
许建华家庭　新泰市平阳小区
李建平家庭　肥城市边院镇大尚村
周长华家庭　泰安市外经贸局

山东省“美在家庭”活动先进单位
泰山区妇联
新泰市新汶街道孙村社区
肥城市卫生局
宁阳县宁阳镇杨家庄村
东平县东平镇赤脸店社区

山东省“巾帼文明队”建设工作先进单位
泰安市妇联
新泰市妇联
泰山区财源街道办事处
岱岳区满庄镇满北村
东平县彭集镇妇联

山东省“巾帼文明标兵队”
泰山区泰前街道下梨园村巾帼文明队
泰山区岱庙街道迎暄社区巾帼文明队
岱岳区粥店办事处司家庄社区巾帼文明队
新泰市翟镇前羊村巾帼文明队
新泰市青云街道东南关社区艺术团巾帼文明队
肥城市王瓜店镇东大封村巾帼文明队
肥城市潮泉镇大王村巾帼文明队
宁阳县妇幼保健院巾帼文明队
东平县州城镇巾帼文明队
泰安市工商局泰山分局五马工商所巾帼文明队

山东省家教工作先进集体
泰山区妇联
肥城市妇联

山东省“巾帼建功”竞赛活动先进单位
泰安市泰山区妇联
泰安市岱岳区交通局
泰安市肥城市妇联
新泰市地方税务局
泰安市宁阳县妇联
泰安市东平县妇联
泰安市农业局
泰安市交通局

省级巾帼文明岗
泰山区社会保险事业管理局征缴大厅
岱岳区财政集中结算中心
新泰市妇幼保健院
省道 329 线肥城收费站
肥城市燃气公司女子抄表班

宁阳县计划生育服务站
东平县交通局东平分局规费征收大厅
中国工商银行泰安市分行火车站支行营业室
泰山景区天烛峰管理区女子瞭望哨
泰莱高速公路泰安收费站6号岗亭
泰安市岱岳区人民检察院办公室
泰山疗养院保健科
泰安高新区技术产业开发区国家税务局办税服务厅
新泰市工商局新汶工商所
泰安市华源棉业有限责任公司业务二部
中国建设银行股份有限公司泰安分行营业部营业室
东平县机关事业保险科

省级“巾帼示范村”

泰安市泰山区上高街道办事处南上高村
泰安市岱岳区天平街道办事处大陡山村
泰安市岱岳区满庄镇满北村
新泰市汶南镇借庄村
新泰市汶南镇西都社区
肥城市孙伯镇孙东村
肥城市王瓜店镇东大封村
宁阳县东疏镇郑庄村
宁阳县宁阳镇徐马高村
东平县沙河站镇前河涯村

获得“山东省适宜人居环境奖（2005～2007年）”称号的城市

新泰
泰安
肥城

山东省园林城市

宁阳

全省城乡环境综合整治活动先进单位

泰安市建设局
泰安市规划局
泰安市泰山区
宁阳县
新泰市建设局
肥城市石横镇

全省信访工作先进单位（省委、省政府表彰）

县市区：

新泰市委、市政府
肥城市委、市政府
宁阳县委、县政府

处乡镇：

泰山区徐家楼街道党工委、徐家楼街道办事处
岱岳区满庄镇党委、满庄镇人民政府
宁阳县葛石镇党委、葛石镇人民政府
东平县接山乡党委、接山乡人民政府

市直单位：

泰安市国有资产经营有限公司

全省建设系统先进集体

泰安市规划局
泰安市市政工程处
泰安市园林管理处
泰安市城市管理行政执法局

全省档案信息化建设先进集体

泰安市档案馆
肥城市档案馆
中国人民银行泰安市中心支行

全市维护社会稳定工作先进县（区）

（泰安市委、市政府表彰）
宁阳县
泰山区

全市维护社会稳定工作先进乡镇（街道）

（泰安市委、市政府表彰）
宁阳县宁阳镇
泰山区岱庙街道
新泰市汶南镇
东平县戴庙乡
肥城市汶阳镇
宁阳县华丰镇
东平县银山镇
泰山区泰前街道
东平县接山乡
岱岳区满庄镇
岱岳区马庄镇
新泰市东都镇
肥城市王庄镇
宁阳县伏山镇
新泰市小协镇
肥城市湖屯镇
岱岳区天平街道
新泰市禹村镇
泰山区上高街道

新泰市岳家庄乡

全市信访工作先进单位（市委、市政府表彰）

乡镇、办事处：

泰山区泰前街道党工委、泰前街道办事处
泰山区岱庙街道党工委、岱庙街道办事处
岱岳区黄前镇党委、黄前镇人民政府
岱岳区下港乡党委、下港乡人民政府
岱岳区马庄镇党委、马庄镇人民政府
岱岳区徂徕镇党委、徂徕镇人民政府
新泰市新汶街道党工委、新汶街道办事处
新泰市谷里镇党委、谷里镇人民政府
新泰市东都镇党委、东都镇人民政府
新泰市刘杜镇党委、刘杜镇人民政府
肥城市新城街道党工委、新城街道办事处
肥城市湖屯镇党委、湖屯镇人民政府
肥城市仪阳乡党委、仪阳乡人民政府
宁阳县东疏镇党委、东疏镇人民政府
宁阳县鹤山乡党委、鹤山乡人民政府
宁阳县宁阳镇党委、宁阳镇人民政府
东平县银山镇党委、银山镇人民政府
东平县州城镇党委、州城镇人民政府
东平县梯门乡党委、梯门乡人民政府
泰安高新区北集坡镇党委、北集坡镇人民政府

市直部门：

泰安市委组织部
泰安市委政法委
泰安市公安局
泰安市中级人民法院
泰安市民政局
泰安市人事局
泰安市劳动和社会保障局
泰安市国土资源局
泰安市粮食局
泰安市商贸国资公司

全市省级文明单位

泰安市中医二院
泰安市市区国家税务局
泰安市地方税务局泰山分局
泰安市泰山区农村信用合作联社
泰安市泰山区岱庙街道办事处
泰安市工商行政管理局泰山分局
泰安市泰山区交通局
泰安市地方税务局岱岳分局
泰安市工商行政管理局岱岳分局
泰安市岱岳区财政局
泰安市岱岳区农村信用合作联社
山东省泰安英雄山中学
山东省新泰市第一中学
新泰市农村信用合作联社
山东省新泰市国家税务局
新泰市地方税务局
新泰市计划生育服务站
新泰市人民检察院
新泰市交通局
新泰市园林管理局
中国网通（集团）有限公司新泰市分公司
新泰市汶南煤矿
新泰市工商行政管理局
山东省肥城市国家税务局
肥城市地方税务局
中国网通（集团）有限公司肥城市分公司
肥城市燃气公司
肥城市公安局
山东阿斯德化工股份有限公司
肥城市房产管理局
山东肥城精制盐厂
肥城市供电公司
肥城金塔机械有限公司
山东省宁阳第一中学
山东省宁阳县第一人民医院
宁阳县地方税务局
中国人民银行宁阳县支行
山东省宁阳县国家税务局
中国网通（集团）有限公司宁阳县分公司
山东华宁矿业有限公司
山东金阳矿业集团有限公司
东平县交通局
山东省东平县国家税务局
东平县农村信用合作联社
东平县自来水公司
东平县地方税务局
东平县公路局
东平县工商行政管理局
东平县供电公司
新汶矿业集团有限责任公司鄂庄煤矿
新汶矿业集团公司高级技工学校
新汶矿业集团有限责任公司协庄煤矿
肥城矿业集团有限责任公司白庄煤矿
肥城矿业集团有限责任公司曹庄煤矿
山东肥城矿业集团技工学校

泰安市高新技术开发区国家税务局
山东泰山生力源集团股份有限公司
泰开电气集团有限公司
中华人民共和国泰安出入境检验检疫局
中华人民共和国泰安海关
泰安供电公司
泰安市博物馆
泰安市复员退伍军人精神病医院
山东石横发电厂
中国网通（集团）有限公司泰安市分公司
中国移动通信集团山东有限公司泰安分公司
山东电力管道工程公司
山东省泰安市国家税务局
泰安市地方税务局
山东省泰安市气象局
泰安市公安消防支队
山东省泰安卫生学校
济南铁路局济南车务段泰山站
鲁能泰山电缆电器有限责任公司
泰山玻璃纤维股份有限公司
泰安市城市排水管理处
中铁十局集团有限公司第八工程公司
中国农业银行泰安市分行
山东高速公路股份有限公司泰曲路管理处
中国人民银行泰安市中心支行
山东鲁能泰山电力设备有限公司
山东省长途电信泰安传输局
山东泰山抽水蓄能电站有限责任公司
山东省泰安师范附属学校
泰山学院
中国人民财产保险股份有限公司泰安市分公司
中国银行股份有限公司泰安分行
山东省泰山中学
泰山医学院
中铁十四局集团第二工程有限公司
山东省泰安第一中学
泰安市公路局
特变电工山东鲁能泰山电缆有限公司
泰安市园林管理处
泰安市泰山广场管理处
山东省煤田地质局第三勘探队
泰安市地方税务局经济开发区分局
中央储备粮泰安直属库
泰安市妇幼保健院
山东省交通运输学校
泰山学院附属中学
山东省煤田地质局物探测量队
泰安市质量技术监督局
泰安市行政审批服务中心
新泰市供电公司
山东泰丰矿业集团有限公司
新泰市质量技术监督局
肥城市工商局
宁阳县供电公司
东平湖管理局东平管理局
东平县新华书店
网通（集团）有限公司东平县分公司
山东省电力学校
泰安市房产交易中心
泰安市中医医院
泰安市地方税务局岱岳分局山口税务所

全市省级文明机关

中共泰安市纪律检查委员会
泰安市财政局
泰安市教育局
泰安市人事局
泰安市科学技术局
泰安市卫生局
泰安市国土资源局
泰安市旅游局
中共泰安市委组织部
泰安市经济贸易委员会
泰安市交通局
泰安市泰山区建设局
泰安市泰山区民政局
泰安市泰山区人民法院
中共泰安市岱岳区委办公室
泰安市岱岳区质量技术监督局
泰安市岱岳区教育局
新泰市财政局
新泰市人民法院
新泰市建设局
肥城市交通局
肥城市人口和计划生育局
中共宁阳县纪律检查委员会
中共宁阳县委宣传部
宁阳县财政局
宁阳县人口和计划生育局
东平县人民检察院
东平县人民法院
东平县国土资源局

中共泰安市委办公室
中共泰安市委宣传部
泰安市劳动和社会保障局
泰安市泰山区财政局
泰安市岱岳区人民检察院
宁阳县人民检察院

全市省级文明村镇

泰安市泰山区徐家楼街道办事处王家店村
泰安市泰山区泰前街道办事处下峪村
泰山市泰山区上高街道办事处南上高村
泰安市岱岳区徂徕镇
泰安市岱岳区下港乡
泰安市岱岳区山口镇油坊村
泰安市岱岳区满庄镇满庄北村
泰安市岱岳区北集坡镇凤凰庄村
泰安市岱岳区徂徕镇许家庄村
新泰市新汶办事处孙村
新泰市泉沟镇
新泰市东都镇西都村
新泰市西张庄镇西韩庄村
肥城市新城街道办事处巧山村
肥城市石横镇北高余村
肥城市王瓜店镇东大封村
肥城市汶阳镇西徐村
肥城市石横镇
宁阳县宁阳镇
宁阳县堽城镇保安村
宁阳县堽城镇
东平县东平镇李范村
东平县彭集镇前郑海村
东平县彭集镇后郑海村
泰安市泰山区邱家店镇姚家坡村
泰安市泰山区邱家店镇王林坡村
泰安市岱岳区满庄镇
泰安市岱岳区天平街道办事处大陡山村
新泰市青云街道办事处花峪村
肥城市新城街道办事处孙庄村
宁阳县伏山镇
宁阳县东疏镇刘茂村
东平县接山乡

编辑·校对 **戚淑娟**

·单位选介·

山东高速集团有限公司泰安分公司

该公司有干部职工441人，下设7个科室，8个收费站，主要负责京福高速公路泰安、济宁段的公路养护、路政管理与公路通行费征收工作。辖段自济南与泰安交界开始，至曲阜与枣庄交界结束，于1999年10月通车，全长118.6公里，公路养护里程174.2公里。其中，济南至泰安段是京福、京沪高速公路重合段，为双向六车道，泰安至枣庄段为双向四车道，设计时速120公里，是山东省“五纵连四横，一环绕山东”高速公路网络中的重要一纵，是“一山一水一圣人”的黄金旅游线路，地理位置十分重要。

泰安分公司成立于1999年10月，前身为泰安市京福高速公路工程建设办公室。2007年4月，山东省高速公路集团有限公司泰安管理处与山东省高速公路集团有限公司曲阜管理处合并为山东省高速公路集团有限公司泰安管理处，2008年3月更名为山东高速集团有限公司泰安分公司。

该公司秉承“科学管理、安全畅通、服务人民、奉献社会”的原则，坚持以市场为导向，以发展为主题，以改革为动力，以规范管理为重点，以公路管养质量为核心，以创文明单位、文明行业为载体，全面提高高速公路综合服务水平和整体服务功能。近年来，公路养护不断加强，路容路貌得到有效保持；路政管理严格规范，依法治路水平不断提高；收费服务优质热情，通行费收入稳中有升；行业文明创建工作有声有色，宁阳磁窑收费站、邹城收费站分别获得“省级青年文明号”称号，整体事业呈现出良好的发展态势。

欢迎奥运圣火

英姿飒爽

双高立交

索　引

说明：

1.本索引采用主题分析方法，按主题词第一字汉语拼音(同音字按声调)顺序排列；第一字相同，按第二字音序排列。依次类推。主题词第一字为数字的，在“0～9”中查找。

2.附见条目标引词缩后一格于相关内容下，标引词后数字表示内容所在页码，标引词后有多个页码表示别的页码是该条目参见内容所在位置，页码数后字母 a、b、c 分别表示内容在该页的左、中、右栏。

3.为便于检索，除易产生歧义者外，一般将单位和事件前的“泰安市”“泰安”“市”予以省略。

4.本年鉴的栏目、分目及子分目用黑体字标明，表格、示意图用楷体字标明并后注“(表)”、“(图)”字；“特载”“文件选目”“附录”等内容不作索引，主题中标点符号和数字不作索引。

0～9

A

B

C

D

E

F

G

H

J

K

T

W

X

Y

Z

责任编辑:张清训　葛春亮

封面设计:宋昌华

图书在版编目(CIP)数据

泰安年鉴.2008/泰安市人民政府主办;泰安市地方史志办公室编.
—济南:黄河出版社,2008.12

(海右文化丛书)

ISBN 978-7-5460-0013-8

Ⅰ.泰… Ⅱ.①泰… ②泰… Ⅲ.泰安市—2008—年鉴 Ⅳ.Z525.23

中国版本图书馆CIP数据核字(2008)第034183号

泰安年鉴2008

出　版	黄河出版社
发　行	黄河出版社发行部
	(济南市英雄山路21号　250002)
设计制作	济南世同苹果图文有限责任公司
印　刷	山东新华印刷厂
规　格	889毫米×1194毫米 16开
字　数	900千字
印　张	28.5
印　数	1-2000册
版　次	2008年12月第1版
印　次	2008年12月第1次印刷
书　号	ISBN 978-7-5460-0013-8
定　价	198.00元

山东泰安煤矿机械有限公司

山东泰安煤矿机械有限公司（原山东煤矿泰安机械厂）位于泰安市高新技术产业开发区，占地400亩，拥有数控加工中心、大型立式车床、数控机床、全自动H型钢生产线等先进生产设备，生产工艺先进，检测手段完备，产品质量可靠，是全国煤矿机械制造重点企业，山东省重点机械制造加工企业，原煤炭部矿井、选煤和支护设备定点生产厂。

公司产品主要有四大系列：一是矿山专用设备，主要包括罐笼、箕斗、操车设备等；二是支护设备，主要包括单体液压支柱、放顶煤悬移支架、回采支架、掩护式支架等；三是选煤设备，主要包括系列浮选机、浓缩机、过滤机、脱水机、矿浆预处理器、跳汰机、振动筛等；四是储装系统设备，主要包括快速定量装车站、装船站等成套设备；五是各种钢结构产品，主要包括钢结构厂房、井架、装车站钢结构塔架等。各类矿山专用设备和洗选设备品种齐全、技术先进，具有独立装备大、中、小型选煤厂的设计、制造能力和独立设计、制造、安装大型钢结构工程资质，是目前国内生产煤炭定量装车站数量最多、技术最全面的厂家。是ISO 9001国际质量体系认证企业和ISO 10012计量保证确认合格企业。

公司先后与美国、德国、英国、奥地利、西班牙、日本等十几家外国公司在国内合作生产制造了30多个世界最先进的国家大型重点工程项目，产品出口伊朗、孟加拉、俄罗斯、土耳其等国，产品质量得到国内外认可。为中国煤矿装备成功生产制造的当时属于国内首台的设备有：浮选机、液压动筛跳汰机、快速定量装车系统、34吨罐笼、40吨立井箕斗、浓缩机、真空过滤机、国内最大井塔、井架等，承建的兴隆庄煤矿钢结构项目，获得中国建筑工程最高奖“鲁班奖”，制造的淮南刘庄快速定量装车站、神东乌兰木伦装车站、神东钢结构厂房获得优良工程称号。企业先后被评为省级“重合同守信用”单位，部级“现场管理先进单位”，获“首届全国十佳选煤设备制造厂”称号，被中国企业形象认定委员会认定为中国企业最佳形象AAA级。

研发生产的快速精装列车系统成套设备获国家八五科技攻关重大成果奖、国家八五技术创新优秀项目和山东省二00二年科技进步二等奖、获神华集团神东矿区建设优良工程；引进吸收并改进的液压动筛跳汰机被国家经贸委列为国家技术创新项目，获山东省科技进步三等奖、中国煤炭科技进步三等奖；20–50吨大型箕斗获山东省科技进步一等奖，中国煤炭科技进步三等奖；系列后置式闸门获山东省科技进步二等奖；34吨箕斗获山东机械工业科技进步二等奖、山东省煤炭科技进步二等奖、江苏省科技进步三等奖；高密封单体液压支柱获得煤炭科技进步二等奖；跳汰机自动控制系统获得山东省机械工业科技进步三等奖；液压动筛跳汰机、快速定量装车系统获2005年中国选煤设计十佳名优品牌；14m^3、16m^{3}浮选机获煤炭部和山东省科技进步奖，山东省名优品牌产品；单体液压支柱是泰安市名牌产品。多项产品选入国家质量监督检验检疫总局编制的《国家监督抽查合格产品荟萃》。另有液压动筛跳汰机、新型快速自动定量装车装置、新型细煤离心机、首绳均载悬挂装置、新型滚轮罐耳等14项产品获国家专利。并且我公司是煤炭部指定的第三批能源贷款引进吸收选煤设备技术的单位，而带进的技术进行消化吸收（液压动筛跳汰机、离心机、快速定量装车成套设备和直线振动筛）的唯一单位，是原煤炭部选煤设备技术引进对外谈判主谈和技术接收单位。还分别和南京煤炭设计院、邯郸煤炭设计院联合编写了《矿用提升容器重要载件无损探伤方法与验收规范》《煤矿提升井架设计规范》，参加编写矿用提升容器系列标准。

公司生产制造的各类产品性能可靠，用户满意度高，技术先进，液压动筛跳汰机、快速定量装车系统现处国际先进水平，自2005年开始，公司开始开发研制原煤排矸系统，集设计、加工制造、安装调试于一体工程，投入运行近两年，效果良好，均达到了用户要求。

中国500

山东石

与时俱进、开拓创新的集团公司领导班子

2007年4月19日，矿用锚杆钢产品座谈会在泰山饭店举行

山东石横特钢集团有限公司是集焦化、烧结、炼铁、炼钢、轧钢、发电、机械制造为一体的大型钢铁联合企业，名列2007中国企业500强第397位、中国制造业500强第221位、中国企业集团竞争力500强第398位。该集团公司坚持科学发展观，大力发展循环经济，认真贯彻落实《钢铁产业发展政策》和山东省节能减排的有关政策，致力于建设资源节约型、环境友好型企业。以“共创、共赢”为企业核心价值观，大力实施“创造品牌，降低成本，优化资源，培育员工”的企业战略，2007年实现销售收入105亿元，利税7.4亿元。树脂锚杆用热轧钢筋获“山东名牌产品”称号。先后被评为“全国再就业先

山东石横特钢集团高速线材生产线内景

强企业——

横特钢集团有限公司

进企业”、“山东省和谐劳动关系优秀企业”、“山东省节能先进企业”、“全省节约集约用地先进企业”、“山东省优秀创新企业”等，为山东省经济发展做出了突出的贡献。

董事长张武宗，党委书记、总经理纪伟，真诚欢迎各级领导、中外客商、社会各界朋友、广大用户，光临惠顾，共商发展大计！

地址：山东省肥城市

电话：(0538) 3692512　3692518

传真：(0538) 3692350

网址：www.sdstg.com

邮编：271612

2008年3月5日，泰安市委书记杨鲁豫（右）到集团公司调研指导工作，董事长张武宗陪同调研

2007年7月24日，集团公司组织召开CDM项目利益相关方咨询会议

2007年6月20日，集团公司与北京星桥伟业管理咨询有限公司举行管理咨询合同签字仪式

2007年10月22日，15兆瓦煤气—蒸汽联合循环发电机组成功并网发电

2007年7月25日，15000立方米制氧机投入运行

2007年8月23日，1080立方米炼铁高炉建成投产

中国重型汽车集团泰安

市委书记杨鲁豫（前排左一）等市领导视察公司

董事长　孙茂祥

中国重型汽车集团泰安五岳专用汽车有限公司（以下简称公司）的前身是泰安专用汽车制造厂，2002 年由中国重型汽车集团有限公司出资 51%、泰安市国有资产经营有限公司和泰安市基金投资担保经营有限公司出资 49% 共同出资组建为有限责任公司。2008 年 4 月中国重汽集团公司又注入 6000 万资本金，作为增资扩股。公司地处泰安市高新技术产业开发区，主要生产建筑面积 5 万平方米，辅助生产建筑面积 28.3 万平方米，是最早通过 ISO 9001 质量体系认证、国军标 GJB 9001 质量体系认证和 3C 认证的企业之一。

公司总资产 5 亿元，专业技术人员 340 余名，已形成改装车、特种车底盘、军用装备三大类系列产品。生产制造工艺先进，有数控精细等离子切割机、折弯机、油压机，数控立式加工中心、车床、龙门镗铣床，车架埋弧自动焊接设备和 CO2 自动焊接设备、抛丸清理设备，年产 3000 混合辆的特种车底盘装配线、13 吨级车辆检测线和满足年产 5000 混合辆生产能力的涂装生产线。2008 年计划完成改装车和特种车 6000 混合辆，2009 年达到 10000 混合辆，二期技改后，达到 20000 混合辆的生产能力。

该公司坚持“用人品打造精品，用精品奉献社会”的企业价值观，坚持“科学发展，理性经营，精心操作，追求最佳效益”的企业核心理念，坚持“坚持以人为本，诚信中国重汽”的企业宗旨，促进企业持续、稳定、健康、又好又快地发展。在产品水平上，向当代国际先进水平靠拢，建立、形成不断巩固本企业的技术领先优势，在特种专用汽车上要形成独具特色的优势；在市场定位上，要面向国内民品市场、军品市场和国际市场，并把进入国际市场作为企业发展的主要目标；在企业经营上，成为中国重汽集团公司产业链中的重要一环，成为中国重汽自卸汽车改装基地、特种专用汽车生产基地。公司的发展目标是：把重汽五岳建成行业领先、国内排名前列、国际知名的专用汽车生产企业，努力实现重汽五岳公司跨越式发展。

五岳专用汽车有限公司

公司坚持在产品水平上向当代国际先进水平靠拢，建立、形成不断巩固本企业的技术领先优势，努力实现重汽五岳公司跨越式飞跃；坚持面向国内民品市场、军品市场和国际市场，并把进入国际市场作为企业发展的主要目标；坚持让公司的生产经营成为中国重汽集团公司产业链的重要一环，努力把五岳公司建成行业领先、国内排名前列、国际知名的自卸汽车和特种专用汽车改装基地。

近几年，公司先后被评为省级高新技术企业、山东省文明单位和市级文明单位、泰安市AAA级劳动关系和谐企业。公司“五岳”牌自卸车、汽车起重机底盘系列产品荣获“山东名牌”，“五岳”商标荣获山东省著名商标，50/60吨重型装备运输半挂车荣获山东省机械工业科技进步一等奖。是国家汽车吊底盘重点生产企业，是中国人民解放军军事装备承制单位。

汽车起重机底盘系列产品

展翼式厢式车

水泥搅拌车系列产品

自卸车系列产品

矿用自卸车系列产品

油田修井机专用底盘系列产品

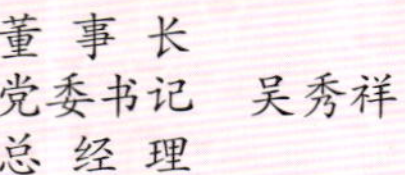

董事长
党委书记　吴秀祥
总经理

董事长、总经理吴秀祥被评为全国煤炭工业优秀矿长。图为表彰会现场

山东阳光矿业有限公司是泰安市直属企业，隶属于泰安市国有资产经营有限公司，国家大型（二）企业。前身为泰安市崖头煤矿，始建于1975年11月，1979年7月投产，矿井设计生产能力21万吨，1993年经山东省煤炭工业局批准改扩建为30万吨，现核定核定生产能力36万吨。1997年10月，成立泰安阳光矿业集团有限责任公司。2003年6月，按照建立现代企业制度的要求，完成了企业整体改制，成立了更为规范、产权更加明晰的民营化股份公司。

以煤为主，多元发展，效益大增　公司在稳定煤炭主业的同时，不断拓展发展空间，实现多元发展。公司下设崖头煤矿、地质工程公司、选煤公司、煤炭运销公司、聚力铝业公司、商贸旅游公司和泰山投资公司，参股泰山电力设备公司等。主导产品为原煤、洗精煤、汽车水箱用铝带、纸箱、矿山机械及配件加工、电力设备制造等，并能承揽地质工程、房地产开发、商贸旅游等业务。公司拥有总资产3.6亿元，净资产2.2亿元，固定资产原值1.6亿元，固定资产净值1.3亿元，现有员工1800人，其中专业技术人员280人。占地面积820亩，资信认证等级为AAA。2007年，实现销售收入24000万元，完成利税5800万元，其中利润3800万元（指标包括下属股份和参股公司）。

锐意改革，强化管理，成果丰硕　阳光矿业是泰安市国企改革中首批完成改制的企业。改制以来，通过强化企业管理，狠抓安全生产，特别是经过资本积累和扩张，企业规模迅速膨胀，各项经济指标连创历史新高，员工收入显著增长，矿山安全和谐稳定，三个文明建设取得丰硕成果，呈现出强劲的发展势头。公司先后被评为“2005年度中国企业改革全国百佳单位”、“部特级质量标准化矿井”、省级“安全生产先进单位”、省级“重合同、守信用企业”、省级“管理创新优秀企业”、省级“花园式单位”、省级“安全程度评价A级矿井”、“山东省善待农民工和谐企业”；被泰安市委、市府命名为“市级先进企业”、“花园式单位”、“安全生产先进集体”、“企业党建先进单位”、“管理创新十佳企业”等40多项国家及省市级荣誉称号，为泰安经济发展做出了较大贡献。

匠心经营，独领风骚，赢得赞誉　群雁高飞头雁领，阳光矿业的发展离不开一个团结奋斗的领导集体，离不开一个作风过硬的领航人。特别是董事长、党委书记、总经理吴秀祥掌舵以来，运筹帷幄，精心策划，从基础管理工作入手，从关心关爱员工做起，经过五年的匠心经营，企业发生了翻天覆地的变化。由于成绩突出，赢得了各级领导的赞誉和全体员工的信赖。吴秀祥董事长因此被推荐为山东省政协委员，选举为新泰市人大代表。并先后被评为“第二届中国企业改革百佳人物”、全国煤炭工业“优秀矿长”；被山东省人民政府授予“煤炭系统劳动模范”、“非煤产业十大杰出企业家”、“山东省优秀企业家”、“管理创新先进个人”、“山东省煤炭系统专业技术拔尖人才”；被山东省科技厅等四单位联合授予“技术改进先进个人”；被泰安市委、市人民政府授予“优秀企业家”、“优秀共产党员”、“振兴泰安劳动奖章”、“关心国防十佳人物”、“养老保险交纳先进个人”；被山东省煤炭工业局授予“先进工作者”、“优秀科技工作者”、“专业技术拔尖人才”；连续6年被泰安市国有资产经营有限公司授予“优秀企业家”和“突出贡献奖”等40多项省市级荣誉称号。

荣誉证书
授予：山东阳光矿业有限公司
2005年度中国企业改革全国百佳单位

山东省管理创新
优秀企业
山东省经济贸易委员会
二〇〇六年十二月

阳光矿业有限公司

党在我心中合唱比赛

领导在井下生产现场指导生产

建矿30周年文艺演出

矿区一角

公司花园一角

办公大楼

山东泰丰矿业集团

泰安市委书记杨鲁豫（左四）视察泰丰矿业公司

董事长、总经理吴元峰在井下检查工作

山东泰丰矿业集团有限公司下辖王家寨煤矿、莲花山煤矿、翟镇煤矿、中科化工、赛特电工、双丰化肥、泰丰钢业、彩印包装、飞扬化工、惠达工贸等10个子（分）公司，经营范围涵盖煤炭、化工、电工材料、特种钢材、机械制造、包装印刷等行业，总资产15亿元，在册员工7000余人。2007年，泰丰集团综合经济指标位居全国煤炭工业100强第55位，较2005年跃升了11个位次。

泰丰矿业集团参加"魅力新泰，莲花山旅游周"大型社会公益活动

泰丰集团以煤炭为主体产业，矿井基本实现了采掘生产机械化、辅助系统自动化、安全监控数字化、人员定位信息化、井下通讯无线化、运输皮带溜子化、现场支护钢铁化、生产组织集约化、生产现场文明化，矿井装备和机械化水平走在山东省地方煤矿的前列，是山东省煤矿安全程度评估AA级矿井、山东省"一通三防"安全示范矿井。煤炭资源利用率先进经验被全国煤炭资源回收率专项检查组向全国煤炭系统推广。

泰丰集团紧紧围绕"创新做强、投入做大、文化做久，走新型工业化发展道路，创建'双百'泰丰"的发展战略，按照"提高煤炭主业，大力发展非煤产业，膨胀经济总量，提升壮大企业规模"的发展思路，以煤为主，多业并举，综合发展。泰丰集团已经形成以三个煤矿为依托的煤炭采掘生产业，以泰丰钢业和惠达工贸为依托的机械制造业，以双丰化肥、中科化工、飞扬化工为依托的传统及精细化工业，以彩印包装为依托的包装印刷业，以国电新泰电厂和大水泥项目为依托的电力建材业正在逐步构建形成，初步构筑起了骨干企业带动、产业配套集中、生产经营运作规范的现代化大企业框架。

近年来，泰丰集团先后荣获中国企业改革典型示范单位、中国工业经济先锋全国示范企业、山东省管理创新十佳企业、山东省企业文化建设示范单位、山东省和谐劳动关系优秀企业、山东省厂务公开民主管理先进单位、山东省制造业信息化示范企业、山东省安全生产先进单位、省级文明单位、省级卫生先进单位、省级花园式单位、省环境友好型企业等荣誉称号。

泰丰集团安全监测监控中心

有限公司

2007年，吴元峰荣获全国“五一”劳动奖章，受到省委书记李建国等领导的亲切接见

国土资源部领导视察泰丰集团

抗震救灾，奉献爱心

泰丰矿业集团为2007年高考上线的职工子女发放助学金

泰丰集团王家寨煤矿外景

煤矿

山东明兴

董事长
党委书记　肖一峰

山东明兴矿业集团有限公司是以煤为主，多业并举的国有中型二级企业，是泰安市百强企业之一和新泰市龙头支柱企业。下辖小港煤矿、羊泉煤矿、四槐树煤矿、正大焦化、精煤洗选厂、正大新型建材有限责任公司、铸钢厂、新港实业公司等子公司。主要生产煤炭、精煤、焦炭、化工产品（煤焦油、粗苯、硫铵、硫磺、煤气）、精铸钢件、不锈钢件、C型钢、彩钢复合板、纯净水等。有职工5033人，资产总额13亿元，年可实现销售收入11.6亿元，年创利税2.8亿元。集团公司年总核定产煤量为72万吨，现有煤炭资源储量4000万吨。为提高矿井生产能力，壮大企业规模，提高经济效益，对矿井进行改造，改扩建工程完后，集团年总产煤量将提升为90万吨，生产服务年限达40年，企业发展前景十分广阔，后劲十足。

为提高煤炭产品附加值，延伸煤炭产业链，坚持走自主创新、发展循环经济的道路，经科学论证，先后投资3.5亿元，建设了正大焦化厂和精煤洗选厂，年生产焦炭65万吨，煤焦油、粗苯、硫铵、硫磺和煤气等化工附产品全部得到回收和利用，洗煤厂年入洗精煤60万吨。与日照钢铁有限公司和浩宇物资集团有限公司强强联合，将投资16.8亿元，用于220万吨干熄焦项目，新建20万吨甲醇二甲醚生产

矿业集团有限公司

线和煤气发电机组，完成了“煤—焦—化—电—热”产业链条的无缝链接。实现煤炭深加工的综合利用，使集团公司如虎添翼，实现了健康快速发展。在非煤产业方面，集团公司建设了新港实业公司、铸钢厂、正大新型建材有限责任公司，生产矿山配件，纯净水、新型建筑安装材料和不锈钢件。生产的不锈钢（泵类）机械产品销往美国、日本、韩国、以色列、德国和台湾6个国家和地区。循环经济和非煤产业的发展壮大，为明兴集团注入了新的活力，使企业在科学发展道路上越走越宽。

集团公司始终坚持“质量第一、信誉第一、用户至上、服务一流”的企业精神，强化服务，开拓市场，使各类产品畅销不衰。近年来，集团公司先后被评为泰安市百强企业、泰安市利税大户、泰安市安全质量标准化先进单位、泰安市AAA级劳动关系和谐企业、泰安市思想政治工作优秀企业、山东省煤矿安全程度评估B级矿井、省级重合同守信用企业、山东省企业信誉评价AAA级企业、山东省管理创新优秀企业。

升旗仪式

矿区一角

广场中心喷泉

山东新汶矿业

高标准采区机电峒室

矿　长　袁秋新

光明热电公司锅炉脱硫系统

协庄煤矿是一座年产原煤200万吨的大型现代化矿井。1958年建矿，1962年投产，时为省内第一大矿，被誉为"鲁煤第一峰"。坐落于泰山脚下，汶水河畔，交通便利。主要产品有洗精煤、块煤、混煤、煤泥等，注册商标为"大协煤"、"新煤一号"，以"四高、两低、一稳定"（即发热量高、挥发份高、灰熔点高、流动度高，灰分含量低、含硫量低，产品质量稳定）的特点畅销全国，动力精煤出口日本、韩国、西欧等地。"大协煤"、"新煤一号"两个注册商标被中国进出口检验检疫协会命名为"知名出口品牌"，被中国质量检验协会评为"国家权威检测达标品牌"。

近年来，协庄矿坚持"稳定壮大煤炭主业、做优做强非煤产业"的战略，以建设本质安全、稳产高效、节能环保的和谐企业为目标，充分发扬"务实求新、争创一流"的企业精神，呈现又好又快发展的良好态势。

以安全发展推动企业全面发展 创新实施的"2S安全管理模式"、"安全责任经营化管理"得到国家局、中煤协会领导肯定，认为"达到了世界先进水平"。加强员工安全教育培训，引导形成以"自己的安全自己管，指望他人不保险"为主导理念的安全文化。到2007年末，已实现连续安

丰富多彩的广场文化活动

职工篮球比赛

集团协庄煤矿

党委书记　牛家成

矿井主运系统、供电系统自动化控制中心

轻型支架综采工作面

环境整洁的矿 -550 水平中央配电所

现代化造纸生产线

全生产7年，保持了国内同类矿井最好水平。

以稳定壮大煤炭主业为发展重点　立足主业做大谋久，以科技促发展，采掘综合机械化、自动化、集中生产能力不断提高，极薄煤层综采技术国内领先。产品结构不断调整，“双八”、六级、十级等精煤产品畅销各地，主业效益良好。实施走出去战略，形成“协庄本部、山西蒲县、内蒙古上海庙工业园和乌拉盖开发区”共同发展的新格局，预计未来五年原煤总产达到上千万吨，可持续发展能力不断增强。

加快发展非煤优势主导产业　充分整合内、外部资源，不断延长“煤—电—纸—机”循环经济产业链，打造出百川、光明、天元三大公司，形成特种纸、矸石热电、机械制修、无菌包材四大优势主导产业。

走自主创新的持续发展道路　应用市场机制，在经营管理中创新践行链式管理、岗位资产经营责任制、区域利益对称管理等方法，提升经济运行质量。提炼形成独具特色的“111168”企业文化体系和员工思想与行为“舵状”管理模式，企业凝聚力、向心力空前提高，大力推动企业发展。

矿井通过中国方圆委环境、质量、职业健康安全三位一体认证审核，被中国保护消费者权益基金会评为“首批质量信誉保证优势示范单位”，并先后荣获“全国五一劳动奖状”、“全国环境保护十佳煤矿”、“全国煤炭工业行业级高产高效矿井”、“煤炭安全程度评估A级矿井”等几十项殊荣。

山东新汶矿业集团

经理　刘玉果

党委书记　于传明

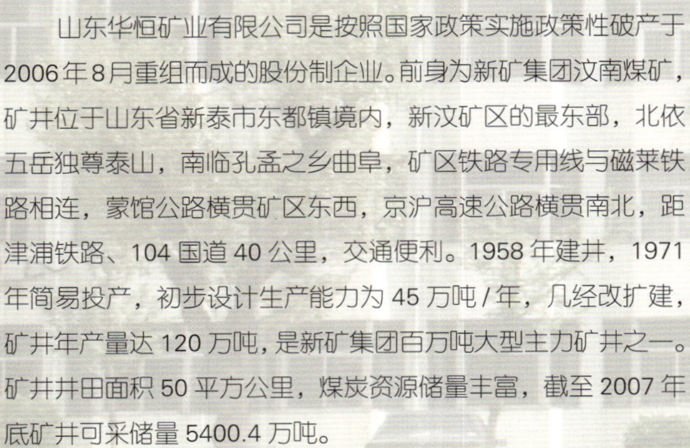

山东华恒矿业有限公司是按照国家政策实施政策性破产于2006年8月重组而成的股份制企业。前身为新矿集团汶南煤矿，矿井位于山东省新泰市东都镇境内，新汶矿区的最东部，北依五岳独尊泰山，南临孔孟之乡曲阜，矿区铁路专用线与磁莱铁路相连，蒙馆公路横贯矿区东西，京沪高速公路横贯南北，距津浦铁路、104国道40公里，交通便利。1958年建井，1971年简易投产，初步设计生产能力为45万吨/年，几经改扩建，矿井年产量达120万吨，是新矿集团百万吨大型主力矿井之一。矿井井田面积50平方公里，煤炭资源储量丰富，截至2007年底矿井可采储量5400.4万吨。

近年来，面对矿井改革、发展、建设任务繁重的形势，公司上下万众一心，群策群力，转变观念，励精图治，紧紧围绕“精细管理，市场运作”的总体工作思路，瞄准“建设一流矿井、本质安全型企业、和谐安康矿区”的目标，真抓、实干、严管，以企业管理水平不断提升、矿井安全形势持续稳定、煤炭主业进一步巩固拓展、经济运行质量显著提高、非煤产业发展步伐加快、和谐矿区建设进一步深化为标志，矿井各项工作稳步推进，保持了良好的发展势头。矿井通过了质量、环境、职业健康安全管理体系认证，获得了“一通三防”安全示范矿井、安全程度评价“A级”矿井、安全质量标准化一级矿井、“双基”建设省级先进单位、煤质管理先进单位、省级文明单位、山东省创建学习型组织示范企业、“全国文明煤矿”等多项荣誉称号。

华恒公司下一步将积极融入到泰安市、新矿集团新一轮大发展中去，进一步解放思想、抢抓机遇、干事创业、加快发展，聚精会神搞建设，一心一意谋发展，坚定不移地走本质安全型、质量效益型、持续创新型、资源节约型、和谐发展型的发展之

华恒矿业有限公司

路，做精做强煤炭主业，做大做强非煤产业，做优管理体制，实现企业的跨越式超常规发展。经过五年的艰苦创业，煤炭主业产能确保达到320万吨(其中：矿井本部稳定120万吨，省外煤矿200万吨)，实现销售收入11.56亿元；非煤产业逐步构建起煤—电—建和锡尾矿—铁精粉—锡两个产业链条，建成一批高附加值的非煤新项目，逐步形成以电力、电石、建材、汽车配件、机加工、汽车零配件、锡尾矿加工等为主导产业的非煤发展新格局，确保非煤产值达到40亿元，利润3亿元。企业总收入达到50亿元，实现利润5亿元，企业经济总量大幅度提升，初步建成“主业稳定发展、非煤结构优化、资源整合能力强劲”的新型工业化企业。

丰富多彩的文体活动

威风锣鼓表演

社区文化广场

选煤动筛车间

煤矸石砖厂

综采工作面

年入洗能力100万吨的高效选煤厂

国内第一家钢板储煤仓

山东华宁矿业集团公司

全国五一劳动奖章获得者
全国优秀矿长
山东省有突出贡献的中青年专家　程洪良
山东省优秀企业家
董事长、党委书记、总经理

山东华宁矿业集团公司是一家以煤为主，集机械、非煤矿山开发、纸箱包装等为一体的现代化企业集团。下属保安煤矿、鑫安煤矿、华宁昌承锻造公司、华宁贝尔机械、保安纸箱厂等七家独立经营单位。公司有职工3650人，各类专业技术人员960余人。近年来，公司荣获“全国模范职工之家”、“全国安康杯安全竞赛优胜单位”、“全国企业文化建设先进单位”、“山东省科技进步企业”、“山东省十佳煤矿”、“省级文明单位”等荣誉称号。2007年5月1日，被全国总工会授予“全国五一劳动奖状”光荣称号。

2007年，华宁集团在各级党委政府的坚强领导和有关部门的大力支持下，坚持以科学发展观为指导，以“建设和谐富美的新华宁”为奋斗目标，紧紧围绕“老矿革新挖潜、鑫安煤矿的开发建设、非煤产业的发展壮大”三大战略任务，奋力推进二次创业，集团经济实现了健康、快速、和谐发展。2007年，公司实现销售收入7.66亿元，利税1.68亿元，同比增长37.8%、26.7%，分别是2002年9倍和7倍，连续五年利税位居宁阳县重点工业企业首位。公司创造连续14周年实现安全生产的历史最长安全周期，在全国同行业中位居前列。

团结拼搏求实创新的领导班子

鑫安煤矿是华宁集团的接续矿井，地质储量2.2亿吨，装备生产能力150万吨/年。经过两年多的建设，已投入正式生产，实现了建设速度快、工程质量优、工程造价省、经济效益好四大目标，矿井规模、装备水平、工程质量等在全省地方煤矿中位居前列。总投资8000万元的洗煤厂与鑫安煤矿同步投入生产。鑫安煤矿全部实现达产后，可实现年销售收入6亿元，利税1.5亿元，将有力地带动地方经济的快速发展。

在抓好鑫安煤矿开发建设的同时，公司把发展煤炭关联产业和非煤产业放在突出位置，大力推进热模锻造、钾长石开发、纸箱厂改造等重点项目，努力做大做强“煤炭、非煤矿山开发、汽车配件”三大主导产业，目前初步形成了“煤业为主、多业并举、立体经营、综合开发”的发展新格局。

公司鑫安煤矿

山东盛大科技集团

山东盛大科技集团坐落在五岳之首—泰山脚下，南临孔孟之乡，京沪铁路大动脉贯穿本市，地处京沪、京福高速路交汇处，交通便利。集团公司成立于 1993 年，为高科技股份制企业，于 2006 年 4 月成功在美国纳斯达克上市，2007 被评为美国股市小市值股票大赢家之一和最热门股票之一。集团公司现有员工 3000 余人，各类高技术人才 1000 余人，硕士学历以上研发、工程技术人员近 150 人，其中博士生导师 1 人，博士 6 人。集团旗下有 7 家子公司：山东海泽纳米材料有限公司、陕西海泽纳米材料有限公司、山东邦盛化工有限公司、山东盛大化学工程建设有限公司、山东海擎化工机械有限公司、海擎重工机械有限公司、盛大科技（浦东）纳米技术研发中心。

山东海泽纳米材料有限公司、陕西海泽纳米材料有限公司（陕西咸阳）拥有与清华大学共同研发的具有自主知识产权的膜分散制备纳米碳酸钙技术，该技术经专家鉴定，达到世界领先水平。专利号［ZL200510086388.2］，知识产权双方各占 50%，使用权该公司独占 100%，成为世界第二家拥有该技术、唯一应用该技术生产纳米碳酸钙产品，成功实现工业化的公司。该技术生产的纳米碳酸钙已成功应用于橡胶轮胎、塑料制品、油墨、涂料、造纸等领域，产品科技含量高，用途范围广，畅销国内市场，并成功打入国际市场，已成功在新加坡、韩国、印度、马来西亚、泰国、越南等国家建立起市场网络，该产品具有极为广阔的市场前景，2006 年被评为山东省名牌产品。

浦东纳米技术研发中心成立于 2006 年底，是国内唯一一家由企业独立设立的纳米技术研发机构。该研法发中心拥有一批专业的、高素质研发人员，其中博士导师 1 人、博士 6 人、硕士 5 人、高级工程师 1 人。同时，研发中心配备国际领先的仪器设备。自成立以来已开发出大量改性纳米碳酸钙成品，并成功投入市场使用，得到了用户的广泛好评。

山东邦盛化工有限公司（原为山东省国有化工企业），位于泰安市。企业多次荣获“环境优美工厂”、“清洁文明工厂”等称号，连续数年获“省级文明单位”等荣誉称号。

山东盛大化学工程建设有限公司地处新泰市开发区。近年来公司与青岛啤酒、美国 AB 公司等大型跨国公司保持着良好的合作关系。

山东海擎化工机械有限公司（原泰安市国有化工机械厂）位于泰安市泰山青春创业开发区，与山东纳米公司毗邻。公司可独立承接大型化工设备、压力容器的设计制造工程，是泰安市唯一同时拥有 A2 级第三类低、中压力容器设计、制造资质的双证企业。公司技术力量雄厚，设备精良，质量保证体系完善，设计、制造队伍技术过硬。产品曾荣获国家重点科技进步奖，省优质产品称号奖。

正在建设之中的海擎重工机械有限公司，建成后将形成生产能力核电压力容器 4313 吨 / 年、石油化工装置 68345 吨 / 年、煤化工装置 25840 吨 / 年、有色金属装置 1200 吨 / 年。全部达产后将成为亚洲同行业最大的核电、石油化工、煤化工装备设计、研发、生产和制造的生产出口基地之一。

十多年来，山东盛大集团公司连续数年被银行系统评为“AA 级信用企业”；被国家工商总局授予“重合同守信用企业”等荣誉称号，已发展成为涵盖高科技纳米材料制备，有机、无机化工产品，化工机械设计、制造等三大领域的高科技企业集团。

山东海力实业集

董事长
总经理 冯振山

山东海力实业集团有限公司注册资本 1.2 亿元，资产总额 6 亿元。实有员工 3980 人，各类工程技术人员 996 人。公司拥有石屯、石桥两个全资煤矿，控股山东同创汽车散热装置股份有限公司、康利尔药用胶囊有限公司、华鸿汽车制动部件有限公司、中外合资的合源机械科技有限公司、中美合资的国美联航空维修有限公司、华裕汽车配件有限公司、汇通机械进出口有限公司和陕西同创华亨汽车散热器有限公司。

近年来，集团公司紧紧围绕“以矿业为基础，以汽车配件业为主导，航空部件维修服务业补充”的总体发展思路，规整产业格局，强化项目建设，扩大招商引资，集团公司多元化产业格局已经形成。企业先后被评为“中国最具成长性企业”、“第二届中国十大改革先进集体”、“山东省管理创新优秀企业”、“山东省企业教育培训先进单位”、“三个代表”宣教基地、“全国煤炭企业标准化矿井”、“省重点项目建设先进单位”、“山东省重合同守信用企业”、“山东省制造业信息化示范企业”、“山东省高新技术企业”、“山东省现场管理样板企业”、“省级质量免检企业”、“省级工程技术研究中心”、“泰安市管理创新十佳企业”、“泰安市文明单位”、“泰安市百强煤炭企业”、“发展非煤产业先进企业”、“国家免检产品”等荣誉称号。

集团下属企业，两个煤矿年生产能力为 60 万吨；山东同创汽车散热装置股份有限公司在山东宁阳工业园区，汽车散热器、中冷器、冷凝器、蒸发器、空调年生产能力 300 万台；康利尔药用胶囊有限公司在山东八仙桥项目集聚区，生产能力为年产 28 亿套空心胶囊；华鸿汽车制动部件有限公司主要生产和销售鼓式 / 碟式汽车刹车蹄片，生产能力为年产 600 万套；华裕公司年产 3000 万件汽车冲压件。

集团东临京沪铁路、104 国道和京福、京沪高速公路，西接蒙馆公路，地理位置优越，交通十分便利。

党员宣誓

海力爱心女童班

团有限公司

市人大常委会副主任唐家品（中），宁阳县委书记、县人大常委会主任刘卫东（右）视察集团公司

董事长、总经理冯振山（右）出席投资合作洽谈会签约仪式

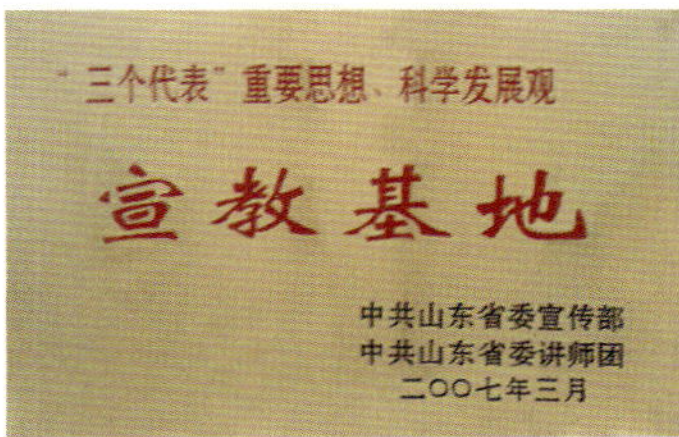

同创公司散热器

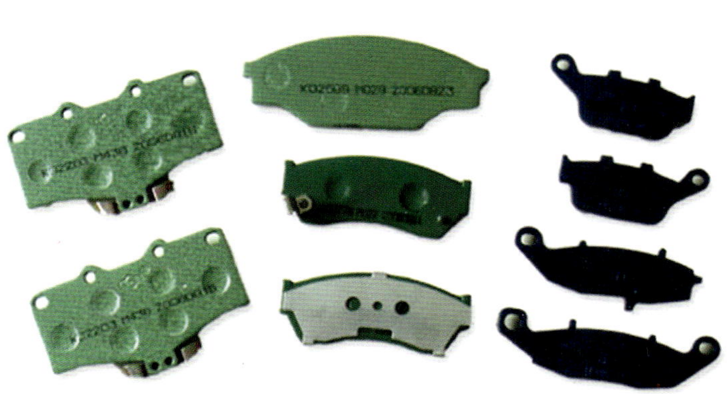

华鸿汽车刹车片

北京2008年奥运会银行合作伙伴

OFFICIAL BANKING PARTNER OF THE BEIJING 2008 OLYMPIC GAMES

中国银行股份

行　　长
党委书记　赵宏春

中国银行泰安分行领导成员

中国银行泰安分行营业大厅

中国银行成立于1912年，是中国历史最悠久、国际化程度最高的银行，多次获得国际权威经济金融杂志评选的“中国最佳银行”、“世界500强”等殊荣，业务覆盖传统商业银行、投资银行和保险业务领域，并在全球范围内为个人客户和公司客户提供全面和优质的金融服务。

2004年7月14日，中国银行成为北京2008年奥运会唯一银行合作伙伴。2004年8月26日，中国银行股份有限公司成立，标志着中国银行的历史翻开了崭新的篇章，启动了新的航程。2006年6～7月，中国银行相继在香港和内地成功上市，成为第一家先后在香港和内地上市的国有大型商业银行。

中国银行泰安分行成立于1981年12月11日，在二十多年的时间里为泰安市企业发展和居民生活提供了全面、快捷、周到的服务，为泰安市经济社会发展尤其是发展外向型经济做出了重要贡献，为泰安市走出国门、通向世界，架起了一条重要的生命桥梁，并先后荣获“省级文明单位”、“山东省良好银行”等荣誉称号。

世纪信誉，环球共享。中国银行泰安分行将依托雄厚的实力、遍布全球的中行分支机构、成熟的产品和丰富的经验，竭诚为客户提供全方位、高品质的银行服务，与广大客户携手共创美好未来！